내부감사학 II

법무편

Stakeholders

Assurance & Consulting

Director

Internal Auditor

김용범 지음

기업의 목표 달성과 가치의 증진을 위해
경영자, 감사자, 실무자 등 내부감시자와 주주, 채권자, 감독당국 등 외부감시자가

꼭 알아야 할 내부감사학 법무의 지침서

도서
출판 행복에너지

내부감사학 II

법무편

김용범 지음

| 차례 |

제2편 | 감사 법무

제9장 내부감사 법무 관련 주요 이슈 ········ 419

| 제2편 |

감사 법무

제1장

회사법의 개요

제1절 회사법의 의의

Ⅰ. 형식적 의의의 회사법[1]

형식적 의의의 회사법은 성문법전의 형식 또는 명칭으로 보아 회사법이라고 인식되는 것을 뜻하며, 그 규정의 실질이 회사에 고유한 것인가를 묻지 아니한다. 「상법」중 「제3편 회사」가 곧 우리의 형식적 의의의 회사법이다.

형식적 의의의 회사법은 주로 **私法的 法規로 구성**되어 있고, 실질적 의의의 회사법과 대강에 있어 범주를 같이하나, 그 밖에도 여러 非訟事件的 規程, 訴訟法的 規程, 罰則的 規程을 포함하고 있다.

Ⅱ. 실질적 의의의 회사법[2]

실질적 의의의 회사법이란 회사라고 하는 형태의 공동기업의 조직과 경영을 규율하는 법을 두루 말한다. 다수인이 결합한 기업경영조직이 개개의 구성원으로부터 독립하여 기업거래상의 주체성을 갖게 될 때에는 특별한 법적 규율을 요한다.

따라서 실질적 의의의 회사법은 각종 법령·관습법·회사의 정관 등에도 존재한다. 또한 실질적 의의 회사법에는 사법적 규율의 실효성을 확보하기 위하여 형사·조세·소송·비송 분야에 속하는 **다수의 공법적 규정이 포함**된다.[3]

이에 따라 실질적 의의의 회사법을 정의함에 있어 공법적 규정도 포괄하여 정의하기도 하고,[4] 사법으로서의 성격을 강조하여 정의하기도 한다.[5] 두 가지 방식의 정의를 비교해 보

---

1 김용범, 「내부감사학 강의」, 2017, 623면. 이철송, 「회사법강의」, 박영사, 2021, 6~7면. 임재연, 전게서, 2014, 3면. 형식적 의의의 회사법에 관한 정의로는 "상법 제3편"(송옥렬, 716면), "성문법전의 형식 또는 명칭으로 보아 회사법이라고 인식하는 것"(이철송, 6면, 임재연, 3면) "상법이라는 이름으로 제정된 실정 성문법인 상법전"(정찬형, 11면), "회사에 관한 성문법규로서, 규정의 형식에 착안하여 회사라는 명칭을 사용한 법률 또는 편·장"(최기원, 5면), "회사기업에 관한 성문법규로서 구체적으로 상법 제3편 회사의 규정"(최준선, 7면) 등이 있다.

2 김용범, 전게서, 2017, 623면. 이철송, 전게서, 2021, 6면. 임재연, 전게서, 2014, 3면.

3 김용범, 전게서, 2017, 624면. 임재연, 전게서, 박영사, 2014, 3~4면.

4 공법적 규정도 포괄하여 실질적 의의 회사법을 정의하는 견해를 소개하면, "회사형태의 공동기업의 조직과 경영을 규율하는 법"(이철송, 6면, 임재연, 4면), "회사기업에 관한 법으로서 회사의 설립·조직·운영·소멸에 관한 모든 법규"(최기원, 5면) 등이다.

5 사법으로서의 성격을 강조하여 실질적 의의의 회사법을 정의하는 견해를 소개하면, "회사의 조직과 경영을 규율하는 사법"(송옥렬, 718면), "회사기업에 고유한 私法"(정찬형, 425면), "회사의 조직과 운영에 관한 법으로서 회사기업에 고유한 사법"(최준선, 7면) 등이다.

면, 실질적 의의의 회사법 안에 포함된 공법적 규정이 사법적 규정의 실현에 불가결한 역할을 한다는 점은 부인할 수 없다.

그러나 공법과 사법을 구분하는 취지가 법규의 전체적 성격으로 보아 그중 어느 것의 지배를 받느냐를 파악하기 위한 것이고, 또한 회사법의 핵심적 규정은 어디까지나 사법적 규정이다. 따라서 **실질적 의의의 회사법은 회사법의 사법(私法)으로서의 성격을 강조**하여 **"회사라는 형태의 공동기업의 조직과 운영에 관한 사법"**으로 정의하는 것이 타당하다.[6]

제2절 회사법의 지위와 특성

Ⅰ. 회사법의 지위[7]

회사법은 **공동기업**에 관한 일반법이고, 이에 대한 특별법으로서 은행법·보험업법 등을 비롯한 각종 경제법규가 있다. 회사는 법인으로서 회사법에 규정이 없는 사항에 대하여는 법인에 관한 「민법」의 규정이 적용되거나 유추 적용된다.[8]

그러나 합명회사·합자회사는 「상법」상 법인이지만 조합의 성격이 강하므로 내부관계에 대하여는 「민법」의 조합에 관한 규정이 준용된다.(「상법」 제195조, 제269조) 그리고 회사법은 다음과 같은 특수한 법적 규율을 요한다.

첫째, 개인의 결합이 영리를 목적으로 한다는 점에서 「민법」의 비영리법인에 대한 법규와는 다른 특수한 규율을 요한다.

둘째, 회사는 공동기업의 경영방식의 하나라는 점에서 기업법으로서의 「상법」가운데서도 특수한 규율을 요한다.

Ⅱ. 회사법의 특성[9]

회사법은 「상법」의 일부이지만, 회사라는 특수한 공동기업형태를 규율함을 목적으로 하는 법이라는 점에서 「상법」이 갖는 일반적인 특수성 외에 다음과 같은 특징을 갖는다.

1. 단체법과 거래법

가. 단체법적 성질

회사법규정의 대부분은 사원과 회사의 권리의무, 회사의 의사결정, 회사의 업무집행 및

---

6 김용범. 전게서. 2017. 624면. 임재연, 전게서, 박영사, 2014, 4면. 이철송. 전게서. 2021. 6면.

7 김용범. 전게서. 2017. 624면. 임재연, 전게서, 박영사, 2014, 4면.

8 김용범. 전게서. 2017. 624면. 임재연, 전게서, 박영사, 2014, 4면.

9 김용범. 전게서. 2021. 7~8면. 이철송. 전게서. 2021. 7~8면. 임재연, 전게서, 박영사, 2014, 5~6면. 김건식외 2인. 「회사법」. 박영사. 2021. 44~50면

대표행위 등과 같이 회사라는 단체의 내부적인 조직을 중심으로 한 규정이다. 따라서 사원평등원칙·다수결원리 등과 같은 획일적·통일적 원리에 의해 법률관계가 형성되는 **단체법적 원리가 적용**된다.

나. 거래법적 성질

회사법에는 회사와 제3자 간의 거래에 관한 규정, 회사와 회사채권자 간의 법률관계에 관한 규정, 주식의 양도에 관한 규정 등과 같이 **거래법적 성질을 가지는 규정도 부분적으로 존재**하고, 이러한 규정에 대하여는 사적자치·거래안전의 보호 등과 같은 **개인법상의 법리가 지배**한다.

다. 혼합형태의 규정

주식양도의 방법으로 주권을 교부하여야 한다는 규정은 거래법적 성질의 규정이지만, 명의개서를 하여야 회사에 대항할 수 있다는 규정은 단체법적 성질의 규정인 것처럼, 주식양도라는 하나의 법률관계에서도 **거래법적 성질의 규정과 단체법적 성질의 규정이 혼재되어 있는 규정**도 있다.

2. 영리성과 공공성

가. 영리성

회사는 그 구성원의 영리를 목적으로 하는 이익단체이다.(「상법」제169조). 따라서 이론상으로는 영리를 목적으로 하지 않는 순수한 비영리단체는 「상법」상 회사가 될 수 없다. 여기서 말하는 **영리**란 회사가 대외적 사업 활동을 통해 이익을 얻는 것뿐 아니라 그 이익을 구성원에게 분배하는 것을 말한다. 주식회사의 경우 이익분배는 평상시의 이익배당이나 청산시의 잔여재산분배의 형태로 행한다.

따라서 대외적인 수익활동을 하지 않고 구성원만을 상대로 하는 내부적 사업활동에 의해 구성원에게 직접 경제적 이익을 부여하는 것을 목적으로 하는 협동조합, 상호 회사, 새마을금고 등은 「상법」상 회사가 아니다. 또한 재단법인이나 비영리 사단법인도 수익사업을 영위할 수 있고 이는 분명 영리활동이지만 영리활동으로 얻은 이익을 사원들에게 분배하기 위한 것이 아니므로 「상법」상 회사가 아니다.

나. 공공성

회사는 그 구성원인 사원의 경제적 이익을 도모할 것을 목적으로 하는 이익단체이므로 **회사법은 이러한 영리성을 기초**로 하지만, 한편으로는 **공공성에 기초한 규정도 포함**한다. 따라서 회사는 단순한 영리추구의 수단을 넘어서 하나의 **사회적/공익적 존재**가 되었다.

이에 따라 기업의 사회적 책임에 관한 논의가 활발하게 전개되어 왔다.[10] 기업에 대하여

---

10 **기업의 사회적 책임론**(CSR : Corporate Social Responsibility)은 회사는 공공적·사회적 성격의 법리에 따라 사회에 대해 공익적 기

개인에게 없는 특수한 사회적 책임을 부여하는 근거는 ① 기업재산의 공공성, ② 기업소유의 공공성, ③ 이해관계의 사회성, ④ 기업이윤의 사회성 등의 특성 때문이다.

다만, 그 개념의 불명확성 및 내용의 모호성 등으로 「상법」에 반영하는 것에 대하여는 소극적인 입장을 취하는 학자가 다수이다. 그러나 우리나라 법제에도 「사회적기업육성법」은 물론 「근로기준법」, 「소비자기본법」, 「공정거래법」, 「하도급법」, 「지속가능발전법」, 「탄소중립·녹색성장기본법」 등에 기업의 사회적 책임과 관련된 요소들이 이미 도입되어 있다.

3. 강행규정과 임의규정

가. 강행규정

회사법의 강행규정성에 대하여 의문을 제기하는 견해도 있으나,[11] 통설은 회사법이 이해관계인이 많고 국민경제에 미치는 영향이 지대하여 대부분 법률관계의 획일적 형성을 위한 단체법적 성질의 규정으로 구성되어있으므로 **회사법은 당사자의 의사와는 관계없이 강행되는 강행법규**로 본다.[12]

회사법이 강행법규로 보는 근거로는 외부적으로는 회사 채권자와 공공의 이익을 보호하고 내부적으로는 이사의 전횡이나 대주주의 권한남용 등으로부터 회사와 일반주주의 이익을 보호하기 위하여 법의 후견적 작용이 필요하다는 점이다.(서울고법. 2008. 4. 18. 선고. 2007나95965. 판결).

따라서 회사법은 회사, 회사채권자, 일반주주 그리고 공공의 이익을 보호하기 위해 법의 후견적 작용이 절실히 요구되고 있어 회사법의 단체법적 성질을 설시한 판례도 다수 있는데,[13] 구체적으로는 회사법 자체를 강행법규로 본 판례도 있고,[14] 그 밖에 회사법의 개별규정을 강행법규라고 판시한 판례도 다수 있다.[15]

나. 임의규정

그러나 회사법은 모두가 단체법적 성질을 가진 강행법규인 것은 아니며, 부분적으로 거래법적 성격을 가진 규정으로서 당사간의 의사를 존중할 필요가 있는 사항에 대하여는 당사자의 의사에 따라 그 적용을 배제할 수 있는 임의법적 성질을 가진 규정도 일부 존재하고 있다.

제3절 회사법의 법원(法源)

여를 해야 한다는 이론을 말한다.(송옥렬, 689면. 이철송. 전게서. 2021. 64~76면)

11 송옥렬, 「상법강의 제4판」, 홍문사, 2014, 719면.

12 김용범, 전게서, 2017. 626면. 임재연, 전게서, 박영사, 2014, 6면.

13 대법원 2004.6.17. 선고 2003도7645 판결, 대법원 2007.10.26. 선고 2005두3172 판결.

14 대법원 2009.11.26. 선고 2009다51820 판결

15 대법원 2007.6.28. 선고 2006다38161, 38178 판결, 2004.4.27. 선고 2003다29616 판결, 1995.4.11. 선고 94다33903 판결, 1992.2.14. 선고 91다31494 판결, 1977.4.26. 선고 76다1440 판결.

법원(法源)이란 법의 존재형식을 말한다. 법이 어떤 형태로 존재하고, 어떻게 작용하는지를 말하는 것이 法源이다. **일반적으로 法源**은 법을 적용하는 법관이 재판을 할 때에 적용하여야 하는 기준을 말한다.

회사법의 法源으로는 「상법」 내의 회사편(제3편)·회사에 관한 특별법령 등 상사제정법과 정관 등의 상사자치법, 상관습법 등이 있다. 다만, 해상법 분야와는 달리 회사법 분야에서는 아직 국제적인 상사조약은 없다.[16]

I. 상사제정법

회사제정법에는 기본적인 法源으로 「상법」 제3편 「회사」 및 부속법령인 「상법시행법」과 「상법시행령」 그리고 각종 상사특별법령이 있다.

1. 상법전

회사법의 法源 가운데서 가장 중요한 위치를 차지하는 것은 商法典 내의 「회사편」이다. 「상법」은 1962년 1월 20일에 법률 제1000호로 제정되어, 1963년 1월 1일부터 시행되었으며 수차에 걸쳐 개정되었다.

2. 특별법령

특별법령에는 매우 많은 것이 있는데, 대체로 세 종류로 나누어 볼 수 있다.

첫째, 법령의 전부가 회사법의 法源을 이루는 것으로 「담보부사채신탁법」, 「신외감법」 등이 있다.

둘째, 법령의 일부가 회사법의 法源을 이루는 것으로 「자본시장과 금융투자업에 관한 법률」, 「공공기관의 운영에 관한 법률」, 「은행법」, 「보험업법」, 「상호저축은행법」, 「새마을금고법」, 「여신전문 금융업법」, 「신용정보의 이용 및 보호에 관한 법률」, 「주식·사채 등의 전자등록에 관한 법률」, 「외국인투자 촉진법」, 「독점규제 및 공정거래에 관한 법률」, 「산업 발전법」, 「무역보험법」이 대표적인 것들이다.

셋째, 특수회사법으로서 「한국전력공사법」, 「한국가스공사법」, 「한국토지주택공사법」, 「한국석유공사법」, 「대한석탄공사법」, 「한국도로공사법」, 「한국수자원공사법」, 「한국은행법」, 「한국산업은행법」, 「금융회사 부실자산 등의 효율적 처리 및 한국자산관리 공사의 설립에 관한 법률」, 「한국수출입은행법」, 「한국농수산식품유통공사법」, 「중소 기업은행법」, 「신용보증기금법」 등을 들 수 있다.

II. 상관습법

상관습법은 「상법」 일반의 法源으로서 중요성을 갖지만, 회사제정법이 단체법으로서 강행법적 성질을 갖고 있을 뿐만 아니라 自足的으로 규정되어 있는 까닭에 일반적으로는 회사

---

16 김용범. 전게서. 2017. 626면. 임재연, 전게서, 2014. 24면. 최준선, 「회사법 제6판」, 삼영사, 2011. 8면.

법의 *法源*으로서는 별로 큰 의의를 갖지 못한다고 한다.[17]

또한 상관습법은 한정적이고 고정적인 제정법의 결함을 극복하여, 합리주의가 지배하는 기술적·진보적 기업관계에 대한 합리적 해결을 가능하게 하고, 새로운 입법을 추구하는 기능을 가지나, 강행법규가 주류를 이루는 회사법에서는 상관습법이 성립할 여지가 적다는 주장도 있다.[18]

그러나 가장 중요한 관습법의 예로는 「상법」에서 명문으로 보충적 효력을 규정(「상법」제29조제2항, 제287조의32 및 제446조의2)하고 있는 **'기업회계관행'**을 들 수 있다. 기업회계 분야에 있어서는 「신외감법」에 근거하여 지정된 성문의 회계규범인 「기업회계기준」 등에 기업회계에 관한 모든 것을 담을 수 없기 때문에 거래·기타 사건 또는 상황에 대하여 구체적으로 적용할 수 있는 회계기준이 없는 경우 **'일반적으로 공정·타당한 기업회계관행'**이 적용될 소지가 상당부분 있다.[19]

또한 상관습법은 상사에 관한 관습법으로서 상사에 관한 제정법(制定法)이 잘 정비되어 있다고 하더라도, 끊임없이 변하고 있는 기업적(企業的) 생활관계에 대한 탄력적 규율이 요구되므로 상관습법은 필연적으로 발생하며, **회사법 분야에서는 성문화(成文化)의 경향과 동시에 진보화(進步化)의 경향이 함께 나타나고 있다.**[20]

Ⅲ. 상사자치법

「정관」이 가장 대표적인 예이다. 회사의 「정관」은 이를 작성한 당사자뿐만 아니라 장래에 사원지위를 취득하는 자에 대하여도 고루 구속력을 갖는다. 따라서 **「정관」은 작성자들 간의 계약이 아니라 회사법의 法源인 自治法規이다.**[21]

그리고 「정관」의 수권에 의해 제정된 「주식사무규정」, 「이사회규정」, 「주주총회의 의사규정」, 그 밖에 업무규정 등도 상사자치법이다. 이들은 「상법」, 「정관」에 근거를 두고 제정되는 것이지만, 공서양속 등 강행법규에 위반할 수는 없다.[22]

Ⅳ. 法源 적용의 순서

"특별법은 일반법에 우선한다"는 일반원칙에 따라 회사의 법률관계에는 회사관계 특별법령, 상법전의 순서로 적용되며, 성문법은 관습법에 우선한다는 원칙에 따라 관습법이 그다음의 순위에 온다.

다만 정관은 자치법규이므로 강행법규에 위반하지 않는 한 「상법」·특별법령에 우선하여 적용된다. 그리고 「민법」과의 관계에서는 **「상법」제1조에 "상사에 관하여 본법에 규정이 없으면 「상관습법」에 의하고, 「상관습법」이 없으면 「민법」의 규정에 의한다."**고 규정된 바에 따라

---

17 이철송, 전게서, 2021, 9면.

18 최준선, 전게서, 삼영사, 2011, 10면.

19 김용범, 전게서, 2017, 420면. 이철송, 전게서, 2021, 9면.

20 김용범, 전게서, 2017, 627면.

21 김용범, 전게서, 2017, 628면. 이철송, 전게서, 2021, 9면.

22 김용범, 전게서, 2017, 628면. 최준선, 전게서, 삼영사, 2011, 10면.

「상관습법」이 「민법」에 우선하여 적용된다.[23]

1. 일반적 순서[24]

회사에 관해 적용될 각종 **法源의 순위는** ① **자치법규**(각 회사의 정관), ② **회사에 관한 각종 특별법령 또는 조약,** ③ **商法典 제3편 회사법** 순이다. ④ 회사에 관한 상관습법의 경우, 성문법과의 **대등적 효력설을** 취하는 입장에서는 상법전과 동순위로 적용되고, **보충적 효력설**의 취하는 입장에서는 **商法典에 규정이 없는 경우에 한하여 상관습법이 적용**된다. (「상법」 제1조). ⑤ **상관습법도 없는 경우에는 「민법」의 일반규정이 적용**된다.

그러나 「민법」 의 규정은 비영리법인에 관한 규정이고, 「상법」 제3편은 회사에 관한 자족적인 법률이므로 「상관습」 이 없는 경우에는 「민법」 의 규정의 적용에 앞서 관련 규정을 유추적용하여 합리적인 해석을 하는 것이 타당하다.

회사법 法源의 적용 순위 [25]

자치법규 → 회사에 관한 특별 법령·조약 → 회사법(「상법」 제3편) → 상관습법 → 민법

2. 상장회사의 특례규정의 적용 순서

가. 특례규정의 적용대상

「상법」 제3편 제4장 제13절의 상장회사에 대한 **특례규정은 상장회사에 대하여 적용**한다.(「상법」 제542조의2 제1항). 「상법」 상 **상장회사란 「자본시장법」 상 제9조 제13항에 따른 증권시장에 상장된 주권을 발행한 주식회사를 말한다.**(「상법」 제542조의 2, 「상법시행령」 제29조 제1항).

「상법」 상 상장회사는 「자본시장법」 상 주권상장법인에 해당하는데,[26] 「상법」 개정 과정에서 「상법」 에서는 "법인"이 아닌 "회사"라는 용어를 사용하므로 특례 규정에서도 "주권상장법인"이 아닌 "상장회사"라는 용어를 사용한다.

나. 특례규정의 제외대상

상장회사에 대한 특례규정은 집합투자를 수행하기 위한 기구로서 「자본시장법」 제6조 제

23　김용범, 전게서, 2017, 628면. 이철송, 전게서. 2021. 10면.

24　김용범, 전게서, 2017, 628면. 최준선, 전게서, 삼영사, 2011, 11면.

25　김용범, 전게서, 2017, 629면. 최준선, 전게서, 삼영사, 2011, 11면.

26　「자본시장법」 은 **상장회사라는 용어가 아닌 주권상장법인 또는 상장법인이라는 용어를 사용한다.** 「자본시장법」 제9조 제15항은 "상장법인", "비상장법인", "주권상장법인", "주권비상장법인"을 다음과 같이 정의함.
　　1) 상장법인 : 증권시장에 상장된 증권(이하 "상장증권")을 발행한 법인
　　2) 비상장법인 : 상장법인을 제외한 법인.
　　3) 주권상장법인 : ① 증권시장에 상장된 주권을 발행한 법인
　　　　　　　　　　 ② 주권과 관련된 증권예탁증권이 증권시장에 상장된 경우에는 그 주권을 발행한 법인.
　　4) 주권비상장법인 : 주권상장법인을 제외한 법인.

5항에서 정하는 집합투자를 수행하기 위한 기구인 주식회사에는 적용되지 않는다(「상법」 제542조의2 제1항, 「상법시행령」 제29조 제2항). 이는 「자본시장법」 상 주식회사형태의 집합투자기구인 투자회사를 가리킨다.

집합투자란 "2인 이상에게 투자권유를 하여 모은 금전이나 그 밖의 재산적가치가 있는 재산을 취득·처분·그 밖의 방법으로 운용하고 그 결과를 투자자에게 배분하여 귀속시키는 것"을 말한다(「상법」 제542조의2 제1항 단서).

다. 특례규정의 우선적용 의미

1) 특례규정의 우선적용에 대한 일반적 의미

「상법」 제542조의 2 제2항은 "이 절은 이 장 다른 절에 우선하여 적용한다"고 규정한다. "이 장"은 제3편의 주식회사에 관한 "제4장"을 의미하고, "이 절"은 제4장의 상장 회사에 대한 특례인 "제13절"을 의미한다.

따라서 법문을 형식적으로 해석한다면, 상장회사의 특례인 제13절의 규정과 「상법」 제3편 제4장의 다른 규정이 충돌하는 경우에는 항상 제13절의 규정만 배타적으로 적용되고, 일반규정은 특례규정이 없는 경우에만 보충적으로 적용되는 결과가 된다. 그러나 개별적인 특례규정의 성격을 고려하지 않고 모든 특례규정을 이와 같이 일률적으로 적용하는 것은 부당한 해석이라고 생각한다.[27]

2) 특례규정의 우선적용에 대한 세부적 검토

상장회사에 대한 특례규정은 그 입법취지와 법률관계의 성격에 따라 일반 규정과 관련하여 ① **배타적 규정**, ② **중첩적 규정**, ③ **선택적 규정** 등으로 분류할 수 있다. ①에 해당하는 예로서, 상장회사의 주주총회 소집공고에 관하여는 「상법」 제542조의4가 배타적으로 적용된다.

또한 ②에 해당하는 예로서, "주요주주 등 이해관계자와의 거래"에 관하여는 「상법」 제529조의 9의 요건과 자기거래에 관한 「상법」제398조의 요건이 "모두" 충족되어야 한다. ③에 해당하는 예로서, 상장회사의 소수주주권 행사는 특례규정인 「상법」 제542조의6의 요건 "또는" 일반규정인 「상법」 제366조의 요건이 충족되면 된다.

특례규정 중 특히 소수주주권에 관한 규정은 상장회사의 경우 비상장회사에 비하여 지분도의 분산도가 높고 일반적으로 자본금의 규모가 크다는 점을 고려하여 「상법」상 소수주주권 행사요건인 주식소유비율요건을 크게 완화하면서, 이로 인한 남용을 방지하기 위하여 「상법」에 없는 보유기간 요건을 별도의 요건으로 규정한 것이다.[28]

이와 같이 상장회사의 소수주주를 보호하기 위하여 특례규정을 규정한 것인데, 특례규정의 요건을 갖추지 못하였다는 이유로 오히려 「상법」상 원래의 소수주주권도 행사할 수 없다는 해석은 입법취지나 법문 상에도 타당하지 않다.[29] 따라서 2020년 「상법」의 개정을 통해

---

27 김용범, 전게서, 2017, 630면. 임재연, 전게서, 박영사, 2014, 28면, 대법원 2004.12.10., 선고 2003다41715 판결.

28 김용범, 전게서, 2017, 630면. 임재연, 전게서, 박영사, 2014, 28면, 대법원 2004.12.10., 선고 2003다41715 판결.

29 김용범, 전게서, 2017, 630면. 임재연, 전게서, 박영사, 2014, 29면.

일반규정 또는 특례규정 중 선택적으로 적용할 수 있도록 하였다.[30]

「상법」상 상장회사에 대한 특례를 구성하는 개별 규정의 규정형식을 보면 「상법」은 특례를 규정함에 있어서 「상법」의 다른 일반규정과 관련하여 배타적인 규정과 선택적인 규정을 구별하여 규정하고 있다. 즉, 선택적인 규정인 소수주주권에 관한 「상법」 제542조의6 각 항은 모두 "6개월 전부터 계속하여 상장회사 발행주식총수의 ――이상에 해당하는 주식을 보유한 자는 ―――에 따른 주주의 권리를 행사할 수 있다"라고 규정한다. "―――권리를 행사할 수 있다"라는 규정은 「상법」의 일반규정을 배제한다는 취지의 규정으로 볼 수 없다.

반면에 제13절의 나머지 모든 규정은 "―――받아야 한다(제542조의3 제3항),"――― 공고하여야 한다"(542조의4 제2항), "―――선임하여야 한다"(제542조의5), "―――청구하여야 한다" (542조의7 제1항), "―――되도록 하여야 한다"(제542조의8 제1항), "―――설치하여야 한다"(542조의11 제1항) 등과 같이 규정함으로써 다른 규정의 일반규정의 적용을 배제한다는 취지의 규정임을 명백히 하고 있다.[31]

따라서 「상법」제542조의2 제2항은 제13절의 특례규정이 있는 경우에 다른 절의 일반규정의 적용을 완전히 배제한다는 취지가 아니고, 특례규정의 성격에 따라 배타적적용 또는 선택적적용의 취지를 주의적으로 규정한 것이며, 소수주주권과 같은 선택적 적용대상 규정의 경우에는 특례규정의 요건이 구비되지 않은 경우에도 일반규정도 적용된다는 취지로 해석해 왔으나, 2020년 「상법」 개정을 통해 입법적으로 해결하였다.

또한 「상법」제542조의2 제2항은 "적용하지 아니한다"라고 명시적으로 규정한 것이 아니라 "우선 적용한다"라고 규정하므로, 위 규정은 제13절 모든 규정이 배타적으로 적용되어야 한다는 취지의 규정이 아니라고 보아야 한다.[32]

3. 「자본시장법」상 주권상장법인에 대한 특례의 적용 순서

「자본시장법」상 주권상장법인에 대한 특례에 관한 제3편 제3장의2는 외국법인 등과 투자회사는 적용되지 않는다.(「자본시장법」 제165조의2 제1항). 다만, 주권상장법인 재무관리기준에 관한 「자본시장법」 제165조의16 및 금융위원회의 조치에 관한 제165조의18은 외국법인 등에도 적용된다.

「자본시장법」의 주권상장법인에 대한 특례에 관한 제3편 제3장의2는 주권상장법인에 관하여 「상법」 제3편에 우선하여 적용한다(「자본시장법」 제165조의2 제2항). 지배구조상의 특례인 「상법」상 상장회사에 관한 특례규정과 달리, 「자본시장법」상 주권상장법인에 대한 특례규정은 재무특례규정이므로 소수주주 보호가 아닌 원활한 자금조달을 위한 것이고, 따라서 위에서 배타적 규정에 해당한다.[33]

---

30 「상법」제542조의6 제10항.

31 김용범, 전게서, 2017, 631면. 임재연, 전게서, 박영사, 2014, 29면.

32 김용범, 전게서, 2017, 631면. 임재연, 전게서, 박영사, 2014, 29면.

33 김용범, 전게서, 2017, 631면. 임재연, 전게서, 박영사, 2014, 33면.

제2장
감사의 일반적 사항

제1절 총 설

감사(監事)는 이사의 직무집행을 감사(監査)하는 자로서 주식회사의 **필요적 상설기관**이다. 따라서 「상법」은 감사의 지위의 중요성을 고려하여 감사의 자격이나 선임·종임 및 보수에 관해 일정한 규제를 가하고 있다.

예를 들면 감사의 자격의 경우에는 이익상충 방지라는 측면에서 겸임을 엄격히 금지하고 있으며, 선임의 경우에는 대주주의 영향력을 차단하기 위하여 대주주의 의결권을 제한하고 있고, 종임의 경우에는 소수주주에게 해임청구권을 인정하는 등 감사로서 적격성을 상실한 자에 대해 그 직위를 박탈할 수 있는 기회를 마련하고 있다. 그리고 보수의 결정 방법에 관해 반드시 주주총회에서 결정하도록 하고 있다.

감사의 선임에서부터 종임에 이르기까지 그리고 자격이나 보수에 대해 「상법」이 이처럼 제한을 가하고 있는 이유는 감사로서의 적격성을 갖는 자를 감사로 선임하는 한편, 監事의 독립성을 확보하여 監査의 실효성을 제고하는 데 그 목적이 있다.

제2절 감사의 자격과 겸임

Ⅰ. 개요

기존감사제도의 자격에 관련하여 「상법」은 별다른 제한을 두고 있지 않고, 다만 감사 업무의 공정성과 객관성을 확보·유지하기 위해 감사로 하여금 당해 회사 및 자회사의 이사나 지배인 또는 그 밖의 사용인을 겸하지 못하도록 규정하고 있다(「상법」 제411조). 따라서 자연인은 원칙적으로 겸임 금지규정에 저촉되지 않는 한 감사가 될 수 있다.

그러나 '특례규정'은 최근 사업연도 말 자산총액이 1,000억 원 이상 2조 원 미만 상장회사에 대해서 감사위원회를 설치한 경우가 아닌 한 반드시 1인 이상의 상근감사를 두도록 요구(「상법」 제542조의10 제1항 및 「동법 시행령」 제15조 제1항)하고 있으며, 그러한 상근감사에 대하여 엄격하게 자격을 제한하고 있다.(「상법」 제542조의10 제2항 및 「동법 시행령」제15조 2항)

또한 금융회사의 감사에 대하여는 「금융지배구조법」에 의하여, 공공기관[34]의 감사에 대하여는 「공공기관운영법」에 의하여, 「상법」의 일반규정(「상법」 제411조) 및 특례 규정(「상법」 제542조의10 제2항 및 「동법시행령」 제15조 제2항)에 의한 자격제한 이외에 각각 기관 및 회사의 특성과 필요에 따라 엄격한 자격제한을 추가하고 있다.(「금융 지배구조법」 제5조 및 「동법시행령」 제7조 제1항, 「공공기관운영법」 제34조)

II. 일반감사의 자격

감사의 자격에 관해 「상법」은 아무런 제한을 두고 있지 않으며, 단지 겸임에 관해서는 일정한 경우 금지하고 있다.(「상법」 제411조) 따라서 자연인은 원칙적으로 겸임금지규정에 저촉되지 않는 한 감사가 될 수 있다. 다만, 금융회사는 「금융사지배구조법」에 의하여, 공공기관에 대하여는 「공공기관운영법」에 의하여 자격을 정하고 있다.

1. 「상법」상 일반감사의 자격

가. 제한능력자(舊 행위무능력자)와 파산자

제한능력자[미성년자[35], 피한정후견인(舊한정치산자와 유사)[36], 피성년후견인(舊금치산자와 유사)[37]]나 파산선고를 받고 복권되지 않은 자(파산자)의 경우는 감사의 자격에 대해 논란의 여지가 있으나, 그중 ① 피성년후견인과 ② 파산선고를 받고 복권되지 않은 자(파산자)의 경우에는 당연히 감사가 될 수 없다고 본다.

왜냐하면 감사의 회사와의 관계에 관해 「상법」은 위임에 관한 규정을 준용(「상법」 제415조, 제382조 제2항)하므로 위임의 종료사유에 해당하는 피성년후견인선고나 파산 선고를 받은 자(「민법」 제690조)는 감사가 될 수 없기 때문이다.

또한 현실적인 이유로서는 피성년후견인의 경우는 행위능력이 제한된 자로서 감사업무를 수행할 능력이 부족하며, 파산자의 경우는 배상능력이 없는 자이므로 감사직의 수행에 따른 배상책임이 문제되었을 때 이를 이행할 능력이 없기 때문이다.

다만 ③ 피한정후견인과 ④ 미성년자의 경우에는 학설상의 다툼이 있으나, 이들 역시 행위능력에 제한이 있는 자로서 스스로 감사업무를 수행하기에는 어려움이 있으며 배상 능력에도 문제가 있다고 보아야 할 것이므로 감사지위의 중요성에 비추어 자격을 인정하기 곤란할 것이다.[38]

---

34 **공공기관**이라함은 「공공기관운영법」제4조에 의한 공기업, 준정부기관, 기타 공공기관을 말한다.

35 **미성년자**라함은 만 19세에 이르지 않은 자를 말한다.

36 **피한정후견인**이라 함은 질병·장애·노령, 그 밖의 사유로 인한 정신적 제약으로 사무를 처리할 능력이 부족한 사람으로 일정한 자의 청구에 의해 가정법원으로부터 한정후견개시의 심판을 받은 자를 말한다.(민법 제12조, 舊 한정치산자와 유사). 원칙적으로 종국적·확정적으로 유효하게 법률행위가 가능.

37 **피성년후견인**이라 함은 질병·장애·노령, 그 밖의 사유로 인한 정신적 제약으로 사무를 처리할 능력이 지속적으로 결여된 사람으로, 일정한 자의 청구에 의하여 가정법원으로부터 한정피성년후견개시의 심판을 받은 자를 말한다(민법제9조, 舊금치산자와 유사). 원칙적으로 종국적·확정적으로 유효하게 법률행위 불가능.

38 김용범, 전게서, 2017, 633면. 권종호, 전게서, 66~67면.

나. 법인

법인의 감사자격에 관해 「상법」은 아무런 제한을 두고 있지 않으므로 법인도 감사 자격이 있는지가 문제되고 있다. 학설은 긍정설과 부정설로 나뉘어져 있다.

① 긍정설[39]

: 법인의 경우 우수한 직원을 다수 확보하고 있으므로 감사의 실효성을 제고 할 수 있으며, 또한 대외적인 신용 및 자력 면에서도 자연인보다 훨씬 유리할 수 있다는 점을 그 이유로 들고 있는 설.

② 부정설[40]

: 본질적으로 이사나 감사와 같은 임원은 회사와 고도의 인적신뢰 관계를 바탕으로 그 직무를 수행하는 것을 전제로 하기 때문에 법인은 감사가 될 수 없다는 설.

일반적으로 법인은 설립 중인 회사의 기관인 발기인이 될 수 있는 것으로 보며, 또한 「회사정리법」에 의하면 법인도 관리인이 될 수 있으므로(동법 제95조) 이론적으로는 법인의 감사자격을 부정할 수는 없다.

그러나 법인이 감사가 된다함은 결국은 법인의 임직원 중에서 누군가가 법인을 대표하여 감사의 직무를 수행한다는 것인데, 이 경우 문제는 주주총회에서 단지 법인을 감사로 선임하는 것만으로는 누가 실제로 감사업무를 수행하는지를 알 수 없게 된다는 점이다.

따라서 법인을 감사로 선임하는 경우에는 주주총회에서 법인을 대표하여 감사업무를 수행할 자까지 지명하여 결의가 이루어져야 하며, 이 지명자가 감사로서 책임과 의무를 다하도록 할 필요가 있을 것이다.

다. 정관을 통한 자격제한

감사의 자격에 관해 법률상 제한은 없으나, 「정관」으로 감사의 자격을 제한하는 것은 가능하다고 보는 것이 일반적이다. 다만 감사의 자격제한이 「헌법」이나 법률에 위반하거나[41], 혹은 공서양속이나 주식회사 본질에 반하거나[42], 또한 불합리한 것[43]이어서는 아니 된다.[44]

1) 주주를 기준으로 한 자격제한

「정관」으로 감사의 자격을 주주로 제한하는 것에 관해서는 학설상 다툼이 있다. 이사의 경우에는 이른바 자격주제도라 하여 정관으로 그 자격을 주주로 제한하는 것이 법률상 허용되지만 (「상법」제387조), 감사에 관해서는 이에 관해 아무런 규정을 두고 있지 않기 때문이다.

---

39 김용범, 전게서, 2017, 634면. 정동윤, 전게서, 476면. 임홍근, 전게서, 555면. 권종호, 전게서, 67~68면.

40 이범찬, 오욱환, 전게서, 95면. 서돈각, 회사법, 451면. 이철송, 전게서. 2021. 661면.

41 연령, 성별을 기준으로 감사자격을 제한, 「상법」의 감사겸임금지규정에 위반하여 감사자격을 제한하는 것

42 예컨대 감사는 서울 출신에 한 한다는 식으로 주거지를 기준으로 감사자격을 제한하는 것

43 예컨대 감사는 키가 1m80cm 이상이여 한다는 식으로 신체를 기준으로 감사자격을 제한하는 것

44 김용범, 전게서, 2017, 634면. 권종호, 전게서, 69면.

학설 중에는 감사의 경우에는 주주로의 자격을 제한할 수 없다고 하는 견해[45]가 있으나, 현행「상법」이 감사의 자격을 주주로 제한하는 것을 금지하고 있지 않은 이상은「정관」으로 감사의 자격을 주주로 제한하는 것은 가능하다고 보아야 할 것이다.[46]

2) 국적을 기준으로 한 자격제한

감사의 자격에 관해「정관」으로 국적을 기준으로 제한하는 것(예컨대, 감사는 대한민국 국적을 가진 자에 한한다)이 가능한지에 관해 역시 논란의 여지가 있으나, 우리나라의 경우에는 가능하다고 보는 것에 대해 학설상 다툼이 없다.

이 문제는「헌법」제11조 상의 평등권과 관련하여 문제의 소지가 있는데, 우리「헌법」이 외국인의 법적지위에 관해 국제관행에 따른 상호주의를 취하고 있는 이상(「헌법」제6조 제2항)은 외국인에 대한 합리적인 차별은「헌법」정신에 반한다고 볼 수 없다.[47]

2.「금융지배구조법」상 일반감사의 자격

금융회사 감사의 자격 요건에 관해서는「금융지배구조법」의 규정에서 결격 사유에 관해 규정하고 있는데, 다음의 각 호에 해당하는 자는 금융회사의 감사가 되지 못하며, 금융회사의 감사가 된 이후에 이에 해당하게 되는 때에는 그 직을 상실한다.(「금융지배구조법」[48] 제5조 제1항 및 제2항)

금융회사 감사의 결격 요건

1) 미성년자·피성년후견인 또는 피한정후견인

2) 파산선고를 받고 복권되지 아니한 사람

3) 금고 이상의 실형을 선고받고 그 집행이 끝나거나 집행이 면제된 날로부터 5년이 지나지 아니한 사람

4) 금고 이상의 형의 집행유예를 선고받고 그 유예기간이 끝난 날부터 3년이 지나지 아니한 사람

4)의2. 금고 이상의 형의 선고유예를 받고 그 유예기간 중에 있는 사람

5) 이 법 또는 금융관계법령에 따라 벌금형을 선고받고 그 집행이 끝나거나 집행에 면제된 날부터 3년이 지나지 아니한 사람

6) 다음 각 목의 하나에 해당하는 조치를 받은 금융회사의 임직원 또는 임직원이었던 사람으로서 해당조치가 있었던 날부터 5년이 지나지 아니한 사람

　가) 금융관계법령에 따른 영업의 허가·인가·등록 등의 취소

　나)「금융산업의 구조개선에 관한 법률」제10조 제1항에 따른 적기시정조치

45　이범찬, 오욱환, 전게서, 96면.

46　김용범, 전게서, 2017, 635면. 권종호, 전게서, 69면.

47　김용범, 전게서, 2017, 635면. 권종호, 전게서, 70면.

48　금융위원회,「금융사지배구조법 일부개정법률(안)」, 2020. 6. 23.(향후 사선으로 표시)

다)「금융산업의 구조개선에 관한 법률」제14조 제2항에 따른 행정처분

7) 이 법 또는 금융관계법령에 따라 임직원제재조치를 받은 사람으로서 조치의 종류별로 5년을 초과하지 아니한 범위 내에서 대통령령으로 정하는 기간이 지나지 아니한 사람

8) 해당 금융회사의 공익성 및 건전경영과 신용질서를 해칠 우려가 있는 경우로서 대통령령으로 정하는 사람 등

3.「공공기관운영법」상 일반감사의 자격

공공기관 감사(상임감사위원포함)의 자격요건에 관해서는 「공공기관운영법」의 규정에서 추천기준과 결격 사유로 구분하여 구체적으로 규정하고 있는데, 이는 감사의 전문성을 확보하기 위해 강화된 것이다. 우선 추천기준으로 감사는 다음 각 호 중 어느 하나의 자격을 갖춘 사람을 추천하도록 하였다.(「공공기관운영법」제30조 제2항. 2020.3. 개정).

공공기관 감사의 추천 기준

1) 공인회계사 또는 변호사의 자격을 가진 사람으로서 그 자격과 관련된 업무에 3년 이상 종사한 경력이 있는 사람

2)「고등교육법」제2조 제1호부터 제5호까지의 규정에 따른 학교에서 감사·수사·법무, 예산·회계, 조사·기획·평가 등의 업무(이하 "감사 관련 업무"라 한다)와 직접 관련이 있는 분야에서 조교수 이상으로 3년 이상 재직한 경력이 있는 사람

3) 공공기관, 「자본시장법」제9조 제15항 제3호에 따른 주권상장법인 또는 연구기관에서 감사 관련 업무를 3년 이상 담당한 사람으로서 대통령으로 정하는 경력이 있는 사람

4) 국가 또는 지방자치단체에서 감사 관련 업무를 3년 이상 담당한 사람으로서 대통령령이 정하는 직급의 공무원으로 근무한 경력이 있는 사람

5) 그 밖에 해당 기관의 관장사무에 따라 전문성을 갖춘 사람으로서 대통령이 정하는 자격을 가진 사람 등

다음으로 다음 각 호의 결격사유에 해당하는 사람은 공기업·준정부기관(공공기관)의 감사가 되지 못하며, 공공기관의 감사가 다음 각 호의 당연 퇴직 사유에 해당하는 때에는 당연히 그 직을 퇴직한다.(「공공기관운영법」제34조. 2020. 3. 개정)

공공기관 감사의 결격 요건

1) 결격 사유

가)「국가공무원법」제33조(결격사유) 각 호의 어느 하나에 해당하는 사람

「국가공무원법」제33조의 결격 사유

① 피성년후견인 또는 피한정후견인

② 파산선고를 받고 복권되지 아니한 자

③ 금고 이상의 실형을 선고받고 그 집행이 종료되거나 집행을 받지 아니하기로 확정된 후 5년이
   지나지 아니한 자

④ 금고 이상의 형을 선고받고 그 집행유예기간이 끝난 날부터 2년이 지나지 아니한 자

⑤ 금고 이의 형의 선고유예를 받은 경우에 그 선고유예 기간 중에 있는 자

⑥ 법원의 판결 또는 다른 법률에 따라 자격이 상실되거나 정지된 자

⑥-2 공무원으로 재직기간 중 직무와 관련하여 「형법」제355조(횡령, 배임) 및 제356조(업무상의 횡
   령과 배임)에 규정된 죄를 범한 자로서 300만 원 이상의 벌금형을 선고받고 그 형이 확정된
   후 2년이 지나지 아니한 자

⑥-3 「성폭력범죄의 처벌 등에 관한 특례법」 제2조에 규정된 죄를 범한 사람으로서 100만원 이상
   의 벌금형을 선고받고 그 형이 확정된 후 3년이 지나지 아니한 사람

⑥-4 미성년자에 대한 다음 각목의 어느 하나에 해당하는 죄를 저질러 파면·해임되거나 형 또는
   치료감호를 선고받아 그 형 또는 치료감호가 확정된 사람
   가. 「성폭력범죄의 처벌 등에 관한 특례법」제2조에 따른 성폭력범죄
   나. 「아동·청소년의 성보호에 관한 법률」 제2조 제2호에 따른 아동·청소년대상 성범죄

⑦ 징계로 파면처분을 받은 때부터 5년이 지나지 아니한 자

⑧ 징계로 해임처분을 받은 때부터 3년이 지나지 아니한 자 등

 나) 「공공기관운영법」제22조(해임요청 등) 제1항, 제31조(기관장과의 계약 등) 제7항, 제35조
(이사와 감사의 책임 등) 제2항 및 제3항, 제48조(경영실적 평가) 제4항 및 제8항, 제52조의3(비
위행위자에 대한 수사의뢰 등) 제3항에 따라 해임된 날부터 3년이 지나지 아니한 사람

 2) 당연 퇴직사유

 가) 「국가공무원법」제69조(당연퇴직) 제1호에 해당하게 되는 경우

「국가공무원법」제69조의 당연퇴직 사유

① 「국가공무원법」제33조(결격사유) 각 호의 어느 하나에 해당하는 경우

② 다만, 제33조 제2호는 파산선고를 받은 사람으로서 「채무자 회생 및 파산에 관한 법률」에 따라
   신청기간 내에 면책을 신청하지 아니하였거나 면책 불허가 결정 또는 면책 취소가 확정된 경우
   에만 해당

③ 그리고 제33조 제5호는 「형법」제129조부터 제132조까지, 「성폭력범죄의 처벌 등에 관한 특례」
   제2조, 「아동·청소년의 성보호에 관한 법률」 제2조 제2호 및 직무와 관련 「형법」 제355조 또는

제356조에 규정된 죄를 범한 사람으로서 금고 이상의 형의 선고 유예를 받은 경우만 해당

나) 임명 당시 결격사유 각 호의 어느 하나에 해당하는 사람이었음이 밝혀진 경우

Ⅲ. 특례상근감사의 자격

1. 특례상근감사 자격 요건

특례상근감사의 자격 요건에 관해서는 「상법」의 "특례규정"에서 결격 사유에 관해 규정하고 있는데, 다음의 각 호에 해당하는 자는 특례상근감사가 되지 못하며, 특례상근감사가 된 이후에 이에 해당하게 되는 때에는 그 직을 상실한다.(「상법」 제542조의 10 제2항)

특례상근감사의 결격 요건

① 미성년자, 피성년후견인 또는 피한정후견인
② 파산선고를 받고 복권되지 아니한 자
③ 금고 이상의 형을 선고받고 그 집행이 끝나거나 집행이 면제된 후 2년이 지나지 아니한 자
④ 대통령으로 별도로 정하는 법률을 위반하여 해임되거나 면직된 후 2년이 지나지 아니한 자
⑤ 누구의 명의로 하든지 자기의 계산으로 의결권 없는 주식을 제외한 발행 주식총 수의 100분의 10 이상의 주식을 소유하거나 이사·집행임원·감사의 선임과 해임 등 상장회사의 주요 경영사항에 대하여 사실상의 영향력을 행사하는 주주(이하 "**주요주주**"라 한다) 및 그의 배우자와 직계존속·비속
⑥ 회사의 상무에 종사하는 이사, 집행임원 및 피용자 또는 최근 2년 이내에 회사의 상무에 종사한 이사·집행임원 및 피용자. 다만, 감사위원회위원으로 재임중이거나 재임하였던 이사는 제외
⑦ 회사의 상무에 종사하는 이사의 배우자 및 직계존비속
⑧ 계열회사의 상무에 종사하는 이사 및 피용자 또는 최근 2년 이내에 상무에 종사한 이사·집행임원 및 피용자
　(「상법」 제 542조의8 제2항 제1호부터 제4호까지 및 제6호, 제542조의10 제2항 제2호, 「동법 시행령」 제15조 제2항 제1호 및 제2호)

2. 최대주주와 특례상근감사[49]

특례상근감사의 결격사유로 「상법」 제542조의10 제2항은 상장회사 사외이사의 결격사유에 관한 제542조의8 제2항의 내용 중 제1호 내지 제4호 및 제6호만을 준용하고 있어 제5호인 최대주주와 그 특수관계인은 특례상근감사가 될 수 있다.

즉, 상장회사의 주주로서 의결권 없는 주식을 제외한 발행주식 총수를 기준으로 본인 및

그와 대통령령으로 정하는 특수한 관계에 있는 자(이하 "특수관계인"이라 함)가 소유하는 주식 수가 가장 많은 경우 그 본인(이하 "최대주주"라 함) 및 특수관계인은 특례상근감사가 될 수 있다.(「상법」제542조의8제2항제5호,「동시행령」제34조제4항)

특수관계인

1) 본인이 개인인 경우에는 다음 각 목의 어느 하나에 해당하는 사람.

가) 배우자(사실상의 혼인관계에 있는 사람을 포함)

나) 6촌 이내의 혈족   다) 4촌 이내의 인척

라) 본인이 단독으로 또는 본인과 가)목으로부터 다)목까지의 관계가 있는 사람과 합하여 100분의30 이상을 출자하거나 그 밖에 이사·집행임원·감사의 임면 등 법인 또는 단체의 주요 경영사항에 대하여 사실상 영향력을 행사하고 있는 경우에는 해당 법인 또는 단체와 그 이사·집행임원·감사.

마) 본인이 단독으로 또는 본인과 가)목으로부터 라)목까지의 관계가 있는 자와 합하여 100분의30 이상을 출자하거나 그 밖에 이사·집행임원·감사의 임면 등 법인 또는 단체의 주요 경영사항에 대하여 사실상 영향력을 행사하고 있는 경우에는 해당 법인 또는 단체와 그 이사·집행임원·감사.

2) 본인이 법인 또는 단체의 경우에는 다음 각 목의 어느 하나에 해당하는 자

가) 이사·집행임원·감사   나) 계열회사 및 그 이사·집행임원·감사

다) 단독으로 또는 1)호 각목의 관계가 있는 자와 합하여 본인에게 100분의 30 이상을 출자하거나 그 밖에 이사·집행임원·감사의 임면 등 본인의 주요 경영사항에 대하여 사실상 영향력을 행사하고 있는 개인 및 그와 1)호 각목의 관계가 있는 자 또는 단체(계열사는 제외)와 그 이사·집행임원·감사.

라) 본인이 단독으로 또는 본인과 가)목으로부터 다)목까지의 관계가 있는 자와 합하여 100분의30 이상을 출자하거나 그 밖에 이사·집행임원·감사의 임면 등 단체의 주요 경영사항에 대하여 사실상 영향력을 행사하고 있는 경우 해당 단체와 그 이사·집행임원·감사.

그런데 「상법」이 감사선임에 있어서 대주주의 의결권을 제한하는 목적은 대주주의 강력한 영향력하에 선임되는 이사들의 직무집행을 감사해야 하는 감사의 법적지위와 업무수행상의 독립성·객관성·중립성을 확보·유지하기 위함이다.

그럼에도 불구하고 상장회사의 최대주주와 그 특수관계인이 특례상근감사가 될 수 있다는 것은 결코 바람직하지 않고 입법취지에도 반한다. 이는 立法 誤謬이다. 따라서 제542조의8 제2항의 내용 중 제5호도 준용하도록, 향후 입법적으로 반드시 補完해야 한다.

3. 이사의 포섭 범위[50]

---

50 정준우, 「상법상 감사 관련 법규 해설」, 2018. 4. 6. 15~16면.

회사의 상무에 종사하거나 최근 2년 내에 회사의 상무에 종사한 이사는 특례상근 감사가 될 수 없다.(「상법」제542조의10 제2항) 이처럼 「상법」은 결격사유인 「이사」를 회사의 상무에 종사하거나 종사한 자로 한정하고 있다.

이는 (구)「증권거래법」 제191조의12 제3항 제6호상의 「상근임원」을 구체화한 것으로서 현재의 사내이사를 의미한다. 그리하여 (구)「증권거래법」에 익숙한 기업실무에서는 「사외이사와 그 밖에 상무에 종사하지 않는 이사」는 특례상근감사가 될 수 있는 것으로 오해할 수 있다. 이는 立法 誤謬이다. 따라서 여기서의 이사는 「상법」상 모든 이사를 의미하도록, 향후 입법적으로 반드시 補完해야 한다.

Ⅳ. 금융상근감사의 자격

금융회사의 상근감사 및 감사위원에 대하여는 「금융지배구조법 개정(안)」제5조(임원의 결격 요건)의 결격 요건 이외에 제6조(사외이사의 자격)의 자격 요건을 준용한다. 다만, 금융 회사의 상근감사 또는 사외이사가 아닌 감사위원으로 재임 중이거나 재임하였던 사람은 「동법」 제6조 제1항 제3호에도 불구하고 상근감사 또는 사외이사가 아닌 감사위원이 될 수 있다.(「금융지배구조법」제19조 제10항)

금융상근감사의 결격 요건

① 최대주주 및 그의 특수관계인(최대주주 및 그의 특수관계인이 법인인 경우에는 그 임직원)

② 주요주주 및 그의 배우자와 직계존속·비속(주요주주가 법인인 경우에는 그 임직원)

③ 해당 금융회사 또는 그 계열사(「신공정거래법」 제2조 제12호에 따른 계열회사를 말한다)의 상근 임직원 또는 비상임이사이거나 최근 3년 이내에 상근 임직원 또는 비상임이사였던 사람

③의2. 해당 금융회사의 최대주주 또는 주요주주인 법인에서 최근 3년 이내에 상근임직원 또는 비상임이사였던 사람

④ 해당 금융회사 임원의 배우자 및 직계 존속·비속

⑤ 해당 금융회사 임직원이 비상임이사로 있는 회사의 상근 임직원

⑥ 해당 금융회사와 대통령령으로 정하는 중요한 거래관계가 있거나 사업상 경쟁관계 또는 협력관계에 있는 법인의 상근 임직원 이거나 최근 2년 이내에 상근 임직원이었던 사람

⑦ *해당 금융회사에서 사외이사, 상근감사 및 감사위원으로 재직한 기간이 6년을 초과하거나 해당 금융회사 또는 그 계열사에서 사외이사로 재직한 기간을 합산하여 9년을 초과하는 사람*

⑧ *그 밖에 금융회사의 상근감사 및 감사위원으로서 직무를 충실하게 이행하기 곤란하거나 그 금융회사의 경영에 영향을 미칠 수 있는 사람으로서 대통령령으로 정하는 사람*

금융회사의 금융상근감사가 된 사람이 위 금융회사 금융상근감사의 결격 요건에 해당하게 된 경우에는 그 직을 잃는다.(「금융지배구조법」제6조 제2항)

Ⅴ. 감사의 겸임 금지

1. 개요

겸임이란 한 사람에게 둘 또는 그 이상의 지위를 부여하는 것 또는 두 가지 이상 직무를 아울러 맡아 보는 것을 의미한다. 감사는 해당회사의 이사 또는 지배인 기타의 사용인의 직무를 겸하지 못할 뿐만 아니라 자회사의 이사, 지배인 기타의 사용인의 직무도 겸하지 못한다.(「상법」411조)

감사의 겸임금지범위를 자회사로까지 확대한 것은 1995년 「상법」개정에 의해서며, 감사의 겸임을 제한하는 이유는 회사의 기관으로서 감사의 독립성을 확보하여 감사의 공정성을 도모하기 위해서다.

감사가 회사의 이사를 겸할 경우 이사는 監事의 監査를 받아야 할 자이므로 결국에는 자기가 자기를 감사하는 것이 되고 또 감사가 지배인이나 사용인을 겸할 경우에는 지배인 등은 이사의 지휘감독을 받는 자이므로 결국 감사는 이사의 영향력을 벗어나기가 어렵다.

그리고 감사가 자회사의 이사나 지배인이 되면 이때 역시 자회사는 모회사의 지배를 받기 때문에 자기를 지배하는 자를 감사하는 결과가 되어 공정한 감사가 불가능하게 된다.[51] 그리하여 「상법」은 감사의 겸임을 엄격히 제한한 것이다.

또한 2021.12.30.(전부개정) 시행인 「독점규제 및 공정거래에 관한 법률」(이하'신공정거래법'이라 한다)제9조 제1항 제2호에 의하여감사가 직접 또는 특수한 관계에 있는 자를 통하여 다른 회사의 임원 지위(감사포함)의 겸임을 금하고 있다. 그리고 「금융지배구조법」 제10조 및 「공공기관운영법」 제37조에 의하여 영리를 목적으로 하는 업무에 겸직을 제한하고 있다.

2. 겸임금지의 대상

가. 겸임의 금지범위

감사의 겸임금지대상은 해당 회사 및 자회사의 이사, 지배인 또는 기타 사용인이다. 그중 이사, 지배인, 자회사의 개념은 「상법」상 명확하지만, 사용인의 개념에 관해서는 불분명한데, 일반적으로 말하는 **'사용인'**이란 회사와 고용계약에 의해 직무수행에 관해 회사의 지휘를 받는 자를 뜻한다. 따라서 「상법」상의 상업사용인은 물론이고 업무집행임원이나 공장장, 경리부장 등 상업사용인 이외의 사용인도 포함된다.[52]

「상법」 제411조의 취지가 감사의 독립성 확보에 있는 이상 감사의 독립성을 훼손할 가능성이 있는 겸임은 모두 금지의 대상이 되는 것으로 보는 것이 합리적이며, 따라서 회사와 고용관계가 없더라도 사용인에 준하는 계속적인 관계가 존재하고 실질적으로 회사의 지휘를 받고 있는 경우라면 예컨대 고문변호사도 겸직 금지의 대상이 되며, 상담역, 고문 등 「정관」상의 직책을 겸하는 것도 금지의 대상이 된다고 보아야 할 것이다.[53]

---

51 김용범, 전게서, 2017, 636면. 이철송. 전게서. 2021. 871면. 권종호, 전게서, 71면.

52 김용범, 전게서, 2017, 637면. 이범찬, 오욱환, 전게서, 98면. 권종호, 전게서, 72면.

53 김용범, 전게서, 2017, 637면. 정동윤, 전게서, 477면. 권종호, 전게서, 72면.

그러나 감사가 변호사로서 회사를 위하여 특정사건에 관해 소송대리인이 되는 경우와 같이 특정사항에 관해 위임을 받아 업무를 수행하는 경우에는 겸임금지대상이 아니라는 견해[54]가 있으나, 이 경우라도 공정한 감사를 저해할 가능성이 있으면 겸임금지의 대상이 되는 것으로 보아야 할 것이다.[55]

또한 「공정거래법」상 감사는 직접 또는 대통령령이 정하는 특수한 관계에 있는 자를 통해 다른 회사의 임원지위*의 겸임을 금지하고 있다. 여기서 특수한 관계에 있는 자라 함은 ① 당해 회사를 사실상 지배하는 자, ② 동일인 관련자, ③ 경영을 지배하려는 공동의 목적을 가지고 당해 기업결합에 참여하는 자를 말한다.(「신공정거래법」 제9조 제1항 제2호, 「동법 시행령」 제14조)

* 임원이라 함은 이사, 대표이사, 업무집행을 하는 무한책임사원, 감사나 이에 준하는 자 또는 지배인 등 본점이나 지점의 영업전반을 총괄적으로 처리할 수 있는 상업사용인을 말한다.(「신공정거래법」 제2조 제6호)

그리고 「금융사지배구조법」 제10조는 금융회사의 상근임원은 다른 영리법인의 상시적인 업무에 대해 종사하는 것을 제한하였고, 은행의 임직원은 한국은행, 다른 은행 또는 「금융지주회사법」 제2조 제1항 제5호에 따른 은행지주회사의 임직원의 겸직을 제한하였다.

아울러 「공공기관운영법」 제37조는 공기업·준정부기관의 상임임원과 직원은 그 직무 외의 영리를 목적으로 하는 업무에 종사하지 못하도록 금지하였다. 이는 해당 기관 및 회사의 임직원으로 하여금 본연의 업무에 대한 전념 내지는 충실성을 도모하기 위해서다.

나. 겸임의 허용범위

「상법」에서 감사의 겸임금지 대상으로 하고 있는 것은 해당회사 및 자회사의 이사, 지배인 기타 상업사용인이므로 이에 해당하지 않는 경우, 예컨대 모회사의 감사가 자회사의 감사를 겸하거나 모회사의 이사, 지배인 기타 사용인이 자회사의 감사를 겸하는 것은 당연히 허용된다. 또한 감사는 「신공정거래법」 제9조 제1항 제2호 및 「동법 시행령」 제14조에 의하여 감사의 겸임 금지대상 임원의 지위에 해당되지 않는 한 다른 회사의 감사를 포함하여 임원을 겸임하는 것도 가능하다.

그리고 금융회사의 상근임원은 아래의 경우 이해상충 방지 및 금융회사의 건전성 등에 관하여 대통령령이 정하는 기준을 갖추어 미리 금융위원회의 승인을 받아야 한다.(「금융지배구조법」 제10조 및 제11조).

금융회사 상근임원의 금융위원회의 승인 사항

① 그 금융회사가 의결권 있는 발행주식총수의 100분의 15를 초과하는 주식을 보유하고 있는 다

54 日最高判, 1986.2.18., 民集 40. 1.32.

55 김용범, 전게서, 2017, 637면. 최기원, 「신회사법론」, 2001, 668면. 권종호, 전게서, 72면.

른 회사의 상근임원을 겸직하는 경우.

② 그 밖에 이해상충 또는 금융회사의 건전성 저해의 우려가 적은 경우로서 대통령령으로 정하는 경우.

③ 은행의 임직원이 「은행법」제37조제5항에 따른 자은행의 임직원이 되는 경우.

④ 금융지주회사의 임직원이 해당 금융지주회사의 자회사 등의 임직원을 겸직하는 경우 등.

아울러 「공공기관운영법」은 공기업·준정부기관의 상임임원과 직원은 그 직무 외의 영리를 목적으로 하는 업무에 종사를 금지하고 있으나, 공기업·준정부기관의 상임임원이 그 임명권자나 제청권자의 허가를 받은 경우와 공기업·준정부기관의 직원이 기관장의 허가를 받은 경우 비영리 목적의 업무에 한하여 제한적으로 겸직을 허용하고 있다.(「공공기관운영법」 제37조 제1항 및 제2항)

다만 법에서 감사의 겸직을 허용한다 하더라도 감사가 지나치게 많은 회사의 감사를 겸직하게 되면 감사업무에 대한 감사의 專念性 및 忠實性이 떨어지게 되어 감사의 質低下는 避할 수 없으므로 입법론으로서는 일정 수 이상의 회사에 대해 감사를 겸직하는 것을 금지하거나 감사는 반드시 상근으로 선임하도록 하는 것도 한 방법일 것이다.[56]

3. 겸임금지 위반의 효력

가. 개요

「상법」 제411조에서 금지하고 있는 감사의 겸임은 다음의 네 경우에 발생하게 된다. 즉, ① 이사, 지배인 기타 사용인(예컨대 총무부장 등)이 감사에 선임된 경우, ② 감사가 이사나 지배인 등에 선임되는 경우, ③ 자회사의 이사나 지배인 등이 모회사의 감사로 선임되는 경우, ④ 모회사의 감사가 자회사의 이사, 지배인 등으로 선임되는 경우가 그것인데, 이때에는 금지하고 있는 겸임에 해당되어 그 선임행위의 법적효력이 문제가 된다.

나. 겸임을 전제로 한 행위

감사의 겸임을 금지하는 이유가 회사의 기관으로서 감사의 독립성을 확보하여 감사의 공정성을 도모하기 위해서 이므로 선임행위의 내용이 기존의 지위와 새로운 지위를 병존시키는 것을 전제로 한 경우에는 그 선임행위는 무효라고 보는 것이 일반적이다. 즉 ① 및 ③의 경우라면 감사의 선임행위는 무효이고, 따라서 해당 감사가 한 행위는 무효이다.

그러나 ② 및 ④의 경우에는 원래라면 선임행위가 무효가 되는 것으로 봐야 할 것이나, 현실적으로 감사가 이사나 사용인의 지위를 계속 유지할 경우를 배제할 수 없으므로 감사의 공정성을 담보한다는 측면에서 이때에는 오히려 후술하는 바와 같이 감사가 해당회사나 자회사의 이사나 지배인 등으로 선임되어 취임을 승낙하면 감사를 사임한 것으로 보아야 할

---

56 김용범, 전게서, 2017, 637면. 권종호, 전게서, 73면.

것이다. 따라서 이사나 사용인으로 선임된 이후에 해당 감사가 한 행위는 무효이다.[57]

다. 겸임을 전제로 하지 않은 행위

이에 반해 선임행위의 내용이 기존의 지위와 새로운 지위를 병존시키는 것이 아니라, 단지 겸임이 금지되는 지위에 새롭게 선임한 것에 지나지 않는 경우는 그 선임행위는 무효가 되는 것이 아니라 기존의 지위를 사임하는 것을 정지조건으로 선임행위가 이루어진 것으로 보는 것이 통설[58]이므로, 겸임이 금지되는 지위에 선임된 자는 그 지위에 취임하는 것을 승낙하면 그와 동시에 기존의 지위를 사임하는 의사표시를 한 것으로 본다.[59]

즉 앞의 ① 및 ③의 경우라면 이사나 지배인 등이 감사에 취임하는 것을 승낙한 때 이사나 지배인 등을 사임한 것으로 해석된다. 다만 이사나 지배인등이 감사직을 수락했음에도 불구하고 여전히 이사나 지배인으로서 직무를 수행한 때는 감사로서 한 행위의 효력이 문제가 된다. 이에 대해 감사의 행위는 무효라고 할 수 없고 단지 감사의 공정성 문제로서 감사의 임무위반의 문제가 발생하는 데 지나지 않는다는 견해[60]가 있으나, 이때에는 겸임을 전제로 한 것으로 보아 감사선임 행위자체를 무효로 보는 것이 합리적일 것이다.[61]

그러나 ② 및 ④의 경우에는 감사가 이사나 지배인 등을 수락한 이상은 감사를 사임한 것으로 보아야 할 것이고, 따라서 감사가 이사나 지배인 등을 수락하고서도 계속적으로 감사직무를 수락한 때에는 그 감사행위는 무효이다. 다만, 「상법」 제411조의 겸임금지에 위반한 감사가 감사로서 한 행위에 대해서는 이처럼 일률적으로 무효라 하더라도 이사, 지배인 등의 지위에서 한 행위에 대해서는 원칙적으로 유효한 것으로 보아야 할 것이다.[62] 왜냐하면 이사, 지배인 등의 지위에서 한 행위를 일률적으로 무효라고 하면 거래의 안전을 해할 염려가 있기 때문이다.

라. 감사의 결원 시 행위

감사가 이사나 지배인 등에 선임되었으나 그것으로 인하여 감사에 결원이 발생할 경우 그 선임행위의 효력이 문제된다. 이 경우에는 감사는 후임감사가 취임할 때까지 감사로서의 권리와 의무를 갖기 때문에(「상법」 제415조, 제386조 제1항) 해당 감사는 여전히 감사로서 직무를 수행할 수 있다는 견해가 있다.

그러나 이때에는 해당 선임행위는 후임감사의 선임결의를 정지조건으로 한 것으로 보아야 할 것이고, 후임감사의 선임결의가 없는 한 해당 선임행위는 효력이 발생하지 않는다고

---

57 김용범, 전게서, 2017, 638면. 권종호, 전게서, 74면.

58 김용범, 전게서, 2017, 638면. 손주찬, 전게서, 828면. 임홍근, 전게서, 554면. 권종호, 전게서, 74면.

59 김용범, 전게서, 2017, 638면. 권종호, 전게서, 74면.

60 일본 상사법무연구회편, 「감사역 ハンドブック」, 2000, 161면.

61 김용범, 전게서, 2017, 639면. 권종호, 전게서, 75면.

62 김용범, 전게서, 2017, 639면. 권종호, 전게서, 75면.

보아야 할 것이다.[63] 그리고 감사가 다른 회사의 이사나 사용인을 겸하고 있는 상태에서 다른 회사가 子회사가 된 경우에는 그 감사는 어느 한쪽의 지위를 사임하여야 한다.

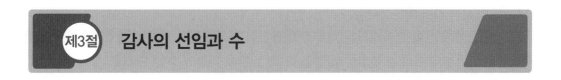

제3절 감사의 선임과 수

Ⅰ. 개요

감사는 원칙적으로 주주총회에서 선임한다.(「상법」 제409조 제1항) 다만 회사의 설립 시와 회사 구조·조직의 변경 시에는 선임기관이 일률적이지 않다. 감사 선임 시 「상법」상 별도의 언급이 없으므로 출석한 주주의 의결권의 과반수와 발행주식총수의 4분의 1 이상의 수로서 결의한다.(「상법」 제368조 제1항) 감사를 선임한 때에는 그 성명과 주민등록번호를 등기하여야 한다.(「상법」 제317조 제2항 제8호)

Ⅱ. 감사의 선임기관

감사는 주주총회에서 선임한다.(「상법」제 409조 제1항) 다만, 회사설립 시의 감사는 발기설립의 경우에는 발기인이 그 의결권의 과반수로써 선임(「상법」 제296조 제1항)하고, 모집설립의 경우에는 창립총회에서 출석한 주식 인수인의 의결권의 3분의 2이상이며 인수된 주식총수의 과반수로써 선임한다.(「상법」 제312조, 제309조)

그리고 ① 신설합병(「상법」 제524조 제6호, 제527조), 단순분할 및 물적분할에 의한 회사의 설립(「상법」 제530조의5 제1항 제9호, 제530조의12), 신설분할합병의 경우에는 창립총회에서, ② 주식이전의 경우에는 주식이전 승인을 위한 주주총회에서(「상법」 제360조의16 제1항 제7호), ③ 유한회사가 주식회사로 조직변경을 하는 경우에는 조직변경에 관한 사원총회에서 (「상법」 제607조 제5항, 제604조 제3항) 각각 감사를 선임한다.

감사의 선임기관에 관한 이러한 「상법」규정은 기관권한 분배의 원칙상 강행규정으로 해석되므로 감사선임을 법률에서 정한 기관 이외에 이사회나 대표이사 혹은 제3자에게 위임하거나 그 승인을 조건으로 하는 것은 허용되지 않는다.[64]

다만 공공기관의 감사에 대하여는 대통령 또는 기획재정부장관이 임명한다.(「공공기관운영법」 제25조, 제26조)

Ⅲ. 감사의 선임방법

1. 일반규정에 의한 선임방법

가. 선임방법의 일반원칙

---

63 김용범, 전게서, 2017, 639면. 일본 상사법무연구회편, 전게서, 161면. 권종호, 전게서, 75면.
64 김용범, 전게서, 2017, 640면. 권종호, 전게서, 76면.

감사의 선임결의는 보통결의로 한다. 즉 출석한 주주의 의결권의 과반수(의결정족수)와 발행주식총수의 4분의 1이상의 수로써 한다.(「상법」 제368조 제1항). 이 경우 발행주식총수의 계산에 있어서는 ① 의결권 없는 주식, ② 자기주식, ③ 자회사가 갖고 있는 모회사 주식, ④ 상호보유주식은 산입되지 아니한다.

그러나 감사의 선임에 관해서는 대주주의 영향력을 차단하고 감사의 독립성을 강화하기 위하여 의결권을 제한하는 특별규정을 두고 있다.[65] 즉 의결권 없는 주식을 제외한 발행주식총수의 100분의3을 초과하는 수의 주식을 가진 주주는 그 초과하는 주식에 대해서 의결권을 행사하지 못한다.(「상법」 제409조 제2항)[66]

이사는 보통결의로 선임하는 탓에 대주주의 영향력이 결정적으로 작용하므로 이를 실효적으로 견제하기 위해서는 감사가 중립성을 지녀야 하고, 그러기 위해서는 감사의 선임시에 대주주의 영향력을 억제할 필요가 있기 때문이다.[67]

다시 설명하면 대주주는 자기의 지분으로 자신 또는 자신이 신뢰하는 자를 이사로 선임하고 경영진을 임명할 수 있는데, 이들을 **감시할 감사기관**인 감사마저 대주주가 신뢰하는 자가 선임될 경우 정상적인 감사가 되지 않아 회사의 투명성 확보가 어려워질 수가 있어, 이러한 폐단을 막기 위해 「상법」은 대주주의 의결권 행사 한도를 법률로 제한하는 것이다.[68]

그리고 회사는 정관으로 의결권 제한비율을 100분의 3보다 낮추는 것은 가능하나(「상법」 제409조 제2항 괄호분), 높이는 것은 허용되지 않는다. 왜냐 하면 의결권 제한비율을 높일수록 대주주의 영향력은 증대하기 때문이다.[69] 이 경우 100분의 3의 비율은 1인이 소유한 주식의 수를 기준으로 판단한다.

다만, 새도우보팅제도 폐지 및 3% 의결권 제한 등으로 감사선임의 경우 의결정족수 충족 곤란상황의 발생을 방지하기 위해 회사가 「상법」 제368조의4(전자적 방법에 의한 의결권의 행사) 제1항에 의해 전자적방법으로 의결권을 행사하도록 한 경우에는 출석한 주주의 의결권의 과반수로서 감사선임을 결의할 수 있다.(「상법」 제409조 제1항, 제3항).[70]

주주총회결의에 있어서는 결의에 관해 특별한 이해관계가 있는 자는 의결권행사가 금지되나 (「상법」 제368조 제4항), 감사후보자가 주주로서 의결권을 행사하는 것은 그 결의에 특별한 이해관계를 갖는 것으로 보지 않으므로 당연히 허용된다.[71]

나. 선임결의의 효력발생

그간 주식회사의 이사·감사의 지위를 취득하기 위한 요건(=주주총회의 선임결의와 피선임자

---

65 김용범, 전게서, 2017, 641면. 최준선, 전게보고서, 110면. 김학원, 전게서, 37면.

66 그 결과 감사선임결의시의 의결정족수에는 100분의 3을 초과하는 주식은 산입되지 않는다.

67 김용범, 전게서, 2017, 641면. 이철송, 전게서. 2021. 869면.. 정준우, 전게서, 23~24면.

68 김용범, 전게서, 2017, 641면. 최준선, 전게서, 110~111면. 김학원, 전게서, 37면.

69 김용범, 전게서, 2017, 641면. 권종호, 전게서, 77면. 최준선, 「회사법(제6판)」,삼영사, 2011, 516면.

70 「상법 일부 개정 법률」, 2020. 12 09.

71 김용범, 전게서, 2017, 641면. 권종호, 전게서, 78면.

의 승낙) 및 이때 피선임자가 대표이사와 별도의 임용계약을 체결해야 하는지에 관해 학설은 아래와 같이 나누어져 있었다.

① **필요설** : 임원 선임에 관한 주주총회의 결의는 단순히 회사 내부의 의사결정에 불과하므로 피선임자가 임원의 지위를 취득하려면 별도로 대표이사와 임용계약을 체결해야 한다고 주장

② **불필요설** : 주주총회와 대표이사의 단체법적 위상을 고려할 때 피선임자와 대표이사 간에 임용계약은 필요치 않다고 주장

대법원은 이사나 감사의 선임에 관한 주주총회의 결의는 피선임자를 회사 기관인 이사나 감사로 한다는 취지의 회사 내부의 결정에 불과한 것이므로, 주주총회의 선임결의가 있다 하여 바로 피선임자가 이사나 감사의 지위를 취득하게 되는 것은 아니고, 주주총회의 선임 결의에 따라 회사의 대표기관이 임용계약을 청약하고 피선임자가 이에 승낙함으로써 비로소 피선임자가 이사나 감사의 지위에 취임하여 그 직무를 수행할 수 있게 되는 것이므로, 주주총회에서 이사나 감사선임 결의만 있었을 뿐 회사와 임용계약을 체결하지 아니한 자는 아직 이사나 감사로서 지위를 취득할 수 없다"고 필요설의 입장에서 줄곧 판시해 왔다.[72]

그러나 최근 대법원은 회사의 주주총회에서 갑과 을을 각각 사내이사 및 감사로 선임하는 결의가 이루어졌으나, 회사의 대표이사가 주주총회결의에 하자가 있다는 이유를 들어 이사 및 감사 임용계약의 체결을 거부하자, 갑과 을은 회사의 주주총회 결의에서 사내이사 또는 감사로 선임됨에 따라 별도의 임용계약 없이도 사내이사 및 감사의 지위를 가지게 되었다고 주장하면서, 회사를 상대로 이사 및 감사 지위 확인 등의 소를 제기한 사안에서 **"이사 및 감사의 지위는 주주총회의 선임 결의가 있고 선임된 사람의 동의가 있으면 취득한다"** 취지의 판결[73]을 하여 필요설 입장의 기존의 판례를 모두 변경하였다.

대법원은 이와 같은 판단의 주요 근거로 ① "이사·감사는 주주총회에서 선임한다"고 규정하고 있는 「상법」 제382조 제1항, 제409조 제1항의 취지는 주식회사의 특수성을 고려하여 주주가 회사의 경영에 관여하는 유일한 통로인 주주총회에 이사·감사의 선임 권한을 전속적으로 부여하기 위한 데에 있다는 점, ② 이사·감사의 지위가 대표이사와의 사이에 임용계약이 체결되어야만 비로소 인정된다고 보는 것은 이사·감사의 선임을 주주총회의 전속적 권한으로 규정한 「상법」의 취지에 배치된다는 점이다.

그리고 ③ 「상법」 상 대표이사의 권한에 이사·감사의 선임이 대표이사에 속하지 아니함은 법문 상 분명한 점(「상법」 제389조 제3항, 제209조 제1항), ④ 「상법」 상 이사는 이사회의 구성원으로서 회사의 업무집행에 관한 의사결정에 참여할 권한을 가지고 (제393조 제1항), 「민법」의 위임에 관한 규정을 준용하며(제382조 제2항), 법령과 정관의 규정에 따라 회사를 위해 그 직무를 충실하게 수행하여야 할 의무를 부담 하는 한편(제382조의 3), 이사의 보수는 정관에

---

72 권종호, 전게서, 78면, 김학원, 전게서, 37면, 대법원 1995. 2. 28. 판결 94다 31440, 동 대법원 2005. 11. 8. 결정 2005 마 541

73 김용범, 전게서, 2012. 339면. 김용범. 전게서. 2017. 642면. 대법원. 2017. 3. 23. 선고. 2016다251215. 전원합의체 판결. 정준우. 전게서, 26면, 이철송. 전게서. 2021. 666면. 및 2019. 663면..

그 액을 정하지 아니한 때에는 주주총회의 결의로 이를 정한 것에 비추어 (『상법』제388조), 이사의 지위는 단체법적 성질을 가지는 것이라는 점이다.

아울러 ⑤ 주주총회에서 새로운 이사를 선임하는 결의는 주주들이 경영진을 교체하는 의미를 가지는 경우가 있는데 이사 선임결의에도 불구하고 대표이사가 임용계약의 청약을 하지 않는 이상 이사로서의 지위를 취득하지 못한다고 보게 되면 주주로서는 효과적인 구제책이 없게 되는 점, ⑥ 『상법』 제409조 제2항은 감사의 선임에 대해 "발행주식총수의 100분의 3을 초과하는 수의 주식을 가진 주주는 그 초과하는 주식에 관해서는 의결권을 행사하지 못한다"고 규정하고 있는데, 감사선임결의에도 불구하고 대표이사가 임용계약의 청약을 하지 않아 감사로서의 지위를 취득하지 못한다고 하면 『상법』 규정에서 감사의 선임에 관해 대주주의 의결권을 제한한 취지가 沒却되는 문제가 있다고 지적하고 있다.

또한 이번 대법원 판례는 기존 판례에 대해 문제점으로 "비록 주주총회에서 감사로 선임된 자라고 하더라도 대표이사의 감사취임에 관한 청약이 없는 한 감사로 취임할 수 없다는 결과가 되어, 이는 타당하지 않을 뿐만 아니라 오히려 監査 對象이 되는 대표이사에게 監事의 취임여부를 맡기는 것은 부당하고, 경영진에 의한 남용 가능성과 그로 인한 감사 중립성을 훼손할 우려가 있다[74]고 지적하였다. 그러므로 **감사의 선임에 관한 주주총회의 결의는 창설적인 효력이 있는 것으로서 그 자체가 청약의 효력이 있는 것**으로 보아야 한다. 즉, **그 선임결의 후 후보자의 명시적이든 묵시적 이든 동의만 있으면 곧바로 감사의 지위를 취득**한다고 봐야 한다."[75]는 불필요설의 주장을 뒷받침한 것으로 본다.

따라서 **금번 대법원의 판례변경은 이사 및 감사의 선임 및 그 지위는 구체적인 임용계약의 체결이 없어도 주주총회의 선임결의가 있고 선임된 사람의 동의만 있으면 취득을 인정한 것**으로서, 『상법』 제382조 제1항, 제409조 제1항의 문언에 충실하게 이사 및 감사 선임의 권한이 주주총회에 있다는 회사기관 간의 권한 귀속을 분명히 하였고, 경영권 분쟁상황에서 이루어지는 주주총회 선임 결의와 선임된 사람의 동의가 있었음에도 불구하고 이사 및 감사가 취임하지 못하게 왜곡되는 사례를 방지하게 되었다고 볼 수 있다.[76]

다만, 감사 선임을 위한 주주총회의 결의에 하자가 있으면, 하자의 내용에 따라 주주 등 이해관계자는 결의취소의 소(『상법』제376조), 결의무효 확인의 소 또는 결의부존재 확인의 소(『상법』제380조)를 제기하여 그 효력을 다툴 수는 있다.

2. 특례규정에 의한 선임방법

대통령령으로 정하는 상장회사(최근 사업연도 말 현재 자산총액이 1천억 원 이상 2조 원 미만인 상장회사)는 주주총회의 결의에 의하여 회사에 상근하면서 감사업무를 수행하는 감사(이하 '상근

---

74 김용범, 전게서, 2012, 339면. 김용범, 전게서, 2017, 643면. 강희갑, 전게서, 145면, 정준우, 「감사와 외부감사인의 법적책임」, 한국상장회사협의회, 2005, 25~26면.

75 김용범, 전게서, 2012, 339면 및 2017, 643면. 정준우 전게서, 26면, 이철송. 전게서. 2021. 666면.

76 김용범, 전게서, 2017, 643면. 임재연ㆍ문일봉ㆍ김선경, 「이사ㆍ감사의 지위는 임용계약체결 없어도 주주총회의 선임결의가 있고 선임된 사람의 동의가 있으면 취득」, 율촌 송무 Legal Update, 2017, 03.

감사'라 한다)를 1명 이상 두어야 한다. 다만 회사가 감사위원회를 설치한 경우에는 그러하지 아니하다.(『상법』 제542조의10 제1항)

상장회사가 감사 및 상근감사를 선임할 때에는 최대주주는 최대주주의 특수관계인, 그 밖의 대통령령으로 정하는 자가 소유하는 그 상장회사의 의결권 있는 주식을 합산(**합산 3% Rule**)하며, 일반주주는 그가 개별 소유하는 주식만(**개별 3% Rule**)으로 그 회사의 의결권 없는 주식을 제외한 발행주식총수의 100분의 3을 초과하는 경우 그 주주는 그 초과하는 주식에 관하여 의결권을 행사하지 못한다. 다만, 정관에서 이보다 낮은 주식 보유비율을 정할 수 있다.(『상법』 제542조의12 제4항 및 제7항).

다만, 새도우보팅제도 폐지 및 3% 의결권 제한 등으로 상장회사의 감사 및 상근감사를 선임할 경우 의결정족수 충족 곤란상황의 발생을 방지하기 위해 특례상근감사를 선임할 경우에도 상장회사가 『상법』 제368조의4(전자적방법에 의한 의결권의 행사) 제1항에 의해 전자적 방법으로 의결권을 행사하도록 한 경우에는 출석한 주주의결권의 과반수로서 상장회사의 감사 및 상근감사의 선임을 결의할 수 있다.(『상법』 제409조 제3항)

3. 특별법규에 의한 선임방법

가. 공기업·준정부기관의 감사 선임방법

공기업의 감사는 임원추천회의가 복수로 추천하여 운영위원회의 심의·의결을 거친 사람 중에서 기획재정부장관의 제청으로 대통령이 임명한다. 다만, 기관의 규모가 대통령령이 정하는 기준 이하인 공기업의 감사는 임원추천회의가 복수로 추천해 운영위원회의 심의·의결을 거친 사람 중에서 기획재정부장관이 임명한다.(『공공기관운영법』제25조 제4항)

준정부기관의 감사는 임원추천회의가 복수로 추천해 운영위원회의 심의·의결을 거친 사람 중에서 기획재정부장관이 임명한다. 다만, 기관규모가 대통령령이 정하는 기준 이상이거나 업무내용의 특수성을 감안해 대통령령이 정하는 준정부기관의 감사는 임원추천위원회가 복수로 추천해 운영위원회의 심의·의결을 거친 사람 중에서 기회재정부장관의 제청으로 대통령이 임명한다.(『공공기관운영법』제24조 제4항)

공기업 및 준정부기관의 감사의 경우 『공공기관운영법』 제25조 및 제26조에 의한 대통령 또는 기획재정부장관의 임명방법 외에 주주총회나 출자총회 등 사원총회가 있는 공기업·준정부기관의 경우는 감사의 선임과 관련해 追加的으로 일반규정에 의한 선임절차 또는 특례규정에 의한 선임절차를 거쳐야 한다.(『동법』제27조)

나. 금융회사의 감사 선임방법

금융회사는 주주총회 또는 이사회에 임원을 선임하려는 경우 임원후보추천위원회의 추천을 받은 사람 중에서 선임하여야 한다. 임원후보추천위원회는 3명 이상의 위원으로 구성하며, 이 경우 사외이사가 위원의 3분의 2 이상이어야 한다. 임원후보추천위원회의 위원은 본인을 임원후보로 추천하는 임원후보추천위원회의 결의에 참석하거나 의결권을 행사하지 못하고, 대표이사는 감사위원 또는 사외이사 후보를 추천하는 임원후보추천위원회 결의에 참

석하거나 의결권을 행사하지 못한다.(「금융지배구조법 개정(안)」 제17조 제2항~제6항)

자산규모 등을 고려하여 대통령령으로 정하는 금융회사는 회사(최근 사업연도 말 자산총액이 1천억 원 이상인 금융회사. 단, 신용카드업을 영위하지 아닌 경우에는 자산총액이 2조 원 이상인 경우)에 상근하면서 감사업무를 수행하는 감사(이하 "상근감사"라 함)를 1명 이상 두어야 하며, 다만, 이 법에 따른 감사위원회를 설치한 경우에는 상근감사를 둘 수 없다.(「동법」제19조제8항, 「동법 시행령」제16조제3항)

금융사의 상근감사를 선임하는 경우 주주총회의 결의에 있어서 최대주주는 최대주주의 특수관계인 등이 소유하는 의결권 있는 주식을 합산(합산 3% Rule, 「금융지배구조법」 제19조 제7항) 하며, 일반주주는 개별 소유하는 주식만으로 그 회사의 의결권 없는 주식을 제외한 발행주식 총수의 100분의 3까지로 제한(개별 3% Rule, 「상법」 제409조 제2항, 제3항 및 「금융지배구조법」 제19조 제9항)한다.

다만, 새도우보팅제도 폐지 및 3% 의결권 제한 등으로 특례상근감사 선임 시 의결정족수 충족 곤란상황의 발생을 방지하기 위하여 금융회사도 특례상근감사를 선임할 때에는 그 금융회사가 「상법」 제368조의4(전자적 방법에 의한 의결권의 행사)제1항에 의해 전자적방법으로 의결권을 행사하도록 한 경우 출석한 주주의결권의 과반수로서 그들의 선임을 결의할 수 있다.(「상법」 제409조 제3항)

4. 의결권 제한의 위헌성 문제

자세한 내용은 제2편 제9장 제1절 Ⅴ-7. "의결권 제한의 위헌성 문제" 항목을 참조하시기 바랍니다.

5. 의결권 제한의 역차별 문제

자세한 내용은 제2편 제9장 제1절 Ⅴ-8. "의결권 제한의 역차별 문제" 항목을 참조하시기 바랍니다.

6. 감사 선임방법의 유의사항

상장회사 감사 선임 및 해임에 관한 주주총회의 결의에 있어서 최대주주는 최대주주의 특수관계인 등이 소유하는 의결권 있는 주식을 합산하며, 일반주주는 개별소유하는 주식만으로 그 회사의 의결권 없는 주식을 제외한 발행주식총수의 100분의 3까지로 제한되고(「상법」 제542조의12 제4항 및 제7항),[77] 의결권을 행사 할 수 없는 주식은 출석한 주주의 의결권 수에 산입하지 않도록 되어 있다.(「상법」 제371조 제2항)

그리하여 기존에는 대주주가 많거나 최대주주 또는 대주주의 지분이 상대적으로 큰 회사는 「상법」 제368조(총회의 결의방법 및 의결권 행사) 제1항의 「발행주식총수의 4분의 1 이상」이란 요건을 충족하지 못해 감사를 선임할 수 없는 문제가 발생할 수 있고, 1인 회사나 완전

---

[77] 이처럼 의결권 제한은 감사의 선임결의에만 적용되므로 감사의 수를 정하거나 기타 감사의 선임 자체와는 무관한 감사 관련 결의는 적용되지 않는다.(대법원. 2015. 7. 23. 선고. 2015다213216 판결)

자회사의 경우에는 감사선임 자체가 불가능하였다.

예를 들어 발행주식 총수가 200주인 회사에서 대주주 A가 60주를 가지고 있을 때 감사선임을 위한 주주총회가 개최되었고 A를 포함하여 100주가 출석하였다면, A는 단 6주(3%)에 대해서만 의결권을 행사할 수 있으므로 출석한 주식 수는 46주에 불과하다. 즉, 이 경우에는 발행주식총수의 4분의 1이상(즉, 50주 이상)이라는 요건을 충족하지 못하여 감사를 선임할 수 없었다.

만약 3% 초과 주식이 「상법」 제368조 제1항이 말하는 "발행주식총수"에 산입된다고 보게 되면, 어느 한 주주가 발행주식총수의 78%를 초과하여 소유하는 것과 같이 3% 초과하는 주식 수가 발행주식총수의 75%가 넘는 경우에는「상법」 제368조 제1항에서 말하는 '발행주식총수의 4분의 1이상의 수'라는 요건을 충족시키는 것이 원천적으로 불가능하게 되었다.

따라서 대법원은 **"감사의 선임에서 3% 초과주식은 「상법」 제371조의 규정에도 불구하고 「상법」 제368조 제1항에서 말하는 「발행주식총수」에 산입하지 않는다. 그리고 이는 자본금 총액이 10억 원 미만이어서 감사를 반드시 선임하지 않아도 되는 주식회사라고 하여 달리 볼 것도 아니다"라고 판시**[78]하여 입법적인 불비사항을 보충하였다. 이는 명백한 입법적인 불비이므로 조속한 입법적 보완이 필요하였다.

그리하여 이번 2020년 12월 「상법」개정을 통하여 회사가 「상법」 제368조의4 제1항에 의해 전자적 방법으로 의결권을 행사할 수 있도록 한 경우에는 「발행주식총수의 4분의1 이상」이란 요건을 충족하지 못하더라도 출석한 주주의 의결권 과반수로서 감사의 선임을 결의할 수 있도록 입법적으로 해결하였다.[79] [「상법」 제409조(선임) 제3항, 제542조의12(감사위원회의 구성 등) 제8항]

Ⅳ. 감사의 선임절차

1. 일반규정에 의한 선임절차

주주총회를 소집할 때에는 주주총회일의 2주 전에 각 주주에게 서면으로 통지를 발송하거나 각 주주의 동의를 받아 전자문서로 통지를 발송하여야 한다. 다만, 그 통지가 주주명부상 주주의 주소에 계속 3년간 도달하지 아니한 경우에는 회사는 해당 주주에게 총회의 소집을 통지하지 아니할 수 있다.(「상법」 제363조 제1항) 그리고 무기명 주권을 발행한 회사, 자본금 총액이 10억 원 미만인 회사는 이를 달리 정하고 있다.(동조 제3항~제5항)

감사의 선임에 관한 사항을 목적으로 하는 주주총회를 소집 통지하는 경우에는 그 소집통지서에는 감사선임의 뜻을 회의의 목적사항으로 기재하여야 한다.(「상법」 제363조 제2항) 그런데 감사의 선임과 해임, 감사활동의 독립성 확보는 주주와 회사채권자 등의 이해관계가 걸려 있는 매우 중대한 문제라고 할 수 있는데도「상법」의 일반규정에는 주주총회의 회의목적사항이 감사선임에 관한사항인 경우 소집통지서에는 감사의 성명과 같은 일정한 인적사

---

78 대법원. 2016. 8. 17. 선고. 2016다222996 판결.

79 「상법 일부 개정 법률」. 2020. 12. 09.

항에 대한 표시여부를 규정하고 있지는 않고 있다.

따라서 감사선임을 위한 주주총회의 소집통지서에 감사의 성명과 같은 일정한 인적사항을 표시해야 하는지 여부에 대하여 견해의 대립이 있다.

① **의제만 기재설 :** 이 경우 소집통지에 "감사선임에 관한 건"과 같이 의제만 기재하면 족 하고 감사후보자의 성명까지 기재할 필요는 없다고 보는 견해[80]

② **인적사항기재설 :** 감사의 선임에 있어서는 그 인적사항이 선임의 매우 중요한 판단기준이 되므로 최소한 후보자의 성명이나 약력에 관해서는 기재하여야 한다는 견해[81]

생각건대 대주주와 사실상 그의 영향력하에 있는 이사들이 경영을 전담하고 있는 우리의 기업지배구조상 회사내부에서 이사들을 합리적으로 견제할 수 있는 기관인 감사가 누가 선임되느냐는 매우 중요한 문제이다. 따라서 감사선임을 위한 주주총회의 소집통지서에 최소한 감사후보자의 성명과 약력 같은 간단한 인적사항 등을 기재해야 된다고 본다.[82]

감사와 이사를 동시에 선임할 경우에 상장회사에서는 각각 별도의 안건으로 상정하여 결의할 것을 법에서 요구하고 있다.(「상법」 제542조의12 제5항) 이는 비상장회사에도 감사 선임시와 이사 선임 시의 의결권 계산방법이 다르므로 당연히 별도의 의안으로 상정하여 의결하여야 하는 것으로 보아야 할 것이다.[83]

2. 특례규정에 의한 선임절차

가. 특례규정에 의한 선임절차의 일반

상장회사가 주주총회를 소집하는 경우 대통령령으로 정하는 수 이하의 주식[84]을 소유하는 주주에게는 정관으로 정하는 바에 따라 주주총회일의 2주 전에 주주총회를 소집한다는 뜻과 회의의 목적사항을 둘 이상의 일간신문에 각각 2회 이상 공고하거나 대통령령으로 정하는 바에 따라 전자적 방법[85]으로 공고함으로써 「상법」 제363조 제1항의 소집 통지를 갈음할 수 있다.(「상법」 제542조의 4 제1항)

상장회사가 감사의 선임에 관한 사항을 목적으로 하는 주주총회를 소집통지 또는 공고하는 경우에는 감사후보자의 성명, 약력, 추천인, 그밖에 대통령령으로 정하는 후보자에 관한 사항을 통지하거나 공고하여야 한다.(「상법」 제542조의4 제2항)

대통령령으로 정하는 후보자에 관한 사항

---

80 이범찬, 오욱환, 전게서, 102면. 이철송. 전게서. 2021. 519면

81 김용범, 전게서, 2017, 646면. 권종호, 전게서, 79면. 정준우, 전게서, 24~25면.

82 김용범, 전게서, 2017, 646면. 권종호, 전게서, 79면. 정준우, 전게서, 25면.

83 김용범, 전게서, 2017, 646면. 이철송. 전게서. 2021. 870면. 권종호, 전게서, 79면.

84 **대통령령으로 정하는 수 이하의 주식**이란 의결권 있는 발행주식총수의 100분의 1이하의 주식을 말한다.(「상법시행령」 제31조 제1항)

85 **대통령령으로 정하는 전자적 방법**이란 금융감독원 또는 한국거래소가 운용하는 전자공시시스템에 공고하는 방법을 말한다.(「상법시행령」 제31조 제2항)

① 후보자와 최대주주와의 관계

② 후보자와 해당 회사와의 최근 3년간의 거래 내역

③ 주주총회 개최일 기준 최근 5년 이내에 후보자가 「국세징수법」 또는 「지방세징수법」에 따른 체납처분을 받은 사실이 있는지 여부

④ 주주총회 개최일 기준 최근 5년 이내에 후보자가 임원으로 재직한 기업이 「채무자회생 및 파산에 관한 법률」에 따른 회생 절차 또는 파산 절차를 진행한 사실이 있는지 여부

⑤ 법령에서 정한 취업제한 사유 등 이사·감사 결격 사유의 유무

상장회사가 주주총회에서 감사를 선임하려는 경우에는 「상법」 제542조의4 제2항에 따라 통지하거나 공고한 후보자 중에서 선임하도록 하였다.(「상법」 제542조의 5) 이를 위반하면 과태료 처분을 받는다.(「상법」 제635조제25의2호) 이는 감사의 자격을 사전에 검증하여 적합한 인물을 선임하려는 것이다.

그리고 최근의 하급심 판례는 이사의 선임에 관한 결의를 함에 있어서 이사후보자의 성명·약력·추천인 등의 후보자에 관한 사항을 사전에 통지·공고하여야 함에도 불구하고, 사전에 이사 후보자를 통지·공고되지 않은 후보를 이사로 선임한 주주총회 결의는 소집 절차 및 결의방법이 법령에 위반된 것으로서 취소되어야 한다고 판시한 사례[86]가 있다.

또한 유사한 판례로서도 「상법」 제363조의 규정에 의하면 주주총회를 소집함에 있어서는 회의 목적사항을 기재하여 서면으로 그 통지를 발송하게 되어 있으므로 주주총회에 있어서는 원칙적으로 주주총회 소집통지서에 회의의 목적사항으로 한 것 이외에는 결의할 수 없으며, 이에 위배된 결의는 특별한 사정이 없는 한, 앞에 소정의 총회의 소집절차 및 결의 방법에 있어서 법령에 위반하는 것으로 보아야 하며, 이와 같은 목적 외 결의는 취소사유가 된다. 설혹 참석한 주주 전원의 동의가 있더라도 허용될 수 없다고 판시한 사례[87]도 있다.

그런데 기존에 통지·공고한 감사후보자가 갑자기 사망하거나 공직취임·경쟁사 취임 등의 이유로 감사후보에서 사퇴한 경우 등과 같이 회사 측에 불가항력적인 사유로 결원이 생긴 경우에 후보의 교체가 허용되지 않는다면 결원이 생긴 부분은 이후 새로운 주주총회를 열어 보완할 수밖에 없을 것이다. 그러나 이는 적어도 새로운 주주총회에서 선임할 때까지 법에서 요구하는 최저인원수를 결한 법위반 사태를 그대로 방치하는 결과가 되므로 사망, 사퇴 등과 같이 불가항력적인 사유로 공석이 된 경우에 한해 감사후보를 다른 사람으로 교체하여 수정된 안건으로 상정하는 것이 가능하다고 주장하는 의견도 있다.[88]

또한 회의 목적사항을 주주들에게 통지하는 것은 회의에 참석할 주주들에게 의결권행사를 제대로 할 수 있도록 하기 위한 것이고, 또 모든 주주들에게 어떤 사항이 그 총회에서 다루어지는지를 미리 알려주기 위한 것이기 때문에 주주총회에서 회의의 목적사항이 들어있

---

86 서울중앙지방법원, 2004. 3. 18. 판결 2003 가합 56996, 고창현, 박권의, 「상법개정안 중 주주총회 관련 특례규정에 관한 소고」, 서울대학교금융센터 BFL제27호, 2008, 83면.

87 대법원, 1979. 3. 27. 판결, 79 다 19.

88 서울대학교 금융센터, 「주주총회 운영의 실무와 문제점」, BFL 제6호, 2004, 119면.

지 아니한 의안이라도 사망, 사퇴 등과 같이 불가항력적인 상황의 경우에는 예외적으로 회의의안으로 삼아 결의하는 것은 가능하며, 그 결의는 일단 유효하다는 의견도 있다.[89]

그리고 상장회사가 주주총회의 목적사항으로 감사의 선임 또는 감사의 보수결정을 위한 의안을 상정하려는 경우에는 이사의 선임 또는 이사의 보수결정을 위한 의안과는 별도로 상정하여 의결하여야 한다.(「상법」 제542조의12 제5항)

나. 특례감사선임 사전공시 강제의 문제점

1) 사전공시의 강제

이사·감사의 선임은 보통 결의사항이므로 소집통지에는 「이사의 선임」 또는 「감사의 선임」이라는의제만 기재하면 족하다. 다만, 인적사항 기재설에 의하면 후보자의 성명이나 약력을 기재하여야 한다. 그러나 상장회사의 이사 또는 감사를 선임하는 총회를 소집할 경우에는 소집통지·공고에 이사 또는 감사 후보의 성명 등 소정사항을 기재하여야 한다.(「상법」 제542조의4 제2항) 주주총회에서는 이에 의해 통지하거나 공고한 후보자 중에서 선임하여야 한다.(「상법」제542조의5)

2) 후보추천위원회

대규모상장회사의 사외이사 선임을 위해서는 「상법」 제393조의2의 위원회로서 사외이사후보추천위원회를 설치해야 한다.(「상법」제542조의8제4항) 후보추천위원회가 사외이사후보를 추천할 때, 주주가 상장회사의 소수주주권에 의한 주주제안 절차(「상법」 제542조의6 제2항)에 의해 추천한 사외이사 후보가 있으면 이를 추천대상에 포함시켜야 한다.(「상법」 제542조의8 제5항) 주주총회에서는 동 위원회의 추천을 받은 자 중에서 사외이사를 선임해야 한다.(「상법」 제542조의8 제5항)

3) 특칙의 효력

「상법」 제542조의 5의 법문상으로는 상장회사의 이사 또는 감사는 오직 소집 통지한 이사 또는 감사 후보 중에서만 이사 또는 감사를 선임할 수 있고, 「상법」 제542조의8 제5항의 법문상으로는 대규모 상장회사의 사외이사는 후보추천위원회에서 추천한 자에 한해 선임할 수 있는 것으로 읽는다. 소집통지는 이사회의 결의로 하므로 결국 이사 또는 감사 선임에 있어 주주총회는 이사회 결정에 구속되고, 나아가 사외 이사 선임에 있어서는 후보추천위원회의 결의에 구속된다는 의미이다.[90]

4) 소 결

이는 주주총회의 이사 또는 감사 선임권을 제약하고, 나아가 주주의 의결권을 침해하므로 재산권의 침해이고 기업의 자유를 제한하는 것으로 위헌의 소지가 많다.(「헌법」 제23조 제1항, 제15조) 또한 주주는 오로지 소수주주권에 의한 주주제안절차에 의해서만 후보를 추천

---

89 김교창, 「주주총회의 운영」, 한국상장회사협의회, 2010, 174면.

90 김용범, 전게서, 2017, 648면. 이철송, 전게서, 2021, 664면.

할 수 있게 되는데, 이는 합리적인 근거 없이 이사와 감사의 추천권을 소수주주권화 하는 所致이므로 평등의 원칙에도 위배될 소지가 있다.(「헌법」제11조)[91] 따라서 「상법」 제542조의5와 제542조의8 제5항은 입법적인 재검토가 필요한 것으로 생각된다.

3. 특별법규에 의한 선임절차

공기업 및 준정부기관의 감사는 「공공기관운영법」 제25조 및 제26조에 의한 대통령 또는 기획재정부장관의 임명방법 외에 주주총회나 출자총회 등 사원총회가 있는 공기업·준정부기관의 경우는 감사의 선임과 관련해 追加的으로 일반규정에 의한 선임절차 또는 특례규정에 의한 선임절차를 거쳐야 한다.(「동법」제27조)

4. 감사의 선임등기

감사로 선임된 자가 취임한 때에는 회사는 그 성명과 주민등록번호를 등기하여야 한다.(「상법」제317조 제2항 제8호) 동일인이 재선임된 경우에도 처음 선임된 경우와 마찬가지로 등기하여야 한다.[92]

등기는 본점소재지에서는 2주간 내에 지점소재지에서는 3주간 내에 하여야 한다.(「상법」제317조 제4항) 법인등기부에 감사로 등재된 경우에는 특단의 사정이 없는 한 정당한 절차에 의하여 선임된 적법한 감사로 추정된다.[93]

그러나 회사가 등기할 사항을 등기하지 않으면 선의의 제3자에게 대항할 수 없다.(「상법」제37조 제1항) 따라서 특정인이 주주총회에서 임원으로 선임되고 선임에 동의하였음에도 불구하고 대표이사가 등기하지 않을 경우의 처리방법은 다음과 같다.[94]

대표이사가 등기하지 않은 경우 해결 방법

① 대표이사에게 「상법」 제401조의 손해배상책임, 「민법」 제750조의 불법행위 책임부과
② 법원에 대표이사의 직무집행정지를 구하여 직무대행자가 선정되면 그로 하여금 선임 절차를 진행
③ 새로이 주주총회를 소집하여 대표이사를 해임함과 동시에 새로운 대표이사를 선임하여 그로 하여금 임용계약을 체결
④ 「상법」 제386조나 제389조 제3항에 의하여 퇴임대표이사로서의 직무를 수행하는 자가 부당하게 임용계약의 체결을 거부할 경우에는 법원에 대표이사의 직무를 행할 자의 선임을 청구

참고 _____

91   김용범, 전게서, 2017, 648면. 이철송, 전게서, 2021, 664면
92   김용범, 전게서, 2017, 649면. 이범찬, 오욱환, 전게서, 103면.
93   김용범, 전게서, 2017, 649면. 대법원, 1983. 12. 27. 판결, 83 다카 331 판결.
94   대법원, 2017. 3. 23. 선고 2016다251215 판결.

회사법상 등기제도[95]

① 등기제도의 의의

회사의 조직법적 법률관계의 많은 부분에 대하여 제3자가 중대한 이해를 가진다. 예컨대 어떤 회사의 대표이사가 누구냐는 것은 회사의 거래 상대방으로서는 거래의 실제 상대방을 누구로 할 것이냐는 의미를 가지므로 제3자가 알아야 할 중대한 사안이다. 하지만 회사의 조직법적 법률관계는 회사의 내부에서 형성되므로 제3자가 알기가 용이하지 않다. 그러므로「상법」은 제3자 와의 거래에 영향을 미칠 만한 사항은 대외적인 공시를 위해 등기하도록 한다.

구체적인 등기관리방법으로서「상법」은 회사 설립 시에 본점 또는 본점과 지점에서 등기할 사항을 규정(「상법」제180조, 제271조, 제317조 제2항, 제549조 제2항)하고, 그 등기사항 변경이 생길 경우 소정기간 내에 변경등기(「상법」제183조, 제269조, 제317조 제4항, 제549조 제4항) 를 하도록 하며, 설립 당시에 등기하지 않은 새로운 등기할 법률관계가 창설될 때마다 등기하도록 규정하고 있다.

예컨대 회사의 자본 총액은 설립 시부터 등기하여야 하고 설립 후 증감이 있을 때에는 변경 등기(「상법」제317조 제2항 제2호)를 하여야 하지만 회사가 전환사채를 발행할 때에는 새로운 사항으로서 등기하여야 하는 것이다.(「상법」제514조의2)

② 등기의 효력

회사의 등기사항 중에는 창설적 효력이 있는 등기가 많음을 주의해야 한다. **창설적 효력**이라 함은 등기를 해야 비로소 등기된 법률관계가 창설된다는 의미이다. 예컨대 회사는 본점 소재지에서 등기를 함으로써 성립하므로(「상법」제172조) 이는 창설적 효력을 갖는 등기이다.

설립 외에도 합병(「상법」제234조, 제269조, 제530조 제2항, 제603조), 회사분할(「상법」제530조의11 제1항), 조직변경(「상법」제243조 제2항, 제286조 제3항, 제606조, 제607조 제5항), 주식의 포괄적 이전(「상법」제360조의20)은 모두 등기에 의해 효력이 발생한다. 이러한 회사 법률관계의 등기에 창설적 효력[96]을 부여한 이유는 그 기초가 된 법률관계에는 다수인의 이해가 복잡하게 얽혀 있으므로 법률관계의 효력발생시기를 객관적 기준에 의해 획일적으로 규율할 필요가 있기 때문이다.

창설적 효력이 없는 등기사항은 등기여부에 관계없이 행위 시에 효력이 발생한다. 예컨대 이사의 선임, 감사의 선임, 신주의 발행 등은 등기사항이기는 하나 등기를 하지 않더라도 이사 또는 감사가 선임된 효과, 신주가 발행된 효과에는 영향이 없다. 하지만「상법」은 이러한 비창설적 등기제도의 실효성을 확보하기 위하여, 이 등기를 게을리 한 경우에 과태료를 부과한다.(「상법」제635조 제1항 제1호)

③ 미등기의 효력

회사에 관한 등기에도「상법」총칙편의 등기에 관한 일반원칙이 적용된다. 따라서 등기할 사항을 등기하지 아니하면 **선의의 제3자에게 대항하지 못한다.**(「상법」제37조 제1항). 예컨대 대표이사가 변경되었음에도 불구하고 변경등기를 하지 않은 때에는 舊대표이사의 대표권을 신뢰하고 거래한 제3자에게

---

95 김용범, 전게서, 2017, 650면. 이철송. 전게서. 2021. 102~103면

96 **창설적 효력**이란 등기에 의해 새로운 법률관계가 형성 또는 설정되는 효력. 제3자의 선의, 악의 불문함.

권한 없는 자의 대표행위임을 주장할 수 없는 것이다.

그러나 이 규정은 위의 창설적 효력이 있는 등기사항(예: 회사 설립등기)에는 적용되지 않는다. 창설적 효력이 있는 등기사항은 상대방의 선의·악의를 불문하고 오로지 등기에 의해 효력이 발생할 뿐이기 때문이다.

V. 감사의 근무형태 변경

과거 상장회사 중에는 비상근감사를 두는 예가 많았다. 이같이 해서는 감사가 회사의 업무에 대한 정보접근이 어려워 실효적인 감사가 불가능하였다. 그러므로 「상법」은 2009년 및 2011년의 개정을 통하여 자산총액 1천억 원 이상인 상장법인은 의무적으로 1인 이상의 상근감사를 두거나 이에 대체하여 감사위원회를 설치하도록 규정하고 있다.(「상법」제542조의 10 제1항, 「동법시행령」제36조 제1항)[97]

또한 금융회사의 경우도 「금융지배구조법」에 의하여 자산총액 1천억 원 이상의 금융회사에 대해 회사에 상근하면서 감사업무를 수행하는 감사(이하 "상근감사"라 함)를 의무적으로 1명 이상 두거나, 이에 대체하여 감사위원회를 설치하도록 규정하고 있다.(「금융지배구조법」제19조 제8항)

이처럼 「상법」은 감사를 상근감사와 비상근감사로 구분하고 있고 자격도 달리하고 있는 이상, 양자는 서로 다른 기관으로서의 신분을 갖는다고 보아야 한다. 따라서 기존의 상근감사를 비상근감사로 교체하거나 비상근감사를 상근감사로 교체하는 것은 새로운 기관의 선임이므로 주주총회의 결의를 거쳐야 한다.[98]

VI. 감사의 직무정지

1. 의의

특정 감사 또는 감사위원(이하 포괄하여 '감사'라 한다)의 지위에 다툼이 있어 장차 당해 감사의 지위가 박탈될 가능성이 있음에도 불구하고 당해 감사로 하여금 직무를 계속수행하게 한다면 회사의 업무집행이 적정성을 잃을 위험이 있다. 이러한 경우 일시적으로 감사의 직무수행 권한을 정지시키는 것이 '**직무집행정지가처분**'이라는 제도이다.

그리고 이로 인한 경우 직무수행자가 부재하여 회사의 정상적인 운영이 어려워지는 일이 없도록 직무를 대신할 자로 선임되는 자가 **직무대행자**이다. 「상법」은 이사에 관하여 제407조 (직무집행정지, 직무대행자선임)의 규정을 두고 감사 또는 감사위원회에 대해 이를 준용하고 있다.(「상법」제415조, 제415조의 2 제7항)

2. 감사의 직무집행정지가처분

가. 성질

---

97 코넥스시장에 상장되어 있는 중소기업의 경우는 예외로 한다.(「자본시장법시행령」제176조의19)

98 이철송, 전게서, 2021, 868면, 서울고등법원, 2007. 3. 8. 선고, 2006나66885, 판결.

「민집법」 제 300조 제2항은 쟁의 있는 권리관계에 대하여 「임시의 지위」를 정하기 위한 **가처분제도**를 두고 있다. 통설·판례는 「상법」 제407조의 이사의 직무집행정지가처분도 보전소송으로서 「민집법」상의 통상의 임시의 지위를 정하기 위한 가처분의 하나로 본다.[99] 따라서 이사/감사의 직무집행정지가처분은 「민집법」상의 가처분에서와 같이 보전의 필요성이 있어야 하며, 그 절차는 「민집법」상의 가처분의 절차에 의한다.

나. 가처분의 요건

1) 본안소송의 제기

이사/감사의 직무집행정지가처분을 신청하기 위해서는 이사/감사의 지위를 다투는 본안소송이 제기되어 있어야 한다. 이사/감사의 지위를 다투는 소송이어야 하므로 이사/감사에 대한 손해배상 청구와 같은 채권적 권리를 소송물로 하는 본안소송에 기해서는 직무집행정지가처분을 신청할 수 없다.[100]

「상법」은 그 본안소송으로서 이사/감사 선임 결의의 무효의 소(「상법」 제380조), 취소의 소(「상법」 제376조 제1항), 이사/감사 해임의 소(「상법」 제385조 제2항)를 열거하고 있다.(「상법」 제407조 제1항). 이사/감사 선임결의의 부존재 확인의 소도 당연히 가처분의 본안소송으로 봐야 한다.[101] 본안소송의 소송물이 가처분의 피보전권리와 동일해야 함은 보전소송의 일반원칙으로서 이사/감사의 직무집행정지가처분에도 적용된다.

2) 본안 전의 가처분

예외적으로 「**급박한 사정이 있는 때**」에는 **본안소송의 제기 전(前)에도 가처분**을 할 수 있다.(「상법」 제407조 제1항) 「**급박한 사정**」이란 본안소송 전임에도 불가피하게 가처분을 하여야 할 사정을 뜻한다. 즉 이사/감사의 직무수행이 현황에 비추어 본안소송까지 기다릴 여유가 없는 경우이다.

이 경우 판례는 보전의 필요성을 인정하는 데에 신중을 기해야 한다는 이유에서 특별히 급박한 사정이 없는 한 이사/감사해임의 소 등 본안소송을 제기할 수 있을 정도의 절차적 요건을 거친 흔적이 소명되어야 본안전가처분의 필요성을 인정할 수 있다고 한다.[102]

급박한 사정이 있어 본안 전에 가처분을 신청하더라도 일반적인 보전소송의 예에 따라 법원은 신청인에게 상당한 기간 내에 본안의 소를 제기할 것을 명하여야 할 것이며(「민집법」 제301조→제287조 제1항), 이 기간 내에 소제기가 없으면 피신청인의 신청에 의해 가처분을 취소하여야 한다.(「민집법」 제301조→제287조 제3항)[103]

---

99 김용범, 전게서, 2017, 651면. 이철송, 전게서, 2021, 849면. 대법원, 1972. 1. 31., 판결 71다 2351

100 김용범, 전게서, 2017, 651면. 이철송, 전게서, 2021, 849면. 대전지법 강경지원, 1989. 3. 15., 결정 88 카608.

101 김용범, 전게서, 2017, 652면. 대법원, 1989. 5. 23., 판결 88다카9883. 이철송, 전게서, 2021, 849면.

102 김용범, 전게서, 2017, 652면. 이철송, 전게서, 2021, 850면. 대법원, 1997. 1. 10. 선고 95마837 판결.

103 김용범, 전게서, 2017, 652면. 이철송, 전게서, 2021, 850면.

3) 이사/감사의 지위유지

가처분신청의 대상인 이사 또는 감사가 가처분 時까지 그 지위를 유지해야 한다. 만일 가처분 전에 이사/감사가 사임하거나 기타 사유로 퇴임한다면 피보전권리가 없게 되므로 가처분신청을 却下[104]해야 한다.[105] 이사/감사가 사임하면 동일인이 새로운 주주총회에서 이사/감사로 선임되었다 하더라도 본안소송과 관련된 피보전권리가 없으므로 棄却하여야 한다.[106]

가처분의 대상인 이사/감사는 본안소송으로 그 지위를 다투는 것을 전제로 하므로「상법」 제386조 제1항에 의한 퇴임이사는 가처분신청의 대상이 될 수 없다. 퇴임이사/감사를 직무에서 배제하고자 할 경우에는「상법」 제386조 제2항에 의해 법원에 일시 이사/감사의 직무를 행할 자의 선임을 청구하면 족하기 때문이다.[107]

4) 보전의 필요

일반적으로 가처분은 권리보전의 필요가 있어야 한다.「민집법」상 임시의 지위를 정하는 가처분의 경우「**보전의 필요**」란「**특히 계속하는 권리관계에 현저한 손해를 피하거나 급박한 위험을 막기 위하여 또는 그 밖의 필요한 이유**」를 말한다.(「민집법」 제300조 제2항). 이사/감사의 직무집행정지가처분도 통상의 임시의 지위를 정하는 가처분의 하나로 보므로 역시 보전의 필요가 있어야 한다.[108]

따라서 이사/감사의 직무수행으로 인하여 회사에 특히 큰 손해가 초래된다든지(현저한 손해), 직무수행의 내용으로 보아 그대로 방치하면 본안 판결을 받더라도 이를 무익하게 한다든지(급박한 위험), 기타 **이에 준하는 사유**가 있을 때에 가처분을 할 수 있다.[109]

보전의 필요성을 판단함에 있어, 일반적인 가처분에 있어서 와는 달리, **가처분채권자의 손해가 아니라 회사의 손해가 판단의 기준이 됨을 주의**하여야 한다. 이는 가처분 신청이 주주 등 신청인(가처분 채권자)의 회사에 대한 공익권의 행사이기 때문이다.[110] 보전의 필요성이 없는 한 이사/감사의 선임결의에 하자가 있더라도 가처분을 할 필요가 없다.[111] 보전의 필요성은 가처분신청의 신청자가 소명해야 한다.(「민집법」제301조)

다. 당사자

---

104 **却下**란 민사소송이나 헌법소송, 행정소송에서 신청이 절차적 요건을 구비하지 못했을 경우에 본안 심리에 나아가지 아니한 채 신청 자체를 배척하는 재판을 말한다.

105 김용범, 전게서, 2017, 652면. 이철송, 전게서, 2021, 850면.

106 김용범, 전게서, 2017, 652면. 이철송, 전게서, 2021, 850면. 대법원, 1982.2.9. 선고, 80다2424 판결.

107 김용범, 전게서, 2017, 652면. 이철송, 전게서, 2021, 850면. 대법원, 2009. 10. 29. 선고, 2009마1311 판결.

108 김용범, 전게서, 2017, 653면. 이철송, 전게서, 2021, 851면.

109 김용범, 전게서, 2017, 653면. 이철송, 전게서, 2021, 851면.

110 김용범, 전게서, 2017, 653면. 이철송, 전게서, 2021, 851면.

111 이철송, 전게서, 2021, 851면. 대법원, 1991. 3. 5. 결정, 99마818, 판결.

본안소송 중에 가처분을 신청할 수 있는 자는 본안소송의 원고임이 법문상 명백하다(「상법」 제407조 제1항에서 '당사자의 신청에 의하여'라고 표현하고 있다). 본안소송 전에는 본안소송의 원고가 될 자가 신청할 수 있다.

피신청인은 신청인의 주장에 의해 지위가 다투어지는 자(예컨대 해임소송에서 해임되어야 할 것으로 주장되는 이사/감사)이며, 회사는 피신청인이 될 수 없다.[112] 이로 인해 본안소송의 피고와 가처분신청의 피신청인이 달라지게 된다.

라. 절 차

관할은 본안소송의 관할법원에 속하며(「민집법」제303조), 기타절차는 「민집법」상의 가처분 절차에 따른다. 법원은 당사자의 신청에 의하여 가처분을 변경 또는 취소할 수 있다.(「상법」 제407조 제2항) 그리고 가처분 또는 가처분의 변경·취소가 있는 때에는 본점과 지점 소재지에서 등기하여야 한다.(「상법」 제407조 제3항)

마. 직무집행정지가처분의 효력

직무집행이 정지된 이사 또는 감사는 일체의 직무집행을 할 수 없다. 이에 반한 직무집행은 절대무효이며, 후에 가처분이 취소되더라도 소급하여 유효해질 수 없다.[113] 직무집행이 정지된 이사/감사가 주주총회에서 다시 이사/감사로 선임되더라도 직무집행정지 가처분이 취소되지 않는 한 이사/감사의 권한을 행사할 수 없다.[114]

직무집행정지가처분은 기간을 정한 때에는 그 기간이 만료함으로써 효력을 상실하고, 기간을 정하지 아니한 때에는 본안소송의 판결이 확정됨과 동시에 효력을 상실한다.[115] 직무집행정지 가처분이 있더라도 이사 또는 대표이사/감사는 직무집행에서만 제외될 뿐 이사 또는 대표이사/감사의 지위를 잃는 것은 아니다. 물론 그 이사나 대표이사 또는 감사는 사임할 수 있고, 주주총회는 그를 해임할 수 있다.[116]

3. 감사의 직무대행자

가. 직무대행자의 선임

법원은 이사의 직무집행정지가처분과 함께 직무대행자를 선임할 수 있다.(「상법」 제407조 제1항) 이것도 가처분의 내용으로서 하는 것이다. 그러나 직무대행자는 이사의 직무집행정지로 인한 회사운영의 공백을 메우기 위해 선임하는 것이므로 그러한 필요가 있지 않은 한 반드시 선임하여야 하는 것은 아니다. 한편 직무집행 정지를 하지 않고 직무 대행자만 선임

---

112 김용범, 전게서, 2017, 653면. 이철송, 전게서, 2021, 851면, 대법원, 1982, 2, 9, 선고, 80 다 2424, 판결 등.

113 김용범, 전게서, 2017, 654면. 이철송, 전게서, 2021, 852면, 대법원, 2008, 5, 29, 선고, 2008 다 4537, 판결.

114 이철송, 전게서, 2021, 852면. 대법원, 2014, 3, 27, 선고, 2013다39551, 판결.

115 김용범, 전게서, 2017, 654면. 이철송, 전게서, 2021, 852면, 대법원, 1989, 5, 23,선고, 88 카 9883, 판결 등.

116 김용범, 전게서, 2017, 654면. 이철송, 전게서, 2021, 852면.

할 수는 없다.

직무대행자의 선임에 관한 재판은 이유를 붙인 결정으로 하는데, 신청을 허가하는 재판에 대하여는 불복할 수 없다.(「비송사건절차법」 제81조 제1항, 제2항) 법원은 직무대행자의 선임에 있어 신청인의 추천에 구속받지 아니한다.[117] 직무대행자의 자격에는 제한이 없으나, 직무집행정지가처분에 의하여 직무집행이 정지된 이사 또는 감사를 재차 직무대행자로 선임할 수는 없다.[118]

나. 직무대행자선임의 효력

일단 직무대행자로 선임하면 이사/감사의 직무집행이 정지됨은 물론, 직무집행이 정지된 이사/감사가 퇴임하고 후임 이사/감사가 선임되더라도 가처분이 취소되기까지는 직무대행자의 권한이 존속한다. 이를 소멸시키기 위해서는 가처분이 취소되어야 하며, 그때까지는 후임자가 권한을 행사할 수 없다. 그러므로 직무집행이 정지된 이사/감사 또는 그 후임자가 한 대외적인 행위는 무효이고 상대방이 선의라도 유효를 주장하지 못한다.[119]

그리고 직무집행의 정지를 당한 이사/감사가 가처분의 취지에 반한 행위는 무효이고, 그 후 그 가처분이 취소된 경우에도 소급해 유효가 되지 않는다고 본다. 가처분 결정전에 이사/감사가 사임하거나 임기만료로 퇴임한 경우에는 가처분신청을 각하해야 한다.[120] 가처분의 존속기간에 관해 정함이 없는 경우에는 본안소송에서 가처분신청자가 승소하여 판결이 확정된 때에는 그 목적을 달성한 것이 되어 당연히 그 효력을 상실한다.[121]

다. 직무대행자의 권한

직무대행자의 권한에 관한 「상법」제408조는 감사의 경우에는 준용되지 않으므로(「상법」 제415조), 감사직무대행자는 회사의 업무에 속하지 아니한 행위를 하지 못하는 이사직무대행자와는 달리 정상적으로 선임된 감사와 동일한 권한과 의무가 있다.[122]

Ⅶ. 감사의 수

감사의 원수에 대하여 「상법」, 「금융지배구조법」이나 「공공기관운영법」은 아무런 규정을 두고 있지 않다. 따라서 1명 이상의 감사를 선임하면 된다. 그리고 감사의 근무형태나 자격에 관해서도 특별한 제한이 없으므로 감사를 비상근으로 선임하여도 상관없다.

다만 최근 사업연도 말 자산총액이 1,000억 원 이상 2조 원 미만인 상장회사의 경우나

---

117 김용범, 전게서, 2017, 654면. 이철송, 전게서, 2021, 853면, 대법원, 1985. 5. 28. 결정 85그 50

118 김용범, 전게서, 2017, 654면. 이철송, 전게서, 2021, 853면, 대법원, 1990. 10. 31. 결정 90그 44

119 김용범, 전게서, 2017, 654면. 이철송, 전게서, 2021, 853면, 대법원, 1992. 5. 12. 판결 92다 5638

120 김용범, 전게서, 2017, 655면. 정동윤, 전게서, 398면, 권종호, 전게서, 81면.

121 김용범, 전게서, 2017, 655면. 정찬형, 전게서, 805면, 권종호, 전게서, 81면.

122 김용범, 전게서, 2017, 655면. 이범찬. 오욱환, 전게서, 114면, 권종호, 전게서, 81면.

「금융지배구조법시행령」제6조 제3항에서 규정한 금융회사에는 반드시 1인 이상의 상근감사를 두어야 한다.(「상법」제542조의10 제1항, 「금융지배구조법」제19조 제8항) 이는 감사를 비상근으로 두는 기존 관행을 없애고 감사의 충실화를 도모하기 위해 도입된 것이다.

입법론적인 측면에서 보면 감사위원회제도와는 별도로 감사제도에 관해서 기업규모를 기준으로 감사 수를 차등화하고, 감사 중 일부에 대해서는 자격을 제한하여 사외감사로 하는 것이 감사의 실효성과 공정성을 확보하는 데 바람직할 것이다.

감사의 수를 「정관」으로 정하는 것은 가능[123]하며, 이 경우 「정관」에서 정한 인수를 초과하여 감사를 선임한 때에는 결의 내용의 「정관」 위반으로서 그 선임결의는 결의취소의 소의 대상이 된다.(「상법」제376조 제1항) 2인 이상의 감사를 선임한 경우에도 각각 감사는 각각 독립하여 감사 직무를 수행하며, 이는 감사 간에 업무분담이 이루어진 경우에도 마찬가지다. 즉 복수의 감사 간에 감사의 효율화를 위하여 내부적으로 업무를 분담하는 것은 가능하지만 그것에 의해 각 감사의 직무범위가 제한되는 것은 아니다.

따라서 감사가 분담업무가 아니라는 이유로 감사로서 직무를 다하지 아니한 때에는 책임을 면할 수 없다. 감사가 복수로 있는 경우에는 감사보고서를 각자 단독으로 작성할 수도 있고, 감사 전원이 하나의 보고서를 작성하되 다만 의견이 다른 사항에 관해서만 그 뜻을 명기하여도 상관없다.[124] 그리고 감사의 수가 법정기준이나 「정관」의 최저 인원수에 미달하지 않는 한 임기 중에 사임 등으로 퇴임자가 발생하더라도 임시주주총회를 개최하여 후임자를 선임할 필요는 없다고 본다.[125]

제4절 감사의 임기 및 종임

I. 감사의 임기

감사의 임기는 **"취임 후 3년 내의 최종의 결산기에 관한 정기총회의 종결 시까지"**이다.(「상법」제410조) 이는 감사의 독립성을 확보하여 감사의 실효성을 제고하기 위하여 종래의 2년에서 3년으로 연장한 것이다. 감사의 임기가 "정기총회의 종결 시"에 만료하도록 한 것은 사업연도 중에 감사가 임기 만료되는 것을 방지함으로써 감사의 충실을 도모하는 한편 신임감사가 선임되자마자 정기총회를 맞이하게 되는 어려움을 해소하기 위해서이다.

임기의 **시기(始期)**는 감사의 선임 결의 시가 아니라 **취임 시**이며, **종기(終期)**는 「취임 후 3년 내에 도래하는 최종결산기에 관한 **정기총회의 종결 시**」까지이다. 따라서 감사의 임기는

123　김용범, 전게서, 2017, 655면. 권종호, 전게서, 83면. 이범찬. 오욱환, 전게서, 104면.

124　김용범, 전게서, 2017, 656면. 권종호, 전게서, 84면. 이범찬. 오욱환, 전게서, 104면.

125　김용범, 전게서, 2017, 656면. 권종호, 전게서, 84면. 이범찬. 오욱환, 전게서, 105면.

취임시기에 따라 3년보다 다소 길거나 짧아질 수 있다.[126] 정기총회가 정관에서 정한 기간 (통상은 결산기로부터 3개월 이내)내 개최되지 아니한 경우에는 그 시기가 경과함과 동시에 임기가 종료하는 것으로 본다.[127]

그리고 감사의 임기는 감사의 지위안정(독립성)과 감사의 실효성 확보라는 측면에서 중요한 의미가 있으므로 **감사의 임기에 관한 규정은 강행규정**으로 해석하여야 할 것이고, 따라서 주주총회 또는 정관에 의해서도 이를 가감할 수 없다.[128] 다만 임기 중에 퇴임한 감사를 보궐하여 선임된 보궐감사의 경우에는 그 임기에 관해「상법」은 아무런 규정을 두고 있지 않으나, 이 경우에는 예외적으로 정관이나 주주총회의 결의를 통해 전임 감사의 잔임 기간으로 임기를 제한하는 것은 가능하다고 보아야 할 것이다.[129]

그러나 이러한 제한이 없는 경우에는 원칙으로 돌아가 보궐감사의 임기는 전임자의 잔임 기간이 아니라, 취임 후 3년 내의 최종의 결산기에 관한 정기총회의 종결 시까지로 보아야 할 것이다.[130] 다만 공기업·준정부기관의 감사의 임기는 2년으로 하되, 1년 단위로 연임할 수 있다. 이 경우 감사의 임명권자는 감사의 직무수행실적의 평가와 그 밖의 직무수행실적을 고려하여 감사의 연임여부를 결정한다.(「공공기관운영법」제28조 제1항)

외국의 입법례를 살펴보면, 감사의 임기는 나라에 따라 차이가 있으나, 지위의 안정이라는 측면에서 3년 이상 장기간으로 하는 것이 일반적인 추세이다. 독일의 경우는 감사회의 감사임기는 4년(「독일주식법」제102조)이며, 프랑스의 경우는 임의기관인 감사회의 감사는 주주총회에서 선임은 6년, 정관에 의한 지명은 3년이다.(프랑스「상사회사법」제134조, 제22조) 중국의 경우 감사의 임기는 3년이며, 임기 만료 후 연임할 수 있다.(중국「회사법」제53조) 그리고 일본의 경우에는 4년이다.(일본「상법」제273조 제1항)

따라서 우리나라 공기업·준정부기관의 감사의 임기를 2년으로 하고, 그 이후는 1년 단위로 감사의 직무수행실적의 평가와 그 밖의 직무수행실적을 고려하여 연임토록 한 것은 공공기관 감사의 특수성 때문에 불가피한 점이 있다고 생각은 되나, 감사의 지위안정을 도모하고 감사의 독립성을 확보하기 위해서는 재검토가 필요하다고 본다.

II. 감사의 종임

1. 개요

감사는 임기만료, 사임, 정관 소정의 자격상실[131]에 의해 당연히 종임하지만, 그 외에도 ① 위임 관계의 종료사유가 발생한 때, ② 해임 결의가 이루어진 때, ③ 감사 해임의 소가

---

126 김용범, 전게서, 2017, 656면. 이철송. 전게서. 2021. 871면. 권종호, 전게서, 84면,

127 김용범, 전게서, 2017, 656면. 손주찬, 전게서, 829면. 권종호, 전게서, 84면.

128 김용범, 전게서, 2017, 656면. 최준선, 전게서, 519면. 권종호, 전게서, 85면.

129 김용범, 전게서, 2017, 656면. 권종호, 전게서, 85면. 이범찬. 오욱환, 전게서, 110면.

130 김용범, 전게서, 2017, 657면. 권종호, 전게서, 85면.

131 김용범, 전게서, 2017, 657면. 정관으로 감사의 자격을 주주로서 한국국적을 갖는 자로 제한하고 있을 때, 감사가 한국국적을 포기하거나 주주로서 자격을 상실하면 감사는 종임하게 된다. 권종호, 전게서, 86면.

제기(감사해임청구권의 행사)되고 이에 대한 원고 승소판결이 있는 때에 종임 한다.

감가의 종임은 이상과 같이 이사의 종임의 경우와 같으나, 회사해산의 경우는 청산인이 청산중인 회사의 업무집행기관이 되므로 이사의 종임사유이나 감사의 경우에는 종임사유가 아니다. 따라서 감사는 회사의 해산 후에도 청산중인 회사의 기관으로서 계속 직무를 수행한다.

감사가 종임한 경우에는 회사는 종임 등기를 하여야 하며(『상법』 제317조 제2항 제8호, 제183조), 다만 등기여부는 선의의 제3자와의 관계에서 대항력(『상법』제37조)[132]이나 공신력(『상법』제39조)[133] 의 문제에 지나지 않는다.

2. 종임 사유

가. 위임관계의 종료

감사와 회사와의 관계에 대해서는 위임에 관한 규정이 준용된다.(『상법』 제450조, 제382조 제2항). 따라서 **위임(委任) 관계의 종료 사유**(『민법』 제690조)가 발생하면, 즉 감사의 ①사망, ②파산, ③ 피성년후견인 선고가 있으면 감사는 종임 한다.[134]

감사는 회사와 위임관계에 있으므로 이른바 **위임의 상호해지 자유원칙**에 따라 특별한 이유 없이도 언제든지 사임할 수 있으나(『민법』 제689조 제1항), 회사에게 불리한 시기에 사임한 때(예컨대 정기총회를 앞두고 사임한 경우)에는 그 사임이 부득이한 사유에 의한 것이 아닌 한 그로 인한 회사의 손해를 배상하여야 한다.(『민법』 제689조 제2항)[135]

나. 주주총회의 해임결의

감사는 주주총회에서 해임결의가 있었을 때 종임한다. 감사의 해임은 이사와 마찬가지로 특별한 사유가 없더라도 주주총회의 **특별결의**[136]**로 언제든지 해임**할 수 있다.(『상법』 제415조, 제385조 제1항).[137] 그러나 **정당한 이유 없이 임기만료 전에 해임**한 때에는 감사는 회사에 대해 해임으로 인한 **손해의 배상을 청구**할 수 있다.(『상법』 제385조 제1항) 단, 손해배상은 주주총회의 적극적인 결의로 해임한 경우에 한하고 감사가 사임의 의사표시를 하여 이를 수리하는 뜻으로 해임한 경우에는 손해배상을 청구할 수 없다.[138]

정당한 이유란 법령이나 정관에 위반한 행위 또는 기타 부정행위를 하거나 업무를 집행하는데 장해가 될 객관적 상황이 발생한 경우(예: 장기적인 질병, 중대한 경영실패) 등을 의미하

---

132 등기의 대항력은 등기하지 않으면 제3자에게 대항하지 못하는 효력

133 등기의 공신력은 어떤 등기를 신뢰하여 거래한 자가 있는 경우 진실한 권리관계에 합치되지 않는 것이더라도 그 자의 신뢰가 보호되는 등기의 효력

134 김용범, 전게서, 2017, 658면. 이철송, 전게서. 2021. 871면. 권종호, 전게서, 87면. 정준우, 전게서, 31면.

135 김용범, 전게서, 2017, 658면. 권종호, 전게서, 87면. 정준우, 전게서, 31면.

136 **특별결의**란 출석한 주주의결권의 3분의2 이상의 수와 발행주식총수의 3분의1 이상의 수로 결의함을 뜻함.

137 김용범, 전게서, 2017, 658면. 최준선, 전게서, 520면. 권종호, 전게서, 87면. 정준우, 전게서, 31면.

138 대법원, 1993. 8. 24. 선고 92다3298 판결.

며, 정당한 이유의 존부는 해임 당시의 기준으로 한다.[139] **손해배상의 범위**는 재임기간에 받을 수 있는 보수액을 의미한다.[140]

감사의 해임은 적법한 행위이므로 이 손해배상은 채무불이행이나 불법행위책임이 아니고 법정책임이다. 따라서 해임으로 인해 감사가 받은 정신적 고통에 대한 위자료는 배상의 범위에 포함되지 않으며, 과실상계의 법리도 적용되지 않는다.[141] 다만, 감사가 해임으로 인하여 잔여 임기 중 회사의 사무를 처리하지 않아도 되는 시간과 노력을 이용해 다른 직장에 종사함으로써 얻은 이익(예. 다른 회사의 이사로 취업하여 받은 보수)이 해임과의 사이에 상당한 인과관계가 인정된다면 손해배상 산정에 있어서 그 이익을 공제해야 한다고 설시한 판례가 있다.[142]

그러나 이러한 「민법」상의 손익상계의 원리를 감사의 부당한 해임에는 적용할 수 없다. 감사의 해임이 새로운 취업을 위한 생활상의 계기나 동기는 되겠지만, 해임과 손해의 사이에 인정되는 인과관계가 등가적인 법적인과관계를 인정할 수 없으므로 손익상계론의 적용 대상은 아니라고 본다.[143] 왜냐하면 감사의 경우에는 부당한 해임이라도 적법행위 이므로 한번 해임되면 다시 감사로 복귀할 수 없다. 그리고 감사와 회사와의 관계는 위임계약 관계인데, 당해 해임은 위임인인 회사의 계약위반이고, 감사의 부당한 해임에 대한 회사의 손해배상책임은 해임의 부당성에 관한 일종의 징벌적 성격도 내포하고 있기 때문이다.[144]

또한 손해배상을 하지 않아도 되는 **"정당한 이유"**는 주주와 감사 사이에 불화 등 단순히 주관적인 신뢰관계가 상실된 것만으로는 부족하고, 감사가 그 직무와 관련해 법령이나 정관에 위반된 행위를 하였거나 정신적·육체적으로 감사로서 직무를 감당하기 현저하게 곤란한 경우, 감사로서 직무수행능력에 대한 근본적인 신뢰관계가 상실된 경우 등과 같이 당해 감사가 그 직무를 수행하는 데 장해가 될 객관적인 상황이 발생한 경우이다.[145]

감사는 주주총회에서 해임에 관해 의견을 진술할 수 있다.(「상법」 제409조의2) 이 규정은 1995년 「상법」개정에 의해 도입된 것으로서 감사의 지위안정을 도모하여 감사의 독립성을 강화하기 위한 것이다. 특히 감사해임에 관한 의안제안권은 통상적으로 이사회가 갖는 점을 고려하면 이 의견진술권은 해임의 부당성을 주주를 상대로 직접 설명할 수 있는 기회를 감사에게 제공한다는 점에서 매우 중요한 의미가 있다.[146]

주주총회에서 의견을 진술할 수 있는 자는 해당 감사는 물론이고 그의 동료감사도 포함

---

139 김용범, 전게서, 2017, 658면. 이철송, 전게서, 2021, 675면. 대법원, 2004. 10. 15. 선고, 2004다25611. 판결.

140 김용범, 전게서, 2017, 658면. 이철송, 전게서, 2021, 675면. 서울고법, 1978. 7. 6. 선고, 77 나 2669. 판결.

141 김용범, 전게서, 2017, 658면. 이철송, 전게서, 2021, 674면. 서울고법, 1990. 7. 6. 판결 89 나 46297

142 대법원, 2013. 9. 26. 선고 011다42348 판결.

143 이철송, 전게서, 2021. 674면. 정준우, 전게해설, 2018.4.6., 34면.

144 정준우, 전게해설, 2018.4.6., 34~35면.

145 대법원, 2013. 9. 26. 선고 011다42348 판결.

146 김용범, 전게서, 2017, 659면. 권종호, 전게서, 87면. 정준우, 전게서, 31면.

되며, 다만 감사가 타인을 통해 의견을 진술하게 하는 것은 허용되지 않는다.[147] 그리고 진술할 수 있는 대상에는 제한이 없고, 따라서 감사해임 안이 위법·부당한 경우뿐만 아니라 그러한 사유가 없더라도 의견을 진술할 수 있다.[148] 그런 점에서 위법·부당한 사항에 한해 감사의 의견진술권이 보장되는 "주주총회 제출 의안 및 서류에 관한 감사의 의견진술권"(「상법」 제413조)과는 구별된다.

감사의 해임결의의 경우에는 선임결의와는 달리 발행주식 총수의 100분의 3을 초과하는 주식에 대한 의결권 제한은 없다. 다만 상장회사의 경우는 특례규정에 특례상근감사를 해임할 때에는 최대주주는 최대주주의 특수관계인, 그 밖의 대통령령으로 정하는 자가 소유하는 상장회사의 의결권 있는 주식을 합산하여, 일반주주는 일반주주가 개별소유하는 주식만으로 그 회사의 의결권 없는 주식을 제외한 발행주식총수의 100분의 3을 초과하는 경우 그 주주는 그 초과하는 주식에 관해 의결권을 행사하지 못한다. 다만, 정관에서 이보다 낮은 주식 보유비율을 정할 수 있다.(「상법」 제542조의12 제4항, 제7항)

해임결의의 경우 주주인 감사는 선임결의의 경우와 마찬가지로 해임결의에 관해서 특별한 이해관계를 갖는 자로 보지 않으므로 의결권을 행사할 수 있으며, 해임은 상대방 있는 단독행위이므로 해임의 효력은 감사의 승낙을 요하지 않고 감사에게 해임의 통지가 도달함으로써 발생한다.(「민법」 제111조 제1항)[149] 일단 해임의 효력이 발생한 후에는 주주총회의 결의로써 그것을 취소하거나 철회할 수 없다.[150] 해임결의에 의해 해임된 감사는 해임결의취소판결에 의해 소급적으로 감사의 자격을 회복할 수 있는 잠재적인 지위를 갖기 때문에 해임결의 취소의 소를 제기할 수 있다.(「상법」 제376조 제1항)

감사의 해임(종임)은 등기사항(「상법」 제317조 제2항 제8호)이므로 등기를 하지 않으면 등기의 이른바 소극적 효력[151]에 의하여 선의의 제3자에게 대항하지 못한다.(「상법」 제37조) 그리고 해임을 위한 주주총회결의에 하자가 있으면 하자의 내용에 따라 주주 등 이해관계자는 결의취소의 소나 결의부존재확인의 소를 제기할 수 있다.

다. 소수주주의 감사해임청구권

감사가 그 직무에 관하여 **부정행위 또는 법령이나 정관에 위반한 중대한 사실**이 있음에도 불구하고 주주총회에서 그 해임을 부결한 때에는 발행주식총수의 100분의 3이상에 해당하는 주식을 소유한 소수주주는 총회의 결의가 있는 날로부터 1월 내에 본점 소재지의 지방법원에 그 감사의 해임을 청구할 수 있다.(「상법」 제415조, 제385조 제2항, 제3항)

상장회사의 경우는 특례규정에 의하여 6월 전부터 계속하여 발행주식총수의 1만 분의

---

147 김용범, 전게서, 2017, 659면. 최준선, 전게서, 520면. 권종호, 전게서, 87면, 정준우, 전게서, 31면.
148 김용범, 전게서, 2017, 659면. 최준선, 전게서, 520면. 권종호, 전게서, 88면.
149 김용범, 전게서, 2017, 659면. 권종호, 전게서, 184면. 최준선, 전게서, 394면.
150 김용범, 전게서, 2017, 659면. 권종호, 전게서, 88면. 일본 상사법무연구회, 전게서, 184면.
151 **소극적 효력**이란 등기할 사항에 대하여 그 실체가 성립하고 존재하는 경우라도 등기하지 아니하면 선의의 제3자에게 대항하지 못하는 효력을 말한다.

50(최근 사업연도 말 자본금이 1,000억 원 이상인 법인의 경우에는 1만 분의 25) 이상에 해당하는 주식을 소유하거나 주주권 행사에 관한 위임장을 취득하거나 또는 2인 이상의 주주의 공동행사 방법으로 주식을 보유한 자는 그 감사의 해임을 법원에 청구할 수 있다.(「상법」제542조의 6 제3항, 「동법 시행령」제11조)

다만 금융회사의 경우는 6개월 전부터 계속하여 금융회사의 발행주식총수의 10만 분의 250 이상(대통령령으로 정하는 금융회사의 경우에는 10만 분의 125 이상)에 해당하는 주식을 대통령령으로 정하는 바에 따라 보유한 자는 「상법」제385조(「동법」제415조에서 준용하는 경우 포함)에 따라 감사 또는 감사위원의 해임을 청구할 수 있다.(「금융지배구조법」제33조 제3항)

그간 일반규정에 따른 소수주주권 행사요건 지분율 이상의 주식을 보유하고 있으나, 6개월의 보유기간을 갖추지 못한 상장회사의 주주가 소수주주권을 행사할 수 있는지에 대해 해석상 논란이 있었으나, 소수주주의 이익을 도모하고 기업 실무의 혼란을 해소하기 위해 2020년 「상법」을 개정하여 일반규정에 부여된 권리와 특례규정 등에 의한 권리를 주주가 선택적으로 행사할 수 있도록 명백히 하였다.(「상법」제542조의6 제7항, 제10항).

이 감사해임의 소는 다수결 원칙을 악용한 대주주의 횡포로부터 소수주주를 보호하기 위한 것이므로 이 소는 법정요건을 충족하고 있는 주주인한 의결권의 유무, 해임결의를 위한 주주총회 출석여부 혹은 결의의 찬성여부에 불문하고 제기할 수 있다.[152] **해임청구의 사유는 부정행위 또는 법령 및 정관에 위반한 행위**이어야 하므로 단순한 임무해태만으로는 부족하며, 이 違反은 감사의 재임 중에 있으면 되고 訴제기 시에 감사를 사임하였더라도 상관없다.[153]

감사해임의 소에 있어서 원고는 소수주주라는 것에 대해서는 이론이 없으나, 피고의 경우에는 다툼이 있다. 즉, ① 회사에 대해 해임을 청구하는 소로 보아 피고는 회사만이 된다는 견해, ② 판결에 의하여 감사의 지위의 박탈을 구하는 소로 보아 감사만이 피고가 된다는 견해, ③ 회사와 감사가 공동피고가 된다는 견해가 대립되고 있다.[154]

그러나 감사해임의 소는 회사와 감사 사이에 존재하는 위임관계의 해소를 구하는 것이고, 또 어느 일방에 대한 판결의 효력이 당연히 타방에 미치는 것은 아니라는 점에서 ③ 설이 타당하다고 본다.[155] 그리고 이 소는 형성의 소이고 따라서 원고 승소판결이 확정되면 회사의 해임행위를 요하지 않고 바로 해임의 효력이 발생한다.[156]

감사해임의 소를 제기한 경우에는 원고(소수주주)는 감사선임결의의 취소나 무효의 소를 제기한 경우와 마찬가지로 감사의 직무정지나 직무집행대행자의 선임을 위한 가처분을 신청할 수 있다.(「상법」제415조, 제407조 제1항)

---

152 김용범, 전게서, 2017, 660면. 권종호, 전게서, 90면. 최준선, 전게서, 554면.

153 김용범, 전게서, 2017, 660면. 정동윤, 전게서, 390면. 권종호, 전게서, 91면, 대법원, 1990. 11. 2. 선고, 90 마 745. 판결. 대법원, 1993. 4. 9. 선고, 92 다 53583. 판결.

154 권종호, 전게서, 91면. 정준우, 전게서, 33면. 일본상사법무연구회, 전게서, 185면.

155 김용범, 전게서, 2017, 660면. 권종호, 전게서, 91면. 정준우, 전게서, 33면. 이범찬. 오욱환, 전게서,114면. 정동윤, 전게서, 390면.

156 김용범, 전게서, 2017, 660면. 정찬형, 전게서, 809면. 권종호, 전게서, 91면. 정준우, 전게서, 33면.

이때 급박한 사정이 있는 때에는 본안소송의 제기 전이라도 본안 소송의 제기를 전제로 이런 가처분을 신청할 수 있고(「상법」 제407조 제1항), 법원의 가처분명령에 대해 피신청인(감사 / 회사)은 법원에 대해 가처분의 취소 또는 변경을 신청할 수 있으며(「상법」 제407조 제2항), 그리고 이러한 가처분이나 가처분의 취소, 변경이 있으면 그것은 등기 사항이라는 점은 전술한 감사선임결의의 취소나 무효의 소를 제기한 경우와 같다.[157]

라. 기획재정부장관의 감사 해임 및 건의권

기회재정부장관은 비상임이사(준정부기관의 비상임이사는 제외) 및 감사/상임감사위원이 「공공기관운영법」 제35조(이사 및 감사의 책임 등) 제1항에 따른 의무와 책임과 제32조(임원의 직무 등)에 따른 직무를 이행하지 아니하거나 게을리 한 경우 운영위원회의 심의·의결을 거쳐 비상임이사 및 감사/상임감사위원을 해임하거나 그 임명권자에게 해임을 건의·요구할 수 있다.

또한 기획재정부장관은 「공공기관운영법」 제36조(비상임이사와 감사에 대한 직무수행실적 평가) 제1항의 규정에 의한 직무수행실적 평가 결과 그 실적이 저조한 비상임 이사와 감사 또는 감사위원회 감사위원에 대해 운영위원회의 심의·의결을 거쳐 해임하거나 그 임명권자에게 해임을 건의할 수 있다.

다만, 주주총회나 출자총회 등 사원총회가 있는 공기업·준정부기관의 경우는 비상임이사와 감사/감사위원의 해임과 관련해 기획재정부장관의 비상임이사와 감사/상임감사위원 해임 및 건의에 追加的으로 「상법」상의 일반규정에 의한 해임 절차 또는 특례규정에 의한 해임절차를 거쳐야 한다.

III. 감사 해임결의에 관한 문제점

일반감사의 해임결의와 관련하여 현행 「상법」의 문제점은 대주주의 의결권이 제한되지 않는다는 점 이외에도 주주총회의 특별결의만 있으면 그 정당성 유무에 관계없이 언제라도 감사를 해임할 수 있다.

그런데 이는 ① 주주총회에서 다수결이란 자본다수결이어서 실질적으로 대주주와 그 우호세력에 의해 그 의사가 결정된다는 점, ② 감사의 해임에 관하여 의안제출권을 실질적으로 행사하는 이사회의 구성원들이 사실상 대주주의 영향력 하에 있는 현실을 감안할 때 감사의 독립성과 중립성을 훼손할 위험성이 매우 크다.[158]

따라서 감사의 해임에 있어서는 감사의 독립성과 중립성 확보를 위해서 아래와 같이 이사의 해임과는 다른 별도의 보호 조치가 필요하다고 본다.[159]

감사의 해임결의를 제한하는 방안(예시)

---

157 김용범, 전게서, 2017, 661면. 권종호, 전게서, 91면. 대법원, 1997. 1. 10. 선고, 95 마 837.판결.

158 김용범, 전게서, 2017, 661면.정준우, 전게서, 32면.

159 김용범, 전게서, 2017, 661면.

① 감사의 해임결의도 감사 선임결의와 같이 대주주의 의결권 행사를 제한하는 방법[160]

② 감사의 경우에는 정당한 사유가 있는 경우에 한하여 해임할 수 있도록 하는 방법[161]

Ⅳ. 감사 결원 시 임시조치

감사의 종임으로 인하여 감사의 원수가 정관이나 법률에서 정한 원수를 결하게 되면 지체 없이 주주총회를 소집하여 후임감사를 선임하여야 한다. 이를 게을리 하면 이사는 500만원의 과태료 처분을 받는다.(「상법」 제635조 제1항 제8호)

다만 **임기만료 또는 사임으로 인하여 퇴임한 감사의 경우에는 새로 선임된 감사가 취임할 때까지 감사로서 계속 권리의무를 가진다.**(「상법」 제415조, 제386조 제1항) **또한 공기업·준정부기관의 감사는 임기가 만료된 경우 후임자가 임명될 때까지 직무를 수행한다.**(「공공기관운영법」 제28조제5항) 따라서 임기 만료와 사임으로 인하여 퇴임한 감사는 후임감사의 취임 시까지 실질적으로 감사로서의 역할과 기능을 그대로 수행하게 되며, 그런 점에서 후임감사가 취임하기 전까지는 퇴임에 의한 변경등기는 할 수 없다.[162]

그 이외의 사유(예컨대 정관 소정의 사유나 피성년후견인 선고 또는 해임)로 퇴임한 감사의 경우에는 퇴임과 동시에 감사의 권리와 의무는 소멸한다. 이처럼 퇴임 감사가 감사로서 권리의무를 가지지 못하거나 계속 가지는 것이 적당하지 않는 등 필요하다고 인정할 때에는 이해관계인의 청구에 의해 법원(본점을 관할 지방법원)은 일시적으로 감사의 직무를 수행할 자(臨時監事, 一時監事, 假監事)를 선임할 수 있다.(「상법」 제386조 제2항)[163]

임시감사를 선임할 수 있는 요건인 「상법」 제386조 제2항 소정의 **"필요한 때"**라 함은 다음 각 호와 같이 퇴임감사로 하여금 감사로서의 권리의무를 가지게 하는 것이 불가능하거나 부적당한 경우다.[164]

「상법」 제386조 제2항 소정의 "필요한 때"

① 감사 전원이 부존재한 경우   ② 사망으로 이하여 감사의 결원이 있는 경우

③ 장구한 시일에 걸쳐 주주총회의 개최도 없고 감사의 결원이 있는 경우[165]

④ 종전의 감사가 해임된 경우

⑤ 감사가 중병으로 사임하거나 장기간 부재중인 경우 등

---

160 김용범, 전게서, 2017, 661면. 정준우, 전게서, 32면.

161 김용범, 전게서, 2017, 661면. 권종호, 전게서, 90면.

162 김용범, 전게서, 2017, 662면. 권종호, 전게서, 92면. 이범찬, 오욱환, 전게서, 115면.

163 김용범, 전게서, 2017, 662면. 권종호, 전게서, 92면. 최준선, 전게서, 399면. 이철송. 전게서. 2021. 678면. 판례는 "임시감사"라는 용어를 쓰고 있다. 대법원, 2001. 12. 6. 결정 2001그 113.

164 김용범, 전게서, 2017, 662면. 최준선, 전게서, 399~400면. 이철송. 전게서. 2021. 679면. 대법원, 2000. 11. 17. 결정 2000 마 5632.

165 김용범, 전게서, 2017, 662면. 최준선, 전게서, 399면. 대법원, 1998. 9. 3. 선고. 97 마 1429. 판결 등.

따라서 **"필요한 때"**라 함은 법률 또는 정관에 정한 감사의 원수를 결한 일체의 경우를 말하므로 단지 감사의 임기 만료 또는 사임의 경우에 한정되지 않는다.[166]

그리고 이 임시감사는 감사와 동일한 권한과 의무를 가진다. 임시감사를 선임한 때에는 본점의 소재지에서 그 등기를 하여야 한다.(「상법」 제386조 제2항)

제5절 감사의 보수

Ⅰ. 보수의 개념

감사의 보수라 함은 봉급·각종 수당·상여금·퇴직금·스톡옵션 등 명칭 여하를 불문하고 감사의 직무수행에 대한 보상으로 지급되는 일체의 대가를 뜻하며, 정기적이든 부정기적이든 불문한다. 그리고 성과급 등 경영성과에 연동하거나 성과달성의 동기부여를 위해 지급하는 금원도 같다.(대법원. 2020. 4. 9. 선고. 2018다290436. 판결). 또한 금전의 급부에 한하지 않고, 현물급여 기타 타인에 대한 이익의 제공이라도 궁극적으로 감사의 이익으로 귀속되는 것이라면 감사의 보수이다.[167]

특히 퇴직 시에 일시금으로 퇴직금 또는 퇴직위로금을 지급하는데, 이 역시 재직 중의 직무수행의 대가이므로 보수이고, 따라서 정관 또는 주주총회의 결의에 의해서만 지급할 수 있다.[168] 타인에 대한 이익의 제공이라도 궁극적으로 감사의 이익으로 귀속되는 것이라면 감사의 보수이다.[169] 이사 및 감사의 주식매수선택권도 보수의 성질을 가지고 있으나, 단순히 보수의 의미를 넘어 주주들의 비례적 지위에도 영향을 미치는 조직법적 문제이므로 「상법」은 이를 별도의 제도로 다루고 있다.

Ⅱ. 보수의 결정 방법

1. 감사 보수 결정 방법의 내용

감사는 회사와 위임관계(「상법」제415조, 제382조제2항)에 있으므로 수임인인 監事의 監査行爲는 원칙적으로 無償이지만, 판례·학설은 감사의 선임에 의해 회사와 감사 간에는 명시 또는 묵시적으로 보수지급에 대한 동의 또는 특약을 한 것으로 본다.[170] **감사의 보수는 정관 또는 주주총회의 결의**로 정하여야 한다.(「상법」 제415조, 제388조)

---

166 김용범, 전게서, 2017, 662면. 최준선, 전게서, 399면. 이철송, 전게서, 2021, 678면. 대법원, 1964. 4. 28. 판결. 63다 518.

167 김용범, 전게서, 2017, 663면. 이철송, 전게서, 2021, 680면. 대법원, 2007. 10. 11. 판결. 2007다34746.

168 김용범, 전게서, 2017, 663면. 이철송, 전게서, 2021, 680면. 대법원, 1999. 2. 24. 선고. 97다 38930. 판결.

169 이철송, 전게서, 2021, 680면. 대법원, 2007. 10. 11. 선고. 2007다34746. 판결.

170 김용범, 전게서, 2017, 663면. 권종호, 전게서, 93면. 최준선, 전게서, 401면. 이철송, 전게서, 2021, 681면. 대법원, 1964. 3. 31. 판결. 63 다 715. 동 1965. 8. 31. 판결. 62 다 1156 . 동 1969. 2. 4. 선고. 68다 2220, 판결. 동 1969.5.27. 선고. 69 다 327.판결

이 규정은 감사의 지위 안정을 도모하고 감사의 독립성을 확보하기 위한 것으로서 **강행규정**으로 해석되므로 **주주총회의 결의나 정관으로 보수 결정권을 이사회나 대표이사에 위임하거나 제3자의 승인을 요하는 것으로 하는 것은 무효**이다. 또한 **같은 취지에서 이사의 보수와 감사의 보수를 일괄하여 정하는 것도 무효라고 보아야 할 것**이다.[171]

상장회사의 경우에는 **특례규정에 의하여 감사의 보수결정의안은 이사의 보수결정의안과는 별도로 상정·의결**하여야 한다.(『상법』 제542조의12 제5항) 이는 대표이사나 이사회의 영향력을 차단하고 감사의 독립성을 강화하기 위해서이다.

『상법』은 이사에 대해서도 회사재산의 보호를 위해서 감사와 마찬가지로 주주총회나 정관으로 보수를 결정하도록 하고 있다. 따라서 이사의 보수의 경우에는 개별적이고 구체적으로 확정할 필요는 없고 단지 보수 총액이나 최고한도만 정하고 각 임원별 보수액은 이사회의 결정에 위임해도 상관없다는 견해가 일반적이다.

그러나 감사의 경우 이사와 같이 단지 보수 총액이나 최고한도만 정하고 각 감사별 보수액은 이사회의 결정에 위임하거나, 감사보수의 결정안을 『상법』 제542조의 12 제5항에 따라 이사보수의 결정안과 달리 별도·상정 의결해 놓고, 실제로는 연봉계약서 등을 이용하여 감사보수의 의결금액은 2억 원인데 실제 연봉계약은 1억 5천만 원으로 체결하여 감사 보수를 임의로 감액하는 등 편법으로 지급하는 사례가 있다.

감사의 보수에 관한 한 이러한 변칙적인 감액 지급방법은 위법이다.[172] 이사회나, 경영진 등이 사실상 감사의 보수액을 정한다면 감사의 독립성에 영향을 줄뿐만 아니라 입법취지에도 어긋나기 때문이다. 그리고 상장회사는 감사의 보수를 이사의 보수와 별도로 정하도록 규정하고 있는바, 경영진의 영향력의 차단 및 감사의 독립성을 확보하기 위해서 비상장회사에 대하여도 같은 방법으로 정하는 것이 바람직하다.[173]

그러나 공기업·준정부기관의 상임감사 및 상임감사위원의 보수기준은 『공공기관운영법』 제31조 제7항에 따른 직무수행실적 평가결과를 고려해 기획재정부장관이 운영위원회의 심의·의결을 거쳐 정하는 보수지침에 따라 이사회가 정하도록 되어 있는바(『공공기관운영법』 제33조 제1항), 이는 학설과 판례와 상치되는 규정이므로 공기업·준정부기관의 특수성을 고려하더라도 경영진의 영향력 차단 및 감사의 독립성을 확보하기 위해서는 동 규정에 대한 재검토가 필요하다.

『상법』 제388조 및 제415조에 위반하여, 즉 정관의 규정이나 주주총회 결의 없이 감사에게 지급된 보수는 부당이득으로서 회사에 반환하여야 한다.[174] 대부분의 경우 대표이사는 『상법』 제388조 및 제415조의 위반사실을 인지하면서 이사 또는 감사에게 보수를 지급할 것이므로 非債辨濟가 될 것이나, 채무 없음을 알고 이를 변제한 때는 그 반환을 청구하지 못

---

171 김용범, 전게서, 2017, 663면. 권종호, 전게서, 93면. 이철송, 전게서, 2021. 681면. 최준선, 전게서, 401면. 정동윤, 전게서, 393면. 정찬형, 전게서, 545면. 대법원, 1979. 11. 27. 판결. 79 다 1599.

172 김용범, 전게서, 2017, 664면. 이철송, 전게서, 2021. 880면. 권종호, 전게서, 94면. 정준우, 전게서, 37면.

173 김용범, 전게서, 2017, 664면. 이철송, 전게서, 2021. 880면.

174 이철송, 전게서, 2021. 683면, 대법원, 2010. 3. 11. 선고, 2007다71271, 판결.

한다는 「민법」 제742조(비채변제)는 적용되지 않는다고 해석해야 한다.[175]

2. 감사 보수 결정과 관련된 문제점

감사의 보수라 함은 봉급·각종 수당·상여금·퇴직금·스톡옵션 등 명칭 여하를 불문하고 감사의 직무수행에 대한보상으로 지급되는 일체의 대가를 뜻하며, 정기적이든 부정기적이든 불문한다. 그리고 성과급 등 경영성과에 연동하거나 성과달성의 동기부여를 위해 지급하는 금원도 같다. 또한 금전의 급부에 한하지 않고, 현물급여 기타 타인에 대한 이익의 제공이라도 궁극적으로 감사의 이익으로 귀속되는 것이라면 감사의 보수이다.

그런데 감사의 보수가 주주총회에서 총액을 결정한다 해도 상여금이나 스톡옵션을 주기 위해서는 감사에 대한 평가 및 그 결과에 따라 지급하게 되는데, 이를 평가하는 사람들이 다름 아닌 이사회나 그 하부위원회인 보수위원회에서 결정하게 됨에 따라 감사의 독립성과 그 업무집행의 객관성·중립성을 심각하게 훼손할 우려가 있다.

또한 감사위원 보수에 대하여는 「상법」에 아무런 규정을 두고 있지 않다. 따라서 현재로서는 감사위원이 이사의 지위를 겸하고 있는 점과 연계하여 그 보수도 정관에 정해지거나 아니면 이사로 선임될 때 주주총회에서 총액으로 결정되고 개별적인 보수액은 이사회에 위임하여 처리하고 있는 것이 일반적인 현실이다.

그런데 이런 논리구성은 또한 감사위원의 독립성과 객관성·중립성을 심각하게 훼손할 우려가 있다. 만약 감사위원의 선임뿐만 아니라 그 보수에 대한 결정권까지 모두 이사회에 집중된다면 감사위원회의 구성원인 감사위원이 이사 및 이사회의 업무집행사항을 효과적으로 견제 및 감사한다는 것은 현실적으로 거의 불가능하다.

3. 감사 보수 결정 관련 방법의 적정화

감사 및 감사위원회 위원의 보수와 관련하여 회계제도 개선을 위한 「신외감법」, 「공인회계사법」 등의 개정에 의해 감사 및 감사위원의 법적 책임과 역할이 대폭 강화되어 이에 합당한 보수가 지급되어야 한다. 즉 감사 및 감사위원의 보수 산정 시 감사 및 감사위원이 업무수행에 투입하는 시간과 노력뿐만 아니라 그 들이 부담하는 법적 책임과 역할을 적절히 반영하여야 한다.

특히 감사위원인 이사는 이사회 구성원으로서 업무뿐만 아니라 감사위원으로 업무를 수행하여야 하므로 투입한 시간과 노력을 고려하여 다른 이사보다 더 높은 보수를 받는 것이 바람직하다. 대주주와 경영진으로부터 독립적으로 업무를 수행하여야 하며, 업무수행에 따른 법률적 책임이 크기 때문에 감사위원 보수 산정 시에 감사위원이 부담하는 법률적 위험 등을 고려하여야 한다.

감사 및 감사위원의 독립성과 객관성·중립성을 확보하기 위해서 그들의 보수결정 방법에 관한 명문 규정을 「상법」에 두는 것이 바람직하다. 따라서 *개정(안)* 「*금융지배구조법*」*에서와*

---

175 이철송, 전게서, 2021. 683면.

같이 회사는 사외이사, 감사 및 감사위원에 대하여 회사의 재무적 경영성과와 연동하지 아니하는 별도의 보수지급 및 평가기준을 마련하여 운영하는 방법[176]의 도입이 필요하다.(「금융지배구조법」 제22조 제7항)

아울러서 감사 및 감사위원의 평가에 대해서도 **사외이사가 2/3 이상을 차지하는 감사위원회나 보수위원회가 평가하는 방법의 도입이 필요**하다. 왜냐하면 그들의 평가를 이사회나 사외이사가 2/3 미만인 보수 위원회가 평가할 경우 감사/감사위원의 보수가 경영진에 의해 결정되어 독립적인 감사업무의 수행이 불가능하게 되기 때문이다.

Ⅲ. 이익처분상여금 · 퇴직위로금

감사의 보수란 그 명칭에 관계없이 직무수행의 대가로서 지급되는 것이므로 사실상 직무수행의 대가인 상여금과 퇴직위로금도 정관이나 주주총회에서 정한 후 지급해야 한다.[177] 다만 상여금이 영업연도 말에 발생한 이익 중에서 처분이 가능한 이익을 재원으로 하여 지급되는 경우에는 그것은 이익처분일 뿐 보수는 아니므로 보수에 관한 「상법」 제338조는 적용되지 않고, 「상법」 제449조에 의한 정기총회의 승인을 거치면 그것으로 족하다.[178]

이런 맥락에서 법원은 퇴직위로금에 대해 「주식회사의 이사 · 감사 등 임원은 회사로부터 일정한 사무처리의 위임을 받고 있는 것이므로, 사용자의 지휘 · 감독 아래 일정한 근로를 제공하고 소정의 임금을 받는 고용관계에 있는 것은 아니며, 따라서 일정한 보수를 받는 경우에도 이를 '근로기준법' 소정의 임금이라 할 수 없다. 그리고 회사의 규정에 의해 이사 등 임원에게 퇴직금을 지급하는 경우에도 그 퇴직금은 「근로기준법」 소정의 퇴직금이 아니라 재직 중의 직무집행에 대한 대가로 지급되는 보수에 불과하다」고 판시하고 있다.[179]

그런데 퇴직위로금의 지급에 있어서는 원칙적으로 정관이나 주주총회의 결의가 있어야 하지만, 사규인 퇴직위로금 지급규정에 근거하여 지급된 경우라면 그 지급에 있어서 대표이사나 이사회의 재량의 여지가 없을 뿐만 아니라 감사에게도 특히 불리한 것이 없으므로 비록 정관의 규정이나 주주총회의 결의가 없더라도 유효한 것으로 보아야 한다는 견해가 제기되고 있다.[180]

그러나 이 견해에 찬동할 수 없다. 왜냐하면 이 견해에 의하면 감사의 퇴직위로금 지급에 관한 정관이나 주주총회의 결의가 없더라도 사규에만 있으면 그 지급이 가능하게 되는데, 이는 감사의 보수를 정관이나 주주총회의 결의에 의해서만 지급하도록 한 「상법」 규정의 취지에 반할 뿐만 아니라 경우에 따라서는 악용될 소지도 있기 때문이다.[181] 다만, 「감사 등

---

176 금융위원회, 「금융사지배구조법 일부개정법률(안)」입법예고, 2020. 6. 29.

177 김용범, 전게서, 2017, 664면. 이철송, 전게서, 2019, 677면. 권종호, 전게서, 95면. 최준선, 전게서, 402면. 대법원, 1977. 11. 22. 판결. 77 다 1742, 동 2003. 9. 26. 판결. 2002 다 64681등.

178 김용범, 전게서, 2017, 664면. 정준우, 전게서, 40면. 정동윤, 전게서, 391면. 권종호, 전게서, 94면.

179 김용범, 전게서, 2017, 665면. 대법원, 2003. 9. 26. 판결. 2002 다 64681, 동 2004. 12. 10. 판결. 2004 다 25123, 동 1999. 2. 24. 판결. 97 다 38930.

180 권종호, 전게서, 95면.

181 김용범, 전게서, 2017, 665면. 정준우, 전게서, 40면.

임원의 퇴직위로금 지급규정」이 주주총회의 결의를 거쳐 제정된 것이면 「동 규정」에 의한 지급도 당연히 유효하다고 본다.

Ⅳ. 주식매수선택권

1. 주식매수선택권의 의의

「**주식매수선택권**(stock option)」이란 정관이 정한 바에 따라 주주총회의 특별결의에 의하여 회사의 설립·경영 및 기술혁신 등에 기여하였거나 기여할 수 있는 회사의 이사·집행임원·감사 또는 피용자에게 특별히 유리한 가격으로 신주를 인수하거나 자기주식을 매수할 수 있는 권리를 부여하는 제도이다.[182]

「상법」은 **주식매수선택권**을 "회사의 설립·경영 및 기술혁신 등에 기여하거나 기여할 수 있는 회사의 이사·집행임원·감사 또는 피용자에게 미리 정한 가액(이하 '주식매수선택권의 행사가액'이라 한다)으로 신주를 인수하거나 자기의 주식을 매수할 수 있는 권리"라고 정의하고 있다.(「상법」 제340조의2 제1항)

주식매수선택권제도는 주식을 매수할 수 있는 권리를 임직원의 업적과 연결시키는 일종의 인센티브제도로서, 우수인재 확보, 생산성 향상, 재무구조 개선 등의 효과가 있지만, 주식시장이 침체된 경우에는 아무런 소득이 없고, 주식시장이 호황인 경우에는 노력 이상의 보상을 받으며, 업무의 추진이 단기실적에 급급하게 되는 점 등의 단점이 있다.[183]

2. 주식매수선택권의 성질

회사와의 계약에 의하여 이러한 주식매수선택권을 부여받는다. **매수선택권을 가진 자가 이 권리를 행사하면 회사의 승낙을 요하지 않고 효력이 발생하므로, 이 권리는 일종의 형성권**이다. 한편 임·직원이 주식매수선택권을 행사하여 취득한 주식의 시가와 행사가액의 차이가 「상법」 제388조의 보수에 해당하는가 하는 문제가 있다.

주식매수선택권은 제3자에게 양도할 수 없고 주식의 시가가 행사가액보다 항상 상승한다는 보장이 없어서 이를 보수로 보기 어려운 점이 있지만, 보수란 직무집행에 대한 대가로 지급된다는 점에서 보면, 주식매수선택권을 행사하여 취득한 주식의 시가와 행사가액과의 차액은 보수에 해당한다고 할 수 있을 것이다.[184]

선택권을 부여하려면 정관의 규정에 기하여 주주총회의 특별결의가 있어야 하므로 별도의 보수에 관한 「상법」에 의한 주주총회의 결의는 필요가 없다고 본다.[185]

3. 주식매수선택권의 부여방식

---

182 김용범, 전게서, 2017, 665면. 최준선, 전게서, 283면.

183 김용범, 전게서, 2017, 665면. 최준선, 전게서, 283~284면.

184 최준선, 전게서, 285면.

185 최준선, 전게서, 285면.

주식매수선택권을 부여하는 방식에는 ① 자기주식교부방식, ② 신주인수권방식, ③ 주가차액교부방식의 세 가지만 인정하고 있다.(「상법」 제340조의2 제1항) 따라서 이외의 방법을 창안하거나 이들 방식을 혼합하는 것은 허용되지 않는다.[186]

가. 자기주식교부방식

자기주식교부방식은 회사가 보유하고 있는 자기주식을 예정된 가격(주식매수선택권 행사가액)으로 양수할 수 있는 권리를 부여하는 방법이다.

나. 신주인수권방식

신주인수권방식은 주식매수선택권자가 그 권리를 행사하여 행사가액을 납입하면 그에게 신주를 발행하여 교부하는 방식이다.

다. 주가차액교부방식

주가차액교부방식은 주식매수선택권자가 그 권리를 행사한 때에 행사가액이 주식의 실질가격보다 낮은 경우에 행사가액과 시가와의 차액을 현금/자기주식으로 교부하는 방식이다.

4. 주식매수선택권의 행사요건

가. 주식매수선택권의 실질적 행사요건

1) 주식매수선택권의 부여주체

주식매수선택권의 부여주체는 모든 주식회사이다.(「상법」 제340조의2 제1항)

2) 주식매수선택권의 부여대상자

주식매수선택권을 부여할 수 있는 자는 회사의 이사·집행임원·감사 또는 피용자로서 회사의 설립·경영 및 기술혁신 등에 기여하였거나 기여할 수 있는 자이어야 한다.(「상법」 제340조의2 제1항) 상장회사의 경우에는 특례규정에 의해 당해 회사의 이사·집행임원·감사 또는 피용자 외에도 대통령령으로 정하는 관계회사의 이사·집행임원·감사 또는 피용자에게도 주식매수선택권을 부여할 수 있다.(「상법」 제542조의3 제1항)

한편 ① 의결권 없는 주식을 제외한 발행주식총수의 100분의 10 이상의 주식을 소유한 주주, ② 이사, 집행임원, 감사의 선임과 해임 등 회사의 주요 경영상황에 대하여 사실상 영향력을 행사하는 주주, ③ 위에 열거한 주주의 배우자와 직계 존·비속은 부여대상자에서 제외된다.(「상법」 제340조의2 제2항)

또한 상장회사의 경우에는 대주주 등에 의한 이 제도의 악용을 방지하기 위하여 상장회사의 ① 최대주주 및 그 특수관계인, ② 주요주주 및 그 특수관계인은 주식매수선택권 부여대상에서 제외된다.(「상법」 제542조의3 제1항, 「상법시행령」 제30조)

참고로 주식매수선택권을 경영의 성과에 대한 순수한 보수로 파악하고 있는 외국의 입법

례에서는 감사를 부여대상자에서 제외하고 있는 데, 우리나라에서는 감사에게도 이를 부여하고 있어 동 제도의 기본취지에 어긋난다고 주장하는 학자도 일부 있다.[187]

그러나 이 제도가 우수인재의 확보와 기업가치의 상승을 誘因動機로 하여 임직원의 직무 충실을 유도하려는 제도인 점[188] 그리고 사외이사, 감사 및 감사위원에 대해 회사의 재무적 경영성과와 연동하지 아니하는 별도의 보수지급 및 평가기준을 마련해 운영하도록 하는 점 [189]을 고려할 때 이 제도의 기본 취지에 어긋나지 아니할 뿐만 아니라 악용소지가 없으므로, 주식매수선택권 부여대상자에서 감사를 제외할 필요가 전혀 없다.

3) 주식매수선택권의 부여한도

회사의 임직원이 유리한 가격으로 매수할 수 있는 신주 또는 양수할 수 있는 자기주식은 회사의 발행주식총수의 100분의 10을 초과할 수 없다.(「상법」 제340조의2 제3항) 이는 주식매수청구권의 부여가 남용되는 것을 방지하기 조치이다.

한편 상장회사는 특례규정에 의하여 주식매수선택권부여한도를 완화하여 발행 주식 총수의 100분의 20의 범위에서 대통령령이 정하는 한도까지 주식매수선택권을 부여할 수 있도록 하고 있다.(「상법」 제542조의3 제2항) 단, 현재는 발행주식총수의 100분의 15까지 부여하고 있다.(「상법시행령」 제30조 제3항)

4) 주식매수선택권의 행사가액

주식매수선택권은 이사·집행임원·감사 또는 피용자가 회사의 자기주식을 미리 정한 가격으로 매수할 수 있는 권리를 말하는데 이때 미리 정한 가액을 '**행사가액**'이라 한다.

행사가액은 ① **신주인수권부여방식**의 경우에는 주식매수선택권의 부여일을 기준으로 한 **주식의 실질가액과 주식의 권면액 중 높은 금액**(「상법」 제340조의2 제4항 제1호)을, ② **자기주식양도방식**의 경우에는 주식매수선택권의 부여 일을 기준으로 한 주식의 실질가액(「상법」제340조의2제4항제2호)과, ③ **주가차액교부방식**의 경우에는 주식매수선택권의 행사가액이 주식의 실질가액보다 낮은 경우에 회사는 그 **차액을 금전으로 지급**하거나 그 **차액에 상당하는 자기주식을 양도**할 수 있다.(「상법」 제340조의2 제1항 단서)

나. 주식매수선택권의 형식적 행사요건

1) 「정관」상의 규정

주식매수선택권을 부여하려면 정관에 ① 일정한 경우 주식매수선택권을 부여할 수 있다는 뜻, ② 주식매수선택권의 행사로 발행하거나 양도할 주식의 종류와 수, ③ 주식매수 청구권을 부여받을 자의 자격요건, ④ 주식매수선택권의 행사기간, ⑤ 일정한 경우 이사회의 결의로 주식매수선택권의 부여를 취소할 수 있다는 뜻을 기재하여야 한다.(「상법」 제340조의3

---

187 최준선. 전게서. 2011, 286면. 최기원. 전게서. 714면.

188 대법원. 2011. 3. 24, 선고. 2010다85027. 판결. 이철송. 전게서. 2021. 688면.

189 「금융사지배구조법」제22조 제3항 및 개정(안) 제7항 등.

2) 주주총회의 특별결의

주주총회의 특별결의에 의해 ① 주식매수선택권을 부여받을 자의 성명, ② 주식매수선택권의 부여방법, ③ 주식매수선택권의 행사가액과 그 조정에 관한사항, ④ 주식매수선택권의 행사기간, ⑤ 주식매수선택권을 부여받을 각자에 대해 주식매수선택권의 행사로 발행하거나 양도할 주식의 종류와 수를 정해야 한다.(「상법」 제340조의3 제2항)

다만 상장회사는 특례규정에 의하여 발행주식총수의 100분의 10의 범위에서 대통령령으로 정하는 한도까지는 그 절차를 간소화하여 이사회의 결의로 주식 매수선택권을 부여할 수 있다.(「상법」 제542조의3 제3항)

3) 주식매수선택권부여계약의 체결

회사는 주주총회의 결의에 의하여 주식매수선택권을 부여받을 자와 주식매수선택권부여계약을 체결하고 상당한 기간 내에 그에 관한 서면 계약서를 작성해야 한다.(「상법」 제340조의3 제3항)

4) 등기 및 공시

회사가 주식매수선택권을 부여할 것을 정한 때에는 이를 등기하여야 한다.(「상법」 제317조 제2항 제3의3호) 그리고 회사는 주식매수선택권부여계약서를 주식매수선택권의 행사기간이 종료할 때까지 본점에 비치하고 주주로 하여금 영업시간 내에 이를 열람할 수 있도록 하여야 한다.(「상법」 제340조의3 제4항)

상장회사는 주주총회가 주식매수선택권 부여 결의를 한 경우 대통령령이 정하는 바에 따라 금융위원회와 증권거래소에 이를 신고하여야 하며, 금융위원회와 증권거래소는 신고일부터 주식매수선택권 존속기한까지 이를 비치하고 일반인이 열람할 수 있도록 하여야 한다.(「자본시장법」 제165조의17 제1항)

5. 주식매수선택권의 실질행사

가. 주식매수선택권의 행사방법

주식매수선택권은 형성권이므로 주식매수선택권자의 일방적 의사표시에 의하여 행사하면 된다.[190] 주식매수선택권의 행사는 주주명부폐쇄기간 중이라도 할 수 있다. 그러나 폐쇄기간 중의 주주총회결의에 관하여는 의결권을 행사할 수 없다.(「상법」 제340조의5, 제350조제2항)

그리고 주식매수선택권을 행사하여 회사로부터 구주(자기주식)를 양도받는 경우에는 문제가 없다. 그러나 새로 발행하는 주식을 인수하는 경우에는 청구서의 작성, 신주 인수 청약서의 기재사항, 납입은행, 납입금보관자의 변경, 납입금보관자의 증명 등에 관하여 신주인수권부사채권자의 신주인수권 행사에 관한 규정이 준용된다.(「상법」 제340조의5, 제516조의9

---

190 김용범, 전게서, 2017, 668면. 최준선, 전게서, 289면.

제1항, 제3항, 제4항)

나. 주식매수선택권의 행사기간

주식매수선택권은 주주총회 결의일로부터 2년 이상 재임 또는 재직하여야 행사할 수 있다.(「상법」제340조의4 제1항) 이는 어느 정도 장기간 근무하면서 회사에 공헌한 자에게 권리를 인정하기 위한 것이다.

따라서 판례는 주식매수선택권을 부여받은 자가 정년, 사망, 회사의 구조조정 등 본인의 귀책사유가 아닌 사유로 인하여 퇴임 또는 퇴직하였더라도 2년 미만 근무한 비상장회사 임직원은 주식매수선택권을 행사할 수 없고, 정관이나 주주총회의 특별결의를 통해서도 「상법」 제340조의4 제1항의 요건완화는 허용되지 않는다고 한다.[191]

그러나 이와 같은 해석은 지나친 면이 있다.[192] 상장회사의 경우에는 이와 같은 경우에는 2년 이상 재임 또는 재직하지 아니하더라도 주식매수선택권을 행사할 수 있다.(「상법」제542조의3 제4항, 「동법 시행령」 제30조 제5항). 본인의 귀책사유가 아닌 사유로 인한 퇴임 또는 퇴직에 대해 상장회사와 비상장회사를 구별할 특별한 이유는 없다고 본다.

한편, 상장회사의 경우도 위의 대통령령이 정하는 경우를 제외하고는 주식매수선택권을 부여하기로 한 주주총회 또는 이사회의 결의일로부터 2년 이상 재임하거나 재직하여야 주식매수선택권을 행사할 수 있다.(「상법」 제542조의3 제4항)

다. 주식매수선택권의 양도금지

주식매수선택권은 본인만이 행사할 수 있으며, 타인에게 양도할 수 없다. 그러나 주식매수선택권을 부여받은 자가 사망한 경우에는 그 상속인이 이를 행사할 수 있다.(「상법」 제340조의4 제2항)

6. 주식매수선택권의 행사효과

가. 주식매수선택권 부여회사의 의무

주식매수선택권을 행사하면 회사는 주식매수선택권의 부여방식에 따라 자기주식을 양도하거나 신주를 발행하거나 또는 주가차액에 해당하는 현금 또는 자기주식을 교부할 의무를 부담한다.[193]

나. 주주가 되는 시기

주식매수선택권의 행사로 주주가 되는 시기는 ① 신주인수권방식의 경우에는 주식인수대금을 납입한 때 주주가 된다.(「상법」 제340조의5, 제516조의10) ② 자기주식 교부방식의 경우에

---

191 대법원, 2011. 3. 24. 판결. 2010다 85027
192 김용범, 전게서, 2017, 669면. 최준선, 전게서, 290면.
193 김용범, 전게서, 2017, 670면. 최준선, 전게서, 291면.

관하여는「상법」에 규정이 없으므로 주식양도의 일반원칙에 따라 회사에 매수대금을 납입하고 주권을 교부받은 때 주주가 된다.(「상법」 제336조 제1항) ③ 주가차액 교부방식의 경우 현금으로 교부한 때는 해당이 없고, 자기주식을 교부하는 경우에는 주식매수선택권자가 주식매수선택권을 행사한 때 주주가 된다.

신주에 대한 이익배당에 관하여는 정관이 정하는 바에 따라 그 주식매수선택권을 행사한 때가 속하는 영업연도의 직전영업연도 말에 신주를 발행한 것으로 할 수 있다.(「상법」 제350조의5, 제350조 제3항)

다. 이익배당

영업연도 중에 주식매수선택권을 행사한 경우 이익배당에 관해서는 정관의 규정에 의해 전년도 말에 주식매수선택권을 행사한 것으로 본다.(「상법」 제340조의5, 제350조 제3항) 이는 신주인수권방식에 한해 적용된다.

라. 변경등기

주식매수선택권의 행사로 신주를 발행하는 경우에는 발행주식 수와 자본금이 변동된다. 주식매수선택권을 행사한 날로부터 2주 내에 본점 소재지에서 그 변경등기를 하여야 한다.(「상법」 제340조의5, 제351조)

7. 주식매수선택권의 취소

주식매수선택권의 취소는 회사의 자율에 맡긴다. 즉, 회사는 정관에 "일정한 경우 이사회 결의로 주식매수선택권의 부여를 취소할 수 있다."는 뜻을 기재하도록 하고 있으므로, 정관이 정하는 바에 따라 취소할 수 있다.(「상법」 제340조의3 제1항 제5호) 상장 회사의 경우는 정관이 정하는 바에 따라 이사회의 결의로 취소할 수 있으나, 취소 사유는 아래 각 호와 같이 한정되어 있다.(「상법 시행령」 제9조 제6항)

주식매수선택권을 취소할 수 있는 사유

① 주식매수선택권을 부여받은 임·직원이 본인의 의사에 따라 퇴임하거나 퇴직한 경우
② 주식매수선택권을 부여받은 임·직원이 고의/과실로 법인에 중대한 손해를 끼친 경우
③ 당해 법인의 파산 또는 해산 등으로 주식매수선택권 행사에 응할 수 없는 경우
④ 기타 주식매수선택권을 부여받은 자와 체결한 주식매수선택권 부여계약에서 정한 취소 사유가 발생한 경우 등

V. 보수의 적정성[194]

---

194 이철송, 전게서, 2021. 685~686면

1. 감사보수의 법문상 해석

「상법」제388조 및 제415조의 법문상으로는 이사 또는 감사의 감사보수 결정에 관한 절차적 통제만을 가할 뿐, 보수의 실질(보수의 내용)에 대한 통제는 담고 있지 않다. 이 때문에 보수결정을 통상의 업무집행과 같이 이사회나 대표이사에게 맡길 경우 이사가 스스로 보수를 결정하는 형식이 되어, 일종의 자기거래가 되거나 감사 또는 감사위원의 독립성을 저해하는 불공정이 우려되고 있다.

그럼에도 불구하고 이사/감사의 보수에는 경영성과에 대한 평가와 보상의 의미가 있어 성질상 주주가 정할 사항으로 볼 수 있으므로 보수의 결정을 주주들의 정책결정사항으로 다루는 것이 이 규정의 취지이다. 이같이 「상법」이 이사/감사의 보수를 주주의 정책결정사항으로 위임한 것은 구체적인 보수의 결정은 주주총회의 자율적 판단에 맡기고 금액의 상당성에 관해서는 법원이 관여하지 않도록 하는 입법정책을 취한 것으로 볼 수 있다.

2. 감사보수의 합리적 기준

명문의 규정은 없더라도 **이사/감사의 보수**란 이사/감사의 직무수행에 대한 대가인 만큼 그 직무와 합리적인 비례관계를 유지해야 한다는 목적론적 해석은 가능하다. 나아가 직무와 재무상태에 비해 과도한 보수는 자본충실을 해하고 주주와 채권자의 손실을 초래한다는 점[195]을 감안하면 회사의 재무상태에 비추어 적정해야 한다는 條理상의 기준을 설정할 수 있고, 또 이와 같은 기준을 성문화한 입법례도 있다.[196]

이 같은 해석론에 입각하여 정관의 규정이나 주주총회의 결의로 정한 보수액 자체가 과다할 때에는 그 규정 또는 그 결의 자체가 자본충실의 원칙에 반하여 무효이고, 정관의 규정이나 주주총회의 결의로 정한 기준에 따라 이사회 결의로 개별적인 보수를 결정하였는데, 그 개별적인 보수가 과도한 때, 예를 들면 회사의 영업 손실이 점증하고 있고, 기업구조 개선을 위해 곧 지배주주가 교체될 상황에서 이사들의 퇴직금을 倍增하는 지급기준을 설정한 때에는 이사회 결의가 무효라고 보아야 한다.[197]

따라서 보수가 정해졌더라도 회사는 과도한 보수에 대해 지급을 거부할 수 있으며, 이미 지급한 때에는 해당 이사/감사에게 반환을 청구할 수 있다. **보수의 과다여부**는 「이사/감사가 제공하는 급부의 내용 또는 직무수행의 정도, 지급받는 보수의 액수와 회사의 재무상태」를 기초로 판단해야 하며, 비상근 또는 명목적으로 선임한 이사/감사에게 지급하는 보수의 경우에는 「실질적인 직무를 수행하는 이사/감사의 보수와의 차이, 명목적인 이사/감사를 선

---

195 대법원. 2016. 1. 28. 선고. 2014다11888. 판결. 이철송, 전게서, 2021. 685면

196 독일의 「이사의 보수의 적정화에 관한 법률」에서는 명문으로 이사의 보수가 그의 직무와 회사의 상황에 비추어 상당성을 지녀야 하고, 이사의 업적에 비추어 보더라도 적절해야하며, 특별한 근거가 없는 경우 같은 업종의 통상의 보수를 초과할 수 없다.(§87 Abs. 1. AktG). 주목할 것은 이사의 보수 책정 후 회사의 경영사정의 악화로 보수가 적절하지 못하게 된 경우에는 감사위원회가 보수를 감액할 수 있다고 규정하고 있다. (§87 Abs. 2. AktG)

197 대법원. 2016. 1. 28. 선고. 2014다11888. 판결. 이철송, 전게서, 2021. 686면. 서울고법. 2009. 6. 5. 선고. 2008나78820. 판결.

임한 목적과 자격 유지의 필요성 등」을 고려하여 판단해야 한다.[198]

VI. 보수 등의 공시

감사보수에 관해 주주총회에서 결정할 경우 회사는 주주총회의 소집통지에 회의의 목적 사항으로 "감사보수에 관한 건"을 기재하여 주주에게 통지하여야 한다.(「상법」 제363조 제2항) 또 감사의 보수나 퇴직위로금에 관해 주주총회의 결의가 있는 때에는 주주총회의 의사록에 그 결의 내용을, 또 이익처분결의에 의해 상여금을 지급한 때에는 그 금액을 기재하고(「상법」 제373조), 이를 본점과 지점에 비치하여야 한다.(「상법」 제396조)

그리고 주권상장법인, 그 밖에 대통령령으로 정하는 법인(이하 "사업보고서 제출대상 법인"이라 함)은 그 사업보고서를 각 사업연도 경과 후 90일 이내에 금융위원회와 거래소에 제출하여야 한다. 그 사업보고서에는 임원보수 관련 다음 각 호의 사항을 기재하여야 한다.(「자본시장법」 제159조제1항,제2항) 금융위원회와 거래소는 사업보고서 등을 3년간 일정한 장소에 비치하고, 인터넷 홈페이지 등을 이용하여 공시하여야 한다.(「자본시장법」 제163조)

사업보고서에 기재할 주요 사항

1. 생략
2. 임원의 보수[「상법」, 그 밖의 법률에 따른 주식매수선택권을 포함하되, 대통령령이 정하는 것(대통령령으로 정하는 것은 임원 모두에게 지급된 그 사업연도의 보수 총액)]
3. 임원의 개인별 보수와 그 구체적인 산정기준 및 방법[임원 개인에게 지급된 보수가 5억원 이내의 범위에서 대통령령으로 정하는 금액(대통령령으로 정하는 금액 5억 원)이상인 경우]
3-2. 보수총액 기준 상위 5명의 개인별 보수와 그 구체적인 산정기준 및 방법(개인에게 지급된 보수가 5억 원 이내의 범위에서 대통령령으로 정하는 금액이상인 경우)
4. ~ 5. 생략

198　대법원. 2015. 9. 10. 선고. 2015다213308. 판결. 이철송, 전게서, 2021. 686면.

제3장

감사의 권한

제1절 총설[199]

「상법」은 감사가 그 직무를 효과적으로 수행할 수 있도록 다양한 권한을 부여하고 있다. 감사의 권한은 권한의 성질에 따라 **첫째 기본 업무를 위한 감사의 권한, 둘째 사전 예방을 위한 감사의 권한, 셋째 사후 시정을 위한 감사의 권한, 넷째 독립성 강화를 위한 감사의 권한** 등으로 대별할 수 있다.

첫 번째 기본업무를 위한 감사의 권한으로는 ① 이사의 직무집행에 대한 감사권, ② 자회사에 대한 감사권, ③ 이사의 중대 손해발생 위험보고에 대한 수령 및 조치권, ④ 외부감사인의 부정 및 위법행위 통보에 대한 수령 및 조치권, ⑤ 회계부정행위 고지자로부터 고지 수령 및 조치권, ⑥ 내부회계관리제도의 운영상황 감시권 등이 있다.

두 번째 사전예방을 위한 감사의 권한으로는 ① 이사회 출석 및 의견 진술권, ② 이사회의 소집청구권, ③ 주주총회의 소집청구권, ④ 이사의 위법행위 유지청구권, ⑤ 외부감사인 선임 및 해임권, ⑥ 이사회 결의로 재무제표 승인에 대한 동의권 등이 있다. 그리고 **세 번째 사후시정을 위한 감사의 권한**으로는 ① 각종 소의 회사대표권, ② 각종 소 제기권 등이 있다.

마지막으로 **독립성 강화를 위한 감사의 권한**으로는 ① 감사 해임에 관한 의견 진술권, ② 이사회의사록에 대한 기명날인 및 서명권, ③ 전문가의 조력권, ④ 감사 보조조직 설치·운영권, ⑤ 내부감시장치의 가동현황에 대한 감시권, ⑥ 외부감사인의 외부감사 운영상항 감시권 등이 있다. 그리고 「상법」은 감사의 지위와 업무집행의 독립성과 중립성을 확보·유지하기 위해 감사의 선임·해임에 있어서 대주주의 의결권을 일정한도로 제한하고 있다.

「상법」은 이와 같이 감사에 대하여 다양한 권한을 부여하고 있지만, 이러한 권한의 적절한 행사는 감사의 의무이며, 따라서 감사가 적시에 필요한 권한을 행사하지 않으면 그것은 감사의 임무해태이고, 그로 인하여 회사나 제3자에게 손해가 발생한 경우에는 감사는 그 손해에 대해 배상할 책임을 져야 한다.

---

199 김용범, 전게서, 2017, 672면. 김용범, 「내부감사의 권한과 취약점」, 감사저널, 2016.1., 68~77면. 김용범, 「내부감사이론·내부감사법무」, 한국감사협회, 2020. 1. 17., 63~83면.

제2절 **이사의 직무집행에 대한 감사권**[200]

Ⅰ. 내부감사의 개요

내부감사란 조직 내부에 있는 감사기관이 한 조직의 목표를 달성하고, 가치를 증진 및 개선시키기 위하여 설계된 독립적이고 객관적인 검증과 진단 활동이다. 내부감사는 체계적이고 훈련된 접근방법을 이용하여 지배구조, 위험관리, 내부통제 그리고 부정관리 프로세스의 적정성과 유효성을 검증 및 진단하여 그 결과를 경영진, 주주 등 이해관계자에게 전달하고 필요시 적절한 조치를 하거나, 하도록 하는 과정이다.(저자 김용범)

따라서 내부감사의 실효성과 독립성을 확보하고 경영진, 주주 등 이해관계자의 신뢰성을 증진시키기 위해서는 내부감사에 대한 추상적인 설명을 벗어나서 구체적으로 내부감사의 **이사의 직무집행에 대한 감사권한에는 법령상 권한인 ① 이사에 대한 영업보고 요구권, ② 회사의 업무 및 재산 상태 조사권**과 내재적 권한인 **③ 이사에 대한 자료제출 요구권, ④ 감사결과에 대한 처분 요구 및 조치권**이 포함된다 하겠다.

① **내부감사**란 특정 조직이나 감사 전문가가 실행하는 외부감사와는 달리 조직 내부에 있는 감사담당자가 조직의 목표를 효율적으로 달성하기 위하여 내부통제 조직을 조사·평가하고 조직 내부의 각 단위의 효율성을 측정하는 한편 회계기록 및 기타 경영에 관한 모든 기록을 점검하여 그 결과를 경영진, 주주 등 이해관계자에게 전달하고 필요시 적절한 조치를 하도록 하는 과정이다.(금융감독원)[201]

② **내부감사/자체감사**란 감사기구의 장이 그 소속되어 있는 기관(그 소속기관 및 소관단체 포함) 및 그 기관에 속한자의 모든 업무와 활동 등을 조사·점검·확인·분석·검증하고 그 결과를 처리하는 것을 말한다.(「공공감사에 관한 법률」제2조 제1항)

③ **내부감사**란 한 조직의 업무수행의 가치를 증대시키고 개선시키기 위해 설계된 독립적이고 객관적인 검증과 컨설팅 활동이다. 내부감사는 체계적이고 훈련된 접근 방법을 이용하여 리스크 관리, 내부통제 그리고 지배구조 프로세스의 유효성을 평가 하고 개선시켜 조직이 그 목표를 달성하는데 도움을 준다.(「국제내부감사인협회(IIA)」)

현행 「상법」에서는 ① 이사에 대한 영업보고 요구권과 ③ 회사의 업무 및 재산상태 조사권만 명시하고 있지만, ② **이사에 대한 자료제출 요구권**과 ④ **감사결과에 대한 처분 요구 및 조치권**도 이사의 직무집행에 대한 감사권에 **內在하는** 권리로서 감사는 당연히 이사에게

---

200 김용범, 2017, 673~674 및 2012, 372~376면. 김용범, 전게기고문, 2016.1., 68~70면.

201 금융감독원, 「금융회사의 감사업무를 위한 실무지침서」, 2003, 5면.

자료제출을 요구하거나 감사결과에 대한 처분요구 및 조치를 할 수 있다고 본다.

따라서 내부감사의 실효성과 독립성을 확보하고 경영진, 주주 등 이해관계자의 신뢰성을 증대시키기 위해 「공공감사법」 등에서와 같이 이를 追加로 明文化하는 것이 필요하다.

II. 내부감사의 대상

감사의 내부감사 대상에 대한 자세한 내용은 제1편 – 제4장 – 제1절 내부감사 대상의 개요, 제2절 지배구조, 제3절 위험관리, 제4절 내부통제, 제5절 부정관리 항목을 참조하시기 바랍니다.

III. 내부감사의 범위

감사의 내부감사 범위에 대한 자세한 내용은 제1편 – 제5장 – 제1절 '내부감사의 범위' I. '내부감사 범위의 개요', II. '이사의 직무집행의 범위', III. '회계감사와 업무감사', IV. '적법성 감사 및 타당성감사' 항목과 제1편 – 제5장 – 제2절 '내부감사의 자회사 범위'의 항목을 참조하시기 바랍니다.

IV. 이사에 대한 영업보고 요구권

감사는 언제든지 이사에 대해 영업에 관한 보고를 요구할 수 있다.(「상법」 제412조 제2항 전단) 이 보고 요구권은 회사의 영업전반에 미친다. 영업에 관한 보고의 방식에는 제한이 없으며, 서면 또는 구두로 할 수도 있다. 이사는 감사의 보고요구에 대하여 특히 기밀을 요하는 경우가 아니면 사용인을 통해 보고하는 것도 가능하다.

현행법에 의하면 감사는 영업에 관해서 수동적으로 보고를 받을 수 있는 경우가 있다. 즉 감사는 이사회에 출석하여 이사로부터 영업에 관해 보고를 들을 수 있으며, 1995년 「상법」 개정에 의해 이사는 회사에 현저하게 손해를 미칠 염려가 있는 사실을 발견한 때에는 곧바로 감사에 이를 보고하여야 한다.(「상법」 제412조의2)

감사의 이사에 대한 「상법」 제412조 제2항의 **영업보고 요구권**은 이러한 **수동적·단편적인 보고 수령권과는 달리 감사가 스스로 세운 감사방침에 따라 적극적으로 정보를 수집할 수 있도록 하기 위한 권리**이다.[202] 보고를 요구함에 있어서 감사는 이사회에 출석하여 이사에 대해 보고를 요구할 수도 있고, 서면에 의한 보고를 요구할 수도 있다.

현행법에 의하면 감사가 보고를 요구할 수 있는 대상은 이사로 국한되어 있으므로 이사 이외의 사용인에 대해서도 보고를 요구할 수 있는지가 문제가 되는데, 감사 대상에 따라서는 이사 이외의 사용인에 대해서도 보고를 요구할 필요가 있을 수 있으므로 반드시 이사에 국한하여 보고를 요구할 수 있는 것으로 해석할 필요는 없다고 본다.[203]

---

[202] 김용범, 전게서, 2017, 673면. 권종호, 전게서, 100면. 商事法務研究會編, 「監査役ハンドブシグ(新訂3版), 商事法務研究會, 2000, 94면.

[203] 김용범, 전게서, 2017, 674면. 권종호, 전게서, 100면.

V. 이사에 대한 자료제출 요구권

이사에 대한 자료제출 요구권은 감사 또는 감사위원회가 감사업무 수행에 필요하다고 판단되는 회사 내 모든 정보에 대한 자료의 제출을 회사 또는 그 소속 이사·임직원에 대하여 요구할 수 있는 권한이며, **'모든 정보'**에는 재무·회계·영업·조직·인사 등 회사 내의 공식·비공식 문서, 기록, 자료 등의 일체를 말한다.[204]

감사 또는 감사위원회는 내부감사를 위하여 필요한 때에는 회사 또는 그 소속 이사·임직원에 대하여 아래의 회사 내 모든 정보에 대한 자료의 제출을 요구할 수 있으며, 감사 또는 감사위원회로부터 자료제출 요구를 받은 회사 또는 이사·임직원은 정당한 사유가 없으면 그 요구에 따라야 한다.[205]

자료 제출 요구 사항

① 출석·답변의 요구
② 관계 서류·장부 및 물품 등의 제출 요구
③ 전산정보시스템에 입력된 자료의 조사
④ 금고·창고·장부 및 물품 등의 봉인의 요구
⑤ 제 증명서·확인서·문답서 및 기타 관련 자료
⑥ 그 밖에 감사업무에 필요한 사항 등

감사 또는 감사위원회는 감사를 위하여 제출받은 정보 또는 자료를 감사 목적 외의 용도로 이용할 수 없다.[206]또한 감사 또는 감사위원회는 직무를 수행하면서 지득하게 된 기밀을 정당한 이유(법적인 요건 또는 당사자의 승인 등) 없이 감사업무 수행과 관련된 이외의 용도로 제3자에게 유출 또는 사용해서는 아니 된다.[207]

VI. 회사의 업무 및 재산 상태 조사권

감사는 회사의 업무상황 및 재산상황 전반에 관해 언제든지 조사할 수 있다.(「상법」 제412조 제2항 후단) **조사**의 辭典的 의미는 어떤 일에 대한 내용을 정확하게 알기 위해 자세히 찾아보거나 살펴보는 행동 또는 필요한 사안에 관한 확실한 사실, 즉 증언·기록·자료 등을 수집하고 그 사실을 평가·판단하는 작용을 의미한다.

따라서 보고와 조사의 차이점을 살펴보면, **보고**는 이사의 표현을 매개로 하여 정보를 수집하는 방법인데 반해 **조사**는 주로 장부나 서류, 재산 등에 관해 감사가 직접 확인하여 정보

---

204 「공공감사법」,제20조와「상장회사 감사위원회 표준직무규정」,제6조제3항,「상장회사 감사 표준직무 규정」,제7조 제2항 및「금융회사 감사위원회 모범규준」,제4조 등.

205 「공공감사법」,제20조,「상장회사 감사위원회모범규준」,제6조제3항,「상장회사 감사모범규준」,제7조제2항.

206 「공공감사법」,제20조 제5항,「지배구조원 감사위원회 모범규준」,IV-1.5

207 「공공감사법」,제29조,「금융회사 감사위원회 모범규준」,제5조 제2호.

를 수집하는 방법이다. 조사의 방법에는 특별한 제한이 없다. 따라서 감사는 보조자를 이용하여 조사하거나 조회 등의 방법을 통해 조사할 수도 있으며, 문제가 있을 듯한 사항에 관해서는 특별히 중점적으로 조사를 행하는 것도 가능하다.

감사의 업무조사권은 회사의 모든 업무에 미치며, 따라서 회사의 영업활동 및 거래 관계는 물론이고 재무제표 등 각종의 장부나 서류도 조사대상이 된다. 「상법」은 업무 및 재산조사권의 행사 대상을 前述의 영업보고 요구권과 마찬가지로 이사로 국한하고 있으나, 이 조사권 역시 사용인에 대해서도 행사할 수 있는 것으로 보아야 할 것이다.[208]

감사의 조사는 기본적으로 이사를 상대로 이루어질 것이지만, 이사를 통해 만족스런 결과를 얻지 못한 경우에는 직접 사용인을 상대로 조사를 하여 필요한 정보를 수집할 필요가 있기 때문이다.[209] 감사의 업무 및 재산 조사권은 감사직무 수행에 필요한 범위 내에서 행사되어야 하며, 감사의 조사가 감사직무 수행과 관련이 없다고 판단되는 경우 이사는 감사의 조사를 거절할 수 있으며, 그 관련성에 대한 입증책임은 이사에게 있다.

감사는 守秘義務[210]를 지고 있으므로(「상법」 제415조, 제382조의4) 회사의 비밀이라는 이유로 이사가 감사의 보고나 조사를 거부하는 것은 위법이다.[211] 이사가 감사의 요구를 거부하거나 조사를 방해한 때에는 500만 원 이하의 과태료의 제재가 있으며(「상법」 제635조 제1항 제3호, 제4호), 이때 감사는 필요한 조사를 할 수 없다는 뜻 및 그 이유를 **감사보고서에 기재**하여야 한다.(「상법」 제447조의4 제11항)

VII. 감사결과에 대한 처분요구 및 조치권

감사결과에 대한 처분요구 및 조치권은 「공공감사법」 제23조와 「금융회사 감사위원 직무규정 모범규준」 제20조에서와 같이 감사 또는 감사위원회가 감사결과 위법·부당사항, 또는 개선이 요구되는 사항 등 이 있을 때 대표이사, 해당이사, 임직원 등에 대해 다음 각 호의 처분을 요구하거나 필요한 조치를 할 수 있는 권한을 말한다.[212]

감사결과 처분요구 사항

① 규정 또는 제도의 개선
② 위법 또는 부당사항에 대한 시정·주의
③ 관련 임직원에 대한 경고, 문책, 징계 또는 변상
④ 관련 임직원에 대한 교육 등

---

208 김용범, 전게서, 2017, 674면. 권종호, 전게서, 100면. 김용범, 전게기고문, 감사저널, 2016.1., 70면.
209 김용범, 전게서, 2017, 674면. 권종호, 전게서, 100면. 이범찬. 오욱환, 전게서, 76면. 김용범, 전게기고문, 감사저널, 2016.1., 70면.
210 **守秘義務**란 업무를 처리하는 가운데 알게 된 사실에 대하여 비밀을 지켜야 할 의무를 뜻함.
211 김용범, 전게서, 2017, 674면. 이철송, 전게서, 2021, 873면. 권종호, 전게서, 101면. 상사법무연구회편, 전게서, 95면.
212 「공공감사법」 제23조, 「금융회사 감사위원 직무규정 모범규준」제20조 등.

감사결과 직접조치 사항

① 사법당국에 고지, 수사 의뢰 또는 고발 조치

② 감독 당국에 보고 또는 관련 기관 통보

③ 감사위원회, 이사회 또는 주주총회 보고

④ 유지청구, 직무집행정지 가처분, 대표소송 등

감사 또는 감사위원회는 특별한 사정이 없으면, 감사가 종료된 후 일정한 기간 이내에 대표이사·해당이사·임직원 등에게 감사결과를 통보하여야 하며, 그 감사결과를 통보받은 대표이사·해당이사·임직원 등은 정당한 사유가 없으면, 감사결과의 조치사항을 이행하고 그 이행결과를 정해진 기일 내에 감사 또는 감사위원회에 보고하여야 한다.[213]

 제3절 **자회사에 대한 감사권**[214]

감사는 그 직무수행을 위해 필요한 경우에는 자회사의 영업에 보고를 요구하거나 업무 및 재산상황에 관해 조사할 수 있다.(「상법」제412조의5 제1항, 제2항) 「상법」이 이처럼 법적 으로 독립된 회사임에도 불구하고 모회사의 감사에게 자회사에 대한 조사권을 인정한 것은 모회사가 자회사와 가격이전거래를 하거나 분식결산을 하여 모회사의 진실한 현황을 은폐 하는 경우가 많기 때문이다.

1995년 「상법」 개정에서는 이러한 문제점을 해결하는 한편 감사의 실효성을 확보하기 위하여 母會社의 監事에 대해 ① 자회사에 대한 영업보고 요구권과 ② 자회사의 업무 및 재산 조사권만 명시하고 있지만, ③ 자회사에 대한 자료제출 요구권과 ④ 감사결과에 대한 처분 요구 및 조치권도 자회사에 대한 監査權에 內在하는 權利로서 포함된다고 본다.

자회사에 대한 감사권은 2단계의 구조로 되어있다. 즉 제1단계로 감사는 먼저 자회사에 대해 영업보고를 요구하여야 하며(「상법」제412조의5 제1항), 이때 자회사가 지체 없이 보고하지 않거나 보고는 하였지만 그 내용의 眞意에 의문이 있을 때에 비로소 제2단계로 조사를 할 수 있다.(「동조」제2항) 이는 자회사는 비록 모회사의 지배하에 있더라도 어디까지나 독립의 법인이라는 점을 고려했기 때문이다.[215]

모회사의 감사가 자회사에 대해 보고요구 및 조사를 할 수 있는 경우란 「감사를 위해 필요한 때」가 아니라 「그 직무 수행에 필요한 때」이므로 모회사의 업무감사나 회계감사를 위해서는 물론이고 감사의 직무의 하나인 예컨대 이사를 상대로 한 소의 제기나 이사의 위법

---

213 「공공감사법」제23조 제1항 및 제3항,「금융회사 감사위원 직무규정 모범규준」제21조 등.

214 김용범, 전게서, 2017, 675~678면 및 2012, 376~379면. 김용범, 전게기고문, 감사저널, 2016.1., 70면.

215 김용범, 전게서, 2017, 675면 및 2012, 377면. 권종호, 전게서, 102면. 상사법무연구회편, 전게서, 96면.

행위에 대한 유지청구권(『상법』 제402조)의 행사를 위한 경우에도 자회사에 대해 보고요구 및 조사를 할 수 있다.[216]

따라서 자회사에 대한 보고요구 및 조사를 하기 위해서는 감사의 「모회사에 대한 직무 수행을 위한 필요성」이 소명되어야 한다.[217] 또한 『신외감법』에서도 지배회사에게 연결재무 제표 작성을 위하여 필요한 범위에서 종속회사의 회계에 관한 조사권을 인정하고 있다.(『신 외감법』 제7조)

I. 자회사에 대한 영업보고 요구권

모회사의 감사는 그 직무를 수행하기 위하여 필요한 경우에 자회사에 대하여 영업의 보 고를 요구할 수 있다.(『상법』제412조의5제1항) 이 영업보고 요구권은 전술한 바와 같이 모회사 의 감사를 위해 필요한 사항에 대해 행사할 수 있다.

따라서 모회사의 감사로서는 모회사의 감사만으로는 충분한 감사를 할 수 없었던 때에 한해, 즉 자회사를 감사하지 아니하고서는 모회사에 대한 감사를 제대로 할 수없는 경우에 한해 행사할 수 있다. 그런 의미에서 자회사에 대한 포괄적인 사항에 대한 보고의 요구는 허 용되지 않는다.[218]

보고요구의 대상은 주로 모회사와의 거래관계가 될 것이나, 감사는 그 직무를 수행함에 있어서 예컨대 자회사의 주식가치를 평가해야 하는 경우나 이사를 상대로 소송을 제기하거 나 이사의 위법행위 유지를 위해서 필요한 경우에는 필요한 범위 내에서 자회사의 자산의 현황이나 모회사와 관련된 사항에 대하여 자회사에 대해 보고를 요구할 수 있다.

이때 보고를 요구할 수 있는 대상은 법문에 '영업'의 보고를 요구할 수 있다고 하나, 영업 이외의 거래도 모회사의 손익이나 재산에 영향을 미치므로 보고 대상은 영업에 그치지 않고 모회사와 관련된 사항은 어떤 것이든 보고대상이 된다고 보아야 한다.[219]

이 보고 요구권은 감사가 그 직무를 수행하기 위하여 필요한 때에만 인정되므로 보고를 요구하는 이유와 보고사항을 구체적으로 명시하여 요구하여야 하며, 보고의 요구는 원칙적 으로 자회사의 이사에게 하여야 하나, 자회사 이사에 대한 보고요구만으로 충분한 감사가 불가능할 경우에는 기타 지배인이나 사용인에 대해서도 보고를 요구 할 수 있는 것으로 보 아야 할 것이다.[220]

II. 자회사에 대한 자료제출 요구권

자회사에 대한 자료제출 요구권에 대한 자세한 내용에 대하여는 제2편 제3장 제2절

---

216 김용범, 전게서, 2017, 675면. 권종호, 전게서, 102면.

217 김용범, 전게서, 2017, 675면 및 2012, 377면. 권종호, 전게서, 102면. 이철송, 전게서, 2021. 875면. 홍복기, 전게연재서, 74면.

218 김용범, 전게서, 2017, 676면 및 2012, 377면. 권종호, 전게서, 102~103면. 이철송, 전게서, 2021. 875면. 김용범, 전게기고문, 감 사저널, 2016.1., 70면.

219 김용범, 전게서, 2017, 676면 및 2012, 378면. 권종호, 전게서, 103면. 이철송, 전게서, 2021. 875면. 동 취지 상사법무연구회편, 전게서, 100면. 김용범, 전게기고문, 감사저널, 2016.1., 70면.

220 김용범, 전게서, 2017, 676면. 권종호, 전게서, 103면. 김용범, 전게기고문, 감사저널, 2016.1., 70면.

Ⅴ. '이사에 대한 자료제출 요구권' 항목을 참조하시기 바랍니다.

Ⅲ. 자회사에 대한 업무 및 재산 상태 조사권

모회사의 감사는 ① 자회사가 보고요구에 지체 없이 보고하지 아니할 때 또는 ② 보고의 내용을 확인할 필요가 있는 때에는 자회사의 업무와 재산 상태를 조사할 수 있다.(「상법」 제412조의5 제2항) 즉 자회사에 대한 조사권은 보고요구권의 행사를 전제로 하며 보고요구가 실효를 거두지 못한 경우에 한해 행사할 수 있다.

따라서 모회사의 감사는 영업보고를 요구하지 않고 곧바로 조사권을 행사할 수 없으며, 보고요구에 대해 충실한 보고가 이루어진 경우에는 조사권을 행사할 수 없다. 그러므로 자회사는 보고 요구 없이 조사가 이루어지거나 적시에 적절한 보고를 하였음에도 불구하고 조사가 행해지는 때에는 이를 거부할 수 있다.[221]

학설 중에는 모회사 감사의 조사가 자회사의 결산기에 이루어져서 자회사의 결산 사무가 지장을 받게 되는 경우에는 그 조사를 거부할 수 있다는 견해가 있으나, 이 견해에 찬성할 수 없다. 자회사를 조사하는 것 없이는 모회사의 감사를 효과적으로 수행할 수 없는 상황인데도 자회사가 정당한 이유 없이 단지 결산기라는 이유로 조사를 거부할 수 있다고 한다면 애초부터 제대로 된 감사는 기대할 수 없기 때문이다.[222]

이 조사권은 영업보고 요구권과 마찬가지로 모회사의 감사가 그 직무를 수행하는 데 필요한 경우에 한해 행사할 수 있으며, 조사권의 범위는 자회사에 대해 보고를 요구한 사항에 국한된다. 자회사는 별도 독립 법인이기 때문에 법적 독립성이 존중되어야 하므로 이 조사의 요건과 범위는 엄격히 새겨야 한다.[223]

Ⅳ. 감사결과에 대한 처분요구 및 조치권

감사결과에 대한 처분요구 및 조치권에 대한 자세한 내용에 대하여는 제2편 제3장 제2절 Ⅶ. '감사결과에 대한 처분요구 및 조치권' 항목을 참조하시기 바랍니다.

Ⅴ. 영업보고 요구 및 조사에 대한 자회사의 거부권

자회사는 정당한 이유가 없는 한 모회사 감사의 영업보고 요구 또는 조사를 거부하지 못한다.(「상법」 제412조의5제3항) 즉, 자회사는 정당한 이유가 있으면 모회사 감사의 보고요구나 조사에 대해 거부권을 행사할 수 있으며, 정당한 이유 없이 한 거부에 대하여는 과태료의 제재가 있다.(「상법」 제653조 제1항) 거부권을 인정한 것은 자회사가 독립된 법인인 점을 고려하여 자신의 이익을 보호할 기회를 부여하기 위해서이다.[224]

---

221 김용범, 전게서, 2017, 676면. 김용범, 전게기고문, 감사저널, 2016.1., 70면. 권종호, 전게서, 103면.
222 김용범, 전게서, 2017, 677면 및 2012, 378면. 권종호, 전게서, 104면.
223 김용범, 전게서, 2017, 677면 및 2012, 379면. 권종호, 전게서, 104면. 이철송, 전게서, 2021. 875면. 김용범, 전게기고문, 감사저널, 2016.1., 70면.
224 권종호, 전게서, 104면. 김용범, 전게서, 2017, 677면. 김용범, 전게기고문, 2016.1., 70면.

정당한 이유에 대해서는 ① 보고 요구권의 행사가 감사의 직무수행을 위한 것이 아닌 권한 남용이거나 조사권의 행사가 보고요구 없이 이루어지는 등 위법인 경우에 국한된다는 견해[225]와 ② 위법한 경우뿐만 아니라 정당한 권한 행사일지라도 자회사의 영업비밀의 침해 등 자회사의 독립된 이익이 침해되는 경우에도 자회사는 거부권을 행사할 수 있다는 견해[226]가 대립하고 있다.

자회사의 감사권은 모회사의 감사를 위해 인정된 것이기는 하나 그것도 자회사의 독립된 이익을 침해하면서까지 인정할 수는 없는 것이라는 점에서 ② 설이 타당한 것으로 생각된다. 다만 영업비밀 만을 이유로 거절하는 것은 허용되지 않는다고 본다.[227] 그 이유는 감사는 그 직무상 알게 된 영업비밀에 관해서는 비밀유지의무(「상법」제415조, 제382조의4)를 지고 있기 때문이다.

정당한 사유의 존재에 대한 입증 책임은 자회사가 부담하며, 모회사 감사의 보고 요구나 조사를 자회사가 거부한 때에는 모회사 감사는 이로 인하여 필요한 조사를 할 수 없었던 사실과 그 이유를 **감사보고서에 기재**하여야 한다.(「상법」 제447조의 4 제2항 제11호)

 제4절 **이사회 출석 및 의견 진술권**[228]

감사는 이사회에 출석하여 의견을 진술할 수 있다.(「상법」 제391조의2 제1항) 감사가 그 직무를 효과적으로 수행하기 위해서는 이사회의 결의사항을 알 필요가 있고, 또한 감사의견을 이사회에 표시할 필요가 있기 때문에 1984년 「상법」 개정에서 도입한 것이다.[229]

이사회 출석과 의견진술을 감사의 권한으로 인정함으로써 감사는 이사회에 출석하여 감사에 필요한 정보를 용이하게 얻을 수 있으며, 또한 이사회에서 업무집행을 결정하는 단계에서 법령 또는 정관에 위반하거나 현저하게 부당한 결의가 성립되는 것을 사전에 예방할 수 있다.[230]

감사는 이사회에 출석하여 토의·표결과정을 참관하고 의견을 진술할 수 있을 뿐만 아니라 필요한 때에는 이사회에서 설명을 요구할 수 있으나 의결권은 없다. 물론 감사의 이사회 출석 및 의견진술은 법정권한이므로 이사회가 의안이 영업비밀에 관한 것이라는 이유 등으로 감사의 이사회 출석을 거부하거나 의견진술을 방해하는 것은 위법이다.[231]

---

225   최기원, 전게서, 673면. 상사법무연구회편, 전게서, 101면.

226   이철송, 전게서, 2021. 875면.

227   김용범, 전게서, 2017, 677면 및 2012, 379면. 권종호, 전게서, 105면.

228   김용범, 전게서, 2012, 380~383면 및 2017, 678~681면. 김용범, 전게기고문, 감사저널, 2016.1., 72면.

229   김용범, 전게서, 2012, 380면 및 2017, 678면, 권종호, 전게서, 105면. 이철송, 전게서, 2021. 875면.

230   김용범, 전게서, 2012, 380면 및 2017, 678면. 권종호, 전게서, 105면. 홍복기, 전게연재서, 75면.

231   김용범, 전게서, 2012, 380면 및 2017, 678면. 권종호, 전게서, 10면. 이철송, 전게서, 2021. 876면.

Ⅰ. 이사회 출석권

감사는 이사회에 출석할 권한을 갖기 때문에 이사회를 소집하는 경우에는 감사에 대해서도 소집통지를 발송하여야 하며(「상법」 제390조 제3항), 소집통지를 생략하고자 하는 경우에는 이사 외에도 감사 전원의 동의가 필요하다.(「상법」 제390조 제4항)

감사에게 소집통지를 하지 않고 한 이사회결의의 효력에 대해서는 다음과 같은 학설의 다툼이 있다.

① 무효설

감사는 이사회 출석 및 의견 진술권과 이사회 소집통지 수령권이 있으므로 이사회의 의안과 관계없이 감사에 대해 소집통지를 발송하여야 하며, 따라서 소집통지를 하지 않고 한 이사회결의는 이사회 소집의 절차적 하자로서 무효라고 보는 견해[232]

② 유효설

감사의 이사회 출석은 감사권의 수행을 위한 것이고 이사회의 의견형성을 위해 필요한 것이 아니므로 감사에게 소집통지를 하지 않았다거나 감사가 소집통지를 받고도 출석하지 않았다 해서 이사회 결의에 하자가 있다고 볼 수는 없다는 견해[233]

감사의 이사회 출석권은 업무집행을 결정하는 단계에서 법령이나 정관에 위반하거나 현저하게 부당한 결의가 성립되는 것을 이사회에서 사전에 예방하거나 결의에 근거한 업무집행에 대해 유지청구를 할 수 있는 기회를 감사에게 제공한다는 측면에서 중요한 의미가 있는데, ② 설과 같이 해석하면 감사의 이러한 기회가 제한될 소지가 있으므로 ① 설이 타당한 것으로 생각된다.[234]

다만 감사가 소집통지를 받고도 이사회에 출석하지 않은 경우에는 이는 감사의 직무 해태로서 감사의 책임문제이고 이사회의 결의 효력과는 무관한 것으로 보아야 할 것이다. 「상법」에 의하면 이사회 출석은 감사의 권한인 것은 분명하나, 감사는 이사회에 출석할 의무도 있는가에 대해서는 다음과 같은 학설의 다툼이 있다.

① 의무설

감사는 선량한 관리자의 주의로써 이사회에 출석할 권한뿐만 아니라 이사회에 출석할 의무도 있다고 보는 견해[235]

② 비의무설

이사회의 의안이 감사의 직무와 아무런 관련이 없고 감사의 이사회에 대한 보고사항이 없는 경우까지 이사회 출석을 강제할 필요는 없으며, 따라서 이사회에의 불참이 감사의 선

---

232 김용범, 전게서, 2012, 380면 및 2017, 679면. 최기원, 전게서, 674면. 권종호, 전게서, 106면.

233 이철송, 전게서, 2021. 876면. 대법원, 1992. 4. 14. 판결 90 다카 22698, 부산고법, 2004. 1. 16. 판결 2003 나 12328.

234 김용범, 전게서, 2012, 381면 및 2017, 679면. 권종호, 전게서, 106면.

235 정동윤, 전게서, 480면. 손주찬, 전게서, 832면.

제 2 편 감사법무

관 주의의무에 위배된다고 할 수 없고 더욱이 감사의 출석의무는 감사의 지위를 약화시키는 원인이 될 수 있다는 점에서 감사에게 출석의무가 없다는 견해[236]

③ 절충설

감사가 1회이든 수회이든 이사회에 결석한 사실 자체로 임무해태로 볼 수는 없으나 감사가 정당한 사유 없이 이사회에 불출석하여 감사권의 행사를 게을리 한 경우(예컨대 이사회의 부적법한 결의를 알지 못하여 필요한 감사권을 행사하지 못한 경우)에는 임무해태로 보아야 한다는 견해[237]

감사의 이사회 출석은 이사와는 달리 감사업무를 위한 것이고 또한 이사회 출석은 감사에 필요한 정보의 수집을 위해서 매우 중요한 의미를 갖는다는 점에서 출석의무까지는 없다고 하더라도 정당한 이유 없이 불출석함으로써 감사가 그 직무를 제대로 수행하지 못한 경우라면 그에 대해 감사는 임무해태에 따른 손해배상책임을 지는 것이 합리적이므로 ③ 절충설이 타당한 것으로 생각된다.[238]

II. 이사회 의견진술권

감사는 이사회에 참석할 수 있을 뿐만 아니라 의견을 진술할 수 있다.(「상법」 제391조의2 제1항) 다만 이 권한에 의해 감사가 이사회의 구성원이 되는 것은 아니며, 따라서 의결권도 없다. 여기서 **「의견을 진술할 수 있다」**는 의미에 관해서는 의안의 채택여부를 위한 토의에 참여해 찬반 의사를 표시하는 것이 아니라 감사의견을 표시하는 것을 뜻한다.

즉 이사회일 이전에 평소에 행한 감사결과에 관한 의견 또는 이사회에서 다루고 있는 의안의 적법성 여부에 관해 의견을 표시하는 것으로 해석[239]하나, 이는 감사의 권한을 적법성 감사에 국한하는 견해이다. 그러나 감사의 권한이 타당성 감사도 포함한다고 보는 입장은 의안의 타당성 여부에 관해서도 감사는 당연히 의견을 개진할 수 있다고 본다.

감사의 의견진술의 범위에 관한 문제는 이사회에 출석한 감사에게 기대되는 역할과도 밀접한 관련이 있는데, 감사의 역할은 이사회에서 다루는 의안에 대해 이사들과 다른 제3자적 시각에서 의견을 개진하는 것도 포함되므로 의안의 적법성 여부뿐만 아니라 타당성 여부에 대해서도 의견을 개진할 수 있다고 본다.[240]

III. 중요회의 출석 및 의견진술권

현행 「상법」에 의하면 감사의 출석권과 의견진술권은 이사회에서의 권한으로 인정하고

---

236 최기원, 전게서, 674면.

237 김용범, 전게서, 2012, 381면 및 2017, 679면. 이철송, 전게서, 2021. 876면. 권종호, 전게서, 107면.

238 김용범, 전게서, 2012, 381면 및 2017, 680면. 김용범, 전게기고문, 감사저널, 2016.1., 72면. 권종호, 전게서, 107면. 이철송, 전게서, 2021. 876면.

239 김용범, 전게서, 2017, 680면 및 2012, 382면. 이철송, 전게서, 2021. 876면.

240 김용범, 전게서, 2012, 382면과 2017, 680면. 및 전게기고문, 2016.1. 72면. 권종호, 전게서, 108면.

88

있으나, 기업실무에 있어서는 경영전략이나 중요한 결의사항에 관해 상무회의나 경영전략회의, 임원회의 등과 같이 일부의 핵심이사 또는 회사업무를 상근으로 하는 업무담당 임원으로 구성되는 회의체에서 결정되는 예가 적지 않다.

이러한 회의체가 있는 대부분의 회사에서는 이사회가 형식적·요식적으로 개최되어 법상 이사회 결의를 요하는 사항만을 소극적으로 처리하고, 통상의 업무집행이나 중요 경영정책 결정 등은 이 회의체에서 이루어지는 것이 관행이다. 더욱이 이사회 결의사항도 이 회의에서 조율·결정하여 이사회에서는 요식적으로 부의하는 것이 일반적이다. 현행 「상법」은 이러한 회의체에 대해 감사의 출석권과 의견진술권을 명문 규정화하고 있지 않다.

그러나 이와 같이 회사의 중요한 의사결정에 관여하는 회의체에서의 결의 및 심의내용은 감사업무상 중요한 감사대상이므로 감사는 회사의 경영 및 업무상황 등을 파악하기 위해 필요하다고 판단되는 경우 업무 및 재산조사권을 행사, 이러한 회의체에 출석하여 의견을 진술하거나 회사의 경영 및 업무상황 등을 파악할 수 있다고 본다.[241]

참고로 「상장회사 표준 감사직무규정」 제24조 및 「상장회사 표준 감사위원회직무 규정」 제32조에 의하면 감사는 경영방침의 결정경과, 경영 및 업무상황을 파악하기 위하여 이사회, 임원회의 및 기타 중요한 회의에 출석하여 의견을 진술할 수 있도록 되어 있다.

 제5절 이사의 중대 손해발생 위험보고에 대한 수령 및 조치권[242]

Ⅰ. 보고 개요

이사는 회사에 현저하게 손해를 미칠 염려가 있는 사실을 발견한 때에는 즉시 감사에게 이를 보고하여야 한다.(「상법」 제412조의2) 이는 1995년 개정 「상법」에서 도입된 것으로서 회사의 일상적인 업무에 대해 충분한 정보를 갖지 못하는 감사에 대해 중요한 정보를 제공하여 회사의 손해를 미연에 방지하기 위해 마련된 것이다.[243]

이사의 감사에 대한 중대손해발생 보고의무제도는 회사의 업무집행권은 이사회가 장악하고 있으므로 감사는 일상의 회사의 현황에 대한 정보를 갖지 못함이 일반적이다. 업무에 대한 정보가 결여된다면 실효적인 감사 활동이 불가능해지므로 감사에게 긴급한 상황에 대한 정보를 공급하기 위하여 도입된 제도이다.

한편 이 제도는 그간 중대한 사고가 발생하였을 때 흔히 그 사실을 은폐하여 적시에 책임소재 규명이나 책임추궁을 어렵게 하는 사례가 많았으므로 감사를 중립적인 감시기구로

---

241 김용범, 전게서, 2012, 383면 및 2017, 681면. 김용범, 전게기고문, 감사저널, 2016.1., 72면. 권종호, 전게서, 108면. 회사법문제 연구회편, 「監査役ガイドシク」(新訂2版), 경영법우회, 2003, 35면.

242 김용범, 전게서, 어울림, 2012, 383~385면 및 2017, 681~684면. 김용범, 전게기고문, 감사저널, 2016.1., 70~71면.

243 김용범, 전게서, 어울림, 2012, 383면 및 2017, 682면. 권종호, 전게서, 109면.

보고, 감사에게 사고의 발생을 開示하고 적절한 방법으로 수습하도록 유도하는 의미도 포함하고 있다.[244]

보고수령권의 경우 감사의 요구가 없더라도 회사에 현저한 손해를 미칠 염려가 있는 사실을 발견한 이사는 그 사실을 감사에게 자발적으로 보고할 것을 의무화하고 있다는 점에서 그 의의가 있으며, 바로 이 점에서 감사의 요구에 의해 비로소 이사의 보고의무가 발생하는 영업보고 요구권과는 구별된다.

이 이사의 위험보고 수령권은 감사의 조사권, 이사회 출석 및 의견진술권 등과 결합하여 회사에 현저한 손해를 미칠 염려가 있다는 사실을 발견하거나 손해를 사전에 예방하는 것이 가능하다. 그러나 이 권한이 오히려 감사에게 책임회피의 기회를 제공할 수 있다는 점에서 그 의의를 소극적으로 평가하는 견해도 있다.[245]

그러나 이 보고 수령권은 회사에 중대한 사고가 발생하거나 그 개연성을 발견하였을 때 이를 감사에게 즉시 보고하도록 함으로써 적시에 책임소재를 규명하고 책임 추궁을 용이하게 할 뿐만 아니라 손해를 미연에 방지하는 것을 가능하게 한다는 점[246]에서 감사기능을 적시에 적정하게 수행하는 데 중요한 의미가 있다.

II. 보고 의무자

「상법」은 보고의무 주체를 단지 「이사」라고만 규정하고 있어 구체적으로 누가 보고의무를 이행해야 하는지 의문이다. **일반적으로는 대표이사가 보고할 의무를 지겠지만, 손해발생에 원인적으로 관계된 이사는 물론이고 그 사실을 알게 된 이사도 보고의무를 진다.**[247]

왜냐하면 이들도 회사의 수임으로서 선량한 관리자의 주의의무를 지고, 이에 근거하여 이사에게는 상호 다른 이사의 업무집행을 감시할 권한과 의무를 부담[248]하고 있으며, 동규정의 입법 취지가 회사의 손해를 사전에 방지하는 데 목적이 있기 때문이다.

보고의무자는 감사에게 직접 보고를 하여야 하므로 이사회에서 보고하는 것만으로는 감사에 대해 보고의무를 이행한 것으로 되지 않는다. 다만 감사가 이사회에 출석하고 있는 경우 이사회에 보고하는 것으로 충분할 것이다.[249]

III. 보고 사항 및 시기

감사에 대한 이사의 보고의무는 이사가 회사에 현저한 손해를 미칠 염려가 있는 사실을 발견한 때 발생한다. 여기서 말하는 「**현저한 손해**」란 회사의 규모와 영업의 종류 그리고 사안의 일상성 여부에 의해 판단하여야 할 것이나 일반적으로 해당회사에 있어서 중요한 것으

---

244 이철송, 전게서, 2021, 876면. 김용범, 전게서, 어울림, 2012, 383면 및 2017, 682면.

245 최기원, 「신회사법론」, 2001, 675면.

246 권종호, 전게서, 110면. 김용범, 전게서, 2012, 384면 및 2017, 682면.

247 이철송, 전게서, 2021, 877면.

248 이철송, 전게서, 2021, 761면. 대법원, 2012. 7. 12. 선고, 2009다61490, 판결 등 다수.

249 김용범, 전게서, 2017, 682면. 권종호, 전게서, 110면. 김용범, 전게기고문, 2016.1., 70~71면.

로 인식되는 손해를 의미한다.[250]

따라서 해당 회사로서 중대한 손해라고 판단되는 사항이면 그것이 영업에 관한 손실(예컨대 대규모 영업 손실, 거액 판매대금채권의 회수불능, 거액 손해배상채무의 발생)이든 영업 외의 손실(거액의 어음부도, 심각한 노사분규)이든 불문하고 보고의무의 대상이 된다. 또한 회사재산에 대한 손해와 같이 금전적으로 평가가 가능한 손해뿐만 아니라 회사의 신용실추와 같이 금전적으로 평가할 수 없는 손실도 보고대상으로 본다.

이 경우 손해의 발생이 이사의 위법행위에 의한 것인지 여부는 불문한다. 경미한 손해나 현저하지 않은 손해에 대해서는 보고의무가 발생하지 않는다. 그리고 보고의 대상에는 이미 손해가 발생한 사실뿐만 아니라 손해가 발생할 개연성이 있는 사실도 포함된다.[251]

이사의 보고는 그러한 사실을 발견한 즉시 해야 한다. 만일 이사가 보고해야 할 사실을 알고도 즉시 보고를 하지 않거나 현저한 손해가 발생한 다음에 보고를 하였다면 특별한 사정이 없는 한 이사는 보고의무를 해태한 것이 된다.

보고방법에는 특별한 제한이 없으며 따라서 구두 또는 서면으로 보고할 수 있다. 감사가 수인이면 그중 1인에게 보고하거나 감사위원회에 보고하는 경우에는 위원 중의 1인에게 보고하면 된다.[252]

Ⅳ. 보고의무 위반의 효과

이사가 보고의무를 해태한 경우 이는 법령위반이므로 이로 인해 회사가 입은 손해에 대해서는 이사는 배상책임을 져야 하며(「상법」 제399조), 이사의 해임사유도 된다.(「상법」 제385조) 이사의 보고의무 위반사실이 있으면 감사는 그 내용을 **감사보고서에 기재**하여야 한다.(「상법」 제447조의4 제2항 제10호)

Ⅴ. 보고에 대한 감사의 조치

이사로부터 보고받은 감사는 그 보고를 기초로 사실을 확인하고, 그 사실이 이사의 법령 또는 정관에 위반하는 행위로 인한 때에는 그 사실을 이사회에 보고하여야 하며(「상법」제391조의2 제2항), 또한 그로 인하여 회사에 회복할 수 없는 손해가 발생할 염려가 있을 때에는 이사에 대해 유지청구권을 행사할 수 있다.(「상법」 제402조)

또한 감사는 필요한 경우에는 주주총회의 소집을 이사회에 청구할 수도 있다.(「상법」제412조의3) 아울러 감사는 사안에 따라 위의 적절한 조치를 취해야 하며, 적절한 조치를 취하지 않은 때에는 임무해태가 된다.(「상법」 제391조의2, 제414조 제1항)[253]

---

250 김용범, 전게서, 2017, 682면 및 2012, 384면. 권종호, 전게서, 110면. 이철송, 전게서, 2021. 877면. 김용범, 전게기고문, 감사저널, 2016.1., 71면.

251 김용범, 전게서, 2017, 683면 및 2012, 385면. 권종호, 전게서, 111면. 이철송, 전게서, 2021. 877면. 김용범, 전게기고문, 감사저널, 2016.1., 71면.

252 김용범, 전게서, 2017, 683면 및 2012, 385면. 권종호, 전게서, 111면.

253 김용범, 전게서, 2017, 684면 및 2012, 385면. 권종호, 전게서, 111면. 이철송, 전게서, 2021. 877면. 김용범, 전게기고문, 감사저널, 2016.1., 71면.

제6절 주주총회의 소집청구권[254]

Ⅰ. 주주총회 소집청구권의 개요

감사는 회의의 목적사항과 소집의 이유를 기재한 서면을 이사회에 제출하여 임시 총회의 소집을 청구할 수 있다.(「상법」 제412조의3 제1항) 이 경우 이사회가 지체 없이 주주총회의 소집절차를 밟지 아니하면 감사는 법원의 허가를 얻어 주주총회를 직접 소집할 수 있다.(「상법」 제412조의3 제2항, 제366조 제2항)

Ⅱ. 주주총회 소집청구권의 사유

감사가 주주총회의 소집을 청구할 수 있는 사유에 관해서는 아래와 같이 여러 가지 의견이 대립하고 있다.

① 긴급의견 필요설

감사가 주주총회에서 긴급한 의견을 진술할 사유가 있을 경우에만 주주총회의 소집을 청구할 수 있다는 설[255]

② 회사이익 필요설

감사권과 직접적인 관련이 없더라도 회사의 이익을 위해 필요한 때에는 주주총회의 소집을 청구할 수 있다는 설[256]

③ 감사업무 필요설

감사업무와 관련해서 필요한 경우에만 감사는 주주총회소집청구권을 행사할 수 있다는 설[257]

일반적으로 감사의 주주총회소집청구권은 소수주주의 주주총회소집청구권과는 달리 감사 업무의 실효성을 확보하기 위하여 인정된 것으로 보는 것이 합리적이라는 점에서 적어도 감사권과 관련성이 없는 경우에도 주주총회소집청구권을 인정하는 ②설을 경우에는 타당성이 결한다고 본다.

②설의 경우에는 대표이사의 행위로 인하여 회사에 치명적인 손해가 발생할 염려가 있는 경우에는 대표이사의 해임을 위하여 감사도 주주총회의 소집을 청구할 수 있다고 하는데, 이렇게 되면 감사가 행사하는 주주총회소집청구권은 감사와는 무관한 것이 되고 소수주주

254　김용범, 전게서, 2012, 386~387면 및 2017, 684~686면. 김용범, 전게기고문, 감사저널, 2016.1., 73면.

255　이철송, 전게서, 2021. 877면.

256　최기원, 전게서, 678면.

257　김용범, 전게서, 2017, 685면. 정동윤, 전게서, 481면.

의 주주총회소집청구권을 대체하는 것과 실질적으로 동일한 것이 된다. 감사에게 이러한 권한까지 인정하는 것은 기관권한 분배질서의 원칙에도 부합하지 않는다고 본다.

따라서 감사의 주주총회소집청구권은 감사업무와 관련해서만 행사되어야 한다고 보는 ③설이 합리적일 것이다.[258] 다만, ③설의 경우 감사업무와 관련해서 필요한 경우(예: 감사의 조사나 이사의 보고에 따라 감사가 이사회에 적절한 대책을 촉구하였는데도 이사회가 이를 받아들이지 않은 경우 등)에만 주주총회를 소집할 수 있다고 하나, 주주총회를 소집하더라도 의안에 대한 결의는 주주가 하는 것이므로 감사가 하는 역할이란 사안에 대한 의견진술뿐이다. 그런 의미에서 ①설과 ③설은 실질적으로 아무런 차이가 없다고 본다.

Ⅲ. 주주총회의 직접소집권

감사가 주주총회소집을 이사회에 대해 청구했음에도 불구하고 이사회가 지체 없이 총회의 소집절차를 밟지 않은 경우에는 감사는 법원의 허가를 얻어 직접 총회를 소집할 수 있다.(「상법」 제412조의3 제2항, 제366조 제2항)

감사가 총회를 소집한 경우 총회의 의장은 정관에 별도의 규정이 있다 하더라도 소집된 총회에서 선임하여야 하며, 당해 총회에서는 법원의 허가를 얻은 의제에 대해서만 결의할 수 있다.

따라서 허가받지 않은 의제에 대해 결의가 이루어진 경우에는 해당 결의는 결의 방법이 법령위반이므로 결의취소의 원인이 된다고 본다.[259] 법원의 허가를 얻어 소집한 경우 주주총회의 비용은 회사가 부담한다.

제7절 이사회 소집청구권[260]

Ⅰ. 이사회 소집청구권의 취지

감사는 필요하면 회의 목적사항과 소집이유를 적은 서면으로 이사회의 소집권자에게 이사회의 소집을 청구할 수 있다.(상법 제412조의4 제1항) 이는 감사가 감사활동의 결과에 관해 각각 이사들에 대한 감독권을 갖고 있는 이사회에서 적시에 의견을 진술하고, 그 실행 수단을 마련하기 위해 2011년 「상법」 개정에서 새로이 도입된 제도이다.

Ⅱ. 이사회 소집청구권의 활용

---

258 김용범, 전게서, 2017, 685면 및 2012, 386면. 권종호, 전게서, 113면. 2012, 386면. 김용범, 전게 기고문, 2016.1., 73면.

259 김용범, 전게서, 2017, 686면 및 2012, 387면. 권종호, 전게서, 113면.

260 김용범, 전게서, 2017, 687면. 김용범, 전게기고문, 감사저널, 2016.1., 72면.

감사의 이사회에서 갖는 의견진술권과 이사의 직무집행에 대한 감사결과에 관해 서둘러 이사회의 감독권 행사를 구하고자 할 경우 실익이 큰 제도이다. 이 제도는 이사의 법령·정관 위반행위에 대한 감사의 이사회 보고의무(「상법」 제391조의2 제2항)와 관련하여 운영되어야 한다.

따라서 법문에서 「**필요하면**」이라고 함은 감사가 「상법」 제391조의2에 의해 이사회에 의견을 진술하거나 보고하기 위해 필요한 경우를 의미한다.[261] 그러므로 감사의 직접적인 소관업무가 아닌 사항을 사유로 해서는 이사회의 소집을 청구할 수는 없다.

Ⅲ. 이사회 소집청구권의 방법

감사가 필요하면 회의의 목적사항과 소집이유를 서면에 적어 이사회의 소집권자에게 이사회의 소집을 청구할 수 있다.(상법 제412조의4 제1항) 감사의 이사회 소집청구권에는 법원의 허가가 필요 없다. 따라서 감사의 이사회 소집 청구에도 불구하고 이사회의 소집권자가 지체 없이 이사회를 소집하지 아니할 때에는 그 청구한 감사가 직접 이사회를 소집할 수 있다. (「상법」 제412조의4 제2항)

제8절 이사의 위법행위 유지청구권[262]

Ⅰ. 유지청구권의 의의

이사가 법령 또는 정관에 위반하는 행위를 하여 회사에 회복할 수 없는 손해가 생길 염려가 있는 경우에는 감사/감사위원회 또는 소수주주는 회사를 위하여 이사에 대하여 그 행위를 유지(留止)할 것을 청구할 수 있다.(「상법」 제402조) 감사/감사위원회 또는 소수주주의 이러한 권리를 **유지청구권**이라 한다.

즉, 이사가 법령·정관에 위배되는 행위를 해서 주주나 회사에 손해를 준다고 감사가 판단할 경우 이사가 그러한 행위를 하지 못하도록 사전에 이사에게 요청하는 것을 말한다. 따라서 위법행위 유지청구권은 이사의 위법행위를 사전에 방지하고 위법행위로 인하여 회사의 손해가 확대되는 것을 미연에 차단하기 위해 도입된 것이다.

다시 말씀드리면 이사의 행위 또는 이로 인한 손해의 성질상 회복이 불가능한 것이 있을 수 있고, 법률상 회복이 가능하더라도 이사의 無資力으로 사실상 회복이 불가능할 수도 있다. 유지청구권은 이와 같이 회복이 어려운 손해를 방지하기 위한 긴급수단으로 인정되는 제도이다.[263]

---

261 김용범, 전게서, 2017, 687면. 이철송, 전게서, 2021, 877면. 江頭憲治郎, 「株式會社法」, 2017, 535면.

262 김용범, 전게서, 2017, 687~691면. 및 2012, 387~391면. 이철송, 전게서, 2021, 829~833면.

263 이철송, 전게서, 2021, 830면.

이사의 위법행위에 대해서는 소수주주도 유지청구를 할 수 있다.(「상법」 제402조) 소수주주의 유지청구권은 권리이고 요건이 구비된 경우라도 그 권한을 행사할 의무는 없는 데 반해, 감사의 경우는 감사업무를 수행하는 수단으로서 유지청구권이 부여된 것이므로 요건이 구비되면 반드시 **유지청구권을 행사해야 할 의무**가 있다.[264]

즉 「상법」 제402조(유지청구권)의 요건이 갖추어지면 **소수주주의 경우에는 유지청구권의 행사여부가 任意**이나, **감사나 감사위원회의 경우**는 유지청구를 반드시 하여야 하는 **義務**이며 유지청구를 하지 아니한 때에는 **임무해태**로서 배상책임이 문제될 수 있다.[265]

또한 유지청구권은 일종의 **보존 행위**라는 점에서 「상법」 제407조의 직무집행정지제도와 목적을 같이하나 전자(유지청구권)는 소(訴)에 의하지 아니하고도 행사할 수 있으며, 또 후자(직무집행정지)처럼 이사의 권한을 일반적으로 정지시키는 것이 아니라 개별적 행위를 저지한다는 점에서 차이가 있다.

그리고 유지청구권은 감사 및 감사위원회 또는 소수주주가 회사를 위해서, 즉 회사의 대표기관적 지위에서 이사를 상대로 한다는 점에서 대표소송과 비슷하나, **대표소송**은 이미 발생한 손해의 회복으로 위한 **사후적 구제수단**인 데 반해, **유지청구권**는 손해의 **사전적 예방수단**이란 점에서 차이가 있다.[266]

「상법」은 이사에게 업무집행을 위임하면서 그 권한 남용을 제재할 수단도 아울러 마련하였으므로 이사로 하여금 사후적인 책임추궁의 부담 하에 자신의 판단에 따라 직무를 수행하도록 하는 것이 원칙이고, 감사나 소수주주가 사전에 이사의 행위에 관여하는 것은 권한과 책임의 동시부여 취지에 어긋나므로 유지청구 요건을 엄격하게 제한하고 있다.

II. 유지청구권의 요건

유지청구의 대상이 되는 행위는 **법령 또는 정관에 위반한 행위**로서 그 행위의 결과에 의해 회사에 회복할 수 없는 손해가 생길 염려가 있는 경우를 말한다.

1. 법령·정관에 위반한 행위

법령 또는 정관 위반행위란 구체적인 법령이나 정관의 규정에 위반한 행위(예컨대, 이사회 결의 없이 신주를 발행하는 경우, 정관상의 회사 목적에 벗어나는 행위)뿐만 아니라 이사의 선관주의의무나 충실의무를 정하는 일반규정(「상법」 제382조제2항,「민법」 제681조, 「상법」 제382조의3)에 위반한 행위도 포함된다.[267]

유지청구의 대상이 되는 행위는 목적범위 내·외에 관계없고 대내적이든 대외적이든 불문한다. 불법행위는 물론 법률행위나 준법률행위 그리고 사실행위도 유지청구의 대상이 될 수 있다. 즉, 유지청구의 대상이 되는 법령위반행위에는 「상법」에 위반한 행위에 한하지 않고

---

264 김용범, 전게서, 2017, 687면 및 2012, 388면. 권종호 전게서, 114면.

265 김용범, 전게서, 2017, 687면 및 2012, 388면. 권종호, 전게서, 114면.

266 김용범, 전게서, 2017, 687면. 권종호, 전게서, 114면. 이철송, 전게서, 2021, 830면. 김용범, 전게기고문, 감사저널, 2016.1., 73면.

267 김용범, 전게서, 2012, 388면 및 2017, 688면. 정동윤, 전게서, 462면. 권종호, 전게서, 114면.

예컨대 「공정거래법」이나 「형법」 등 다른 법령에 위반하는 행위도 포함된다.

법령 또는 정관에 위반한 행위는 그것이 유효이든 무효이든 불문한다. 무효인 행위인 경우에는 그 행위자체를 금지시키는 것은 의미가 없으나 이에 기인한 이행행위를 금지시키는데 의미가 있다. 무효인 행위라도 그것이 일단 이행되면 회사에 회복하기 어려운 손해가 발생할 경우도 있기 때문이다.

유효한 행위의 경우에는 제3자와의 사이에 이미 적법하게 발생한 법률관계를 害할 수 없으므로 원인행위가 일단 행해진 이후에는 이행의 유지를 청구할 수 없다는 견해가 있다.[268] 그러나 유지청구가 긴급한 상황에서 회복할 수 없는 손해를 방지하려는 비상의 수단인 만큼 제3자와의 관계에서는 채무불이행으로 인한 손해배상을 감수하고라도 이행 행위를 유지해야 할 경우가 있을 수 있다.[269]

감사/감사위원회 또는 소수주주의 유지청구권은 이사의 행위가 법령 또는 정관에 위반하면 족하고, 이사의 고의·과실을 묻지 아니하나, 법령·정관에 위반되지 않는 한 임무해태가 있더라도 유지청구의 원인이 될 수는 없다.[270]

2. 회복할 수 없는 손해발생의 염려

이사의 행위를 유지청구하기 위해서는 법령이나 정관에 위반한 행위로 인하여 회사에 회복할 수 없는 손해가 생길 염려가 있어야 한다. 회사에 회복할 수 없는 손해가 생길 염려가 있는 경우란 회사의 규모를 기준으로 **사회통념에 따라 판단**하여야 하며, 손해는 반드시 금전적인 손해에 국한하지 않고 회사 신용실추와 같이 비금전적 손해도 포함된다.

따라서 유지청구권은 위법행위를 한 이사에 배상능력이 있고 회사가 손해를 회복하는 것이 가능하더라도 그것으로 인해 회사의 신용에 회복할 수 없는 손해가 발생할 경우에는 행사할 수 있다. 또한 손해의 회복이 법률적으로 불가능한 경우뿐만 아니라 손해의 회복이 가능하더라도 그 회복에 많은 노력과 시간 등이 소요되는 경우도 행사할 수 있다.[271]

이사의 위법행위에 대해서는 감사는 이사회에 보고할 의무가 있다.(「상법」 제391조의2 제2항) 그러나 이사회 보고의무와 이 유지청구권 간에는 선후관계가 있는 것은 아니므로 감사는 필요에 따라 먼저 이사회에 보고하고 유지청구권을 행사하든지 아니면 그 반대로 유지청구권을 행사한 후 이사회에 보고하든지 상관없다.

III. 유지청구의 방법과 절차

1. 유지청구권자

---

268 손주찬, 상법(상), 2004, 819면. 안택식, 회사법강의, 2012, 446면. 임홍근, 회사법, 2000, 572면.

269 이철송, 전게서, 2021, 831면.

270 이철송, 전게서, 2021, 831면.

271 김용범, 전게서, 2012, 389면 및 2017, 689면. 권종호, 전게서, 116면. 이철송, 전게서, 2021, 831면.

유지청구를 할 수 있는 자는 **감사** 또는 **발행주식총수의 100분의 1 이상에 해당하는 주식을 가진 주주**(소수주주)에 한한다. 왜냐하면 유지청구가 이사에 대한 중대한 경영 간섭임에 비추어 모든 주주에 대해 이를 인정할 경우 유지청구가 남발되어 업무수행에 장애가 될 염려가 있기 때문이다.

상장회사의 경우에는 6개월 전부터 계속하여 상장회사 발행주식총수의 10만 분의 50(자본금이 1,000억 원 이상인 회사의 경우 10만 분의 25) **이상을 보유한 자**는「상법」제402조(유지청구권)에 따른 주주의 권리행사를 할 수 있다.(「상법」제542조의 6 제5항, 「상법시행령」제32조) 소수주주의 소유주식을 계산함에 있어서는 의결권 없는 주식도 포함한다.(이설 없음)

또한 **금융회사의 경우**에는 6개월 전부터 계속하여 금융회사의 발행주식총수의 100만 분의 250 이상(대통령령으로 정하는 금융회회사의 경우에는 100만 분의 125)에 해당하는 주식을 대통령령으로 정하는 바에 따라 보유한 자는「상법」제402조(유지청구권)에 따른 주주의 권리를 행사할 수 있다.(「금융사지배구조법」제33조 제4항, 「동법 시행령」제28조 제2항)

그간 일반규정에 따른 소수주주권 행사요건에 있어서 지분율 이상의 주식을 보유하고 있으나, 6개월의 보유기간을 갖추지 못한 상장회사 등의 주주가 소수주주권을 행사할 수 있는지에 대해 해석상 논란이 있었으나, 소수주주의 이익을 도모하고 기업 실무의 혼란을 해소하기 위해 2020년 「상법」을 개정하여 일반규정에 부여된 권리와 특례규정 등에 의한 권리를 주주가 선택적으로 행사할 수 있도록 명백히 하였다.(「상법」제542조의6 제7항, 제10항)

주주의 경우에는 유지청구 여부가 그의 **任意**이지만, **감사**의 경우는 청구요건이 충족되면 반드시 유지청구를 하여야 할 **義務**이므로 이를 게을리 하면 임무해태가 된다.

2. 피청구자

유지청구의 상대방은 법령·정관에 위반한 행위를 하려는 **이사**이다. 이것은 영미법상 「**금지명령제도(injunction)**」[272]가 대인소송인 데서 유래한다.

3. 유지청구의 절차

위법행위유지청구권은 위법행위가 완결하기 전에 행사(이행의 訴)되어야 한다. 다만 반복의 염려가 있는 경우에는 장래의 행위를 대상으로 유지청구권을 행사(장래이행의 訴)(「민소」제252조)하는 것도 가능하다. 계속적인 위법행위의 沮止를 위해서도 유지청구권은 행사할 수 있다.[273]

유지청구권의 행사는 반드시 소에 의할 필요는 없으며, 위법행위를 하는 이사에 대하여 위법행위를 중지하도록 설득하는 방법(의사표시)으로 위법행위의 유지를 청구하는 것도 가능하다. 그러나 의사표시 등 재판 외의 청구에도 불구하고 이사가 그 행위를 중지하지 않거나

---

272 **금지명령제도**는 영미법의 형평법적인 구제수단으로 어떤 행위를 강제하거나 금지하는 법원의 명령이다. 금지명령을 어길 경우 구속 등의 처벌이 뒤따르게 된다. 금지명령의 의도는 금전적 손해배상이 모든 문제를 해결할 수 없기 때문이다. 금지명령은 일시적인 것과 지속적인 것 두 가지가 있다.

273 권종호, 전게서, 116면. 김용범, 전게서, 2012, 389면 및 2017, 689면.

긴급하여 이사를 설득할 시간적인 여유가 없을 때에는 이사를 피고로 하는 **위법 행위유지 청구의 소**를 제기하거나, 이 소를 본안으로 하는 **가처분명령**을 신청하여 위법행위를 유지시킬 수 있다.(「민사집행법」 제300조, 이하 '민집법'이라 한다)

위법행위유지청구권의 訴는 감사/감사위원회 또는 소수주주가 회사를 위하여 하는 것이므로 그 판결의 효과는 당연히 회사에 미친다.(「민집법」 제218조) 유지청구의 소의 경우 전속 관할이나 소송 참가 등에 관해서는 「상법」상 아무런 규정이 없으나 유지청구의 소는 대표소송과 마찬가지로 회사의 대표기관적 지위에서 제기하는 것이므로 소의 관할·참가·패소책임 등에 관하여 대표소송에 관한 규정을 유추 적용하여야 한다고 본다.[274]

Ⅳ. 유지청구의 효과

유지청구를 위한 訴는 회사를 위해서 제기하는 것이므로 판결의 효과는 당연히 회사에 미친다.[275](통설) 유지청구를 訴로 하는 경우에는 판결에 따라 그 효과가 주어질 것이나, 訴로 하지 아니하고, 이사에 대한 의사표시로 할 경우 어떤 효과가 주어지느냐는 문제가 있다.

감사 또는 소수주주가 유지청구를 한다고 하여 이사가 반드시 이에 따라서 행위를 유지한다고 단정할 수는 없다. 유지청구가 정당하지 않을 수도 있기 때문이다. 그러므로 유지청구가 있으면 이사는 자신의 행위가 법령 또는 정관에 위반한 것인지 여부를 熟考하여 유지여부를 결정할 주의의무를 진다고 봐야 한다.[276]

1. 留止하지 않는 경우

감사/감사위원회 또는 소수주주의 유지청구가 있다고 하여도 이사가 그 이유에 합리성이 없다고 판단하면 그것에 응할 필요는 없다. 이사는 선관주의의무로서 그 행위의 유지여부를 결정하여야 한다. 따라서 감사의 유지청구가 부당함에도 그에 따라 이사가 유지한 경우에는 사안에 따라 그 유지가 오히려 법령 또는 정관에 위반하거나 임무해태에 해당되어 이사의 책임이 발생할 수도 있다.(「상법」 제399조 제1항, 제401조)[277]

그 반대로 정당한 유지청구에도 불구하고 이사가 유지하지 않은 경우에도 동일한 문제가 발생할 수 있다. 즉 유지청구를 무시하고 이사가 법령 또는 정관위반에 위반 행위를 강행하였을 경우에는 이로 인해 회사나 제3자에게 발생한 손해에 대해 이사는 책임을 진다. 이때 이사의 손해배상책임은 유지청구를 무시한 것에 의한 것이 아니라 법령 또는 정관 위반에 의한 것이므로 유지청구권 행사의 효과는 아니다.[278]

유지청구를 무시하고 한 이사의 행위의 사법적 효력과 관련해서는 그 행위가 원래 무효인 때에는 유지청구의 무시여부에 관계없이 그 행위는 당연히 무효이므로 유지청구의 무시

---

274 김용범, 전게서, 2017, 689면. 권종호, 전게서, 116면. 김용범, 전게기고문, 감사저널, 2016.1., 74면.

275 이철송, 전게서, 2021. 832면.

276 이철송, 전게서, 2021. 832면.

277 김용범, 전게서, 2012, 390면 및 2017, 690면. 이철송, 전게서, 2021. 833면. 권종호, 전게서, 117면.

278 김용범, 전게서, 2012, 390면 및 2017, 690면. 이철송, 전게서, 2021. 832면. 권종호, 전게서, 117면.

는 이사의 행위의 효력에 영향을 미치지 않는다고 보는 데에는 이설이 없으나, 해당 행위가 유효한 경우에는 다음 두 가지 경우로 나눠 그 효력에 차등을 두는 것이 보통이다.

즉 ① 주식 또는 사채의 발행과 같이 단체법적인 행위는 그 효력을 획일적으로 처리하여야 하므로 유지청구권을 무시하여도 그 행위는 유효하며, ② 이와 달리 매매·대차와 같은 개별적인 거래행위의 경우에는 거래의 상대방이 유지청구의 사실을 알고 있는 때에는 회사는 유지청구를 무시한 거래행위의 무효를 주장할 수 있다.[279]

그러나 주식 또는 사채발행의 경우에는 이사회 결의 없이 대표이사가 독단적으로 행위를 하여도 거래의 안전을 보호하기 위하여 이를 유효한 것으로 보는 것이 일반적이고, 또한 개별적인 거래행위에 있어서도 대표이사가 위법하게 대표행위를 하더라도 그것은 원칙적으로 유효하고 상대방이 악의인 경우에만 무효를 주장할 수 있다고 하는 것이 통설이므로 유지 청구를 무시하고 한 이사의 행위의 사법적 효력에 관해 굳이 유지청구의 유무와 관련 지어 판단할 필요는 없다고 본다.

즉 유지청구를 무시한 이사의 행위가 유효한 행위인 경우에도 유지청구권의 행사는 이를 무시한 이사의 행위의 효력에 별다른 영향을 미치지 않는다. 그런 점에서 유지청구의 실효성은 거의 없다고 해도 과언이 아니다.[280] 그러므로 감사/감사위원회 또는 소수주주의 유지청구가 그 실효성을 가지려면 가처분제도를 함께 이용할 수 있어야 하는데, 「상법」은 이에 관한 규정을 두고 있지 않다. 명백한 입법적 불비로 보인다.[281]

2. 留止한 경우

감사나 주주의 유지청구가 정당한 경우에는 행위를 유지함이 당연하지만, 유지청구가 부당함에도 그에 좇아 이사가 행위를 유지한 경우에는 사안에 따라 그 유지가 오히려 법령·정관에 위반하거나 임무를 해태한 경우에 해당되어 회사에 대한 책임이 발생할 수 있다.(「상법」 제399조 제1항)

3. 유지청구권의 실효성

위에서 유지청구의 실효성이 거의 없다고 하지만, 유지청구권의 행사가 법률적으로 전혀 무의미한 것은 아니다. 이사의 책임과 관련해서 정당한 유지청구에 불응하면 이사에게 중과실이 의제되는 것으로 해석한다.[282] 따라서 「상법」 제399조 제1항에 의한 이사의 책임을 물음에 있어 고의·과실에 관한 이사의 反證을 허용하지 않는 중대한 실익이 있다.

또한 이사의 해임의 소의 경우 이사의 행위 그 자체는 해임의 소의 요건인 「중대한」 법

---

279 김용범, 전게서, 2012, 390면 및 2017, 690면. 강위두, 임재호, 전게서, 576면. 박상조, 전게서, 658면. 손주찬, 전게서, 863면. 이범찬, 최준선, 전게서, 699면.

280 김용범, 전게서, 2012, 390면 및 2017, 690면. 정동윤, 전게서, 464면. 권기범, 전게서, 705면. 권종호, 전게서, 118면. 이철송, 전게서, 2019, 829면.

281 정준우, 「감사 관련 법규 해설」, 한국상장회사협의회, 2018.4.6., 7면.

282 김용범, 전게서, 2012, 391면 및 2017, 690면. 이철송, 전게서, 2021, 832면.

령 위반에 해당하지 않더라도, 이사가 감사의 유지청구를 무시하고 위법행위를 강행했다면 그것으로 해당 이사의 행위는 중대한 법령위반에 해당되어 해임의 소의 대상이 될 수가 있다.[283]

4. 유지청구권 관련 벌칙

유지청구권의 행사에 관련하여 주주와 이사 간에 부정한 청탁을 받고 재산상의 이익을 수수, 요구 또는 약속한 자는 1년 이하 징역 또는 300만 원 벌금에 처한다. 또한 이익을 약속, 공여 또는 공여의 의사표시를 한 자도 같다.(「상법」 제631조 제1항 제3호 및 제2항)

 **제9절** **감사해임에 관한 의견진술권**[284]

I. 도입 취지

감사/감사위원은 주주총회에서 감사의 해임에 관하여 의견을 진술할 수 있다.(「상법」 제409조의2). 감사/감사위원의 업무를 원만히 수행하기 위해서는 그 신분이 안정되어야 한다. 감사/감사위원도 이사와 같이 주주총회의 특별결의에 의해 해임될 수 있는데, 이때 그 결의가 주주에게 보다 접근의 기회가 많은 이사들에 의해 오도될 우려가 있으므로 감사/감사위원에게 결의의 공정을 촉구할 기회를 준 것이다.[285]

이는 감사/감사위원의 독립성을 강화하기 위해 1995년 「상법」 개정을 통해 도입된 것으로서 감사/감사위원에게 주주총회에서 그 해임에 관해 의견을 진술할 수 있는 기회를 제공함으로써 이사회가 정당한 사유 없이 부당하게 감사/감사위원(이하 "감사'라 한다)를 해임하는 것을 막기 위한 것이다.[286]

II. 의견진술자

감사는 자신의 해임에 관해서는 물론이고 다른 감사의 해임에 관해서도 의견을 진술할 수 있다. 여기서 말하는 **의견을 진술할 수 있는 감사**란 해임결의 당시 재직 중인 감사를 말한다. 그리고 공정성을 사전에 촉구하는 취지이므로 의견진술은 결의가 있기 전에 허용되어야 한다.[287]

따라서 감사 결원에 의해 새로운 감사가 취임할 때까지 감사로서의 권리·의무가 있는

---

283 김용범, 전게서, 2012, 391면 및 2017, 691면. 권종호, 전게서, 118면. 전게서, 107면.

284 김용범, 전게서, 2012, 391~392면 및 2017, 691~692면. 김용범, 전게기고문, 2016.1., 75면.

285 김용범, 전게서, 2012, 391면 및 2017, 691면. 김용범, 전게기고문, 2016, 75면. 이철송. 전게서. 2021. 878면.

286 김용범, 전게서, 2012, 391면 및 2017, 691면. 김용범, 전게기고문, 2016, 75면. 권종호. 전게서, 119면.

287 김용범, 전게서, 2012, 392면 및 2017, 692면. 전게기고문, 2616.1., 75면. 이철송. 전게서. 2021. 878면.

자, 일시 감사의 직무를 수행하고 있는 자(임시감사), 감사의 직무대행자도 해임결의 당시에 감사로서 재직 중이라면 의견을 진술할 수 있다.[288]

감사는 해임에 관해 의견을 진술할 수는 있지만 진술할 의무는 없다. 그런 의미에서 이 의견진술권은 권리의 성격이 강한 권한이다. 대표이사가 주주총회에 제출하려고 하는 감사 해임의안이 위법한 경우에는 감사는 그 사실을 주주총회에서 진술할 의무가 있는데(『상법』제413조), 이 의무는 여기서 말하는 의견진술권과는 성격을 달리 한다.

Ⅲ. 의견진술의 내용

감사의 의견진술에 대한 시기에 대하여는 명문화되어 있는 규정은 없다. 다만 동 제도의 도입 취지가 주주총회 결의의 공정성을 사전에 촉구하는 취지이므로 의견진술 시기는 결의가 있기 전에 허용되어야 한다고 본다.[289]

의견진술의 범위에는 특별한 제한이 없으나 제도의 취지상 해임결의의 공정성을 기할 수 있는 범위 내로 진술범위는 제한되는 것으로 보아야 할 것이며, 따라서 결의의 위법, 부당의 지적 등 결의의 공정성을 담보하기 위해서라면 해임결의의 적법성은 물론 타당성에 관해서도 의견을 진술할 수 있다고 본다.[290]

Ⅳ. 의견진술의 효과

감사의 의견진술은 주주총회를 구속하는 것은 아니며, 단순히 결의의 공정을 위한 聽聞的 성격을 가지며 주주의 의결권 행사에 영향을 줄 수 있을 뿐이다. 이 의견진술권은 감사의 권리이므로 감사가 의견진술을 원하는 경우에는 반드시 그 기회를 부여하여야 하며, 만일 총회의 의장이 정당한 이유 없이 감사에게 의견을 진술할 기회를 주지 않고 감사 해임의 결의를 한 때에는 결의 방법이 법령 위반이므로 결의 취소의 원인이 된다고 봐야 한다.[291]

제10절 각종 소의 회사대표권[292]

Ⅰ. 회사대표권의 의의

회사가 이사에 대하여 또는 이사가 회사에 대하여 소를 제기하는 경우에 감사는 그 소에 관하여 회사를 대표한다.(『상법』제394조 제1항) 또한 소수주주의 청구에 의하여 회사(또는 자회

---

288 김용범, 전게서, 2012, 392면 및 2017, 691면. 전게기고문, 2616.1., 75면. 권종호, 전게서, 119면.

289 김용범, 전게서, 2012, 392면 및 2017, 692면. 전게기고문, 2616.1., 75면. 이철송, 전게서, 2021, 878면.

290 김용범, 전게서, 2012, 392면 및 2017, 692면. 전게기고문, 2616.1., 75면. 권종호, 전게서, 119면.

291 김용범, 전게서, 2012, 392면 및 2017, 692면. 전게기고문, 2616.1., 75면. 이철송, 전게서, 2021. 878~879면. 권종호, 전게서, 120면.

292 김용범, 전게서, 2012, 393~394면 및 2017, 693면. 김용범, 전게기고문, 감사저널, 2016.1., 74면.

사)가 이사(또는 자회사의 이사)의 책임을 추궁하는 소를 제기하는 경우에도 감사가 회사를 대표한다.(「상법」제394조 제1항, 제403조 제1항, 제406조의2 제1항)

원래 대표이사가 회사를 대표할 일이나 회사(또는 자회사, 이하 같다)와 이사(또는 자회사이사) 간의 소에 있어서 대표이사가 피고일 경우에는 바로 이해상충이 생기고, 다른 이사가 피고라 하더라도 이사들 간의 이해의 동질성으로 인해 회사의 권리 실현이 어려워질 수 있으므로 감사라는 지위의 중립성과 객관성을 신뢰하여 소송을 맡긴 것이다.[293]

II. 회사대표권의 종류

1. 회사와 이사 간의 소에 있어 회사대표소송권

회사와 이사 간의 소에 있어서는 감사가 회사를 대표[294]한다.(「상법」제394조 제1항) 여기서 말하는 「회사와 이사 간의 소」에서 이사가 이사의 자격으로 소송당사자가 되는 경우(예컨대 회사가 이사의 책임을 추궁하는 소를 제기한 경우, 혹은 이사의 자격에서 제기한 주주 총회 결의취소의 소)뿐만 아니라 개인자격으로 소송당사자가 되는 경우(이사가 회사를 상대로 혹은 회사가 이사를 상대로 제기한 대여금반환 청구소송)도 포함된다.[295]

2. 소수주주의 청구에 의한 회사 주주대표소송권

발행주식의 총수의 100분의 1이상에 해당하는 주식을 보유한 주주(「상법」제403조 제1항) 또는 6개월 전부터 계속하여 상장회사 발행주식총수의 1만 분의 1이상에 해당하는 주식을 보유한 주주(「상법」제542조의6 제6항)는 회사에 대하여 이사의 책임을 추궁하는 소(대표소송)의 제기를 청구할 수 있다.

이 경우에도 감사가 그 소에 관하여 회사를 대표한다.(「상법」제394조 제1항 후단) 그러나 퇴임한 이사와 회사 간의 소에서는 대표이사가 회사를 대표한다.[296] 소수주주의 청구에 의한 회사 대표소송권 대한 자세한 내용은 제2편 제9장 제2절 '감사와 주주대표 소송 제도'의 항목을 참조하시기 바랍니다.

3. 소수주주의 청구에 의한 회사 다중대표소송권

가. 다중대표소송의 당사자

발행주식의 총수의 100분의 1이상에 해당하는 주식을 보유한 주주(「상법」제406조의2 제1항) 또는 6개월 전부터 계속하여 상장회사 발행주식총수의 1만 분의 1이상에 해당하는 주식을 보유한 주주(「상법」제542조의6 제6항)는 자회사에 대하여 자회사 이사의 책임을 추궁하는

---

293 김용범, 전게서, 2012, 393면 및 2017, 693면. 이철송, 전게서, 2021, 878면, 권종호, 전게서, 120면.
294 대법원, 2007.9.21. 선고, 2005다34797 판결 외 다수.
295 김용범, 전게서, 2012, 393면 및 2017, 693면. 김용범, 전게기고문, 감사저널, 2016.1., 74면. 이범찬, 오욱환, 전게서, 89면. 권종호, 전게서, 120면.
296 대법원, 2007.9.21. 선고, 2005다34797 판결 등 다수.

소의 제기를 청구할 수 있다.(「상법」제406조의2 제1항)

나. 다중대표소송의 제소요건

「상법」제406조의2 제1항의 주주는 자회사가 「상법」제406조의2 제1항의 청구를 받은 날로부터 30일 내에 소를 제기하지 아니한 때에는 즉시 자회사를 위하여 소를 제기할 수 있다.(「상법」제406조의2 제2항) 「상법」제406조의2 제1항의 청구를 한 후 모회사가 보유한 자회사의 주식이 자회사 발행주식의 100분의 50 이하로 감소한 경우에도 제1항 및 제2항에 따른 제소의 효력에는 영향이 없다.(「상법」제406조의2 제4항)

다. 다중대표소송의 절차

「상법」제406조의2 제1항 및 제2항의 소에 관하여는 제176조 제3항(담보 제공) 및 제4항(악의 소명), 제403조(주주대표소송) 제2항(청구서면), 제4항(예외 사항), 제5항(보유주식의 감소에 따른 제소의 영향), 제6항(당사자 의사에 의한 소송종료) 및 제404조(대표소송과 소송참가, 소송고지), 제405조(제소주주의 권리의무), 제406조(대표소송과 재심의 소)의 규정을 준용한다.(「상법」제406조의2 제3항)

라. 소송 관할

「상법」제406조의2 제1항 및 제2항의 소는 자회사의 본점 소재지의 지방법원의 관할에 전속한다.(「상법」제406조의2 제5항)

Ⅲ. 회사대표권의 범위

이사가 회사를 상대로 제소한 경우 감사는 회사를 대표하여 소송을 수행하면 되지만, 회사가 이사를 상대로 소송을 제기하는 경우에는 감사는 소송수행뿐만 아니라 제소여부에 대한 결정도 감사가 단독으로 할 수 있다. 만일 이 경우에도 감사에게는 소송 수행권밖에 없고 제소여부에 대한 결정권은 이사회에 있다고 하면 소 제기 자체가 지연되거나 포기될 수 있으므로 이는 감사에게 소 대표권을 준 취지에 반하기 때문이다.[297]

또한 감사가 수인인 경우에는 수인의 감사가 공동으로 회사를 대표할 필요는 없고, 그중 1인이 회사를 대표하면 되며, 대표자의 선정은 당사자 간의 협의에 의해 결정하여야 할 것이다.[298]따라서 감사가 회사를 대표하여 이사를 상대로 소송을 제기하는 것은 감사의 권한인 동시에 의무이므로 소를 제기하여야 할 정당한 이유가 있음에도 불구하고 소를 제기하지 않으면 임무해태에 의한 손해배상책임을 진다.[299]

---

[297] 김용범, 전게서, 2012, 393면 및 2017, 694면. 이철송, 전게서, 2021, 879면. 권종호, 전게서, 121면.

[298] 김용범, 전게서, 2012, 393면 및 2017, 694면. 권종호, 전게서, 121면.

[299] 김용범, 전게서, 2012, 394면 및 2017, 694면. 이범찬·오욱환, 89면. 권종호, 121면. 최기원, 662면.

IV. 회사대표권의 효과

회사와 이사 간의 소에 있어서 감사의 소 대표권은 소송수행의 공정성을 담보하기 위한 효력규정으로서, 이에 위반하여 대표이사가 원고나 피고로서 회사를 대표하여 한 소송행위는 무효이다.[300]

따라서 법원이 이를 간과하고 판결을 내렸다면 상고 또는 재심의 사유가 된다.(「민소법」 제424조 제1항 제4호, 제451조 제1항 제3호) 다만 이사가 회사를 상대로 소를 제기하면서 소장에 회사의 대표자로 대표이사를 기재하였어도 회사 또한 감사는 이를 감사로 보정할 수 있는데, 그 이후에는 감사의 추인여부에 관계없이 적법한 소가 된다.[301]

제11절 각종의 소 제기권[302]

I. 감사의 각종 소 제기권의 의의

감사는 각종 소에 관해 원고가 될 수 있다. 「상법」은 사건과 아무런 관계를 갖지 않은 사람이 소송을 제기하는 것을 막기 위해 감사에게 각종 소에 관하여 원고적격을 인정하고 있다.

원고적격이란 구체적 소송에서 원고로서 소송을 제기하고 수행하여 본안판결을 받을 수 있는 정당한 자격, 쉽게 말하면 소송의 원고로 나설 수 있는 자격이라는 의미이다. 소송제기자의 원고적격이 인정되지 않는 경우 그 소송은 부적법하여 각하판결을 받는다.

II. 감사의 각종 소 제기권의 종류

「상법」이 감사에 대해 원고 적격을 인정하고 있는 경우로는 **회사설립무효의 소**(「상법」 제328조), **주주총회결의취소의 소**(「상법」 제376조 제1항), **신주발행무효의 소**(「상법」 제429조), **감자무효의 소**(「상법」 제445조), **합병무효의 소**(「상법」 제529조), **주식교환무효의 소**(「상법」 제360조의14), **주식이전무효의 소**(「상법」 제360조의23)가 있다.

III. 감사의 각종 소 제기권의 내용

감사가 이상의 각종 소를 제기하기 위해서는 소 제기시점에 감사로서 재직하여야 하며, 다만 해임결의취소를 구하는 소의 경우에는 해임당한 감사도 소를 제기할 수 있다. 감사가 소송수행 중 임기만료, 해임, 사임 등으로 그 지위를 상실한 경우에는 다른 감사가 있는 때에는 그 감사가 소송을 수행하며, 다른 감사가 없는 경우에는 새로 선임된 감사가 소송을

---

300 김용범, 전게서, 어울림, 2012, 393면 및 2017, 694면. 김용범, 전게기고문, 감사저널, 2016.1., 74면. 이철송. 전게서. 2021. 879면. 권종호, 전게서, 121면. 대법원, 2011.7.28. 선고, 2009다86198 판결.

301 김용범, 전게서, 2012, 393면 및 2017, 694면. 이철송. 전게서. 2021. 879면. 권종호, 전게서, 121면. 정동윤, 전게서, 481면. 대법원, 2011.7.28. 선고, 2009다86918 판결 외 다수.

302 김용범, 전게서, 2012, 394면 및 2017, 695면~696면. 김용범, 전게기고문, 감사저널, 2016.1., 74~75면.

수계(受繼)하는 것으로 보아야 할 것이다.

다만 감사가 사임, 임기만료로 감사직을 상실한 경우에는 후임감사가 선임될 때까지 감사로서 권한과 의무를 가지므로 이때에는 사임하거나 임기 만료된 감사가 후임감사가 선인될 때까지 계속하여 소송을 수행할 수 있다.[303]

IV. 감사의 각종 소 제기권의 효과

이러한 소권의 경우도 감사의 직무와 관련하여 인정되는 것으로서 주주가 담보제공의무를 부담하는 경우에도 감사는 그 의무를 부담하지 않는다.(「상법」 제377조 제1항 단서, 제430조, 제446조, 제360조의14 제4항, 제360조의23 제4항)

제12절 외부감사인 선임 및 해임권

I. 개요

외부감사인 선임절차의 투명성 확보를 위해 회사의 경영진이 감사 또는 감사인선임위원회의 승인을 받아 외부감사인을 선임하였던 것을 2017. 10. 31. 「외감법」을 전면 개정하여 감사위원회 또는 감사인선임위원회의 승인을 받아 감사가 선정한 자를 회사가 외부감사인으로 선임하도록 변경하였다.(「신외감법」 제10조 제4항)

외부감사인이 「공인회계사법」 제21조 및 제33조를 위반하거나 직무상 의무를 위반하는 등 「신외감법시행령」 제19조에서 정하는 사유에 해당하는 경우에는 감사위원회가 해임을 요청한 감사인 또는 감사가 감사인선임위원회의 승인을 받아서 해임을 요청한 감사인을 회사는 해임하여야 한다.(「신외감법」 제13조 제2항)

2017년 10월 회사의 외부감사인 선임 절차 등 현행 제도의 운영 과정에서 드러난 미비점을 기존 「외감법」의 전면 개정을 통하여 개선·보완함으로써 내부감사인(감사 또는 감사위원회)은 물론 외부감사인의 독립성과 책임성을 강화하였다.

II. 외부감사인 선임권

회사는 다음 각 호의 구분에 따라 감사위원회 또는 감사인선임위원회의 승인을 받아 감사가 선정한 회계법인 또는 감사반을 해당회사의 외부감사인으로 선임해야 한다.(「신 외감법」 제10조 제4항)

1. 외부감사의 대상

---

303 김용범, 전게서, 어울림, 2012, 394면 및 2017, 695면. 김용범, 전게기고문, 감사저널, 2016.1., 75면. 이범찬, 오욱환, 전게서, 90면. 권종호, 전게서, 122면.

회사는 재무제표를 작성하여 회사로부터 독립된 외부의 감사인(재무제표 및 연결재무 제표의 감사인 동일하여야 함)에 의한 회계감사를 받아야 한다. 외부의 감사인에 의한 회계감사를 받아야 하는 회사는 다음 각 호의 어느 하나에 해당하는 회사이다.(「신외감법」 제4조, 「신외감법 시행령」 제5조 제1항)

외부감사 대상 회사

1) 주권상장법인
2) 해당사업연도 또는 다음사업연도 중에 주권상장법인이 되려는 회사
3) 그 밖에 대통령령이 정하는 기준의 회사(주식회사 및 유한회사)
　가) 직전 사업연도 말의 자산총액이 500억 원 이상인 회사
　나) 직전 사업연도의 매출액이 500억 원 이상인 회사
　다) 다음 각목의 사항 중 3개 이상에 해당하지 아니하는 회사
　　① 직전 사업연도 말의 자산총액이 120억 원 미만
　　② 직전 사업연도 말의 부채총액이 70억 원 미만
　　③ 직전 사업연도의 매출액이 100억 원 미만
　　④ 직전 사업연도 말의 종업원이 100명 미만
　　⑤ 직전 사업연도 말의 사원이 50명 미만(유한회사) 등

2. 외부감사인 선임 시기

회사는 매 사업연도 개시일부터 45일 이내(다만, 「상법」 제542조의11 또는 「금융지배구조법」 제16조에 따라 감사위원회를 설치해야 하는 회사의 경우에는 매 사업연도 개시일 이전)에 해당 사업연도의 감사인을 선임해야 한다.(「신외감법」 제10조 제1항)

「신외감법」 제10조(감사인의 선임) 제1항 본문에도 불구하고 직전 사업연도에 회계감사를 받지 아니한 회사는 해당 사업연도 개시일부터 4개월 이내에 감사인을 선임해야 한다.(「신외감법」 제10조 제2항)

3. 외부감사인 선임 임기

주권상장법인, 대형비상장주식회사 또는 금융회사는 연속하는 3개 사업연도의 감사인을 동일한 감사인으로 선임해야 한다. 다만, 그들이 「신외감법」 제10조 제7항(예외적용 사항) 각 호의 사유로 감사인을 선임하는 경우에는 해당 사업연도의 다음 사업연도부터 연속하는 3개 사업 연도의 감사인을 동일한 감사인으로 선임해야 한다.(「신외감법」 제10조 제3항)

예외 적용되는 사항

① 증권선물위원회가 지정하는 자를 감사인으로 선임하거나 변경 선임하는 경우

② 감사계약이 해지된 경우

③ 선임된 감사인이 사업연도 중에 해산 등 대통령령으로 정하는 사유로 감사를 수행하는 것이 불
   가능한 경우

4. 외부감사인 선임 주체

회사는 다음 각 호의 구분에 따라 선정한 회계법인 또는 감사반을 해당 회사의 감사인으로 선임하여야 한다.(「신외감법」 제10조 제4항)

가. 주권상장법인, 대형비상장주식회사 또는 금융회사

1) 감사위원회가 설치된 경우

감사위원회가 선정한 회계법인 또는 감사반

2) 감사위원회가 설치되지 아니한 경우

감사인을 선임하기 위하여 대통령령으로 정하는 바에 따라 구성한 감사인선임위원회의 승인을 받아 감사가 선정한 회계법인 또는 감사반

나. 그 밖의 회사

감사 또는 감사위원회가 선정한 회계법인 또는 감사반. 다만 각 목의 어느 하나에 해당하는 경우에는 해당 목에서 정하는 바에 따라 선정

1) 직전 사업연도의 감사인을 다시 감사인으로 선임하는 경우

그 감사인

2) 감사가 없는 대통령령으로 정하는 일정 규모 이상의 유한회사인 경우

사원 총회의 승인을 받은 회계법인 또는 감사반

3) 2)목 외의 감사가 없는 유한회사인 경우

회사가 선정한 회계법인 또는 감사인

5. 외부감사인 선임위원회

「신외감법」 제10조 제4항 제1호 나목에 따른 감사인선임위원회는 위원장 1명을 포함하여 5명 이상의 위원으로 구성한다.

가. 감사인선임위원회의 구성

감사인선임위원회의 위원은 다음 각 호의 사람이 된다. 다만, 다음 각 호에 해당하는 사람이 없는 등 부득이한 경우에는 감사인을 선임하는 회사로부터 독립하여 공정하게 심의를 할 수 있는 사람으로서 경영·회계·법률 또는 외부감사에 대한 전문성을 갖춘 사람으로 감사인선임위원회를 구성할 수 있다. 동 선임위원회의 위원장은 사외이사 중에서 호선에 의한다.

감사인선임위원회의 구성

1) 감사 1명
2) 다른 법령에 따라 선임된 사외이사(이사로서 그 회사의 상시업무에 종사하지 아니하는 이사를 말한다)가 있는 회사의 경우에는 그 사외이사 중 2명 이내
3) 「법인세법 시행령」 제43조 제7항 및 제8항에 따른 지배주주 및 그 특수관계에 있는 주주를 제외한 기관투자자(「법인세법 시행령」 제161조 제4호에 따른 기관투자자를 말함) 중에서 의결권 있는 주식(「자본시장법」 제9조 제17항 제3호에 따른 증권금융회사가 같은 법 제326조 제1항 제2호에 따른 대여 업무 수행을 위하여 담보 목적으로 취득한 주식은 제외하며, 직전 사업연도 말에 소유한 주식을 기준 함)을 가장 많이 소유하고 있는 기관투자자의 임직원 1명
4) 다음 각 목의 어느 하나에 해당하는 주주를 제외한 주주 중에서 의결권 있는 주식을 가장 많이 소유한 주주(기관투자자인 경우 소속 임직원을 말함) 1명
① 「법인세법 시행령」 재43조 제7항 및 제8항에 따른 지배주주 및 그와 특수관계에 있는 주주
② 해당 회사의 임직원인 주주.
③ 제 3)호에 따른 기관투자자
5) 「법인세법 시행령」 제43조 제7항 및 제8항에 따른 지배주주 및 그와 특수관계에 있는 주주를 제외한 채권자 중 채권액이 가장 많은 금융회사의 임직원 1명

나. 감사인 선정에 필요한 기준과 절차

「신외감법」 제10조 제4항에 따라 외부감사인을 선정(승인을 포함)하는 자는 미리 선정에 필요한 기준과 절차를 마련하여야 한다. 이 경우 「동법」 제10조 제4항 제1호 나목, 같은 항 제2호 나목 또는 같은 호 다목에 해당할 때에는 그 기준과 절차에 대하여 감사인선임위원회 또는 사원총회의 승인을 받아야 한다.(「신외감법시행령」 제13조 제3항, 제4항)

외부감사인 선정에 필요한 기준과 절차에 포함될 사항

1) 감사시간·감사인력·감사보수 및 감사계획의 적정성
2) 감사인의 독립성(감사의견에 편견을 발생시키는 등 부당한 영향을 미칠 우려가 있는 이해관계를 회피하는 것) 및 전문성(감사업무를 수행하는 데 필요한 교육·훈련 및 경험, 감사대상 회사의 업무 등에 대한 전문지식을 충분히 갖춘 것)
3) 직전 사업연도에 해당 회사에 대하여 감사업무를 한 감사인(이하 "전기감사인"이라 함)의 의견진술 내용 및 다음 각 목의 사항. 다만, 직전 사업연도에 회계감사를 받지 아니한 경우에는 제외
① 전기감사인이 감사인 선임 시 합의한 감사기간·감사인력·감사보수·감사계획 등을 충실하게 이행하였는지에 대한 평가 결과
② 전기감사인이 감사업무와 관련하여 회사에 회계처리기준 해석, 자산 가치평가 등에 대한 자문을 외부기관에 할 것을 요구한 경우 요구 내용에 대한 감사·감사위원회와 전기 감사인 간의 협

의 내용, 자문 결과 및 그 활용 내용

③ 해당 사업연도의 감사·감사위원회와 전기감사인 간의 대면회의 개최횟수, 참석자 인적사항, 주요 발언 내용 등

④ 그 밖에 감사인 선정의 객관성 및 신뢰성을 확보하기 위하여 필요한 기준으로서 금융 위원회가 정하는 사항

다. 감사인 선정을 위한 회의 개최 및 회의록 작성

감사위원회, 감사인선임위원회 및 사원총회는 감사인을 선정하기 위하여 대면회의를 개최하여야 한다. 이 경우 다음 각 호의 사항을 문서로 작성·관리하여야 한다. (「신외감법 시행령」 제13조 제5항)

문서로 작성·관리 할 사항

① 「신외감법시행령」 제13조 제4항 각 호의 사항에 대한 검토 결과.

② 대면회의 개최횟수, 참석자 인적사항, 주요 발언 내용 등.

Ⅲ. 외부감사인 보수·시간 결정권

감사/감사위원회는 감사인의 보수와 감사시간, 감사에 필요한 인력에 관한 사항을 문서로 정하여야 한다. 이 경우 감사위원회가 설치되지 아니한 주권상장법인, 대형비상장주식회사 또는 금융회사의 감사는 감사인선임위원회의 승인을 받아야 한다.(「신외감법」 제10조 제5항)

Ⅳ. 외부감사인 해임권

회사는 외부감사인이 「공인회계사법」 제21조 또는 제33조를 위반한 경우에 지체 없이 외부감사인과의 감사계약을 해지해야 하며(「신외감법」 제13조 제1항), 주권상장법인과 대형비상장주식회사 또는 금융회사는 연속하는 3개 사업연도의 동일 외부감사인으로 선임된 외부감사인이 직무상 의무를 위반하는 등 대통령령으로 정하는 사유에 해당하는 경우에는 연속하는 3개 사업연도 중이라도 매 사업연도 종료 후 3개월 이내에 다음 각 호의 구분에 따라 해임 요청된 외부감사인을 해임해야 한다.(「신외감법」 제13조 제2항 「동법시행령」 제19조)

외부감사인 해임 주체

① 감사위원회가 설치된 경우 : 감사위원회가 해임을 요청한 감사인

② 감사위원회가 설치되지 아니한 경우 : 감사가 감사인선임위원회의 승인을 받아 해임을요청한 감사인

외부감사인 해임 사유

① 「공인회계사법」 제21조(공인회계사:직무의 제한) 및 제33조(회계법인:직무의 제한)를 위반한 경우

② 감사인이 회사의 기밀을 누설하는 등 직무상 의무를 위반한 경우

③ 감사인이 그 임무를 게을리 하여 회사에 대하여 손해를 발생하게 한 경우

④ 감사인이 회계감사와 관련하여 부당한 요구를 하거나 압력을 행사한 경우

⑤ 외자도입계약 등에서 감사인을 한정하고 있는 경우

⑥ 「신외감법시행령」 제3조 제1항에 따른 지배·종속관계에 있는 종속회사가 지배회사와 동일한 감사인을 선임하려는 경우

제13절 감사의 그 밖의 권한

Ⅰ. 이사회 의사록에 대한 기명날인 및 서명권

이사회의 의사에 관하여는 의사록을 작성해야 하는데, 의사록에는 의사의 안건, 경과요령, 그 결과, 반대하는 자와 그 반대이유를 기재하고 출석한 이사 및 감사가 기명날인 또는 서명하여야 한다.(「상법」 제391조의3 제1항, 제2항) 이것은 이사회 의사록이 정확성과 진정성을 확보하기 위한 것이다.[304]

Ⅱ. 전문가의 조력권

일반적으로 감사는 모든 분야에 대한 전문가는 아니므로 감사의 조사권을 효과적으로 행사하기 위해 감사는 회사의 비용으로 변호사, 공인회계사, 변리사 등 외부전문가의 도움을 활용할 수 있다.(「상법」 제412조의 제3항, 제415조의2 제5항)

Ⅲ. 감사보조조직의 설치·운영권

1. 감사보조조직의 개요

「금융지배구조법」 제20조 제2항~제7항, 「공공감사에 관한 법률」 제5조 제1항, 「공공기관운영법」 제32조 제5항, 「공기업·준정부기관 감사기준」 제13조 등에서 금융기관이나 공공기관은 감사나 감사위원회의 효율적이고 원활한 업무수행을 위하여 감사나 감사위원회의 지휘와 명령을 받아 직무를 수행하는 감사보조조직을 운영하도록 하고 있다.[305]

다만, 감사의 보조조직에 대하여는 「상법」상 법률적 근거가 현재는 불비되어 있는 바, 「상

---

304 김용범, 전게서, 2012, 395면 및 2017, 696면. 전게기고문, 2016.1., 75면. 최준선, 전게서, 523면.

305 김용범, 전게기고문, 감사저널, 2016.1., 76면. 김용범, 전게서, 2017, 696면.

장회사 감사/감사위원회의 표준직무규정」 제14조/제21조 등에 따라 감사/감사위원회의 업무를 보조하고 그들의 지휘·명령을 받아 직무를 수행하는 감사/감사위원회의 보조조직을 적어도 금융기관, 공공기관은 물론 상장회사에서도 설치·운영할 필요가 있다.

특히 전원 사외이사로 이루어진 감사위원회의 경우 업무감사에 있어 한계가 두드러진다는 우려가 있으므로 이에 대한 보완대책을 마련하여야 하는데, 전원 사외이사로 구성된 감사위원이 일상적 감사업무를 상시적으로 수행할 수 없으므로 감사위원을 대신하여 일상 감사업무를 담당할 내부감사 보조조직의 설치가 필수적이다.

2. 감사보조조직의 설치권

현행 「상법」에는 감사/감사위원회의 지휘를 받는 감사보조조직에 대한 명문 규정이 없다. 법정감사기관의 실효성 있는 감사기능 수행을 위한 절대적인 조건은 **전문성·독립성을 갖춘 감사보조조직의 존재**이다. 따라서 「**금융지배구조법」 개정(안) 제20조**[306] **에서와 같이 다음 사항이 포함된 감사보보조직의 설치에 대한 「상법」의 명문화가 필요하다.**

감사보조조직의 설치에 대한 주요 사항

① 회사는 감사 또는 감사위원회의 업무를 지원하는 담당부서를 설치하여야 한다.

② 비상근감사/감사위원회에 사내이사가 없는 회사는 업무집행자책임자 중에서 감사담당부서 업무를 총괄하는 책임자(이하'내부감사책임자'라 함)를 선임하여야 한다..

③ 회사는 내부감사책임자를 임면하려는 경우에는 감사의 승인/감사위원회의 의결을 거쳐야하며, 해임할 경우에는 감사위원 총수의 2/3 이상의 찬성으로 의결한다.

④ 내부감사책임자의 임기 및 보수지급기준 등에 관하여는 「금융지배구조법」 제25조(준법 감시인 임면 등) 제4항 및 제6항을 준용한다.

⑤ 회사는 감사 또는 감사위원회의 원활한 직무수행을 위하여 충분한 자료나 정보를 제공 하여야 한다.

⑥ 회사는 감사위원회/감사가 그 직무를 독립적으로 수행할 수 있도록 하여야 한다.

3. 감사보조조직의 운영권

감사보조조직은 **법정감사기관의 사무국**으로서 실질적으로 감사업무의 실행주체로서 역할을 수행한다. 즉 감사든 감사위원이든 회사의 모든 집행과정을 일일이 확인하거나 검증하는 것이 현실적으로 거의 불가능할 뿐만 아니라, 감사위원회가 대다수 사외이사로 구성되어 있기 때문에 정확한 정보에의 접근과 유효한 감독업무의 수행은 그만큼 제한적이다.

감사/감사위원 들의 실효성 있는 감사기능 수행을 위한 절대적인 조건은 **전문성·독립성을 갖춘 감사보조조직원의 존재**이다. 우선 감사보조조직의 인력을 감사업무 수행에 필요한

---

306 금융위원회, 「금융사지배구조법 일부개정법률(안)」, 2020. 6. 29.

적정인원**으로 구성**토록 하여 감사업무를 효율적이고 원활하게 수행하기 위한 여건을 마련하고, **감사보조조직의 인력**은 회사의 자산, 조직의 규모, 사업의 영역과 복잡성, 리스크의 특성 등을 고려하여 적정인력을 정하도록 한다.

참고로 우리나라 금융회사 중 보험회사의 경우 감독당국에서는 전체 임직원수 대비 감사보조인력 수를 0.7~1.0%가 되도록 지도하고 있으며, 외국 선진금융회사의 경우 총 임직원수 대비 내부 감사인력이 국내 금융회사 보다 평균 5~6배 이상 월등하게 높은 수준이다.[307]

또한 감사보조조직원은 **경영자나 이사회 등으로부터 독립적**이어야 할 뿐만 아니라, 반드시 **법정감사기관의 지휘체계 내**에 있어야 한다. 현행「상장회사 표준 감사직무 규정」제13조 제1항 및 「상장회사 표준 감사위원회직무규정」제20조 제1항에서도 그 전속에 관한 규정을 두고 있으며, 이를 실제 관철하는 체제가 필요하다.

감사보조조직의 지휘체계 원칙

① 감사보조조직은 감사/감사위원회(이하 '감사'라 함)의 전속으로 한다.
② 감사보조조직의 임·직원은 감사의 업무를 보조하며, 감사의 지휘·통제 하에 직무를 수행한다.
③ 감사보조조직의 인사 및 예산에 관한 사항은 감사가 통할한다.

우리나라의 경우도 외국과 같이 기업 경영이 조금 더 선진화되면 처음 사원을 선발할 때부터 감사의 책임 하에 직군을 달리하여 감사직군으로 선발하고, **철저하게 감사의 지휘와 통제**를 받도록 하는 것을 생각해 볼 수 있다. 아니면, 기존의 사원 중에 선발하더라도 그 인사권을 감사/감사위원회에 부여하고 임기를 보장하여 경영진으로부터의 독립성을 확보하는 방안을 모색해 볼 수 있을 것이다.[308]

Ⅳ. 내부회계관리제도의 운영상황 감시권

1. 개요

회사의 대표자는 사업연도마다 주주총회, 이사회 및 감사(감사위원회를 포함)에게 해당 회사의 내부회계관리제도의 운영 실태를 보고하여야 한다.(「신외감법」제8조 제4항) 그리고 내부회계관리제도 운영 등에 필요한 사항은 대통령령으로 정한다.(「신외감법」제8조 제8항)

2. 내부회계관리제도의 운영실태 자료체출 요구권

감사, 외부감사인은 「신외감법」제8조 제5항 또는 제6항에 따른 평가 또는 검토 등을 하는 데 필요한 자료나 정보를 대표자에게 요청할 수 있다. 이 경우 감사 또는 외부감사인으로부터 요청받은 회사의 대표자는 특별한 사유가 없으면 지체 없이 이를 제공하여야 한다.(「신

---

307   김용범, 전게서, 2017, 534면 및 감사저널, 2013. 5~7, 40면. 금융감독원, 전게서, 120~121면.
308   김용범, 전게서, 2017, 535면. 김학원, 전게서, 165면. 김용범, 전게기고문, 감사저널, 2013.5~7,40~41면.

3. 내부회계관리제도의 운영실태에 대한 평가권

가. 내부회계관리제도의 운영실태 평가 개요

감사는 「신외감법」의 규정에 따라 내부관리제도의 운영실태를 평가하여 이사회에 매 사업연도마다 보고하여야 한다.(「신외감법」 제8조 제5항) 감사의 평가는 내부회계관리제도의 효과성에 대한 경영진의 평가 결론이 「신외감법」 및 「내부회계관리제도 평가 및 보고 모범 규준」(이하 '평가 및 보고 모범규준'이라 한다)에 따라 적정하게 수행되었는지의 여부에 대해서 독립적인 관점에서 평가하고 결론을 내려야 한다.

나. 내부회계관리제도의 운영실태 평가 방법

감사는 경영진과 독립적인 입장에서 내부회계관리제도의 운영실태를 평가하고 그 결과를 이사회에 보고하여 미비점이나 취약점을 시정하게 함으로써 내부회계관리제도가 원활하게 운영되도록 하는 다음의 역할을 수행한다.(「평가 및 보고 모범규준」 문단 95)

내부회계관리제도의 운영실태평가 관련 주요 수행사항

① 평가기간의 위험평가 결과를 포함한 평가 계획의 적정성 검토(당기 조치계획 및 결과, 평가기간, 평가자, 평가 대상과 방식의 적정성 포함)
② 운영실태보고서에 모든 유의한 미비점과 중요한 취약점이 포함되었는지 확인(인지하거나 보고 받은 회계처리 이슈와 관련된 내부회계관리제도 적정성 평가)
③ 운영실태보고서상 미비점 평가, 개선조치의 적정성 및 이행 현황 확인
④ 내부회계관리규정 위반이나 운영실태보고서 상 미비점으로 인한 성과평가 반영 계획이나 결과의 적정성 확인
⑤ 외부감사인의 내부회계관리제도 감사 계획 및 결과의 적정성 확인
⑥ 내부회계관리제도에 대한 독립적인 평가 결과의 이사회 보고
⑦ 내부회계관리제도와 관련된 내부고발 사항의 검토 및 내부회계관리제도에 미치는 영향 확인
⑧ 운영실태보고서상 기타 항목의 적정성 확인과 내부회계관리제도 관리감독을 위한 검토 등

다. 내부회계관리제도의 운영실태 평가 보고

감사는 이와 같은 업무수행을 통하여 경영진이 실시한 평가절차와 운영실태 평가 결과의 적정성을 감독자의 관점에서 사업연도마다 평가 기준일 현재 내부회계관리제도가 효과적으로 설계 및 운영되고 있는지의 여부를 평가하고, 내부회계관리제도 운영실태 평가 보고서에 종합결론을 내려 그 결과를 이사회에 보고하여야 한다.(「동 모범규준」문단 96)

감사는 내부회계관리제도 평가 시 경영진의 평가와 관련된 자료를 주로 활용하고, 경영진의 평가절차가 적절하지 않거나 충분하지 않은 경우 추가적인 테스트를 수행할 수 있다.

감사의 내부회계관리제도의 운영실태 평가보고서에는 다음과 같은 내용이 포함되어야 한다.(『동 모범규준』문단 96) 이 경우 내부회계관리제도의 관리·운영에 대하여 시정의견이 있으면 이를 포함하여 보고하여야 한다.(『신외감법』제8조 제5항)

내부회계관리제도의 운영실태 평가보고서

① 제목이 내부회계관리제도 평가보고서임을 기술

② 수신인이 주주 또는 이사회임을 기술

③ 평가기준일에 평가대상기간에 대하여 내부회계관리제도의 설계·운영의 효과성에 대하여 평가하였다는 사실

④ 경영진이 선택한 내부통제체계와 이에 따른 내부회계관리제도의 설계 및 운영의 책임은 대표이사 및 내부회계관리자를 포함한 회사의 경영진에 있다는 사실

⑤ 내부회계관리제도의 설계·운영의 평가기준으로 평가·보고 모범규준을 사용하였다는 사실

⑥ 중요성의 관점에서 『평가·보고 모범규준』에 따른 내부회계관리제도 평가 결론

⑦ 중요한 취약점이 있는 경우 내부회계관리제도의 설계와 운영상의 중요한 취약점에 대한 설명

⑧ 중요한 취약점이 있는 경우 중요한 취약점에 대한 시정조치 계획 또는 이미 수행 중인 절차

⑨ 감사(위원회)는 내부회계관리제도 운영실태보고서를 참고하여 평가하였다는 사실, 추가적인 검토 절차를 수행한 경우 해당 사실

⑩ 그 밖에 외감법령에 따른 기재 사항

⑪ 보고서 일자

⑫ 감사(위원회)의 서명 날인

⑬ 별첨 : 상세 평가 내용

ⓐ 대표자의 보고내용 요약(평가결론, 유의한 미비점, 시정조치 및 향후계획 등)

ⓑ 평가 결과 추가적으로 발견된 사항   ⓒ 권고사항

감사는 내부회계관리제도의 운영실태를 평가하여 정기총회 개최 1주 전까지 내부회계관리제도 평가보고서를 이사회에 사업연도마다 대면보고하고, 그 평가 보고서를 회사의 본점에 5년간 비치해야 한다. 이 경우 내부회계관리제도의 관리·운영에 대해 시정의견이 있으면 포함하여 보고하여야 한다.(『신외감법』제8조 제5항 및 제7항)

라. 내부회계관리제도의 운영실태 평가 사후관리

감사는 『신외감법』제8조 제5항 전단에 따라 내부회계관리제도의 운영실태를 평가(감사위원회가 설치되어 있는 경우는 대면회의를 개최하여 평가)한 후 다음 각 호의 사항을 문서로 작성·관리하여야 한다.

운영실태평가 사후관리 내용

① 해당 회사의 내부회계관리제도가 신뢰성 있는 회계정보의 작성 및 공시에 실질적으로 기여하는 지를 평가한 결과 및 시정 의견

② 내부회계관리제도 운영실태보고서에 거짓으로 기재되거나 표시된 사항이 있거나, 기재 하거나 표시하여야 할 사항을 빠뜨리고 있는지를 재점검한 결과 및 조치 내용

③ 내부회계관리제도 운영실태보고서의 시정계획이 회사의 내부회계관리제도 개선에 실질적으로 기여할 수 있는지를 검토한 결과 및 대안

4. 내부회계관리제도 규정의 제정 및 개정 승인권

회사는 내부회계관리규정을 제정하거나 개정할 때 감사/감사위원회의 승인 및 이사회의 결의를 거쳐야 한다. 이 경우 감사/감사위원회와 이사회는 승인 또는 결의의 이유 등을 문서(전자문서를 포함)로 작성·관리하여야 한다.(「신외감법시행령」 제9조 제3항)

V. 내부감시장치의 가동현황에 대한 감시권

1. 개요

주권상장법인, 그 밖에 대통령령이 정하는 법인(이하 "사업보고서 제출대상법인")은 그 사업보고서를 각 사업연도 경과 후 90일 이내에 금융위원회와 거래소에 제출하여야 한다.(「자본시장법」 제159조 제1항)

사업보고서 제출대상법인은 제1항의 사업보고서에 회사의 목적, 상호, 사업 내용, 임원의 보수, 임원 개인별 보수와 그 구체적인 산정 기준 및 방법, 보수액 기준 상위 5명의 개인별 보수와 그 구체적인 산정 기준 및 방법, 재무에 관한 사항 등을 기재하고, 대통령령이 정하는 서류를 첨부하여야 한다.(「자본시장법」 제159조 제2항)

사업보고서에는 「자본시장법」 제159조 제2항에 따라 법인의 내부감시장치[이사회의 이사직무집행의 감독권과 감사(감사위원회가 설치되어있는 경우에는 감사위원회를 말함)의 권한, 그 밖에 법인의 내부감시장치를 말한다]의 가동현황에 대한 감사/감사위원회의 평가의견서를 첨부하여 제출하여야 한다.(「자본시장법시행령」 제168조 제6항 제3호)

2. 내부감시장치와 외부감시장치의 구분

내부감시장장치에 대하여는 법적으로 구체적으로 정해진 바는 없으나, 회사의 경영감시장치로 외부감시기관과 내부감시기관으로 구분할 수 있다.

가. 외부감시기관

① 「상법」상 전체 주주로 구성되는 「주주총회」

② 개별 주주로 구성되는 「단독주주」 및 소액주주로 구성되는 「소수주주」

③ 일정규모 이상의 주식회사에서 그 선임이 의무화되는 「외부감사인」

④ 일정한 법정사항을 조사하기 위하여 선임되는 「감사인」 등

나. 내부감시기관

① 이사의 직무 집행을 감독하는 「이사회」

② 이사의 직무 집행을 감사하는 「감사/감사위원회」

③ 금융기관에서 선임이 강제되고 내부통제부문을 감시하는 「준법감시인」 또는
  일정 규모 이상의 상장회사에 준법부문을 감시하는 「준법지원인」

④ 내부회계관리제도에 따라 회계적정성을 감시하는 「내부회계관리자」 등

3. 내부감시장치의 가동현황에 대한 평가권

따라서 감사 또는 감사위원회는 사업보고서를 금융위원회와 거래소에 제출하기 전에 내부감시장치의 가동현황에 대한 평가를 실시하고, 그 평가결과 및 시정의견을 내부감시 장치의 가동현황에 대한 평가보고서에 반영하여야 한다.

내부감시장치의 가동현황에 대한 평가보고서에는 ① 내부감시장치의 개요, ② 내부감시장치의 운영, ③ 내부감시장치의 가동현황에 대한 감사의 의견으로 구분하여 작성한다. 이 경우 내부감시장치의 가동현황에 대한 평가결과, 중요하다고 판단되는 취약점 및 개선사항이 발견되었을 경우에는 동 내용과 이에 대한 시정의견을 포함하여 작성하여야 한다.

4. 내부감시장치의 가동현황에 대한 평가보고서 제출권

내부감시장치의 가동현황에 대한 평가보고서의 작성은 표준양식에 대해 정해진 바 없으므로, 감사는 위의 내부감시기관의 기능 및 구성과 DART(금융감독원 전자공시시스템) 작성 시 기재 상 주의사항을 참고로 하여 일반투자자가 이해하기 쉽도록 수치나 사례를 제시하면서 서술식으로 작성하여야 한다.

"사업보고서 제출대상법인"은 사업 보고서를 각 사업연도 경과 후 90일 이내에 금융위원회와 거래소에 제출하여야 하는 데(「자본시장법」 제159조 제1항), 그 사업보고서에는 「자본시장법」 제159조 제2항에 따라 법인의 내부감시장치의 가동현황에 대한 감사의 평가보고서를 첨부하여 제출하여야 한다.(「자본시장법시행령」 제168조 제6항 제3호)

참고 _____

내부감시장치의 가동현황에 대한 평가의견서(예시)

I. 내부감시장치의 개요

1. 이사회, 감사, 내부감사부서 등 당해 회사의 내부감시장치를 구성하고 있는 요소와 그 기능

2. 이사회에 사외이사 포함 여부

3. 감사의 선임 방법, 감사부서 직원에 대한 감사의 인사 관여 또는 인사상 신분보장 여부 등

II. 내부감시장치의 운영

1. 일상감사, 일반감사, 결산감사 등 내부감시의 운영 실적

2. 내부감사 결과 지적사항에 대한 보고체계, 조치 및 사후 관리 상태 등

III. 내부감시장치의 가동현황에 대한 감사의 평가의견

1. 내부감시장치가 효과적으로 가동하고 있는지에 대한 감사의 평가의견

2. 내부감시장치의 취약점 및 개선사항

3. 감사를 실시함에 있어서 이사의 거부 또는 회사의 사고, 기타 사유로 필요한 자료를 입수하지 못하여 의견을 표명하기 곤란한 경우에는 그 내용과 이유 등

VI. 외부감사인의 외부감사 운영상황 감시권

1. 개요

감사 또는 감사위원회는 감사인의 보수와 감사시간, 감사에 필요한 인력에 관한 사항을 문서로 정하여야 한다. 이 경우 감사위원회가 설치되지 아니한 주권상장법인, 대형비상장주식회사 또는 금융회사의 감사는 감사인 선임위원회의 승인을 받아야 한다.

감사 또는 감사위원회는 「신외감법」 제23조 제1항에 따라 감사보고서를 제출받은 경우 「신외감법」 제10조 제5항에서 정한 사항이 준수되었는지를 확인하여야 한다. 이 경우 감사위원회가 설치되지 아니한 주권상장법인, 대형비상장주식회사 또는 금융회사의 감사는 동 사항이 준수되었는지를 확인한 문서를 감사인선임위원회에 제출하여야 한다.

2. 외부감사인 운영기준의 제정권

감사 또는 감사위원회는 외부감사인의 보수와 감사시간, 외부감사에 필요한 인력에 관한 사항 등 외부감사 운영에 관한 사항을 문서로 정하여야 한다.(「신외감법」 제10조 제5항) 이 경우 감사위원회가 설치되지 아니한 주권상장법인, 대형비상장주식회사 또는 금융회사의 감사는 감사인 선임위원회의 승인을 받아야 한다.(「신외감법」 제10조 제5항)

3. 외부감사인 선정기준의 제정권

신외감법」 제10조 제4항에 따라 외부감사인을 선정/승인하는 자(감사위원회가 설치된 회사는 감사위원회, 감사위원회가 설치되지 아니한 회사는 감사인선임위원회)는 미리 외부 감사인 후보를 선정/평가하는 데 필요한 기준과 절차를 마련하여야 한다. 이 경우 「신외감법」 제10조 제4항 제1호 나목, 같은 항 제2호 나목에 의하여 해당회사는 감사인선임위원회 또는 사원총회의 승인을 받아야 한다.(「신외감법시행령」 제13조 제3항)

외부감사인을 선정하는 데 필요한 기준에는 다음 각 호의 사항이 포함되어 있어야 한다.(「신외감법시행령」 제13조 제4항)

외부감사인 선정 기준에 포함되어야 할 사항

1) 감사시간·감사인력·감사보수 및 감사계획의 적정성

2) 감사인의 독립성(감사의견에 편견을 발생시키는 등 부당한 영향을 미칠 우려가 있는 이해관계를 회피하는 것) 및 전문성(감사업무를 수행하는 데 필요한 교육·훈련 및 경험, 감사대상 회사의 업무 등에 대한 전문지식 등을 충분히 갖춘 것)

3) 직전 사업연도에 해당회사에 대하여 감사업무를 한 감사인의 의견진술 내용 및 다음 각목의 사항

① 전기감사인이 감사인 선임 시 합의한 감사시간·감사인력·감사보수·감사계획 등을 충실하게 이행하였는지에 대한 평가 결과

② 전기감사인이 감사업무와 관련하여 회사의 회계처리기준 해석, 자산가치 평가 등에 대한 자문을 외부기관에 할 것을 요구한 경우, 그 요구 내용에 대한 감사·감사위원회와 전기감사인 간의 협의 내용, 자문 결과 및 그 활용 내용

③ 해당 사업연도의 감사·감사위원회와 전기감사인 간의 대면회의 개최횟수, 참석자 인적사항, 주요 발언 내용 등

4) 그 밖에 감사인 선임의 객관성 및 신뢰성을 확보하기 위해 필요한 기준으로서 금융 위원회가 정하는 사항 등

그리고 감사위원회, 감사인선임위원회 및 사원총회는 감사인을 선정하기 위하여 대면회의를 개최하여야 한다. 이 경우 ① 「신외감법시행령」 제13조 제4항 각 호의 사항에 대한 검토 결과와 ② 대면 회의의 횟수, 참석자 인적사항, 주요 발언 내용 등을 문서로 작성·관리하여야 한다.(「신외감법시행령」 제13조 제5항)

4. 외부감사인 감사운영의 감독권

감사 또는 감사위원회는 「신외감법」 제23조 제1항에 따라 감사보고서를 외부감사인으로부터 제출받은 경우 「신외감법」 제10조 제5항에서 정한 사항이 준수되었는지 확인하여야 한다.(「신외감법」 제10조 제6항)

「신외감법」 제5항에서 정한 사항

① 감사 보수
② 감사 시간
③ 감사에 필요한 인력에 관한 사항

이 경우 감사위원회가 설치되지 아니한 주권상장법인, 대형비상장주식회사 또는 금융회사의 감사는 제5항에서 정한 사항이 준수되었는지를 확인한 문서를 감사인선임위원회에 제출하여야 한다.(「신외감법」 제10조 제6항)

Ⅶ. 외부감사인의 부정 및 위법행위 통보에 대한 수령 및 조치권

1. 외부감사인의 부정 및 위법행위 통보에 대한 수령권

외부감사인은 그 직무를 수행할 때 이사의 직무수행에 관하여 부정행위 또는 법령이나 정관에 위반되는 중대한 사실을 발견하면 감사 또는 감사위원회에 통보하고 주주총회 또는 사원총회(이하 '주주총회 등'이라 함)에 보고해야 한다. 그리고 외부감사인은 회사가 회계처리 등에 관하여 회계처리기준을 위반한 사실을 발견하면 감사 또는 감사위원회에 통보하여야 한다.(「신외감법」 제22조 제1항, 제2항)

2. 외부감사인의 부정 및 위법행위 통보에 대한 조치권

회사의 회계처리기준 위반사실을 통보받은 감사나 감사위원회는 회사의 비용으로 외부 전문가를 선임하여 위반사실 등을 조사하도록 하고 그 결과에 따라 회사의 대표자에게 시정 등을 요구하여야 한다. 감사 또는 감사위원회는 조사결과 및 회사의 시정조치 결과 등을 즉시 증권선물위원회와 감사인에게 제출해야 한다.(「신외감법」 제22조 제3항, 제4항)

또한 감사 또는 감사위원회는 외부감사인으로부터 이사의 직무수행에 관하여 부정행위 또는 법령이나 정관에 위반되는 중대한 사실로 통보된 사안에 대하여는 감사를 실시하여 제재하는 등 적절한 조치를 취해야 하며, 적절한 조치를 취하지 않은 때에는 임무해태의 책임을 부담하게 된다.(「상법」 제391조의2, 제414조 제1항)

VIII. 회계부정행위 고지자로부터 고지에 대한 수령 및 조치권

1. 회계부정행위 고지자로부터 고지에 대한 수령권

회사의 회계정보와 관련하여 다음 각 호의 어느 하나에 해당하는 사항을 알게 된 자가 그 사실을 대통령령이 정하는 바에 따라 감사(위원회)에게 고지한 경우에는 그 신고자 또는 고지자에 대해서는 필요한 조치를 취해야 한다.(「신외감법」제28조 제1항)

부정행위 신고 또는 고지 사항

① 내부회계관리제도에 의하지 아니하고 회계정보를 작성하거나 내부회계관리제도에 따라 작성된 회계정보를 위조·변조·훼손 또는 파기한 사실

② 회사가 「신외감법」 제5조에 따른 회계처리기준을 위반하여 재무제표를 작성한 사실

③ 회사, 감사인 또는 그 감사인에 소속된 공인회계사가 「신외감법」 제6조 제6항을 위반한 사실

④ 감사인이 「신외감법」 제16조에 따른 회계감사기준에 따라 감사를 실시하지 아니하거나 거짓으로 감사보고서를 작성한 사실

⑤ 그 밖에 제①호부터 제④호까지의 규정에 준하는 경우로서 회계정보를 거짓으로 작성하거나 사실을 감추는 경우 등

2. 회계부정행위 고지자로부터 고지에 대한 조치권

「신외감법」 제28조 제1항에 따라 신고 또는 고지를 받은 감사 또는 감사위원회는 신고자 등의 신분 등에 대하여는 비밀을 유지하여야 한다.(「신외감법」 제28조 제2항) 해당 회사는 그 신고 또는 고지와 관련하여 직접 또는 간접적인 방법으로 신고자 등에게 불이익한 대우를 하여서는 아니 된다.(「신외감법」 제28조 제3항)

「신외감법」 제28조 제3항을 위반하여 불이익한 대우로 신고자 등에게 손해를 발생하게 한 회사와 해당 회사의 임원은 연대하여 신고자 등에게 손해를 배상할 책임이 있다.(「신외감법」 제28조 제4항)

또한 감사/감사위원회는 위의 회계부정행위 고지자로부터 고지된 사안에 대해서는 監査를 실시하여 制裁하는 등 적절한 조치를 취해야 하며, 적절한 조치를 취하지 않은 때에는 임무해태의 책임을 부담하게 된다.(「상법」 제391조의2, 제414조 제1항)

IX. 이사회 결의로 재무제표 승인에 대한 동의권

회사는 일반적으로 「상법」 제449조(재무제표 등의 승인·공고)에 따라 「동법」 제447조(재무재표 등의 작성)의 각 서류를 주주총회에 제출하여 승인을 얻어야 한다. 그러나 회사는 「동법」 제449조(재무제표등의 승인·공고)에도 불구하고 다음 각 호의 요건을 모두 충족한 경우에는 「정관」이 정하는 바에 따라 「상법」 제447조(재무제표의 작성)의 각 서류를 이사회 결의로 승인할 수 있다.(「상법」 제449조의2 제1항)

이사회 결의로 재무제표 승인의 충족 요건

① 「상법」 제447조의 각 서류(재무제표)가 법령 및 정관에 따라 회사의 재무상태 및 경영성과를 적정하게 표시하고 있다는 외부감사인의 의견이 있을 것
② 감사(감사위원회 설치 회사의 경우에는 감사위원을 말한다) 전원의 동의가 있을 것

따라서 감사/감사위원은 이사가 이사회에 제출한 의안 및 서류가 법령 또는 정관을 위반하거나 현저하게 부당한 사항이 있는지의 여부를 주주총회 제출의안 및 서류의 조사(「상법」 제413조)에 준하여 조사하여야 한다. **현저하게 부당한 사항**이란 형식적으로는 법령이나 「정관」의 구체적인 규정에 위반한 것은 아니지만, 그러한 의안이나 서류를 이사회에 제출하는 것이 이사의 선관주의의무에 위반하는 경우를 말한다.

감사 또는 감사위원이 조사하는 대상은 이사가 이사회에 제출하는 의안이나 서류이다. **의안**은 「상법」 또는 「정관」에 의하여 이사회가 결의하여야 할 ① 이사회 결의로 재무제표 등의 승인(「동법」 제449조의2 제1항), ② 이사회 결의로 이익배당(「자본시장법」 제165조의12 제9항 등) 사항을 말하고, **서류**란 재무제표(연결재무제표)와 그 부속명세서 등 이사회에 제출하는 모든 서류를 말한다.

감사/감사위원은 이사회 제출 의안 및 서류에 대해서 사전에 철저히 감사하는 것이 필요하며, 감사는 그 내용, 결의의 절차나 방법이 법령이나 정관에 적합한 것인지 확인해야 한다. 감사/감사위원은 확인 결과 법령이나 정관 등의 위반 사항이 없어 동 제출 의안 및 서류가 적합한 경우에는 ① 재무제표가 회사의 재무상태 및 경영성과를 적정하게 표시하고 있다는 외부감사인의 의견을 확인하고, ② 감사/감사위원 전원의 의사로 동의를 하여야 한다.

이사회 결의로 재무제표 승인에 대한 자세한 내용은 제1편-제7장-Ⅲ-4. '재무제표의 최종 승인'의 항목을 참조하시기 바랍니다.

제4장

감사의 의무

제1절   총 설

　　감사(감사위원회 포함)의 직무는 이사의 직무집행을 감사하는 것이다.(「상법」제412조 제1항) 즉 이사회나 대표이사 혹은 영업담당이사가 행하는 업무집행을 제3자의 입장에서 監査하는 것이 監事의 職務이다.

　　「상법」의 법문이 **「업무집행의 감사」**라고 하지 아니하고 **「직무집행의 감사」**라고 한 것은 신주발행과 같은 회사조직에 관한 사항이나 주주총회소집과 같은 회사기관에 관한 사항을 포함하여 이사가 그 직무로서 행하는 모든 행위가 監事의 감사대상(監査對象)임을 표현하기 위한 것이다.[309]

　　감사의 직무는 이처럼 이사의 업무집행 전반에 대해 감사하는 만큼 「상법」은 효과적인 감사를 위해 전술한 바와 같이 감사에 대해 다양한 권한을 부여하고 있다. 이 감사의 권한은 권한이면서 동시에 감사를 위한 수단으로서 주어진 것이므로 의무의 성격도 아울러 가지고 있다.

　　예방적 감사라는 측면에서 중요한 의미가 있는 이른바 이사의 위법행위 유지청구권의 경우를 예로 들면 이는 분명 감사의 권한이지만 이사의 위법행위로 인하여 회사에 회복할 수 없는 손해가 발생할 염려가 있을 경우에는 감사는 이 권한을 반드시 행사하여야 한다는 점에서는 의무이다.

　　감사는 「상법」상 아래와 같은 의무 또는 기타 법령이나 정관에서 정한 의무를 선량한 관리자의 주의의무를 다하여 이행하여야 하고, 고의·과실로 선량한 관리자의 주의의무를 위반하여 그 임무를 해태한 때에는 그로 인하여 회사가 입은 손해를 배상할 책임이 있다. 그리고 감사가 그 임무를 게을리 한 때에는 그 감사는 회사에 대하여 연대하여 손해를 배상할 책임이 있다.(「상법」제414조 제1항)

　　감사의 권한은 이처럼 대부분이 권한인 동시에 의무이기도 하므로 감사의 의무를 권한과 분리하여 별도로 설명하는 것은 비현실적일 수도 있음은 전술한 대로이지만, 敍述의 편의라는 측면에서 감사의 의무로 통상 指稱되는 것을 중심으로 설명코자 한다.

309　김용범, 전게서, 2012, 399면 및 2017, 699면. 김용범, 「내부감사의 의무와 임무해태」, 내부감사저널, 2016.4., 44면. 권종호, 전게서, 124면, 상사법무연구회편, 전게서, 80면.

제2절 선관주의의무[310]

I. 선관주의의무의 개요[311]

선관주의의무(duty of care)란 **선량한 관리자의 주의의무를 줄인 용어로 선관의무 또는 주의 의무라는 용어로도 사용**되고 있다.

역사적으로는 일본 민법, 프랑스 민법을 거슬러 로마법의 **"선량한 가장으로서의 주의의 무(bonus paterfamilias 또는 diligens paterfamilias)"**라는 유사한 용어를 찾을 수 있다. 이 개념은 이미 로마법에서도 **추상적 경과실과 동일한 의미**로 해석되었으며, 이 원칙은 대륙법 뿐만 아니라 영미법의 주의의무에도 그대로 반영되었다.

선관주의의무는 객관적 기준에 의하여 **"같은 지위에 있는 합리적인 사람을 기준으로 판단"**하므로, **당해 감사 개인의 능력이나 주관적인 사정은 참작되지 않는다.** 따라서 감사가 다른 사람보다 낮은 지적 수준이나 업무능력을 가지는 경우에도 이러한 점은 고려하지 않고 **"통상의 신중한 자를 기준으로 하는 선관주의의무가 요구"**된다.

참고 ────────────────────────────────

미국의 선관주의의무의 기준

① 미국의 제정법상 선관주의의무는 "유사한 상황에서 통상의 신중한 자(an ordinary prudent person under similar circumstances)와 동일한 지위에 있는 자(a person in a like position)가 행하는 것과 같은 주의의무"를 말한다.[미국의 「모범회사법(MBCA)」§8.30(a)(General Standards for Directors), 미국의 주법으로는 California의 「회사법」(Corporation Code)§309(a), New York 의 「회사법」(Bus. Corp. Law) §717(a)]

② 미국의 판례상 선관주의의무는 "자신이 합리적으로 생각하여 회사에 최선의 이익이라고 생각되고 또한 평균인(ordinarily prudent person)이 같은 상황에서라면 취했을 것과 동일한 방법으로 성실히(in good faith) 사무를 처리할 것을 요구하는 주의의무"를 말한다.[Selheimer v. Manganese Corp. of America, Sup. Ct. of Penn. 1966. 423 Pa. 563, 224 A. 2d 634; N. Y. Bus. Corp. Law §717; Calif. Corp. Code §309(a); MBCA §8.30(a)]

따라서 **선관주의의무의 판단기준**은 주관적으로 감사 본인이 어떻게 행동해야 할 것인지 믿었는지가 아니라, **"유사한 상황에서 다른 합리적인 사람은 어떻게 행위하였을 것인지가 선관주의의무 판단의 일반적·객관적인 기준"**이 되는 것이다.

───────────────────────────────

310 김용범, 전게서, 2012, 400~401면 및 700~703면. 김용범, 「내부감사의 의무와 임무해태」, 내부감사저널, 2016.4., 44~46면.
311 김용범, 전게서, 2017, 700면. 김용범, 「내부감사의 의무와 임무해태」, 내부감사저널. 2016. 4., 44면.

II. 선관주의의무의 근거[312]

회사와 감사와의 법률관계는 이사와 마찬가지로 위임에 관한 「민법」 제681조의 규정이 **준용**된다.(「상법」 제415조, 제382조 제2항, 「민법」제680조) 따라서 **감사**는 그 **일반적인 의무**로서 회사에 대하여 선량한 관리자의 주의로써 그 직무를 수행할 의무, 즉 **선관주의의무**를 진다.(「민법」 제681조)[313]

이 **선관주의의무**는 수임인에 대한 고도의 인적 신뢰를 바탕으로 한 것으로서 수임인의 개별적인 능력에 따른 주의의무가 아니라 위임사무의 처리에 일반적으로 요구되는 고도의 주의의무이므로[314] 감사는 사용인과는 달리 회사 관리의 주체인 한 기관으로서 이 선관주의의무에 의해 항상 회사의 이익이 되는 방향으로 그 직무를 수행해야 할 책임이 있다.

고로 **감사**는 자신의 직무를 수행함에 있어 **법령에 위반하지 않도록 주의할 의무**(소극적 의무)를 짐은 물론 **항상 회사에 최선의 이익이 되는 결과를 추구할 의무**(적극적 의무)를 부담한다. 회사는 영리를 목적으로 하는 단체이므로, 회사에 **최선의 이익**이 된다고 함은 **회사의 이윤을 극대화함**을 말한다. 따라서 **監事의 職務遂行은 適法하고 規範的으로 妥當**해야 할 뿐 아니라, **營利實現을 위해 合目的的이고 效率的이어야 하는 것**이다.[315]

III. 선관주의의무의 범위[316]

감사의 선관주의의무는 법상 감사의 의무로 규정된 직무의 수행에만 미치는 것이 아니라 **감사권의 행사, 소의 제기, 기타 법상 명문화된 권한 행사**에도 미친다. 따라서 감사의 권한은 보수청구권과 같은 채권적 권리와 달리 모두 회사조직의 운영을 위해서 주어지므로 의무의 성격도 아울러 갖는 양면성을 지니기 때문이다.[317]

선관주의의무의 내용과 범위에 대해서 대우그룹 관련 대법원은 "**구체적인 선관주의의무의 내용과 범위는 일반적으로 회사의 종류나 규모, 업종, 지배구조 및 내부통제시스템, 재정상태, 법규상 규제의 정도, 감사 개개인의 능력과 경력, 근무여건 등에 따라서 다를 수 있다**"고 판시하고 있다.[318]

그러나 대규모 상장기업에서 일부 임직원의 전횡이 방치되고 있거나 중요한 재무정보에 대한 감사의 접근이 조직적·지속적으로 차단되고 있는 경우 감사의 주의의무는 경감되는 것이 아니라 오히려 현격히 가중되며,[319] 그리고 비상임감사라는 이유로 선관주의의무 위반

312 김용범, 전게서, 2017, 701면. 김용범, 「내부감사의 의무와 임무해태」, 내부감사저널, 2016. 4., 45면.

313 김용범, 전게서, 2017, 701면. 최준선, 전게서, 524~525면. 권종호, 전게서, 124~125면. 대법원, 1988. 10. 25. 선고. 87 다카 1370 판결.

314 김용범, 전게서, 2017, 701면. 김준호, 「민법강의」, 2004, 1441면. 권종호, 전게서, 125면.

315 김용범, 전게서, 2017, 701면. 이철송. 전게서, 2021. 750면.

316 김용범, 전게서, 2017, 701면. 김용범, 「내부감사의 의무와 임무해태」, 내부감사저널, 2016.4., 45면.

317 김용범, 전게서, 2017, 701면. 이철송. 전게서. 2021. 750면.

318 대법원. 2008. 9. 11. 선고. 2006다68636 판결. 김건식, 전게서, 2014, 496면.

319 김용범, 전게서, 2017, 702면. 최준선, 전게서, 525면. 대법원. 2008. 9. 11. 판결. 2006 다 68636.

에 따른 책임을 면할 수도 없다고 하고 있다.[320]

또한 대법원은 2008. 9. 11. 선고. 2007다31518 판결에서 특히 대규모회사에서는 **"무엇보다도 합리적인 정보 및 보고시스템과 내부통제시스템을 구축하고 그것이 제대로 작동하도록 배려할 의무가 이사회를 구성하는 개개의 이사들과 이들의 직무집행을 감사하는 감사에게 주어진다."**고 판시하고 있다.

한편 대법원은 회계감사에 관해 「상법」상의 감사에 의한 감사와 「신외감법」상의 감사인에 의한 감사는 상호 독립적인 것이므로, 감사인에 의한 감사가 있다고 하여 「상법」상 감사의 감사의무가 면제되거나 경감되지 않는다.(대법원. 2019. 11. 28. 선고. 2017다244115. 판결)."고 판시하고 있다.

따라서 이 선관주의의무는 감사의 업무감사나 회계감사와 같은 통상적인 감사업무 수행뿐만 아니라 그 이외 감사의 권한 행사의 경우에도 당연히 영향을 미치는 것으로 보는데, 그 이유는 감사의 권한은 권한인 동시에 그 행사가 감사의 직무, 즉 의무이기 때문이다. 따라서 **감사의 권한을 적시에 적절하게 행사하지 않으면 그것은 선관주의의무 위반**이며, 이때 **감사는 채무불이행으로서 회사가 입은 손해에 대해 배상책임**을 진다.[321]

또한 **선관주의의무는 상근·비상근을 가리지 않고 보수의 유무에 관계없이 모든 감사에게 주어지는 의무**이다. 따라서 「상법」상 감사는 회사의 상무에 종사하는 상근감사(상근감사위원 포함)와 상무에 종사하지 아니하는 비상근감사(비상근감사위원 포함) 그리고 무보수 명예직인 명목상의 감사도 모두 선관주의의무를 진다.

Ⅳ. 선관주의의무와 충실의무의 관계[322]

감사에게는 **이사의 비밀유지의무에 관한 규정은 준용**되지만(「상법」제415조 → 제382조 제2항), **이사에게 부과하고 있는 충실의무**(「상법」제382조의3), **경업금지의무**(「상법」 제397조 제1항), **회사의 기회 및 자산의 유용금지의무**(「상법」제397조의2)를 **부과하지 않고, 감사와 회사 간의 거래도 제한**(「상법」제398조)**되지 않는다.** 다만 충실의무(「상법」제382조의3)에 대하여는 그 적용에 학설의 다툼이 있다.

이사에게 부과하고 있는 경업금지의 의무, 회사의 사업기회 및 자산의 유용금지의무, 이사와 회사 간의 거래제한 의무를 부과하지 않는 이유는 이사는 회사의 업무집행에 관여하고 그 영업상의 비밀에 관해서도 많이 알고 있기 때문에 회사와 이익상충적인 행위를 할 가능성이 높은 데 반해 감사의 경우에는 업무집행기관이 아니므로 그러한 가능성이 낮다고 보았기 때문이다.[323]

이와 관련하여 감사의 기본적인 의무는 이사와는 다른 것인지가 문제되고 있는데 이 문제는 결국 선관주의의무와 충실의무는 구별되는 의무인가의 문제이다. 이에 대해 학설은 동

---

320 김용범, 전게서, 2017, 702면. 최준선, 전게서, 525면. 대법원. 2007. 12. 13. 판결. 2007다 60080.

321 김용범, 전게서, 2017, 702면. 이철송. 전게서. 2021. 750면.

322 김용범, 「내부감사의 의무와 임무해태」, 감사저널, 2016.4., 45~46면. 김용범, 전게서, 2017, 702면.

323 김용범, 전게서, 2017, 703면. 권종호, 전게서, 126면.

질설과 이질설*로 나누어지지만, 판례는 충실의무는 선관주의의무를 구체적으로 부연한 것에 지나지 않거나 선관주의의무와 동질적인 의미로 해석하는 동질설을 따르고 있다.[324]

참고 _____

선관의무와 충실의무의 관계

① **동질설** : 이는 충실의무의 법적 성격을 선관의무의 구체적 표현이라고 보는 학설이다. 이 학설에서는 충실의무의 내용이 선관의무의 그것과 명확하게 구별되지 않고 선관의무 이외에 충실의무를 요구하는 것은 불필요하다고 보거나, 선관의무를 탄력적으로 해석하면 충실의무와 같은 내용이 되기 때문에 충실의무는 선관의무와 동질적인 의미이거나 선관의무를 구체화한 표현이라고 본다.(손주찬, 이기원, 정찬형, 김기호, 이철송 등)

② **이질설** : 이는 선관의무는 이사나 감사가 직무를 수행함에 있어 준수하여야 할 주의의 정도에 관한 규정이고, 충실의무는 이사나 감사가 그 지위를 이용해 회사의 이익을 희생하여 자기 또는 제3자의 이익만을 추구하여서는 안 되고, 이사나 감사와 회사 간의 이익이 상반되는 경우에는 항상 회사의 이익을 우선하여 성실하게 직무를 수행해야 한다는 것을 내용으로 하는 의무라는 학설이다.(임홍근, 박상조, 정동윤, 권기범, 안택식 등)

아직까지 다수의 학자들과 판례는 선관주의의무의 내용을 반드시 이사(감사포함)가 기관관계적 측면에서 요구되는 의무로 제한하여 볼 이유는 없고 매우 탄력성 있게 해석하여 회사에 최선의 이익이 되는 결과를 추구해야 할 의무를 포함하는 것으로 볼 수 있는데 이렇게 해석하면 선관의무와 충실의무는 크게 구별되는 것이 아니라 충실의무는 선관의무와 동질적인 의미이거나 선관의무를 구체화한 표현이라는 입장을 취하고 있다.[325]

하지만, 충실의무의 규정이 1998년 「상법」 개정에 도입되었고, 2012년에 이사의 충실의무를 구체화한 회사의 사업기회 및 자산의 유용금지의무, 자기와 회사 간의 거래제한 의무 조항을 도입함으로써 사실상 영미법의 충실의무 내용이 도입되었다고 볼 때 「상법」 제382조 제2항에서 회사와 이사 간의 관계는 이해상충을 규제하기 어려운 「민법」 제681조 위임규정을 준용한다는 규정이 「상법」이 규율하고 있는 실상과 일치하는지 의문이다.[326]

현행 「상법」상 위임관계에서 수임인에게 부과하는 의무는 선관주의의무뿐이고 위임인의 이익을 위하여 자신의 이익을 희생할 의무는 없는 것인 법률관계이기 때문에 회사와 이사의 관계가 위임에 부과하는 법적의무를 훨씬 뛰어넘는 영미법상의 이사의 충실의무 개념을 도출해 내기 어렵기 때문이다.

또한 충실의무가 선관의무와 동질적인 의미이거나 선관의무를 구체화한 표현이라고 본다

---

324 대법원 1985. 11. 12. 선고 84다카2490 판결, 대법원. 2011. 10. 13. 선고 2009다80521 판결 등.

325 정찬형, 전게서, 873면. 김현경, 「상법상 이사의 충실의무에 관한 고찰」, 2012, 168면.

326 김보혁, 「이사의 자기거래에 관한 고찰」, 2013, 333면.

면 「상법」에서 이사의 충실의무와 이사의 충실의무를 구체화한 회사의 사업기회 및 자산의 유용금지 의무, 이사와 회사 간의 거래제한 의무 조항이 이사에게는 적용되고 감사에게는 적용되지 않는 사유를 설명할 수가 없다.

아울러 개념적으로도 주의의무는 회사의 업무결정과 관련되지만 이사의 개인적인 이해관계와 충돌이 없는 경우에 일어나는 개념이며, 충실의무는 회사의 업무결정과 이사의 개인적인 이해관계의 충돌이 일어나는 경우에 적용되는 개념으로 보는 것이 일반적이다. 그리고 주의의무는 합리적인 신중한 사람이 유사한 상황에서 행사할 정도의 주의를 회사의 업무집행과 관련하여 이사에게 요구하는 것이며, 충실의무는 자기거래를 금지하는 상황에서 일어나는 것이다. 따라서 두 개념은 분리하여 처리하는 것이 타당하다고 본다.[327]

영미법상 이해상충의 거래를 규율하는 것은 주의의무와 개념상 분명히 구별되는 충실의무이기 때문에 1998년 「상법」에 충실의무의 법문을 도입하고도 「상법」상 위임의 규정 때문에 충실의무가 「민법」상 선관주의의무에 포괄된다고 해석하게 되면 대륙법상 위임에 바탕을 둔 이사의 주의의무와 신탁제도에 바탕을 둔 영미법상의 충실의무를 그 개념들이 형성된 기원과 맥락을 양자 모두로부터 단절시키게 된다.[328]

이와 달리 「상법」제382조의3에 규정된 이사의 충실의무를 미국법상 충실의무를 계수(繼受)한 일반적 규정으로 해석할 경우 첫째, 「상법」제382조의3은 이를 통하여 영미법상 이사의 충실의무 법리의 도입이 가능해지고, 이사의 선관주의의무로 규제할 수 없는 그 밖의 이익 충돌의 행위도 규제할 수 있는 유력한 근거가 될 수 있으며,[329] 둘째로, 충실의무의 독자성 인정은 이사의 주의의무와 충실의무의 개념 분화를 통해 이사의 의무를 회사와 이해관계가 관련된 의무와 일반적인 의무로 보다 명료하게 할 수 있다는 장점이 있다.[330]

 제3절 위법행위 이사회 보고의무[331]

Ⅰ. 이사회 보고의무 개요

감사는 이사가 법령 또는 정관에 위반한 행위를 하거나 그 행위를 할 염려가 있다고 인정한 때에는 이사회에 이를 보고하여야 한다.(「상법」 제391조의2 제2항) 이사회는 업무집행에 관한 결정권과 함께 대표이사와 이사의 업무집행에 대한 감독권한도 아울러 가지고 있으므로 이사회에 이사의 위법행위 등의 시정을 위한 기회를 제공하기 위한 것이다.

---

327 김병연, 「이사의 충실의무와 영미법상의 신인의무」, 2005, 102면. 김현경, 전게논문, 2012, 167면.

328 안성포, 「신탁법 상 수탁자의 충실의무에 대한 고찰」, 2009, 85면. 김보혁, 전게논문, 2013, 341면.

329 임종호, 「이사의 충실의무론」, 1999, 591면. 김보혁, 전게논문, 2013, 341면.

330 유영일, 「이사의 충실의무의 재검토」, 2009, 531면. 김보혁, 전게논문, 2013, 341면.

331 김용범, 전게서, 2012, 401~403면 및 2017, 704면~705면. 김용범, 전게기고문, 2016.4., 46면.

II. 이사회 보고요건 및 범위

이 보고 의무는 이사의 위법행위 등으로 인하여 회사가 입게 되는 손해를 미연에 방지하기 위한 것이라는 점에서 전술의 위법행위유지청구권(「상법」제492조)과 유사한 기능을 한다. 다만 감사가 보고의무를 지는 것은 이사가 법령·정관에 위반하는 행위를 하거나 또는 행위를 할 염려가 있을 때이고, 회사에게 회복할 수 없는 손해가 발생할 염려가 있을 경우에 한하지 않는다는 점에서 위법행위유지청구권보다는 그 범위가 넓다.[332]

즉, 위법행위유지청구권은 이사의 위법행위로 인하여 회사에 회복할 수 없는 손해가 발생할 염려가 있을 때에만 행사할 수 있는데 반해, 이 보고의무의 경우는 회사에 회복할 수 없는 손해가 발생할 염려가 없어도 단지 이사가 위법행위를 하거나 할 염려가 있으면 감사는 이사회에 대해 보고할 의무를 진다는 점에서 위법행위유지청구권보다 그 범위가 넓다. 그 이유는 유지청구라는 이른바 대결적인 입장을 취하는 경우와는 달리 이사회에 대해 사전에 자발적인 시정조치를 촉구하는 것에 주된 목적이 있기 때문이다.[333]

이사가 하여야 할 행위를 하지 않거나(부작위의 경우) 그 염려가 있을 때에도 보고의무 대상이 되며, 감사가 이사의 위법행위를 알면서 이사회에 보고하지 않는 것은 임무해태가 된다. 이사의 위법행위가 보고를 요할 정도인가에 대한 판단은 감사가 선관주의로써 해야 할 것이다. **이사의 위법행위를 방치하면 회사에 중대한 손해가 발생할 염려가 있는지가 판단 기준**이 될 것이다.[334]

III. 이사회 소집청구권[335]

종전 「상법」은 감사의 보고의무에 대해서만 규정하고 있었을 뿐 보고를 위한 이사회 소집청구권에 관해서는 아무런 규정을 두고 있지 않았다. 이와 관련해 학설은 다음과 같이 대립하고 있었다.

① **곤란설** : 입법상의 불비이지만 해석론으로서는 감사에게 소집권이나 소집청구권을 인정하는 것은 곤란하다는 견해
② **인정설** : 보고의무를 법정한 이상 적어도 이사회소집청구권은 당연히 인정된다고 보는 견해

이 보고의무는 이사의 위법행위가 현실화되는 것을 미연에 방지하기 위한 것이라는 점에서 보고의 시기가 중요할 수밖에 없으므로 이사회가 소집되기만을 기다려 감사가 보고하는 것으로는 소기의 목적을 달성할 수 없다는 비판이 있었으나, 2011. 4. 「상법」을 개정하여

---

332 김용범, 전게서, 2017, 704면. 권종호, 전게서, 129면.

333 김용범, 전게서, 2017, 704면. 권종호, 전게서, 129면. 회사법문제연구회편, 전게서, 54면.

334 김용범, 전게서, 2017, 705면. 권종호, 전게서, 129면.

335 김용범, 전게서, 2012, 402면 및 2017, 705면. 김용범, 전게기고문, 내부감사 저널, 2016.4., 46면.

입법적으로 해결하였다.

그 내용은 감사는 필요하면 회의의 목적사항과 소집이유를 서면에 적어 이사(소집권자가 있는 경우에는 소집권자)에게 제출하여 이사회 소집을 청구할 수 있다. 감사가 이사회 소집청구를 하였는데도, 이사가 지체 없이 이사회를 소집하지 아니하면 그 청구한 감사가 직접 이사회를 소집할 수 있다.(「상법」 제412조의4 제1항, 제2항)

Ⅳ. 이사회 보고의무

감사는 이사가 법령 또는 정관에 위반한 행위를 하거나 그 행위를 할 염려가 있다고 인정한 때에는 이사회에 이를 보고하여야 한다.(「상법」 제391조의2 제2항) 이 위법행위 이사회 보고의무는 이사의 직무집행 감사권에 수반하는 의무라 할 수 있으며, 이사회에 대해 감독권의 발동을 촉구하는 의미를 지닌다.

또한 이 위법행위의 이사회 보고의무는 위법행위를 할 염려가 있을 때에도 사전 예방을 위하여 보고하여야 하는 것은 당연하지만, 이는 회사에 손해가 발생했는지 여부에 관계없이 보고해야 한다는 점이 특색이다.[336] 따라서 감사가 적시에 적절하게 이사회 보고 의무를 행사하지 않으면 그것은 의무위반이며, 이때 감사는 채무불이행으로서 회사가 입은 손해에 대해 배상책임을 진다.[337]

감사로부터 보고를 받은 이사회는 그 권한을 발동하여 적절한 시정조치를 취하여야 하며, 이사회가 임무를 해태하여 필요한 조치를 취하지 않았을 경우, 이사회가 조치를 취하지 않았기 때문에 회사에 손해가 발생하게 되면 그 손해에 대해 감사의 위법행위 보고를 무시한 이사 전원이 회사에게 손해배상책임을 지게 된다.[338]

 제4절 주주총회 의안 조사 및 보고의무[339]

Ⅰ. 조사 및 보고의무 개요

감사는 이사가 주주총회에 제출한 의안 및 서류를 조사하여 법령 또는 정관에 위반하거나 현저하게 부당한 사항이 있는지의 여부에 관해 주주총회에 그 의견을 진술하여야 한다.(「상법」 제413조)

감사권한으로서 회계감사권만 인정되던 1984년 개정 전에는 이 의무의 대상은 주주총회에 제출할 회계에 관한 서류로 한정되고 있었으나, 1984년 개정에 의해 업무감사권도 인정

336　김용범, 전게서, 2017, 704면. 이철송, 전게서, 2021. 881면.

337　김용범, 전게서, 2017, 702면. 권종호, 전게서

338　김용범, 전게서, 2017, 705면. 권종호, 전게서, 129면. 회사법문제연구회편, 전게서, 54면.

339　김용범, 전게서, 2012., 403면 및 전게서. 2017. 706~708면. 김용범, 전게기고문, 내부감사저널, 2016.4. 47~48면.

됨에 따라 현재와 같이 주주총회에 제출할 모든 의안 및 서류가 이 의무의 대상이 되었다.

이 의무는 모든 주주총회를 대상으로 하며 정기총회든 임시총회든 불문한다. 그리고 감사에게 이러한 의무를 지운 취지는 의안 및 서류에 대한 적정성 확보와 주주의 합리적인 판단을 돕고 주주총회에서 위법·부당한 결의가 성립하는 것을 사전에 방지하기 위한 것이다. [340]

이사에 대한 최종적인 견제는 주주총회에서 이루어지므로 감사의 이사에 대한 견제도 궁극적으로는 주주총회의 결의에 힘입을 수밖에 없다. 감사의 보고에 의해 주주총회에서 이사에 대한 경질 등의 결의가 이루어지기도 하는데, 이런 의미에서 감사의 의견진술은 감사기능의 가장 실효적이자 결론적인 부분이라 할 수 있다.

II. 주주총회 의안 조사의무

이 의무는 ① 주주총회 제출 의안 및 서류에 대한 「**조사의무**」와 ② 그 조사결과를 주주총회에 보고해야 하는 「**보고의무**」의 2단계로 구성되어 있는데, 감사는 ①의 조사의무에 따라 주주총회에 제출되는 모든 의안 및 서류에 관해 조사를 해야 하나, ②의 보고의무의 경우에는 그 조사결과 의안 및 서류에 법령 또는 정관에 위반하거나 현저하게 부당한 사항이 있을 때에만 발생하고, 그렇지 않은 경우에는 보고의무는 발생하지 않는다. [341]

조사의무의 대상은 주주총회에 제출되는 모든 의안 및 서류이다. 따라서 주주총회의 결의사항(예컨대, 정관 변경, 합병, 영업양도, 자본감소, 이사의 선·해임, 주식 배당 등)은 모두 이 의무의 대상이며, 예컨대 이사의 선임 의안의 경우에는 후보자에 결격사유가 없는지, 주식 배당의 경우라면 주식에 의한 배당이 이익배당총액의 2분의1에 상당하는 총액을 초과하는지(「상법」 제462조의2 제1항) 등에 관해 조사하여야 한다. [342]

III. 주주총회 의안 조사결과 보고의무

조사결과, 주주총회에 대한 보고의무가 발생하는 경우는 **법령 또는 정관에 위반하거나 현저하게 부당한 사항이 있는 경우**에 한한다. 따라서 적법한 경우에는 보고의무는 발생하지 않는데, 이는 재무제표나 영업보고서에 관한 감사보고서의 경우 적법한 경우에도 그 취지를 기재하여야 하는 것(「상법」 제447조의4 제2항 제3호, 제6호, 제7호)과 비교되는 대목이다. [343]

여기서 말하는 「**현저하게 부당한 사항**」이란 형식상은 법령·정관의 구체적인 규정에는 위반되지 않지만 그러한 의안·서류를 주주총회에 제출하는 것이 이사의 선관주의의무에 위반하는 경우를 의미한다. [344] 감사의 의견을 주주총회에 보고하는 방법에는 특별한 제한이 없고 서면에 의하든 구두에 의하든 상관이 없다.

복수의 감사가 있는 경우에도 각 감사는 독립하여 감사의 직무를 수행하여야 하므로 이

---

340 김용범, 전게서, 2017, 706면. 권종호, 전게서, 130면, 이범찬. 오욱환, 전게서, 59면.

341 김용범, 전게서, 2017, 706면. 권종호, 전게서, 131면.

342 김용범, 전게서, 2012, 404면 및 2017, 707면. 김용범, 전게기고문, 내부감사저널, 2016.4., 47면.

343 김용범, 전게서, 2017, 707면. 권종호, 전게서, 131면.

344 김용범, 전게서, 2017, 707면. 권종호, 전게서, 132면. 상사법무연구회편, 전게서, 82면.

조사·보고의무도 각 감사가 개별적으로 이행해야 함은 말할 필요가 없다. 다만, 보고 의무와 관련해서는 감사를 대표해 1인이 보고하는 것은 무방하다. 그러나 사안의 성질상 감사 이외의 자(예, 이사, 사용인)가 감사를 대신해 보고하는 것은 허용되지 않는다.[345]

그러나 실무상으로는 주주총회에 제출한 의안 및 서류에 대한 조사 결과가 법령 또는 정관에 위반하거나 현저하게 부당한 사항이 있는지 여부를 주주들이 알 수가 없으므로, **주주총회**에 감사 또는 상근감사위원/감사위원회 위원장이 **'주주총회에 제출한 의안 및 서류에 대한 조사보고서'를 '감사보고서' 외에 별도로 보고**하고 있다.

Ⅳ. 주주총회 출석 및 설명의무

현행 「상법」에서는 감사/감사위원의 주주총회 출석의무나 설명의무에 관해 아무런 규정을 두고 있지 않다. 그러나 주주는 주주총회에서 질문권을 당연히 가지는 것으로 해석되므로 그것과 표리관계에 있는 감사/감사위원의 설명의무도 당연히 감사/감사위원에게 있는 것으로 보아야 할 것이다. 그리고 감사/감사위원이 주주총회에서 설명의무를 이행하기 위해서는 주주총회에 출석하는 것이 전제가 되어야 할 것이므로 주주총회 출석 역시 감사/감사위원의 의무라고 보아야 할 것이다.[346]

설령 그렇게 보지 않더라도 감사(감사위원 포함)는 그 직무와 관련하여 회사에 대하여 선관주의 의무를 지므로 이 선관주의의무에 의해서도 감사는 주주총회에 출석하여 주주의 질문에 성실하게 답변할 의무가 있다고 본다. 따라서 정당한 이유 없이 주주총회에 출석하지 않거나 출석하였더라도 불성실하게 설명하는 것은 임무해태가 된다.[347]

다만 감사의 주주총회 불출석과 이로 인해 주주가 질문을 하지 못한 경우 이것이 결의 방법의 하자를 구성하여 결의취소의 소의 대상이 될 수 있는지에 관해서는 검토를 요한다. 의안의 내용이 감사의 설명을 필요로 하는 경우라면 감사의 결석은 결의 취소의 사유가 될 수 있지만, 그렇지 않은 경우라면 결의취소의 사유에 해당하지 않는다고 본다.[348]

참고로 일본의 경우에는 이사 및 감사의 설명의무에 관해 명문규정을 두고 있는데 입법적으로 참고할 만하다. 그 내용을 소개하면 다음과 같다. "이사 및 감사는 주주총회에서 주주가 요구한 사항에 관해 설명할 것을 요한다. 단 그 사항이 다음과 같을 때에는 그러하지 아니하다."[「(일본)상법」 제237조의3 제1항]

이사 및 감사의 주주총회 설명의무 제외 사항

① 회의의 목적인 사항에 관한 것이 아닐 때
② 설명을 하는 것이 곤란하고 주주의 공동이익을 현저하게 해할 때

---

345 김용범, 전게서, 2017, 707면. 권종호, 전게서, 132면.

346 김용범, 전게서, 2017, 708면. 권종호, 전게서, 132면.

347 김용범, 전게서, 2017, 708면. 권종호, 전게서, 133면.

348 김용범, 전게서, 2017, 708면. 권종호, 전게서, 133면. 상사법무연구회편, 전게서, 83면.

③ 설명을 하기 위해서는 조사가 필요할 때

④ 기타 정당한 이유가 있을 때 등

제5절 감사보고서 작성·제출 및 보고의무[349]

I. 감사보고서의 개요

감사는 결산기가 도래하면 감사보고서를 작성하고 이를 이사에게 제출하여야 한다. 즉 감사는 정기총회일의 6주 전에 재무제표와 그 부속 명세서 및 영업보고서를 이사로부터 제출받는다.(「상법」 제447조의3)

이사로부터 제출받은 재무제표는 ① 대차대조표, ② 손익계산서, ③ 그 밖에 회사의 재무상태와 경영성과를 표시하는 것으로서 대통령령으로 정하는 서류로 구성되며, 이 재무제표와 그 부속명세서는 영업연도의 경영성과를 집약한 것이다.

감사는 이러한 회계서류가 법의 요건에 맞게 적법 하게 작성된 것인지를 감사하고 그 결과와 회계연도 기간 중 실시한 감사 결과를 종합하여 기재한 '**감사보고서**'를 작성, 주주총회일 2주 전(상장회사의 경우는 1주 전)까지 이사에게 제출하여야 한다.(「상법」 제447조의4 제1항, 제542조의12 제6항)

II. 감사보고서의 기재사항

감사보고서의 기재사항에 관해서는 이하와 같이 총 10개 항목에 걸쳐 법정하고 있는데(「상법」 제447조의4 제2항 및 제3항), 그 이유는 감사가 감사하여야 할 사항에 관해 명확히 하는 한편 감사의 형식화를 방지하기 위해서이다. 그런 의미에서 법정기재사항은 감사보고서에 기재하여야 할 사항 중 최소한을 정한 것으로 볼 수 있다.[350]

감사보고서 기재사항

① 감사방법의 개요.

② 회계장부에 기재될 사항이 기재되지 아니하거나 부실 기재된 경우 또는 대차대조표나 손익계산서의 기재내용이 회계장부와 맞지 아니하는 경우에는 그 뜻.

③ 대차대조표 및 손익계산서가 법령과 정관에 따라 회사의 재무상태와 경영성과를 적정하게 표시하고 있는 경우에는 그 뜻.

④ 대차대조표 또는 손익계산서가 법령이나 정관을 위반하여 회사의 재무상태와 경영성과를 적정하게 표시하지 아니하는 경우에는 그 뜻과 이유.

---

349 김용범, 전게서, 2012, 405~408면 및 전게서, 2017, 709~711면. 김용범, 전게기고문, 내부감사 저널, 2016.4., 48~49면.

350 김용범, 전게서, 2017, 709면. 권종호, 전게서, 136면.

⑤ 대차대조표 또는 손익계산서의 작성에 관한 회계방침 변경이 타당한지 여부와 그 이유.

⑥ 영업보고서가 법령과 정관에 따라 회사의 상황을 적정하게 표시하고 있는지 여부.

⑦ 이익잉여금의 처분 또는 결손금의 처리가 법령 또는 정관에 맞는지 여부.

⑧ 이익잉여금의 처분 또는 결손금의 처리가 회사의 재무 상태나 그 밖의 사정에 비추어 현저하게 부당한 경우에는 그 뜻.

⑨ 「상법」 제447조(재무제표의 작성)의 부속명세서에 기재할 사항이 기재되지 아니하거나 부실 기재된 경우 또는 회계장부. 대차대조표. 손익계산서나 영업보고서의 기재 내용과 맞지 아니하게 기재된 경우에는 그 뜻.

⑩ 이사의 직무수행에 관하여 부정한 행위 또는 법령이나 정관의 규정을 위반하는 중대한 사실이 있는 경우에는 그 사실.

이상의 사항에 더하여 감사가 감사를 하기 위하여 필요한 조사를 할 수 없었던 경우에는 감사보고서에 그 뜻과 이유를 적어야 한다.(「상법」 제447조의4 제3항) 감사의 유효한 감사는 이사의 협력 없이는 불가능하다. 따라서 이사의 비협조·수감불응·사고·재난·감사의 질병과 같이 조사를 불가능하게 하였던 사유는 모두 기재하여야 한다.

감사보고서에 기재하여야 할 사항에 관한 「상법」 제447조의4 제2항 및 제3항은 이처럼 예시규정으로 보아야 할 것이므로 감사는 필요한 경우에 법정기재사항 이외에 관해서도 감사보고서에 기재할 수 있다. 그리고 법정기재사항이라도 해당사항이 없으면 감사보고서에 기재할 필요가 없음은 말할 필요가 없다.

그러나 법정기재사항 중 ①호, ③호, ④호, ⑥호 및 ⑦호의 경우에는 그 성질상 반드시 감사보고서에 기재하여야 할 것이지만,[351] 그 이외의 항목은 해당 사실이 존재하는 경우에만 기재하면 족하다. 감사보고서의 기재 사항 및 기재 요령에 대한 자세한 내용은 제3편 제7장 제2절 Ⅱ. '감사보고서의 기재사항' 항목을 참고하시기 바랍니다.

Ⅲ. 감사보고서의 작성 및 제출의무

이사는 결산기마다 정기총회일의 6주 전에 재무제표와 그 부속명세서(연결재무제표 작성 대상인 경우는 연결재무제표) 및 영업보고서를 감사에게 제출해야 한다.(「상법」 제447조의3)

감사는 이사로부터 서류를 제출받은 날로부터 4주 내(주주총회일의 2주 전)에 제출받은 「상법」 제447조의3의 서류가 법정 요건(「상법」제447조의4 제2항)에 맞게 적법하게 작성되었는지를 監査하고, 그 결과와 회계연도 기간 중 실시한 감사 결과를 종합하여 기재한 '감사보고서'를 작성하여, 이사에게 제출하여야 한다.(「상법」 제447조의4 제1항)

상장회사의 감사 또는 감사위원회는 「상법」 제447조의4 제1항에도 불구하고 이사에게 감사보고서를 주주총회일의 1주 전까지 제출해야 한다.(「상법」 제542조의12 제6항) 이와 같이 상장회사에 대해서만 차별적으로 제출기간을 더 준 이유는 이해 관계자 많은 상장 회사에

---

351 김용범, 전게서, 2017, 710면. 권종호, 전게서, 137면. 최기원, 전게서, 681면.

대하여 회계감사의 충실화를 도모하기 위한 것이다.

Ⅳ. 감사보고서의 주요내용 보고의무

감사보고서는 감사가 일정 영업연도의 이사의 직무집행에 관해 업무 및 회계의 양면에서 행한 감사결과를 종합·정리한 것으로서 주주 및 회사채권자의 열람에 제공되는 일종의 공시서류이다.[352]

감사보고서의 기재사항 중에 제1호 내지 제9호가 회계감사를 대상으로 한 것인데 반해, 제10호는 업무감사를 염두에 둔 것이다. 제⑩호 말하는 「직무수행」은 넓은 개념으로서 직무집행으로 행해진 행위뿐만 아니라 직무의 집행과는 직접적으로 관련이 없더라도 선관주의의무에 위반된 행위도 포함된다.[353]

따라서 **감사보고서**는 재무제표에 반영된 것에 국한하지 아니하고 감사의 일반적인 업무감사권을 발동하여 이사의 직무수행의 적법성 여부를 감사하고 부적법한 사실을 보고하게 한 것이다. 그러나 감사가 작성한 감사보서는 주주총회 전에 대표이사에게 제출하여 본점 또는 지점에 비치하도록 되어있지만, 별도로 주주총회에서의 보고에 관한 규정은 없다.

감사보고서의 법정기재사항 중 제3호, 제4호, 제6호, 제7호의 기재사항은 법령 또는 정관의 위반여부를 기재하도록 하고 있고, 제10호의 기재사항은 이사의 직무 수행에 관해 부정한 행위 또는 법령이나 정관규정의 중대한 위반사실을 기재하도록 요구하고 있으므로 감사는 선량한 관리자주의의무로서 이를 주주총회에 보고하는 것이 타당할 것이다.[354]

실무상으로는 ① **주주총회에 제출한 의안 및 서류에 대한 조사결과가 법령 또는 정관에 위반하거나 현저하게 부당한 사항이 있는지 여부**와 ② **일정한 영업연도의 이사의 직무집행에 관해 業務 및 會計의 兩面에서 행한 감사결과가 부정행위 또는 법령이나 정관을 위반한 중대한 사실이 있는지 여부를 주주총회에 보고**하고 있다.

감사의견의 주주총회 보고 방법에는 특별한 제한이 없으므로 서면에 의하든 구두에 의하든 상관이 없다고 본다. 따라서 일반적으로 회사의 감사는 ① **주주총회에 제출한 의안 및 서류에 대한 조사결과인 '주주총회 의안 및 서류에 대한 조사보고서'**와 ② **이사의 직무집행에 관한 업무 및 회계에 관한 감사결과인 '감사보고서'를 주주총회에서 별도로 보고**하고 있다.[355]

Ⅴ. 감사보고서의 비치·공시의무

이사에게 제출된 감사보고서는 주주총회일 1주전부터 본점에서는 5년간, 지점에서는 그 사본을 3년간 비치하여야 하며, 주주나 회사채권자는 영업시간 내에는 언제든지 열람할 수 있으며, 회사가 정한 비용을 지급하고 그 등본이나 초본의 교부를 청구할 수 있다.(『상법』제

---

352 김용범, 전게서, 2017, 1286면. 권종호, 전게연구서, 한국상장회사협의회, 2004, 263면.

353 김용범, 전게서, 2017, 1286면. 권종호, 전게연구서, 한국상장회사협의회, 2004, 268면.

354 김용범, 전게서, 2017, 1287면. 김교창, 『주주총회의 운영』, 한국상장회사협의회, 2010, 231면.

355 김용범, 전게서, 2017, 1287면. 김용범, 「내부감사의 의무와 임무해태」, 내부감사저널, April 2016, 47면. 한국상장회사협의회, 「상장회사 감사의 감사실시요령」, 2009.6.18., 71면.

448조 제1항, 제2항)

감사보고서는 주주총회일 1주 전부터 열람이 가능하므로(『상법』 제448조) 주주는 이 감사보고서의 평가를 참고로 해서 재무제표 등의 승인여부를 결정하게 된다. 감사보고서의 평가는 주주의 이사에 대한 신임을 간접적으로 좌우하게 된다고 하는 것도 바로 이런 이유 때문이다.[356]

감사보고서에 기재할 사항을 기재하지 아니하거나 부실한 기재를 한 때에는 500만 원 이하의 과태료 제재가 있다.(『상법』 제635조 제1항 제9호)

제6절 내부감사의 그 밖의 의무

Ⅰ. 영업비밀 준수의무[357]

1. 영업비밀 준수의무의 개요

감사는 재임 중 뿐만 아니라 퇴임 후에도 직무상 알게 된 회사의 영업상 비밀[358]을 누설하여서는 아니 된다.(『상법』 제415조, 제382조의4) **'직무'란 사전적인 의미로** 직업상 담당자에게 **맡겨진 임무**를 말하며, **행정학에서 직무란 각 직위(Position)에 배당된 업무**(일)을 말한다. 직무에는 그 수행과 관련된 권한과 책임이 따르게 된다.

오늘날과 같은 정보화시대에는 기업비밀[359]은 기업의 경쟁력을 구성하는 가장 중요한 경제적자원이라고 할 수 있다. 따라서 기업비밀은 회사가 배타적으로 누리는 권리의 하나이다. 이를 위해서 감사는 직무상 항상 기업비밀에 접근할 수 있고, 때로는 기업비밀을 창출할 수도 있는 위치에 있으므로 **직무를 수행하는 가운데 알게 된 사실에 대하여 비밀을 지켜야 할 의무 즉, '수비의무(守祕義務)'를 부담**하게 된다.

따라서 감사가 재임 중 뿐만 아니라 퇴임 후에도 그 직무를 수행 하면서 알게 된 회사의 영업비밀에 관해 수비의무를 지는 것은 선관주의의무상 당연한 것이므로 이 의무는 선관주의의무를 구체적으로 규정한 것에 지나지 않는다. 다만 감사가 퇴임한 후에도 회사에 대해 선관주의의무를 진다고는 볼 수 없으므로 그 점에서 퇴임 후에도 영업비밀을 유지하도록 한 것은 의미가 있다고 본다.

---

356 김용범, 전게서, 2017, 711면. 권종호, 전게서, 136면. 상사법무연구회편, 전게서, 87면.

357 김용범, 전게서, 2012, 408~409면 및 2017, 711~713면. 김용범, 전게 기고문, 내부감사 저널, 2016.4.,49~50면.

358 **영업비밀**이란 공공연히 알려져 있지 아니하고 독립적인 경제적 가치를 가지는 것으로서, 비밀로 관리된 생산방법, 판매방법 그 밖에 영업활동에 유용한 기술상 또는 경영상의 정보를 말한다.(『부정경쟁 방지 및 영업비밀 보호에 관한 법률』 제2조 제2호)

359 **기업비밀**이란 표면적인 결과뿐만 아니라 아이디어 그 자체를 보호한다. 정보의 공개 및 사용으로 인해 경제적 가치를 획득할 수 있는 있는 다른 사람들에게 정당한 수단에 의해 쉽게 확인할 수 없기 때문에 일반적으로 알려지지 않았고 비밀로서 유지하기 위한 합리적인 노력의 대상이 되는 것을 의미한다. [UTSA(United Trade Secrets Act, 통일영업비밀법) 제1조] 위의 영업비밀에서 알 수 있듯이 기업비밀이란 경제성·미공지성·관리가능성을 그 요건으로 하는 것이 일반적인 해석 및 입법례이다.

감사의 수비의무에는 감사가 자신이 지득한 회사의 영업 비밀을 공개하지 않아야 하는 의무뿐만 아니라 타인에 의해서도 공개되지 아니하도록 주의를 베풀어야 하는 의무도 포함된다.[360] 기업비밀에 관한 판단은 감사가 선량한 관리자의 주의로서 하여야 하며. 수비의무는 비밀유지의 필요성이 있는 한 존속한다.[361]

2. 영업비밀 준수의무의 대상

수비의무 대상인 **영업비밀**은 **해당 기업이 배타적으로 관리하면서 경제적 가치를 독점적으로 이용할 수 있는 미 공개된 정보를 의미**한다.[362] 따라서 이미 공개된 정보는 수비의무 대상이 아니다. 또한 법상 공시의무가 따르는 사항들, 예컨대 주주총회와 이사회 의사록, 주주 명부, 재무제표 같은 것은 기업비밀이 아니다.

다만, 공시의무가 되어 있는 정보(예컨대 감사보고서, 재무제표, 합병계약서 등)라도 법상 공시의무를 이행해야 하는 시점까지 또는 공시하기 전까지는 수비의무 대상이며, 회계장부와 같이 소수주주에 대해서만 열람권이 인정되는 등 극히 제한된 경우에만 공개되는 정보도 수비의무 대상이다.[363]

수비의무는 회사에 존재하는 적법한 권리·사실 관계에 대해서만 발생한다. 따라서 회사의 범죄행위나 위법·부당행위는 수비의무의 대상이 아니며, 오히려 이를 수비하는 것은 그 자체가 위법이다. 또한 수비의 기대가능성이 없는 경우, 예를 들면 감사가 형사사건에서 자기의 이익을 방어해야 할 경우나 기업비밀을 증언해야 할 경우에는 수비의무를 지지 아니한다.

수비의무는 수비의무가 있는 당사자 간(예컨대 감사 상호간, 감사와 이사 간, 이사 상호 간)에는 준수할 필요가 없다. 왜냐하면 이 경우에는 정보를 누설하여도 정보 수령자에게는 수비의무가 있으므로 해당 정보가 공개될 염려가 없을 뿐만 아니라 만일 이 경우에도 수비 의무를 준수하여야 한다고 하면 업무수행에 지장을 초래할 수 있기 때문이다.[364]

3. 영업비밀 준수의무의 확장

일반적으로 감사가 수비의무를 준수하면서 한편으로 그 직무수행 과정에서 알게 된 영업비밀을 사익을 위하여 이용하는 경우도 생각할 수 있는데, 이 역시 감사가 반드시 지켜야 할 의무 중 하나인 선관주의의무상 당연히 금지된다고 본다.[365]

이사에 대해서는 「상법」에서 '경업금지의무'(「상법」 제397조), '회사의 사업기회 및 자산의 유용금지의무'(「상법」 제397조의2) 및 '자기거래 금지의무'(「상법」 제398조) 등을 통해 이사가 사익을 위하여 기업 비밀(기업 정보)을 이용하는 것을 금지하고 있다.

---

360 김용범, 전게서, 2017, 712면. 이철송. 전게서. 2021. 758면. 권종호, 전게서, 127면.

361 김용범, 전게서, 2017, 712면. 최기원, 전게서, 616면. 권종호, 전게서, 127면.

362 김용범, 전게서. 2017, 712면. 이철송. 전게서. 2021. 756면. 최준선, 전게서, 458면. 권종호, 전게서, 127면.

363 김용범, 전게서, 2017, 712면. 이철송. 전게서. 2021. 758면. 권종호, 전게서, 127면.

364 김용범, 전게서, 2017, 712면. 권종호, 전게서, 128면.

365 김용범, 전게서, 2017, 713면. 최준선, 전게서, 459면. 권종호, 전게서, 128면.

그러나 **감사에 대하여는 이러한 금지의무가 법상 직접 적용되지는 아니한다.** 법의 적용을 받지 않는다 하여 감사에게 무제한적으로 직무 및 거래를 수행해도 좋다는 것은 아니며, **선관주의의무상 감사는 회사와 이익이 상충되는 형태로 그 직무를 수행하여서는 아니 되고 또한 회사의 이익을 희생하여 사익을 도모해서도 아니 된다.**

그 예는 당해 회사의 주식거래 등의 거래와 관련하여 이사, 감사 등 회사 내부자가 공개되지 아니한 기업정보를 이용하여 유가증권을 매매하거나 타인으로 하여금 증권의 매매에 이용하게 한 때에는 형사벌칙이 적용된다.(「자본시장법」 제443조) 이 같은 특별법상의 제재와는 별도로 「상법」상의 비밀준수 위반 및 선관주의의무 위반이다.[366]

II. 감사록의 작성의무[367]

1. 감사록의 작성의무 개요

감사는 감사에 관하여 감사록을 작성하여야 한다.(「상법」 제413조의2 제1항) 감사록에는 감사의 실시요령과 그 결과를 기재하고 감사를 실시한 감사가 기명날인 또는 서명을 하여야 한다.(「상법」 제413조의 2 제2항)

이 의무는 1984년 「상법」 개정에 의해 도입됨으로서 감사의 과정 및 결과에 관해 기록으로 남기도록 함으로써 감사의 충실을 도모하는 한편 감사의 책임이 문제되었을 때 책임의 유무를 판단할 근거자료를 확보해 둔다는 부수적인 효과도 염두에 둔 것이다.[368]

2. 감사록의 작성 내용 및 방법

감사록 작성방법에 관해 「상법」은 특별한 규정을 두고 있지 않으나, **감사록은 외부감사인이** 작성하는 "감사조서"에 유사한 것으로서 **監事가 감사보고서를 도출하기 위해 적용하였던 감사 절차의 내용과 그 과정에서 입수한 정보 및 정보의 분석 결과 등을 문서화한 서류**를 말한다.

따라서 감사록은 감사가 수행한 감사에 관한 기록인 동시에 감사보고서를 작성하기 위한 기초자료로서도 활용되므로 감사한 사항 별로 완전성, 질서성, 명료성, 경제성 등의 원칙에 입각하여 합리적으로 작성되어야 한다.[369] 감사록에는 반드시 감사의 실시요령과 그 결과를 기재하여야 하는데, 그 주요 기재할 내용은 일반적으로 다음과 같다.[370]

감사록에 기재할 주요 내용

① 작성연월일, 감사의 성명

---

366 이철송, 전게서, 2021, 759면.

367 김용범, 전게서, 2012, 409~410면 및 2017, 714~715면. 김용범, 전게기고문, 2016.4., 50면.

368 김용범, 전게서, 2017, 714면. 濟 · 俊, 「監査役の實務」, 商事法務, 2003, 82면. 권종호, 전게서, 134면.

369 김용범, 전게서, 2017, 714면. 이범찬, 오욱환, 전게서, 64면.

370 김용범, 전게서, 2017, 714면. 이범찬, 오욱한, 전게서, 64면. 권종호, 전게서, 135면.

② 감사기간, 감사보조자의 성명

③ 감사항목, 피 감사부문

④ 감사절차, 입수한 정보가 있을 경우에는 그 정보 및 정보의 분석 결과, 질문한 경우
   에는 질문자

⑤ 감사결과, 특기사항, 문제점

⑥ 감사결과의 개요 등

'감사록의 작성 내용 및 방법'에 대한 자세한 내용은 제3편 제2장 재1절 '감사정보의 수집
및 관리' 항목을 참조하시기 바랍니다.

3. 감사록의 작성 시기 및 보전

감사록의 작성 시기는 감사를 실시할 때마다 작성하여야 할 것이며, 감사록을 작성하지
않으면 임무해태가 되고, 감사록을 작성하였더라도 주요 기재할 사항을 기재하지 않았거나
부실하게 작성한 경우에는 500만 원 이하의 과태료의 제재 대상이 된다.(『상법』제635조 제1
항 제9호)

그리고 감사록의 보전기간에 관해서는 10년으로 보는 견해가 있으나,[371] 감사록을 감사
보고서의 작성을 위한 기초자료로서도 의미가 있으므로 감사보고서에 준하는 것(본점 5년, 지
점 3년)으로 보는 것이 합리적일 것이다.(『상법』제448조 제1항) 다만 감사록의 경우는 그 성격
상 주주나 회사채권자의 열람을 허용할 것은 아니라고 본다.[372]

III. 외부감사인의 외부감사 운영상황 감시의무

1. 개요

감사 또는 감사위원회는 감사인의 보수와 감사시간, 감사에 필요한 인력에 관한 사항을
문서로 정하여야 한다. 이 경우 감사위원회가 설치되지 아니한 주권상장법인, 대형비상장
주식회사 또는 금융회사의 감사는 감사인 선임위원회의 승인을 받아야 한다.

감사 또는 감사위원회는 「신외감법」 제23조 제1항에 따라 감사보고서를 제출받은 경우
「신외감법」 제10조 제5항에서 정한 사항이 준수되었는지를 확인하여야 한다. 이 경우 감사
위원회가 설치되지 아니한 주권상장법인, 대형비상장주식회사 또는 금융회사의 감사는 동
사항이 준수되었는지를 확인하여야 한다.

2. 외부감사인 운영기준의 제정

자세한 내용은 제2편 제3장 제13절 - V - 2. '외부감사인 운영기준의 제정권' 항목을 참
조 하시기 바랍니다.

---

371 이범찬, 오욱환, 전계서, 65면.

372 김용범, 전계서, 2017, 715면. 권종호, 전계서, 135면.

3. 외부감사인 선정기준의 제정

자세한 내용은 제2편 제3장 제13절 – Ⅴ–3. '외부감사인 선정기준의 제정권' 항목을 참조하시기 바랍니다.

4. 외부감사인 감사운영의 감독

자세한 내용은 제2편 제3장 제13절 – Ⅴ–4. '외부감사인 감사운영의 감독권' 항목을 참조하시기 바랍니다.

Ⅳ. 내부회계관리제도의 운영상황 감시의무

1. 개요

회사 대표자는 사업 연도마다 주주총회, 이사회 및 감사 또는 감사위원회에게 해당회사의 내부회계관리제도의 운영실태를 보고하여야 한다.(「신외감법」 제8조 제4항) 감사는 「신외감법」의 규정에 따라 내부관리제도의 운영실태를 평가하여 이사회에 매 사업연도마다 보고하여야 한다.(「신외감법」 제8조 제5항) 그리고 내부회계관리제도 운영 등에 필요한 사항은 대통령령으로 정한다.(「신외감법」 제8조 제8항)

2. 내부회계관리제도의 운영실태 자료제출 요구

자세한 내용은 제2편 제3장 제13절 – Ⅲ–2. '내부회계관리제도의 운영실태 자료제출 요구권' 항목을 참조하시기 바랍니다.

3. 내부회계관리제도의 운영실태에 대한 평가

자세한 내용은 제2편 제3장 제13절 – Ⅲ–3. '내부회계관리제도의 운영실태에 대한 평가권' 항목을 참조하시기 바랍니다.

4. 내부회계관리제도 규정의 제정 및 변경 승인

자세한 내용은 제2편 제3장 제13절 – Ⅲ–4. '내부회계관리제도 규정의 제정 및 개정 승인권' 항목을 참조하시기 바랍니다.

Ⅴ. 내부감시장치의 가동현황에 대한 감시의무

1. 개요

주권상장법인, 그 밖에 대통령령이 정하는 법인(이하 "사업보고서 제출대상법인")은 사업보고서를 각 사업연도 경과 후 90일 이내에 금융위원회와 거래소에 제출하여야 하는데(「자본시장법」 제159조 제1항), 그 사업보고서에는 「자본시장법」 제159조 제2항에 따라 법인의 내부감시장치의 가동현황에 대한 감사의 평가보고서를 첨부하여 제출하여야 한다.(「자본시장법시행령」 제168조 제6항 제3호)

2. 내부감시장치와 외부감시장치의 구분

자세한 내용은 제2편 제3장 제13절 – Ⅳ- 2. '내부감시장치와 외부감시장치의 구분' 항목을 참조하시기 바랍니다.

3. 내부감시장치의 가동현황에 대한 평가

자세한 내용은 제2편 제3장 제13절-Ⅳ-3. '내부감시장치의 가동현황에 대한 평가권' 항목을 참조하시기 바랍니다.

4. 내부감시장치의 가동현황에 대한 평가보고서 제출

자세한 내용은 제2편 제3장 제13절-Ⅳ-4. '내부감시장치의 가동현황에 대한 평가 보고서 제출권' 항목을 참조하시기 바랍니다.

Ⅵ. 외부감사인에 대한 부정 및 위법행위 통보의무[373]

1. 외부감사인에 대한 부정 및 위법행위 통보개요

감사 또는 감사위원회는 그 직무를 수행함에 있어 이사의 직무수행에 관하여 부정행위 또는 법령이나 정관에 위반한 중요한 사실을 발견한 경우에는 외부감사인에게 이를 통보하여야 한다.(「신외감법」제22조 제6항)

2. 외부감사인에 대한 부정 및 위법행위 통보의무

외부감사인에 대한 감사의 통보의무 대상은 이사의 직무수행에 관하여 부정행위 또는 법령이나 정관에 위반되는 중대한 사실이다.(「신외감법」제22조 제6항)

외부감사인 역시 직무를 수행함에 있어 감사에 대한 통보대상은 다음 각 항과 같다.(「신외감법」제22조 제1항, 제2항) 그리고 외부감사인은 제 ①항에 대하여는 주주총회 또는 사원총회에 보고하여야 한다.

참고 _____

외부감사인의 감사에 대한 통보 대상

① 외부감사인은 그 직무를 수행할 때 이사의 직무수행에 관하여 부정행위 또는 법령이나 정관에 위반하는 중대한 사실을 발견하면 감사 또는 감사위원회에 통보하여야 한다.
② 외부감사인은 회사가 회계처리 등에 관하여 회계처리기준을 위반한 사실을 발견 하면 감사 또는 는 감사위원회에 통보하여야 한다.

---

373 김용범, 전게서, 2012, 410~411면 및 2017, 715면. 전게기고문, 내부감사저널, 2016.4., 50~51면.

Ⅶ. 외부감사인의 부정 및 위법행위 통보에 대한 수령 및 조치의무[374]

1. 외부감사인의 부정 및 위법행위 통보에 대한 수령의무

자세한 내용은 제2편 제3장 제13절－Ⅵ－1.'외부감사인의 부정 및 위법행위 통보에 대한 수령권' 항목을 참조하시기 바랍니다.

2. 외부감사인의 부정 및 위법행위 통보에 대한 조치의무

자세한 내용은 제2편 제3장 제13절－Ⅵ－2.'외부감사인의 부정 및 위법행위 통보에 대한 조치권' 항목을 참조하시기 바랍니다.

Ⅷ. 회계부정행위 고지자로부터 고지에 대한 수령 및 조치의무[375]

1. 회계부정행위 고지자로부터 고지에 대한 수령의무

자세한 내용은 제2편 제3장 제13절－Ⅶ－1.'회계부정 행위 고지자로부터 고지에 대한 수령권' 항목을 참조하시기 바랍니다.

2. 회계부정행위 고지자로부터 고지에 대한 조치의무

자세한 내용은 제2편 제3장 제13절－Ⅶ－2.'회계부정 행위 고지자로부터 고지에 대한 조치권' 항목을 참조하시기 바랍니다.

---

374 김용범, 전게서, 2012, 411면 및 전게서, 2017, 718~719면. 김용범, 전게기고문, 내부감사저널, 2016.4., 52면.

375 김용범, 전게서, 2012, 411면 및 전게서, 2017, 718~719면. 김용범, 전게기고문, 내부감사저널, 2016.4., 52면.

제5장

감사의 책임

제1절 총 설[376]

감사는 주주총회에서 보통결의로 선임되지만, 회사와 감사와의 관계는 위임관계(「상법」 제415조, 제382조 제2항)이므로 「민법」의 위임에 관한 규정(「민법」 제680조 이하)이 적용된다. 감사는 회사의 수임인으로서 선관주의의무와 같은 각종 의무를 부담하고 있으며 경영진의 경영활동을 감독하기 위한 각종 권한을 행사하고 있다.[377]

따라서 **감사는 회사에 대해 선량한 관리자로서 그 직무를 수행하여야 할 의무, 즉 선관주의의무**(「민법」 제681조)**를 지며, 감사가 그 의무를 이행하지 아니하거나 게을리(해태)한 경우 또는 각종 권한을 행사하지 않거나 게을리(해태)한 경우에는 회사에 대해서 임무 해태에 따른 손해배상책임을 부담**한다.(「상법」 제414조 제1항)

이에 대해 **제3자에 대하여는 감사는 직접적인 법률관계가 없기 때문에 의무의 이행이나 권한의 행사함에 있어 악의나 중대한 과실로 인하여 그 임무를 해태함으로써 제3자에게 손해를 입게 한 경우**(「상법」 제414조 제2항)**, 즉 불법행위로 인하여 제3자가 손해를 입은 경우에 한해 손해배상책임**을 진다.[378]

이처럼 「민법」의 일반원칙에 의하면 감사가 손해배상책임을 지는 경우란 ① 회사와의 관계에서는 위임계약상의 채무불이행 또는 불법행위가 성립하는 경우이고, ② 제3자와의 관계에서는 불법행위로 인한 경우이지만, **「상법」은 이와는 별도로 동법 제414조에서 감사의 회사에 대한 책임**(제1항)**과 제3자에 대한 책임**(제2항)**에 관해 규정**하고 있다.

감사의 민사책임에 관해 「민법」의 일반규정이 다수 존재하고 있음에도 불구하고, **「상법」에서 이처럼 별도로 규정하고 있는 이유는 감사가 회사에 갖는 지위의 중요성을 고려하여 감사의 직무수행에 신중을 기하도록 하는 한편, 감사의 재산적 책임을 통해 회사나 제3자의 손해를 전보하기 위한 것**이다.[379]

---

376 김용범, 전게서, 2012, 413~414면 및 전게서, 2017, 720~721면. 김용범, 「내부감사의 민사책임 및 손해배상」, 내부감사저널, 2016, 가을호, 67면.

377 김용범, 전게서, 2017, 720면. 김용범, 전게기고문, 내부감사저널, 2016 가을호, 67면. 정준우, 전게서, 68면. 권종호, 전게서, 138면.

378 김용범, 전게서, 2017, 720면. 이철송. 전게서. 2021. 881면. 김용범, 전게기고문, 감사저널, 2016 가을호, 67면. 권종호, 전게서, 138면.

379 김용범, 전게서, 2017, 721면 및 전게기고문, 감사저널, 2016 가을호, 67면. 권종호, 전게서, 139면.

한편 「상법」은 감사(감사위원회의 감사위원 포함)가 회사법의 각 규정을 위반한 경우에는 감사에 대해 형사적 처벌(「상법」 제622조~제634조의2) 및 행정적 처분(「상법」 제635조 및 제636조)에 관해서도 규정하고 있는데, 이 역시 감사의 지위의 중요성을 고려하여 직무수행에 신중을 기하도록 하기 위한 것이다.

제2절 회사에 대한 책임

I. 책임발생 원인[380]

주식회사의 감사는 이사의 직무집행을 감사하고, 이사가 법령 또는 정관에 위반한 행위를 하거나 그 행위를 할 염려가 있다고 인정한 때에는 이사회에 이를 보고하여야 하며, 이사가 법령 또는 정관에 위반한 행위를 하여 이로 인하여 회사에 회복할 수 없는 손해가 생길 염려가 있는 경우에는 그 행위에 대한 유지청구를 하는 등의 의무가 있다.(「상법」 412조 제1항, 제391조의2, 제402조)

감사는 「상법」상 위와 같은 의무 또는 기타 법령이나 정관에서 정한 의무를 선량한 관리자의 주의의무를 다해 이행하여야 하고, 고의·과실로 선량한 관리자의 주의의무를 위반하여 그 임무를 해태한 때에는 그로 인하여 회사가 입은 손해를 배상할 책임이 있다.[381] 그리고 감사가 그 임무를 게을리한 때에는 그 감사는 회사에 대하여 연대하여 손해를 배상할 책임이 있다.(「상법」 414조 제1항)

II. 책임의 법적 성질[382]

감사는 주주총회에서 선임되어 회사의 감사를 전담하는 필요 상설기관이며, 회사에 대하여 수임인적 지위에 있다. 따라서 감사가 그 임무를 해태한 때에는 회사에 대해 연대하여 손해를 배상할 책임이 있다.(「상법」 제414조 제1항)

이러한 책임의 법적 성질에 대해서 학설은 ①「상법」상 특수한 책임이라는 견해와 ② 위임계약상의 채무불이행책임이라는 견해가 대립되고 있다.

①「상법」상 특수책임설[383]

감사가 회사에 손해를 가하였을 경우, 우선 「민법」상의 일반원칙에 따라 위임계약의 불이행으로 인한 손해배상책임을 지거나 불법행위로 인한 손해배상책임을 진다. 이와 별도로 「상법」이 감사의 책임(「상법」 제414조 제1항)을 규정한 것은 감사라는 지위의 특수성을 감안하

---

380 김용범, 전게서, 2017, 721면. 전게기고문, 내부감사저널, 2016 가을호, 67~68면.

381 대법원, 2007. 11. 16. 선고. 2005다58830판결. 김용범, 전게서, 2017, 721면.

382 김용범, 전게서, 2012, 414~415면 및 전게서, 2017, 721~722면. 김용범, 전게기고문, 내부감사저널, 2016 가을호, 68면.

383 김용범, 전게서, 2017, 722면. 이철송. 전게서. 2021. 790면.

여 「민법」상의 채무불이행책임이나 불법행위책임과는 다른 특수한 책임을 인정한 것이라는 견해이다.

② 위임계약상의 채무불이행책임설[384]

주식회사의 이사 또는 감사의 회사에 대해 임무해태로 인한 손해배상책임(「상법」 제399조 및 제414조)은 일반불법행위책임이 아니라 위임관계로 인한 채무불이행 책임이라는 견해, 즉 위임계약상의 선관주의의무라는 채무를 불이행한 것에 대한 책임이라는 견해이다. 통설·판례[385]는 이 견해에 따르고 있다.

생각건대 감사는 회사의 수임인이므로 회사의 이익을 위해 최대한 노력해야 할 선관주의 의무를 부담한다. 따라서 만약 감사가 회사에 대해 손해를 입혔다면 당연히 「민법」상의 위임 계약 불이행에 따른 배상책임을 부담해야 한다. 그럼에도 불구하고 「상법」이 감사의 책임에 관해 별도의 규정을 두고 있는 것은 회사에서의 감사의 지위상의 특수성을 고려한 때문이다.

또한 감사의 책임을 주장하는 자가 감사의 임무해태에 대한 입증책임을 지는 점, 복수의 감사인 경우 연대책임을 지는 점, 재무제표 승인으로 책임해제를 의제하는 점 등은 단체법 적인 특성이 강하게 반영된 것으로 일반적인 채무불이행책임으로는 설명할 수 없다. 따라서 감사의 회사에 대한 책임은 「상법」상 특수한 책임이라고 보아야 하고, 이는 일반적인 채무불 이행책임 보다 더 무거우므로 이 책임이 성립하는 한 별도로 채무불이행책임을 물을 실익은 거의 없다고 본다.[386]

그러나 감사의 회사에 대한 책임은 일반불법행위에 의해서도 발생할 수 있는데, 이는 감 사라는 지위를 전제로 하지 않고서도 발생될 수 있다. 그리고 이러한 불법행위책임에 있어 서는 손해전보방법으로 금전배상 외에 원상회복도 인정된다.(「민법」 제764조) 따라서 감사의 임무해태행위가 불법행위를 구성할 때에는 「상법」상의 책임과 경합을 인정할 실익이 있으므 로 양 책임의 경합을 인정해야 한다.[387]

III. 책임의 성립 요건[388]

감사의 회사에 대한 책임이 성립하기 위해서는 감사의 임무해태가 있고 그것에 의해 회 사에 손해가 발생하여야 한다. 즉 ① 감사의 임무해태, ② 회사의 손해발생 그리고 ③ ① 과 ② 간에 인과관계가 존재하여야 한다.

1. 임무해태

---

384 권종호, 전게서, 139면. 이범찬, 오욱환, 전게서, 120면. 상사법무연구회 전게서, 253면.

385 대법원, 1985. 6. 25. 선고, 84다카1954 판결.

386 김용범, 전게서, 2017, 722면. 김용범, 전게기고문, 감사저널, 2016 가을호, 68면. 정준우, 전게서, 70면. 이철송. 전게서. 2021. 791면

387 김용범, 전게서, 2017, 722면. 김용범. 전게기고문, 내부감사저널, 2016 가을, 68면. 정준우, 전게서, 70면. 권종호, 전게서, 140면. 이철송. 전게서. 2021. 791면.

388 김용범, 전게서, 어울림, 2012, 415~417면 및 전게서, 2017, 722~730면. 김용범, 전게기고문, 내부감사 저널, 2016 가을호, 67~74면.

가. 임무해태의 의미

감사의 회사에 대한 책임은 감사가 임무를 해태한 때에 발생한다.[389] 여기서 말하는 「**임무해태**」란 감사가 그 직무를 수행함에 있어서 고의·과실로 선관주의의무를 비롯한 법상 각종의 의무를 위반한 경우는 물론 각종 권한행사를 게을리한 경우를 말한다.[390] 따라서 대표 이사나 각 이사가 위법하거나 부당한 업무집행을 추진하는데, 감사가 이를 방임하는 것은 임무해태에 해당된다.[391]

감사는 회사의 회계감사와 업무감사를 그 직무로 하는 필요적 상설기관이다. 「상법」은 감사가 이 직무를 효과적으로 수행할 수 있도록 감사에 대하여 이사회에 관한 권한, 보고 및 조사에 관한 권한, 소송에 관한 권한, 주주총회 소집청구권, 전문가의 도움을 구할 권한 등 다양한 권한을 부여하고 있으며, 일반적인 의무로서 선관주의 의무와 특정사항에 대해서는 구체적인 의무로서 법정하고 있다.

따라서 감사에게는 법에 규정된 각종 권한을 적시에 성실하게 행사하여야 할 의무가 있으며, 또한 법에 규정된 각종 의무는 그것을 게을리하지 않을 책임이 있다. 그리고 감사는 회사에 대해 수임인으로서 선관주의의무를 지고 있으므로 이러한 각종 권한의 행사나 의무를 이행함에 있어서는 회사의 최선의 이익이 되는 방향으로 선량한 관리자의 주의로써 하여야 한다.[392]

「상법」 제414조 제1항의 「**임무해태**」란 이처럼 감사가 그 직무를 수행하는 과정에서 선량한 관리자의 주의로써 하여야 할 권한행사와 의무의 이행을 고의·과실로 게을리 하는 것으로 말하므로, 감사가 고의·과실로 권한 행사를 제대로 하지 않거나 혹은 행사 하였더라도 시기적으로 부적절하든지 불성실한 것이었다면 그것은 임무해태가 된다. 그리고 그것에 의해 회사가 손해를 입으면 감사는 그 손해에 대해 배상책임을 져야 한다.[393]

일반적으로 기업실무에서 감사의 책임을 논할 때 '**부실감사**'라는 표현을 자주 사용하고 있는데, 이는 바로 의무이행이나 권한 행사는 있었지만 그것이 시기적으로 적절하지 못하였거나 또는 불성실한 경우를 의미하는 것이다. 즉 감사가 하여야 할 권한 행사와 의무 이행을 고의·과실로 게을리 하는 것을 말하므로, 감사가 업무감사권 및 회계감사권을 적시에 성실히 수행하지 못한 경우이다.

---

389 김용범, 전게서, 2017, 723면. 정준우, 전게서, 71면. 이철송. 전게서. 2021. 881면. 참고로 **감사의 임무 해태에 대한 일본의 판례**를 살펴보면, ① 감사가 직무권한을 분명히 하지 않고 자신의 인장을 대표이사에 맡긴 경우(東京地判 1967.9.30.), ② 허위 대차대조표라는 것을 알면서 또는 부주의로 알지 못하고 그대로 주주총회를 통과·공표하게 한 경우(最裁判 1927.3.5.), ③ 위법한 배당의안에 관하여 감사가 제대로 조사하지 않은 상태에서 적정·타당하다는 감사결과를 표명하여 주주총회에 보고함으로써 위법배당의안이 원안대로 통과된 경우(神戸地姫路支決 1966.4.11.), ④ 이사가 제출한 대차대조표가 허위인 것을 알면서 감사가 정당하다는 감사의견을 낸 경우(東京地判 1964.10.12.) 등이 있다.

390 김용범, 전게서, 2017, 723면. 김용범, 전게기고문, 내부감사저널 2016 가을호, 69면. 이철송, 전게서, 2019, 873면. 권종호, 전게서, 140면.

391 김용범, 전게서, 2017, 723면. 김용범, 전게기고문, 내부감사저널, 2016 가을호, 69면. 이철송, 전게서, 2019, 873면. 대법원, 2010. 10. 29. 선고 2008다7895 판결.

392 김용범, 전게서, 2017, 723면. 전게기고문, 감사저널, 2016 가을호, 69면. 권종호, 전게서, 140면.

393 김용범, 전게서, 2017, 724면. 권종호, 전게서, 141면.

회사 내부감사의 책임이 성립하기 위해서는 임무해태, 즉 감사로서 임무를 게을리한 것이 고의·과실에 의한 것이어야 하므로 감사의 책임은 이른바 '과실 책임'이다.[394] 감사는 회사의 업무집행에 직접 관여하지 않고 이사의 행위를 전제로 감사를 하는 것이므로 그 성격상 무과실책임이란 있을 수 없다. 일반적으로 과실에는 중과실뿐만 아니라 경과실도 포함된다고 본다.[395]

참고 1

감사의 선관주의의무 수준

감사의 구체적인 선관주의의무의 내용과 범위는 회사의 종류나 규모, 업종, 지배구조 및 내부통제시스템, 재정상태, 법령상 규제의 정도, 감사 개개인의 능력과 경력, 근무 여건 등에 따라 다를 수 있다.

① 감사는 그 지위의 특성상 이사가 제공하는 정보에 의존해서 감사업무를 수행한다. 고로 분식결산 등 손해의 원인 된 행위가 다른 임직원들에 의해 조직적으로 교묘하게 이루어진 것이고, 재무제표 등을 법정기간 내에 제출받지 못하여 위와 같이 조직적으로 분식된 재무제표 등에 허위의 기재가 있었다는 사실을 감사가 이를 쉽게 밝혀 낼 수 없었던 때에는 분식 결산을 발견하지 못했다는 사정만으로 감사의 과실 또는 임무해태로 보지 않는다.[396]

② 그러나 감사는 주식회사의 필요적 상설기관으로서 회계감사를 비롯하여 이사의 업무집행전반을 감사할 권한을 갖는 등 「상법」 기타 법령이나 정관에서 정한 권한과 의무를 가지고 있어, 감사로서 적극적으로 감사할 의무가 있음에도 감사할 사항에 대해 감사를 게을리 하거나, 아예 감사로서 명의만 빌려주고 일체의 감사업무를 放棄(방기)한 경우에는 중대한 과실에 속한다.[397]

참고 2

비상근감사의 책임

① 「상법」은 비상근감사의 직무와 책임을 감경하고 있지 않을 뿐만 아니라 비상근감사가 상근감사의 유고시에만 감사의 직무를 수행하도록 하고 있다는 상관습도 존재하지 않으므로 비상근감사도 감사로서 선관주의 의무 위반에 대한 책임을 부담한다.[398]

② 현실적으로 상근감사와 비상근감사는 회사의 업무에 관한 熟知度(숙지도)에 있어 현저한 차이를 보이나 그러나 감사의 손해배상책임의 근거가 되는 「상법」상 감사의 의무에 관한 규정들은 상

---

394 김용범, 전게서, 2017, 724면. 김용범, 전게기고문, 내부감사저널, 2016 가을호, 69면. 권기범, 전게서, 752면. 권종호. 전게자료. 141면.

395 김용범, 전게서, 2017, 724면. 김용범, 전게기고문, 내부감사저널, 2016 가을호, 69면. 권종호, 전게서, 141면. 상사법무연구회편. 전게서, 254면. 권종호, 「감사법제 해설」, 한국상장회사협의회, 131면.

396 대법원. 2008. 2.14. 선고. 2006다82601 판결, 대법원. 2011. 4. 14. 선고 2008다14633 판결.

397 대법원. 1988.10.25. 선고. 87다카1370 판결, 대법원. 2008. 7. 24. 선고. 2008다18376 판결.

398 대법원. 2007. 12. 13. 선고. 2007다60080 판결.

근·비상근을 가리지 않으므로 양자는 책임의 유무나 질에 차이를 보이지 않는다.[399]

③ 따라서 감사의 지위가 비상근, 무보수의 명예직으로 전문가가 아니고 형식적이었다 하더라도 그러한 사정만으로 책임을 면할 수는 없다.[400] 다만, 양자는 사실상 회사의 업무에 대한 접근성에 차이를 보이므로 이 점이 책임추궁에 고려될 수 있을 것이다.

나. 임무해태에 관한 입증책임

감사의 임무해태에 관한 입증책임에 대해서는 ① **일반원칙에 따라 감사의 책임을 주장하는 자가 입증해야 된다는 견해,**[401] ② **감사의 임무해태에 대한 책임은 감사의 업무위반을 전제로 한 것이므로 감사 스스로가 임무해태가 없었음을 입증해야 하지만, 불법행위 책임에 있어서는 피해자인 회사가 감사의 고의 또는 과실을 입증해야 된다는 견해**[402]가 대립되고 있다.

생각건대 감사의 의무와 권한은 「상법」에 규정되어 있고, 감사의 의무이행이나 권한행사는 업무감사를 포함한 경영감독기능의 수행과정에서 이루어진다. 따라서 감사에게 책임을 추궁하려면 감사가 그 의무의 이행과 권한의 행사를 적시에 성실히 수행하지 못했음을 주장하는 자(회사 또는 소수주주)가 입증해야 할 것이다.[403]

만약 이에 대해 감사 스스로가 임무를 해태하지 않았음을 입증해야 된다고 하면, 이는 남용될 가능성이 매우 크다. 왜냐하면 특정한 주체가 일단 감사에게 책임을 추궁하면 감사는 자신에게 임무해태가 없었음을 입증하지 못하는 한 무조건 책임을 져야 하는 불합리한 문제가 발생하게 된다.

즉, 감사 스스로가 임무를 해태하지 않았음을 입증한다는 것은, 현실적으로 감사의 지위상의 불안정성과 의무와 권한상의 광범위성 및 실효적 감사활동을 위한 조직의 부재 등으로 인해서 결코 쉽지 않으며, 이로 인해 감사의 지위가 더욱 불안정해질 수 있기 때문이다.[404]

2. 손해의 발생

감사의 회사에 대한 책임이 성립하려면 감사의 임무해태로 인해 회사에 손해가 발생되었어야 한다. 주의할 것은 **여기서의 손해에는 통상적인 손해뿐만 아니라 특별손해도 포함되고, 금전적인 손해는 물론이고 금전으로 평가할 수 없는 손해**(회사의 신용실추)**와 같은 非金錢的인 손해도 포함된다는 점**이다.[405]

그리고 회사의 손해는 ① 회사재산이 감소하는 경우(적극적 손해)에는 물론이고, ② 회사

---

399 대법원. 2004. 3. 25. 선고. 2003다18838 판결. 대법원. 2008. 7. 10. 선고. 2006다39935판결.

400 대법원. 2008. 7. 10. 선고. 2006다39935 판결.

401 김용범, 전게서, 2017, 725면. 이철송, 전게서, 2019, 790면. 정동윤, 전게서, 448면. 정찬형, 전게서, 869면. 채리식, 전게서, 564면. 대법원. 1996. 12. 23. 판결. 96 다 30465

402 권종호, 전게서, 142면.

403 김용범, 전게서, 2017, 725면. 전게기고문, 감사저널, 2016 가을호, 70면. 정준우, 전게서, 72면.

404 김용범, 전게서, 2017, 726면. 김용범, 전게기고문, 내부감사저널, 2016 가을호, 70면. 정준우, 전게서, 72면.

405 김용범, 전게서, 2017, 726면. 김용범, 전게기고문, 70면. 이범찬, 오욱환, 전게서, 121면. 정준우, 전게서, 72면. 권종호, 전게서, 142면.

재산의 증가가 저지된 경우(소극적 손해)에도 발생할 수 있다. ①의 예로는 이사, 감사가 회사 재산을 횡령한 경우를 들 수 있고,[406] ②의 예로는 회사가 주식을 제3자에게 현저하게 저가로 발행한 경우를 들 수 있다.[407]

따라서 감사의 고의 또는 과실로 인한 회사의 적극적 손해는 물론 소극적 손해에 대해서도 회사에 대하여 책임을 지게 되며, 또한 사실이 공시되고, 이로 인해서 회사의 신용이 크게 실추되었다면 그에 따른 회사의 손해에 대해서도 감사가 그 책임을 져야 할 것이다. 예를 들어 (주)○○조선해양 사건에서 밝혀진 분식회계문제 등이 이에 해당될 것이다.[408]

즉, 감사가 고의·과실로 그 사실을 발견하지 못하고 적정 의견을 냈으나 사후에 분식결산이 밝혀진 경우처럼 회사로서는 금전적인 측면에서는 아무런 손실이 없지만(어떤 의미에서 탈세한 만큼 회사로서는 부당이익이 발생) 대외신인도의 면에서 막대한 손실을 입었다면 이때에 감사는 대외신인도 추락에 따른 회사의 막대한 손해에 대해 회사에 배상책임이 있다.[409]

3. 인과관계의 존재

회사는 계속기업이므로 감사의 임무해태를 원인으로 다단계의 손해가 연속될 수 있으나 법률적 책임을 무한히 연장시킬 수 없다. 그러므로 **손해배상의 일반원칙에 따라 법령·정관 위반 또는 임무해태와 상당인과관계가 있는 손해에 한하여 책임을 진다 할 것**이다.(「민법」제393조, 통설)[410]

그러므로 감사의 임무해태가 있더라도 이후 다른 사람의 행위가 관련되어 손해가 발생하거나 확장되는 경우에는 그 부분에 관해 감사는 책임지지 아니한다.[411] 그러나 일단 감사의 임무해태로 인해 손해가 발생한 이상, 이후 손해를 관리하는 과정에서 손해액의 변동이 있거나, 손해액이 확정되는 것은 당초의 손해배상책임에 영향이 없다.[412]

감사의 책임의 회사에 대한 손해배상책임을 묻기 위해서는 감사의 임무해태와 회사의 손해 간에 **상당인과관계**가 **존재**하여야 한다. 그런데 계속기업인 회사의 특성상 감사의 임무해태에 따른 회사의 손해는 여러 단계를 거쳐 계속적으로 이어질 수 있다. 그렇지만 이 모든 손해에 대한 책임을 감사에게 묻는 다는 것은 오히려 합리적이지 못하다.

상당인과관계는 결국 감사가 임무를 제대로 이행하였더라면 손해의 발생을 저지할 수 있었을 것이라는 「저지가능성」을 기준으로 판단할 수밖에 없다. 따라서 감사가 임무해태를 하

---

406 김용범, 전게서, 2017, 726면. 김용범, 전게기고문, 70면. 김건식외 2인, 전게서. 박영사, 2021, 489면. 대법원 1993. 1. 26. 91다 36093 판결.

407 김용범, 전게서, 2017, 726면. 김용범, 전게기고문, 70면. 김건식외 2인, 전게서. 박영사, 2021, 489면. 대법원 2009. 5. 29. 2007 도4949 판결.

408 김용범, 전게서, 2017·726면. 김용범, 전게기고문, 2016 가을호, 70면. 정준우, 전게서, 72면, 권종호, 전게서, 142~143면.

409 김용범, 전게서, 2017, 726면. 김용범, 전게기고문, 내부감사저널, 2016 가을호, 71면. 권종호, 전게자료,132면.

410 김용범, 전게서, 2017, 727면. 이철송. 전게서. 박영사. 2021. 806면. 대법원 2007. 7. 26. 선고 2006다 33609 판결.

411 김용범, 전게서, 2017, 727면. 이철송. 전게서. 박영사. 2021. 806면. 대법원 2007. 7. 26. 선고 2006다   33609 판결.

412 김용범, 전게서, 2017, 727면. 이철송. 전게서. 박영사. 2021. 806면. 김용범, 전게기고문, 감사저널, 2016 가을호, 71면. 대법원 2007. 5. 31. 선고 2005다56995 판결, 2007 7. 26. 선고 2006다33609 판결.

지 않았더라도 회사의 손해발생을 저지할 수 없었던 경우라면 이때에는 설령 감사의 임무해태가 있었더라도 감사에게는 손해배상책임을 물을 수 없다.[413]

참고 3 _____

저지가능성의 판단기준

① 감사가 만약 감사의 조사 의무를 성실히 이행하였다면, 이사 등의 부정사실을 발견할 수 있었겠는지 여부
② 감사가 조사하여 알아낸 부정사실을 대표이사에게 보고하는 등의 조치를 취하면서 감사업무를 성실히 수행하였다면, 이사 등의 계속되는 부정행위를 막고 회사의 손해를 막을 수 있었겠는지 여부

즉, 감사의 회사에 대한 손해배상책임은 손해배상의 일반원칙에 따라 감사의 임무해태와 상당인과관계가 있는 손해에 한하여 책임을 물어야 할 것이다.

4. 판례로 본 감사의 회사에 대한 손해배상책임[414]

감사의 임무해태로 인하여 회사에 손해가 발생되었고, 그러한 감사의 임무해태와 회사의 손해 사이에 상당인과관계가 있으면, 감사는 회사에 대해서 손해배상책임을 진다. 이러한 감사의 회사에 대한 손해배상책임에 관한 중요한 판례를 살펴보면 아래와 같다.

가. 감사의 회사에 대한 책임을 부정한 판례

1) ○○금고 사건(대법원 2002.11.22. 선고 2002다34871판결)

이 사건에서 대법원은 「.....감사의 회사에 대한 「상법」제414조 제1항 소정의 손해배상책임이 성립하기 위해서는 감사가 그 직무를 수행함에 있어 고의 또는 과실로 선량한 관리자의 주의의무를 게을리 함으로써 그 임무를 해태하고 그 결과로 회사에 손해가 발생하였으며 그 손해와 임무해태 사이에 상당인과관계가 있어야 할 것이라고 전제한 다음, ○○금고의 감사이던 피고 ○○○이 감사의 직무를 수행함에 있어서 고의 또는 과실이 있었다고 인정하기 부족하고, 설령 과실이 있다고 하더라도 상호 신용금고의 대출은 대표이사의 결재로 바로 집행이 이루어지고 감사는 사후결재를 통하여 주로 대출의 적정성여부에 대해서만 이루어지는 점을 감안하면 그 과실과 ○○금고의 손해사이에 상당인과관계가 있다고 단정 하기는 어렵다」고 판단.

2) ○○금고 사건(대법원 2003.10.9. 선고 2001다66727 판결)

---

413 김용범, 전게서, 2017, 727면. 이범찬, 오욱환, 전게서, 121면. 권종호, 전게서, 143면. 김용범, 전게 기고문, 2016 가을호, 71면. 김건식. 「감사의 제3자에 대한 책임」, 민사판례연구 12집, 222~223면. 정준우, 「감사와 외부감사인의 법적책임」, 한국상장회사협의회, 2005, 102면.

414 김용범, 전게서, 2017, 728~730면. 김용범, 전게기고문, 내부감사저널, 2016 가을호, 71~72면.

이 사건에서 대법원은 「…감사이던 피고가 이 사건 각 대출을 함에 있어 담보가 제대로 확보되어 있지 않은 등 채권확보에 문제가 있고 출자자대출인지 여부도 의심스럽다고 생각은 하였으나 …출자자 등에 대한 대출 또는 동일인에 대한 여신한도 초과대출이 대표이사 등에 의하여 조직적으로 이루어지고 또한 타인의 명의를 빌림으로써 적어도 서류상으로는 그 대출행위가 위법함을 알아내기 어려운 경우…사후에 그 대출의 적법여부를 감사하는 것에 그치는 감사로서는 불법대출의 의심이 든다는 점만으로는 바로 관계서류의 제출 요구, 관계자의 출석 및 답변 요구, 회사 관계 거래처의 조사자료 징구, 위법부당행위의 시정과 관계직원의 징계요구 및 감독 기관에 보고 등의 조치를 취할 것을 기대 하기는 어렵다」고 판단.

3) ○○종합금융 사건(대법원 2005.1.14. 선고 2004다34349 판결)

이 사건에서 대법원은 「원심은 …설사 대출을 받은 회사의 신용상태가 불량하다고 하더라도 대출을 실시함에 있어 자력 있는 연대보증인의 입보, 가치 있는 담보물의 설정 등 합리적인 범위에서 채권보전의 조치를 취했다면, 대출로 인하여 손해가 발생한 경우라도 단순히 경영상 판단을 잘못한 경우로 볼 것이지 임무를 해태한 것으로 보기는 어렵다고 할 것인데… 피고들이 다소 신용상태가 불안정한 회사에 대출을 하여 주었다고 하더라도 이는 피고들의 경영판단에 의한 것으로서, 위 회사들의 부도와 담보가치의 하락 등으로 대출금을 모두 회수하지 못하는 손해가 발생하였더라도, 피고들이 ○○종합금융의 이사 또는 감사로서 선량한 관리자의 주의의무를 게을리 하여 그 임무를 해태하였다고 볼 수 없다」고 판단.

4) (주)○○ 사건(대법원 2011.4.14. 선고 2008다14633 판결)

이 사건에서 대법원은 「결산과 관련하여 감사로서 직무를 전혀 수행하지 아니한 경우와는 달리 감사로서 결산 관련한 업무 자체를 수행하기는 하였으나 분식결산이 회사의 다른 임직원들에 의하여 조직적으로 교묘하게 이루어진 것이고 재무제표 등을 법정기한 내에 제출받지 못하여 위와 같이 조직적으로 분식 된 재무제표 등에 허위의 기재가 있다는 사실을 밝혀낼 수 없었던 때에는 감사가 분식결산을 발견하지 못하였다는 사정만으로 과실이 있다고 할 수 없다」고 판단.

나. 감사의 회사에 대한 책임을 긍정한 판례

1) ○○모직 사건(대법원 1985.6.25. 선고 84다카12954 판결)

이 사건에서 대법원은 「피고들 중 감사인 피고 A와 B는 가공위탁업체인 ○○모직주식회사 및 ○○모방공업사의 경영에 관여한 자로서 소외 회사가 수탁 가공하여 반출하고도 신고를 은폐한 사실을 능히 알 수 있는 지위에 있어 회계감사권의 발동으로 이를 밝힐 수 있었는데도 위 감독의무를 위반한 사실이 넉넉히 인정되므로, 위 피고들에 대하여 감사로서의 감독의무 위반을 인정 한다」고 판단.

2) ○○신용협동조합 사건(대법원 2004.4.9. 선고 2003다5252 판결)

이 사건에서 대법원은 「…피고들이 「신용협동조합법」제37조 또는 소외 신협 정관 제49조에 따라 분기마다 1회 이상 조합의 업무집행사항, 재산상태, 장부 및 서류 등을 감사하거나 매년 1회 이상 상당수의 조합원의 예탁금 통장, 기타 증서와 조합의 장부나 기록을 대조·확인하였더라면 위와 같은 동일인 한도초과 대출 사실은 쉽게 알 수 있었을 것이므로 피고들이 감사로서의 임무를 해태한 데에는 중대한 과실이 있다 할 것이고, 피고들이 위와 같은 불법대출사실을 조합 이사회나 총회 또는 감독 기관인 신용협동조합 중앙회에 보고하였다면 이미 이루어진 불법대출에 대하여는 담보를 제공받는 등으로 조합의 손해를 방지할 수 있고, 향후 대출과 관련해서는 …불법·부당대출을 저지할 수 있었을 것이므로 피고들의 감사로서의 임무해태와 소외 신협의 손해사이에 인과관계가 없다고 볼 수도 없다」고 판단.

3) ○○○신용협동조합 사건(대법원 2005.1.28. 선고 2004다63347 판결)

이 사건에서 대법원은 「…○○신협의 감사인 피고 3, 피고 4는 ○○○ 신협의 재산상태에 대한 간략한 감사만이라도 시행하였더라면 피고 △△△ 의 위법 행위를 쉽게 알 수 있었을 것인데도 감사 재직 기간 중 한 번도 감사를 실시하지 않음으로써 감사로서의 임무를 해태한 데에 중대한 과실이 있다고 하여, 피고들은 연대하여 원고에게 그로 인하여 ○○○ 신협이 입은 손해를 배상할 책임이 있다」고 판단.

4) (주)○○ 사건(대법원 2008.9.11. 선고 2006다68636 판결)

이 사건에서 대법원은 「감사는 주식회사의 필요적 상설기관으로서 회계감사를 비롯하여 이사의 업무집행 전반을 감사할 권한을 갖는 등 「상법」 기타 법령이나 정관에서 정한 권한과 의무를 가지고 있는 점을 비추어 볼 때, 대규모 상장기업에서 일부 임직원의 전횡이 방치되고 있거나 중요한 재무정보에 대한 감사의 접근이 조직적·지속적으로 차단되고 있는 상황이라면 재무제표의 작성과정에 의도적·조직적인 분식 시도가 개입되는지 여부에 관하여 감사의 주의의무는 경감되는 것이 아니라 오히려 현격히 가중되어야 한다」고 판단.

5) 갑 주식회사 사건(대법원 2019.11.28. 선고2017다244115 판결)

이 사건에서 대법원은 「회계감사에 관하여 「상법」상의 감사에 의한 감사와 「주식 회사 등의 외부감사에 관한 법률」상의 감사인에 의한 감사는 상호 독립적인 것이므로 외부감사인에 의한 감사가 있다고 해서 「상법」상 감사의 감사의무가 면제되거나 경감되지 않는다.」고 판단.

Ⅳ. 책임의 확장[415]

1. 감사 간 연대책임

감사는 임무해태로 인해 회사에 발생한 손해에 대해 연대하여 배상할 책임을 진다.(「상법」 제414조 제1항) 이는 감사가 복수 존재할 때를 전제로 한 것이다. 복수의 감사를 둔 회사에서 특정한 감사가 그 임무를 해태하여 회사에 대해서 손해배상책임을 질 경우에는 그 다른 감사도 연대하여 책임을 진다.

---

415 김용범, 전게서, 2012, 417~419면 및 2017, 730~733면. 전게기고문, 2016 가을호, 72~74면.

그런데 채무불이행책임의 일반원칙에 의하면 수임자가 수인이 존재하더라도 각 수임자의 책임은 개별적으로 지는 것 즉 분할책임이 원칙이다. 그런 의미에서 이 연대책임에 관한 규정은 채무불이행책임의 일반원칙에 대한 예외라 할 수 있다. 따라서 감사의 임무 해태에 의한 회사에 대한 책임의 법적성질은「상법」에서 인정하는 특수책임인 것이다.[416]

연대책임의 경우 회사에 대한 관계에서 감사 간의 임무해태의 정도는 불문하고 감사 상호 간에 임무해태가 있었던 이상은 해당 감사는 연대책임을 진다. 예를 들어 비상근감사가 상근감사에게 감사를 위임하고 이를 감독하지 않은 경우 그것으로 인하여 회사에 손해가 발생한 때에는 양자는 연대하여 배상책임을 진다.

이에 대해 감사 상호 간의 내부관계에서는 임무해태의 정도에 따라 그 책임을 지며, 특정 감사가 초과하여 책임을 부담하는 경우에는 초과 부분에 대하여 다른 감사에게 구상권을 행사할 수 있다.(「민법」제425조) 다만 임무해태의 정도를 결정하기 어려운 경우에는 책임을 균등하게 부담한다.[417]

2. 이사와 감사 간의 연대책임

감사의 회사에 대한 손해배상책임에 있어서 감사가 회사에 대해 손해배상책임을 지는 경우에 이사도 그 책임이 있는 때에는 그 감사와 이사는 연대하여 손해를 배상할 책임이 있다.[418](「상법」제414조 제3항) 즉, 연대책임이란 수인이 연대하여 각각 그 전 재산으로써 채무자의 채무를 변제할 책임을 지는 것이다.

감사는 이사의 직무집행을 감사하는 자이다.(「상법」제412 제1항) 즉 감사는 이사의 직무집행을 전제로 감사하는 것이므로 감사가 책임을 져야하는 국면이라면 대부분 이사의 책임도 문제될 것이다.「상법」은 이 점을 고려하여 감사와 이사의 책임이 양립하는 경우 양자에 대해 연대책임을 지운 것이다.

감사와 이사가 연대책임을 지는 경우로서는 예를 들면 주주총회의 승인을 얻어 이사가 위법배당을 한 경우를 생각할 수 있을 것이다. 위법배당이 이루어지면 이사는 법령위반으로서「상법」제399조 제1항에 의해 회사에 대해 배상책임을 진다. 그리고 감사 역시 회사에 대해 배상책임을 지게 된다.

왜냐하면 감사는 주주총회에 제출하는 의안에 관해 조사해 위법하거나 현저하게 부당한 사항이 있으면 이를 주주총회에 보고할 의무가 있는데(「상법」제413조), 위법 배당이 이루어졌다는 것은 일반적으로 이 의무를 게을리 하였다는 것을 의미하기 때문이다. 이런 경우「상법」은 감사와 이사가 연대해 회사에 대해 배상할 것을 정하고 있다.(「상법」제414조 제3항)

이사와 감사가 연대책임을 부담하는 경우 양자의 내부적인 구상관계에 관해 ① 불법 행

---

416 김용범, 전게서, 2017, 731면. 김용범, 전게기고문, 내부감사 저널, 2016 가을호, 73면. 정준우,「감사와 외부감사인의 법적 책임」, 2005.11., 76면. 권종호, 전게자료, 133면. 이철송. 전게서. 박영사. 2021. 790면.

417 김용범, 전게서, 어울림, 2012, 418면. 김용범, 전게서, 2017, 731면. 김용범, 전게기고문, 내부감사저널, 2016 가을호, 73면. 이범찬. 오욱환. 전게서, 122면. 권종호, 전게서, 144면. 상사법무연구회편, 전게서, 256면. 홍복기, 전게 연재서, 81면. (「민법」제424조)

418 김용범, 전게서, 2017, 731면. 김용범, 전게서, 2012, 418면. 김용범, 전게기고문, 내부감사저널, 2016 가을호, 73면. 정준우, 전게서, 76면. 권종호, 전게서, 144면. 김건식외2인. 전게서. 박영사. 2021. 535면.

위의 가해자에 대한 감독자의 경우와 같이 감사에게는 책임부담이 없다는 견해와 ② 감사의 직무는 단지 감사에 그치는 것이 아니라 의견진술, 감사결과의 보고 등이 포함되므로 단순히 감독자의 지위와는 다르다는 점에서 감사도 책임부담이 있다고 하는 견해가 대립하고 있는데, 연대책임의 취지가 감사에 대해 엄격한 책임을 물음으로써 직무수행에 신중을 기하도록 한다는 점을 고려하면 후설이 타당하다고 본다.[419]

3. 감사와 외부감사인 간의 연대책임

외부감사인이 회사에 대해서 손해를 배상할 책임이 있는 경우에 당해 회사의 이사 또는 감사(감사위원회가 설치된 경우는 감사위원)도 그 책임이 있는 때에는 그 외부감사인과 당해 회사의 이사 및 감사는 연대하여 그 손해를 배상할 책임이 있다.(「신외감법」 제31조 제4항)

직전 사업연도 말 자산 총액 또는 직전 사업연도의 매출액이 500억 원 이상인 주식회사 등과 상장회사의 경우는 「신외감법」 제4조, 「동법시행령」 제5조 제1항에 의해 회계전문가인 외부감사인에 의한 회계감사가 의무화되어 있다. 또한 「자본시장법」에 의해서도 상장회사 등 금융위원회 등에 재무에 관한 서류를 제출하여야 하는 회사는 의무적으로 외부감사인에 의한 회계감사를 받도록 되어 있다.(「자본시장법」 제169조, 「시행령」 제189조)

일정규모이상의 회사의 경우는 회계감사에 관해 監事와 外部監査人이 중첩적으로 감사를 행하게 된다. 이때 외부감사인은 회계감사에 관한 사항을 중심으로 감사보고서를 작성하도록 하면 족할 것이다. 그러나 우리나라 경우에는 이러한 역할분담을 하고 있지 않다.[420] 따라서 監事는 外部監査人과는 별도로 독자적으로 회계감사를 실시하여야 하지만, 실제에 있어서는 회계전문가인 외부감사인이 한 회계감사의 결과를 신뢰하는 경우가 많을 것이다.

그 결과 외부감사인의 책임이 문제가 되는 경우라면 대부분의 경우 감사의 책임도 문제될 개연성이 큰데, 「신외감법」은 바로 이 점을 고려하여 감사와 외부감사인의 연대책임을 정한 것이다. 물론 외부감사인의 회계감사 역시 監事의 監査와 마찬가지로 이사의 업무 집행을 전제로 하는 것이라는 점에서 外部監査人과 監事의 책임이 문제되면 거의 예외 없이 이사의 책임도 문제될 것이다. 이 경우에는 3자가 연대하여 배상책임을 진다.[421]

참고로 일본의 경우에는 회계감사에 관해 회계감사인(우리나라의 '외부감사인'에 해당)의 감사가 의무화되는 대회사의 경우 회계감사인의 감사보고서에는 회계감사에 관한 사항을 기재하도록 하고[「(일)상법특례법」 제13조 제2항], 그 대신 감사회의 감사보고서에는 주로 업무감사에 관한 사항을 기재하도록 하고 있다.[「(일)상법특례법」 제14조 제3항]

그 이유는 회계감사에 관한 사항은 대부분 회계감사인의 감사보고서의 내용과 중첩되기 때문이다. 감사회는 이처럼 업무감사에 관한 사항을 중심으로 감사보고서를 작성하면 되지만 회계감사에 관해서는 회계감사인의 감사내용에 관해 그 상당성을 판단해 그것을 감사보

---

419 김용범, 전게서, 2017, 732면. 전게기고문, 감사저널, 2016 가을호, 73면. 권종호, 전게자료, 134면.

420 김용범, 전게서, 2012, 419면 및 2017, 732면. 김용범, 전게기고문, 2016 가을호, 74면. 권종호, 전게서, 146면. 대법원. 2019.11.28. 선고.2017다244115. 판결.

421 김용범, 전게서, 2012, 419면 및 전게서, 2017, 733면. 김용범, 전게기고문, 2016 가을호, 74면. 권종호, 전게서, 146면.

고서에 기재하면 된다.[「(일)상법특례법」제14조 제3항 제1호]

V. 책임의 추궁[422]

감사가 회사에 대해서 임무해태에 따른 손해배상책임을 질 경우에 그 책임은 당연히 회사가 추궁하는 것이 원칙이다. 그러나 회사가 감사에 대한 책임추궁을 하지 않거나 지연시킬 때에는 주주대표소송을 통해 주주가 직접 감사의 책임을 추궁할 수 있다.(「상법」제415조, 제403조~제406조)

즉 발행주식총수의 100분이 1이상에 해당하는 주식을 가진 주주는 회사에 대하여 서면으로 감사의 책임을 추궁하는 소의 제기를 청구할 수 있고(「상법」제403조 제1항, 제2항), 이 때 회사가 그 청구를 받은 날로부터 30일 이내에 소를 제기하지 아니하는 경우에는 직접 소를 제기할 수 있다.(「상법」제403조 제3항)

「상법」특례규정상의 상장회사의 경우에는 제소 주주의 자격요건에 있어서 일반규정상의 자격요건과 차이가 있다. 즉 6개월 전부터 계속하여 발행주식총수의 10,000분의 1이상에 해당하는 주식을 ① 소유한 자, ② 주주권 행사에 관한 위임을 받은 자, ③ 2명 이상 주주의 주주권을 공동으로 행사하는 자는 감사를 상대로 대표소송을 제기할 수 있다.(「상법」제542조의6 제6항 및 제8항)

금융회사의 경우는 6개월 전부터 계속하여 금융회사의 발행주식총수의 10만분의 1 이상에 해당하는 주식을 대통령령으로 정하는 바에 따라 보유한 자는 「상법」제403조(주주대표소송)에 따른 주주의 권리행사 즉 주주대표소송을 제기할 수 있다.(「금융지배구조법」제33조제5항)

그간 「상법」의 일반규정(「상법」제403조)에 따른 소수주주권 행사요건 지분율 이상의 주식을 보유하고 있으나, 6개월의 보유기간을 갖추지 못한 상장회사의 주주가 소수주주권을 행사할 수 있는지에 대하여는 해석상 논란이 있어 왔다. 그러나 이번 2020. 12.「상법」개정[423]을 통하여 일반규정에 부여된 권리와 특례규정에 의한 권리를 선택적으로 행사할 수 있도록 입법적으로 해결하였다.(「상법」제542조의6 제7항, 제10항)

한편 여기서의 「提訴株主」와 관련하여 과거의 대법원 판례는 실지주주만이 대표소송을 제기할 수 있다고 계속 유지하여 왔지만,[424] 2017. 3. 23. 전원 합의체 판결[425]로 주주명부상 주주만이 대표소송을 제기할 수 있도록 판례를 변경하였다. 따라서 이제는 회사가 실질관계를 손쉽게 파악할 수 있었던 경우에도 주주 명부의 면책적 효력은 당연히 적용된다.

소수주주가 승소한 때에는 당해 주주는 회사에 대하여 소송비용 및 그 밖에 소송으로 인하여 지출한 비용 중 상당한 금액의 지급을 청구할 수 있으며(「상법」제415조, 제405조 제1항, 「공공기관운영법」제33조제7항), 이때 소송비용을 지불한 회사는 감사에 대해 구상권을 행사할 수 있다.(「상법」제405조 제1항) 주주가 패소한 경우에는 회사는 악의인 경우를 제외하고는

---

422 김용범, 전게서, 2012, 420면과 2017, 733~734면, 전게기고문, 감사저널, 2016 가을호, 74~75면.

423 「상법 일부개정법률」, 2020.12.09.

424 대법원, 2011.5.26. 선고, 2010다22552 판결.

425 대법원, 2017.3.23. 선고, 2015다24832 전원합의체 판결.

해당 주주에 대해 손해배상을 청구할 수 없다.(「상법」제405조 제2항)

감사에 대해 소가 제기된 경우 회사를 대표할 자는 누구인지가 문제되는데, 이에 관해 「상법」은 감사위원이 소의 당사자인 경우에는 감사위원회 또는 이사가 법원에 회사를 대표할 자의 선임을 신청하도록 의무화하고 있다.(「상법」제394조 제2항)

그러나 그 외의 경우 예를 들면 ① 이사와 감사 중 감사의 책임만이 문제된 경우(감사가 1인인 경우에는 해당 감사, 감사가 복수인 경우에는 감사 전부)와 ② 이사와 감사가 모두 책임을 져야 하는 경우에 관해서는 아무런 규정을 두고 있지 않다.

이에 대하여 먼저 ①의 경우에는 대표이사가 회사를 대표하는 것으로 보아야 할 것이나, ②의 경우에는 「상법」 제394조 제2항을 유추 적용하여 대표이사가 법원에 회사를 대표할 자를 선임하여 줄 것을 청구하여야 한다고 본다.[426]

공기업 및 준정부기관의 경우는 「상법」의 일반규정 및 특례규정에 의한 책임추궁인 소수주주의 주주대표소송 이외에 기획재정부장관은 감사(상임감사위원 포함)가 「공공기관운영법」 제35조(이사와 감사의 책임 등) 제1항에 따른 의무와 책임 및 제32조(임원의 직무 등)에 따른 직무를 이행하지 않거나 게을리한 경우 운영위원회의 심의·의결을 거쳐 감사를 해임하거나 그 임명권자에게 해임을 건의할 수 있고, 그 공기업·준정부기관으로 하여금 손해배상을 청구하도록 요구할 수 있다.(「공공기관운영법」제35조 제2항)

VI. 책임의 면제 및 감면[427]

감사의 책임에 대해서는 일정한 요건을 충족하면 완전히 면제해 주는 제도와 일정액으로 감면해 주는 제도가 있다. 감사에 대한 책임감면제도는 2011년 「상법」 개정에 의해 도입된 것으로서 책임경감을 통해 유능한 인재의 감사직에 대한 유인을 제공하는 한편, 이른바 **'정직한 실수'**에 대해서는 책임을 경감해 줌으로써 감사의 적극적인 직무수행을 지원하기 위한 것이다.[428]

1. 책임 면제

감사의 임무해태에 따른 회사에 따른 손해배상책임은 총주주의 동의로 면제할 수 있다.(「상법」제415조, 제400조) 그리고 정기총회에서 재무제표 등의 승인결의를 한 후 2년 내에 다른 결의가 없으면 감사의 부정행위를 제외하고는 회사는 감사의 책임을 해제한 것으로 본다.(「상법」제450조)

다만 주의할 것은 ① 여기서의 주주에는 의결권이 없는 주식을 가진 주주도 포함된다는 점, ② 책임면제방식이 총주주의 동의이므로 굳이 주주총회를 개최할 필요 없이 주주들의 개별적인 동의를 얻어도 된다는 점, ③ 주주의 동의는 묵시적으로 가능하다는 점,[429] ④

426 김용범, 전게서, 2017, 734면. 권종호, 전게서, 150면. 정찬형, 전게서, 899면.
427 김용범, 전게서, 2012, 419면 및 전게서, 2017, 734 ~745면. 전게기고문, 2016 가을호, 75~76면.
428 김용범, 전게서, 2017, 734면. 권종호, 「감사법제 해설」, 한국상장회사협의회, 2014, 135면.
429 대법원, 2008.12.11. 선고, 2002다11441 판결.

총주주의 동의로 면제할 수 있는 것은 위임관계 인한 채무불이행책임이며 불법행위 책임은 아니라는 점[430]등이다.

가. 적극적 책임면제

감사의 회사에 대한 책임은 총주주의 동의로 면제할 수 있다.(「상법」제415조, 제415조의2 제7항, 제400조) 책임면제의 요건이 총주주의 「동의」이므로 굳이 주주총회를 개최할 필요는 없고 모든 주주로부터 개별적으로 동의를 얻어도 된다. 1인 회사의 경우 그 주주의 동의로 책임을 면제할 수 있음은 물론이다. 동의는 묵시적으로도 가능하다.[431]

묵시적 동의가 있는 것으로 보기 위해서는 주주(전부)가 이사 또는 감사에 의해 야기된 손해에 관한 책임을 이사 또는 감사에게 더 이상 묻지 않기로 하는 의사표시를 하였다고 볼 만한 사정이 있어야 한다. 감사의 책임 면제는 총주주의 동의에 의한 의사표시상의 효과이며, 면제의 대상이 되는 책임은 개별적이고 구체적인 손해배상 책임에 한하고 아직 확정되지 않은 책임은 대상이 아니다.[432]

총 주주에는 의결권 없는 주식의 주주도 포함된다. 다수결의 예외로 총주주의 동의를 요구하는 것은 감사에 대한 손해배상청구권은 모든 주주가 지분적 이익을 갖는 회사의 재산권이므로 성질상 다수결로 포기할 수 있는 이익이 될 수 없기 때문이다.[433] 즉, 본조의 손해배상책임은 감사의 임무해태로 인하여 회사가 입은 손해를 보전하기 위한 것이므로 회사에 대해 지분적 이익을 갖고 있는 모든 주주의 이해에 관계하기 때문이다.[434]

감사의 회사에 대한 책임은 전술한 바와 같이 ① 위임관계상의 채무불이행에 의한 책임과 ② 불법행위에 의한 책임의 두 유형이 있을 수 있는데, 본 조상의 책임면제의 대상은 ①의 책임이고, ②의 책임은 아니다. ②의 불법행위 책임의 경우에는 일반채무면제(「민법」제506조)의 절차를 밟아야 한다.[435]

따라서 양 책임은 성질을 달리하므로 어느 하나의 책임을 묻는 소의 제기는 다른 책임의 시효를 중단하는 효력이 없다. 그리고 감사의 제3자에 대한 책임 역시 그 대상이 아니다. 제3자에 대한 책임의 면제여부는 주주가 결정할 것이 아니라 감사의 임무해태로 인해 손해를 입은 해당 제3자가 판단할 사항이기 때문이다.

나. 소극적 책임면제

---

430 대법원, 2002.6.14. 선고. 2002다11441 판결. 대법원, 1996.4.9. 선고. 95다56316 판결.

431 김용범, 전게서, 2012, 421면. 및 2017, 735면. 최준선, 전게서, 482면. 이철송. 전게서. 박영사. 2021. 809면. 대법원, 2002.6.14. 판결. 2002 다 11441, 동취지 2008.12.11. 판결. 2005 다 51471.

432 김용범, 전게서, 2012, 421면 및 전게서, 2017, 735면. 김용범, 전게기고문, 내부감사저널, 2016 가을호, 75면. 최기원, 전게서, 639면. 권종호, 전게서, 147면.

433 김용범, 전게서, 2012, 421면 및 전게서, 2017, 735면. 김용범, 전게기고문, 2016 가을호, 75면. 이철송. 전게서. 박영사. 2021. 809면. 대법원, 2004.12.10. 선고. 2002다60467. 판결.

434 김용범, 전게서, 2012, 421면 및 전게서, 2017, 735면. 김용범, 전게기고문, 2016 가을호, 75면. 권종호, 전게서, 147면.

435 김용범, 전게서, 어울림, 2012, 421면. 김용범, 전게기고문, 내부감사저널, 2016 가을호, 75면. 권종호, 전게서, 147면. 이철송. 전게서. 박영사. 2021. 810면. 대법원, 1989.1.31. 선고. 87 누 760. 판결.

정기총회에서 재무제표의 승인을 한 후 2년 내에 다른 결의(책임추궁이나 책임보류 등)가 없는 때에는 감사에게 부정행위가 없는 한 회사는 감사의 책임을 해제한 것으로 간주한다.(「상법」제450조) 이는 감사의 책임에 관한 「상법」 제414조의 중대한 예외인데, 그 이유는 「상법」이 감사에게 엄중한 책임을 부과하고 있으므로 그러한 책임의 존부에 관한 불안정한 상태를 장기화 되지 않도록 신속한 책임소멸의 원인을 정하기 위함이다. 따라서 여기서의 2년이란 제척기간으로 보아야 한다.[436]

여기서 '**다른 결의**'란 의미에 대하여는 주주총회 결의는 물론이고, 이사회 결의나 제소행위도 포함한다는 견해와 하급심 판례가 있다.[437] 그러나 감사의 책임해제는 「상법」 제414조의 중대한 예외이므로 그 결의는 최소한 예외적인 책임해제의 전제가 되었던 정기총회에서의 재무제표의 승인결의에 버금가는 정도의 「다른 결의」가 있어야만 그 합리성이 부여될 수 있다고 본다.[438]

예외적인 '**부정행위**'란 악의의 가해행위뿐만 아니라, 불법해위, 기타 정당하지 못한 감사의 행위를 포함한다.[439] 참고로 부정행위의 의미에 대하여는 ① 뇌물공여행위를 책임해제가 불가능한 부정행위로 간주한 경우,[440] ② 중과실의 임무해태와 부정행위를 동일시한 경우,[441] ③ 의무를 위반하여 회사에 손해를 끼친 경우 고의행위라고 판단[442]하는 등의 다양한 하급심 판례가 있다.

해제대상이 되는 감사의 책임범위에 관한 문제이다. 즉, 「상법」이 감사의 책임면제를 위한 요건으로 원칙적으로 총주주의 동의를 요구하면서 예외적으로 책임해제에 관한 규정을 두고 있고, 그러한 책임해제의 전제요건으로 정기총회에서 재무제표의 승인결의를 규정하고 있는 점을 고려할 때 해제의 대상이 되는 감사의 책임 또한 재무제표와 연관된 사항으로 한정하여 해석하는 것이 타당하다고 본다.[443]

이 해제에 의한 책임소멸은 「상법」규정에 의한 법정효과이며, 그 효과는 재무제표 승인 당시에 불확정한 책임이라도 재무제표로부터 알 수 있는 사항에 대해서는 포괄적으로 미친 다고 본다. 이 경우 책임의 해제를 주장하는 감사는 그 책임사유가 재무제표에 기재되어 있다는 것을 입증하여야 한다.[444]

다. 불법행위 책임면제

---

436 정준우, 전게해설, 2018.4.6., 12면.

437 서울고등법원, 1977.1.28. 선고, 75나2885 판결.

438 정준우, 전게해설, 2018.4.6., 12면.

439 김용범, 전게서, 2012, 422면 및 전게서, 2017, 736면. 김용범, 전게기고문, 내부감사저널, 2016 가을호, 67면. 최준선, 전게서, 483면. 권종호, 전게해설, 2014, 137면. 서울고법. 1977.1.28. 판결. 75 나 2885.

440 수원지방법원, 2001.12.27. 선고, 98가합22553 판결.

441 서울고등법원, 2003.11.20. 선고, 2002나6595 판결.

442 부산지방법원, 2004.4.14. 선고, 2002가합16791 판결.

443 정준우, 「감사와 외부감사인의 법적책임」, 한국상장회사협의회, 2005, 98면.

444 김용범, 전게서, 2017, 736면. 대법원, 1969.1.28. 선고 68다305 판결.

감사의 임무해태가 동시에 불법행위의 성립요건을 충족할 경우에는 감사의 회사에 대한 손해배상책임과 불법행위책임이 경합하게 된다. 감사의 책임면제 규정은 감사의 임무해태에 따른 회사에 대한 손해배상책임을 면제하는 것이므로 감사의 지위를 전제로 하지 않는 불법행위책임까지 면제하는 것은 아니라고 본다. 따라서 감사의 불법행위책임을 면제하려면 일반적인 채무면제 절차(「민법」 제506조)를 별도로 받아야 한다.[445]

따라서 양 책임은 성질을 달리하므로 어느 하나의 책임을 묻는 소의 제기는 다른 책임의 시효를 중단하는 효력이 없다. 그리고 감사의 제3자에 대한 책임 역시 그 대상이 아니다. 제3자에 대한 책임의 면제여부는 주주가 결정할 것이 아니라 감사의 임무해태로 인해 손해를 입은 해당 제3자가 판단할 사항이기 때문이다.

회사에 대한 감사의 책임은 채무불이행책임에 관한 일반원칙에 따라 10년의 소멸 시효의 완성으로 소멸한다. 본조에 근거하여 감사에 대해 손해배상청구의 소를 제기한 경우 그것으로 인해 불법행위에 기한 손해배상청구권에 대한 소멸시효의 중단효력은 없다.[446]

라. 일부감사 책임면제

책임이 있는 감사가 수인 있는 가운데 일부감사에 대해서만 책임을 면제할 수 있다. 이 경우 면제받은 감사(예컨대 A)의 부담부분은 면제받지 못한 다른 이사들(예컨대 B, C)에게 어떠한 영향을 주는가?

판례는 부진정연대채무에 있어서는 채무면제에 절대적 효력을 인정하지 아니한다.(「민법」 제419조)[447] 그러므로 일부 감사(A)의 책임을 면제하더라도 다른 감사들(B, C)책임은 감소 하지 않는다. 다만 다른 이사들(B, C)이 전액 배상한 후 자신의 부담부분을 넘어 변제한 부분에 관해서는 면제받은 감사(A)를 상대로 求償을 행사할 수는 있다.

2. 책임 감면

가. 책임감면의 필요성[448]

감사는 주식회사의 업무감독기관으로서 주주총회에서 선임되고, 업무 및 회계감사권 등 각종 권한을 행사하며 선관주의의무를 비롯한 각종 의무를 부담한다. 그리고 이러한 각종 직무권한을 감사가 적시에 적절하게 행사하지 아니하면 이는 곧 임무해태가 되어 그로 인해 발생한 회사의 손해에 대해서 배상책임을 져야 한다.

그런데 앞서 살펴본 바와 같이 감사는 그 법적 지위가 불완전할 뿐만 아니라 기업실무에서도 일반적으로 평이사보다 그 지위가 낮고, 직무권한의 행사에 있어서도 다양한 법적·실

---

445 권종호, 전게서, 147면. 이철송, 전게서, 박영사, 2021, 810면. 대법원, 1989.1.31. 판결, 87 누 760. 김용범, 전게서, 2012, 421면 및 김용범, 전게서, 2017, 736면. 전게기고문, 감사저널, 2016 가을호, 75면.

446 김용범, 전게서, 2017, 737면. 권종호, 전게해설서, 한국상장회사협의회, 2014, 137면. 정찬형, 전게서, 1,008면. 대법원, 2012.7.12. 선고 2012다20475 판결, 대법원, 2011.2.10. 선고 2010다81285 판결.

447 이철송, 전게서, 박영사, 2021, 810면. 김용범, 전게서, 2017, 737면. 대법원, 2006.1.27. 선고,2005다19378,판결.

448 정준우, 전게연구보고서, 한국상장회사협의회, 2005, 99~100면. 김용범, 전게서, 2017, 737~738면.

무적인 장애에 직면해 있다. 그럼에도 불구하고 감사에 대해서 여전히 엄격한 법적책임을 부담시키며, 사실상 책임면제의 가능성까지 차단하고 있는 것은 매우 불공평하다.

특히 「증권관련집단소송법」(이하 '집단소송법'이라 함)의 시행과 「상법」상의 소수주주의 대표소송제도의 활성화로 인해 이사 및 감사(이하 '이사 등'이라 함)에 대한 책임추궁이 증가될 것으로 예상됨에 따라 이사 등이 배상책임의 과중한 부담을 두려워해 경영 활동에 소극적인 자세를 보이는 경향이 나타났다.

따라서 고의 또는 중대한 과실로 손해를 발생시킨 경우와 사익추구행위[「상법」 제397조(이사의 경업금지의무)], 제397조의2(사업기회 유용금지의무) 및 제398조(자기거래금지 의무)]가 아닌 일반적인 주의의무 위반에 따른 감사의 손해배상책임에 대하여는 일정한 한도로 그 책임을 제한하는 조치 등의 필요성이 지속적으로 제기되어 왔다.

물론 일반적인 회사법상의 원칙 및 사회질서에 반하지 않는 범위 내에서 회사가 자율적으로 감사의 책임을 일정한도로 제한하는 것도 얼마든지 가능하다.[449] 그러나 단체법 질서의 안정을 위한 보다 확실한 방법은 역시 법에 감사의 책임제한 또는 감면에 관한 명문 규정을 「상법」에 두는 것이 바람직하다 할 것이다.

나. 책임감면의 입법 배경

그간 이사 및 감사(이하 '이사 등'이라 함)에 대한 책임면제제도는 특히 상장회사의 경우 총주주의 동의를 얻는 것이 현실적으로 불가능하고, 이사 등의 배상책임이 거액에 이르게 되면서, 기존 이사 등의 보호제도로서 충분한 기능을 하지 못하였고, 재무제표 승인에 의한 이사 등의 책임해제 역시 책임해제의 범위가 재무제표에 기재되어 있거나 이로부터 알 수 있는 사항에 한정되어 매우 좁다는 점에서 실효성이 없었다.

이에 따라, 이사 등의 책임을 감면하는 세계적인 추세에 맞추어 유능한 자를 이사 등으로 영입하여 적극적인 영업을 독려하고 궁극적으로는 회사의 이익 증대에 기여하는 데 도움을 주기 위하여 시행 중인 「상법」보다 완화된 요건에 의한 책임제한제도를 마련하자는 주장이 지속적으로 제기되어 왔는바, 2011년 개정 「상법」은 미국과 일본의 입법례를 본받아 회사가 자율적으로 이사 등의 책임을 경감할 수 있도록 근거규정을 마련하였다.

참고 _____

책임감면제도의 외국입법례[450]

1) 미국 : 다수의 州회사법에서 정관에 이사의 손해배상책임을 제한하는 근거 규정을 두는 것을 허용하고 있다.[451]

2) 일본 : 이사의 책임은 기본적으로는 총주주의 동의로 면제할 수 있음을 원칙으로 하나 [「(日)회

---

449 김용범, 전게서, 2017, 738면. 최문희, 「주식회사 이사의 책임제한에 관한 연구」, 서울대학교 박사학위 논문, 2004, 7면. 정준우, 전게연구보고서, 한국상장회사협의회, 2005, 100면.

450 김용범, 전게서, 2017, 738면. 이철송. 전게서. 박영사. 2021. 810~811면.

451 예, MBCA § 2.02(b)(4). Del. Gen. Corp. Law §102(b)(7).

사법」 제424조], 지배구조의 유형에 따라 주주총회의 특별결의 [「(日)회사법」제425조, 제309조 제2항 제8호] 혹은 이사회 결의로 이사의 책임의 일부를 면제할 수 있도록 하며[「(日) 회사법」 제 426조], 특히 사외이사의 경우 정관에 규정을 두어 책임을 한정하는 계약을 체결하는 것도 허용한다. [「(日)회사법」 제427조]

다. 책임감면의 법리적 근거

감사의 임무해태에 따른 회사에 대한 손해배상책임의 제한에 관하여 현재 논의되고 있는 법리적 근거에 대하여 살펴보면 다음과 같다.

1) 저지가능성이론[452]

이 견해는 회사가 감사에 대해서 청구할 수 있는 손해를 감사의 임무해태와 상당인과관계가 있는 손해로 보고, 감사가 임무를 제대로 이행하였더라면 손해발생을 저지할 수 있었을 것이라는 저지가능성의 입장에서 감사의 책임제한을 주장하고 있다. 즉 이 견해는 저지가능성을 중심으로 감사의 책임제한을 인정하고 있다.

구체적으로 ① 감사가 만약 조사 의무를 이행하였다면 이사 등의 부정사실을 발견할 수 있었겠는가? ② 감사가 조사하여 알아낸 부정사실을 대표이사에게 보고하는 등의 조치를 취하면서 감사업무를 성실히 수행하였다면 이사 등의 계속되는 부정행위를 막고 회사의 손해를 막을 수 있었겠는가? 하는 점으로 나누어 고찰하고 있다.

2) 과실상계이론[453]

이 견해는 「민법」의 일반원리에 의해 감사의 손해배상책임에 있어 회사에게도 과실이 있는 때에는 과실상계에 의해 감사의 책임을 일정한도로 제한할 수 있다는 것이다. 예를 들어 대표이사를 비롯한 이사들의 감사활동 방해, 지배주주의 감사활동 방해 또는 회사 내부의 감사업무수행에 관련된 여건이 부적합한 때 등이 이에 해당될 것이다.

3) 사용자책임론[454]

이 견해는 일반적으로 사용자는 피용자의 불법행위 등으로 직접 손해를 입었거나 또는 제3자에 대해서 손해배상책임을 이행한 경우 당해 피용자에 대해서 구상할 수 있지만, 업무를 수행하는 과정에서 발생한 불가피한 손해에 대해서까지 피용자에게 그 책임을 전가하는 것은 부당하다고 주장하며 감사의 책임제한을 긍정하고 있다.

4) 신의칙이론[455]

이 견해는 일반적으로 감사의 법적 지위가 평이사보다 낮은 점, 대부분 대주주가 대표 이

---

452 김건식, 「감사의 제3자에 대한 책임」, (민사판례연구 제12집), 민사판례연구회, 222~223면.

453 채동헌, 「감사의 회사에 대한 손해배상책임의 제한」, 상장(한국상장회사협의회), 2003.1., 91면.

454 권용우, 「사용자책임과 구상권의 제한」 (법학의 현대적인 제 문제), 1998, 유성재, 「사용자 책임에 있어서 구상권의 제한」 (비교사법 제4권 제1호), 한국비교사법학회, 1997.

455 서울고등법원 2002.1.15. 선고 2001나36612 판결.

사를 겸하고 있는 점, 감사의 제한된 권한 등을 고려할 때 「상법」상의 감사의 책임은 너무 무겁다고 인정하고 있다. 따라서 감사의 회사에 대한 손해배상책임을 인정함에 있어서는 법의 취지와 기업현실 및 감사의 업무 등을 종합적으로 고려하여 적절한 타협점을 찾아야 한다고 주장하며 그 근거를 사법의 일반원칙인 신의칙에서 구하고 있다.

생각건대 「상법」에 규정된 감사의 책임은 그의 법적지위와 의무 및 권한 등을 종합적으로 고려할 때 분명 너무 과중하다. 따라서 감사의 회사에 대한 손해배상 책임에 대해서도 일정한 제한을 두어야 하는데, 위에서 살펴 본 법리 중 어느 하나만을 근거하여 감사의 책임제한을 인정하기에는 여러 가지 부족한 점이 많다.

그러므로 감사의 책임제한에 있어서는 저지가능성이론이 가장 설득력이 있으므로 저지가능성 이론을 기본으로 하고 부족한 부분은 이러한 다양한 법리를 종합적으로 활용하는 것이 타당하다고 본다.[456]

라. 책임감면의 범위

개정 「상법」 제400조 제2항은 기존의 총주주의 동의에 의한 책임 면제 이외에도, 회사의 정관에서 정하는 바에 따라 「상법」 제399조(회사에 대한 책임)에 따른 감사의 책임을 감사가 그 행위를 한 날 이전 최근 1년간의 보수액(상여금과 주식 매수선택권의 행사로 인한 이익 등을 포함한다)의 6배(사외이사의 경우는 3배)를 초과하는 금액에 대하여 면제할 수 있다.(「상법」 제400조 제2항, 제415조, 제415조의2 제7항).

그런데 이 책임 경감과 관련하여 해석상 논란의 여지가 있는 것은 사외이사의 경우에는 연간 보수액의 3배까지로 면제할 수 있는데(「상법」 제400조 제2항), 이 규정을 감사에게도 준용할 수 있는지이다. 생각건대 사외이사와 사내이사를 구분하여 책임의 정도에 있어서 양자 간의 차이를 고려한 것이라는 점에 주목하면 감사와 감사위원의 경우에도 준용함이 타당할 것이다.[457]

왜냐하면 감사의 경우에는 상근감사와 비상근감사에, 감사위원의 경우에는 사내이사인 감사위원과 사외이사인 감사위원 간에는 이러한 업무에 대한 熟知度나 정보접근성에 있어서 차이가 있기 때문이다. 따라서 비상근감사나 사외이사인 감사위원의 경우에는 3배률이 적용된다고 보아야 한다.[458] 여기서 말하는 보수에는 상여금과 주식매수선택권의 행사로 인한 이익 등도 포함된다.(「상법」 제400조 제2항)

그러나 감사가 고의 또는 중과실로 손해를 발생시킨 경우에는 책임을 면제할 수 없다.(「상법」 제400조 제2항) 따라서 이 경우에는 감사는 회사에 발생한 손해 전액을 배상해야 한다. 또한 제400조 제2항 단서는 이사가 사익추구금지규정(제397조, 제397조의2, 제398조)을 위반한 경우에도 책임을 면제할 수 없도록 하고 있다.

---

456 김용범, 전게서, 2017, 740면. 정준우, 전게연구보고서, 한국상장회사협의회, 2005, 103면.

457 김용범, 전게서, 2017, 740면. 권종호, 전게해설서, 상장협회, 2014, 138면. 정준우, 전게서, 1,255면.

458 김용범, 전게서, 2017, 740면. 권종호, 전게해설서, 상장협회, 2014, 138면.

감사에게는 사익추구금지규정이 적용되지 않기 때문에 이러한 사익추구금지 규정위반을 직접적인 이유로 하여 감사의 책임면제를 부정할 수는 없을 것이다.[459] 그러나 이러한 규정을 위반하는 경우에는 대부분 고의 또는 중과실로 회사에 손해를 발생시킨 경우에 해당될 것이므로 현실적으로 감사가 책임을 면제받기란 불가능할 것이다.

감사의 보수란 기본적으로는 「상법」 제388조, 제415조 및 제415조의2 제7항(이하 '제388조 등'이라 함)에 따라 정관 또는 주주총회의 결의에 의해 정해지는 보수를 말하지만, 「상법」은 최근 1년간의 보수액에는 상여금과 주식매수선택권의 행사로 인한 이익 등도 포함한다고 규정하고 있다.(「상법」 제400조 제2항)

상여금은 보수의 일종으로서 당연히 「상법」 제388조 등에 따라 정해지므로 주의적으로 규정한 것이고, 주식매수선택권은 제388조 등의 보수는 아니지만, 성과급여의 실질을 지니므로 보수에 포함시킨 것이다. 주식매수선택권으로 인한 이익은 손해 원인이 된 행위 이전 최근 1년간에 실제 행사하여 얻은 이익을 가리키고, 未行使중의 평가익은 포함되지 않는다.[460]

마. 책임감면의 적용 제외

1) 고의·중과실

감사의 손해배상책임을 경감하는 것은 기업 활동에 수반하는 위험을 회사가 분담하고 감사의 부담을 덜어줌으로써 경영의 위축을 막는다는 논리로 정당화될 수 있다. 그러므로 「상법」은 감사의 고의 또는 중대한 과실로 손해를 발생시킨 경우에는 이 제도의 적용대상에서 제외한다.(「상법」 제400조 제2항, 제415조, 제415조의2 제7항, 이하 '제400조 제2항 등'이라 말함)

2) 사익추구행위

개정 「상법」 제400조 제2항 단서는 제397조, 제397조의2 및 제398조에 해당하는 경우에도 적용 제외 사유로 삼고 있다. 제397조는 이사 및 감사(이하 '이사 등'이라 함)의 겸업·겸직에 대해, 제397조의2는 이사 등의 회사기회유용에 대해, 제398조는 이사 등의 자기거래에 대해 각각 이사회의 승인을 얻어야 한다는 규정이다.

「상법」 제400조 제2항 단서가 책임경감을 허용하지 않는 제397조, 제397조의2 및 제398조에 해당하는 경우란 제397조, 제397조의2 및 제398조에 위반하여 경업 또는 자기거래를 한 경우를 가리키는 것이 아니라, 동 조가 규정하는 경업, 기회유용, 자기거래 자체를 가리키는 것으로 해석해야 한다.

즉 승인의 유무에 관계없이 이사 등의 경업, 기회유용, 자기거래로 인해 회사가 손해를 입은 경우에는 이사 등의 책임을 경감할 수 없다는 것이다. 경업, 기회 유용 그리고 자기거래로 인해 회사가 입은 손해란 바로 이사 등이 얻은 이익을 의미하므로 이사 등에게 이익이

---

459 김용범, 전게기고문, 내부감사저널, 2016, 가을호, 76면. 김용범, 전게서, 2017, 741면. 권종호, 전게해설서, 한국상장회사협의회, 2014, 138면. 정준우, 「주식회사법대계Ⅱ」, 2013, 1256면

460 김용범, 전게서, 2017, 741면. 이철송, 전게서, 박영사, 2021, 811면.

현존하는 터에 배상책임을 경감할 이유가 없기 때문이다.[461]

바. 책임감면의 근거[462]

이사 등의 책임을 경감하기 위해서는 정관에 규정을 두어야 한다. 정관에 책임의 일부를 면제할 수 있다는 뜻과 함께 「상법」 제400조 제2항 등이 설정한 한도 내에서 구체적인 면제의 규모 또는 면책되는 금액을 정해야 한다. 예컨대 「이사 등이 배상해야할 손해액이 당해 이사 등의 연간 보수액의 6배(또는 "7배", "8배" 등)를 초과할 경우 배상액은 보수액의 6배(또는 "7배", "8배"로 감액할 수 있다)로 하는 것과 같다.

이사 등에 대한 책임의 일부면제는 회사의 권리의 일부를 포기하는 것이므로 이를 엄격히 관리하기 위하여 회사는 추가적인 요건을 설치할 수 있다. 예컨대 책임제한 규정은 「10년 이상 근속한 이사 등에 대해서만 적용한다」는 것과 같다.

사. 책임감면의 결정[463]

정관에서는 책임면제를 실행할 수 있는 근거 및 범위를 정할 뿐이고, 손해배상을 추궁하는 구체적인 사안이 생겼을 때 누가 면제여부를 결정할지가 법에 의하여 정해져야 할 것이나, 「상법」 제400조 제2항 등은 이 점에 관해 침묵하고 있다. 「상법」에 일부면제를 허용하는 규정을 두는 의의는 총주주의 동의보다 완화된 방법의 의사결정으로 이사 등의 책임을 경감할 수 있도록 하는 데 있음을 감안하면 제도의 핵심을 놓친 입법의 불비이다.

감사의 책임경감에 대한 의사결정방법으로는 이사회결의로 족하다는 설이 있으나,[464] 감사의 책임경감은 통상의 업무집행이나 감독과는 성격을 달리하며, 이해의 동질성으로 인해 결의가 불공정해질 가능성이 있으므로 타당치 않다. 또한 주주총회의 보통결의로 경감할 수 있다는 주장도 있으나[465] 의사결정의 異例性으로 보아 역시 합리적인 해석이 아니다. 책임경감은 회사 권리를 포기하는 결정이므로 중요 의사결정의 일반적절차라 할 수 있는 주주총회의 특별결의에 의해 결의할 수 있다는 것이 합리적인 해석이다.[466]

위의 설명과 같이 책임감경의 주체에 관해 논란이 있을 수 있으나 「상법」 제400조 제2항 등에 의하면 책임감경은 **'정관으로 정하는 바'**에 따르도록 하므로 이 경우에도 물론 책임감경에 관한 근거는 정관에 정함이 있어야 한다. 따라서 정관에서 주체에 관해 정한 경우에는 그에 따르고, 만약 정관에 정함이 없으면 정관변경이 주주총회의 특별결의인 점을 고

---

461   김용범, 전게서, 2017, 742면. 이철송. 전게서. 박영사. 2021. 812면. 이러한 관점에서 「상법」 제400조 제2항 단서가 경업, 자기거래의 모든 경우를 포함시킨 것은 불합한 점이 있다. 경업, 기회 유용, 자기거래라 하더라도 이사가 제3자의 계산으로 한 경우에는 이사의 손해가 바로 이사의 이익은 아니기 때문이다. 그래서 일본에서는 이사가 자기계산으로 이익상반거래를 한 경우에 국한하여 경감이 불가능한 것으로 하고 있다.(日會 제428조 제2항)

462   김용범, 전게서, 2017, 742면. 이철송. 전게서. 박영사. 2021. 812면.

463   김용범, 전게서, 2017, 742면. 이철송. 전게서. 박영사. 2021. 812~813면.

464   권기범, 「현대회사법론」, 삼지원, 2012, 776면. 최준선, 「회사법 제7판」, 삼영사, 2012, 482면.

465   송옥렬, 「상법강의 제2판」, 홍문사, 2012, 1,032면. 임재연, 박영사, 2012, 446면.

466   김용범, 전게서, 2017, 743면 및 전게기고문, 내부감사저널, 2016, 76면. 이철송. 전게서. 박영사. 2021. 813면.

려하여 감사의 책임감경도 정관변경 요건인 주주총회의 특별결의로 감경이 가능하다고 해석 하는 것이 합리적이다.[467]

아. 책임의 소멸시효[468]

감사의 책임을 법정책임으로 보든 계약책임으로 보든 채권의 일반시효(「민법」 제162조 제1항)가 적용되어 10년의 소멸시효에 걸린다.[469] 소멸시효는 권리를 행사할 수 있는 때로 부터 진행하므로(「민법」 제166조 제1항) 감사의 책임의 소멸시효는 회사가 감사에 대해 손해배상청구를 할 수 있는 때로부터 진행한다.

감사에 대한 訴는 원칙적으로 대표이사가 감사에 대하여 손해배상의 이행을 청구할 수 있으므로 회사가 감사에 대해 권리행사를 할 수 있는 때란 일반적으로 대표이사가 감사로 인해 회사에 손해가 발생한 사실을 안 때이다.

3. 책임 면제 및 감면에 따른 문제점

가. 총주주의 동의에 의한 책임면제의 문제점[470]

감사의 책임면제를 위해서는 총주주의 동의를 요하므로 1주의 주주라도 반대하면 책임을 면제할 수 없다. 그런 의미에서 다수의 주주가 존재하는 공개회사의 경우에는 총주주의 동의에 의한 감사의 책임면제란 현실적으로 생각할 수 없다.

이에 반해 가족회사나 소규모 폐쇄회사의 경우에는 1인 주주나 소수의 몇몇 주주가 주식의 대부분을 소유하는 것이 통상이므로 총주주의 동의에 의하더라도 쉽게 책임을 면제할 수 있을 것이다. 특히 폐쇄회사의 경우에는 이사나 감사는 지배주주의 지위를 겸하는 것이 대부분이므로 총주주의 동의에 의한 책임면제란 결과적으로 자신(이사 또는 감사)의 책임을 자신(지배주주)이 면제해 주는 것이 된다.

이처럼 **총주주의 책임면제**는 공개회사의 경우에는 **현실적으로 불가능**하다는 점에서, **폐쇄회사**의 경우에는 책임면제가 **너무 용이**하고 책임의 이른바 **"자기면제"**라는 점에서 양쪽 모두 문제가 있다. 따라서 이 문제를 해결하기 위해서는 舊商法상의 제도가 입법론적으로 훨씬 합리적이었으므로 참고할 만하다고 본다.

舊 상법에서는 이사 및 감사의 책임면제를 주주총회의 특별결의로 가능하도록 하되, 면제하는 결의가 이루어졌더라도 소정의 소수주주(3월 이상 발행주식총수의 100분의 10 이상을 가진 주주)는 회사에 당해 이사를 상대로 소를 제기할 것을 청구할 수 있도록 하였다.(舊商法 제245조 제1항 제4호 및 제2항). 즉 이사 및 감사의 책임면제도 다수결에 맡기되, 불공정한 면제

---

467 김용범, 전게서, 2017, 743면. 권종호, 전게서, 상장협회, 2014, 138면. 이철송, 전게서. 박영사. 2021. 813면..

468 김용범, 전게서, 2017, 743면. 이철송. 전게서. 박영사. 2021. 813~814면.

469 이철송. 전게서. 박영사. 2021. 813면. 대법원, 1985.6.25. 선고 84다카1954 판결.

470 김용범, 전게서, 2017, 744면. 권종호, 전게해설서, 한국상장회사협의회, 2014, 136면.

를 견제하는 장치를 둔 것이다.[471]

총주주 동의에 의한 책임 면제제도는 회사재산의 放棄를 허용하는 것이므로 회사채권자에게는 매우 불리한 제도이다. 특히 1인 회사의 경우 남용의 가능성이 매우 크다. 그래서 독일의 「주식법」에서는 총주주가 이사 및 감사에 대한 손해배상채권을 포기하더라도, 회사채권자에 대하여는 이사 및 감사의 채무가 소멸하지 않는 것으로 규정하고 있다.(§93 Abs. 5Satz 3 AktG) 이와 같은 규정은 우리나라도 참고할 만한 입법례이다.[472]

나. 유착주주 동의에 의한 책임경감의 문제점

책임경감제도는 유착관계에 있는 대주주 및 이사에 의해 남용될 소지가 매우 크다. 그럼에도 불구하고 우리 「상법」에는 남용의 방지 내지는 통제하는 제도가 불비되어 있다. 따라서 유착관계에 있는 대주주 및 이사들의 책임경감제도의 남용을 방지 내지 통제하기 위해서는 향후 입법적인 보완이 필요하다.[473]

일본 경우는 남용을 예방하기 위해 이사가 주주총회에 경감을 위한 의안을 상정할 때에 감사/감사위원회의 전원동의를 얻도록 하며(「(일)회사법」 제425조 제3항, 제426조 제2항), 이 의안을 주주에게 공고·통지하여 1월 이상 이의를 제출할 기회를 주도록 한다.(「(일)회사법」 제426조 제3항) 그리하여 의결권 있는 발행주식총수의 100분의 3 이상의 주주가 이의를 제기하면 책임을 면제할 수 없도록 하였다.(「동법」 제426조 제5항)

제3절 **제3자에 대한 책임**

Ⅰ. 입법 취지[474]

감사는 전술한 바와 같이 회사와의 관계에서는 위임관계에 있으므로 회사에 대해 선관주의의무를 지지만, 제3자에 대해서는 직접적으로 아무런 법률관계가 없기 때문에 일반 불법행위책임 이외에는 감사가 제3자에의 손해에 대해 배상책임을 져야할 이유가 없다. 본래 감사는 회사내부 경영감독기관이고, 대외적인 거래관계에 있어서는 회사가 직접적인 법률관계를 형성하기 때문에 감사가 제3자와 직접적인 법률관계를 맺는 일은 거의 없다.

그렇지만 주식회사는 주식이나 사채의 발행 등을 통해 다수인과 집단적인 법률관계를 맺게 되는데, 이 과정에서 만약 감사가 그 직무를 소홀히 수행하여 잘못된 기업 내용이 공시된

---

471 이철송. 전게서. 박영사. 2021. 809면. 독일의 같은 제도에서 유래한다.(§93 Abs. 4Satz 3 AktG)

472 김용범, 전게서, 2017, 744면. 이철송. 전게서. 박영사. 2021. 810면.

473 김용범, 전게서, 2017, 745면.

474 김용범, 전게서, 2012, 422~423면 및 2017, 745면. 전게기고문, 내부감사저널, 2017, 신년호, 60면.

다면 제3자에 대해서도 손해를 입힐 가능성이 크다.[475] 이처럼 감사는 그 지위와 직무수행에 있어서 제3자에게 미치는 영향이 매우 크다.

이처럼 감사가 회사의 기관인 이상 감사의 직무수행과 관련하여 발생한 제3자의 손해에 대해서는 회사가 책임을 지는 것이 원칙이고, 감사의 불법행위가 성립하지 않는 한 제3자에 대해 감사가 책임지는 경우란 있을 수 없음에도 불구하고 「상법」이 감사에 대해 제3자의 손해를 직접 배상하도록 한 것은 감사의 지위와 직무수행에 있어서 제3자에게 미치는 영향이 크므로 감사로 하여금 직무수행에 신중을 기하도록 하는 한편, 감사의 개인재산을 회사의 책임재산으로 확대시킴으로써 제3자의 이익을 두텁게 보호하기 위해서다.[476]

일반원칙에 의하면 제3자가 계약 또는 불법행위에 기해 회사에 대해 청구권을 갖는 경우 그 제3자는 원래 회사에 대해 청구하여야 할 것이지만, 회사가 도산하거나 재정적으로 문제가 있어서 배상능력이 없는 경우라면 제3자는 이 규정을 이용함으로써 감사의 개인 재산에 대해 책임을 물을 수 있게 된다.

재정상태가 취약한 중소기업에서 이 규정은 법인격부인의 법리와 함께 회사채권자 보호의 수단으로서 종종 이용되어 왔는데, **법인격부인의 법리**는 회사채권자가 회사로부터 만족을 얻지 못한 채 회사의 배후에 있는 '주주'를 상대로 개인책임을 묻는 것인데 반해, 이 규정은 회사의 기관인 '감사'를 상대로 개인 책임을 묻는 것이라는 점에서 차이가 있다.

그러나 중소기업의 채권자 보호수단으로서 유용하게 이용될 수 있다는 점에서 이 규정과 회사의 법인격이 본래 법이 의도한 목적과는 달리 남용되는 경우에 회사의 특정한 법률관계에 한하여 그 법인격을 부인하고 그 법인의 배후에 있는 실체를 기준으로 하여 법률적 취급을 하려는 법인격부인의 법리와는 유사한 기능을 함은 말할 필요가 없다.[477]

II. 책임의 법적 성질

감사의 제3자에 대한 책임에 관한 규정(「상법」 제414조 제2항)은 이사의 제3자 책임에 관한 규정(「상법」 제401조)과 그 내용면에서 동일하다. 따라서 이사의 제3자에 대한 책임에 관한 논의는 기본적으로 감사의 경우에도 그대로 적용될 수 있는데, 이에 의하면 감사의 제3자에 대한 책임의 법적 성질에 관해서는 크게 ① 법정책임설과 ② 불법행위 책임설로 대별되나, 현재의 다수설은 ①의 법정책임설이다.

1. 법정책임설

법정책임설은 감사의 제3자에 대한 책임은 불법행위와는 무관한 법정책임이라고 한다. 즉 감사는 원래 제3자와는 아무런 관계가 없으므로 불법행위책임이 성립하는 경우를 제외하고는 제3자의 손해에 대해 책임지는 일은 없으나, 「상법」은 제3자(회사채권자)의 보호라는

---

475 김용범, 전게서, 2012, 421면 및 2017, 745면. 전게기고문, 2017, 60면. 정준우, 전게서, 78~79면.

476 김용범, 전게서, 2012, 423면 및 2017, 745면. 김용범, 전게기고문, 내부감사저널, 2017, 신년호, 60면. 권종호, 전게서, 152면. 권종호, 전게해설서, 141면. 정준우, 전게서, 79면.

477 김용범, 전게서, 2012, 423면 및 2017, 746면. 전게기고문, 내부감사저널, 2017, 신년호, 60면.

정책적인 이유로 특별히 본조를 두어 감사가 악의·중과실에 의한 임무해태로 제3자에게 손해를 입힌 때에는 제3자의 손해에 대해 배상하도록 한 것이라고 한다.[478]

즉 이 설은 원래 제3자는 감사에 대해 불법행위책임만 물을 수 있으나 그것으로는 제3자의 보호가 충분하지 못하므로 불법행위책임과는 별도로 본조를 두어 불법행위가 성립하지 않더라도 본조의 요건을 충족하면 제3자는 감사에 대해 책임을 물을 수 있도록 한 것이라는 것이다.

법정책임설은 본조의 책임에 관해 이처럼 불법행위책임과는 그 성질을 달리하는 것으로 보기 때문에 본조의 책임과 불법행위책임과의 경합을 인정한다. 따라서 본조의 책임과 불법행위 책임이 양립하는 경우 제3자는 불법행위 책임과 본조의 책임 중 본인에게 유리한 쪽을 선택하여 감사에 대해 손해배상을 청구할 수 있다고 본다.[479]

법정책임설은 다시 '일반법정책임설'과 '특수법정책임설'로 나누어지는데, 이는 감사가 배상책임을 지는 제3자의 손해가 후술의 이른바 직접손해인가 간접손해인가를 기준으로 분류한 것이다.

1) 일반법정책임설

일반법정책임설은 감사의 임무해태와 제3자의 손해 간에 인과관계가 존재하는 한 직접손해이든 간접손해이든 불문하고 제3자가 입은 모든 손해에 대해 감사는 배상책임을 진다는 입장이다.(권종호, 김용범)

2) 특수법정책임설

특수법정책임설은 제3자의 직접손해는 일반 불법행위책임으로 해결하고 간접손해에 한해 배상책임을 진다는 입장이다.(정찬형)

이상과 같이 법정책임설에서는 감사가 임무해태를 한 것은 회사와의 관계에서 그것과 상당인과관계가 있으면 제3자의 손해에 대해 직접손해이든 간접손해이든 불문하고 감사에게 배상책임을 지운 것이 감사의 제3자에 대한 책임에 관한 규정(「상법」제414조제2항)의 취지이므로 악의·중과실은 회사에 대한 임무해태에 관해서 요구된다고 본다.[480] 감사의 이 책임은 법정책임이므로 감사의 회사에 대한 책임과 마찬가지로 10년의 소멸시효에 걸린다.

2. 불법행위책임설

불법행위책임설은 감사의 제3자에 대한 책임은 본질적으로 불법행위책임으로 본다. 이 설은 다시 ① 불법행위특칙설과 ② 특수불법행위책임설로 나누어진다.

---

478 김용범, 전게서, 2017, 746면. 이철송. 전게서. 박영사. 2021. 816면. 정찬형. 전게서. 1,014면, 권기범, 전게서, 688면, 송옥렬, 전게서, 1,048면, 임홍근, 전게서, 1,258면. 정준우, 전게서, 1,259면.

479 김용범, 전게서, 2012, 424면 및 2017, 747면. 김용범, 전게기고문, 내부감사저널, 2017, 신년호, 61면. 정준우, 전게서, 79면. 권종호, 전게서, 154면. 권종호, 전게해설서, 142면.

480 김용범, 전게서, 2017, 747면. 권종호, 전게서, 154면.

1) 불법행위특칙설

불법행위특칙설은 본조의 책임은 그 본질에 있어서 일반불법행위책임과 다름이 없고, 다만 책임요건에서 경과실을 면제한 것에 특색이 있으며, 그 점에서 일반 불법행위의 특칙이라고 보는 설이다. 이 설은 감사의 책임을 완화하기 위한 것으로 보는데 현재 우리나라에서 이 설을 지지하는 학자는 소수에 불과하다.[481]

이 설에 의하면 감사는 그 직무의 성격상 과실로 제3자에게 손해를 가할 기회가 많은데 이러한 경우에 일반불법행위의 법리에 따라 감사의 책임을 물으면 너무 가혹하기 때문에 감사에게 악의·중과실이 있는 경우에 한해 인정한 것이 본조라고 한다.

2) 특수불법행위책임설

특수불법행위책임설은 이 책임의 본질은 불법행위책임이나 그 책임 요건에서 경과실은 제외되고 위법성이 배제된 특수한 불법행위책임이라고 한다. 본조의 책임을 불법행위책임으로 보는 견해는 대부분이 이 입장을 취하고 있다. 그런 의미에서 불법행위책임설이라고 하면 특수불법행위책임설을 지칭하는 것으로 이해해도 무방하다.[482]

이 설은 본조의 책임을 기본적으로 불법행위책임으로 보기 때문에 논리적으로는 본조의 요건이 충족되면 불법행위의 요건이 성립하더라도 불법행위책임은 배제된다고 보고, 악의·중과실에 대해서도 피해자인 제3자에 대한 가해행위에 관해서 요구된다고 보아야 할 것이지만, 대부분의 견해는 본조 책임과 불법행위책임과의 경합을 인정하고, 악의·중과실은 회사에 대한 임무에 관해서 요구된다고 본다.

감사가 배상하여야 할 제3자의 손해에 관해서도 제3자가 입은 모든 손해(직접손해든 간접손해든 불문)라고 본다. 다만 소멸시효는 일반불법행위책임과 마찬가지로 3년으로 본다.

3. 소결

이상을 종합해 보면 불법행위책임설(특수불법행위책임설)은 본조 책임의 법적성질에 관해 불법행위책임으로 이해하고 책임소멸 시효기간을 3년으로 보는 점을 제외하고는 ① 본조의 책임과 불법행위책임의 경합을 인정하고, ② 악의·중과실은 회사에 대한 임무해태에 관해 필요하며, ③ 감사의 임무해태와 제3자의 손해 간에 인과관계가 존재하는 한 감사는 제3자의 모든 손해(간접손해, 직접손해 불문)에 대해 배상책임이 있다고 보는 점에서는 법정책임설(일반법정책임설)과 차이가 없다.

그런 의미에서 어느 설을 취하던 그 결과에 있어서는 실질적인 차이는 없고 다만 책임의 본질에 관한 설명이 다를 뿐이다.[483] 다만, 본조의 입법취지가 감사의 지위의 중요성을 고려하여 감사의 책임을 엄격히 물음으로써 직무수행에 신중을 기하도록 하는 한편 제3자의 이

---

481 정동윤, 전게서, 451면.

482 서돈각, 정완용, 전게서, 455면. 서정갑, 전게서, 551면. 이병태, 전게서, 692면. 이완석, 전게서, 262면.

483 김용범, 전게서, 2012, 425면 및 2017, 749면. 전게기고문, 내부감사저널, 2017, 신년호, 62면. 이철송. 전게서. 박영사. 2021. 816면. 정찬형, 전게서, 1,014면. 권종호, 전게서, 156면. 권종호, 전게해설서, 144면.

익을 두텁게 보호하기 위한 것이라면 그런 취지에 가장 부합하는 법정책임설(일반법정 책임설)이 가장 타당하다고 본다.[484]

Ⅲ. 책임의 성립 요건

1. 주관적 요건 : 악의·중과실

감사의 제3자에 대한 손해배상책임은 전술한 바와 같이 주관적 요건으로 감사가 악의 또는 중과실로 그 임무를 해태하여 제3자에게 손해를 가한 때에 발생한다. 따라서 감사의 제3자에 대한 책임이 성립하려면 우선 감사의 악의 또는 중과실이 있어야 하는데, ① 악의·중과실이 회사에 대한 임무에 관해 필요한지 아니면, ② 제3자에 대한 가해행위(손해)에 관해 필요한지에 관해서는 학설이 대립하고 있다.

그런데 이에 대해서 법정책임설은 당연히 ①의 회사에 대한 임무에 관해 필요하다는 입장인데 반해, 불법행위책임설은 원래라면 ②의 입장을 취해야 할 것이나 동설을 취하는 학자의 대부분은 법정책임설과 같이 ①의 입장을 취하고 있다.

여기서 말하는 '**악의**'란 임무해태를 아는 것이고, '**중대한 과실**'이란 현저한 부주의로 임무해태를 알지 못하는 것이다. 한편 감사의 제3자에 대한 책임의 전제조건이 되는 이러한 감사의 임무 해태상의 악의 또는 중과실은 그 제3자가 입증해야 한다.[485]

2. 객관적 요건 : 임무해태

감사의 책임이 성립하기 위한 객관적 요건으로서는 감사의 임무해태가 있어야 한다. 여기서 말하는 '**임무해태**'란 전술의 감사의 회사에 대한 책임에 있어서와 마찬가지로 보면 될 것이다. 즉 감사가 직무를 수행함에 있어서 선량한 관리자의 주의로서 하여야 할 권한행사와 의무 이행을 다하지 않은 것을 말한다.[486]

감사가 법령 또는 정관에 위반하는 행위를 하는 것도 포함된다. 이에 대해 판례는 이사의 제3자에 대한 책임에 관한 것이지만 "**악의 또는 중과실로 임무를 해태한 행위라 함은 이사/감사의 충실의무 또는 선관의무 위반행위로서 위법성이 있는 것**"을 의미하는 것으로 보고 있다.[487]

물론 감사의 제3자에 대한 책임이 성립하기 위해서는 감사의 악의·중과실에 의한 임무해태와 제3자의 손해 간에는 인과관계가 있어야 한다.

3. 제3자의 손해

---

484 김용범, 전게서, 2012, 426면 및 2017, 749면. 김용범, 전게기고문, 내부감사저널, 2017, 신년호, 62면. 이철송. 전게서. 박영사. 2021. 817면. 권종호, 전게서, 156면. 권종호, 전게해설서, 144면.

485 김용범, 전게서, 2017, 747면. 김용범, 전게기고문, 내부감사저널, 2017.3., 62면. 권종호, 전게서, 157면. 이철송. 전게서. 박영사. 2021. 817면. 정동윤, 전게서, 452면. 정준우, 전게서, 81면.

486 김용범, 전게서, 2017, 750면. 김용범, 전게기고문, 내부감사저널, 2017.3., 62면. 권종호, 전게서, 157면. 권종호, 전게해설서, 145면.

487 김용범, 전게서, 2017, 750면. 김용범, 전게기고문, 내부감사저널, 2017.3., 62면. 대법원, 1985.11.12. 선고. 84 다카 2490. 판결.

감사가 배상책임을 지는 제3자의 손해는 아래의 두 가지 점에서 검토되어야 한다.

가. 제3자의 범위

본조의 책임의 대상인 제3자의 범위에 관해서는 회사 이외의 예컨대 회사채권자, 주주, 신주인수권자 등 모든 이해관계자가 포함된다고 보는 것이 통설이다. 그러나 공법 관계인 국가와 지방자치단체는 포함되지 않는다.[488] 다만 주주가 포함된다고 할 때 직접손해와 간접 손해가 모두 배상의 대상이 되는가가 문제이다. 이에 대해 학설은 주주의 경우에는 간접손 해는 ① 제외설[489]과 포함설[490]이 대립되고 있다. 다수설은 ②의 포함설이다.

직접손해의 경우 예를 들면 주주가 감사의 허위감사보고서를 믿고 주식을 매각함으로써 손해를 입은 경우에는 일반의 제3자가 입은 손해와 다름이 없기 때문에 주주도 여기서 말 하는 제3자에 포함됨은 말할 필요가 없다. 그러나 간접손해의 경우, 예를 들면 이사의 위법 부당행위를 알면서 감사가 이사회에 보고하거나 유지청구권을 행사하지 않음으로써 회사가 손해를 입고, 그 결과 주주도 주가하락이라는 형태로 손해를 입은 경우에 관해서는 학설의 다툼이 있다.

1) 제외설

먼저 회사가 입은 손해로 인하여 주주가 간접적으로 손해를 입은 경우에는 회사가 배상 을 받음으로써 주주의 손해는 보상되는 것이므로 주주는 이러한 경우 제3자에 포함될 수 없 다고 한다.[491] 이 경우에도 주주를 제3자에 포함시킨다면 주주가 회사채권자에 우선하여 변 제받는 결과가 되며, 주주의 간접손해는 대표소송을 통해서도 얼마든지 구제될 수 있으므로 제외시켜야 한다고 주장한다. 판례도 이 입장을 취하고 있다.[492]

2) 포함설

이에 대해 여기서 제3자란 널리 회사 이외의 자를 의미하므로 주주를 제외시킬 이유가 없고, 대표소송은 소수주주권이므로 단독주주는 제기할 수 없으며 제소 절차가 복잡하고 담 보제공의무가 있는 등 주주손해를 회복하는 방법으로는 분명히 한계가 있다는 점을 이유로 간접손해를 입은 주주도 여기서 말하는 제3자에 포함시켜야 한다고 주장한다. 즉 주주의 간 접손해에 관해서도 본조는 적용된다고 한다.[493]

감사의 제3자에 대한 손해배상책임에 관하여 법에서 특별한 제한 없이 제3자란 표현을 쓰고 있으므로 회사 이외의 모든 자가 이에 해당된다고 보는 것이 타당하고, 주주가 제3자

---

488 김용범, 전게서, 2017, 750면. 정찬형, 전게서, 879면. 대법원, 1982.12.14. 판결. 82 누 374. 판결.

489 서돈각, 정완용, 전게서, 468면. 대법원. 1993.1.26. 판결. 91 다 36093. 대법원, 2003.10.24. 선고, 2003 다 29661. 판결.

490 김용범, 전게서, 2017, 751면. 권종호, 전게서, 162면. 정준우, 전게서, 161~162면. 손주찬, 전게서, 810~811면. 이철송, 전게서, 777면. 정찬형, 전게서, 878~879면. 채이식, 전게서, 568면.

491 서돈각 · 정완용, 「상법강의(상)」, 1999, 468면.

492 대법원, 1993.1.26. 선고 91다36093 판결, 2012.12..13. 선고 2010다77743 판결.

493 이철송. 전게서. 박영사. 2021. 818면. 정찬형, 전게서, 1,015면. 정준우, 전게서, 1,261면. 채이식, 전게서, 568면.

범위에 포함되는 한 직접손해이든 간접손해이든 그가 입은 손해에 대해서는 감사가 배상책임을 지는 것이 마땅하다.

왜냐하면 감사에게 손해배상책임을 추궁할 수 있는 주체로서의 제3자인 주주의 자격에는 어떠한 제한도 없음에 비해서 대표소송에는 지주비율의 제한과 담보제공 의무가 있으므로 대체수단으로는 적합하지 않다. 따라서 비록 주주가 회사채권자에 우선하여 변제받는다는 약점은 있지만 포함설이 타당하다고 본다.[494]

한편 공개회사와 폐쇄회사로 구분한 후, 전자의 경우에는 간접손해를 입은 주주를 제3자에 포함시키지 않고, 후자의 경우에는 제3자에 포함시키는 것이 바람직하다는 견해가 제기되고 있다.[495] 그러나 이는 법이 명시하지 않은 사항을 지나치게 확장하여 해석하는 것으로 타당 하지 않다고 본다.

나. 책임의 범위

1) 손해의 종류

감사의 행위로 인해 제3자가 입는 손해는 직접손해와 간접손해로 대별할 수 있다. 「**직접손해**」란 감사의 임무해태로 직접 제3자가 입은 손해이다. 예를 들면 감사가 작성한 허위의 감사보고서를 믿고 회사에 물품을 납품한 자가 대금을 회수할 수 없게 되면서 입게 된 손해가 이에 해당된다.[496]

이에 대해 「**간접손해**」란 감사의 행위로 인해 먼저 회사가 손해를 입고 그 결과 제3자가 간접적으로 입은 손해를 말한다. 예를 들면 감사가 이사의 중대한 위법행위를 발견하고도 이를 이사회나 주주총회에 보고(「상법」 제391조의2 제2항, 제413조)하지 않아 그 손해를 미연에 방지하지 못함으로써 회사가 도산하였고, 그 결과 채권을 회수할 수 없게 된 채권자가 입게 된 손해가 그것이다.[497]

2) 학설의 종류

① 직접책임한정설

'**직접책임한정설**'은 본조의 감사의 책임은 감사의 악의 또는 중과실에 의한 임무 해태로 인하여 제3자가 직접 입은 손해에 한한다는 것으로서 제3자의 간접 손해의 경우는 채권자대위권(「민법」 제404조)이나 전부명령으로 해결하면 된다고 본다.[498] 판례도 이 입장을 지지하고 있다.[499]

---

494 김용범, 전게서, 2012, 428면. 김용범, 전게서, 2017, 751면. 김용범, 전게 기고문, 내부감사저널, 2017. 3. 63면. 정준우, 전게서, 82면. 권종호, 전게해설서, 149면.

495 江頭憲治郎, 전게서, 393면.

496 김용범, 전게서, 2017, 752면. 전게기고문, 감사저널, 2017.3., 63면. 권종호, 전게해설서, 146면.

497 김용범, 전게서, 2017, 752면. 이철송. 전게서. 박영사. 2021. 818면. 권종호, 전게서, 158면.

498 최준선, 「회사법 제8판」, 2013, 505면.

499 대법원, 1993.1.26. 선고 91다36093 판결, 2012.12.13. 선고 2010다77743 판결.

② 간접책임한정설

'간접책임한정설'은 본조를 채권자대위권의 특칙으로 봐서 간접손해에 대해서만 본조의 책임을 인정하고, 직접손해는 일반불법행위의 문제로서 해결하면 되는 것으로 보는 입장이다.[500]

③ 양손해포함설

'양손해포함설'은 감사가 책임을 지는 제3자의 손해는 직접손해, 간접 손해를 불문하고 제3자가 입은 손해 모두가 그 대상이라고 보는 입장이다.[501]

전술한 바와 같이 감사의 제3자에 대한 책임의 규정(「상법」 제401조)의 취지를 감사의 책임을 엄격히 물어서 제3자의 이익을 두텁게 보호하는 것으로 본다면 동조의 적용범위는 직접손해든 간접손해든 불문하고 제3자가 입은 모든 손해에 미친다는 '양손해포함설'이 타당한 것이다.

본조의 책임의 경우에도 손해의 발생이나 확대에 대하여 피의자인 제3자에게 과실이 있는 때에는 「민법」 제396조를 유추 적용하여 과실상계가 인정된다고 본다. 감사의 손해 배상채무는 「민법」의 일반원칙에 따라 이행의 청구를 받은 때부터 지체에 빠지며(「민법」 제387조 제2항) 지연손해금은 년 5푼의 이율로 본다.[502](「민법」 제379조)

4. 인과관계의 존재

감사의 제3자에 대한 책임이 성립하려면 감사의 악의 또는 중과실에 의한 임무해태와 제3자의 손해 사이에 상당인과관계가 존재하여야 한다. 이에 대한 자세한 설명은 이미 앞에서 설명하였으므로 여기서는 생략한다.

감사의 임무해태로 인하여 회사에 손해가 발생되었고, 그러한 감사의 임무해태와 회사의 손해 사이에 상당인과관계가 있으면, 감사는 회사에 대해서 손해배상책임을 진다. 이러한 감사의 회사에 대한 손해배상책임에 관한 중요한 판례를 살펴보면 아래와 같다.

5. 판례로 본 제3자에 대한 감사의 손해배상책임

가. 제3자에 대한 감사의 책임을 부정한 판례

1) ○○은행 사건(대법원 2008.2.14. 선고 2006다82601 판결)

대법원은 ○○은행 사건에서 「주식회사의 감사가 감사로서 결산과 관련한 업무자체를 수행하기는 하였으나 재무제표 등이 허위로 기재되었다는 사실을 과실로 알지 못한 경우에는, 문제된 분식결산이 쉽게 발견 가능한 것이어서 조금만 주의를 기울였더라면 허위로 작성된 사실을 알아내 이사가 허위의 재무제표 등을 주주총회에서 승인받는 것을 저지할 수 있었

---

500 이범찬, 오욱환, 전게서, 127면.

501 김용범, 전게서, 2017, 753면 및 2012, 429면. 이철송, 전게서. 박영사. 2021. 818면. 권기범, 전게서, 781면. 정찬형, 전게서, 1,015면. 장덕조, 전게서, 369면. 정준우, 전게서, 1,261면. 권종호, 「감사법제해설」, 2014. 146면.

502 김용범, 전게서, 2017, 753면. 권종호, 전게서. 146면. 김용범, 전게기고문, 내부감사저널, 2017.3., 64면.

다는 등 중대한 과실을 추단할 만한 사정이 인정되어야 비로소 제3자에 대한 손해배상책임을 인정할 수 있고, 분식 결산이 회사의 다른 임직원들에 의하여 조직적으로 교묘하게 이루어진 것이어서 감사가 쉽게 발견할 수 없었던 때에는 분식결산을 발견하지 못하였다는 사정만으로 중대한 과실이 있다고 할 수는 없고, 따라서 감사에게 분식결산으로 인하여 제3자가 입은 손해에 대한 배상책임을 인정할 수 없다」고 판단.[503]

나. 제3자에 대한 감사의 책임을 긍정한 판례

1) ○○은행 사건(대법원 2008.2.14. 선고 2006다82601 판결)

대법원은 ○○은행 사건에서 「주식회사의 감사가 실질적으로 감사로서의 직무를 수행할 의사가 전혀 없으면서도 자신의 도장을 이사에게 맡기는 방식으로 그 명의만을 빌려줌으로써 회사의 이사로 하여금 어떠한 간섭이나 감독도 받지 않고 재무제표 등에 허위의 사실을 기재한 다음 그와 같이 분식된 재무제표 등을 이용하여 거래상대방인 제3자에게 손해를 입히도록 묵인하거나 방치한 경우, 감사는 악의 또는 중대한 과실로 인하여 임무를 해태한 때에 해당하여 그로 말미암아 제3자가 입은 손해를 배상할 책임이 있다」고 판단.

2) ○○제지 사건(대법원 1988.10.25. 선고 87다카1370 판결)

대법원은 ○○제지 사건에서 「회사의 감사가 회사의 사정에 비추어 회계감사 등의 필요성이 있음을 충분히 인식하고 있었고 또 경리업무담당자의 부정행위의 수법이 교묘하게 저질러진 것이 아닌 것이어서 어음용지의 수량과 발행매수를 조사하거나 은행의 어음 결제량을 확인하는 정도의 조사만이라도 했다면 위 경리업무 담당자의 부정행위를 쉽게 발견할 수 있었을 것인데 아무런 조사도 하지 아니하였다면 이는 감사로서의 중대한 과실로 인하여 그 임무를 해태한 것이 되므로 위 경리업무 담당자의 부정행위로 발행된 어음을 취득함으로써 손해를 입은 어음소지인들에 대하여 감사는 「상법」 제414조 제2항, 제3항에 의한 손해배상책임이 있다」고 판단.

3) ○○중공업 사건(대법원 2008.9.11.선고 2006다57278 판결, 서울고등법원 2009.4.10. 선고 2008나83822 판결)

대법원은 ○○중공업 사건에서 「감사로 등재되어 있으나 회사로부터 감사로서의 업무수행을 위한 인력 및 예산 등을 전혀 지원받지 못하였고, 회사나 이사 등으로부터 회사의 주요 업무에 관련된 사항을 사전이나 사후에 통지 또는 보고받은 사실 없으며 이사회에도 참석하지 아니한 사실, 결산승인은 위한 이사회를 개최하지 아니한 채 담당부서에서 결산보고 후 형식적인 요건을 위해 등기이사와 감사들의 인장을 관행상 보관하고 있음을 이용해 주주총회 6주전으로 소급하여 이사회 의사록을 작성한 사실, 재무제표는 감사에게 총회일로부터 6주간 전에 제출하여야 함에도 그 기간이 제대로 지켜지지 아니한 사실, 이러한 경우 감사는 감사로서 결산서류에 관해 이사회 승인이 없었었고, 법정 감사기간도 지켜지지 아니

---

503 동지판례 : 대법원 2009.7.23. 선고 2008다80326 판결, 대법원 2011.4.14. 선고 2008다14663 판결.

한 사실을 감사보고서에 기재해 넣거나 주주총회에 의견진술 또는 보고를 하여야 할 의무가 있는데도 이러한 조치를 전혀 취하지 아니한 채, ○○회계연도 재무제표에 대하여 회계장부 기재, 대차대조표 및 손익 계산서의 표시, 영업보고서, 이익잉여금 처분계산서 등이 법령과 정관에 따라 정확하게 표시되어 있다는 취지의 감사보고서를 작성한 사실에 대해 감사는 악의 또는 중대한 과실로 그 임무를 해태하였는바, 그로 인하여 손해를 입게 되었으므로 「상법」 제414조 제2항에 따라 제3자에게 손해를 배상할 책임이 있다」고 판단.

Ⅳ. 책임의 확장

복수의 감사가 악의 또는 중대한 과실로 인하여 그 임무를 해태한 때에는 그 감사는 연대하여 제3자에 대하여 손해를 배상하여야 하며,(「상법」제414조 제1항) 이때 이사에게도 책임이 있는 경우에는 감사는 이사와 연대하여 손해를 배상하여야 한다.(「상법」 제414조 제3항)

그리고 외부감사인이 제3자에 대해 손해를 배상할 책임이 있는 경우에 해당 회사의 이사 또는 감사(감사위원 포함)도 그 책임이 있는 때에는 그 외부감사인과 해당 회사의 이사 및 감사는 연대하여 손해를 배상하여야 한다.(「신외감법」 제31조 제4항)

감사간의 연대책임, 감사와 이사 간의 연대책임, 감사와 외부감사인 및 이사와의 연대책임에 관해서는 이미 앞에서 언급하였으므로 여기서는 생략한다.

제4절   맺는말[504]

Ⅰ. 감사의 책임과 전제조건

1. 직무수행상의 장애제거

감사는 주주총회에서 선임되는 경영감독기관이고 회사의 수임인이므로 그 임무를 성실히 이행하지 않고 해태한 때에는 당연히 회사에 대해 연대하여 손해배상책임을 져야 하고, 악의 또는 중대한 과실로 그 임무를 해태한 때에는 제3자에 대해서도 역시 손해배상책임을 진다.

이러한 감사의 회사 또는 제3자에 대한 손해배상책임이 그 합리성을 인정받으려면 무엇보다 먼저 적격자가 합리적인 절차를 걸쳐 감사로 선임되고, 그 법적지위를 확실하게 보장받으면서 각종 의무를 이행하고 권한을 행사할 수 있는 제도적·실무적 환경이 조성되야 한다.

그런데 이에 관련된 「상법」, 「자본시장법」, 「신외감법」상의 각 규정은 많은 문제점을 내포하고 있고, 기업실무에서도 감사의 직무수행에는 현실적인 장해사유가 많아 법이 예정하고 있는 본래 기능을 제대로 수행하지 못하고 있다. 즉 감사의 손해배상책임에 있어서는 그 전제요건이 제대로 충족되지 않아 형평성 문제가 제기되고 있다.

---

504 김용범, 전게서, 2017, 755~760면. 김용범, 전게기고문, 내부감사저널, 2017.3., 65~67면.

따라서 감사의 손해배상책임의 합리성을 위해서는 무엇보다도 먼저 기업내부에서 감사의 필요성·독립성 등에 대한 주주와 경영진의 인식전환과 그에 관련된 제도적·실무적인 문제점, 특히 감사의 법적 지위와 의무이행 및 권한행사에 관련된 규정들에 내포되어 있는 각종 문제점을 합리적으로 제거해야 한다.

2. 직무권한행사의 실효성 확보

감사는 회사의 경영감독기능을 담당하는 기관으로서 그 직무수행을 위해서 다양한 권한을 행사할 수 있다. 그렇지만 기업내부에서의 감사의 열악한 지위로 인해 그 권한행사에 있어서 사실상의 장애가 많고, 이로 인해 감사가 적시에 적절한 권한을 행사하는 것 자체가 어려워지고 있다.

그럼에도 불구하고 문제가 발생된 때에는 감사가 그 임무해태에 따른 무거운 책임을 부담해야 한다. 즉, 감사의 권한행사와 그에 관련된 책임사이에는 심한 불균형이 있는 것이다. 따라서 감사의 책임의 적절성을 확보·유지하기 위해서는 먼저 감사의 권한행사상의 실효성을 확보해야 한다.

어느 기업이든 감사가 그 본래의 기능을 효과적으로 수행하고 또한 그 수행과정에서 아무런 현실적인 장애가 없을 때에 비로소 경영진에 대한 효과적인 견제가 가능해지고, 더 나아가 기업경영이 투명해지며 종국적으로는 주주들에게 혜택이 돌아간다. 하나의 조직이 건전하게 지속적으로 발전하기 위해서는 그 내부에 적당한 견제세력과 긴장관계가 있어야 한다.

광범위한 업무영역을 감사가 모두 감시·감독하는 것은 현실적으로 매우 어렵고, 감사의 권한행사에 있어서도 현실적으로 장애가 많다. 이러한 점을 종합적으로 고려할 때, 감사의 효과적인 권한행사는 기업의 건전한 발전과 주주보호에 꼭 필요한 만큼 이를 실질적으로 지원할 수 있는 인적조직 즉, 감사보조 조직과 그에 관련된 제도적 뒷받침이 있어야 한다.

II. 임무해태의 인정범위

감사가 회사 또는 제3자에 대해서 손해배상책임을 지는 이유는 임무해태, 즉 감사가 법이 규정하고 있는 각종 의무의 이행이나 권한의 행사를 하지 아니하거나 게을리한 때문이다. 그런데 문제는 감사의 손해배상책임의 원인이 되는 임무해태의 범위를 어디까지 인정할 것인가 하는 점이다.

이 문제는 단순히 감사의 책임 관련 규정 내에서만 판단할 것이 아니라, 감사의 직무수행과 관계된 법적·실무적 문제와 연계하여 종합적으로 검토해야 한다. 왜냐하면 비록 외형적으로는 감사의 임무해태로 보이더라도 그러한 임무해태가 실제적으로는 감사의 직무수행상의 제도적·실무적인 각종 장애로 인한 것이라면, 이를 근거로 감사에게 법상의 엄격한 손해배상책임을 추궁하는 것은 결코 바람직하지 않다.

감사의 손해배상책임의 원인이 되는 임무해태는 그 범위가 매우 넓다. 따라서 감사가 이사의 위법·부당한 행위에 대해서 감독의무를 다하지 못하였다면 당연히 임무해태에 해당한다. 그렇다면 감사는 이사의 행위를 비롯하여 회사의 경영에 관계된 사항을 감독할 때 어느 정도의 주의를 기울여야 하는가? 이는 무엇보다도 감사의 법적지위를 전제로 하여 판단해야 한다.

따라서 감사의 임무해태 여부는 통상의 **사려 깊은 일반적인 감사**를 전제로 하되 회사의 업종이나 규모와 같은 개별적인 특성을 감안하여 판단해야 하고, 감사의 개인적인 능력·지식·경험 등을 고려해 판단해서는 아니 된다. 이 점에서도 감사의 선임절차 등에 있어서 감사 직무를 제대로 수행할 수 있는 적격자가 선임될 수 있는 제도적 방안의 필요성이 제기 된다.

한편 감사는 회사의 경영감독기관이므로 그 직무를 수행함에 있어서 기울어야 하는 주의도 보통 일반인의 주의보다는 그 정도가 당연히 높을 수밖에 없다. 또한 감사의 주의의무는 그가 속한 회사의 업종이나 규모 등에 따라 그 정도가 다를 수가 있다. 따라서 감사가 그 임무를 수행함에 있어서 필요한 주의를 다 기울였느냐 여부는 이러한 요소들을 종합적으로 고려하여 판단하여야 한다.

참고 _____

감사의 임무해태 유형[505]

① 감사가 직무수행 의사 없이 자신의 인감을 대표이사 등에게 맡긴 경우.
　　(대법원 2008.9.11.선고2006다57278판결, 2008.2.14.선고2006다82601판결).

② 회사에 출근해서 회계장부를 감사하지 않고, 매결산기 재무제표에 관해 그 내용을 조사하지 않은 채 맹목적으로 기명날인한 경우.

③ 감사가 허위 재무제표인 것을 알면서 혹은 부주의로 그 사실을 모르고 재무제표의 적정성을 인정하여 그대로 주주총회를 통과·공고된 경우.

④ 위법배당 의안에 관하여 감사가 조사 의무를 다하지 않고 감사결과 적정·타당 하다는 취지를 주주총회에 보고하여 원안대로 승인된 경우.

⑤ 감사가 정당한 사유 없이 계속적으로 이사회에 출석하지 아니하여 경영진의 분식회계 등 위법행위를 간과하여 방치한 경우.

⑥ 회사의 재무상태가 악화된 상황에서 상당기간 회계 감사를 하지 않거나, 회계 감사를 통해 충분히 회사의 부정행위를 알 수 있었음에도 불구하고 회계감사를 수행하지 않은 경우.

⑦ 감사가 회사의 내부회계관리제도 운영실태 평가를 하지 않은 경우.

⑧ 회사의 내부통제장치에 대한 점검을 실시하지 않은 채 감사보고서 또는 내부 감시장치에 대한 의견서를 작성하여 공시한 경우.

⑨ 외부감사인이 감사(감사위원회)에게 내부통제 취약 또는 특정항목에 의한 이상 징후 경고등을 보고하였음에도 감사(감사위원회)가 이를 아무런 조치 없이 방치한 경우.

⑩ 감사로서 결산서류에 관하여 이사회의 승인이 없었고 법정감사기간도 지켜지지 아니한 사실을 감사보고서에 기재해 넣거나 주주총회에 의견진술 또는 보고를 않은 경우.(대법원 2008.9.11.

_____

505　금감원, 「분식회계 및 부실감사 책임 있는 감사(감사위원)와 회계법인 중간감독자에 대한 조치기준 신설」, 보도자료, 2016. 7. 18. 및 판례와 외부감사 관련 감사 및 감사위원 운영 모범사례 발췌.

선고 2006다57278 판결)

⑪ 이사가 임무를 수행함에 있어서 법령을 위반한 행위를 한 때에는 그 행위자체가 회사에 대하여 채무불이행에 해당되는데 이때 감사가 경영판단의 재량권을 들어 감사의무를 하지 않은 경우.(2007.11.16. 선고 2005다58830 판결).

⑫ 임직원의 전횡이 방치되고 있거나 중요한 재무정보에 대한 감사의 접근이 조직적·지속적으로 차단되고 있는 상황인데도 재무제표의 작성 과정에 의도적·조직적인 분식 시도가 개입되는지 여부에 관하여 일상적인 주의의무를 않은 경우.(2008.9.11.선고 2006다68636 판결)

⑬ 문제된 분식결산이 쉽게 발견 가능한 것이어서 조금만 주의를 기울였다면 허위로 작성된 사실을 알아내 이사가 허위의 재무제표 등을 주주총회 승인받는 것을 저지할 수 있을 경우.(대법원 2008.2.14. 선고 2006다82601 판결, 2008.7.10. 선고 2006다39935 판결)

⑭ 부정행위가 교묘하게 저질러진 것이 아니어서 쉽게 발견할 수 있었을 것인데 아무런 조사도 않은 경우.(대법원 1988.10.25. 선고 87다카 1370 판결)

⑮ 재직기간 동안 한 번도 이사회 소집통지가 이루어지지 않았고 실제로도 이사회가 개최된 적이 없는데, 회사는 이사회를 통해 주주총회 소집, 재무제표 승인을 비롯 하여 유상증자 안건까지 결의한 것으로 이사회 회의록을 작성하고, 그 내용을 계속 하여 공시하였는데도, 이사회에 참석한 바 없어 그 내용이 허위임을 알았거나 알 수 있었던 감사가 한 번도 그 점에 대해 의문을 제기하지 않았고, 유상증자 대금이 회사의 자산과 매출액 등에 비추어 볼 때 규모가 매우 큰데도 감사가 대규모 유상증자가 어떻게 결의되었는지, 결의 이후 대금이 어떻게 사용되었는지 등에 관해 전혀 관심을 기울이지 않았고, 유상증자대금 중 상당액이 애초 신고 된 사용 목적과 달리 사용되었다는 공시가 이루어졌는데도 아무런 의문을 제기하지 않은 경우.(대법원. 2019. 11. 28. 선고. 2017다244115. 판결)

Ⅲ. 책임의 면제 및 감면

「상법」은 감사의 임무해태에 따른 손해배상책임에 대해서 면제될 수 있는 길을 열어주면서 그 요건으로 총주주의 동의를 규정하고 있다. 그러나 앞에서 '총주주의 동의에 의한 책임면제에 대한 문제점' 항목에서 지적한 바와 같이, 소규모 가족 회사를 제외한 주식회사 특히 주식이 일반대중에 분산되어 있는 상장회사의 경우에는 총주주의 동의를 얻는 것 그 자체가 불가능하다. 이 점에서 이 규정은 사실상 책임면제를 인정하지 않는 것과 다름이 없으므로 아무런 실효성이 없다.

이에 반해 가족회사나 소규모 폐쇄회사의 경우에는 1인 주주나 소수의 몇몇 주주가 주식의 대부분을 소유하는 것이 통상이므로 총주주의 동의에 의하더라도 쉽게 책임을 면제할 수 있을 것이다. 특히 폐쇄회사의 경우에는 이사나 감사는 지배주주의 지위를 겸하는 것이 대부분이므로 총주주의 동의에 의한 책임면제란 결과적으로 자신(이사 또는 감사)의 책임을 자신(지배주주)이 면제해 주는 것이 된다.

이처럼 총주주의 책임면제는 공개회사의 경우에는 현실적으로 불가능하다는 점에서, 폐쇄회사의 경우에는 책임면제가 너무 용이하고 책임의 이른바 "자기면제"라는 점에서 양쪽 모두 문제가 있다. 이와 같이 책임면제 및 감면제도는 유착관계에 있는 대주주 및 이사에 의해 남용될 소지가 매우 크다. 그럼에도 불구하고 우리 「상법」에는 남용의 방지 내지는 통제하는 제도가 불비되어 있다.

舊「상법」에서는 이사 및 감사의 책임면제를 주주총회의 특별결의로 가능하도록 하되, 면제하는 결의가 이루어졌더라도 소정의 소수주주(3월 이상 발행주식총수의 100분의 10 이상을 가진 주주)는 회사에 당해 이사를 상대로 소를 제기할 것을 청구할 수 있도록 하였다.(舊商 제245조 제1항 제4호 및 제2항) 즉 이사 및 감사의 책임 면제도 다수결에 맡기되, 불공정한 면제를 견제하는 장치를 둔 것이다.

따라서 감사의 책임 감면 및 면제 제도의 남용 문제를 해결하기 위해서는 상기의 舊 商法상의 이사 및 감사의 책임감면제도나 의안을 주주에게 공고·통지하여 1월 이상 이의를 제출할 기회를 준 후에(「일본 회사법」 제426조 제3항), 의결권 있는 발행주식총수의 100분의 3이상의 주주가 이의를 제기하면 책임을 면제할 수 없도록 한 일본의 이사 및 감사의 책임감면제도는 입법론적으로 참고할 만하다.

참고

일본의 책임경감의 남용 방지제도

일본의 경우는 남용을 예방하기 위하여 이사가 주주총회에 경감을 위한 의안을 상정할 때에 감사 또는 감사위원회의 동의를 얻도록 하며(「일본 회사법」 제425조 제3항, 제426조 제2항), 이 의안을 주주에게 공고·통지하여 1월 이상 이의를 제출할 기회를 주도록 한다.(「일본 회사법」 제426조 제3항) 그리하여 의결권 있는 발행주식총수의 100분의 3이상의 주주가 이의를 제기하면 책임을 면제할 수 없도록 하였다.(「일본 회사법」 제426조 제5항)

한편 이사 및 감사의 책임 면제 및 감면제도는 회사재산의 방기(放棄)를 허용하는 것이므로 회사채권자에게는 매우 불리한 제도이다. 특히 1인 회사의 경우 남용의 가능성이 매우 크다. 앞에서 '총주주의 동의에 의한 책임면제에 대한 문제점' 항목에서 적시한 바와 같이, 독일의 「주식법」에서는 이사 및 감사에 대한 손해배상채권을 포기하더라도 회사채권자에 대하여는 이사 및 감사의 채무가 소멸하지 않는 것으로 규정하고 있다.(§93 Abs. 5Satz 3 AktG) 이 같은 규정은 우리나라도 참고할 만한 입법례이다.

IV. 책임의 제한과 그 보완책[506]

현행 법제상 감사의 임무해태에 따른 회사에 대한 손해배상책임은 분명 과중하므로 일정한 제한을 가하여야 한다. 그러나 감사의 회사에 대한 책임을 일정한 한도로 제한한다고 하여 모든 문제가 해결되는 것은 아니다. 감사가 회사에 대해서 책임을 져야 하는 부분은 그에

---

506 김용범, 전게서, 2017, 760면.

상당하는 실질적인 배상이 이루어져야만 비로소 주주 및 채권자들의 이익을 침해하지 않기 때문이다.

따라서 주주 및 채권자의 이익을 침해하지 않으면서 유능한 인재를 감사직에 유인하는 한편 감사의 직무수행에 대한 안전장치를 확보하고 이사나 감사들의 부당하거나 과도한 책임으로부터 구제하는 수단으로서 미국에서 시행하고 있는 감사에게 부과하는 소송비용, 변호사비용, 제3자에 대한 손해배상액, 벌금 등에 대하여 회사가 일정한 조건 아래서 이사와 감사를 위하여 대신 지급해 주는 「**회사보상제도(Indemnification)**」의 도입에 대해 적극 검토할 필요가 있다.

아울러 주주가 대표소송을 제기하는 궁극적인 목적은 임원의 책임을 추궁함으로써 회사가 입은 손해를 塡補 받는 것이다. 그러나 손해배상이 인정되는 경우, 임원이 지급해야 하는 손해배상액은 거액이기 때문에 개인적으로 지급은 불가능하다. 이에 주주대표소송 등에 의한 책임추궁을 두려워하여 임원에의 취임을 꺼려하는 자를 안심시키고, 그 임원으로 하여금 책임추궁의 공포로부터 벗어나 위축되지 않고 대담한 경영을 하도록 하는 것이 회사의 이익과 사회적인 이익을 증대하는 것이다.

따라서 회사의 이사나 감사가 업무상 과실로 인하여 회사나 제3자에게 손해를 준 것으로 인하여 주주, 제3자로부터 손해배상청구를 받는 경우에 회사 임원이 개인적으로 부담해야 하는 손해배상금이나 소송비용 등이 보험금으로 해결하는 「**임원배상책임보험제도**」를 활용하는 방안이 먼저 마련되어야 한다.

V. 책임의 시효[507]

감사의 제3자에 대한 책임은 법정책임이므로 회사에 대한 책임과 마찬가지로 10년의 소멸시효에 걸린다.(「민법」 제162조 제1항)[508]

---

507 이철송. 전게서. 박영사. 2021. 820면
508 대법원, 2008.1.8. 선고, 2005다65579. 판결.

제6장

감사위원회

제1절 총설

　현행 감사위원회제도는 1997년의 IMF 외환위기를 극복하는 과정에서 기존의 감사가 경영감독기관으로서의 그 기능을 다하지 못했다는 판단[509]하에 대체적인 경영감독기구로 도입된 제도이다. 즉 「상법」은 회사의 감사기구로 감사를 원칙으로 하면서, 그를 대체할 수 있는 기구로 이사회 내부의 위원회 중의 하나인 감사위원회를 둘 수 있도록 허용하였다.(「상법」 제415조의2 제1항)

　그리고 상장회사에 대한 특례규정에 의해 일정규모 이상의 상장회사에 대해서 감사위원회의 설치를 의무화(「상법」 제542조의11 제1항, 「동법시행령」 제16조 제1항)하면서 그 구성원의 3분의2 이상을 사외이사로 구성할 것과 감사위원 중 1인 이상은 반드시 회계 또는 재무전문가일 것(「상법」 제542조의11 제2항 제1호)을 요구하고 있다.

　이처럼 「상법」이 미국의 감사위원회제도를 도입한 것은 ① 기업지배구조 개선작업의 실효성을 확보하고,[510] ② 기업경영의 투명성을 고양하며,[511] ③ 감사업무의 효율성과 전문성을 제고[512]하기 위함이었다. 그러나 감사위원회제도는 도입 당시부터 많은 비판을 받았고,[513] 소유구조의 왜곡으로 인해서 소유와 경영이 제대로 분리되지 못한 우리나라의 기업현실로 인해 그 정착에 많은 어려움을 겪고 있다.[514]

509　김용범, 전게서, 2017, 761면. 이철송, 전게서, 박영사, 2021, 884면. 정준우, 전게서, 107면.

510　IMF 외환위기 전까지 우리나라 기업의 고질적인 병폐였던 특정기업집단에의 경제력 집중, 기업의 선단식 경영, 대주주의 전횡, 재무구조의 취약성, 내부통제체제 및 외부감사체제의 형식화 등의 문제를 종합적으로 해결하기 위해서는 기업의 지배구조 그 자체를 근본적으로 개선해야 했고, 이를 위해서는 무엇보다도 새로운 내부통제 및 감독기관이 필요했다. 김용범, 전게서, 2017, 761면. 정준우, 전게서, 108면.

511　우리나라에서는 대주주와 그의 특수 관계자가 경영감독기관인 이사회를 장악하여 지휘, 통제하여 왔고(강희갑, 「한국 주식회사법상 지배구조의 문제점과 개선방향」, 한국상장회사협의회, 1990, 103~104면), 이러한 소유와 경영의 유기적 일체화에 따른 대주주 및 소수경영진들의 전횡과 독단 그리고 그에 따른 기업　경영의 투명성 결여가 IMF 외환위기의 주범으로 인식됐기 때문이다. 권종호, 전게서, 한국상사법학회 상사법연구 제19권 제3호, 2001, 100면), 김용범, 전게서, 2017, 761면. 정준우, 전게서, 108면.

512　이사회가 그 본래기능을 제대로 수행하려면 경영정책의 수립. 집행에 있어서 필요할 때마다 수시로 개최하여야 하는데, 이는 현실적으로 쉬운 일이 아니다. 그런데 이사회 내에 각종 위원회를 설치하여 그러한 사항을 전문성을 갖춘 소수의 이사로 하여금 처리하게 하면 업무처리의 효율성. 객관성. 전문성을 확보할 수 있다.(나승성, 「기업지배구조론」, 자유, 2000, 118면. 김용범, 전게서, 2017, 761면. 홍복기, 「이사회의 위원회에 관한 연구」, 경제법, 상사법논총, 1989, 403면. 정준우, 전게서, 108면.

513　김용범, 전게서, 2017, 762면. 정준우, 전게서, 108면.

514　김용범, 전게서, 2012, 436면 및 2017, 762면. 김순석, 「미국 기업개혁법의 주요 내용과 우리나라에 대한 시사점」, 한국상장회사협의회, 2003, 136면. 정준우, 전게서, 109면.

우리나라의 기업의 소유구조는 특정한 대주주에게 집중되어 있음에 비해 미국의 경우에는 기업지배구조 자체가 소유의 분산과 소수주주를 보호하는 법제도에 그 근간을 두고 있기 때문이다.[515] 또한 감사위원회는 사외이사를 근간으로 하여 구성되는데 우리나라에서는 미국의 「**내부감사(Internal Auditor)제도**」나 「**내부통제(Internal Control)제도**」 그리고 「**감사 보조조직**」이 제대로 구축되어 있지 않기 때문에 현실적으로 사외이사가 미국에서와 같이 경영감시 기능을 제대로 수행하지 못하고 있기 때문이다.[516]

이와 같이 **감사위원회제도**는 비록 여러 가지의 문제점을 내포하고 있지만, 현행법상 감사위원회는 이사회 내부의 **자기시정기관**으로서 각종 의무를 이행하고 권한을 행사하는데, 만약 감사위원회가 그러한 의무와 권한을 적시에 이행하지 못하거나 행사하지 못하면 엄격한 제재를 부담하게 하는 등 점차 주식회사의 **경영감시기구 내지 경영감독기구**로서 그 자리를 잡아가고 있다.[517]

최근 투자의 대규모화로 리스크관리의 중요성이 부각되면서 이사회에서 의사결정 단계에서부터 이른바 **예방(사전)감사**의 중요성이 강조되고 있고, 또한 외국인 주주의 급증과 함께 회사지배구조의 선진화 및 국제화가 강하게 요구되는 상황에서 국내시장에서 보다 국제시장에서의 경쟁에 사운을 걸고 있는 대형 상장회사의 경우에는 감사기구로서 국제적으로 이미 보편화된 감사위원회의 설치를 의무화하도록 한 것은 국제환경 변화를 감안할 때, 나름대로 타당한 것으로 여겨진다.

다만, **회사지배구조**란 기업의 소유구조와 자본시장의 발달정도에 많은 차이가 나고 그리고 기업의 규모나 사업의 내용 등에 따라 다를 수밖에 없다는 점에서 **다양성을 그 본질**로 하는데, 현행 「상법」의 특례규정처럼 일정규모 이상의 대형 상장회사에 대하여 일률적으로 감사위원회 설치를 강제하는 것이 과연 바람직한지에 관해서는 재고의 여지가 있는 것으로 생각된다.[518]

그러나 감사위원회의 장점은 감사위원회의 구성원인 사외이사들이 대부분 임원추천위원회를 구성하고 있으므로,[519] 사실상 대표이사에 대한 인사권을 갖고 있다는 점이다. 따라서 감사위원회의 감사결과 여하에 따라 이사회가 인사권을 발동할 수도 있으므로 독임제감사보다 독립적인 감사를 할 수도 있다. 다만 우리나라와 같이 감사위원회의 산하에 「내부감사(Internal Auditor) 제도」나 「내부통제(Internal Control) 제도」 그리고 감사보조 조직을 구비하지 않은 상황에서는 감사의 효율성을 기대하기 매우 어렵다.

---

515 김용범, 전게서, 어울림, 2012, 436면 및 2017, 762면. 김순석, 「미국 감사위원회제도의 최근동향과 시사점」, 상법학전망(논문집), 2003, 239면. 정준우, 전게서, 109면.

516 김용범, 전게서, 어울림, 2012, 436면 및 2017, 762면. 정준우, 전게서, 109면.

517 김용범, 전게서, 어울림, 2012, 436면 및 2017, 762면. 정준우, 전게서, 109면.

518 김용범, 전게서, 어울림, 2012, 436면 및 2017, 762면. 권종호, 전게서, 169~170면.

519 사실상 대표이사에 대한 인사권을 갖고 있다는 점이다. 김용범, 전게서, 2017, 762면. 김건식, 전게서, 박영사, 2014, 502면.

감사위원회에 대한 회의론[520]

학계에서는 아직 감사위원회가 과연 기존 감사에 비하여 보다 효과적으로 작동할 수 있는 기관인지에 대해서 회의론이 존재한다. 회의론의 근거는 대체로 아래와 같이 세 가지를 꼽을 수 있다.

① 이른바 자기감사의 문제다. 즉 이사회 구성원으로서 이사회 의사결정에 참여한 감사위원인 이사가 그 의사결정에 대해서 제대로 감사를 하는 것은 자기감사에 해당한다는 것이다.

② 이사회 하부기관에 불과한 감사위원회가 이사의 직무를 제대로 감독할 것을 기대할 수 없다는 주장이다.

③ 현실론으로서 주로 비상근 사외이사로 구성되는 감사위원회가 제대로 감사업무를 수행할 수 없다는 주장이다.

 제2절 감사위원회의 설치 근거

Ⅰ. 이사회 내 위원회

감사위원회는 감사에 갈음하여 설치되는 것으로서 기능면에서는 기존의 감사와 동일한 기능을 수행하지만, 회사조직의 면에서는 감사는 주식회사의 기관인데 반해 감사위원회는 이사회 내의 위원회의 하나에 불과하다.(「상법」 제415조의2 제1항) 따라서 「상법」은 감사위원회의 고유한 사항에 관해서는 따로 규정을 두고 있지만, 감사위원회의 운영에 관해서는 이사회 내 위원회에 관한 규정을 대부분 그대로 준용하고 있다.

이 위원회제도는 1999년 「상법」개정에서 감사위원회와 함께 도입된 것인데, 주지하다시피 미국에서 보편화된 제도로서 원래 사외이사의 전문성을 살리기 위한 것이다. 우리나라의 경우에는 현행 「상법」규정에 일반적인 위원회는 사외든 사내이든 불문하고 2명 이상의 이사로 구성(「상법」 제393조의2 제3항)하면 되므로 이렇게 볼 수만은 없다.[521]

그러나 우리나라는 2009년 「상법」 개정을 통해 감사위원회만은 동 규정에도 불구하고 3명 이상의 이사로 구성하고, 사외이사가 3분의2 이상(「상법」 제415조의2 제2항)을 차지하도록 하여 당초 감사위원회 제도의 도입 취지인 사외이사의 전문성과 독립성을 살리려고 많은 노력을 하였다.

위원회제도는 원래 기업의 규모가 크고 이사의 수가 많은 회사에 있어서 이사회가 다수의 이사로서 구성됨으로써 회의체로서 제 기능을 발휘하지 못하는 것을 개선하기위하여 소수의 이사로 구성되는 위원회에 이사회의 권한을 위임할 수 있도록 한 것, 즉 **이사회의 「회**

---

520 김용범, 전게서, 2017, 763면, 김건식 외 2인, 전게서, 박영사, 2021, 537~538면.

521 김용범, 전게서, 2012., 437면 및 2017, 764면, 권종호, 전게서, 173면.

의체로서 기능의 효율화」를 도모하기 위해 도입한 것이다.[522]

감사위원회제도는 「상법」 제415조의 2의 일반규정에 따라 설치하는 '**일반감사위원회**' 제도와 제542조의11 및 제542조의12의 상장회사에 대한 특례규정에 따라 설치하는 '**특례감사위원회**'제도,[523] 그리고 「금융지배구조법」 제19조의 적용을 받는 '**금융감사위원회**'제도와 「공공기관운영법」 제20조에 따라 설치하는 '**공공감사위원회**'제도로 구분할 수 있다.

II. 일반감사위원회

일반감사위원회란 「상법」 제415조의2에 의거 설치되는 감사위원회를 말한다. 「상법」 제415조의2는 모든 주식회사에 적용되는 일반규정이다. 그래서 이 규정에 의거하여 설치되는 감사위원회를 "**일반감사위원회**"라 부른다.

「상법」에 의하면, 회사는 정관이 정하는 바에 따라 감사에 갈음하여 일반감사위원회를 설치할 수 있으며, 이때에는 감사를 따로 둘 수 없다.(「상법」제415조의2 제1항) 즉, 일반감사위원회는 정관의 정함이 있을 때에 한해 설치할 수 있으며, 정관에 정함이 없으면 기존의 독임제감사를 두어야 한다.

그런 의미에서 「상법」은 기존의 독임제감사를 원칙으로 하되, 정관의 정함이 있을 경우에 한해 일반감사위원회를 둘 수 있도록 한 것이고, 이때에는 감사기구가 중복되므로 감사를 따로 둘 수 없도록 한 것이다. 「상법」의 일반규정에서는 이처럼 일반감사위원회의 설치를 정관자치에 의한 회사의 재량사항으로 하였다.

일반감사위원회에 대하여는 제1편 – 제6장 – 제2절 – II. – 2. – 나. '일반감사위원회 제도' 항목에서 자세히 기술하였으므로 이곳에서는 생략한다.

III. 특례감사위원회

특례감사위원회란 「상법」 제542조의11 및 제542조의12에 의거 설치된 감사위원회를 말한다. **상장회사에 대해서만 적용되는 특례규정**이다. 그래서 이 규정에 의해서 설치되는 감사 위원회를 '**특례감사위원회**'라 부른다.

감사위원회제도에 관해서는 「상법」에서 일반규정과 특례규정으로 각각 구분하여 규정하고 있는데, 그 내용면에서 상당한 차이가 있다. 즉 감사위원회 설치에 관해 일반규정에서는 회사의 자율에 맡기고 있는 데 반해, 특례규정에서는 일정규모이상 회사에 대하여 그 **설치를 의무화**하고 있으며, 감사위원의 자격 및 선·해임 절차에 관해서도 일반규정에 비해 **상당히 엄격한 내용**으로 되어있다.[524]

즉 최근 사업연도 말 현재 자산총액이 2조 원 이상인 상자회사의 경우에는 특례감사위원회를 반드시 설치하도록 의무화하고 있다.(「상법」 제542조11 제1항, 「동법시행령」 제16조 제1항)

---

522 김용범, 전게서, 2012, 437면 및 2017, 764면. 권종호, 전게서, 174면.

523 김용범, 전게서, 2012, 437면 및 2017, 764면. 김재호, 전게연재서, 80면.

524 김용범, 전게서, 2012, 438면 및 2017, 765면. 권종호, 전게서, 177면.

따라서 이러한 회사의 경우에는 법률에 의해 그 설치가 강제되므로 정관으로 그 설치를 배제하는 것은 허용되지 않는다.

물론 이 경우에도 감사를 특례감사위원회와 별도로 유지할 수 없다. 다만 상장회사 중 특례감사위원회의 설치가 의무화되지 않는 회사라도 정관으로 특례감사위원회를 둘 수 있음은 말할 필요가 없다.[525]

특례감사위원회는 일반감사위원회의 자격 요건을 갖추는 것 외에 몇 가지 요건을 더 갖추어야 하고, 일반감사위원회 보다 엄격한 절차를 거쳐 설치되어야 한다. 이는 특례감사위원회의 기능을 제고하고 독립성을 강화하기 위한 요건과 절차들이다.

특례감사위원회에 대하여도 제1편-제6 -제2 -Ⅱ.-2.-다. '특례감사위원회 제도' 항목에서 자세히 설명하였으므로 이곳에서는 생략한다.

Ⅳ. 금융감사위원회

금융감사위원회에는 설치 준거 법규에 따라 ① 개별 금융업법 또는 「금융회사 지배구조에 관한 법률」(이하 '금융지배구조법'이라 함)에 의한 금융감사위원회(**개별금융감사위원회**), ② 특례규정에 의한 금융감사위원회(**특례금융감사위원회**), ③ 일반규정에 의한 금융감사위원회(**일반금융감사위원회**)의 3가지 종류의 감사위원회가 있다.[526]

개별금융감사위원회는 은행 및 일정 규모 이상의 금융회사는 「금융지배구조법」 등에 따라 「상법」 제415조의2에 의한 "개별금융감사위원회"를 의무적으로 설치하여야 하며, 특례금융감사위원회는 상장회사로서 최근 사업연도 말 현재의 자산 총액이 2조 원 이상인 금융회사는 「상법」 "상장회사에 관한 특례규정"에 의한 "특례금융감사위원회"를 설치하여야 한다.(「상법」 제542조의11 및 제542조의12)

또한 일반금융감사위원회는 개별금융감사위원회 또는 특례금융감사위원회의 설치의무가 없는 금융회사가 자율적으로 정관에 감사위원회 설치에 관한 근거규정을 마련한 후 "일반금융감사위원회"를 설치할 수 있다.(「상법」 제415조의2)

금융회사별 금융감사위원회의 도입 기준과 금융감사위원회의 설치 및 구성, 금융감사위원의 자격 요건과 선임 및 해임, 금융감사위원회의 권한과 운영 그리고 금융감사위원회의 채택 대상에 관하여는 제1편-제6장-제2절-Ⅱ.-2.-라. '금융감사위원회 제도' 항목에서 자세히 설명 하였으므로 이곳에서는 생략한다.

Ⅴ. 공공감사위원회

공공감사위원회란 「공공기관운영법」 제20조 의거 설치되는 감사위원회를 말한다. 「공공기관운영법」 제20조는 공공기관(공기업, 준정부기관)에 적용되는 특별규정이다. 그래서 이 규정에 의거하여 설치되는 감사위원회를 "**공공감사위원회**"라 부른다.

525 김용범, 전게서, 2012, 438면 및 2017, 765면. 권종호, 전게서, 178면.
526 김용범, 전게서, 2012, 439면 및 2017, 766면.

시장형 공기업과 자산규모가 2조 원 이상인 준시장형 공기업에는 「동법」 제24조 제1항에 따른 감사를 가름하여 「동법」 제20조 제1항에 따른 위원회로서 감사위원회를 설치하여야 하며, 자산규모가 2조 원 미만인 준시장형 공기업과 준정부기관은 다른 법률규정에 따라 감사위원회를 설치할 수 있다.(「동법」 제20조 제2항 및 제3항)

공공감사위원회에 대하여도 제1편-제6장-제2절-Ⅱ.-2.-마. '공공감사위원회제도' 항목에서 자세히 설명하였으므로 이곳에서는 생략한다.

제3절 감사위원회의 법적 지위

Ⅰ. 필요적 기관

「상법」상 회사는 회사업무를 감사하기 위한 기관으로서 자유로운 선택에 따라서 감사를 두거나 혹은 정관이 정하는 바에 따라 감사에 갈음하여 「상법」 제393조의2의 규정에 의한 위원회로서 감사위원회를 설치할 수 있다.(「상법」 제415조의2 제1항) 즉, 회사의 정관에 감사위원회를 설치한다는 규정이 없는 경우에는 독임제감사제도를 채택한 것으로 된다.[527] 단, 감사위원회를 설치한 경우에는 감사를 둘 수 없다.(「상법」 제415조의2 제1항)

회사의 정관에 따라 설치한 주식회사의 감사위원회는 감사와 마찬가지로 필요적기관이다.[528] 감사위원회가 설치된 경우 이는 주식회사의 감사기관으로서 기능하며, 주주총회, 이사회 및 대표이사와 함께 **필요적기관**을 구성한다. 「상법」상 감사위원회는 회사가 자율적으로 정관의 규정에 따라 둘 수 있는 것과 그 설치가 법률상 강제되는 경우가 있다.

즉, 「상법」상 상장회사에 대한 특례규정(이하 "특례규정"이라 함)에 의하면 최근 사업연도 말 현재 자산총액이 2조 원 이상인 상장회사에 대해서는 감사위원회를 반드시 설치하도록 강제하고 있고(「상법」 제542조의11 제1항, 「동법시행령」 제16조 제1항), 「금융지배구조법」 및 「공공기관운영법」등에 따른 금융기관/공공기관에 대해서도 감사위원회의 설치를 의무화하고 있다.(「금융지배구조법」 제16조 및 「공공기관운영법」 제20조 등)

Ⅱ. 회의체 기관

「상법」상 감사는 주주총회에서 선임되고, 감사의 인원수에 대해 「상법」상 제한이 없기 때문에 1인 이상이면 되고, 감사가 복수로 선임되어도 무방하다. 다만, 감사가 2인 이상인 경우에도 감사는 단독기관으로서 각자 독립하여 그 업무를 수행할 수 있다. 이에 반하여 감사위원회는 3인 이상의 이사로서 구성하여야 하는 **회의체기관**(「상법」 제415조의2 제2항)인

---

527 김용범, 전게서, 2012, 440면 및 2017, 767면. 권종호, 전게서, 177면. 이철송. 전게서. 박영사. 2021. 885면.

528 김용범, 전게서, 2012, 440면 및 2017, 767면. 강희주, 「감사와 감사위원회의 각종 소제기권의 법리적 차이」, 상장회사감사회회보 (제106호), 2008, 2면.

데, 이는 감사위원회의 독립성과 효율성을 기하기 위한 것이다.

「상법」상의 감사위원회는 이사회 안의 소위원회 중의 하나로서, 감사위원은 이사회가 이사 중에서 선임한다고 해석된다.[529](「상법」 제393조의2 제2항 제3호) 다만, 「상법」상 특례규정에서는 감사위원은 사내이사인 경우와 사외이사인 경우 모두 주주총회에서 선임하도록 하고 있다.(「상법」 제542조의12 제1항)

감사위원회는 총 위원의 3분의2 이상은 사외이사로 구성하여야 한다.(「상법」 415조의2 제2항, 제542조의11 제2항) 감사위원의 해임은 일반규정감사위원의 경우 이사회에서 이사 총수의 3분의2 이상의 결의로 할 수 있다.(「상법」 제415조의2 제3항) 다만, 특례규정 감사 위원의 경우 주주총회의 결의로만 할 수 있다.(「상법」 제542조의12 제1항)

일반규정에 의한 감사위원은 감사위원의 지위에서 해임되더라도 감사위원으로서 지위를 잃을 뿐 이사의 지위는 그대로 유지된다. 따라서 이사의 지위까지 박탈하려면 다시 주주총회의 해임결의를 하여야 함은 말할 필요가 없다.[530] 이에 반하여 특례규정에 의한 감사위원의 경우 주주총회에서 특별결의로서만 해임할 수 있다. 그 경우 이사와 감사위원의 지위를 모두 상실한다.(「상법」제415조, 제385조, 제434조, 제542조의 12 제3항)

III. 상설적 기관

「상법」상 감사위원회는 감사와 마찬가지로 이사의 직무집행을 감사(「상법」 제412조 제1항, 제415조의2 제7항)하고, 언제든지 이사 또는 자회사에 대하여 영업에 관한 보고를 요구하거나 회사 등의 재산 상태를 조사할 수 있다.(「상법」 제412조 제2항, 제412조의5 제1항 및 제2항, 제415조의2 제7항)

감사위원회는 회사에 현저한 손해를 미칠 수 있는 사실에 대해 이사로부터 보고를 받으면(「상법」 제412조의2, 415조의2 제7항), 그 보고를 기초로 사실을 확인하고, 그 사실이 이사의 법령 또는 정관에 위반하는 행위로 인한 때에는 그 사실을 이사회 또는 주주총회에 보고하고 의견을 진술할 수 있다.(「상법」 제391조의2 제1항 및 제2항, 제412조의3 제1항 및 제2항, 제412조의4 제2항)

그리고 감사록(「상법」 제413조의2 제1항), 감사보고서(「상법」제 447조의4 제1항, 제542조의12 제6항)를 작성·제출하는 등의 선량한 관리자로서의 주의의무를 부담하고(「상법」 제415조, 제382조 제2항, 「민법」 제681조), 임시총회의 소집을 청구(「상법」 제412조의3 제1항 및 제2항)할 수 있는 등 **상설적인 기관**으로서의 지위를 가진다.[531]

IV. 직무감사기관

감사위원회도 감사와 마찬가지로 이사의 일체의 직무집행을 감사하는 권한을 가진다.(「상

529 김용범, 전게서, 2012, 441면 및 2017, 768면. 손주찬, 정동윤, 「주석 상법」, 회사(3), 2003, 35면. 권종호, 전게서, 182면. 강희주, 전게연재서, 2면.

530 김용범, 전게서, 2012, 441면 및 2017, 768면. 권종호, 전게서, 184면. 강희주, 전게연재서, 2면.

531 김용범, 전게서, 2012, 441면 및 2017, 768면. 강희주, 전게연재서, 2면.

법」 제412조 제1항, 제415조의2 제7항) 이러한 **직무감사권**은 **업무감사권과 회계감사권을 포함**하고, 이사 및 이사회의 권한사항에 대해 감사권한이 미친다. 감사위원회가 직무집행의 감사를 위해 필요한 경우에는 회사의 비용으로 전문가의 조력을 구할 수 있다.(「상법」 제412조 제3항, 제415조의2 제7항)

감사위원회의 감사결과에 대한 의견은 이사회에 대한보고(「상법」 제391조의2 제1항 및 제2항, 제415조의2 제7항), 유지청구(「상법」 제402조, 제415조의2 제7항), 주주총회에서 의견진술(「상법」 제413조, 제415조의2 제7항), 감사록의 작성(「상법」 제413조의2, 제415조의2 제7항), 감사보고서의 작성 및 제출(「상법」 제447조의4 제1항, 제415조의2 제7항, 제542조의12 제6항) 등을 통해 표명할 수 있다.

모회사의 감사위원회는 그 직무를 수행하기 위하여 필요한 경우에는 자회사에 대하여 영업의 보고를 요구할 수 있다.(「상법」 제412조의5 제1항, 제415조의2 제7항) 자회사가 모회사의 감사위원회의 보고 요구에 지체 없이 응하지 아니할 때 또는 보고의 내용을 확인할 필요가 있는 때에는 자회사의 업무와 재산상태를 조사할 수 있다.(「상법」 제412조의5 제2항, 제415조의2 제7항)

제4절 감사위원회와 감사의 비교[532]

감사위원회는 감사와 동일한 권한과 지위를 갖지만, 다음과 같은 법적 차이를 보인다.

Ⅰ. 법적 위상

감사는 주주총회에서 선임하나, 감사위원은 「상법」상 특례규정에 의한 대규모상장회사를 제외하고는 원칙적으로 이사 중에서 이사회가 선정한다. 선임주체의 면에서 본다면 감사위원이 감사에 비해 법적 위상이 높다고 할 수 없다.

Ⅱ. 지위의 독립성

감사는 주주총회에서 선임되는 결과 업무집행기구(이사회, 대표이사)와 대등한 지위를 가지므로 최소한 법상으로는 업무집행기구와의 관계에서 독립성을 가지고 있다고 할 수 있다. 이에 대해 감사위원은 대규모 상장회사를 제외하고는 피감사자인 이사회가 선임 및 해임하고 감독권을 가지므로 이론상 이사회에 대해 완전한 독립성을 가질 수 없다.

Ⅲ. 지위의 중립성

감사는 업무집행기관에 대한 관계에서는 타인기관이므로 업무집행기관의 업무수행을 객

---

532 김용범, 전게서, 2012, 442~443면 및 2017, 769~770면. 이철송. 전게서. 박영사. 2021. 884~885면.

관적인 입장에서 감사할 수 있으나, 감사위원회는 기본적으로는 이사회의 구성원으로서 이사회의 업무집행 결정에 관여하는 바, 자기가 관여하여 결정한 업무의 집행행위를 감사하므로 감사할 사안에 관한 시각의 객관성에 한계가 있을 수밖에 없다.

감사위원회는 이상에서 보듯, 이론적으로는 감사기능의 실효성의 면에서 현행 독임제감사제도를 능가할 수 없다는 결론을 낼 수밖에 없다. 감사위원회는 IMF에 의해서 도입되었으며, 미국제도라고 소개되고 있으나, 미국에서 조차도 일반적으로 강제되는 제도가 아니고, 기업이 자율적으로 채택하고 있는 제도이다.

단 상장회사에서는 감사위원회를 둘 것을 의무화하고 있으나, 이는 미국회사의 기관구조상 우리의 감사와 같은 전문적인 감사기구가 없으므로 객관화된 감사기구의 설치가 필요하다면 당연히 감사위원회와 같은 형태의 기구를 강요할 수밖에 없다.[533] 이러한 점을 고려할 때 감사 및 감사위원회 제도의 합리적 정립을 위한 신중한 재검토가 요망된다.

제5절 감사위원회 설치

감사위원회제도에 관해서는 「상법」의 일반규정과 특례규정에서 각각 달리 규정하고 있는데, 그 내용 면에서는 상당한 차이가 있다. 즉 감사위원회의 설치에 관해 일반규정에서는 회사의 자율에 맡기고 있는데 반해, 특례규정에서는 일정규모 이상의 회사에 대해 그 설치를 의무화하고 있으며, 감사의 자격 및 선·해임 절차에 관해서도 특례규정은 일반규정에 비해 상당히 엄격한 내용으로 되어 있다.

Ⅰ. 감사위원회 설치 개요

「상법」에 의하면 회사는 정관이 정하는 바에 따라 감사에 갈음하여 감사위원회를 설치할 수 있으며, 이때에는 감사를 따로 둘 수 없다.(「상법」제415조의2 제1항) 즉 감사위원회는 정관에 정함이 있을 때에 한해 설치할 수 있으며, 정관에 정함이 없으면 기존의 독임제감사를 두어야 한다. 그런 의미에서 「상법」은 기존의 독임제감사를 원칙으로 하되, 정관에 정함이 있을 경우에 한해 감사위원회를 둘 수 있도록 한 것이고, 이때에는 감사기구가 중복되므로 독임제감사를 따로 둘 수 없도록 한 것이다.

「상법」의 일반규정의 경우에는 이처럼 감사위원회의 설치는 「定款自治」에 의한 회사의 재량사항이나 특례규정의 경우에는 그러하지 않다. 즉 사업연도 말 현재의 자산총액이 2조 원 이상인 상장회사의 경우에는 감사위원회를 반드시 설치하도록 의무화하고 있다.(「상법」제542조의11 제1항, 「동법 시행령」제16조 제1항)

은행 및 일정규모 이상 금융회사는 「상법」 제393조의2에 따른 이사회 내 위원회로서 감

---

533 김용범, 전게서, 2012, 443면 및 2017, 770면. 이철송, 전게서, 박영사, 2021, 885면.

사위원회를 설치하여야 하며(「금융지배구조법」 제16조 제1항, 「동법 시행령」 제6조 제3항), 그리고 시장형 공기업과 자산규모 2조 원 이상인 준시장형 공기업에는 「공공기관운영법」 제24조 제1항에 따른 감사를 갈음하여 「동법」 제20조 제1항에 따른 위원회로서 감사위원회를 설치하도록 의무화하고 있다.(「공공기관운영법」 제20조 제2항)

따라서 이러한 회사의 경우에는 법률에 의해 그 설치가 강제되므로 정관으로 그 설치를 배제하는 것은 허용되지 않는다. 물론 이 경우에도 감사를 감사위원회와 별도로 유지할 수 없다. 다만 금융회사, 공공기관, 상장회사 중 감사위원회의 설치가 의무화되지 않은 회사라도 정관으로 감사위원회를 설치할 수 있음은 말할 필요가 없다.

II. 감사위원회의 구성

1. 감사위원의 수

감사위원회는 3인 이상의 이사로 구성되어야 한다.(「상법」 제415조의2 제2항) 따라서 자본 총액이 10억 원 미만인 회사로서 이사가 1인 또는 2인인 회사(「상법」 제383조 제1항)의 경우에는 감사위원회란 존재할 수 없다. 이사가 3인인 경우에는 이론적으로 감사위원회 설치가 가능하지만, 그렇게 되면 업무를 집행하는 이사와 이를 감사하는 감사위원이 동일인이 되므로 해석론으로는 인정하지 않는 것이 타당할 것으로 생각한다.[534]

2. 감사위원회의 구성

가. 일반규정상 감사위원회의 구성

감사위원회는 다른 위원회와 같이 이사회에서 구성하는 것이 원칙이며(「상법」 제393조의2), 감사위원회는 3인 이상의 이사로 구성되어야 한다. 다만, 사외이사가 위원의 3분의 2 이상이어야 한다.(「상법」 제415조의2 제2항)

감사위원회는 이사회와 마찬가지로 3인 이상으로 구성되는 회의체이므로 감사위원회는 그 결의로 위원회를 대표할 자(대표위원)를 선정하여야 한다. 이 경우 수인의 위원이 공동으로 위원회를 대표할 것(공동대표위원)을 정할 수 있다.(「상법」 제415조의2 제4항)

나. 특례규정상 감사위원회의 구성

특례규정상의 감사위원회도 일반규정상의 감사위원회의 구성 요건인 3인 이상의 이사로 구성되어야 하며, 사외이사가 위원의 3분의 2 이상이어야 한다.(「상법」 제415조의2 제2항, 「상법」 제542조의11 제2항)

그러나 특례규정상의 감사위원회는 ① 감사위원은 직접 주주총회에서 선임하고 해임한다.(「상법」 제542조의12) ② 감사위원 중 1인은 대통령령이 정하는 회계 및 재무 전문가이어야 한다.(「상법」 제542조의11) ③ 감사위원회의 대표는 사외이사이어야 한다.(「상법」 제542조의11)

---

534 김용범, 전게서, 2012, 448면 및 2017, 774면. 권종호, 전게서, 182면.

등의 추가적인 구성요건을 필요로 한다.

Ⅲ. 감사위원의 자격

감사위원회의 구성원인 감사위원회위원(이하 "감사위원"이라 한다)은 이사 중에서 선임되므로 기본적으로 이사가 아니면 감사위원이 될 수 없다. 다만 감사위원의 구체적인 자격요건에 관해서 「상법」에서는 일반규정과 특례규정에서 각각 정하고 있다.

1. 감사위원의 일반적 자격

가. 제한능력자와 파산자

본 항과 관련된 내용은 제2편-제2장-제2절-Ⅱ-1-가. "제한능력자와 파산자" 항목에서 자세히 설명하였으므로 이곳에서는 생략한다.

나. 법인

본 항과 관련된 내용은 제2편-제2장-제2절-Ⅱ-1-나. "법인" 항목에서 자세히 설명하였으므로 이곳에서는 생략한다.

다. 정관을 통한 자격 제한

본 항과 관련된 내용은 제2편-제2장-제2절-Ⅱ-1-다. "정관을 통한 자격 제한" 항목에서 자세히 설명하였으므로 이곳에서는 생략한다.

2. 감사위원의 이사로서의 자격

이사의 자격에 관하여 「상법」에서는 특별한 제한을 두고 있지 않다. 다만 사외이사에 관해서는 별도의 결격사유를 두고, 이에 해당하는 자는 사외이사가 될 수 없도록 하고, 재임 중 이에 해당하게 되면 이사의 직을 상실하는 것으로 규정하고 있다. 「상법」은 사외이사에게 대표이사 및 업무집행이사에 대한 감시기능을 기대하고 있으므로, 주로 지배주주나 경영자로부터 독립성을 확보하기 위한 요건이라 할 수 있다.[535]

가. 일반규정상 감사위원의 자격

「상법」은 감사위원회의 구성원인 감사위원에 대하여 감사에서와 마찬가지로 감사위원의 자격에 대하여 직접적으로 특별한 제한을 두고 있지 않다.(「상법」 제415조의2 제2항) 다만, 감사위원회는 3명 이상의 이사로 구성되며, 그중 3분의 2 이상을 사외이사로 구성하도록 규정하고 있다.(「상법」 제415조의2 제2항)

또한 감사업무의 중립성과 객관성을 확보하기 위해 도입된 사외이사의 결격요건을 통하여 간접적으로 감사위원의 자격을 제한하고 있다.(「상법」 제382조 제3항) 사외이사는 해당회사

---

535 김용범, 전게서, 2012, 445면 및 2017, 772면. 이철송, 전게서. 박영사. 2021. 660면.

의 상무(常務)에 종사하지 아니하는 이사로서 일반 규정상 사외이사가 될 수 없는 자는 아래와 같다. (「상법」 제382조 제3항)

일반규정상 사외이사가 될 수 없는 자

① 회사의 상무에 종사하는 이사·집행임원 및 피용자 또는 최근 2년 이내에 회사의 상무에 종사한 이사·감사·집행임원 및 피용자
② 최대주주가 자연인의 경우 본인과 그 배우자 및 직계 존속·비속
③ 최대주주가 법인인 경우 그 법인의 이사·감사·집행임원 및 피용자
④ 이사·감사·집행임원의 배우자 및 직계 존속·비속
⑤ 회사의 모회사 또는 자회사의 이사·감사·집행임원 및 피용자
⑥ 회사와 거래관계 등 중요한 이해관계에 있는 법인의 이사·감사·집행 임원 및 피용자
⑦ 회사의 이사·집행임원 및 피용자가 이사·집행임원으로 있는 다른 회사의 이사·감사·집행임원 및 피용자

나. 특례규정상 감사위원의 자격

「상법」은 감사위원회를 의무적으로 두어야 하는 대규모상장회사의 경우에는 감사위원의 3분의 2 이상이 앞에서 설명한 결격사유가 없는 사외이사이어야 하며, 동시에 위원 중 1명 이상이 회계 또는 재무 전문가이어야 한다. 아울러 특례감사위원회의 대표는 사외이사이어야 한다. 그리고 사외이사가 아닌 감사위원에 관해서는 특례상근감사와 같은 자격제한이 있다. (「상법」 제542조의11 제2항, 제3항)

1) 사외이사 결격 요건

특례규정상 상장회사 감사위원회의 사외이사에 대하여는 일반규정상 사외이사의 결격 요건 이외에 아래와 같이 추가적인 결격요건을 두고 있다. (「상법」 제542조의8 제2항)

특례규정상 사외이사의 추가적인 결격 요건

① 미성년자, 피성년후견인 또는 피한정후견인
② 파산선고를 받고 복권되지 아니한 자
③ 금고 이상의 형을 선고받고 그 집행이 끝나거나 집행이 면제된 후 2년이 지나지 아니한 자
④ 대통령령으로 별도로 정하는 법률을 위반하여 해임되거나 면직된 후 2년이 지나지 아니한 자
⑤ 상장회사의 주주로서 의결권 없는 주식을 제외한 발행주식총수를 기준으로 본인 및 그와 대통령령으로 정하는 특수한 관계에 있는 자(이하 "특수관계인"이라 한다)가 소유하는 주식의 수가 가장 많은 경우 그 본인(이하 "최대주주"라 한다) 및 그의 특수관계인
⑥ 누구의 명의로 하든지 자기의 계산으로 의결권 없는 주식을 제외한 발행주식총수의 100분의 10 이상의 주식을 소유하거나 이사·집행임원·감사의 선임 및 해임 등 상장회사의 주요 경영사

항에 대하여 사실상의 영향력을 행사하는 주주(이하 '주요주주'라 한다) 및 그의 배우자와 직계존속·비속

⑦ 그 밖에 사외이사로서의 직무를 충실하게 수행하기 곤란하거나 상장회사의 경영에 영향을 미칠 수 있는 자로서 대통령령(제34조 제5항)으로 정하는 자

①호 내지 ④호는 이사로서의 최소한의 자질을 확보하기 위한 것이고, ⑤호 내지 ⑦호는 일반사외이사의 결격요건과 같이 이사의 독립성을 확보를 위한 것이다.[536]

참고 _____

특례규정상 사외이사의 결격요건으로 대통령령이 정하는 자

(1) 해당 회사의 계열회사의 상무에 종사하는 이사·집행임원·감사 및 피용자이거나 최근 3년 내에 계열회사의 상무에 종사하는 이사·집행임원·감사 및 피용자였던 자

(2) 다음 각 목의 법인 등의 이사·집행임원·감사 및 피용자(⑦목에 따른 법무법인, 법무법인(유한), 법무조합, 변호사 2명 이상이 사건의 수임·처리나 그 밖의 변호사 업무 수행 시 통일된 형태를 갖추고 수익을 분배하거나 비용을 분담하는 형태로 운영되는 법률사무소, 합작법무법인, 외국자문법률사무소의 경우에는 해당 법무법인 등에 소속 된 변호사, 외국법자문사를 말한다)이거나 최근 2년 내에 이사·집행임원·감사 및 피용자였던 자

① 최근 3개 사업연도 중 해당 상장회사와의 거래실적의 합계액이 자산총액(해당 상장 회사의 최근 사업연도 말 현재의 대차대조표상의 자산총액을 말한다) 또는 매출총액(해당 상장회사의 최근 사업연도 말 현재의 손익계산서상의 매출총액을 말한다)의 100분의 10 이상인 법인

② 최근 사업 연도 중에 해당 상장회사와 매출총액의 100분의 10 이상의 금액에 상당하는 단일의 거래계약을 체결한 법인

③ 최근 사업연도 중에 해당 상장회사가 금전, 유가증권, 그 밖의 증권 또는 증서를 대여하거나 차입한 금액과 담보제공등 채무보증을 한 금액의 합계액이 자본금(해당 상장회사의 최근 사업연도 말 현재의 대차대조표상의 자본금을 말한다)의 100분의 10 이상인 법인

④ 해당 상장회사의 정기주주총회일 현재 그 회사가 자본금(해당 상장회사가 출자한 법인의 자본금을 말한다)의 100분의 5 이상을 출자한 법인

⑤ 해당 상장회사와 기술제후 계약을 체결하고 있는 법인

⑥ 해당 상당회사의 감사인으로 선임된 회계법인

⑦ 해당 상장회사와 주된 법률자문·경영자문 등의 자문계약을 체결하고 있는 법무 법인, 법무법인(유한), 법무조합, 변호사 2명 이상이 사건의 수임·처리나 그 밖의 변호사 업무 수행 시 통일된 형태를 갖추고 수익을 분배하거나 비용을 분담하는 형태로 운영되는 법률사무소, 합작법무법인, 외국자문법률 사무소, 회계법인, 세무법인, 그 밖에 자문용역을 제공하고 있는 법인

(3) 해당 상장회사 외의 2개 이상의 다른 회사의 이사·집행임원·감사로 재임 중인 자

---

536 김용범, 전게서, 2012. 447면 및 2017. 773면. 이철송. 전게서. 박영사. 2021. 660~661면.

(4) 해당 상장회사에 대한 회계감사 또는 세무대리를 하거나 그 상장사와 법률자문·경영자문 등의 자문계약을 체결하고 있는 변호사(소속 외국법자문사 포함), 공인회계사, 세무사, 그 밖에 자문 용역을 제공하는 자

(5) 해당 상장회사의 발행주식총수의 100분의 1 이상에 해당하는 주식을 보유(「자본시장법」 제133조 제3항에 따른 보유를 말한다)하고 있는 자

(6) 해당 상장회사와의 거래(「약관규제법」 제2조 제1호의 약관에 따라 이루어지는 해당 상장회사와의 정형화 된 거래는 제외) 잔액이 1억 원 이상인 자

(7) 해당 상장회사에서 6년을 초과하여 사외이사로 재직했거나 해당 상장회사 또는 그 계열회사에서 각각 재직한 기간을 더하면 9년을 초과하여 사외이사로 재직한 자

2) 회계 또는 재무전문가 요건

감사위원 중 1인은 '회계 또는 재무전문가'이어야 한다.(「상법」 제542조의11 제2항 제1호) 회계 또는 재무전문가란 다음의 요건을 갖춘 자를 말한다.(「상법시행령」 제37조 제2항)

회계 또는 재무전문가 요건

① 공인회계사의 자격을 가진 사람으로서 그 자격과 관련된 업무에 5년 이상 종사한 경력이 있는 사람

② 회계 또는 재무 분야의 석사학위 이상의 학위를 가진 사람으로서 연구기관 또는 대학에서 회계 또는 재무 관련 분야의 연구원 또는 전임강사 이상의 직에 합산하여 5년 이상 근무한 경력이 있는 사람

③ 상장회사에서 회계 또는 재무 관련 업무에 합산하여 임원으로 5년 이상 또는 임직원으로 10년 이상 근무한 경력이 있는 사람

④ 「금융지배구조법 시행령」 제16조 제1항 제4호·제5호의 기관 또는 「한국은행법」에 따른 한국은행에서 회계 또는 재무 관련 업무나 이에 대한 감독 업무에 근무한 경력이 합산하여 5년 이상인 사람

⑤ 「금융지배구조법 시행령」 제16조 제1항 제6호에 따라 금융위원회가 정하여 고시하는 자격을 갖춘 사람

3) 사외이사가 아닌 감사위원 결격 요건

사외이사가 아닌 감사위원에 관해서는 상근감사와 같은 자격제한이 있다.(「상법」 제542조의11 제3항 → 제542조의10 제2항). 따라서 본 항과 관련된 내용은 제2편-제2장-제2절-Ⅲ-1. '특례상근감사 자격 요건' 항목에서 설명하였으므로 이곳에서는 생략한다.

다. 특별법령상 감사위원의 자격

1) 「금융지배구조법」상 감사위원의 자격

금융회사 상근감사 및 감사위원의 자격요건에 대하여는 「금융지배구조법 개정(안)」제5조

*(임원의 결격요건)*의 결격요건 이외에 *제6조(사외이사의 자격)*의 자격요건을 준용한다. 다만, 해당 금융회사의 상근감사 또는 사외이사가 아닌 감사위원으로 재임 중이거나 재임하였던 사람은 「동법」 제6조 제1항 제3호에도 불구하고 상근감사 또는 사외이사가 아닌 감사위원이 될 수 있다.(「금융지배구조법」 제19조 제10항)

금융회사 감사위원의 결격 요건

① 최대주주 및 그의 특수관계인(최대주주 및 그의 특수관계인이 법인인 경우에는 그 임직원)

② 주요주주 및 그의 배우자와 직계존속·비속(주요주주가 법인인 경우에는 그 임직원)

③ 해당 금융회사 또는 그 계열사(「공정거래법」제2조 제3호에 따른 계열회사를 말한다)의 상근 임직원 또는 비상임이사이거나 최근 3년 이내에 상근 임직원 또는 비상임이사이었던 사람

③ 의 2 해당 금융회사의 최대주주 또는 주요주주인 법인에서 3년 이내에 상근 임직원 또는 비상임이사이었던 사람

④ 해당 금융회사 임원의 배우자 및 직계 존속·비속

⑤ 해당 금융회사 임직원이 비상임이사로 있는 회사의 상근 임직원

⑥ 해당 금융회사와 대통령령으로 정하는 중요한 거래관계가 있거나 사업상 경쟁관계 또는 협력관계에 있는 법인의 상근 임직원 이거나 최근 2년 이내에 상근 임직원이었던 사람

⑦ 해당 금융회사에서 사외이사, 상근감사 및 감사위원으로 재직한 기간이 6년을 초과하거나 해당 금융회사 또는 그 계열사에서 사외이사로 재직한 기간을 합산하여 9년을 초과하는 사람

⑧ 그 밖에 금융회사의 상근감사 및 감사위원으로서 직무를 충실하게 이행하기 곤란하거나 그 금융회사의 경영에 영향을 미칠 수 있는 사람으로서 대통령령으로 정하는 사람

금융회사의 사외이사(이하 '감사위원' 포함)가 된 사람이 위 금융회사 사외이사의 결격요건에 해당하게 된 경우에는 그 직을 잃는다.(「금융지배구조법」 제6조제2항) 그리고 금융회사의 사외 이사는 금융, 경제, 경영, 법률, 회계 등 분야의 전문 지식이나 실무경험이 풍부한 사람으로서 대통령령으로 정하는 사람이어야 한다.(「금융지배구조법」 제6조 제3항)

2) 「공공기관운영법」상 감사위원의 자격

공기업·준정부기관의 감사위원의 자격에 대하여는 「공공기관운영법」 제30조의 임원의 추천 기준(상임감사위원만 해당)과 제34조의 결격 사유 이외에 「상법」의 특례규정인 제542조의 11 및 제542조의12 제3항부터 제6항까지의 규정을 준용한다.(「공공기관운영법」 제20조 제4항)

공기업·준정부기관의 감사위원의 추천 기준 및 결격 사유에 대한 자세한 내용은 제2편 제2장 제2절-Ⅱ-3.「공공기관운영법」상 일반감사의 자격' 항목을 참조하시기 바랍니다.

Ⅳ. 감사위원의 선임 및 해임

감사위원의 선임과 해임은 특례감사위원회설치회사와 일반감사위원회설치회사가 방법을 달리하고 있다. 특히 특례감사위원회설치회사의 감사위원 선임과 해임에 있어서 대주주의

의결권을 제한하는 등 대주주 등으로부터 감사위원의 독립성과 중립성을 확보하기 위하여 「1주 1 의결권 원칙」에 예외를 인정하고 있다.

1. 일반감사위원

가. 일반사항

일반감사위원은 이사이므로 먼저 주주총회에서 이사로 선임되어야 하며, 이사 중에서 이사회가 감사위원을 선임한다.(「상법」 제415조의2 제1항, 제2항, 제393조의2 제2항 제3호) 감사의 경우에는 주주총회에서 선임되는 것과는 대조적이다. 「상법」에 의하면 감사의 선임의 경우 대주주의 의결권 제한이 있으나(「상법」 409조 제2항, 제3항), 일반 감사위원의 경우에는 이러한 제한이 없다.

감사는 주주총회에서 선임되지만 일반감사위원회의 감사위원의 경우는 이사회에서 선임되므로 대주주가 의결권을 행사할 기회 그 자체가 없기 때문이다. 이처럼 일반감사위원을 사실상 대주주의 영향력 하에 있는 이사회가 선임하다 보니 그들로 구성되는 일반감사위원회 자체의 법적 독립성과 중립성이 기존의 감사에 비해서 약화될 수밖에 없는 태생적 한계를 지니게 된다.[537]

또한 감사위원의 해임 역시 이사회결의로 한다.(「상법」 제415조의2 제1항, 제2항, 제393조의2 제2항 제3호) 다만 이때에는 이사총수의 3분의 2 이상의 결의로 하여야 한다.(「상법」 제415조의2 제3항) 이는 감사위원의 해임을 어렵게 하여 독립성을 보장하기 위한 것이다. 다만, 감사위원의 해임은 감사위원의 지위를 박탈하여도 이사의 지위에는 영향이 없다.[538]

그리고 일반감사위원의 선임결의의 하자를 이유로 한 소 및 해임에 관해 소가 제기된 경우에는 당사자는 법원에 대해 일반감사위원 직무집행정지 또는 직무대행자 선임을 위한 가처분을 신청할 수 있다.(「상법」 제415조의2 제7항, 제407조)

나. 선임기관에 따른 법적 위상

「상법」상 감사는 주주총회에서 선임되기 때문에 업무집행기구인 이사 또는 이사회와 대등한 지위를 가지며 법적으로 독립성을 유지하고 있다. 이에 비해서 일반감사 위원은 이사 중에서 이사회가 선임하기 때문에 주주총회에서 선임하는 감사와 비교해 볼 때 그 법적 위상이 떨어질 위험성이 크다.

왜냐하면 감사기관인 일반감사위원회의 구성원이 감사의 주된 대상이 되는 이사회에 의해 선임되므로 그들이 독립된 입장에서 이사회 및 이사들의 업무집행을 효과적으로 감사한다는 것은 현실적으로 기대하기 어렵기 때문이다. 또한 이는 기존의 감사가 그 직무를 충실히 수행하지 못하였다는 판단 하에 새로이 감사위원회제도를 도입한 「상법」의 취지와도 상반되므로 제도적 보완이 필요하다고 본다.

---

537 김용범, 전게서, 2012, 448~449면 및 2017, 775면. 정준우, 전게서, 117면.

538 김용범, 전게서, 2017, 775면. 최준선, 전게서, 삼영사, 2011, 531면.

감사위원회 자체가 감사의 대체적인 경영감독기관으로 도입된 것이므로 그 지위와 직무수행상의 독립성·중립성을 확보·유지하기 위해서는 그 구성원인 감사위원도 감사와 마찬가지로 주주총회에서 선임하도록 하는 것이 바람직하다고 본다.[539]

2. 특례감사위원

가. 일반사항

본 항과 관련된 내용은 第1편-제6장-제2절-Ⅱ-2-다-(4) '특례감사위원의 선임 및 해임' 항목에서 자세히 설명하였으므로 이곳에서는 생략한다.

나. 선임 및 해임에 관한 특례[540]

감사 및 감사위원의 선·해임 시의 대주주의 의결권 제한에 관해 「상법」의 일반규정과 특례규정은 각각 별도로 규정하고 있는데, 그 내용면에서 상당한 차이가 있고 복잡하다.

① 기존감사의 경우 「상법」에서는 감사의 선임에 관한 주주총회 결의 시 대주주 등 「의결권 없는 주식을 제외한 발행 주식총수의 100분의 3을 초과한 주식을 소유한 자」(대주주)에 대하여는 그 초과분에 관해 의결권 행사를 금지하고 있다.(「상법」 제409조 제2항) 이 제한은 감사의 해임 시에는 적용되지 아니하며, 100분의 3을 계산함에 있어서는 주주 본인의 소유분을 기준으로 한다.

② 「상법」상 일반감사위원의 선임·해임의 경우 대주주의 의결권제한은 적용되지 않는다. 「상법」의 일반규정은 일반감사위원의 선·해임의 경우 주주총회가 아니라 이사회의 권한사항으로 하고 있기 때문이다. 이에 반해 「상법」의 특례규정은 특례감사위원의 선·해임의 경우 주주총회의 권한사항으로 하고 있기 때문에 특례감사위원에 대해서는 대주주의 의결권을 제한하고 있다.

③ 「상법」 제542조의11 제1항의 상장회사(최근 사업연도 말 현재 자산총액이 2조원 이상인 상장회사)의 경우 「상법」 제393조의2(이사회 내 위원회)에도 불구하고 감사위원회 위원(이하 '특례감사위원'이라 한다)을 선임하거나 해임하는 권한은 주주총회에 있다.(「상법」 제542조의12 제1항) 그리고 최근 사업연도 말 현재 자산총액이 1천억원 이상 2조 원 미만인 상장회사가 특례감사위원회를 설치하는 경우에도 또한 같다.

④ 「상법」 제542조의11 제1항의 상장회사(최근 사업연도 말 현재 자산총액이 2조 원 이상인 상장회사)는 주주총회에서 이사를 선임한 후 선임된 이사 중에서 감사위원회 위원을 선임해야 한다. 이 경우 감사위원회 위원 중 1명(정관에서 2명 이상으로 규정 가능)은 주주총회 결의로 다른 이사들과 분리해 '감사위원회 위원(이하 '**특례분리감사위원**'이라 한다)이 되는 이사로 선임해야 한다.(「상법」 제542조의12 제2항)

⑤ 또한 「상법」 제542조의12 제1항에 따른 특례감사위원은 언제든지 「상법」 제434조(정

539 김용범, 전게서, 2012, 449면. 김용범, 전게서, 2017, 775면. 정준우, 전게서, 118∼119면.

540 김용범, 전게서, 2012, 450∼451면 및 2017, 776∼777면. 권종호, 전게서, 한국상장회사협의회, 2004, 185∼186면.

관 변경의 특별 결의)[541]에 의한 주주총회의 결의로 해임할 수 있다. 그 경우 이사와 특례 감사위원의 지위를 모두 상실한다.(「상법」제542조의12 제3항) 그러나 정당한 이유 없이 임기만료 전에 해임한 때에는 회사에 대해 해임으로 인한 손해 배상을 청구할 수 있다. (「상법」제385조 제1항)

⑥ 위 「상법」제542조의12 제1항에 따른 상장회사가 특례감사위원을 선임 및 해임할 경우에는 다음과 같이 구분해 의결권을 제한한다.(「상법」제542조의12제4항). 다만 「정관」에서 이보다 낮은 주식 보유비율을 정할 수 있다.(「상법」제542조의12 제4항).

@ **사외이사인 감사위원을 선임 및 해임할 때**

상장회사의 모든 주주는 구분 없이 의결권 없는 주식을 제외한 발행주식 총수의 100분의 3을 초과하는 수의 주식을 가진 주주는 개인별(개별 3% Rule)로 그 초과 하는 주식에 관하여 의결 권을 행사하지 못한다.

ⓑ **사외이사가 아닌 감사위원을 선임 및 해임할 때**

상장회사의 최대주주는 그의 특수관계인, 그 밖에 대통령령이 정하는 자가 소유 하는 주식을 합산(합산 3% Rule)하여, 일반주주는 개별 소유하는 주식(개별 3% Rule) 만으로 그 초과하는 주식에 관하여 의결권을 행사하지 못한다.

⑦ 새도우보팅제도 폐지 및 3% 의결권 제한 등으로 인해 의결정족수 충족이 곤란한 경우의 방지를 위해서 회사가 「상법」제368조의4 제1항에 의해 전자적 방법으로 의결권을 행사하도록 한 경우에는 「상법」제368조 제1항에도 불구하고 출석한 주주의결권의 과반수로서 특례감사위원(특례분리감사위원 포함) 선임을 결의할 수 있다.(「상법」제542조의 12 제8항)

다. 특례규정에 의한 감사위원 선임방법[542]

감사위원회 위원(이하 '감사위원'이라 함)의 선임과 관련하여 현행 특례규정에 의한 의결권 제한으로 인해 실무상으로는 감사위원회 위원이 기본적으로는 이사라는 점에 기하여 주주총회에서 이사로 선임하고 이사회에서 감사위원을 선임하든지, 아니면 주주총회에서 일반 이사와 감사위원인 이사를 분리하여 선임하는지에 대하여 혼란이 있고 실무상으로는 세 가지 방법을 혼용하고 있다.

특례규정에 의한 감사위원의 선임방식

첫째, 주주총회에 감사위원회위원(이하 '감사위원'이라 함)의 선임과 해임권한이 있다고 보고, 감사위원이 되는 이사를 일반이사들과 분리하여 주주총회에서 선임하며 이사회에 의한 감사위원 선임결의를 거치지 않는 방식.

---

541 **특별결의**는 출석한 주주의 의결권의 3분의 2 이상의 수와 발행주식총수의 3분의 1이상의 수로 하여야 한다.

542 김용범, 전게서, 2017, 777~778면. 최준선, 「효율적인 감사제도 운영을 위한 입법과제」, 한국상장회사 협의회, 2008, 131~132면.

둘째, 주주총회에서 먼저 이사를 선임하고 동일한 주주총회에서 다시 새로운 결의로 이들 이사 중에서 감사위원이 되는 자를 선임하며, 이사회 선임결의는 거치지 않는 방식.

셋째, 주주총회에서 먼저 이사를 선임하고 동일한 주주총회에서 다시 새로운 결의로 이들 이사 중에서 감사위원으로서 선임될 수 있는 자격을 부여하는 결의를 거친 후에 이사회에서 그 자를 감사위원으로 선임하는 방식.

이 경우 의결권 제한에 대해서는 **첫째의 방식의 경우**에 감사위원선임결의를 할 때 적용되며, 나머지 방법의 경우에는 먼저 이사를 선임할 때는 의결권제한이 없이 선임하고, 다시 감사위원이 되는 자를 선임하거나 감사위원으로 선임될 자격을 부여할 때 특례규정에 의한 의결권이 제한된다. 실무에서는 둘째의 방식을 주로 취하고 있다고 한다.[543] 실무에서 둘째 방식을 주로 취하고 있는 이유는 주로 감사위원회 구성을 대주주등 기존 경영자 측에서 원하는 자로 구성할 수 있기 때문인 것으로 분석된다.

그러나 **둘째의 방식은** 집중투표제도와 연관시켜 보면 이 방식이 소액주주에게 유리한 방식이다. 즉, 이사로 선임된 자들 중에서 감사위원회를 구성하게 되므로 집중투표를 통해 소액주주 측에서는 더 많은 의결권을 확보할 수 있는 가능성이 커지게 되므로 소액주주들에게는 유리한 방식이 된다. 따라서 소액주주들을 무서워하는 기업들은 이 방식을 선호하지 않을 가능성이 크다. 그럼에도 불구하고 기업들이 둘째방식을 더 많이 활용하는 이유는 대다수의 기업이 정관에서 집중투표제를 배제하고 있기 때문인 것으로 추정된다.[544]

즉, 대다수의 상장회사는 집중투표제를 배제하고 있기 때문에[545] 둘째방식을 취하게 되면, 일단 이사 선임 시에는 최대주주를 포함한 어느 주주도 의결권 제한을 받지 않고 최대주주나 기존 경영자 측에서 선호하는 이사를 선임할 수 있고, 이들 이사 중에서 감사 위원을 선임할 때에는 의결권이 제한되더라도 이미 선임된 이사들 중에서만 선정되면 되므로 자신들이 원하는 감사위원회를 구성할 수 있다.

현행「상법」은 위와 같이 주주총회에서 이사를 일괄 선출한 후 그 이사 중 감사위원을 선출하고 있어 감사위원회 위원의 선출에 있어 대주주의 영향력지배를 방지할 수 없었으나, 이번 2020년 12월 개정「상법」은 주주총회에서 감사위원이 되는 이사 1인 이상을 다른 이사들과 분리해「감사위원이 되는 이사」를 선임토록 하여 선임단계에서부터 대주주의 의결권을 제한함으로써 감사위원의 독립성을 확보하였다.(「상법」제542조의12 제2항 후단)

3. 금융감사위원

가. 일반사항

금융회사의 감사위원회는「금융지배구조법」에 의한 **개별금융감사위원회,**「상법」제415의2의 규정에 의한 **일반금융감사위원회**와「상법」제542조의11 및 제542조의12의 규정에

543 김용범, 전게서, 2017, 778면. 김건식,「법적 시각에서 본 감사위원회」, BFL 제13호, 2005. 9. 39면.

544 김용범, 전게서, 2017, 778면. 이재혁,「주식회사 감사위원회제도의 개선방안에 관한 연구」, 성균관대학교 박사학위 논문, 2007, 59면.

545 김용범, 전게서, 2017, 778면. 상장협,「2007 정관기재유형 분석」, 주권상장법인 679개사 중 624개사가 정관에서 집중투표제를 배제.

의해 설치된 **특례금융감사위원회**가 있다. 본 항과 관련된 내용은 제1편-제6장-제2절-Ⅱ -2-라) '금융감사위원회' 항목에서 자세히 설명하였으므로 이곳에서는 생략한다.

나. 「금융지배구조법」상 특칙[546]

금융회사는 주주총회 또는 이사회에 임원을 선임하려는 경우 임원후보추천위원회의 추천을 받은 사람 중에서 선임하여야 한다. 임원후보추천위원회는 3명 이상의 위원으로 구성하며, 이 경우 사외이사가 위원의 3분의 2 이상이어야 한다. 임원후보추천위원회 위원은 본인을 임원후보로 추천하는 임원후보추천위원회 결의에 참석하거나 의결권을 행사하지 못하고, 대표이사는 감사위원 또는 사외이사 후보를 추천하는 임원후보추천위원회 결의에 참석하거나 의결권을 행사하지 못한다.[「금융지배구조법」개정(안) 제17조 제2항~제6항"]

감사위원후보는 「금융지배구조법」제16조 제1항 제1호에 따른 임원후보추천위원회에서 추천한다. 이 경우 위원총수의 3분의 2 이상의 찬성으로 의결한다. 또한 금융회사는 감사위원이 되는 사외이사 1명 이상에 대하여는 다른 이사와 분리하여 선임해야 한다.[547] 감사위원을 선임하거나 해임하는 권한은 주주총회에 있다. 이 경우 감사위원이 되는 이사의 선임에 관해 일반주주에 대하여는 감사선임 시 의결권행사의 제한에 관한 「상법」제409조 제2항 및 제3항을 준용한다.(「금융지배구조법」제19조 제5항 및 제6항)

최대주주에 대하여는 최대주주의 특수관계인, 그 밖에 대통령령으로 정하는 자가 소유하는 금융회사의 의결권 있는 주식의 합계가 그 금융회사의 의결권 없는 주식을 제외한 발행주식총수의 100분의 3을 초과하는 경우 그 주주는 100분의 3을 초과하는 주식에 관하여 감사위원이 되는 이사를 선임하거나 해임할 때에는 의결권을 행사하지 못한다. 다만, 금융회사는 정관으로 100분의 3보다 낮은 비율을 정할 수 있다.(동법 제19조 제7항)

다만, 새도우보팅제도 폐지 및 3% 의결권 제한 등으로 특례금융감사위원 선임의 경우 의결정족수 충족 곤란 발생을 방지하기 위해 특례금융감사위원을 선임할 경우에도 상장 회사가 「상법」제368조의4(전자적 방법에 의한 의결권의 행사) 제1항에 의해 전자적 방법으로 의결권을 행사하도록 한 경우에는 출석한 주주 의결권의 과반수로서 그들의 선임을 결의할 수 있다.(「상법」제542조의12 제8항)

4. 공공감사위원

가. 일반사항

공공기관의 감사위원회는 「공공기관운영법」에 의한 **개별공공감사위원회,** 「상법」제415의2의 규정에 의한 **일반공공감사위원회**와 「상법」제542조의11 및 제542조의12의 규정에 의해 설치된 **특례공공감사위원회**가 있다. 본 항과 관련된 내용은 제1편-제6장- 제2절-Ⅱ

---

546 김용범, 전게서, 2017, 779면. 고창현 · 김지평, 「감사위원 선임 관련 법적 문제」, 상장회사 감사회 조찬 강연 자료, 2017.3.23. 금융위원회, 「금융사지배구조법 일부 개정 법률(안) 입법예고」, 2020.6.23.

547 「상법」제542조의12 제2항에서는 감사위원 중 1명은 주주총회의 결의로 다른 이사와 분리하여 '감사위원이 되는 이사'로 선임하도록 되어있다. 다만, 정관에서 이보다 많은 숫자를 정할 수 있다.

-2-마. '공공감사위원회' 항목에서 자세히 설명하였으므로 이곳에서는 생략한다.

나.「공공기관운영법」상 특칙

공기업의 감사(감사위원포함)는 임원추천회의가 복수로 추천해 운영위원회의 심의·의결을 거친 사람 중에서 기획재정부장관의 제청으로 대통령이 임명한다. 다만, 기관의 규모가 대통령령이 정하는 기준 이하인 공기업의 감사는 임원추천회의가 복수로 추천하여 운영위원회의 심의·의결을 거친 사람 중에서 기획재정부장관이 임명한다.(「동법」제25조 제4항)

준정부기관의 감사는 임원추천회의가 복수로 추천하여 운영위원회의 심의·의결을 거친 사람 중에서 기획재정부장관이 임명한다. 다만, 기관규모가 대통령령이 정하는 기준 이상이거나 업무내용의 특수성을 감안하여 대통령령이 정하는 준정부기관의 감사는 임원추천위원회가 복수로 추천하여 운영위원회의 심의·의결을 거친 사람 중에서 기획재정부장관의 제청으로 대통령이 임명한다.(「동법」제26조 제4항)

공기업 및 준정부기관의 감사의 경우「공공기관운영법」제25조 및 제26조에 의한 대통령 또는 기획재정부장관의 임명방법 외에 주주총회나 출자총회 등 사원총회가 있는 공기업·준정부기관의 경우는 감사/감사위원의 선임과 관련하여 追加的으로 일반규정에 의한 선임 절차 또는 특례규정에 의한 선임절차를 거쳐야 한다.(「동법」제27조)

그리고 기획재정부장관은 비상임이사(준정부기관의 비상임이사는 주무기관이 장) 및 감사/상임감사위원이「공공기관운영법」제35조(이사 및 감사의 책임 등) 제1항에 따른 의무와 책임과 제32조(임원의 직무 등)에 따른 직무를 이행하지 아니하거나 게을리 한 경우 운영위원회의 심의·의결을 거쳐 비상임 이사 및 감사/상임감사위원을 해임하거나 그 임명권자에게 해임을 건의·요구할 수 있다.

또한 기획재정부장관은「공공기관운영법」제36조(비상임이사와 감사에 대한 직무수행실적 평가) 제1항의 규정에 의한 직무수행실적 평가 결과 그 실적이 저조한 비상임 이사와 감사 또는 감사위원회 위원에 대하여 운영위원회의 심의·의결을 거쳐 해임하거나 그 임명권자에게 해임을 건의할 수 있다. 그리고 주주총회나 출자총회 등 사원총회가 있는 공기업·준정부기관의 경우는 감사/감사위원의 해임과 관련하여 追加的으로「상법」의 일반규정에 의한 해임 절차 또는 특례규정에 의한 해임절차를 거쳐야 한다.

5. 선임 및 해임에 관한 특례의 문제점

가. 의결권 제한의 선·해임 구별 문제

그간 감사위원의 선임 및 해임에 관한 특례규정의 내용을 재정리하면, ①「사외이사인 감사위원」의 경우에는 선임 시에만 개별주주의 의결권제한규정이 적용(「상법」제542조의12 제4항)되는데 반해, ②「사외이사가 아닌 감사위원」의 경우에는 선임과 해임 시 모두 특례규정(「상법」제542조의12 제4항)의 최대주주의 의결권제한규정이 적용되었다. 그런 점에서 사외이사인 감사위원에 대해서는 상대적으로 완화된 규제를 가하고 있는 셈이었다.

그 이유는 좋게 해석하면 사외이사인 감사위원인 경우에는 특례규정에 의해 사외이사후보추천위원회의 추천을 받은 자 중에서 선임되므로 독립성은 어느 정도 확보된 것으로 볼 수 있기 때문에 최대주주의 의결권을 제한할 필요성은 그다지 크지 않다는 점일 것이다. 따라서 2020년 개정 「상법」에서는 선임뿐만 아니라 해임의 경우에도 개별주주의 의결권을 제한하는 것으로 다소 강화하였다.(「상법」 제542조의12 제4항)

2020년 개정 「상법」에서 3% Rule 의 목적인 견제와 균형의 법리 구현 및 실효성 확보를 위하여 정부 제출안을 비롯하여 여러 개정안에서 제시되었던 '최대주주에게 합산 3% Rule 적용'을 채택하지 않고, 사외이사인 감사위원의 선임과 해임에 있어 '최대주주를 포함한 모두 주주에게 개별 3% Rule을 적용'하는 것으로 규정한 것은 사외이사인 감사위원의 독립성 확보측면에서는 아쉬움이 큰 개정이라고 할 수 있다.

나. 의결권 제한의 위헌성 문제

본 항과 관련된 내용은 제2편-제9장-제1절-Ⅴ-7. '의결권 제한 위헌성 문제' 항목에서 자세히 설명하므로 이곳에서는 생략한다.

다. 의결권 제한의 역차별 문제

본 항과 관련된 내용은 제2편-제9장-제1절-Ⅴ-8. '의결권 제한 역차별 문제' 항목에서 자세히 설명하므로 이곳에서는 생략한다.

라. 감사위원 선임방법상 문제

대규모상장회사의 감사위원 선임방법으로는 **일괄선출방식**과 **분리선출방식**이 있다. **첫째의 방식**은 감사위원이 되는 이사와 일반이사를 구분하지 않고 먼저 주주총회에서 모든 이사를 일괄적으로 선임한 후 그 선임된 이사 중에서 다시 감사위원을 선임하는 방법(**일괄선출방식**)이고, **둘째의 방식**은 처음부터 주주총회에서 감사위원이 되는 이사와 그렇지 않은 일반이사를 분리하여 선출하는 방식(**분리선출방식**)이다.

의결권 제한이 분리선출방식은 주총에서 감사위원 선임결의 할 때 의결권이 제한되며, 일괄선출방식은 먼저 이사를 선임할 때는 의결권제한이 없이 선임하고, 다시 감사위원이 되는 자를 선임하거나 감사위원으로 선임될 자격을 부여할 때 의결권이 제한된다. 실무에서는 일괄선출방식을 주로 취하고 있다고 한다.[548] 그 이유는 주로 감사위원회 구성을 대주주 등 기존 경영자 측에서 원하는 자로 구성할 수 있기 때문인 것으로 분석된다.

그런데 대주주 및 경영진으로부터 감사위원의 독립성을 확보하기 위하여 도입된 대주주에 대한 의결권 제한 규정을 회피하기 위하여 기업들이 '주주총회에서 먼저 이사를 선임하고 동일한 주주총회에서 다시 새로운 결의로 이들 이사 중에서 감사위원이 되는 자를 선임하는 방식'을 감사위원 선임방식으로 채택하고 있어 사실상 감사위원의 선출에 있어 대주주의 영향력을 배제하기 위한 의결권 제한 규정을 無力化 내지는 半減하고 있다.

---

548 김건식, 「법적 시각에서 본 감사위원회」, BFL 제13호, 2005.9., 39면.

대규모기업집단 소속 상장회사의 경우 2016년 말 현재 감사/감사위원의 44%가 대주주 등과 이해관계 있는 사람으로 구성되어 있는 현실을 볼 때[549], 최근 드러난 대주주 등의 정경유착 및 사익편취를 억제하기 위해서는 경영감독의 역할을 주로 하는 이사회가 감사위원을 선출할 때 대주주 등의 영향력을 제한해 독립적으로 감사위원을 선출할 수 있도록 일반이사와 감사위원인 이사의 분리선출 방식을 도입하는 것이 바람직할 것이다.[550]

따라서 이번 2020년 12월 「상법」개정은 주주총회에서 감사위원회위원이 되는 이사를 1명(정관으로 2명이상 가능)을 다른 이사와 분리하여 선임토록 함으로써 선임단계에서부터 최대주주의 의결권이 제한되도록 하여 감사위원의 독립성을 일부 확보하였다.[551](「상법」 제542조의12 제2항 후단) 그러나 감사위원회의 독립성을 제대로 확보하기 위해서는 적어도 감사위원 총수의 3분의2 이상을 주주총회에서 다른 이사와 분리해 선임토록 함이 타당하다고 본다.

또한 금번 2020년 12월 개정 「상법」의 커다란 맹점은 사외이사를 감사위원으로 분리해 선출하거나 해임할 경우에는 특례규정상의 최대주주의 의결권 제한규정은 적용받지 아니하고(「상법」 제542조의12 제4항 후단) 최대주주도 개별 3%룰을 적용받게 되어 개정 전 「상법」의 문제점을 그대로 답습하였으며, 그리고 상근감사나 사외이사가 아닌 감사위원회 위원을 사외이사인 감사위원회 위원과 구별하여 규제하는 것은 규제의 균형에도 맞지 않고, 합리성을 찾아보기도 어렵다.

6. 선임 방법상 주의할 점

가. 자산총액 1천억 이상 2조 원 미만인 상장회사에서의 선임기관

자산 총액 1천억 원 이상 2조 원 미만인 상장회사는 상근감사를 두지 않는 한 대규모 상장회사에 적용되는 「상법」 제542조의11 이하의 강화된 감사위원회를 두어야 한다.(「상법」 제542조의10 제1항) 그렇다면 이러한 상장회사에서는 감사위원을 어느 기관이 선임하는가? 이에 관한 판례는 아직 없지만, 학설로는 ① 자산총액 1천억 원 이상 2조 원 미만 회사는 제542조의12 제1항 상의 상장회사가 아니므로 이사회가 선임한다는 견해, ② 대규모상장 회사와 마찬가지로 주주총회에서 선임한다는 견해가 있다.

생각건대 2011년 개정 「상법」이 자산총액 1천억 원 이상 2조 원 미만인 상장회사의 상근감사에 관한 제542조의10 제1항 단서상의 「이 법」이란 문언을 「이 절」로 개정한 것은 그러한 회사에서 제415조의2에 의한 감사위원회를 구성하지 못하도록 하기 위함이고, 문언적 해석으로도 「이 절에 따라 감사위원회를 설치한 경우」란 대규모상장회사의 감사위원회에 관한 제542조의11과 제542조의12상의 감사위원회로 봐야 한다. 따라서 자산총액 1천억원 이상 2조원 미만인 상장회사도 감사위원은 주주총회에서 선임하여야 한다.[552]

---

549 이수정, 「사외이사 및 감사의 독립성」, ERRI' 경제개혁연구소, 2017.3.2., 28면.

550 김용범, 전게서, 2017, 781면. 박상인, 「상법 개정 무산 유감」, 경향신문, 2017.3.2.

551 2020. 12. 「상법 일부개정법률」.

552 정준우, 전게해설, 2018.4.6., 20~21면.

나. 의결권 제한의 내재적 문제점

대규모상장회사(감사위원회를 둔 자산총액 1천억원 이상 2조원 미만인 상장회사 포함)에서 감사위원을 주주총회의 보통결의로 선임할 때에도 의결권이 제한되는 주식은 총회결의에 있어서 발행주식총수에만 산입되고 출석한 의결권 수에는 산입하지 아니하도록 되어 있었다.(「상법」제371조 제2항)

그리하여 이미 監事 선임방법의 주의사항에서 지적한 바와 같이 대주주의 수가 많거나 대주주의 지분이 큰 회사는 「발행주식총수의 4분의 1 이상」이란 보통결의 요건으로 인해 감사위원의 선임이 불가능하게 되는 문제가 발생될 수 있다. 이 역시 명백한 입법적 불비이므로 조속한 보완이 필요하였다.[553]

금번 2020년 12월 「상법」 개정 전에는 감사선임에 있어서 3% 초과주식은 「상법」 제371조의 규정에도 불구하고 앞에서 설명한 바와 같이 우선 특별이해관계가 있는 주식과 감사선임에 있어서 의결권 없는 주식도 「상법」 제368조 제1항에서 규정하고 있는 의결권 없는 주식과 마찬가지로 발행주식총수에서 차감하여 운영하여야 하는 불합리한 점이 있었다.[554]

따라서 2020년 12월에 「상법」을 개정하여 새도우보팅제도 폐지 및 의결권 제한 등으로 특례감사위원 선임의 경우 의결정족수 충족곤란 발생을 방지하기 위해 특례감사위원을 선임할 경우에 상장회사가 제368조의4(전자적 방법에 의한 의결권의 행사) 제1항에 의해 전자적 방법으로 의결권을 행사하도록 한 경우에는 출석한 주주의결권의 과반수로서 그들의 선임을 결의할 수 있도록 하였다.(「상법」 제542조의12 제8항)

V. 감사위원의 임기 및 보수

1. 감사위원의 임기[555]

「상법」은 감사위원의 임기에 관한 명문 규정을 두고 있지 않을 뿐만 아니라 그 준용 규정도 두고 있지 않다. 그리하여 감사위원회를 운영함에 있어서는 감사위원의 임기에 관련된 법적 분쟁이 발생될 우려가 있다. 왜냐하면 감사위원은 기본적으로 이사의 지위도 가지고 있어 그 지위의 변동여부가 감사위원의 임기를 좌우하게 될 뿐만 아니라 그간 여러 차례의 「상법」 개정을 통해 감사의 임기를 연장(1년 → 2년 → 3년)하여 왔기 때문이다.

따라서 감사의 경우처럼 감사위원에 대해서도 임기(3년)에 관한 구체적인 규정을 두되, 감사위원의 이사로서의 지위도 함께 고려하여 감사위원 임기 중 이사의 임기가 종료하면 감사위원의 임기도 당연히 종료되는 것으로 해야 할 것이다. 그러나 이미 앞에서 살펴본 것처럼 「상법」은 감사위원의 임기에 관한 별도의 규정을 두고 있지 않을 뿐만 아니라 그 준용 규정도 두고 있지 않고 있다.

---

553 정준우, 전게해설, 2018.4.6., 20~21면.

554 대법원, 2016.8.17. 선고, 2016다222996, 판결. 정준우, 전게해설, 2018.4.6., 34면.

555 김용범, 전게서, 2012, 452면 및 2017, 781면. 정준우, 전게서, 126~127면.

만약 정관에서 감사위원의 임기를 정하고 있으면 그에 의해야 하겠지만, 정관에도 임기 규정이 없으면 그 선임자인 이사회가 임기를 정할 수 있다고 해석해야 할 것이다. 그런데 만약 이사회까지도 감사위원의 임기를 정하지 아니하였다면 어떻게 할 것인가? 이때에는 감사위원으로 선임된 때부터 그 임기가 개시되고, 임기만료 또는 기타의 사유로 이사의 지위가 종료됨과 동시에 감사위원의 임기도 아울러 종료된다고 보아야 한다.[556]

그런데 이사의 직무집행을 감독해야 할 위치에 있는 감사위원의 선임뿐만 아니라 그 임기까지도 이사회가 정할 수 있다는 것은 감사위원의 독립성을 크게 침해할 가능성이 있기 때문에 결코 타당하지 않다. 그리고 감사위원의 임기가 정하여지지 않으면 감사위원의 임기 자체가 자연스럽게 이사의 임기에 의존될 수밖에 없는데, 이 역시 감사위원의 독립성 확보·유지라는 측면에서는 결코 바람직하지 않다.

그리고 공기업·준정부기관이나 일부기업의 경우 감사 임기를 3년으로 고정화하지 않고, 먼저 2년을 하고 연임 1년은 직무수행평가실적의 평가결과로 결정하도록 하고 있는데(「공공기관의 운영에 관한 법률」 제28조 제2항 제3호, 「정관」 제○○조), 이는 무능한 감사를 솎아내는 데 목적이 있다고 하나, 실제로는 정부 또는 대주주나 경영진에 맹종하지 않는 감사를 제거하는 데 악용되고 있어 감사의 독립성 측면에서 반드시 시정되어야 할 사항이다.

따라서 이러한 문제를 효과적으로 해결하기 위해서는 감사위원의 임기에 관한 명문규정을 「상법」에 두는 것이 가장 바람직할 것이다.[557] 그러나 법이 개정되기 이전에는 우선 해당 회사 「정관」의 이사 임기조항에 감사위원의 임기(3년)를 명시하는 것[558]이 바람직하다. 왜냐하면 「상법」이 감사/감사위원의 독립성을 확보하기 위해 수차례 임기를 연장해 온 취지와 감사위원이 이사회에 의해 좌우되지 않고 독립성을 확보할 수 있기 때문이다.

또한 실무적으로 업무담당이사의 임기를 3년으로 운영할 경우에는 큰 문제가 없지만, 2년으로 운영하는 경우 감사의 임기를 3년으로 연장한 입법취지에 맞춘 감사담당이사(감사위원) 임기를 3년으로 운영하는 데 여러 가지 문제가 발생할 수 있다. 따라서 이러한 경우에는 이사의 임기를 정관에는 3년 이내로 규정하고, 실제 운영 시에는 이사회에서 업무담당이사는 임기를 2년으로 표기하여 선임하고, 감사담당이사는 3년으로 표기하여 선임하는 방법을 활용할 수 있을 것이다.[559]

최근 상장회사는 2020년 「상법시행령」을 개정하여 사외이사의 자격요건에 해당 상장회사에서 6년을 초과하여 사외이사로 재직하였거나 해당 상장회사 또는 그 계열 회사에서 각각 재직한 기간을 더하면 9년을 초과하여 사외이사로 재직한 자는 사외이사가 될 수 없도록 함으로써 사외감사위원의 독립성을 확보했다.[560]

아울러 금융위원회의 「금융지배구조법」 개정법률(안)에 의하면 금융회사의 경우 감사 위

---

556 김용범, 전게서, 2017, 782면. 정찬형, 전게서, 903면. 최준선, 전게서, 531면.

557 김용범, 전게서, 2012, 452면 및 2017, 782면. 정준우, 전게서, 127면.

558 ○○은행 「정관」 제 27조(이사의 임기) 제2항.

559 김용범, 전게서, 2017, 782면.

560 「상법시행령」 제34조 제5항 제7호를 신설

원의 임기를 2년 이상으로 명문화 한 것(「금융지배구조법」 제19조 제11항)은 지위의 안정성 면에서 일보 진전된 면이 있으나, 그간 감사의 임기를 3년으로 연장한 입법 취지에 반한다. 또한 감사위원의 재직기간을 6년(자회사포함 9년)으로 제한은 우수한 감사위원의 출현을 막을 우려가 있다.

2. 감사위원의 보수

감사의 보수는 일반회사의 경우 정관 또는 주주총회의 결의로 정한다(「상법」 제415조, 제388조) 그리고 상장회사의 경우에는 특례규정에 의하여 감사의 보수결정 의안은 이사의 보수 결정 의안과는 별도로 상정·의결하여야 한다.(「상법」 제542조의12 제5항) 이는 대표이사나 이사회의 영향력을 차단하고 감사의 독립성을 강화하기 위해서이다.

그러나 감사위원회의 감사위원의 보수에 대해서는 「상법」에 아무런 규정을 두고 있지 않다. 따라서 현재로서는 감사위원이 이사의 지위도 겸하고 있는 점과 연계하여 그 보수도 정관에 정해지거나 아니면 이사로 선임될 때 주주총회에서 총액으로 결정되고 개별적인 보수액은 이사회에 위임하여 처리할 수 있다고 해석할 수밖에 없다.

그런데 이러한 논리구성은 감사위원의 지위상의 독립성과 그 업무집행상의 객관성·중립성을 심각하게 훼손할 우려가 있다. 만약 감사위원의 선임뿐만 아니라 그 보수에 대한 결정권까지 모두 이사회에 집중된다면, 감사위원회의 구성원인 감사위원이 이사회의 업무집행 사항을 효과적으로 견제 및 감사한다는 것은 현실적으로 거의 불가능하다.[561]

또한 일부 상장회사에서는 감사위원보수의 결정안을 「상법」 제542조의12 제5항을 준용하여 이사보수의 결정안과 달리 별도·상정 의결해 놓고도, 실제로는 임원의 연봉계약서등을 이용하여 개별 감사위원 보수의 주주총회 의결금액은 2억 원인데 실제 임원연봉계약은 1억 5천만 원으로 연봉계약을 체결하고 개별 감사위원 보수를 임의 감액하여 편법으로 지급하는 사례가 있다.

감사위원의 보수에 대한 「상법」상 규정이 불비되어 있다고 해서 감사위원의 보수에 관한 이러한 지급방법은 곤란하다. 이사회나, 경영진 등이 사실상 감사위원의 보수액을 정한다면 감사위원의 독립성에 영향을 줄 뿐만 아니라 입법취지에도 어긋나기 때문이다. 따라서 감사위원들의 독립성을 확보하기 위해서는 상장회사 감사 위원의 보수의 결정 의안을 이사 보수결정 의안과 별도 상정·의결하는 것이 바람직하다.

이에 대한 세부적인 방안으로 감사위원의 보수에 대해서는 상장회사의 감사 보수에 관한 규정(「상법」 제542조의12 제5항)과 같이 일반적인 임원의 보수결정과는 달리 별도 상정·의결하도록 다른 특별규정을 두든지, 아니면 일반 회사의 감사보수에 관한 규정(「상법」 제415조)처럼 이사의 보수에 관한 「상법」 제388조(이사의 보수)를 준용]처럼 감사위원의 보수를 「정관」에 그 액을 정하거나 주주총회 결의로 그 액을 정하여야 한다.[562]

---

561 정준우, 「감사와 외부감사인의 법적 책임」, 한국상장회사협의회, 2005, 128면.

562 김용범, 전게서, 2012, 453면 및 2017, 783면. 정준우, 전게서, 128면. 심영,「상법상 감사제도 개선 방향에 관한 연구」, 상사법연구 제35권 제4호, 2017, 67면.

또한 공기업·준정부기관 경우 상임감사나 상임감사위원의 보수는 「공공기관운영법」 제 36조(비상임이사와 감사에 대한 직무수행실적 평가)에 따른 직무수행실적 평가 결과를 고려하여 기획재정부장관이 운영위원회의 심의·의결을 거쳐 정하는 보수지침에 따라 감사 대상인 이 사회가 정하도록 되어있어(「공공기관운영법」 제33조 제1항) 상임감사나 상임감사위원의 독립성 확보차원에서 문제가 있는바, 사외이사 중심의 보수위원회 등에서 결정하도록 개선 하는 것 이 바람직하다고 본다.

그리고 금융회사의 경우는 최근 「금융지배구조법」의 개정(안)을 통하여 사외이사, 감사 및 감사위원에 대하여 회사의 재무적 성과와 연동하지 아니하는 별도의 보수지급 및 평가기 준을 마련하여 운영하도록 함으로써 사외이사, 감사 및 감사위원의 경영진 및 대주주로부터 독립성을 확보하였다. (「금융지배구조법」 개정(안) 제22조 제7항)[563]

아울러서 감사 및 감사위원의 평가에 대해서도 감사위원의 독립성과 객관성·중립성을 확 보하기 위해 사외이사가 2/3이상을 차지하는 감사위원회나 보수위원회가 평가하는 방법의 도입이 필요하다. 왜냐하면 그들의 평가를 이사회나 사외이사가 2/3 미만인 보수 위원회가 평가할 경우 감사 및 감사위원의 보수가 경영진에 의해 결정되게 되어 제대로 된 감사업무 수행이 불가능하게 되기 때문이다.

제6절 감사위원회의 운영

Ⅰ. 감사위원회의 대표

「상법」상 감사위원회는 3인 이상의 이사로 구성하여야 하는 회의체 기관이다.(「상법」제415 조의2 제2항) 이는 감사위원회의 독립성과 효율성을 기하기 위한 것이다. 회의체 기관이기 때문에 대표가 필요한데, 감사위원회를 대표할 자는 감사위원회의 결의로 선정하여야 한 다.(「상법」 제415조의2 제4항)

감사위원회의 대표의 선임은 필수적이다. 「상법」이 이와 같이 감사위원회의 대표위원의 선임을 필수적인 것으로 하고 있는 이유는 회의체인 감사위원회의 운영을 원활하게 하고, 그 결의사항을 신속하고 효과적으로 집행할 수 있도록 하기 위한 것이다.[564] 따라서 대표위 원이 선정될 경우에는 감사위원회는 감사업무에 관한 의사결정을 하고, 대표위원은 그 결정 을 집행하는 역할을 수행하게 된다.[565]

다만 일반감사위원회 대표위원의 자격에 대해서는 아무런 제한이 없으므로 감사위원 중 누구도 대표위원이 될 수 있다. 이에 대해 특례감사위원회의 경우에는 그 대표는 반드시 사

---

563 금융위원회, 「금융사지배구조법 개정법률(안) 입법예고」, 2020.6.23.

564 김용범, 전게서, 2012, 453면 및 2017, 784면. 정준우, 전게서, 162면.

565 김용범, 전게서, 2012, 454면 및 2017, 784면. 권종호, 전게서, 187면.

외이사이어야 한다.(『상법』 제542조의11 제2항 제2호) 물론 감사위원회의 대표위원은 반드시 1인 이어야 하는 것은 아니므로 수인의 위원이 공동으로 감사위원회를 대표할 것을 정할 수도 있다.(『상법』 제425조의2 제4항)

II. 상근감사위원 제도

1. 상근감사위원제도의 개요

원칙적으로 회사 내의 감사와 관련된 사항은 감사위원회가 권한을 갖고 수행하나 감사위원회가 상근조직이 아닌 회의체 형태로서 통상 분기에 1회 정도 개최되고 감사직무 수행에 따른 처리 결과를 즉시 결의 또는 심의하기가 곤란하므로, **상근감사위원제도**는 감사업무의 효율적인 수행을 위하여 상근감사위원을 두고 감사위원회가 통상적으로 처리해야 할 주요 사항을 상근감사위원에게 위임하여 처리하고 있는 제도이다.[566]

2. 상근감사위원의 업무범위

감사위원회의 **상근감사위원 업무범위**는 감사위원회가 정한 감사 정책 및 기준을 집행하는 책임을 지며, 監査活動을 감독하고 감사정책, 감사 프로그램 및 절차를 알리고 이행 사항을 모니터링 하는 역할을 한다. 그리고 상근감사위원은 내부감사를 통해 업무의 효율화, 재무제표의 신뢰도 제고, 업무관련 제반 리스크의 최소화, 회사의 경영합리화에 기여하도록 노력 하여야 한다.[567]

감사위원회는 효율적인 감사업무의 처리를 위해 상근감사위원에게 다음과 같은 사항을 위임할 수 있으며, 위임된 업무의 수행이 상근감사위원의 직무가 됨에 따라 일반적으로 회사의 「감사위원회직무규정」에 상근감사위원의 직무를 명시하지 않고, 별도로 감사위원회의 의결을 거쳐 「상근감사위원직무규정」을 제정하고, 동 규정에 다음과 같이 상근감사위원의 직무를 명시한다.[568]

상근감사위원의 직무(예시)

① 경영진의 일상 업무집행에 대한 사전 · 사후 감사
② 감사실시 등 내부감사업무 수행에 관한 전반적인 사항
③ 감사결과 지적사항에 대한 조치 및 이행 확인
④ 감사요원의 보직, 전보 등 인사 시 사전협의 및 근무 평정
⑤ 감사위원회규정 및 상근감사위원직무규정을 제외한 감사관련 규정의 제정 · 개폐
⑥ 감사위원회가 지시하거나 별도로 결의하여 위임한 사항

---

566 김용범, 전게서, 2012, 454면 및 2017, 784면. 금융감독원, 전게서, 94면.
567 김용범, 전게서, 2012, 454면 및 2017, 784면.
568 김용범, 전게서, 2012, 455면 및 2017, 784면.

⑦ 기타 감사업무 수행에 관한 사항

(금융회사 「상근감사위원직무규정 모범규준(안)」 제3조 제1항 참조 및 인용)

아울러 상기 열거한 사항 이외에도 감사위원회가 필요하다고 판단되는 사항에 대해서는 감사위원회의 지시 또는 결의에 의해 감사위원회의 권한 일부를 상근감사위원에게 위임하여 처리할 수 있다.

3. 상근감사위원의 업무처리 결과 보고

상근감사위원은 상근감사위원 직무로 정한 사항 및 별도 지시 또는 위임받은 사항 중 중요사항에 대해서는 그 處理結果를 정기적으로 감사위원회에 보고하여야 한다. 다만 중요사항이 있을 경우에는 즉시 감사위원회에 보고하여야 한다.(「상근감사위원 직무규정 모범 규준(안)」 제18조 참조)

Ⅲ. 감사위원회의 소집

감사위원회는 이사회 내 위원회로서 「상법」상 위원회의 소집과 결의에 관한 규정을 준용하고 있다. 감사위원회의 회의는 원칙적으로 각 감사위원이 그 소집을 청구할 수 있으나, 감사위원회의 결의로 소집할 위원을 정한 때에는 그 위원이 감사위원회를 소집할 수 있다.(「상법」 제393조의2 제5항, 제390조 제1항)

소집권자로 지정되지 아니한 다른 감사위원은 소집권자인 감사위원에게 감사위원회의 소집을 요구할 수 있다. 소집권자인 감사위원이 정당한 이유 없이 감사위원회의 소집을 거절하는 경우에는 다른 감사위원이 감사위원회를 소집할 수 있다.(「상법」 제393조의2 제5항, 제390조 제1항)[569]

감사위원회를 소집함에는 회의 일을 정하고 그 1주간 전에 각 감사위원에 대하여 통지를 발송하여야 하는데, 이 기간은 정관으로 단축할 수 있다.(「상법」 제393조의2 제5항, 제390조 제3항) 감사위원회는 감사위원 전원의 동의가 있는 때에는 위에서 말한 통지절차 없이 언제든지 회의를 할 수 있다.(「상법」 제393조의2 제5항, 제390조 제4항)[570]

Ⅳ. 감사위원회의 결의 방법

1. 감사위원회 결의 개요

감사위원회 결의는 감사위원 과반수의 출석과 출석한 감사위원의 과반수로 하여야 한다. 그러나 정관으로 그 비율을 이보다 높게 정할 수 있다.(「상법」 제393조의2 제5항 → 제391조 제1항)

정관에서 달리 정하는 것을 제외하고 감사위원회는 감사위원의 전부 또는 일부가 직접

---

569 김용범, 전게서, 2012, 455면 및 2017, 785면. 최준선, 「효율적인 감사제도 운영을 위한 입법과제」, 한국 상장회사협의회, 2008, 163면.

570 김용범, 전게서, 2012, 455면 및 2017, 786면. 최준선, 전게연구보고서, 2008, 163면.

회의에 출석하지 아니하고 모든 위원이 음성을 동시에 송·수신하는 통신 수단에 의하여 결의에 참가하는 것을 허용할 수 있다. 이 경우 당해 위원은 감사위원회에 직접 출석한 것으로 본다.(「상법」 제393조의2 제5항, 제391조 제2항)[571]

감사위원회의 결의에 관하여 특별한 이해관계가 있는 위원은 의결권을 행사하지 못하며, 이때 특별이해관계인인 감사위원의 수는 감사위원회의 성립을 위한 정족수(출석정족수)의 계산에 포함되나, 출석한 감사위원의 의결권의 수(의결정족수)에는 산입하지 않는다.(「상법」 제393조의2 제5항, 제391조 제3항, 제368조 제4항, 제371조 제2항)[572]

2. 감사위원회 결의 요건

감사위원회 결의는 감사위원 과반수의 출석과 출석한 감사위원의 과반수로 해야 한다.(「상법」 제391조 제1항) **「감사위원 과반수」**란 재임하는 감사위원 전원의 과반수[573]를 말하며, 직무대행자(「상법」 제407조 제1항)는 여기서의 감사위원에 포함되나, 직무집행이 정지된 감사위원(「상법」 제407조 제1항)은 포함되지 아니한다.[574]

감사위원회의 의결권은 감사위원 1인에 대하여 1개씩 주어진다. 「정관」에 의해서도 이에 대한 예외를 둘 수 없다. 감사위원회에서는 주주총회에서와는 달리 과반수 출석을 요하므로 예컨대 6인의 이사 중 3인이 출석하여 전원 찬성하더라도 성립정족수에 미달하므로 무효이다.[575]

결의요건은 「정관」으로 그 비율을 높일 수 있다.(「상법」 제391조 제1항) 반대로 완화하는 것(예컨대 3분의 1 이상 출석에 과반수 찬성)은 허용될 수 없다.[576] 다만, 사안의 경중에 따라 결의요건을 달리하는 것은 무방하다고 본다.

가. 결의요건의 강화[577]

결의요건을 강화함에 있어서는 다음 두 가지 점에 주의를 요한다.

첫째, 일상적인 업무집행의 결정을 과반수보다 강화된 다수의 찬성에 의하게 한다면 회사의 운영이 교착을 면치 못할 것이다. 일상적인 감사위원회의 운영은 과반수의 감사위원에 의해 지속될 수 있어야 한다고 보는 것이 감사위원회 유지의 이념에 부합한다.

그러므로 통상의 업무집행에 관해서는 과반수를 초과하는 결의요건을 강화하더라도 재적 감사위원 과반수의 찬성을 초과할 수 없다고 해야 한다. 대표감사위원을 선정하는 결의 자체는 통상의 업무집행이 아니지만, 통상의 업무집행의 전제가 되는 지위이므로 역시 과반수

---

571 김용범, 전게서, 2012, 456면 및 2017, 786면. 최준선, 전게연구보고서, 2008, 163면.

572 김용범, 전게서, 2012, 456면 및 2017, 786면. 최준선, 전게연구보고서, 2008, 163면.

573 **과반수(過半數)**란 **'절반이 넘는 수'**를 뜻하며, '절반'을 포함하는 '반수 이상' 보다는 절반을 포함하지 않는 **'반수 초과'**의 뜻으로 보는 것이 적절하다. 자료 : 국립국어원.

574 김용범, 전게서, 2017, 786면. 이철송. 전게서. 박영사. 2021. 705면.

575 김용범, 전게서, 2017, 787면. 이철송. 전게서. 박영사. 2021. 706면. 대법원. 1995.4.11. 선고, 94다33903 판결.

576 김용범, 전게서, 2017, 787면. 이철송. 전게서. 박영사. 2021. 706면. 대법원. 1995.4.11. 선고, 94다33903 판결.

577 김용범, 전게서, 2017, 787면. 이철송. 전게서. 박영사. 2021. 706면.

의 찬성을 초과할 수 없다고 보아야 한다.[578]

둘째, 특히 중요한 의안에 대해서는 과반수를 초과하는 결의요건을 정할 수 있다고 보나, 그렇더라도 일부 감사위원에게 거부권을 주는 것과 같은 정도로 강화할 수는 없다. 예컨대 「감사위원 전원의 6분의 5의 동의」, 「"전원 출석"에 3분의 2 이상 동의」, 혹은 「과반수 출석에 전원동의」를 요구하는 것은 무효라고 본다.[579]

나. 緊急決議의 效力

「정관」에 규정을 두어 천재지변 등 부득이한 사유로 출석이사가 정족수에 미달할 경우 긴급을 요하는 사항은 출석한 감사위원만으로써 결의하고, 다음 감사위원회에서 추인을 얻도록 하는 예가 있다.[580]

대표감사위원이 긴급한 사유로 감사위원회의 결의를 얻지 못하고 업무집행을 한 경우에는 대표감사위원의 책임을 추궁함에 있어 참작할 만한 사유는 되겠지만, 정족수미달로 결의가 불성립한 것을 결의가 된 것으로 의제할 수는 없다.[581] 다만, 사안의 필요성에 따라서는 당해 시점에서 대표감사위원의 업무집행권에 속하는 것으로 해석할 수는 있을 것이다.[582]

다. 可否同數의 效力[583]

감사위원회의 표결결과 **가부동수**인 경우에는 당연히 **否決**이다. 이는 과반수의 찬성을 요하는 법문의 취지에도 분명하지만 단체의사 결정에 일반적으로 통용되는 **條理上** 또는 **多數決의 一般原則上**으로도 **否決**하는 것이 옳다고 할 것이다.[584]

참고

可否同數의 效力에 대한 起源

가부동수인 경우에는 「상법」상의 요건인 과반수에 미달하므로 否決로 봐야 함은 당연하지만 일반적으로 단체 의사결정에서 가부동수인 경우 否決로 보아야할 條理上의 이유가 있다. 「상법」이 과반수의 찬성을 요구한 것도 다음에서 말하는 條理上의 원칙을 받아들인 것이다.

결의란 예외 없이 구성원들이 처한 현재의 상황에서 변화를 가져오는 데 대해 구성원들의 의견을 묻는 것이다. 변화를 원한 자와 원하지 않는 자가 동수로 대립한다면 변화로의 의사결정은 불가능하

---

578 대표감사위원의 선정요건을 예컨대 재적감사위원의 3분의 2 이상으로 강화한다면 대표감사위원의 선정이 표류되어 회사의 정상적인 업무집행이 불가능해질 수도 있다.

579 김용범, 전게서, 2017, 787면. 上柳克郎 외, 「新版 註釋會社法(6)」, 有斐閣, 1985~1990, 113면. 이철송. 전게서. 박영사. 2021. 706면.

580 포스크(주) 「정관」제43조. 미국의 「모범회사법(MBCA)」 §3.03(Emergency Power)

581 이철송. 전게서. 박영사. 2021. 706면.

582 이철송. 전게서. 박영사. 2021. 706면.

583 김용범, 전게서, 2017, 787면. 이철송. 전게서. 박영사. 2021. 707면.

584 김용범, 전게서, 2017, 787면. 이철송. 전게서. 박영사. 2021. 569면'.

다. 의사결정이 불가능하다면 현 상태가 유지될 수밖에 없다.[585]

그러므로 현 상황의 변화를 실현하고자 한다면 최소한 반수보다 많은 지지를 얻어야 하는 것이다. 이 같은 條理的 性格 때문에 「헌법」에서도 국회의 의결에서 가부동수일 때는 부결된 것으로 보고 있다.(「헌법」제49조)

만약 「정관」에 규정을 두거나 감사위원회결의에 의해 감사위원회의 결의가 가부동수인 경우 특정인(예 : 위원장등)이 결정권을 행사하도록 할 수 있는가? 감사위원회에서는 주주총회 에서와 같은 의결권의 평등을 강조할 필요가 없다는 이유로 긍정하는 견해[586]가 있으나, 법적 근거 없이 특정인에게 복수의결권을 주거나 결의요건을 완화시키는 결과가 될 뿐 아니라 집단의 의사결정 방법인 다수결의 일반원칙에도 反하므로 부정하는 견해[587]가 옳다고 본다.

이 점을 정면으로 다룬 판례는 없으나, 다음의 판례는 정관에 이사회 결의는 이사전원의 과반수로 하되 가부동수인 경우는 이사회의장이 결정하도록 규정되어 있고, 이사회 결의에 참석한 이사 중에 이사회 회장이포함되어 있다고 하여도 가부동수인 경우 부결됨을 전제로 하고 있다.

또한 이사회결의가 특정인의 동의(예: 특정의 대주주 또는 대형채권자)를 얻어야 발효할 수 있게 하는 것도 회사의 권한배분의 원칙에 反하므로 무효이다.[588]

가부동수인 경우 부결을 전제로 한 판례

「재적 6명의 이사 중 3인이 참석하여 참석이사의 전원의 찬성으로 이 사건 각 연대보증인을 의결한다면 위 각 이사회의 결의는 과반수에 미달하는 이사가 출석해 「상법」상의 의사 정족수가 충족되지 아니한 이사회에서 이루어진 것으로 무효라 할 것이고, 정관에 이사회 결의는 이사전원의 과반수로 하되 가부동수인 경우에는 이사회회장이 결정하도록 규정되어 있고, 위 각 이사회 결의에 참석한 이사 중에 이사회회장이 포함되어 있다고 하여도 마찬가지라고할 것이다.(대법원. 1995. 4. 11. 선고. 94다33903. 판결)

라. 결의요건의 요구시점

결의 요건 중 감사위원회의 성립요건(과반수의 출석)은 개회 시 뿐만 아니라 토의·결의

---

585 김용범, 전게서, 2017, 788면. 이철송. 전게서. 박영사. 2021, 570면. Cary, William L. & Eisenberg, Melvin A, 전게서, 1995, 35면.

586 서헌제, 「사례중심체계 상법강의(상)」, 2007, 820면. 임홍근, 「회사법」, 2000, 475면. 정동윤, 「제6판 상법(상)」, 2012, 607면. 서돈각·정완용, 「상법강의(상)」(제4전정), 1999, 435면.

587 김용범, 전게서, 2017, 788면. 권기범, 「제4판 현대 회사법론」, 2012, 813면. 김정호, 「제2판 회사법」, 2012, 406면. 송옥열, 「제2판 상법강의」, 2012, 964면. 이범찬·임충희·이영종·김지환, 「회사법」, 2012, 336면. 정경영, 「개정판 상법학강의」, 정찬형, 「제15판 상법강의(상)」, 2012, 916면. 정희철, 「상법학(상)」, 최기원, 「제14개정판 신회사법론」,2012, 610면. 최준선, 「제7판 회사법」, 2012, 411면.

588 김용범, 전게서, 2017, 789면. 이철송. 전게서. 박영사. 2021, 707면. 정동윤, 「제6판 상법(상)」, 2012, 607면.

의 전 과정을 통하여 유지되어야 한다.[589] 예컨대 재적 9인의 감사위원 중 5인이 출석했다가 1인이 중간에 퇴장했다면 나머지 인원으로 결의할 수 없다. 한편 결의의 집행행위가 이루어질 시점에서 감사위원회의 인적구성이 결의 당시의 감사위원들과 달라지거나, 감사위원 총수가 증원되어 결의에 필요한 감사위원 수가 늘었어도 결의의 효력에는 영향이 없다.[590]

참고 _____

出席의 意義 및 決議와 關係

「출석」이란 감사위원회의 결의현장에 在席함으로써 採決의 대상이 될 수 있는 상태에 있음을 의미한다. 따라서 찬성 또는 반대의 의사를 표명할 것을 거부한다고 해서 결석한 것으로 간주해서는 안 된다. 기권 등도 採決에 반영하여야 하기 때문이다.[591]

3. 감사위원회 의결권 행사의 독립성

감사위원은 의결권의 행사에 관해서도 회사에 대해 책임을 진다.(「상법」 제415조의2 제7항 → 「상법」 제414조). 이는 감사위원의 의결권이 자기책임하에 독립적으로 행사되어야 함을 의미한다. 그러므로 감사위원 상호 간 또는 감사위원과 주주 기타 제3자와의 사이에 감사위원의 의결권을 구속하는 계약은 무효이다.[592]

또한 감사위원회는 회사가 기대하는 감사위원 개개인의 능력과 고도의 신뢰관계에 기초해서 구체적인 업무집행을 결정하는 기관이므로 감사위원은 직접 의결권을 행사해야 하고 그 대리행사는 허용되지 않는다.(통설)[593]

감사위원의 지위는 一身 專屬的인 것으로서 양도가 불가능할 뿐만 아니라, 만일 대리행사를 시킨다면 감사위원이 임의로 복임권*을 행사한 결과가 되기 때문이다. 감사위원 상호 간에 의결권 행사를 위임하더라도 같다.[594]

*복임권이란 대리인이 복대리인을 선임할 수 있는 권능을 말한다.

4. 감사위원회 의결권의 제한

감사위원회의 결의에 대하여 특별한 이해관계가 있는 감사위원은 의결권을 행사할 수 없다.(「상법」 제391조 제3항 →제368조 제4항) 대표감사위원을 선임 또는 해임결의는 회사 지배에 관한 주주의 비례적 이익이 연장·반영되는 문제이므로 그 결의의 대상인 감사위원 또는

589 김용범, 전게서, 2017, 789면. 이철송. 전게서. 박영사. 2021. 707면. 日最高裁, 1966. 8. 26. 결정.
590 김용범, 전게서, 2017, 789면. 이철송. 전게서. 박영사. 2021. 707면. 대법원. 2003.1.24.선고.2000다20670판결.
591 김용범, 전게서, 2017, 789면. 이철송. 전게서. 박영사. 2021. 707면. 대법원. 2001.12.28.선고.2001다49111판결.
592 김용범, 전게서, 2017, 789면. 이철송. 전게서. 박영사. 2021. 708면.
593 김용범, 전게서, 2017, 789면. 이철송. 전게서. 박영사. 2021. 708면. 대법원. 1982. 7. 13. 선고. 80다2441판결.
594 김용범, 전게서, 2017, 790면. 이철송. 전게서. 박영사. 2021. 708면.

대표감사위원은 특별이해관계 있는 자에 포함되지 않는다.[595]

의결권을 행사할 수 없는 감사위원은 감사위원회의 성립정족수(과반수 출석)에는 포함되나 출석한 감사위원의 의결권의 수(의결정족수)의 계산에는 산입하지 아니한다.(「상법」 제391조 제3항 → 제371조 제2항). 이해관계 있는 감사위원은 이해관계 있는 주주와는 달리 감사 위원회 결의에 앞서 이해관계가 있음을 開示해야 한다고 본다.[596]

판례를 살펴보면 "회사의 3명의 감사위원 중 대표감사위원과 특별이해관계가 있는 감사위원 등 2명이 출석하여 의결권을 하였다면 감사위원 3명 중 2명이 출석하여 과반수 출석 요건을 구비하였고, 특별이해관계가 있는 감사위원이 행사한 의결권을 제외하더라도 결의에 참여할 수 있는 유일한 출석감사위원인 대표감사위원의 찬성으로 과반수의 찬성이 있는 것 으로 되어 그 결의는 적법하다."고 판시하고 있다.[597]

5. 감사위원회의 의사결정 방식

가. 書面 決議의 效力[598]

법원의 판례를 살펴보면 영리단체인 회사의 이사회 결의를 서면으로 하였을 때 그 효력이 어떠냐에 관해 직접적인 판단을 내린 판례는 아직 없다. 다만 서면결의라 해서 不存在라고 까지 볼 수는 없다고 하면서 이사전원의 동의가 있으면 서면결의가 언제이든 가능한 듯이 판단할 여지를 보여주는 판례가 있으나 그렇다고 유효라거나 무효라는 판단까지는 나아가지 않았다.[599]

단, 비영리단체의 이사회의 결의방법에 관해서는 (구)「신협법」에서 서면 결의에 의한 이사회 결의가 유효하냐가 쟁점이 된 사건에서 판례는 同法에 이를 다룬 규정이 없고, 정관에는 "이사회는 재적이사 과반수의 출석으로 개최하고 출석이사 과반수 찬성으로 의결한다."는 정관규정은 의사정족수 및 의결정족수에 관한 일반규정으로서 이는 서면결의를 금하는 규정이라고 볼 수 없다고 하면서 서면결의를 유효하다고 판시한 사례도 있다.[600]

그러나 감사위원회는 회사의 감사업무에 대한 실무적인 문제를 다루므로 여러 가지로 변환이 가능한 의안을 놓고 상호 의견을 교환함으로써 최적의 결론을 내야하는 집단적 의사결정의 방식을 취해야 한다. 이점에서 단지 의안의 찬성여부만 묻는 주주총회 결의와 본질을 달리 한다. 따라서 감사위원들의 구체적인 회합을 요하며, 서면결의는 인정되지 않는다고 본다(통설).[601]

또한 감사위원회는 회의체기구이므로 감사업무는 감사위원회의 결의에 의해 결정되고 감

---

595 김용범, 전게서, 2017, 790면. 이철송, 전게서. 박영사. 2021. 708면.

596 김용범, 전게서, 2017, 790면. 이철송, 전게서. 박영사. 2021. 709면. 대법원. 1991.5.28. 선고. 90다20084 판결.

597 김용범, 전게서, 2017, 790면. 대법원. 1992.4.14. 선고. 90다카22698 판결.

598 김용범, 전게서, 2017, 790~791면. 이철송. 전게서. 박영사. 2021. 709면.

599 대법원. 2006. 11. 10. 선고. 2005다46233 판결.

600 대법원. 2005. 6. 9. 선고. 2005다2554 판결.

601 김용범, 전게서, 2017, 791면. 이철송. 전게서. 박영사. 2021. 709면.

사위원회의 대표가 집행하는 형식을 취하게 된다. 그러므로 감사업무에 관한 대표위원의 집행행위가 임무해태에 해당한다면 그 결의에 찬성한 위원도 책임을 묻는 것이 당연한데, 그러기 위해서는 대표위원에 대하여는 「상법」 제399조 제1항의 적용하고, 결의에 찬성한 위원에 대해서는 이사회결의에 관여한 이사의 책임을 묻는 제399조 제2항과 제3항을 해석상 유추하는 것이 바람직하다.

그러나 「상법」이 감사위원회에 관해 명문으로 제415조의2 제7항에 의거 제414조를 준용하는 터이므로 이를 책임의 근거로 삼되, 監査事案에 대한 결의에 임무해태의요소가 있는 경우에는 이에 찬성한 감사위원도 제414조 제1항 및 제2항의 책임을 구성하는 것으로 해석해야 할 것이다. 따라서 감사위원회의 결의에 대하여는 감사위원이 책임을 져야 하므로, 각자의 찬반의사가 밝혀져야 한다. 따라서 무기명투표는 허용될 수 없다.[602]

나. 決議 棄權의 效力[603]

「상법」 제399조 제1항은 "이사가 고의 또는 과실로 법령 또는 정관에 위반한 행위를 하거나 그 임무를 게을리한 경우에는 그 이사는 회사에 대하여 연대하여 손해를 배상할 책임이 있다"라고 규정하고, 같은 조 제2항에서는 "전항의 행위가 이사회 결의에 의한 것일 때는 그 결의에 찬성한 이사도 전항의 책임이 있다."라고 규정하고 있다.

또한 같은 조 제3항은 "전항의 결의에 참가한 이사로서 이의를 한 기재가 이사록에 없는 자는 그 결의에 찬성한 것으로 추정한다."고 하여, 이사회 결의를 통한 이사의 임무위반 사안에서 이사회 의사록 기재를 통해 결의에 대한 이사의 찬성여부를 추정하고 그 책임을 지우고 있다.

그간 이사회(감사위원회 포함) 회의의 실례를 살펴보면 찬성과 반대 외에, 「기권」이나 「중립」과 같이 자기의 입장 표명을 유보하는 예가 있다. 그러나 감사위원의 의결권 행사 방법은 의안에 대해 「적극」(찬성)이냐, 「소극」(비찬성)이냐는 두 가지 뿐이고, 「기권」이나 「중립」은 「적극」이 아니므로 「소극」으로 분류하여 왔다.[604]

그러나 최근 대법원은 이사가 이사회 결의에서 기권한 경우에 이를 「상법」 제399조 제3항에서 말하는 "이의를 한 기재가 의사록에 없는 자로 보아 이사회 결의에 찬성한 것으로 추정할 수 있는지 여부에 대한 쟁점에서 이사가 이사회에 출석하여 결의에 기권하였다고 의사록에 기재된 경우에는 '이의를 한 기재가 의사록에 없는 자'라고 볼 수 없으므로 「상법」 제399조 제3항에 따라 이사회 결의에 찬성한 것으로 추정할 수 없고, 따라서 같은 조 제2항의 책임을 부담하지 않는다고 보아야 한다."고 판시하였다.[605]

이 사안에서 원심법원은 피고 D, E가 이사회결의에 찬성한 것으로 추정된다는 결론을 내림에 있어 '단지 기권한 것으로 기재되어 있을 뿐, 이의를 한 기재가 있다는 주장 및 입증

602 김용범, 전게서, 2017, 791면. 이철송. 전게서. 박영사. 2021. 709면.

603 율촌, 「송무」, 2019.6.

604 김용범, 전게서, 2017, 791면. 이철송. 전게서. 박영사. 2021. 709면.

605 대법원. 2019. 5. 16. 선고, 2016다260455. 판결.

이 없는 점'을 근거로 들고 있으며, 이는 '이의를 한 기재'가 있다고 보기 위해서는 이사가 이 사회에서 의결권 행사 시 기권의 의사표시를 하는 것만으로는 부족하고, 해당 의안에 대해 이의를 담은 구체적인 의견의 표명 또는 반대의 의결권을 행사하는 데까지 나아가야 한다고 해석하였다.

이에 반해 대법원은 피고 D, E가 이사회 결의에 찬성한 것으로 추정할 수 없다고 판단하면서 그 논거로 결의에 기권한 것으로 의사록에 기재된 경우에는 '이의를 한 기재가 의사록에 없는 자'라고 볼 수 없다는 점을 들었다. 즉, 대법원은 '이의를 한 기재'를 해석함에 있어, 이사가 반대 의결권을 행사하거나 의안에 대한 이의의 의견을 제시한 경우에 국한하지 않고, 기권한 경우도 포함된다고 판단한 것이다.

현실적으로 이사는 어떠한 안건에서 찬성 또는 반대할 수도 있지만 기권의 의사를 표시할 수도 있는 것이고, 이는 고의적 불출석과 달리 일단 이사로서의 임무를 수행한 것으로 보아야 하며, 나아가 위법·부당한 안건에 대하여 明確하게 棄權의 意思表示를 하는 것은 비록 반대에 이르지는 않더라도 결국 贊成에 대한 强力한 拒否行爲에 해당하므로, 이를 찬성으로 추정하는 것은 원래 예정한 책임의 취지에도 어긋난다.

따라서 의사록에 찬성이나 반대 혹은 기권여부가 불분명한 경우에 한하여 「상법」 제399조 제3항이 적용되어 찬성의 추정의 효과를 받게 될 뿐, 이사가 자신이 기권하였음을 증명하면 그 주장은 깨진다고 보아야 한다. 또한 이는 이사회의 소속 위원회의 하나인 감사위원회의 경우에도 감사위원회 결의에서 감사위원의 決議棄權의 경우에도 똑같이 적용된다 할 것이다.

참고

주주총회 결의와 이사회 결의의 차이점[606]

구분	주주총회	이사회/감사위원회
의결권의 배분방법	資本多數決	頭數多數決
의결권 행사의 의미	재산권의 행사	위임사무의 처리
표견행위에 대한 책임	無責	有責(제399조 제2항)
대리의 가능성	可	不可(지위의 일신전속성)
회의 및 결의 참가방법	對面不要(서면,전자투표 가능)	對面要(서면, 전자투표 불가능)
採決의 요건	출석의 과반수 또는 2/3	과반수 x 과반수, 예외 2/3
초다수결제도의 채택	不可	不可

606 이철송. 전게서. 박영사. 2021. 711면.

6. 원격통신회의

회사의 규모가 커지면서 감사위원의 수가 많아지고, 동시에 사업장이 지역적으로 분산되어 있어 감사위원들이 일시에 한 장소에서 회합하기 어려운 회사가 늘고 있다. 그리하여 최근에는 화상회의 또는 전화회의를 허용하는 입법례가 늘고 있다. 「상법」도 융통적인 회의방법을 허용하고 있다.

「정관」에 다른 정함이 없는 한, 감사위원회는 감사위원의 전부 또는 일부가 직접 회의에 출석하지 아니하고 모든 감사위원이 「음성을 동시에 송·수신하는 원격통신 수단」에 의해 결의에 참가하는 것을 허용할 수 있다.(「상법」 제393조의2 제5항 → 제391조 제2항). 음성을 송·수신해야 하므로 인터넷을 통한 화상회의도 허용되나, 단순한 문자회의(이른바 chatting)는 허용되지 않는다.[607]

그리고 원격통신 회의에 참가하는 감사위원들이 음성을 「동시에」 송·수신해야 하므로 일부 감사위원의 발언이 송신만 되거나, 중앙에서 감사위원의 발언을 중개해 주는 방식은 허용 되지 않는다. 「이사회는 --- 허용할 수 있다」고 함은, 「이사회 회의 규칙」 등의 일반 규정으로 화상회의를 일상화할 수 있음을 포함하여, 개별 이사회에서 특정이사가 화상회의 방식으로 회의에 참석하는 것을 허용하는 결의를 할 수 있음을 뜻한다.[608]

7. 감사위원회의 연기·속행

가. 개념

감사위원회의 **延期**란 감사위원회가 성립한 후 미처 의안을 다루지 못하고 會日을 후일로 다시 정하는 것이고, **續行**이란 의안의 심의에 착수하였으나 결의에 이르지 못하고 會日을 다시 정하여 同一議案을 계속 다루는 것을 말한다.

어느 것이나 일단 감사위원회가 성립한 후에 이루어지는 점에서 소집의 철회·변경과 다르다. 연기·속행에 따라 후일 다시 여는 감사위원회를 연기회·계속회라 한다. 가결이든 부결이든 일단 결의가 행해지면 연기·속행이란 있을 수 없다. 부결된 안건을 다시 다루고자 할 경우에는 감사위원회의 소집절차를 새로이 밟아야 한다.[609]

나. 결의

감사위원회는 회의의 속행 또는 연기를 결의할 수 있다.(「상법」 제393조의2 제5항, 제392조, 제372조 제1항) 감사위원회에서 결의하여야 하며, 대표감사위원이 연기와 속행을 결정할 수 없다[610].

법원은 감사위원회 위원장이 특별한 사유 없이 일방적으로 연회를 선언하고 퇴장하였을

---

607   김용범, 전게서, 2017, 791면. 이철송. 전게서. 박영사. 2021. 710면.

608   김용범, 전게서, 2017, 791면. 이철송. 전게서. 박영사. 2021. 711면.

609   김용범, 전게서, 2017, 792면. 이철송. 전게서. 박영사. 2021. 529면.

610   김용범, 전게서, 2017, 792면. 이철송. 전게서. 박영사. 2021. 529면.

경우, 나머지 감사위원들이 대표감사위원을 다시 선임하여 회의를 진행하고 결의를 하였다면 이는 적법한 결의라고 판단하였다.[611]

다. 동일성

연기회·계속회는 의안의 동일성이 유지되는 한, 연기·속행을 결의한 감사위원회 회의의 연장이므로 동일한 감사위원회 회의로 다루어진다. 따라서 연기회와 계속회를 위해서는 통지·공고 등 별도의 소집 절차를 요하지 않는다.(『상법』 제393조의2 제5항 → 제392조 → 제372조 제2항)[612]

그러므로 연기회·계속회의 일시와 장소를 연기·속행의 결의 시 정하지 아니하고 대표감사위원에게 일임한 때에는 출석 감사위원에게만 통지하면 된다.[613] 그리고 원래 감사위원회에 결석했던 위원이라도 계속회·연기회에 출석할 수 있음은 물론이다.

8. 감사위원회 결의의 변경 불가

위원회가 위임받은 사항에 관하여 결의한 경우, 위원회에서 결의된 사항은 각 이사에게 통지하여야 한다.(『상법』 제393조의2제4항 전단) 이는 위원회의 결의가 부당할 경우, 이사회를 소집하여 위원회의 결의를 번복할 수 있는 기회를 주기 위함이다.[614]

이 경우 이를 통지받은 각 이사는 이사회의 소집을 요구할 수 있으며, 이사회는 위원회가 결의한 사항에 대하여 다시 결의할 수 있다.(『상법』 제393조의2 제4항 후단) 이사회의 다른 결의가 있으면 위원회의 결의는 효력을 잃는다.[615]

그러나 감사위원회의 결의사항에 관하여 『상법』은 2009년 1월 30일 개정을 통해 다른 위원회와는 달리 이사회가 다시 결의할 수 없도록 함으로써(『상법』제415조의2제6항) 이사회로부터 감사위원회의 독립성 및 중립성을 강화하였다.[616]

9. 감사위원회 의사록 작성과 열람

감사위원회의 의사에 관하여는 의사록을 작성하여야 한다.(『상법』 제393조의2 제5항→제391조의3 제1항) 감사위원회의 결의는 적법한 결의요건을 충족하는 표결이 있음으로써 효력을 발생하고, 의사록 작성은 감사위원회 결의 요건은 아니다.[617]

그러나 감사위원회의 결의에 의해 바로 실행행위가 이루어지고, 결의 관여자 및 집행행위자들의 책임이 따르는데, 의사록은 결의에 관한 일응의 증거가 되므로(『상법』 제399조 제

---

611 수원지법. 2007. 6. 25. 결정. 2007카합200 판결.

612 김용범, 전게서, 2017, 792면. 이철송. 전게서. 박영사. 2021. 529면. 대법원. 1989.2.14. 선고. 87다카 3200 판결.

613 김용범, 전게서, 2017, 792면. 이철송. 전게서. 박영사. 2021. 530면. 南忠彦, 「延會の決議と總會の同一性」, 河本·橋本 ,「會社法の基礎」, 68면.

614 김용범, 전게서, 2017, 793면. 이철송. 전게서. 박영사. 2021. 718면.

615 김용범, 전게서, 2017, 793면. 이철송. 전게서. 박영사. 2021. 718면.

616 김용범, 전게서, 2012, 457면 및 전게서, 2017, 793면. 최준선, 전게연구보고서, 164~165면.

617 김용범, 전게서, 2017, 793면. 이철송. 전게서. 박영사. 2021. 711면.

3항), 의사록의 실제상의 의미는 매우 중요하다.[618]

가. 의사록의 작성 요령[619]

의사록에는 의사의 안건, 경과 요령과 그 결과, 반대하는 자와 그 반대 이유를 기재하고 출석한 감사위원이 기명날인 또는 서명하여야 한다.(「상법」 제393조의2 제5항 → 제391조의3 제2항). **「안건」**이란 감사위원회의 결의에 상정한 사항을 말하고, **「경과요령」이란** 개회, 의안의 상정과 토의 및 표결 그리고 폐회에 이르는 절차의 진행과정을 말하며, **「결과」**란 결의의 결과 즉 상정한 案의 가결여부를 말한다.

「반대하는 자」를 기재하는 이유는, 감사위원회의 결의의 집행행위에 관해 감사위원의 책임을 추궁할 때에는 결의에 찬성한 감사위원도 책임을 묻는데, 반대자의 기재는 반면적(半面的)으로 찬성한 자의 추정근거가 되기 때문이다. 아울러 사후의 문책 가능성을 의식하여 안이하게 반대하는 자가 있을 수 있으므로 반대의사의 신뢰성을 확보하기 위하여 반대이유도 기재하게 하였다. 찬성이 아닌 것은 모두 반대이므로 여기서의 **「반대」란 기권이나 중립의 표명도 포함하는 뜻**이다.

나. 의사록의 공시와 제한[620]

「상법」은 주주총회 의사록을 회사에 비치·공시할 서류의 하나로 열거하고 주주와 채권자는 영업시간 내에 언제든지 이 서류를 열람·등사를 청구할 수 있음을 규정하고 있다.(「상법」 제396조 제1항 및 제2항)

주식회사에 있어서 주주란 다수성과 공개성 그리고 고도의 유동성을 가지므로 기술적으로 그들의 의사결정의 내용을 비밀로 할 수도 없으려니와, 주주총회의 결의사항은 주주와 채권자의 보호를 위해 적극적으로 공개해야 할 사항들로 법정되어 있으므로 이를 비치·공시하게 함은 당연하다.

그러나 감사위원회의 결의는 회사의 업무집행을 결정하는 의사결정이므로 그 내용 중에는 기업비밀에 속하는 사항도 다수 들어 있어, 이를 주주총회의 의사록과 동일시하여 주주와 채권자에게 항시 공개하게 함은 기업의 경쟁력에 치명적인 장애를 준다.

이 점을 고려하여 「상법」은 감사위원회 회의록의 공시를 제한하는 동시에 회사의 사안에 따라 감사위원회 의사록의 열람·등사청구를 거절할 수 있는 길을 열어 놓았다.

1) 공시 범위

감사위원회 의사록은 회사에 비치할 의무가 없다. 다만 주주는 영업시간내에 감사위원회 의사록의 열람 또는 등사를 청구할 수 있다.(「상법」 제391조의3 제3항) 열람청구 대상이 되는 의사록이란 의사록에 첨부되어 인용되는 서류도 포함한다.(대법원. 2014. 7. 21. 결정. 2013마657.

---

618 김용범, 전게서, 2017, 793면. 이철송. 전게서. 박영사. 2021, 711면.

619 김용범, 전게서, 2017, 793~794면. 이철송. 전게서. 박영사. 2021, 711~712면.

620 김용범, 전게서, 2017, 794면. 이철송. 전게서. 박영사. 2021, 712~713면.

판결) 그리고 주주가 열람·등사를 청구함에 있어서는 이유개시를 요하지 않는다.

그러나 채권자는 열람·등사를 청구할 수 없다. 회사채권자도 이사/감사위원에게 손해배상을 청구하기 위한 경우(「상법」 제401조의 책임추궁)에는 이사회 의사록/감사위원회 회의록을 열람·등사할 필요가 있을 것인데, 법원에 열람·등사 허가를 청구할 수 있는 권리마저 인정하지 않는 것은 불합리하므로 재검토가 필요하다.

2) 열람 거절

회사는 주주의 감사위원회 의사록의 열람·등사청구에 대하여 이유를 붙여 이를 거절할 수 있다.(「상법」 제391조의3 제3항) 다만, 회사가 열람을 거절하는 이유가 정당한 이유이어야 함은 물론이다. 따라서 회사의 **「정당한 이유」**란 기업 비밀의 유지나 기타 회사의 이익을 위해서 필요함을 뜻한다.

3) 법원 허가

회사가 감사위원회 의사록의 열람·등사를 거절할 경우 주주는 법원의 허가를 얻어 감사위원회 의사록을 열람 또는 등사할 수 있다.(「상법」 제391조의3 제4항 후단). 이 허가사건은 「비송사건절차법」 제72조 제2항에 규정된 비송사건이므로 민사소송의 방법으로 감사위원회 회의록의 열람 또는 등사를 청구하는 것은 허용되지 않는다.(대법원. 2013.11.28. 선고. 2013다50367. 판결)

법원은 어떠한 경우에 열람·등사를 허가하여야 하는가? 판례는 주주의 열람·등사권의 행사가 회사 업무의 운영 또는 주주 공동의 이익을 해치거나 주주가 회사의 경쟁자로서 그 취득한 정보를 경업에 이용할 우려가 있거나, 또는 회사에게 지나치게 불리한 시기에 택하여 행사하는 경우 등에는 정당한 목적을 결하여 부당한 것으로서 허가하지않을 사유로 보고 있다.(대법원. 2004. 12. 24. 결정. 2003마1575. 판결)

따라서 주주의 열람·등사권의 행사가 정당한 목적을 결하여 부당한 경우에는 법원은 이를 허가해서는 아니 될 것이다. 그러나 회사의 거절이유가 타당하더라도 주주가 감사위원에 대한 대표소송의 제기, 유지청구, 해임청구와 같이 회사의 경영을 감독하여 회사와 주주의 이익을 보호할 목적으로 주주권리를 행사하는 데에 필요한 경우에는 감사위원회의사록의 열람·등사를 허가해야 할 것이다.[621]

V. 감사위원회의 전문가 조력

감사위원회는 그 감독기능을 실질적으로 수행하기 위하여 외부전문가의 도움을 받아야만 하는 경우가 있다. 이때 감사위원회는 회사의 비용으로 전문가의 조력을 구할 수 있다. (「상법」 제415조의2 제5항, 「금융사지배구조법」 제20조 제1항)

---

621 이철송. 전게서. 박영사. 2021. 713면.

제7절 **감사위원회의 권한과 의무**

Ⅰ. 감사 관련 규정 준용

1. 감사에 관한 규정이 준용되는 경우

「상법」은 정관이 정하는 바에 따라 감사에 갈음하여 이사회 내 위원회로서 감사위원회를 설치할 수 있도록 규정하고 있고(「상법」 제415조의2 제1항), 아울러 감사의 기능에 관한 규정들을 감사위원회에 준용하고 있다.(「상법」 제415조의 2 제6항) 따라서 감사위원회의 권한이나 의무 역시 감사의 그것과 큰 차이가 없다.

「상법」 제425조의2 제6항에 의하면, "제296조(발기설립의 경우 임원선임), 제312조(〈창립〉임원의 선임), 제367조(검사인의 선임), 제387조(자격주), 제391조의2 제2항(감사의 이사회에 대한 보고의무), 제394조 제1항(이사와 회사 간의 소에 관한 대표권), 제400조(회사에 대한 책임 감면), 제402조(유지청구권), 제403조(주주의 대표소송), 제404조(대표 소송과 소송참가, 소송고지), 제405조(제소주주의 권리 의무), 제406조(대표소송과 재심의 소), 제406조의 2(다중대표소송), 제407조(직무집행정지, 직무대행자 선임), 제412조(감사의 직무와 보고요구, 조사권한)의 규정은 감사 위원회에 관하여 이를 준용한다.

그리고 제412조의2(이사의 보고의무), 제412조의3(총회의 소집청구), 제412조의4(감사의 이사회 소집청구), 제412조의5(자회사의 조사권), 제413조(조사ㆍ보고 의무), 제413조의2 (감사록의 작성), 제414조(감사의 책임), 제447조의3(재무제표 등의 제출), 제447조의4(감사보고서), 제450조(이사ㆍ감사의 책임 해제), 제527조의4(〈합병〉이사ㆍ감사의 임기), 제530조의5 제1항 제9호(분할계획서의 기재사항), 제530조의6 제1항 제10호 (분할합병계약서의 기재사항), 제534조(〈청산〉대차대조표. 사무보고서ㆍ부속명세서의 제출ㆍ감사ㆍ공시ㆍ승인)의 규정도 감사위원회에 관하여 이를 준용한다.

이 경우 "제530조의5 제1항 제9호 및 제530조의 제1항 제10호 중 '감사'는 '감사위원회'로 본다."고만 규정하고 있다. 그러나 의미를 명확히 하기 위해서는 「상법」제400조, 제402조, 제403조 제1항, 제405조 제1항, 제407조의 "이사"는 "감사위원회 위원"으로 보고, 제296조, 제312조, 제408조의8 제3항, 제413조의2 제2항, 제414조, 제450조, 제527조의4, 제530조의5 제1항 제9호 및 제530조의6 제1항 제10호 중 "감사" 는 "감사위원회 위원"으로 본다고 규정하는 것이 바람직하다.[622]

2. 감사에 관한 규정이 준용되지 않는 경우[623]

---

622 김용범, 전게서, 2017, 796면. 김용범, 전게서, 어울림, 2012, 457~458면. 김재연, 전게서Ⅱ, 박영사, 2014, 554면.

623 김용범, 전게서, 2017, 796면. 김용범, 전게서, 458면. 최준선, 전게연구보고서, 185~186면.

감사의 권한 및 의무 중에는 준용되지 않은 것도 있다. 감사의 이사회 출석·의견진술권 (「상법」391조의2 제1항)과 이사회의사록에 대한 기명날인 또는 서명권(「상법」제391조의3 제2항)이 그것이다. 또한 이사의 영업비밀 유지의무(제382조의 4)는 감사에게는 준용(제415조)되나, 감사위원은 이사로서 당연히 영업비밀 유지의무를 진다고 보아 감사위원에게는 영업비밀유지의무가 준용되고 있지 않다.

그리고 이외에 감사의 권한 중에 준용되지 않는 것으로 해임에 관한 의견 진술권(제409조의2) 과 회사설립무효의 소(제328조), 주주총회결의취소의 소(제376조 제1항), 신주발행무효의 소(제429조), 감자무효의 소(제445조), 합병무효의 소(제529조), 주식 교환 무효의 소 (제360조의14), 주식이전무효의 소(제360조의23) 등이 있다.

II. 감사위원회의 권한[624]

1. 개요

감사위원회는 감사에 갈음해 설치되는 것이므로 감사위원회의 권한에 관해 「상법」은 별도의 규정을 마련하지 않고 감사에 관한 규정을 대부분 준용하고 있다.(「상법」제415조의2제7항)

먼저 감사에 관한규정을 준용하는 감사위원회의 권한은 ① 이사의 직무집행에 관한 감사권(「상법」 제412조), ② 자회사에 대한 감사권(「상법」 제412조의5), ③ 이사의 중대 손해발생 위험보고에 대한 수령 및 조치권(「상법」 제412조의2), ④ 주주총회의 소집청구권(「상법」제412조의3), ⑤ 이사의 위법행위 유지청구권(「상법」 제402조), ⑥ 각종 소의 회사대표권(「상법」 제394조 제1항, 제403조, 제406조의2), ⑦ 이사회 소집 청구권(「상법」 제412조의4 제1항), 전문가 조력권(「상법」 제412조 제3항) 등이 그것이다.

다만 감사의 권한 중에는 준용되지 않는 것도 있는데, ① 감사의 이사회 출석·의견진술권(「상법」 391조의2 제1항)과 이사회의사록에 대한 기명날인 또는 서명권(「상법」 제391조의3 제2항)이 그것이다. 감사위원인 경우에는 이러한 권한을 인정하지 않더라도 이사로서 당연히 이사회에 출석하여 의견을 진술할 수 있고 이사회 의사록에 기명날인 또는 서명할 수 있기 때문이다.[625]

그러나 감사의 권한 중에 준용되지 않는 것으로 ② 해임에 관한 의견 진술권(「상법」 제409조의2)과 회사설립무효의 소(「상법」 제328조), 주주총회결의취소의 소(「상법」 제376조 제1항), 신주발행무효의 소(「상법」 제429조), 감자무효의 소(「상법」 제445조), 합병무효의 소(「상법」 제529조), 주식교환무효의 소(「상법」 제360조의14), 주식이전 무효의 소(「상법」 제360조의23) 등 각종 소제기권이 있는데, 이는 명백한 입법상의 불비이다.[626]

2. 이사의 직무집행에 대한 감사권

---

624 최준선, 전게서, 2008, 170~178면. 권종호, 전게서, 2004, 188~189면

625 김용범, 전게서, 2012, 459면 및 2017, 797면. 최준선, 전게보고서, 186면, 권종호, 전게서, 188면.

626 김용범, 전게서, 2012, 459면 및 2017, 797면. 권종호, 전게서, 189면.

가. 이사의 직무집행에 대한 감사대상 및 범위

「상법」제412조(감사의 직무와 보고요구, 조사의 권한)는 ① 감사는 이사의 직무집행을 감사한다. ② 감사는 언제든지 이사에 대하여 영업에 관한 보고를 요구하거나 회사의 업무와 재산상태를 조사할 수 있다고 되어있다.

여기서 감사를 감사위원회로 대체하면, 감사위원회의 직무만이 법정되어 있고, 감사위원회 위원의 직무는 법정되지 않는 문제가 있으며(제1항), 감사위원회 명의로만 영업에 관한 보고를 요구하거나 업무와 재산상태를 조사할 수 있는 것으로 된다.(제2항). 어떻든 본조 제1항에 따라 감사위원회는 이사의 직무집행을 감사하게 되는데, 이때 이사의 직무 집행이란 앞서 감사의 권한 사항에서 자세히 설명한 바와 같이 개개 이사의 직무집행뿐만 아니라 이사회의 권한사항까지도 포함한다.

이와 관련하여 감사위원회의 업무감사권의 범위에 관하여는 앞에서 설명한 바와 같이 ① 업무감사권은 업무집행의 적법성에만 미친다는 견해, ② 적법성에는 당연히 미치지만 타당성에 관해서는 명문의 규정이 있는 때에만 미친다는 견해, ③ 명문의 규정이 있는 때 및 업무집행이 현저하게 타당성을 결하는 것으로 인정되는 때에만 미친다는 견해, ④ 제한 없이 적법성감사는 물론 타당성감사까지 미친다는 견해가 대립되고 있다.

「상법」은 감사위원회를 감사에 대체되는 기구로 설계하고 있으므로 이러한 논란은 감사위원회에 있어서도 동일하다. 즉, 「상법」은 감사위원회의 법적 지위를 기존의 감사에 갈음하는 기구로 설정하고 그 권한도 감사의 권한을 그대로 준용하는 입법방식을 취하고 있어, 감사위원회의 감사권의 범위에 관해서도 감사의 경우와 같이 적법성 감사설과 타당성 감사설의 대립이 재연되고 있다.[627] 그러나 감사위원회위원이 이사회 구성원인 이사이므로 감사위원회가 타당성감사를 하더라도 아무런 문제가 없다.[628]

기존의 감사제도는 19세기에 입법화된 것으로서 감사가 스스로 조사하고 감사하는 것을 예정하고 있으나, 비교적 최근의 감사위원회제도는 감사위원회가 경영자의 업무집행을 스스로 감사하는 것이 아니라 내부통제시스템을 통하여 감사하는 것을 전제하고 있다. 내부통제시스템은 업무집행의 적법성과 타당성 양자를 감시하기 위한 감시시스템이기 때문에 회사가 내부통제시스템을 구축·운영하는 경우에는 감사위원회의 감사의 범위와 관련하여 적법성감사와 타당성감사의 구별은 큰 의미가 없다고 본다[629].

나. 이사의 직무집행에 대한 감사권의 구체적 내용

「상법」제412조 제2항은 감사위원회의 정보수집문제를 다루고 있다. 제2항도 감사위원회에게 준용되므로, 감사위원회의 정보수집과 관련하여 현행「상법」제412조 제2항에 의하면

---

627 김용범, 전게서, 2017, 798면. 임중호, 「감사, 감사위원회의 업무감사권의 범위」, 2004, 321면.

628 김용범, 전게서, 2017, 798면. 권종호, 「감사와 감사위원회 제도」, 189면.

629 김용범, 전게서, 2017, 798면. 임중호, 「감사·감사위원회제도의 효율적 운영과 기능 제고 방안」, 118면

감사위원회는 언제든지 이사에 대하여 영업에 관한 보고를 요구하거나 회사의 업무와 재산 상태의 조사를 할 수 있다.

그러나 감사위원회 위원의 경우는 이사회의 구성원으로서 이사회에 참석하여 업무집행에 관한 필요한 정보를 취득할 수 있으며, 이사로서 의사결정을 함에 있어서는 선량한 관리자의 주의로서 회사의 업무결정에 대한 사항을 검토하여야 하므로, 본인의 책임하에 가능한 한 필요한 정보를 수집하고 정보제공을 요구하여 판단하여야 한다.

다음으로 감사위원회의 보고 요구 및 조사의 권한은 감사의 실효성을 확보하기 위해서 회의체가 집단적으로 이 권한을 행사할 것이 아니라 감사위원회 각 위원이 개별적으로 이를 행사할 수 있어야 한다. 따라서 본조에서 "감사위원회"는 "감사위원회 위원"으로 수정되어야 한다고 본다.[630]

이사의 직무집행에 대한 감사권의 구체적 내용으로는 ① 이사에 대한 영업보고 요구권, ② 이사에 대한 자료제출 요구권, ③ 회사의 업무 및 재산상태 조사권, ④ 감사결과에 대한 처분요구 및 조치권이 포함된다. '이사의 직무집행에 대한 감사권'의 대한 자세한 내용은 제2편 제3장 제2절 '이사의 직무집행에 대한 감사권' 항목을 참조하시기 바랍니다.

3. 이사의 중대손해발생 위험보고에 대한 수령 및 조치권

「상법」제412조의2(이사의 보고의무)는 "이사는 회사에 현저하게 손해를 미칠 염려가 있는 사실을 발견한 때에는 즉시 감사에게 이를 보고하여야 한다."고 규정한다. 여기서도 감사를 감사위원회로 대체하면, 이사는 회의체인 감사위원회에게만 회사에 현저하게 손해를 미칠 염려가 있는 사실을 발견한 때에는 즉시 이를 보고하여야 하며, 개별 감사위원에게 보고한 경우는 그 효력이 문제될 수 있게 된다.

실효성 있는 양질의 감사가 이루어지기 위해서는 감사 또는 감사위원회가 감사에 필요한 정보를 적시에 정확하게 입수할 수 있는 합리적인 정보수집체계의 확립이 중요하다.[631] 따라서 본조에서는 감사위원회 감사의 효율성을 제고하기 위하여 회사에 현저한 손해를 미칠 염려가 있는 경우와 같은 긴급한 상황의 경우 이사가 감사위원회에게 정보를 제공하도록 한 것이다.[632] 이때에도 감사위원회가 아닌 감사위원으로 수정되어야 한다.

'이사의 중대손해발생 위험보고에 대한 수령 및 조치권'에 대한 자세한 내용은 제2편제3장 제5절 '이사의 중대손해발생 위험보고에 대한 수령 및 조치권' 항목을 참조하시기 바랍니다.

4. 주주총회의 소집청구권

「상법」제412조의 3(총회의 소집청구)은 "① 감사는 회의의 목적사항과 소집의 이유를 기재한 서면을 이사회에 제출하여 임시총회의 소집을 청구할 수 있다. ② 제366조 제2항의 규정

---

630   김용범, 전게서, 2017, 799면. 최준선, 전게연구보고서, 172면.

631   권종호, 「감사와 감사위원회제도」, 202면. 김용범, 전게서, 2017, 799면.

632   이범찬외 6인, 「상법개정안해설」, 법문사, 1995., 140~143면. 김용범, 전게서, 2017, 799면.

은 감사가 총회를 소집하는 경우에 이를 준용한다."고 규정하고 있다. 여기서 감사를 감사위원회로 대체하면, 감사위원이 아닌 감사위원회 만이 임시총회를 소집할 수 있다는 문제가 있다.

따라서 감사위원회 위원이 감사권 행사와 관련하여 주주총회 소집을 요구하는 경우 반드시 감사위원회를 통과하여야만 하는가는 의문이지만, 회의체기관의 특성상 그렇게 해석할 수밖에 없다. 그렇게 해석할 경우, 감사위원회가 회의를 열어 총회소집을 결의하고 대표감사위원이 이사회에 총회 소집을 청구할 수 있게 된다. 이 청구가 있은 후 이사회가 지체 없이 총회의 소집절차를 밟지 않는 경우, 감사위원회는 법원의 허가를 얻어 총회를 소집할 수 있다. (「상법」 제415조의2 제6항, 제412조의3 제2항, 제366조 제2항)[633]

그런데 이사가 주주총회의 소집을 요구하는 때에는 주주총회 소집을 위한 이사회의 소집요구에 회의 목적사항과 소집의 이유를 기재한 서면을 이사회에 제출할 필요가 없다. 그러나 감사위원회가 주주총회의 소집을 요구하는 경우 감사위원회 위원이 이사의 자격을 갖추고 있음에도 불구하고 회의의 목적사항과 소집이유를 기재한 서면을 이사회에 제출해야 하는 불편이 있다. 따라서 감사의 주주총회 소집요구권에 대한 규정을 감사위원회에 대하여 그대로 적용하는 것은 불필요한 규정이므로 삭제되어야 한다고 주장한다. [634]

그러나 주주총회의 소집이 필요할 경우 이사는 이사회의 소집은 할 수 있으나 이사회가 주주총회의 소집절차를 밟지 않을 경우 이를 강제할 수 있는 방법이 없는 데 반해, 감사 나 감사위원회의 경우는 법원의 허가를 받아 총회를 소집할 수 있다. 따라서 감사의 주주총회의 소집청구권(「상법」 제412조의3)에 대한 준용 규정(제415조의2 제7항)은 분명히 실익이 있으므로 불필요한 규정으로 삭제하여야 한다는 주장은 타당하지 않다고 본다.

'주주총회의 소집청구권'에 대한 자세한 내용은 제2편 제3장 제6절 '주주총회의 소집청구권' 항목을 참조하시기 바랍니다.

5. 이사회의 소집청구권

「상법」은 제412조부터 제414조까지 준용대상으로 규정하고 있으므로 「상법」 제412조의4(감사의 이사회 소집청구)도 당연히 준용대상이다. 이는 감사의 이사회 소집 청구에 관한 규정이다.

감사위원회 위원은 이사로서 당연히 이사회 직접소집권(「상법」제390조 제1항), 소집요구권(제390조 제2항) 등이 있으므로 감사의 이사회소집권을 규정한 제412조의4를 굳이 감사 위원회에 대하여 준용할 실질적인 필요성은 없다고 본다.[635] 따라서 이는 불필요한 규정으로 삭제되어야 한다고 본다.[636] '이사회의 소집청구권'에 대한 자세한 내용은 제2편 제3장 제7절 '이사회의 소집청구권' 항목을 참조하시기 바랍니다.

---

633 최준선, 전게연구보고서, 173면. 김용범, 전게서, 2017, 800면.

634 김용범, 전게서, 2017, 800면. 최준선, 전게연구보고서, 174면. 김상규, 「감사위원회제도에 관한 연구」, 101면.

635 김용범, 전게서, 2017, 801면. 임재연, 전게서Ⅱ, 박영사, 2014, 554면.

636 김용범, 전게서, 2017, 801면.

6. 자회사에 대한 감사권

「상법」제412조의5는 ① 모회사의 감사는 그 직무를 수행하기 위해 필요한 때에는 자회사에 대하여 영업의 보고를 요구할 수 있다. ② 모회사의 감사는 제1항의 경우에 자회사가 지체 없이 보고를 하지 아니할 때 또는 그 보고 내용을 확인할 필요가 있을 때에는 자회사의 업무와 재산상태를 조사할 수 있다. ③ 자회사는 정당한 이유가 없는 한 제1항의 규정에 의한 보고 또는 제2항의 규정에 의한 조사를 거부하지 못한다.

여기서 감사를 감사위원회로 대체하면, 감사위원이 아닌 감사위원회만이 자회사를 조사할 수 있다는 것이 된다. 이 규정을 그대로 실무에 적용하면 감사위원회가 자회사를 감사하는 형식을 취하되, 감사위원회의 위임장을 받은 특정 감사위원만이 자회사를 조사할 수밖에 없게 될 것이다.

따라서 모회사의 감사위원회는 그 직무를 수행하기 위하여 필요한 때에는 자회사에 대하여 영업의 보고를 요구할 수 있고, 자회사가 모회사 감사 위원회의 보고요구에 지체 없이 응하지 아니할 때 또는 보고 내용을 확인할 필요가 있을 때에는 자회사 업무와 재산상태를 조사할 수 있으며, 자회사는 정당한 사유가 없는 한 위의 보고 요구 및 조사를 거부할 수 없다. (「상법」제415조의2 제7항, 제412조의5)

자회사에 대한 감사권의 구체적 내용으로는 ① 자회사에 대한 영업보고 요구권, ② 자회사에 대한 자료제출 요구권, ③ 자회사에 대한 업무 및 재산상태 조사권, ④ 감사결과에 대한 처분요구 및 조치권이 포함된다. '자회사에 대한 감사권'에 대한 자세한 내용은 제2편 제3장 제3절 '자회사에 대한 감사권' 항목을 참조하시기 바랍니다.

7. 각종 소의 회사대표권

가. 규정의 내용

1) 회사와 이사 간의 소에 있어 회사대표소송권

회사와 이사 간의 소에 있어서 회사대표소송권에 관한 자세한 내용은 제2편 제3장 제10절 - Ⅱ - 1. 회사와 이사 간의 소에 있어 회사대표소송권 항목을 참조하시기 바랍니다.

2) 소수주주의 청구에 의한 회사 주주대표소송권

소수주주의 청구에 의한 회사 주주대표소송권에 관한 자세한 내용은 제2편 제3장 제10절 - Ⅱ - 2. 소수주주의 청구에 의한 회사 주주대표소송권 항목을 참조하시기 바랍니다.

3) 소수주주의 청구에 의한 회사 다중대표소송권

소수주주의 청구에 의한 회사 다중대표소송권에 관한 자세한 내용은 제2편 제3장 제10절 - Ⅱ - 3. 소수주주의 청구에 의한 회사 다중대표소송권 항목을 참조하시기 바랍니다.

나. 감사위원회에 의한 회사의 대표

해당 규정에서 "감사"를 "감사위원회"로 대체하면 감사위원이 아닌 회의체인 감사위원회가 회사를 대표한다고 읽게 된다. 따라서 감사위원회가 설치된 회사에서는 각종 대표소송의 제기 청구도 감사위원회에 하여야 한다. 만약 이사가 감사위원회가 아닌 대표이사를 상대로 소를 제기한 경우, 부적법한 소가 되나, 보정할 수 있다고 본다.[637]

그런데 이사회가 회사를 대표할 수 없는 것처럼, 감사위원회가 회사를 대표할 수 없는 것이다. 따라서 실질적으로 감사위원회의 대표가 회사를 대표하게 된다. 감사위원회의 대표가 수인인 경우에는 감사위원회가 소 제기 여부 등을 결의할 때 수인의 감사위원회의 대표 중 어느 대표위원이 회사를 대표할 것인지를 정하여야 한다.

다. 소제기에 대한 감사위원회의 결의

감사설치회사는 감사가 단독으로 회사의 소 제기 여부를 결정할 수 있다. 그러나 감사위원회 설치회사는 소제기여부를 감사위원회가 결정하여야 한다. 이를 위하여 감사위원회를 소집하고, 위원 과반수의 출석과 출석위원 과반수의 결의로 소 제기여부를 결정한다.

감사위원회가 이사를 상대로 소제기를 결의한 후, 그 사실을 각 이사에게 통지하여야 하고, 이를 통지받은 이사는 이사회를 소집하여, 종전에는 감사위원회 결의를 번복할 수 있었다.(「상법」 제393조의2 제4항). 이와 같은 사정은 감사위원회의 권한을 침해하는 것으로서 불합리한 점이 있어 2009년 1월 30일 「상법」의 개정을 통해 감사위원회 결의사항에 대하여는 이사회가 이를 번복할 수 없도록 하였다.(「상법」 제415조의2 제6항)

만약 감사위원회가 회사의 이사에 대하여 소제기를 결의하면, 당해 이사가 이사회소집을 요구할 수 있을 것이나, 당해이사는 이사회에 이해관계가 있는 자로서 의결권이 없는 것으로 보아야 할 것이며, 또한 이사회는 감사위원회 결의사항을 번복할 수 없으므로 당해 이사가 이사회를 소집한다 하더라도 큰 의미는 없다고 본다.

라. 감사위원회의 위원인 이사가 당사자인 경우

「상법」 제394조 제2항에서 정한 바, 감사위원회 위원이 소의 당사자인 경우에는 감사위원회 또는 이사는 법원에 회사를 대표할 자를 선임하여 줄 것을 신청해야 한다.(「상법」 제415조의2, 제394조 제2항)

기존감사제도를 채택한 회사는 이사가 감사의 지위를 겸할 수는 없으므로 감사가 항상 회사를 대표한다. 그러나 회사가 감사위원회를 채택한 경우에는 감사위원회 위원은 동시에 이사이므로 회사와 감사위원회 위원 사이에 소가 제기될 가능성이 있다. 이와 같은 경우에는 감사위원회 위원인 이사와 회사 간의 소로서 이해상충이 발생할 가능성이 있다.

따라서 이때에는 「상법」 제394조 제2항이 정하는 바에 따라 감사위원회 또는 이사가 법원에 회사를 대표할 자를 선임해 줄 것을 신청할 수 있도록 한 것이다. 만약 감사위원회에서 법원에 신청하기로 결의하는 경우, 당해 감사위원은 특별이해관계인으로서 의결권이 없다고 본다. '각종의 소 제기권'에 대한 자세한 내용은 제2편 제3장 제11절 '각종의 소 제기권' 항목을 참조하시기 바랍니다.

---

637 김용범, 전게서, 2017, 802면. 대법원 1990. 5. 11. 선고. 89다카15199 판결.

8. 이사의 위법행위 유지청구권

「상법」 제402조(유지청구권)는 "이사가 법령 또는 정관에 위반한 행위를 하여 이로 인하여 회사에 회복할 수 없는 손해가 생길 염려가 있는 경우에는 감사 또는 발행 주식의 총수의 100분의 1 이상에 해당하는 주식을 가진 주주는 회사를 위하여 이사에 대하여 그 행위를 유지할 것을 청구할 수 있다"고 규정하고 있다.

여기서 "감사"를 "감사위원회"로 대체하면 "감사위원회 또는 발행주식총수의 100분의 1 이상에 해당하는 주식을 가진 주주는 회사를 위하여 이사에 대하여 그 행위를 유지할 것을 청구할 수 있다"고 읽게 된다.

따라서 감사위원회는 이사가 법령이나 정관을 위반한 행위를 함으로써 회사에 대하여 회복할 수 없는 손해를 미칠 염려가 있는 경우에는, 회사를 위해 그 이사에 대하여 행위의 유지를 청구할 수 있다.(「상법」 제425조의2 제7항, 제402조)

그러나 회의체로서의 감사위원회에 유지청구권을 인정하게 되면, 감사위원회의 합의체의 성격상 유지청구권의 행사는 감사위원회의 결의에 따라 위원회의 대표가 이를 하게 된다. 이는 이사의 행위로 인하여 회사에 손해를 미칠 염려가 있는 급박한 경우에 인정되는 사전적 구제수단인 유지청구권의 신속성에 부응하지 못할 수 있다.

따라서 회의체 감사위원회가 아닌 개별 감사위원이더라도 유지청구를 할 수 있도록 하여야 할 것이다.[638] '이사의 위법행위 유지청구권'에 대한 자세한 내용은 제2편 제3장 제8절 '이사의 위법 행위 유지청구권' 항목을 참조하시기 바랍니다.

9. 감사위원회의 그 밖의 권한

그 밖에 감사위원회 또는 감사위원의 권한인 ① 이사회 출석 및 의견 진술권, ② 감사위원 해임에 대한 의견진술권, ③ 외부감사인의 선임 및 해임권, ④ 이사회 의사록에 대한 기명날인 또는 서명권, ⑤ 전문가 조력권, ⑥ 감사위원회 보조조직 설치·운영권, ⑦ 내부회계 관리제도의 운영상황 감시권이 있다.

또한 ⑧ 내부감시장치의 가동현황에 대한 감시권, ⑨ 외부감사인의 외부감사 운영상황 감시권, ⑩ 외부감사인의 위법행위 통보에 대한 수령 및 조치권, ⑪ 회계부정행위 고지자로부터 고지에 대한 수령 및 조치권, ⑫ 이사회 결의로 재무제표 승인에 대한 동의권 등이 있다. 자세한 내용은 제2편 제3장 '감사의 권한' 중에 해당 항목을 참조하기 바랍니다.

III. 감사위원회의 의무[639]

1. 개요

「상법」은 감사의 의무에 관한 규정의 대부분을 감사위원회에 준용하고 있다.(「상법」 제415

---

638 김용범, 전게서, 2017, 803면. 최준선, 전게연구서, 178면.
639 최준선, 전게서, 2008, 166~170면. 권종호, 전게서, 2004, 189~190면.

조의2 제7항) 법문에서는 감사의 의무에 관한 규정을 감사위원회에 준용하고 있으나, 의무의 성격에 따라서는 감사위원에 적용되는 것으로 보아야 할 것도 있음은 말할 필요가 없다.

감사위원은 감사업무를 수행하지만 그 신분은 어디까지나 이사이므로 회사와의 관계에서 일반의무로서 ① 선관주의의무(「민법」 제681조)를 진다. 그 외에 「상법」에서 특별히 인정하는 의무로서 ② 위법행위 이사회 보고의무(「상법」 제391조의2 제2항), ③ 주주총회 의안 조사 및 보고의무(「상법」 제413조), ④ 감사보고서 작성·제출 및 보고의무(「상법」 제447조의4), ⑤ 감사록 작성의무(「상법」제413조의2) 등이 있고, 「신외감법」에서 인정하는 내부회계관리제도 운영상황 감시의무(「신외감법」 제8조 제4항, 제5항, 8항) 등이 있다.[640]

따라서 감사위원회는 이러한 제반의무를 성실히 이행해야 하는데, 감사위원회의 의무이행은 그 통일적 처리를 위해서 감사위원회의 결의와 대표위원을 통해 이행되어야 한다. 그렇지만 감사위원회의 결의가 있는 경우에는 그 대표자(「상법」 제415조의2 제4항) 및 기타 특정한 위원에게 위임하여 이행할 수 있다고 본다.[641]

다만 이사의 영업비밀준수의무는 감사에게는 준용되나(「상법」 제415조, 제382조의4), 감사위원에게는 준용하고 있지 않다. 그 이유는 감사위원은 이사로서 당연히 이사의 영업비밀 준수의무를 지기 때문이다.[642]

2. 선관주의의무

감사위원회 위원은 이사이므로, **감사위원회 위원과 회사와의 관계**는 **위임에 관한 규정**을 준용한다.(「상법」 제382조 제2항) 따라서 감사위원회 위원은 수임인으로서 회사에 대해 선량한 관리자의 주의로써 위임사무를 처리하여야 한다. 이는 이사 내지 감사로서의 일반적인 의무와는 큰 차이는 없다.

그런데 회의체인 감사위원회 전체로서 선량한 관리자의 주의의무를 다하여야 하는지, 아니면 감사위원회 위원 각자가 선량한 관리자의 주의의무를 다하여야 하는지의 문제가 있다. 왜냐하면 주의의무 위반은 과실이 되고, 과실에 의한 의무 불이행은 손해배상 책임 문제로 이어지기 때문이다.

의무불이행에 대한 책임은 의무불이행한 감사위원 각자의 책임으로 이해하여야 하므로 감사위원회 위원 각자가 선량한 관리자의 주의의무를 부담하는 것으로 해석해야 옳다. 그렇게 해석되는 한, 이와 관련하여 현행 「상법」 제382조를 특별히 개정하거나 감사위원회 위원의 선량한 관리자의 의무를 별도로 규정할 필요는 없다고 본다.[643]

그런데 감사위원회의 이러한 의무와 책임관계가 그 합리성을 인정받으려면 무엇보다도 감사위원회의 의무이행에 있어서 현실적인 장애가 없어야 하는데, 실제적으로는 감사위원회의 의무이행에 여러 가지의 장애가 있다. 예를 들어 직무감사권에 수반하는 이사회에 대

640 김용범, 전게서, 2012, 460면 및 2017, 804면.

641 김용범, 전게서, 460면 및 2017, 804면. 손주찬, 전게서, 880~886면. 정준우, 전게서, 131면.

642 김용범, 전게서, 460면 및 2017, 804면. 권종호, 전게서, 190면.

643 김용범, 전게서, 2017, 805면. 최준선, 전게연구서, 166면.

한 보고의무의 경우이다.

감사위원회가 이 의무를 이행하려면 이사가 법령 또는 정관에 위반한 행위를 하거나 그 행위를 할 염려가 있다고 인정되어야 할 뿐만 아니라 현재 이사가 구체적으로 어떠한 행위를 하고 있는지도 명확히 알아야 하는데, 사외이사를 근간으로 하는 감사위원회의 특성상 이는 결코 쉽지 않은 일이다.

따라서 감사위원회 위원에게 선관주의의무 위반을 이유로 그 책임을 추궁하기 위해서는 무엇보다도 감사위원이 그 의무를 제대로 이행할 수 있는 합리적 또는 제도적 뒷받침이 있어야 한다고 본다.[644] '선관주의의무'에 대한 자세한 내용은 제2편 제4장 제2절 '선관주의의무' 항목을 참조하시기 바랍니다.

3. 위법행위 이사회 보고의무

「상법」 제391조의2(감사의 이사회 출석·의견 진술권)는 "① 감사는 이사회에 출석하여 의견을 진술할 수 있다. ② 감사는 이사가 법령 또는 정관에 위반한 행위를 하거나 그 행위를 할 염려가 있다고 인정한 때에는 이사회에 이를 보고하여야 한다."고 되어있다. 「상법」 제415조의2 제7항은 제391조의2 제2항만을 감사위원회에 준용하도록 하고 있다.

먼저 본 조 제1항의 경우는 감사위원회에 준용하지 않는데, 감사위원회 위원은 당연히 이사이므로 이사회에 출석하여 의견진술은 그 의무이기 때문에 구태여 준용이 필요 없기 때문이다. 이와 같이 제2항만을 준용하는데, 그 결과 "② 감사위원회는 이사가 법령 또는 정관에 위반한 행위를 하거나 그 행위를 할 염려가 있다고 인정한 때에는 이사회에 이를 보고하여야 한다."고 읽게 된다.

그런데 이 규정은 다음과 같은 문제점을 내포하고 있다. 첫째, 의무규정이 중복된다는 점이다. 이사들은 상호 다른 이사의 업무집행을 감시할 권한과 의무가 있다. 이는 실정법상의 개념은 아니나 선관의무의 하위의무로서 감시의무를 부담한다는 점에 대해서는 판례 및 학설에서 다툼이 없다.[645] 그러므로 이사는 다른 이사가 법령 또는 정관에 위반한 행위를 하거나 그 행위를 할 염려가 있다고 인정한 때에는 이사회에 이를 보고하여야 한다.

이사회에 대한 보고의무는 감사위원회의 이사회에 대해 감독권의 발동을 촉구하는 의미[646]와 위법행위를 할 염려가 있을 때에는 사전예방을 촉구하는 의미를 갖는데, 「상법」 제391조의2 제2항을 감사위원회에 그대로 준용하는 것은 감사위원은 그 자신이 이사회의 구성원이므로 당연히 이사회 내부에서 이 의무를 부담하고 있다. 따라서 이는 의무규정의 중복이라고밖에 볼 수 없다.[647]

감사의 경우는 이사의 자격이 없는 감사가 이사회에 참석할 권한이 있는지가 불분명하며, 또 이사회에 참석하여 무슨 일을 하여야 하는지도 규정하지 않으면 곤란하기 때문에 이

---

644 김용범, 전게서, 2017, 805면. 정준우, 전게연구보고서, 131~132면.

645 김용범, 전게서, 2017, 806면. 대법원 2004..12.10. 선고 2002다60467 등 판결.

646 김용범, 전게서, 2017, 806면. 최준선, 전게연구보고서, 167면. 정준우, 전게연구보고서, 132면.

647 김용범, 전게서, 2017, 806면. 최준선, 전게연구보고서, 167면. 정준우, 전게연구보고서, 132면.

를 명문으로 규정한 것이지만, 이사인 감사위원의 경우는 이러한 규정이 없더라도 당연히 이사의 자격만으로도 이사들의 비위사실을 이사회에 보고하여야 하는 것이다.

이 점에서 「상법」 제391조의 2 제2항을 감사위원회에 준용하는 것은 부적절하다고 본다. 따라서 이 규정은 재정비되어야 한다고 본다.[648] 이를 주의적 규정으로 둔다고 하면 이사회에 보고하는 주체가 회의체인 감사위원회가 되므로, 결국은 감사위원회 회의를 거쳐 대표 감사위원이 보고를 하여야 한다.

둘째, 이사가 법령이나 정관을 위반한 행위를 할 염려가 있는 때에도 이 의무를 부과하고 있다는 점이다. 이 규정 내용이 실효성을 가지려면 감사위원회가 이사들의 모든 업무집행사항을 주기적으로 점검할 수 있어야 하는데, 사외이사가 주된 구성원 이란 특성상 이는 결코 쉽지 않기 때문이다.[649]

물론 최근 통설과 판례[650]는 사외이사도 이사회 구성원이라는 점과 이사의 일반적인 선관주의의무를 근거로 사외이사에게도 일반적·능동적인 감시의무를 인정하고 있다. 그러나 그러한 감시의무의 정도에 대해서는 적극설과 소극설이 대립하고 있다.[651]

판례는 사외이사의 업무에의 접근가능성을 고려해 절충적인 입장에서 사외이사가 업무담당이사의 부정을 의심할 만한 사유가 있고, 이를 알 수 있었음에도 불구하고 방치한 때에만 감시의무를 부담한다고 판시하고 있다.[652]

이러한 점을 종합해 볼 때 사외이사인 감사위원은 감사위원회를 통한 이사회의 보고의무를 이행하는 과정에서 분명 그 한계에 직면할 수밖에 없다. 따라서 이에 대한 제도적 보완이 필요하다.[653]

'위법행위 이사회 보고의무'에 대한 자세한 내용은 제2편 제4장 제3절 '위법행위 이사회 보고의무' 항목을 참조하시기 바랍니다.

4. 주주총회 의안 조사 및 보고의무

「상법」 제413조(조사·보고의 의무)는 "감사는 이사가 주주총회에 제출할 의안 및 서류를 조사하여 법령 또는 정관에 위반하거나 현저하게 부당한 사항이 있는지의 여부에 관해 주주총회에 그 의견을 진술하여야 한다."고 규정하고 있다. 여기서 감사를 감사위원회로 대체하면, 감사위원이 아닌 감사위원회가 의안과 서류를 조사하고 주주총회에 의견을 진술하여야 하는 것으로 된다.

이 경우도 역시 감사위원회가 회의를 열어 법령 또는 정관에 위반하거나 현저하게 부당한 사항을 확정하고 이를 대표감사위원이 주주총회에 의견을 진술하여야 한다. '주주총회

---

648 김용범, 전게서, 2017, 806면. 최준선, 전게연구보고서, 167면. 정준우, 전게연구보고서, 132면.

649 김용범, 전게서, 2017, 806면. 정준우, 전게연구보고서, 132면.

650 김용범, 전게서, 2017, 806면. 대법원 1985.6.25. 선고 84다카1954 판결.

651 김용범, 전게서, 2017, 806면. 정준우, 전게연구보고서, 133면.

652 대법원 1985.6.25. 선고, 84다카1954 판결.

653 김용범, 전게서, 2017, 807면. 정준우, 전게연구보고서, 133면.

의안 조사 및 보고의무'에 대한 자세한 내용은 제2편 제4장 제4절 '주주총회 의안 조사 및 보고의무' 항목을 참조하시기 바랍니다.

5. 감사보고서 작성·제출 및 보고의무

「상법」 제447조의4(감사보고서)는 ① 감사는 제447조의3(재무제표 등의 제출)의 서류를 받은 날로부터 4주간 내에 감사보고서를 이사에게 제출하여야 한다. ② 제1항의 감사보고서에는 다음의 사항을 기재하여야 한다.

감사보고서의 주요 기재사항

1) 감사방법의 개요
2) 회계장부에 기재할 사항의 기재가 없거나 부실 기재된 경우 도는 대차대조표나 손익 계산서의 기재가 회계장부의 기재와 합치되지 아니하는 경우에는 그 뜻…
   [3)호부터 9)호 까지 생략]
10) 이사의 직무수행에 관하여 부정한 행위 또는 법령이나 정관의 규정에 위반하는 중대한 사실이 있는 경우에는 그 사실 등

아울러 감사가 감사를 하기 위하여 필요한 조사를 할 수 없었던 경우에는 그 뜻과 그 이유를 기재하여야 한다. 여기서 제1항의 감사를 감사위원회로 대체하면, 감사위원이 아닌 감사위원회 전체명의로 감사보고서를 이사회에 재출하여야 한다. 이점은 탓할 수 없다고 본다. 그러나 제2항에서 감사보고서의 기재에 관한 의무는 감사를 실제로 담당한 각 감사위원의 의무로 규정하여야 하지 않을까 생각된다.[654]

왜냐하면 감사를 임하는 감사위원에 따라 동일한 사안에 대한 평가도 크게 달라질 수 있기 때문에 모든 감사위원 전체가 합의된 의견으로서만 감사보고서를 작성할 필요가 없기 때문이다. 현행법에 따르면 감사위원회의 회의를 거쳐 합의된 회계 장부의 부실기재만이 감사보고서에 기재될 수 있으며, 이러한 기재에 대하여 이의가 있는 감사위원은 각주에 이의를 기재할 수밖에 없을 것이다.[655]

그리고 감사위원회는 매 결산기마다 이사로부터 재무제표와 영업보고서 등을 제출받아서 위 서류를 받은 날로부터 4주간 내에 감사보고서를 이사에게 제출하여야 한다.(「상법」 제447조의4 제1항) 다만 상장회사의 감사 또는 감사위원회는 제447조의4 제1항에도 불구하고 이사에게 감사보고서를 주주총회일의 1주 전까지 제출할 수 있도록 하고 있다.(「상법」 제542조의12 제6항)

이 점과 관련해서는 감사업무 준용규정에 무리가 없다고 본다.[656] '감사보고서 작성·제출

---

654 김용범, 전게서, 2017, 808면. 최준선, 전게연구보고서, 169면.

655 김용범, 전게서, 2017, 808면. 최준선, 전게연구보고서, 169면.

656 김용범, 전게서, 2017, 808면. 최준선, 전게연구보고서, 169~170면.

및 보고의무'에 대한 자세한 내용은 제2편 제4장 제5절 '감사보고서 작성·제출 및 보고의무' 항목을 참조하시기 바랍니다.

6. 감사록의 작성의무

「상법」제413조의2(감사록의 작성)는 "① 감사는 감사에 관해 감사록을 작성하여야 한다. ② 감사록에는 감사의 실시 요령과 그 결과를 기재하고 감사를 실시한 감사가 기명날인 또는 서명하여야 한다."고 규정되어 있다. 감사위원회에 대하여는 「상법」제415조의2제7항에 의거 감사에 대한 제413조의2(감사록의 작성)의 규정을 준용하도록 되어 있다.

여기서 감사를 감사위원회로 대체하면, 감사위원이 아닌 감사위원회가 감사록을 작성하고 감사위원회가 기명날인 또는 서명하여야 한다는 결과가 된다. 해석상 감사를 실시한 감사위원회 위원이 자신이 행한 감사결과에 관하여 감사록을 작성하여야 하며, 감사록에는 감사의 실시 요령과 그 결과를 기재하고, 감사를 실시한 담당 감사위원회 위원이 기명날인 또는 서명하여야 한다고 본다.[657]

'감사록의 작성의무'에 대한 자세한 내용은 제2편 제4장 제6절-Ⅱ. '감사록의 작성의무'를 참조하시기 바랍니다.

7. 감사위원회의 그 밖의 의무

그 밖에 ① 외부감사인의 외부감사운영상황 감시의무, ② 내부회계관리제도 운영상황 감시의무, ③ 내부감시장치의 가동현황에 대한 감시의무, ④ 외부감사인에 대한 부정 및 위법행위 통보의무, ⑤ 외부감사인의 부정 및 위법행위 통보에 대한 수령 및 조치의무, ⑥ 회계부정 고지자로부터 고지에 대한 수령 및 조치의무에 대하여는 제2편 제4장 '감사의 의무' 중에 해당 항목을 참조하시기 바랍니다.

제8절 감사위원회의 책임[658]

Ⅰ. 개요

1. 책임의 개요

감사위원회에는 감사의 책임에 관한 규정(「상법」제414조)이 준용된다.(「상법」제415조의2 제7항) 법문에 충실하면 감사에 관한 책임은 감사위원이 아니라 감사위원회가 집단적으로 져야 한다.

---

657 김용범, 전게서, 2017, 807면.
658 최준선, 전게서, 2008, 178~181면. 권종호, 전게서, 2004, 190~192면.

이와 같이 감사의 책임에 관한 규정을 감사위원회에 준용할 경우 이론상은 먼저 감사위원회가 책임을 지고, 그리고 감사위원회 위원 간에 구상관계가 성립하는 것으로 보아야 하므로 궁극적으로는 감사위원이 책임을 지지 않을 수 없다. 즉, 감사위원회의 활동은 감사위원 개개인이 감사업무를 수행하고 이에 대한 책임은 감사위원 개개인이 지는 것이므로 본 조는 감사위원에 대한 책임추궁을 규정한 것으로 보아야 할 것이다.[659]

감사위원의 책임에 관한 「상법」 제414조의 규정을 보면 ① 감사위원이 그 임무를 해태한 때에는 그 감사위원은 회사에 대하여 연대하여 손해를 배상할 책임이 있으며(동 조 제1항), ② 감사위원이 악의 또는 중대한 과실로 인하여 그 임무를 해태한 때에는 그 감사위원은 제3자에 대하여 연대하여 손해를 배상할 책임이 있다(동 조 제2항). 그리고 ③ 감사위원이 회사 또는 제3자에 대해 손해를 배상할 책임이 있는 경우에 이사도 그 책임이 있는 때에는 그 감사위원과 이사는 연대해 배상할 책임을 지도록 되어 있다(동 조 제3항).

감사위원의 책임의 감면에 관한 「상법」 제400조의 규정을 보면 ① 감사위원의 책임은 주주 전원의 동의로 면제할 수 있고(동 조 제1항), ② 회사는 정관으로 정하는 바에 따라 감사위원의 책임을 감사위원이 그 행위를 한 날 이전 최근 1년간의 보수액(상여금과 주식 매수선택권의 행사로 인한 이익 등을 포함)의 6배(사외이사의 경우는 3배)를 초과하는 금액에 대하여 면제할 수 있다.

다만 감사위원은 감사위원인 동시에 이사이기도 하여 감사위원으로서의 책임과 이사로서의 책임을 중첩적으로 부담하므로 고의 또는 중대한 과실로 손해를 발생시킨 경우와 경업금지 위반(「상법」 제397조), 회사의 기회 및 자산의 유용금지 위반(「상법」 제397조의2), 감사위원과 회사 간에 거래 위반(「상법」 제398조)에 해당하는 경우에는 그러하지 아니하도록 되어있다(동 조 제2항).

2. 책임 관련된 문제점

그리고 감사위원의 책임의 해제에 관한 「상법」 제450조의 규정을 보면 정기총회에서 재무제표의 승인 후 2년 내에 다른 결의가 없으면 회사는 감사위원의 책임을 해제한 것으로 본다. 그러나 감사위원의 부정행위에 대하여는 그러하지 아니하도록 되어있다.

현행 감사위원의 책임에 관한 「상법」상의 규정에 적지 않은 문제가 있다. **첫째,** 감사위원은 이미 이사인 만큼 이사로서의 책임과 감사위원으로서의 책임의 양자관계가 문제다. 감사위원은 「상법」 제399조(회사에 대한 책임) 및 제401조(제3자에 대한 책임)가 적용되어 벌써 이사로서의 책임을 져야 하는데, 여기서 다시 「상법」 제414조(감사의 책임)를 준용하고 있어, 감사위원은 이사로서의 책임과 감사위원으로서 책임을 중첩적으로 부담해야 한다. 따라서 감사위원은 회사의 기관 중에 가장 무거운 책임을 지는 자가 된다.[660]

생각건대 감사위원은 그 직무가 감사업무일 뿐 어디까지나 이사이며, 또한 감사위원이

---

659 김용범, 전게서, 2012, 460면 및 2017, 809면. 최준선, 전게연구서, 180면. 권종호, 전게서, 190~191면.

660 김용범, 전게서, 2012, 461면 및 2017, 810면. 최준선, 전게연구서, 179면. 권종호, 「감사제도의 개선과 감사위원회제도의 과제」, 한국상사법학회(상사법 연구 제19권 제3호), 2001, 125면.

수행하는 감사는 그 감사업무의 특성상 이사의 직무집행을 전제로 하고 있으므로, 감사위원의 임무해태는 동시에 이사로서의 임무해태를 의미한다. 따라서 감사위원의 경우에는 감사가 아니라 이사에 관한 책임규정이 직접 적용되므로 이것으로 충분하다고 본다.[661]

둘째,「상법」상 감사위원회는 동 위원회의 결의에 관해서는 이사회의 규정이 적용된다.(「상법」 제393조의2 제5항, 제390조) 따라서 감사위원회는 3인 이상의 이사로 구성해야 하는 "회의체"기관이고 회의체로 운영되기 때문에 감사위원회 내에서는 다수결에 의해 監査에 관한 의사결정이 이루어진다. 그런데 현행 규정상 감사의 책임에 관한 규정은 감사위원회를 고려하지 않고 감사의 독임성을 전제로 하기 때문에 이 규정을 감사위원회에 바로 준용할 경우, 감사위원의 책임이 감사위원회의 다수결에 의한 것인 경우에는 어떻게 해석하여야 하는가의 문제가 발생한다.

이에 대하여 다음과 같은 해석론이 있다. 즉 감사위원회는 회의체기구이므로 감사업무는 감사위원회 결의에 의해 결정되고 감사위원회 대표가 집행하는 형식을 취하게 된다. 그러므로 감사업무에 관한 대표위원의 집행행위가 임무해태에 해당한다면 그 결의에 찬성한 위원도 책임을 묻는 것이 당연한데, 그러기 위해서는 대표위원에 대하여「상법」제399조 제1항을 적용하고, 결의에 찬성한 위원에 대하여는 이사회 결의에 관여한 이사의 책임을 묻는「상법」제399조 제2항 및 제3항을 유추 적용하는 것이 바람직하다고 본다.[662]

셋째,「상법」제414조의 '감사'를 '감사위원회'로 대체하면, 감사위원이 아닌 감사위원회 전체로서 임무를 해태하고, 손해배상책임을 지며, 제3자에 대하여도 감사위원회 전체로서만이 책임을 지는 것이 아닌가 하는 해석이 가능하다. 따라서 법문에 충실하면 감사위원회의 감사에 대한 책임은 각 감사위원이 아니라 감사위원회가 집단적으로 져야 한다.

이와 같이 감사의 책임에 관한 규정을 감사위원회에 준용할 경우 이론상 먼저 감사위원회가 책임을 지고, 그리고 감사위원회 위원 간에 구상관계가 성립하는 것으로 보아야 하지만, 그렇다고 하더라도 궁극적으로 감사위원이 책임을 지지 않을 수 없다는 점에서 감사위원회가 책임을 진다고 하는 실익은 없는 것이다.

즉, 감사위원회 활동은 감사위원 개개인이 감사업무를 수행하고 이에 대한 책임은 감사위원 개개인이 져야 한다. 그런데 준용규정에 의하다 보니 이상한 해석이 된 것이다. 따라서 법문에도 불구하고 감사위원회의 책임은 감사위원에 대한 책임추궁을 규정한 것으로 보아야 한다.[663]

그 결과 감사위원회 위원은 감사와 마찬가지로 그 임무를 해태한 때에는 회사에 대해 연대하여 손해배상책임을 지며(「상법」 제414조 제1항), 또한 악의 또는 중과실로 인하여 그 임무를 해태하여 제3자에게 손해를 입힌 경우에는 제3자에 대해 연대하여 손해를 배상하여야

---

661 김용범, 전게서, 2012, 461면 및 2017, 810면. 권종호, 전게서, 191~192면. 최준선, 전게연구서, 179면.

662 김용범, 전게서, 2012, 462면과 2017, 810면. 이철송, 전게서. 박영사. 2021. 889면. 최준선, 전게연구서, 180면.

663 이철송, 전게서. 박영사. 2021. 880면. 최준선, 전게연구서, 180면. 권종호, 전게서, 190~191면.

한다.(「상법」 제414조 제2항)[664]

그리고 「상법」 제400조(회사에 대한 책임의 감면)에서도 "이사의 책임은 총주주의 동의로 면제할 수 있다"고 되어 있는 것도 감사위원회에 준용하도록 되어 있다. 이것 역시 '감사위원회'의 책임보다는 '감사위원'의 책임으로 보아야 할 것이다. 본조에서 '이사회'의 책임이라 하지 않고 '이사'의 책임으로 명백히 정하고 있는 것과 같이, 감사와 관련된 책임은 책임 있는 감사위원에 대하여 개별적으로 책임의 감면여부를 물어야 할 것이다.[665]

또한 「상법」 450조(이사, 감사의 책임해제)에서도 "정기총회에서 승인한 후 2년 내에 다른 결의가 없으면, 회사는 이사와 감사의 책임을 해제한 것으로 본다."고 되어있다. 여기에서 '감사'를 '감사위원회'로 대체하면, 감사위원이 아닌 감사위원회 전체로서 책임을 해제한다는 것이 된다. 그러나 문제되는 각 감사위원이 책임지는 것이 타당하므로, 감사위원회 전체의 책임해제를 규정 하는 것은 부적절한 것이다.[666]

따라서 「상법」 제415조의2 제7항에서 감사책임에 관한 제414조의 단순 준용은 이와 같이 여러 면에서 문제가 있으므로 삭제하는 것이 타당하다. 삭제하더라도 감사위원회 위원은 이사로서의 책임을 부담하므로 아무런 문제가 없다[667]. 감사위원회 위원의 책임에 대하여 동 조항을 보완하는 등 입법적인 재검토가 필요한 것으로 보여 진다.[668]

II. 회사에 대한 책임

1. 책임의 성립요건

가. 임무의 해태

감사위원의 회사에 대한 책임은 감사위원이 그 임무를 해태한 때에 발생한다. 즉 감사위원이 고의 또는 과실로 선관주의의무를 비롯한 법상의 각종 의무를 위반하거나 각종 권한의 행사를 게을리한 때에 책임이 인정되는 것이다.

그런데 주의할 것은 감사위원이 고의 또는 과실로 법상의 의무를 이행하지 않거나 권한을 행사하지 않은 경우뿐만 아니라 의무를 이행하고 권한을 행사하였더라도 그것이 시기적으로 적당하지 않았거나 또는 불성실했다면 역시 임무해태가 된다는 점이다.[669]

일반적으로 기업실무에서 감사위원의 책임을 논할 때 **'부실감사'**라는 표현을 자주 사용하고 있는데, 이는 바로 의무의 이행이나 권한의 행사는 있었지만 그것이 적절하지 못하였던 경우를 의미하는 것이다. 즉 감사위원이 회계감사를 포함한 업무감사권을 적시에 성실히 수

---

664 최준선, 전게연구서, 180면.

665 김용범, 전게서, 2012, 462면 및 2017, 811면. 최준선, 전게연구서, 181면.

666 김용범, 전게서, 2012, 462면 및 2017, 811면. 최준선, 전게연구서, 181면.

667 최준선, 전게연구서, 181면.

668 김용범, 전게서, 2012, 462면 및 2017, 811면.

669 김용범, 전게서, 2017, 811면. 정준우, 전게연구보고서, 140면.

행하지 못한 경우인 것이다.[670]

그런데 여기서 한 가지 검토해 보아야 할 사항은 감사위원의 회사에 대한 책임의 원인이 되는 임무해태의 범위이다. 「상법」상 감사위원의 의무와 권한에 관한 규정을 검토해 볼 때 **감사위원의 임무해태**란 그 범위가 매우 넓다. 따라서 감사위원이 이사의 위법 또는 부당한 행위에 대하여 감독의무를 다하지 못하였다면 당연히 임무해태에 해당된다.

그렇다면 감사위원은 이사의 행위를 비롯한 회사경영에 관계된 사항을 감독할 때 어느 정도의 주의를 기울여야 하는가? 이는 감사위원의 법적 지위를 전제로 판단해야 할 것이다. 감사위원회는 회사의 경영감독기관이므로 감사위원이 그 직무를 수행함에 있어 기울여야 하는 주의는 보통 일반인의 주의보다 그 정도가 당연히 높을 수밖에 없다. 또한 감사위원의 주의의무는 그가 속한 회사의 업종이나 규모 등에 따라 그 정도가 다를 수 있다.

따라서 감사위원이 그 임무를 수행함에 있어서 필요한 주의를 다 기울였느냐에 대한 판단은 이러한 요소들을 종합적으로 고려해야 한다. 다만 감사위원이 기울이는 주의의 구체적 범위는 이사와 달리 적법성에 한정된다고 보아야 할 것이다.[671]

한편 이러한 감사위원의 임무해태에 대한 입증책임에 있어서는 ① 일반원칙에 따라 감사위원의 책임을 주장하는 자가 입증해야 된다는 견해[672]와 ② 감사위원의 임무해태에 대한 책임은 감사위원의 임무위반을 전제로 한 것이므로 감사위원 스스로가 의무해태가 없음을 입증해야 하지만, 불법행위책임에 있어서는 피해자인 회사가 감사위원의 고의 또는 과실을 입증해야 된다는 견해[673]가 대립되고 있다.

생각건대, 감사위원의 의무와 권한은 「상법」에 규정되어 있고, 감사위원의 의무이행이나 권한행사는 직무감사를 포함한 경영감독기능의 수행과정에서 이루어진다. 따라서 감사위원에게 책임을 추궁하려면 감사위원이 그 의무이행과 권한행사를 적시에 성실히 수행하지 못했음을 주장하는 자(회사/소수주주)가 입증해야 할 것이다.[674]

만약 이에 대해 감사위원 스스로가 임무를 해태하지 않았음을 입증해야 된다고 해석하면, 이는 남용될 가능성이 매우 크다. 왜냐하면 특정한 주체가 일단 감사위원에게 책임을 추궁하면 감사위원은 자신에게 임무해태가 없었음을 입증하지 못하는 한 무조건 책임을 져야 하는데, 이는 감사위원의 지위상의 불안정성과 의무와 권한상의 광범위성 및 실효적 감사활동을 위한 조직의 부재 등으로 인해 결코 쉽지 않으며, 이로 인해 오히려 감사위원의 지위가 더욱 불안정해질 수 있기 때문이다.[675]

나. 손해의 발생

---

670 김용범, 전게서, 2017, 811면. 정준우, 전게연구보고서, 140면.

671 김용범, 전게서, 2017, 812면. 정준우, 전게연구보고서, 141면.

672 이철송, 전게서. 박영사. 2021. 794면. 정동윤, 전게서, 448면. 정찬형, 전게서, 869면. 채리식, 전게서, 564면. 대법원. 1966.12.23. 선고. 96다30465 판결.

673 권종호, 전게서, 142면.

674 김용범, 전게서, 2017, 812면. 정준우, 전게연구보고서, 141면.

675 김용범, 전게서, 2017, 812면. 정준우, 전게연구보고서, 142면.

감사위원의 회사에 대한 책임이 성립되려면 감사위원의 임무해태 행위로 인해 회사에 손해가 발생되어야 한다. 주의할 것은 여기서의 손해에는 통상적인 손해뿐만 아니라 특별손해도 포함되고, 금전적인 손해 외에 회사의 신용실추와 같은 비금전적 손해도 포함된다는 점이다.[676] 그리고 회사의 손해는 감사의 책임에서 설명한 바와 같이 적극적 손해는 물론 소극적 손해도 포함된다고 본다.[677]

따라서 감사위원의 고의 또는 과실로 인해 회사의 적극적 손해는 물론 소극적 손해에 대해서도 책임을 지게 되며, 또한 잘못된 사실이 공시되고, 이로 인해 회사의 신용이 크게 실추되었다면 그에 따른 회사의 손해에 대해서도 감사위원이 그 책임을 져야 할 것이다. 예를 들어 대우사건에서 밝혀진 분식회계문제 등이 이에 해당될 것이다.[678]

다. 因果關係의 *存在*

감사위원의 회사에 대한 책임이 성립하려면, 감사위원의 **임무해태 행위**가 있고, **회사의 손해가 발생**되었어야 하며, **양자사이에 인과관계**가 있어야 한다. 그런데 계속기업인 회사의 특성상 감사위원의 임무해태 행위에 따른 회사의 손해는 여러 단계를 거쳐 계속적으로 이루어 질 수 있다.

그렇지만 이 모든 손해에 대한 책임을 감사위원에게 묻는다는 것은 오히려 합리적이지 못하다. 따라서 감사위원의 회사에 대한 손해배상 책임은 앞서 감사의 책임에서 설명한 바와 같이 **임무해태 행위와 상당인과 관계가 존재**해야 하고, 감사위원으로 하여금 **손해발생에 대한 저지가능성**이 있는 손해에 한하여 물어야 할 것이다.[679]

2. 책임의 확장 및 추궁

감사위원회의 책임은 감사의 책임에 관한 규정을 준용(「상법」 제415조의2 제7항 → 제414조 제3항)하도록 되어있는바, 자세한 설명은 제2편-제5장-제2절-Ⅳ. '책임의 확장' 및 Ⅴ. '책임의 추궁' 항을 참조하시기 바랍니다.

3. 책임의 면제 및 감면

감사위원의 임무해태에 따른 회사에 대한 손해배상책임은 주주 전원의 동의(주주전원의 묵시적 동의도 가능)[680]로 면제할 수 있다.(「상법」제415조→제400조) 그리고 정기총회에서 재무제표 등의 승인결의를 한 후 2년 내에 다른 결의가 없으면 감사위원의 부정행위를 제외하고는 회사는 감사위원의 책임을 해제한 것으로 본다.(「상법」 제450조)

---

676 김용범, 전게서, 2017, 813면. 이범찬·오욱환, 전게서, 121면. 정준우, 전게연구보고서, 142면.

677 김용범, 전게서, 2017, 813면. 김건식외 2인. 전게서. 박영사. 2021. 489면. 대법원 2009.5.29. 선고. 2007도4949판결.

678 김용범, 전게서, 2017, 813면. 정준우, 전게연구보고서, 142면.

679 김용범, 전게서, 2017, 813면. 대법원. 2007.7.26. 선고. 2006다33609. 판결, 이범찬·오욱환, 전게서, 121면.

680 대법원 2002.6.14. 선고. 2002다11441 판결, 대법원. 2008.12.11. 선고. 2005다51471 판결

다만 주의할 것은 여기서의 **주주에는 의결권 없는 주식을 가진 주주도 포함**된다는 점[681]과 면제방식이 주주 전원의 동의이므로 굳이 주주총회를 개최할 필요 없이 주주들의 **개별적인 동의**를 얻어도 된다는 점이다.[682] 1인 회사의 경우 그 주주의 동의로 책임을 면제할 수 있음은 물론이다.[683]

이때에 감사위원의 책임이란 이미 발생한 책임을 말하고, 장래의 책임을 사전에 동의로 면제하는 것은 무효이다.[684] 그런데 다수결의 예외로 주주전원의 동의를 요구하는 것은 감사위원에 대한 손해배상청구권은 이미 발생하여 모든 주주가 **持分的 利益**을 갖는 회사의 재산권이므로 성질상 다수결로 포기할 수 있는 이익이 아니기 때문이다.[685]

이러한 감사위원의 책임면제에 있어서는 다음의 몇 가지 검토해야 할 문제가 있다.

첫째, 책임의 면제방식에 관한 문제이다. 「상법」은 감사위원의 임무해태에 대한 손해 배상책임에 대해서 면제될 수 있는 길을 열어주면서 그 요건을 주주 전원의 동의로 규정하고 있다. 그러나 주식회사 특히 주식이 대중에 분산되어 있는 상장회사의 경우에는 주주 전원의 동의를 얻는 것 그 자체가 거의 불가능하다. 그렇지만 현실적으로 감사위원의 임무해태에 따른 책임은 손해배상책임이므로 부정행위가 아닌 한 경미한 손해는 주주의 동의하에 얼마 든지 면제해 줄 수 있어야 한다.

왜냐하면 감사위원이 의무이행이나 권한행사를 실효적으로 할 수 있는 보조기구도 없는 상태에서 발생한 경미한 손해에 대해서까지 사실상 전혀 면제의 가능성 열어주지 않는 것은 너무나 가혹할 뿐만 아니라, 적법성·효율성·합리성까지 판단해야 하는 경영담당자인 이사의 책임에 대해서도 그 정도를 완화해야 한다는 주장[686]이 일반화되고 있는 요즈음의 추세에 비추어 볼 때 형평성도 없기 때문이다.

따라서 감사위원의 회사에 대한 손해배상책임은 그 면제가능성의 길을 실질적으로 열어주어야 할 것이고, 구체적인 방법으로는 감사의 경우에서와 마찬가지로 일정한 제한조건을 갖춘 경우 주주총회의 특별결의 등으로 감사위원의 책임면제가 가능하도록 하는 방법을 적극 검토할 필요가 있다고 본다.

둘째, 감사위원의 책임해제를 위한 전제가 되는 '2년 내의 다른 결의'의 범위의 문제이다. 이에 대해서는 주주총회 결의만이 아니라 이사회 결의나 회사의 제소행위 등도 포함된다는 견해가 있다.[687] 그러나 이 견해는 찬동할 수 없다.

---

681 감사의 임무해태에 따른 책임추궁은 회사의 손해를 보전하려는 것이므로 의결권의 유무와 관계없이 모든 주주의 이해관계가 걸려 있기 때문이다. 참고로 일본의 경우에도 의결권 없는 주식을 가진 주주를 포함하고 있다.(상사법연구회, 전게서, 257면)

682 김용범, 전게서, 2017, 814면. 권종호, 전게서, 147면. 정준우, 전게서, 144면. 이철송. 전게서. 박영사. 2021. 809면.

683 김용범, 전게서, 2017, 814면. 이철송. 전게서. 박영사. 2021. 809면.

684 김용범, 전게서, 2017, 814면. 이철송. 전게서. 박영사. 2021. 809면.

685 김용범, 전게서, 2017, 814면. 이철송. 전게서. 박영사. 2021. 809면. 96.25%에 달하는 주주가 이사의 책임을 면제하는 의사표시를 하였으나, 총주주의 동의는 아니므로 면제의 효과가 없다고 한 예가 있다(대법원. 2004.12.10. 선고, 2002다60467, 60474. 판결)

686 김용범, 전게서, 2017, 814면. 김대연, 「이사의 책임제한 및 면제」, 비교사법 제10권 제2호, 2003, 321~355면. 안성포, 「이사의 면책에 관한 입법론적 고찰(책임면제와 화해를 중심으로)」, 상사법연구 제22권 제2호, 2003, 85~132면. 양동석, 「이사의 책임제한」, 상법학의 전망, 법문사, 2003, 169~186면.

687 권종호, 전게서, 148면. 정찬형, 전게서, 873면. 서울고법 1977.1.28. 선고. 75나2885 판결.

왜냐하면, 감사위원의 책임면제에는 원칙적으로 총주주의 동의가 필요한 데 비해 이 규정에 의하면 감사위원의 책임이 예외적으로 주주총회 보통결의로 면제되므로, 이런 예외적인 상황을 다시 뒤집으려면 예외적인 책임해제의 전제가 되었던 정기총회에서의 재무제표의 승인결의에 버금가는 정도의 '다른 결의'이어야만 그 합리성이 부여될 수 있기 때문이다.

그리고 「상법」이 감사위원의 책임해제의 전제로 정기총회에서 재무제표의 승인결의를 규정하면서 그 단서로 다시 '다른 결의'를 규정하고 있는 점을 감안할 때 역시 그 결의는 **'다른 주주총회의 결의'**라고 해석하는 것이 타당하기 때문이다.[688]

셋째, 해제의 대상이 되는 감사위원의 책임범위에 관한 문제이다. 즉 부정행위를 제외한 감사위원의 회사에 대한 모든 책임이 해제의 대상이 되는 것인지 아니면 그 전제인 재무제표에 연관된 책임만이 해제되는 것인지에 관한 문제이다.

생각건대 「상법」이 감사위원의 책임면제를 위한 요건으로 원칙적으로 주주전원의 동의를 요구하면서 예외적으로 책임해제에 관한 규정을 두고 있고, 그러한 책임해제의 전제 요건으로 정기총회에서의 재무제표 승인결의를 규정하고 있으므로 해제의 대상이 되는 감사위원의 책임 또한 재무제표와 연관된 사항으로 한정하여 해석하는 것이 타당하다.[689] 따라서 책임 해제를 주장하는 감사위원이 자신의 책임사유가 정기총회에서의 승인결의 당시의 재무제표에 기재되어 있음을 입증해야 할 것이다.[690]

넷째, 감사위원의 불법행위책임에 관한 문제이다. 감사위원의 임무해태행위가 동시에 불법행위의 요건을 충족할 경우에는 감사위원의 회사에 대한 책임과 불법행위 책임이 경합한다. 그런데 주주 전원의 동의로 감사위원 책임을 면제하였다면 감사위원의 불법행위 책임도 면제되는가 하는 점이다.

생각건대 감사위원의 책임면제 규정은 감사위원의 임무해태에 따른 회사에 대한 손해배상책임을 면제하는 것이므로 감사위원의 지위를 전제로 하지 않는 불법행위 책임까지 면제하는 것은 아니라고 본다. 따라서 감사위원의 **불법행위 책임을 면제**하려면 「**민법」상의 일반적인 채무면제절차**(「민법」제506조)를 별도로 밟아야 한다.[691]

또한 양 책임은 성질을 달리하므로 어느 하나의 책임을 묻는 訴의 제기는 다른 책임의 시효를 중단하는 효력이 없다.(대법원 2002.6.14. 선고. 2002다11441 판결)

III. 제3자에 대한 책임

1. 책임의 법적성질

감사위원의 악의 또는 중대한 과실로 그 임무를 해태한 때에는 제3자에 대해서도 손해를 배상할 책임이 있다.(「상법」 제414조 제2항) 원래 감사위원회는 회사 내부의 경영감독기관이

---

688 김용범, 전게서, 2017, 815면. 정준우, 전게연구보고서, 145면.

689 김용범, 전게서, 2017, 815면. 정준우, 전게연구보고서, 146면.

690 김용범, 전게서, 2017, 815면. 정준우, 전게연구보고서, 146면. 대법원 1969.1.28. 선고. 68다305 판결.

691 김용범, 전게서, 2017, 816면. 이철송. 전게서. 박영사. 2021. 810면. 정찬형, 전게서, 873면. 정중우, 전게연구 보고서, 146면. 대법원 1989.1.31. 선고. 87누760 판결, 대법원 1996.4.9. 선고. 95다56316 판결.

고, 대외적인 거래관계 등에서는 회사가 직접적인 법률관계를 형성하기 때문에 감사위원이 제3자와 직접적인 법률관계를 맺는 일은 거의 없다.

그렇지만 주식회사는 주식이나 사채의 발행 등을 통해 다수인과 집단적인 법률관계를 맺게 되는데, 이 과정에서 만약 감사위원이 그 직무를 소홀히 수행하여 잘못된 기업 내용이 공시된다면 제3자에 대해서도 손해를 입힐 가능성이 크다.

이처럼 감사위원은 그 지위와 직무수행에 있어서 제3자에게 미치는 영향이 크므로 감사위원으로 하여금 그 직무수행에 있어서 좀 더 신중을 기하도록 하기 위해서 그리고 때로는 감사위원의 개인재산을 회사의 책임재산에 포함시킴으로써 제3자의 이익을 두텁게 보호하기 위해서 제3자에 대한 책임을 「상법」이 규정하고 있는 것이다.[692]

이러한 감사위원의 제3자에 대한 책임의 법적 성질에 대해서는 크게 법정책임설과 특수불법행위책임설이 대립하고 있다.[693]

① 법정책임설

감사위원의 제3자에 대한 책임은 불법행위와 무관한 법정책임, 즉 「상법」이 인정한 별개의 손해배상책임의 발생원인이라고 한다.[694] 이설에 의하면 제3자는 감사위원에게 불법행위책임을 추궁할 수 있지만, 그것만으로는 제3자의 보호가 충분하지 않으므로 「상법」이 별개의 조문을 둔 후 비록 감사위원의 불법행위책임이 성립하지 않더라도 그 조문의 요건만 충족하면 제3자가 감사위원에게 책임을 물을 수 있도록 한 것이다.

따라서 이 설은 감사위원의 제3자에 대한 책임과 불법행위책임이의 경합을 인정한다. 그러므로 제3자는 감사위원의 고의 또는 과실에 의한 임무해태로 인해 손해를 입었다면 당해 감사위원에 대해 「상법」상 의 책임이든 불법행위 책임이든 자신에게 유리한 것을 선택하여 손해배상책임을 추궁할 수 있다.[695]

② 특수불법행위책임설

감사위원의 책임은 본질적으로 불법행위책임이지만, 그 요건 상 경과실은 제외하고 위법성이 배제되는 특수한 불법행위책임이라고 한다.[696] 그러나 이 설도 감사위원의 제3자에 대한 책임과 불법행위 책임과의 경합은 인정하는데, 그 이유는 만약 불법행위 책임과의 경합을 인정하지 않으면 제3자의 손해가 감사위원의 경과실에 기인한 때에는 감사위원의 책임이 배제되는 불합리한 점이 발생하기 때문이라고 한다.

생각건대 어느 설을 취하더라도 ① 감사위원의 제3자에 대한 책임과 불법행위 책임과의

---

692 김용범, 전게서, 2017, 816면. 정준우, 전게연구보고서, 146~147면.

693 김용범, 전게서, 2017, 816면. 원래 이러한 견해의 대립은 이사의 제3자에 대한 책임에 관한 것인데, 상법 제415조의2에 의해 이사의 책임에 관련된 규정이 감사위원에게도 준용되므로 동일하게 해석할 수 있다고 본다. 정준우, 전게연구 보고서, 147면.

694 강위두, 「전정 회사법」, 2000, 567면. 권기범, 「현대회사법론」, 2001, 688면. 서헌제, 「사례중심체계 회사법」, 2000, 424면. 손주찬, 전게서, 852면. 정동윤, 전게서, 452면. 정찬형, 전게서, 630면.

695 정준우, 전게연구보고서, 148면.

696 서돈각·정완용, 「제4전정 상법강의(상)」, 법문사, 1999, 455면. 서정갑, 「주석실무 개정상법총람」, 홍문관, 1984, 551면. 이병태, 「전정 상법(상)」, 법원사, 1988, 692면.

경합을 인정하는 점, ② 감사위원의 악의 또는 중과실은 임무해태에 관해 필요하다는 점, ③ 감사위원의 임무해태와 제3자의 손해사이에 인과관계가 있는 한 제3자의 모든 손해에 대해서 감사위원이 책임을 부담해야 한다는 점은 같다.[697] 다만 차이가 있다면 어느 설이 보다 책임의 본질에 접근하는 것이고, 설명에 있어서 더 논리적이냐 정도뿐이다.[698]

한편 특수불법행위책임설에 의하면 회사에 대한 감사위원의 임무해태가 왜 제3자에 대한 불법행위가 되는지 설명하기가 어렵다. 또 위법성의 충족 없이 불법행위가 성립한다는 것은 불법행위의 성질상 허용되기 어려운 것이다. 따라서 제3자의 직접적인 법률관계를 형성하지 않는 감사위원에게 제3자에 대한 책임을 규정하고 있는 「상법」의 입법취지를 고려할 때 법정책임설이 타당하다고 본다.[699]

2. 책임의 성립요건

가. 주관적 요건 : 악의 · 중과실

감사위원의 **악의 또는 중대한 과실**로 그 임무를 해태한 때에는 제3자에 대해서도 손해배상책임을 부담한다. 따라서 감사위원의 제3자에 대한 책임이 성립하려면 우선 감사위원의 악의 또는 중과실이 있어야 하는데, 문제는 감사위원의 악의 또는 중과실이 어느 부분에 있어야 하는가 하는 점이다.

즉 감사위원의 임무해태에 있어야 하는가 아니면 제3자에 대한 가해행위가 있어야 하는가이다. 그런데 이에 대한 법정책임설과 특수불법행위책임설은 모두 전자의 입장을 취하고 있다. 한편 감사위원의 제3자에 대한 책임의 전제조건이 되는 감사위원의 임무 해태상의 악의 또는 중과실은 제3자가 입증해야 한다.[700]

악의·중과실에 대한 보다 자세한 내용은 앞에서 설명한 감사의 책임에 관한 제2편-제5장-제3절-Ⅲ-1. '악의·중과실' 항을 참조하시기 바랍니다.

나. 객관적 요건 : 임무의 해태

감사위원의 제3자에 대한 책임이 성립하려면 먼저 악의·중과실에 기초한 임무해태가 있어야 한다. "**임무해태란** 감사위원이 직무수행과 관련하여 선량한 관리자로서의 주의를 게을리함으로써 회사에 손해를 가하거나 손해를 방지하지 못한 경우를 뜻한다."[701] 즉 감사위원이 의무 이행과 권한 행사를 게을리했어야 하는데, 회사의 재무상태가 심히 악화되었음에도 감사위원이 상당기간 회계감사를 하지 않은 경우 등을 그 예로 들 수 있다.

임무해태에 대한 법원의 판결의 보면 "회사의 감사가 회사의 사정에 비추어 회계감사 등

---

697 김용범, 전게서, 2017, 817면. 정준우, 전게연구보고서, 148면. 권종호, 전게서, 156면.

698 김용범, 전게서, 2017, 817면. 정준우, 전게연구보고서, 148면. 이철송. 전게서. 박영사. 2021. 816면.

699 김용범, 전게서, 2017, 817면. 정준우, 전게연구보고서, 148면. 이철송. 전게서. 박영사. 2021. 817면.

700 김용범, 전게서, 818면. 권종호, 전게서.157면. 이철송. 전게서. 박영사. 2021. 817면.

701 김용범, 전게서, 2017, 818면. 이철송. 전게서. 박영사. 2021. 817면. 정준우, 전게연구보고서, 2005. 81면.

의 필요성이 있음을 충분히 인식하고 있었고, 또 경리업무담당자의 부정행위의 수법이 교묘하게 저질러진 것이 아닌 것이어서 어음용지의 수량과 발행부수를 조사하거나 은행의 어음 결제량을 확인하는 정도의 조사만이라도 했다면 위 경리업무 담당자의 부정행위를 쉽게 발견할 수 있었을 것인데도 아무런 조사를 하지 아니하였다면 ———감사는「상법」제414조 제2항·제3항에 의한 손해를 배상할 책임이 있다."라고 판시[702]하고 있다.

임무해태에 대한 보다 자세한 내용은 앞에서 설명한 감사의 책임에 관한 제2편-제5장-제3절-Ⅲ-2. '임무해태' 항을 참조하시기 바랍니다.

다. 제3자의 손해

감사위원의 배상책임을 지는 제3자의 손해는 다음과 같은 두 가지 점에서 검토되어야 한다. 먼저 제3자의 범위인데, 통설은 회사 이외의 자, 즉 회사채권자와 기타 이해관계인뿐만 아니라 주주나 주식 인수인도 포함된다고 보고 있다. 다만 공법관계인 국가와 지방 자치단체는 포함되지 않는다.[703]

다음은 제3자의 손해범위인데, 제3자의 직접손해에 대해서는 이론이 없으나 간접손해에 대해서는 다음과 같이 제외설[704]과 포함설[705]이 대립되고 있다.

① 제외설

주주가 입은 간접손해는 회사가 배상받음으로써 보상되고, 만약 주주를 제3자에 포함시킨다면 주주가 회사채권자에 우선하여 변제를 받는 결과가 되며, 주주의 간접 손해는 대표소송을 통해서도 구제될 수 있으므로 주주의 손해에서 제외시켜야 한다고 주장한다.

② 포함설

제3자란 널리 회사 이외의 자를 의미하므로 주주를 제외시킬 이유가 없고, 대표 소송은 제소요건에 일정한 제한이 있고 담보제공의무가 있어 주주의 손해를 회복하는 데는 분명 그 한계가 있으므로 주주의 간접손해도 주주의 손해에 포함시켜야 한다고 주장한다.

생각건대 감사위원의 제3자에 대한 손해배상책임에 관하여 법문이 특별한 제한 없이 제3자란 표현을 쓰고 있으므로 회사 이외의 모든 자가 이에 해당된다고 보는 것이 타당하고, 주주가 제3자의 범위에 포함되는 한 직접손해이든 간접손해이든 그가 입은 손해에 대해서는 감사위원이 배상책임을 지는 것이 마땅하다.

감사위원에게 손해배상을 추궁할 수 있는 주체로서의 제3자인 주주의 자격에는 어떠한 제한도 없음에 비해 대표소송에는 지주비율의 제한과 담보제공 의무가 있으므로 대체수단

702 대법원 1988.10.25. 선고. 87다카1370 판결.

703 김용범, 전게서, 2017, 819면. 정찬형, 전게서, 879면. 대법원 1982.12.14. 선고. 82누374 판결. 대법원 1983.4.12. 선고. 82누517 판결.

704 서돈각/정완용, 「제4전정상법강의(상)」, 법문사, 1999, 468면. 대법원 1993.1.26. 선고. 91다36093판결. 대법원. 2003.10.24. 선고. 2003다29661 판결.

705 권종호, 전게서, 162면. 손주찬, 전게서, 810~811면. 정찬형, 전게서, 878~879면. 채리식, 전게서 568면.

으로 적합하지 않다. 따라서 비록 주주가 회사채권자에 우선하여 변제받는다는 약점은 있지만 포함설이 타당하다고 본다.

한편 공개회사와 폐쇄회사를 구분한 후, 전자의 경우에는 간접 손해를 입은 주주를 제3자에 포함시키지 않고, 후자의 경우에는 제3자에 포함 시키는 것이 바람직하다는 견해가 제기되고 있다.[706] 그러나 이는 법이 명시하지 않은 사항을 지나치게 확장하여 해석하는 것으로서 타당하지 않다고 본다.[707]

그리고 제3자의 손해에 대한 보다 자세한 내용은 앞에서 설명한 감사의 책임에 관한 제2편-제5장-제3절-Ⅲ.-3. '제3자의 손해' 항목을 참조하시기 바랍니다.

라. 인과관계의 존재

감사위원의 제3자에 대한 책임이 성립하려면 감사위원의 악의 또는 중과실에 의한 임무해태와 제3자의 손해사이에 상당인과관계가 있어야 한다. 그리고 인과관계의 존재에 대한 보다 자세한 내용은 앞에서 설명한 감사의 책임에 관한 제2편-제5장-제2절-Ⅲ.-3. '인과관계의 존재' 항목을 참조하시기 바랍니다.

3. 책임의 확장

감사위원의 제3자에 대하여 손해배상책임을 지는 경우에 이사도 그 책임이 있는 때에는 감사와 이사가 연대하여 책임을 져야 한다.(「상법」제414조 제3항) 또한 외부감사인이 제3자에 대하여 손해배상책임을 지고 그에 이사와 감사위원도 책임이 있는 때에는 역시 이사·감사위원·외부감사인이 연대하여 책임을 져야 한다.

그리고 책임의 확장에 대한 보다 자세한 내용은 앞에서 설명한 감사의 책임에 관한 제2편-제5장-제2절-Ⅳ. '책임의 확장' 항목을 참조하시기 바랍니다.

---

706 江頭憲治郎, 「(第3版) 株式會社·有限會社法」, 有斐閣, 2004, 393면.

707 김용범, 전게서, 2017, 820면. 정준우, 전게연구보고서, 151면.

제7장

감사의 법적위험

제1절　개요

Ⅰ. 감사 관련 법적위험 개요

현대 기업의 경영환경은 불확실성의 심화와 이해관계자의 다양화로 요약할 수 있다. 이런 기업의 경영 환경을 부정관리의 관점으로 보자면 이는 경영 전반에 걸쳐 터질지 모르는 잠재적 부정위험이 크다는 의미이며, 이 또한 부정위험에 대한 조사 또는 감사(이하 "감사"라 함)의 경우에도 예외가 아니다.

부정위험을 감사하는 담당자는 부정 혐의자의 잘못이 크고 명확할수록 법적위험에 노출되기 쉽다. 왜냐하면 부정혐의자의 확실한 **非難 可能性에 埋沒**되어 내부감사인이 지켜야 할 **原則과 態度**에 대한 **警覺心**이 **解弛**해 지기 때문이다. 내부감사인은 도덕적 우월감에 도취되어 지켜야 할 **原則과 常識을 忘却**해서는 안 된다.

부정혐의자가 아무리 잘못했더라도 **내부감사인이 준수해야 할 강행법규와 사내규정은 분명하게 존재**하기 때문이다. 만일 내부감사인이 이를 어길 경우, 오히려 **부정혐의자에게 법률적 항변의 명분을 제공**하게 되며, 이로 인해 상황이 **내부감사인에게 不利**하게 **逆轉**되거나 혐의자가 **法網**을 빠져나가게 될 수도 있게 된다.

이를 방지하기 위해서 부정감사와 법적위험의 관계를 보다 본질적으로 검토할 필요가 있다. 또한 본질적 검토가 피상적인 수준에 머무르지 않고 실천적으로 적용될 수 있도록 부정예방과 실행의 각 단계별로 최근 그 중요성이 강조되고 있는 이슈를 선택하여 집중적으로 관리하는 전략도 필요하다 하겠다.

Ⅱ. 감사 관련 법적위험 개념

법적위험(Compliance Risk)은 일반적으로 다음과 같이 정의한다. 즉, **"법적위험이란 회사가 법률, 감독규정, 규칙, 자율조직에서 제정한 준칙과 회사의 업무활동에 적용되는 행위준칙을 지키지 못하여 법적 제재 또는 처벌을 받거나 중대한 재무손실 또는 명예훼손 등을 당하는 위험"**을 의미한다.

일반적으로 **Compliance**는 법규준수를 의미하지만, **監査 관련 法的危險 側面**에서는 **Compliance**는 내부감사인이 단순히 법규에서 정하는 최소 요건을 충족하는 데 그치지 않고, 윤리적 측면에서 적극적으로 행동하며, 옳은 행동을 하는 요소까지 포함하는 광의의 개념으로 이해하는 것이 필요하다고 본다.

위와 같은 개념 정의를 놓고 볼 때, 국내에서 Compliance가 '준법감시'로 번역되는 이유를 알 수 있다. 그렇지만, 부정을 감사하는 내부감사인은 Compliance에 대한 접근 방식을 달리해야 한다. 그 이유 중 가장 큰 것은 내부감사인이 감사하는 부정혐의자는 대부분 직장 동료직원이라는 것이다.

직장 동료직원이라는 점이 중요한 이유는 부정혐의자가 지금까지 조직 내부에서 직·간접적인 관계를 맺고 있고, 부정혐의자의 부정행위와 사후조치 결과에 따라 해당 관계망에 매우 큰 영향이 미치기 때문이다. 만일 이러한 고려가 없다면 부정감사는 경찰 등 외부 전문기관에 맡길 때 더 효과적이다.

요컨대, 회사 내의 부정감사는 조직 문화적 측면에서 접근되어야 한다. 부정감사가 동료인 부정혐의자를 법규위반자로서만 대우했을 때 미치는 파급효과는 무시할 수 없다. 이와 반대로 해당 사건이 원만하게 해결되어 회사 내 혁신의 계기로 전환되었을 때의 효과 또한 적지 않다 할 것이다.

부정혐의자 혹은 행위자를 부정한 범죄자로만 취급해서는 안 된다. 공동체의 유지와 발전을 위하여 자신이 스스로 참여한 합의사항을 私的慾心 때문에 깼다는 점을 충분히 인식시켜야 한다. 어떤 방향이든 소속된 공동체가 합의한 규범문화를 조직 구성원이 함께 준수하도록 하는 것이 가장 바람직하다.

Compliance의 법규준수 측면만을 강조하게 되면 직원의 부정행위를 그 대상으로 하지만, **組織 文化側面**을 부각하게 하면 직원의 자율성 자체가 규제의 대상이 될 수 있다. 규제의 내면화, 즉 윤리적 접근이 가능한 것이다. 이 부분이 바로 **遵法經營**과 **倫理經營**의 **接點**이라 할 것이다.

지금까지의 논의를 반영하여 **Compliance의 개념**을 새롭게 정의해 보면 **"회사 임직원들이 법규준수는 물론 회사 내의 공동체의 구성원으로서 합의한 의사결정기준을 자율적으로 수용하고 이행하는 규범 문화의 수준"**으로 Compliance를 한 단계 높은 수준으로 정의할 수 있다 하겠다.

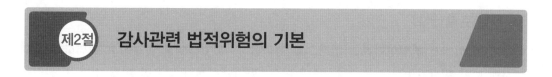

제2절 감사관련 법적위험의 기본

감사인이 조직 내의 부정을 예방하고 감사를 수행함에 있어 법적위험(Compliance Risk)을 최소화하기 위해서는 ① **일반범죄의 성립요건**, ② **근로자의 프라이버시권**, ③ **사용자의 경영권 등의 3가지의 기본적인 사항을 먼저 이해**하는 것이 필요하다.

Ⅰ. 일반범죄의 성립요건

일반적으로 **범죄가 성립하기 위한 요건**에 대해서는 통설은 ① **구성요건해당성(構成要件該**

當性), ② **위법성(違法性)**, ③ **책임성(責任性)**의 세 가지 요건이 충족되어야 범죄가 성립한다고 한다.

1. 구성요건해당성(構成要件該當性)

범죄는 구성요건에 해당하는 행위이어야 한다. **구성요건**이라 함은 「형법」기타 형벌법규에 금지되어 있는 행위가 무엇인가를 구체적으로 규정해 놓은 것을 말한다. 예컨대, 살인죄에 있어서 '사람을 살해한 사람은 사형·무기 또는 5년 이상의 징역에 처한다.'(「형법」 제250조 제1항)는 규정은 그 배후에 사람을 살해하는 행위를 금지하는 금지규범을 전제로 하고 있다. 이러한 금지규범에 위반하는 행위가 구성요건에 해당하는 행위이다.

그리하여 범죄가 성립하려면 우선 구성요건에 해당해야 한다. 이러한 구성요건 해당행위는 사람의 자유의사에 의거한 외부행위이어야 하므로 동물의 활동이나 자연현상 또는 물리적 반사운동이나 절대적 강제하의 행동은 이 행위에서 제외되며, 단순한 내부적 의사나 사상은 행위가 아니다. 행위는 단독으로 할 수도 있고(**단독정범**), 여럿이 분담하여 할 수도 있으며(**공범**), 적극적인 작위(作爲)가 보통이나(**작위범**), 소극적 부작위(不作爲)로써도(**부작위범**) 범죄를 범할 수도 있다.

2. 위법성(違法性)

구성요건에 해당하는 행위라고 하여 곧 범죄가 되는 것은 아니고, 그 **행위가 위법성**이 있어야 한다. 위법성이 없는 행위는 구성요건에 해당하더라도 범죄가 되지 아니한다. 예컨대, 사형집행인은 사람을 죽이더라도 범죄가 되지 아니하고, 정당방위로 사람을 죽인 경우에는 범죄가 되지 아니한다. 전자는 법률에 의거한 행위이고, 후자는 위법성 조각사유가 있어서 위법성이 없기 때문이다.

위법성이란 좁게는 **법규에 위배**되고, 넓게는 **사회상규(社會常規)에 위배**되는 것을 의미한다. 따라서 위법성은 「형법」을 비롯한 모든 법규와 사회상규에 적극적으로 위배되고, 소극적으로는 형벌법규에 위법성 조각사유가 규정되어 있지 아니한 경우에 위법성이 인정되는 것이다. 즉, 범죄가 성립하기 위해서는 위법한 행위이어야 한다.

3. 책임성(責任性)

「형법」에 있어서 **책임성**이란 합법적으로 행동할 수 있었음에도 불구하고 위법하게 행위한 것에 대한 **비난가능성**을 뜻한다. 근대 이후 「형법」은 '책임 없으면 형벌 없다'는 원칙을 대전제로 한다. 즉 행위가 아무리 중대한 결과를 가져왔더라도 행위자에게 비난가능성이 없으면 처벌하지 않는 것이다.

구성요건에 해당하고 위법한 행위라 할지라도 그 행위에 관하여 행위자에 대해 비난이 가능한 것이 아니면 범죄가 되지 않는다. 이와 같이 행위에 관해 행위자에 대해 비난이 가능하다는 성질을 **유책성(有責性)** 또는 **책임성(責任性)**이라 한다. 즉, 범죄가 성립하기 위해서는 유책(有責)한 행위이어야 한다.

따라서 **범죄는 구성요건해당성·위법성 및 책임성의 어느 하나라도 缺하면 成立되지 아니한다.** 그중 특히 위법성을 결하게 하는 사유를 **위법성조각사유**(違法性阻却事由)라 하고, 책임성을 결하게 되는 사유를 **책임성조각사유**(責任性阻却事由)라고 한다.

위법성조각사유란 어떤 행위가 범죄의 구성요건에 해당하지만 위법성을 배제함으로써 적법하게 되는 사유를 말한다. 이에는 정당행위(『형법』제20조), 정당방위(제21조), 긴급피난(제22조), 자구행위(제23조), 피해자의 승낙(제24조), 공공의 이익을 위한 진실의 발표(제310조) 등이 있다.

책임성조각사유란 비난가능성의 여지는 있지만 특별한 **기대불가능성**(期待不可能性)을 이유로 그 책임 비난을 조각하는 것이다. 이에는 강요된 행위(『형법』제12조), 과잉방위(제21조 제2항, 제3항), 과잉 피난(제22조 제3항), 과잉자구행위(제23조), 증거인멸 등과 친족 간의 특례(제155조제4항) 등이 있다.

Ⅱ. 근로자의 프라이버시권

1. 프라이버시권의 의의

프라이버시(privacy)는 원래 '**혼자 있을 권리**'에서 起源했다. '혼자 있게 내버려 달라', '방해받고 싶지 않다'는 인간의 기본적 욕구에서 시작된 것이다. 실제로 '**privacy'의 라틴어 어원은 어떤 것으로부터 분리·단절**을 뜻하며, 타인과 분리된 심리상태, 소외, 고독이라는 뜻과 연결된다. 프라이버시권은 좀 더 적극적인 의미에서 '**私生活을 形成하고 展開할 權利**'로 연결된다. 즉, **他人의 干涉을 받지 않고 홀로 나의 私生活을 營爲해 나갈 權利**가 바로 **프라이버시권**인 것이다.

우리 「헌법」은 다양한 조항에서 프라이버시권을 보호하고 있는데, 제17조에는 '사생활비밀의 자유'(私生活保護權)이 규정되어 있고, 그 밖에 주거의 불가침(제16조), 통신비밀의 불가침(제18조) 등도 함께 규정되어 있다. **프라이버시권의 개념**은 소극적으로는 '**私生活을 함부로 公開당하지 아니하고 私生活의 平穩과 秘密을 要求할 수 있는 法的 保障**'으로, 적극적으로는 '**自身에 관한 情報를 管理·統制할 수 있는 法的能力**'으로 이해되고 있다.

정보화 사회가 진행되면서 프라이버시권은 '개인정보 자기결정권'으로서 더 중요한 의미를 갖게 되었다. **개인정보 자기결정권**은 자신에 대한 정보가 언제, 어디서, 어느 정도까지 타인에게 수집·활용되게 할 수 있는지 해당 개인이 스스로 결정할 수 있는 권리이다. 개인정보 보호를 위한 법은 다양하게 존재하지만, 일반법으로 2011년 9월부터 「개인정보보호법」이 제정·시행되고 있으며, 그 이외에 「형법」, 「통신비밀보호법」, 「정보통신망법」 등이 개인의 프라이버시권을 보호하고 있다.

2. 직장 내 근로자 프라이버시권

근로계약의 체결에 의하여 근로자는 사용자에게 노무급부의무를 부담하고 사용자의 경영권에 복종하게 되지만, 그렇다고 해서 직장 내에서 인간으로서 기본적으로 누려야 할 프라이버시권까지 포기한 것은 아니다. 근로자가 출근과 동시에 자신의 모든 프라이버시를 포기했다고 생각하는 것은 일반 상식에 반하기 때문이다.

근로자는 인간관계의 상당부분을 직장 내에서 발전시키므로 일정 수준 사생활 보호에 대한 합법적인 기대를 가진다고 보아야 한다. 따라서 프라이버시 보호에 대한 근로자의 합리적인 기대는 직장 내에서도 존중되고 보호되어야 한다. 따라서 근로자가 회사 소유의 통신설비를 이용하여 사적인 전자우편을 송수신한다고 하여도 그것을 이유로 사용자가 당연히 근로자의 전자우편을 감시해도 좋다는 것을 의미하는 것은 아니다.

왜냐하면 사용자가 근로자에게 당해 통신시설의 사용을 허가하고 묵인하는 한에 있어서 근로자는 그곳을 통해서 교류하는 사적인 통신에 대해서 프라이버시의 기대를 가지고 있기 때문이다. 전화도청과 마찬가지로 사용자가 근로자의 사적인 전자우편의 내용을 무단으로 모니터링하는 것은 프라이버시의 침해에 해당한다고 하여야 한다.

회사의 업무상의 이유라 하더라도 사용자가 근로자의 사전 동의 없이 사적인 전자우편을 포함하여 모든 전자우편의 내용을 무단으로 모니터링하는 것은 근로자의 프라이버시 침해를 야기할 수 있다. 사용자는 미리 근로자의 동의를 받거나 사전에 그러한 취지를 근로자에게 반드시 통지할 필요가 있다.

또한 근로자의 사전 동의를 받았다고 해서 모든 전자우편 감시가 정당화되는 것은 아니다. 사용자와 근로자의 관계에서는 동의의 자발성이 담보되기 어렵기 때문이다. 따라서 근로자의 사전 동의를 받았다고 해도 전자우편 감시가 정당화되기 위해서는 먼저 객관적으로 감시의 필요성이 있어야 하고, 감시의 방법, 절차 및 정도가 적정해야 한다.

하지만 **근로자의 프라이버시권도 사용자의 합법적인 권리, 즉 시설관리권, 지시감독권**-영업비밀의 유출로부터 자신의 재산을 보호할 권리, 자신의 사업을 효율적으로 운영할 권리, 근로자의 비행이 야기할 수 있는 책임과 危害로부터 자신을 보호할 권리(이하 '**사용자 경영권**'이라 한다)등-**에 의하여 제약**을 받는다. 따라서 **勤勞者의 프라이버시권은 使用者의 權利 즉 使用者의 經營權과 均衡을 이룰 때에만 保護** 받을 수 있다.

3. 사용자 경영권의 내용과 충돌

사용자와 근로자의 관계는 당사자 간에 체결되는 근로계약에 의해서 구체화된다. 근로계약이 체결되면 근로자는 사용자에 대하여 크게 **주된 의무**로 **근로제공의무**와 그 밖의 부수적 의무를 지게 된다. 근로자가 부담해야 할 **부수적인 의무**로는 **업무충실의무·비밀 유지의무·겸업금지의무·고지의무·뇌물을 받지 않을 의무** 등이 있다.

사용자는 일정한 범위 내에서 경영권을 가지고 근로자에 대하여 노무급부의무 실현을 일반적으로 지시할 수 있다. 근로계약은 노무의 급부를 목적으로 하는 계속적 계약이고 당사자 쌍방이 근로의 내용을 일일이 계약에 구체화할 수도 없기 때문에 근로자가 근로 계약에 의해 제공해야 할 근로의무는 추상적이고 개괄적일 수밖에 없다. 따라서 근로의무의 내용을 구체화하기 위하여 사용자의 경영권은 근로관계에서 필수적이다.

근로계약에서는 근로자의 일반적인 노무급부의 종류만이 결정되기 때문에 근로자가 취업상태에서 이행하여야 할 작업의 내용·장소·시간 등은 근로계약의 범위 내에서 「근로기준법」·「단체협약」·「취업규칙」·「경영관행」 등에 기초해서 사용자에 의하여 다시 구체적으로 확정된다. 이러한 사용자의 경영권의 법적 근거에 대해서는 견해가 일치하지 않고 있으나, 우리 법원은 「헌법」 제119조 제1항, 제23조 제1항 및 제15조를 기초한 실체성을 가진 권리라고 판시하고 있다.[708]

근로자는 사용자의 경영권에 복종할 의무와 업무에 전념할 의무(업무충실의무)를 부담한다. 근로자가 이를 위반할 경우에는 징계의 사유가 된다. 더욱이 사용자의 업무지시에 대해 정당한 이유 없이 불복하여 직장규율 및 경영질서를 문란하게 하고 근로계약 관계의 신뢰를 상실하게 한 것이라고 인정되는 경우에는 해고의 정당사유가 될 수 있다.[709]

따라서 사용자가 경영권의 실행의 한 방법으로서 기업비밀 보호, 생산성 향상, 법과 규칙의 준수, 고객서비스 향상 등을 목적으로 하여 일반적으로 허용되는 방법과 절차로 전자우편을 감시하고 있다면 근로자는 이를 감수해야 할 것이다. 일반적으로 허용될 수 있는 감시인지 여부는 다음사항을 고려해서 엄정하게 제한적으로 판단하여야 한다.[710]

일반적으로 허용될 수 있는 감시방법의 판단기준

첫째, 감시활동이 근로자에게 투명한가?

둘째, 감시가 꼭 필요한가? 즉 사용자는 전통적인 방법으로는 감시와 같은 결과(효과)를 얻을 수 없는가?

셋째, 제안된 감시활동의 내용이 근로자에게 공정한가?

넷째, 감시활동이 관련된 여러 가지 사항들과 균형적인가?

제3절 사용자의 사용자 경영권

I. 사용자 경영권의 개념

사용자의 경영권이란 일반적으로 사용자가 기업 경영에 필요한 기업시설의 관리·운영 및 인사 등에 관하여 가지는 권리로 근로자가 관여할 수 없는 배타적 권리라고 한다.[711] 「헌법」 제33조 제1항에 따른 근로자의 단체교섭권 행사도 사용자와의 관계에서 일정한 한계가 있으며, 그 한계선을 긋는 내용이 사용자의 경영권이라 부른다. 따라서 근로자가 **노동자 기본**

---

708 대법원, 2003.7.22.선고, 2002도7225, 판결과 2003.11.13.선고, 2003도687, 판결.

709 김형배, 「노동법」, 2002년, 126면 및 2021. 9. 365면.

710 이창범, 「사업장내 전자우편감시제도에 관한 연구」, 2005년, 142면.

711 중앙경제,「실무노동용어사전」, 2014, '지시'라는 어의는 '일러서 시키거나 상급기관이 하급기관에 발하는 명령'을 의미하므로 語感상 **'사용자 지시권'(방준식)**보다는 **'사용자 경영권'**(판례, 이희성)이 타당하다.

권을 가지는 것에 대응하여 사용자는 **사용자 경영권**을 가진다고 한다.

이 권리는 경영자가 기업경영의 최종 책임을 부담하므로 기업경영의 근간이 되는 기업의 인적·물적 자원을 효율적으로 통합하는 권리는 경영자가 배타적으로 가져야 한다는 데서 그 근거를 찾는다. 판례도 "모든 기업은 그가 선택하는 사업 또는 영업을 자유롭게 경영하고 이를 위한 의사결정의 자유를 가지며, 사업 또는 영업을 변경하거나 처분할 수 있는 권리를 「헌법」에 의해 보장받고 있으며 이를 **경영권**"이라고 인정하고 있다.[712]

사용자의 경영권은 근로계약의 특성, 즉 '노무급부의 타인결정성'으로 인해 일방당사자인 사용자가 노무급부의 적절한 이행을 위해 근로자에게 일방적으로 행사하는 사용자의 권리이다. 따라서 사용자 경영권은 노무급부와 밀접하게 관련되어 있는 사용자의 고유권리로 이해할 수 있다. 한편 사용자 경영권은 사업의 존재와도 밀접한 관련을 가지고 있다.

근로관계를 임금과 노무급부의 대가적 교환관계인 **채권관계**로 이해하더라도 **공동체관계**로서의 성격을 부정할 수 없을 뿐만 아니라 근로자의 노무제공은 사실상 사업조직에서 분업적·조직적으로 수행되고 있기 때문에 **경영권**은 **교환관계로서의 근로관계에서는 계약적 판단이 요구되지만, 공동체관계로서의 근로관계에서는 기업질서와 관련 판단이 요구**된다.

II. 사용자 경영권의 기능[713]

오늘날 근로관계에서 근로자의 고용안정은 해고제한의 법리를 통해 보장하지만 근로자의 노무급부 의무에 관해서는 사용자의 재량권을 인정함으로써 노무급부의 구체적 내용을 시의 적절하게 결정할 수 있도록 하고 있다.

이와 같이 근로자의 노무급부의무의 내용을 구체화할 수 있는 **사용자의 권리**는 **해고 이외의 수단을 통한 근로자의 계속적 형성 내지 유지를 가능케 하고 사업장의 질서유지 및 사업운영을 원활하게 하는 기능**을 가지게 된다.

1. 노무급부 구체화 기능

근로계약상 근로자는 자신의 노동력을 스스로 자유롭게 이용할 수 없을 뿐만 아니라 자신의 계산과 위험부담으로 노무를 제공할 수 없다. 「노동법」의 특징이 근로자의 종속성을 전제로 한 것이라면 근로계약의 특징은 노무의 타인결정성을 전제로 한 것이기 때문이다.

따라서 만일 계약당사자가 근로계약을 체결할 때 사용자경영권을 배제하기로 하였다면 그것은 근로계약이라 할 수 없다. 왜냐하면 근로계약은 노무의 타인결정성으로 인해 사용자의 경영을 본질적 요소로 하는 계약이기 때문이다. 결국 이러한 노무자의 타인결정성은 사용자의 일방적 급부결정을 가능케 하는 것이고, 사용자 경영권의 구체적 기능으로서 작용하는 것이다.

이런 의미에서 **사용자경영권**은 근로계약의 내용을 당해계약의 범위 내에서 구체화하는

---

712 대법원. 2003.7.22. 선고. 2002도7225. 판결과 2003.11.13. 선고 2003도687. 판결. 대법원은 **경영권**이「헌법」제119조 제1항. 제 23조 제1항 및 제15조를 기초한 실체성을 가진 권리라고 판시하였다.

713 방준식,「사용자지시권의 내재적 한계와 제한의 결정원리」, 노동법학, 2007.6. 32~36면.

권리이며, 노무의 적정한 이행을 확보하기 위한 명령이나 조치이다. 이것은 다음과 같이 4가지 유형으로 나눌 수 있다. 대체로 일부 학설이나 판례에서는 '**사용자지시권**'이나 '**사용자인사권**'으로 표현되기도 한다.

① **근로자에게 일정한 직위와 권한을 부여하고 그에 따른 직무를 부여하거나 적절한 근무지에 배치하는 것을 말한다.**

　노무급부 의무와 관련하여 예를 들어 보면, 작업의 종류와 범위를 정하거나 근로장소를 결정하는 것이다.

② **노무급부의 이행과 관련하여 구체적인 작업방법의 지시 및 이행에 준수해야 할 행위규범의 설정을 말한다.**

　예를 들면 취업규칙의 내용에 성실하게 근로할 것을 복무규율로서 규정함으로써 상사의 지시에 대한 복종의무, 사업장 질서의 유지, 두발 및 복장의 규제, 안전 및 보건에 관한 규정, 시설 관리 및 물품의 취급에 관한 규정, 외출이나 자리이탈 및 면회의 규제 등이 사용자 경영권에 해당하게 된다.

③ **근로시간에 관한 규율에 따른 구체적인 명령이다.**

　예를 들어 시업 및 종업시각의 결정·변경, 지각·조퇴·결근에 관한 규율, 변형근로 시간제 및 시간 외·휴일근로에 관한 규정에 근거한 근로의 명령, 휴일의 결정과 그 변경, 연차유급 휴가의 취득 수단과 그 시기변경권의 행사 등이 이에 속한다.

④ **근로자의 배치를 변경하는 구체적인 명령이다.**

　예를 들어 장기출장, 배치전환, 전직, 근로자 파견 등과 관련한 명령이 이에 해당 한다. 이것은 실제로 '인사권'이라는 용어로 사용되고 있다.

2. 사업장 질서유지 기능

　사업장 질서유지를 위한 규제는 사업장에서 근로자가 방해 없이 근로를 수행하고 원활하게 공동생활을 할 수 있도록 근로자에 대해 일반적으로 행해지는 구속력 있는 행위규제를 말한다. 그리고 이와 같은 규제는 본래의 노무급부의무에 부수하는 것으로서 사업장에서의 질서 및 근로자의 형태를 위한 일반적·집단적 규제를 내용으로 한다.

　이와 같이 규제는 본래의 노무급부의무에 부수하는 것으로서 사업장에서의 질서 및 근로자의 행태를 위한 일반적·집단적 규제를 내용으로 한다. 이와 같이 사업장 질서 및 근로자의 행태가 사용자 경영권의 대상이 된다고 보는 이유는 다음과 같다.

① **사용자가 사업장에서 전체적인 노무의 과정을 일괄적으로 조직하기 때문이다.**

　사용자의 사업장 질서에 관한 일방적인 지시에 복종해야 할 근로자의 의무는 결국 사용자가 결과에 대한 위험을 스스로 부담하는 점과 일종의 牽聯性을 가지기 때문이다.

② **근로자의 안정된 작업환경과 마찰 없는 공동생활 및 연대성의 보장을 위해 사용자가 사업장 내에서 적절하게 규율하는 것은 정당하다고 보기 때문이다.**

③ **사용자 경영권은 사업과 관련하여 행사하는 것이고, 근로자의 노무제공은 사실상 사**

업 조직에서 分任的·組織的으로 수행되기 때문이다.

즉, 근로관계는 일반적 교환관계인 채권관계로서의 특징을 가질 뿐만 아니라 사업과 관련된 공동체 관계로서의 특징도 가지고 있기 때문이다.

결국 사업장 질서 및 근로자 행태에 관한 규율은 근로자의 노무급부의무의 구체화와 관련하여 사용자 경영권의 대상이 되고, 원칙적으로 사용자가 일방적으로 명령할 수 있는 권한으로서 인정된다. 따라서 **사용자 경영권은 노무급부의 일방적 결정기능**뿐만 아니라 **사업장 질서유지 기능 및 근로자 행태에 관한 명령 기능**도 포함하는 것으로 이해하고자 한다.

Ⅲ. 「근로기준법」상 사용자 범위[714]

1. 개요

가. 의의

사용자는 근로자로부터 근로를 제공받고 그 대가로 임금을 지급하는 근로계약의 한쪽 당사자를 말한다. 「근로기준법」 제2조 제1항 제2호는 '**사용자**란 ① 사업주 또는 ② 사업 경영 담당자, ③ 그 밖에 근로자에 관한 사항에 대하여 사업주를 위하여 행위하는 자를 말한다'고 규정하고 있다. 이는 사업주 이외에도 근로자에게 실질적 권한을 행사하는 자도 사용자로 파악하여 「근로기준법」의 실효성을 높이고자 하는 의도라 할 것이다.

나. 「노조법」상 사용자와의 구별

「근로기준법」(이하 '근기법'이라 한다)상 사용자는 「근기법」의 준수의무자로서 파악하는 것이지만, 「노동조합법」(이하 '노조법'이라 한다)상 사용자는 노동조합의 상대방, 단체 교섭의 상대방, 부당노동 행위금지의 수규자로서 의미를 가진다.

다. 논점

「근기법」상의 사용자의 개념은 「근기법」상 의무를 부담하는 자의 범위를 명확히하여 근로자의 생존권 보장을 보장하는 데 중요한 의미를 가진다. 다만, 근로계약을 체결한 당사자가 아닌 사업주가 실질적인 업무지휘감독권을 행사하는 경우 그 사업주가 「근기법」상의 사용자로서의 의무를 부담하는 경우가 있는데, 이러한 사용자 개념의 확장문제에 대하여 살펴볼 필요가 있다.

2. 사용자의 유형[715]

가. 사업주

---

714 민승기,「근로기준법 사용자 범위」, 근로기준법 이야기, 2010.5., 1~3면. 정병화,「근로기준법상 사용자의 개념 및 묵시적 근로관계」, 2018.2.8., 1~8면.

715 민승기, 「근로기준법 사용자의 범위」, 2010.5., 1~3면.

사업주라 함은 경영의 주체로 근로자를 사용하여 사업을 운영하는 자를 말한다. **개인기업의 경우 기업주 개인이며, 법인기업의 경우 법인 그 자체**이다. 사업주는 일반적으로 근로자와 근로계약을 체결한 근로계약의 한쪽 당사자이지만 반드시 근로계약을 체결할 필요는 없고 실질적으로 근로관계가 있다면 무방하다.

또 현실적으로 근로관계가 있을 필요는 없다. 예컨대 해고된 근로자가 해고의 효력을 다투고 있는 경우에는 과거의 사용자도 사용자이다.[716] 결합기업의 경우 모회사는 자회사의 사용자가 될 수 있다. 다만, 법인의 경우 법인 자체가 사업주이므로 회사의 주주인 지입차주는 근로자와의 관계에서 사업주가 아니고 회사가 곧 사업주이다.

나. 사업경영담당자

사업경영담당자란 사업주로부터 사업경영의 전부 또는 일부를 포괄적으로 위임받아 대내적으로 그 사업을 운영하고 대외적으로 사업을 대표하거나 대리하는 자를 말한다.[717]

① **주식회사의 경우**에는 대표이사, 그 밖의 회사에서는 업무담당권 또는 대표권을 가진 이사가 이에 해당한다. 다만, 명목상으로만 대표이사로 등기되고 그를 업무집행에서 배제하여 실질적으로 아무런 업무를 집행하지 아니한 경우에는 사업경영담당자로서 사용자라고 볼 수 없다. 그러나 주식회사 이사도 대표이사와 같이 근로자를 고용하고 급료를 지급하는 등 회사의 근로자에 관한 사항에 대하여 실질적으로 직무를 수행하여 왔다면 「근기법」제2조 제1항 제2호에서 정한 사용자에 해당한다.

② **개인기업의 경우**에는 「상법」상 영업활동 전반에 포괄적 대리권을 가진 지배인, 「민법」상 미성년자, 피한정후견인 등의 법정대리인 또는 피성년후견인의 후견인 등이 이에 해당한다.

다. 사업주를 위하여 행위하는 자

"근로자에 관한 사항에 대하여 사업주를 위하여 행위하는 자"는 채용·인사·급여·노무관리 및 재해방지 등의 근로조건의 결정 또는 근로제공에 관하여 지휘·명령 내지 감독할 수 있는 일정한 책임과 권한이 사업주에 의하여 주어진 자를 말한다.[718] 이와 같은 책임과 권한의 유무는 부장 또는 과장이라는 형식적인 직명에 따를 것이 아니라 실질적인 책임과 권한에 의하여 판단되어야 할 것이다.

참고 _____

이사, 감사 등 임원의 사용자 여부[719]

716 노2② 라단.

717 대법원. 1997.11.11. 선고. 97도813. 판결. 대법원. 2006.5.11. 선고. 2005도8364. 판결 등.

718 대법원. 1997.11.11. 선고. 97도813. 판결. 대법원. 2006.5.11. 선고. 2005도8364. 판결 등.

719 대법원. 1988. 11. 22. 선고. 88도1162. 판결. 2003. 9. 26. 선고. 2002다64681. 판결. 2011. 9. 8. 선고. 2008두13873. 판결.. 우차신. 「이사, 감사 등의 사용자 개념」. 2016.1.15. 1면 등

이사나 감사(감사위원 포함) 등 임원은 「상법」상 이사회 구성원으로서 업무 집행을 위한 이사회의 의사결정에 참여하거나 이사(이사의 직무권한을 위임받은 집행임원, 지배인, 사용인 포함)의 직무집행을 감사하는 권한을 회사로부터 위임 받은 자이다. 특히 감사는 「상법」상 이사의 직무집행에 대해 감사할 권한을 부여받은 자이다.

이사나 감사 등 임원은 회사로부터 일정한 사무(인사, 급여, 후생, 징계, **감사**, 노무관리 등)의 전부나 일부를 포괄적으로 위임을 받아 대내적으로 그 사업을 운영하고, 대외적으로 사업을 대표 또는 대리하거나, 또는 근로자에 대한 사항에 대하여 일정한 책임과 권한을 부여받았다면, 그 범위 내에서 사업 경영 담당자 또는 사업주를 위해 행위 하는 자로서 사용자라 할 수 있다.

3. 사용자 개념의 상대성

가. 의의

사용자 개념은 상대적이므로 사업주가 아닌 사용자는 「근로기준법」상 사용자이면서 동시에 사업주에 대하여는 근로자이다.

나. 양벌 규정

사용자의 개념은 유동적이고 상대적이므로 사용자의 지위에 있는 자가 「근로기준법」을 위반하면 벌칙의 적용을 받게 된다. 즉 이 법을 위반한 자가 당해 사업의 근로자에 관한 사항에 대하여 사업주를 위하여 행위한 대리인·사용인 기타 종업원인 경우 이들에게 벌칙이 적용된다. 이때 사업주가 그 위반계획과 사실을 몰랐을 경우에는 사업주에 대해서 벌금형을, 위반계획과 사실을 알았을 경우에는 사업주도 행위자로 처벌한다.(「근로기준법」 제115조)

4. 사용자 개념의 확장

가. 논점

도급, 위탁, 사업분리 등에 의하여 근로계약의 체결 당사자인 사업주와 실질적인 업무지휘감독권한을 행사하는 사업주가 서로 다른 경우 어느 쪽이 「근기법」상의 사업주로서 의무를 부담하는지가 논란이 된다.

판례는 위장도급과 같이 형식적 사용자와 실질적 사용자가 분리되는 경우 사용자로 인정되기 위해서는 '명시적 또는 묵시적 근로계약관계'가 존재해야만 하고, 그러한 관계에 있는 자만을 사용자로 보고 있다.[720]

나. 법원의 판단

1) 하도급 일용근로자

건설회사로부터 공사의 일부를 하도급 받은 자에게 고용되어 건설회사의 공사장에서 일용근로자로 근무한 사안에서, 건설회사가 사업주로서 일용근로자를 산업재보험에 가입시키

---

720 대법원, 2008.7.10, 선고, 2995다75088, 판결.

고 일당의 형식으로 매월 2회씩 임금을 지급하여 왔으며, 공사에 필요한 제반장비 및 시설을 제공함은 물론 하도급자를 통해 작업을 지휘·감독하였던 경우, 건설회사가 사용자로서 일용근로자에 대한「근로기준법」상의 퇴직금 지급채무를 부담한다고 보았다.[721]

2) 모자기업

모기업이 자회사에 대하여 주식소유, 임원파견, 업무도급 등의 방법에 의하여 자회사의 경영을 지배하고 있는 경우에는 자회사의 근로자에 대하여 모기업 사업주가 사용자로서의 지위를 갖는다.[722]

3) 위장도급의 경우

위장도급의 형식으로 근로자를 사용하기 위하여 하청회사의 법인격을 이용한 것에 불과하고, 실질적으로는 원청회사가 근로자들을 직접 채용한 것과 마찬가지이므로, 이 경우 원청회사가 하청회사의 근로자를 직접 고용한 것으로 보았다.[723]

다. 법령상 특례

1)「근기법」상 특례

「근로기준법」은 도급사업에서의 임금지급 특례규정(「근로기준법」 제44조-제44조의3), 재해보상 시 원수급인 책임(「근로기준법」 제90조)을 두고 있다.

2)「파견법」상 특례

근로자 파견의 경우에는 '근로계약을 체결한 파견사업주'는 물론 '사용사업주'에게도「근기법」상의 공동의 사용자로서 파견근로자에 대한 일정한 법적 책임을 부담하고 있다.

3)「산안법」상 특례

「산안법」에는 도급인의 산업안전보건조치(「산안법」 제18조, 제29조)에 관한 규정이 있다.

Ⅳ. 사용자 경영권의 내재적 한계[724]

사용자는 원칙적으로 근로계약의 범위 내에서 자신의 재량에 따라 사용자경영권을 행사할 수 있다. 그러나 이러한 사용자의 일방적인 재량권의 행사는 사용자에게 무제한적으로 인정되는 것이 아니다. 왜냐하면 근로관계의 특수성(노무의 타인결정성)으로 인해 근로자는 수동적 지위에서 불확정적인 노무급부를 계속적으로 제공해야 할 뿐만 아니라 그 지위에 있어서도 불안정한 상태에 놓이기 때문이다.

또한 사용자의 부당한 지시에 대해 직장상실의 위험을 감수하고 이를 거부하기란 용이하지 않기 때문에 근로계약상 기대 가능한 범위로 사용자경영권을 제한할 필요가 있다. 따라

---

721 대법원. 2002.11.26. 선고. 2002도648. 판결.

722 대법원. 2002.11.26. 선고. 2002도648. 판결.

723 대법원. 2008.7.10. 선고. 2995다75088. 판결.

724 방준식,「사용자 지시권의 내재적 한계와 제한의 결정원리」, 노동법학 제24호, 2007.6., 37~52면.

서 사용자 경영권의 내재적 한계를 명확히 하고 그 제한에 있어서도 적절한 제한 기준을 마련 하는 것이 필요하다 할 것이다.

1. 사용자 경영권의 내재적 한계로서 고려 요소

가. 근로조건 대등결정의 원칙

오늘날 근로계약은 근로자와 사용자 사이에 채권채무를 발생케 하는 계속적 채권계약으로서 법률상 양당사자는 대등한 지위에서 계약내용을 형성한다. 이것은 통상적으로 '근로조건 대등결정의 원칙'이라고 하며, 현행 「근로기준법」 제3조에서 보장하고 있다.

근로조건 대등결정의 원칙이란 근로관계에서 근로조건은 사용자의 일방적인 결정에 의해서 정해지는 것이 아니라 근로자와 사용자 사이의 합의에 의해서 형성되어야 한다는 것을 의미한다. 그러므로 근로자가 사용자와 대등한 조건에서 자유로운 의사에 기해 체결한 개별적 합의가 사용자의 일방적 결정보다 우선한다는 '**개별합의 우선의 원칙**'과 불가분의 관계가 있다.

따라서 사용자 경영권의 제한에 관해서는 사용자경영권에 기초한 일방적인 급부결정이 사용자에게 인정된다 하더라도 '근로조건 대등결정의 원칙'하에서 그것은 「근로기준법」 제3조에서 정한 대등관계에 적합한 범위 내로 한정해야 한다.

나. 근로자 자기결정의 원칙

오늘날 「노동법」의 목적은 근로자의 자기결정의 보장과 실질적 대등성의 확보에 있다고 해도 과언이 아니다. 또한 「노동법」은 근로관계에 사실상 존재하는 '종속성'을 극복하기 위해 다양한 규정들을 마련하고 있고, 이를 통해 근로자의 자기결정과 대등교섭의 실현을 보장하고자 한다.

여기서 **근로자 자기결정의 원칙**이란 근로자의 자립을 보장하는 법이념으로서 근로자에게 실질적인 대등성을 확보하기 위한 전제조건이 된다. 다시 말해 **자기결정의 원칙**은 자신에게 관련된 사항에 관해서 스스로 결정할 수 있도록 보장하는 것이다.

따라서 이 원칙을 근로관계에 적용하면 근로자가 사용자와의 법률관계(근로관계)를 형성할 때 양당사자의 합의(근로계약)를 통해 그 내용을 결정하도록 보장하는 계약법상의 원칙이 **자기결정의 원칙**이다. 물론 자기결정의 원칙은 근로관계에서 다수의 근로자가 결정하는 집단적 결정의 형태(예를 들어 단체협약이나 노사합의)로도 구현될 수 있다.

다. 근로자 균등대우의 원칙

근로자 균등대우원칙이란 사용자가 동등한 지위에 있는 근로자의 일부를 합리적인 이유 없이 불이익하게 취급해서는 안 된다는 원칙이다. 이것은 근로관계에서 사용자가 근로자를 평등하게 취급하도록 의무화한 것으로서 「노동법」상 중요한 기능을 담당하고 있다.

근로자 균등대우원칙의 목적은 법률관계의 일방당사자가 일방적인 재량권을 행사함으로써 다수의 타방당사자에게 발생하게 된 불공평한 대우를 법적으로 방지하기 위한 것이다.

더욱이 사용자가 일방적으로 행사하는 사용자 경영권과 관련하여 적용되는 근로자 균등 대우원칙은 다수 근로자에 대한 균등대우의 실현을 보장하기 위해 작용하는 것이다.

다시 말해서 근로관계에서 행사되는 사용자의 노무급부 내용의 결정이나 사업장 질서에 관한 명령이 다수의 근로자에게 평등하게 행사되어야 한다는 것을 내용으로 하는 원칙이다. 이 원칙은 다수의 근로자들을 대상으로 하기 때문에 사용자 경영권의 근로자 조직화 기능의 규제 역할을 담당한다.

2. 「헌법」상 기본권 조항과 강행법규에 의한 제한

가. 「헌법」상 기본권 조항에 의한 제한

사용자경영권은 근로자의 「헌법」상 기본권을 침해하는 경우에는 제한될 수 있다. 「헌법」상 기본권 조항은 사용자경영권의 제한 요소로서 작용하게 된다. 다만, 기본권 조항이 근로관계에 직접 적용될 수 있는지 아니면 「민법」상 일반조항을 통해 간접적으로 적용되는지에 관한 논의가 있다. 대체로 다른 사법상의 법률관계에서와 마찬가지로 근로관계에서도 기본권의 효력이 간접적으로 적용된다는 견해(간접적용설)가 지배적이다.[725]

따라서 간접적용설에 따르면, 「헌법」상 기본권 조항으로부터 직접 근로자의 기본권 침해 여부를 판단하는 것이 아니라 사법의 일반조항 즉, 「민법」 제2조(신의칙 및 권리남용) 내지 제103조(공서양속) 등을 통해 근로자의 기본권 침해 여부를 판단하게 된다. 또한 그와 같은 일반조항을 기초로 하여 사용자경영권의 행사는 사용자의 업무상 필요성과 그로 인한 근로자의 「헌법」상 기본권 침해의 정도를 비교형량하여 판단하게 된다.

나. 강행법규에 의한 사용자 경영권의 제한

사용자경영권은 「근로기준법」상 강행규정에 위반하여 행사할 수 없다. 예를 들어 사용자는 「근로기준법」 제5조(차별대우 금지), 제6조(강제근로 금지), 제7조(폭행 금지), 제8조(중간 착취 금지), 제9조(공민권 행사보장) 등에 위반하여 지시할 수 없다.

또한 사용자경영권은 노동조합의 활동과 관련하여 「노동조합법」상 강행규정에 위반하지 않아야 한다. 예를 들어 「노동조합법」 제9조(차별대우의 금지)에 따라 사용자의 지시가 노동조합의 조합원이라는 이유로 차별대우해서는 안 되며, 또한 사용자의 지시는 「노동조합법」 제81조(부당노동행위)에 해당하지 않아야 한다.

사용자경영권을 제한하기 위한 판단요소로서 강행법규는 근로자 보호라는 측면에서 「근로기준법」외에도 근로관계에 다양하게 존재하고 있다. 그리고 이러한 강행법규는 사용자의 우월적 지위에 따른 일방적 경영권의 행사에 대해 근로자를 적극적으로 보호하기 위해 적용되는 것이다. 따라서 사용자의 이러한 강행법규를 위반하여 사용자경영권을 행사할 경우에는 무효가 되어 구속력이 없다.

---

725 김형배, 「노동법(신판보정판)」, 2005, 160면 및 2021. 9. 181~186면.

3. 단체협약, 취업규칙, 근로계약, 경영관행에 의한 제한

가. 단체협약에 의한 사용자경영권의 설정 및 제한

단체협약상 규정된 사용자경영권에 관한 조항은 단체협약의 규범적 부분에 해당하고, 이러한 협약상 사용자경영권에 관한 조항은 노동조합과의 교섭을 통해 설정할 수 있다. 또한 근로자에게 노무급부의무를 일반적으로 부여할 수 있는 사용자 경영권의 설정이 단체협약을 통해 가능하다는 것은 단체협약의 규범적 효력이 작용하기 때문이다.

다만 이것은 단체협약이 사용자경영권(노무급부의무)의 법적근거로서 인정된다는 것이지 당연히 그 요건(발생요건, 행사요건)을 충족하는 것은 아니다. 왜냐하면 단체협약의 규범적 효력은 노사의 실질적 대등성을 보장하기 위해 인정되는 것이므로 사용자경영권에 관한 포괄적 합의조항의 규범적 효력을 무제한적으로 인정할 수 없기 때문이다.

이를 인정하기 위해서는 단체협약의 체결과정에서 조합원의 의견 및 이익의 조정이 있어야 하고, 협약상의 내용이 그 목적 및 취지에 비추어 합리적일 필요가 있다. 그러므로 사용자 경영권에 관한 조항(근로자의 의무부여 조항)은 그 내용 통제 및 행사 규제가 뒤따르게 되는 것이다.

나. 취업규칙에 의한 사용자 경영권의 설정 및 제한

「취업규칙」은 법규범설에 의하든 계약설에 의하든 근로계약을 근거로 하는 사용자 경영권의 제한으로서 작용할 수 있는 것이다. 다만 계약설이 계약당사자의 권리의무는 당사자의 합의를 통하여 발생한다는 사적자치의 원칙 내지 근로조건 대등결정의 원칙(「근로기준법」 제3조)에 부합한다고 생각한다.

더욱이 「취업규칙」이 근로계약의 내용을 구체적으로 보충한 것이라고 본다면, 결국 「취업규칙」은 근로계약상 인정되는 사용자의 광범위한 경영권에 대한 제한적 규범으로서 작용할 수 있는 것이다. 단, 「취업규칙」은 단체협약과 달리 사실상 사용자에 의해 일방적으로 작성된다는 본질적 한계가 있다.

그러나 「취업규칙」은 현실적으로 사용자에 의해 일방적으로 작성되므로 사용자는 근로자의 노무급부의무에 관하여 자신에게 유리한 포괄적 규정을 「취업규칙」에 두는 것이 용이한 반면, 근로자는 사용자와의 구체적인 교섭력의 불균형으로 인하여 개개의 규정에 대해 교섭할 수 있는 지위에 있지 않다. 따라서 이와 같은 특수성을 인해 사용자경영권의 근거로서의 요건은 엄격해야 할 것이다.

다. 근로계약에 의한 사용자 경영권의 설정 및 제한

앞에서 살펴본 바와 같이 사용자경영권의 법적근거는 근로계약의 체결, 그 자체에 있지만 그 내용에는 근로관계의 내재적 한계를 포함하고 있다. 사용자 경영권은 명시적이든 묵시적이든 근로계약에 그 내용이 포함되어 있다고 보기 때문이다. 따라서 근로계약은 사용자경영권의 법적 근거가 될 뿐만 아니라 그 제한의 근거로서도 작용한다.

한편 양당사자의 사용자 경영권에 관한 묵시적 합의의 내용은 근로관계의 내재적 한계에 의해 제한된다. 다만 근로계약의 체결로부터 나오는 사용자 경영권에 관한 묵시적 합의는 약관의 형식을 갖춘 통일적인 근로계약서를 구비하여 구체화할 수 있다고 본다. 대체로 우리나라에서는 「취업규칙」제도가 이러한 역할을 한다고 볼 수 있다.

따라서 사용자와 근로자가 구체적으로 사용자 경영권에 관해 합의한 내용이 담긴 통일적 근로계약서는 결국 사용자 경영권의 제한으로서 작용하게 되는 것이다. 그리고 그 내용의 기준인 근로조건은 근로자와 사용자가 대등한 입장에서 자유의사에 의해 결정되어야 한다는 근로조건 대등결정의 원칙(「근로기준법」 제3조)이다.

라. 경영관행에 의한 사용자 경영권의 설정 및 제한

「취업규칙」과 경영관행의 관계는 본래 우선해야 할 취업규칙을 경영관행이 수정하는 관계에 있는 것이 아니라 경영관행이 계약내용을 보충하는 관계에 있다고 보아야 한다. 따라서 경영관행은 사용자 경영권의 법적 근거로서 근로계약의 포괄적 합의에 대한 구체적인 제한의 역할을 한다.

근로자와 경영자 사이에 형성된 경영관행도 사용자 경영권과 관련하여 중요한 의미를 가진다. 왜냐하면 경영 관행이 사업장 내의 노사관계 내지 근로관계를 규율하는 규범으로서 양당사자의 청구권의 기초가 되기 때문이다.

다만 경영관행은 사실상 행위의 반복에 지나지 않으므로 단체협약이나 취업규칙의 명시적 규정에 우선하여 경영관행의 효력을 주장할 수 없는 것이다. 그러나 **경영관행**은 근로계약이나 취업규칙에 규정되지 않은 부분에 한하여 보충적으로 적용되기 때문에 근로계약상 포괄적 합의내용을 구체화하여 사용자경영권을 확장하거나 제한하는 기능을 한다.

V. 사용자 경영권의 구체적 내용

1. 개요

근로계약의 내용은 추상적·객관적 성격을 가지고 있고, 근로관계에서 발생하는 노무 급부의 내용은 매우 다양하므로 사용자 경영권의 구체적 내용은 현실적으로 헤아릴 수 없이 많이 존재한다.

따라서 사용자 경영권의 이와 같은 다양한 내용들을 전부 살펴본다는 것은 불가능하기 때문에 종래 대법원 판례나 일본 판례에서 중요하게 다루었던 내용들을 중심으로 살펴보고자 한다.

그리고 논의의 편의를 위해 사용자 경영권의 구체적 내용을 2가지 기능(노무급부 구체화 기능, 사업장 질서유지 기능)과 관련하여 3가지로 분류하고자 한다.

2. 노무급부의 구체화와 관련된 지시

노무급부 의무와 관련하여 작업의 종류 및 범위 등을 정하여 지시하거나 노무급부의 이행과 관련하여 구체적인 작업의 종류 및 범위 등을 정하여 지시하거나 노무급부의 이행과 관련하여 구체적인 작업의 진행이나 방법 등을 지시하는 경우를 말한다.

예를 들어 상사의 일상적인 업무에 관한 지시, 일상적인 노무제공과 관련된 단기간의 출장명령, 일상적인 안전 및 보건에 관한 지시, 일상적인 시설관리 및 물품의 취급에 관한 지시 등이 이에 해당된다. 또한 근로시간과 관련해서는 예를 들어 작업대기 지시나 근무일정의 변경지시 등 근로시간과 관련한 사용자의 구체적인 지시 내지 명령이다.

다만 특별히 근로시간과 관련된 사용자의 경영권 제한으로는 근로자의 시업 및 종업 시각의 결정(선택적 근로시간제), 근로자의 재량근로로 인정근로시간제 등이 있다. 마지막으로 휴게 및 휴가와 관련한 사용자의 경영권 행사로는 연차유급 휴가의 시기변경권이 이에 해당한다. 대체로 우리나라 일부 학설이나 판례에서는 노무급부 구체화와 관련된 지시를 기업주의 지시권이나 인사권의 행사로 표현하기도 한다.

가. 일상적인 노무급부 지시

1) 노무급부 의무와의 관련성

일상적인 노무급부의 지시는 사용자 경영권이 근로계약상 당연히 인정된다는 점에서 그 근거를 가지게 된다. 다만 이것은 근로자가 사용자의 포괄적이고 일반적인 지시에 복종해야 한다는 것을 의미하지는 않는다. 왜냐하면 노무급부 의무는 근로계약상 인정되는 범위 내에서 근로자가 이행의무를 부담하는 것이고 일상적인 노무급부의 지시는 사용자가 그러한 노무급부 의무를 구체화할 필요가 있는 경우에 한하여 사용자에게 인정되는 권리이기 때문이다.

따라서 근로계약에 일상적인 노무급부의 지시에 관한 내용이 명시적 내지 묵시적으로 합의되어 있다면 사용자는 지시권을 행사하여 그 내용을 일방적으로 변경할 수 없다. 예를 들면 신문인쇄소의 윤전기를 작동하는 작업인원을 5명으로 하는 것이 근로계약 내용에 합의되어 있었다면 사용자가 경영권을 행사하여 그 인원수를 일방적으로 축소할 수는 없는 것이다.[726]

결국 일상적 노무급부의 지시는 근로계약의 해석에 의한 제한(제1단계)도 중요하지만 사용자의 다양한 지시에 관한 내부통제가 필수적이라 할 것이다. 더욱이 「근기법」을 비롯한 다양한 법령에 의해 근로조건의 최저기준을 정하고 있고, 단체협약이나 취업규칙 등에 의해 노무급부의무의 내용을 구체적으로 설정함으로써 일상적인 노무급부의 지시를 제한할 수 있다. 물론 일상적 노무급부의 지시는 구체적인 사용자의 이익과 그로 인한 근로자의 불이익을 비교형량 함으로써 권리남용 판단에 의한 행사규제를 통해 해결할 수 있음은 당연하다.

2) 본래의 의무와 관련되지 않은 지시

사용자의 경영권은 근로자의 노무급부의무와 관련하여 인정되는 권리이므로 노무급부 의무의 내용과 관련이 없는 사용자 경영권은 인정되지 않는다. 또한 근로계약의 내용변경이 비록 일시적일지라도 그것이 본래의 노무급부의무와 관련성이 없는 사용자의 일방적인 지시로서 이루어진 경우에도 인정되지 않는다.[727]

---

726 방준식, 「사용자의 지시권에 관한 연구」, 고려대학교, 2006, 141면.

727 방준식, 전게연구, 고려대학교, 2006, 141면.

이 점은 특히 사용자가 근로자의 비위행위를 조사하거나 기업질서유지의 목적에서 근로자를 조사할 경우에 근로자가 이에 응할 의무가 있는지와 관련하여 문제가 된다. 따라서 근로자에 대한 조사는 노무급부의무의 이행과 관련된 사항에 한정하고, 근로자는 이러한 사항에 대해 조사협력의무를 부담하도록 할 필요가 있다.

이에 반해 해당 근로자 이외의 근로자에 대한 조사는 관리직과 같이 다른 근로자의 지휘감독 및 기업질서의 유지가 노무급부의 내용인 자에게는 조사협력의무가 노무제공 의무로서 이해되어야 하지만 그 이외의 자인 경우에는 조사대상의 성질 및 내용, 직무 수행과 관련성 등 제반사정을 고려하여 조사협력의무가 있는지 판단해야 한다. 결국 **근로자는 노무급부 의무의 이행과 관련하여 필요하고도 합리적인 범위 내에서 조사협력 의무가 있다.**[728]

3) 위험한 작업의 지시[729]

근로자의 생명·신체에 대한 위험이 근로계약의 범위 내에 해당하는 통상적인 위험인 경우에는 사용자는 이러한 작업을 정당하게 지시할 수 있다. 또한 근로계약이 근로자의 특별한 위험을 감수할 것을 내용으로 하는 경우에 근로자는 사용자의 지시에 따라야 한다. 따라서 일반적으로 위험한 작업이라 할지라도 그것이 작업의 특수성으로 인해 근로계약의 내용이 된 경우에는 특별한 사정이 없는 한, 근로자는 노무급부를 제공하여야 한다.

예를 들면 영업사원으로 입사한 근로자에게 사용자가 자동차를 운전하여 영업활동을 하도록 지시한 경우 비록 자동차 운전이 항상 사고위험을 내포하고 있다고 하더라도 근로자는 특별한 사정이 없는 한 사용자의 지시에 따라야 할 의무가 있다. 또한 사설경비업체의 직원은 사고위험이 발생한 경우 위험의 제거를 위해 사용자의 지시에 따라 현장에 출동하여야 한다.

그러나 사용자는 통상적인 위험을 넘어 생명·신체의 특별한 위험을 줄 수 있는 작업을 지시할 수는 없고 근로자는 이러한 지시를 정당하게 거부할 수 있다. 다만 어떠한 위험이 근로자의 생명이나 신체에 특별한 위험이 있는지에 관해서는 위험의 성격 및 정도에 따라 판단해야 할 것이다.

따라서 사용자의 위험한 작업의 지시가 업무상 필요성과 그로 인해 근로자가 받은 불이익을 비교형량하여 근로자의 작업거부를 정당화 할 정도로 위험이 큰 경우와 작업이 근로자의 생명이나 신체적인 위험을 야기할 개연성이 크고 사회통념상 근로자가 노무를 제공하기 곤란한 경우에 한하여 근로자는 작업을 거부할 수 있다고 보아야 할 것이다.

4) 출장명령

출장명령이라 함은 일반적으로 근로자가 회사의 종업원으로서의 지위를 유지하면서 사용자의 지휘·명령에 따라 일시적으로 다른 근무지 또는 제3자의 사업장에서 노무를 제공하는

728　방준식, 전게연구, 고려대학교, 2006, 142면.

729　방준식, 전게연구, 고려대학교, 2006, 143면.

것을 말한다.[730] 다만 출장도 일상적인 노무제공의 일환으로서 단기간(1일 내지 1개월 정도) 출장하는 유형(일상적 노무제공형)과 상당히 장기간에 걸쳐 출장하는 유형(예, 3개월, 6개월, 무기한인 경우)으로 나눈다.

대체로 근로관계에서는 일상적 노무제공형 출장이 일반적이며, 후자의 상당히 장기간에 걸쳐 출장하는 유형은 다시 회사의 사업장 내 다른 부서에서 작업하도록 하는 경우(배치전환형)와 제3자의 사업장에서 작업하도록 하는 경우(전출형)로 나눈다. 따라서 여기서는 일반적으로 사용자 경영권과 관련된 일상적인 노무제공형 출장명령에 관해서 살펴보고, 상당히 장기간에 걸쳐 출장하는 경우는 배치전환과 관련된 부분에서 살펴보기로 한다.

일상적 노무제공형 출장명령은 사용자가 일상적인 노무제공의 일환으로서 일방적으로 행사할 수 있음이 원칙이다. 다만 출장이 근로자의 동의를 얻도록 하는 것이 계약의 내용으로 되어 있는 경우와 같은 특별한 사정이 있는 경우에는 사용자의 일방적인 출장명령은 인정되지 않는다. 물론 출장이 직무내용의 변경을 수반하는 경우도 있지만 대체로 그것이 본래의 직무와 관련성을 가지는 경우에 한하여 사용자 경영권의 대상이 된다.

따라서 근로자가 사업장을 떠나 출장 중인 경우에는 그 출장업무의 이행이나 방법에 관하여 원칙적으로 사용자가 포괄적인 책임을 부담하는 것이다. 왜냐하면 근로자는 특별한 사정이 없는 한 출장과정 전반에 대하여 사용자의 지배하에 있다고 볼 수 있기 때문이다.[731] 반면에 출장명령이 근로자에 대한 차별적인 목적으로 행사되는 경우에는 사용자 경영권의 규제에 따른 권리남용에 해당하게 된다.

결국 출장명령이 업무와 관련되어 있고 사용자의 정당한 경영권의 범위 내에서 행사되었다면 그것은 근로계약이 예정하는 범위 내에서 사용자경영권으로서 행사되는 명령이라고 볼 것이다. 이러한 경우에는 출장명령으로 인한 사용자의 업무상 필요성과 그로 인한 근로자의 불이익(근로조건의 악화)을 비교형량하여 판단해야 할 것이다. 만일 근로자의 불이익이 출장거부를 정당하게 할 정도로 크다면 당해 출장명령은 노무급부 의무의 범위에서 벗어난 것이라 할 것이고 근로자는 이러한 명령을 정당하게 거부할 권리를 가진다.

나. 근로시간 및 휴게·휴가와 관련된 지시

1) 작업대기

근로시간은 작업의 개시로부터 종료까지의 시간에서 휴식시간을 제외한 시간을 의미한다.[732] 다만 근로시간은 근로자가 사용자의 지휘·감독하에 있는 시간일 뿐이지 현실적으로 근로계약상의 근로까지 제공하고 있어야 하는 것은 아니다.[733] 따라서 작업 개시를 위한 준비작업 또는 작업 종료 후의 기계·용구의 정리 및 청소 등에 소요되는 시간과 참가의무가

---

730 방준식, 전게연구, 고려대학교, 2006, 145면.
731 대법원, 2004.11.11. 선고, 2004두6709, 판결 등
732 김형배, 「노동법」, 2005, 382면 및 2021. 9. 482면.
733 김형배, 「노동법」, 2005, 383면 및 2021. 9. 483면.

있는 기술연수 시간 등은 근로시간 등에 포함된다고 한다.[734]

그런데 현실적으로는 근로자가 근로를 제공하지 않고 대기하는 시간 즉 작업대기시간이 발생할 수 있다. 오늘날 작업대기 시간과 관련하여 자주 문제가 되는 것은 감시 또는 단속 근로에 종사하는 근로자의 문제이다. 「근로기준법」은 이들에게 예외적으로 근로시간 및 휴게와 휴일에 관한 규정의 적용을 배제하고 있다. 그렇다면 이러한 작업대기시간을 당연히 근로시간에 포함시킬 수 있는지 그리고 사용자가 그러한 작업대기를 지시하는 것이 사용자 경영권의 행사로 볼 수 있는지 살펴볼 필요가 있다.

생각건대 통상적으로 작업대기는 사용자의 지시에 응할 수 있는 일정한 장소 내에서 작업준비 상태를 갖추고 있는 것으로 충분하고 반드시 근로자가 항상 주의를 기울여 긴장하고 있는 상태까지를 의미하는 것이 아니라고 본다. 따라서 근로자의 작업대기를 독일에서 구분하고 있는 작업대기 상태[735], 준비대기 상태[736], 호출대기 상태[737]에서 호출대기 상태를 제외하면 우리나라에서도 작업대기 상태나 준비대기 상태는 근로시간에 포함될 수 있다고 본다.

대법원 판례는 근로자가 출근하여 근로태세를 갖추고 있을 때에는 설령 근로자가 근로하지 않았다 하더라도 근로시간에 포함된다고 보았고 근로자가 근로하지 않은 것이 사용자경영권을 행사하지 않음으로 인해 발생하였다면 사용자의 귀책사유(「민법」 제538조)에 의한 채권자 지체로서 사용자는 근로자에게 임금지급의무를 부담한다고 판시한 바 있다.[738]

생각건대 이러한 대법원의 판례의 태도에 따르면 결국 사용자는 사용자 경영권의 행사로서 근로자에게 작업대기 상태나 준비대기 상태를 유지하도록 지시할 수 있고 이러한 지시는 근로자의 노무급부의무의 내용을 작업대기의무로 구체화한 것이라고 파악할 수 있다. 다만 우리나라 대법원 판례는 근로자가 작업대기시간을 자유롭게 이용할 수 있는지의 여부에 따라 구체적으로 판단하여야 한다고 보고 있다.[739]

따라서 이러한 판단에 따라 살펴보면, 예를 들어 작업도중에 정전이나 기계고장 및 원료 공급 중단 등으로 인한 대기시간, 택시기사나 식당종업원의 대기시간, 버스나 기차 운전사의 교대를 위한 대기시간, 의사의 진료를 위한 대기시간, 호텔포터의 야간대기시간, 업무와 관련하여 출장 중에 보내는 시간 등은 근로자가 그 시간을 자유롭게 이용할 수 없는 한, 근로 시간에 해당된다고 본다.[740]

2) 근무일정 변경[741]

---

734 김형배, 「노동법」, 2005, 383면 및 2021. 9. 483면.

735 **작업대기상태**는 근로자가 사업장에 출근하여 작업을 위해 대기하는 상태를 의미한다.

736 **준비대기상태**란 근로자가 긴장완화의 상태에서 사용자가 필요로 하는 경우에 작업할 수 있도록 사업장 내에서 단지 육체적으로 머무는 시간을 의미한다.

737 **호출대기상태**란 근로자가 자택 또는 그밖의 사용자에게 알려진 장소에 머무르면서 호출이 있는 경우 근로하는 시간을 의미한다.

738 대법원. 1965.2.4. 선고. 64누162. 판결.

739 대법원. 1993.5.27. 선고. 90다24509. 판결 등.

740 방준식, 전게연구, 고려대학교, 2006, 149면.

741 방준식, 전게연구, 고려대학교, 2006, 149~150면.

오늘날 철도나 항공과 같은 운송업에서는 설날이나 추석과 같이 특별한 날에 신속하고 유연한 대처가 필요한 경우 '근무일정의 변경'이라는 형태로 근로시간을 정하는 경우가 많다. 물론 이러한 근무일정의 변경에 관해서는 단체협약 및 취업규칙에 규정되어 있는 경우가 일반적이다. 따라서 사용자는 이러한 규정을 근거로 일방적으로 근무일정을 변경할 수 있다.

그러나 사용자가 근로일정의 변경을 지시하는 경우에도 근로자의 생활설계상의 이익을 고려할 필요가 있다. 다시 말해서 사용자에 의한 근무일정 변경의 필요성과 근로자의 생활설계의 이익을 객관적으로 비교형량해야 할 것이다. 따라서 변경되는 근로 일정이 권리남용에 해당되지 않도록 합리적인 범위 내에서만 허용되어야 한다.

왜냐하면 근로자는 근로 일정에 따라 생활설계를 하는 것이 일반적이므로 그러한 근무일정의 변경은 근로자의 생활설계에 중대한 영향을 미치기 때문이다. 또한 사용자가 근무일정의 변경권을 행사하는 경우에는 대체근로의 가능성 내지 다른 근로자의 일정 등을 고려하여 구체적으로 변경대상자를 판단해야 한다.

사용자는 근로계약상 부수적 의무로서 근로자의 생활설계에 대해 충분히 배려해야 할 신의칙상의 의무를 부담하기 때문이다. 따라서 사용자의 근무일정의 변경을 통한 업무상 필요성이 근로자의 직무상·생활상 이익보다 현저히 큰 경우에만 권리남용에 해당하지 않는다고 본다.

3) 연차유급휴가 변경[742]

「근로기준법」상 인정되는 연차휴가제도는 1년간 계속 근로한 근로자에게 그 근로에 다른 피로의 회복을 위하여 정신적·육체적 휴식의 기회를 제공함으로써 근로자의 노동력을 유지·향상시키려는 데 그 목적이 있다.[743] 그리고 근로자의 연차유급휴가권이란 「근기법」 제59조 제1항 내지 제4항의 요건만 갖추면 당연히 성립하는 것이다. 따라서 「근기법」은 근로자가 시기를 지정하여 청구를 하게 되면 근로자의 청구가 있는 그 시기에 휴가를 주도록 의무화하고 있다.(「근기법」 제59조 제5항 본문)

다만 사용자의 적법한 시기변경권의 행사를 해제조건(「근기법」 제59조 제5항 단서)으로 그 권리가 구체적으로 실현되는 것이다.[744] 결국 근로자의 **연차유급휴가권**은 「근기법」상 객관적인 성립요건을 충족시킨 경우에 당연히 발생하는 것이지만, 근로자가 스스로 시기지정권을 행사하여 어떤 휴가를 언제부터 언제까지 사용할 것인지에 관하여 특정해야 한다.[745] 따라서 사용자는 근로자의 연차유급휴가권의 행사를 방해하지 않아야 할 부작위의무가 있고 근로자의 요구시기에 연차휴가를 부여할 수 있도록 배려해야 할 의무도 있다.

---

742 방준식, 「사용자의 지시권에 관한 연구」, 고려대학교, 2006, 150~152면.

743 대법원. 1997.02.28. 선고. 95다54198. 판결.

744 대법원. 2000.11.28. 선고. 99도317. 판결.

745 대법원. 1997.03.28. 선고. 96누4220. 판결.

다만 연차유급휴가에 관하여 문제가 되는 것은 사업운영에 막대한 지장이 있는 경우에 사용자가 예외적으로 근로자가 지정한 시기를 변경할 수 있다는 점이다.(「근기법」 제59조 제5항 단서) 이것을 **연차유급휴가에 대한 사용자의 시기변경권**이라 한다. 따라서 연차유급휴가의 시기변경권은 사용자 경영권(일반적 급부결정권)의 내용에 해당하지만 시간적으로 선행하는 근로자의 휴가시기청구에 구속되는 것이다.(「근기법」 제59조 제5항 본문)

따라서 사용자가 시기변경권을 행사하려면 근로자의 요구 시기를 고려(구체적 이익형량)하여 결정해야 한다. 즉, 사용자는 사업의 상황 및 규모 등을 구체적으로 판단하여 휴가여부를 결정해야 하고, 만일 다수의 근로자가 휴가시기를 지정하는 경우에는 근로자의 연령, 건강 상태, 근속연수, 가족구성 및 휴가의 목적 등을 종합적으로 판단해 해당 근로자를 결정해야 한다. 그렇다면 이러한 이익형량의 판단기준으로서 「근기법」 제59조 제5항 단서에서 말하는 '사업운영에 막대한 지장을 주는 경우'란 언제를 의미하는가가 문제가 된다.

생각건대 어느 경우가 사업운영에 막대한 지장을 주는 경우인가에 관해서는 사업장마다 다르기 때문에 일률적으로 판단할 수 없다고 본다. 다만 **통상적으로 사업운영에 막대한 지장을 주는 경우는 사업의 정상적인 운영을 현저히 저해**하거나 **중대한 영향을 주는 경우**로서 당해 근로자가 지정한 휴가일에 휴가를 주게 되면 **해당 단위의 업무의 운영이 불가능**하게 될 뿐만 아니라 이를 위한 **대체근로자를 확보할 수 없는 경우**를 의미한다.

4) 변형근로시간제[746]

가) 선택적 근로시간제

선택적 근로시간제는 법정기준근로시간에 대응하는 개념으로 근로시간의 배분을 탄력화한 변형근로시간제의 일종이다.[747]

현행 「근기법」 제51조에서 사용자는 「취업규칙」 또는 이에 준하는 것에 의하여 사업 및 종업시각을 근로자의 자유로운 결정에 맡기도록 하는 경우로서 선택적 근로시간제를 인정하고 있다. 이러한 선택적 근로시간제는 근로자에게 생활상의 필요에 따라 근로시간을 조정할 수 있도록 보장한 것이고 사용자도 별도의 연장근로수당의 지급 없이 작업능률의 향상을 가능케 한 것이다. 그러나 사용자가 반드시 근로해야 할 의무근로 시간대를 정한 경우에는 근로자는 그 시간을 근로시간대에 포함시켜 시업 및 종업시각을 근로자대표와의 서면합의에 의해 정해야 한다.

한편 사용자경영권과 관련하여 문제가 될 수 있는 것은 선택적 근로시간제하에서 일정한 시각까지의 출근 내지 연장근로를 지시할 수 있는가이다. 생각건대 선택적 근로시간제는 시업과 종업시각의 결정을 근로자의 결정에 맡긴 것이기 때문에 사용자가 정한 의무 근로시간대 내지 핵심근로시간대에 해당하지 않는 한, 사용자는 출근시간 내지 연장근로를 지시할 수 없다고 본다.

---

746 방준식, 전게연구, 고려대학교, 2006, 153~155면.

747 김형배, 전게서, 395면 및 2021. 9. 500면.

또한 선택적 근로시간제하에서 사용자가 근로자에게 출장을 명령하는 경우도 문제될 수 있는데, 이 경우에도 물론 선택적 근로시간제하에서 출장명령은 가능하다고 볼 수 있지만 사용자가 근로시간 외의 시간을 특정하여 출장을 명령하는 경우에는 근로자의 동의를 얻어야 한다. 그리고 이러한 동의는 개별적인 근로자의 동의를 요구하는 것이므로 단체협약이나 취업규칙에 유보조항이 있다고 하더라도 개별적인 동의가 있었다고 볼 수는 없다. 또한 선택적 근로시간제의 실시에 따라 이루어진 근로자의 포괄적 동의도 마찬가지로 개별적 동의라고 볼 수 없다.

생각건대 선택적근로시간제는 근로자의 출근의무 자체를 면제하는 제도가 아니므로「단체협약」이나「취업규칙」에 별도의 정함이 없는 한 근로자가 일방적으로 근로일을 휴일로 변경하는 것은 인정하기 어렵다고 본다. 왜냐하면 선택적근로시간제는 사용자경영권에 의한 출근명령을 배제하는 의미에서의 자기결정까지 보장하는 것을 의미하는 것은 아니기 때문이다.

나) 재량근로시간제

「근기법」상 재량근로시간제는 업무의 성질에 비추어 업무수행방법을 근로자의 재량에 위임할 필요가 있는 업무로서 사용자가 근로자대표와 서면합의로 정한 근로시간을 소정 근로시간으로 인정하는 제도이다. 이는 근로자의 창의적이고 유연한 근로 확보를 목적으로 근로시간 배분에 관한 사용자의 일방적인 지시권의 행사를 제한할 수 있도록 한 제도이다. 이 서면 합의에는 ① 대상 업무, ② 사용자가 업무의 수행수단 및 시간배분 등에 관하여 근로자에게 구체적인 지시를 하지 아니한다는 내용, ③ 근로시간의 산정은 그 서면합의로 정하는 바에 따른다는 내용을 명시하여야 한다.(「근기법」제58조 제3항)

원래 사용자 경영권은 일상적인 노무의 지시(노무의 구체적인 내용, 방법 등의 결정)를 핵심적인 내용으로 하는 권리이다. 따라서 이러한 사용자 경영권의 핵심적 내용을 근로자의 재량(자기결정)에 위임하는 재량근로시간제는 근로계약의 노무의 타인결정성에 대한 중대한 제한이 된다. 하지만 재량근로 시간제가 당해 업무의 수행수단 및 시간배분 등에 관해 사용자의 지시를 배제할 수 있는 제도이지만 노무급부의 기본적 내용에 관한 사용자 경영권까지 배제하는 것은 아니라는 점을 간과해서는 안 된다.

결국 재량근로시간제는 근로자의 자기결정을 요소로 하면서도 노무급부의 타인결정성이라는 기본적 특징을 전제로 하는 제도로 이해해야 할 것이다. 또한 재량근로시간제는 출근(근로일의 결정)까지도 근로자의 재량에 맡기는 것이 아니기 때문에 근로자가 소정 근로일에 노무급부의무를 부담하는 것은 당연하고, 그 점에서 사용자 경영권에 의한 지시의 구속을 면하기 어렵다.

다) 결어

오늘날 근로관계에서 사용자 경영권의 기능은 약화되는 경향이 있다. 예를 들어「근기법」상 변형근로제의 도입은 근로시간에 관한 사용자 경영권의 축소를 의미하는 것이다. 더욱이 선택적 근로시간제(「근기법」제51조)와 더불어 재량근로시간제(「근기법」제58조 제3항)의 도입은 근로시간의 배분뿐만 아니라 업무수행 방법까지도 근로자의 재량에 맡기는 것이다.

따라서 선택적 근로시간제는 근로시간의 배분을 근로자의 재량으로 정할 수 있도록 한 것으로서 근로시간에 관한 사용자 경영권의 축소이고, 재량근로시간제는 근로시간의 배분뿐만 아니라 업무수행의 방법에 관해서도 근로자의 재량을 인정한 제도로서 마찬가지로 사용자 경영권의 축소를 의미한다.

하지만 결코 간과해서는 안 되는 것은 변형근로시간제가 근로시간에 관한 사용자 경영권의 부분적인 제한일뿐이지 근로계약의 본질적 특성 즉 노무의 타인결정성까지 배제하고자 하는 제도는 아니라는 점이다.

3. 근로자 조직화와 관련된 지시

가. 배치전환[748]

1) 개요

배치전환이라 함은 동일기업 내에서 근로자의 직종 내지 근무지가 상당히 장기간에 걸쳐 변경되는 것을 말한다. 대체로 배치전환은 기업 내 인사이동으로서 통상적으로 전직(직종의 변경)과 전근(근무지의 변경)으로 구분하여 사용하고 있다. 배치전환은 그 행사 시 근로자의 동의를 필요로 하지 않는 사용자 경영권의 대표적인 예로서 사용자가 일방적으로 근로자의 직종 내지 근무지를 변경하도록 근로계약상 인정되는 것이다.

다만 배치전환은 사용자의 일방적인 급부결정에 의해 근로계약상 권리의무의 내용이 변경되는 **형성권**이라고 보는 것이 일반적이기 때문에 이러한 형성권에는 적절한 제한이 필요하게 된다. 즉, 근로계약상 배치전환에 관한 규정은 대체로 추상적, 개괄적이기 때문에 근로계약상의 해석 및 내용통제에 의한 제한이 필수적이고 현실적으로 사용자에 의해 배치전환이 행사될 때 그 내용이 구체화되므로 그와 같이 배치전환이 현실적으로 행사되는 시기에 적절한 행사규제를 통한 제한이 요구된다.

예를 들면 사용자가 오랜 기간 숙련된 경험을 가지고 종사했던 기술직 근로자를 단순 생산직으로 변경하거나 가족과 떨어져 지내야 하는 원거리 지역으로 변경하는 경우가 문제된다. 비록 이러한 전직 내지 전근명령이 사용자의 일방적인 권리로서 인정된다 할지라도 그것이 근로계약상 인정되는 범위 내에 해당하지 않는다면 근로자에게 구속력이 없게 하고, 그 행사에 있어서도 권리남용에 해당하면 효력을 배제시킬 필요가 있는 것이다.

2) 근로계약의 해석

가) 업무상 필요성의 범위

근로계약 내용에 '업무상 필요한 경우 배치전환을 할 수 있다'는 규정이 있는 경우에는 문제가 있다. 왜냐하면 근로계약은 추상적·개괄적 성격을 가지고 있기 때문에 이를 근거로 한 사용자의 배치전환 지시는 근로자의 의사와 상관없이 원칙적으로 유효하기 때문이다.

---

748 방준식, 전계연구, 고려대학교, 2006, 156~166면.

따라서 이러한 문제의 해결을 위해서는 근로계약의 해석을 통해 사용자의 **'업무상 필요성'**의 범위를 제한할 필요가 있다.

다만 사용자의 '업무상 필요성'의 범위를 단지 '당해 근로자를 배치전환 하지 않으면 안 되는 고도의 필요성이 있는 경우'로 엄격하게 제한하여 해석하는 것은 사용자의 업무상 필요성의 범위를 지나치게 축소할 우려가 있게 된다. 따라서 사용자의 '업무상 필요성'을 **'기업의 합리적 운영에 기여할 정도'**로 폭넓게 해석하여 사용자 경영권으로서의 배치전환을 원칙적으로 폭넓게 인정하되 예외적으로 권리남용에 해당하는 경우에 한하여 제한하는 것이 타당하다고 생각한다.

나) 직종 내지 근무지 한정의 합의

근로자가 입사 당시 직종한정에 관해 별도의 근로계약을 체결하지 않았지만 장기간 동안 특정 직종에 계속적으로 종사하는 경우에는 직종 한정의 묵시적 합의가 있었다고 볼 수 있다. 그러나 이와 같은 직종한정의 묵시적 합의를 인정하기 위해서는 단순히 장기간 종사뿐만 아니라 채용과정이나 직무의 특성 등에 비추어 근로자에게 직종이 변경되지 않을 것이라는 직종한정의 기대이익이 있어야 한다. 마찬가지로 근무지 변경에 있어서도 채용과정의 면접으로부터 근무지한정의 묵시적 합의가 인정되어 배치전환이 부정될 수 있다.

그렇다면 일반적으로 채용과정에서 특정한 입사시험을 거쳐 채용된 경우에 직종한정의 합의가 있었다고 볼 수 있는가? 예를 들면 방송회사 아나운서 시험에 합격하여 채용된 경우에 아나운서라는 직종한정의 합의가 인정될 수 있는지 문제된다. 그러나 아나운서라는 직종은 장기간의 경험과 숙련을 요한다는 전문직임을 고려하면 근로계약의 전개과정에서 이러한 직종을 변경하는 배치전환은 인정될 수 없다고 생각한다.

왜냐하면 아나운서라는 전문직 종사자에게는 직종이 변경되지 않을 것이라는 기대이익이 있었다고 보아야 하고 아나운서 입사시험을 거쳐(계약체결의 청약) 채용(계약체결의 승낙)한 것은 아나운서라는 전문 직종에 한정하여 계약체결의 합의가 이루어진 것으로 해석될 수 있기 때문이다. 마찬가지로 채용과정에서 직종 내지 근무한정의 내용을 구인 광고에 명시한 경우나 채용과정에서의 면접 당시 사용자가 직종 내지 근무 한정의 내용을 명확하게 제시한 경우에도 근로자에게 직종 내지 근무지 한정의 기대이익이 발생하였다고 볼 수 있다.

다) 취업규칙상 배치전환 규정

근로계약상 직종이나 근무지 한정의 합의가 별도로 이루어지지 않은 경우 배치전환을 인정하는 명시적인 「취업규칙」상의 규정을 근거로 사용자가 배치전환을 명령할 수 있는가가 문제된다. 예를 들어 일본판례에서와 같이 기계공으로서 20년간 종사한 숙련공을 「취업규칙」상 배치전환규정을 근거로 단순공으로 배치전환한 경우 직종한정의 묵시적 합의를 부정하고 「취업규칙」상 규정을 근거로 배치전환을 인정하는 경우가 그것이다.

그러나 일본적 고용관행(종신고용)과 다른 우리나라에서는 **장기간 종사한 숙련공**에게 **직종한정의 묵시적 합의**를 인정하여 이를 「취업규칙」상 배치전환규정을 배제한다는 취지의 특약으로 보는 것이 타당하다고 생각한다. 더욱이 직종한정의 합의가 개별 당사자 사이의 명시적 내지 묵시적으로 체결된 경우에는 「취업규칙」상 규정의 적용을 배제하고, 「취업규칙」보다 개별당사자의 합의가 우선하는 효력을 인정해야 한다.

이는 실제로 사용자에 의해 일방적으로 작성되는 「취업규칙」이 약관으로서의 성격을 가지고 있다고 본다면 **약관에 관해서는 개별합의가 우선한다는 원칙**이 확립되어 있는 「**약관규제에 관한 원리**」[749]가 「취업규칙」에도 동일하게 적용될 수 있기 때문이다. 또한 근로계약 내에 직종이나 근무지 환경에 관한 규정이 있다면 「취업규칙」에 대해서는 「**유리한 조건 우선의 원칙**(Günstigkeitprinzip)」[750]이 적용되기 때문에 근로자에게는 유리한 근로조건이 우선적으로 적용된다.

결국 근로계약상 직종 내지 근무지 한정의 합의가 있는 경우에는 배치전환을 인정하는 명시적인 「취업규칙」규정의 적용은 배제되어야 한다. 즉, 사용자에 의해 일방적으로 작성되는 「취업규칙」의 배치전환 규정을 근거로 근로자의 직종 및 근무지의 변경을 당연시해서는 안 된다. 왜냐하면 근로계약상 일반당사자인 사용자에 의해 일방적으로 작성되어 다수의 근로자에게 적용하는 「취업규칙」보다 개별 당사자의 직종 및 근무지에 대한 합의가 우선할 뿐만 아니라 유리한 조건 우선의 원칙에 적용될 수 있기 때문이다.

3) 배치전환의 내용통제

배치전환의 내용통제는 객관적인 이익형량을 필요로 한다. 이는 배치전환으로 인한 사용자와 근로자의 일반적 평균적 이익을 비교형량하는 것이다. 여기서 사용자의 이익은 업무상 필요성이고, 근로자의 이익은 근로자의 경력형성의 이익(근로자가 일정한 직종하에서 자신의 적성 및 능력을 개발할 이익)과 생활상의 이익(일정한 주거를 형성하여 생활할 이익)을 예로 들 수 있다.

따라서 배치전환의 내용 수정을 필요로 하는지는 양당사자의 일반적·평균적 이익을 종합적으로 평가해야 한다. 물론 근로자와 사용자 사이에 개별적으로 직종이나 근무지의 한정에 관한 특약이 있는 경우에는 그러한 특약이 우선적으로 적용됨은 당연하다.

4) 배치전환의 행사규제

가) 「근기법」제30조 제1항에 의한 정당성 판단

「근기법」 제30조 제1항은 "사용자는 근로자에 대하여 정당한 이유 없이…전직…기타 징벌을 하지 못한다"라고 규정함으로써 사용자가 정당한 이유가 없는 경우에는 근로자를 전직할 수 없도록 제한하고 있다. 따라서 법리상 직무내용의 변경을 의미하는 전직은 「근기법」 제30조 제1항의 정당성 판단 대상이므로 별도의 권한남용법리가 적용될 여지는 없다고 본다. 그러나 판례나 실무에서는 모든 인사권은 사용자의 고유한 권한에 속한다고 하여 정당

---

749 우리나라 「약관규제법」제4조는 「약관에서 정하고 있는 사항에 관하여 사업자와 고객이 약관의 내용과 다르게 합의한 사항이 있을 때에는 당해 합의 사항은 약관에 우선 한다」고 규정하여 개별 당사자의 합의가 약관보다 우선한다.

750 노동법의 여러 法源 가운데 근로자에게 가장 유리한 조건을 정한 法源을 우서 적용해야 한다는 원칙을 「**유리한 조건 우선의 원칙**」이라고 말한다. 노동관계를 규율하는 규범에는 「헌법」, 「근로기준법」이나「노동조합 및 노동관계 조정법」등 법률 및 시행령, 단체협약, 근로계약, 관행 등이 있는데, 이 중 근로자에게 가장 유리한 조건을 정한 법규범이 우선 적용되어야 한다는 원칙이 바로 「유리한 조건 우선의 원칙」이다.

성판단 및 권리남용판단에 의해서 해결하고 있다.[751]

생각건대 배치전환은 「근기법」 제30조 제1항의 정당성 판단과 친하지 않은 권리이다. 즉, 배치전환은 정당한 경우에만 한정하여 인정하는 '징계로서의 전직(원칙적 무효, 「근기법」 제30조 제1항)으로 이해하기보다는 원칙적으로 근로계약상 사용자의 고유한 권리로서 인정 하고, 예외적으로 권리남용에 해당하는 경우에 한하여 제한되는 **사용자 경영권(원칙적 유효, 권리남용 판단)**으로 이해하는 것이 타당하다고 생각한다.

왜냐하면 근로관계에서 정당한 경우에만 배치전환이 인정된다고 한다면 기업경영상 유연하게 대처해야 할 인사제도에 부합하지 않게 되고, 대법원 판례가 배치전환을 사용자의 고유한 권한으로 인정하는 취지에 모순되며, 노동의 유연성을 강조하는 오늘날 근로관계의 현실에도 맞지 않기 때문이다.

따라서 배치전환은 「민법」 제2조에 따른 권리남용판단이 타당하고, 그러한 권리남용판단은 사용자의 업무상 필요성과 그로 인한 근로자의 작업상 내지 생활상의 불이익을 비교형량하고, 신의칙상 요구되는 절차를 다했는지 여부를 확인하여 권리남용에 해당하는지 판단한다.

나) 권리남용 법리에 의한 판단

먼저 배치전환의 업무상 필요성과는 상관없이 별개의 부정한 동기나 목적에 의해 행사되는 경우에는 **'상대방을 해할 목적에서 행하는 권리행사는 금지된다'**는 「시카네(Schikane) 금지의 원칙」에 반하는 것으로서 권리남용이 되어 무효가 된다.[752] 예를 들어 근로자를 퇴직시킬 의도로 행하는 배치전환 또는 회사에 대해 비판적인 중심인물에게 행하는 배치전환이 그것이다. 그 외에도 사상이나 신조를 이유로 하는 배치전환 내지 부당노동행위구제신청을 했다는 이유로 행한 배치전환 등도 권리남용에 해당한다.

다음으로 대법원 판례에 의하면 배치전환이 사용자의 업무상 필요성에 비해 근로자에게 통상 감수해야 할 정도를 현저히 넘는 불이익을 수반하는 경우에 권리남용이 인정된다고 한다.[753] 여기서 대법원 판례가 배치전환으로 인해 근로자가 불이익하고 그 불이익이 통상 감수해야 할 정도를 현저히 넘는 경우로 제한하는 것은 사용자의 업무상 필요성에 의한 배치전환이 원칙적으로 인정되고 예외적으로 제한된다는 취지라고 생각한다.

따라서 배치전환은 노동력의 적정배치, 업무의 능률증진, 근로자의 능력개발, 근무의욕의 개선, 업무 운용의 원활화 등을 위한 사용자의 업무상 필요성이 있어야 하고, 그것이 근로자의 통상 감수해야 할 정도를 현저히 넘는 직무상 내지 생활상의 불이익을 수반하지 않는 한 원칙적으로 사용자에게 인정되는 것이다.[754] 결국 배치전환의 행사규제는 사용자의 업무상 필요성과 근로자의 불이익을 구체적으로 비교형량하여 권리남용에 해당하는지 여부를

---

751 대법원. 1991.7.12. 선고. 91다12752. 판결 등.

752 대법원. 1993.5.14. 선고. 93다4366. 판결 등.

753 대법원. 1998.12.22. 선고. 97누5435. 판결. 1998.1.20. 선고. 97다29417. 판결 등.

754 대법원. 1997.7.22. 선고. 97다18165. 판결 등.

판단하는 것이다.[755]

대법원 판례도 근로자가 근무지를 서울에서 제주로 변경하게 되면 주거나 교통, 자녀교육, 부부생활 등 구체적인 사정에 비추어 상당한 생활상의 불이익이 있다고 보아 제주 지점으로 전근명령은 권리남용에 해당한다고 보았다.[756] 다만 사용자의 업무상 필요성의 존부 및 정도는 사용자의 주관적 기준에 의하지 않고 객관적으로 배치전환이 기업의 합리적 운영에 기여하는지의 여부에 따라 결정된다.

또한 배치전환은 근로계약상 사용자에게 인정되는 권리로서 원칙적으로 근로자의 동의를 필요로 하지 않는다. 그러나 배치전환이 근로자에게 직종이나 근무지의 중대한 변경을 야기할 경우에는 해당 근로자에게 사전에 의향을 묻거나 배치전환의 필요성에 대해 충분히 설명하고 정보를 제공할 필요가 있다고 생각한다.[757] 왜냐하면 직종이나 근무지의 중대한 변경으로 인해 근로자의 지위가 불안정해질 수 있기 때문이다.

대법원 판례도 배치전환에 관해 노동조합과 협의내지 동의를 요하는 단체협약상의 조항은 원칙적으로 경시할 수 없다고 보고 있다.[758]

나. 대기발령[759]

1) 개요

대기발령이라 함은 그 자체 확립된 법 개념이 아니라 일반적으로 회사의 사정이 있는 경우,[760] 또는 근로자가 종전과 동일하게 작업하는 것이 업무상 지장을 초래하거나 사업장 질서를 문란케 할 위험이 큰 경우[761]에 사용자가 근로자에게 일정기간 보직을 부여하지 않고 대기시키는 잠정적인 인사조치를 말한다.

예를 들면 근로자가 직무수행 능력이 부족하거나 근무성적이 불량한 경우 또는 근로자가 형사사건으로 기소되거나 징계에 회부되어 있는 경우가 이에 해당한다. 따라서 대기발령은 사용자의 잠정적인 조치라는 점에서 휴직이나 징계처분과는 차이가 있다.

통상적으로 사용자는 「취업규칙」이나 「단체협약」에 회사가 구조조정이 있는 경우 근로자를 대기발령할 수 있다고 규정하거나, 기업에 따라서는 근로자의 비위행위에 관하여 證據 湮滅 防止 및 사업장 질서유지를 위해 징계처분 전단계의 잠정적 조치로서 인정하기도 한다. 물론 대기발령이 근로자에 대한 제재의 형태로 이루어지는 경우에는 징계권 행사로 볼 수 있다.

그러나 대기발령이 징계권의 행사인지 사용자 경영권의 행사인지는 대기발령이 근로자에

---

755 대법원. 2004.2.12. 선고. 2003다두13250. 판결 등.
756 대법원. 1997.12.12. 선고. 97다136316. 판결 등.
757 중노위. 2003.3.17. 2002부해594. 결정.
758 대법원. 2000.4.11. 선고. 99두2963. 판결.
759 방준식, 「사용자의 지시권에 관한 연구」, 고려대학교, 2006, 166~172면.
760 대법원. 2005.2.18. 선고. 2003다63029. 판결 등.
761 서울행법. 1999.11.2. 선고. 99구10178. 판결.

대한 제재로서 행하여졌는지의 여부에 따라 판단할 필요가 있다. 그러나 대기발령이 비록 제재로서 성격을 가지고 있다 할지라도 징계로 보기보다는 근로계약의 범위 내에서 행사되는 사용자경영권의 구체적인 내용으로 보는 것이 바람직하다.[762] 왜냐하면 대기발령은 징계 조치로서의 출근정지와 달리 사용자의 잠정조치에 지나지 않는 것이고, 근로자는 대기해야 할 의무(채무)로서 여전히 노무급부의무를 부담하기 때문이다.

더욱이 징계절차에 있어서도 일사부재리의 원칙이 적용되므로 징계조치 이전의 업무 수행이 적절하지 않다고 판단되어 행해지는 대기발령을 징계라고 한다면 이중처벌의 문제가 발생하게 된다. 이러한 이유로 대기발령을 징계로 보기 보다는 사용자 경영권으로 행해지는 사용자의 일방적인 조치로서 근로계약상 사용자에게 인정되는 고유한 권리로 보아야 할 것이다.

2) 대기발령의 구체적인 제한

가) 실체적 판단

대기발령은 사용자의 경영권으로서 행사되지만 그 행사에 있어서는 권리남용이 문제된다. 근로관계에서 노동력을 확보하고도 취업시키지 않는 것은 통상적으로 예상되는 것이 아니기 때문이다. 더욱이 근로자에 대한 대기발령이 법적으로는 불이익하지 않다하더라도 사실상의 다양한 불이익이 예상되는 점을 고려해야 한다. 대기발령이 업무상 필요성이 없거나 필요성이 있다 하더라도 근로자가 받을 사실상의 불이익이 큰 경우에는 제한된다.

즉, 사용자가 경영권의 행사로서 대기발령을 명할 수 있다 하더라도 근로계약상 인정되는 신의칙에 비추어 합리적인 범위 내에서만 인정되어야 한다. 따라서 예를 들어 업무상 필요성이 희박함에도 불구하고 대기발령을 명하거나 그 기간이 부당하게 장기인 경우에는 권리남용에 해당할 수 있다. 그리고 권리남용 여부는 사용자의 업무상 필요성과 근로자가 받을 불이익을 구체적으로 비교형량하여 판단해야 한다. 다만 그러한 비교형량이 엄격하게 균형을 이루어져야 하는 것은 아니다.

나) 절차적 판단

근로자 본인과 성실한 협의절차를 거쳤는지 여부는 정당한 인사권의 행사인지 여부를 판단하는 하나의 요소라고는 할 수 있으나 그러한 절차를 거치지 아니하였다는 사정만으로 대기발령이 권리남용에 해당되어 당연히 무효가 된다고는 볼 수 없다.[763] 또한 대기발령은 징계처분과는 그 성질을 달리하는 것으로 사용자가 근로자에 대하여 인사권 행사의 일환으로 대기발령을 명하면서 반드시 그 사유를 명시하여야 한다고 볼 수도 없다.[764]

결국 이러한 인사명령에 대하여는 업무상 필요범위 내에서 사용자에게 상당한 재량을 인정해야 하며, 이것이 「근로기준법」 등에 위반되거나 권리남용에 해당하는 등의 특별한 사정

---

762 대법원. 2005,2,18. 선고. 2003다63029. 판결 등

763 대법원. 2005,2,18. 선고. 2003다63029. 판결 등.

764 서울행법. 1999,6,15. 선고. 98구20024. 판결.

이 없는 한 위법하다고 할 수 없다.[765] 다만 근로자의 비위행위에 대한 징계처분이 이루어진 경우에는 그 징계처분 후에 다시 근로자에 대해 대기발령을 명하는 것은 권리 남용에 해당할 가능성이 높다고 생각한다.

3) 대기발령에 이은 당연 퇴직의 문제

최근 들어 대기발령이나 직위해제 후 일정기간 내에 직위를 부여받지 못한 경우 근로자를 당연 퇴직시키는 사용자의 조치에 관한 정당성 여부에 대해 논란이 있다.[766] 현행「근로기준법」은 해고와 같은 불이익처분은 정당한 이유가 있는 경우에만 인정된다고 명시적으로 확인하고 있다.(「근기법」제30조) 그러므로 불이익처분이 정당한지 여부와 관련하여서는 소극적으로 권리남용 여부가 문제되는 것이 아니라 적극적으로 당해 처분이 실체적·절차적 정당성을 지니고 있는지 여부가 평가되어야 한다.[767]

따라서 대기발령에 이은 당연 퇴직은 정당성 판단에 의한 제한이 필요하다고 본다. 또한 현행「근기법」제96조 제4호는 '퇴직에 관한 사항'을「취업규칙」의 내용으로 규정하고 있고, 「단체협약」에서도 근로조건의 가장 중요한 사항으로 규정하는 것이 일반적이므로 당연 퇴직사유는「단체협약」이나「취업규칙」에 반드시 규정하고 있어야 할 것이다. 더욱이 당연 퇴직은「단체협약」이나「취업규칙」에 규정된 사유가 발생하면 근로관계가 자동적으로 소멸된다고 볼 수 없다.

왜냐하면「취업규칙」이나「단체협약」상 규정된 당연퇴직사유의 설정이「근기법」제30조의 해고제한 법리를 形骸化할 우려가 있기 때문이다. 따라서 당연퇴직사유의 발생으로 인하여 적어도 근로관계를 계속 유지하는 것이 현저히 부당하거나 불공평하여 사회통념상 기대될 수 없는 것으로 인정될 정도에 이르러야 당연 퇴직 처분이 정당성이 인정된다고 보아야 한다.

다. 휴직명령[768]

1) 개요

휴직은 정당한 사유가 존재하는 경우 사용자가 근로자에게 일방적으로 휴직명령을 하거나 근로자의 사정으로 인해 근로자가 휴직신청을 하고 이에 대해 사용자가 승인함으로써 성립한다.[769] 따라서 사용자의 휴직명령은 휴직사유가 발생하면 사용자에 의해 일방적으로 행사 되는 사용자의 고유한 권한으로서 인정되고 있다. 그리고 휴직명령은 해당 근로자를 직무에 종사하게 하는 것이 불가능하거나 불합리한 경우에 근로계약 관계를 해지하지 않고 근로자에게 일정기간 동안 근로의 제공을 면제 또는 금지시키는 사용자의 처분으로서 사용자

---

765 대법원. 2005.2.18. 선고. 2003다63029. 판결 등.

766 대법원. 1989.10.27. 선고. 89다카3943. 판결.

767 도재형,「직위해제에 이은 당연퇴직의 정당성」, 강원법학 제18권, 2004, 83면.

768 방준식,「사용자의 지시권에 관한 연구」, 고려대학교, 2006, 172~175면.

769 김형배, 전게서, 643면 및 2021. 9. 673~674면.

경영권에 해당한다.[770]

2) 휴직신청과 징계처분과 관계

근로자의 청구와 사용자의 승인에 의해 이루어지는 휴직신청은 사용자의 일방적인 의사 표시가 아닌 양당사자의 합의에 의해 성립된다. 따라서 이와 같은 근로자의 휴직 신청은 사용자의 경영권으로서 행사되는 사용자의 휴직명령과는 구별된다. 다만 근로자의 휴직신청과 사용자에 의한 형성권으로서의 휴직명령을 구분하는 이유는 **휴직신청**은 근로자의 계약 정지요구와 사용자의 승낙을 필요로 하는 반면에 사용자 경영권으로서의 **휴직명령**은 근로자의 동의 없이 사용자가 일방적으로 행사할 수 있기 때문이다.

이에 반해 근로자의 청구에 의한 휴직신청은 근로자에게 발생된 사유에 의해 이루어지는 것으로서 휴직을 신청한 근로자에게 합리적인 이유가 있는 한 이를 승인해 주어야 한다. 따라서 근로자가 상사·동료의 폭행·협박으로 직장생활을 감당할 수 없음을 이유로 휴직 신청을 했으나 회사가 이를 승낙하지 않자 계속 승인을 요구하면서 무단결근한 경우 그에 대한 징계처분이 징계권의 남용이나 형평의 원칙에 반하여 무효라고 판단하였다.[771]

3) 징계와 사용자 경영권에 의한 휴직명령의 구분

한편 휴직명령이 근로자에 대한 제재수단으로서 행사될 수 있는지 의문이다. 왜냐하면 현행 「근기법」 제30조 제1항에서 예시하고 있는 '휴직'의 경우는 징계처분의 한 예로서 해석될 수 있기 때문이다. 생각건대 「근기법」 제30조 제1항에서의 '휴직'은 사용자가 정당한 사유가 존재하는 경우 일반적으로 행사할 수 있는 징계로서의 휴직명령이라고 보아야 한다.

따라서 이와 같은 징계로서의 휴직명령은 사용자가 기업경영상의 사유 내지 위험발생의 방지를 위해서 징계와 상관없이 행사할 수 있는 사용자의 경영권으로서의 휴직명령과는 구별된다. 물론 사용자 경영권으로서의 휴직명령은 예를 들어 정리해고 시 해고 회피수단으로서 사용(예: 휴직명령이 근로자를 정리해고 하는 과정에서 그 근로자에게 퇴직을 강요하기 위해 인사재량권을 남용한 인사처분에 해당하는 경우에는 무효[772].)되기도 하고 사고발생 위험이 있는 운전기사의 승무정지처럼 위험발생의 예방수단으로도 사용된다.

4) 휴직명령의 제한

가) 징계로서의 휴직명령 제한

근로자가 휴직을 원하지 않음에도 불구하고 「근기법」 제30조 제1항에서의 징계사유에 해당하여 사용자가 징계로서의 휴직명령을 행사할 경우에는 정당한 이유가 있어야 한다. 그리고 대체로 「근기법」 제30조 제1항에서 사용자는 근로자를 정당한 이유 없이 휴직시키지 못하도록 제한하고 있는 취지에 비추어 볼 때 「단체협약」이나 「취업규칙」상의 휴직 근거 규정에 따라 근로자에게 휴직명령을 내리는 것은 정당한 이유가 있다고 본다.

---

770 김창종, 「휴직제도에 관하여」, 사법연구자료 제20집, 1993, 469면.

771 대법원. 1997.7.22. 선고. 95다53096. 판결.

772 대법원. 2002.7.9. 선고. 2001다29452. 판결

다만 정당한 이유의 인정 범위는 「단체협약」이나 「취업규칙」상의 당해 휴직규정의 설정 목적과 그 실제 기능, 휴직명령권 발동의 합리성 여부 및 그로 인해 근로자가 받게 될 신분상, 경제상의 불이익 등 구체적인 사정을 고려해야 한다. 그러한 구체적 사정을 고려해 볼 때, 근로자가 상당한 기간에 걸쳐 근로의 제공을 할 수 없거나 근로를 제공하는 것이 매우 부적당하다고 판단되는 경우애만 정당한 이유가 있다고 보아야 한다.[773]

나) 사용자 경영권으로서의 휴직명령 제한

사용자 경영권으로서의 휴직명령은 근로계약상 인정되는 사용자의 고유한 권리로서 앞에서 살펴본 바와 같이 적절한 제한을 요구된다. 따라서 사용자는 이와 같은 휴직명령을 기업 경영상의 필요성 내지 위험발생의 방지를 위해 행사할 수 있지만, 사용자 경영권의 한계 및 제한의 결정원리에 따라 제한할 필요가 있다. 다만 사용자 경영권으로서의 휴직 명령의 제한에 있어서 사용자의 이익보다 그로 인해 발생될 근로자의 불이익을 고려해야 한다고 생각한다. 그 이유는 사용자의 휴직명령권이 남용될 경우에는 근로자의 소득이 감소 내지 박탈되어 생활상의 불이익이 클 수 있기 때문이다.

따라서 예를 들어 사용자의 일반적 휴직명령이 근로자에게 유급으로 행사되어야 할 경우에 해당 근로자에 대한 사용자의 무급휴직명령은 권리남용에 해당할 수 있다. 또한 기소된 근로자의 휴직기간이 만료될 때까지 형사사건이 종결되지 아니하였다고 하더라도 그 휴직기간을 연장하거나 갱신할 수 있다는 규정이 없는 한 원칙적으로 당초의 휴직기간이 만료되면 사용자는 단연히 복직시켜야 한다.[774] 물론 근로자를 복직시킨 후에도 그 근로자가 계속 구속된 상태여서 사실상 정상적인 근로제공을 할 수 없는 사정이 있는 경우에는 사용자가 그 근로자를 징계해고 할 수 있음은 별개의 문제이다.[775]

라. 교육훈련 참가명령[776]

1) 개요

오늘날 사용자는 근로자의 직업능력을 향상시키기 위하여 대체로 일정한 시기를 정해 교육훈련을 실시하고 있다. 이것은 오늘날 급속하게 이루어지고 있는 기술혁신과 그에 따른 기업의 생산성 향상의 필요성에서 근로자를 다양한 직무에 적용할 수 있도록 훈련시키는 것이다.

그리고 사용자는 이러한 교육훈련을 지시함으로써 사업 목적을 달성하게 된다. 하지만 실제로는 기업의 특수성에 따라 근로자의 단결력과 조직력을 높이기 위해 기업의 직업 능력과 직접적인 관련이 없는 군대식 훈련(해병대 체험훈련)이나 지옥훈련과 같은 극기 훈련을 수행하도록 하여 근로자의 생명·신체 기타 인격적 이익과 충돌하는 사례가 현실적으로 많이

---

773 대법원. 2005.2.18. 선고. 2003다63029. 판결.

774 대법원. 1993.5.11. 선고. 92다20712. 판결 등.

775 김창종, 전게논문, 사법연구자료 제20집, 1993, 499면.

776 방준식, 「사용자의 지시권에 관한 연구」, 고려대학교, 2006, 175~178면.

발생하고 있다.

2) 구제적 제한

가) 노무급부 관련성

교육훈련참가명령은 일반적으로 노무급부의무와의 관련성이 있는지에 따라 정당한 사용자의 지시인지를 판단할 수 있다. 따라서 근로자의 현재 종사하고 있는 직무의 수행에 필요한 교육훈련의 참가명령은 근로계약상 사용자의 정당한 권리로 인정될 수 있다. 다만 노무급부와 관련된 교육훈련이라도 그 행사에 있어서는 사용자의 업무상 필요성과 그로인한 근로자의 불이익을 엄격하게 비교형량할 필요가 있다. 물론 사용자가 지시하는 교육훈련의 방법 및 종류가 문제되겠지만 근로자의 인격적 이익을 우선적으로 보호하여 신중하게 판단하여야 한다.

다만 교육훈련 참가명령은 이러한 근로자의 인격적 이익의 중요성을 감안하여 근로자의 인격적 이익에 대한 침해가 불가피한 경우라 할지라도 그 침해는 최소한이어야 한다. 또한 장래 종사해야 할 업무에 관한 교육훈련에 관해서는 배치전환과의 관계에서 그 정당성 판단이 문제될 수 있다. 예를 들어 직종변경을 목적으로 하는 배치전환이 권리남용에 해당하는 경우에는 이를 목적으로 행해진 교육훈련 참가명령도 제한되는 것이다.

한편 노무급부의무와 관련성이 없는 교육훈련은 노무급부의 이행 내지 근로자의 노동력 이용과는 무관한 사항인 경우에는 문제가 있다. 구체적으로 문제되는 것은 사업장 질서에 관한 교육훈련명령과 장래 종사해야 할 직무에 관한 교육훈련명령이다. 이러한 교육훈련명령은 본래의 직무와의 관련성이 없는 것인지 또는 근로계약상의 예정된 것인지에 관해 타당한 해석기준이 마련되어야 한다고 생각한다.

먼저 사업장 질서에 관한 교육훈련은 예를 들어 "직원에 대해 공동생활을 경험시키고 심신이 건전한 직원을 육성할 목적으로" 하는 교육훈련참가명령에 관해서는 그 효력을 인정할 수 있을 것이다. 일반적으로 이러한 교육훈련이 노동의 질을 향상시키는 데 유익할 뿐만 아니라 오늘날 기업이 집단적, 조직적 성격을 가지고 있기 때문에 단체생활의 규율과 질서에 관한 훈련이 노무급부의무와 관련 있다고 보아 사용자경영권으로 인정되는 것이다.

다만 노무급부의무와 관련이 없는 교육훈련, 즉 최근에 문제가 되고 있는 군대식 훈련(해병대 체험훈련, 지옥훈련, 극기훈련, 무인도나 山間奧地 훈련)은 사용자와 근로자의 평균적 이익을 비교형량하여 판단한다. 결국 근로자에게 과도한 정신적·육체적 고통을 수반하는 교육훈련 지시나 근로자의 생명이나 건강을 침해할 위험이 큰 훈련을 명하는 것은 원칙적으로 사용자의 안전배려의무에 반하는 지시로서 근로자에게 구속력이 없다.

나) 강행법규의 위반

노동조합의 활동을 방해하는 등 사용자의 반조합적인 내용의 교육훈련은 「노조법」 제81조에 따라 부당노동행위에 해당하여 무효가 된다. 예를 들어 신입사원에게 노동조합에 가입하지 않을 것을 권장하는 내용을 담은 교육훈련에 참가하도록 하는 것이다. 또한 노동조합이 분열된 경우 사용자가 자신의 이익에 맞는 새로운 노동조합의 육성을 위해 조합교육을 실시한다면 이것은 조합운영에 대한 사용자의 지배개입에 해당하여 부당노동행위가 된다.

또한 예를 들어 사업주는 근로자의 업무수행에 필요한 기본적인 능력의 향상에 필요한 교육훈련에 있어서 근로자가 여자라는 이유로 차별해서는 안 된다.(「근로자직업훈련촉진법」 제3조) 따라서 남녀차별적 교육훈련은 무효이고 차별을 받은 여성근로자는 차별의 시정이나 불법행위에 의한 손해배상을 청구할 수 있다. 아울러 사용자가 신입사원의 교육에 필요한 경비를 부담하고 그 후 일정기간 당해 사용자에게 작업하도록 하는 경우를 예로 들 수 있다. 이 경우 기간 전에 근로자가 퇴직한 경우 이 신입사원 교육에 들었던 비용의 반환을 약정 하는 것은 「근기법」 제27조(위약예정의 금지)에 반한다.

'직원의 해외파견근무의 주된 실질이 연수나 교육훈련이 아니라 기업체의 업무상 명령에 따른 근로 장소의 변경에 불과한 경우 이러한 해외근무기간 동안 임금 이외에 지급 또는 지출한 금품은 장기간 해외근무라는 특수한 근로에 대한 대가이거나 또는 업무수행에 있어서 필요불가결하게 지출할 것이 예정된 경비에 해당하여 재직기간 의무근무 위반을 이유로 이를 반환하기로 하는 약정 또한 마찬가지로 무효라고 보아야 할 것이다.[777]

4. 사업장 질서유지와 관련된 지시

가. 근로자의 「헌법」상 기본권과 관련된 지시[778]

사용자에 의해 일방적으로 구체화되는 사용자 경영권은 수동적인 지위에 있는 근로자의 기본적인 권리를 침해할 가능성이 크다. 특히 오늘날에는 근로자의 정신적 인격가치[779]의 필요성이 높아짐에 따라 근로자의 인격권[780] 보호가 중요한 문제로 제시되고 있다. 먼저 사업장 질서유지를 위한 사용자 경영권이 근로자의 기본적인 권리를 침해할 경우 그 정당성 판단은 사용자 경영권의 행사에 의해 확보된 사용자의 이익과 근로자의 기본적 권리에 의해 보호되는 근로자의 이익을 비교형량해 판단해야 한다.

이와 같이 사용자 경영권을 행사하여 근로자에게 일정한 행위를 부담케 할 경우 근로자는 자신의 「헌법」상 보장되는 기본적인 권리를 근거로 그러한 지시를 거부할 수 있는지 의문 이다. 이것은 근로관계에서 근로자가 부담해야 하는 계약상의 의무와 근로자의 「헌법」상 보장된 기본권 간의 충돌문제이다. 여기서는 사용자가 사업장 질서유지를 위해 일방적으로 지시권을 행사함으로써 근로자의 「헌법」상 보장되는 권리를 침해하는 경우 근로자는 이러한 사용자의 지시에 따라야 할 의무를 부담하는지 살펴보기로 한다.

1) 복장에 관한 규제

대법원 판례는 "모든 직원이 착용하도록 되어 있는 병원위생복 위에 조합원의 주장이

---

777 대법원. 2004.4.28. 선고. 2001다53875. 판결 등.

778 방준식, 「사용자의 지시권에 관한 연구」, 고려대학교, 2006, 178~200면.

779 **근로자의 정신적 인격가치**란 근로자의 생명, 신체, 건강 등과 같은 선천적인 인격가치이다. 다시 말해서 근로자의 임금·근로시간 등과 같은 근로조건과 달리 근로자가 「헌법」제10조에서 보장하고 있는 인간의 존엄의 주체인 점에서 유래하는 인격가치이다.

780 **인격권**이란 우리 「헌법」제10조에 근거를 두고 있는 기본적 인권의 사법적 표현이라고 본다. 성낙인,「헌법학」, 법문사, 2002, 300면.

적혀있는 주황색 셔츠를 근무 중에도 착용하게 함으로써 병원의 환자들에게 불안감을 주는 등 노동조합은 병원 내의 정숙과 안정을 해치는 행위를 계속하였다는 이유로 이와 같은 노동조합의 행위가 병원의 「인사규정」 제51조 제1호 소정의 징계사유인 '직원이 법령 및 제규정에 위배하였을 때'에 해당하거나, 제4호 소정의 징계사유인 '직무상 의무를 위반 및 태만히 하거나 직무상 정당한 명령에 복종하지 아니한 경우'에 해당한다."고 봤다.[781]

그러나 조합원의 리본 내지 조합복의 착용 등은 노조의 정당한 주장을 평화적으로 표현한 것으로서 사용자의 업무의 정상적인 운영을 저해하지 않는 한, 조합복을 착용하고 노무를 제공하는 근로자는 계약상 주된 의무인 노무급부의무에 위반한 것은 아니라고 볼 수 있다. 다만 사용자의 업무의 정상적인 운영을 저해하는지의 여부는 조합원의 조합복 착용으로 인한 사용자의 업무상 불이익과 노동조합의 조합 활동상의 이익을 비교형량해야 할 것이다.[782] 그 판단기준은 구체적으로 조합복 착용이 조합 활동을 하는 데 적합한 것인지, 회사의 업무운영과 관련정도, 사용자의 규제가 사회통념상 상당성이 있는지 등이다.[783]

다만 대법원 판례에서와 같이 간호사의 조합복 착용에 대한 규제는 다른 직종의 조합복 착용과는 달리 판단할 필요가 있다. 왜냐하면 간호사와 같은 직종이 조합복을 착용하는 경우에는 조합복 착용규제에 대한 판단요소로서 제3자(환자)의 법익도 고려할 필요가 있기 때문이다. 즉 간호사의 조합복 착용이 의료봉사자로서의 가운착용이라는 직업 활동상의 최소한의 요구에 응함으로써 제3자(환자)의 법익침해를 최소한으로 해야 할 보건위생상의 의무를 부담하기 때문이다.

2) 소지품 검사

소지품 검사에 대한 자세한 내용은 제2편 – 제7장 – 제5절 – Ⅲ. '부정행위자의 소지품 감사' 항목을 참조하시기 바랍니다.

3) 始末書 제출명령

始末書 제출명령에 대한 자세한 내용은 제2편 – 제7장 – 제6절 – Ⅶ. '시말서 제출 명령' 항목을 참조하시기 바랍니다.

4) 건강검진명령

가) 사용자의 건강검진 실시의무

오늘날 근로자는 장시간 근로와 과중한 스트레스로 인한 건강악화 및 과로사가 사회적 문제로 제기되고 있다. 따라서 법률은 사용자에게 근로자의 건강유지 및 증진을 위한 건강검진 등 다양한 의무를 부과하고 있다. 즉, 현행 「산업안전보건법」 제43조는 사용자는 근로자의 건강을 검진하도록 의무화하고 있고 근로자는 원칙적으로 사용자가 지정한 의사에게

---

781 대법원. 1996.4.23. 선고. 95누6151. 판결.

782 김형배, 전게서, 924면 및 2021. 9. 1,159면.

783 최영호, 「기업 내 조합 활동의 정당성 정도」, 노동법학 제8호, 1998, 572면.

검진을 받을 의무가 있다.

그리고 개별 사업체는 이러한 「산업안전보건법」 제43조를 준수하여 적절한 시기에 건강 검진을 실시할 것을 「취업규칙」이나 「단체협약」에 규정하도록 의무화하고 있다. 예를 들어 ○○○○공단의 「취업규칙」과 「복지규정」 제5조 제1항은 '공단은 매년 1회 이상 정기적으로 임·직원의 건강검진을 실시하여야 한다'고 규정하여 「산업안정보건법」에 따른 사용자의 건강검진 실시를 의무화하고 있다.

다만 「취업규칙」이나 「단체협약」에 규정된 건강검진규정은 통상 근로자의 추상적인 의무만을 규정하는 경우가 일반적이므로 사용자는 건강검진의 내용과 목적, 신체적 침습[784]의 정도 등을 구체적으로 명시해야 할 의무를 부담하고 이것이 사용자가 건강검진을 실시할 수 있는 정당사유의 요건에 해당한다고 본다.

나) 사용자 경영권으로서의 수진명령

사용자에게 의무화하고 있는 건강검진규정은 오히려 사용자가 자신의 고유한 권한으로서 근로자에게 수진명령을 발할 수 있는 사용자 경영권의 법적 근거가 된다. 그러나 법적근거에 의한 건강검진명령과 달리 사용자가 전염병 내지 직업병의 발발이 의심되는 근로자에게 건강검진을 받도록 강제하는 수진 명령이 사용자 경영권으로 인정될 수 있는가가 문제인데, 생각건대 사용자는 검진의 필요성이 있는 해당 근로자에게 사업장 질서유지를 위해 사용자 경영권으로서 수진명령을 행사할 수 있다고 본다.

다만 사용자의 수진명령을 사용자경영권으로 인정하는 경우에는 건강이라는 근로자의 개인적인 영역에 속하는 사항이 사용자 경영권의 대상이 될 수 있는지에 대해 독일 통설은 이러한 수진명령은 기본법 제2조 제1항에 기초한 일반적 인격권의 침해로서 무효라고 보았다.[785] 반면에 연방노동법원은 근로자가 근로계약취지에 따른 노무를 제공할 수 있는 신체적 조건을 유지해야 할 의무를 부담하기 때문에 수진명령의 효력을 인정하고 있다.[786]

다) 「취업규칙」규정에 근거한 사용자의 수진명령

근로관계에서 근로자는 자신의 노동력을 사용자의 처분에 위임한 것이므로 사용자의 수진명령은 일반적으로 합리성이 있다고 보고, 건강관리 종사자에 의한 지시가 그 목적에 비추어 합리성 내지 상당성의 범위 내에 해당한다면 근로자는 그 지시에 따라야 한다. 더욱이 근로자의 수진의무가 「취업규칙」 등에 규정되어 있고, 그 내용이 합리적이라면 근로자는 수진의무를 부담하고 수진거부는 사용자의 정당한 지시권(수진명령)의 행사에 위반하는 것이다.[787]

그러나 「취업규칙」을 근거로 하는 수진명령을 인정한다 할지라도 그 필요성과 근로자의 기본권 사이에 이익형량이 있어야 한다는 견해와 수진명령에 의해서 일방적으로 건강검진

---

784 侵襲이란 질병이나 발작의 시작. 비병원성 또는 병원성의 세균이 체내에 들어가 조직 내로 들어가는 것. 생체에 대한 상해를 의미한다.

785 MünchArbR/Blomeyer, Bd. I, § 97 Rn. 18.

786 BAG v. 8. 3. 1961. AP Nr. 2 zu §611 BGB Lohnanspruch.

787 방준식, 「사용자의 지시권에 관한 연구」, 고려대학교, 2006, 196면.

을 강제하더라도 근로자의 의사 및 자유 자기결정권을 존중하는 방향에서 사용자 경영권의 한계가 설정되어야 한다는 견해가 제시되고 있다.

생각건대 「취업규칙」이라는 사용자의 일방적 작성을 통해 근로자의 수진의무를 인정하는 것은 근로자 개인의 프라이버시를 침해할 여지가 있기 때문에 사용자의 업무상 필요성과 그로 인한 근로자의 기본권 침해를 이익형량해야 할 필요가 있다. 따라서 사용자에게 수진명령권을 인정한다 할지라도 수진명령이라는 형태로 근로자의 신체를 일방적으로 침습하여 개인을 식별할 수 있는 건강정보를 수집할 권한까지 정당화할 수는 없다고 본다.[788]

라) 수진명령의 내용통제

직장의 동료나 고객에게 감염 또는 위해를 줄 수 있는 전염병에 관한 검진에 관해서는 근로자는 수진의무를 부담한다. 또한 일정한 직무와 관련해서는 그 특성상 사용자의 수진명령이 정당화되는 경우가 있다.[789] 예를 들어 중독성이 강한 제품을 생산하는 업체라든지 방사능 관련 업체는 항상 치명적인 질병의 위험에 노출되어 있기 때문이다.

마) 수진명령의 행사규제

(1) 최소한의 외적 侵襲

근로자의 수진의무는 신체의 최소한의 외적 침습이라는 요건이 충족되어야 하므로 그 합리성 판단은 결국 소극적으로 해석해야 한다. 따라서 건강검진은 건강검진기관에서 권리가 필요한 근로자를 검진하더라도 신체의 외적 침습은 최소한이어야 한다. 물론 신체의 외적 침습이라 할지라도 X-ray 촬영 및 채혈이 중심이 되겠지만 검진의 내용과 방법은 여전히 문제가 될 수 있다.

결국 근로자의 수진의무에 기초한 사용자의 일방적 수진명령이 인정되기 위해서는 검진의 필요성이 검진으로 인해 근로자가 받을 불이익보다 현저히 큰 경우에 한정되고 근로자의 불이익이 검진의 필요성보다 큰 경우에는 해당 근로자의 동의를 얻어야 한다. 다만 이러한 개별적 동의를 요하는 검진에 대해 근로자가 수진을 거부한 경우는 사용자도 건강검진에 따른 안전배려의무를 면한다고 보아야 할 것이다.[790]

(2) 검진받을 醫師를 선택할 자유[791]

건강검진은 근로자 자신이 선택한 의사에 의해 이루어져야 한다. 근로자의 의사를 선택할 자유는 진료행위라는 신체의 직접적인 침습에 대해서 적절한 의사를 선택할 자유이고 이것은 개개인의 인격적 이익 중에서도 중요한 기본적인 권리에 해당하므로 근로자의 수진의무에 대한 해석은 보다 엄격하게 이루어져야 한다.

더욱이 의사와 환자의 관계는 신뢰관계를 전제로 하는 것이며 진료는 신체의 침습이나

---

788 방준식, 「사용자의 지시권에 관한 연구」, 고려대학교, 2006, 196면.

789 방준식, 「사용자의 지시권에 관한 연구」, 고려대학교, 2006, 196면.

790 방준식, 「사용자의 지시권에 관한 연구」, 고려대학교, 2006, 197면.

791 방준식, 「사용자의 지시권에 관한 연구」, 고려대학교, 2006, 197면.

프라이버시의 공개를 전제로 하기 때문에 근로자는 자신이 신임할 수 없는 의사에 대해 수진을 거부할 수 있다.

따라서 의사선택의 자유에 반하는 수진의무는 원칙적으로 인정되지 않으며 특별히 합리적인 이유가 존재하는 경우에 한하여 예외적으로 인정된다고 봐야 한다. 물론 사용자가 근로자의 수진을 강제할 수 있는 합리적인 이유가 존재하는 예외적인 경우에도 근로자에 대한 검진이 의사의 선택의 자유를 침해하지 않을 정도로 필요성이 있어야 한다.

나. 노동조합과 관련된 지시

1) 개요

우리나라 노동조합의 조직형태는 기업별 노조를 중심으로 이루어져 있고, 노동조합의 단결활동은 기업업무와 명확하게 분리하여 전개되지 않는 것이 일반적이다.[792] 또한 노동조합의 조합 활동은 그 대부분이 기업시설 내에서 이루어질 뿐만 아니라 업무시간 중에 이루어지는 것이 기업별노조의 현실적인 실정이다. 따라서 이 같은 노동조합의 조합활동은 사용자의 사업장 질서유지와 관련된 지시내지 명령과 충돌하게 되는 것은 당연한 것이다.

왜냐하면 근로자는 개별적 근로관계에서 보면 사용자의 지시나 명령에 따라야 하는 수동적 지위에 있지만 노동조합 측면에서 보면 그 개별근로자의 적극적인 행동을 통해서 단결활동이 이루어지기 때문이다. 다만 노동조합의 조합 활동과 관련된 근로3권은 국가가 보장하는「헌법」상의 권리이므로 사용자의 사업장 질서유지와 관련된 지시권으로부터 특별히 보호할 필요가 있는 것이다.

특히 우리나라「헌법」제33조는 근로자의 근로3권(단결권, 단체교섭권, 단체행동권)을 보장하고 있다. 이러한「헌법」상 규정을 근거로 현행「노조법」은 노동조합의 정당한 행위에 관해서 민사면책(제3조)과 형사면책(제4조)을 인정하고 있고, 그와 같은 정당한 행위에 대한 사용자의 침해적인 행위를 부당노동행위로서 유형화하여 금지하고 있다.(제81조) 이것은 근로자의 행위 중 단결활동의 성격을 가진 행위, 즉 조합 활동에 대해서 특별한 권리로서 보호한 것이다.[793]

결국 이것은 사용자 경영권을 제한함으로써 근로자의 단결권을 보장하려는 취지로 형성된 것이다. 일반적으로 사용자 경영권이 종래 시민법적인 소유권과 계약자유의 원칙으로부터 형성되었던 사용자의 고유한 권리인 반면에 근로자의 단결권은 사용자의 현실적인 힘의 우위에 대항하기 위한「헌법」상의 기본권으로서「노조법」이나「단체협약」등을 통해 구체적으로 보장하는 것이다.

2) 근로3권과 사용자 경영권

가) 노동조합과 사용자 경영권

---

792   박덕세, 박기성, 「한국의 노동조합–단위노동조합을 중심으로–」, 한국노동연구원, 1900면.

793   최영호,「기업 내 조합활동의 정당성」, 1996, 30면. 대법원. 1992.9.25. 선고. 92다18542. 판결.

근로자는 노동조합을 통해 사용자 경영권의 행사의 남용으로부터 보호될 수 있다. 더 나아가 근로자가 개인적으로 행하는 활동 및 그와 유사한 활동에 해당하더라도 그것이 노동조합의 단결의사에 기초한 조합 활동에 해당하는 경우에는 단순히 개인으로서의 활동과는 질적으로 구별되는 단결활동으로서 특별히 보호해야 할 필요가 있게 된다.

더욱이 근로자가 사용자의 지시에 따르지 않은 경우에 통상적으로 징계처분을 받기 때문에 근로자가 개인적으로 사용자의 지시를 거부하는 것은 매우 부담스러운 것이다. 하지만 조합원인 근로자가 노동조합의 단결력을 바탕으로 사용자의 부당한 지시에 대해 거부하는 것은 매우 용이할 것이다. 이에 반하여 현실적으로 사용자는 조합원인 근로자와 대립하기 위해 사용자경영권을 행사하는 경우가 많다. 이와 같이 사용자경영권과 조합원의 단결활동은 상호 대립관계에 있는 것이고, 결국 사용자경영권은 조합원의 단결활동을 보장하는 「헌법」 제33조에 의해 특별히 제한되는 것이다.[794]

사용자가 노동조합과 근로조건에 관하여 원활하게 교섭에 임한 경우에는 사용자는 경영권을 강제할 수 없다. 「근기법」이 근로조건의 결정에 있어서 대등성의 원칙을 규정하고 있고 (「근기법」제3조), 「노조법」이 단체교섭에 대해 법적인 보호를 두고 있는 점(「노조법」제30조 제2항)을 고려하다면 당연하다 할 것이다. 따라서 노동조합이 근로 조건에 관해 사용자에게 단체교섭을 요구하는 경우 사용자는 교섭에 성실히 응할 의무를 부담하고 이러한 교섭을 거치지 않은 사용자 경영권의 행사는 노동조합과의 관계에서 성실교섭의무에 위반하는 것이다.

그러나 주의할 필요가 있는 것은 근로자 개인의 노무의 종류와 범위는 근로계약의 가장 기본적인 내용이기 때문에 노동조합이라 하더라도 근로자를 대신하여 그 변경에 동의할 수 없다는 점이다. 왜냐하면 원칙적으로 근로자 개인의 의사는 존중되어야 하고, 노동조합의 개입은 그러한 근로자의 진정한 의사를 가능한 한 충분히 보장하기 위해서 필요한 범위에서 인정되기 때문이다.

한편 업무시간 중에 근로자는 업무에 성실히 종사할 의무를 부담하고 있기 때문에 업무시간 중에 조합 활동을 하는 것은 허용되지 않는다고 하는 것이 학설과 판례의 일반적인 태도이다.[795] 결국 근로자는 근로시간 중에는 근로계약상 사용자의 지시에 따라 근로를 제공해야 하기 때문에 원칙적으로 업무시간 중에 근로제공 이외의 조합 활동을 하는 것은 근로자의 **성실종사의무**에 위반하는 것이다.

반면에 업무시간 중의 조합 활동이 「단체협약」과 「취업규칙」 내에 명확히 인정하고 있는 경우에는 조합 활동 중인 근로자에게 사용자가 작업을 지시하는 것은 법적인 근거가 없다. 또한 업무시간 중의 조합 활동에 관하여 계속적으로 묵인해 온 관행이 있는 경우에도 사용자의 지휘·명령은 권리남용에 해당할 가능성이 높다.[796]

---

794 하경호, 「노동법 사례 연습」, 박영사, 2006, 360면.

795 김현애, 전게서, 702면. 대법원. 1994.5.10. 선고. 91구28750. 판결 등.

796 대법원. 1995.3.14. 선고. 94누5496. 판결.

나) 쟁의행위와 사용자 경영권

근로자의 단결활동 가운데 쟁의행위는 「헌법」상 근로자의 권리로서 인정되고 있고, 이것은 사용자 경영권과의 관계에서 매우 중요한 의미를 가지는 것이다. 왜냐하면 쟁의행위는 사용자의 지시에 대한 집단적 거부에 해당하고, 사업장질서에 관한 사용자의 지시 또는 명령에 전면적으로 불복종하는 것이기 때문이다.

대법원 판례는 쟁의행위의 주체나 목적, 시기와 절차 및 그 방법(태양)이 정당하면 사용자의 정당한 업무를 저해하는 노동조합의 집단적 행위가 정당한 쟁의행위로서 인정된다고 보고 있다.[797] 또한 쟁의 행위 기간 중에 별도로 조합원이 리본을 착용하는 행위는 쟁의행위 자체를 부당한 것으로 판단하는 요소가 되지 않는다고 한다.[798]

한편 쟁의행위와 사용자 경영권의 관계에서 중요한 의의를 지니는 것은 정당한 쟁의행위에 대해 근로자에게 책임을 부담하게 할 수 없다는 점이다. 이와 같이 정당한 쟁의행위에 대해 징계책임을 면제하는 것은 개별적 근로관계에 있어서 사용자 경영권의 거부에 따른 근로자 개인의 책임을 배제하는 것을 의미한다.[799] 따라서 쟁의행위에 참가했다는 이유로 징계 처분하는 것은 「노조법」 제81조의 불이익처분에 의한 부당노동행위에 해당하여 금지된다.[800]

다) 부당노동행위와 사용자 경영권

사용자의 경영권이 노동조합의 정당한 행위를 방해하기 위해 행사되는 경우에는 부당 노동행위로서 금지되는데 그것은 노동조합의 조합활동과의 관계에서 사용자의 권리남용을 유형화한 것이다. 즉, 현행 「노조법」 제81조는 사용자의 부당노동행위의 유형을 불이익 취급, 교섭거부, 지배개입 등으로 분류하여 금지하고 있다.

다만 사용자 경영권과 관련해서 대체로 사용자의 지시에 대한 거부행위에 대해 조합원을 불이익 취급하거나 노동조합에 지배 개입하는 경우가 문제되었다.[801] 여기서 **불이익 취급**은 사용자의 지시에 대한 거부가 '노동조합의 정당한 행위'로서 행하였음에도 불구하고 조합원을 해고하거나 기타 업무상 지시위반을 이유로 징계 처분하는 경우 등을 말한다.

다음으로 '지배개입'에 해당하는 것은 사용자가 '노동조합의 결성' 또는 '노동조합의 운영'을 방해하기 위한 목적으로 경영권을 행사하는 경우를 말한다.[802] 대법원의 판례도 근로자에 대한 배치전환이 실질적으로는 근로자의 노동조합활동을 혐오한 나머지 이에 대한 예방적 차원의 조치로서 노동조합활동을 방해하려는 의사로 행한 것이라면 부당노동행위에 해당한다고 보았다.[803]

---

797 대법원. 1996.2.27. 선고. 95도2970. 판결 등 다수.

798 대법원. 1992.1.21. 선고. 91누5204. 판결.

799 방준식, 「사용자의 지시권에 관한 연구」, 고려대학교, 2006, 206면.

800 대법원. 1990.11.27. 선고. 90누3683. 판결 등 다수.

801 대법원. 1994.4.26. 선고. 93다10279. 판결 등 다수.

802 대법원. 1997.5.7. 선고. 96누2057. 판결 등 다수.

803 대법원. 1998.12.23. 선고. 97누18035. 판결.

라) 유인물 배포 및 선전물 부착의 규제

노동조합의 조합원이 사업장 내에서 취업시간 중[804]에 유인물을 배포하거나 선전물을 부착하는 것은 원칙적으로 정당한 조합 활동에 해당하지 않는다.[805] 다만 사용자가 「취업규칙」에 이에 대해 일반적인 금지규정을 두거나 허가제로 하는 경우에는 노동조합이 정당한 조합 활동과의 관계에서 문제가 된다. 대체로 이러한 일반적 금지규정이나 허가제는 근로자의 표현의 자유(「헌법」제21조) 및 근로3권(「헌법」제33조)을 침해[806]할 소지가 크므로 제한적으로 인정해야 한다.[807]

대법원 판례도 유인물 배포나 선전물 부착은 사업장 질서 및 시설관리에 구체적인 위험이 있는 경우에만 제한된다고 판시한 바 있다.[808] 다만 대법원 판례는 휴게 중의 유인물 배포가 시설관리 및 다른 직원의 휴게이용을 방해하고 기업질서를 문란케 한다는 이유에서 허가제로 하는 것은 유효하다고 보지만, 유인물 배포가 정당한 노동조합의 활동에 해당하는 경우라면 사용자는 비록 「취업규칙」 등에서 허가제를 채택하고 있더라도 이를 이유로 유인물의 배포를 금지할 수는 없다고 하였다.[809]

생각건대 노동조합의 조합 활동은 「헌법」상 보장되는 기본권으로서 우선적으로 보장되어야 할 권리이다. 하지만 이러한 노동조합의 조합 활동에 관한 권리는 사용자가 근로계약상 가지는 기본적인 권리 즉 사용자경영권의 본질을 침해하지 않는 범위 내에서 보장범위가 정해져야 할 것이다. 그러나 근로자의 단결권 및 단체행동권과 같은 「헌법」상 권리는 그 법적 근거를 근로계약에 두고 있는 사용자 경영권에 의해 침해될 수는 없다.

VI. 사용자 경영권의 불응 효과

1. 사용자의 정당한 지시에 대한 위반의 효과

가. 계약 위반의 효과

1) 사용자의 정당한 지시에 반하여 노무를 제공하지 않은 경우

우선 근로자가 사용자의 정당한 지시에 반하여 노무를 제공하지 않은 경우에 사용자는 원칙적으로 근로자에 대한 임금지급의무를 부담하지 않는다. 근로계약은 기본적으로 근로자의 노무급부의무와 사용자의 임금지급의무를 대가적 교환관계로 하는 채권계약(「민법」제655조, 「근기법」제17조)이기 때문이다. 더 나아가 근로자의 지시위반이 「근기법」상 해고의 정당사유를 구성하는 경우에는 근로자를 해고할 수 있다.(「근기법」제30조 제1항)

그렇다면 근로자가 사용자의 정당한 지시를 위반한 것이 어느 정도가 되어야 근로자에

804 대법원. 1991.6.25. 선고. 90누2246. 판결.
805 대법원. 1990.5.15. 선고. 90도357. 판결.
806 서울지법. 1991.10.10. 선고. 89가합67846. 판결.
807 임종률, 「정당한 조합 활동」, 성균법학 제8호, 1997, 287면.
808 대법원. 1992.6.23. 선고. 92누4253. 판결 등 다수.
809 대법원. 1992.6.23. 선고. 92누4253. 판결.

대한 해고가 정당한가? 생각건대 이 경우 해고의 정당성에 관한 궁극적인 판단기준은 근로자의 지시위반이 근로계약관계를 유지할 만한 기대가능성이 있는지의 여부[810]라고 보아야 한다. 따라서 사용자는 근로자의 지시위반이 근로계약관계를 유지할 만한 기대 가능성이 없는 경우에 한하여 정당하게 근로자를 해고할 수 있는 것이다.[811]

대법원 판례도 '사용자가 승무직 근로자인 운전사에 대하여 행하는 승무지시는 사용자 경영권에 해당하므로 근로자인 운전사는 특별한 사정이 없는 한, 이러한 상용자의 승무지시에 따라야 할 것이고 이를 거부하는 것은 근로계약에 따른 근로자의 본질적이고 기본적인 의무인 근로제공의무를 이행하지 않는 것으로 보아, 이는 채무불이행이 될 뿐만 아니라 일반적으로 해고사유에 해당한다'고 보았다.[812]

다음으로 근로자가 사용자의 정당한 지시에 반하여 노무를 제공하지 않음으로 인해 사용자에게 손해를 입힌 경우에도 문제가 된다. 그러나 근로자는 사용자의 지시에 따라 노무를 제공할 의무를 부담하므로 근로자가 자신의 귀책사유로 인해 사용자에게 손해를 입혔다면 채무불이행에 따른 손해배상책임을 부담해야 한다.(「민법」제390조)[813] 물론 이와 달리 불법행위의 요건을 충족하는 경우에는 불법행위에 기한 손해배상 청구를 할 수 있다.(「민법」제750조)[814]

2) 사용자의 정당한 지시에 따라 노무의 제공은 있었으나 불완전 이행인 경우

근로자가 사용자의 정당한 지시에 따라 노무를 제공한 경우, 근로자는 근로계약상 인정된 임금을 청구할 수 있다. 그러나 근로자가 노무를 제공하기는 했지만 그것이 사용자의 정당한 지시에 따른 노무제공이 아닌 경우에는 문제가 된다. 생각건대 이러한 노무의 제공은 계약 내용에 따른 노무의 제공이 아니므로 근로자는 이에 대해 임금의 지급을 청구할 수 없다고 본다.

다만 이러한 경우에 **사용자가 임금지급의무를 면하기 위해서는 다음과 같은 요건을 충족하여야 한다. 첫째, 사용자는 계약 내용에 근거하여 구체적이고 명확한 지시를 했어야 한다.** 따라서 사용자의 추상적이고 불명확한 지시로 인해 근로자가 사용자의 요구사항과 다른 노무제공을 하였다면 사용자는 임금지급의무를 면하지 않는다.

왜냐하면 사용자경영권은 근로계약상 노무급부 내용을 구체화하는 것이므로 이를 구체화하지 않은 사용자의 지시로 인해 발생된 급부장애는 결국 사용자의 귀책사유로 인한 이행불능(「민법」제538조)으로 보아야 하기 때문이다. 따라서 사용자의 지시가 구체적이지 않음으로 인해 근로자가 지시내용을 명확히 인지할 수 없었다면 근로자가 비록 사용자의 요구사항에 부합하지 않게 노무제공을 했을지라도 사용자는 임금지급의무를 면할 수 없다.

---

810 김형배, 전게서, 551면 및 2021. 9. 787~789면.

811 대법원. 2003.7.8. 선고. 2001두8018. 판결.

812 대법원. 2005.6.10. 선고. 2004다 10784. 판결 등 다수.

813 김형배, 「채권각론」, 박영사, 2001, 261면.

814 곽윤직, 「채권각론(제6판)」, 박영사, 2005, 469면 이하.

둘째, 근로자의 지시 내용에 반하는 노무제공에 대해 사용자는 수령거절의 의사표시를 해야 한다. 즉, 채무내용에 해당하지 않는 노무제공에 대해 이를 수령하지 않겠다는 의사표시를 명확히 해야 하는 것이다. 물론 이와 같은 수령거절의 의사표시는 반드시 명시적일 것을 요하지 않고 묵시의 의사표시로도 가능하다.

따라서 사용자의 경영권을 행사하여 근로시간이나 근로 장소 등을 특정하여 노무를 제공하도록 지시하는 경우에는 그러한 지시(의사표시)에 특정노무의 제공 이외에는 수령하지 않겠다는 의사표시가 포함되어 있는 것으로 보아야 한다. 왜냐하면 구체적인 사용자의 지시가 있으면 그 지시에 따른 노무 이외의 다른 노무의 수령은 거절한다는 묵시의 의사표시가 포함된 것으로 볼 수 있기 때문이다.[815]

한편 근로자가 부담하는 근로계약상 의무의 범위는 근로자의 주된 노무급부의무뿐만 아니라 노무급부의 제공시 사용자의 이익을 부당하게 침해하지 않고 이행해야 할 부수적 의무(성실종사의무)를 포함한다.[816] 따라서 사용자의 정당한 지시에 따라 근로자가 성실하게 노무급부의무를 이행하지 않아 손해가 발생한 경우에는 근로자는 성실종사의무, 즉 근로계약상 선량한 관리자로서 주의의무(「민법」제374조)를 위반한 것으로 보아야 한다. 따라서 이러한 근로자의 의무위반을 사용자가 입증한 경우에는 근로자는 그 손해에 대해 배상책임이 있다. [817]

3) 사용자의 정당한 지시에 따른 노무의 제공은 있었으나 손해가 발생한 경우[818]

사용자가 사용자경영권에 기초하여 목적달성을 위해 지시하고 근로자가 그에 따라 성실하게 근로하였지만 결과적으로 당해 목적을 달성할 수 없어 사용자에게 손해를 주는 결과가 발생하였더라도 근로자는 채무불이행책임을 부담하지 않는다. 왜냐하면 손해의 발생이 근로자의 귀책사유 없이 이루어지는 한 근로자에게 채무불이행에 따른 손해배상 책임은 발생하지 않기 때문이다.(「민법」제390조)

그러나 근본적인 이유는 **첫째, 노무급부의무는 '하는 채무'의 성질을 가진다는 점**이다. 더욱이 **근로계약은 근로 그 자체를 목적으로 하는 계약이고, 도급과 같이 일의 완성을 목적으로 하는 계약이 아니다.** 따라서 근로자는 사용자의 지시에 따라 성실히 근로할 의무만을 부담할 뿐이다. 즉, **근로자의 노무급부의무는 일정한 결과발생(일 완성)을 목적으로 하는 채무(결과채무)가 아니라 그러한 결과의 달성을 위해서 필요한 행위를 하는 채무(행위채무)이다.**

더욱이 도급계약에서는 소기의 목적(결과)을 달성할 수 없으면 채무불이행이 되지만 근로계약에서는 일의 미완성 그 자체는 채무불이행의 판단에 영향을 미치지 않는다. 따라서 근로계약상 근로자가 사용자의 지시에 따라 필요한 주의를 다하여 성실히 근로하는 한 결과적으로 어떠한 손해가 사용자에게 발생한다 해도 근로자의 채무불이행 문제는 발생하지 않는다.

둘째, 근로계약은 사용자의 이익 및 위험부담을 전제로 하는 계약이라는 점이다. 즉, 자

---

815 방준식,「사용자의 지시권에 관한 연구」, 고려대학교, 2006, 220면.

816 김형배, 「채권법각론」, 박영사, 2001, 282면.

817 방준식, 전게연구, 고려대학교, 2006, 221면. Erfk/Preis §611 BGB Rn. 844.

818 곽윤직,「채권총론(제6판)」,박영사, 2003, 88면. 방준식, 전게논문, 고려대학교, 2006, 221~222면.

본주의 사회에서 근로계약은 사용자에게 사업수행을 위해 근로자의 노동력을 이용할 자유를 부여하고 그로부터 발생하는 이익은 사용자 자신에게 귀속할 것을 보장한다. 아울러 근로 계약은 이러한 이익귀속에 대한 반대급부로서 사업수행 과정에서 발생하는 위험도 사용자가 부담하는 것이다.

결국 근로자의 노동력으로부터 사용자가 이익을 얻는다는 것은 그 위험마저도 전부 감수하겠다는 것을 의미한다. 그리고 근로계약에서 근로자의 노무급부의무는 사용자경영권을 통해 일방적으로 결정(노무급부의 타인결정성)되기 때문에, 그로 인한 손해의 발생은 사용자의 경영권 행사와 실질적으로 관련성을 가진다. 따라서 근로자가 사용자의 지시에 따라 노무급부를 이행하였지만 그로 인해 발생한 손해는 당연히 사용자가 부담하는 것이다.[819]

나. 기업질서 위반의 효과[820]

노무급부 구체화를 위한 사용자의 지시에 대한 근로자의 위반은 해고나 손해배상과 같은 채무불이행 책임을 부담하게 하여 계약위반의 효과를 발생시키는 반면에 사업장 질서유지를 위해 행사하는 사용자의 정당한 지시를 근로자가 위반한 경우에 해당 근로자는 징계처분의 대상이 되어 기업질서위반의 효과를 발생시킨다. 물론 여기서 근로자에 대한 징계처분은 통상해고 및 손해배상청구라는 계약법상의 책임제도와는 다른 기업공동질서에 대한 제재의 성격을 가진 사용자의 강력한 조치이다.

생각건대 **사용자의 정당한 지시에 대한 위반이 징계처분의 대상**이 되는 것을 부정하기는 어렵다. 왜냐하면 **첫째, 사용자 경영권은 근로관계의 특수성으로 인해 계약법적 판단뿐만 아니라 내부규율적인 판단도 필요하므로 결국 사용자의 지시에 대한 위반은 계약 위반 내지 기업 공동질서 위반에 해당하기 때문**이다. 더욱이 사용자경영권은 개개의 노무급부를 일정한 규율을 통해 집단적인 공동작업에 통일시키는 기능(근로자의 조직화 기능)을 가진다는 점도 간과할 수 없다.

둘째, 공동작업을 위한 사업장 질서유지는 사업의 원활한 운영과 적절한 업무수행을 위해 사용자경영권으로서 행사될 필요가 있기 때문이다. 따라서 기업의 공동질서를 교란하는 근로자에 대해서는 기업의 계속적 집단적 질서유지를 위해 징계처분이 불가피하게 요구된다. 물론 징계처분은 근로자의 노무급부의무의 불이행이 기업질서를 침해한 경우에도 인정될 수 있다. 왜냐하면 노무급부의무의 불이행(채무불이행)이 기업질서의 침해와 연관될 수도 있기 때문이다.

더욱이 사용자경영권이 공동작업을 위해 형성된 기업질서에 따라 근로할 것을 내용으로 하는 경우, 이를 위반한 근로자의 채무불이행은 기업질서에 대한 침해를 의미한다고 볼 수도 있다. 따라서 **사용자의 정당한 노무급부 구체화 지시에 대한 근로자의 위반은 ① 노무급부 의무의 불이행이라는 채무불이행 책임의 요건(계약위반 사유)과 아울러 ② 징계 처분의 요**

---

819 방준식, 전게논문, 고려대학교, 2006, 222면.

820 방준식, 전게논문, 고려대학교, 2006, 223~224면.

건(기업질서 위반)을 동시에 충족시킬 수도 있다.

2. 사용자의 부당한 지시의 유형과 구제 절차

가. 사용자의 부당한 지시의 유형과 그 효과[821]

1) 사용자의 위법한 지시

사용자의 지시가 강행법규나 사회상규에 반하는 법률행위인 경우에는 무효이다. 예를 들어「근기법」제5조(균등대우의무)에 반하는 지시, 부당노동행위(「노조법」제81조)에 해당하는 지시는 강행법규 위반으로서 무효이고, 반사회질서에 해당하는 지시(「민법」제103조)는 사회상규에 반하여 무효가 된다. 따라서 사용자의 이러한 **위법한 지시에 대해 근로자는 정당하게 거부**할 수 있다.

이는 사용자의 위법한 지시에 대해서는 "불법에 양보할 필요가 없다"는 법수호의 원리[822]가 적용되기 때문이다. 따라서 근로자는 법질서의 준수를 위해 사용자의 위법한 지시를 거부할 수 있는 것이다. 물론 근로자가 이와 같이 노무급부의 이행을 거부하더라도 채무불이행의 문제가 발생할 여지가 없기 때문에 근로자가 노무급부의 이행을 거부한 것을 이유로 한 해고 및 징계처분의 효력은 인정되지 않는다.

2) 사용자의 안전배려의무를 위반한 지시

사용자가 안전배려의무에 따른 보호조치를 다하지 않은 지시를 한 경우에 근로자는 이러한 사용자의 지시를 거부할 수 있는가? 생각건대 근로계약에서 근로자의 노무급부 의무와 대가적 견련관계에 있는 것은 사용자의 안전배려의무가 아니라 사용자의 임금지급의무이기 때문에 사용자가 안정배려의무를 이행하지 않았다 하여 근로자에게 노무급부 거절권을 인정할 수는 없을지 모른다.

그러나 재산의 이전이나 타인의 재산의 사용 내지 수익과 관련되는 여타의 계약과 달리 근로계약에서는 근로자 자신의 노동력 제공이 자신의 신체와 분리할 수 없는 것이기 때문에 **신체의 완전성이익**[823]의 확보는 결국 노무급부와 직접적인 관련을 가진다고 볼 수 있다. 따라서 사용자의 안전배려의무에 따른 보호조치를 다하는 사용자 경영권의 행사는 근로자의 생명이나 신체의 완전성에 따른 노무급부의 제공과 동시이행의 관계에 있다고 볼 수 있다. 그리고 근로자의 이와 같은 노무급부 거절권은 사용자가 신의칙상 부담하는 안전배려의무[824]의 위반에 대한 항변권적 성격을 지닌다고 볼 수 있다.

한편 근로자가 사용자의 지시에 따라 근로하다가 산업재해를 당한 경우에는 근로자 또는

---

821 방준식, 전게논문, 고려대학교, 2006, 224~228면.

822 **법수호의 원리**는 「형법」상 위법성조각사유인 정당방위의 법적근거로서 적용하는 것이지만 위법한 사용자의 지시에 대한 근로자의 정당한 거부에도 동일한 원리가 적용된다고 보아야 할 것이다.

823 **신체의 완전성이익**이란 독일의 학설과 판례가 인정하는 채권관계 당사자 상호간의 보호의무 내용이 되는 이익이다. 따라서 일방 당사자는 계약체결 시부터 종료할 때까지 급부결과를 실현하는 이행과정에서 상대방의 생명이나 신체, 건강 등의 완전성 이익을 보호할 의무가 있다.

824 김형배, 전게서. 박영사. 2002. 538면 및 2021. 9. 585면. 대법원. 2001.7.27. 선고. 99다56734. 판결 등 다수.

그 유족은 재해보상을 받을 수 있고, 이와 달리 민사상 요건이 갖추어진 경우에는 사용자에게 손해배상을 청구할 수 있다. 여기서 사용자에 대한 민사상 손해배상청구는 종래에는 주로 불법행위책임에 기한 손해배상청구였으나 오늘날 학설 및 판례는 대체로 근로계약상 사용자의 안정배려의무의 위반에 따른 효과로서 채무불이행에 기한 손해배상청구로 구성하고 있다.[825]

3) 단체협약 또는 취업규칙, 경영관행에 반하는 지시

「단체협약」 또는 「취업규칙」에 반하는 사용자의 지시는 무효이다.(「근기법」 제100조, 「노조법」 제33조) 왜냐하면 근로계약에 근거하는 사용자경영권은 집단적 규범에 의해 제한되는 것이고, 더욱이 사용자 경영권은 「노동법」의 法源에 있어서 效力階位 상 최하위에 놓이기 때문이다. 그리고 사용자의 지시가 근로계약이나 취업규칙에 규정되지 않은 부분에 한하여 보충적으로 적용되는 경영관행에 반하는 경우에도 무효이다.

결국 이러한 사용자의 지시가 무효인 경우에는 원칙적으로 근로자의 임금청구권은 상실하지 않는다. 이 경우에 근로자는 종전의 근로계약상 인정되었던 임금을 청구할 수 있을 뿐만 아니라 사용자의 부당한 조치에 의해 임금이 삭감된 경우에는 그 차액임금을 청구할 수 있다. 그리고 사용자의 지시가 불법행위를 구성해 근로자에게 손해를 발생시킨 경우에는 근로자는 불법행위에 기한 손해배상청구도 가능하다.

다음으로 사용자의 부당한 지시에 따르지 않은 근로자를 해고함으로써 근로자의 노무 수령을 거절한 경우에는 당해 기간 중의 노무급부는 해고로 인한 이행불능이 될 수 있다. 하지만 이것은 사용자의 귀책사유에 의한 이행불능이므로 근로자는 「민법」 제538조(채권자 귀책사유에 의한 이행불능)에 의해서 임금청구권을 상실하지 않는다.[826]

아울러 근로자가 사용자의 지시가 부당하다고 미리 판단하여 거부한 경우 비록 근로자의 지시위반이 계약상 채무불이행에 해당한다 할지라도 근로계약 관계의 존속에 기대 가능성이 있다면 당해 근로자를 해고한 것은 형평성에 맞지 않다고 보아 부당해고(「근기법」 제30조)로서 무효가 된다.[827]

4) 근로계약의 범위를 벗어난 지시

사용자가 근로계약의 범위를 벗어난 지시를 하는 경우가 있을 수 있는데, 근로자가 이러한 지시를 거부하는 경우에는 어떤 법적 효과가 발생하게 되는가? 생각건대 이러한 근로계약의 범위를 벗어난 지시는 무효라고 보아야 하고, 근로자는 이를 거부하더라도 계약상 채무불이행책임을 부담하지 않는다. 왜냐하면 사용자경영권은 근로계약상 인정되는 범위 내에서 행사할 수 있는 계약상의 권리이기 때문이다.

그러나 근로자가 사용자의 지시에 따르지 않고 근로계약의 범위 내의 다른 노무를 제공

---

825 곽윤직, 「채권총론(제6판)」, 박영사, 2003, 68면. 김형배. 「채권법각론」. 박영사. 1999. 152면. 대법원. 2002.11.26. 선고. 2000다7301. 판결. 대법원. 1999.7.9. 선고. 98다25061. 판결 등 다수.

826 대법원. 1992.12.8. 선고. 92다39860. 판결 등 다수.

827 이정, 「권리남용 및 부당해고 무효론에 대한 재고찰」, 외법논집 제10집, 2001, 154면.

한 경우에는 그러한 노무제공이 계약내용의 이행에 해당하는지의 여부를 실질적으로 판단할 필요가 있다. 생각건대「민법」상 변제제공은 채무내용에 좇은 현실 제공이 원칙(「민법」제460조)이지만, 근로관계에서의 급부내용은 단순히 형식적인 노무제공의 문제가 아니라 당사자의 의사해석을 기본으로 함과 동시에 신의칙이나 거래관행을 고려하여 실질적으로 판단해야 할 것이다.[828]

한편 사용자의 지시가 계약 내용에 반하여 근로자가 이를 거부하는 경우에는 현실적인 문제가 있다. 왜냐하면 사용자의 지시가 계약 내용에 반하는 내용이어서 근로자가 그에 따른 노무제공을 하지 않았다면 사용자의 그러한 부당한 지시에 대한 거부는 계약상 채무불이행에 해당하지 않을지라도 사용자의 지시가 정당한지 부당한지의 판단은 법원에 의한 사후적인 판단이기 때문이다.

따라서 이러한 문제의 해결을 위해 다음의「민사집행법」상 **'효력정지가처분제도'**를 활용할 필요가 있다고 생각한다. 왜냐하면 현실적으로 사용자의 지시가 무효인지 여부는 법원에 의한 사후적인 판단이지만, 이러한 '효력정지가처분제도'를 활용하게 되면 사용자의 부당한 지시를 사전적으로 효력을 정지시키고 분쟁상태를 신속하게 해결할 수 있기 때문이다.

나. 사용자의 부당한 지시에 대한 구제 절차[829]

1) 노동위원회에 의한 구제

사용자의 부당한 지시를 거부한 근로자를 해고, 휴직, 정직, 전직, 감봉 기타 징벌을 한 때에는 당해 근로자는 노동위원회에 그 구제를 신청할 수 있다.(「근기법」제33조 제1항) 따라서 근로자는 사용자의 부당한 지시를 거부한 이유로 해고 등의 조치를 당한 경우에는 노동위원회를 통해 구제받을 수 있다.

또한 사용자의 부당한 지시가 부당노동행위에 해당하는 경우에는 해당 근로자 또는 노동조합은 노동위원회에 그 구제를 신청할 수 있다.(「노조법」제82조 제1항) 대법원 판례는 노동위원회에 제출된 '부당노동행위구제신청서'가 부당노동행위뿐만 아니라 부당 해고에 대한 구제신청도 포함된다고 보고 있다.[830] 따라서 '부당노동행위구제신청서'에 구제의 내용이 구체적으로 특정되어 있지 않다고 하더라도 그 신청서에 부당노동행위 내지 정당한 이유가 없는 해고·휴직·정직·전직·감봉 기타 징벌 등을 구성하는 구체적 사실을 주장하고 있다면 그에 대한 구제도 신청하고 있는 것으로 보아야 한다.[831]

한편 사용자가 근로계약 체결 시에 정한 근로조건을 위반할 경우, 근로자는 노동위원회에 손해배상 청구를 위한 신청을 할 수 있다.(「근기법」제26조 제2항) 따라서 근로계약에 근거한 사용자 경영권의 내용이 근로자의 노무급부의무의 변경을 발생시키는 근로조건에 해당

---

828 대법원. 1991.12.22. 선고. 95다40397. 판결.

829 방준식, 전게논문, 고려대학교, 2006, 228~231면.

830 대법원. 1999.5.11. 선고. 98두9233. 판결.

831 손창희,「노동위원회 명령과 사법심사의 한계」, 조정과 심판 제3호, 2000, 14면.

하는 한 사용자의 부당한 지시는 사용자가 근로계약 체결 시에 정한 근로조건을 위반한 것이다. 따라서 이와 같은 사용자의 부당한 지시(근로조건 위반)로 인해 근로자가 손해를 입은 경우에 해당 근로자는 노동위원회를 통해 구제받을 수 있다.

2) 법원에 의한 구제

앞에서 유형화한 사용자의 부당한 지시는 법원의 심판을 통해서도 구제될 수 있다.[832] 그리고 그러한 부당한 지시가 불법행위를 구성하는 경우 근로자는 그에 기한 손해배상을 청구할 수 있다. 설령 근로계약의 범위 내에 해당하는 지시라 할지라도 권리남용에 해당하는 경우에는 무효가 된다. 이것은 사용자 경영권의 단계별 제한 방법 중 사용자의 업무상 필요성과 근로자의 불이익을 구체적으로 비교형량하는 사용자경영권의 행사규제와 관련된 것이다.

한편 사용자 경영권은 형성권으로 보는 견해(형성권설)에 의하면 사용자의 지시에 의한 근로자의 노무급부의무 변경은 결국 법률행위의 변동에 해당하기 때문에 구체적인 지시의 효력이 다투어질 수 있다. 예를 들면 **근로자의 생명이나 신체에 위험을 주는 지시 내지 근로자의 인격권을 침해하는 지시, 형사상 범죄행위에 해당하는 지시 등은 무효인 법률 행위로 판단**할 수 있기 때문이다.

3) 효력정지 가처분제도

종래에는 사용자의 지시가 부당한 경우 근로자의 구제방법은 오로지 손해가 발생한 경우 손해배상청구에 의해 해결할 수 있었지만 이것은 사후적인 구제에 지나지 않기 때문에 근로자의 이익보호에는 충분하지 않았다. 하지만 형성권설에 의하면 당해 지시의 무효확인의 소를 제기하여 사전적인 구제가 가능하게 된다. 특히 이러한 지시가 반복 내지 계속해서 행사되는 경우에는 그 무효 확인의 소와 아울러 그것을 피보전권리[833]로 하는 효력정지 가처분제도를 통한 사전적 구제를 인정할 필요가 있다.

「민사집행법」상 **효력정지 가처분제도**는 사용자의 부당한 지시에 직면한 근로자의 신속한 권리보호를 위한 제도로서 가능하기 때문이다. 예를 들면 근로자의 직무상 내지 생활상의 불이익을 수반한 사용자의 배치전환 지시에 대해 근로자가 이에 불응할 경우에 결국 근로자는 지시거부에 따른 계약상 채무불이행 및 징계처분의 위험에 처하게 된다. 따라서 이와 같은 위험을 방지하기 위해 근로자가 사용자의 배치전환 지시에 대한 무효 확인의 소를 제기하기 전에 효력정지 가처분제도를 이용하게 되면 근로자는 현재의 직종이나 근무지를 보전하면서 배치전환지시의 효력을 판단할 수 있는 것이다.

이와 같이 「민집법」상 효력정지가처분제도는 권리관계에 관한 분쟁 때문에 현재 채권자가 겪고 있는 생활관계상의 위험을 제거하거나 그 해결 시까지 기다리게 되면 회복할 수 없는 손해가 생기는 것을 방지하기 위해 권리관계의 변동이 무효임을 전제로 임시적으로 잠정

---

832 대법원. 1999.9.3. 선고. 97누2528. 판결.

833 김상원외, 「주해민사집행법(VI)」, 한국사법행정학회, 2004, 378면.

적인 법률상태를 형성하거나 그 사실적 실현을 꾀하는 것을 목적으로 한다.[834]

특히 현행 「민집법」 제300조 제2항에서 규정하고 있는 임시적 지위를 정하기 위한 가처분은 다툼이 있는 권리관계에 관한 분쟁이 해소되지 않아 생길 현저한 손해를 피하거나 급박한 위험을 방지하기 위하여 분쟁해결 시까지 잠정적인 법률상태를 형성하거나 그 실현을 꾀하기 위하여 행하는 가처분이다.[835]

따라서 사용자의 부당한 지시와 관련하여 **근로자의 임시의 지위를 정하기 위한 가처분**은 근로관계에서 **현재의 위험을 방지·배제하기 위해 사용자의 지시가 무효임을 전제로 종전과 같이 그 현상을 유지시키는 것을 목적으로 하는 보전수단**이다.

제4절 모니터링 단계의 법적위험

Ⅰ. 개인정보 활용의 법적위험

개인정보란 살아있는 개인에 관한 정보로서 ① 성명, 주민등록 번호 및 영상 등을 통해 개인을 알아볼 수 있는 정보, ② 해당 정보만으로는 특정 개인을 알아볼 수 없더라도 다른 정보와 쉽게 결합하여 알아볼 수 있는 정보 또는 ③ 제①항 또는 제②항을 가명처리함으로써 원래의 상태로 복원하기 위한 추가 정보의 사용·결합 없이는 특정 개인을 알아볼 수 없는 정보(이하 '가명정보'라 한다)를 말한다.(「개인정보보호법」 제2조 제1호)

최근 개인정보와 관련한 법적위험이 급증하고 있다. 개인정보는 그동안의 관행을 고려해 볼 때 놓치기 쉬운 부분이므로 더욱 세심한 주의가 필요하다. 개인정보는 원칙적으로 수집 목적에 필요한 범위 내에서만 적합하게 사용되어야 하며, 그 목적 외의 용도로 활용하여서는 아니 된다.(「개인정보보호법」 제3조 제2항) 그러므로 채용을 위해 수집한 정보를 임의로 부정조사에 활용해서는 아니 된다.

채용할 때 이름, 생년월일, 연락처, 학력, 성적, 자격사항 등을 요구하게 마련이다. 채용을 위해 반드시 필요한 개인정보의 경우에는 동의가 필요 없으나, 어떤 문제가 발생하였을 경우 이 정보들이 반드시 필요했다는 점에 대한 입증책임은 채용기업이 부담한다.

이런 이유로 보통 실무적으로는 처음부터 일괄적으로 사전 동의를 받고 있다. 따라서 채용을 위해 수집한 개인정보를 상시모니터링 차원에서 활용하기 위해서는 이러한 사실을 미리 고지하고 개별적인 동의를 받는 것이 안전하다. 이때 상시모니터링의 범위, 관련 규정, 활용되는 개인정보 등이 구체적으로 적시되고 설명되어야 한다.

---

834 김상원외, 전게서, 한국사법행정학회, 2004, 339면.

835 김상원외, 전게서, 한국사법행정학회, 2004, 375면.

개인정보의 사례(예시)

- 신분 관계 : 성명, 주민등록번호, 주소, 가족관계, 본관 등.
- 개인 성향 : 사상, 신조, 종교, 가치관, 정치적 성향 등.
- 심신 상태 : 건강 상태, 신장, 체중 등 신체적 특징, 병력, 장애 정도 등.
- 사회 경력 : 학력, 직업, 자격, 전과 여부 등.
- 경제 관계 : 소득규모, 재산보유 상황, 거래내역, 신용정보, 채권채무 관계 등.
- 신종 정보 : 생체 인식 정보(지문, 홍채, DNA 등), 위치 정보 등.

1. 근로자의 개인정보 수집

개인정보처리자는 개인정보의 처리 목적을 명확하게 해야 하고 그 목적에 필요한 범위에서 최소한의 개인정보만을 적법하고 정당하게 수집하여야 한다.(「개인정보보호법」 제3조 제1항) 개인정보 처리자는 「동법」 제15조 제1항 각 호의 어느 하나에 해당하여 개인정보를 수집하는 경우에는 그 목적에 필요한 최소한의 개인정보를 수집하여야 한다.(「동법」 제16조 제1항)

정보수집 단계에서 우선 문제가 되는 것이 채용과정에서의 질문·조사이다. 우리나라에서 근로자를 채용할 경우 이력서 제출을 시작으로 면접, 각종의 테스트, 그리고 신원조사를 통해 응모자의 직무능력과 경력뿐만 아니라 그와 직접 관련되지도 않은 다양한 개인정보를 수집한다. 물론 채용과 관련하여 응모자의 업무적격성을 판단하기 위해 충분한 질문·조사를 할 필요성이 있음은 두말할 필요가 없다.

그러나 그것이 응모자의 프라이버시를 침해하거나 차별을 행할 위험이 높기 때문에 문제가 된다. 생각건대 사용자는 기본적으로 계약의 자유 및 사용자의 경영상의 자유를 기초로 하여 근로자에 대해 질문·조사의 권리를 가지지만, 근로자의 인격권을 침해하지 않는 범위 내에서 허용된다 할 것이다. 즉, 사회통념상 용인될 수 있는 정당한 범위 내에서 질문·조사할 수 있는 것으로 보아야 한다.

왜냐하면 근로능력이 근로자의 인격과 불가분하다는 점, 근로관계는 계속적 고용관계라는 점에서 근로자에게 질문할 수 있지만, 이를 무제한적으로 허용할 수 없기 때문이다. 국제기준에 비추어보더라도 사용자가 수집할 수 있는 개인정보의 범위는 고용과 직접 관련되는 것으로 제한하고 있고, 그 범위를 넘는 정보 수집은 근로자의 프라이버시의 침해로서 허용되지 않는다.

특히 민감한 정보(예를 들어 성생활, 사상, 신조, 범죄력, 노동조합의 가입여부 및 건강 정보 등)에 관해서는 사용자에 의한 수집이 원칙적으로 금지되어 있고, 극히 예외적인 경우에 한하여 인정되고 있다. 생각건대 근로자에 대한 정보 수집은 사용자와 근로자의 쌍방의 이익을 비교형량함으로써 사용자가 질문할 수 있는 개인정보의 범위를 한정할 필요가 있다고 본다.

2. 근로자의 개인정보 이용 및 제공

개인정보처리자는 개인정보를 「개인정보보호법」 제15조 제1항·제39조의3 제1항·제2항에 따른 범위를 초과하여 이용하거나 제17조 제1항과 제3항에 따른 범위를 초과하여 제3자에게 제공하여서는 아니 된다.(「개인정보보호법」 제18조 제1항)

「동법」 제18조 제1항에도 불구하고 **개인정보처리자는 정보주체로부터 개별동의를 받았거나 다른 법률의 특별한 규정, 급박한 생명, 신체, 재산의 이익을 위하여 필요하다고 인정되는 경우**에는 **정보주체 또는 제3자의 이익을 부당하게 침해할 우려가 있을 때를 제외하고는 개인정보를 목적 외의 용도로 이용하거나 제3자에게 전달**할 수 있다.(「동법」 제18조 제2항)

또한 개인정보처리자로부터 개인정보를 제공받은 자는 정보주체로부터 별도의 동의를 받은 경우 또는 다른 법률에 특별규정이 있는 경우를 제외하고는 개인정보를 제공받은 목적 외의 용도로 이용하거나 제3자에게 제공하여서는 아니 된다.(「동법」 제19조)

3. 근로자의 개인정보 처리

가. 민감정보의 처리

개인정보처리자는 사상·신념·노동조합·정당의 가입·탈퇴·정치적 견해·건강·성생활 등에 관한 정보, 그 밖에 정보주체의 사생활을 현저히 침해할 우려가 있는 개인정보로서 대통령령이 정하는 정보(이하 "**민감정보**"라 함)를 처리하여서는 아니 된다.

다만, 정보주체에게 「동법」 제15조 제2항 각호 또는 제17조 제2항 각호의 사항을 알리고, 다른 개인정보의 처리에 대한 동의와 별도로 동의를 받은 경우 및 법령에서 민감 정보의 처리를 요구하거나 허용하는 경우는 그러하지 아니하다.(「개인정보보호법」 제23조 제1항)

개인정보처리자가 「개인정보보호법」 제23조 제1항에 따라 민감 정보를 처리하는 경우에는 그 민감 정보가 분실·도난·유출·변조 또는 훼손되지 아니하도록 「개인정보보호법」 제29조에 따른 안전성 확보에 필요한 조치를 하여야 한다.(「동법」 제23조 제2항)

나. 고유식별정보의 처리

개인정보처리자는 정보주체에게 다른 개인정보의 처리에 대한 동의와 별도로 동의를 받은 경우와 법령에서 구체적으로 고유식별정보의 처리를 요구하거나 허용하는 경우를 제외하고는 법령에 의하여 개인을 고유하게 구별하기 위하여 부여된 식별정보로서 대통령령으로 정하는 정보 즉 **고유식별정보**를 처리할 수 없다.(「동법」 제24조 제1항)

개인정보처리자가 「개인정보보호법」 제24조 제1항 각호에 따라 고유식별정보(예: 주민번호, 운전면허번호, 여권번호 등)를 처리하는 경우에는 그 고유식별정보가 분실·도난·유출·위조·변조 또는 훼손되지 않도록 대통령령으로 정하는 바에 따라 암호화 등 안전성 확보에 필요한 조치를 하여야 한다.(「동법」 제24조 제3항)

다. 주민등록번호의 처리

「개인정보보호법」 제24조 제1항에도 불구하고 개인정보처리자는 ① 법률·대통령령·국회규칙·대법원규칙·헌법재판소규칙·중앙선거관리위원회규칙·및 감사원규칙에서 구체적으로 주민등록번호의 처리를 요구하거나 허용한 경우, ② 정보주체 또는 제3자의 급박한 생명, 신체, 재산의 이익을 위하여 명백히 필요하다고 인정하는 경우, ③ 제①호 및 제②호에 준하여 주민등록번호 처리가 불가피한 경우로서 행정안전부령으로 정하는 경우를 제외하고는 주민등록번호를 처리할 수 없다.(「동법」 제24조의2 제1항)

개인정보처리자는 「개인정보보호법」 제24조제3항에도 불구하고 주민등록번호가 분실·도난·유출·위조·변조 또는 훼손되지 아니하도록 암호화 조치를 통하여 안전하게 보관하여야 한다. 이 경우 암호화 적용 대상 및 대상별 적용 시기 등에 관하여 필요한 사항은 개인 정보의 처리 규모와 유출 시 영향 등을 고려하여 대통령령으로 정한다.(「동법」 제24조의2 제2항)

라. 영상정보처리기기의 설치 및 운영

누구든지 ① 법령에서 구체적으로 허용하고 있는 경우, ② 범죄 예방 및 수사를 위하여 필요한 경우, ③ 시설안전 및 화재 예방을 위하여 필요한 경우, ④ 교통단속, 교통정보의 수집·분석·제공을 위하여 필요한 경우를 제외하고는 공개된 장소에 영상청보처리기기를 설치·운영하여서는 아니 된다.(「동법」 제25조 제1항)

누구든지 불특정 다수가 이용하는 목욕실, 화장실, 발한실(發汗室), 탈의실 등 개인의 사생활을 현저히 침해할 우려가 있는 장소의 내부를 볼 수 있도록 영상정보처리기기를 설치·운영하여서는 아니 된다. 다만 교도소, 정신보건시설 등 법령에 근거하여 사람을 구금하거나 보호하는 시설로서 대통령령에서 정하는 시설에 대하여는 그러하지 아니하다.(「동법」 제25조 제2항)

영상청보처리기기를 설치·운영하는 자(이하 '영상정보처리기기운영자'라 함)는 정보 주체가 쉽게 인식할 수 있도록 ① 설치 목적 및 장소, ② 촬영 범위 및 시간, ③ 관리 책임자의 성명 및 연락처, ④ 그 밖의 대통령령이 정하는 사항이 포함된 안내판을 설치하는 등 필요한 조치를 하여야 한다.(「동법」 제25조 제4항)

또한 영상정보처리기기운영자는 영상정보처리기기의 설치 목적과 다른 목적으로 영상 정보처리기기를 임의로 조작하거나 다른 곳을 비춰서는 아니 되며, 녹음기능은 사용할 수 없다.(「동법」 제25조 제5항) 아울러 개인정보가 분실·도난·유출·위조·변조 또는 훼손되지 아니하도록 「동법」 제29조에 따라 안정성 확보에 필요한 조치를 하여야 한다.(「동법」 제25조 제6항)

4. 근로자의 개인정보 권리

가. 안전조치 의무

개인정보처리자는 개인정보가 분실·도난·유출·위조·변조 또는 훼손되지 아니하도록 내부 관리계획 수립·시행, 접근 통제 및 접근권한의 제한, 암호화 기술의 적용 및 이에 상응하는 조치, 접속기록의 보관 및 위·변조 방지를 위한 조치, 보안프로그램의 설치 및 갱신, 보관시설의 마련 및 잠금장치의 설치 등 물리적 조치 등 대통령령이 정하는 바에 따라 안정성 확보에 필요한 기술적·관리적 및 물리적 조치를 하여야 한다.(「동법」 제29조, 「동법시행령」 제30조)

나. 개인정보 처리방침의 수립

개인정보처리자는 ① 개인정보의 처리 목적, ② 개인정보 처리 기간 및 보유 기간, ③ 개인정보의 제3자 제공에 관한 사항, ③의2 개인정보의 파기절차 및 파기방법, ④ 개인정보 처리의 위탁에 관한 사항, ⑤ 정보주체와 법정대리인의 권리·의무 및 그 행사 방법에 관한 사항 등의 사항이 포함된 개인정보 처리방침(이하 '개인정보 처리방침'이라 함)을 정하여야 한다.(「동법」 제30조 제1항)

다. 개인정보 보호책임자의 지정

개인정보처리자는 개인정보처리에 관한 업무를 총괄해서 책임질 개인정보 보호책임자를 지정하여야 한다.(「동법」 제31조 제1항) 개인정보책임자는 ① 개인정보 보호계획의 수립 및 시행, ② 개인정보 처리 실태 및 관행의 정기적인 조사 및 개선, ③ 개인정보 처리와 관련한 불만의 처리 및 피해 규제, ④ 개인정보 유출 및 오용·남용 방지를 위한 내부통제시스템의 구축, ⑤ 개인정보 보호교육 계획의 수립 및 시행, ⑥ 개인정보 파일의 관리·감독 등의 업무를 수행한다.(「동법」 제31조 제2항)

5. 근로자의 개인정보 파기 및 보존

가. 근로자 개인정보의 파기

개인정보처리자는 보유기간의 경과, 개인정보의 처리 목적 달성 등 그 개인정보가 불필요하게 되었을 때는 지체 없이 그 개인정보를 파기하여야 한다. 다만 다른 법령에 따라 보존하여야 하는 경우에는 그러하지 아니하다.(「동법」 제21조 제1항)

개인정보처리자가 「동법」 제21조 제1항에 따라 개인정보를 파기할 때는 복구 또는 재생되지 아니하도록 조치하여야 한다.(「동법」 제21조 제2항) 개인정보처리자가 개인정보를 파기할 때에는 ① 전자파일 형태일 경우 : 복원이 불가능한 방법으로 영구 삭제, ② 제①호 외의 기록물, 인쇄물, 서면, 그 밖의 기록매체인 경우 : 파쇄 또는 소각 등의 방법으로 하여야 한다.(「동법시행령」 제16조 제1항)

나. 근로자 개인정보의 보존

개인정보처리자가 「동법」 제21조 제1항 단서에 따라 개인정보를 파기하지 아니하고 보존하여야 하는 경우에는 해당 개인정보 또는 개인정보 파일을 다른 정보와 분리하여서 저장·관리하여야 한다.(「동법」 제21조 제3항)

II. 전자우편감시의 법적위험

1. 전자우편감시의 의의

전자우편감시란 통상 인터넷, 인스턴트 메신저, PC통신, 인트라넷 등을 통한 전자적 메시지의 전송 내용, 전송 횟수, 전송 시기, 작성 시간, 송수신자 등을 모니터링하고, 분석·보고·기록하는 일체의 행위를 말한다.

이와 같이 직장 내에서 행하여지고 있는 **사용자에 의한 근로자의 전자우편 이용감시는 기업의 영업 비밀 보호, 근로자의 비행방지, 통신설비의 오남용 방지 및 사적이용의 통제, 노동생산성 향상 등을 위한 근로감시의 한 형태**로 볼 수 있다.

2. 전자우편감시의 목적[836]

가. 산업정보의 유출 방지

정보의 유출은 종이복사, 팩스, 도청이나 도촬, 디스켓 복제, CD 및 USB의 복제 등에 의하여 이루어지지만, 전자우편을 이용할 경우 훨씬 더 간편하고 신속한 정보 유출이 가능하다. 특히 최근에는 전자우편에 의해 전송할 수 있는 정보의 양이 갈수록 확대되고 있고, 그림·사진·동영상·음성 등 모든 형태의 정보전송이 가능하도록 전자우편의 성능이 개량되어 대량의 설계정보도 순식간에 유출이 가능하다.

이러한 정보유출은 대개 임직원에 의해 의도적으로 이루어지지만, 경우에 따라서는 회사 동료·친구·가족들과 주고받는 전자우편상에서 무의식중에 실수나 부주의에 의해서도 이루어질 수 있다. 사소한 것이라도 기업정보의 유출은 회사의 존망을 좌우할 수 있기 때문에 기업정보의 유출 방지를 목적으로 행하는 전자우편감시는 기업의 자위행위로서 불가피한 조치라고 보아야 할 것이다.

나. 통신설비의 사적이용 통제

근로자는 원칙적으로 회사의 업무가 아닌 사적인 업무를 위해서 회사의 재산을 이용해서는 안 된다. 그러나 회사재산의 사적이용보다 더 심각한 것은 근로자들이 사적인 전자우편을 송수신하기 위해 낭비하는 시간이다. 인재파견회사 보브스의 조사에 의하면 우리나라 직장인 603명을 대상으로 조사한 결과 남녀 모두 하루 2시간 이상 사적인 인터넷 활동에 시간을 허비하고 있는 것으로 나타났다.

이러한 현실에서 사용자가 근로자의 전자우편, 메신저, 채팅 등의 활동을 어느 정도 감시하고 규제하는 것은 불가피하다. 사용자가 집단적인 노동력을 효율적으로 서로 연계하면서 합리적으로 통제하여 저항력을 감소시키고 노동생산성을 높이기 위한 수단으로 사용하는 것이 바로 노동 관찰과 감시이다.

다. 근로자의 각종 비행 예방

전자우편은 오늘날 정보전달 및 의견표현 수단으로써 핵심적인 위치를 차지하고 있다. 이것은 근로자들의 직장생활에서도 마찬가지다. 그러나 일부 근로자들은 회사에서 배급한 전자 우편을 가지고 헛소문을 퍼트리거나 동료나 상사의 명예를 훼손하는데 사용하기도 한다. 전자우편을 통해 이성 동료를 성희롱하거나 스토킹하기도 하여 사진을 공개하겠다고 협

---

836 이창범,「사업장내 전자우편감시제도에 관한 연구」, 노동정책연구제5권제4호, 2005, 137~139면.

박하기도 한다. 그 결과 직장 분위기가 어수선하고 동료들 간 불필요한 오해를 낳기도 해 그 것이 생산성저하로 이어지기도 한다.

이 경우 **사용자의 안전배려의무**는 근로자의 생명·신체·건강을 침해해서는 안 된다고 하는 소극적 의무뿐만 아니라 예견되는 위험으로부터 근로자를 안전하게 보호하기 위해 적절한 조치를 강구해야 하는 적극적인 의무도 포함된다. 그 밖에 근로자의 인격이 침해되지 않도록 배려해야 하는 것도 안전배려 의무의 내용을 구성한다. 따라서 근로시간에 행하여지는 성차별, 성희롱, 스토킹, 명예훼손, 사생활 침해 등이 사용자의 안전배려의무를 위반할 가능성이 있기 때문에 기업의 법적책임 회피와 노동 생산성 저하 방지 차원에서 필요한 조치이다.

3. 전자우편감시의 제한[837]

가. 「통신비밀보호법」상의 제한

현행 「통신비밀보호법」 제3조 제1항은 "누구든지 이 법과 「형사소송법」 또는 「군사법원법」의 규정에 의하지 아니하고는 우편물의 검열·전기통신의 감청 또는 통신사실확인자료의 제공을 하거나 공개되지 아니한 타인간의 대화를 녹음 또는 청취하지 못한다."라고 규정하고 있다. 여기서 말하는 전기통신에는 전화, 팩스, 무선호출 등의 유무선 통신 외에 명문의 규정으로 전자우편도 포함된다.(「동법」 제2조 제3호)

전기통신시설이 행해진 시설의 소유, 전기통신이 행해진 장소, 전기통신의 주체 등에 대하여 특별한 제한을 두고 있지 아니하므로 당연히 직장 내에서 근로자 상호 간 또는 근로자와 제3자 간에 이루어진 전자우편도 이 법에 의해 보호를 받는다. 즉 이 법에서 말하는 '누구 든지'에는 국가기관뿐만 아니라 제3자, 사용자, 동료 근로자도 포함된다.

다만, 이 법 제2조 제7호가 **감청**이라 함은 전기통신에 대하여 '당사자의 동의 없이' 전자장치·기계 장치 등을 사용하여 통신의 음향·문언·부호·영상을 청취·공독하여 그 내용을 지득 또는 채록하거나 전기통신의 송수신을 방해하는 것을 말한다."라고 규정하고 있으므로 이를 역으로 해석하면 '당사자의 동의가 있으면' 전자우편의 감시가 가능하다는 해석이 가능하다.[838]

이 법에 의해 보호를 받은 통신비밀의 범위에는 통신내용, 그 자체뿐만 아니라 통신사실확인자료, 예컨대 가입자의 전기통신일지, 전기통신 개시·종료 시간, 발착신 통신번호 등상대방의 가입자 번호, 사용 도수, 컴퓨터통신, 또는 인터넷의 로그기록자료, 발신기지국의 위치추적자료 등도 포함된다. 특히 이 법의 특징 중 하나는 불법감청에 의해 채득한 전기통신내용을 증거로 사용하는 것을 금지하고 있다.

나. 「정보통신망이용촉진 및 정보보호 등에 관한 법률」상의 제한

그간 「정보통신망 이용 촉진 및 정보보호 등에 관한 법률」(이하 '정보통신망 정보보호법' 이라

---

837 이창범,「사업장 내 전자우편감시제도에 관한 연구」, 노동정책 연구 제5권 제4호, 2005, 172~175면.

838 황성기,「통신제한조치의 헌법적 한계와 구체적인 통제 방안」, 한국정보법학회, 1999.11.23.

함)은 정보통신기술의 발달과 이용 확대로 인한 이용자들의 프라이버시 침해에 적절히 대응하고 권리를 보호하기 위해 OECD 프라이버시 8원칙[839]에 준해서 개인정보의 수집처리 및 이용에 관한 원칙을 규정하고 있었다.(「동법」제22조 내지 제40조)

그러나 2020.1. 「개인정보보호법」및 「정보통신망법」을 개정하여 개인정보의 보호를 강화하면서도 관련 산업의 경쟁력 발전을 조화롭게 모색할 수 있도록 하기 위해 개인정보의 오·남용 및 유출 등을 감독할 기구로는 개인정보보호위원회로, 개인정보보호 관련 법률의 유사·중복 규정은 「개인정보보호법」으로 일원화하였다.

다만, 「정보통신망법」제49조가 "누구든지 정보통신망에 의하여 처리·보관 또는 전송되는 타인의 정보를 훼손하거나 타인의 비밀을 침해·도용 또는 누설하여서는 아니 된다."라고 규정하고 있어 사용자에 의한 근로자의 전자우편 감시에 대해서도 이 규정을 적용할 수 있는지가 문제이다.

전자우편은 보안이나 시스템의 안정적인 운영을 위해 상시적인 감시가 불가피하기 때문에 검열을 엄격히 금지하고 있는 우편물과는 달리 개인적인 전자우편이라고 해서 무조건 근로자의 소유라고 단정 짓기는 어려운 측면이 있기 때문에 전자우편의 제목을 통해 명백히 개인적인 통신임을 나타내는 표시가 없는 한 사용자의 소유로 보는 것이 타당하다.

그러나 전자우편의 내용이 명백한 개인적인 통신이거나 전자우편 제목을 통해 명백히 개인적인 통신임을 나타내는 전자우편에 대해서는 보안이나 시스템의 안정적인 운영을 위해 사용자의 상시적인 감시가 불가피한 면이 있다하더라도, 사용자가 제공한 통신시스템상의 전자우편에 대하여도 「정보통신망법」제49조(비밀 등의 보호)가 적용될 수 있다.

다. 「민법」상의 제한

「헌법」상 기본권으로 보호되는 사생활의 비밀과 자유에 관한 권리인 프라이버시권인 인격권이 고용주에 의하여 침해되게 되면 이러한 人格權은 對 國家的인 效力뿐만 아니라 對 私人的인 效力도 認定되기에 고용주에 의한 불법행위로 구성된다. 우리 「민법」은 인격권에 관하여 명시적 규정을 두지 않고 있지만, 불법행위책임의 일반조항인 「민법」제750조를 근거로 하여 인격권의 침해로 손해가 발생하면 손해배상 책임이 인정된다.

다만 위자료의 배상책임의 명문규정인 「민법」제751조는 인격권 침해의 유형으로 신체침해, 자유침해, 명예침해로 한정적으로 나열하고 있지만, 고용주의 피용자의 전자우편에 대한 비밀감청행위로 인하여 피용자의 "개인의 사생활의 비밀"인 프라이버시권의 침해로 발생한 정신적 고통은 「민법」제751조의 "기타의 정신상 고통"이라는 포괄적 개념에 포함하여 소극적이나마 보호된다.

4. 전자우편 등의 전기통신시설의 私的使用 規制[840]

---

839 OECD 프라이버시 8원칙은 ① 수집제한의 원칙, ② 정보 정확성의 원칙, ③ 목적 정확성의 원칙, ④ 이용제한의 원칙, ⑤ 안전성 확보의 원칙, ⑥ 처리방침의 공개의 원칙, ⑦ 정보주체 참여의 원칙, ⑧ 책임의 원칙 등이다.

840 윤석찬,「직장내에서 전자우편의 사적사용과 감청허용여부」, 인권과 정의, 2006.9. 147면~154면.

가. 직장 내 전자우편의 사적사용에 대한 고용주의 일반적 사용금지 여부

직장 내에서 업무수행 등의 公的使用을 위하여 설치된 인터넷통신 등의 전기통신장비는 고용주와 피용자 사이의 고용계약에서 발생하는 피용자의 노무제공 의무의 원활한 이행을 위하여 고용주가 피용자에게 제공해야 할 일종의 영업시설이라고 볼 수 있다. 이처럼 피용자에게 제공된 영업시설에 대해서 피용자는 '이용할 권리'가 있지만 동시에 '노무제공의 이행을 위하여만 이용할 의무'도 부담하게 된다.

이처럼 고용주가 자기 부담하에 직장 내에서 인터넷 통신수단을 비롯한 전자우편 시스템을 사내에서 혹은 사외로의 통신수단으로 사용할 수 있도록 시설설비를 제공한 이상, 고용주는 그러한 영업시설의 소유권자로서 자기 소유의 시설 설비의 이용과 방법에 관하여 단독으로 결정할 권리가 있고, 따라서 직장 내에서 피용자가 노무제공의 업무수행을 위하여 公的 利用만을 할 것을 지시하고 피용자가 사적용도로 직장 내에서 전자우편 시스템을 이용하는 것을 허용하지 않을 수 있다.

그리하여 고용주에 의한 명시적 허가 혹은 추단적 허가(그 예로는 고용주가 피용자의 사적 용도의 전자우편이용을 알면서도 묵인한 경우) 없이는 피용자는 업무수행을 위하여 설치된 전자우편 시스템을 비롯한 전기통신시설을 사적으로 사용할 권리가 없으며, 고용주는 기업시설관리권과 업무지시감독권을 바탕으로 하여 이러한 공적용도의 전기통신시설의 사적이용을 전면적으로 금지할 수 있다는 것이다.

또한 비록 고용주가 명시적 혹은 묵시적으로 피용자에게 인터넷의 사적 이용 내지 사적용도의 전자우편의 사용을 허용하였다 할지라도 피용자는 자신의 근로계약상의 의무를 침해하지 않는 범위 내에서 信義則에 부합하게 합리적 범위 내에서 사용해야 할 것이다. 따라서 피용자는 원칙적으로 인터넷의 사적이용을 비롯해 전자우편의 사적사용은 근무시간이 아닌 휴식시간에만 가능하다고 해석된다.

나. 직장 내 전자우편의 사적사용 금지방침을 위반한 경우

고용주에 의해 직장 내에서 사적용도로 전자우편 등 인터넷 통신사용이 명시적으로 금지된 경우에도 불구하고 이러한 업무지시를 위반하여 인터넷 통신시설을 사적으로 이용하면 피용자는「근로계약법」상의 의무위반의 책임을 부담해야 한다. 여기에는 고용주로부터의 징계 혹은 해고조치를 들 수 있다. 물론 이러한 경우에도「단체협약」이나「취업규칙」에서 정한 징계절차의 과정은 거쳐야 한다.

특히 피용자의 귀책사유를 전제로 하는 징계해고도 가능하다고 볼 수 있다. 이러한 해고조치는 피용자가 고용주의 업무지시에 대하여 정당한 이유 없이 불복하여 직장규율을 문란케 하여 근로계약 관계의 신뢰를 상실케 한 경우로서 인정되게 된다. 실제로 독일에서는 피용자가 직장 내에서 근무시간 중 사적용도로 음란사이트 접속하는 인터넷 사용을 하였다는 것은 특별해고 사유에 해당한다고 하여 고용주에 의해 해고되었고, 독일 연방노동법원은 이를 타당하다고 판시하였다.

다. 직장 내 전자우편의 공적 및 사적사용에 대한 고용주의 감청허용 여부

1) 직장 내에서 전자우편의 사적사용 금지통보와 이에 대한 동의가 있는 경우

고용주와 피용자 사이의 근로계약에서 혹은 노동조합을 통한 단체협약을 통하여 직장 내에서의 전자우편의 "私的用度의 사용금지에 관하여 합의한 경우"에는 이는 "公的用度의 전자우편 사용만이 허용"된 경우라고 볼 수 있다. 따라서 직장 내에서 피용자는 전자우편을 公的用度로만 사용할 수 있게 되는데, 그러면 이런 경우에 먼저 논의해야 할 사항으로서 사용주에게 公的用度의 피용자의 전자우편의 감청이 과연 허용되는지에 관한 것이다. 원칙적으로 피용자의 전자우편 내용의 감청은 피용자의 인격권을 중대하게 침해할 수 있다.

그러나 피용자의 직장 내에서 통신한 공적용도의 전자우편은 그 내용이 고용주의 기업에 직접 관련된 것이고, 기업 자체를 위하여 존재하는 정보이기에 그 정보내용의 보호법익이 기업을 위한 것이므로 이러한 공적용도의 전자우편의 감청은 고용주의 기업시설관리권의 행사의 일환으로 볼 수 있고, 그러한 기업의 시설을 사적용도가 아닌 업무수행을 목적으로 하는 공적용도에만 올바르게 사용되고 있는지 통제하기 위해 감청할 이익을 가지고, 또한 이는 고용주에 의한 공개감청 의사의 통보로서 추단할 수 있기에 고용주의 공적용도의 전자우편통신의 감청은 허용된다고 보아야 한다.

만약 직장 내에서는 사적용도의 전자우편 사용이 금지되고 공적용도의 전자우편 사용만이 허용됨을 합의하였음에도 불구하고 피용자가 사적으로 전자우편을 이용한 경우에 직장 내에서의 모든 전자우편시스템은 공적용도로만 사용됨이 명백한 것이 되고, 그럼에도 불구하고 사적용도로 전자우편을 사용하였다면 이는 피용자가 스스로 자기의 사적용도의 전자우편이 공적용도의 전자우편과 동일하게 취급됨을 묵시적으로 동의했다고 볼 수 있다.

따라서 공적용도의 전자우편은 감청이 허용되기에 마찬가지로 자기의 사적용도의 전자우편도 감청이 된다는 사실에 대한 묵시적인 동의가 있다고 볼 수 있어 공적용도의 전자우편의 경우와 동일하게 감청이 허용된다고 봄이 타당하다.

2) 전자우편의 사적사용 허용 여부에 관한 통보와 이에 대한 동의가 없는 경우

고용주와 피용자 사이의 근로계약에서 혹은 노동조합을 통한 단체협약에서 직장 내에서의 전자우편의 사적용도의 사용금지에 관하여 고용주에 의한 통보 내지 노사 간에 아무런 합의를 하지 않았다면 고용주는 피용자가 비록 사적인 용도의 전자우편을 사용하였더라도 이를 감청하기 위해서는 사전에 그 동의를 구하여만 감청이 가능하게 된다. 따라서 이처럼 사전에 고용주의 감청에 관하여 통보하고 피용자의 동의를 구하지 않은 상태에서 고용주에 의한 피용자의 사적용도의 전자우편에 대한 감청은 비밀감청으로 여전히 금지된다.

이처럼 피용자의 사적용도의 전자우편 사용에 관한 허용여부에 관한 명시적 금지 내지 허용에 관한 통보와 이에 관한 합의가 없었다면 고용주가 피용자의 사적용도의 전기통신시설의 사용을 묵시적으로 허가 내지 묵인하였다고 볼 수 있고, 피용자는 비록 직장 내에서의 사적용도의 전자우편 등의 전기통신시설을 이용하였지만 보호될 피용자의 프라이버시 이익은 여전히 존재한다고 볼 수 있기에 이에 관한 감청은 금지된다는 것이다. 만약 이를 위반하면 이는 피용자의 일반적 인격권을 침해하는 것이 된다.

따라서 비록 사업자의 감청의도가 직원들의 컴퓨터 남용에 의한 근무태만과 기강해이를 바로잡기 위한 것으로 궁극적으로는 직원들의 업무효율을 높이기 위한 목적에만 있다고 하더라도 이는 정당행위로 인정되지 않고, 직원들의 사생활은 여전히 보호되어야 한다는 견해로서 직원인 피용자들의 事前 同意 없이 이루어진 통신 내용의 열람이나 누설은 「헌법」이 보장한 개인의 프라이버시를 침해하는 것이고, 아울러 이는 「통신비밀보호법」 제16조 제1항을 위반하는 것이 된다.[841]

3) 직장 내에서 전자우편의 사적사용을 고용주가 명시적으로 허용한 경우

고용주가 직장 내에서의 피용자의 사적용도의 전자우편 사용을 명시적으로 허용했다면 고용주는 피용자가 비록 직장 내에서 사적용도의 전자우편을 사용하더라도 이를 감청하지 못하게 되고, 이는 상술한 바와 같이 직장 내에서의 공적용도의 전자우편에 대한 고용주의 감청도 아울러 금지되는 것이 된다. 왜냐하면 피용자의 전자우편을 열고 그 내용을 열람치 않고는 그것이 사적용도인지 공적용도인지를 정확히 알 수 없기 때문이다.

결국 고용주는 사적용도의 전자우편 사용을 허용하게 됨으로써 피용자는 사적용도와 공적용도의 전자우편 사용을 혼용하게 되어 고용주는 전자우편의 내용열람과 확인 전에는 사적용도와 공적용도의 전자우편을 구분할 수 없기 때문에 피용자가 자기의 사적용도의 전자우편에 대한 고용주의 감청에 사전 동의를 하지 않는 한 사적용도의 전자우편뿐만 아니라 공적용도의 전자우편 또한 감청하지 못하게 된다.

5. 전자우편 감시의 적법성 확보 방안[842]

가. 절차상의 적법성 확보

어떤 경우에도 전자우편에 대한 비밀감시는 불법이다. 「통신비밀보호법」 제4조는 불법적인 감청으로 수집된 자료는 재판이나 징계절차에서 증거로 사용할 수 없도록 하고 있기 때문에(동법 제4조) 근로자의 비행이 아무리 크더라도 비밀스런 방법으로 수집된 자료를 가지고는 근로자를 징계할 수 없다. 따라서 사용자는 감시에 앞서 반드시 개별 근로자들의 동의를 구하여야 하며, 공개적으로 해야 한다.

업무적인 전자우편은 전자우편의 소유가 사용자에게 속하고 근로자의 사생활과도 무관하므로 근로자의 동의가 없더라도 열람이 가능하다고 보아야 하겠지만, 아직 이에 관한 판례가 없으므로 안전한 감시를 위해서는 이 경우에도 가능한 근로자의 동의를 구하고 최소한 사전고지가 필요하다고 본다. 특히 사적인 전자우편과 업무적인 전자우편이 뒤섞여 있을 경우 사적인 전자우편의 내용을 개봉해 보지 않았다 하더라도 제목 열람만으로도 사생활 침해가 성립될 수 있으므로 주의해야 한다.

---

841 윤석찬, 전게논문, 인권과 정의, 2006.9., 153면.

842 이창범, 「사업장 내 전자우편감시제도에 관한 연구」, 노동정책 연구 제5권 제4호, 2005, 181~187면.

영국의 판례는 사용자가 근로자에게 전자우편에 대한 감시방침을 분명히 고지하였고 이를 알고도 근로자가 전자우편을 이용했다면 묵시적 동의가 있는 것으로 보고 있지만, 우리나라에서는 묵시적 동의가 인정될 가능성이 낮기 때문에 사용자는 사전에 근로자로부터 서면 형태의 동의를 받는 것이 바람직하다. 따라서 실무적으로는 전자우편 감시에 관한 내용이 적법한 절차에 의해 근로자의 동의를 받아 제정되는 「취업규칙」에 반영되는 것이 바람직하다.

나. 방법상의 적법성 확보

절차적으로 근로자의 동의를 받았다고 해서 전자우편에 대한 감시가 무제한적으로 허용되거나 자의적인 감시가 허용되는 것은 아니다. 최대한 근로자의 사생활을 보호하는 수준에서 감시목적의 필요성과 근로자가 받게 되는 불이익이 균형을 이루어야 한다.

첫째, 사용자는 가능한 한 전자우편의 내용을 열람하는 것은 삼가야 한다. 내용 열람은 최후의 수단이어야 한다. 특히 근로자의 동의가 있더라도 근로자의 노동조합 활동, 건강상담 등 개인적인 활동이 분명한 경우에는 내용 열람을 삼가야 한다.

둘째, 일상감시와 정밀감시를 구분하여 정밀감시는 일상감시를 통해 어느 정도 의문점이 확인된 경우에 한해 예외적으로 실시해야 한다.

셋째, 감시의 범위·정도·방법을 개인별 또는 업무별로 차별화해야 한다. 해당 근로자가 맡고 있는 업무의 성질에 따라 감시의 정도를 달리하여야 한다는 것이다.

넷째, 전자우편에 대한 감시업무를 담당하는 자를 특정해야 한다. 그리고 전자우편 시스템 관리자들에 대해서는 정기적인 교육과 감독이 필요하다.

다섯째, 사용자는 사후적인 징계보다 범죄행위를 사전에 예방하는 것이 더 효과적이라는 점을 인식하고 근로자로 하여금 회사가 금지하고 있는 전자우편 사용을 자제하도록 유도해야 한다.

다. 이용상의 적법성 확보

전자우편 감시를 통해 수집된 정보는 당초 정해진 목적으로만 이용되어야 한다. 대개의 경우 사용자는 이용목적을 넓게 규정하려 할 것이다. 그러나 전자우편에 대한 폭넓은 감시와 감시결과의 폭넓은 이용이 꼭 사용자의 이익에 부합하는 것만은 아니다. 필요 이상으로 전자우편을 감시하고 감시결과를 이용할 경우 회사의 이미지에 부정적 영향을 미쳐 우수 인재의 확보가 어려워질 수 있고 근로자들의 사기를 저하시킬 수 있다.

주의해야 할 것은 불가피한 경우를 제외하고는 전자우편 감시를 통해 지득한 정보를 제3자는 물론 회사 내의 다른 사람에게도 공개해서는 안 된다는 점이다. 근로자가 감시에 동의하였다 하더라도 전자우편에 대한 감시와 감시결과의 공개는 별개의 것이기 때문이다. 불가피한 경우란 수사기관, 법원, 회사경영자 등에게 공개하는 경우이다. 전자우편 내용이 징계사유로 된 경우에도 징계위원회에 회부할 때에도 가능한 당해 근로자의 인적사항을 가리는 등 사생활 보호에 주의해야 한다.

6. 전자우편 감시 및 필터링 기술

사용자는 전자우편 자동감시 시스템을 도입하고자 할 때에는 감시의 목적을 달성하면서 근로자의 사생활 침해를 최소화할 수 있는 방법을 강구하여야 한다. 필터링은 공개적으로 하는 것이 근로자의 비행을 예방하는 데 효과적이며 추후 발생할지도 모르는 법률분쟁을 피할 수 있다.

해킹·바이러스 프로그램이나 스팸메일 등을 차단하기 위한 경우를 제외하고, 당사자의 동의 없이 주제어를 통해 전자우편을 필터링하거나 전자우편의 내용, 통신일시, 통신개시, 종료시간, 발착신 주소, 로그기록 등을 모니터링하는 행위는 현행법상 불법적인 통신제한 조치에 해당된다.

따라서 사용자는 전자우편 감시모니터링 시스템을 도입하기 전에 모니터링 사실을 공개하고 근로자의 동의를 받아야 하며, 관리자의 수를 최소화하고, 관리자에 대한 주기적인 교육과 감독을 통해 자의적인 모니터링이 일어나지 않도록 해야 한다.

III. 영상정보처리기기의 법적위험

1. 영상정보처리기기의 의의

「개인정보보호법」 및 「동법 시행령」에서는 CCTV라는 용어 대신 '영상정보처리기기'라는 표현을 사용하면서, 이를 '**일정한 공간에 지속적으로 설치되어 사람 또는 사물의 영상 등을 촬영하거나 이를 유·무선망을 통해 전송하는 장치**'라고 정의하고 있다.(「동법」 제2조 제7호)

그리고 그 범위를 '① 일정한 공간에 지속적으로 설치된 카메라를 통해 영상 등을 촬영하거나 촬영한 영상정보를 유무선 폐쇄회로 등의 전송로를 통하여 특정 장소에 전송하는 장치인 **폐쇄회로 텔레비전**과 ② 일정한 공간에 지속적으로 설치된 기기로 촬영한 영상 정보를 그 기기를 설치·관리하는 자가 유무선 인터넷을 통해 어느 곳에서나 수집·저장 등을 처리할 수 있도록 하는 장치인 **네트워크 카메라**'로 규정하고 있다.(「동법시행령」 제3조)

2. 영상정보처리기기의 정당화 요건[843]

영상정보처리기기에 의한 감시기술은 사람의 오관(五官)에 의존하는 감시능력을 기술적 장치를 통해 확대함으로써 **"위험한 장소"**를 소수 인원을 통해 경제적으로 그리고 효율적으로 통제할 수 있어 범법행위를 예방 또는 인식하고 위험상황에 대처할 수 있는 가능성을 높여주고(**범죄·위험예방효과**), 녹화된 영상을 이용해 범법자를 용이하게 식별하고 체포할 수 있다. (**사후 진압 및 소추를 위한 증거자료 확보효과**) CCTV에 의한 감시기술은 개인정보자결권을 제한하여 궁극적으로 개인의 인격적 자율성을 위협할 가능성이 높다.

이를 통해서 시민들의 행위와 정치에 대한 참여에 입각하고 있는 자유민주적 공동체의 기본적인 기능조건까지도 위협할 수 있다. 뿐만 아니라 경험상 주로 소수자들 및 사회적

---

843 정태호, 「CCTV 감시에 대한 개인정보보호법의 규율에 대한 헌법적 평가」, 2008, 175~176면.

국외자들(가령 이민자, 청소년, 마약소비자, 부랑자)이 카메라 설치장소를 이들이 자주 이용하는 곳에 설치하거나 그 영상을 자동적으로 또는 수작업에 의해 선별적으로 처리함으로써 영상정보처리기기에 의한 감시의 대상이 되는 등 차별적으로 악용될 위험도 있다.

따라서 영상정보처리기기에 의한 감시기술 활용을 통해 확보될 수 있는 이익과 그 기술에 의해 위협받는 개인의 이익을 적정하게 조율하는 것이 매우 긴요한 과제가 되었다. 「개인정보보호법」의 입법자가 CCTV 감시 관련 규율을 통해 그러한 역할을 충실히 수행했는지를 보기에 앞서, 영상정보처리기기에 의한 감시기술이 기본권에 대해 가지는 의미와 그 정당화 요건을 살펴보기로 한다.

이처럼 공간의 개방성을 불문하고 영상정보 처리기에 의한 감시일반이 「헌법」상의 기본권의 하나인 개인정보 자결권을 제한하는 조치라면, 기본권 제한과 관련된 헌법적 요건들을 모두 충족하여야 한다.

첫째, 영상정보처리기기에 의한 감시조치의 모든 개별적 측면들, 즉 촬영, 녹화, 이용, 제3자 제공은, 그것이 「헌법」 제37조 제2항이 명시하고 있는 기본권 제한의 목적인 국가안전보장, 질서유지, 공공복리라는 우월한 일반이익을 위한 것이고 또 (합헌적인) 법률의 토대 위에서 행해지는 한, 허용된다.

둘째, 공권력이 영상정보처리기기에 의한 감시를 통해 개인정보 자결권을 제한할 경우 과잉금지 원칙을 준수하여야 한다. 즉 영상정보처리기기에 의한 감시를 통해서 달성하려는 목적이 「헌법」적으로 정당하여야 함은 물론 영상정보처리기기를 통한 정보조사의 방법, 조사프로그램 및 기타 조치들이 영상정보처리기기에 의한 감시를 통해 추구하는 목적의 달성에 적합하고 필요하며 정보의 주체에게 수인 가능하여야 한다.

셋째, 영상정보처리기기에 의한 감시를 통한 개인정보조사와 그 이용의 목적이 영역별로 그리고 명확히 확정되어야 하며, 그와 같은 법률은 공·사의 영역 모두에서 제정되어야 한다. 원래의 개인정보 조사목적과 다르게 그리고 그 목적을 벗어나 수집된 개인정보가 사용되지 않을 때에야 비로소 개인정보의 주체들이 규범의 내용을 정확히 계산하고 그에 맞추어 자신의 형태를 조절할 수 있을 것이기 때문이다.

개인정보자결권은 개인이 자신에 관한 정보의 배포나 사용에 대하여 스스로 결정할 수 있는 권리로서 개인정보의 무제한적 조사, 집적, 이용, 제공으로부터 개인을 보호함으로써 궁극적으로는 개인의 인격적 자율성, 즉 개인의 결정 및 행태의 자유를 보호하는 기능을 수행하는 것이다. 따라서 목적 외 사용자체가 개인정보자결권에 대한 제한이므로 특히 중대한 공익을 위해 필요한 경우에 명시적 수권규정에 의거해서만 목적 외 사용이 허용된다.

넷째, 개인정보자결권의 헌법적 기능에서 이 기본권의 객관적 측면에서 제기되는 여러가지 요청들, 독립적 지위를 가지는 국가기관에 의한 개인정보 수집, 이용 등에 대한 통제, 개인 정보의 기술적 안정성 확보, 私人에 의한 침해에 대한 보호대책 등이 충족되어야 한다. 그 이행의 정도는 「헌법」이 요구하는 최저한의 수준을 상회하여야 한다. 즉, **과소(보호) 금지의 원칙**을 충족하여야 한다.

3. 영상정보처리기기의 설치·운영의 제한

가. 영상정보처리기기의 설치 장소의 제한

누구든지 ① 법령에서 구체적으로 허용하고 있는 경우, ② 범죄의 예방 및 수사를 위해 필요한 경우, ③ 시설안전 및 화재예방을 위하여 필요한 경우, ④ 교통단속을 위해 필요한 경우, ⑤ 교통정보의 수집·분석 및 제공을 위하여 필요한 경우를 제외하고는 공개된 장소에 영상정보처리기기를 설치·운영하여서는 아니 된다.(「개인정보보호법」제25조 제1항)

누구든지 불특정 다수가 사용하는 목욕실, 화장실, 發汗室, 탈의실 등 개인의 사생활을 현저히 침해할 우려가 있는 장소의 내부를 볼 수 있는 영상처리기기를 설치·운영하여서는 아니 된다. 다만, 교도소, 정신보건시설 등 법령에 근거하여 사람을 구금하거나 보호하는 시설로서 대통령령으로 정한 시설에 대하여는 그러하지 아니하다.(「동법」제25조 제2항)

나. 영상정보처리기기의 설치 장소의 표시

「개인정보보호법」제25조 제1항 각호에 따라 영상정보처리기기를 설치·운영하는 자는 정보주체가 쉽게 인식할 수 있도록 ① 설치 목적 및 장소, ② 촬영 범위 및 시간, ③ 관리 책임자 성명 및 연락처, ④ 그 밖에 대통령령이 정하는 사항이 포함된 안내판을 설치하는 등 필요한 조치를 하여야 한다. 다만, 군사시설, 국가중요시설, 그 밖에 대통령령으로 정하는 시설(보안목표시설)은 그러하지 아니하다.(「개인정보보호법」제25조 제4항)

다. 영상정보처리기기의 목적 외 이용금지

영상정보처리기기 운영자는 영상정보처리기기의 설치 목적과 다른 목적으로 영상정보 처리기기를 임의로 조작하거나 다른 곳을 비춰서는 아니 되며, 녹음기 등은 사용할 수 없다.(「개인정보보호법」제25조 제5항) 「개인정보보호법」제25조 제5항을 위반하여 영상처리기기의 설치 목적과 다른 목적으로 영상정보처리기기를 임의로 조작하거나 다른 곳을 비추는 자 또는 녹음기능을 사용한 자는 3년 이하의 징역 또는 3천만 원 이하의 벌금에 처한다.(「개인정보보호법」제72조)

라. 근로자 감시설비 설치 노사협의회 협의

사용자는 사업장 내에서 근로자 감시설비(CCTV 등)를 설치·운영하기 위해서는 근로자와 사용자를 대표하는 같은 수의 위원으로 구성된 '노사협의회'와 협의(「근로자참여 및 협력증진에 관한 법률」제20조 제1항 제14호)하여야 하며, 노사협의회는 근로자위원과 사용자위원 각 과반 수의 출석으로 개최하고 출석위원 3분의 2 이상의 찬성으로 의결한다.(「근로자 참여 및 협력증 진에 관한 법률」제15조)

4. 영상정보처리기기의 안전성 확보 대책

영상정보처리기기운영자는 개인정보가 분실·도난·유출·위조·변조 또는 훼손되지 아니하 도록 내부 관리계획 수립, 접속기록 보관, 보안프로그램 설치, 암호화 기술의 적용, 잠금 장치 설치 등「동법」제29조 및「동법시행령」제30조에 따라 안전성 확보에 필요한 기술적·관리적 및 물리적 조치를 하여야 한다.(「개인정보보호법」제25조 제6항)

5. 결어

영상정보처리기기(CCTV 등)의 설치 및 운영은 상시모니터링 단계에서 자주 문제되는 예방활동이다.「개인정보보호법」제25조에 의하면 공개된 장소에서 범죄의 예방 내지 수사, 시설안전 등을 위한 목적으로만 설치·운영이 가능하고, 이때 개별동의는 필요하지 않다.

그러나 임직원의 전용공간과 같은 곳에 임직원들의 부정행위의 예방 등을 위해 사업장 내 근로자 감시설비인 영상정보처리기기(CCTV 등)를 설치·운영할 경우에는 이는 '노사협의회' 협의사항이므로 노사협의회의 별건동의가 필요하다.(「근로자 참여 및 협력증진에 관한 법률」제20조 제14호)

요컨대 부정행위 예방을 위해 상시모니터링 시스템을 설치·운영하기 위해서는 그 목적을 고지하고 관련 규정을 수립하는 한편, 규정대로 잘 운영되고 있는지 실시현황을 감사하고 확인해야 한다. 아울러 개별적으로 별건의 동의 또한 받는 것이 법적위험을 최소화하는 데 필요하다.

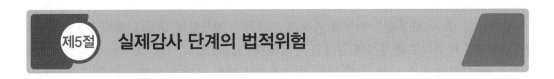

제5절 실제감사 단계의 법적위험

Ⅰ. 부정행위자의 음성 녹음 및 청취

1. 통신의 의의

인간은 간단한 대화뿐만 아니라 복잡하고 다양한 정보도 신속·정확하게 전달할 수 있게 되어 있다. 이처럼 인간이 의사, 지식, 감정 또는 각종 자료를 포함한 각종 정보를 주고받는 작용 또는 현상을 우리는 '통신'이라고 이해한다.

특히 최근에는 전달하고자 하는 정보의 행태와 전달 속도에 따라 소포, 전신, 전화, 팩시밀리, 인터넷 등 다양한 형태의 매개체가 육성대화를 제외한 거의 모든 의사전달에 선택적으로 이용되면서, 매체의 기술적 특성이 전하는 통신의 형태와 방법을 결정짓게 된다. 또한 새로운 첨단기술이 독자적으로 이용되거나 과거의 기술과 접목되어 활용되기도 한다.

따라서 '통신'이라 함은 우편물 및 전기통신을 말한다. '우편물'이라 함은「우편법」에 의한 통상 우편물과 소포우편물을 말하며, '전기통신'이라 함은 전화·전자우편·회원제정보서비스·모사전송·무선호출 등과 같이 유선·무선·광선 및 기타의 전자적 방식에 의하여 모든 종류의 음향·문언·부호 또는 영상을 송신하거나 수신하는 것을 말한다.(「통신비밀보호법」제2조 제1호~제3호)

2. 통신의 특징

현행 우리 「헌법」상 '통신'이라는 용어는 「헌법」 제18조와 제21조 제3항에서 나타나고 있다. 최근 방송·통신 융합 환경이 조성되고 있지만, 동일한 조항에서 방송과 통신을 구별하여 사용하는 것을 보아 방송과 통신은 여전히 각각 별개로 규율하는 영역을 갖고 있으며, 「헌법」 규범상 그 보호영역을 다르게 인식하고 있는 것으로 이해하는 것이 타당하다.

방송과 통신의 본질적 특성에 기초하여 방송을 전기통신의 특징의 하나로 이해한다면, 현행 우리 「헌법」 제21조 제3항에 명시된 통신은 방송을 위한 시설기준 법정주의의 대상이라고 볼 수 있다. 즉 **「헌법」 제21조 제3항에서의 통신**은 방송의 확장 개념으로 이해하게 되고, 본 조항이 의미하는 통신은 **'공연성'**을 그 특성으로 갖게 된다.

이에 반해 **「헌법」 제18조가 의미하는 통신**은 '비밀'이라는 문구가 나타내듯 **'비공개성'**을 그 특징으로 가지며, '특정한 상대방'과의 통신에 대하여만 비밀을 지킬 수 있다. 이는 「헌법」 제21조 제3항의 통신과 구별되는 또 다른 특징이다. 헌법재판소 역시 「헌법」 제18조에 규정된 **통신의 일반적인 속성**으로 **'당사자 간의 동의'**, **'비공개성'**, **'당사자의 특정성'** 등을 들며, 이를 바탕으로 「헌법」 제18조가 규정하고 있는 **통신**은 **'비공개를 전제로 하는 쌍방향적인 의사소통'**을 의미한다고 판시하고 있다.[844]

3. 통신비밀의 자유

「헌법」 제17조의 **사생활의 비밀과 자유의 불가침은 사생활의 내용을 공개당하지 아니할 권리, 사생활의 자유로운 형성과 전개를 방해받지 아니할 권리, 그리고 자신에 관한 정보를 스스로 관리·통제할 수 있는 권리 등을 그 내용으로 하는 복합적 성질의 권리**를 말한다. **사생활의 비밀과 자유**는 주거의 자유가 사생활 영역을 '공간적'으로 보호해 주는 것과는 달리 사생활의 영역을 '내용적'으로 보호해 주기 위한 기본권이라 할 수 있다.[845]

또한 「헌법」 제18조의 **통신비밀의 자유는 개인이 본인의 의사나 정보를 우편물이나 전기통신 등의 수단에 의하여 전달 또는 교환하는 경우에 그 내용 등이 본인의 의사에 반하여 공개되지 아니할 자유**를 말한다. 이는 편지·전신 기타 우편물의 비밀을 포괄하는 개념으로서, 통신의 비밀을 보장한다는 것은 이들 통신의 내용뿐만 아니라 그 통신의 형태, 통신의 당사자, 전달방법 등이 본인의 의사에 반해 공개되는 일이 없도록 보장한다는 의미이다.[846]

사생활의 비밀과 자유 및 통신비밀 자유는 넓은 의미에서 같은 범주에 속한다. 하지만 이 양자를 개별 기본권으로 규정하고 있는 이유는 「헌법」 제18조에 의해서 보호되는 통신의 비밀은 정보통신기술의 발전에 의하여 통신 당사자 간의 의사표시에 대한 침해를 보호하기 위해 「헌법」 제17조의 사생활의 범위에서 통신의 비밀을 분리시켜 이를 더욱 강력하게 보호하고자 하는 의미로 해석될 수 있을 것이다.

---

844 헌재 2001.3.21. 2000헌바25. 결정.

845 허영, 전게서, 2000, 367~368면.

846 허영, 전게서, 2000, 373면.

4. 통신비밀보호의 대상

가. 통신과 대화

「통신비밀보호법」은 그 보호대상을 '통신'과 '대화'로 정의하고 있다. '**통신**'은 우편물과 전기통신을 말한다.(「동법」 제2조 제1호) 여기서 **우편물**은 「우편법」에 의한 통상 우편물과 소포 우편물을 말하며(「동법」 제2조 제2호), **전기통신**은 전화·전자우편·회원제 정보서비스·모사전송·무선호출 등과 같이 유선·무선·광선 및 기타의 전자적 방식에 의하여 모든 종류의 음향·문언·부호 또는 영상을 송신하거나 수신하는 것을 의미한다.(「동법」 제2조 제3호) 또한 '**대화**'는 순전히 육성으로 상대방과 의사소통을 하는 행위를 말한다.

나. 통신 부수적 자료

컴퓨터를 통한 정보의 집적과 유통이 활발한 오늘날에는 무의미하게 보이는 단편의 정보들도 향후 집적되어 유의미한 가치를 지니거나 통신 당사자를 식별할 수 있는 단서가 될 수 있으므로 「통신비밀보호법」에서는 '통신사실확인자료'(「동법」 제2조 제11호), '단말기기 고유번호'(「동법」 제2조 제12호) 등 통신의 부수적 자료에 대해서도 통신비밀 보호의 대상으로 명문화하고 있다.

5. 통신비밀 제한의 정당성

가. 국가안전보장, 질서유지 및 공공복리

현행 우리 「헌법」상의 모든 기본권은 「헌법」 제37조 제2항을 근거로 하여 법률로써 제한이 가능하다. 즉, 동 조항은 기본권 제한 입법의 授權規定인 동시에 기본권 제한의 限界規定의 성질을 갖고 있으며,[847] '**국가안전보장, 질서유지, 공공복리**'를 **기본권 제한의 목적**으로 제시하고 있다.

오늘날에 있어서는 무엇보다도 공적 영역과 사적 영역이 뚜렷하게 구분되지 않는다. 특히 사회국가로의 발전을 거듭하면서 개인의 사적 영역에서 일어나는 문제해결을 위한 국가 공권력의 적극적 개입이 요구되었고, 이를 통해 공적 영역과 사적 영역의 엄밀한 구분이 더욱 힘들게 되었다.

그러므로 '비밀'을 이유로 공적영역과 사적영역을 이분화하여, 공권력에 의한 사적영역의 개입의 부당성을 주장할 수 없다. 즉 통신비밀보호라는 기본권은 사적영역의 보호를 위해 그 필요성이 강조되지만, 동시에 공동체사회의 객관적 법질서의 요소로도 작용하기 때문에 공적 필요성에 따른 국가의 개입과 제한이 정당화된다고 본다.

나. 비례성 원칙

통신의 비밀을 비롯한 사생활과 그 형성에 대한 부분은 여전히 公的關聯性이 적은 만큼,

---

847 헌재 1989.12.22. 선고 88헌가13 결정.

공익을 위한 제한의 필요성이 餘他영역에 비해 아직도 그만큼 적다고 할 수 있다. 때문에 국가공권력의 개입은 법률에 입각하는 선에서 명확히 설정되어, 개인의 인격형성에 직접적인 영향을 미치는 사적영역의 자율성을 최대한 보장하는 방향으로 이루어져야 한다.

이를 위해 우리 「헌법」 제37조 제2항은 국민의 기본권을 국가안전보장, 질서유지, 공공복리를 위해 제한하더라도, '필요한 경우에 한하여'만 가능하도록 규정하고 있다. 여기서 **'필요한 경우'**란 국가안전보장, 질서유지, 공공복리를 보장 및 실현하기 위해 불가피하게 요구되는 경우를 말하며, 그 기준으로 **'비례성 원칙'**을 요구하고 있다.[848]

즉 공적 필요성에 의해 불가피하게 통신 비밀에 대한 제한이 이루어진다 하더라도 다른 방법을 이용하지 않고는 본래의 공익달성이라는 목적을 달성할 수 없는 적합한 제한의 방법인지, 설사 적합한 방법이라 해도 최소한으로만 이용되어, 제한된 통신비밀과 공익이라는 법익 사이의 균형을 이룰 수 있는 정도에만 그쳐야 한다는 것이다.[849]

다. 본질적 내용의 침해금지

「헌법」 제37조 제2항은 기본권 제한에 있어서 "국민의 모든 자유와 권리는 …제한하는 경우에도 **자유와 권리의 본질적 내용을 침해할 수 없다**"고 규정하면서, **기본권을 제한하는 입법자의 권한에 대한 헌법적 한계를 명문화**하고 있다. 즉 제한된 기본권의 본질적 내용이 침해되어 더 이상 아무런 실효성이 없게 되는 것을 막아, **제한되는 법익과 보호하려는 법익을 동시에 최대한 실현시킬 수 있는 경계선을 설정하고 있는 것**이다.[850]

한계의 설정은 일반성과 명확성을 가진 법률로써 가능하게 된다.[851] 즉 입법자에 의해 형성된 법규범은 보다 구체적으로 제한의 범위와 방법을 확정함으로써, 그 방식을 벗어나는 혹은 넘어서는 법집행 당국의 자의적 집행을 방지하고 제한당하는 기본권의 주체로 하여금 왜/어떻게 제한될 것인지에 대한 예측과 신뢰를 형성할 수 있게 한다. 특히 통신비밀을 제한하는 법규범을 해석하고 적용함에 있어 절차적 정당성과 합리성이 특히 중요하다.

6. 통신비밀을 보호하는 구체적 유형

가. 통신 및 대화비밀의 보호

누구든지 「통신비밀보호법」과 「형소법」또는 「군사법원법」의 규정에 의하지 않고는 우편물의 검열[852]·전기통신의 감청[853] 또는 통신사실 확인자료의 제공을 하거나 공개되지 아니한

---

848 장영수,「헌법학」, 홍문사, 2015, 515면.

849 헌재, 2002.2.28. 선고 2001헌바73 결정 등 다수.

850 장영수, 「헌법학」, 홍문사, 2015, 516~517면.

851 헌재 2006.3.27. 선고, 96헌자28등.

852 **"검열"**이라 함은 우편물에 대하여 당사의 동의 없이 이를 개봉하거나 기타의 방법으로 그 내용을 지득 또는 채록하거나 유치하는 것을 말한다.(「통신비밀법」 제2조 제6호)

853 **"감청"**이라 함은 전기통신에 대하여 당사의 동의 없이 전자장치,기계장치 등을 사용하여 통신의 음향·문언·부호·영상을 청취·공독하여 그 내용을 지득 또는 채록하거나 전기통신의 송·수신을 방해 하는 것을 말한다.(「동법」 제2조 제7호)

타인간의 대화를 녹음 또는 정취하지 못한다.(「통신비밀법」제3조 제1항)

우편물의 검열 또는 전기통신의 감청(이하 "통신제한조치"라 한다)은 범죄수사 또는 국가안전 보장을 위하여 보충적인 수단으로 이용되어야 하며, 국민의 통신비밀에 대한 침해가 최소한에 그치도록 노력하여야 한다.(「통신비밀법」제3조 제2항)

누구든지 단말기기 고유번호를 제공하거나 제공받아서는 아니 된다. 다만, 이동전화 단말기 제조업체 또는 이동통신사업자가 단말기의 개통처리 및 수리 등 정당한 업무의 이행을 위해 제공하거나 제공받는 경우에는 그러하지 아니하다.(「통신비밀법」제3조 제3항)

나. 불법검열 및 불법감청 내용의 증거사용 금지

누구든지 「통신비밀보호법」 제3조의 규정에 위반하여, 불법검열에 의하여 취득한 우편물이나 그 내용 및 불법감청에 의하여 지득 또는 채록된 전기통신의 내용은 재판 및 징계절차에서 증거로 사용할 수 없다.(「통신비밀법」제4조)

다. 비밀 준수의 의무 및 취득 자료의 사용 제한

통신제한조치의 허가·집행·통보 및 각종 서류 작성 등에 관여한 공무원 또는 그 직에 있었던 자 및 통신제한조치에 관여한 통신기관의 직원 또는 그 직에 있었던 자 그리고 그 외에 누구든지 이 법에 따른 통신제한조치로 알게 된 내용을 이 법에 따라 사용하는 경우 외에는 이를 외부에 공개하거나 누설하여서는 아니 된다.(「통신비밀법」제11조 제1항~제3항)

「통신비밀보호법」 제9조의 규정에 의한 통신제한조치의 집행으로 인하여 취득한 우편물 또는 그 내용과 전기통신의 내용은 ① 범죄나 이와 관련 된 범죄를 수사·소추하거나 그 범죄를 예방하기 위하여 사용하는 경우, ② 범죄로 인한 징계절차에 사용하는 경우, ③ 통신의 당사자가 제기하는 손해배상소송에서 사용하는 경우 외에는 사용할 수 없다.(「통신비밀법」제12조)

라. 타인의 대화비밀 침해금지

누구든지 공개되지 아니한 타인 간의 대화를 녹음하거나 전자장치 또는 기계적 수단을 이용하여 청취할 수 없다.(「통신비밀법」제14조 제1항)

7. 통신비밀을 보호하는 사례 분석

가. 화상회의

화상회의는 사전적으로 "격지 간을 통신회선으로 연결하여 텔레비전, 전화 따위를 이용하여 서로 화상을 보면서 하는 회의"를 의미하는데, 자국 내에서뿐만 아니라 인터넷을 이용한 초국가적 통신이 상용화되면서 오늘날 더욱 빈번해지고 있다. 또한 국가 간·초국가적 기업 간의 화상회의는 업무의 신속성과 효율성 그리고 기밀성을 유지시켜 주어, 오늘날 그 이용이 더욱 확대되고 있다.

화상회의에 예상되지 않은 제3자로부터의 개입을 통제하여 화상회의의 신뢰성을 유지시키고 화상회의를 통해 이루어진 업무 내용 등을 보호하기 위해서는 화상회의가 감청의 대상인 전기통신의 범주에 포섭되는지에 대한 판단이 선행되어야 한다. 화상회의는 현행 「통신비밀보호법」의 전기통신 개념 규정에 명확히 드러나 있지 않다. 하지만, '유선·무선·광선 및 기타의 전자적 방식에 의하여 …영상을 송신하거나 수신하는 것'이라는 부분에 비추어 볼 때 화상회의 역시 보호되는 전기통신의 영역에 포함된다 할 수 있다.

그리고 회의에 직접적으로 참여한 사람들의 의사에 따라서만 내용의 공개가 허용될 수 있는 등, 통신이 갖는 **'비공개를 전제로 하는 쌍방향적 의사소통'**의 속성을 모두 지니고 있다. 그러므로 화상회의 내용을 회의 참가 당사자들의 동의 없이 파악하거나 수집하기 위해서는 「통신비밀보호법」이 제시하는 감청을 위한 법적 요건과 절차를 동일하게 따라야 한다.

나. 일방당사자가 독단적으로 녹음 등을 행하는 경우

「통신비밀법」 제3조 제1항이 금지하고 있는 **'전기통신의 감청'**이란 전기통신에 대하여 그 당사자인 송신인과 수신인이 아닌 제3자가 당사자의 동의를 받지 않고 전자장치 등을 이용하여 통신의 음향문언·부호·영상을 청취·공독하여 그 내용을 지득 또는 채록하는 등의 행위를 하는 것을 의미하므로, 대법원은 "전기통신에 해당하는 전화통화의 당사자 일방이 상대방과의 통화내용을 녹음하는 것은 위 법조에 정한 '감청'에 해당하지 아니므로 상대방의 별도의 동의가 필요 없는 것"으로 판단하였다.[854]

이와 같이 공개되지 아니한 타인 간의 대화를 녹음 또는 청취하지 못하도록 한 것은, 대화에 원래부터 참여하지 않은 제3자가 그 대화를 하는 타인들 간의 발언을 녹음 또는 청취해서는 아니 된다는 취지이다. 따라서 3인 간의 대화에서 그중 한 사람이 그 대화를 녹음 또는 청취하는 경우에 다른 두 사람의 발언은 그 녹음자 또는 청취자에 대한 관계에서 「동법」 제3조 제1항에서 정한 '타인간의 대화'라고 볼 수 없으므로 이러한 녹음 또는 청취하는 행위 및 그 내용을 공개하거나 누설하는 행위가 「동법」 제16조제1항에 해당한다고 볼 수 없다.[855]

또한 통신의 비밀은 통신매체에 대한 신뢰를 보호하는 것이지 상대방에 대한 실질적인 믿음 또는 통신의 내용 자체에 대한 믿음을 보호하는 것이 아니므로, 통신의 당사들이 상호 간에 통신의 비밀을 지킬 의무는 없다. 예컨대 통신을 통해 나눈 은밀한 사적 대화의 한 당사자가 이를 다른 이에게 알려 상대방이 배신감을 느꼈다고 하더라도 이를 통신의 비밀이 침해되었다고 볼 수 없다. 따라서 일반 당사자가 녹음 등을 통해 지득 또는 채록하는 행위는 그 증거능력도 인정된다.[856]

하지만 통신의 상대방이 당사자의 동의 없이 제3자에게 전달하는 행위가 반복적으로 허용된다면 통신을 통한 대화 등의 의사소통은 위축될 수밖에 없다. 그러므로 개별적인 상황에 따라 해당 행위가 개별 법률에 의해 규제되거나 민사상의 불법행위로 판단될 수도 있으

---

854 대법원. 2008.10.23. 선고. 2008도1237. 판결.

855 대법원. 2014.05.16. 선고. 2013도16404 판결.

856 대법원. 1999.3.9. 선고. 98도3169 판결.

며, 그 내용이 재판에 사용될 경우 증거능력을 인정받지 못할 수도 있다.[857]

다. 일방당사자가 동의하여 제3자가 녹음 등을 행하는 경우

전기통신에 해당하는 전화통화 당사자의 일방이 상대방 모르게 통화 내용을 녹음하는 것은 「통신비밀보호법」 제3조 제1항에 위배되지 아니한다. 즉 전화통화 당사자의 일방이 상대방 몰래 통화 내용을 녹음하더라도, 대화 당사자 일방이 상대방 모르게 그 대화내용을 녹음한 경우와 마찬가지로 동법 제3조 제1항 위반되지 아니한다.

그러나 제3자의 경우는 설령 전화통화 당사자 일방의 동의를 받고 그 통화 내용을 녹음하였다 하더라도 그 상대방의 동의가 없었던 이상, 사생활 및 통신의 불가침을 국민의 기본권의 하나로 선언하고 있는 「헌법」 규정과 통신비밀의 보호와 통신의 자유 신장을 목적으로 제정된 「통신비밀보호법」의 취지에 비춰 이는 「동법」 제3조제1항 위반이 된다고 해석해야 할 것이다. 이 점은 제3자가 공개되지 아니한 타인간의 대화를 녹음한 경우도 마찬가지다.[858]

따라서 제3자가 녹음 등을 행하는 경우 이러한 전화 통화의 감청이 「동법」 제3조 제1항 위반으로 되지 않기 위해서는 원칙적으로 양당사자 모두의 동의가 있어야 할 것이고, 단지 일방 당사자의 동의를 받는 것만으로는 불법 감청이 아니라고 할 수 없을 것이다.[859]

라. 사업주가 직원과 고객 간의 대화를 녹음 또는 청취하는 경우

골프장 운영업체가 예약전용 전화선에 녹취시스템을 설치하여 예약담당 직원과 고객 간의 골프장 예약에 관한 통화 내역을 녹취한 사건에 대하여 이 사건 예약 전화를 통하여 직원과 고객이 나눈 통화 내용은 대체로 골프장 예약에 필요한 고객의 성명, 연락처, 예약 시간 등 골프장 예약을 위해 필요한 범위 내에 한정되어 있었다.

이 사건에 대해 대법원은 이 녹취시스템은 ○○○○가 자신의 업무인 골프장의 운영을 위해 자신의 예약전용 전화선에 설치·운영한 것으로서, 결국 ○○○○는 이 사건 전화 통화와 무관한 제3자가 아니라 이 사건 전화 통화의 당사자라고 봄이 상당하므로, 결국 이 사건은 전화 통화의 당사자 일방이 상대방 모르게 대화 내용을 녹음한 경우에 해당하여 「통신비밀보호법」 제3조 제1항에 위반되지 아니한다' 하였다.

아울러 이 사건 녹취시스템에 의하여 골프장 예약에 관한 통화내역을 녹취한 것은 예약 업무를 수행하는 직원이 고객과 통화를 하면서 직접 녹취하는 경우와 다를 바 없고, 이는 결국 ○○○○가 이 사건 전화통화의 당사자로서 통화 내용을 녹음한 때에 해당한다고 보고, 「통신비밀보호법」 제3조 제1항에 위반되지 아니한 것으로 판단하였다.[860]

마. 공개되지 아니한 타인 간의 대화를 녹음 또는 청취하는 경우

---

857 강태수, 「통신의 비밀보장에 관한 연구」, 경희법학 제45권 제4호, 2010, 308면.

858 대법원. 2002.10.8. 선고. 2002도123. 판결.

859 대법원. 2014.5.16. 선고. 2013도16404. 판결.

860 대법원. 2008.10.23. 선고. 2008도1237. 판결.

「통신비밀보호법」 제3조 제1항이 "공개되지 아니한 타인간의 대화를 녹음 또는 청취하지 못한다."라고 정한 것은, "대화에 원래부터 참여하지 않은 제3자가 그 대화를 하는 타인 간의 발언을 녹음 또는 청취해서는 아니 된다."는 취지[861]이므로 음식점 내부에서 감시용 카메라와 도청 마이크 등을 설치하여 타인간의 대화를 녹음하려 시도하거나 청취한 사안에서, 위 음식점 내에서 이루어진 타인 간의 대화는 '공개되지 아니한 타인 간의 대화'에 해당되어 「통신비밀보호법」 제3조 제1항에 위반된다.[862]

II. 봉함 기타 비밀장치한 문서 감사

1. 법률 위반 여부

가. 「형법」 위반 여부

「형법」 제316조 제1항에 규정된 '**봉함 기타 비밀장치한 문서**'란 '기타 비밀장치'라는 일반 조항을 사용해 널리 비밀을 보호하고자 하는 위 규정의 취지에 비추어 볼 때, 반드시 문서자체에 비밀장치가 되어 있는 것만을 의미하는 것은 아니고, 봉함 이외의 방법으로 외부 포장을 만들어서 그 안의 내용을 알 수 없게 만드는 일체의 장치를 가리키는 것으로, 잠금장치가 있는 용기나 서랍 등도 포함한다.[863]

「형법」 제316조 제2항에 규정된 '**비밀장치한 전자기록 등 특수매체기록**'이란 권한 없는 사람이 기록에 접근하는 것을 방지하거나 곤란하게 하기 위한 장치가 마련되어 있는 특수매체기록을 말하는 것으로, 컴퓨터나 기록자체가 잠금되어 있는 경우는 물론 비밀번호, 지문 인식과 같은 특수한 작동체계를 설정하여 둔 경우도 이에 포함된다.[864]

또한 문서 자체에 비밀장치를 하였을 뿐만 아니라 책상 및 캐비닛에 잠금장치를 한 경우에는 「형법」 제316조 제1항의 비밀장치에 해당한다. 또한, 컴퓨터 자체가 잠금되어 있거나 컴퓨터에 비밀번호 등을 설정한 경우에도 「형법」 제316조 제1항의 비밀장치에 해당된다. 따라서 회사가 책상 등에 설정된 잠금장치를 해제하여 임직원 등의 문서를 개봉한 경우 「형법」 제316조 제1항, 기술적 수단을 통해 그 내용을 알아내는 경우 「형법」 제316조 제2항 위반으로 판단된다.

서랍이 2단으로 되어 있어 그중 아래 칸의 윗부분이 막혀있지 않아 위 칸을 밖으로 빼내면 아래 칸의 내용물을 쉽게 볼 수 있는 구조로 되어 있는 서랍이라고 하더라도, 임직원이 아래 칸에 잠금장치를 하였고 통상적으로 서랍의 위 칸을 빼어 잠금장치된 아래 칸 내용물을 볼 수 있는 구조라거나 그와 같은 방법으로 볼 수 있다는 것을 예상할 수 없어 객관적으로 그 내용물을 쉽게 볼 수 없도록 외부에 표시되어 있는 사건에서 대법원은 아래와 같이 판시하였다.

---

861 대법원. 2006.10.12. 선고. 2006도4981. 판결.

862 대법원. 2007.12.27. 선고. 2007도9053. 판결.

863 대법원. 2008.11.27. 선고. 2008도9071. 판결.

864 서울동부지방법원. 2007.7.5. 선고. 2007노318. 판결.

대법원은 2단 서랍의 아래 칸에 잠금장치가 되어 있는 경우, 「형법」 제316조 제1항의 규정 취지에 비추어 아래 칸은 위 칸에 잠금장치가 되어 있는지 여부에 관계없이 그 자체로서 「형법」 제316조 제1항에 규정하고 있는 비밀장치에 해당한다고 할 것이고, 이 사건 기록에 나타난 증거들에 의하면, 봉함 기타 비밀장치의 효과를 제거하여 아래 칸 내용물들을 개봉한다는 임직원의 인식을 충분히 인정할 수 있어 「형법」 제316조 제1항에 위배된다고 판시하였다.[865]

나. 「정보통신망법」 위반 여부

먼저, 인터넷상의 E-mail 관련 정보는 "정보통신망에 의하여 처리·보관 또는 전송되는 타인의 정보 또는 비밀"에 해당하므로 정보주체의 동의 없이 정보를 훼손하거나 비밀을 침해할 경우, 「통신망 이용촉진 및 정보보호 등에 관한 법률」(이하 "정보통신망법"이라 함) 제49조를 위반하게 된다.

대법원은 "'**타인의 비밀**'이란 일반적으로 알려져 있지 않은 사실로서 이를 다른 사람에게 알리지 않은 것이 본인에게 이익이 되는 것을 의미하고, '비밀'에 해당하기 위해서는 그 정보의 내용이 사회통념상 단순한 정보의 정도를 넘어서 비밀로서 보호받아야 할 만한 내용을 포함하고 있어야 한다."고 판시한바 있다.[866]

회사 업무용컴퓨터에 보관된 자료는 기본적으로 회사의 업무를 수행하기 위한 것이나, 임직원 등의 사생활의 비밀과 관련된 자료가 포함되어 있을 경우 이를 열람하는 행위는 「정보통신망법」 제49조 위반될 가능성이 높으므로 주의할 필요가 있다. 특히 실무적으로 보더라도 이메일이나 메신저 대화자료 등에 사생활의 비밀과 관련한 자료 들이 다수 포함되어 있다.

어떤 직원을 의심한 나머지 해고할 핑계를 찾기 위해 감사팀 직원을 시켜 의심직원의 e-mail을 감사실 직원이 조사할 때 의심받던 직원은 자신의 노트북에는 사생활 관련자료도 다수 포함되어 있으므로 열람하지 말 것을 요구하였음에도 불구하고 사장과 감사팀에서 개인적 용도로 작성된 e-mail 및 한글파일 등을 열람한 사건에서 대법원은 명시적 합의 없는 개인정보 열람은 「정보통신망법」 위반이라는 판결을 내렸다.[867]

다. 「통신비밀보호법」 위반 여부

「통신비밀보호법」 제2조 제7호, 제3호의 각 규정을 종합해 보면, 위 법상 '감청'은 통신행위와 동시에 이루어지는 현재성이 요구되므로, 송·수신이 완료된 전기통신의 내용을 지득·채록하는 것은 감청에 해당하지 않는다. 이러한 법리는 「동법」 제2조 제3호에서 정한 전기통신에 해당하는 '문자메세지'에도 그대로 적용되므로, 수신하기 전의 문자메세지는 감청의 대상에 해당하지만, 문자메세지가 이미 수신자의 휴대폰에 도달·보관되어 언제든지 열

---

865 대법원. 2008.11.27. 선고. 2008도9071. 판결.
866 대법원. 2006.03.24. 선고. 2005도7309. 판결.
867 대법원. 2003.08.22. 선고. 2003도3344. 판결.

람할 수 있는 상태에 있다면 문자메세지의 송·수신이 완료된 것으로 볼 수 있으므로 현재성이 없어 감청대상이 되지 않는다.[868]

직원이 회사 컴퓨터 서버를 통해 고객들의 휴대폰으로 문자메세지 등을 전달하거나 전달받은 영업을 하던 중 컴퓨터 서버에 저장되어 있던 문자메세지 00,000건에 대한 파일을 열람하여 내용을 지득함으로써 전기통신을 감청하였다고 하여 기소된 사안에서, 법원은 직원이 열람한 문자메세지는 문자메세지가 발송된 서버에 저장·보관되어 있던 것으로 송신자가 송신한 이후 수신자가 수신할 수 있는 상태에 있어 「동법」상 송·수신이 완료된 전기통신에 해당하여 감청의 대상이 아니므로 직원의 행위가 「동법」 제2조 제7호 및 제3조 제1항에서 정한 감청을 구성하지 아니한다는 이유로 무죄를 선고하였다.[869]

라. 「개인정보보호법」 위반 여부

"**개인정보**"는 "살아있는 개인에 관한 정보로서 ① 성명, 주민등록번호 및 영상 등을 통해 개인을 알아볼 수 있는 정보, ② 해당 정보만으로는 특정개인을 알아볼 수 없더라도 다른 정보와 쉽게 결합하여 알아볼 수 있는 정보, 또는 ③ 제 ①항 또는 제 ②항을 가명처리[870]함으로써 원래의 상태로 복원하기 위한 추가 정보의 사용·결합 없이는 특정 개인을 알아볼 수 없는 정보"(이하 '가명정보'라 함)라고 한다.(「개인정보보호법」 제2조 제1호)

즉, 개인의 계좌 정보나 컴퓨터에 남아있는 개인 메일정보 등은 개인정보에 해당한다. 따라서 개인정보처리자가 개인 정보를 수집·이용하고자 하는 때에는 「개인정보보호법」 제15조 제1항 각호에서 정한 것을 제외하고는 원칙적으로 정보주체의 명시적 동의를 받아야 한다.(「동법」 제15조 제1항)

구체적으로 개인정보를 수집 및 이용하기 위해서는 정보주체에 대하여 ① 개인정보의 수집·이용 목적, ② 수집하려는 개인정보의 항목, ③ 개인정보의 보유·이용 기간, ④ 동의를 거부할 권리가 있다는 사실 및 동의거부에 따른 불이익이 있는 경우에는 그 불이익의 내용 등을 알리고 동의를 받아야 하며(「동법」 제15조 제2항), 수집한 개인정보를 동의받은 목적 외의 용도로 이용하고자 하는 때에도 이를 알리고 동의를 받아야 함이 원칙이다.(「동법」 제15조 제2항. 단서)

특히 '민감 정보'나 '고유 식별정보'[871]에 해당하는 개인정보를 수집 및 이용 등 처리하기 위해서는 그러한 처리에 대해 법령상의 근거가 있거나 다른 개인정보의 처리에 대한 동의와 별도로 동의를 받아야 하며(「동법」 제23조, 제24조), 예외적으로 ① 법령에 특별한 규정이 있거나 법령상 의무를 준수하기 위하여 불가피한 경우, ② 정보주체와의 계약체결 및 이행을 위하여 불가피한 경우 등에 대해 정보주체의 동의가 없는 경우에도 개인정보의 수집 및 이용

---

868 대법원. 2003.08.22. 선고. 2003도3344. 판결.

869 서울중앙지법. 2012.4.5. 선고. 2011노3910. 판결.(상고).

870 가명처리란 개인정보의 일부를 삭제하거나 일부 또는 전부를 대체하는 등의 방법으로 추가정보가 없이는 특정개인을 알아볼 수 없도록 처리하는 것을 말한다.

871 '고유식별정보'란 주민등록번호, 여권번호, 운전면허번호, 외국인등록번호를 의미한다.

이 가능한 예외를 규정하고 있다.(「동법」제15조 제1항)

2. 사전 동의 없이 개봉·열람·조사가 가능한 방법

가. 정당 행위

1) 정당행위의 의의

우리 「형법」 제20조는 「법령에 의한 행위 또는 업무로 인한 행위 기타 사회상규(社會常規)에 위배되지 아니하는 행위는 벌하지 아니한다」로 규정하고 있다. 이러한 행위를 **'정당행위'**라 하고 학설은 **'위법성조각사유'**라 한다. 여기에서 말하는 「법령」에 의한 행위 또는 「업무」에 의한 행위 등은 사회상규에 위배되지 않는 정당행위의 예시에 불과하다.*

* [네이버 지식백과] 정당행위 [正當行爲] (법률용어사전, 2011. 1. 15., 법문북스)

2) 정당행위의 요건

첫째, 「법령에 의한 행위」라 함은 예를 들면 공무원의 직무행위, 징계행위, 현행범의 체포, 정신병자의 감치(監置)등을 말하고, **둘째, 「업무로 인한 행위」**라 함은 직접 법령에 근거가 없어도 사회관념 상 정당시 되는 행위를 업무로 행하는 경우를 말한다. 씨름, 권투, 레슬링 등의 스포츠 및 의술 등에서 타인에게 상처를 입힌다든지 수술로 신체를 상해하는 것이 허용 되는 것은 이 규정에 의한 까닭이다.

셋째, 「사회상규에 위배되지 아니하는 행위」라 함은 사회적으로 상당성이 있는 행위(역사적으로 형성된 사회·윤리적 공동생활의 질서 내에 속한 행위, 즉 사회통념상 비난할 수 없는 행위)를 말하는데, 추상적·포괄적 개념으로서 시대와 장소에 따라 구체적으로, 또한 국가의 이념·법질서·사회통념·관습, 목적과 수단의 정당성, 법익의 교량(較量), 필요성·보충성 등 종합적으로 판단하여 결정될 문제이다.[872]

즉, **'정당한 행위'**로서 위법성이 조각되기 위해서는 그 구체적 행위에 따라 합목적적, 합리적으로 가려져야 할 것인바 **정당행위를 인정**하려면 **첫째, 그 행위의 동기나 목적의 정당성, 둘째, 행위의 수단이나 방법의 상당성, 셋째, 보호이익과 침해이익과의 법익 균형성, 넷째, 긴급성, 다섯째**로 그 행위 외에 다른 수단이나 방법이 없다는 **보충성** 등의 요건을 갖추어야 한다.[873]

3) 정당행위의 구체적 사례

감사 관련 정당행위의 구체적 사례를 살펴보면, '회사의 직원이 회사의 이익을 빼돌린다'는 소문을 확인할 목적으로 비밀번호를 설정함으로써 비밀장치를 한 전자기록인 직원이 사용하던 '개인용 컴퓨터의 하드디스크'를 떼어내어 다른 컴퓨터에 연결한 다음 의심이 드는 단어로 파일을 검색하여 메신저 대화내용, 이메일을 출력한 행위에 대하여 「형법」 제316조

---

872 대법원. 2004.08.20. 선고. 2003노4/32. 판결.

873 대법원. 1984.05.22. 선고. 84도39. 판결.

제2항 위반(전자기록 등 내용탐지)이 문제된 사안에서 대법원은 정당 행위의 판단기준을 구체적으로 제시하였다.

대법원은 **정당행위의 구체적 기준**으로 **① 직원의 범죄 혐의를 구체적이고 합리적으로 의심할 수 있는 상황에서 회사가 긴급히 확인하고 대처할 필요**가 있었고, **② 그 열람의 범위를 범죄 혐의와 관련된 범위로 제한**하였으며, **③ 직원이 입사 시 회사 소유의 컴퓨터를 무단 사용하지 않고 업무 관련 결과물을 모두 회사에 귀속시키겠다고 약정**하였고, **④ 검색결과 범죄 혐의를 확인할 수 있는 여러 자료가 발견된 점** 등을 제시하면서, 회사의 그러한 행위는 **사회통념상 허용될 수 있는 상당성이 있는 행위**로서「형법」제20조의 '**정당행위**'라고 판단을 내렸다.[874]

나.「개인정보보호법」상 예외 규정

「개인정보보호법」제15조 제1항에 의하면 개인정보처리자는 다음 각호 어느 하나에 해당하는 경우에는 개인정보를 수집할 수 있으며 그 수집 목적의 범위에서 이용할 수 있도록 규정하고 있다.

「개인정보보호법」상 예외 규정

① 정보주체의 동의를 받은 경우

② 법률에 특별한 규정이 있거나 법령상 의무를 준수하기 위하여 불가피한 경우

③ 공공기관이 법령 등에서 정하는 소관 업무의 수행을 위하여 불가피한 경우

④ 정보주체와의 계약 체결 및 이행을 위하여 불가피하게 필요한 경우

⑤ 정보주체 또는 그 법정대리인이 의사표시를 할 수 없는 상태에 있거나 주소불명 등 으로 사전 동의를 받을 수 없는 경우로서 명백히 정보주체 또는 제3자의 급박한 생명, 신체, 재산의 이익을 위해 필요하다고 인정되는 경우

⑥ 개인정보처리자의 정당한 이익을 달성하기 위하여 필요한 경우로서 명백하게 정보 주체의 권리보다 우선하는 경우. 이 경우 개인정보처리자의 정당한 이익과 상당한 관련이 있고 합리적인 범위를 초과하지 아니하는 경우에 한한다.

그 사례로 위임직 채권추심인 등이 채권추심 금액을 개인계좌를 이용하는 경우 이는 업무상 횡령·배임을 구성하고, 회사는 위 범죄의 피해자에 해당하는 점, 위임직 채권추심인 등의 행위로 인해 회사가 채권자 또는 채무자와의 송사에 휘말릴 가능성이 있는 점, 개봉·열람·조사의 대상인 책상 등은 회사의 소유이며, 업무용으로 제공한 점 등은「동법」제15조 제1항 제6호의 근거가 될 수 있다고 본다. 다만, 위 예외 사유는 '합리적인 범위를 초과하지 아니하여야 한다'는 점에서 자료를 개봉·열람·조사함에 있어 목적에 필요한 범위를 초과 하

지 않도록 유의해야 할 것이다.[875]

III. 부정행위자에 대한 소지품 감사[876]

사용자는 인사·노무관리, 제품·서비스의 품질관리 및 재산보전 등을 위해 근로자의 직무수행 상태를 감시·조사할 필요가 있다. 통상 이러한 감시·조사는 근로계약상 인정되는 사용자의 경영권을 근거로 이루어지는 것이다. 그러나 직장 내에서는 근로자에게 주어진 사적 영역이 존재하므로 경우에 따라서는 근로자의 프라이버시권 내지 인격권을 침해할 수 있다. 따라서 종래 가장 문제가 되었던 조사방법으로서 금품 등의 부정취득을 방지하기 위한 소지품검사에 대해 살펴보고자 한다.

1. 소지품 검사의 일반적 개요

사업장 출입구에서 근로자에게 행하는 소지품 검사는 업무와 관계없는 물품의 유입을 통제하여 기업질서 유지를 확보할 뿐만 아니라 기업의 물품 또는 핵심기술의 외부로 유출함으로써 발생되는 사용자 재산권의 침해를 방지하기 위해 인정된다. 따라서 사용자는 사업장의 질서유지와 관련하여 근로계약상 정당한 범위 내에서 사용자의 경영권으로서 근로자에 대해 소지품 검사를 실시할 수 있고, 근로자는 근로계약상 부수적 의무의 내용으로서 이러한 소지품 검사에 대해 수인해야 할 의무를 부담하는 것이다.

그러나 이러한 소지품 검사는 근로자의 신체적 자유를 구속하고 인격권을 침해할 위험이 크기 때문에 근로자의 수인해야 할 의무에는 한계가 있다. 따라서 부정행위자에 대한 사용자의 소지품 검사는 근로자의 인격 및 자유를 침해하지 않는 범위에서 사용자의 이익을 확보하기 위한 필요하고도 합리적인 한도로 제한하지 않으면 안 된다.

사용자가 기업질서의 유지 및 기업재산의 보호를 위하여 사업장에 출입하거나 퇴장하는 근로자에 대해 소지품을 검사할 권한이 사용자에게 경영권으로서 인정될 수 있는지가 문제된다. 통상적으로 사용자에 의해 행해지는 소지품 검사는 사업장 내에서 노동조합의 정치활동을 제한하거나 회사소유 물건의 도난방지 또는 핵심기술의 유출방지를 위해 행해지는 경우가 많다.

생각건대 사용자는 사업장 질서유지와 관련하여 근로계약상 정당한 범위 내에서 사용자 경영권으로서 소지품 검사를 실시할 수 있다고 보고 이에 대해 근로자는 수인의무설에 따라 근로계약상 부수적 의무로서 소지품 검사에 응해야 할 의무를 지니게 된다.

2. 소지품 검사의 정당성 판단

소지품 검사는 「헌법」상 사용자의 재산권 보장의 측면에서 제한적으로 인정해야 한다. 왜냐하면 소지품 검사는 근로자의 신체적 자유 및 인격권을 침해할 소지가 크기 때문이다. 따

---

875 이도형·최누리샘, 「사전 동의 없이 위임직 ○○○○인 등이 사용하는 물품을 개봉·열람·조사할 수 있는지 여부」, 2018.1.22., 12면.

876 방준식,「근로자의 개인정보와 프라이버시 보호에 관한 법적 판단」, 2010.08. 한양법학, 308∼310면. 방준식,「사용자지시권에 관한 연구」, 고려대학교 대학원, 2006, 184∼187면.

라서 사용자가 소지품 검사를 시행할 경우에는 엄격한 요건이 필요하다. 다시 말해서 **소지품 검사의 '정당성 요건'** 즉, 근로자가 소지품 검사에 대해 수인해야 할 의무가 발생하기 위해 4가지 요건이 충족되어야 한다.

첫째, 소지품 검사를 필요로 하는 합리적 이유가 존재하여야 한다. 다시 말해서 소지품 검사는 생산기술의 유출 방지 및 사업장 내 상습적인 물품도난의 발생 등 기타 제반 사정을 종합적으로 판단하여 상당한 이유가 있는지 검토해야 한다. 따라서 단순한 회사의 의심스러운 생각만으로는 근로자의 소지품을 검사할 수 없다.

둘째, 소지품 검사는 적절한 방법과 필요한 정도 내로 실시하여야 한다. 왜냐하면 소지품 검사로 인해 근로자가 굴욕감과 모멸감을 느끼지 않도록 충분히 배려해야 하기 때문이다. 따라서 이를 위해서는 검사자의 신중한 태도와 검사의 필요성에 대한 설명, 사용자의 충분한 지도 및 교육, 근로자의 협력을 얻기 위한 노력 등이 요구된다.

셋째, 소지품 검사가 특정근로자를 차별대우해 실시하지 않아야 한다. 따라서 검사의 대상이 외국인 근로자나 여성, 미성년자로 한정하거나 주로 이들에게 집중된 검사 혹은 특정 근로자에 대해서만 반복적으로 검사를 진행하는 것은 균등대우의 원칙에 반할 뿐만 아니라 당해 근로자의 인격권을 침해하는 행위가 된다.

넷째, 소지품 검사에 관한 명시적인 근거가 존재하여야 한다. 따라서 사용자는 검사를 필요로 하는 경우에는 명시적 근거를 기초로 그 필요성을 근로자에게 정확하게 설명할 의무가 있다고 본다. 아울러 근로자에게 협조를 얻기 위한 노력을 다해야 한다.

한편 이와 같은 요건이 어느 하나라도 충족하지 않은 사용자의 소지품 검사는 정당성이 없어 권리 남용에 해당할 뿐만 아니라 경우에 따라서는 근로자의 명예나 프라이버시의 침해로서 불법행위가 성립하게 된다. 반면에 근로자는 이러한 4가지 요건이 충족되는 경우에는 검사에 응할 의무가 발생한다. 그리고 이러한 요건을 충족시킨 사용자의 소지품 검사를 근로자가 정당한 이유 없이 거부하는 경우에는 근로계약상 부수적 의무의 불이행 및 징계의 대상이 될 수 있다.

3. 소지품 검사의 한계

이러한 소지품 검사를 통해 사용자가 얻게 되는 이익은 무엇인가? 먼저 소지품 검사는 출근 시에는 근로자가 위험·유해물 및 특정정당기관지 등을 사업장에 소지하고 들어오는 것을 미연에 방지하여 기업질서를 유지하기 위한 것이고, 퇴근 시에는 기업물품의 불법 영득 및 이를 소지하여 나가는 것을 방지하여 기업의 재산을 보호하고자 하는 것이다.

반면 근로자의 입장에서 보면, 소지품 검사는 근로자의 신체적 자유를 구속하고 명예나 프라이버시 등의 인격적 이익을 침해할 위험성이 있고, 노동조합 관련해서는 조합 활동과 정치활동의 자유를 침해할 가능성이 높다. 아울러 근로자의 범죄를 예상하여 혐의가 있는 대상으로 미리 취급하는 것은 근로자의 인권을 침해할 소지가 크다.

따라서 소지품검사는 사용자의 업무상 필요성을 엄격하게 제한해 검사로 인한 근로자의 불이익을 완화하는 방향으로 그 행사의 요건을 설정해야 할 필요가 있다.

제6절 감사결과 처리단계의 법적위험

Ⅰ. 징계조치의 개요

1. 근로관계의 성격

우리나라 「근로기준법」 제2조 제1항은 **'근로계약'**의 개념에 관하여 "근로자가 사용자에게 근로를 제공하고 사용자는 이에 대하여 임금을 지급하는 것을 목적으로 체결된 계약을 말한다."고 정의하고 있다. 그렇다면 **근로계약**은 근로자가 자신의 노동력을 사용자에게 제공할 것을 약정하고, 사용자는 이에 대하여 보수를 지급하기로 약정함으로써, 개개의 근로자와 사용자간에 체결되는 근로자의 계속적 사용관계를 수립하는 계약이다.

이런 점에서 근로관계는 '노동력의 매매'라는 채권계약임에 틀림없다. 다만 「근로기준법」 제15조에서 "이 법에서 정하는 기준에 미치지 못하는 근로조건을 정한 근로계약은 그 부분에 한하여 무효로 하고 무효로 된 부분은 이 법에서 정한 기준에 따른다."고 명시하고 있듯이, 근로관계는 채권적 계약관계의 유형으로서 「민법」상 고용계약에 속하는 것이지만, 근로자 보호를 위한 「근로기준법」과 기타 계약의 자유를 제약하는 제반 법령의 적용을 받는다는 의미에서 **특수한 법률관계**라고 할 수 있다.[877]

비록 근로관계가 근로자와 사용자 양자 간에 채권·채무를 발생시키는 채권계약의 법률관계지만, 사용자의 경영권 내지 지휘권에 복종하면서 일정한 기간 동안 계약에서 정한 근로의 내용을 제공해야 하므로, 사용자와 계속적인 법률관계를 유지한다는 점에서, 일회적 계약 행위에 의해 목적이 달성되는 다른 채권계약과는 다음과 같이 구별된다.[878]

첫째, 근로자는 사용자의 경영권에 복종하면서 근로를 제공한다. 그런 의미에서 이를 '**종속 노동의 관계**'라고 부른다. 사용자의 지시·처분하에 있는 노동력 자체가 근로자의 인격과 분리할 수 없기 때문에 사용자와 근로자 사이에는 신분적 상하의식 관계가 생기기 쉽고, 사용자는 생산수단을 보유하고 있는 우월적인 지위를 이용하여 근로관계를 자기에게 유리하게 유도할 수 있다는 점에서 노동의 종속성이 사실상 근로관계의 특색을 이루고 있다. 이것이 곧 사용자의 '권력관계' 또는 '권위'를 인정하는 것은 아니다. 근로관계는 어디까지나 근로자와 사용자가 계약의 대등당사자로서 상대하는 관계이기 때문이다.

둘째, 근로자는 사용자의 사업조직 내에 유기적으로 편입되어 사용자의 지시를 받으며 다른 근로자들과 협동적으로 작업을 수행한다. 이 때문에 근로조건에 대한 집단적 관리가 필요하게 되고, 따라서 사업장 내에서 조직 노동에 대한 규율이 설정될 필요가 있다.

셋째, 근로자는 기업의 유기적 구성분자로서 기업과 긴밀한 조직적 관계를 유지하면서,

---

877   김형배, 「노동법」,제19판, 박영사, 2010, 208면 및 2021.9, 233면.

878   김형배, 「노동법」,제19판, 박영사, 2010, 209면 및 2021.9, 236면.

또 한편으로는 통일적 또는 집단적 조직을 형성하게 되므로 사용자에 대해 집단적 관계를 갖게 된다. 이런 점에서 구체적인 근로조건은 단체협약이나 취업규칙에 의해 그 내용이 결정된다.

2. 징계권의 의의 및 성격

어느 집단이나 단체이든지 그 조직의 목적을 달성하기 위해서 최소한의 규율을 정한 것을 필요로 한다. 특히 기업에서는 사업의 목적 달성에 필요한 일정한 복무규율 또는 기업질서를 정립하게 된다. 사용자는 사업의 구성원들이 이러한 복무규율을 위반할 경우, 그 위반자에 대하여 불이익의 제재조치를 취하게 되는데, 이를 **징계**라고 하고, 사용자가 이러한 불이익 제재조치를 부과할 수 있는 권리를 **징계권**이라고 한다.

사용자의 징계권에 대해 현행 「근로기준법」은 명시적으로 규정하고 있지 않다. 그렇지만 「근로기준법」 제23조의 해고 등의 제한규정에 "사용자는 근로자에게 정당한 이유 없이 해고, 휴직, 정직, 전직, 감봉 그 밖의 징벌을 하지 못한다."고 규정하고 있고, 「동법」 제93조에서 '표창과 제재에 관한 사항'을 「취업규칙」의 필요적 기재사항의 하나로서 명시하고 있으며, 「동법」 제95조 '제재규정의 제한'에는 감급의 제한 규정을 두고 있다.

이와 같이 **현행법상 사용자의 '징계권'을 명시적으로 인정하는 조항은 없으나, 적어도 휴직, 정직, 전직, 감봉, 해고 등과 같은 징계제도의 존재를 예정**하고 있다고 볼 수 있다. 이를 근거로 대부분의 기업에서는 「취업규칙」등에서 징계제도에 관한 규정을 두고 운영함으로써, 징계를 사실상 **「근로기준법」상의 제도**로 받아들이는 것에는 異說이 없다.

3. 징계와 다른 벌의 구분

사용자의 징계권은 근로자의 기업질서 위반행위에 대한 징벌적 제재조치이다. 즉, **징계는 근로자의 행위가 기업이나 직장의 질서를 문란하게 한 경우에 해당 근로자에게 취해지는 질서벌**인 것이다. 이런 점에서 근로자의 계약위반이나 채무불이행으로 인한 계약위반에 대한 제재로서 가해지는 계약벌과 비교해 다음과 같이 구별된다.

첫째, 계약벌이 계약위반에 대한 제재로서 손해배상, 위약금, 계약의 해지 또는 해제 등과 같은 손실보전을 목적으로 하는 것인데 대해, **질서벌**은 근로자에게 징계의 하나로서 금전적인 불이익을 가한다 하더라도 이는 기업의 손실보전에 목적이 있는 것이 아니라, 의무위반 행위를 한 근로자에 대한 인격적인 비난이나 권리의 박탈 등 **불이익 취급에 중점**을 두고 있다.[879]

둘째, 계약벌은 대등한 계약의 한 당사자가 동등한 권리로서 타방의 당사자에게 행해지는 권리나 권한인데 반해, **징계권**은 사용자가 채권계약상 당연하게 행사하는 권한이 아닌 상하관계에서 이루어지는 **권력적 성격**을 띠고 있다.

셋째, 징계는 경영의 자주적 운영을 위한 수단이라는 점에서 같은 질서벌의 유형인 국가

---

879 이상국, 「사용자의 징계권에 관한 연구」, 한양법학 제21집, 한양법학회, 2007.8., 595면.

의 형벌과는 구별된다. 형벌은 국가질서유지와 예방을 목적으로 수단, 절차가 법률에 의해 엄격하게 규율되고 있고, 형벌의 종류로 생명형, 자유형, 재산형, 명예형 등을 가하지만, **私法的 채권관계인 근로관계**에 대해서는 **징계에 대한 법적 근거규범이 존재하지 않으며, 내부 절차에 의해 근로자의 권리를 박탈하거나 불이익 조치를 취할 수 있을 뿐, 근로자의 생명, 자유, 명예를 침해하는 것은 허용되지 않는다.**

4. 징계조치의 법적 근거

징계권의 법적 근거가 무엇인가에 대해 논의의 실질적 핵심은 징계규정이 없을 때 징계의 가능 여부, 징계규정에 열거된 징계사유를 제한적으로 볼 것인지 아니면 예시적으로 볼 것인지 문제, 징계절차 규정에 없는 경우에는 징계절차를 거치지 않아도 될 것인지 여부로 귀결된다. 이 점에서, 징계권의 법적 근거의 문제는 기업질서 위반과 관련된 사용자의 징계행사의 정당성 및 한계를 판단하는 데 있어 매우 중요한 선결과제로서 논의의 대상이 된다.

사용자의 징계권에 대한 법적 근거에 대해서는 크게 ① **고유권 또는 경영권설,** ② **계약설,** ③ **법규범설,** ④ **노사공동규범설 등 다양한 학설**이 논의되어 오고 있으나, 아직까지 합일점을 찾지 못하고 있다. 또한 사용자의 징계권에 대하여 법적 근거가 무엇인지를 명확하게 해석한 판례도 찾기 어렵다. 다만 구체적인 사건에 대한 법원의 판단이유에서, 사용자징계권의 법적 근거에 대한 대법원의 기본인식을 유추해석 할 수 있을 뿐이다.

다수의 판례에서는 사용자의 징계권을 기업질서의 정립 및 유지권의 일환으로 파악하면서 동시에 그 제재가 「취업규칙」에 규정됨으로써 비로소 위의 권한을 행사할 수 있다고 해석된다. 또한 「취업규칙」에 의하지 않는 징계는 인정할 수 없지만 「취업규칙」보다 상위의 규범인 「단체협약」에서 적극적으로 징계권을 제한하지 않는 한 사용자는 자신의 고유한 권한을 행사하여 노동조합(근로자 과반수)의 동의 없이도, 「취업규칙」에 징계사유 등을 규정할 수 있다고 보고 있다.

다만, 그와 같은 **사용자의 고유한 권리**는 "**기업질서를 확립하고 유지하는 데 필요하고도 합리적인 것으로 인정되는 한**"에서만 승인되어야 한다고 보고 있다. 요컨대, **기본적으로 징계권은 취업규칙에 징계규정을 설정하든 그렇지 않든 간에 기업질서의 정립 및 유지에 관한 사용자가 가지는 고유한 권한으로 이해하되, 근로자의 보호를 위해서는 사용자의 일방적인 징계권의 행사를 제약할 필요성이 있으므로 그 제한 방법으로 「취업규칙」에 명시적 근거가 있어야 행사할 수 있는 방법을 사용하고 있다.**[880]

그러나 최근 제정·시행되는 「공공감사에 관한 법률」(이하 '공감법'이라 함) 제23조에 따르면 공공기관 자체감사기구의 장은 특별한 사정이 없으면 자체감사가 종료된 후 60일 이내에 그 감사 결과를 자체감사 대상 기관의 장에게 통보하여야 하고, 그 감사결과에는 「회계 관계 직원 등의 책임에 관한 법률」 제6조에 따른 변상명령, 징계, 문책, 시정, 주의, 개선, 권고, 고발 등의 처분 요구 또는 조치사항이 포함되어야 한다고 규정되어 있다.

---

880 박지순, 「징계권의 법적구조와 개별쟁점」, 노동법포럼, 노동법이론실무학회, 2008, 224~225면.

위의 감사결과를 통보받은 자체감사 대상기관의 장은 정당한 사유가 없으면 감사결과 처분요구 및 조치사항을 이행하고 그 결과를 보고하도록 하고 있어 공공기관에 대하여는 징계조치의 법적근거가 명확하게 규정되어 있어 사용자경영권을 원용하지 않더라도 문제가 되지 않는다고 본다. 따라서 일반 회사에 대하여도 이와 같은 징계조치의 법적근거를 감사 또는 감사위원회 관련 부문에 규정화하는 것을 적극 검토해 볼 필요가 있다고 본다.

5. 징계조치의 정당성

우리 「근로기준법」은 징계조치의 정당성과 관련하여 제23조 제1항은 "사용자는 근로자에게 정당한 이유 없이 해고, 휴직, 정직, 전직, 감봉 그 밖의 징벌을 하지 못한다."고 규정하고 있다. 이 조문의 핵심은 바로 "정당한 이유"라는 추상적인 문구이다.

입법자들은 징계해고의 정당성에 관한 구체적 기준은 열거하지 아니한 채 그 모든 책임을 "정당한 이유"라는 문구에만 부과하였던 것이다. 일반적으로 논해지는 **징계해고의 정당성**은 3가지로 나누어 볼 수 있다. **첫째, 징계사유의 정당성, 둘째, 징계절차의 정당성, 셋째, 징계양정의 정당성**이다.

판례는 징계사유가 존재하는지 여부, 징계사유가 존재한다면 당해 행위가 징계규정의 징계대상에 해당하는지 여부, 징계처분을 함에 있어서 소정의 징계절차를 준수했는지 여부로 판단하고 있다. 또한 비위를 저지른 자들 사이에 징계 종류의 선택과 양정에 있어서 합리적 사유 없이 자의적으로 차별적 취급을 하는 것은 형평에 반하여 정당성을 인정받을 수 없다고 한다.[881]

그리고 근로자의 비위행위에 비해 징계처분이 過度한 경우에는, 사용자의 징계 재량권을 逸脫한 것으로 보아 정당성을 상실한 것으로 판단하고 있다. 요약하면 **판례는 정당한 이유의 요건으로서, 실체적 정당성과 절차적 정당성으로 나누어 판단**하고 있으며, 여기서 **실체적 정당성**이란, 징계사유, 징계양정 및 징계형평성을 모두 포함하여 판단하고 있는 것으로 해석하고 있다.

II. 징계사유의 정당성

1. 개요

회사는 근로자의 징계를 함에 있어 「취업규칙」 또는 「상벌규정」 등에 명시된 징계사유만을 근거로 해야지 그렇지 않을 경우에는 정당성을 결하게 된다. 또한 규정발효 이전에 발생한 사유를 근거로 징계하였을 경우에도 정당성을 결하게 된다. 이는 성문법 국가로서 당연한 것이고, 「취업규칙」의 게시의무를 부과하고 있는 우리 「근로기준법」 취지에 비추어 보아서도 타당성이 있는 태도이다.

그러나 「취업규칙」 등에서 징계의 사유로 규정한 행위라고 해도 당연히 징계대상이 되는 것은 아니고, 다시 '정당한 이유'에 근거한 사법적 심사의 대상이 된다. 따라서 그 **징계사유**

---

881   대법원. 1999.8.20. 선고. 99두2611. 판결 등.

가 정당성을 갖기 위해서는 **그 내용이 법령이나 선량한 풍속과 그 밖의 사회질서에 반하지 않아야 하고, 직장질서의 구체적인 침해행위로 평가될 수 있어야 한다.**

2. 법률에 의한 징계사유의 제한

법률 및 징계제도의 본질과 목적상 징계의 대상이 될 수 없는 사유, 즉 ① 직장 내 성희롱 피해자에 대한 불이익 금지, ② 정당한 조합활동에 대한 불이익 금지, ③ 「기간제법」 및 「파견법」에 의한 불이익 금지, ④ 「국가인권위원회법」에 의한 불이익 금지, ⑤ 공익제보자 보호 관련법에 의한 불이익 금지 등을 검토하고, 개별 사건에서 판례가 징계사유를 어떻게 판단하고 있는지를 분석해야 한다.

3. 징계목적에 의한 징계사유의 제한

대법원은 "사용자의 징계권은 기업질서를 확립하고 유지하는 데 필요하고도 합리적인 것으로 인정되는 한 근로자의 기업질서 위반행위에 대하여 「근로기준법」등의 관계법령에 반하지 않는 범위 내에서 이를 규율하는 「취업규칙」을 제정할 수 있고…"라고 하면서도, 「취업규칙」 등에 규정된 **징계사유가 근로계약상의 의무위반행위**인지, **공동질서의 의무위반행위**인지를 묻지 않고 **징계권 행사를 근로자의 계약위반 행위**에 대해서까지 **넓게 인정**하고 있다. [882]

대법원의 이와 같은 태도로 인하여 실무에서는 근로자의 행위가 근로계약상 의무위반인지, 질서의무위반인지 구분하지 않은 채, 혼동하여 징계제도를 운용하고 있다. 특히 사용자의 입장에서는 근로자의 근로계약상의 의무위반행위에 대한 계약법적 수단으로서 근로자에게 손해배상청구를 일일이 한다는 것이 어려운 일이기 때문에, 손쉽게 근로자에게 책임을 물을 수 있는 징계제도를 활용하고 있다.

이는 결국 기업질서 유지에 필요한 범위를 무제한으로 확대시킴으로써, 사용자가 징계를 적용대상으로 삼을 수 있는 근로자의 행위도 확장하게 되어 징계처분이 광범위하게 남용될 가능성이 크다. 이러한 이유로 비위행위의 성격이 계약위반의 성질임에도 불구하고, 실무에서 징계처분의 대상으로 자주 거론되고 있는 징계사유들을 개별적으로 살펴보고, 그동안 아무 의심 없이 징계사유로 규정한 사항들이 과연 징계대상으로 될 수 있는지에 관하여 아래와 같이 재검토가 필요하다고 본다.

가. 근무태만

근무태만이란 근로자가 지각 또는 조퇴, 무단결근을 하거나 근로시간에 근로제공을 무성의하게 수행함으로써 노무제공의무를 게을리하는 것을 말한다. **지각**이란 근로자가 정당한 사유 없이 근로계약에서 정한 출근시각 이후에 출근하는 것을 말하고, **조퇴**는 근로시간이 종료되기 전에 퇴근하는 것을 말한다. 또한 **무단결근**이란 근로자가 정당한 이유 없이 근로계약에서 정한 소정 근로일에 출근하지 않는 것을 의미하는 것으로, 지각, 조퇴, 무단결근

---

882 대법원. 1994.6.14. 선고. 93다26151. 판결

등은 근로 계약상의 근로제공 의무를 정당한 사유 없이 일부 또는 전부를 이행하지 않는 행위이므로 일반적으로 채무불이행에 해당한다.

그렇지만 통상적으로는 「취업규칙」 등에 며칠 이상 또는 월 몇 회 이상 무단결근이나 지각·조퇴 등을 할 때 징계 사유나 징계해고 사유로 규정하고 있는 경우가 많다. 판례는 상습적으로 무단외출을 하고서는 때때로 개인적 용무를 처리해 왔을 뿐만 아니라 지각도 해온 근로자를 징계 해고한 것은 정당하다 하였고,[883] 「취업규칙」 등의 규정은 특별한 사정이 없는 한 「근로기준법」에 위반되어 무효라고 할 수 없으므로 근로자에게 위 규정에 해당되는 무단결근 등의 사유가 있을 때에는 징계해고의 사유로 삼아 해고하는 것은 정당한 이유가 있다고 판시[884]하고 있다.

그러나 근로자의 무단결근 등의 근로제공불이행에 대한 징계처분이 정당성을 얻기 위해서는 단지 그런 비위행위가 발생하였다는 객관적 사실의 존재만으로 충분하지 않고 그러한 결과에 근로자의 귀책사유가 존재해야 한다. 따라서 무단결근 등이 사용자의 작업배치나 일시적인 업무변경 등을 불가능하게 하고 장래에도 안정적인 근로제공을 기대할 수 없어 사회통념상 근로계약을 계속할 수 없을 정도로 근로자에게 책임이 있는지 여부에 따라서 해고의 정당성을 구체적이고 개별적으로 판단해야 할 것이다.[885]

나. 근무성적 불량

근무성적 불량이란 근로자에게 요구되는 근무상태가 다른 근로자에 비해 현저히 낮아, 사용자의 근무성적 향상 독려에도 불구하고 개선되지 않은 경우를 말한다. 사용자들은 기업 내부적으로 인적자원을 효율적으로 활용하기 위해서 근로자들 간의 경쟁을 조장하고, 그 한 방편으로 근로자들에 대한 인사 고과 혹은 근무평정을 실시하여 근무성적이 불량한 근로자들에 대해 징계처분을 시행하고 있다.

그간의 판례 등을 살펴보면, 「취업규칙」에 근무성적 또는 능률이 불량한 자로서 취업이 부적당하다고 인정되며 개전의 가망이 전혀 없는 경우에 해당하거나 기타 이에 준하는 부득이한 사유가 있을 경우를 징계사유로 규정하고 있다면, 이를 이유로 한 징계는 정당하다[886]고 판시하고 있다. 또한 운수회사에 근무하는 자가 약 7개월간 3회에 걸친 교통사고 야기 및 정직 전력 2회를 감안할 때 이런 근무성적 불량자 등에 대한 해고는 정당하다[887]고 판시하고 있다.

그리고 직무수행 능력이 부족하거나 근무성적이 극히 불량한 자 등을 직위해제 또는 대기발령을 할 수 있도록 하는 한편, 이후 직위해제나 대기발령을 받은 자가 그 기간 중 능력

---

883   대법원. 1996.9.20. 선고. 95누15742. 판결.

884   대법원. 1992.4.24. 선고. 91다17932. 판결.

885   김성진, 「사용자의 징계권에 대한 연구」, 고려대학교대학원, 2014, 194면. 대법원. 1989.3.14. 선고. 87누980. 판결. 대법원. 2000.9.5. 선고. 99두10650. 판결 등.

886   대법원. 1991.11.26. 선고. 90다4914. 판결.

887   서울고법. 2009.12.11. 선고. 2009누10811. 판결.

의 향상이나 개전의 정이 없다고 인정되는 경우에는 징계위원회 등의 동의를 얻어 면직할 수 있다고 규정하고 있는 경우에, 위와 같은 「인사규정」에 따라 행해진 면직처분은 인사권 내지 징계권의 남용에 해당한다고 할 수 없다[888]고 판시하고 있어 근무성적 불량을 이유로 징계가 가능한 것으로 보고 있다.

그러나 2년 5개월 동안 총 7차례의 접촉사고를 일으키고 그 이외에 신호위반을 하는 등 근무성적이 나쁘더라도 버스 운행 일정이 다소 무리하게 짜여 있는 등의 열악한 근무 환경으로 인한 것이거나, 영업활동이 결과적으로 기업에 손해를 가져온 경영판단의 오류에 있었던 경우, 다른 정당한 사유가 있거나 일시적인 경우에는 정당한 징계 사유가 되지 않는다고 보고 있다.[889]

다. 인사 및 업무 지시 불응

업무명령이란 사용자가 근로자에게 전근·전보·전직 등 인사에 관한 사항이나 연장근로, 출장, 소지품 검사, 시말서 제출 등 다양한 형태의 업무상 명령(지시권의 행사)을 말하고, 이를 근로자가 따르지 않을 경우에 징계권을 행사한다. 업무상의 명령은 근로자가 직접 담당하는 업무에 국한하지 않고 업무집행과 밀접한 관계가 있는 범위 내의 명령에도 포함된다고 할 수 있다.

근로자는 사용자의 업무명령에 따라야 할 근로계약상의 의무를 부담하고, 이에 따라 자신의 노동력을 사용자가 처분 가능한 상태에 두게 된다. 일반적사업장에서의 업무명령은 연장근로명령, 출장명령, 전보·전직명령, 시말서 제출명령 등으로 다양하게 나타난다. 이와 같이 사용자의 업무명령을 위반한 근로자는 근로계약상의 근로제공의무 위반을 이유로 사용자로 부터 채무불이행 책임을 추궁당할 수 있다.

판례는 회사의 명령이 근로자의 본래 소관업무는 아니라고 해도, 당해 업무를 수행하지 않고 회사지시를 적극적으로 어겼다면 징계해고는 정당하다[890]고 하거나, 화약류를 취급하는 공장의 근로자가 폭발위험성이 가장 높은 위험공실로부터 1미터 떨어진 금연구역에서 흡연한 것이 사규 위반임을 이유로 한 징계해고는 정당하다고 하거나,[891] 또한 「취업규칙」 등에 징계처분을 당한 근로자는 시말서를 제출하도록 규정하고 있는 경우 징계처분에 따른 시말서 不提出은 그 자체가 사용자의 업무상 정당한 명령을 거부한 것으로서 새로운 징계사유가 될 수 있다고[892] 하면서, 근로자의 업무명령 위반행위는 당연히 징계사유로 삼을 수 있다고 보고 있다.

그러나 업무명령에 불응하는 행위를 징계사유에 해당되는 것으로 볼 수 있는 경우에도, 사용자의 명령이 「근로계약」·「취업규칙」·「단체협약」이나 법령에 위반되지 않는 정당한 것인

---

888 대법원. 2007.3.15. 선고. 2006두17412. 판결.

889 대법원. 1992.4.24. 선고. 91다17931. 판결. 대법원. 1999.4.23. 선고. 98두618. 판결.

890 대법원. 1993.9.28. 선고. 93다15892. 판결.

891 대법원. 1991.8.27. 선고. 91다20418. 판결.

892 대법원. 1991.8.13. 선고. 91다12745. 판결. 대법원. 1991.12.24. 선고. 90다12991. 판결.

지 여부를 가려서 그에 따라 징계처분의 정당성을 판단하여야 한다.[893] 예컨대, 사용자가 근로자에게 연장근로를 지시하는 경우, 그 연장근로가 「근기법」상 적법해야 할 것이 요구되며, 사용자가 시말서 제출명령을 하면서 그 시말서의 성격이 단순히 위반사항의 경과보고에 그치지 않고 위반행위에 대한 반성과 사과의 표현이 포함된 내용이라면, 근로자의 자유의사를 부당하게 제약하는 행위로서 개인의 양심의 자유를 침해하는 것이므로 정당한 업무명령이라고 볼 수 없다.[894]

라. 학력 및 경력 사칭행위

학력 및 경력 사칭이란 이력서 또는 채용면접 시에 근로자가 학력·경력·사회활동경력·전과사실 등을 거짓으로 속이거나 은폐하는 것을 말한다. 1980년대 노동운동을 목적으로 '위장취업'하는 사례가 증가함에 따라 '학력 및 경력 사칭'을 이유로 한 징계사건이 다수 발생하면서, 징계의 정당성을 판단하는 문제는 판례와 학설에서 꾸준히 주목받아 왔다. 실무상으로는 중요한 학력 및 경력 사칭은 징계해고(사유)가 되는 것으로 대부분의 「취업규칙」에 명시·적용하고 있다.

우리의 대법원은 근대적 기업에 있어서 사용자가 노동자를 고용함에 있어서 경력 등을 기재한 이력서를 요구한 이유는 노동자의 기능경험 등 노동력 평가의 조사 자료로 하기 위해서뿐만 아니라 그 노동자의 직장에 대한 정착성, 기업질서, 기업규범에 대한 적응성 기타 협조성 등 인격조사자료로 함으로써 노사 간의 신뢰관계의 설정이나 기업질서의 유지안정을 도모하고자 하는 데에도 그 목적이 있다 할 것이므로 노동자가 이력서에 경력을 은폐하거나 사칭한 내용이 위 두 가지 목적 중 어느 것에 관계되든지 간에 사용자의 노동자에 대한 신뢰관계나 기업질서유지 등에 영향을 주는 것으로서 그 전력사칭이 사전에 발각되었으면 사용자는 고용계약을 체결하지 아니하였을 것으로 인정되는 것이라면 그 노동자에 대한 징계해고 사유가 된다[895]라고 판시하여 왔다.

즉, 그간 우리 대법원은 기본적으로 경력 사칭을 이유로 한 징계(해고)를 원칙적으로 인정하는 입장에 서서 경력 사칭이 징계사유가 되는 근거를 노사 간 및 근로자 상호 간 신뢰 관계의 유지 및 안정적인 기업경영과 기업질서 유지 침해의 추상적 위험성에서 구하면서, 그 정당성 판단기준은 '경력 사칭이 사전에 발각되었으면 사용자는 근로계약을 체결하지 아니하였거나 적어도 동일한 조건으로는 계약을 체결하지 아니하였을 것'이라는 채용당시로 소급해 판단하여 채용당시의 근로자의 경력 사칭과 사용자의 주관적 판단 사이의 인과관계에 의하고 있었다.

그러나 최근판례는 "경력 사칭이 사전에 발각되었다면 사용자는 근로계약을 체결하지 아니하였거나 적어도 동일조건으로는 계약을 체결하지 아니하였을 것이라는 고용당시의 사정

893 사법연수원, 「해고와 임금」, 2004.

894 대법원. 2010.1.14. 선고. 2009두6605. 판결.

895 대법원. 1985.4.9. 선고. 83다카2202. 판결.

뿐만 아니라, 고용 이후 해고에 이르기까지 그 근로자가 종사한 근로 내용과 기간, 허위 기재를 한 학력 등이 종사한 근로의 정상적인 근로제공에 지장을 초래하였는지 여부, 사용자가 학력 등의 허위 기재 사실을 알게 된 경우, 알고 난 이후 당해 근로자의 태도 및 사용자의 조치 내용, 학력 등이 종전에 알고 있었던 것과 다르다는 사정이 드러남으로써 노사 간 및 근로자 상호 간 신뢰관계의 유지와 안정적인 기업경영과 질서유지에 미치는 영향 기타 여러 사정을 종합적으로 고려하여 사회통념상 고용관계를 계속할 수 없을 정도인지 여부에 따라 판단하여야 할 것이다."라고 판시하였다.[896]

또한 하급심에서도 "인과관계는 그 근로계약에 비추어 사회통념상 현저히 부당할 정도의 중대한 경력사항일 경우에 한하여 인정되고, 경력 사칭 사항이 정당한 해고 사유가 되기 위해서는 경력의 내용, 사칭의 내용, 경력을 사칭하게 된 동기, 사칭된 경력이 기업의 임금 및 근로조건의 체계를 문란하게 하거나 적정한 노무배치를 저해하는 등 기업의 질서를 현실적으로 침해하는 것인지 여부 등을 종합적으로 고려해 사회통념상 합리성이 인정되어야 한다."[897]고 판시하고 있다.

마. 기업 내 질서 위반행위

사용자는 기업 내에서의 질서유지에 관련된 행위를 사전에 징계규범에 설정하고 근로자들이 해당 질서규정을 위반한 경우에 징계권을 행사한다. 기업 내 질서 위반행위의 예로는 동료 또는 상사에 대한 폭력행위, 회사 내에서의 횡령·배임·절도 등의 범죄행위, 기업 내에서의 시설 및 안전에 관한 규정 위반행위, 음주나 도박 등 기초질서 위반행위, 유인물 무단 배포행위 등 다양하다. 징계의 본질을 질서벌로 이해하는 입장에서는 기업질서 위반행위에 대한 제재를 징계로 보기 때문에 이런 기업질서 위반행위가 징계사유가 되는 것은 당연하다.

징계의 본질을 계약책임으로 이해하는 입장에서도 기업질서 위반행위가 징계의 사유로 인정하는 것에 대한 설명에 특별한 어려움은 없다. 즉, 기업질서에 관련된 규정들을 사용자들이 사업목적의 달성을 위해서 사전에 징계규범으로 설정해 놓으면 이를 어겼을 경우에는 근로자들에게 근로계약상의 의무위반으로 인정될 수 있는 것이다. 예컨대, 동료 또는 상사에 대한 폭력행위는 그 자체로 범죄행위에 해당될 수 있지만 그와는 별도로 동료 근로자들이나 상하 근로자들 간의 신뢰관계에 손상을 가져오고, 이는 궁극적으로 집단적인 근로제공에 있어서 협업에 따른 업무의 효율성 및 체계적인 업무수행을 저해한다.

기업 내 질서 위반행위가 징계사유에 해당한다고 하더라도 그 정당성을 판단함에 있어서는 그 유형의 다양함만큼이나 신중을 기하여야 한다. 왜냐하면 해당 질서규정의 유형에 따른 제한의 취지나 사업장의 업무의 성질, 근무여건 등이 각기 다르기 때문이다. 예컨대, 대부분의 사업장에서는 사내에서의 흡연행위가 특별히 문제될 게 없지만 화약류를 취급하는 공장의 근로자가 폭발의 위험성이 가장 높은 위험공실로부터 1미터 떨어진 금연구역에서

---

896 대법원. 2012.7.5. 선고. 2009두16763. 판결.

897 서울행법. 2008.4.3. 선고. 2007구합31560. 판결. 김형배,「노동법」, 2010, 255~256면.

흡연한 근로자에 대한 해고는 정당성을 인정받을 수 있다.[898]

한편, 기업 내 질서 위반행위의 정당성 판단에 있어서 고려하여야 할 요소가 많다는 것은 근로자의 비위행위와 징계수단 사이의 적정성이 특별히 더 요구된다 할 것이다. 판례는 회사 직원들과 술집에서 단합대회를 하다가 술기운에 상사의 멱살을 잡아당기다가 옷이 찢어지게 하는 등의 폭행을 가한 근로자에 대해 회사가 종업원의 징계에 관한「인사규정」이나「상벌규정」에 의하여 징계면직처분을 했다 하더라도, 해당 징계처분은 징계 사유와 징계처분 사이에 사회통념상 상당하다고 인정되는 균형의 존재가 결여되어 징계권의 범위를 일탈한 면직 처분에 해당한다고 하였다.[899]

바. 기업 외에서 비위행위

근로자가 기업 외부에서의 사생활 중의 행위와 관련하여 사용자가 기업의 명예·신용의 실추나 품위유지의무 위배 등을 이유로 징계를 하는 경우가 있다. 그런데 근로자는 근무시간 외의 사업장 밖에서의 행위에 대해서는 일반시민으로서 사생활의 자유를 누릴 수 있다는 점에서, 또한 그러한 행위들이 사용자에 대한 근로제공의무와의 관련성이 떨어진다는 점에서 징계사유로 삼는 것이 문제가 될 수 있다.

이에 대해서는 징계의 본질을 질서벌로 이해하는 경우, 근로자의 기업 외에서의 비위행위가 기업의 질서와 어떠한 관련이 있는지 설명이 궁색해질 수 있다. 그러나 징계의 본질을 계약책임으로 이해할 경우에는 근로자의 기업 외에서의 비위행위에 대해서도 그 행위가 직접 기업의 경영활동에 지장을 초래하는 경우에는 그에 대한 제재가 가능하므로 쉽게 징계사유로 인정할 수 있다.

이와 관련하여 법원은 "사용자는 사업 활동을 원활히 수행함에 필요한 범위 내에서 규율과 질서를 유지하기 위해 근로자에 대하여 징계권을 행사할 수 있는 바, 근로자의 사생활의 비행이 사업 활동에 직접 관련이 있거나 기업의 사회적 평가를 훼손할 염려가 있다면 그러한 경우에 한하여 그 근로자를 징계할 수 있다."고 판시하고 있다.[900]

근로자의 기업 외에서 비위행위에 대한 징계권 행사의 정당성을 판단함에 있어서는 그 행위가 근로자의 사생활 영역에서의 행위로서 그 유형이 다양하고, 사용자의 사업과의 관련성도 막연하다는 점에서 적용기준을 명확히 할 필요가 있다. 이에 대해 대법원의 판례는 **근로자의 기업 외에서 비위행위에 대한 징계권 행사의 정당성의 판단기준으로 첫째, '사업 활동과의 직접 관련성'이 있거나, 둘째, '기업의 사회적 평가를 훼손할 염려'가 있는 경우에 한하여 정당한 징계사유**로 제시하고 있다.

법원은 "근로자에 대한 징계사유인 부동산 투기 행위가 근로자의 사생활에서의 비행에 불과하다고 볼 여지가 없지 아니하다 하더라도, 택지의 개발 공급, 주택의 건설, 개량, 공

---

898 대법원. 1991.8.27. 선고. 91다20418. 판결.

899 대법원. 1992.5.22. 선고. 91누5884. 판결.

900 대법원. 1994.12.13. 선고. 93누23275. 판결.

급 및 관리 등을 통하여 시민의 주거생활 안정과 복지향상에 이바지함을 목적으로 (중략) 설립한 도시개발공사의 설립 목적, 그 업무의 종류와 태양, 부동산 보상 관련 업무를 담당하는 근로자의 업무 내용 등의 여러 사정을 고려하면, 도시개발공사 소속 근로자의 부동산 투기행위는 객관적으로 그 공사의 사회적 평가에 심히 중대한 악영향을 미치는 것으로 평가될 수 있는 경우에 해당된다."고 판시하였다.[901]

또한 법원은 "근로자의 기업 외에서의 비위행위가 사회적 평가를 훼손할 염려가 있다고 하기 위해서는 반드시 구체적인 업무 저해의 결과나 거래상의 불이익이 발생하여야 하는 것은 아니고 당해 행위의 성질과 정상, 기업의 목적과 경영방침, 사업의 종류와 규모, 그 근로자의 기업 내 지위와 담당업무 등 여러 사정을 종합적으로 고려하여, 그 비위행위가 기업의 사회적 평가에 미친 악영향이 상당히 중대하다고 객관적으로 평가될 수 있어야 한다."고 구체적인 기준을 제시하고 있다.[902]

사. 기업에 대한 비방행위

근로자가 기업 내부의 사실을 유인물이나 언론사에 제보 등의 방법을 통해 외부에 알리는 경우 사용자는 기업의 비밀이나 명예·신용 등을 훼손하였다는 이유로 징계권을 행사한다. 그런데 징계의 본질을 질서벌로 이해하는 견해 중에는 위와 같은 사유들로 징계를 행하는 것에 대해 의문을 표시하는 견해도 있다.

그에 따르면 근로자가 회사의 기밀이나 영업상의 비밀을 누설하는 것은 근로계약상의 부수적 의무인 성실의무를 위반하는 것이기 때문에 기업의 공공질서를 위반하는 행위로서 징계 대상으로 보기는 어렵다고 한다.[903] 그러나 징계의 본질을 계약책임으로 이해할 경우에는 근로자의 그와 같은 행위들은 사용자의 이익을 배려해야 할 근로계약상의 성실의무를 위반하는 것이 될 수 있기 때문에 징계사유로 삼는 것에 문제가 없다.

근로자의 회사에 대한 비방행위와 내부고발에 대한 사용자의 징계권 행사의 정당성을 판단함에 있어서는 근로자의 행위가 기업의 비밀이나 명예·신용 등을 훼손하였다고 하여 곧바로 징계의 정당성을 인정해서는 안 된다. 그에 대해서는 명예·신용 등의 훼손이 형식적인지(혹은 궁극적인지), 근로자에게 귀책사유가 있는지, 근로자의 행위를 정당화할 요소가 있는지 등에 대해 신중한 고려가 필요하다.

판례는 구체적으로 근로자가 공표한 내용과 그 진위, 공표 경위와 목적, 공표의 방법 등에 비추어 그 정당성을 판단하고 있다.[904] 예컨대, 판례는 근로자가 뚜렷한 자료 없이 사업체 대표를 고발하거나 그의 인격을 비난하는 내용이 담긴 진정서 등을 다른 기관에 제출하는 행위, 공개 석상에서 진실과 다른 내용이나 과장된 내용을 가지고 회사를 비방하는 행위

---

901 대법원. 1994.12.13. 선고. 93누23275. 판결.

902 대법원. 2001.12.14. 선고. 2000두3689. 판결.

903 김형배, 「노동법」, 555면.

904 대법원. 1999.9.3. 선고. 97누2528. 판결. 대법원. 1999.12.21. 선고. 98두7787. 판결.

등은 징계사유로 인정하지만,[905] 고소나 언론에 제보한 내용이 거짓이 아니거나 상당한 근거가 있는 경우에는 징계사유에 해당하더라도 징계해고까지 하는 것은 재량권을 일탈한 것으로 보고 있다.[906]

또한 공표의 목적과 관련해서는 공표 내용이 公法人 즉 公共機關 業務의 公益性에는 영향을 미치지 않는 경미한 사항이라도 주로 私的인 目的이나 動機에서 이루어진 공표행위에 대하여는 징계가 가능하다고 본다.[907] 다만, 근로자의 외부공표 행위가 상사나 회사의 명예를 훼손하더라도 그것이 공공의 이익에 관한 것이라면 근로자의 행위가 면책이 될 수 있다고 보고 있다.[908]

한편, 공표의 방법과 관련해서는 기대가능성의 법리가 적용되어야 할 것이다. 근로자는 일반적으로 사용자의 이익을 배려해야 할 성실의무를 부담하므로 원칙적으로 기업내부에서 문제를 해결할 수 있으면 그에 따른 절차를 거쳐야 하고, 그러한 절차를 거쳤거나 혹은 그렇지 않다고 하더라도 내부적으로 문제를 해결하는 것이 기대가능하지 않는 경우라면 방법의 적정성을 인정해야 할 것이다.[909]

III. 징계양정의 적정성

1. 개요

근로자에 대한 징계는 '정당한 이유'가 존재할 때, 그 효력이 인정된다. 여기서 **'정당한 이유'에 대한 판단의 기준**으로는, **징계사유의 정당성, 징계절차의 공정성, 징계양정의 적정성을 중심으로 이루어진다.** 「취업규칙」이나 단체협약의 「징계규정」에 따라 징계처분을 하였다고 해서 당연히 그 효력을 인정받는 것이 아니고, 「근기법」의 제한 법리에 근거한 사법적 심사를 통해 효력여부가 결정된다. 그러나 법에는 구체적인 절차나 요건 등에 대하여 아무런 언급을 하고 있지 않으므로, 결국 징계사유, 징계절차, 징계양정 등에 관한 정당성 판단은 오직 판례에 의한 법관에 유보되어 있다.

일반적으로 사용자가 징계처분을 할 경우에는 징계사유 자체는 존재하는 경우가 대부분이므로, 정당성 판단의 대상은 징계사유 존부 자체가 아니라 자연스럽게 징계양정의 문제로 귀결될 수밖에 없기 때문이다. 징계양정은 징계대상 근로자의 비위행위와 징계처분 간에 사회통념상 상당하다고 보여 지는 균형의 존재가 있어야 정당성을 인정받을 수 있다. 즉 징계수단을 결정할 때에는 징계대상행위에 비례하는 수단을 선택해야 하며, 만약 그보다 더 중한 징계수단을 선택한다면, 징계양정의 적정성을 상실하는 것이 된다.

2. 징계양정의 적정성 판단기준

---

905 대법원. 1996.3.12. 선고. 95다51403. 판결.

906 대법원. 1995.3.3. 선고. 94누11767. 판결.

907 대법원. 1999.9.3. 선고. 97누2528, 2535. 판결.

908 대법원. 2008.7.10. 선고. 2007도9885. 판결.

909 김성진, 전게논문, 고려대학교 대학원, 2014, 208면.

가. 개요

근로관계에서 **징계**의 의미는 **"근로자의 근무규율이나 그 밖의 직장질서 위반행위에 대한 제재로서 근로자에게 근로관계상의 불이익을 주는 조치"**라고 일반적으로 정의되고 있다. [910] 「근기법」 제23조 제1항은 "사용자는 근로자에게 정당한 이유 없이 해고, 휴직, 정직, 전직, 감봉, 그 밖의 징벌(이하 "부당해고 등"이라 한다)을 하지 못한다."라고 규정하여, 징계의 유형을 예시함과 동시에 사용자의 징계는 제1차적으로 정당한 이유의 존부에 의해 그 정당성을 판단 받는 것으로 규정하고 있다.

징계가 종국적으로 정당한 것으로 평가받기 위해서는 징계의 '정당한 이유'뿐만 아니라 「근기법」등 법령에서 규정하고 있는 절차적 요건 및 단체협약이나 취업규칙 등이 징계절차를 규정하고 있을 경우 이를 준수하여야 한다. 그런데 이와 같은 요건을 구비한 후에도 징계의 정당성이 문제가 되는 경우가 있는데, 바로 '징계양정의 적정성'과 관련된 문제이다.

'징계양정의 적정성'의 문제는 '징계사유와 징계유형 간의 상관관계' 즉 근로자의 비위행위에 대하여 가해지는 징계의 종류와 내용이 적합함을 의미한다. 종래의 판례는 어떠한 징계처분을 선택할 것인지는 원칙적으로 징계권자의 재량에 속한다고 할 것이나, 이와 같은 재량은 징계권자의 자의에 맡겨져 있는 것이 아니며 징계사유와 징계처분의 사이에 **사회통념상 상당하다고 인정되는 균형이 요구되고, 가벼운 징계사유에 대해 무거운 제재를 과하는 것은 징계권남용**으로서 **무효라고 일관되게 판단**하고 있다. [911]

그런데, 과연 어떠한 경우에 있어서 양자의 관계가 부적절한가에 대해서는 현행 노동 관계법령은 아무런 규정을 두지 않고 있는 바, 결국 이는 징계처분이 내려진 이후 노동위원회 또는 법원의 사후적 판단에 의해야 할 뿐이다. 그러나 개별사례에서 판례가 제시하는 징계양정의 판단기준인 '사회통념상 타당성의 현저한 상실'은 지극히 추상적이고 주관적일 수 있는 기준일 뿐 아니라, 세부 판단기준으로서 제시하는 각각의 요소들 또한 그 의미가 명확히 설정되어 있지 않아 당해 징계의 양정에 있어서의 적정성 판단은 결국 심판위원 또는 법관의 경험과 상식에 좌우되고 있다. [912]

나. 징계양정의 적정성에 대한 다양한 판단기준

1) 사안별 상이한 판단기준

징계양정의 적정성을 판단하는 판결문들을 보면 먼저 징계양정을 판단하는 원칙적 기준을 제시한 후 이를 바탕으로 개별적 사안의 복잡한 사실관계에 적용하는 형식을 취하고 있다. 그런데 우리 대법원은 징계양정이 문제가 된 각 사안별로 서로 다른 판단기준의 원칙을 제시해 왔다. 이런 판례의 태도에 대해 특정한 원리나 경향을 찾아보기는 힘들며, 각각의

---

910 임종률, 「노동법」(12판), 박영사, 2014, 502면.

911 대법원. 1991.1.11. 선고. 90다카21176. 판결. 대법원. 2011.3.24. 선고. 2010다21962. 판결

912 김경태,「징계양정의 적쩡성 판단기준에 대한 검토」, 2013, 313면.

사안별로 달리 설정하여 판단해온 것으로 보인다.[913]

참고 ———————————————————————————————————————

대법원이 제시해온 사안별 징계양정의 적정성 판단 기준

1) 대법원. 99두6101 및 2000다60890, 60906.
　① 징계원인이 된 비위사실의 내용과 성질.
　② 징계에 의하여 달성하려고하는 목적.　　　③ 징계양정의 기준.

2) 대법원. 2001두10455.
　① 당해 사용자의 사업의 목적과 성격.　　② 사업장의 여건
　③ 당해 근로자의 지위 및 담당직무의 내용.　　④ 비위행위의 동기와 경위.
　⑤ 비위행위가 기업질서에 미칠 영향.　　⑥ 과거의 근무태도.
　⑦ 피징계자의 평소의 소행과 근무성적.
　⑧ 당해 징계처분 전후에 저지른 비위행위 사실.

3) 대법원. 2001두11069.
　① 직무의 특성.　　　　② 징계사유가 된 비위사실의 내용과 성질.
　③ 징계에 의하여 달성하려는 목적과 그에 수반되는 제반 사정.

4) 대법원. 97누2528, 2535.
　① 피징계자의 평소의 소행.　　② 근무성적 외에 과거의 전력.
　③ 징계사유로 삼지는 않았지만 징계사유 발생 이후에 저지른 비위행위.

5) 대법원. 97누18189, 2001두8018, 2010다21962, 2008두22211.
　① 당해 사용자의 사업 목적과 성격.　　② 사업장의 여건.
　③ 당해 근로자의 지위 및 담당직무의 내용.　　④ 비위행위의 동기와 경위.
　⑤ 비위행위가 기업질서에 미칠 영향.　　⑥ 과거의 근무태도.

6) 대법원. 2005두9010.
　① 징계원인이 된 비위사실의 내용과 성질. ② 징계에 의해 달성하려고 하는 목적.
　③ 징계양정의 기준.　　④ 피징계자의 평소의 소행.　　⑤ 근무성적.
　⑥ 징계사유로 삼지는 않았지만 징계사유 발생 이후에 저지른 비위행위.

이와 같은 판단기준의 상이함은 기업의 형태, 업종, 규모 등의 다양성을 고려한 결과로 볼 여지도 있다. 그러나 사안에서 적용된 기준이 반드시 다른 사안에 있어서 불필요한 기준이라 볼 수 없으며, 이와 같이 다양한 판단기준들을 각 사안에 따라 달리 설정하는 것은 하급심 또는 노동위원회로 하여금 징계의 적정성 문제가 된 사안에서 반드시 고려되어야 할 판단　요소를 간과하게 만들 우려가 있다.

913　김경태,「징계양정의 적쩡성 판단기준에 대한 검토」, 2013, 314면.

노사분쟁별 다양한 사실관계, 기업의 경영현실 등을 감안하더라도 징계와 관련해서는 상당 부분 정형화된 오늘날의 노사현실 및 징계의 정당성 요건을 규정하고 있는 「근로 기준법」의 일반규범성을 고려할 때 다양한 사안에 원칙적으로 적용되는 기준들을 체계화·정형화한 후 이를 각 사안에 적용하는 것이 불가능한 일은 아니라고 생각한다.

따라서 **일관성 있게 적정성 판단기준을 정립해 원칙으로 삼은 후 이를 대법원이 지속적으로 제시해 온 바와 같이 '개별사안에 따라 종합적'으로** 검토하는 것이 바람직할 것이다.

2) 해고와 그 밖의 징계에 대한 판단기준의 차별 적용

법원은 징계해고를 그 밖의 징계유형과 구별하여 상이한 기준을 설정하고 적용해 오기도 하였다. 즉, **"해고는 사회통념상 고용관계를 계속할 수 없을 정도로 근로자에게 책임 있는 사유가 있는 경우에 행하여져야 정당하다."**라는 점을 전제로 한 후, '사회통념상 당해 근로자와 고용관계를 계속할 수 없을 정도에 이르렀는지 여부'와 관련해서는 "동일한 징계사유에 대하여 경중을 달리하는 여러 등급의 징계가 가능할 때, 그중 어떤 징계처분을 선택할 것인지는 징계권자의 재량에 속하지만, 이러한 재량은 징계권자의 자의적이고 편의적인 재량에 맡겨진 것이 아니며 징계사유와 징계처분 사이에 사회통념상 상당하다고 인정할 수 있는 양정이 요구되고, 경한 징계사유에 대해 가혹한 징계를 과하는 등 재량권 남용이 있는 경우는 징계처분이 정당한 이유가 없어 무효다."라고 판시해 왔다.[914]

그리고 해고 이외의 징계가 문제된 사안에서는 "근로자에게 징계사유가 있어 징계처분을 하는 경우 어떠한 처분을 할 것인가는 원칙적으로 징계권자의 재량에 맡겨져 있는 것이므로, 그 징계처분이 위법하다고 하기 위하여서는 징계권자가 재량권을 행사하여 한 징계처분이 사회통념상 현저하게 타당성을 잃어 징계권자에게 맡겨진 재량권을 남용한 것이라고 인정되는 경우에 한하고, 그 징계처분이 사회통념상 현저하게 타당성을 잃은 처분이라고 하려면, 구체적 사례에 따라 직무의 특성, 징계의 사유가 된 비위사실의 내용과 성질 및 징계에 의하여 달하려는 목적과 그에 수반되는 제반사정을 참작하여 객관적으로 명백히 부당하다고 인정되는 경우라야 한다."[915]라고 하였다.

징계로서의 해고는 사업주의 극단적인 선택에 해당하여, 근로계약관계의 해소를 통해 한 근로자의 임금소득을 상실케 함으로서 당해 근로자의 경제적 기반이 사라진다는 점에서 가장 가혹한 징계처분이다. 징계유형은 「근로기준법」 제23조에서 예시하고 있는 해고, 휴직, 정직, 전직, 감봉 이외에도 견책, 경고, 배치전환 등의 다양한 형태가 존재할 수 있는데, 실제 징계양정의 적절성이 문제가 되는 사안은 대부분 근로자의 비위행위에 대해 징계로서의 해고처분이 내려지는 경우이다.

위와 같이 판례의 태도는 인정된 사실관계가 거의 다르지 않고 양자 모두의 징계의 정도나 수준(양정)이 쟁점이 된 사건에서 해고라는 징계에 적용한 양정법리와 그 밖의 징계에 적

---

914 대법원. 1991.1.11. 선고. 90다카21176. 판결 등.

915 김경태.「징계양정의 적정성 판단기준에 대한 검토」. 2013. 316면. 대법원. 1999.10.8. 선고. 99두6101. 판결

용한 법리를 달리 적용하고 있는데, 근로관계의 영구적인 단절을 가져오는 해고와 일정기간 동안의 임금수입의 상실이나 인격권의 손실만을 의미하는 기타의 징계를 구분해 비위행위와 해고처분 간의 상당관계를 인정하는 데 있어서 신중을 기하려는 판례의 태도는 옳다고 본다.

해고에 있어서 판례는 **'사회통념상 고용관계를 계속할 수 없을 정도로 근로자에게 책임 있는 사유'**를 일관되게 양정판단의 전제로 삼아왔다. 판례가 제시하는 **'사회통념상 고용관계를 계속할 없을 정도로 근로자에게 책임 있는 사유의 의미'**에 대해 아래와 같은 다양한 견해가 있다.

가) 김유성 견해

① 근로자의 영역에 속하는 사정에 기인하여야 하며(따라서 경영상 이유에 의한 해고와 같이 사용자 측의 사정에 속하는 사유는 제외), ② 근로관계와 관련한 이익의 비교형량을 통해 더 이상 근로관계를 현저히 침해해야 하고, ③ 이로 인하여 근로관계를 현저히 침해하여야 하며, ④ 근로관계가 계속적 채권 관계임을 고려할 때 이를 방치한다면 장래에도 유사한 행위가 계속될 우려가 있어야 한다고 설명하는 견해.[916]

나) 하갑래 견해

근로자가 직장을 상실함으로써 받게 되는 손해와 근로관계를 종료시킴으로써 얻게 되는 사용자의 이익에 대해 신중하고 포괄적인 비교형량이 이루어져야 한다고 보는 견해.[917]

다) 헌법재판소 견해

사용자 측의 이해에 대한 평가와 관련해서는 사업의 기능 유지, 재산적 손해와 위험발생의 방지, 대외적 위신의 추락, 다른 근로자에 대한 보호의 필요 등이 고려되어야 하며, 근로자 측에 관해 문제가 된 의무위반의 종류, 중요성, 빈도와 근로자가 종래에 행한 행태와 관련성, 사용자의 공동과실 책임, 근무 연한, 연령, 부양의무의 범위, 해직시점에서 상황, 전직의 가능성 등이 고려되어야 한다는 견해.[918]

이는 결국 **징계해고**에 있어서는 **당해 해고로 인해 근로자가 입게 되는 불이익과 사업주의 징계의 필요성**을 **비교형량**한다는 의미이나, 이를 세부적으로 판단하는 구체적인 기준은 여전히 필요하다. 생각건대 회사의 사용자는 종래의 입장에서 탈피하여 '당해 징계유형이 근로자에게 미칠 생활상의 불이익'을 기존의 판단기준에 포함시킨 후 일원화된 기준을 통해 다양한 사건에서의 징계양정을 판단하는 것이 바람직하다고 본다.[919]

다. 징계양정의 적정성에 관련된 세부 판단 요소

---

916 김유성,「노동법 1」, 2005, 277~278면.

917 하갑래,「근로기준법(전정 제26판)」, 2014, 719면.

918 헌법재판소. 2005.3.31. 선고, 2003헌바12. 결정.

919 김경태,「징계양정의 적정성 판단기준에 대한 검토」, 2013, 318면.

종래 대법원이 제시해 온 징계양정의 적정성 판단기준이 되는 세부요소들을 정리해 보면, ① 직무의 특성(당해 근로자의 지위 및 담당직무의 내용과 동일한 의미로 파악), ② 당해 사용자의 사업목적과 성격(비위행위가 기업질서에 미칠 영향, 사업장의 여건), ③ 비위행위의 동기와 경위, ④ 당해 징계처분의 사유 전후에 저지른 비위행위 사실(징계사유로 삼지는 않았지만 징계사유 발생 이후에 저지른 비위행위), ⑤ 징계에 의해 달성하려고 하는 목적, ⑥ 징계사유가 된 비위사실의 내용과 성질 등으로 나누어 볼 수 있다.[920]

그러나 징계양정의 적정성을 판단하는 세부기준으로서 '징계양정의 기준'을 제안하는 것은 부적절하다. 왜냐하면 판례가 말하는 징계양정의 기준이 사업장 내 취업규칙에서 비위행위의 유형을 설정해 놓고 각 비위행위에 상응하는 징계의 유형을 정해 놓은 것이라면, 이는 징계양정의 적정성 판단기준이 되기 어렵다고 해야 한다. 징계양정의 적정성 판단 기준은 비위 행위, 즉 징계사유와 이에 상응하는 징계의 유형이 규정되어 있음과 당해기준에 따라 징계의 수위나 내용을 증감하는 것이 가능함을 전제로 한 후, 이들 **징계사유와 징계처분과의 사이에 사회통념상 상당하다고 보여 지는 균형의 존재여부**[921]를 판단하는 문제이기 때문이다.

따라서 이하에서는 이들 요소들을 논외로 하고 나머지 판단기준의 내용에 대해 검토해 보기로 한다. 더불어 **'형평성', '징계과정에서의 근로자의 개전의 정', '사업장의 징계 관행'** 등 종래 판례가 직접적으로 제시해 온 적정성 판단의 원칙적인 기준에는 속하지 않지만, 개별 사안에서는 항상 고려되고 있거나 고려되어야 할 필요성이 있는 요소들을 함께 살펴보기로 한다.

1) 과거의 근무태도, 평소의 소행 및 근무 성적

판례는 '과거의 근무태도', '근무성적', '근무성적 외에 과거의 전력', '피징계자의 평소의 소행' 등으로 다양하게 표현하고 있으나 이들 용어들이 어떠한 것을 의미하는지는 명확하지 않다. 다만, 판례는 '징계처분 사유 전후에 저지른 비위행위 사실' 또는 '징계사유로 삼지는 않았지만 징계사유 발생 이후에 저지른 비위행위'를 별도의 판단요소로 삼고 있으므로, 이들의 의미는 그 외에 계속적 근로관계에서 근로자의 근무성실도와 근로자세, 즉 과거의 징계 또는 포상 이력을 의미하는 것으로 볼 수 있다.

이 판단기준은 하급심에서 주로 사용되는데, ① 쟁의행위 기간 중 일부 과격행동을 이유로 한 징계해고 조치에 대해 징계근로자들이 입사 이후 위 징계해고가 있을 때까지 한 번도 징계 받은 적 없이 성실히 근무하여 왔다는 점을 들어 징계의 정당성을 부인한 사례[922]가 있으며, 또한 ② 그동안 원고 회사에서 아무런 비위 행위 없이 근무하여 왔다는 점,[923] ③ 입사 후 19년간 징계를 받은 사실이 없고 비교적 충실하게 업무를 수행하여 왔다는 점을 들어 징

---

920 김경태, 「전게논문」, 2013, 319면.
921 대법원. 1991.1.11. 선고. 90다카21176. 판결.
922 서울행법. 2002.6.7. 선고. 2002구합837. 판결.
923 서울행법. 2008.2.14. 선고. 2007구합. 26896. 판결.

계양정의 부적정함을 지적한 판결[924]이 있다.

가) 과거의 공적

단체협약이나 취업규칙에서 근무성적을 기초로 하여 근로자에 대한 표창을 규정하고 있고, 징계대상 근로자가 과거 표창을 수상한 실적이 있을 때 이를 징계양정을 결정하는 과정에서 반드시 고려해야 하는지에 대하여 취업규칙 등에서 "징계과정에서 표창 등의 수상 실적을 고려하여야 한다."라는 강행 규정을 둔 경우, 규범으로서의 취업규칙은 공표 이후 사용자를 규율하게 되므로 이를 고려하지 않은 경우 징계양정의 적정성을 결여한 것으로 보는 것은 옳다고 본다.[925]

반면 대부분의 사업장 내 취업규칙은 이와 같은 형식의 양정규정을 두고 있지 않거나 "수상실적을 참작할 수 있다."라는 형식으로 규정하고 있어 학설은 표창받은 경력을 참작하지 않고 징계양정이 이루어진 경우 그것만으로는 징계양정이 위법하다고 할 수 없고, 표창경력 등을 모두 참작하여 보았을 때 징계가 사회통념상 현저히 타당성을 잃었는지 여부에 따라 그 적정성을 판단해야 한다는 견해가 있다.[926]

그러나 판례는 근무기간 동안 성실히 근무했다는 점 등을 고려기준으로 하고 있다면 취업규칙에서 이를 임의규정으로 해 놓았더라도 징계양정이 문제가 된 사안에서는 다른 기준을 보완하는 요소로서 고려하고 있으며,[927] 또한 동일한 사유에 근거해 수인의 근로자를 징계하는 경우 표창 등을 받은 경력이 있는 근로자에 대해 이를 전혀 고려하지 않고 그렇지 않은 근로자와 동일한 징계양정을 한 경우에는 형평성과의 관계에서 그 적정성을 상실하였다고 볼 가능성이 있다.[928]

나) 누적된 징계경력

사업장 내 징계규정에서 "정직 3회의 처분을 받은 경우에는 해고조치 한다."라고 규정한 경우와 같이 과거의 비위행위에 대한 징계사실 또는 하위양정에 속하는 복수의 비위 행위는 징계양정을 가중하는 근거가 될 수 있을 것이다.[929] 또 징계사유가 된 비위행위에 대하여 그 이전의 비위행위에 대해 징계를 받았다는 사실을 금번 징계 유형과 내용을 결정하는 데에 있어서의 판단기준으로 삼는 것은 과잉징계에 해당되지 않을 것이다.[930]

그러나 이와 같은 加重規定은 단체협약, 취업규칙에서 규정해 놓았더라도 강제력을 가지는 것은 아니며 기타 적정성 판단기준에 비추어 보아 당해 규정을 그대로 적용하는 것이 부

924 서울행법. 2011.4.21. 선고. 2010구합47749. 판결.

925 김경태,「전게논문」, 2013, 321면.

926 노동법실무연구회, 「근로기준법주해Ⅱ」, 박영사, 2010, 160면. 하갑래, 전게서, 723면.

927 서울고법. 2004.4.29. 선고. 2003누12754.판결. 서울행법. 2007.11.19. 선고,2007구합19546. 판결.

928 김경태,「전게논문」, 2013, 321면. 하갑래, 전게서, 723면.

929 김경태,「전게논문」, 2013, 321면.

930 김경태,「전게논문」, 2013, 322면. 임종률. 전게서. 507면.

당하다면 그 규범성을 부인하는 것이 옳다고 본다.[931] 대법원 판결 중에는 회사 징계 규정에서 특정행위에 대해 가중사유로 규정하고 있다고 하더라도 기타의 참작사유가 있을 경우는 당해규정에 의한 징계조치의 적정성을 부인한 예가 있다.[932]

또한 하급심의 경우는 "원고를 포함한 노동조합과 사용자가 합의하여 단체협약으로 엄격한 해고기준을 마련하여 시행하고 있다는 점을 고려하여 위와 같은 징계(해고) 기준의 법적 의미를 부인할 것은 아니겠으나 여기에 지나치게 강력한 의미를 부여할 것은 아니다."라고 판단한 바 있다.[933] 그 한 예로 "피로를 이유로 단 1회 승무를 거부하였다고 해서 당해 징계일로부터 8년 이전 2회 징계를 받은 사유를 징계 양정의 판단자료로 삼아 해고한 것은 징계권의 남용이다"라고 판단하였다.[934]

2) 징계처분 전후의 비위행위

근로자가 당해 징계처분 전후에 저지른 비위행위를 징계사유로 삼지 아니한 경우 이를 당해 비위행위에 대한 징계유형 및 내용을 최종적으로 결정하는 데는 참고자료로 활용할 수 있는지 문제인데, 아래와 같이 긍정설과 부정설로 대립하고 있다.

① 긍정설

대부분의 판례는 "징계처분에서 징계사유로 삼지 아니한 비위행위라도 징계종류 선택의 자료로서 피징계자가 당해 징계처분 사유 전후에 저지른 비위행위 사실 등은 징계 양정에서의 참고자료로 삼을 수 있다"라고 하여 이를 긍정하고 있다.[935]

② 부정설

"당해 징계 처분의 당부는 징계위원회에서 징계사유로 삼은 사유에 의하여 판단하여야 하고 징계위원회에서 거론되지 아니한 징계사유를 포함시켜 징계처분의 당부를 판단할 수 없다"[936]라고 하여 이를 부정하거나 "원래의 징계처분에서 징계사유로 삼지 아니한 징계 사유를 재심절차에서 추가하는 것은 징계사유에 대한 재심의 기회를 박탈하는 것으로 되어 특별한 사정이 없는 한 허용되지 않는다."[937]라고 하여 이를 부정하고 있다.

③ 결어

사업장 내 징계위원회의 심급을 초심 및 재심징계위원회로 이원화하는 가장 큰 이유는 근로자의 비위행위에 대한 사업자의 징계처분 과정에 신중을 기하기 위해서다. 즉, 이와 같은 제도는 근로자의 권리를 보호하기 위한 제도이며, 따라서 노동위원회에 대한 부당해고

---

931 김경태,「전게논문」, 2013, 322면.

932 김경태,「전게논문」, 2013, 322면. 대법원. 2014. 2. 13. 선고. 2013두19714. 판결.

933 김경태,「전게논문」, 2013, 322면. 대전지법. 2014. 11. 6. 선고. 2014구합101322. 판결.

934 김경태,「전게논문」, 2013, 322면. 서울고법. 2000. 10. 19. 선고. 2000누6024. 판결.

935 대법원. 2002.5.28.선고. 2001두10455.판결. 대법원.2004.6.25.선고.2002다51555. 판결 등 다수.

936 대법원. 1998.12.13. 선고. 86다카1035. 판결 등.

937 대법원. 1998.5.22. 선고. 98다2365. 판결 등.

등 구제신청 사건의 재심과는 달리 사업장 내 재심절차에서는 사업주가 아니라 오로지 근로자만이 청구권자가 된다. 근로자를 보호하기 위한 제도가 그 반대의 결과를 가져오는 것은 원래의 취지를 벗어난 것이며, 이와 같은 경우는 징계양정을 가중하는 사유로 작용할 수 없다고 해야 한다.[938]

만약 근로자가 추가적인 비위행위를 범했다면 당해 행위에 대해 별도의 징계절차를 거치면 되고, 추가적인 비위행위 이전에 행한 비위행위에 대해 징계처분이 확정된 상태라면 당해 추가적인 비위행위에 대해 징계처분이 가능한 기간을 규정해 놓은 경우 이를 위반한 징계는 부당하다고 봐야 한다.[939] 따라서 징계 처분 전후의 비위행위가 근로자에게 유리한 경우에는 최종적으로 징계 양정을 결정하는 데 참고 자료로 반영하는 것이 타당하며, 반면에 근로자에게 불리한 경우에는 원래의 징계처분에 반영하지 않고 추가적인 징계절차를 밟는 것이 타당하다고 본다.

3) 비위행위의 동기, 고의, 과실 등 근로자 개인의 주관적 요인

비위행위에 대한 근로자의 고의 또는 과실에 다른 차등 징계, 그리고 근로자 개인의 주관적 인식 등이 징계 양정에 영향을 미칠 수 있는가의 문제인데, 아래와 같이 긍정설과 부정설로 대립하고 있다.

① 긍정설

정식직원으로 채용된 근로자가 익숙하지 못한 새 직장에서 안정을 찾아 정착하기까지 다소 마찰을 빚어 언쟁을 벌인다거나 1회 조퇴한 정도, 날씨가 춥고 냉장고에 자주 드나드는 관계로 보온을 위하여 몇 차례 위생복 위에 사복을 덧입었다는 등의 사유만 가지고 회사의 취업규칙상 해고사유에 해당한다고 볼 수 없거나, 또는 그것 때문에 회사가 근로자와 고용계약 관계를 계속 유지하는 것이 객관적으로 보아 심히 부당하거나 현저히 불공평하다고 보일 정도에는 이르지 못하므로 위와 같은 사유만으로 근로자를 징계해고 하는것은 현저히 징계권을 남용한 것으로 인정된다고 본 사례.[940]

② 부정설

"상벌규정에 정한 각 징계사유의 유형에 있어서는 고의나 과실의 개념이 개입될 여지가 없어서 고의에 의한 경우와 과실에 의한 경우를 구분하여 징계양정을 할 수 없고, 따라서 징계양정기준으로 규정된 고의, 과실은 무의미한 것으로 볼 수밖에 없다는 이유로, 결국 피징계자가 저지른 비위의 내용, 성질, 경중, 징계의 목적 등에 의해 징계양정을 구분해야 한다."라고 하여 고의와 과실을 구분하여 양정에 반영하지 않은 경우에도 이를 유효한 징계로 본 사례.[941]

---

938   김경태,「전게논문」, 2013, 324면.
939   김경태,「전게논문」, 2013, 324면.
940   대법원. 1991.11.26. 선고. 90다4914. 판결.
941   대법원. 1997.4.25. 선고. 96누5421. 판결.

③ 결어

주관적 구성요건요소는 구성요건 중 행위자의 주관적 태도에 연관된 구성요건요소를 말한다. 여기에는 고의범에 있어서 고의, 과실범에 있어서 과실과 같은 일반적·주관적 불법요소 및 목적범에 있어서 목적, 경향범에 있어서 경향, 표현범에 있어서 표현과 같은 특별한 주관적 불법요소, 그 밖에도 재산죄에 있어서 위법영득 내지 위법이득의 의사와 같은 심적 요인도 포함된다. 고전적 범죄체계에서는 구성요건에 단지 객관적 표지만 속한다는 견해가 지배적이었으나, 오늘날 주관적 구성요건요소도 존재하며 여기에는 고의·과실 외에 특별한 주관적 구성요건 표지(標識)[942]들이 속한다는 견해가 확립되어 왔다.[943]

대법원은 최근 "근로자에 대한 해고는 사회통념상 고용관계를 계속할 수 없을 정도로 근로자에게 책임 있는 사유가 있는 경우에 행하여져야 정당하다고 인정되고, 사회통념상 해당 근로자와 고용관계를 계속할 수 없을 정도에 이르렀는지 여부는 해당 사용자의 사업 목적과 성격, 사업장의 여건, 해당 근로자의 지위 및 담당직무의 내용, 비위행위의 동기와 경위 등 여러가지 사정을 종합적으로 검토하여 판단해야 한다."고 판시하고 있다.[944] 따라서 **징계양정의 적정성을 판단**함에 있어서 **비위행위의 동기, 고의, 과실 등 근로자 개인의 주관적 요인도 중요한 구성요소가 된다고 본다.**

4) 형평성

징계양정의 적정성 판단기준으로서의 '**형평성**'이란 징계의 유형과 정도는 동일한 비위행위에 대하여 과거에 또는 다른 근로자들에게 과한 징계수단과 동등하거나 비슷한 수단이어야 함을 의미한다.

가) 징계대상자 간의 형평성

징계대상자가 여러 명인 경우 그 비위행위의 정도와 근무실적 등이 동일하다면 동일한 징계를 내려야 하는 것이 원칙이다. 대법원은 구체적인 사례를 통해 1일 집단 결근을 한 병원 간호조무사들 중 일반간호사들에게는 정직 10일의 징계처분을 내렸으나, 주임간호조무사 1인에 대하여는 해고처분을 한 것이 형평의 원칙에 반하여 징계권을 남용하였다고 판단하였다.[945]

또한 두 명의 징계대상자 중 한명에게는 상급 감독기관이 요구한 정직 3월의 징계조치를 취하고 다른 사람에게는 자체 징계 사유를 추가한 후 해고 처분한 것은 징계양정의 재량권을 일탈·남용한 것이라고 판단하였다.[946] 다만 이때의 형평성은 기타의 동일한 판단기준이 적용될 수 있음에도 다른 근로자들에 비해 불리한 처분을 받은 경우에 적용되는 기준이지, 다른 근로자에 비해 유리한 징계처분을 받은 근로자가 그 징계처분을 면하기 위해 원용할

---

942 표지(標識)란 표시나 특징으로 어떤 사물을 다른 것과 구별하게 함. 또는 그 표시나 특징.

943 이병태, 법률용어사전, 법문북스, 2016.

944 대법원. 2014.11.27. 선고. 2011다41420. 판결.

945 대법원. 1998.11.10. 선고. 97누18189. 판결.

946 서울행법. 2002.7.12. 선고. 2002구합6170. 판결.

수 있는 기준은 아니라고 해야 한다.[947]

나) 직무의 특성

형평성의 판단에 있어서는 개별 근로자가 속해있는 직업군, 또는 회사 내에서 가지는 직책 등 '직무의 특성'이 중요한 판단요소로 작용한다. 판례는 직업의 공공성 및 특수성 그리고 업무의 중요성 등을 감안하여 특정 직업군에 대해서는 징계 양정을 가중하는 것을 긍정하는 입장에 서있는 것으로 보인다.

즉 "범죄를 예방, 진압, 수사하여야 할 직무를 가진 경찰관, 그것도 수사업무를 직접 담당하고 있던 경찰관인 원고가 교통사고 후 도주라는 결코 가볍지 않은 죄질의 이 사건 범행을 저질렀다면 그러한 경찰관이 수행하는 직무에 대하여 국민이 신뢰를 하기는 어려울 것이고, 이를 이유로 하는 징계사유가 가볍다고 할 수 없을 것이다."[948]라고 하거나 시내버스가 대중교통수단으로서 가지는 공공성 및 특수성에 비추어 지각이나 무단결근의 비위정도가 가볍다고 볼 수 없는 점[949]을 이유로 당해 근로자에 대한 해임조치가 정당하다고 판단하였다.

다) 사업장 내 징계관행

형평성은 '징계대상자의 형평성' 이외에도 사업장 관행, 즉 종전에 묵인해 왔거나 경고정도의 가벼운 징계를 하던 비위행위에 대하여 갑자기 징계를 하거나 무거운 징계처분을 과하는 경우에도 적용되는 기준이라고 해야 한다.[950]

징계처분과 관련된 사업장 내 관행이 있을 경우 이를 양정의 기준으로 삼을 수 있는가에 대해 법원은 "합리적인 사유 없이 같은 정도의 비행에 대하여 일반적으로 적용하여 온 기준과 어긋나게 공평성을 잃은 징계처분을 선택함으로써 평등의 원칙에 위배되는 경우에는 재량권의 한계를 벗어난 것으로 위법하다."라고 판시하여 이를 긍정하고 있다.[951]

이와 별개로, 근로자에 대한 징계여부를 심사하기 위해 구성된 징계위원회에서 자체양정기준을 마련하여 이 기준에 따라 근로자를 징계하는 경우, 징계위원회가 소집될 때마다 새로운 양정기준을 작성하여 이를 근거로 징계조치를 취했다면, 이 또한 형평성을 상실한 것으로 봐야 할 것이다.[952]

왜냐하면 징계위원회 구성원이 변경될 때마다 그 양정기준이 달라질 수 있으므로 이 경우는 징계규정 등 사업장 내 취업규칙에서 그 기준을 고정적으로 규정하고 이를 적용한 경우가 아니라면 유효한 징계양정기준을 적용하였다고 보기 어렵기 때문이다.

5) 실제 피해의 발생 여부

---

947 김경태,「전게논문」, 2013, 326면.

948 대법원. 1998.10.8. 선고. 99두6101. 판결.

949 대법원. 2005.9.28. 선고. 2005두7969. 판결.

950 임종률, 전게서, 2014, 508면.

951 대법원. 1999.11.26. 선고. 98두6951. 판결. 대법원. 2014. 2. 1322. 선고. 2013두19714. 판결 등.

952 김경태,「전게논문」, 2013, 327면.

대부분의 부당징계 사건에서 징계근로자는 자신의 비위행위로 인해 실제피해가 발생하지 않았음을 주장하는 경우가 많다. 대법원은 휴무 중에 근무를 지원한 근로자가 근무지를 장시간 이탈하였음을 이유로 취해진 징계면직 조치에 대하여 '근로자의 근무이탈 중 아무런 사고가 발생하지 아니한 점' 등을 주된 근거로 하여 그 정당성을 부인하였고,[953] 하급심에서도 "업무 관리 소홀이 고의성이 없고 손해를 발생하지 않았음에도 해고한 것은 징계양정이 지나치게 과중하다."[954]라고 실재 피해발생여부를 고려하여 판시하였다.

근로자가 근로계약상 사업주에 대해 부담하는 의무 중 근로제공의무를 위반한 경우에는 직접적인 손해의 발생이 예견되므로 그 손해의 규모를 산정하여 이를 징계양정의 결정 시 참작하는 것은 가능할 것이다. 그러나 직무전념의무 등 신의칙상의 의무위반은 사업주에게 반드시 피해가 발생한다고 보기는 어렵거나 또 행위시점과 피해발생 시점이 시간적으로 거리가 있어서 피해발생 시점을 기다렸다가 징계조치를 취하는 것을 기대하기 어려운 경우가 많다. 따라서 실제 피해의 발생여부는 징계양정의 고려사항은 될지언정 적정성 판단에 있어서 직접적으로 영향을 미치는 중요기준에는 해당되지 않는다고 본다.[955]

6) 근로자의 개전의 정

비위행위 후 근로자의 개전의 정 등은 판례가 제시하는 적정성 판단의 원칙적인 기준에는 속하는 것은 아니지만, 개별 사안에서의 판결 이유에서는 흔히 발견되며, 반드시 고려되는 요소 중 하나이다. 그런데 근로자가 어느 정도의 태도를 보여야만 개전의 정을 다한 것으로 볼 수 있는지는 불분명하다.

판례를 살펴보면, 대법원은 노동조합의 위원장인 근로자가 징계사유 이외에도 해고를 전후한 각종 비위행위를 통해, 방법 및 절차의 적법성과 직장질서를 외면하고 노동조합 활동을 빙자하거나 이에 편승하여 불필요한 개인적 감정의 비행으로써 사회통념상 회사와 신뢰관계를 반복적으로 훼손한 경우, 근로관계를 계속할 수 없는 중대한 사유가 있다고 볼 여지가 충분하다고 판단하였다.[956]

또한 하급심에서도 운송수입금을 횡령한 것에 경고를 받고도 계속하여 횡령하여 승무 중지 3월의 징계를 내린 것은 징계양정이 과중해 징계권을 남용한 것이라고 볼 수 없다고 판단하였다.[957] 결국 개전의 정은 비위행위 이후 징계과정에서의 근로자의 행태를 통해 파악할 수 있을 것이다.

자발적인 반성문 또는 적극적인 사과의 뜻을 표하는 것은 그 대표적인 예이며, 종래의 비위행위를 멈추지 않고 계속적으로 반복하는 것은 개전의 정을 부인할 수 있는 근거가 될 것이다. 이 외에 비위행위로 인해 발생한 피해를 즉시 배상하는 것 또한 개전의 정의 존부를

---

953 대법원. 1991.10.25. 선고. 90다20428. 판결.

954 서울행법. 2004.8.19. 선고. 2004 구합237. 판결.

955 김경태,「전게논문」, 2013, 327면.

956 대법원. 2002.5.28. 선고. 2001두10455. 판결.

957 서울행법. 2003.6.10. 선고. 2002구합 20947. 판결.

파악하는 데 있어서 중요한 판단자료가 될 수 있다고 본다.[958]

라. 종합적인 검토

판례는 이상과 같은 다양한 징계양정의 적정성 판단기준을 제안한 후 이들을 '**종합적으로**' 검토하여 '**객관적으로 명백히 부당하다고 인정되는 경우**'[959]에만 당해 징계의 정당성을 부인해야 한다고 일관하고 있다. 구체적으로는 판결문 중에서 "이 사건 변론 과정에서 나타난 제반 정상을 종합해 보면" 또는 "이 사건에 나타난 제반 정황을 종합하여 보면"이라는 문구를 사용한다.

그러나 판례가 사용하는 '**종합적**'이라는 용어에 대해서는 그 자체가 가지는 의미의 모호함과 함께 몇 가지 의문점을 제시할 수 있다. **첫째**는 여러 가지 판단기준들 중 어느 것들이 종합적으로 고려되어야 하는가의 문제로서, 사업주가 근로자에 대한 징계를 취함에 있어서 판례가 제시하는 판단기준들 중 일부만을 고려한 경우 이에 근로자가 징계양정의 부당함을 제기하며 소송을 제기하였을 때 노동위원회나 법원은 이를 어떻게 판단해야 하는가의 문제이다.

다음으로 그 정당성을 부정한다면 다양한 판단기준들 중 우선적·필수적으로 고려되어야 할 요소는 어떠한 것들이 있는가의 문제이다. 판례는 이와 관련된 일반적인 기준을 설정해 두지는 않은 것으로 판단한다. 근로계약 관계는 사용자 1인과 다수의 근로자들 간의 법률관계로서 그 어느 법률관계보다 역동적이고 복잡한 관계라는 점을 고려한다면 이들 판단기준들 간의 우열관계를 정립하는 것은 애초부터 불가능한 일이며 이는 근로계약이라는 법률관계가 주는 원시적 한계에 속한다고 할 것이다.

그러나 이와 같은 한계 및 '종합적인 판단'이라는 용어가 이들 판단기준을 체계화·정형화하여 설정한 후 일관성 있게 적용하는 것까지를 불가능하게 만드는 것은 아니다. 「노동법」이 징계와 관련된 요건을 엄격히 규정하는 것은 사용자의 징계에 관한 재량권 행사의 범위를 일정정도 도식화함으로써 사용자의 자의적인 징계권 행사를 배제하여 근로자의 생존권을 보호하고자 하는 데 있다.

판례가 '종합적인 판단'이라는 적용방식을 일관하는 이유는 오늘날 사업 또는 사업장의 업종, 규모 등의 다양성을 고려한 것으로 보이나, 이들 다양성에도 불구하고 징계제한 규범인 「근로기준법」은 일반적 규범으로 여전히 존재하고 있는 바, 이들 기업 현실에 공통적으로 적용될 수 있는 판단기준을 설정한 후 이를 법령 또는 취업규칙에 명문화하여 징계와 관련된 불필요한 분쟁을 최소화하는 것이 바람직할 것으로 본다.[960]

3. 불합리한 징계규정에 의한 양정 판단

---

958   서울행법, 2011.4.21. 선고, 2010구합47749, 판결.

959   대법원, 2003.7.25. 선고, 2001두11069, 판결, 대법원, 2014.6.26. 선고, 2014두35799, 판결.

960   김경태,「전게논문」, 2013, 330면.

사업주가 행한 징계처분이 사회통념상 현저히 합리성을 상실하여 무효로 되었으나, 징계의 근거가 된 취업규칙 자체가 불합리하여 재징계 조치를 하는 것이 불가능한 경우의 문제를 생각해 볼 수 있다.

가능한 사례로서 ① 취업규칙에서 구체적인 징계사유를 열거하고 있으나 그에 따른 징계의 종류로서 중징계만을 규정해 놓은 경우(극단적인 예로서 징계유형으로서 '해고'만을 설정해 놓은 경우), ② 구체적인 징계사유는 존재하나 "~의 경우에는 징계한다."라는 규정만을 둔 채 구체적인 징계유형을 열거하지 않거나, 징계사유 외에 징계관련 규정을 아예 두지 않은 경우를 생각해 볼 수 있다.

징계의 양정이 문제된 대부분의 사안들은 징계의 사유는 존재하는 것이 일반적이라는 점에서 이는 징계의 정당한 사유의 존부 또는 징계절차상의 하자를 판단하는 문제와는 구분되므로 징계양정과 관련해 검토해야 한다. 이 문제는 **징계의 법적 근거**가 무엇인지에 따라 결론을 달리하게 될 것이다. 종래 징계권의 근거와 관련해 이를 경영 질서의 형성 및 유지를 위한 사용자의 고유한 권한에서 찾는 견해(**고유권설**)와 노사의 합의가 징계권의 근거가 된다는 견해(**계약설**), 노사관계를 규율하는 일종의 법규범, 즉 취업규칙이 징계권의 근거가 된다는 견해(**법규범설**)가 대립되어 왔다.

일반적으로 고유권설에 의할 경우 취업규칙 등에 징계사유나 유형이 없는 경우에도 사용자는 근로자를 얼마든지 징계할 수 있을 것이나 현재 고유권설을 취하고 있는 입장은 찾아볼 수 없다. 계약설 또는 법규범설을 취하고 있는 입장에서는 취업규칙 등의 징계규정에서 징계사유가 제한적으로 열거되어 있는 경우에는 그와 같이 열거되어 있는 사유 이외의 사유로는 징계할 수 없다고 봐야 한다.[961] 같은 이유에서 취업규칙에 열거되어 있지 않은 형태의 징계조치를 취할 수도 없는 것으로 새겨야 한다.

법원의 판례를 살펴보면, "사용자가 징계해고 등의 징계처분을 실시하기 위해서는 엄격하게 취업규칙에 정한 바에 따라야 하므로, 징계의 사유와 수단 내지 종류를 취업규칙에 명시하여 근로계약의 내용으로 한 것에 의하여서만 징계처분을 할 수 있고, 또 **취업규칙상의 그러한 규정은 한정열거로 해석**해야 하므로, **취업규칙에 징계처분의 수단으로 명시되어 있지 아니한 징계해고를 하였다면 취업규칙상 근거가 없는 위법 무효의 처분**이다."라고 판단한 예[962]가 있으며, 또한 **단체협약에 나열된 징계의 종류**(해임, 감봉, 견책)**가 아닌 정직을 처분한 것이 재량권 남용임을 지적한 판례**[963]가 있다.

Ⅳ. 징계원칙의 정당성

1. 의의

961 김소영, 「사용자의 징계권의 범위」, 노동법학 제35호, 2010.6. 145면. 대법원. 1994.6.24. 선고. 92다 28584. 판결. 대법원. 1994.12.27. 선고. 93다52525. 판결.

962 부산지법. 1992.6.17. 선고. 91가합27276. 판결.

963 대법원. 1993.2.23. 선고. 92다40297. 판결.

사용자가 징계권을 행사하고자 할 경우, 취업규칙이나 단체협약, 기타 노사협의규정 등에서 정해진 징계사유와 징계절차에 따라 행하여져야 한다. 그러나 취업규칙이나 단체협약상의 징계규정에 따라 징계처분이 이루어졌다고 해서, 그 징계처분의 정당성이 당연히 확보되는 것은 아니다.

여기서 「근기법」 제23조 제1항에 의하여 사용자의 징계권 행사에는 **'정당한 이유'**가 있어야 한다고 하는 데는 ① 규율위반에 대해 모든 근로자가 균등하게 적용하여야 한다는 **균등처우의 원칙**, ② 취업규칙에 다른 규정이 없으면 징계할 수 없다는 이른바 「형법」상의 **죄형법정주의의 원칙**, ③ 근로자에게 고의·과실이 있는 경우에만 징계되는 **개인책임의 원칙**, ④ 징계처분의 종류와 정도는 그 규율위반의 종류와 정도에 상응해야 한다는 **상당성의 원칙** 등의 법해석 일반원칙의 의미도 내재되어 있는 것이다.[964]

따라서 **만약 취업규칙 등에서 정한 징계사유와 절차를 준수하더라도 그것만으로 징계처분이 정당한 것은 아니고, 법해석의 일반원칙에 위반되는 경우는 정당성을 상실**하게 된다.

2. 균등처우의 원칙

가. 의의

「헌법」 제11조의 '평등대우의 원칙'이 사용자의 징계권 행사에 있어서는 기본원리로 적용될 수 있을 것인지를 살펴볼 필요가 있다. 「헌법」 제1조에서 명시하고 있는 "모든 국민은 법 앞에 평등하다"는 평등에 관한 일반조항으로서 법 적용상의 평등 및 정립에서의 평등을 포함한다. 다시 말하면 법을 구체적으로 집행하고 적용하는 국가작용인 집행권과 사법권뿐만 아니라 법 내용을 결정하는 입법권까지도 이에 구속된다는 것이다.[965] 평등의 원칙은 「헌법」의 근본규범으로서 기본권 보장의 기초가 되는 최고의 헌법원리이다. **평등의 원칙의 취지는 법질서의 내재적 이념으로서 실질적 기회균등과 자의적인 불평등금지를 실현하고자 하는 것**이다.

나. 균등처우 원칙의 적용 효과

징계권은 국가가 입법적으로 규제할 수 있는 행위를 법률의 수권규정을 통해 사용자에게 부여하고 사용자가 스스로 작성한 취업규칙에 입각하여 징계처분 행위를 할 수 있도록한 일종의 법규범으로 본다면, 그 법규범 또한 기본권에 구속되는 법규범으로 볼 수 있는것 이다. 왜냐하면 「헌법」 제11조에서 말하는 '법'은 국가기관이 제정한 법률뿐만 아니라 사실상 법규범력이 인정되는 것도 포함하는 것으로 볼 수 있기 때문이다. 그러므로 사용자가 징계처분 행위를 하는 데 있어서도 균등처우의 원칙은 규준이 될 수 있고, 균등처우 원칙에 반하는 징계처분은 효력이 없다.

징계권 행사에서 균등처우 원칙이 적용된다는 의미는 동일한 행위에 대한 징계처분의 정

---

964 이병태, 「최신노동법 제8전정판」, 중앙경제, 2008, 960면.

965 권영성, 「헌법학개론」, 법문사, 2009, 388면.

도는 서로 달라서는 안 되고, 일정한 시간을 전후하여 행해진 행위에 대해서도 前例의 처분은 後例의 처분을 구속한다는 것을 말한다. 다시 말하면 동일한 행위에 대하여 이루어지는 법적 평가도 동일해야 함은 물론이고, 그의 재량이나 징계종류의 선택에 있어서도 특별히 정상을 참작해야 할 사정이 없는 한 동일한 처분을 해야 한다는 것이고, 또한 비록 취업규칙에 징계사유로 규정되어 있다고 하더라도 노동관행이나 직장 내 실상에 비추어 종래 묵인되어 온 행위였음에도 불구하고 이러한 관행을 변경하려는 사전의 과정을 생략한 채 징계처분을 하는 것은 정당성을 인정받을 수 없다.

다. 균등처우 원칙의 판례 태도

판례는 징계권의 제한 법리로서 균등처우 원칙을 적용하고 있으며, **징계가 이러한 균등처우의 원칙 또는 형평성의 원칙에 위배될 때에는 무효**가 된다. 다만 징계권자가 징계대상자들에 대한 징계수위를 낮추기 위한 방편으로 징계양정기준을 정하고 그에 따라 징계처분을 하였을 경우 정해진 징계양정기준이 전혀 합리성이 없다거나 특정의 근로자만을 해고하기 위한 방편이라는 등의 특별한 사정이 없는 한 이로써 바로 당해 징계처분이 형평의 원칙에 반한다고는 할 수 없다.[966]

예를 들어 대략 동일한 수위의 비위를 저지른 자들에 대하여 그 구체적인 사무의 특성, 금전 수수의 경우에는 그 액수와 횟수, 의도적·적극적 행위인지 여부, 개전의 정이 있는지 여부 등에 따라 징계 종류의 선택과 양정에 있어서 차별적으로 취급하는 것은 사안의 성질에 따른 합리적 차별로서 이를 자의적 취급이라 할 수 없어 평등의 원칙 내지 형평의 원칙에 위배된다고 볼 수 없다.[967]

3. 개인책임의 원칙

근로관계에서의 징계는 근로자 개인의 비위행위에 대한 책임을 묻는 것이다. 이것을 **개인책임의 원칙**이라 한다. 즉, 객관적으로는 작위 또는 부작위를 행하였으며, 주관적으로는 그 행위에 대한 고의 또는 과실의 의사표시가 있는 행위라야 한다는 것이다.[968] 그러므로 善意의 행위나 무과실 또는 제3자의 행위에 대하여 책임을 추궁할 수는 없다. 또한 연좌제, 연대책임 등을 물어 징계 처분하는 것도 허용되지 않음은 물론이다.

그러나 부하직원에 대한 상사의 지휘감독권, 관리감독권에 기초하여 감독소홀이나 관리소홀에 따른 감독책임을 물어 징계할 수 있다. 이러한 경우에는 사전에 감독권을 부여하고 있어 개인책임의 원칙이 적용되지 않는다. 따라서 같은 법리로 쟁의행위의 경우에 조합의 간부를 대상으로 위법한 쟁의행위에 대한 책임을 묻는 것은 개인책임의 원칙에 반하는 것은 아니다.[969]

---

966 대법원. 1997.9.1. 선고. 97누7165. 판결.

967 대법원. 1999.8.20. 선고. 99두2611. 판결.

968 금동신, 「사용자의 징계행위와 부당노동행위」, 단국대학교, 1989, 328면.

969 정혜자, 「징계의 정당성 판단에 관한 연구」, 강원대학교 대학원, 2012, 58면.

4. 상당성의 원칙

가. 의의

상당성의 원칙은 사용자가 징계처분을 함에 있어서 징계사유 존부의 인정, 정상의 판정, 징계양정의 선택 등을 자의적으로 판단할 것이 아니라 객관적으로 상당한 것이거나 형평에 어긋나지 않는 것이어야 한다는 것을 말한다.

따라서 징계의 수단이 여러 단계로 규정되어 있는 경우 이 중 어떠한 징계의 종류를 선택할 것인가는 징계사유와 징계사유에 해당하는 비위의 정도 및 피징계자의 평소 근무성적, 소행, 표창사실, 징계의 전력, 업무의 관련성 및 특수성, 등 제반사정에 미루어 보아 객관적으로 상당한 것이어야 한다.[970]

예컨대 징계처분이 정상의 판단을 잘못했거나 정상참작의 여지가 있음에도 불구하고 이를 적용하지 않았다거나 경미한 위반행위에 대하여 과중한 처분을 하였다거나 사용자에게도 귀책사유가 있었음에도 불구하고 근로자의 위반행위만을 문제로 하였다던가 하는 등의 경우에는 상당성의 원칙에 반하므로 그 징계처분은 무효가 되는 것이다.[971]

나. 상당성 원칙의 판례 태도

판례는 "징계대상행위와 징계처분과의 관계에 대하여 원칙적으로 취업규칙에서 징계사유를 규정함에 있어 동일한 징계사유에 대해 여러 등급의 징계가 가능한 것으로 규정하였다든가, 어떤 징계사유에 대하여 원칙적인 징계의 종류를 규정하면서 예외적으로 정상에 따라 보다 무거운 징계를 할 수 있는 것으로 규정하였다든가 하는 경우에 그중 어떤 징계처분을 선택할 것인지는 징계권자의 재량에 속한다."고 하면서도 "이러한 재량은 징계권자의 자의적이고 편의적인 재량에 맡겨져 있는 것이 아니며, 징계 사유와 징계처분과의 사이에 사회통념상 상당하다고 보여지는 균형의 존재가 요구되고, 경미한 징계사유에 대하여 가혹한 제재를 과한다든가 하는 것은 권리의 남용으로 무효"로 보고 있다.[972]

5. 준사법적 원칙

가. 개요

사용자가 근로자에 대하여 행사하는 징계행위는 기업목적에 따라 생산성을 향상하고 경영 질서를 유지하기 위하여 요청되는 질서벌이란 점은 전술한 바와 같다. 징계행위는 단체협약이나 노사협정 등으로 징계규정을 설정하여 행사되는 경우도 있지만, 사용자에게 일방적 작성권한이 있는 취업규칙을 통해 징계처분이 이루어지는 경우도 많다. 물론 취업규칙에 징계규정이 있다고 하더라도 사용자가 자유롭게 징계권을 행사할 수 없으나, 원칙적으로

---

970 이상국,「징계권 행사의 법률지식」, 고시세계사, 2008, 176면. 대법원. 2008.1.31. 선고, 2005두8269. 판결. 대법원. 1991.12.13. 선고, 90다18999. 판결.

971 대법원. 1979.2.13. 선고. 78다1855. 판결.

972 대법원. 1991.1.11. 선고. 90다카21176. 판결. 대법원. 1992.5.22. 선고. 81누5884. 판결 등.

징계처분의 범위나 방법을 선택할 수 있는 재량권을 가지게 된다.

　그러나 징계행위가 사용자에 의하여 행사되고 있다고 할지라도 경영 질서의 유지라고 하는 필요성과 징계행위의 본질적인 면을 비추어, 과연 징계처분을 사용자에게 완전히 자유재량으로 허용할 수 있을 것인가가 문제되고 있다. 이와 관련하여 「근로기준법」은 취업규칙에 징계에 관한 사항을 필요적 기재사항으로만 규정하고 있을 뿐이고, 구체적 내용에 대해서는 감급의 제한 규정 이외에는 아무런 제한을 두지 않고 있다. 그러나 학자들은 대체로 징계권 행사에 있어서 사법적 원칙의 준수 필요성을 긍정하고 있다.

　징계권 행사의 준사법적 요청의 근거는 **첫째**, 징계권의 법적 근거를 공동의 작업질서 유지를 통한 전체적인 노동보호의 목적에서 사용자에게 징계권의 법규범성을 부여하고 있는 것으로 볼 경우, 사용자의 징계권은 원래 국가가 입법으로 규제할 수 있는 행위를 사용자로 하여금 규제할 수 있는 권능을 법률의 수권 규정을 통해 부여하고 사용자가 스스로 작성한 취업규칙에 입각하여 징계할 수 있다고 한다. 따라서 사용자의 징계권의 법규범성 인정의 근거가 그 본질상 국가작용의 대체적 성격을 지닌 것으로 보아야 하므로 국가권력 작용이 사법성에 기초해야 하듯이, 사용자의 징계권 행사도 당연히 사법성에 준하는 정도의 사법성에 입각하여 행사되어야 한다는 본질적 한계를 지닌다.[973]

　둘째, 형벌의 사회질서 유지·보호를 위하여 일반 예방적 기능과 특별 예방적 기능을 하는 것과 유사하게, 징계처분은 직장질서 유지를 위한 제도로서, 손실의 전보를 직접의 목적으로 하지 않으며, 행위의무의 위반자에 대한 危害, 보복, 교정 등의 질서벌이라는 점에서 형벌과 유사한 기능을 가진다. 그런데 이와 같은 질서벌인 징계권이 사용자의 자의에 따라 행사된다면 근로자의 권리가 보호될 수 없을 뿐만 아니라, 질서벌로서의 기능을 다할 수 없고 근로자의 규범의식에 의하여 지탱될 수도 없다.

　따라서 질서유지를 위한 수단으로서 형벌과 징계간의 기능적·목적적 유사성을 고려한다면, 징계권의 행사를 사용자의 자의에 맡길 수 없고 자연적 정의가 요구하는 최소한의 준칙의 적용이 요청된다고 할 수 있다. 즉 비록 「형법」상의 형벌 조건에서와 같은 엄격한 羈束까지는 기대하기 어려울지라도 형벌권에 대한 統制法理가 일정하게 적용되어야 할 것이다.

　징계권 행사에 있어서 적용될 수 있는 준사법적 원칙으로서 ① 취업규칙 등에 다른 규정 등이 없으면 징계할 수 없다는 이른바 **죄형법정주의 원칙,** ② 동일한 사유에 대하여 다시 징계처분을 하거나 징계처분 없이 지나간 사실을 후에 징계 처분하는 **이중처벌금지 및 징계 불소급의 원칙,** ③ **절차상 정의의 원칙** 등이 고려될 수 있을 것이다.[974]

나. 죄형법정주의 원칙

1) 의의

　죄형법정주의라 함은 "법률이 없으면 범죄도 없으며 형벌도 없다."는 「형법」상의 기본이

---

[973] 한종호, 「사용자의 징계행위의 근거와 한계에 관한 연구」, 숭실대 노사관계대학원, 1991.

[974] 이병태, 「최신노동법 제8전정판」, 중앙경제, 2008, 960면.

념으로서 일정한 행위를 범죄로 하고 이에 대해 일정한 형벌을 부과하기 위해서는 반드시 행위 시 이전에 법률로서 명확하게 규정되어 있어야 한다는 근대 「형법」의 기본원리이다. 「헌법」 제12조 제1항과 제13조 제1항은 죄형법정주의를 선언하고 있으며, 「형법」 제1조 제1항도 "범죄의 성립과 처벌은 행위 시의 법률에 의한다."라고 하여 죄형법정주의를 규정하고 있다.

2) 죄형법정주의 원칙의 적용 효과

사용자의 징계는 질서벌의 성격을 지니는 권력행위라는 점에서 이 같은 죄형법정주의의 원리는 징계권 행사에서도 적용되어야 할 원칙으로 작용되어야 한다. 「근기법」에서 「취업규칙」에 징계에 관한 사항을 필요적 기재사항으로 정한 취지는 죄형법정주의의 원칙을 명시적으로 선언한 것이며, 징계처분을 위해서는 「취업규칙」에 명기된 사유가 아니면 행사할 수 없다는 효력 규정을 정한 것이라고 이해해야 한다.[975]

이렇게 보면 사용자의 징계처분이 유효하기 위해서는 「형법」에 대한 죄형법정주의 원칙과 마찬가지로 징계의 사유와 그에 대한 징계의 종류·정도가 「취업규칙」이나 「단체협약」등에 문서로써 상세히 규정되어 있어야 할 것이다.

3) 죄형법정주의 원칙의 적용에 대한 판례 태도

법원은 "「취업규칙」에서 징계해고 사유를 규정하고 있으나 규정된 사유 이외의 사유를 이유로 징계해고한 경우에는 징계사유가 존재하지 않기 때문에 해고는 무효"[976]라고 하거나 "「정관」에 해고사유로 당연 퇴직과 징계면직을 열거하고 있을 뿐인데, 정관의 위임에 따른 「인사규정」이 그 외에 직권면직까지 규정하고 있다면 이는 「정관」에 위배되어 무효이고, 「인사규정」에 근거한 직권면직 처분도 무효"라고 판시[977]하고 있어 **죄형법정주의 원칙**에 가까운 태도를 보이고 있다.

그러면서도 한편으로는 「취업규칙」상 징계해고 사유 중 "기업운영상 또는 종업원 관리상 지장을 초래케 한 자"라는 조항이 너무 추상·포괄적이라 하더라도 부수적인 조항이 이 같은 규정내용에 준하는 해석을 통해 그 적용범위를 합리적으로 제한할 수 있는 경우는 이 조항이 다소 추상적이라는 이유만으로 무효가 되지 않는다[978]하여, **죄형법정주의 파생원칙인 명확성의 원칙은 사실살 수용하지 않는 것**으로 이해된다.

4) 검토

사용자가 징계처분을 하기 위해서는 「취업규칙」이나 「단체협약」 등에 징계규정이 있어야 할 뿐만 아니라, 추상적이거나 지나치게 포괄적인 내용으로 규정된 징계사유를 이유로 징계 처분하는 것은 인정할 수 없다고 보아야 한다. 실무에서 많은 사업장의 「취업규칙」에서는

---

975   금동신, 「사용자의 징계행위와 부당노동행위」, 단국대학교, 1989, 327면.

976   대법원. 1992.7.14. 선고, 91다32320. 판결.

977   대법원. 1992.9.8. 선고, 91다27556. 판결.

978   대법원. 1993.11.23. 선고, 93다25264. 판결.

징계사유를 열거하면서 "기타 위에 준하는 경우" 또는 "기타 근로관계를 유지하기 어려운 사정이 발생한 때" 등과 같은 포괄적 규정을 두는 경우가 많다. 판례의 태도에 의하면, 이와 같은 포괄규정도 효력을 인정하는 경우가 있다. 그러나 포괄규정은 사용자의 유추해석이나 확대해석을 통한 징계권 남용으로 이어질 가능성이 크다.

그러므로 **징계규정을 해석**함에 있어, **죄형법정주의의 명확성의 원칙의 엄격한 형식과 문리적인 해석까지 요구하지는 않는다 하더라도, 명문규정에 사용된 용어가 추상적이거나 포괄적 또는 불명확할 경우에는 징계제도 목적에 비추어 보아 합리적인 범위 내에서 해석을** 해야 하고, 이때에도 원래 죄형법정주의 기능이 인권 보장적 기능에 그 중점이 있다는 것을 고려하여 이를 담보할 수 있는 **예측 가능한 범위 내에서 엄격하게 해석함으로써,**[979] **확대해석이나 유추해석에 의한 권리남용을 차단해야 할 것**이다.

다. 징계불소급 및 이중처벌금지의 원칙

1) 의의

「헌법」 제13조는 "모든 국민은 행위 시의 법률에 의하여 범죄를 구성하지 아니하는 행위로 소추되지 아니하며, 동일한 범죄에 대하여 거듭 처벌받지 아니한다."며 **형벌불소급의 원칙이나 이중처벌 금지의 원칙**을 규정하고 있다. 이 원칙은 사용자의 징계행위에도 적용되어야 할 중요한 기본원칙으로, 죄형법정주의의 원칙과 더불어 모든 국민의 인권을 보장하기 위한 원칙으로서 근대법의 공통적 기본이념이 되고 있다.

2) 징계 소급효 금지의 원칙

징계처분에 있어서 **소급효금지**란 근로자의 행위가 행위 시의 「취업규칙」 등에 징계사유로 되어 있지 않은 경우에는 그 이후에 제정된 규칙에 의하여 처벌할 수 없다는 것이다. 판례도 "위반행위 시와 징계처분 시에 있어 서로 다른 내용의 「취업규칙」이 있는 경우, 다른 특별한 사정이 없는 한 해고 등의 의사표시는 의사표시의 시점에 시행되고 있는 「(신)취업규칙」 소정의 절차에 따라 행하면 족하지만, 징계사유의 유무에 관한 결정은 징계가 근로자에게 있어서 불이익한 처분이므로 문제로 되어 있는 행위 시에 시행되고 있던 「(구)취업규칙」에 따라 행하여야 할 것이다."[980]라고 하여 **징계의 소급효금지의 원칙을 인정**하고 있다.

그러나 "사용자가 징계사유의 유무를 결정함에 있어 「(구)취업규칙」을 적용하면서 「(신)취업규칙」을 함께 적용하였더라도 그 적용된 「(신)취업규칙」 소정의 징계사유가 「(구)취업규칙」상의 징계사유 이상으로 附加·擴大한 것이 아니라 동일하거나 이를 유형화·세분화한 것에 불과하다면 근로자에 있어서 특별히 불이익한 것이 아니므로, 근로자는 이를 이유로 그 징계가 위법하여 무효라고 주장할 수 없다."[981]고 하여, **兩 事由가 실질적으로 동일하다면 근로자에게 불이익성이 없기 때문에 「(신)취업규칙」에 의한 징계도 가능하다고 해석**하고 있다.

---

979 금동신, 「사용자의 징계행위와 부당노동행위」, 단대논문집, 1989, 327면.

980 대법원. 1994.12.13. 선고. 94다27960. 판결.

981 대법원. 1994.12.13. 선고. 94다27960. 판결.

3) 징계 이중처벌 금지의 원칙

이 원칙은 같은 징계사유로 이중징계 하는 것은 **일사부재리의 원칙** 또는 **이중처벌금지의 원칙**에 위배되어 무효가 된다는 징계제한의 원칙을 말한다. 여기에는 단순히 이중의 징계를 하는 것뿐만 아니라, 징계처분 없이 지나간 사실을 뒤에 다시 징계처분으로 삼는 것도 일사부재리의 원칙에 위배된다고 할 것이다.

이중징계에 해당되기 위해서는 ① 선행처분과 후행처분이 모두 법적 성질상 징계처분에 해당되어야 하고, ② 선행징계처분이 무효·취소됨이 없이 유효하게 확정되어야 하며, ③ 선행징계처분과 후행징계 처분이 동일한 징계혐의 사실을 대상으로 해야 한다.[982] 따라서 근로자가 집행유예 이상의 형이 확정되었음을 이유로 한 당연퇴직처분과 징벌적 제재인 정직처분은 그 성질을 달리하므로 당연퇴직처분이 일사부재리 또는 이중처벌금지의 원칙에 반하는 것은 아니다.[983]

판례는 **"사용자가 동일한 사유로 근로자에게 이중징계를 한 경우 일사부재리의 원칙이나 이중처벌금지의 원칙에 위배되므로 그러한 징계처분은 무효"**라고 판시하는 것처럼, **이중처벌금지의 원칙을 징계처분에도 적용**하고 있다. 그러나 과거의 징계처분의 사유와 동일한 사유로 또다시 징계를 하는 것은 금지되지만, 다른 징계처분을 하면서 과거의 징계경력을 징계 양정을 결정함에 있어 참작하는 것까지 금지하는 것은 아니다. 또, 징계절차 요건의 미비를 이유로 징계처분이 무효로 된 경우에 징계절차 요건을 갖추어 다시 징계처분을 하거나,[984] 징계양정의 과다로 징계처분이 무효로 된 경우 사용자가 다시 징계수위를 낮추어 징계처분을 하는 경우[985]는 이중징계에 해당되지 않는다고 한다.

V. 징계절차의 정당성

1. 개요

징계는 사용자의 일방적인 의사에 의해 이루어지므로 그 결정이 공정하게 이루어지고 근로자의 입장이 반영될 수 있는 절차가 보장되어야 할 필요성이 있다. 이는 형벌과 유사한 기능으로서의 징벌적 조치인 징계에 대하여 회사는 징계대상자에게 징계위원회에 출석할 것을 사전에 통보해 주어 근로자가 자신의 입장을 충분히 소명할 수 있는 기회를 부여하여야 하고, 피징계자가 재심을 청구할 경우에는 재심을 진행해야 하는 등 징계의 실체적 정당성 외에 절차적 정당성을 갖추어야 한다.

결국 **징계의 절차적 정당성**이란 징계가 결정되는 과정에서 징계대상자인 근로자가 징계절차규정 및 관련법 소정의 권리를 보장받았는지와 징계를 결정하는 판단과정이 징계절차규정 및 관련법에 따라 합리적으로 행하여졌는지의 여부이다. **일반적으로 징계의 공정성을**

---

982 대법원. 2000.9.9. 선고. 99두10902. 판결.

983 대법원. 2004.4.15. 선고. 2003두12639. 판결. 대법원. 1992.7.28. 선고. 91다30729. 판결.

984 대법원. 1994.9.30. 선고. 93다26496. 판결.

985 대법원. 1994.12.27. 선고. 94누11132. 판결.

352

위해 요구되는 징계절차로는 **징계위원회의 공정한 구성, 징계혐의 사실에 대한 사전 통지, 징계 위원회에 본인의 출석과 충분한 소명기회의 부여** 등이다. 그리고 **해고할 경우**에는 **해고사유와 해고시기를 서면으로 통지**해야 한다.

근로자에 대한 징계처분은 制裁罰로서 그 성격상 형벌과도 같고 근로자의 권리가 심각하게 침해될 우려가 크기 때문에 이러한 징계절차를 위반하여 징계해고가 이루어졌다면 이러한 징계권 행사는 징계사유가 인정되는지와 관계없이 절차적 정당성에 반하여 무효가 된다. 실체적 정당성 못지않게 절차적 정당성을 중요하게 여기는 최근 노동위원회·법원의 태도에 비추어 볼 때 회사는 징계의 정당성 판단을 엄격하게 할 뿐만 아니라 징계절차의 정당성 확보에 한층 더 주의를 기울어야 할 것이다.

단체협약이나 취업규칙 또는 이에 근거를 둔 징계규정에서 징계위원회의 구성에 노동조합의 대표자를 참여시키도록 되어 있고 또 징계대상자에게 징계위원회에 출석하여 변명과 소명자료를 제출할 기회를 부여하도록 되어 있음에도 불구하고 이러한 징계절차를 위배하여 징계해고를 하였다면, 이러한 징계권 행사는 징계사유가 인정되는 여부에 관계없이 절차에 있어서의 정의에 반하는 처사로서 무효라고 보아야 한다.

또한 징계규정에 징계대상자에게 징계위원회에 출석하여 변명과 소명자료를 제출할 기회를 부여하도록 되어 있다면 그 통보의 시기와 방법에 관하여 특별히 규정한 바가 없다고 하여도 변명과 소명자료를 준비할 만한 상당한 기간을 두고 개최일시와 장소를 통보하여야 하며, 이러한 시간적 여유를 주지 않고 촉박하게 이루어진 통보는 징계규정이 규정한 사전 통보의 취지를 몰각한 것으로 부적법하다고 보아야 할 것이다.[986]

2. 절차적 정의에 관한 법규범

가. 국내 법규범

1) 헌법

「헌법」제12조는 "누구든지 법률과 적법한 절차에 의하지 아니하고 처벌·보안처분 또는 강제노역을 받지 아니한다."라고 하여 적법절차에 관한 조항이 명시되어 있다. 「헌법」의 해석론으로 **적법절차의 핵심내용**은 **첫째**, 개인의 자유와 권리에 영향을 미치는 국가적 행위에 대하여 관계 국가기관이 정당한 권한을 가질 것, **둘째**, 입법의 절차는 물론이고 법률의 내용도 구체적이고 명확할 것, **셋째**, 상대방에게 고지·청문의 기회가 제공될 것, **넷째**, 변호인의 조력을 받을 권리와 유리한 증언의 강제소환 등이 보장될 것, **다섯째**, 판정기관이 공정하게 구성될 것, **여섯째**, 권리·의무의 판정은 정의의 원칙과 「헌법」의 기본이념에 합치하고 자의적인 것이 아닐 것 등을 강조하고 있다.[987]

「헌법」은 적법한 절차에 의하지 아니하고는 '처벌·보안처분 또는 강제노역'을 받지 아니한다고 규정하고 있지만, '처벌·보안처분 또는 강제노역'은 적법절차의 적용대상을 한정한

---

986 대법원 1991.7.9. 선고 90다8077 판결.

987 권영성, 「헌법학원론」, 법문사, 2010, 525~526면.

것이 아니라 적법절차에 의하지 아니하고는 본인에게 신체적·정신적 그리고 재산상 불이익이 되는 일체의 제재(질서벌·징계벌 등을 포함)를 당하지 아니한다는 의미로 해석하여야 한다. [988] 따라서「헌법」제12조에서 제시하고 있는 처벌·보안처분·강제노역은 예시적인 것에 불과한 것으로 해석되고 있다.[989] 즉, **적법한 절차에 의하지 아니하고는 본인에게 신체적·정신적·재산적 불이익이 되는 일체의 제재를 당하지 아니한다는 의미로 해석하고, 이는 징계처분에도 예외 없이 적용**되어야 한다.

2) 근로기준법

근로관계에 있어서의 사용자의 징계권의 행사기준은 가장 중요한 근로조건 중의 하나이므로 이에 관한 입법의 내용 역시도「헌법」상 적법절차와 원리에 따라 합리성과 정당성을 갖추어야 한다. 징계와 관련하여「헌법」상 적법절차의 원리가 근로자의 인간의 존엄성이 보장되는 근로권의 보장을 위해서「근로기준법」이 명시적으로 규정하고 있는 것은 해고예고제도(「근기법」제26조)와 해고사유의 서면통지제도(「근기법」제27조) 등 해고에 관련된 규정뿐이다.

이렇듯「근로기준법」이 징계일반에 직접적으로 적용되어야 할 절차적인 내용을 규정하지 아니한 결과, 입법자가「근로기준법」을 제정함에 있어서 근로자에 대한 징계와 관련하여 보장해야 할 절차적 정의를 포기한 것이 아닌가 하는 의문이 들기도 하며, 나아가「근로기준법」의 어떠한 규정이 근로자의 징계와 관련된 절차적인 권리보장의 근거규정으로 해석되어야 하는 것인지에 대한 논란으로 이어지고 있다.[990]

징계와 같이 근로자 개인에게 불이익을 과하는 절차에 있어서는 불이익취급의 대상인 근로자의 변명과 소명이 충분히 이루어져야 실체적 정의의 실현이 가능하다는 점에서 보면 이러한 입법태도는 징계 문제에 있어서 인간의 존엄성이 보장된 근로조건의 기준이 법정되었다고 보기는 어렵다. 이는 입법자가「헌법」의 근로권 보장에 관한 입법을 시행하면서 적법절차의 원리를 제대로 반영하지 못한 것으로서 이에 대해서는 별도의 입법적인 개선이 필요하다고 본다.[991]

나. ILO 158호 협약

1982. 6. ILO는 "고용주 주도하의 고용종료에 관한 협약"(158호 협약)을 채택하였는데, 동 조약 제7조는 해고절차와 관련하여 "근로자는 자신의 행위 또는 근무태도와 관련하여 당해 근로자가 자신에게 불리한 혐의에 대한 변호의 기회를 갖기 이전에는 해고될 수 없다."고 규정하고 해고근로자는 자신의 청구에 의거하여 서면으로 작성된 해고이유서를 사용자로부터 수령할 자격을 가진다고 규정하여 변명의 기회부여를 개별적 해고에 있어서 필요불

---

988 권영성,「헌법학원론」, 법문사, 2010, 525~526면.
989 헌법재판소. 1992.12.24. 선고, 헌재92헌가8. 판결.
990 김성진,「사용자의 징계권에 대한 연구」, 고려대학교, 2014, 138면.
991 김성진,「사용자의 징계권에 대한 연구」, 고려대학교, 2014, 139면.

가결한 절차로 명시하고 있다.[992]

3. 징계절차 규범과 징계행위의 효력

가. 징계절차 유무에 따른 정당성 판단기준

1) 징계규정이 있는 경우

「근기법」은 징계절차에 관하여 규정하고 있지 않기 때문에, 「취업규칙」이나 「단체협약」 등에 징계절차에 관하여 구체적으로 규정해 놓고 있는 것이 일반적이다. 판례는 **「단체협약」이나 「취업 규칙」 등에 징계혐의 사실의 고지, 변명의 기회부여 등의 징계 절차를 규정한 것은 징계권의 공정한 행사를 확보하고 징계제도의 합리적인 운영을 도모하기 위한 것으로 중요한 의미를 갖는 것**이므로, **이를 위반하여 행하여진 징계권 행사는 '실체적 징계사유의 존부, 부당노동행위에의 해당 여부'와 관계없이 절차적 정의에 반하는 것으로서 무효**라는 입장이다.[993]

즉 근로자를 징계함에 있어 「취업 규칙」등에 징계에 관한 절차가 정해져 있으면, 그 절차는 정의가 요구되는 것으로서 징계의 유효요건이고, 이러한 절차를 거치지 않고 행한 징계처분은 원칙적으로 효력을 인정할 수 없다고 일관되게 판시하고 있다.[994] 또한 「단체협약」상 재심절차가 규정되어 있는 경우 근로자의 재심신청이 있음에도 불구하고 재심절차 없이 징계가 확정된 사례에서 이는 재심절차의 기능·절차의 엄격성을 고려하면 현저히 절차적 정의에 반하는 것이므로 무효라고 판단하고 있다.[995]

2) 징계규정이 없는 경우

대법원은 "징계절차에 관한 규범도 없고 그에 따라 사용자가 근로자에게 징계절차에 관한 권리도 보장하지 않아 문제된 최초의 사안에서 "취업규칙 등에 제재에 관한 절차가 정해져 있으면 반증이 없는 한 그 절차는 정의가 요구되는 것으로 유효요건이라 할 것이나 회사의 징계에 관한 규정에 징계혐의자의 출석 및 진술의 기회부여 등의 절차가 규정되어 있지 않는 경우에는 그와 같은 절차를 밟지 아니하고 한 징계처분도 정당하다"[996]고 판결하였다.

또한 징계혐의자에 대한 진술권 부여규정만 있을 뿐 징계혐의 사실을 통지해야 한다는 규정이 없는 경우 사용자가 반드시 징계대상자에게 그 사실을 통지해줘야 할 의무가 있는 것은 아니라고 한다.[997] 이와 같이 대법원은 징계에 있어서 근로자에게 절차적인 권리를 보장하지 않은 사안에서 징계의 절차적인 정당성을 문제로 삼지 않고 있다. 대법원의 이러한

---

992 이승욱, 「해고절차에 관한 고찰」, 노동법연구 제2호, 서울대 노동법연구회, 1992, 107면.
993 대법원. 1991.7.9. 선고. 90다8077. 판결. 대법원. 1994.10.25. 선고. 94다25889. 판결 등.
994 대법원. 1996.2.9. 선고. 95누12613. 판결 등.
995 대법원. 1993.10.22. 선고. 92다49935. 판결.
996 대법원. 1979.1.30. 선고. 78다304. 판결.
997 대법원. 1995.2.3. 선고. 94다17758. 판결. 대법원. 1992.9.25. 선고. 92다18542. 판결 등.

태도는 우리의 노동법제와 유사한 일본의 판례 입장과 유사하다.[998]

나. 검토

징계규정이 없는 경우의 징계에 대한 그간 대법원의 태도는 다음과 같은 점에서 부당하다고 본다.[999]

첫째, 취업규칙 등 징계에 관한 규범은 그 규정 그대로만 법규범으로서의 효력을 인정할 수 있을 정도로 규범의 정당성이 충분치 못하다. 즉, 대부분의 사업장에서 징계에 관한 규범으로 통용되는 「취업규칙」은 그 제정이나 변경이 사용자의 주도로 이루어지고 있고, 그 과정에 일부 근로자의 의견이 반영되는 절차가 있다고 하더라도 세부적인 내용까지 근로자의 의사가 미치기는 어렵다. 즉, 사용자의 의사가 주로 반영되는 「취업규칙」의 징계규정에 거의 절대적인 규범성을 인정하는 것은 합리적이지 못하다.

둘째, 대법원의 태도는 「취업규칙」에 규정된 범위 내에서만 법규범성을 엄격히 인정하여 사용자의 恣意를 통제하려는 것이지만 사용자의 恣意는 그 이전 「취업규칙」제정 단계에서부터 통제되어야 한다. 소규모 사업장의 경우 대부분의 사용자들은 징계규범을 두지 않고, 두더라도 상세히 규정하고 있지 않으며, 사용자의 입장에서 징계제도를 설정하면서 징계절차규정을 두는 것은 순전히 호의에 기반하고 있다. 이런 현실에도 불구하고 사용자의 의사가 그대로 반영된 징계규범에 법규범설을 엄격히 인정하는 것은 근로관계에 있어서 노사균형성을 추구하는 「헌법」과 「노동법」의 이념에 비해 충분치 못한 해석이다.

셋째, 대법원이 「취업규칙」에 규정된 그대로의 징계규범에 대해서만 법규범성을 엄격히 인정할 경우에는 「취업규칙」에 징계에 관한 규범을 상세히·성실히 설정한 사업장과 그렇지 않은 사업장과의 형평의 문제가 발생한다.[1000] 즉, 근로자에 대해서 우호적으로 징계절차에 관한 상세한 규정을 둔 사용자가 징계권 행사과정에서 어떤 사정으로 징계절차 규정을 지키지 못하였을 경우에 그 징계의 효력은 무효로 되어 사용자의 손해로 귀결되지만, 근로자에 대해서 비우호적으로 징계 절차에 관한 규정을 아예 두지 않았을 경우에는 대법원의 입장에 따르면 그러한 문제는 아예 발생하지도 않는바, 마치 악화가 양화를 구축하는 형국이다.

넷째, 대법원은 사용자의 전환배치와 같은 인사권 행사의 정당성 판단에 있어서 비록 「취업규칙」 등에 근로자의 절차상의 권리가 규정되어 있지 않았어도 인사권 행사에 있어서 신의칙상 요구되는 절차를 거쳤는지 여부를 하나의 정당성 판단의 요소로 보고 있다.[1001] 통상 사용자의 업무상 필요성이 인정되는 인사권의 행사에 비해 징계가 근로자에 대한 불이익의 정도가 더 강하다는 점에서 보면 오히려 인사권의 행사에 있어서 보다는 징계에 있어서의 근로자의 절차적인 권리의 보장이 더 필요하다. 그런 점에서 보면 대법원의 태도는 일관성이 결여되어 있을 뿐만 아니라 비합리적이다.

---

998 國際通信電話事件. 大阪地裁判決. 昭和 36. 5. 19. 勞民集 제12권 제3호.

999 김성진, 「사용자의 징계권에 대한 연구」, 고려대학교, 2014, 152~153면.

1000 장원찬, 「피해자가 징계위원으로 참여한 징계의결의 효력」, 서울지방변호사회, 1996.1. 365면.

1001 대법원. 2005.2.18. 선고. 2003다63029. 판결.

이 문제에 대해 학계의 견해도 대체적으로 대법원의 태도를 비판하면서 **징계규범에 근로자의 절차적 권리를 보장하는 규정이 없다고 하더라도 근로자보호를 위해서는 최소한의 절차적인 권리를 보장하여야 하는 것**으로 보고 있다. 다만, 근거에 대하여는 다음과 같은 다양한 방식이 동원되고 있다.

첫째, 「헌법」상의 적법절차의 원리나 절차적 정의의 보장을 근거로 드는 견해에 따르면 「헌법」상의 적법절차의 원리는 그 적용대상이 당사자에게 불이익이 되는 일체의 제재 절차에 적용되는 것을 전제로 하면서 절차적 정의란 특정한 「단체협약」, 「취업규칙」의 규정에만 근거한 것이라고 볼 것은 아니며, 자기를 변호할 권리는 어떤 단체내부에 있어서의 제재에 관한 일종의 자연적 정의의 원칙이라고 할 수 있다고 한다.[1002]

둘째, 「헌법」 제32조의 근로권의 보장을 근거로 드는 견해는 근로권 보장의 주체인 근로자는 단순한 근로관계의 객체가 아니라 근로권의 주체로서 징계절차에 참여하여 자신을 방어할 수 있는 기회를 가져야 하고 그것을 통해 근로권의 실질적인 보장이 가능하게 된다고 한다.[1003]

셋째, 「근로기준법」 제23조 제1항의 '정당한 이유' 규정을 근거로 드는 견해는 이 규정을 해석함에 있어서 실체적 정당성 이외에 절차적 정당성을 포함시킨다.[1004]

넷째, 근로관계에 있어서의 신의칙이나 형평의 원리를 드는 견해들은 징계를 요구하는 사용자 측에서 징계대상자의 비위사실을 주장하고 그 증빙자료를 제출할 수 있는 것에 상응하여 징계대상자인 근로자에게도 그에 대하여 변명하고 증빙자료를 제출할 기회가 주어지는 것이 형평의 원리에 부합한다고 한다.[1005]

다섯째, 그 외 절차적 정의의 기능적 역할에 주목하는 견해도 있다. 즉, 징계절차의 본질상 그 대상자에게 자기를 위하여 변명할 기회를 주는 것이 실체에 상응한 판단을 하기에 적합한 상황을 조성하여 실체적 진실의 발견에 유리하고,[1006] 징계절차에 있어서의 사용자의 恣意를 排除하는 것이 절차적 정의의 실현에 이바지한다는 것이다.[1007]

상기 내용을 종합해 보면 우리 「헌법」 제12조 제1항에서 보장하고 있는 **'적법한 절차'**가 개인의 권리와 자유의 존중이라는 근대법의 이념에 기하여 성립한 것이라면, **절차적 정의는 형사절차에서만 적용되는 원칙이라기보다는 모든 제재절차에 적용되어야 할 근대법의 일반원칙을 선언한 것**이라고 보아야 한다. 그러므로 사법상(私法上)으로도 「민법」 제103조의 공서양속(公序良俗)의 내용의 하나가 되어 사적인 제재절차를 규제하는 원리가 되는 것으로 보

1002 강용현,「징계절차의 적법성」, 828면. 강기탁,「징계위원회 구성방법에 관한 절차상 하자를 중심으로」, 민변, 2006, 221면. 김재훈, 「징계절차의 하자관행과 징계행위의 효력」, 99면.

1003 김재훈, 전게논문, 99면. 도재형, 「징계해고의 절차적 제한」, 73～77면.

1004 이흥재,「해고의 법리와 실제」, 186～187면. 정재성,「징계절차를 위반한 징계의 효력」, 341면.

1005 도재형, 「징계해고의 절차적 제한」, 73～77면.

1006 강용현, 「징계절차의 적법성」, 838면. 임종률, 「근로자 징계의 법리」, 168면.

1007 강기탁, 전게논문, 민변, 2006, 221면.

아야 한다.[1008]

따라서 형벌과 유사한 기능을 수행하는 징계는 근로자에게 인격적 불명예뿐만 아니라 경제적, 직업적, 생활적 불이익을 초래하는 것이므로 정당한 권한을 가진 자에 의해 행하여져야 하고, 징계 대상자에게 징계사유의 통지 및 소명의 기회를 부여하여야 하며, 징계의 심의나 의결기관은 공정하게 구성되어야 한다. 징계절차의 규정이 없다는 이유만으로 절차를 무시해 버리는 대법원의 해석대로라면 절차의 정의는 몰각되어 버릴 것이고, 그 결과 실체적 관계가 올바로 파악될 수 없기 때문에 징계의 실체적 정당성도 확보하기 어렵게 될 것이다.

특히 우리 법원은 해고에 관한 사항조차도, 절차규정이 없는 경우에는 근로자에게 변론의 기회를 부여해야 한다는 데 소극적인 태도를 보이고 있는바, "고용주도하의 고용종료에 관한 협약"(ILO 158호 협약) 제7조의 해고절차와 관련하여 "근로자는 자신의 행위 또는 근무태도와 관련하여 당해 근로자가 자신에게 불리한 혐의에 대한 변호의 기회를 갖기 이전에는 해고할 수 없다."는 동 협약의 '절차적 기회부여 의무' 규정에 비추어, 현재 우리나라의 대법원의 태도는 변경되어야 옳다고 본다.

나아가서 징계에서의 절차적 정의라는 개념을 도입하여, 「근기법」 제23조 제1항의 **"정당한 이유"는 징계사유뿐만 아니라 징계절차까지도 정당해야 하는 것으로 해석하고, 「취업규칙」이나 「단체 협약」 등에 명문의 규정이 없더라도 징계대상자인 근로자에게 징계혐의 사실에 대한 통지, 소명기회의 부여 등 최소한의 절차는 반드시 거쳐야 하는 것으로 해석 하는 것이 바람직할 것**이다.[1009]

4. 징계절차와 관련된 제문제

가. 사전통지와 진술기회부여

1) 의의

징계대상 근로자에게 사전통지와 진술기회의 부여는 징계절차에 있어서 가장 기본이 되는 절차적 권리의 내용이다. 근로자에 대한 사전통지가 있어야 근로자는 자신에 대한 징계사실을 알고 그에 대응할 수 있는 준비를 할 수 있게 되고, 실제 징계과정에서 사용자가 제기하고 있는 징계혐의사실에 대하여 자신의 입장에서 진술하고 유리한 자료를 제출함으로써 스스로 방어권을 행사할 수 있는 것이다. 이를 통해 근로자는 자신에 대한 징계과정에서 절차적으로 대등한 지위에 서게 됨으로써 불이익을 주려는 사용자에 대해 적절한 방어권을 행사할 수 있는 것이다.

이러한 절차적 권리의 보장은 궁극적으로 사용자에게 징계를 함에 있어서 신중을 기하게 하고 징계의 적정성을 담보해 줄 수 있다. 판례 역시 징계의 사전통지나 진술기회 부여의 의미에 대해서 징계권의 공정한 행사를 확보하고 징계제도의 합리적인 운영을 도모하기 위한 것으로서 중요한 의미가 있다고 하면서 이에 위반하여 이루어진 해고는 절차적 정의에

1008 오문완, 「징계절차 거치지 않은 일용근로자 해고의 정당성」, 월간경영계, 1996, 47면.

1009 정재성, 「징계절차를 위반한 징계의 효력」, 1992, 341면.

반하여 실체적인 정당성 여부를 따질 필요 없이 무효라고 한다.[1010]

이러한 절차적 권리의 중요성은 일찍이 ILO에서도 인식하여 1982년에 채택한 "고용주 주도하의 고용종료에 관한 협약(제158호 협약)"에서 해고절차와 관련하여 제7조에서 "근로자는 자신의 행위 또는 근무태도와 관련하여 당해 근로자가 자신에게 불리한 혐의에 대한 변호기회를 갖기 전에는 해고할 수 없다."고 규정했다. 이러한 사정에서 보듯 절차적 정의의 중요성이나 근로조건 대등결정의 원리에 비추어 절차적 권리의 가장 핵심이 되는 사전통지와 진술기회의 부여는 모든 징계에 있어서 반드시 보장되어야 할 절차적 권리이며, 징계규범에 그러한 절차적 권리가 규정되어 있지 않은 경우에도 마찬가지다.[1011]

2) 사전통지의 방법

가) 사전통지의 개요
징계사실에 대한 통지는 징계대상 근로자 본인에게 직접 알려야 한다. 본인의 소재지를 알 수 없어 사전통지가 불가능한 경우가 아닌 한 본인에 대하여 이루어져야 하며, 그렇지 아니한 경우에는 적법한 사전통지로 볼 수 없다.[1012] 징계대상자의 부서동료에 대한 사전통지는 부적법하다.[1013] 징계대상자가 구속 중이라고 하더라도 통지절차를 생략할 수 없다.[1014]

나) 사전통지의 시기
징계 사실의 통지 시기는 징계대상 근로자가 변명과 소명자료를 준비할 수 있는 상당한 기간을 두고 그 통지가 이루어져야 한다. 판례는 시간적 여유를 두지 않고 촉박하게 이루어진 통보는 실질적으로 변명과 소명자료 제출의 기회를 박탈하는 것과 다를 바 없어 징계규정이 정한 사전 통보의 취지를 몰각한 것으로 부적법하다고 하였다.[1015]

어느 정도가 '상당한 기간'으로 인정될지는 구체적인 사안에 따라 다르다. 징계위원회 개최 하루 전에 통지된 경우도 가능하다고 본 사례[1016]도 있는가 하면, 30분 혹은 1시간 30분 전에 통지된 경우는 부적법한 통지로 보았으며, 2일 전에 통보한 경우도 효력이 없는 것으로 본 사례[1017]도 있다.

한편 판례는 일정한 경우 하자통지의 시기에 대한 서면통지절차의 하자가 치유되는 경우와 치유되지 않는 경우로 나눠지고 있다.

① 하자치유를 긍정한 사례

1010 대법원. 1991.7.9. 선고. 90다8977. 판결 등.
1011 김성진, 전게논문, 고려대학교, 2014, 158면. 대법원. 1995.2.3. 선고. 94다17758. 판결.
1012 김성진, 전게논문, 고려대학교, 2014, 158면. 서울고등법원. 1991.7.5. 선고. 90나36968. 판결.
1013 대법원. 1993.7.13. 선고. 92다50263. 판결.
1014 대법원. 1992.7.28. 선고. 92다14786. 판결.
1015 대법원. 1991.7.9. 선고. 90다8077. 판결.
1016 대법원. 1979.11.27. 선고. 78누123. 판결.
1017 대법원. 1991.7.9. 선고. 90다8077. 판결. 대법원. 1991.8.13. 선고. 91다13731. 판결. 등

예컨대, 대법원은 징계위원회 개최 3일 전까지 본인과 노동조합에 징계사실을 통보하도록 규정하고 있으나 2일 전에야 통보가 이루어졌고, 그에 대해 근로자가 징계위원회에 출석하여 소명한 사례,[1018] 징계위원회 개최 당일 또는 전날 밤에 실내 방송을 통하여 징계위원회의 개최를 통지받은 징계대상자들이 인사위원회에 출석하여 통지의 촉박함에 대하여 이의 없이 충분한 변명을 한 사례[1019]등에서는 하자가 치유된 것으로 보았다.

② 하자치유를 부정한 사례

그러나 징계위원회 개최 30분 전에야 통보가 이루어져 징계대상자가 사실상 변명과 소명자료를 준비할 수 없었고, 징계위원회에 출석하여 진술을 하였더라도 스스로 징계에 순응 하는 경우가 아닌 사안,[1020] 단체협약에 조합원의 징계 시에 5일 전에 서면으로 통보하도록 규정된 경우에는 그 통지가 5일 전에 도달해야 한다고 하면서 5일 기간 여유 없이 통지된 경우 징계대상자가 스스로 징계위원회에 참석하여 변명하고자 하였으나 판례가 없다고 회사가 거절하여 소명자료만 제출한 사안 등에서는 하자가 치유되지 않는 것으로 보았다.

이러한 **대법원의 태도는 일부 절차의 하자가 있더라도 그것이 당사자의 방어권을 본질적으로 침해하는 것이 아닌 한 하자의 치유를 인정해 주는 태도**다. 이에 대해 「상법」상 주주총회 통지 기일을 준수하지 않는 경우 그것은 늘 주주총회결의 취소사유의 하나로 보는 것과 비교하면서 그 제도가 규정된 취지를 감안하여 엄격하게 해석하여야 한다는 비판[1021]이 있으나 징계당사자의 방어권이 실질적으로 보장되고 있다면 그러한 절차적 하자는 그리 문제될 것은 아니라고 본다.[1022]

다) 사전통지의 내용

사전통지의 내용은 당사자가 어떠한 사유로 징계를 받게 되는지 알 수 있도록 구체적이어야 한다. 형식적인 징계통보만 있는 경우에 근로자는 어떠한 사유로 자신에 대한 징계가 행해지는지 알 수 없어 그에 대한 변명의 준비나 유리한 자료를 준비할 수 없기 때문이다.

판례는 징계대상자가 위반한 취업규칙 및 단체협약의 조문만 나열하였을 뿐 그 위반행위의 내용이나 일시 등 위반행위의 개요를 알 수 없도록 통지한 경우에는 적법한 통지로 보지 않았다.[1023]

징계의 통보는 그 징계사유를 세세한 부분까지 자세히 명시하지는 않더라도 징계사유의 발생일자와 위반행위의 개요만이라도 명시하여 근로자가 징계위원회 개최 전에 이에 관한 소명자료를 수집하거나 징계사유의 존부를 알아볼 수 있는 기회를 주어야 할 것이다.[1024]

1018 대법원, 1991.2.8. 선고, 90다15884. 판결.

1019 대법원, 1991.11.13. 선고, 92다11220. 판결.

1020 대법원, 1991.7.9. 선고, 90다8077. 판결.

1021 이승욱, 「해고절차에 관한 고찰」, 119면.

1022 김성진, 전계논문, 고려대학교, 2014, 160면.

1023 대법원, 1993.2.9. 선고, 92다27102. 판결.

1024 김성진, 전계논문, 고려대학교, 2014, 160면. 서울행정법원, 2000.10.5. 선고, 99구35764. 판결.

3) 해고의 서면통지

가) 해고 서면통지의 의의

「근기법」 제27조 제1항은 **"사용자는 근로자를 해고하려면 해고사유와 해고시기를 서면으로 통지하여야 한다."**고 규정하고 있다. 이어 제2항에서는 **"해고의 효력은 서면으로 통지하여야 효력이 있다."**고 하며, **해고에서의 서면통지는 해고의 효력요건임을 분명하게 하고 있다.** 이 법 시행 전에는 구두에 의한 해고도 허용되었으나, 구두해고는 노사 간의 분쟁의 소지가 많을 뿐만 아니라, 해고사유나 해고시기 등이 불명확하여 부당해고 등 분쟁해결에도 어려움이 많았다.

이에 2007년 해고의 서면통지를 법에서 명확하게 함으로써 사용자의 해고남발을 방지하고 근로자의 권익을 보호하기 위한 취지에서 해고에서의 '서면통지 절차'를 규정하게 된 것이고, 제27조 재2항은 제1항의 서면통지의 실효성을 확보하기 위해 마련된 규정이다. 여기서 의미하는 **해고는 징계해고인지 통상해고인지 여부를 불문하고 모든 해고에 적용되는 절차이다.** 따라서 사용자가 근로자에게 해고를 서면으로 통지하지 않을 경우에는 그 효력이 부정되어 해고사유의 정당성을 기다릴 필요도 없이 부당해고가 되는 것이다.

나) 해고 서면통지의 시기, 내용 및 방법

(1) 해고의 서면통지 시기

해고의 서면통지의 시기는 해고 당시에 이루어져야 한다. 해고 당사자에 서면에 의한 통보가 전혀 되지 않은 때에는 뒤늦게 해고사유와 시기를 담고 있는 서면을 전달한다고 하여도 종전의 절차적 하자가 치유되지 않는다.[1025] 사후에 서면을 통한 하자치유를 넓게 인정하면 절차적으로 근로자의 방어권 행사를 무력화시킬 수 있기 때문이다.[1026]

(2) 해고의 서면통지 내용

해고의 서면통지의 내용은 해고에 대한 확정적 의사표시이어야 한다. 불확정기한이나 조건부로 해고에 대한 서면통지를 하는 것은 근로자의 지위를 불안정하게 하므로 허용될 수 없다.[1027] 또한 해고의 서면통지에 해고사유가 누락되어서는 아니 되고, 그 **통지하여야 할 내용**은 **징계대상자가 위반한 법·규정이나 단체협약 또는 취업규칙만을 나열하는 것만으로는 아니 되고, 근로자의 입장에서 해고의 사유로 기재된 것이 무엇을 의미하는지 알 수 있을 정도로 구체성**을 띠어야 한다.[1028]

즉 해고사유 등을 서면통지하도록 한 취지는 사용자로 하여금 근로자를 해고하는 데 신중을 기하고, 아울러 해고의 존부 및 시기와 사유를 명확하게 하여, 근로자에게 해고에 적절히 대응할 수 있게 하기위한 취지이므로, 해고사유가 누락된 서면통보는 「근기법」 제27조

1025 김성진, 전게논문, 고려대학교, 2014, 161면. 서울행정법원. 2010.10.14. 선고. 2010구합8546. 판결(확정).

1026 김성진, 전게논문, 고려대학교, 2014, 161면. 전형배,「해고서면통지의 효력요건」, 노동판례비평, 2011, 166면.

1027 대법원. 2010.4.15. 선고. 2009도13833. 판결.

1028 대법원. 2011.10.27. 선고. 2011다42324. 판결.

를 위반한 것으로 효력이 부정되며, 나아가 해고사유의 기재 정도는 해고의 실질적 사유가 되는 구체적 사실 또는 비위내용을 기재해야 하며, 징계대상자가 위반한 단체협약이나 취업규칙의 조문만 나열하는 것으로는 충분하다고 볼 수 없다.[1029]

(3) 해고의 서면통지 방법

해고 서면통지의 방법에는 제한이 없으므로 우편, 인편, 직접교부 등도 무방하지만, 근로자에게 서면이 도달하여야 한다. 한편 이메일에 의한 서면통지가 유효한지 논란이 있었으나 사업장의 업무사정에 따라 전자문서에 의한 정보교류가 일반화된 경우에는 서면통지로서 효력을 인정할 수 있고,[1030] 그렇지 않은 경우라면 통지로서의 효력이 부인되는 것으로 봐야 한다.[1031]

따라서 판례를 종합해 보면 법원은 사용자의 일시적 감정에 의한 무분별한 해고 남용을 방지하고, 근로자의 권익을 보호하기 위한 취지에 따라 원칙적으로 **'서면'**이란 종이로 된 문서로 작성된 것만을 의미하며, 다만 이메일 통지가 서면으로 볼 만한 특수한 사정이 있는 경우에 한해서 예외적으로 인정하고 있다고 본다.

다) 해고 서면통지제도 관련 주요 논의사항

첫째, 해고사유가 근로자에게 인지되었다고 볼 수 있는 경우에도 해고사유의 서면통보가 필요한지 문제다. 이에 대해 근로자가 인지한 사실과 해고사유가 반드시 일치하는 것은 아니고 해고의 형식에 관한 요식주의를 취한 「근로기준법」의 취지에 비추어 해고사유의 서면통지가 필요하다는 견해[1032]가 있으나, 실질적으로 근로자가 해고의 사유를 알 수 있고 그에 따라 적절한 방어권을 행사할 수 있는 상황이라면 굳이 그러한 절차가 필요한 것은 아니라고 할 것이다.[1033]

둘째, 사용자가 서면으로 명시한 해고사유에 사용자나 법원이 구속되는지 문제다. 이에 대해 사용자는 해고통지 시에 명시한 해고사유에 구속되지 아니하고 해고의 정당성을 뒷받침하는 명시하지 않은 부가적 사유를 주장할 수 있다는 견해[1034]가 있으나, **서면통지 제도의 입법배경과 취지에 비추어 볼 때, 사용자가 근로자에게 서면으로 통지한 해고사유와 그 내용과 성격에서 동일성을 인정할 수 없는 별개의 사유를 해고사유로 주장할 수 없고, 법원도 추가된 사유로 해고의 정당성을 판단해서는 안 된다고 볼 것이다.**[1035]

4) 진술기회의 부여

징계대상자가 징계과정에서 징계혐의사실에 대해 의견을 개진하는 것은 자신의 방어권을

1029 대법원. 2011.10.27. 선고. 2011다42324. 판결.

1030 대법원. 2010.7.22. 선고. 2010다33279. 판결.

1031 김성진, 전게논문, 고대, 2014, 161면. 서울행정법원. 2010.6.18. 선고. 2010구합11269. 판결.

1032 노동법실무연구회, 「근로기준법 주해 Ⅱ」, 279면.

1033 김성진, 전게논문, 고대, 2014, 162면. 서울행정법원. 2009.5.28.선고. 2008구합48718. 판결.

1034 하경효,「해고서면 요건의 제도적 기능과 적응상의 쟁점」, 55면.

1035 노동법실무연구회, 「근로기준법 주해 Ⅱ」, 279면.

행사하는 것으로 절차적 권리의 가장 핵심적인 실현과정이다. 대법원은 **피징계자에게 소명 기회를 부여하는 것은 객관적 사실을 규명하고, 징계의 절차적 정당성을 확보한다는 중요한 의미를 가진다 할 것이므로 이사회 및 인사 위원회가 피징계자에게 소명의 기회를 부여하지 아니한 채 해고한 것은 징계절차의 재량권을 남용한 것**'으로 판시[1036]하였다.

그러나, 징계대상자에게 징계위원회의 출석통지서를 송부하여 충분히 진술을 할 수 있는 기회를 제공하였음에도 징계대상자가 특별한 이유 없이 징계위원회에 출석하지 아니하거나 변명서 등을 제출하지 아니한 경우에는 법원은 징계대상자가 자신의 진술권을 포기한 것으로 보고 있다.[1037]

나. 징계위원회

1) 의의

「취업규칙」이나 「단체협약」에 징계제도를 설정하고 있는 기업의 경우 대체로 징계위원회 제도를 통해 근로자에 대한 징계를 행하고 있다. 「근로기준법」이 징계에 있어서 징계위원회를 거치도록 강제하는 규정을 두고 있지는 않지만, 기업이 징계위원회제도를 두는 것은 근로자에 대한 징계를 신중하고, 징계 과정에 근로자가 참여할 수 있는 길을 제도적으로 구비하여 징계의 공정성을 기한다는 점에서 적극 권장할 일이다.[1038]

2) 징계위원회의 성격

기업에서 징계위원회의 역할과 관련하여 그 성격에 대하여 다음과 같이 여러 가지 의견이 있다.

① 단순자문기관설

징계위원회의 설치 및 구성 등을 사용자가 임의적으로 할 수 있는 점을 근거로 기업의 징계위원회는 징계에 관한 기업의 내부의사결정을 위한 단순 자문기능을 수행하는 것으로 본다.[1039]

② 의사결정기관설

징계위원회가 해고나 징계에 관하여 현장의 의견을 반영시켜 기업의 독단을 방지하고 공평을 위하여 설치하는 것이므로 징계위원회는 단순한 자문기구가 아니라 의사결정기관으로 본다.[1040]

③ 의사조정기관설

1036 대법원. 2006.2.26. 선고. 2005두14806. 판결.

1037 대법원. 1993.9.28. 선고. 2005두14806. 판결.

1038 김성진,「전게논문, 고려대학교, 2014, 163면. 행정법원. 2005.3. 선고. 2004구합18702. 판결.

1039 장원찬,「피해자가 징계위원으로 참여한 징계의결의 효력」, 판례연구제9집, 1996.1. 360~363면.

1040 이승욱,「해고절차에 관한 고찰」, 노동법연구 제2권 제1호, 1992, 119~120면. 황영목,「징계처분(해고) 절차에 관한 판례의 검토」, 대구판례연구회, 1995, 706면.

노동조합이 있는 사업장에서 「단체협약」으로 징계위원회에 노조의 참여권을 인정하는 경우에는 징계위원회가 교섭기관 또는 조정기관의 성격을 가지고 있다고 본다.[1041]

④ 의사심의기관설

징계는 임명권자가 하는 것이라고 하더라도 징계사항에 대한 징계위원회의 조사·연구·심사 또는 조정 등의 심의결과는 임명권자의 징계여부 결정에 중요한 자료로서 결정적인 영향을 미치므로 단순자문기관이 아니라 의사심의기관으로 본다.(김용범. 대법원. 1993. 7. 13. 선고. 92다50263. 판결 등.)

징계위원회의 성격에 관한 이와 같은 다양한 의견은 징계위원회의 역할이 개별기업에 따라서 다양하게 나타나고 있는 점을 보여주고 있다. 따라서 징계위원회가 자문기구로서 혹은 조정기구로서 또는 심의기구로서, 경우에 따라서는 실질적인 의사결정기구로서 역할을 수행하고 있다고 볼 수 있다.[1042]

다만, 징계위원회가 모든 경우에 있어서 혹은 본질적으로 의사결정기관 혹은 의결기관이라고 하기에는 무리가 있다. 징계에 있어서 근로자 혹은 노동조합의 참여가 일정부분 보장된다고 하더라도 현행법 하에서 징계에 관한 권한은 궁극적으로 사용자에게 있고, 형식적으로도 징계당사자 혹은 법적책임의 주체는 기업일 수밖에 없기 때문이다.

3) 징계위원회의 구성

가) 징계위원회 구성의 하자

근로자에 대한 징계의 공정성과 객관성을 확보하기 위하여 공정하게 구성된 징계위원회에서 징계절차가 진행되어야 한다. **징계위원회의 구성에 관해 법령에 상세한 규정을 두고 있지 않기 때문에, 「단체협약」이나 「취업규칙」등에서 징계위원회의 구성방법을 규정하고 있는 바에 따라야 한다.** 징계위원회의 구성이 「취업규칙」이나 「단체협약」등에 정한 바와 달리 이루어진 경우에는 그러한 징계위원회에서 결정된 해고는 징계절차 위반으로 무효가 된다.[1043]

또한 단체협약 등으로 노동조합 등 근로자 측의 대표자를 참여시켜 징계위원회를 구성하기로 한 경우, 이러한 노사 간 합의를 위반하여 구성된 징계위원회의 의결로 징계처분이 행해진 경우 역시 징계절차 위반으로 무효가 된다. 그러나 노사합의에 따른 징계위원을 구성하지 못한 이유가, 근로자 측이 징계위원 선정을 스스로 포기하거나 근로자 측 징계위원이 참석 하지 않는 등으로 노동조합의 귀책사유에 기인한 경우에는 근로자 측 징계위원이 없는 징계위원회에서 이루어진 징계는 유효한 것으로 보고 있다.[1044]

1041 도재형, 「징계해고의 절차적 제한」, 노동법연구 제9호, 1999, 58면.

1042 김성진, 전게논문. 고려대학교, 2014, 164면.

1043 대법원. 1993.7.13. 선고. 92다50263. 판결 등.

1044 대법원. 1997.5.16. 선고. 96다47074. 판결.

나) 사용자측만으로 구성된 징계위원회 효력

징계절차와 관련하여 징계위원회의 구성이나 근로자 측의 참여를 제도적으로 강제하고 있지 않은 현행법하에서 사용자 측만으로 징계위원회를 구성하는 것이 「근로기준법」 제23조 위반이라는 해석은 무리라는 견해가 있고, 대법원도 **"단체협약 등에 징계위원회를 구성할 때 노동조합 측의 견해를 대변할 수 있는 사람을 징계위원회에 포함시켜야 한다는 규정이 없는 경우에 사용자 측의 임원만으로 징계위원회를 구성한 것을 적법하다."**[1045]고 판단하고 있다.

그러나 권리와 의무를 관장하는 기관은 공정하게 구성되어야 한다는 절차적 정의의 요청에 비추어 볼 때 기업은 이해관계의 당사자로서 공정한 제3의 기관이 아니고 만약 사용자 측으로만 징계위원회가 구성된다면 근로자에게 소명의 기회를 부여한 취지가 몰각될 뿐만 아니라 공정한 판정을 기대할 수 없기 때문에 징계위원회 구성에 관한 「취업규칙」이나 「단체협약」에 사용자 측만이 참여하도록 되어 있는 경우 「근로기준법」 제23조 위반이라고 본다.[1046]

다) 「취업규칙」등 징계규범의 규범적 효력

대법원은 「단체협약」이나 「취업규칙」또는 이에 근거를 둔 징계규정에서 징계위원회의 구성에 노동조합의 대표자를 참여시키도록 되어 있음에도 그러한 절차를 거치지 아니한 징계해고를 무효로 판결[1047]한 바 있다. 따라서 **「취업규칙」 등 징계규범에 징계위원회 구성에 관한 규정을 두고 있는 경우에는 일정한 규범적 효력을 인정하고 있다.**[1048]

또한 대법원은 '취업규칙 등에서 노·사 동수로 징계위원회를 구성토록 하고 있다면 이는 근로자들 중에서 징계위원을 위촉하여 징계위원회에 대한 근로자들의 참여권을 보장함으로써 절차적 공정성을 확보함과 아울러 사측의 징계권 남용을 견제하기 위한 것이라고 할 것이므로, 회사의 「취업규칙」에 직접적으로 징계위원의 자격과 선임절차에 관해 규정하고 있지는 않지만, 노측 징계위원들이 이전부터 근로자들을 대표하거나 근로자들의 의견을 대변해 왔다는 등의 특별한 사정이 없는 한 근로자들의 의견을 반영하는 과정 없이 임의로 노조 측 징계위원을 위촉할 수 있는 것으로 해석할 수 없다'고 판시[1049]하였다.

비록 사용자 스스로 그러한 징계규범을 설정하였고, 형식적으로는 근로자위원을 선정할 수 있는 권한을 가지고 있더라도 그러한 절차가 규정된 이후에는 대외적으로 일정한 규범성을 가지는 것이고, 따라서 사용자가 근로자들의 의견을 대표할 수 없는 자를 근로 위원으로 선정하는 것은 권한의 남용으로서 효력이 없다고 보아야 하며, 결과적으로 근로자의 절차적 권리를 침해한 것으로 해석되어야 한다. 판결의 태도는 규정을 실질적으로 해석한 것으로

1045 대법원. 1993.11.9. 선고. 93다35384. 판결.

1046 이승욱, 「해고절차에 관한 고찰」, 노동법연구 제2권 제1호, 1992, 164~165면.

1047 대법원. 1991.7.9. 선고. 90다8077. 판결.

1048 김성진, 전게논문, 고려대학교, 2014, 165면.

1049   대법원. 2006.11.23. 선고. 2006다48069. 판결.

타당하다고 본다.[1050]

라) 이해관계자 참여 제한 규정의 위반 효력

징계의 공정성을 위해 징계위원회에 이해관계가 있는 자의 참여를 제한하는 규정을 두고 있는 경우가 종종 있다. 대법원은 그러한 규정의 성격을 강행규정으로 보고 해당 규정을 위반하여 이해관계 있는 자를 참여시킨 채 이루어진 징계를 무효로 보고 있다.[1051] 나아가 판례는 자격이 없는 위원이 징계위원회에 참여한 경우 그 무자격위원을 제외하더라도 의결정족수가 충족되는 경우에도 징계를 무효로 보았다.

이러한 대법원의 판결에 대하여 징계위원회의 성격을 단순한 자문기구로 보는 견해에 의하면 이해관계자에 대한 제척규정도 단순한 단속적·훈시적 규정에 불과하여 그에 위반한 징계도 유효하다고 하며, 무자격 위원이 징계에 참여하였더라도 그를 배제하고 의결정족수를 충족한 경우에는 징계의 효력에 영향을 미치지 않는 것으로 보자고 한다.[1052]

그러나 이 견해는 「취업규칙」의 법규범성을 제대로 이해하지 못하고 있으며, 단 한 명의 무자격위원이라도 회의에 참여한 이상 다른 징계위원들에게 영향을 끼쳤으리라는 점을 간과 내지는 무시하는 것으로 타당하지 않다고 본다.[1053]

4) 징계위원회를 거치지 않은 징계의 효력

징계위원회를 자문기구로 보는 견해는 징계위원회를 경유하지 아니한 징계의 효력을 절차의 하자가 징계결의 내용을 달리할 수 있을 정도의 영향을 미치는가에 따라 징계위원회를 거치지 아니한 징계의 효력을 달리 보자고 한다.[1054]

그러나 그러한 절차규정이 비록 사용자 일반에 의해서 설정되었다 하더라도 이미 「취업규칙」으로 규범성을 발휘하고 있는 이상에는 그 효력을 경시할 수 없을 것이다. **대법원도 '회사의 징계위원회의 성격이 의결기관이 아닌 심의기관이고, 징계는 징계위원회의 심의를 거쳐 임명권자가 하는 것이라고 하더라도, 동 심의결과는 임명권자의 징계여부 결정에 중요한 자료로써 결정적인 영향을 미친다.'고 보면서 징계의 효력을 부인하였다.**[1055]

다. 노조와 인사 협의 또는 동의

1) 개요

노조가 있는 기업의 경우 노조의 요구에 의해 단체협약으로 사용자가 노조 간부 혹은 조합원에 대한 인사조치(특히, 징계해고)를 함에 있어서 노조의 개입을 허용하는 경우가 있다.

1050 김성진, 전게논문, 고려대학교, 2014, 166면. 강기탁, 「징계위원회 구성방법에 관한 절차상 하자를 중심으로」, 노동판례비평, 2006, 223~224면.

1051 대법원. 1994.8.23. 선고. 94다7553. 판결. 대법원. 1994.10.7. 선고. 93누20214. 판결.

1052 정원찬,「피해자가 징계위원으로 참여한 징계결의의 효력」, 판례연구제9집, 1996.1. 360~363면.

1053 김성진, 전게논문, 고려대학교, 2014, 167면.

1054 정원찬,「피해자가 징계위원으로 참여한 징계결의의 효력」, 판례연구제9집, 1996.1. 362~363면.

1055 대법원. 1993.7.13. 선고. 92다50263. 판결. 대법원. 1996.2.9. 선고. 95누12613. 판결.

노조의 개입 정도는 노조의 의견 참작, 노조와의 협의 혹은 동의(합의 혹은 승인) 등 다양하다. 이러한 규정은 노조의 입장에서는 노조의 단결력과 협상력을 기반으로 하여 사용자와의 교섭을 통해서 얻게 되는 투쟁의 결과물이기도 하고, 이를 통해 사용자의 인사권을 일정부분 제약함으로써 조합원들의 인사상 권리를 보호할 수 있게 된다.

사용자의 입장에서는 그러한 규정은 단체교섭의 결과물이지만 궁극적으로는 자신의 인사권의 행사과정에 노조에 개입을 허용함으로써 스스로 자신의 권한을 제약하는 결정을 한 것이다. 판례는 인사권이 원칙적으로 사용자의 권한에 속하더라도 사용자는 스스로의 의사에 따라 그 권한에 제약을 가할 수 있으므로 노동조합과의 사이에 체결한 단체협약에 따라 조합원의 인사에 대한 조합의 관여를 인정하였다면 그 효력은 단체협약 규정의 취지에 따라 결정된다고 한다.[1056]

이러한 인사조항을 단체협약의 성격에 관한 일반론으로 이해하면 해당 조항은 규범적 부분으로「노조법」제31조 규정에 따라 일정한 규범적 효력이 발생한다고 할 수 있다. 즉, 그와 같은 조항은 노조와 사용자 간의 협상의 산물이지만 해당 단체협약 규정을 통해 사용자가 조합원들에 대해서 인사권을 행사함에 있어서는 노조와의 협의나 동의절차를 거쳐야 할 의무를 부담하고, 그에 따라 조합원들은 자신에 대한 인사조치 과정에서 절차적인 권리를 확보하게 된다.

2) 판례태도

가) 의견 청취, 협의 조항의 경우

사용자가 조합원에 대한 인사에 있어서 노조의 의견 참작이나 노조와 협의하여 결정하라는 내용의 규정이 있는 경우, 문언 그대로 해석하면 징계과정에 노조의 참여정도가 낮고 사용자가 노조의 의견에 구속당하지도 않는다. 이러한 점을 반영하여서 인지 판례는 단체협약에 조합원의 신규 채용, 해고, 휴직, 상벌에 관해 노조의 의견을 참작하여야 한다는 규정이 있는 경우, 그 취지는 노조의 의견을 인사결정에 참고자료로 삼기 위한 것에 지나지 아니하여 인사결정의 효력에 영향을 미치지 아니한다는 것을 이유로 하여 조합원의 해고에 노조의 의견을 참작하지 않았더라도 그 해고는 무효가 아니라고 하였다.[1057]

또한 판례는 단체협약상의 '사전협의' 규정에 대해서도 해당 규정의 취지는 회사가 노동조합 간부 등에 대해서 자의적으로 인사권을 행사하여 노동조합의 정상적인 활동이 저해되는 것을 막기 위한 것으로서 회사로 하여금 노동조합 간부 등에 대한 인사의 내용을 노동조합에 미리 통지하고, 노동조합에게 징계를 포함한 인사의 공정을 기하기 위하여 필요한 노동조합 측의 의견을 제시할 기회를 주고 노동조합으로부터 제시된 의견을 참고자료로 고려하게 하는 정도에 지나지 않는 것이라고 해석된다는 이유로 해당 규정을 위반한 해고라도

1056 대법원. 1992.9.25. 선고. 92다18542. 판결.

1057 대법원. 1992.4.14. 선고. 91다4775. 판결.

무효가 아니라고 한다.[1058]

나) 합의(승인), 동의 조항의 경우

판례는 종래 일부 예외적인 판결[1059]이 있기는 했었지만, **원칙적으로 단체협약으로 노동조합 간부 등의 인사에 관하여 단순한 사전협의를 넘어서 노조의 동의 혹은 합의(승인)가 있어야 한다고 규정한 경우에는 노조 간부 등에 대한 징계해고를 할 때 이러한 절차를 거치지 않았다면 그 해고는 원칙적으로 무효라고 한다.**[1060]

구체적으로 판례는 단체협약의 인사조항에 노동조합 간부 인사에 대하여는 사전 '합의'를, 조합원 인사에 대하여는 사정 '협의'를 하도록 용어를 구분하여 사용하고 있다면, 교섭당시 사용자의 인사권에 관하여 노동조합 간부와 조합원을 구분하여 제한 정도를 달리 정한 것으로 보아야 하고, --생략-- 인사권의 신중한 행사를 위하여 단순히 의견수렴절차를 거치라는 뜻의 사전 '협의'와는 달리, 노동조합 간부의 인사에 대하여는 노동조합과 의견을 성실하게 교환하여 노사 간에 '의견의 합치'를 모아 인사권을 행사하여야 한다는 뜻에서 사전 '합의'를 하도록 규정한 것이라고 해석하는 것이 타당하다는 것이다.[1061]

이러한 **판례의 입장은 동의나 합의 조항이 있는 경우에는 조합원에 대한 징계에 대하여 노조가 회사와 공동결정권을 가지거나 노조와의 합치된 의사에 따르게 하는 경우임을 명확하게 한 것이라 할 수 있다.** 한편 이 경우 노조의 동의는 노조의 대외적인 의사표시로 충분하고, 노조의 내부적인 의사결정 과정에서의 하자는 문제가 되지 않는다.[1062]

다) 동의권의 포기·남용의 법리

판례는 인사 동의 조항에 위반한 해고의 효력에 관하여 원칙적으로 무효로 보면서도 한편으로는 동이나 합의 규정이 있다고 하더라도 이는 사용자의 노동조합 간부에 대한 부당한 징계권 행사를 제한하는 것이지 사용자의 본질적 권한에 속하는 징계권 행사 그 자체를 부정할 수 없으므로, **노동조합의 사전 합의권 행사는 어디까지나 신의성실의 원칙에 입각하여 합리적으로 행사되어야 한다고 하면서, 노동조합 측이 동의권을 포기하거나 동의거부권 행사가 신의칙에 반하여 남용되었다는 특별한 사정이 있는 경우에는 그러한 절차를 거치지 않았더라도 이를 이유로 징계해고를 무효라고 볼 수 없다고 한다.**[1063]

또한 단체협약 등에 "합의"라는 용어를 사용하고 있다 하더라도 바로 이를 노동조합과 인사처분에 관한 의견의 합치 내지 노동조합의 승낙이나 동의를 의미하는 것이라고 단정하는 것은 아니고, 이는 단체협약 전체의 체계와 내용 및 노사의 관행 등에 비추어 합리적으로

1058 대법원. 1995.8.1. 선고. 95다10778. 판결 등.

1059 대법원. 1993.4.23. 선고. 92다34940. 판결.

1060 대법원. 1994.9.13. 선고. 93다50017. 판결 등.

1061 대법원. 2012.6.28. 선고. 2010다38007. 판결.

1062 대법원. 1993.7.13. 선고. 92다42774. 판결.

1063 대법원. 1995.3.28. 선고. 94다46763. 판결 등.

해석해야 할 것이며,[1064] **단체 협약에 사전에 의견의 합치를 보아야 한다는 뜻에서 사전에 노조와 "합의"를 하도록 규정된 경우에도 근로자나 노동조합 측에서 이러한 합의절차를 포기하였다는 등의 특별한 사정이 있는 경우에는 합의 절차를 거치지 않았더라도 인사처분은 유효**하다고 하고 있다.[1065]

합의 절차의 포기 또는 남용 사례(예시)

① 회사가 징계위원회에 회부된 당사자와 노조 측에 구두 또는 서면으로 수회에 걸쳐서 사전통고를 하였음에도 불구하고 모두 다 징계위원회에 참석하는 것조차 거부하는 경우.[1066]

② 노동조합 측 징계위원이 징계위원회의 개최나 심의를 방해하거나 그 방해 행위를 위하여 징계위원회 출석자체를 거부하고, 출석하더라도 징계사유에 대한 정당한 의견 제시를 하지 아니하고 명백하고도 중대한 징계사유가 있음에도 불구하고 피징계자가 노조간부라는 이유만으로 무작정 징계를 거부하는 등의 행위를 하는 경우.[1067]

③ 노동조합 측에 중대한 배신행위가 있고 이로 인해 사용자 측의 절차적 흠결이 초래된 경우이거나 또는 노동조합 측이 합리적 근거나 이유 제시도 없이 무작정 징계에 반대함으로써 사전 합의에 이르지 못했다고 인정되는 사례의 경우.[1068]

3) 소결

조합원에 대한 징계 시에 노조가 행사할 수 있는 징계동의권 혹은 거부권은 문언 그대로 해석하면 다른 결정의 가능성을 예상할 수 없는 단선적인 권리이다. 이에 따라 원칙적인 해석론을 전개할 경우에는 기업에 해악을 끼치는 모든 경우에 있어서조차 노조가 동의를 거부하면 징계할 수 없는 것인가라는 비관론에 접하게 된다. 따라서 그럼에도 불구하고 **사용자의 징계권의 행사가 가능한 예외적인 경우가 허용되어야 하고, 그 구체적인 기준이 필요하다 하겠다. 그 구체적인 기준은 다음과 같다.**[1069]

① 근로자의 기업질서 위반행위가 기업의 존속·유지를 위협하는 중대한 침해행위인가이다.

노조의 동의권의 행사가 근로자의 근로관계 지위유지를 위한 권리라는 점에서 사용자의 인사권과의 조화적 실현을 위한 기준이 필요하고, 그 경우 노조의 동의권 행사의 한계는 사용자의 인사권의 본질적인 내용을 침해하지 않는 것이다. 이 경우 인사권의 본질적인 내용은 기업의 존속·유지 가능성이다.

따라서 어떤 근로자의 비위행위가 기업의 존속·유지를 해할 정도로 중대히 기업질서를

1064 대법원. 1994.3.22. 선고. 93다28553. 판결.

1065 대법원. 2006.11.23. 선고. 2006다48069. 판결 등.

1066 대법원. 1992.12.8. 선고. 92다32074. 판결.

1067 대법원. 1993.7.13. 선고. 92다50263. 판결.

1068 대법원. 1993.7.13. 선고. 92다50263. 판결.

1069 김성진, 전게논문, 고려대학교, 2014, 180면.

침해하는 행위에 해당함에도 불구하고 노조의 동의거부권의 행사로 사용자가 해당 근로자에 대해 징계권을 행사할 수 없게 되는 것은 결과적으로 사용자의 징계권의 본질적인 내용을 침해하는 것으로서 이 경우 노조의 권리행사는 권리남용에 해당하여 무효로 된다.

이 경우 그에 대한 판단은 단지 과거의 위반행위에 한해서만 판단해서는 안 되고, 장래에도 그러한 위협이 있는가를 판단해야 한다.

② '기업의 존속·유지를 해할 정도로 중대히 기업질서를 침해'하는 것에 대한 판단은 사용자의 입장에서 판단이 아니라 객관적인 제3자의 입장에서 판단해야 한다.

③ 근로자의 비위행위가 '기업의 존속·유지를 해할 정도로 중대히 기업질서를 침해'한다는 사실은 객관적으로 명백해야 한다.

라. 징계의 시효와 징계처분의 시효

1) 징계의 시효

징계사유에 해당하는 행위가 발생한 지 상당한 기간이 경과하였음에도 사용자가 징계권을 행사할 것인지 확정하지 않은 채로 계속 이어지게 되면, 근로자의 지위는 장기간 불안정한 상태에 놓이게 될 위험이 있다. 이러한 문제 때문에「취업규칙」등에 징계에 대한 시효규정을 두고, 징계사유가 발생한 날로부터 일정기간이 경과한 때에는 징계를 하지 못하도록 하는 경우가 있다. 판례는 이와 같은 **징계시효 규정은 근로자의 불안정한 지위가 오랫동안 지속되는 것을 방지함은 물론, 사용자가 징계권을 행사하지 않으리라는 근로자의 기대를 보호하기 위한 것이라고 하였다.**[1070]

만약「취업규칙」에 징계에 대한 시효를 규정하고 있지 않더라도, 신의칙상 이미 상당한 시간이 경과한 사안에 대해서는 징계처분을 할 수 없다고 보는 것이 위 판례의 태도에 부합되는 해석이다. 또한 선행징계처분이 있었다 하더라도 그 또한 상당한 시간이 경과했다면 새로운 징계사유로 징계할 때, 징계양정 결정시 고려되어서는 안 될 것이다.[1071]

2) 징계처분의 시효

「취업규칙」에 정한 시효가 도과한 후라도 그 기간 내에 근로자에 대해 징계처분을 하였으나, 근로자가 징계처분의 무효 확인을 구하는 소송을 제기하여 그의 효력을 다투는 소송의 계속 중에「취업규칙」소정의 시효기간이 경과되고 그 후에야 절차상의 위법을 이유로 징계처분의 무효 확인 판결이 확정되었다면, 이러한 경우에는 종전의 위 각 처분도 실질적으로는 근로자의 복무규율이나 기타 기업질서 위반에 대한 제재적 목적으로 행하여진 점에 비추어 사용자는 판결확정일로부터 상당한 기간 내에 다시 동일한 사유에 대하여 징계요구를 할 수 있다고 보아야 한다.[1072]

또한 적법한 시효 기간 내 징계처분을 하였으나, 소송에서 징계양정의 재량권을 일탈하

였다는 이유로 그 처분이 무효로 확정된 경우, 다시 징계재심청구를 하여 최초 처분보다 가벼운 징계처분을 한 경우에 이는 새로운 징계의결요구가 아니라 이미 적법하게 요구된 징계의결의 내용을 수정하는 것에 불과하므로 징계사유가 발생한 날로부터 시효기간이 경과한 후에도 징계를 할 수 있다.[1073]

마. 조건부 징계와 절차상 하자

1) 의의

조건부 징계란 사용자가 근로자에 대하여 징계를 결정한 뒤에 근로자가 일정한 조건을 이행하면, 그 징계를 면제하는 징계를 말한다. 근로자에게 사직을 권고하여 소정기일 내에 사표를 제출하면 의원면직으로 처리하고, 이에 불응하면 해고시키는 형태의 징계처분이 가장 일반적인 예이다.

그런데 징계는 상대방 있는 단독행위이므로 기본적으로 '조건에 친하지 않는 법률행위'이므로 과연 조건부 징계가 허용되는지에 의문이 제기된다. 또한 허용이 된다고 했을 때, 조건부 징계에 응하여 근로자가 사직서를 제출하여 의원면직으로 처리되었으나, 조건부 징계처분 시에 절차상 하자가 있었다면, 이를 이유로 의원면직의 효력에 이의를 제기할 수 있는지가 문제될 수 있다.

2) 조건부 징계의 가능성 여부

조건부 법률행위는 그 효력의 발생이나 존속이 불안정한 상태에 놓여지게 되므로, 그와 같은 불안정이 허용될 수 없는 법률행위에는 조건이 부가될 수 없다. 상대방 있는 단독행위는 상대방의 의사와 무관하게 일방적으로 상대방의 지위를 불안정하게 만들 우려가 있기 때문에, 단독행위에 조건을 붙이는 것은 원칙적으로 허용되지 않는다고 해석되고 있다. 그러나 상대방의 동의가 있다든가 또는 상대방에게 유리하거나 특별히 불리하게 하지 않을 때에는 이를 금할 이유가 없다.

예컨대 채무의 면제나 유증과 같이 상대방에게 이익을 주는 단독행위에는 조건을 붙일 수 있다는 것이 학설의 일반적인 태도이다.[1074] 이와 관련해 대법원은 조건부 징계면직과 관련한 사건에서, 징계에 조건을 부가하는 것이 가능한지를 정면에서 판단하지는 않았으나, 그러한 사실관계를 그대로 전제한 상태에서 징계해고의 정당성 판단을 함으로써 이를 인정하고 있다.[1075]

생각건대, **원칙적으로 조건부 징계는 징계제도의 본질에 비추어 허용될 수 없다고 할 것이지만, 조건부징계자체가 반드시 징계대상 근로자에게 불이익한 것은 아니며, 조건부징계의 이유가 된 징계사유 및 그에 따라 결정된 징계의 종류가 징계대상 근로자의 예견가능성**

1073 대법원. 1998.6.12. 선고. 97누16084. 판결.

1074 곽윤직, 「민법총칙 제7판」, 2006, 307~308면.

1075 대법원. 1998.4.25. 선고. 87다카1280. 판결 등.

을 침해하지 않는 경우[1076]라면 조건부징계도 허용될 수 있을 것으로 생각한다.

3) 절차상 하자가 있는 징계의 효력

조건부 징계처분 시 절차상 하자가 있는 경우, 이에 대한 법적 효력은 어떻게 될 것인가? 예컨대 조건부 징계면직 통보를 받은 근로자가 사직원을 제출하고 그에 따라 의원면직 처분이 이루어진 경우, 조건부 징계면직 처분의 하자를 이유로 의원면직 처분을 무효라고 판단할 수 있을 것인가이다.

대법원은 **"근로자는 그 통지를 받은 날로부터 사직원을 제출하여 의원면직 될 것인지 또는 징계 면직된 다음 법적 절차에 따른 구제를 받을 것인지의 여부에 관하여 신중히 고려하여 선택할 수 있는 시간적 여유를 보장하여야 한다.** 촉박하게 사직원 제출기간을 정하여 조건부면직통지가 되었다면 이는 사직원 제출기간의 취지를 몰각한 것으로 부적법하고, 그 촉박한 기간경과로 징계처분의 효력이 확정되지도 않는다."고 하면서 "조건부 징계면직처분이 실체상 또는 절차상의 이유로 무효로 인정된다면, 그에 따라 제출한 사직원에 의하여 행한 의원면직처분도 특별한 사정이 없는 한 무효로 보아야 한다."고 하여, 의원면직처분의 정당성 판단에 조건부 징계처분의 하자를 고려하고 있다.[1077]

조건부 징계해고처분은 사실상 사직원의 제출을 강요하는 결과를 가져올 수 있고, 설령 근로자가 사직원을 제출하여 의원면직의 외형을 갖추었다고 하더라도, 이는 조건부 징계처분과 불가분의 관계에 있는 것이므로, 의원면직처분 자체가 독립적 처분으로 볼 수 없을 것 이다. 따라서 의원면직처분의 전제가 된 조건부 징계처분이 절차상 또는 실체 상 하자가 있다면, 의원면직처분 역시 효력을 상실한다고 봐야 할 것이다.

VI. 해고처분의 정당성

1. 해고의 개념

일반적으로 해고란 사업장에서 실제로 불리는 명칭이나 절차에 관계없이 근로자의 의사와는 무관하게 사용자가 일방적으로 근로관계를 종료시키는 것을 말한다.[1078] **고용**은 본래 당사자 일방이 상대방에 대하여 노무를 제공할 것을 약정하고 상대방이 이에 대하여 보수를 지급할 것을 약정함으로써 그 효력이 생긴다.(「민법」 제655조) 이러한 목적으로 사용자와 근로자가 체결한 근로계약에 대해서 사용자가 그동안 지속되어 온 고용계약을 일방적으로 소멸시키는 것을 **해고**라 한다.(「민법」 제660조 및 제661조)

통상해고(일반해고)의 경우는 징계해고와 달리 징계양정의 적정성이 문제되지는 않는다. 경영상 이유에 의한 해고는 「근로기준법」 제24조에서 그 요건을 규정하고 있다.[1079] 한편, 해

1076 송현석, 「조건부 징계의 법적 쟁점」, 노동법포럼, 2008, 202~203면.

1077 대법원. 1988.4.25. 선고. 87다카1280. 판결 등.

1078 김소영, 「근로기준법의 이론과 사례」, 2012, 174면. 김형배, 「노동법」, 2009, 533면.

1079 상시근로자 수 대비 정리해고하려는 수를 기준으로 신고대상이 달라지며, 해고사유·해고예정인원·노동조합 등을 포함하도록 하고 있다.

고는 사용자의 일방적 의사표시를 의미하나, 「근로기준법」상 해고제한 규정의 적용을 받는 해고는 형식상 해고라는 표현을 사용한 의사표시에 국한되지 않고, 그 실질이 사용자의 일방적인 의사표시에 의한 근로관계의 종료(해고, 사직, 합의해지, 계약기간 만료, 정년도달, 당사자의 소멸 등)에 해당하는 모든 경우를 의미한다고 할 수 있다.[1080]

따라서 사용자의 일방적으로 근로관계를 종료시키는 방법으로 반드시 명시적으로 통지하는 경우만을 의미하는 것이 아니라 해고와 구별여부가 문제되는 경우로서 당연퇴직(예: 사망, 정년퇴직, 금로계약 기간의 만료 등),[1081] 의원면직,[1082] 계약기간갱신의 거절,[1083] 조건부 면직처분, 위장도급과 소사장제 등도 포함된다고 할 수 있다. 다시 말해서 사용자의 합의해지의 제한에 대한 근로자의 동의로 근로계약이 해지된 것으로 보이는 경우라고 할지라도 근로자의 의사가 완전히 무시된 경우에는 해고로 볼 수 없다.[1084]

2. 해고의 규제

현행 「근로기준법」에서는 해고의 자유를 제한하고 있는 바, 근로계약기간의 정함의 유무에 따른 제한(「민법」 제660조·제661조·제662조, 「근로기준법」 제16조·제23조·제26조), 부당해고의 금지(제23조 제1항), 경영상 이유에 의한 해고의 제한(제24조), 해고시기의 제한(제23조 제2항, 「남녀고용평등과 일·가정 양립지원에 관한 법률」 제19조 제3항), 해고절차의 제한(제26조·제27조), 해고 이유의 제한(제6조·제104조 제2항, 「노동조합 및 노동관계조정법」 제81조 제1항, 「남녀고용평등과 일·가정 양립지원에 관한 법률」 11조 제1항 및 제2항, 제19조 제3항) 등이 그것이다.

해고에는 크게 근로자 측 사정에 의한 **통상(일반)해고**[1085]와 **징계해고**[1086], 사용자 측 사정에 의한 경영상 이유에 의한 해고(**정리해고**)로 나누어진다.[1087] 그러나 그 어느 경우든 구체적 사안에서 사회통념상 근로계약을 존속시킬 수 없을 정도이어야 하고 그 입증책임은 사용자에게 있다.[1088] 근로자 측 사정에 의한 해고의 경우 그 구체적 사유가 일신상의 사유,[1089] 행태상의 사유[1090]등 매우 다양하고, 「근로기준법」에서 정한 적법절차에 의한 경우에만 허용된다.

1080   사법연수원, 「해고와 임금」, 360~361면.

1081   대법원. 1999.9.3. 선고. 98두18848. 판결.

1082   대법원. 2002.6.14. 선고. 2001두11076. 판결. 대법원. 1994.4.29. 선고. 93누16185. 판결.

1083   대법원. 1994.1.11. 선고. 93다17843. 판결.

1084   김소영, 전게논문, 2012, 175면. 이병운,「해고구제제도」, 동아법학 제64호, 36면.

1085   통상해고는 근로자가 일신상의 사유로 근로계약상 근로제공 의무를 이행할 수 없거나 그 이행이 현저한 곤란한 경우에 이루어지는 해고로, 근로관계의 자동소멸 사유(정년 등)를 제외한 자동 퇴직 사유(직업자격의 상실 등)에 따른 해고 역시 넓은 의미에서 통상해고의 범주에 포함된다.(김소영, 「근로기준법의 이론과 사례」, 192면.)

1086   징계해고는 통상적으로 취업규칙이나 단체협약 소정의 징계사유와 징계절차에 따라 해고가 이루어지고, 원칙적으로 근로자의 행태상의 사유를 이유로 하는 해고를 말한다.(김소영, 전게서, 192면. 대법원. 2004.6.25. 선고. 2002다51555. 판결.)

1087   임종률, 「노동법」(12판), 519면.

1088   대법원. 1992.8.14. 선고. 91다8077. 판결.

1089   **일신상의 사유**로는 직무능력의 결여, 성격상의 부적격성, 중병, 경쟁기업과의 친밀한 관계(경쟁기업주와 인척관계), 노무제공 불이행 등을 들고 있다.

1090   **행태상의 사유**란 근로자가 유책하게 근로계약상의 의무위반행위를 한 경위를 비롯하여 다른 동료 근로자와의 관계나 기타 경영내적 또는 경영외적 제도 및 조직과의 관계 등에서 발생하는 비난받을 만한 사유를 의미하는데, 그 사유가 노무급부와 관련되느냐

3. 해고의 정당성

「근로기준법」제23조 제1항에 의하면 사용자는 정당한 이유가 있는 경우에만 해고할 수 있다. 정당한 이유 없이 행한 해고는 부당해고로서 사법(私法)상 무효이다. 정당한 이유의 의미에 대해서는 아무런 명시적 규정이 없으며 일반조항으로 구성되어 있다.

따라서 해석에 의하여 그 내용이 구체화되어야 한다. 일반적으로 근로자의 일신상, 행태 상의 사유가 있거나 또는 사업의 경영상 사유가 있고 그와 같은 사유가 해고를 정당화할 수 있는 정도의 것인지를 판단하는 구조로 되어 있다.

해고사유 중에서 특히 경영상의 사유에 대해서는 별도의 정당성 판단요건이 「근로기준 법」제24조에 규정되어 있다. **해고의 정당성판단**에 대해서는 통상 「**최후수단의 원칙**(ultima-ratio-Prinzip)」**과** 「**비례성의 원칙**(Verhältnismäßigkeitsprinzip)」이 적용된다는 것이 학계의 견해라 고 할 수 있다.

왜냐하면 해고의 정당한 이유란 해고사유 자체의 존부를 묻는 데 그치는 것이 아니라 그 와 같은 사유가 해고를 정당화해야 하기 때문이다. 다시 말하면 해고가 각각의 해고사유와 관련하여 적합한 수단이면서 동시에 필요성을 충족하는 경우에만 정당화될 수 있다.

법·취업규칙 등의 징계사유에 의거 징계처분을 하는 경우, 어떠한 처분을 할 것인가는 징 계권자의 재량에 맡겨진 것이므로 징계권자가 재량권의 행사로서 한 징계처분이 사회 통념 상 현저하게 타당성을 잃어 사용자의 징계처분이 위법하다고 하거나 재량권을 남용하였다 고 하기 위해서는 구체적으로 다음과 같은 사유가 판단기준이 될 것이다.[1091]

징계처분의 위법 및 재량권 남용의 판단기준

① 구체적인 사례에 따라 징계의 원인이 된 비위사실의 내용과 성질, 징계에 의하여 달성하려고 하 는 목적, 징계양정의 기준 등 여러 요소를 종합하여 판단할 때에 그 징계내용이 객관적으로 명 백히 부당하다고 인정할 수 있는 경우

② 징계권 행사가 임용권자의 재량에 맡겨진 것이라고 하여도 공익적 목적을 위해 징계권을 행사 하여야 할 공익의 원칙에 반하는 경우

③ 일반적으로 징계사유로 삼은 비행의 정도에 비하여 균형을 잃은 과중한 징계처분을 선택함으로 써 비례의 원칙에 위반한 경우

④ 합리적인 사유 없이 같은 정도의 비행에 대하여 일반적으로 적용하여온 기준과 어긋나게 공평 성을 잃은 징계처분을 선택함으로써 평등의 원칙에 위반하는 경우

또한 해고처분은 사회통념상 고용관계를 계속할 수 없을 정도로 근로자에게 책임 있는

또는 노사의 공동작업 질서와 관련되느냐의 여부에 따라 통상(일반)해고와 징계해고로 나눌 수 있다. (김소영, 근로기준법의 이론 과 사례」, 191~192면.)

1091 대법원. 2004.6.25. 선고 2002다51555 판결.

사유가 있는 경우에 행하여져야 그 정당성이 인정되는 것이고, 사회통념상 근로자와의 고용 관계를 계속할 수 없을 정도인지 여부는 사용자의 사업목적과 성격, 사업장의 성격, 근로자 의 지위 및 담당 직무의 내용, 비위행위의 동기와 경위, 이로 인하여 기업의 위계질서가 문란하게 될 위험성 등 기업 질서에 미치는 영향, 과거의 근무태도 등 여러 가지 사정을 종합적으로 검토하여 판단하여야 한다.[1092]

해고처분에 대한 구체적인 주요 대법원 판례를 살펴보면 다음과 같다.

① 「근로기준법」 제27조 제1항은 '사용자는 근로자에 대하여 정당한 이유 없이 해고 등의 징벌을 하지 못한다'고 규정하여 사용자로 하여금 자유로이 근로자를 해고할 수 없도록 제한하고 있는 바, 여기에서의 정당한 이유라 함은 사회통념상 고용계약을 계속시킬 수 없을 정도로 근로자에게 책임 있는 사유가 있다든가, 부득이한 경영상의 필요가 있는 경우를 말하는 것이므로 단체협약, 취업규칙 등에 해고에 관한 규정이 있는 경우 그것이 위의 「근로기준법」에 위배되어 무효가 아닌 이상 그에 따른 해고는 정당한 이유가 있는 해고.(1989.9.26. 선고. 89다카5475. 판결 등)

② 원래 사안이 징계 양정상 해고가 가능하지 않을 것이라 판단되는 상황에서 근로자에게 사직서 제출을 강요하여 사직서를 제출받아 해고한 것은 부당해고에 해당.(대법원. 2005.11.25. 선고. 2005다38270. 판결)

③ 징계절차에서 해고가 예상되는 상황에서 다른 회사에 다시 취업하기 위해서라도 해고보다는 사직서 제출에 의한 의원면직이 더 낫다는 판단하에 제출한 사직서는 유효.(대법원. 2006.4.14. 선고. 2006두1074. 판결)

④ 사용자로부터 해고된 근로자가 퇴직금을 수령하면서 아무런 이의의 유보나 조건을 제기하지 않았다면 특별한 사정이 없는 한 그 해고의 효력을 인정하였다고 할 것이고, 따라서 그로부터 오랜 기간이 지난 후에 그 해고의 효력을 다투는 소를 제기하는 것은 원칙적으로 신의칙이나 금반언의 원칙에 위배.(대법원. 2005.11.25. 선고. 2005다38270. 판결 외 다수)

⑤ 이와 같은 경우라도 해고의 효력을 인정하지 아니하고 이를 다투고 있었다고 볼 수 있는 객관적인 사정이 있다거나 그 외에 상당한 이유가 있는 상황하에서 이를 수령하는 등 반대의 사정이 엿보이는 때에는, 명시적인 이의를 유보함이 없이 퇴직금을 수령한 경우라고 하여도 일률적으로 해고의 효력을 인정해서는 안 된다는 것.(대법원. 2005.11.25. 선고. 2005다38270.판결)

⑥ 회사의 취업규칙이 3일 이상 무단결근을 징계해고사유의 하나로 규정하고, 종업원이 질병 또는 부득이한 사유로 출근하지 못하였을 때에는 정오까지 결근계를 제출하여야 하고, 결근계 또는 사유를 신고하여 인증을 받지 못한 때에는 무단결근으로 취급하되, 다만 부득이한 사유가 있을 때에는 전화 또는 구두로 신고하여 사전승낙을 받고 후에

1092 대법원 1996.9.20. 선고 95누15742 판결, 대법원 2009. 5. 28. 선고 2007두979 판결.

출근한 때에는 사유서를 첨부한 결근계를 제출하도록 규정하고 있는 경우, 근로자가 어떤 인편 또는 전화상으로 구두에 의한 결근신고를 하고 그에 의한 승인을 받았다고 하더라도 후일 출근 시에 사유서가 첨부된 결근계를 제출하여 사후승인을 받지 아니 하였다면 무단결근으로 취급.(대법원. 1990.4.27. 선고. 89다카5451. 판결)

Ⅶ. 시말서 제출명령

1. 시말서의 개념

노무관리의 실제에 있어서 근로자가 작업상 실수를 하거나 사업장 질서에 반하는 행위를 한 경우에 사용자는 근로자에게 징계하는 수단으로서 또는 징계를 보조하거나 대신하여 시말서[1093]를 작성하도록 하는 경우가 적지 않다.

우리나라 학설과 판례에서는 정확히 제시하고 있지는 않지만, 일반적으로 **시말서**(始末書)라 함은 사죄와 반성의 의사표시를 포함한 문서, 즉 자신의 실수나 비위행위를 확인하고 사용자에 대해 사죄의 뜻을 표명함과 아울러 장래에 동일한 실수나 비위행위를 하지 않겠다고 서약하는 문서로 이해하고 있다. 비록 단순히 사실적인 경과만을 제시한 경위서나 보고서라 할지라도 근로자에게 사죄와 반성의 목적으로 제출토록 강제된 경우에는 시말서에 해당한다고 볼 수 있다.

시말서는 실무에서도 정확한 내용과 형식이 통일되어 있지 않아 회사마다 다양하게 사용되고 있다. 그러나 대체로 근로자가 작업 중에 과실을 범하거나 사업장 질서에 반하는 행위를 한 경우에 사용자가 인사관리 차원에서 통상적으로 근로자에게 사죄 및 반성서로서 시말서를 제출하도록 하고 있다. 물론 이러한 시말서 제출명령은 단체협약이나 취업규칙에 그 규정이 포함되어 있어 징계처분의 수단으로 행하여지기도 하지만,[1094] 대체로 징계절차로 나아가기 전에 사용자가 일방적으로 행사하는 고유한 권한으로 행사되고 있다.

2. 시말서 제출명령의 법적근거

사용자가 근로자의 사업장 내에서의 실수 내지 비위행위에 대해 시말서를 제출하도록 명령할 수 있는 법적 근거는 무엇인가? 이에 대해서 사용자의 시말서 제출명령은 단체협약이나 취업규칙에 징계수단으로서 명시되어 있는 경우에는 **징계**로서 인정되는 것이고, 반면에 사실행위든 법률행위든 사용자가 근로계약상 인정되는 범위 내에서 행사할 수 있는 **사용자경영권**으로 파악하기도 한다.

특히 사용자경영권으로서의 시말서제출명령은 사용자는 "노무급부의 타인결정성"으로 인해 사용자경영권을 행사하여 계약의 내용을 구체적으로 확정할 뿐만 아니라 근로자의 노무급부가 완전하게 제공될 수 있도록 부수적 기능으로서 사업장 질서유지기능도 가진다는

1093 **시말서**란 표현은 일본식 용어이므로 '경위서'로 명칭을 변경해야 한다는 주장이 있다. 그러나 노무관리에 있어서 '시말서'(반드시 사죄와 반성 내용을 포함한다)와 '경위서'(객관적이고 중립적인 입장에서 발생한 사태의 경과를 설명하는 것)는 구분되어 사용되고 있다.

1094 대법원. 1995.4.25. 선고. 94누13053. 판결.

점을 근거로 제시하고 있다.[1095] 더욱이 사용자경영권은 사업의 존재와 밀접한 관계를 가지고 있기 때문에 사용자가 사업내지 사업장에서 근로자에게 어떠한 실수나 비위행위의 반복에 대해서 시말서의 제출명령을 하는 것은 사용자의 경영권의 행사로서 가능한 것이다.

왜냐하면 근로관계를 임금과 노무급부의 대가적 교환관계인 채권관계로 이해하더라도 공동체관계로서의 성격을 부정할 수 없을 뿐만 아니라 근로자의 노무제공은 사실상 사업조직에서 분업적·조직적으로 수행되고 있기 때문이다. 따라서 시말서 제출명령은 사용자가 공동체관계로서의 근로관계에서 사업장질서를 유지하기 위하여 해당 근로자에게 사용자 경영권으로서 행사하는 것이다.

결론적으로 사용자의 시말서 제출명령은 단체협약이나 취업규칙에 규정된 징계절차를 근거로 행사될 수 있고, 사용자 경영권의 구체적인 내용으로서 행사될 수도 있다. 더욱이 근로자의 사업 내지 사업장 내에서의 실수나 비위행위에 대한 시말서 제출명령은 근로자가 시말서를 제출하는 것이 궁극적으로 근로계약상 노무급부의무의 내용에 해당된다고 볼수 있다.[1096]

왜냐하면 사업장 질서위반에 대한 시말서 제출명령은 시말서 제출이 단체협약이나 취업규칙 등에 징계로서 명시되어 있지 않은 한, 사용자가 근로자의 노무급부와 관련하여 행사하는 사용자 경영권으로 볼 수 있기 때문이다.

3. 시말서 제출명령의 유형

가. 징계로서의 시말서 제출명령

징계처분으로서의 시말서 제출명령은 견책이라는 징계조치의 수단으로서 행사되는 경우를 말하는데, 노무관리의 실제에서는 통상적으로 시말서 제출명령이 견책이라는 징계조치의 부수적인 부분으로서 요구되는 경우가 많다.

1) 경고와 견책의 차이

근로관계에서 사용자의 징계수단 중 가장 경미한 수단으로는 경고 내지 견책을 들 수 있다. 노무관계의 실제에서 **견책**은 근로자에게 부수적으로 시말서 제출을 요구하는 경우가 통상적으로 지시되기 때문에, 결국 견책은 사용자가 근로자에게 시말서를 제출하도록 하여 해당 근로자에게 사죄나 반성을 통해 징계를 종결하는 수단으로 사용되고 있다. 이에 반해 시말서 제출까지 요구하지 않고 통상적으로 구두나 서면으로 주의를 주는 경우는 경고에 해당된다. 따라서 경고는 근로자의 위반행위가 장래에 반복되지 않도록 계도하는 데 목적이 있기 때문에 기본적으로 견책과는 차이가 있다.[1097]

경고나 견책은 모두 현실적으로 근로자에게 장래의 불이익을 수반하는 법적인 처분은 아

1095 방준식, 「사용자지시권에 관한 연구」, 고려대학교, 2006, 12면.

1096 방준식, 「사용자지시권에 관한 연구」, 고려대학교, 2006, 186면.

1097 박지순, 「징계제도의 법적 구조 및 개별 쟁점의 재검토」, 노동법포럼, 2008, 243면.

니지만, 사실상 해당 근로자의 승진이나 배치전환 등의 인사고과에서 불이익한 영향을 미칠 수 있다. 다시 말해서 경고나 견책과 같은 사용자의 징계수단은 기본적으로 근로자에게 직접적인 불이익을 주지는 않지만, 근로자가 수차례에 걸쳐 당해 처분을 받거나 이를 거부하게 되면 근로자의 인사고과 등에서 불리한 평가를 받을 수 있는 것이다.

2) 견책의 부수적 부분으로서의 시말서 제출명령

징계의 수단으로서 '견책'을 택한 경우에 통상 부수적으로 시말서를 제출토록 하는 경우가 많다. 이 경우 사용자의 시말서 제출명령은 '견책'이라는 징계의 부수적 부분으로서 행사하는 것이다. 생각건대, 이 경우 '견책'은 법률행위로서의 모습과 사실행위로서의 모습을 동시에 가진다고 볼 수 있다. 왜냐하면 사용자는 우선 '법률행위로서의 견책행위'(견책처분)를 하고, 아울러 그에 따라 발생한 법률효과를 현실화하기 위해 '사실 행위로서의 견책행위'(사용자가 근로자에게 시말서를 제출토록 하여 현실로 질책함과 동시에 그 질책사항을 근로자명부 등에 기재하는 것)를 한다고 볼 수 있기 때문이다.

나. 사용자 경영권으로서 시말서 제출명령

노무관리 실제에서 사용자는 징계의 유예조치 내지 사전절차로서 시말서의 제출을 명령하는 경우가 많다. 이는 근로자의 가벼운 실수나 비위행위에 대해 징계로 나아가기 *前* 단계에서 시말서의 제출만을 요구하는 것이다. 그리고 이러한 경우의 시말서 제출명령은 사업장 질서유지를 위해 사용자에게 인정되는 사용자의 경영권으로서 행사되고 있다.[1098]

사용자 경영권은 징계권과는 구별된다.[1099] 징계권은 사용자의 근로자에 대한 '제재로서' 행해질 뿐만 아니라 근로자에 대한 책임부담의 조치로서 기능하기 때문이다. 더욱이 사용자 경영권은 사용자가 노무급부를 구체적으로 확정하거나 사업장 질서유지를 위한 기능을 가지는 반면에 징계권은 이미 구체적으로 형성된 급부제공의무를 위반한 근로자에게 사후적으로 책임을 부과하기 위해 행사되는 권리이다.

따라서 사용자의 징계권을 근거로 행사되는 징계로서의 시말서 제출명령은 단체협약이나 취업규칙 등에 규정된 징계절차에 따라 행사되는 것임에 반해 사용자 경영권으로서의 시말서 제출명령은 사용자의 근로계약상 고유의 권한으로서 행사될 수 있다. 다만 사용자 경영권으로서의 제출명령도 권리남용에 해당하지 않아야 한다.

4. 시말서 제출명령의 법적제한

가. 「헌법」상 기본권 조항에 의한 제한

1) 「헌법」상 기본권 조항의 적용 여부

「헌법」상 기본권 조항의 적용 여부에 대한 자세한 내용은 제2편 - 제7장 - 제3절 - Ⅳ - 2 -

1098 방준식, 「사용자지시권에 관한 연구」, 고려대학교, 2006, 64면 이하.

1099 방준식, 「사용자지시권에 관한 연구」, 고려대학교, 2006, 22면 이하.

가. 「헌법」상 기본권 조항에 의한 제한' 항목을 참조하시기 바랍니다.

2) 「헌법」상 양심의 자유와의 관계

시말서란 사고나 비위행위에 연루된 근로자가 사실의 확인, 일의 경위·전말을 자세히 적어서 제출하는 경위서를 의미하는 경우와 사고를 일으킨 자가 그 보고와 재발방지를 위하여 그간의 사정을 적어서 제출하는 반성문을 의미하는 경우가 있다. 시말서 제출명령이 단순히 사건의 경위 등을 기재하여 보고하도록 하는 취지라면 근로관계와 관련한 사고 등이 발생한 경우 근로자에게 근로계약에 부수하는 신의칙상 의무로서 사용자의 조사에 협조하여야 할 의무가 있으므로 시말서 제출명령은 정당한 업무명령이라 할 것이고, 따라서 이에 불응하여 시말서를 제출하지 않는 것은 징계사유에 해당된다 할 것이다.

그러나 시말서 제출명령이 근로자의 실수나 비위행위에 대한 사죄 내지 반성을 강요하는 것이라면 「헌법」상 보장하고 있는 개인의 양심의 자유(「헌법」 제19조)를 침해할 가능성이 크다. 왜냐하면 시말서는 기본적으로 근로자의 양심적 요소, 즉 사죄나 반성을 포함하는 문서이기 때문이다. 더욱이 사용자가 근로자의 작업상 실수나 비위행위에 대해 시말서제출 명령을 남용하는 경우, 결국 사죄와 반성을 요구하는 시말서제출명령은 근로자의 양심의 자유와 충돌할 수 있게 된다.[1100]

국내에서는 여전히 부정혐의자들에게 시말서 작성을 요구한다. 시말서 작성이 처벌 내용 중 하나인지 여부와 양식 및 절차가 규정되어 있는지도 물론 중요하지만, 최근 대법원은 사용자가 사고나 비위행위 등을 저지른 근로자에게 단순한 사건의 경위를 보고하는 데 그치지 않고 근로관계에서 발생한 사고 등에 관하여 '자신의 잘못을 반성하고 사죄한다는 내용'이 포함된 사죄문 또는 반성문을 의미하는 시말서를 제출하도록 명령한 경우, 업무상 정당한 명령으로 볼 수 없다는 판결을 내렸다.[1101]

아울러 「취업규칙」에서 사용자가 사고나 비위행위 등을 저지른 근로자에게 시말서를 제출하도록 명령할 수 있다고 규정된 경우에도, 그 시말서가 단순한 사건의 경위를 보고 하는 데 그치지 않고 더 나아가 근로관계에서 발생한 사고 등에 관해 자신의 잘못을 반성하고 사죄한다는 내용이 포함된 사죄문 또는 반성문을 의미하는 것이라면, 이는 헌법이 보장하는 내심의 윤리적 판단에 대한 강제로서 양심의 자유를 침해하는 것이므로, 「근로기준법」 제96조 제1항에 따라 효력이 없고, 그에 근거한 사용자의 시말서 제출명령은 업무상 정당한 명령으로 볼 수 없다는 판결을 내렸다.[1102]

나. 강행법규에 의한 제한

강행법규에 의한 제한에 대한 자세한 내용은 제2편 – 제7장 – 제3절 – Ⅳ – 2 – 나.' '강행 법규에 의한 사용자 경영권의 제한' 항목을 참조하시기 바랍니다.

1100 하경호, 「근로관계에 있어서 근로자의 양심의 자유와 자기책임」, 1994, 170면 이하.

1101 대법원, 2014.06.26. 선고, 2014두35799, 판결.

1102 대법원, 2010.01.14. 선고, 2009두6605, 판결.

다. 「민법」상 규정에 의한 제한[1103]

1) 「민법」상 일반조항에 의한 제한

간접적용설에 따르면, 私法 관계에서의 기본권 침해는 「민법」상 일반조항을 통해 간접적으로 적용할 수밖에 없다고 한다. 그리고 이러한 매개기능을 하는 私法의 일반 조항으로는 대체로 「민법」 제2조(신의성실 : 신의칙 및 권리남용), 제103조(반사회질서의 법률행위 : 공서양속)를 예시로 제시하고 있다.

결국 간접적용설에 따르면, 사용자의 시말서 제출명령이 근로자의 「헌법」상 기본권을 침해하여 행사될 경우에 그러한 사용자의 시말서 제출명령은 위에서 본바와 같이 「민법」 제2조(신의성실 : 신의칙 및 권리남용), 제103조(반사회질서의 법률행위 :공서양속), 제104조(불공정한 법률행위)와 같은 「민법」상 일반조항과 관련하여 무효가 될 수 있다.

2) 시말서 제출강요의 문제

시말서는 근로자 스스로 사죄 또는 반성하는 마음으로 작성하여 자진하여 제출하여야 한다. 따라서 만일 사용자가 시말서 제출을 강요하고 해당 근로자가 강압에 못 이겨 시말서를 작성하여 제출한 경우에는 「민법」상 강박에 의한 의사표시에 해당하므로 해당 근로자는 이미 제출한 시말서를 취소할 수 있다.(「민법」 제110조)

예를 들어 사용자가 해당 근로자에게 '지각 2회의 경우에는 자진 사퇴한다'라는 내용의 시말서를 강압적으로 작성하여 제출케 하였다면, 비록 해당 근로자가 그러한 내용의 시말서를 제출한 경우라도 강박에 의한 의사표시로서 취소할 수 있을 것이다.

또한 지각이라는 경미한 사유가 자진사직이라는 실질적인 해고수단, 즉 근로관계의 종료수단으로 작용한 경우에는 사용자의 징계수단의 선택에 있어서 사회통념상 용인되기 어렵다고 보아 부당해고(「근로기준법」 제23조)에 해당할 수 있을 것이다.

5. 시말서 제출거부에 대한 효과

가. 징계처분의 대상이 되는지 여부

사용자의 시말서 제출명령에 대해 이를 거부한 경우 징계처분의 대상이 되는지가 문제가 된다. 먼저 징계처분의 대상이 된다는 긍정설과 징계처분의 대상이 되지 않는다는 부정설로 나누어지고 있다.

1) 긍정설

이에는 ① 시말서 제출명령은 사용자 경영권에 해당하기 때문에 제출거부는 징계의 대상으로 된다고 하거나, ② 「취업규칙」상 인정되는 징계처분으로서의 시말서 제출명령에 대해 불복종하는 것은 징계의 대상이 된다는 것이다.

2) 부정설

1103   방준식, 「사용자의 시말서 제출명령에 대한 법적 판단」, 경영법률, 2009.1.19. 15~17면.

이에는 ① 노동력의 거래를 기초로 하는 근로계약의 내재적 제약에서 구하는 견해, ② 사용자 경영권의 한계에서 구하는 견해, ③ 개인의 의사의 자유의 존중이라는 법이념에서 구하는 견해가 있다.

생각건대 시말서가 그 이름의 본래 뜻에 맞게 단순히 사건의 경위만을 보고하도록 하는 것이라면, 시말서 제출명령은 양심의 자유를 침해하지 않는다고 보아야 한다.[1104] 헌법재판소 역시 "단순한 사실관계의 확인과 같이 가치적·윤리적 판단이 개입될 여지가 없는 경우는 물론, 법률해석에 관하여 여러 견해가 갈리는 경우처럼 다소의 가치 관련성을 가진다고 하더라도 개인의 인격형성과는 관계가 없는 사사로운 사유나 의견 등은 그 보호대상이 아니라고 할 것이다."(헌재. 2002. 1. 31. 2001헌바43. 결정) 라고 한바 있다.

따라서 그 실질이 사건의 경위 서술에 불과한 시말서의 제출명령에 위반한 근로자는 이번 사건의 결론과 달리 그것이 독자적인 징계사유 또는 징계양정의 가중사유가 될 수 있다. 즉, **"취업규칙 등에 징계처분을 당한 근로자는 시말서를 제출하도록 규정되어 있는 경우 징계 처분에 따른 시말서 不提出은 그 자체가 사용자의 업무상 정당한 명령을 거부한 것으로서 징계사유가 될 수 있다."**[1105]고 보았다.

나. 인사고과에 반영되는지 여부

한편 실무에서는 사용자의 시말서 제출명령에 대한 거부행위는 ① 승진 등 인사고과에서 불리하게 작용하고, ② 사후의 징계처분 시 정상참작 사유로서 고려하고 있다. 그러나 이러한 시말서 제출거부를 사후의 징계처분의 정상참작 사항으로 보는 것은 현실적으로 징계처분에 의해 시말서의 제출을 강제하는 것과 같은 결과를 초래한다는 비판이 있다.

왜냐하면 시말서 제출거부가 간접적으로 징계처분에 영향을 미친다면 근로자는 사실상 사용자의 시말서 제출명령에 따를 수밖에 없기 때문이다. 이에 반해 시말서 제출명령은 징계처분을 하는 대신 징계처분 유예적인 조치로서 요구하는 것이므로 반드시 근로자에게 불리한 것만은 아니라는 반론도 제기되고 있다.

생각건대 시말서 제출명령은 징계사유에 해당하지만 징계처분으로 나아가지 않고 시말서 제출로 종결한다는 의미가 있다고 한다면, 근로자에게 반드시 불리한 것만은 아니라고 생각한다. 따라서 **시말서제출명령이 근로자의 양심의 자유나 인격적 이익을 침해하지 않는 한, 근로자가 제출을 거부할 경우 인사고과에 반영할 수 있다고 봐야 할 것이다.**[1106]

6. 결어

이상에서 살펴본 바와 같이 사용자의 시말서 제출명령은 「헌법」상 기본권규정 내지 강행법규를 위반하지 않는 한, 징계수단 내지 사용자의 경영권으로서 행사할 수 있다. 먼저 징

1104   김성태, 「시말서 제출명령의 한계」, 한국노동법학, 제33호, 2010.3. 287면.

1105   대법원. 1991.12.24. 선고. 90다12991. 판결. 대법원. 1995.3.3. 선고. 94누11767. 판결.

1106   방준석, 「사용자의 시말서 제출명령에 대한 법적 판단」, 경영법학, 2009.1.19. 20면.

계로서의 시말서 제출명령은 단체협약 내지 취업규칙에 규정된 '견책'이라는 징계수단 내지 그에 따른 부수적인 요구 사항으로서 행사되는데, 사용자의 정당한 징계권을 근거로 행사되는 시말서 제출명령은 「헌법」상 기본권 내지 강행규정에 반하지 않는 한, 원칙적으로 인정된다 할 것이다.

다음으로 징계로서의 시말서 제출명령과 달리 사용자 경영권으로서의 시말서 제출명령은 근로자에게 징계처분으로 나아가지 않고 사죄와 반성의 기회를 줌으로써 근로자에게 개선의 기회를 주는 효과가 있어 실무에서도 용이하게 사용되고 있다. 그러나 사용자가 징계로서든 경영권의 행사로서든 시말서의 제출을 강제하는 것은 해당 근로자의 「헌법」상 기본권을 침해할 수 있다. 특히 인간의 존엄과 행복추구권(「헌법」제10조), 근로자 개인의 양심의 자유(「헌법」제19조), 근로 3권(「헌법」제33조)과 관련하여 사용자의 시말서 제출명령은 제한될 필요가 있는 것이다.

다만 **시말서 제출명령이 사용자의 권리남용에 해당하는지의 여부는 사용자의 업무상 필요성과 근로자의 인격적 이익을 비교형량해 판단할 수밖에 없다.** 이 같은 판단을 하려면, 징계대상자가 시말서 제출의 제재처분을 받게 된 경위, 그 처분을 받게 된 비위 사실의 구체적인 내용과 정도, 그로 인하여 기업의 위계질서가 문란케 될 위험성 등 기업질서에 미칠 영향, 징계 대상자가 그 제재처분에 따라 시말서를 제출하는 등으로 자신의 비위사실에 대해 반성하고 있는지의 여부, 과거의 근무태도, 기업질서 위반으로 다른 징계처분 등을 받은 전력이 있는지의 여부 등 여러 사정을 종합적으로 검토해야 한다.[1107]

따라서 사용자의 업무상 필요성보다 근로자의 인격권을 침해하는 불이익이 큰 경우의 시말서 제출명령은 권리남용(「민법」제2조)에 해당하거나 사회상규에 반하는 행위(「민법」제103조)로서 무효라고 봐야 한다. 그러나 **사용자가 정당한 징계권이나 경영권을 근거로 근로자에게 시말서를 작성·제출토록 한 경우에는 이러한 지시를 위반한 해당 근로자에 대해 사후적으로 인사고과에 반영하든 징계처분의 정황으로서 고려하든 무방할 것이다.**[1108]

제7절 감사결과 사후관리단계의 법적위험

Ⅰ. 재심 절차

1. 의의

「취업규칙」이나 「단체협약」에 징계제도를 설정하고 있는 기업의 경우 징계대상 근로자에게 재심청구권을 보장하고 있는 경우가 종종 있다. 이 경우에 재심절차는 근로자에게 있어

1107 대법원, 1995.4.25. 선고, 94누13053, 판결.

1108 방준식, 전게논문, 경영법학, 2009.1.19. 21면.

서 다시 한번 방어권을 행사할 수 있는 기회를 준다는 점에서, 사용자에게 있어서는 징계를 보다 더 신중을 기하고 근로자에게 改悛의 기회를 준다는 의미에서 제도적으로 긍정적인 역할을 하는 측면이 있다.

재심절차를 두고 있는 경우 원징계절차와의 관계가 문제된다. 이에 대해 대법원은 징계에 대한 재심절차는 징계처분에 대한 救濟 내지 確定節次로서 원래의 징계절차와 함께 전부가 하나의 징계절차를 이루는 것으로 보고 있다.[1109] 대법원은 이러한 인식을 기초로 하여 재심절차가 있는 경우 징계의 절차적 정당성을 판단함에 있어서도 징계과정의 전부를 통해서 정당성 여부를 판단한다.

따라서 원래의 징계가 그 요건을 갖추었더라도 재심절차를 전혀 이행하지 않거나 재심절차에 중대한 하자가 있어 재심의 효력을 인정할 수 없는 경우에는 그 징계를 무효로 보고 있다. 반대로, 원징계절차 과정에서 당사자에게 진술기회를 부여하지 않는 등의 하자가 있는 경우에 징계대상 근로자가 재심징계위원회에 출석하여 충분히 변명을 하였다면 전체적인 징계절차에 관하여는 절차상의 하자가 치유되어 적법하다고 보고 있다.[1110]

2. 재심의 시기 등

징계규범에 재심의 기간이 정해진 경우에는 그 기간 내에, 그렇지 않은 경우에는 원징계절차 종료 후 상당한 기간 내에 재심이 이루어져야 할 것이고, 그러한 기간이 지난 후에 재심절차가 진행되는 경우에는 재심으로서의 효력이 없다고 보아야 할 것이다.[1111] 그 이유는 원징계 처분 후 상당한 기간이 경과된 이후에 이루어진 징계는 징계의 기초 사실에 대한 인식의 변화가 있어 근로자의 방어권 보장이 무의미해지기 때문이다.

대법원도 "징계처분을 받고 정해진 기간 안에 재심신청을 하였는데 상당한 기간이 지난 後 징계처분의 효력을 다투는 소송이 제기되자 비로소 재심절차를 개시한 경우,[1112] 또는 회사가 재심청구를 반려하여 원징계처분을 확정시키고 징계해고처분과 퇴직조치까지 끝냈다가 상당한 기간이 경과한 뒤 뒤늦게 재심징계위원회를 개최하여 원징계처분을 그대로 유지하는 재심결정을 한 경우[1113] 역시 그 재심절차들은 원 징계에 대한 적법한 구제절차가 될 수 없고 이때 근로자가 재심절차에서 답변서를 제출하고 의견을 진술하였다 하더라도 재심 결정이 적법한 것으로 치유되지 않는다."고 하였다.

3. 징계의 효력발생 시기

대법원은 "법상해고는 사용자가 근로자의 의사와 관계없이 일반적으로 근로관계를 종료시키는 단독행위이므로 당초의 징계해고에 의하여 효력이 발생하고, 재심절차는 내부적으

1109   대법원. 1997.9.30. 선고. 97다10956, 10963. 판결.
1110   대법원. 1995.1.24. 선고. 94다33552. 판결. 대법원. 1994.8.23. 선고. 94다7558. 판결.
1111   김성진, 전게논문, 고려대학교, 2014. 168면.
1112   대법원. 1994.1.14. 선고. 93다968. 판결.
1113   대법원. 1987.9.22. 선고. 87다카1187. 판결.

로 정해 놓은 구제절차로서 재심에서 징계해고가 취소되면 효력을 상실할 뿐이다."[1114]라고 한다. 이 판결에 대해 재심절차에서 재심청구가 인용된 경우 징계해고의 효력이 소급하여 소멸된다고 하는 것은 법률관계를 명확하게 하지 못한다거나 당초의 징계와 재심절차는 각각 별개의 절차가 아니라 전체적으로 하나의 징계절차를 이룬다는 판례의 입장과 배치된다고 비판하면서 재심절차는 징계절차의 한 부분으로서의 성격을 지니는 것으로서 사용자의 징계는 재심 절차가 완료되어 근로자의 재심청구가 기각된 때에 그 효력이 발생한다고 주장하는 견해가 있다.[1115]

이 문제는 다른 법률관계와 연동된 문제이므로 가능한 징계의 시점을 명확히 할 필요가 있다. 그런 점에서 판례의 태도가 옳고 재심결정서를 징계의 효력발생 시점으로 보는 것은 타당치 않다.[1116] 기업의 징계규범에 따라서는 재심청구기간을 정하고 있는 경우도 있고, 기간을 정하지 않은 경우도 있다. 또한 재심청구를 할 것인가의 여부도 전적으로 근로자의 태도에 달려있다. 그 경우 原懲戒處分 시점에서 재심신청기간 사이에는 징계의 효력발생 여부가 불확정적이다. 그러한 다양한 사정에 따라서 징계의 효력발생시점이 달라지는 것은 혼동을 초래한다. 특히 퇴직금 산정에 관련해서는 재심기간 중의 급여가 이전과 많이 달라질 개연성이 높다는 점[1117]에서 원징계처분 시에 징계의 효력이 발생되는 것으로 보는 것이 합리적이다.

한편, 징계의 효력발생시점에 관한 이러한 결론은 판례가 절차상의 하자를 판단함에 있어서 원징계절차와 재심절차를 전체적으로 하나의 절차로 이해하는 것과는 차원이 다른 문제이다. 그것은 사후적으로 징계의 정당성을 판단함에 있어서 原懲戒節次에서의 하자 외에 재심절차에서 일어난 사정까지 함께 판단할 수 있다는 것으로서 사전에 확정되어야 할 징계의 효력발생시점과는 무관한 문제이다.[1118]

II. 해고의 구제수단[1119]

1. 구제신청제도 개요

현행법상 사용자는 정당한 이유가 없으면 근로자를 해고할 수 없다. **부당해고에 대한 구제는 노동 위원회의 행정적 구제절차와 법원의 사법적 구제절차**에 의한 방법이 있다. 현행법상으로 근로자는 이 2가지 방법 중 선택도 가능하지만 병행도 가능하다. 민사소송에 의하는 경우 그 비용과 시간이 부담이 되기 때문에 신속하고 간이한 절차로 노동위원회를 통한 행정적 구제절차를 제도화한 것이라고 할 수 있다.

1114 대법원. 1993.5.11. 선고. 91누11698. 판결. 대법원. 1997.2.14. 선고. 96누5926. 판결 등.
1115 도재형, 「징계해고의 절차적 제한」, 노동법연구 제9호, 1999, 61~65면.
1116 김성진, 전게논문, 고려대학교, 2014, 170면.
1117 대법원. 1994.4.12. 선고. 92다20309. 판결.
1118 김성진, 전게논문, 고려대학교, 2014, 170면.
1119 이병운, 「해고구제제도」, 동아법학 제64호, 2014.7.30. 37~40면.

2. 구제신청제도 절차

부당해고를 당한 근로자는 「근로기준법」 제28조에 근거하여 해고된 날부터 3개월 이내에 관할 지방노동위원회에 그 구제를 신청하면, 노동위원회에서는 신청 후 10일을 전후해서 사건 절차진행의 안내문과 더불어 금전보상명령신청서가 동봉된 필요한 서류를 안내하고, 신청 후 2개월 전후로 해서 審問會를 열며, 그 당부에 대한 판정을 하게 된다.

지방노동위원회의 결정이나 판정에 불복하는 노사 당사자는 해당 통지를 받은 날로부터 10일 이내에 중앙노동위원회에 재심사 청구를 할 수 있다.(「근로기준법」 제31조) 노동위원회는 심문결과 부당해고 등이 성립한다고 판정되면 구제신청을 기각하는 결정을 하여야 하며(「노동위원회규칙」 제60조 제2항), 절차 위반이나 구제이익이 없는 때에는 각하한다.(「노동위원회규칙」 제60조 제1항 제6호)

중앙노동위원회의 결정이나 판정에 불복하는 경우에는 재심판정서를 송달받은 날부터 15일 이내에 행정법원에 취소소송을 제기할 수 있다. 노동위원회는 구제신청에 대한 판정·명령 또는 결정이 있기 전까지 관계 당사자의 신청 또는 직권에 의하여 화해를 권고하거나 和解案을 제시할 수 있고, 당사자가 이를 수락한 때에는 和解調書를 작성하며 이 화해조서는 「민사소송법」에 따른 재판상의 효력을 인정하고 있다.(「근로기준법」 제31조 및 제32조, 「노동위원회법」 제16조의3)

노동위원회의 명령에는 구제신청의 각하,[1120] 구제명령이나 또는 기각결정을 하게 된다. 구제신청의 각하여부는 구제이익의 유무로 판단하고 구제명령의 경우에는 해고기간 동안(해고일로부터 노동위원회의 판정 시까지)의 임금상당액의 금품지급과 원직복직 또는 근로자가 원직복직을 원하지 아니하면 원직복직을 명하는 대신 근로자가 해고기간 동안 근로를 제공하였더라면 받을 수 있는 '임금상당액 이상의 금품'을 지급하도록 명할 수 있다.(「근로기준법」 제30조 제3항)

또한 노동위원회는 근로계약기간의 만료, 정년의 도래 등으로 근로자가 원직복직(해고 이외의 경우는 원상회복을 말한다)이 불가능한 경우에도 「근로기준법」 제30조 제1항에 따른 구제명령이나 기각결정을 하여야 한다. 이 경우 노동위원회는 부당 해고 등이 성립한다고 판정하면 근로자가 해고기간 동안 근로를 제공하였더라면 받을 수 있었던 임금 상당액에 해당하는 금품(해고 이외의 경우에는 원상회복에 준하는 금품을 말한다)을 사업주가 근로자에게 지급하도록 명할 수 있다."(「근로기준법」 제30조 제4항. 2021. 4. 신설 조항).

노동위원회의 구제명령이 있게 되면 사용자는 당해 구제명령 후 30일 이내에 이행하여야 하고(「근로기준법시행령」 제11조), 이행하지 않을 때에는 노동위원회는 2년을 초과하지 않는 기간 동안 매년 2회의 범위에서 구제명령이 이행될 때까지 반복하여 이행강제금을 부과·징수할 수 있으며(「근로기준법」 제33조 제5항), 형사고발도 가능하다.(「근로기준법」 제111조 및 제112조)

1120 구제신청의 각하는 구제이익을 기준으로 요건의 흠결로 내리는 결정이므로, 예컨대 부당해고 구제신청이나 재심신청 중에 사용자가 원직복직명령을 결정하면 노동위원회는 각하결정을 한다.

3. 구제명령 불복방법

부당해고 등 구제신청에 대한 지방노동위원회의 구제명령이나 기각결정에 불복하는 사용자나 근로자는 구제명령이나 기각결정서를 통지받은 날로부터 10일 이내에 중앙노동위원회에 재심을 신청할 수 있다.

위 중앙노동위원회의 재심판정에 대하여 사용자나 근로자는 재심판정서를 송달받은 날부터 15일 이내에 행정소송을 제기할 수 있다. 위 기간 내에 재심을 신청하지 아니하거나 행정 소송을 제기하지 아니하면 그 구제명령, 기각결정 또는 재심판정은 확정된다.

한편 사용자가 중앙노동위원회의 구제명령을 이행하지 않고 행정소송을 제기한 경우에 관할 법원은 중앙노동위원회의 신청에 의해 판결이 확정될 때까지 중앙노동위원회의 구제명령의 전부 또는 일부에 대해서 이행하도록 하는 긴급이행명령을 내릴 수 있다.(『노동조합 및 노동관계조정법』 제85조 제5항) 따라서 노동위원회에는 긴급이행명령이 인정되지 않고 있다.

부당해고에 대한 사법적 구제절차와 행정적 구제절차의 관계에 있어서 행정적 구제는 『헌법』상의 근로권의 대사인적 효력을 구체화한 제도이다. 때문에 노동위원회의 구제 명령은 사용자에 대한 공법상의 의무를 부담시키는 것에 불과하고 당사자 간의 사법상의 법률관계를 변경시키는 것은 아니다.

따라서 근로자는 부당해고에 관한 사법상의 권리구제를 받기 위해서는 사용자를 상대로 해고무효 확인의 訴 또는 종업원지위 확인의 訴를 구하는 민사소송을 제기할 수 있게 된다. 다만 현재 시행되고 있는 금전보상제는 새로운 법률관계를 형성하는 것이기 때문에 노동위원회의 구제명령 이후 해정소송에서 처분하는 것이 법리적 관점에서 문제될 여지가 있다는 지적도 있다.[1121]

1121 대법원. 2011.03.24. 선고. 2010다21962. 판결.

제8장

벌칙

제1절 총설

회사를 둘러싼 복잡한 법률관계로 인하여 회사는 각종 재산범죄의 대상 또는 수단이 될 수 있으며, 그 자신이 주체가 될 수 있다. 범죄와 처벌에 관하여는 일반법으로서 「형법」이 있고, 회사와 관련된 범죄의 상당수는 그에 의해 처벌될 수 있을 것이다.

그러나 「형법」은 원래 자연인의 범죄를 예상하여 제정된 것이므로 법인 중심의 범죄를 망라하기가 어렵고, 또 회사 관계의 범죄는 대부분 이른바 화이트칼라(white collar)형의 범죄이므로 비난가능성이 높은 반면 매우 기교적이어서 「형법」의 각칙만으로는 규율하기 어려운 점이 많다.

이러한 이유에서 회사 관련 범죄에 대하여는 「형법」 이외에도 「상법」 제3편 제7장 및 규제목적에 따른 각각의 법률에서 회사 관계의 범죄와 그 처벌에 관한 규정을 두고 있다.

제2절 일반원칙[1122]

I. 형사범과 행정범의 구분

「상법」상의 벌칙 규정은 형사범에 관한 것과 행정범에 관한 것으로 **대별**할 수 있다. **후자**(행정범)는 국가의 행정목적상 특히 범죄로 정한 것이며 법규범의 제정을 기다려 위법이 되는 데 반하여, **전자**(형사범)는 우리의 사회생활에 있어서 항상 범죄인 것, 즉 법률의 규정을 기다릴 것 없이 그 행위 자체가 반사회적·반도의적인 범죄이다.

이를 규범 위반의 측면에서 보면 **형사범**은 사회의 일반규범에 위반하는 행위이고, **행정범**은 국가가 그 정책상 특별히 정한 국가규범에 위반하는 행위라 할 수 있다. 「상법」 제622조 내지 제634조의2의 죄는 형사범으로 징역·벌금·몰수의 형벌이 적용되고, 제635조와 제636조의 죄는 행정범으로서 과태료가 적용된다.

1122 김용범, 전게서, 2017, 821면. 이철송. 전게서. 박영사. 2021. 1243면.

Ⅱ. 신분범

「상법」상의 각 범죄는 대부분 구성요건인 행위의 주체에 일정한 신분을 요하는 범죄인 **신분범(身分犯)**이다. 예외적으로 「상법」 제628조 제2항, 제630조 제2항, 제631조 제2항, 제634조의2 제2항의 죄만은 신분범이 아니다.

따라서 여기서 말하는 **신분**이란 범인의 인적관계인 특수한 지위나 상태를 말하는 것이므로, 이들 범죄를 제외하고 각 규정에서 요하는 신분을 갖지 아니한 자에게는 당연히 범죄가 성립할 수 없다.

Ⅲ. 「형법」총칙의 적용

형사범에 관하여는 **일반적으로 「형법」 총칙이 적용된다.** 따라서 「상법」 제622조 내지 제634조의2에는 과실범을 벌하는 규정이 없으므로 과실범에 대하여는 벌칙의 적용이 없다.(「형법」 제14조 참조)

Ⅳ. 법인에 대한 처벌

회사의 대표자나 대리인, 사용인, 그 밖의 종업원이 그 회사의 업무에 관하여 「상법」 제624조의2(주요주주 등 이해관계자와의 거래 위반의 죄)의 위반행위를 하면 그 행위자를 벌하는 외에 그 회사에도 해당 조문의 벌금형을 가한다.

다만, 회사가 「상법」 제542조의13(준법통제기준 및 준법지원인)에 따른 의무를 성실히 이행한 경우 등 회사가 그 위반행위를 방지하기 위하여 해당 업무에 관하여 상당한 주의와 감독을 게을리 하지 아니한 경우에는 그러하지 아니하다.(「상법」 제634조의3)

또한 법인의 대표자나 법인 또는 개인의 대리인, 사용인, 그 밖의 종업원이 그 법인 또는 개인의 업무에 관하여 「신외감법」 제39조(벌칙)부터 제44조(벌칙)까지의 위반행위를 하면 그 행위자를 벌하는 외에 그 법인 또는 개인에게도 해당 조문의 벌금형을 과한다. 다만, 법인 또는 개인이 그 위반행위를 방지하기 위하여 해당 업무에 관하여 상당한 주의와 감독을 게을리하지 아니한 경우에는 그러하지 아니하다.(「신외감법」 제46조)

위의 "회사(법인 또는 개인)가 그 위반행위를 방지하기 위해 해당업무에 관하여 상당한 주의와 감독을 게을리하지 아니한 경우"라는 규정은 마치 회사에게 입증책임이 있는 것처럼 보이지만, 형사사건에서는 항상 검사가 입증책임을 부담하므로 검사가 입증해야 한다. 따라서 실제사건에서 양벌규정으로 회사가 처벌받는 경우는 많지 않을 것이다.[1123]

Ⅴ. 징역과 벌금의 병과

아래와 같은 **범죄에 대한 형벌은 자유형인 징역, 재산형인 벌금**과, **부가형인 몰수, 추징** 등이 있다. 「상법」 제622조부터 제631조까지의 형사범의 경우 **징역과 벌금을 병과**할 수 있다.(「상법」 제632조)

1123 김용범, 전게서, 2017, 822면. 임제연, 전게서 Ⅰ, 박영사, 2014, 226면.

그러나 「상법」 제634조의 납입책임 면탈의 죄와 제634조의2의 주주의 권리행사에 관한 이익공여의 죄에 대한 징역과 벌금은 병과의 대상이 아니다. 또한 「신외감법」 제39조(벌칙) 제1항에 따라 징역에 처하는 경우에는 같은 항에 따른 벌금을 병과한다.(「신외감법」 제48조)

VI. 몰수 및 추징

일정한 범죄, 즉 「상법」 제630조 제1항의 독직죄 또는 제631조 제1항의 권리행사 방해 등에 관한 증수뢰죄의 경우에는 범인이 수수(收受)한 이익은 몰수하고, 범인이 수수한 이익의 전부 또는 일부를 몰수할 수 없을 때에는 그 가액을 추징한다.(「상법」 제633조)

또한 「신외감법」 제39조(벌칙) 제1항을 위반하여 얻은 이익 또는 제40조(벌칙)에 따른 금품이나 이익은 몰수한다. 이 경우 그 전부 또는 일부를 몰수할 수 없으면 그 가액을 추징한다.(「신외감법」)

VII. 처벌 절차

형사범의 처벌은 형사소송절차에 의하고, 행정범의 처벌은 「비송사건절차법」의 소정의 절차(「비송사건절차법」 제24조 이하)에 의한다.

제3절   형사범

I. 개요

감사는 이사의 직무집행을 감독하는 자이지만 일정한 경우에는 형사책임도 진다. 즉 감사는 ① 특별배임죄(「상법」 제622조 제1항, 제624조), ② 재산을 위태롭게 하는 죄(제625조), ③ 주식의 취득 제한 등의 죄(제625조의2), ④ 부실보고죄(제626조), ⑤ 부실문서행사죄(제627조), ⑥ 납입가장죄(제627조), ⑦ 독직죄(제630조 제1항), ⑧ 주주 권리행사에 관한 이익공여죄(제630조 제1항) 등의 주체가 되며, 각각의 경우에 일정한 처벌을 받는다.

그런데 이러한 범죄의 구성요건이나 형량은 일반 「형법」에서의 구성요건이나 형량과 거의 동일하다는 특성을 지니고 있어, 실무상으로는 대부분의 사건에서 「형법」이 적용된다. 그런데 「상법」의 개정으로 인해 특별배임죄의 경우에는 「상법」상의 법정형이 「형법」보다 강화되었다.

따라서 향후 監事를 비롯한 임원의 특별배임죄가 문제될 경우에는 「형법」이 아니라 「상법」에 근거하여야 할 것이다. 적용대상이 되는 주체와 그들이 기울어야 하는 주의의 정도가 다르며, 법정형이 다르기 때문이다. 한편 제622조, 제625조, 제627조, 제628조 또는 제630조제1항에 규정된 자가 법인인 경우에는 이 장의 벌칙은 그 행위를 한 이사, 집행임원, 監事 등에게도 적용된다.(「상법」 제637조)

II. 「상법」상 형사범

1. 특별배임죄(「상법」 제622조, 제623조)

가. 행위주체

행위의 주체는 (1) 발기인, 업무집행사원, 이사, 집행임원, 감사위원회 위원, 감사 및 「상법」 제386조 제2항·제407조 제1항·제415조·제567조의 직무대행자, 그리고 지배인 기타 회사영업에 관한 어느 종류 또는 특정한 사항의 위임을 받은 사용인, 청산인, 제542조 제2항의 직무 대행자, 제175조의 설립위원(「상법」 제622조 제1항, 제2항)과 (2) 사채권자집회의 대표자 또는 그 결의를 집행하는 자로 구분한다.

대주주는 회사의 경영에 실질적인 영향을 행사해 왔더라도 법상 회사의 사무를 포괄적으로 위임받은 자가 아니므로 본조의 행위주체가 될 수 없다. 「상법」 제401조의2 제1항 제1호가 규정하는 업무집행 지시자에 해당하더라도 같다.[1124]

나. 위법행위

본조의 배임행위는 사무의 내용, 성질 등 구체적인 상황에 비추어 법률의 규정, 계약의 내용 혹은 신의칙상 당연히 할 것으로 기대되는 행위를 하지 않거나 당연히 하지 않아야 할 것으로 기대되는 행위를 함으로써 본인과 위 (1), (2)의자 사이의 신임관계를 저버리는 행위를 말한다.[1125]

구체적으로는, 위 (1)의 자가 임무에 위배한 행위로서 재산상의 이득을 취득하거나 제3자로 하여금 이를 취득하게 하여 회사에 손해를 가하는 것이고(「상법」 제622조 제1항), 위 (2)의 자가 같은 행위로 사채권자에게 손해를 가하는 것이다.(「상법」 제623조) 따라서 본 죄가 성립하려면 **임무위배, 이익의 취득 및 회사의 손해발생**에 대한 **犯意**가 있어야 한다.[1126]

본 죄에서 「**회사에 손해를 가한 때**」라 함은 회사에 현실로 손해가 발생한 경우뿐 아니라, 회사 재산가치의 감소라고 볼 수 있는 재산상 손해의 위험이 발생한 경우도 포함되는 것이며,[1127] 일단 회사에 대하여 재산상 손해의 위험을 발생시킨 이상 사후에 피해가 회복되었다 하더라도 특별배임죄의 성립에 영향을 주지 못한다.[1128]

다. 처벌내용

(1)의 자에게는 10년 이하의 징역 또는 3천만 원 이하의 벌금에 처하고(「상법」 제622조 제1항), (2)의 자에게는 7년 이하의 징역 또는 2천만 원 이하의 벌금에 처한다. 미수범도 처벌한다.(「상법」 제624조)

1124 김용범, 2017, 824면. 이철송. 전게서. 박영사. 2021. 1245면. 대법원 2006.6.2. 선고. 2005도3431. 판결.
1125 김용범, 2017, 824면. 이철송. 전게서. 박영사. 2021. 1245면. 대법원 1998.2.10. 선고. 96도2287. 판결.
1126 김용범, 2017, 824면. 이철송. 전게서. 박영사. 2021. 1245면. 대법원 1981.1.27. 선고. 79도2810. 판결.
1127 김용범, 2017, 824면. 이철송. 전게서. 박영사. 2021. 1245면. 대법원 2001.9.28. 선고. 2001도3191. 판결.
1128 김용범, 2017, 824면. 이철송. 전게서. 박영사. 대법원 1998.2.24. 선고. 97도183. 판결.

2. 부당신용공여죄(「상법」 제624조의2)

가. 행위주체

행위의 주체는 「상법」 제624조의2는 제542의9(주요주주 등 이해관계자와의 거래) 제1항에 위반하여 신용공여를 한 자를 벌한다고 규정하고 그 이상 구체적인 행위주체를 규정하고 있지 않다.

회사의 계산으로 신용공여를 하는 것이므로 사법적으로는 회사 자체, 대표이사가 행위주체가 될 것이므로 이 죄의 주체도 이들로 보아야 할 것이다.[1129] 이 행위의 실행에 가담한 자가 공범으로 처벌받을 수 있음은 물론이다.

나. 위법행위

위법행위는 상장회사가 「상법」제542조의9 제1항을 위반하여 신용을 공여하는 행위를 말하며, 구체적으로는 다음 각호의 어느 하나에 해당하는 자를 상대방으로 하거나 그를 위하여 신용공여(금전 등 경제적 가치가 있는 재산의 대여, 채무 이행의 보증, 자금지원적 성격의 증권매입, 그 밖의 거래상 신용위험이 따르는 직접적·간접적 거래로서 대통령령이 정하는 거래를 말함)하는 행위를 말한다.(「상법」 제624조의2)

주요주주 등 이해관계자

1. 주요주주 및 그의 특수관계인
2. 이사(제401조의2 제1항 각호의 어느 하나에 해당하는 자를 포함) 및 집행임원
3. 감사

다. 처벌내용

5년 이하의 징역 또는 2억 원 이하의 벌금에 처한다.

3. 회사재산을 위태롭게 하는 죄(「상법」 제625조)

가. 행위주체

행위의 주체는 「상법」 제622조 제1항에 규정된 자,[1130]검사인, 제298조 제3항·제299조의2·제310조 제3항 또는 제313조 제2항의 공증인이나 제299조의2 또는 제310조 제3항 또는는 제422조 제1항의 감정인이다.

1129 김용범, 전게서, 2017, 825면. 이철송, 전게서. 박영사. 2021. 1246면.

1130 「상법」 제622조 제1항에 규정된 자라 함은 "회사의 발기인, 업무집행사원, 이사, 집행임원, 감사위원회 위원, 감사 또는 직무대행자, 지배인, 기타 회사 영업에 관한 어느 종류 또는 특정한 사항의 위임을 받은 사용인"이다.

나. 위법행위

다음 중 어느 하나의 행위를 하였을 때 처벌된다.

1) 출자 부실보고

주식 또는 출자의 인수나 납입, 현물출자의 이행, 「상법」 제290조, 제416조 제4호 또는 제544조에 게기한 사항에 관하여 법원·총회 또는 발기인에게 부실한 보고를 하거나 사실을 은폐한 때.

2) 자기주식 취득

누구의 명의로 하거나 불문하고 회사의 계산으로 부정하게 그 주식 또는 지분을 취득하거나 질권의 목적으로 이를 받은 때.

회사가 자기주식을 취득하게 된 경위가 주주총회에서 주주 아닌 자에게 주식을 양도하지 않기로 하는 결의가 있었다거나, 다른 주주들이 회사의 자기주식 취득에 동의했다 하더라도 본 죄의 성립에는 영향이 없다.[1131]

그러나 자기주식취득행위를 처벌하는 가장 중요한 이유는 자사주를 유상 취득하는 것은 실질적으로는 주주에 대한 출자의 환급이라는 결과를 가져와 자본충실의 원칙에 반하고, 회사재산을 위태롭게 하는 데 있다.

따라서 私法상의 위법과 刑法상의 위법은 반드시 일치하는 것은 아니므로 私法상 금지되는 자기주식의 취득의 경우라도 회사재산에 대한 추상적인 위험이 없다고 생각되는 경우, 예컨대, 자기주식취득의 위법상태가 바로 해소되는 것을 예정하고 취득한 때에는 「형법」상으로는 실질적 위법성이 없고, '부정하게' 주식을 취득한 경우에 해당하지 않아 自己株式取得禁止 違反罪로 처벌할 수 없다.[1132]

3) 위법 배당

법령 또는 정관의 규정에 위반하여 이익배당을 한 때.

4) 영업용도외 재산처분

회사의 영업범위 외에서 투기행위를 하기 위하여 회사재산을 처분한 때.

다. 처벌내용

5년 이하의 징역 또는 1천 500만 원 이하의 벌금에 처한다.

4. 주식취득제한의 위반죄(「상법」 제625조의2)

가. 행위주체

2011년 「상법」 개정 전에는 제635조에 열거한 자로 제한하였으나, 동 개정에서는 이러한

1131 김용범, 2017, 826면. 이철송. 전게서. 박영사. 2021. 1246면. 대법원 1993.2.23. 선고. 92도616. 판결.

1132 김용범, 전게서, 2017, 826면. 이철송. 전게서. 박영사. 2021. 1246면. 대법원 1993.2.23. 선고. 92도616.판결.

제한을 폐지하였으므로 이론적으로는 누구든 이죄의 행위의 주체가 될 수 있다.

나. 위법행위

다음 중 어느 하나의 행위를 하였을 때 처벌된다.

① 「상법」 제342조의2에 위반하여 자회사가 모회사의 주식을 취득하거나, 예외적으로 취득한 주식을 6월 내에 처분하지 않는 것.(「상법」 제625조의2 제1호)

② 포괄주식 교환에서 삼각교환을 위해 완전모회사가 취득한 자신의 모회사 주식 중 사용하지 않은 주식을 재360조의3 제7항에 위반하여 주식 교환 후 6월 내에 처분하지 아니하는 것.(「상법」 제625조의2 제2호)

③ 삼각합병을 위해 존속회사가 모회사 주식을 취득한 후 사용하지 않은 주식을 제523조의 제2항에 위반해 합병 후 6월내에 처분하지 아니하는 것.(「상법」 제625조의2 제3호)

④ 삼각분할합병을 위해 흡수분할합병의 승계회사가 모회사 주식을 취득한 후 사용하지 않은 주식을 제530조의6 제5항에 위반하여 분할 후 6월 내에 처분하지 아니하는 것.(「상법」 제625조의2 제4호)

다. 처벌내용

2천만 원 이하의 벌금에 처한다.

5. 부실보고죄(「상법」 제626조)

가. 행위주체

회사의 이사, 집행임원, 감사위원회 위원, 감사 그리고 「상법」 제386조[(이사) 결원의 경우] 제2항·제407조[(이사)직무집행정지, 직무대행자 선임] 제1항·제415조 [(감사) 준용규정]·제567조 [(이사)준용규정]의 직무대행자이다.

나. 불법행위

「상법」 제604조(주식회사의 유한회사에의 조직 변경) 또는 제607조(유한회사의 주식회사로의 조직 변경)의 경우 제604조 제2항 또는 제607조 제2항의 회사에 현존하는 純財産額에 관하여 법원 또는 주주총회에 부실한 보고를 하거나 사실을 은폐하는 것이다.

다. 처벌내용

5년 이하의 징역 또는 1천 500만 원 이하의 벌금에 처한다.

6. 부실문서행사죄(「상법」 제627조)

가. 행위주체

행위주체는 (1) 「상법」 제622조(발기인, 이사 기타 임원 등의 특별배임죄) 제1항에 게기한 자 및 외국회사의 대표자, 주식 또는 사채 모집의 위탁을 받은 자와 (2) 주식 또는 사채를 매출하는 자이다.

나. 불법행위

「상법」 제627조의 부실문서행사죄의 입법취지는 주식 또는 사채의 모집에 있어 일반 투자자에게 중요한 투자판단의 자료로 제공하는 사항에 대하여 정확을 기하고, 오류를 방지하여 회사의 주식과 사채 등의 모집에 공정성과 투명성을 보장하기 위한 것이다.[1133]

따라서 위 (1)의 자가 주식 또는 사채를 모집함에 있어 중요한 사항에 관하여 부실한 기재가 있는 주식청약서, 사채청약서, 사업계획서, 주식 또는 사채의 모집에 관한 광고, 기타 문서를 행사하는 것과 위 (2)의 자가 매출에 관한 문서로서 중요한 사항에 관하여 부실한 기재가 있는 것을 행사하는 것이다.

다. 처벌내용

5년 이하의 징역이나 1천 500만 원 이하의 벌금에 처한다.

7. 납입가장죄(「상법」 제628조)

가. 행위주체

행위주체는 (1)「상법」 제622조(발기인, 이사 기타 임원 등의 특별배임죄) 제1항에 게기한 자, (2) 이들의 죄가 되는 행위에 응하거나 중개한 자이다. 원래 납입가장죄는 「상법」 제622조의 지위에 있는 자만이 주체가 될 수 있는 신분범인데, 이에 응하거나 이를 중개한 자도 처벌대상으로 확대한 것이다.[1134]

단, 신분이 없는 자도 신분이 있는 자의 범행에 가공한 경우에 공범이 될 수 있으나, 그 경우에도 공동가공의 의사와 그 공동 의사에 의한 기능적 행위 지배를 통한 범죄의 실행이라는 주관적·객관적 요건이 충족되어야 공동정범으로 처벌할 수 있다.[1135]

따라서 「상법」 제622조(발기인, 이사, 기타 임원 등의 특별배임죄)에서 정한 지위에 있는 자들이 가장납입을 하도록 범의를 유발한 것이 아닌 한, 이미 가장납입하기로 마음먹고 있는 회사의 임원 등에게 그 대금을 대여해 준 것에 불과한 경우에는 납입가장을 하기 위해 돈을 빌린다는 것을 알고 돈을 빌려주었다는 사정만으로는 납입가장죄에 대한 공동정범으로서의 죄책을 물을 수 없다.[1136]

나. 위법행위

위법행위는 (1)의 자가 납입 또는 현물출자의 이행을 가장하는 것 및 (2)의 자가 이에 응하거나 이를 중개하는 것이다. 납입가장죄는 고의범이므로 당초부터 진실한 주금납입으로

1133 김용범, 전게서, 2017, 828면. 대법원, 2003.3.25. 선고, 2000도5712. 판결.

1134 김용범, 전게서, 2017, 828면. 임재연, 전게서 I, 2014., 222면.

1135 김용범, 전게서, 2017, 828면. 임재연, 전게서 I,2014, 222면. 대법원 2011.7.14. 선고, 200도3180판결

1136 김용범, 2017, 829면. 이철송, 전게서, 박영사, 2021. 1248면, 대법원, 2011.7.14. 선고, 200도3180. 판결.

회사의 자금을 확보할 의사가 없어야 성립한다. 그리고 납입가장죄는 회사의 자본 충실을 기하려는 법의 취지를 해치는 행위를 단속하려는 것이다.[1137]

납입가장죄는 회사 자본충실을 해치는 행위를 단속하는 데 목적이 있는 것이므로, 진실한 주금납입으로 회사의 자금을 확보할 의사 없이 형식상 또는 일시적으로 주금을 납입하고 이 돈을 은행에 예치하여 납입의 외형을 갖추고 주금납입증명서를 교부받아 설립등기나 증자 등기의 절차를 마친 다음 바로 그 납입한 돈을 인출한 경우이다.

납입가장행위는 실질적으로 회사의 자본을 증가시키는 것이 아니고 등기를 위해 납입을 가장하는 편법에 불과한 것이므로, 그 인출금을 주식납입금 상당에 해당하는 자산을 양수하는 대금으로 사용하는 등 회사를 위하여 사용하였다는 특별한 사정이 없는 한 실질적으로 회사의 자본이 늘어난 것이 아니므로 납입가장죄가 성립한다.[1138]

결국 설립등기 후의 인출한 자금의 용도가 주금납입을 위한 차입금의 변제인지, 아니면 사업상의 채무변제를 포함하여 회사의 정상적인 운영자금 등으로 사용되었는가의 여부가 납입가장죄 성립여부의 중요한 판단 기준이 된다.[1139] 사법상(私法上)으로는 발기인 또는 대표 이사와 회사와의 관계에서 그 금액 상당의 채권채무관계가 발생하겠지만 본 죄의 성립에는 영향이 없다.[1140] 한편 신주발행의 절차적 또는 실체적 하자가 극히 중대하여 신주발행이 부존재한다고 보아야 할 경우에는 신주인수인의 주금납입의무는 인정할 수 없으므로 이들이 가장 납입의 방법을 취했다 하더라도 납입가장죄는 성립하지 않는다.[1141]

「상법」 제628조 제1항은 단지 「납입 또는 현물출자의 이행을 가장」하는 것을 구성요건으로 하고 있어 「납입」의 대상에 관해서는 해석이 갈릴 소지가 있다. 예컨대 사채의 납입을 가장하는 것이 본조의 처벌대상에 포함되느냐는 문제이다. 본조의 죄는 자본 충실을 보호법익으로 하므로 주금의 납입을 가장하는 행위만이 적용대상이 된다고 해석해야 한다. 전환사채는 주식으로 전환될 때 비로소 자본을 구성하게 되므로 전환사채의 납입을 가장하더라도 본조의 적용대상이 아니다.[1142]

다. 처벌내용

5년 이하의 징역이나 1천 500만 원 이하의 벌금에 처한다.

8. 주식초과발행죄(「상법」 제629조)

가. 행위주체

1137 김용범. 2017. 829면. 임재연, 전게서 I , 2014., 222면, 이철송. 전게서. 박영사. 2021. 1248면

1138 김용범, 전게서, 2017, 829면. 이철송. 전게서. 박영사. 2021. 1248면. 최준선, 전게서, 824면. 대법원. 2001.8.21. 선고. 2000 도 5418 판결.

1139 김용범, 전게서, 2017, 829면. 임재연, 전게서 I , 박영사, 2014, 222면. 최준선, 전게서, 824면. 대법원. 1986.9.9. 선고. 86도 2297. 판결. 외 다수.

1140 김용범, 2017, 829면. 이철송. 전게서. 박영사. 2021. 9. 1,248면. 대법원. 1982.4.13. 선고. 80도537. 판결 등.

1141 이철송. 전게서. 박영사. 2021. 1248면. 대법원. 2006.6.2. 선고. 2006도48. 판결.

1142 이철송. 전게서. 박영사. 2021. 1249면. 대법원. 2015.12.10. 선고. 2012도235. 판결.

발기인, 이사, 집행임원 그리고 「상법」 제386조[(이사) 결원의 경우] 제2항·제407조[(이사)직무집행정지, 직무대행자 선임] 제1항의 직무대행자이다.

나. 불법행위

발행예정주식총수를 초과하여 주식을 발행하는 것이다.

다. 처벌내용

5년 이하의 징역 또는 1천만 원 이하의 벌금에 처한다.

9. 독직죄(「상법」 제630조)

가. 행위주체

행위주체는 (1)「상법」제622조(발기인, 이사 기타 임원 등의 특별배임죄)와 제623조(사채권자 집회의 대표자 등의 특별배임죄)에 규정된 자, 검사인, 제298조(이사·감사의 조사·보고와 검사인의 선임청구) 제3항, 제299조의2(현물출자 등의 증명)·제310조(변태설립의 경우의 조사)제3항 또는 제313조[(회사설립)이사, 감사의 조사·보고] 제2항의 공증인이나 제299조의2 또는 제310조 제3항 또는 제422조(현물출자의 검사) 제1항의 감정인, (2) 이들에게 이익을 약속, 공여 또는 공여의 의사 표시를 한 자이다.

나. 불법행위

독직죄는 기업의 관리를 맡은 주식회사의 여러 직무담당자들의 受賂的 行爲를 단속하려는 죄이므로, 부정한 청탁의 대가로서 재산상 이득의 수수 등이 있으면 성립하고, 부정한 청탁으로 인한 행위를 하여 회사에 손해가 발생한 것은 구성요건이 아니다.

독직죄의 불법행위는 (1)의 자가 직무에 관하여 부정한 청탁을 받고 재산상의 이익을 수수, 요구 또는 약속하는 것과 (2)의 자가 (1)의 이익을 약속, 공여 또는 공여의 의사 표시를 하는 것이다.

또한 대법원 1971.4.13. 선고. 71도326 판결에 의하면 부정한 청탁에서 **"부정한"**이란 뚜렷이 법령에 위배한 행위 외에, 회사의 사무처리규칙에 위반 한 것 중 중요한 사항에 위반 한 행위도 포함한다고 판시하고 있다.[1143]

다. 처벌내용

5년 이하의 징역 또는 1천 500만 원 이하의 벌금에 처한다.

10. 권리행사방해 등에 관한 증수뢰죄(「상법」 제631조)

가. 행위주체

1143 김용범, 전게서, 2017, 830면. 임재연, 전게서 I , 박영사, 2014, 224~225면.

행위주체는 (1) 행위별로 주식인수인, 사원, 주주, 사채권자 또는 회사법상의 각종의 소제기권자, 소수주주, 소수사원, 일정액 이상의 사채권자, (2) (1)의 자에게 이익을 약속, 공여 또는 공여의 의사표시를 한 자이다.

나. 위법행위

위법행위는 (1)의 자가 다음 사항에 관해 부정한 청탁을 받고 재산상의 이익의 수수, 요구 또는 약속하는 것, 및 (2)의 자가 이익을 약속, 공여 또는 공여의 의사표시를 하는 것이다.

권리행사방해 등에 관한 증수뢰죄의 성립을 위한 사항

① 창립총회, 사원총회, 주주총회 또는 사채권자 집회에서의 발언 또는 의결권의 행사
② 회사법상의 소의 제기, 발행주식총수의 100분의 1 또는 100분의 3 이상에 해당하는 주주, 사채총액의 10분의 1 이상에 해당하는 사채권자 또는 자본금의 100분의 3 이상에 해당하는 출자좌수를 가진 사원의 권리의 행사
③ 유지청구권 또는 신주발행유지청구권의 행사

다. 처벌내용

1년 이하의 징역 또는 300만 원 이하의 벌금에 처한다.

11. 납입책임 면탈의 죄(「상법」제634조)

가. 행위주체

행위의 주체는 주식인수인 또는 (유한회사의) 출자인수인이다.

나. 위법행위

납입책임을 면하기 위하여 타인 또는 가설인 명의로 주식 또는 (유한회사의) 출자를 인수하는 것이다. 따라서 이것은 목적범이다.

다. 처벌내용

1년 이하의 징역 또는 300만 원 이하의 벌금에 처한다.

12. 주주의 권리행사에 관한 이익공여의 죄(「상법」제634조의2)

가. 행위주체

행위의 주체는 (1) 주식회사의 이사·집행임원·감사위원회 위원, 감사 또는 「상법」 제386조[(이사)결원의 경우] 제2항, 제407조[(이사)직무집행정지, 직무대행자 선임] 제1항 또는 제415조[(감사)준용규정]의 직무대행자, 지배인, 기타 사용인, (2) 이들로부터 이익을 수수하거나 제3자에게 이를 공여하게 한 자이다.

나. 위법행위

위법행위는 (1)의 자가 주주의 권리행사와 관련하여 회사의 계산으로 재산상의 이익을 공여하는 것, 및 (2)의 자가 수수하거나 공여하게 하는 것이다.

다. 처벌내용

1년 이하의 징역 또는 300만 원 이하의 벌금에 처한다.

Ⅲ. 「신외감법」 및 「자본시장법」의 형사범

1. 회계감사 등에 관한 독직죄(「신외감법」 제40조 제1항, 제2항)

가. 행위주체

행위주체는 (1) 감사인, 감사인에 소속된 공인회계사, 감사 또는 감사인 선임위원회의 위원(감사위원회가 설치된 경우에는 감사위원회의 위원), (2) (1)의 자에게 이익을 약속·공여 또는 공여의 의사표시를 한 자이다.

나. 위법행위

위법행위는 (1)의 자가 그 직무에 관하여 부정한 청탁을 받고 금품이나 이익을 수수·요구 또는 약속하는 것, 및 (2)의 자가 이익을 약속, 공여 또는 공여의 의사표시를 하는 것이다.

다. 처벌내용

5년 이하의 징역 또는 5천만 원 이하의 벌금에 처한다. 다만 벌금형에 처하는 경우 그 직무와 관련하여 얻은 경제적 이익의 5배에 해당하는 금액이 5천만 원을 초과하면 그 직무와 관련하여 얻은 경제적 이익의 5배에 상당하는 금액 이하의 벌금에 처한다. 위에서 규정하는 금품이나 이익은 몰수한다.(「신외감법」 제40조 제1항) 그를 몰수할 수 없으면 그 가액을 추징한다.(「신외감법」 제45조)

2. 회계분식죄(「신외감법」 제39조 제1항, 제2항)

가. 행위주체

행위주체는 (1)「상법」 제401조의2(업무집행 지시자 등의 책임) 제1항* 및 제635조(과태료를 처할 행위) 제1항**에 규정된 자나 그 밖에 회사의 회계 업무를 담당하는 자 또는 (2) 감사인 또는 그에 소속된 공인회계사이다.

* ① 회사에 대한 자신의 영향력을 이용하여 이사에게 업무집행을 지시한 자, ② 이사의 이름으로 직접 업무를 집행한 자, ③ 이사가 아니면서 명예회장·회장·사장·부사장·전무·상무·이사 기타 회사의 업무집행 할 권한이 있는 것으로 인정될 만한 명칭을 사용하여 회사의 업무를 집행한 자.
** 주식회사의 이사, 집행임원, 감사위원회 위원, 감사, 「상법」 제386조 제2항·제407조 제1항 또는 제415조의 직무대행자·지배인·그 밖의 사용인.

나. 위법행위

위법행위는 (1)은 「신외감법」 제5조(회계처리의 기준)에 따른 회계처리기준을 위반하여 거짓으로 재무제표를 작성·공시한 경우 또는 (2)은 감사보고서에 기재할 사항을 기재하지 아니하거나 거짓으로 기재한 경우 즉 분식회계 행위를 한 것이다.

참고 _____

분식회계의 정의 및 판단 기준

1. 분식회계의 정의

분식(粉飾)이란 사전적 의미로는 "실제보다 좋게 보이려고 사실을 숨기고 거짓으로 꾸미는 것"이고, 분식결산은 "영업상 수지를 계산할 때에 이익을 실제 이상으로 계상하는 일 또는 사실과 달리 이익을 적게 표시하는 일"을 말한다.

일반적으로 회계학사전에서는 **분식회계**란 "한 회계연도의 영업실적과 연도 말의 재산상태 등의 재무정보를 손익계산서와 대차대조표 등의 재무제표로 전달하면서 재무정보를 왜곡하여 사실과 다르게 표시하는 것"이라고 정의하고 있다.

그 이외에도 **분식회계**란 "기업의 실적을 위장하기 위해 적극적으로 숫자를 만들어 내는 행위"이다. 또, "기업내부자가 일반 회계기준의 범위 안에서 특정기준을 선택·적용·해석하는 것이 가능하기 때문에 기업의 효용이나 기업의 시장가치를 높이기 위해 자의적으로 회계정책을 선택·적용하는 경우 이것이 **분식회계**"라고 정의하기도 한다.

기업이 일반적으로 인정된 회계기준이 허용하는 융통성을 충분히 활용하는 것은 정상적인 것이고 일반적인 행위라고 할 수 있다. 이때 측정조항을 선택하고 해석하는 과정에서 판단에 따라 재무제표의 내용도 어느 정도 차이가 있을 수 있다.

그러나, 회계처리방법의 선택과 해석이 일반적으로 인정된 회계기준이 정한 범위를 벗어나면 기업이 공표한 재무제표는 기업의 실상을 공정히 나타내었다고 할 수 없으며, 곧 **분식회계**인 것이다. 즉, 회계처리방법의 선택을 통하여 기업의 재무적 어려움을 감추고, 이해관계자를 속이고 실패기업의 실상을 숨기는 재무보고가 **분식회계**인 것이다.

따라서 **분식회계**(Window Dressing in Accounting)란 일반적인 용례에 따르면 「결산 시에 회계적 기법을 이용하여 고의로 재무제표상의 경영성적 및 재정상태를 실제보다 부풀려서 또는 줄여서 표시하는 것」을 말한다.

2. 분식회계의 위법성 판단 기준

분식회계가 적발되면 행정처분 및 민·형사상 책임은 불가피하다. 분식회계가 법적인 제재를 받기 위해서는 법원 및 감독당국이 어떻게 그리고 무엇을 기준으로 판단하고 있는지가 중요한 문제이다. 그래야만 분식회계로 피해를 입은 피해자는 그 기준에 따라서 분식회계행위자를 상대로 소를 제기할 수 있기 때문이다.

일반적으로 **분식회계에 대한 법적인 책임**을 물기 위해서는 "분식회계 행위자가 과실, 중과실 또는 고의적으로 회계처리기준을 위반하여 고의적으로 중요한 사항에 대해 허위표시하거나 누락하여 재무제표를 작성·공시하거나 또는 그러한 허위표시 및 누락이 있는 것을 알면서도 회계감사기준을 위반하여 감사보고서를 작성·공시하는 것이라고 하며, 피해자가 위와 같은 회계정보(재무제표 및 감사보고서)를 신뢰하여 손해를 입었을 것"을 요한다.

이것을 중요 요점별로 정리해 보면 분식회계에 대한 법적제재를 가하기 위한 위법성의 판단 기준은 다음과 같이 정리할 수 있다.

분식회계의 위법성 판단 기준

① 「회계처리기준」 및 「회계감사기준」을 위반했어야 한다.
② 위반행위가 과실, 중과실 또는 고의적이어야 한다.
③ 중요한 사항에 대한 것이어야 한다.
④ 회계정보에 대한 허위표시 또는 누락이 존재하여야 한다.
⑤ 허위표시 또는 누락된 회계정보를 피해자가 신뢰했어야 한다.
⑥ 그 신뢰로 손해액이 발생하였어야 한다.

회계분식에 대한 자세한 내용은 제1편-제9장-제5절-Ⅲ-4. '분식회계의 위법성과 공정·타당한 회계 관행' 항목을 참고하시기 바랍니다.

다. 처벌 내용

10년 이하의 징역 또는 그 위반행위로 얻은 이익 또는 손실액의 2배 이상 5배 이하의 벌금에 처한다.(「신외감법」 제39조 제1항) 단 자산총액의 100분의 5에 해당하는 금액이 500억 원 이상인 회사의 경우에는 동법 제5조에 따른 회계처리기준을 위반해 회사의 재무제표상 손익 또는 자기자본 금액의 변경된 금액이 자산총액의 100분의 10 이상인 경우에는 무기 또는 5년 이상의 징역, 재무제표상 변경된 금액이 자산총액의 10분의 5 이상인 경우는 3년 이상의 유기징역에 처한다.(「신외감법」 제39조 제2항)

3. 회계분식 이외의 죄(「신외감법」)

가. 「신외감법」 제41조의 행위

1) 행위 주체

행위 주체는 「상법」 제401조의2(업무집행 지시자 등의 책임) 제1항 및 제635조(과태료에 처할 행위) 제1항에 규정된 자, 감사인 또는 그에 소속된 공인회계사나 「신외감법」 제20조(비밀엄수) 제4호에 따른 감사업무와 관련된 자이다.

2) 위법 행위

위법행위는 다음 각호의 어느 하나에 해당하는 행위를 하는 것이다.
① 「상법」 제401조의2(업무지시자 등의 책임) 및 제635조(과태료에 처할 행위) 제1항에 규정된 자나 그 밖에 회사의 회계업무 등 내부회계관리제도의 운영에 관련된 자로서 「신외감

400

법」 제8조(내부회계관리제도의 운영 등) 제2항을 위반하여 내부회계관리제도에 따라 작성된 회계정보를 위조·변조·훼손 또는 파기한 경우

② 감사인 또는 그에 소속된 공인회계사나 감사업무와 관련된 자로서 「신외감법」 제19조(감사조서) 제3항을 위반해 감사조서를 위조·변조·훼손 또는 파기한 경우

③ 「신외감법」 제22조(부정행위 등의 보고)에 따른 이사의 부정행위 등을 보고하지 아니한 경우

④ 「신외감법」 제24조(주주총회에의 출석)에 따른 주주총회 등에 출석하여 거짓으로 진술을 하거나 사실을 감춘 경우

⑤ 「신외감법」 제28조(부정행위 신고자의 보호 등) 제2항을 위반하여 신고자 등의 신분등에 관한 비밀을 누설한 경우

3) 처벌 내용

5년 이하의 징역 또는 5천만 원 이하의 벌금에 처한다.(「신외감법」 제41조)

나. 「신외감법」 제42조의 행위

1) 행위 주체

행위 주체는 「상법」 제401조의2(업무집행지시자 등의 책임) 및 제635조(과태료에 처할 행위) 제1항에 규정된 자, 그 밖에 회사의 회계업무를 담당하는 자, 감사인 또는 그에 소속된 공인회계사나 「신외감법」 제20조(비밀엄수) 제4호에 따른 감사업무와 관련된 자이다.

2) 위법 행위

위법행위는 다음 각호의 어느 하나에 해당하는 행위를 하는 것이다.

① 「신외감법」 제6조(재무제표의 작성 책임 및 제출) 및 제23조(감사보고서의 제출 등) 제3항을 위반하여 재무제표를 제출하지 아니한 경우

② 「신외감법」 제6조(재무제표의 작성 책임 및 제출) 제6항을 위반하여 감사인 또는 그에 소속된 공인회계사가 재무제표를 작성하거나 회사가 감사인 또는 그에 소속된 공인회계사에게 재무제표 작성을 요구하는 경우

③ 정당한 이유 없이 「신외감법」 제7조(지배회사의 권한) 및 제21조(감사인의 권한 등)에 따른 지배회사 또는 감사인의 열람, 복사, 자료제출 요구 또는 조사를 거부·방해·기피하거나 거짓 자료를 제출한 경우

④ 정당한 이유 없이 「신외감법」 제10조(감사인의 선임) 제1항·제2항 또는 제8항에 따른 기간 내에 감사인을 선임하지 아니한 경우

⑤ 「신외감법」 제20조(비밀엄수)를 위반하여 비밀을 누설하거나 부당한 목적을 위하여 이용한 경우

⑥ 정당한 이유 없이 「신외감법」 제27조(자료의 제출요구 등) 제1항에 따른 자료 제출 등의 요구·열람 또는 조사를 거부·방해·기피하거나 거짓자료를 제출한 경우

⑦ 재무제표를 작성하지 아니한 경우

⑧ 감사인 또는 그에 소속된 공인회계사에게 거짓 자료를 제시하거나 거짓이나 그 밖의 부정한 방법으로 감사인의 정상적인 외부감사를 방해한 경우

3) 처벌 내용

3년 이하의 징역 또는 3천만 원 이하의 벌금에 처한다.(「신외감법」제42조)

다. 「신외감법」 제44조의 행위

1) 행위 주체

행위 주체는 「상법」 제401조의2(업무집행지시자 등의 책임) 및 제635조(과태료에 처할 행위) 제1항에 규정된 자, 그 밖에 회사의 회계업무를 담당하는 자, 감사인 또는 그에 소속된 공인회계사이다.

2) 위법 행위

위법행위는 다음 각호의 어느 하나에 해당하는 행위를 하는 것이다.

① 정당한 이유 없이 「신외감법」 제11조(증권선물위원회에 의한 감사인 지정 등) 제1항에 따른 증권선물위원회의 요구에 따르지 아니한 경우
② 「신외감법」 제11조(증권선물위원회에 의한 감사인 지정 등) 제6항을 위반하여 감사인을 선임한 경우
③ 「신외감법」 제23조(감사보고서의 제출 등) 제1항에 따른 감사보고서를 제출하지 아니한 경우
④ 「신외감법」 제23조(감사보고서의 제출 등) 제6항을 위반하여 감사인의 명칭과 감사의견을 함께 적지 아니한 경우

3) 처벌 내용

1년 이하의 징역 또는 1천만 원 이하의 벌금에 처한다.(「신외감법」제44조)

4. 부정행위 신고자 보호 위반죄(「신외감법」제43조)

가. 행위 주체

행위 주체는 「신외감법」 제28조(부정행위 신고자의 보호 등) 제3항에 따른 부정행위를 신고 또는 고지 받은 해당 회사(해당 회사의 임직원을 포함한다)이다.

나. 위법 행위

「신외감법」 제28조(부정행위 신고자의 보호 등) 제3항을 위반하여 신고자 등에게 그 신고 또는 고지와 관련하여 직접 또는 간접적인 방법으로 「공익신고자 보호법」 제2조(정의) 제6호에 해당하는 불이익조치를 행하는 것이다.

공익신고자에 대한 불이익조치

① 파면, 해임, 해고, 그 밖에 신분상실에 해당하는 신분상의 불이익 조치

② 징계, 정직, 감봉, 강등, 승진 제한, 그 밖에 부당한 인사조치

③ 전보, 전근, 직무 미부여, 직무 재배치, 그 밖에 본인의 의사에 반하는 인사조치

④ 성과평가 또는 동료평가 등에서의 차별과 그에 따른 임금 또는 상여금 등의 차별 지급

⑤ 교육 또는 훈련 등 자기계발 기회의 취소, 예산 또는 인력 등 가용자원의 제한 또는 제거, 보안
정보 또는 비밀정보 사용의 정지 또는 취급자격의 취소, 그 밖에 근무조건 등에 부정적인 영향
을 미치는 차별 또는 조치

⑥ 注意 대상자명단 작성 또는 그 명단의 공개, 집단 따돌림, 폭행 또는 폭언, 그 밖에 정신적·신체
적 손상을 가져오는 행위

⑦ 직무에 대한 부당한 監査 또는 조사나 그 결과의 공개

⑧ 인허가 등의 취소, 그 밖에 행정적 불이익을 주는 행위

⑨ 물품계약 또는 용역계약의 해지, 그 밖에 경제적 불이익을 주는 조치 등

다. 처벌 내용

2년 이하의 징역 또는 2천만 원 이하의 벌금에 처한다.(「신외감법」 제43조)

5. 허위서명 증명죄(「자본시장법」제444조 제13호)

가. 행위 주체 및 위법 행위

「자본시장법」의 적용을 받는 상장회사 등이 사업보고서, 반기보고서 또는 분기보고서, 중요사항 보고서 등의 중요사항에 관하여 거짓의 기재 또는 표시를 하거나 중요사항 기재 또는 표시하지 아니한 자 및 그 중요사항에 관하여 거짓의 기재 또는 표시가 있거나 중요 사항의 기재 또는 표시가 누락되어 있는 사실을 알고도 제119조(모집 또는 매출의 신고) 제5항 또는 제159조(사업보고서서 등의 제출) 제7항에 따른 서명을 한 자와 그 사실을 알고도 이를 진실 또는 정확하다고 증명하여 그 뜻을 기재한 공인회계사·감정인 또는 신용평가를 전문 으로 하는 자

나. 처벌 내용

5년 이하의 징역 또는 2억 원 이하의 벌금에 처한다.(「자본시장법」 제444조 제13호)

6. 시세조종(주가조작)죄(「자본시장법」)

자세한 내용은 제2편-제9장-제4절-Ⅱ.-5. '시세조종행위에 대한 제재' 항목을 참조하 시기 바랍니다.

7. 미공개정보 이용죄(「자본시장법」)

자세한 내용은 제2편-제9장-제4절-Ⅲ.-7. '미공개 중요정보 이용 위반에 대한 제재' 항목을 참조하시기 바랍니다.

8. 부정거래 행위죄(『자본시장법』)

자세한 내용은 제2편-제9장-제4절-Ⅳ.-7.. '부정거래행위에 대한 제재' 항목을 참조하시기 바랍니다.

9. 공매도 위반죄(『자본시장법』)

자세한 내용은 제2편-제9장-제4절-Ⅶ-10. '공매도에 대한 제재' 항목을 참조 하시기 바랍니다.

10. 임원 및 주요주주의 특정증권 등 소유상황 보고 위반죄(『자본시장법』)

자세한 내용은 제2편-제9장-제4절-Ⅷ-8. '임원 및 주요주주의 특정증권 등 소유 상황 보고 위반 시 제재' 항목을 참조하시기 바랍니다.

11. 장내파생상품의 대량보유 보고 위반죄(『자본시장법』)

자세한 내용은 제2편-제9장-제4절-Ⅸ-6. '장내파생상품의 대량보유 보고 위반 시 제재' 항목을 참조하시기 바랍니다.

Ⅳ. 그 외 법의 형사범

1. 사기죄(『형법』 제347조 및 「특경법」 제3조)

가. 행위주체

행위의 주체는 (1) 사람을 기망하여 재물의 교부를 받거나 재산상의 이익을 취득한 자, (2) 전항의 방법으로 제3자로 하여금 재물의 교부를 받게 하거나 재산상의 이득을 취득하게 한 자이다.

나. 위법행위

위법행위는 (1)의 자가 사람을 기망하여 재물의 교부를 받거나 재산상의 이익을 취득하는 것, 및 (2)의 자가 전항의 방법으로 재물의 교부를 받거나 재산상의 이득을 취득하는 것이다. 즉, 사기죄는 영득죄의 일종이지만 절도죄 및 강도죄가 상대방의 의사에 반하여 재물을 탈취하는 것과는 달리 기망에 의한 상대방의 착오 있는 의사 표시에 의하여 재물을 교부받거나 재산상의 이익을 취득하는 것이다.

따라서 분식회계를 한 재무제표 및 사업보고서를 토대로 금융기관으로부터 대출을 받으면 사기죄가 성립된다. 왜냐하면 분식 결산된 허위의 재무제표 등을 사용하여 누적된 결손 사실을 숨기고 변제능력이 없음에도 있는 것으로 기망하여 허위사실을 은폐함으로써 상대방으로 하여금 그것을 誤導케하여 금융기관 등으로부터 금원을 차입하거나 재산상의 이익을 취득 하였기 때문이다.

분식회계에 의한 사기 사례

사례1 _____

대법원은 "당해 회계연도의 결산이 적자인 경우 다음 해에 관급공사의 수주나 금융기관으로부터 대출이 어렵게 되는 것을 피하기 위해 실제로는 손실을 입었음에도 이익이 발생한 것처럼 이른바 분식결산을 작성한 후 이를 토대로 금융기관으로부터 대출을 받은 행위는 사기죄에 해당된다."고 판시한 바 있다.(대법원 2000.9.8. 선고 2000도1447. 판결).

사례2 _____

그리고 대법원 판결에서 "편법을 사용하여 재무제표를 작성하여 금융기관에 제출하면 금융기관으로서는 원래 해당 회계연도에 적용하는 개정 전 회계처리기준에 의해 위 재무제표가 작성되었고 그 결과 당기순이익이 발생한 것으로 잘못 인식할 수 있다 하여 이는 해당 회계연도의 회사 재무상황에 대하여 금융기관의 착오를 일으키는 것이어서 기망행위에 해당한다."고 판시하였다.(대법원. 2007.6.1. 선고 2006도1813. 판결).

사례3 _____

또한 대법원은 "사기죄는 상대방을 기망하여 하자 있는 상대방의 의사에 의하여 재물을 교부받음으로써 성립하는 것이므로, 분식회계에 의한 재무제표 등으로 금융기관을 기망하여 대출을 받았다면 사기죄는 성립하고, 변제의사와 변제능력이 있었다든지 충분한 담보가 제공되었다거나 피해자의 전체 재산상에 손해가 없고 사후에 대출금이 상환되었다고 하더라도 사기죄의 성립에는 영향이 없다"고 판시하였다.(대법원. 2012.1.27. 선고. 2011도14247. 판결, 대법원. 2010. 5. 27. 선고. 2007도10056. 판결 등)

다. 처벌내용

이러한 경우에는 「형법」 제347조의 적용을 받아 10년 이하의 징역 또는 2천만 원 이하의 벌금에 처하게 된다. 만약 그 재산상의 이익이 5억 원 이상 이라면 「특경법」이 적용되어 같은 법 제3조에 따라 그 이득액이 5억 원 이상 50억 원 미만인 때는 3년 이상 유기징역, 이득액이 50억 원 이상일 때에는 무기 또는 5년 이상 징역형으로 처벌받게 된다.

2. 비밀침해의 죄(「형법」 제316조 제1항 및 제2항)

가. 행위 주체

행위의 주체는 (1) 봉함 기타 비밀장치한 사람의 편지, 문서 또는 도화를 개봉(開封)한 자, (2) 봉함 기타 비밀장치한 사람의 편지, 문서, 도화 또는 전자기록 등 특수매체기록을 기술적 수단을 이용하여 그 내용을 알아낸 자 등 이다.

나. 위법 행위

위법행위는 (1)의 자가 봉함 기타 비밀장치한 사람의 편지, 문서 또는 도화를 개봉하는 것, 및 (2)의 자가 봉함 기타 비밀장치한 사람의 편지, 문서, 도화 또는 전자기록 등 특수매체 기록을 기술적 수단을 이용해 그 내용을 알아내는 것이다. 본죄의 보호법익은 개인 비밀이다.

이 경우에 비밀의 주체는 자연인이든, 법인이든, 법인격 없는 단체이든 불문이다. 문제는 국가 또는 공공단체의 비밀도 여기에 포함되느냐에 있다. 이 점에 대해서는 본 죄가 친고죄로 되어 있으므로 국가의 비밀은 포함되지 않는다는 견해가 있으나, 본 죄는 봉함 기타 비밀장치한 타인의 편지·문서 또는 도화를 개봉함으로써 성립하는 추상적 위험범이므로 편지 등에 포함되어 있는 비밀의 내용은 문제가 되지 않는다.

따라서 개인의 비밀뿐만 아니라 국가 또는 공공단체의 비밀도 여기에 포함된다고 해야 한다. 본 죄에서 말하는 **비밀장치**라 함은 그 문서자체에 대하여 봉인 한 것, 풀로 붙인 것, 끈으로 맨 것 등의 방법에 의한 것으로서 파괴하지 않고서는 그 안에 있는 편지·문서 또는 도화 등을 볼 수 없는 장치를 말한다.

대법원의 판례를 보면 "「형법」 제316조 제1항의 비밀침해죄는 봉함 기타 비밀장치한 사람의 편지, 문서 또는 도화를 개봉하는 행위를 처벌하는 죄이고, 이때 '**봉함 기타 비밀장치가 되어 있는 문서**'란 '기타 비밀장치'라는 일반조항을 사용하여 널리 비밀을 보호하고자 하는 위 규정의 취지에 비추어 볼 때, 반드시 문서 자체에 비밀장치가 되어 있는 것만을 의미하는 것은 아니고, 봉함 이외의 방법으로 외부포장을 만들어서 그 안의 내용을 알 수 없게 만드는 일체의 장치를 가리키는 것으로, 잠금장치 있는 용기나 서랍 등도 포함한다고 할 것이다." 라고 판시하고 있다.[1144]

그리고 **편지**라 함은 특정인에게 의사를 전달하는 문서를 말하고 발송 전이거나 발송 중이거나 발송 후 이건 불문한다. 그러나 「우편엽서」 같은 비밀장치가 없는 편지는 여기에 해당되지 않는다. **도화**라 함은 문자 아닌 형상적 방법으로 어떤 의사나 판단을 표시한 것을 말하고, **문서**라 함은 문자 기타 부호로 어떤 의사 또는 판단을 표시한 것을 말한다.

또한 **개봉**이라 함은 봉함기타 비밀장치를 파괴하여 편지·문서·도화 등의 내용을 알 수 있는 상태에 두는 것을 말하고 개봉 후 원상회복을 불문하고 또 반드시 그 내용을 인지할 필요는 없다. 따라서 개봉 이외의 방법으로 전등불에 투시하여 그 내용을 읽어보는 것은 편지의 개봉이 아니다. 본 죄가 성립하기 위해서는 편지 등의 개봉이 위법해야 한다.

그러나 본 죄의 위법성도 違法性阻却事由가 존재하면 조각된다. 또한 편지를 개봉할 권한이 법령에 규정되어 있을 경우에는 위법성이 조각된다. 예컨대 「통신비밀보호법」 제3조, 「행형법」 제18조 제3항, 「형사소송법」 제107조, 제120조 및 「우편법」 제28조 제2항과 제35조 제2황 등이 그것이다.

1144 대법원. 2008.11.27. 선고. 2008도9071. 판결.

다. 처벌 내용

3년 이하의 징역이나 금고 또는 5백만 원 이하의 벌금에 처한다.(「형법」 제316조 제1항 및 제2항)

3. 통신 및 대화 비밀의 보호위반죄(「통신비밀보호법」 제16조 제1항 제1,2호)

가. 행위 주체

행위의 주체는 (1) 「통신비밀보호법」 제3조의 규정을 위반하여 우편물의 검열 또는 전기통신의 감청을 하거나 공개되지 아니한 타인간의 대화를 녹음 또는 청취한 자. (2) 제(1)호에 따라 알게 된 통신 또는 대화의 내용을 공개하거나 누설한 자 등이다.

나. 위법 행위

「통신비밀보호법」은 국민이 서로 간에 자유롭게 의사를 전달하고 정보를 교환함으로써 국민의 사생활이 보호될 수 있도록 우편물의 검열과 전기통신의 감청을 금지하여 「헌법」 제18조에 규정된 통신의 비밀과 자유를 보장하고자 제정된 법률이다. 그러나 「통신비밀보호법」은 동시에 국가 안전보장 및 중요범죄의 수사를 위하여 통신의 비밀과 자유에 대한 최소한의 제한이 필요하므로, 이를 위한 요건과 절차를 함께 규정하고 있다.

따라서 「통신비밀보호법」 제3조 제1항 본문은 누구든지 이 법과 「형사소송법」또는 「군사법원법」의 규정에 의하지 아니하고는 우편물의 검열·전기통신의 감청 또는 통신사실 확인자료의 제공을 하거나 공개되지 아니한 타인간의 대화를 녹음 또는 청취하지 못하도록 금지하고 있다.

본 죄의 위법행위는 (1)의 자가 「통신비밀보호법」 제3조의 규정을 위반하여 우편물의 검열 또는 전기 통신의 감청을 하거나 공개되지 아니한 타인 간의 대화를 녹음 또는 청취하는 것, 및 (2)의 자가 (1)호에 따라 알게 된 통신 또는 대화의 내용을 공개하거나 누설하는 것이다.

참고 _____

통신 및 대화비밀 보호 위반죄에 대한 판례

① "「통신비밀보호법」에서 보호하는 타인간의 '대화'는 원칙적으로 현장에 있는 당사자들이 육성으로 말을 주고받는 의사소통 행위를 가리킨다. 따라서 사람의 육성이 아닌 사물에서 발생하는 음향은 타인 간의 '대화'에 해당하지 않는다. 또한 사람의 목소리라고 하더라도 상대방에게 의사를 전달하는 말이 아닌 단순한 비명소리나 탄식 등은 타인간의 의사소통을 하기위한 것이 아니라면 특별한 사정이 없는 한 타인 간의 '대화'에 해당한다고 볼 수 없다."[1145]고 판례는 보고 있어 「통신비밀보호법」상의 대화란 현장에 있는 당사자들이 육성으로 말을 주고받는 의사소통행위를 의미하고, 사람이 아닌 사물에서 발생하는 음향 또는 사람의 목소리라 할지라도 의사를 전달하는 말이 아닌 단순한 비명이나 탄식 등의 의사소통을 위한 것이 아

1145 대법원. 2017. 3. 15. 선고. 2016도19843. 판결

니라면 특별한 사정이 없는 한 대화라 할 수 없다고 본다.

② 전기통신에 해당하는 전화통화 당사자의 일방이 상대방 모르게 통화 내용을 녹음(채록)하는 것은 여기의 감청에 해당하지 아니하지만(따라서 전화통화 당사자의 일방이 상대방 몰래 통화내용을 녹음하더라도, 대화 당사자 일방이 상대방 모르게 그 대화내용을 녹음한 경우와 마찬가지로 「통신비밀보호법」제3조제1항 위반에 비해당), 제3자의 경우는 설령 전화통화 당사자 일방의 동의를 받고 그 통화내용을 녹음하였다 하더라도 그 상대방의 동의가 없었던 이상, 사생활 및 통신의 불가침을 국민의 기본권의 하나로 선언하고 있는 「헌법」규정과 통신비밀의 보호와 통신의 자유 신장을 목적으로 제정된 「통신비밀보호법」의 취지에 비추어 이는 동법 제3조 제1항 위반이 된다고 해석해야 할 것이다(이 점은 제3자가 공개되지 아니한 타인간의 대화를 녹음한 경우에는 마찬가지다)[1146]라고 판례는 보고있어, 제3자가 타인간의 대화를 녹음하는 경우 쌍방의 동의를 모두 요한다고 본다.

다. 처벌 내용

1년 이상 10년 이하의 징역과 5년 이하의 자격정지에 처한다.(「통신비밀보호법」 제16조 제1항)

4. 개인정보 보호 위반죄(「개인정보보호법」)

가. 「개인정보보호법」 제70조의 행위

1) 행위 주체

① 공공기관의 개인정보 처리업무를 방해할 목적으로 공공기관에서 처리하고 있는 개인정보를 변경하거나 말소하여 공공기관의 업무수행의 중단·마비 등 심각한 지장을 초래한 자

② 거짓이나 그 밖의 부정한 수단이나 방법으로 다른 사람이 처리하고 있는 개인정보를 취득한 후 이를 영리 또는 부정한 목적으로 제3자에게 제공한 자와 이를 교사·알선한 자

2) 위법 행위

① 공공기관의 개인정보 처리업무를 방해할 목적으로 공공기관에서 처리하고 있는 개인정보를 변경하거나 말소하여 공공기관의 업무수행의 중단·마비 등 심각한 지장을 초래하는 것

② 거짓이나 그 밖의 부정한 수단이나 방법으로 다른 사람이 처리하고 있는 개인정보를 취득한 후 이를 영리 또는 부정한 목적으로 제3자에게 제공하는 것과 이를 교사·알선하는 것

3) 처벌 내용

10년 이하의 징역 또는 1억 원 이하의 벌금에 처한다.

1146 대법원. 2002.10.8. 선고. 2002도123. 판결.

나. 「개인정보보호법」 제71조의 행위

1) 행위 주체

① 「개인정보보호법」 제17조(개인정보의 제공) 제1항 제2호에 해당하지 아니함에도 같은 항 제1호를 위반하여 정보주체의 동의를 받지 아니하고 개인정보를 제3자에게 제공한 자 및 그 사정을 알고 개인정보를 제공받은 자

② 「개인정보보호법」 제18조(개인정보의 목적 외 이용·제공 제한)제1항 및 제2항(제39조의14에 따라 준용되는 경우를 포함), 제19조(개인정보를 제공받은 자의 이용·제공 제한), 제26조(업무위탁에 따른 개인정보의 처리 제한) 제5항 또는 제27조 제3항, 제28조의2(가명정보의 처리 등)를 위반하여 개인정보를 이용하거나 제3자에게 제공한 자 및 그 사정을 알면서도 영리 또는 부정한 목적으로 개인정보를 제공받은 자

③ 「개인정보보호법」 제23조(민감정보의 처리제한)제1항을 위반하여 민감 정보를 처리한 자

④ 「개인정보보호법」 제24조(고유식별정보의 처리 제한) 제1항을 위반하여 고유식별정보를 처리한 자

④ 의 2. 제28조의3(가명정보의 결합제한)을 위반하여 기명정보를 처리하거나 제3자에게 제공한 자 및 그 사정을 알면서도 영리 또는 부정한 목적으로 가명정보를 제공받은 자

④ 의 3. 제28조의5(가명정보 처리 시 금지의무 등) 제1항을 위반하여 특정 개인을 알아보기 위한 목적으로 가명정보를 처리한 자

④ 의 4. 제36조(가명정보의 정정·삭제) 제2항(제27조에 따라 정보통신서비스 제공자 등으로부터 개인정보를 이전받은 자와 제39조 제39조의14에 따라 준용되는 경우를 포함)을 위반하여 정정·삭제 등 필요한 조치(제38조 제2항에 따른 열람 등 요구에 따른 필요한 조치를 포함)를 하지 아니하고 개인정보를 이용하거나 이를 제3자에게 제공한 정보통신서비스 제공자 등

④ 의 5. 제39조의3(개인정보의 수집·이용 동의 등에 대한 특례) 제1항(제39조의14에 따라 준용되는 경우를 포함)을 위반하여 이용자의 동의를 받지 아니하고 개인정보를 수집한 자

④ 의 6. 제39조의3(개인정보의 수집·이용 동의 등에 대한 특례) 제4항(제39조의14에 따라 준용되는 경우를 포함)을 위반하여 법정대리인의 동의를 받지 아니하거나 법정대리인이 동의하였는지를 확인하지 아니하고 만 14세 미만인 아동의 개인정보를 수집한 자

⑤ 「개인정보보호법」 제59조(금지행위) 제2호를 위반하여 업무상 알게 된 개인정보를 누설하거나 권한 없이 다른 사람이 이용하도록 제공한 자 및 그 사정을 알면서도 영리 또는 부정한 목적으로 개인정보를 제공받은 자

⑥ 「개인정보보호법」 제59조(금지행위) 제3호를 위반하여 다른 사람의 개인정보를 훼손, 멸실, 변경, 위조 또는 유출한 자

2) 위법 행위

① 「개인정보보호법」 제17조(개인정보의 제공) 제1항 제2호에 해당하지 아니함에도 같은 항 제1호를 위반하여 정보주체의 동의를 받지 아니하고 개인정보를 제3자에게 제공하는 것 및 그 사정을 알고 개인정보를 제공받는 것

② 「개인정보보호법」 제18조(개인정보의 목적 외 이용ㆍ제공 제한)제1항 및 제2항(제39조의14에 따라 준용되는 경우를 포함), 제19조(개인정보를 제공받은 자의 이용ㆍ제공 제한), 제26조(업무위탁에 따른 개인정보의 처리 제한) 제5항 또는 제27조(영업양도 등에 따른 개인정보의 이전 제한) 제3항, 제28조의2(가명정보의 처리 등)를 위반하여 개인정보를 이용하거나 제3자에게 제공하는 것 및 그 사정을 알면서도 영리 또는 부정한 목적으로 개인정보를 제공받는 것

③ 「개인정보보호법」 제23조(민감정보의 처리 제한) 제1항을 위반하여 민감정보를 처리하는 것

④ 「개인정보보호법」 제24조(고유식별정보의 처리 제한) 제1항을 위반하여 고유식별정보를 처리하는 것

④ 의 2. 제28조의3(가명정보의 결합제한)을 위반하여 기명정보를 처리하거나 제3자에게 제공하는 것 및 그 사정을 알면서도 영리 또는 부정한 목적으로 가명정보를 제공받은 것

④ 의 3. 제28조의5(가명정보 처리 시 금지의무 등) 제1항을 위반하여 특정 개인을 알아보기 위한 목적으로 가명정보를 처리하는 것

④ 의 4. 제36조(가명정보의 정정ㆍ삭제) 제2항(제27조에 따라 정보통신서비스 제공자 등으로부터 개인정보를 이전받은 자와 제39조 제39조의14에 따라 중용되는 경우를 포함)을 위반하여 정정ㆍ삭제 등 필요한 조치(제38조 제2항에 따른 열람 등 요구에 다른 필요한 조치를 포함)를 하지 아니하고 개인정보를 이용하거나 이를 제3자에게 제공한 정보통신서비스를 제공하는 것

④ 의 5. 제39조의3(개인정보의 수집ㆍ이용 동의 등에 대한 특례) 제1항(제39조의14에 따라 준용되는 경우를 포함)을 위반하여 이용자의 동의를 받지 아니하고 개인정보를 수집하는 것

④ 의 6. 제39조의3(개인정보의 수집ㆍ이용 동의 등에 대한 특례) 제4항(제39조의14에 따라 중용되는 경우를 포함)을 위반하여 법정대리인의 동의를 받지 아니하거나 법정대리인이 동의하였는지를 확인하지 아니하고 만 14세 미만인 아동의 개인정보를 수집하는 것

⑤ 「개인정보보호법」 제59조(금지행위) 제2호를 위반하여 업무상 알게 된 개인정보를 누설하거나 권한 없이 다른 사람이 이용하도록 제공하는 것 및 그 사정을 알면서도 영리 또는 부정한 목적으로 개인정보를 제공받는 것

⑥ 「개인정보보호법」 제59조(금지행위) 제3호를 위반하여 다른 사람의 개인정보를 훼손, 멸실, 변경, 위조 또는 유출하는 것

3) 처벌 내용

5년 이하의 징역 또는 5천만 원 이하의 벌금에 처한다.

다. 「개인정보보호법」 제72조의 행위

1) 행위 주체

① 「개인정보보호법」 제25조(영상정보처리기기의 설치ㆍ운영 제한) 제5항을 위반하여 영상정보처리기기의 설치 목적과 다른 목적으로 영상처리기기를 임의로 조작하거나 다른 곳을 비추는 자 또는 녹음기능을 사용한 자

② 「개인정보보호법」 제59조(금지행위) 제1호를 위반하여 거짓이나 그 밖의 부정한 수단이나 방법으로 개인정보를 취득하거나 개인정보 처리에 관한 동의를 받는 행위를 한 자

및 그 사정을 알면서도 영리 또는 부정한 목적으로 개인정보를 제공받은 자

③ 「개인정보보호법」 제60조(비밀유지 등)을 위반하여 직무상 알게 된 비밀을 누설하거나 직무상 목적 외에 이용한 자

2) 위법 행위

① 「개인정보보호법」 제25조(영상정보처리기기의 설치·운영 제한) 제5항을 위반하여 영상정보 처리기기의 설치 목적과 다른 목적으로 영상처리기기를 임의로 조작하거나 다른 곳을 비추는 자 또는 녹음기능을 사용하는 것

② 「개인정보보호법」 제59조(금지행위) 제1호를 위반하여 거짓이나 그 밖의 부정한 수단이나 방법으로 개인정보를 취득하거나 개인정보 처리에 관한 동의를 받는 행위를 하는 것 및 그 사정을 알면서도 영리 또는 부정한 목적으로 개인정보를 제공받는 것

③ 「개인정보보호법」 제60조(비밀유지 등)을 위반하여 직무상 알게 된 비밀을 누설하거나 직무상 목적 외에 이용하는 것

3) 처벌 내용

3년 이하의 징역 또는 3천만 원 이하의 벌금에 처한다.

라. 「개인정보보호법」 제73조의 행위

1) 행위 주체

① 「개인정보보호법」 제23조(민감정보의 처리 제한) 제2항, 제24조(고유식별정보의 처리 제한) 제3항, 제25조(영상정보처리기기의 설치·운영 제한) 제6항, 제28조의4(가명정보에 대한 안전 조치의무 등) 또는 제29조(안전조치 의무)를 위반하여 안전성 확보에 필요한 조치를 하지 아니하여 개인정보를 분실·도난·유출·위조·변조 또는 훼손당한 자

① 의 2. 「개인정보보호법」 제21조(개인정보의 파기) 제1항(제39조의14에 따라 준용되는 경우를 포함)을 위반하여 개인정보를 파기하지 아니한 정보통신서비스 제공자

② 「개인정보보호법」 제36조(개인정보의 정정·삭제) 제2항을 위반하여 정정·삭제 등 필요한 조치를 하지 아니하고 개인정보를 계속 이용하거나 이를 제3자에게 제공한 자

③ 「개인정보보호법」 제37조(개인정보의 처리정지 등) 제2항을 위반하여 개인정보의 처리를 정지하지 아니하고 계속 이용하거나 제3자에게 제공한 자

2) 위법 행위

① 「개인정보보호법」 제23조(민감정보의 처리 제한) 제2항, 제24조(고유식별정보의 처리 제한) 제3항, 제25조(영상정보처리기기의 설치·운영 제한) 제6항, 제29조(안전조치 의무)를 위반하여 안전성 확보에 필요한 조치를 하지 아니하여 개인정보를 분실·도난·유출·위조·변조 또는 훼손당하는 것

① 의 2. 「개인정보보호법」 제21조(개인정보의 파기) 제1항(제39조의14에 따라 준용되는 경우를 포함)을 위반하여 개인정보를 파기하지 아니한 정보통신서비스를 제공하는 것

② 「개인정보보호법」 제36조(개인정보의 정정·삭제) 제2항을 위반하여 정정·삭제 등 필요한 조치를 하지 아니하고 개인정보를 계속 이용하거나 이를 제3자에게 제공하는 것

③ 「개인정보보호법」 제37조(개인정보의 처리정지 등) 제2항을 위반하여 개인정보의 처리를 정지하지 아니하고 계속 이용하거나 제3자에게 제공하는 것

3) 처벌 내용

2년 이하의 징역 또는 2천만 원 이하의 벌금에 처한다.

5. 단체협약 위반죄(「노동조합법」 제92조 제2호)

가. 행위 주체

「노동조합법」 제31조(단체협약의 작성) 제1항의 규정에 의하여 체결된 단체협약의 내용 중 다음 각 목의 1에 해당하는 사항을 위반하는 자

① 임금·복리후생비, 퇴직금에 관한 사항
② 근로 및 휴게시간, 휴일, 휴가에 관한 사항
③ 징계 및 해고의 사유와 중요한 절차에 관한 사항
④ 안전보건 및 재해부조에 관한 사항
⑤ 시설·편의 제공 및 근무시간 중 회의 참석에 관한 사항
⑥ 쟁의행위에 관한 사항

나. 위법 행위

「노동조합법」 제31조(단체협약의 작성) 제1항의 규정에 의하여 체결된 단체협약의 내용 중 다음 각 목의 1에 해당하는 사항을 위반하는 것

① 임금·복리후생비, 퇴직금에 관한 사항
② 근로 및 휴게시간, 휴일, 휴가에 관한 사항
③ 징계 및 해고의 사유와 중요한 절차에 관한 사항
④ 안전보건 및 재해부조에 관한 사항
⑤ 시설·편의 제공 및 근무시간 중 회의 참석에 관한 사항
⑥ 쟁의행위에 관한 사항

다. 처벌 내용

1천만 원 이하의 벌금에 처한다.

제4절 행정범

Ⅰ. 개요

「상법」은 제635조와 제636조의 회사법의 각 규정을 위반한 경우에 과태료에 처할 수 있는 행위를 규정하고 있다. 그러나 그 행위에 관하여 형을 과할 때에는 과태료를 처할 수 없다.(「상법」제635조 제1항 단서)

과태료는 대통령령으로 정하는 바에 따라 법무부장관이 부과·징수하는데(「상법」제637조의2 제1항), 이에 불복하는 자는 그 처분의 고지를 받은 날로부터 60일 이내에 법무부장관에게 이의를 제기할 수 있다.(「상법」제637조의2 제2항) 이의가 제기된 때에는 법원이 「비송사건절차법」에 따른 과태료 재판을 한다.(「상법」제637조의2 제3항)

법무부는 과태료부과에 있어서의 구체적인 타당성을 기하기 위하여 회사의 규모, 위반행위의 기간과 빈도, 이해관계인의 피해 유무에 따라 과태료를 차등 적용하는 기준, 즉 「상법상 과태료 부과기준지침」(2010.10.7. 법무부예규 제960호)을 제정해 운용하고 있다.

Ⅱ. 「상법」 제635조 제1항의 행위

1. 행위 주체

발기인, 설립위원, 업무집행사원, 업무집행자, 이사, 집행임원, 감사, 감사위원회 위원, 외국회사의 대표자, 검사인, 제298조 제3항·제299조의2·제310조 제3항 또는 제313조 제2항의 공증인, 제299조의2·제310조 제3항 또는 제422조 제1항의 감정인, 지배인, 청산인, 명의개서대리인, 사채모집을 위탁받은 회사와 그 사무승계자 또는 제386조 제2항·제407조 제1항·제415조·제542조 제2항 또는 제567조의 직무대행자이다.

2. 위법 행위

1) 「상법」 제3편에서 정한 등기를 게을리한 때

회사의 등기는 법령에 따른 규정이 있는 경우를 제외하고는 그 대표자가 신청의무를 부담하므로(「상업등기법」제17조) 회사의 등기를 게을리한 때는 등기를 해태할 당시 회사의 대표자가 과태료 부과대상자가 되는 것이고, 등기를 게을리한 상태가 지속되는 중에 대표자의 지위를 상실한 경우에는 대표자의 지위에 있으면서 등기를 게을리한 기간에 대하여만 과태료 책임을 부담한다.[1147]

2) 「상법」 제3편에서 정한 공고 또는 통지를 게을리하거나 부정한 공고 또는 통지를 한 경우

[1147] 대법원 2009.4.23. 결정 2009마120

3) 「상법」 제3편에서 정한 검사 또는 조사를 방해한 경우

4) 「상법」 제3편의 규정을 위반하여 정당한 사유 없이 서류의 열람 또는 등사, 등본 또는 초본의 발급을 거부한 경우

5) 관청, 총회, 사채권자집회 또는 발기인에게 부실한 보고를 하거나 사실을 은폐한 경우

6) 주권, 채권 또는 신주인수증권에 적을 사항을 적지 아니하거나 부실하게 적은 경우

7) 정당한 사유 없이 주권의 명의개서를 하지 아니한 경우

8) 법률 또는 정관에서 정한 이사 또는 감사의 인원수를 궐(闕)한 경우에 그 선임절차를 게을리 한 경우

9) 정관·주주명부 또는 그 복본, 사원명부·사채원부 또는 그 복본, 의사록, 감사록, 재산목록, 대차대조표, 영업보고서, 사무보고서, 손익계산서, 그 밖에 회사의 재무 상태와 경영성과를 표시하는 것으로서 제287조의33 및 제447조 제1항 제3호에 따라 대통령령으로 정하는 서류, 결산보고서, 회계장부, 제447조·제534조·제579조 제1항 또는 제613조 제1항의 부속명세서 또는 감사보고서에 적을 사항을 적지 아니하거나 부실하게 적은 경우

10) 법원이 선임한 청산인에 대한 사무의 인계를 게을리하거나 거부한 경우

11) 청산의 종결을 늦출 목적으로 제247조 제3항, 제535조 제1항 또는 제613조 제1항의 기간을 부당하게 장기간으로 정한 경우

12) 제254조 제4항, 제542조 제1항 또는 제613조 제1항을 위반하여 파산선고 청구를 게을리 한 경우

13) 제589조 제2항을 위반하여 출자의 인수인을 공모한 경우

14) 제232조, 제247조 제3항, 제439조 제2항, 제527조의5, 제530조 제2항, 제530조의 9 제 4항, 제530조의11 제2항, 제597조, 제603조 또는 제608조를 위반하여 회사의 합병·분할·분할합병 또는 조직변경, 회사 재산의 처분, 자본금의 감소를 한 경우

15) 제260조, 제542조 제1항 또는 제613조 제1항을 위반하여 회사재산을 분배한 경우

16) 제302조 제2항, 제347조, 제420조, 제420조의2, 제474조 제2항 또는 제514조를 위반하여 주식청약서, 신주인수권증서 또는 사채청약서를 작성하지 아니하거나 이에 적을 사항을 적지 아니하거나 또는 부실하게 적은 경우

17) 제342조 또는 제560조 제1항을 위반하여 주식 또는 지분의 실효절차, 주식 또는 지분의 질권 처분을 게을리한 경우

18) 제343조 제1항 또는 제560조 제1항을 위반하여 주식 또는 출자를 소각한 경우

19) 제355조 제1항·제2항 또는 제618조를 위반하여 주권을 발행한 경우

20) 제358조의2 제2항을 위반하여 주주명부에 기재하지 아니한 경우

21) 제363조의2 제1항, 제542조 제2항 또는 제542조의6 제2항을 위반하여 주주가 제안한 사항을 주주총회의 목적사항으로 하지 아니한 경우

22) 제365조 제1항·제2항, 제578조, 제467조 제3항, 제582조 제3항에 따른 법원의 명령을 위반하여 주주총회를 소집하지 아니하거나, 정관으로 정한 곳 외의 장소에서 주

주총회를 소집하거나, 제363조, 제364조, 제571조 제2항·제3항을 위반하여 주주총회를 소집한 경우

23) 제374조 제2항, 제530조 제2항 또는 제530조의11 제2항을 위반하여 주식매수 청구건의 내용과 행사방법을 통지 또는 공고하지 아니하거나 부실한 통지 또는 공고를 한 경우

24) 제287조의34 제1항, 제396조 제1항, 제448조 제1항, 제510조 제2항, 제522조의2 제1항, 제527조의6 제1항, 제530조의7, 제534조 제3항, 제542조 제2항, 제566조 제1항, 제579조의3 제603조 또는 제613조를 위반하여 장부 또는 서류를 갖추어 두지 아니한 경우

25) 제412조의5 제3항을 위반하여 정당한 이유 없이 감사 또는 감사위원회의 조사를 거부한 경우

26) 제458조부터 제460조까지 또는 제583조를 위반하여 준비금을 적립하지 아니하거나 이를 사용한 경우

27) 제464조의2 제1항의 기간에 배당금을 지급하지 아니한 경우

28) 제478조 제1항 또는 제618조를 위반하여 채권을 발행한 경우

29) 제536조 또는 제613조 제1항을 위반하여 채무변제를 한 경우

30) 제542조의5를 위반하여 이사 또는 감사를 선임한 경우

31) 제555조를 위반하여 지분에 대한 지시식 또는 무기명식의 증권을 발행한 경우

32) 제619조 제1항에 따른 법원의 명령을 위반한 경우

3. 처벌 내용

500만 원 이하의 과태료에 처한다.

Ⅲ. 「상법」 제635조 제2항의 행위

1. 행위 주체

행위의 주체는 발기인, 이사 또는 집행임원이다.

2. 위법 행위

위의 자가 주권의 인수로 인한 권리를 양도한 경우이다.

3. 처벌 내용

500만 원 이하의 과태료에 처한다.

Ⅳ. 「상법」 제635조 제3항의 행위

1. 행위 주체

행위주체는 제635조 제1항의 게기한 자와 같다.

2. 위법 행위

1) 제542조의8 제1항을 위반하여 사외이사를 선임하지 아니한 경우

2) 제542조의8 제4항을 위반하여 사외이사 후보추천위원회를 설치하지 아니하거나 사외이사가 총위원의 2분의 1 이상이 되도록 사외이사 후부추천위원회를 구성하지 아니한 경우

3) 제542조의8 제5항에 따라 사외이사를 선임하지 아니한 경우

4) 제542조의9 제3항을 위반하여 이사회 승인 없이 거래한 경우

5) 제542조의11 제1항을 위반하여 감사위원회를 설치하지 아니한 경우

6) 제542조의11 제2항을 위반하여 제415조의2 제2항 및 제542조의11 제2항 각호의 감사위원회 구성요건에 적합한 감사위원회를 설치하지 아니한 경우

7) 제542조의11 제4항 제1호 및 제2호를 위반하여 감사위원회가 제415조의2 제2항 및 제542조의11 제2항 각호의 감사위원회 구성요건에 적합하도록 하지 아니한 경우

8) 제542조의12 제2항을 위반해 감사위원회위원의 선임절차를 준수하지 아니한 경우

3. 처벌 내용

5천만 원 이하의 과태료에 처한다.

V. 「상법」 제635조 제4항의 행위

1. 행위 주체

행위주체는 제635조 제1항의 게기한 자와 같다.

2. 위법 행위

1) 제542조의4에 따른 주주총회 소집의 통지·공고를 게을리하거나 부정한 통지 또는 공고를 한 경우

2) 제542조의7 제4항 및 제542조의12 제5항을 위반하여 의안을 별도로 상정하여 의결하지 아니한 경우

3. 처벌 내용

1천만 원 이하의 과태료에 처한다.

VI. 「상법」 제636조의 행위

1. 행위 주체

행위주체는 회사의 성립 전에 회사 명의로 영업을 한 자이다.

2. 위법 행위

1) 회사의 성립 전에 회사의 명의로 영업을 하는 행위

2) 외국회사가 영업소 설치 등기하기 전에 계속하여 거래를 하지 못한다는 「상법」 제616조 제1항의 규정을 위반하여 영업을 하는 행위

3. 처벌 내용

회사설립의 등록세의 배액에 상당하는 과태료에 처한다.

VII. 「신외감법」 제47조의 행위

1. 「신외감법」 제47조의 제1항의 행위

가. 행위 주체 및 위법 행위

1) 제28조(부정행위 신고자의 보호 등) 제2항을 위반하여 신고자 등의 인적사항 등을 공개하거나 신고자 등임을 미루어 알 수 있는 사실을 다른 사람에게 알려주거나 공개한 자
2) 제28조(부정행위 신고자 보호 등) 제3항을 위반하여 신고자 등에게 불이익한 대우를 한 자

나. 처벌 내용

위의 각호의 어느 하나에 해당하는 자에게는 5천만 원 이하의 과태료를 부과한다.

2. 「신외감법」 제47조의 제2항의 행위

가. 행위 주체 및 위법 행위

1) 제8조(내부회계관리제도의 운영 등) 제1항 또는 제3항을 위반하여 내부회계관리제도를 갖추지 아니하거나 내부회계관리자를 지정하지 아니한 자
2) 제8조(내부회계관리제도의 운영 등) 제4항을 위반하여 내부회계관리제도의 운영실태를 보고하지 아니한 자 또는 같은 조 제5항을 위반하여 운영실태를 평가하여 보고하지 아니하거나 그 평가보고서를 본점에 비치하지 아니한 자
3) 제8조(내부회계관리제도의 운영 등) 제6항 및 제7항을 위반하여 내부회계관리제도의 운영실태에 관한 보고내용 등에 대하여 검토하지 아니하거나 감사보고서에 종합의견을 표명하지 아니한 자
4) 제22조(부정행위 등의 보고) 제5항을 위반하여 감사 또는 감사위원회의 직무 수행에 필요한 자료나 정보 및 비용의 제공 요청을 정당한 이유 없이 따르지 아니한 회사의 대표자

나. 처벌 내용

위의 각호의 어느 하나에 해당하는 자에게는 3천만 원 이하의 과태료를 부과한다.

3. 「신외감법」 제47조의 제3항의 행위

감사인 또는 그에 소속된 공인회계사가 제24조(주주총회 등의 출석)에 따른 주주총회의 출석요구에 따르지 아니한 경우 1천만 원 이하의 과태료를 부과한다.

4. 「신외감법」 제47조의 제4항의 행위

가. 행위 주체 및 위법 행위

1) 제12조(감사인 선임 등의 보고) 제2항에 따른 보고를 하지 아니한 자
2) 제23조(감사보고서의 제출 등) 제5항을 위반하여 재무제표 또는 감사보고서를 비치·공시 하지 아니한 자

나. 처벌 내용

위의 각호의 어느 하나에 해당하는 자에게는 500만 원 이하의 과태료를 부과한다.

Ⅷ. 「자본시장법」 제172조의 행위

자세한 내용은 제2편-제9장-제4절-Ⅵ.-3. '단기매매차익 반환제도의 내용'의 항목을 참조하시기 바랍니다.

Ⅸ. 「자본시장법」 제429조의2의 행위

자세한 내용은 제2편-제9장-제4절-Ⅴ.-5. '시장질서교란 행위에 대한 제재'의 항목을 참조하시기 바랍니다.

Ⅹ. 「자본시장법」 제449조 제1항 제39의5호의 행위

자세한 내용은 제2편-제9장-제4절-Ⅶ.-8. '공매도에 대한 제재'의 항목을 참조하시기 바랍니다.

Ⅺ. 「자본시장법」 제449조 제2항 제8의3호의 행위

자세한 내용은 제2편-제9장-제4절-Ⅸ.-6. '장내파생상품의 대량보유 의무 위반 시 제재'의 항목을 참조하시기 바랍니다.

제9장

내부감사 법무 관련 주요 이슈

제1절 감사와 주주 의결권 제한 제도

I. 개요[1148]

주주가 주식회사에 자본을 출자하는 순간 그 자본은 회사의 자기자본이 되고, 주주는 위험자본의 출자자로서 이익배당이나 잔여재산분배청구권을 가지는 지위에 서게 되며, 퇴사와 출자의 환급이 인정되지 않기 때문에 투하자본을 회수할 수 있는 유일한 방법은 주식 양도이므로 물적 회사에서 그 개성이 중시되지 않는 주주에게 그 자익권을 지킬 수 있도록 의결권을 부여할 필요가 있다.

그 의결권은 위험자본의 부담액에 비례하도록 하는 것이 공평하다. 그러므로 우리 「상법」은 주주의 의결권을 **1주 1의결권을 원칙**으로 하고 있으며(「상법」 제369조 제1항), 그 구조 내에서 의결권은 경제적 소유권에 비례한다고 말할 수 있다. 이는 **주주 평등원칙 즉 주식평등원칙**이라고 하며, ① 대리인 비용을 통제하는 효과, ② 경영진의 효율적인 선택 가능, ③ 대주주가 경영진을 감시·감독함으로써 지배 구조를 개선하는 역할을 한다.

그런데 우리 「상법」은 감사나 감사위원의 선임 및 해임, 집중투표, 정관변경 등의 경우 소수주주의 보호를 위하여 대주주 등의 의결권을 제한하고 있다. 의결권 제한 제도는 과거 우리나라 기업지배구조의 후진적 문제점 때문에 도입되었지만, 이와 같은 의결권 제한은 국제적 정합성에 맞지 않는 측면이 있고, 지나친 규제가 아니냐 하는 비판이 있다.

그러나 이사는 보통결의로 선임하는 탓에 대주주의 영향력이 결정적으로 작용하므로 이를 실효적으로 견제하기 위해서는 감사가 중립성을 지녀야 하고, 그러기 위해서는 감사의 선임 시에 대주주의 영향력을 억제할 필요가 있기 때문에 도입된 것이며,[1149] 이 의결권 제한은 일반회사 감사의 선임과 상장회사 감사 및 감사위원의 선임 및 해임하는 결의만 적용되고, 선임할 감사의 수를 정하거나 기타 감사의 선임 자체와는 무관한 감사 관련 결의에는 적용되지 않는다.[1150]

1148 김용범, 전게서, 2017, 847면. 서완석, 「회사법상 의결권 규제의 합리화 방안」, 기업법연구 제28권 제2호, 2014.6.17., 10~12면.

1149 이철송. 전게서. 박영사. 2021. 869면.

1150 대법원. 2015.7.23. 선고. 2015다213216. 판결. 서울고법. 2015.4.10. 선고. 2014나2028587. 판결.

Ⅱ. 의결권 제한의 내용

1. 개별주주에 대한 의결권 제한(개별 3% rule)

가. 일반회사의 감사

어떤 주주라도(최대주주, 일반주주 구분 없음) 의결권 없는 주식을 제외한 발행주식총수의 100분의 3을 초과하는 수의 주식을 가진 주주는 그 초과하는 주식에 관하여 감사 선임 시 의결권 행사를 하지 못한다. 다만, 정관에서 이보다 낮은 주식 보유비율을 정할 수 있다.(『상법』 제409조 제2항)

나. 상장회사의 사외이사인 감사위원

상장회사의 사외이사인 감사위원은 대통령령으로 정하는 상장회사의 의결권 없는 주식을 제외한 발행주식총수의 100분의 3을 초과하는 수의 주식을 제외한 발행주식총수의 100분의 3을 초과하는 수의주식을 가진 모든 주주는 개별적으로 그 초과하는 주식에 관하여 상장회사의 사외이사인 감사위원을 선임 또는 해임할 때에 의결권을 행사하지 못한다. 다만, 정관에서 이보다 낮은 주식보유비율을 정할 수 있다.(『상법』 제542조의12 제4항).

다. 상장회사의 감사 및 사외이사가 아닌 감사위원

상장회사의 감사 및 사외이사가 아닌 감사위원은 대통령령으로 정하는 상장회사의 의결권 없는 주식을 제외한 발행주식총수의 100분의 3을 초과하는 수의 주식을 제외한 발행주식총수의 100분의 3을 초과하는 수의 주식을 가진 최대주주가 아닌 그 외 주주는 개별적으로 그 초과하는 주식에 관하여 상장회사의 감사 및 사외이사가 아닌 감사위원을 선임 또는 해임할 때에 의결권을 행사하지 못한다. 다만, 정관에서 이보다 낮은 주식보유비율을 정할 수 있다.(『상법』 제542조의12 제4항, 제7항)

2. 최대주주에 대한 의결권 제한(합산 3% rule)

상장회사의 최대주주, 최대주주의 특수관계인, 그 밖에 대통령령으로 정하는 자가 소유하는 상장회사의 의결권 있는 주식의 합계가 그 회사의 의결권 없는 주식을 제외한 발행 주식총수의 100분의 3을 초과하는 경우 그 주주는 그 초과하는 주식에 관하여 감사/사외이사가 아닌 감사위원을 선임하거나 해임할 때에는 의결권을 행사하지 못한다. 다만, 정관에서 이보다 낮은 주식 보유 비율을 정할 수 있다.(『상법』 제542조의12 제4항, 제7항)

Ⅲ. 의결권 제한의 입법 취지[1151]

자본단체인 주식회사의 특성상 주주는 자신이 보유하고 있는 지분만큼 경영에 참여하여

1151 김용범, 전게서, 2017, 848~849면. 서울중앙지방법원, 2008.4.28. 2008카합1306 결정. 서완석, 전게 논문, 기업법연구 제28권 제2호, 2014.6. 36면.

그 의결권을 행사할 수 있는데, 이는 「헌법」에 의해 보장되는 주주 개인의 사적인 재산권 행사이므로 일반적으로 강행법규나 사회질서에 반하지 않는 한 원칙적으로 법적인 제한을 가할 수 없다.

3%의 의결권 제한은 「헌법」에서 보장하는 재산권(「헌법」 제23조)을 침해하는 면이 있으며, 「헌법」상 평등의 원칙(「헌법」 제11조 제1항)을 위반하는 것[1152]이므로 법률에서 위 원칙에 대한 예외를 인정하는 경우를 제외하고는 주주의 의결권을 제한할 수 없다. 아울러, 법률에 의하여 위 원칙에 대한 예외를 인정하는 경우에도 뚜렷한 목적과 합리적인 기준을 가지고 매우 제한적으로 운영하는 것이 바람직하다.[1153]

그런데 「상법」에서는 감사/감사위원을 선임할 때 3% 이상의 의결권 있는 지분을 보유하고 있는 주주의 의결권을 3%까지로 제한하고 있다. 그 이유는 주주총회에서 경영진인 이사를 선임할 때 보통결의로 선임하므로 대주주의 영향력이 결정적으로 작용하기 때문에 이를 실효적으로 견제하기 위해서는 감사/감사위원의 중립성이 요구되고 있기 때문이다.

그리고 상장회사 대주주에 대한 의결권 제한은 감사 또는 감사위원 선임 및 해임 시에 대주주의 영향력을 억제하여 감사 또는 감사위원으로 하여금 대주주의 강력한 영향력하에 있는 경영진의 업무집행을 적정하게 견제하는 역할을 적절하게 수행하게 하며,[1154] 소액주주들의 의견을 최대한 반영함으로써 상장법인에 있어서 경영의 투명성과 공정성을 제고하기 위한 취지로 마련된 것이다.

참고로 「상법」상 감사/감사위원 선임 및 해임 결의에 있어서 대주주의 의결권을 제한하고 있는 것은 기본적으로 정책적인 선택의 결과이며 이론적인 정당성을 가지고 있는 것은 아니다. 회사 제도의 발전초기단계에서는 생각지도 못했던 대주주의 회사 경영에 대한 부당한 간섭의 가능성을 예방하여 경영의 투명성을 확보하고, 소수주주에 대한 보호를 강화하기 위하여 정책적으로 입법화를 한 것이다.[1155]

Ⅳ. 외국의 입법 사례[1156]

미국, 일본뿐만 아니라 대부분의 선진국에서도 감사 또는 감사위원 선임 시 의결권을 제한하는 입법례는 없다. 미국의 경우 Sarbanes- Oxlcy Act 나 NYSE, Nasdaq 등의 상장규정에서는 감사위원회가 사외이사로만 구성되도록 하는 등 독립성 요건을 규정하고 있으

1152 김용범, 전게서, 2017, 849면. 김태진, 「감사위원회에 준용되는 상법규정 정비를 위한 제안」, 김병연, 「현행 상법상 주식회사의 감사선임의 문제점」, 경영법률, 2014.10., 8면.
1153 김용범, 전게서, 2017, 849면. 김병연, 전게논문, 2014.10., 8면. 대법원 2009.11.26.선고 2009다 51820. 판결. 서완석, 「회사법상 의결권 규제의 합리화 방안」, 기업법연구 제28권제2호, 2014, 39면.
1154 김용범, 전게서, 2017, 849면. 이철송. 전게서. 박영사. 2021. 869면. 최준선, 전게서, 삼영사, 2014, 376면. 서완석, 전게논문, 기업법 연구 제28권 제2호, 2014.6., 36면.
1155 김용범, 전게서, 2017, 849면. 김병연, 「감사(위원) 선임 시 의결권 제한의 타당성 검토」, 상장회사 감사회 회보 제81호, 2006.9., 2면. 김병연, 전게논문, 2014.10., 4면.
1156 김용범, 전게서, 2017, 849~850면. 최준선, 「효율적인 감사제도 운영을 위한 입법과제」, 한국상장회사 협의회, 2008, 142면.

나, 선임 시 의결권 제한규정은 없다.

미국 NYSE, Nasdaq의 상장규정에서는 모든 상장회사가 이사회 내에 지명위원회 (Nominating Committee) 또는 지배구조위원회(Corporate Governance Committee)를 설치하여 동 위원회에서 이사후보를 추천하도록 하고 있으며, 일본의 경우는 감사제도와 감사회제도 (실질적으로 감사위원회제도에 해당)를 운용하고 있으나 이들의 선임에 있어 대주주 등의 의결권을 제한하는 규정은 없다.[1157]

다만 우리나라와 같이 대주주의 전횡이 심한 이스라엘 「회사법」은 상장사가 2명 이상의 사외이사를 뽑아야 하며 이사회가 추천한 후보들은 주주총회에서 과반찬성과 지배주주와 관계없는 주주(소수주주)의 과반찬성으로 선임한다고 규정되어 있어 소수주주에게 거부권을 인정하고 있고, 이탈리아의 「회사법」은 최다득표를 한 후보명부의 후보들이 이사로 선임되지만 최소한 1명은 대주주의 이해관계가 없는 차순위 후보명부에서 선임하도록 되어 있어 소수주주가 제안한 후보가 이사가 되도록 되어 있다. 따라서 이스라엘이나 이탈리아의 경우 사외이사/이사 선임 시에 사실상의 의결권을 제한하고 있다.[1158]

V. 의결권 제한의 문제점

1. 의결권 제한의 일관성 부족

우리나라 「상법」은 의결권 행사의 기본원칙인 1주 1의결권 원칙의 예외를 인정하여 감사 선임 시 대주주의 의결권을 3%로 제한해 놓고서, 상장회사의 경우에는 감사 또는 사외이사가 아닌 감사위원의 선임 및 해임 시 일률적으로 3% rule을 적용하지 않고 최대주주에 대하여는 최대주주를 중심으로 그와 특수 관계인 등이 가진 주식을 합산하는 「합산 3% rule」을 적용하고, 기타 대주주는 개인의 소유주식만을 계산하는 「개별 3% rule」을 적용하는 등 일관성이 없는 규제를 하고 있다.[1159]

또한 감사 또는 감사위원의 선임 및 해임에 관한 의결권 행사의 제한에 있어서 제2대 내지 제3대 대주주 등도 대주주 범주에 들어가고 감사 또는 사외이사가 아닌 감사위원의 선임 및 해임 결의에 있어서 대주주의 의결권을 제한하는 목적이 대주주의 부당한 영향력을 배제하기 위한 것이라면서 이들에 대하여는 「합산 3% rule」로 의결권 행사를 제한하지 않고, 오직 최대 주주와 그의 특수관계인만을 대상으로 의결권행사의 차별적 제한은 것은 불평등하다는 비판도 있다.[1160]

우리 「상법」이 감사위원회가 감사를 대체하는 것을 의도하였다면, 아래와 같이 감사와 감사위원, 사외이사가 아닌 감사위원과 사외이사인 감사위원, 상장회사와 비상장회사, 최대주

1157 김순석, 「금융산업규제개선 건의」, 한국상장회사협의회 상장, 2007.6., 48면.

1158 김우찬, 「공정경제 3법 집중분석」, 2020. 10. 8.

1159 김용범, 전게서, 2017, 850면. 서완석, 「회사법상 의결권 규제의 합리화 방안」, 기업법연구 제28권 제2호, 2014, 39면. 최준선, 「회사법(제9판)」, 삼영사, 2014, 576~577면. 권종호, 「우리나라 감사법제의 특징」, 상장회사감사회 회보 제160호, 2013.4., 11면.

1160 김용범, 전게서, 2017, 850면. 서완석, 전게연구보고서, 2014, 39면. 이철송, 전게서. 박영사, 2021, 870면, 「회사법 강의」, 박영사, 2019, 862면. 권종호, 「감사·감사위원 선임 시 의결권 제한법리의 문제점과 개선방안」, 2010.5., 2면.

주와 대주주를 달리 취급할 이유가 없음에도 아래에서 보는 바와 같이 현행「상법」은 일관성 없이 의결권을 제한하고 있다.

가. 감사 선임 및 해임

1) 비상장회사 감사 : 「상법」 제409조 제2항, 제3항[1161]

- 선임 : 개별 3% rule   • 해임 : 제한 없음

2) 상장회사 감사 : 「상법」 제542조의 12 제4항, 제7항[1162]

- 선임 및 해임 : 최대주주 합산 3% rule, 그 외 주주 개별 3% rule

3) 금융회사 상근감사 : 「금융사지배구조법」 제19조 제9항

- 선임 : 합산 3% rule   • 해임 : 제한 없음

나. 감사위원 선임 및 해임

1) 비상장회사 감사위원 : 「상법」 제415조의2[1163]

- 선임 : 제한 없음   • 해임 : 제한 없음

2) 상장회사 사외이사가 아닌 감사위원 : 「상법」 제542조의12 제3항, 제4항[1164]

- 선임 : 최대주주 합산 3% rule, 그 외 주주 개별 3% rule
- 해임 : 최대주주 합산 3% rule, 그 외 주주 개별 3% rule 또는 특별결의(제한 없음)

3) 상장회사 사외이사인 감사위원 : 「상법」 제542조의12 제3항, 제4항

- 선임 : 모든 주주 개별 3% rule
- 해임 : 모든 주주 개별 3% rule 또는 특별결의(제한 없음)

4) 「금융지배구조법」 적용대상 감사위원 : 「금융지배구조법」 제19조 제7항

- 선임 : 합산 3% rule   • 해임 : 합산 3% rule

2. 3% rule 내용에 있어서의 차이

「상법」상 3% rule에는 모두 대주주가 가진 3% 이상의 의결권을 제한하는 「**개별 3% rule**」 과 최대주주를 중심으로 그와 특수 관계인 등이 가진 주식을 합산하여 최대주주의 의결권을 제한하는 「**합산 3% rule**」의 두 종류가 있다.

그런데 「합산 3% rule」의 경우는 최대주주만을 겨냥하고 있어서, 최대주주는 다른 제2대 주주나 제3대주주 또는 경영권경쟁이 가능한 다른 주주 등에 비하여 역차별[1165]을 당하고 있

1161   김용범, 전게서, 2017, 851면. 김병연, 「현행 상법상 주식회사의 감사선임의 문제점」, 경영법률, 2014.10., 20면.

1162   정재규, 「감사위원 선임방식 개선 및 감사위원회 제도 재구성 방안」, 2020. 36면.

1163   김용범, 전게서, 2017, 851면. 김병연, 전게논문, 경영법률, 2014.10., 20면. 이철송, 전게서. 박영사. 2021. 886면.

1164   정재규. 전게 연구보고서. 2020. 36~37면.

1165   김용범, 전게서, 2017, 852면. 김순석, 「상장회사에 있어 지배구조 관련 제도의 입법적 과제」, 111면. 최준선, 「효율적인 감사제도

으며, 또한 이들과의 형평성에 비추어 정당성을 찾기가 어렵다.[1166]

감사 및 감사위원(이하 '감사'라 함)의 선임 및 해임에 있어서 대주주의 의결권을 제한하는 목적이 대주주의 부당한 영향력을 배제하기 위한 것이라고 한다면 이것이 최대주주의 경우에만 국한해서 특수관계인의 지분을 합산하고 다른 주주의 경우에는 개별 1인의 소유주식 수를 기준으로 하는 것은 명백한 평등의 원칙(「헌법」제11조 제1항)에 어긋난다.[1167]

3. 외국계 펀드에 의한 악용 사례

감사 선임 시 발행주식총수의 3%를 초과하는 주식에 대해 의결권을 제한하는 것은 적대적 M&A 등의 경우에 외국계 펀드 등이 적은 량의 주식(발행주식총수의 3% 이내) 등을 매입한 후, 경영권을 위협하려는 세력들이 연합하여 선임 및 해임에 의결권을 제한받는 감사를 특별한 사유 없이 해임시키거나 자기편의 감사를 선임하는 등의 방법을 무기로 회사의 경영을 간섭내지는 방해함으로써 당초 목적과는 달리 역효과가 발생할 가능성도 있다.[1168]

실제로도 국내 기업에 대한 경영권을 차지하려는 외국계펀드가 (구)「증권거래법」이 규정하는 「합산 3% rule」에 걸리는 최대주주에 걸리지 않는 점을 이용하여 소유 주식을 여러 펀드에 분산함으로써 보유 지분 전부에 대한 의결권을 행사하였던 사례도 있었다.[1169] 또한 최근 중견 제약업체인 ○○제약이 미국계 펀드의 적극적인 주주권 행사로 업계의 이목을 집중시켰다. ○○제약의 주주로 있는 미국계 헤지 펀드가 배당 확대와 감사선임을 적극요구하면서 사측과 미묘한 신경전을 주고받았던 사례도 있었다.

최대주주의 의결권을 특수관계인과 합산하여 3%로 제한하는 것은 2대, 3대, 또는 4대 주주들이 손잡고 최대주주에 맞서 경영권을 장악하거나 외국계 펀드가 기업경영권을 농락할 가능성이 커진다는 것이 경제계의 우려의 대목이다. 특히 외국계 펀드는 지분 쪼개기를 통해 3% 의결권 제한 규정을 피해갈 수 있다. 따라서 재계에서는 이들 외국계 펀드가 규합해 자신들의 뜻에 맞는 이사(감사위원) 또는 감사를 선임할 경우 기업에 대한 경영권 간섭이 명약관화하다는 주장이다.[1170]

과거 소버린, 칼 아이칸 등 외국계 투기자본의 경영권 간섭으로 국내 기업들이 어려움을 경험해 봤지만, '이는 기업 사냥꾼이 사내이사인 감사위원 또는 감사를 기업의 심장에 심어 놓게 되는 꼴'이며 '이는 상장 대기업이 적을 심장에 품고 살아가라는 것과 다르지 않다.'는 지적이다.[1171]

운영을 위한 입법과제」, 한국상장회사협의회, 2008, 143면.

1166 김용범, 전게서, 2017, 852면. 김건식 · 최문회, 「증권거래법상 상장법인 특례규정의 문제점과 개선 방안」, BFl 제23호, 2007, 110면. 김병연, 전게논문, 경영법률, 2014, 10면.

1167 김용범, 전게서, 2017, 852면. 이철송. 전게서. 박영사. 2021. 870면.

1168 김용범, 전게서, 2017, 852면. 최준선, 전게연구보고서, 2008, 144면. 김순석, 전게 연구서, 104면.

1169 김용범, 전게서, 2017, 853면. 임재연, 전게서Ⅱ, 2014, 536면. 최준선, 전게연구서, 2008, 144면.

1170 박동주기자, 「감사위원 분리선출 조항이 경영권 위협 도화선」, 연합 뉴스, 2013.8.22.

1171 최준선, 인터뷰 내용, 연합뉴스, 2013.8.22.

4. 소수주주에 의한 악용 사례

「상법」상 「3% rule」이 원래의 입법의도인 대주주의 전횡을 견제하기보다는 소수주주의 경제적 목적(주가상승, 배당증가 등)이나 경영권 위협, M&A 등에 이용될 가능성이 매우 높다. 대주주의 지분율이 높을수록 의결권 제한이 더 위력을 발휘하여 평온하던 회사가 소용돌이에 휘말리게 되는 부작용이 나타나고 있다.[1172]

근래 일부 상장기업에서는 소수주주들이 연합하여 회사법이 의도한 본래의 목적과는 달리 의결권 제한을 악용하여 회사에 부당한 영향력을 행사하고 있다. 예를 들어 소수주주가 제안한 감사 선임(안)을 통과시키거나 소수주주들이 연합하여 대주주가 상정한 감사 선임(안)을 부결시킨 사례도 있었다.

또한 소수주주들이 감사위원 또는 감사의 선임 및 해임을 요구하면서 이를 미끼삼아 기업의 배당가능이익 등을 고려하지 않고 과도한 배당을 요구하거나, 주가상승을 유도하기 위해 자사주 매입 또는 이익 소각 등을 부당하게 요구하여 건전한 회사의 자본충실을 크게 해치는 사례가 종종 나타나고 있다.

사례1 ────────────────────────────────

A사 소수주주, 감사선임 (안) 상정 가처분 신청[1173]

A사 주식 74만 2,400주(4.99%)를 소유하고 있는 소수주주인 허모 씨가 회사 측의 방만한 경영을 감시하기 위해 감사선임 의안을 주주총회에 상정하게 해 달라는 가처분 신청을 2007. 2. 28. ○○○○지방법원에 냈다.

허모 씨는 신청서에서 회장 등 경영진 들은 회사와 주주의 이익을 최우선해야 할 의무를 도외시하고 사익을 추구하는 행위를 하고 있다며, 최소한 이사의 업무집행을 감독할 감사만이라도 독립적인 인물이 선임되도록 감사선임 안건을 주주제안 하였다.

사례2 ────────────────────────────────

B사·C사 대주주 추천 감사 선임 부결 및 소수주주 추천 감사 선임 요구[1174]

2007.2.1. 증권업계에 따르면 배당정책, 임원 선임 등을 두고 소액주주와 갈등을 빚고 있는 B사(제약업체) 소액주주들은 지난해 주주총회에서 회사가 내세운 감사 선임을 부결시켰고, 또한 C사(알루미늄 압연업체) 소액 주주들도 차등배당(소액주주–대주주간)과 소액주주 추천 감사 선임을 요구해 왔다.

───────────────────────────────────────

1172 김용범, 전게서, 2017, 853면. 강경국, 「감사선임시의 의결권 제한 관련 사례분석」, 상장회사 감사회보 제90호, 2007.5., 3면, 최준선, 전게연구보고서, 한국상장회사협의회, 2008, 144면.

1173 김현애기자, 한국경제 2007.2.28.

1174 배성민 기자, 머니투데이, 2007.2.28

이에 대응하기 위해서 B사와 C사가 감사위원회제도를 도입하려 하자, C사 소액주주들은 대행사를 통해 이사회 결의(감사위원회 도입)에 대한 가처분 신청을 법원에 냈고, B사 소액주주들도 대주주의 뜻에 맞는 감사 선임이 어렵게 되자 편법을 썼다고 주장했다.

사례3

D기업 소수주주의 감사 선임과 고율배당 주주제안[1175]

2015. 3. 26. 목조제조 전문 업체로 유가증권시장에 상장되어 있는 D기업지주는 회사 측이 내놓은 '1주당 0.05주'의 주식배당(안)에 맞서 소수주주들이 '1주당 0.3주' 주식배당(안)을 내놓은 상황이었다.

또한 이사·감사 선임에 대한 주주제안을 하였다. 「상법」의 3% 룰에 따라 최대주주와 특수관계인의 의결권이 3%로 제한되기 때문에 소수주주가 추천한 감사가 선임될 가능성이 매우 높았다.

결과적으로 소수주주가 제안한 고율의 주식배당(안)은 대주주 반대로 부결되었으며, 특수관계인의 의결권이 제한되는 감사선임에 있어서는 회사 측이 제안한 감사 선임의 건은 부결되었고, 소수주주가 제안한 감사선임의 건이 가결되었다.

참고로 회사 측은 감사 대신 감사위원회를 도입하는 방향으로 정관을 바꾸는 안을 내놨지만, 감사위원 선임 건은 주주총회 의안 가처분 결정에 따라 상정하지 못하였다.

사례4

E기업 소수주주의 주주대표소송과 과도한 주주제안

2015.3. E기업의 소수주주 G씨(3.41%)와 C씨(1.06%)는 연합하여 E기업의 등기이사에 대한 보수의 과다지급과 막대한 손실 시현한 자회사 계속 보유 등을 사유로 등기이사 등에 대해 손해배상을 구하는 대표소송을 제기하였다.

소수주주는 이를 무기를 삼아 주주총회에 ① 현 감사의 해임 및 신규 감사 선임, ② 주당 ○○○원 이익배당 결의, ③ ○○억 원 한도 자기주식의 취득 및 소각, ④ 주식액면 분할 정관 일부 변경 등의 과도한 주주제안을 제기하였다.

현 감사의 해임 요구는 「상법시행령」 제12조에 의거 주주총회의 목적사항이 될 수 없으며, 주당 ○○○원의 배당요구는 그 결산기의 당기순이익을 초과하여 내부유보 금액을 00억 원 자본배당하는 결과를 초래하고, 또한 00억 원 한도 내에서 자사주를 매입하여 소각할 경우 내부유보는 완전히 소진되고 보유한 현금 및 자산을 00억 원 사용하게 되어 회사의 건전경영을 크게 해칠 우려가 있었다.

5. 최대주주와 특수관계인 간의 갈등국면에서의 의결권 행사 문제[1176]

1175   용환진, 「주주제안 14개 집중된 26·27일 주주총회」, MK 뉴스, 2015.3.26.

1176   김용범, 전게서, 2017, 855면. 최준선, 전게연구보고서, 한국상장회사협의회, 2008.11., 149면.

「상법」 제542조의12 제3항의 합산 3% rule은 최대주주와 특수관계인 등이 소유하는 주식을 합산하여 의결권을 행사하는 것을 전제하는 것이다. 그러나 최근 특수관계인 사이에서 분쟁이 발생한 사례(예컨대 형제간의 분쟁)가 많고, 이러한 경우에는 서로 반대 방향으로 의결권을 행사한다.

따라서 최대주주와 특수관계인 등이 소유하는 주식을 합산하여 의결권을 행사한다는 전제가 성립하지 않는다. 이와 같이 최대주주와 특수관계인들이 각각 다른 방향으로 의결권을 행사하고자 할 때에는 상당히 不當한 문제가 발생할 수 있음에도 이에 대한 명확한 해결방안이 존재하지 않고 있다. 향후 「합산 3% rule」에 행사에 대한 재검토가 필요하다.

6. 특수관계인의 범위 문제

현행 「상법」상 상장회사 감사 내지 감사위원의 선임 및 해임과 관련하여 존재하는 3% 의결권 제한과 관련하여 「상법」에 규정된 최대주주의 특수관계인의 범위(「상법」 제542조의8 제2항 제5호 및 「상법시행령」 제34조 제4호)가 지나치게 광범위하고 그 명칭 또한 불명확한 개념으로 되었다는 것도 문제점으로 지적될 수 있다.[1177]

즉, 친족의 측면에서만 보면 「민법」 제777조상 친족의 범위보다는 좁지만, 「상법」 제542조의8 제2항 제5호 및 「상법시행령」 제34조 제4항 상의 특수관계인의 범위는 「자본시장법」 제정과 상장회사 특례규정이 「상법」으로 이관되면서 다소 축소되었다고는 하나, 여전히 그 범위가 다음과 같이 광범위하다.[1178]

특수관계인의 범위

1) 본인이 개인인 경우에는 다음 각 목의 어느 하나에 해당하는 사람

가) 배우자(사실상의 혼인관계에 있는 사람을 포함)

나) 6촌 이내의 혈족

다) 4촌 이내의 인척

라) 본인이 단독으로 또는 본인과 가목부터 다목까지의 관계에 있는 사람과 합하여 100분의 30 이상을 출자하거나 그 밖에 이사 · 감사의 임면 등 법인 또는 단체의 주요 경영사항에 대하여 사실상 영향력을 행사하고 있는 경우에는 해당 법인 또는 단체와 그 이사 · 집행임원 · 감사

마) 본인이 단독으로 또는 본인과 가목부터 라목까지의 관계에 있는 자와 합하여 100분의 30 이상을 출자하거나 그 밖에 이사 · 감사의 임면 등 법인 또는 단체의 주요 경영사항에 대하여 사실상 영향력을 행사하고 있는 경우에는 해당 법인 또는 단체와 그 이사 · 집행임원 · 감사

1177 김용범, 전게서, 2017, 855면. 최준선, 전게연구보고서, 한국상장회사협의회, 2008.11., 149면. 김병연, 전게논문, 경영법률, 2014.10., 17면.

1178 김용범, 전게서, 2017, 856면. 전국경제인 연합회, 「상법상 특수관계인 규정의 쟁점과 개선방안」, 2010.12., 3~4면. 김병연, 전게논문, 경영법률, 2014.10., 19면.

2) 본인이 법인 또는 단체인 경우에는 다음 각 목의 어느 하나에 해당하는 자

가) 이사·집행임원·감사

나) 계열회사 및 그 이사·집행임원·감사

다) 단독으로 또는 제1호 각 목의 관계에 있는 자와 합하여 본인에게 100분의 30 이상을 출자하 거나 그 밖에 이사·집행임원·감사의 임면 등 본인의 주요 경영사항에 대하여 사실상 영향력을 행사하고 있는 개인 및 그와 제1호 각 목의 관계있는 자 또는 단체(계열회사는 제외)와 그 이사·집행임원·감사

라) 본인이 단독으로 또는 본인과 가목부터 다목까지 관계에 있는 자와 합하여 100분 의 30 이상 을 출자하거나 그 밖에 이사·집행임원·감사의 임면 등 단체의 주요 경영사항에 대하여 사실 상 영향력을 행사하고 있는 경우 해당단체와 그 이사·집행 임원·감사

그러나 이와 같은 광범위한 규제규정은 국민의 모든 자유와 권리는 국가안전보장·질서 유지 또는 공공복리를 위해 필요한 경우에 한하여 법률에 의한 기본권 제한을 규정한 「헌법」 제37조의 규정과 경제 질서는 개인과 기업의 경제상의 자유와 창의를 존중함을 기본으로 하는 대한민국의 경제 질서를 규정한 「헌법」 제119조에 비추어 개인과 기업의 경제활동에 대한 지나친 규제라 하겠다.[1179]

한편 특수관계인 규정상 용어가 불명확하다는 문제도 있다. 위에서 살펴본 특수관계인의 범위를 보면, '사실상 영향력을 행사하고 있는'이라고 하는 매우 불명확한 개념을 사용하고 있다. 특수관계인을 정하는 문제는 최대주주를 결정함에 있어서 매우 중요한 요소이기 때문 에 '사실상 영향력'이라고 하는 매우 추상적이고 객관적으로 확정하기 어려운 개념을 사용하 는 것은 법적 안정성을 해치는 것이다.[1180]

7. 의결권 제한의 위헌성 문제

주주의 의결권은 주주의 고유권한이므로 원칙적으로 누구도 그 행사를 제한할 수 없다. 주식회사는 기본적으로 주주들이 소유하고 있는 주식 수에 근거하여 주주총회를 통하여 가 진 주식의 수만큼 의결권을 행사하는 것이 원칙이다. 「상법」에서 의결권은 1주 1의결권이 원칙(「상법」 제369조 제1항)이며, 주주의 고유권한으로서 정관 또는 주주총회의 결의로도 이를 剝奪 또는 制限하지 못한다.

그런데 「상법」에서는 감사 또는 감사위원 선임 시 대주주의 영향력을 제한하여 감사 또는 감사위원의 독립성을 제고하고자 의결권 제한 규정을 두고 있다. 「상법」이 감사 또는 감사위 원 선임에 있어서 대주주의 의결권을 일정한 한도로 제한하는 것은 감사 또는 감사 위원의 지위와 업무집행상의 중립성과 독립성을 확보·유지하여 대주주의 강력한 영향력 하에 선 임된 이사들을 효과적으로 견제하기 위함이다.

1179   김용범, 전게서, 2017, 857면. 최준선, 전게연구서, 한국상장회사협의회, 2008.11., 150면.

1180   김용범, 전게서, 2017, 857면. 김병연, 전게논문, 경영법률, 2014.10., 19면.

자본단체인 주식회사의 특성상 주주는 자신이 보유하고 있는 지분만큼 회사경영에 참여하여 그 의결권을 행사할 수 있는데, 이는 「헌법」에 보장되는 주주 개인의 사적인 재산권 행사이므로 강행법규나 사회질서에 반하지 않는 한 원칙적으로 법적인 제한을 가할 수 없다. 그리하여 감사 및 감사위원의 선임 및 해임 결의에서의 대주주의 의결권 행사제한에 대해서 위헌의 문제가 제기되고 있다.[1181]

또한 합산 3% 의결권 제한은 「헌법」에서 보장하는 재산권(「헌법」 제23조)을 침해하는 면이 있으며, 「헌법」상 평등의 원칙(「헌법」 제11조 제1항)을 위반하는 것이고, 주주에 대한 차별적 취급을 위해서는 제한에 뚜렷한 목적과 합리적인 기준이 있어야 함에도 불구하고 이에 대한 근거를 찾을 수 없는 자의적 기준이라는 비판도 있다.[1182]

그러나 「헌법」상 개인과 기업의 경제상 자유와 창의는 존중되지만 일정한 경우에는 경제에 관한 규제와 조정을 할 수 있고(「헌법」 제119조), 국민의 재산권 행사는 공공복리에 적합해야 하며(「헌법」 제23조 제2항), 국민의 자유와 권리도 국가안전보장 · 질서유지 · 공공복리를 위해서는 자유와 권리의 본질적인 내용을 침해하지 않는 범위 내에서 법률로 제한할 수 있다.(「헌법」 제37조 제2항)

이러한 점을 비추어 볼 때 「상법」이 감사/감사위원 선임 및 해임 결의에 있어서 대주주 의결권 행사를 일정한 한도로 제한하는 것은 감사 또는 감사위원으로 하여금 업무집행상의 중립성과 독립성을 확보 · 유지하여 대주주의 강력한 영향력을 효과적으로 견제하기 위하여 특수한 임무를 수행하는 감사기관의 선임 및 해임에 한정하여 제한하는 것이므로 위헌이 아니라고 본다.[1183]

8. 의결권 제한의 역차별 문제

「상법상 특례규정」은 상장회사의 상근감사와 사외이사 아닌 감사위원의 선임 및 해임 결의에 있어 최대주주는 최대주주와 그 밖에 대통령령으로 정하는 자의 보유주식수를 합산한 후 의결권 있는 발행주식총수의 100분의 3을 초과하는 주식에 대해서 의결권 행사를 제한하고 있다.[1184](「상법」 제542조의12 제4항 및 제7항)

다만, 100분의 3을 계산함에 있어 「상법상 일반규정」은 주주 1인이 소유한 주식 수를 기준으로 계산하지만, 「상법상 특례규정」에 따라 상근감사 또는 사외이사 아닌 감사위원의 선임 및 해임 결의 시에 최대주주가 아닌 그 외 주주는 주주 1인이 소유한 주식수를 기준으로 계산 하지만, 최대주주는 주주본인의 소유지분뿐만 아니라 그 본인과의 특수관계인, 그 밖에 대통령령이 정하는 자 등의 소유지분까지 합산한다는 점이 특색이다.[1185]

1181 최준선, 전게연구서, 한국상장회사협의회, 2008.11., 151면. 고창현 · 박권의, 전게논문, 89~90면.

1182 서완석, 「회사법상 의결권 규제의 합리화 방안」, 기업법연구 제28권 제2호, 2014, 39면.

1183 김용범, 전게서, 2017, 858면. 정준우, 「감사와 외부감사인의 법적 책임」, 26~27면. 김교창,「집중투표제의 채택 의제 · 강행 법규화의 위헌성」, 2001.09., 한국상장회사협의회, 59면.

1184 정재규, 전게 연구보고서, 2020, 36~37면.

1185 정재규, 전게 연구보고서, 2020, 36~37면.

이와 같이 최대주주의 특수관계인의 지분까지 합산하는 이유는 최대주주가 자회사나 계열사 등을 동원하여 감사 또는 감사위원의 선임과 해임에 관하여 영향력 행사하는 것을 차단 하기 위한 것이다. 즉, 이는 대주주가 특수관계인에게 실질적인 그의 지분을 분산시킴으로써 「상법」 제409조의 제한을 피하게 되는 편법적인 결과발생을 차단하기 위한 것으로서 그 합리성이 있다.[1186]

그런데 문제는 사외이사인 감사위원이든 사외이사가 아닌 감사위원이든 그 선임에 있어 대주주별로 의결권 제한에 차등을 둘 합리적인 이유가 있는지는 재검토가 필요하다. 따라서 감사위원 선임에 있어 3% rule에 의한 의결권 제한은 적절하다고보나 그 구체적인 내용에 관하여는 체계적이고 합리적인 정비가 필요한 상황이었다.[1187]

그런데 2020년 12월 29일 개정 「상법」에서 3% rule의 목적인 견제와 균형의 법리 구현 및 실효성 확보를 위하여 정부 제출안을 비롯하여 여러 개정안에서 제시되었던 최대주주에게 합산 3% rule 적용을 채택하지 않고, 사외이사인 감사위원의 선임과 해임에 있어 최대주주를 포함하여 모든 주주에게 개별 3% rule을 적용하는 것으로 규정한 것은 아쉬움이 큰 개정이라 아니할 수 없다.[1188]

개정 「상법」의 경우 최대주주와 그의 의사에 의해 선임되는 경영진에 대한 감독이 절실하고 이러한 역할과 기능을 충실히 수행해야 하는 감사위원을 뽑는 상황에서 사외이사인 감사위원이라는 이유로 최대주주에게 합산 3% rule을 적용하지 않고 개별 3% rule을 적용하는 것은 개정 전 「상법」의 문제점을 답습하는 것일 뿐 아니라 지속가능 경영 및 지배구조 개선 측면에서도 설득력이 약한 것으로 판단된다.[1189]

9. 감사위원 분리선임의 문제

현행 규정은 주주총회에서 이사를 일괄선출한 후 그 이사 중에 감사위원을 선출함에 따라 대주주가 감사위원의 선임에 영향력을 발휘하여 그 직무의 독립성을 해치고 있는 현실인바, 대주주의 전횡을 방지하고 소수주주의 권익을 보호하기 위해 감사위원의 분리선출제를 도입하게 되었다.

감사위원의 분리선출제 도입에 대해 재계와 일부학자들은 ① 사실상 대주주의 이사선임권 제한결과 초래, ② 펀드의 지분 쪼개기를 통해 경영권 위협 내지 장악, ③ 헤지펀드의 영향을 받는 감사위원에 의해 기술 탈취 내지 유출, 그리고 ④ 경영권 분쟁을 조장하여 단기차익을 실현하는 '먹튀'를 우려하고 있다.

그러나 감사위원 분리선출로 헤지펀드가 추천한 감사위원이 선출되더라도 감사위원 3명 중 1명을 바꾸는 것에 불과하고 감사위원 1명이 딴지를 놓는다고 해서 전체적으로 방향을 뒤집기는 어렵다. 이사회에서도 거수기로 불리는 다른 이사 수는 한 기업에 평균 7명 이상

1186 김용범, 전게서, 2017, 858면 및 2012, 342면. 정준우, 전게서, 27면. 최준선, 전게보고서, 116~117면.
1187 정재규, 전게 연구보고서. 2020. 47면.
1188 정재규, 전게 연구보고서. 2020. 47면
1189 정재규, 전게 연구보고서. 2020. 47면.

이라 충분히 견제가 가능하다. 따라서 재계의 우려는 매우 과도한 면이 있다.

만약 기업의 기밀과 기술을 빼내는 게 목적이라면 관련 업무를 보고 있는 임직원을 스카우트하든가 매수하는 것이 빠르다. 특정기업의 주식을 다량으로 사들여 감사위원을 추천하고, 주총에서 표대결까지 펼쳐야하는 복잡한 과정을 거칠 이유가 없다. 감사위원이 이런 일을 벌인다면 이는 개인의 일탈이지 법의 부작용이라고 보기는 어렵다.[1190]

또한 헤지펀드가 경영권을 위협해 단기차익을 노릴 수 있다는 우려도 같은 맥락에서 볼 필요가 있다. 헤지펀드의 경영권 분쟁 가능성이 전혀 없는 것은 아니지만, 한국시장에서 철수하겠다는 생각을 하지 않는 이상 섣불리 기업을 공격해 분쟁을 조장하여 단기차익을 실현하고 먹튀하기는 어려울 것이다.[1191]

금융지주회사는 이미 감사위원 분리선임 재도를 시행하고 있는데, 재계 등의 논리라면 주인이 없는 금융회사는 벌써 헤지펀드의 먹잇감이 되었어야 했다. 그러나 금융지주회사의 회장은 여전히 제왕적 지위를 누리고 있다. 따라서 재계 등의 우려는 대주주와 의견이 다른 이사의 선임에 따른 감사의 독립성과 경영의 투명성에 두려움을 느낀 것에 불과하다.

VI. 해결 방안

1. 개요

우리 「상법」에 3% rule이 최초로 규정된 1960년대 시기는 현재의 글로벌화된 기업 환경과 많이 달랐다. 소유경영자에게 기업지배권이 집중되고, 경영통제 장치로서 이사회, 감사, 외부주주, M&A시장 등 내·외부 통제 메커니즘이 효율적으로 기능할 수 있는 제도적 장치가 미흡하였다. 특히 이사회를 견제하는 독임제 감사는 지배주주와 독립성이 낮은 1인 체제로 되어 있었다.

그러나 아직도 기업의 지배구조 제도나 감사제도가 전근대적인 측면이 남아 있다고는 하지만 우리나라의 경제규모가 세계 10위권에 해당하는 수준까지 발전하였고, 사외이사제도 및 감사위원회제도의 도입, 외부 감사인 제도의 개선, 집행임원 제도의 도입, 소수주주권의 강화, 대표소송제도의 활성화, 기업 M&A 시장 활성화 등 많은 제도개선이 꾸준하게 이루어지고 있다.

특히 최근 정부는 국내 기업 경쟁력 제고의 중요성이 점점 커지면서 이제는 M&A를 통해 성장 동력을 확보하려는 움직임도 늘고 있다. 그리고 국내에서의 해외 M&A는 국내기업의 해외진출 보다는 외국기업의 국내기업 인수가 주류를 이루고 있다. 이는 외환위기 이후 정부에서 외국인투자를 장려해 온 데다 외국의 투자자들도 한국의 M&A시장을 매력적인 것으로 인식하였기 때문이다.[1192]

1190 서울대 행정대학원 박상인 교수

1191 한국기술교육대 산업경영학과 한상일 교수

1192 김용범, 전게서, 2017, 860면. 서완석, 전게연구서, 기업법연구 제28권 제2호, 2014, 43면. 김석균, 「M&A 시장의 최근 동향과 특징」, 월간 기술과 경영, 한국산업기술진흥회, 2010.9.

그럼에도 불구하고 보유주식의 다소(多少)로 최대주주와 2대, 3대주주로, 근무형태에 따라 사외이사인 감사위원과 사외이사가 아닌 감사위원 또는 상근감사로, 자산규모에 따라 특례규정 적용회사와 일반규정 적용회사 등으로 구분하여 의결권을 제한하는 것은 국제적 정합성에 맞지 않고, 우회채널의 발달을 초래해 왜곡된 형태의 소유 지분구조를 초래할 수 있으며, 국내기업의 역차별이라는 문제를 발생시킬 수 있다.[1193]

또한 최근 소수주주 운동의 확산 등으로 주주들의 의결권행사가 과거보다는 적극적이며, 거대 외국자본의 증가와 경영권 시장의 확대에 따라 M&A를 목적으로 하는 사모펀드가 증가하고 있다는 점을 감안할 때, 최대주주와 특수관계인에 대해서만 의결권을 제한하는 것은 경영권 경쟁에 있어서 매우 불공평하고 과도한 제한일 수 있기 때문이다.[1194]

2. 지배주주의 충실의무 제도 도입

가. 지배주주의 충실의무 제도 개요

오늘날 주주총회가 허구화하고 실효적인 경영감시체제가 결여되어 지배주주의 사익추구가 방만히 이루어지므로 이를 어떻게 예방하느냐 하는 것이 「회사법」의 중대한 과제로 등장하였다. 「상법」 제401조의2에서 이사에게 업무집행을 지시한 자의 책임을 묻는 제도를 두고 이는데, 이는 지배주주에게 지위남용의 책임을 묻기 위한 제도이다.[1195]

지배주주가 권리를 행사함에 있어 회사와 다른 주주의 이익을 고려하고 지배주주와 소수주주 간의 이해충돌 시에 이를 해결할 수 있는 질서를 확립하기 위해 미국, 독일 등 선진국에서 도입·운영하고 있는 **지배 주주의 충실의무이론**을 「상법」에 도입하는 방안을 검토할 필요가 있다.[1196]

나. 지배주주의 충실의무 제도 내용

「상법」에 따르면 주주는 주식인수인으로서 출자의무를 이행한 후에는 어떤 의무도 지지 않는다. 그러나 회사의 법률관계가 복잡해짐에 따라 회사내부에서 주주 간의 이익을 둘러싼 분쟁이 발생하게 되자 미국에서는 오래전부터 주주들 사이에도 일정한 신인관계가 성립하는 것으로 봐 지배주주에게 충실의무를 인정해 왔다. 특히 충실의무는 지배주주와 소수주주 간의 이해충돌 시에 이를 해결할 수 있는 질서가 되어 왔다.

미국은 물론이고, 독일에서도 학설과 판례가 인적회사를 넘어서 물적회사에 있어도 지배주주의 충실의무를 인정하게 되었다. 중국의 경우 「회사법」 제20조에서 "회사의 주주는 응당 법률, 행정법규 및 회사정관을 준수하고, 법에 따라 권리를 행사해야 하며, 주주의 권리를 남용하여 회사 또는 기타 주주의 손해를 초래한 경우 법에 따라 배상책임을 부담해야 한

1193 김용범, 전게서, 2017, 860면. 서완석, 전게연구서, 기업법연구 제28권 제2호, 2014, 43면. 이병규·최준선, 「주주의결권 제한의 위헌성」, 성균관 법학 제21권 제3호, 2009, 589면.

1194 김용범, 전게서, 2017, 860면. 최준선, 전게연구보고서, 한국상장회사협의회, 2008.11., 160면.

1195 이철송, 전게서, 2021, 323면.

1196 김용범, 전게서, 2017, 861면. 서완석, 전게논문, 기업법연구 제28권 제2호, 2014, 43면.

다.”라고 규정하여 입법적으로 주주의 충실의무를 인정하고 있다.

지배주주의 충실의무란 지배주주에게 부여되는 의무로서 **"지배주주는 회사와 다른 주주들의 이익을 위하여 성실히(in good faith), 공정하게(in fairness), 전심전력으로 충성을 다할 의무"**라고 정의할 수 있다.[1197] 이는 법률에 규정되어 있는 것이 아님에도 독일과 미국에서 모두 판례와 학설로 인정하고 있다.[1198]

미국에서는 이사의 충실의무뿐만 아니라 지배주주의 충실의무가 판례를 통하여 확고하게 자리매김하였고, 독일에서도 주주에게 충실의무가 인정되고 있으며 이러한 충실의무는 회사의 지배구조에 있어 매우 중요한 특징으로 설명하고 있다.[1199] 오히려 독일에서는 주주의 충실의무는 지배주주뿐만 아니라 모든 주주들에 대하여 인정되는 의무로서 미국제도보다 진일보한 것으로 평가된다.[1200]

다. 지배주주의 충실의무제도 도입

「상법」도 업무집행지시자의 책임이라는 규정을 두어 진일보한 입법을 하였으나, 이 규정만으로는 지배주주의 지배권 남용에 대하여 명확한 규제를 할 수 없는바, 지배주주의 권리행사로 말미암아 회사자체에 손해가 발생하거나 회사 내의 소수주주가 손해를 입는 경우에 대한 지배주주의 의무나 책임에 관한 이론의 도입이 필요한 시점이 아닌가 한다.

우리의 「상법」은 '주주의 책임은 그가 가진 주식의 인수가액을 한도로 한다는 주주의 유한책임의 원칙을 관철'하고 있어 지배주주에게 충실의무를 인정하고 있지 않으나, 「민법」상 사용자 책임의 확장해석과 신의성실의 원칙을 적용한다면, 지배주주에게 지배권 남용에 따른 책임을 물을 수 있는 가능성이 있다.

그러나 우리의 법체계가 미국처럼 판례를 法源으로서 인정하지 않을 뿐만 아니라 명문의 규정이 없는 지배주주에게 충실의무를 인정하는 것은 관련된 판례가 집적(集積)되어 있지 않은 법원에게는 상당한 부담으로 작용할 것이다. 따라서 지배주주의 충실의무를 「상법」 등에 명문화할 필요성이 있는 것이다.[1201]

지배주주의 충실의무는 소수주주의 보호법리가 고려되므로 지배주주의 충실의무는 일반적으로 소수주주의 보호를 위한 이론적 근거가 되고 있지만 경우에 따라서는 소수주주도 지배주주가 될 수 있으므로 지배주주는 물론 회사와 다른 주주들의 이익을 위해 필요한 것이라 말할 수 있다.[1202]

1197 김용범, 전게서, 2017, 861면. 윤민섭, 「지배주주의 충실의무 도입에 관한 연구」, 성균관대학교, 2011, 161면. 강희갑, 「지배주주의 충실의무」, 상사법연구 제12집, 한국상사법학회, 1993, 113면.

1198 김용범, 전게서, 2017, 861면. 윤민섭, 전게연구, 성균관대학교, 2011, 161면.

1199 김용범, 전게서, 2017, 862면. 윤민섭, 전게연구, 성균관대학교, 2011, 161면. 마르쿠스 루터 저. 최기원외 옮김, 「독일법에서의 주주의 충실의무」, 서울대학교법학 제38권 제1호, 1997, 196~203면.

1200 김용범, 전게서, 2017, 862면. 윤민섭, 전게연구, 성균관대학교, 2011, 161~162면. Athur R Pinto&Gustavo Visentini, The Legal Basis of Corporate Governance in Publicly Held Corporations, Kluwer Law, 1998, 65면.

1201 김용범, 전게서, 2017, 862면. 윤민섭, 전게연구, 성균관대학교, 2011, 162면.

1202 김용범, 전게서, 2017, 862면. 윤민섭, 전게연구, 성균관대학교, 2011, 162면.

즉, 지배주주가 충실의무를 부담하는 것은 단순히 대주라는 기준에 의하여 부담하는 것은 아니며, 회사 경영에 영향력을 행사하고 있는 경우에 한하여 회사와 소수주주에 대해 충실의무를 부담하는 것이다. 의무 부담의 근거는 주식의 다수 보유하고 있다는 객관적 사실이 아닌 회사의 경영에 직접적으로 영향을 주는 지위에서 찾아야 한다.[1203]

3. 대주주의 의결권 제한 제도 개선

감사/감사위원 선임 및 해임 시 의결권 제한은 미국과 일본 등 주요국의 사례를 보아도 그 유례를 찾아보기 힘든 「상법」에만 규정하고 있는 독특한 것이다. 일반적으로 대주주에 대한 의결권 제한은 감사의 독립성 확보를 위해 불가피한 점이 있다고 보지만, 최대주주에 대한 역차별적 의결권 제한은 대주주간의 불공평한 역차별일뿐만 아니라 주주평등의 원칙/주식평등의 원칙에도 어긋나므로 그 타당성과 합리성에 결함의 문제가 발생할 수 있다.

현행 대주주의 의결권 제한제도의 경우 대주주간의 불공평한 역차별뿐만 아니라 주식/주주평등의 원칙에도 어긋나 그 타당성과 합리성이 문제가 되는 최대 주주와 그 특수관계인을 합산하여 의결권을 제한하는 「합산 3% rule 제도」에 대하여 최대 주주인지를 불문하고 상장회사의 주요 경영사항에 대하여 사실상의 영향력을 행사하는 일정한 비율 이상의 주식을 보유한 대주주에 대하여는 동일한 수준의 규제를 가하는 것이 타당하다고 본다.[1204]

따라서 감사의 독립성 확보와 최대주주에 대한 역차별의 문제점을 해소하기 위해 상장회사의 감사 및 사외 이사가 아닌 감사위원 그리고 분리 선임 감사위원의 선임 및 해임의 경우 일괄으로 주요주주*에 대해 「상법」 제542조의12 제4항에서 규정한 바와 같이 주요주주와 그의 특수관계인, 그 밖에 대통령령이 정하는 자가 소유 하는 주식을 합산하여 상장회사의 의결권 없는 주식을 제외한 발행주식 총수의 100분의 3을 초과하는 주식에 관하여 의결권을 행사하지 못하도록 개선 한다.

* **주요주주**란 누구의 명의로 하든지 자기의 계산으로 의결권 없는 주식을 제외한 발행주식총수의 100분의 10 이상의 주식을 소유하거나 이사·집행임원·감사의 선임 과 해임 등 상장회사의 주요경영사항에 대하여 사실상의 영향력을 행사하는 주주를 말한다.(「상법」 제542조의8 제2항 제6호).

4. 내부감사회제도의 도입

감사위원회제도가 이원적·대등적 구조를 가지고 있는 독임제감사제도에 비하여 업무집행에 관한 결정과 그것에 대한 감독이 동일한 기관에서 이루어지므로 자기가 수행한 업무에 대한 자기감사로 인한 내부감사기구의 독립성과 객관성 그리고 경영진에 대한 견제기능이 약화될 가능성이 매우 높은 문제점이 있어 왔다.

그리고 감사위원의 분리선출제도의 도입에 따른 일부 학자 및 재계가 우려하는 헤지펀드의 경영권 위협 내지 장악 등을 방지하고 소수주주의 권익을 보호하기 위해서는 감사가 이사회에 참석하여 주요 경영사항에 대해 의결권을 행사할 수는 없으나 주요 의사결정에 대

1203   김용범, 전게서, 2017, 862면. 윤민섭, 전게연구, 성균관대학교, 2011, 162면.

1204   김용범, 전게서, 2017, 863면. 최준선, 전게연구보고서, 한국상장회사협의회, 2008.11., 160면.

하여 의견을 개진할 수는 있는 감사제도가 필요하였다.

따라서 대형 상장회사에 대해 「상법」상 특례규정에 의해 감사위원회제도의 채택을 강제하고 있으나, 자기감사로 인한 내부감사기구의 독립성과 객관성의 약화를 방지 하고 1인 감사체제로 인한 독임제감사제도의 독립성과 전문성의 취약점을 개선하기 위해서 3인 이상의 감사로 구성되는 내부감사회제도의 병행 도입이 필요하다.

제2절 감사와 대표소송제도

2절의1, 감사와 주주대표소송제도

Ⅰ. 주주대표소송의 일반

1. 주주대표소송의 의의

주주대표소송은 회사가 이사·감사·감사위원(이하 '이사'라 한다)에 대한 책임추궁을 게을리 할 경우 주주가 회사를 위하여 이사의 책임을 추궁하는 소송을 말한다.(「상법」 제403조→제415 조, 제515조의2 제7항) 회사는 이사의 위법한 행위로 인하여 손해를 입은 경우에는 이사의 책임을 추궁하는 소를 제기할 수 있으며, 소를 제기할 것인가의 여부는 전적으로 경영자의 善管主義 義務에 의하여 판단하게 된다.

그러나 현실적으로 경영자인 회사, 즉 이사 또는 감사가 이사회 구성원인 다른 이사를 제소하는 것은 우리나라의 정서상으로나 지배구조상 어려운 면이 있어 이를 방치하거나 해태할 우려가 있는 것이 사실이다. 뿐만 아니라 소송이 이루어진다고 하더라도 소송에 형식적으로 참가할 우려가 있어 회사가 입은 손실을 제대로 보전할 수가 없게 되고 결론적으로는 회사의 자본을 구성하고 있는 주주전체의 손실이 불가피한 경우가 발생한다.

특히 우리나라와 같이 회사와 이사의 관계가 투명하지 않은 경우에는 이러한 이사의 위법한 행위로 인하여 주주가 손실을 볼 수 있는 경우가 빈번하게 발생할 가능성이 있다. 게다가 일부 대주주가 회사 경영을 좌지우지하는 회사의 경우에는 소수주주의 피해는 훨씬 더 심각하다고 할 것이다.

따라서 대다수의 일반 소수주주의 손실을 방지하기 위해서는 회사가 이사의 위법한 행위에 대하여 책임을 추궁하지 않을 경우 회사를 대신하여 이사의 책임을 추궁하는 제도적인 보완장치가 필요하며 이를 위해 도입된 제도가 「**주주대표소송제도**」이다.

2. 주주대표소송의 연혁

주주대표소송은 영미의 판례법으로 생성·발전되었으며, 초기에는 원고가 된 주주가 전체주주를 대표하여 **信認義務(fiduciary duty)**를 **違反**한 이사에 대한 소송을 제기하는 것으로 파악되었다. 따라서 주주대표소송은 형평법(Equity)상의 **團體訴訟(class action)** 내지 **代表訴訟**

(represent- ative suit)으로 이해되었다.

그러나 그 후 회사를 독립된 법률적 주체로 보는 것이 일반화되고 이사가 아닌 제3자에 대하여 대표소송을 인정하게 되면서, 대표소송은 주주가 회사의 권리에 기하여 회사를 위해 제기된 것으로 이론 구성을 하게 되었고 오늘날에는 **代位訴訟**(derivative suit)이라는 명칭이 일반적으로 사용되고 있다.

우리나라 「상법」제정 시에는 미국 법을 모범으로 한 1950년의 일본 「상법」 규정을 모델로 하여 주주대표소송을 규정하였는데, 이는 「상법」이 이사회에게 강력한 권한을 부여하는 지배구조의 형태이기 때문에, 회사의 운영에 관하여 주주가 감독 및 감시를 할 수 있는 권한을 가지도록 하여, 궁극적으로 주주의 지위를 강화할 필요성이 있었기 때문이다.

일본 「상법」의 내용을 대부분 수용한 1962년 제정된 우리 「상법」에서는 주주대위소송이라는 용어 대신에 주주대표소송이라는 말을 사용하였으며, 이러한 주주대표소송제도는 주주의 손해를 보전하는 기능과 함께 이사의 위법행위를 예방하거나 감시하는 기능도 함께 가지고 있다고 할 수 있다.

그러나 주주대표소송은 이사에 대한 위법행위유지청구권(「상법」 제399조)과 같이 사전에 위법행위를 억제하는 것을 목적으로 하는 제도와는 달리 이사의 책임추궁을 목적으로 사후적으로 제기하는 것이므로, 제도의 직접적인 목적은 손해의 회복에 초점을 두고 있다고 할 수 있다.

3. 주주대표소송의 법적 성질

주주대표소송의 법적 성질은 실체법적 성질과 절차법적 성질로 나누어 살펴볼 수 있다. 실체법적 성질에서 다루어 볼 내용은 대표소송의 제기권이 자익권인지 공익권인지의 여부이고 절차법적 성질로서는 대표소송의 성질이 대위소송인지, 대표소송인지에 대한 학설이 대립하고 있다. 아래에서 이에 대해 살펴보고자 한다.

가. 실체법적 성질

주주는 자익권과 공익권을 가지고 있다. **자익권**이란 주주가 자기의 재산적 이익을 위하여 인정한 모든 개인적 권리를 말하고, **공익권**이란 주주가 자기의 이익뿐만 아니라 회사의 이익을 위하여 행사하는 권리로서 회사에 있어서 그 발생이 예상되는 부조리 현상의 예방과 사후구제를 위하여 인정한 권리를 말한다.[1205]

1) 자익권설

자익권설은 권리로서의 대표소송의 성질에 관하여 기업의 소유와 경영의 분리현상과 이로 인한 주식의 채권화 현상에 착안한 주식채권설의 입장에서 주장하는 견해이다.[1206] 자익권이란 주주권 중 주식회사의 투자자인 주주의 재산적 이익을 위하여 인정한 모든 개인적

1205 김용범, 전게서, 2017, 865면. 최기원, 「상법학신론(상) 제18판」, 박영사, 2009, 651면.

1206 우홍구, 「주주의 대표소송」, 월간고시, 1993.5., 15면.

권리를 말한다.

자익권으로 보는 입장에서 주주는 회사에 대하여 이익배당청구권을 갖는 채권자이므로 자신의 채권을 보전하기 위해 주주는 이사에 대하여 회사의 손해배상청구권을 「민법」상의 채권자대위권에 기하여 대위행사를 할 수 있는바, 주주대표소송은 그것이 회사법적으로 변형된 것으로 본래 주주자신의 이익보호를 목적으로 하는 권리라고 본다.

2) 공익권설

공익권설은 대표소송 제기권이 주주가 자신의 이익뿐만 아니라 회사의 이익을 위하여 행사하는 권리로서, 회사에서 발생할 것으로 예상되는 病弊的 現象의 豫防과 事後救濟를 위하여 인정되는 권리라고 한다.[1207]

따라서 소수주주가 가진 대표소송의 제기권은 회사가 제대로 운영되는가를 감독·시정하기 위하여 주주에게 인정되는 권리이므로 이를 공익권이라고 보는 입장으로 이는 우리나라의 다수의 견해이다.

3) 소 결

생각건대 주식의 본질은 주주가 회사로부터 직접 경제적인 이익을 얻는 것을 내용으로 하는 재산적인 권리 이외에도 회사활동의 기초를 위해 주주가 회사의 대표기관으로서 회사의 권리를 주장하는 것을 포함하는 것이다.

따라서 소수주주에 의한 대표소송 판결의 결과인 이득은 회사에 귀속되고 그 반사적 효과로서 다른 주주들도 이익배당, 잔여자산 분배 등을 통하여 직접 대표소송을 제기한 것과 같은 효과를 누리게 된다.[1208]

즉 **주주의 대표소송**은 회사가 가지고 있는 권리를 회사를 위하여 행사하는 **대위소송성**과 全體株主를 대표하여 회사에 대하여 회사의 권리를 강제하는 **대표소송성**을 동시에 가지고 있으므로 순수한 자익권이라고 보기는 어렵다. 따라서 「상법」상 새로 인정된 **주주의 공익권이라고 보는 것이 타당**할 것이다.

나. 절차법적 성질

「민사소송법」상 주주대표소송은 소송의 형식상 제3자가 당사자적격을 갖는 제3자의 소송담당의 한 형태로 보는 것에 대하여는 이론이 없다.[1209] 주주대표소송은 실질적인 측면에서 보면 주주가 회사의 대표기관 지위에서 소송을 수행하는 것으로 볼 수 있고, 또 소송형식상으로는 주주가 타인인 회사의 이익을 위하여 원고로서 소송을 수행하여 판결을 받을 자격과 권능을 법률에 의하여 인정받는 것으로 볼 수 있다.

주주대표소송은 회사의 대표기관이 아닌 주주가 직접 소송의 주체로서 활동하면서 그 판

1207 김용범, 전게서, 2017, 866면. 이철송. 전게서. 박영사. 2021. 834면. 최기원, 「신회사법론」, 박영사, 2012, 717면. 최준선, 「회사법」, 삼영사, 2013, 515면.

1208 김용범, 전게서, 2017, 866면. 이철송. 전게서. 박영사. 2021. 835면.

1209 김용범, 전게서, 2017, 867면. 최기원, 「상법학신론(상) 제18판」, 박영사, 2009, 986면.

결의 효과는 회사에 귀속되는 특이한 소송형태이다. 그리하여 주주대표소송의 절차법적 성질은 미국·일본 및 우리도 많이 논의되는 문제 중 하나이다. 법적논리에 주주대표소송의 성질을 어떻게 보느냐에 따라 소송목적물 가액, 변호사의 보수청구권, 회사의 소송 참가, 請求의 抛棄나 認諾, 그리고 和解 등에 일정한 영향을 미친다.[1210]

1) 대위소송설

우리나라의 다수설은 주주대표소송을 대위소송의 일종으로 이해한다.[1211] 이 견해에 의하면 대위소송설은 주주에게 회사기관의 대표적 지위를 인정하고 회사 이익을 위해 주주 자신이 원고가 되어 정당한 당사자로서 소송수행권을 행사하는 소송이라고 한다.

회사는 법인으로서 그 자체가 권리능력을 가지므로 회사의 권리는 대표기관을 통해 행사해야 하고, 제3자인 주주는 회사의 권리를 직접 행사하지 못하는 것이 원칙이다.

여기서 주주대표소송을 대위소송이라고 하는 것은 회사의 이익이 침해되었음에도 불구하고 회사가 그 책임을 추궁하지 않은 경우에 주주가 회사를 대위하여 소를 제기하기 때문에 붙여진 말이다. 즉 원래 회사가 제기해야 할 소를 주주가 회사를 대위하여 소를 제기하는 것을 말한다.[1212]

2) 대표소송설

대표소송설은 원고주주가 주주의 대표자로서 원고 자신 또는 자신과 유사한 위치에 있는 다른 주주를 대표하여 소를 제기하는 대표소송 내지 집단소송의 일종이라고 이해한다.[1213] 여기서 대표소송 내지 집단소송이라 함은 집단의 다수 구성원 중 1인 또는 그 이상이 집단 전체를 대표하여 제소하거나 제소당하는 것이기 때문이다.

즉, 원고주주는 자기와 유사한 지위에 있는 다른 주주의 대표자로서 소송을 제기하고 경영진의 위법행위를 실질적으로 감독하는 것이므로 대표소송이라는 것이다. 이 학설에 따르면 원고 주주는 회사로부터 대표권한을 위임받는 것이 아닐 뿐만 아니라 다른 주주로 부터 대표권한을 위임받는 것도 아니다.[1214]

3) 대위소송 · 대표소송 양면설

양면설은 주주대표소송에서는 대표소송적 성격과 대위소송적 성격의 양면성을 가지고 있다는 견해이다.[1215] 주주대표소송은 경영진을 신뢰할 수 없는 상황에서 경영진의 관여를 배제시킨 예외적인 경우에 해당된다. 이 경우에는 주주 전원이 나서야 하겠지만, 이것은 현실적이지 못하다.

1210 김용범, 전게서, 2017, 867면. 김대연, 「주주대표소송에서 화해」, 한국상사판례학회지 상사판례연구, 1997, 473면. 최인선, 「주주대표소송에 관한 연구」, 인천대학교, 2013, 6~7면.

1211 김정호, 「회사법 제2판」, 법문사, 2012, 518면. 최준선, 「회사법 제7판」, 삼영사, 2012, 500면.

1212 민현기, 「주주의 대표소송」, 「회사법상 제문제점(하)」법원행정처, 1987, 179면.

1213 임재연, 「대표소송과 대위소송에 관한 비교 연구」, 「법조」통권 제467호, 법조협회, 1995년.

1214 김인환, 「주주대표소송에 관한 연구」, 경북대학교 대학원, 2007, 28면.

1215 김용범, 전게서, 2017, 868면. 김건식, 「주주대표소송의 활성화 관련된 몇 가지 문제점」, 서울대법학, 1996, 169면.

그리하여 일부 주주가 모든 주주를 대표해서 이사를 상대로 제소하는 것을 인정한 것이다. 이러한 점에서 주주 대표소송은 대위소송과 아울러 집단소송 내지 대표소송과 같은 성격을 겸유하는 것으로서 경영진의 위법행위에 대한 강력한 견제수단이라고 할 수 있다.[1216]

「상법」상 주주에게 직접대표소송권을 부여한 것은 두개의 부정행위가 전제되어 있어야 한다. 첫째, 회사에 손해를 생기게 한 이사의 부정행위가 있어야 하고, 둘째는 회사가 이사의 책임을 추궁하지 않는다는 행위가 있어야 한다는 것이다.

그 결과 주주대표소송에는 두 개의 소송원인을 포함하고 있는데 첫째는 주주의 회사에 대한 소는 회사가 소송권한을 행사하지 않는다는 의무위반을 이유로 하고, 둘째는 그 소송원인에 대하여 주주의 주장이 인정되는 경우에만 회사의 이사에 대한 권리를 주주가 행사한다는 것이다.[1217]

4) 소 결

현행 「상법」은 주주가 회사를 위하여 소를 제기할 수 있다고 규정하고 있고(「상법」 제403조), 또한 원고주주가 받은 판결의 효력은 원래의 권리주체인 회사에도 미치므로(「민사소송법」 제218조 제3항) 형식적으로는 대위소송의 형태를 취하고 있다.

하지만 다른 한편으로는 주주는 자기를 포함한 전체 주주를 대표하여 주주전체의 이익을 위하여 이사의 위법행위를 감독한다는 면에서 대표소송의 성격을 띤다. 따라서 주주대표소송은 대위소송과 대표소송의 이중적 성격을 띠고 있으므로 대위·대표소송양면설이 타당하다고 생각된다.[1218]

다. 제3자의 소송담당

주주대표소송은 실질적으로 주주가 회사의 대표기관의 지위에서 수행하는 것이지만 형식상으로는 주주가 회사의 대표자로서 소송하는 것이 아니라 타인인 회사의 이익을 위하여 원고가 되고, 이사를 피고로 하는 소송을 수행하여 판결을 받을 자격과 권능을 법률에 의해 인정받는 것이기 때문에 이른바, **"제3자의 소송담당"**에 속한다.[1219]

이는 「상법」 제403조 제3항에서 "주주는 회사를 위하여 소를 제기한다."고 규정한 것은 바로 이러한 사실을 말하는 것이고. 즉, 대표소송은 제3자의 소송담당의 일종이므로 원고주주가 받는 판결의 효력은 본래의 소송적격자인 권리주체로서의 회사에 미친다. (「민사소송법」 제218조 제3항) 즉 실체법상의 권리의 주체와 소송의 주체가 분리된다.[1220]

그리고 주주대표소송에서 일종의 반사적 효과로서 다른 대주주는 동일한 소를 제기할 수

1216 김용범, 전게서, 2017, 868면. 김건식, 전게논문 서울대법학, 1996, 169면.

1217 김용범, 전게서, 2017, 868면. 김인환, 전게논문, 경북대학교 대학원, 2007, 35면.

1218 김용범, 전게서, 2017, 869면. 김건식, 전게논문 서울대법학, 1996, 169면. 최인선, 「주주대표소송에 관한 연구」, 인천대학교 대학원, 2013, 9면.

1219 김용범, 전게서, 2017, 869면. 최기원, 전게서, 717면. 최준선, 전게서, 515면. 정동윤, 전게서, 466면.

1220 김용범, 전게서, 2017, 869면. 이동율, 「채권자 대위소송과 법정소송담당」, 민사소송제2호, 1992, 174면.

없다.[1221] 그러나 미국에서는 대표소송의 기판력이 다른 주주까지 확장되지 않게 하여 다른 이해관계인이 제2, 제3의 대표소송을 제기할 수 있도록 하고 있다.

4. 주주대표소송과 구별되는 개념

가. 주주개인소송

주주개인소송이란 주주가 자신에게 부여된 권리에 기초하여 자신의 이익을 위하여 회사나 이사, 혹은 제3자에 대하여 제기하는 소송이다. 예를 들면 이익배당의 지급을 청구하는 소송이나, 회사의 장부 및 기록을 보기 위한 소송과 자신의 신주인수권을 보호하기 위한 소송이 이에 해당한다.

반면에 **주주대표소송**은 회사에 부정행위를 한 이사에 대하여 회사자신이 직접 권리주장을 하지 아니하는 경우에 주주가 자신과 회사, 그리고 자신과 같은 처지에 있는 다른 모든 주주의 이익을 위하여 직접 회사의 권리에 기하여 소송을 제기하는 것이다.[1222]

<u>**주주개인소송과 주주대표소송의 차이점**[1223]</u>

① 주주개인소송은 회사가 아닌 일부 또는 전체 주주가 피해를 입는 경우에 제기하기 때문에 주주 스스로의 손해만 입증하면 되지만, 주주대표소송의 경우에는 주주가 이사의 부정행위로 회사에 손해를 입은 경우 소송을 제기하기 때문에 회사의 손해와 이사의 부정행위를 입증해야 한다.

② 주주개인소송은 소송을 통하여 받은 손해배상 비용이 모두 개인주주에게 귀속되는 반면에, 주주대표소송으로 받은 손해배상 비용은 모두 회사에 귀속된다. 이는 회사의 손해로 인한 소송이기 때문에 회사의 이익이 모든 주주들에게 분배되는 것이다.

③ 주주개인소송은 특별한 절차상의 규제가 없지만, 주주대표소송의 경우에는 절차상의 규제가 있다. 즉, 당사자적격에 대한 요건부터 담보제공 등 여러 가지의 절차상 제한이 따르게 된다.

④ 주주개인소송과 주주대표소송의 제일 중요한 차이는 판결의 효력이다. 주주개인소송의 경우에는 판결의 효력이 주주 개인에게 귀속되지만, 주주대표소송의 경우에는 회사에 귀속되고, 원고주주는 자기가 소유한 주식에만 영향을 받는다.

나. 집단소송

집단소송은 많은 사람에게 피해가 발생한 경우 그중 한 사람 또는 여러 사람이 대표 당사자가 되어 피해자집단의 구성원 모두를 위하여 소송수행을 하는 손해배상 청구소송을 말한다. 즉, 다수의 소액투자자들에게 피해가 발생한 경우 한 사람 또는 여러 사람이 대표해 손해배상청구소송을 제기하고 피해자가 별도의 제외신고를 하지 않는 한 판결의 효력이 피해

1221 김용범, 전게서, 2017, 869면. 김건식, 전게논문 서울대법학, 1996, 169면.

1222 김용범, 전게서, 2017, 869면. 임재연, 「미국회사법」, 박영사, 2004, 182면.

1223 김용범, 전게서, 2017, 870면. 임재연, 「미국회사법」, 박영사, 2004, 183~184면.

자 전체에게 미치는 **「집단구제제도」**이다.[1224]

집단소송은 영미법에서 발달된 제도로서 우리나라에 2002년 3월부터 도입되었다. 현재 우리나라의 집단소송제도는 미국제도와 다르다. 미국에서는 소비자에게 피해를 준 경우의 사건에 집단소송을 허용하고 있다. 하지만 우리나라는 집단소송이 가능한 사건의 종류를 엄격히 제한하여 증권관련 사건에만 인정하고 있다. 「증권관련집단소송법」은 2004년 1월 제정되어 2010년의 전문개정과 그간 수차 개정하여 지금에 이르고 있다.

참고 1 _____

「증권관련 집단소송법」 상의 손해배상청구의 訴 대상[1225]

① 「자본시장법」 제125조[(증권신고서 등) 거짓의 기재 등으로 인한 배상책임]에 따른 손해배상 청구
② 「자본시장법」 제162조[(사업보고서 등) 거짓의 기재 등에 의한 배상책임. 단, 제161조에 의한 주요사항보고서의 경우는 제외]에 따른 손해배상 청구
③ 「자본시장법」 제170조[회계감사인의 손해배상책임]에 따른 손해배상 청구
④ 「자본시장법」 제175조[미공개 중요정보 이용행위의 배상책임], 제177조[시세조종의 배상책임], 제179조[부정거래 등의 배상책임]에 따른 손해배상 청구

참고 2 _____

「증권관련 집단소송법」 상의 손해배상청구소송 허가요건[1226]

① 구성원이 50명 이상이고, 청구원인이 된 행위 당시를 기준으로 그 구성원이 보유하고 있는 증권의 합계가 피고회사의 발행주식총수의 1만분의 1 이상일 것
② 손해배상청구로서 법률상 또는 사실상의 중요한 쟁점이 모든 구성원에게 공통될 것
③ 증권관련 집단소송이 총원의 권리실현이나 이익보호에 적합하고 효율적인 수단일 것
④ 소송허가신청서의 기재사항 및 첨부서류에 흠이 없을 것

집단소송의 특징으로는 다수의 당사자들이 개별적인 소송을 제기하지 않고 한 번의 소송으로 분쟁을 해결할 수 있는 소송제도이고, 소수의 피해자들이 개별적으로 소송을 진행하기 어려움이 많으므로 함께 소송하여 그들을 보호하고 손해배상을 청구함으로써 경제적인 부담을 줄여주는 장점이 있다.[1227] 하지만 요건이 너무 까다로워 실제 소송제기가 이루어지는

1224 김용범, 전게서, 2017, 870면. 김홍엽, 「민사소송법 제3판」, 박영사, 2012, 921면. 김인환, 「주주대표소송에 관한 연구」, 경북대학교 대학원, 2007, 25면.

1225 「증권관련집단소송법」제3조 제1항.

1226 증권관련집단소송법」제12조 제1항.

1227 김용범, 전게서, 2017, 871면. 김홍엽, 전게서, 박영사, 2012, 922~923면.

경우는 많지 않다.[1228]

집단소송과 주주대표소송의 차이점

① 집단소송은 회사의 손해와 관계없이 동종의 이익을 갖는 수인 중 일부가 전체를 대표하여 소송
을 진행하는 데 반하여, 주주대표소송은 회사가 이사에 대한 책임 추궁을 게을리할 경우에 주주
가 회사를 위하여 이사의 책임을 추궁하는 소송제도이다.
② 집단소송의 판결효과는 동종의 이해관계에 있는 집단구성원 전체에 구속되는 데 반해, 주주대
표소송의 판결 효과는 회사에 귀속된다.

다. 채권자대위권[1229]

채권자대위권이란 자력이 없는 채무자가 제3자에게 채권이 있음에도 불구하고 이를 행사
하지 않을 경우 채무자의 금전채권자가 채무자를 대신하여 채무자의 권리를 행사하고 제3
채무자로부터 채무이행을 받아 이를 채무자의 일반재산에 귀속시키는 권리를 말한다.

참고 1 _____

주주대표소송과 채권자대위권의 유사점

① 양자 모두 실체법상의 권리로서 본래의 권리자가 권리의 행사를 해태하는 경우에만 예외적으로
인정되는 권리라는 점
② 권리를 재판상 행사하였을 때는 본래의 권리자에게 이를 고지하여야 하고(「민법」제405조 제1항,
「상법」제404조 제2항), 그 권리를 행사한 효과는 원칙적으로 본래 권리자의 재산에 귀속한다는 점
③ 재판상 행사하여 승소한 경우에는 본래 권리자인 회사와 채무자에게 비용의 상환을 청구할 수
있다는 점 등 법리적인 면에서는 유사하다는 점(「상법」제405조 제1항,「민법」제688조)

참고 2 _____

주주대표소송과 채권자대위권의 근본적인 차이점

① 주주의 대표소송은 주주의 지위에서 인정되는 권리이고 채권자대위권은 채권자의 지위에서 인
정되는 권리로서 주주대표소송에서 주주가 회사를 대신해서 행사할 수 있는 권리는 회사의 재
산권 전반에 미치는 것이 아니고 이사와 대표소송에 관한 규정이 준용되는 자에 대한 손해배상
청구권에만 미친다. 그러나 채권자대위권은 채무자의 일신전속적인 권리와 압류가 금지되는 권
리를 제외한 채무자의 일반재산 전체에 효력이 미친다.
② 주주대표소송에서 원고주주는 채권과 관계없이 주주의 지위에서 인정되는 것으로 이사 등이 책

1228 김용범, 전게서, 2017, 871면. 한국경제, 「양면의 칼 –집단소송 –」, 2013.10.24.
1229 김용범, 전게서, 2017, 871면. 곽홍규, 「주주대표소송의 개선방안에 관한 연구」, 2007, 21~22면.

임겨야 할 행위가 있는데도 회사가 이에 대하여 책임추궁을 해태할 경우에 회사와 전체주주를 위하여 언제든지 소송을 제기할 수 있는 반면에, 채권자대위권은 소송을 제기하는 채권자는 자기채권만을 보전하기 위해 그 이행기가 도래하였을 때 비로소 청구가 가능하며, 확실하고 확정된 채권자의 자기채권을 보전할 필요가 있어야 한다.

③ 주주대표소송에서 원고주주는 부정행위를 한 이사에게 그 부정행위로 인해 발생한 회사의 손해 전부에 대해 책임을 추궁할 수 있지만, 채권자대위권에서 채권자는 채무자의 권리 중 채권자가 자기의 채권만을 보전하기 위하여 필요한 범위 내에서만 행사할 수 있다는 점에서 차이가 있다.

라. 「자본시장법」상 대표소송[1230]

주권상장법인의 임원, 직원 또는 주요주주 등의 내부자가 그 법인 주권 등을 매수한 후 6개월 이내에 매도하거나 그 법인의 특정주권 등을 매도한 후 6개월 이내에 매수해 이익을 얻게 된다면, 당해 법인은 그 내부자에 대하여 그 이익을 법인에게 제공할 것을 청구할 수 있고, 해당 법인의 주주는 그 법인으로 하여금 위의 청구를 하도록 요구할 수 있으며, 그 법인이 요구를 받은 날로부터 2개월 이내에 그 청구를 하지 않은 경우에는 그 주주는 그 법인을 대위하여 그 청구를 할 수 있다.(「자본시장법」 제172조 제1항, 제2항)

「자본시장법」상의 대표소송과 주주대표소송의 가장 큰 차이점

① 전자는 개개의 주주가 모두 행사할 수 있는 단독주주권으로 되어 있지만, 후자는 소수주주들 만이 행사할 수 있는 소수주주권으로 되어있다는 점이다.

② 전자의 피고는 당해 법인의 이사뿐만 아니라 임원, 직원 또는 기타 주요주주까지 피고의 범위가 확대되어 있지만, 후자의 피고는 당해 회사의 이사이다. 하지만 이사에 준하는 자에 대해서도 주주대표소송이 가능하다.

③ 청구인으로서 전자는 피고가 단기매매를 하여 차익이 발생한 사실만 있으면 당사자의 불법영득의 의사여부에 관계없이 성립하며, 후자는 피고가 고의 또는 과실로 인한 선관주의의무 또는 충실의무를 해태한 사실과 그로 인해 회사에 손해가 발생했을 때 성립한다는 점에서 차이가 있다.

II. 주주대표소송의 기능

1. 대표소송의 順기능

가. 기업경영의 건전성 확보

우리 「상법」상 이사의 경영활동을 견제하는 기관으로서 이사회, 감사(이하 "감사위원회" 포함), 또는 주주총회들이 어느 기관도 자기 역할을 제대로 수행하지 못하는 것이 현실이다. 즉,

---

1230 김용범, 전게서, 2017, 872면. 최인선, 「주주대표소송에 관한 연구」, 인천대학교대학원, 2013, 12면.

회사 내부의 감시구조로는 이사의 위법, 부당한 행위 또는 주주의 이익을 무시하는 행위를 견제하기는 쉽지 않고, 또 지배주주를 제외한 다른 주주의 의견을 기업경영에 반영하기가 어렵다는 점이 문제이다.

특히 우리나라의 회사는 대규모의 기업집단에 소속되어 있으므로 회사의 경영이 독립적이지 못하고, 지배주주 내지 지배회사의 이익을 위하여 자회사의 이익을 희생하는 경우가 적지 않다.[1231] 이러한 점에서 이사의 위법행위를 억제하고, 경영의 투명성을 확보하기 위한 적절한 주주권을 행사할 수 있는 방법이 필요한 시점이다. 이에 대한 해결책으로 주주대표소송은 기업의 부당한 경영으로부터 회사와 주주의 이익을 보호하고, 기업경영의 건전성 확보기능을 담보하고 있다.[1232]

주주대표소송에서는 기업경영의 적절성에 대하여 법원이 검토한다. 이는 법원에서 회사와 주주 전체의 이익을 보호할 수 있는 수단으로서 기업경영의 건전성을 확보하지만, 만능의 수단이라고는 할 수 없다. 특히 이사가 지켜야 할 주의의무는 현행법상 자세히 나와 있지 않기 때문에 판례를 형성한다. 또한 주주대표소송은 소수주주가 소송을 제기함으로써 많은 주주의 협력을 얻지 않고도 회사나 주주 전체의 이익을 보호할 수 있는 효과와 이사의 부정행위에 대처할 수 있다는 장점이 있다.[1233]

나. 손해 회복기능과 위법행위 억제

이사는 선량한 관리자로서의 의무를 수행하는 데 일정한 감시가 필요하다. 주주가 감시적인 역할을 하는 것으로써 이사가 자신의 행위에 책임을 갖게 되는 것이 주주대표소송의 기능 중 한 부분이다. 또한 이사의 부정행위에 대해 사후적인 책임을 묻는 제도이다.[1234] 주주대표소송은 이외에도 손해 회복기능과 위법행위 억제기능을 갖는다.

「상법」상 이사는 회사와 주주에 대하여 선관주의의무와 충실의무를 부담한다. 이사가 의무를 위반하는 행위를 하여 회사에 손해를 입히거나 사회적 물의를 일으킨 경우에는 소수주주는 주주대표소송을 제기하여 손해배상을 청구할 수 있다. 이로 인하여 회사는 손해배상을 받게 되고 주주들의 이익을 회복하는 것이 주주대표소송제도의 고유의 기능이다.

주주대표소송의 위법행위 억제기능이라는 것은 소송자체가 이사에게 긴장감을 갖고서 위법행위를 하지 않고 경영에 임하게 하여 그것이 기업의 건전화를 가져오게 된다는 것이다. 따라서 기업경영의 건전화는 회사 경영에 대한 신뢰도를 높이고 주주뿐만 아니라 경제사회 전체의 이익으로 이어지게 된다.

주주대표소송에서의 위법행위 억제기능을 중시하면 해당회사, 주주에게 실질적 이익을 가져다주지 않더라도 이사의 부정행위는 주주대표소송에서 추궁해야 된다는 방향으로 가게

1231 김용범, 전게서, 2017, 873면. 김인환, 전게논문, 2007, 9면. 최인선, 전게논문, 2013, 17면.

1232 김용범, 전게서, 2017, 873면. 김건식, 전게논문, 서울대법학 제37권, 1996, 164면. 최인선, 전게논문, 인천대학교 대학원, 2013, 17면.

1233 김용범, 전게서, 2017, 873면. 김영희, 「주주대표소송제도 활성화를 위한 개선 방안」, 경제개혁연구소 경제개혁리포트, 2013, 8면.

1234 이철송, 전게서. 박영사. 2021. 835면.

된다. 이는 회사의 이사들에게 불법행위를 하지 못하게 하는 효과뿐만 아니라 회사 경영이 건전해질 수 있고 이로 인하여 사회 전체적으로 다른 회사의 경영진에게도 위법행위를 억제하여 일방적 예방효과로 연결된다.[1235]

다. 주주 대리 비용의 절감

경영이 소유로부터 독립되고 기업규모의 지속적 확대는 필연적으로 주식의 광범위한 분산을 가져왔다. 이러한 소유와 경영의 분리는 대규모 기업자금의 조달과 투자 위험의 분산을 용이하게 하며 경영의 효율을 높여주므로 오늘날에는 전 세계적인 회사지배구조의 특성이다. 이로써 경영자 또는 이사는 회사의 이익과 자신의 이익이 충돌하게 된다. 이때 경영자 또는 이사는 주주의 이익보다 자신의 이익을 중시하게 될 확률이 높다. 이는 경영자와 주주의 충돌을 발생시키는 계기가 된다.

이러한 문제는 주주와 경영자의 정보가 원활하게 이루어지지 않을 경우 또는 경영자의 행동을 감시·감독할 수 있는 장치가 적거나 약할수록 발생하기가 쉽다. 이로 인해 주주들은 경영자와 이사를 감시·감독하기 위한 대리인들을 회사에서 선임하게 되는데 이때 대리비용이 발생한다. 여기서 대리비용은은 소유와 경영의 분리로 인하여 발생할 수 있는 사익추구행위 등 문제발생을 억제하기 위하여 경영자를 감시·감독하는 데 필요한 비용이다.

이런 문제를 해결하기 위하여 주주대표소송제도가 있다. 이는 경영자를 감시·감독할 수 있는 유용한 제도로, 투명한 회계제도, 정보공시제도, 주식매입선택권제도, 기업지배권 시장의 활성화, 이사회의 활성화, 소수주주권의 활성화와 함께 대리인 문제와 평균적인 대리인 비용을 낮추는 기능을 한다.[1236]

특히 미국에서처럼 승소보상금제에 의하여 변호사 보수를 지급하는 체제하에서는 원고주주가 재판 외의 방법으로 이사의 위법행위를 방지하기 위하여 지출해야 할 비용보다 변호사 비용이 낮을 뿐만 아니라 그 비용도 승소한 경우에만 지출할 것이기 때문에 경영진을 감시할 비용을 모든 주주에게 비례적으로 할당할 필요가 있는 경우에 주주대표소송이 아주 효율적인 해결방안이 된다고 한다.

또한 우리나라의 경우에는 대기업에 있어서 적은 지분으로 회사와 그룹 전체를 지배할 수 있는 구조이고, 이사가 사익추구행위를 하여 회사와 주주의 이익을 침해하는 경우가 많은데 이를 감시·감독하는 유용한 제도로 주주대표소송이 이용될 수 있다.[1237]

라. 기업의 사회적 책임의 확보

우리나라의 경제에서 가장 중요한 역할을 하는 것은 회사다. 예전에는 회사의 이윤추구, 생산 활동에 대한 역할만을 중요시하였지만, 현재에는 사회복지에도 적극적으로 참여하고

1235 김용범, 전게서, 2017, 874면. 김영희, 전게논문, 경제개혁연구소 경제개혁리포트, 2013, 8면.

1236 김용범, 전게서, 2017, 875면. 양동석, 「주주대표소송」, 고시연구사, 2001, 70면.

1237 김용범, 전게서, 2017, 875면. 김영희, 전게리포트, 경제개혁연구소, 2013, 8면.

봉사하는 회사들이 늘어가는 추세이다. 이로 인하여 국민 개개인에 있어서도 회사의 활동은 큰 영향력을 발휘하기 때문에 국민적인 관심사가 되었다.[1238]

회사의 발전은 이제 회사만의 문제가 아니라 사회일반에 공적인 책임까지 포함된 것이다. 따라서 회사에 대한 견제·감시 기능을 회사의 기관이나 노동조합에게만 기대할 수 없게 되었고, 회사의 위법한 행위와 부당한 행위를 바로잡기 위해서는 주주대표소송제도를 이용하여야 한다.

또한 소수주주들은 회사의 내부적 구성원이면서도 사회의 일원이라는 시민의 관점에서 주주대표소송제도를 활용하는 것은 회사로부터 사회적 책임을 갖게 되는 것이고, 건전한 국민경제 발전에 도움이 될 것이다.[1239]

2. 대표소송의 逆기능

가. 경영진 위협소송의 증가

이사의 행위가 위법하지 않거나, 위법하더라도 회사에 손해가 없는 경우 또는 위법하고 손해도 있지만 소송하는 것이 회사의 이익에 객관적으로 반하기 때문에 주주대표소송이 실제로 회사의 이익을 害할 수도 있다. 특히 소수주주의 주주대표소송 제기가 쉬워지면서 회사의 이익을 위한다기보다는 자기 자신의 이익을 위해 회사를 혼란에 빠뜨리는 威脅 訴訟이 최근 증가하고 있다.[1240]

그 예로 소수주주가 주주대표소송을 경영진에 대한 威脅 또는 脅迫 手段으로 삼아, 회사의 배당가능이익을 고려하지 않고 과도한 배당을 요구하거나, 주가상승을 위한 자사주 매입 또는 이익 소각, 투자금액의 회수편의를 위한 주식 분할 등을 부당하게 요구하여 건전한 회사의 資本充實을 크게 害치는 사례도 나타나고 있다.

나. 경영진 비용부담의 가중

주주대표소송으로 인하여 회사의 경영진이 많은 시간과 노력을 기울여야 하는 문제가 있고, 이 때문에 내부자 및 그와 관련 된 경영진은 소송의 장기화로 그로 인한 변호사 비용의 증가, 업무의 지장 등을 초래할 수 있다. 특히 장기간의 소송이 진행된다면 회사, 경영진 및 주주 모두에게 거액의 금전적 손해가 발생할 수 있다.[1241]

다. 경영진 경영활동의 위축

주주대표소송이 빈번해지면 경영자는 책임추궁의 공포 때문에 이익이 예상되더라도 위험부담이 큰 사업을 억제하게 되는 경영의 萎縮現象이 결과적으로 회사와 주주 더 나아가서는

1238 김용범, 전게서, 2017, 875면. 이상은, 「주주대표소송과 이사의 책임에 관한 연구」, 조선대학교 대학원, 2006, 44면.

1239 김용범, 전게서, 2017, 875면. 양동석/박진호, 「경영판단원칙과 주주대표소송」, 2001, 156면.

1240 김용범, 전게서, 2017, 876면. 김인환, 「주주대표소송에 관한 연구」, 경북대학교 대학원, 2007, 12면. 유건, 「주주대표소송에 관한 연구」, 창원대학교 대학원, 2014, 15면.

1241 김용범, 전게서, 2017, 876면. 유건, 전게 연구, 창원대학교 대학원, 2014, 15면. 최인선, 전게논문, 인천대학교 대학원, 2013, 20면.

경제사회 전체에 손해를 끼치게 된다. 또한 주주대표소송의 남용은 유능한 인재가 이사/감사의 지위에 오르기를 꺼리게 되는 현상을 초래할 수 있다.[1242]

라. 소송참가 변호사만 수혜

주주대표소송은 대부분 원고변호사가 먼저 소송의 대상을 물색한 후 승소조건부 보수 약정에 따라 명목상의 주주를 내세워 소송을 한다. 하지만 승소 시 얻은 이익은 회사에 귀속되고 원고는 간접적으로 승소의 이익을 얻게 되므로 원고 당사자보다 원고 변호사가 소송결과에 대한 이해관계가 크다.

이로 인하여 원고 및 원고의 변호사 측에서 서로 공모하고, 소액주주의 권익 강화라는 美名아래 실제로는 소송에서 돈을 챙기기 위해 승산 없는 재판을 하면서 경영진을 협박 또는 위협하여 화해를 유도한다. 결과적으로 화해에 의해 원고 측의 변호사만이 이익을 얻는 사례가 발생할 우려가 있다.[1243]

Ⅲ. 주주대표소송의 내용

1. 주주대표소송의 당사자

가. 원고적격

1) 소수주주

「상법」상 비상장회사의 경우에 주주대표소송을 제기할 수 있는 자는 발행주식총수의 100분의 1 이상에 해당하는 주식을 가진 주주이다.(「상법」 제403조 제1항). 또한 주주대표소송은 회사구성원인 주주에게 인정한 것으로서 주주총회의 결의와 관련하여 인정한 것이 아니기 때문에 주주에는 의결권이 없는 주식의 소유자도 포함된다.[1244]

상장회사의 경우에는 6개월 전부터 계속하여 상장회사 발행주식총수의 1만분의 1 이상에 해당하는 주식을 보유한 자는 대표소송 제기권을 행사할 수 있다.(「상법」 제542조의6 제6항) 또한 금융회사의 경우 6개월 전부터 계속하여 금융회사의 발행주식총수의 10만분의 1 이상에 해당하는 주식을 대통령령으로 정하는 바에 따라 보유한 자는 「상법」 제403조(제324조, 제415조, 제424조의2, 제467조의2, 제542조 준용포함)에 따른 주주의 권리를 행사할 수 있다.(「금융사지배구조법」 제33조 제5항)

그간 상장회사가 일반규정에 따른 소수주주권 행사요건 지분율 이상의 주식을 보유하고 있으나, 6개월의 보유기간을 갖추지 못한 경우 주주가 소수주주권을 행사할 수 있는지 여부에 대한 해석상 논란이 있었으나, 2020. 12. 09. 「상법」 개정에서는 소수주주의 이익을 도모하기 위해 일반규정에 의해 부여된 권리와 특례규정에 의해 부여된 권리를 선택적으로 행

1242   김용범, 전게서, 2017, 876면. 양동석, 「기업의 지배구조개선을 위한 주주대표소송」, 상사법연구 제19권 제2호, 2000, 423면. 김인환, 「주주대표소송에 관한 연구」, 경북대학교, 2007, 12면.

1243   김용범, 전게서, 2017, 877면. 김인환, 전게논문, 경북대학교대학원, 2007, 12면. 최인선, 전게논문, 인천대학교대학원, 2013, 20면.

1244   김용범, 전게서, 2017, 877면. 정찬형, 「상법강의 요론 제13판」, 박영사, 2014, 541면.

사할 수 있도록 하였다.(『상법』 제542조의6 제10항)

이러한 소수주주요건은 소제기를 할 때부터 변론의 종결에 이르기까지 계속 유지되어야 한다. 물론 1인의 주주가 이러한 요건을 충족하여도 되고, 여러 명의 주주가 공동으로 이 요건을 충족하여도 상관이 없다.[1245] 다만 주주대표소송을 제기한 주주의 보유주식이 제소 후 발행주식총수의 100분의 1 미만으로 감소한 경우에도 제소의 효력에는 영향이 없다.(『상법』 제403조 제5항)

그러나 주주대표소송을 제기한 주주가 제소 후 주식을 전혀 보유하지 않게 된 경우에는 당사자 적격이 없어 그러한 주주의 제소는 부적법한 것으로 각하되므로,[1246] 최소한 1주는 보유하여야 한다.[1247]

2) 실질주주

주주대표소송을 제기할 수 있는 주주는 기명식주주의 경우에는 회사의 주주명부에 명의개서가 되어 있어야 하고(『상법』 제337조), 무기명주식의 경우에는 그 주권을 회사에 공탁하여야 한다.(『상법』 제358조) 그리고 대법원도 "특별한 사정이 없는 한 주주명부에 적법하게 주주로 기재되어 있는 자는 회사에 대한 관계에서 그 주식에 대한 의결권 등 주주권을 행사할 수 있고, 회사 역시 주주명부상 주주 외에 실제 주식을 인수하거나 양수하고자 하였던 자가 따로 존재하였던 사실을 알았던 몰랐던 간에 주주명부상 주주의 주주권 행사를 부인할 수 없다."라고 판시하고 있다.[1248]

따라서 이제는 회사가 실질관계를 손쉽게 파악할 수 있었던 경우에도 주주명부의 면책적 효력은 당연히 적용되므로 주주명부상 주주만이 대표소송을 제기할 수 있다.[1249] 다만, 주주명부에의 기재 또는 명의개서 청구가 부당하게 지연되거나 거절되었다는 등의 극히 예외적인 사항이 인정되는 경우에 한해 예외적으로 주주명부에 기재를 마치지 않고도 회사에 대한 관계에서 주주권을 행사할 수 있다.[1250]

3) 유책주주

주주가 이사의 회사에 대한 위법행위에 가담하였으나, 주주총회에서 위법행위로 인한 이사 등의 회사에 대한 책임면제에 동의하는 등 이를 명시적으로 추인한 경우에 그 주주는 유책주주가 되는 바, 이러한 유책주주가 대표소송을 제기할 수 있는가 하는 점에 관하여 학설의 대립이 있다.[1251]

1245 김용범, 전게서, 2017, 877면. 홍복기외7인 공저, 「회사법(사례와 이론)제3판」, 박영사, 2014, 429면.

1246 김용범, 전게서, 2017, 877면. 서울고등법원 2011.6.16. 선고 2010나70751 판결.

1247 김용범, 전게서, 2017, 877면. 임재연, 「회사법 II (개정2판)」, 박영사, 2014, 470면.

1248 대법원. 2017.3.23. 선고. 2015다248342. 전원합의체 판결.

1249 정준우, 「감사(감사위원) 관련 법규 해설」, 한국상장회사협의회, 2018.4., 3면.

1250 대법원. 2017.3.23. 선고. 2015다248342. 전원합의체 판결.

1251 김용범, 전게서, 2017, 878면. 이태종, 전게논문, 서울대학교 대학원, 1997, 176면.

① 부정설

유책주주는 부정한 행위에 직접 가담하거나 추인, 묵인 등에 의하여 이를 인정하였으므로 「표시에 의한 금반언의 원칙」(estoppel by representation)*이나 형평법상의 「깨끗한 손(clean hands)의 원칙」**에 따라 주식에는 전 소유자의 죄책이 수반된다는 이유로 유책주식의 양수인도 역시 대표소송을 제기하지 못한다는 「유책주식의 원칙」(dirty stock of tainted share rules)이 적용된다. 따라서 대표소송을 제기할 권한이 없다고 하며, 「민법」상 「신의성실의 원칙」을 적용하여 해석하여야 한다고 한다.[1252]

* **금반언의 원칙**은 자본주의 경제의 발전에 따라서 거래안전의 요청 상 영미법에서 '금반언의 법리'로서 발전된 것이 독일법에 수용되어 **'선행행위와 모순되는 행위의 금지'**로 불리게 되었다. 이것이 우리 법에서는 신의성실의 원칙의 한 발현형태로 나타나고 있으며, 이미 표명한 자기의 언동에 대하여 이와 모순되는 행위를 할 수 없다는 것이다. 사실에 반하는 외관을 제3자에게 표시한 자는 그 외관을 믿고 행위를 한 선의의 제3자에 대해 외관이 사실에 반한다는 것을 주장할 수 없다고 하는 법리로서 모순된 선행행위를 한자는 그에 대한 책임을 부담해야 한다는 의미이다.
** **깨끗한 손의 원칙**은 소송과 관련하여 부도덕하게 행동하거나 불성실하게 행동한 당사자는 법원으로부터 승소하지 못하거나 구제를 받지 못한다는 원칙, 또는 공평한 규범을 위반한 사람은 공정한 구제책을 찾거나 형평법에 근거한 변호를 요구할 수 없다는 원칙이다.

② 긍정설

대표소송에서 주주는 오직 회사의 권리에 기해서 회사를 대신하여 소송을 수행하는 것이기 때문에 회사의 소권 자체가 배제되지 않는 한 비록 유책주주라 할지라도 대표소송을 제기할 수 있다고 한다. 대표소송은 회사와 다른 주주 또는 회사와 이해관계를 가진 채권자 등의 이익을 한꺼번에 획일적으로 보호하기 위한 것이므로 만일 원고 주주의 개인적 이익의 하자로 인하여 대표소송제기가 금지된다면 위 목적에 어긋나게 된다는 점을 들고 있다.[1253]

생각건대, 주주가 이사의 부정행위에 가담하였거나 책임을 면제한다는 의사표시를 한 후 다시 그 책임을 추궁한다는 것은 「표시에 의한 금반언의 원칙」 및 「유책주식의 원칙」에 따라 논리적으로 모순되므로 부정설이 타당하다고 볼 수 있으며, 이 경우 피고 이사는 대표소송의 제기가 권리남용이나 신의성실의 원칙에 위배된다는 항변을 할 수 있을 것이다.[1254]

그러나 유책주식을 양수한 자의 대표소송제기여부에 대하여는, 주식에는 전체 주주의 죄책이 수반된다는 이유로 유책주식의 양도인도 역시 소 제기권이 없다는 견해도 있으나, 이는 주식의 자유유통성에 반하므로 유책주주로부터 선의로 주식을 양수한 주주에게는 대표소송의 제기권을 인정하는 것이 타당하다고 본다.[1255]

1252 김용범, 전게서, 2017, 879면. 정동윤, 「주주의 대표소송」, 사법논집제2집, 법원행정처, 1972, 345면.
1253 이태종, 전게논문, 서울대학교대학원, 1997, 180면.
1254 김용범, 전게서, 2017, 879면.
1255 김용범, 전게서, 2017, 879면. 민형기, 「주주의 대표소송─회사법의 제문제」, 법원행정처,1987, 187면.

4) 제3권리자

가) 주식의 질권자

「상법」은 기명주식을 질권의 목적으로 한 경우에 회사가 질권 설정자의 청구에 의하여 그 성명과 주소를 주주명부에 부기하고 그 성명을 주권에 기재한 때에는 질권자는 회사로부터 이익이나 이자의 배당, 잔여재산의 분배 또는 주식의 소각, 병합, 전환으로 인하여 주주가 받은 금전이나 주식의 지급을 받을 수 있다고 규정한다.(「상법」 제340조)

이로 인해 주식의 질권자는 사실상 주주와 동일한 경제적 효과를 얻게 되므로 이사의 책임 있는 사유로 인하여 이와 같은 질권자의 권리가 침해된 경우 질권자도 주주와 동일하게 대표소송의 원고가 될 수 있다는 견해가 있다.[1256]

그러나 「상법」 제340조에서 주식의 질권자에게 인정하는 권리는 주주의 자익권에 속하는 권리이고, 이는 담보권자인 질권자에게 그 피담보채권의 변제를 확보하여 주기 위한 것인 바, 질권자는 주주의 공익권에 속하는 권리, 예컨대 의결권 같은 것은 행사할 수 없는 것으로 이해되므로 주주의 대표소송의 제기권을 공익권의 하나로 보는 통설의 입장에서는 질권자에게 대표소송의 제기권을 인정하기 어렵다고 본다.[1257]

나) 회사 및 주주의 채권자

회사의 채권자가 회사를 대위하여 대표소송을 제기하는 것은 「상법」의 해석상 불가능하며, 이 경우 회사의 채권자는 채권자대위권에 기하여 이사의 회사에 대한 책임을 추궁할 수 있다.[1258]

주주의 개인적 채권자가 주주대표소송을 채권자 대위권의 규정에 의하여 대위할 수 있는가가 문제된다. 「민법」의 일반이론에 따르면 대위권의 대위행사와 유사하므로 허용된다고 볼 수도 있다.[1259] 그러나 주주대표소송 제기권은 단체법상 권리로서 보통의 채권과는 그 성질이 달라 재산적 내용을 가진 것이라도 주주의 자격과 분리하여 양도, 입질*, 압류를 할 수 없으므로 주주가 아닌 채권자가 주주대표소송을 제기할 수 없다고 본다.[1260]

*입질(入質)이란 동산이나 유가증권 등을 담보로 하여 금전을 빌려주는 행위.

5) 파산회사의 주주

대법원은 파산관재인이 선임된 이상 이사 또는 감사에 대한 책임을 추궁하는 소에 있어서도 이를 제기할 것인지의 여부는 파산관재인의 판단에 위임되어 있다고 해석하여야 할 것이고, 따라서 회사가 "이사 또는 감사에 대한 책임추궁을 게을리할 것을 예상하여 마련된

1256 권재열, 「이중대표소송의 법리적 검토」, 기업소송연구회 기업소송연구, 2005., 510면.

1257 김용범, 전게서, 2017, 880면. 정준우, 전게논문, 기업법연구 제19권 제2호, 2005, 149면.

1258 김용범, 전게서, 2017, 880면. 정동윤, 전게논문, 사법논집 2집, 1972, 346면.

1259 김동석, 「주주의 대표소송」, 수원대학교, 1997, 27면.

1260 김용범, 전게서, 2017, 880면. 이태종, 전게논문, 서울대학교대학원, 1997, 183면.

주주의 대표소송제도는 파산 절차가 진행 중인 경우에는 그 적용이 없다."고 한다.[1261]

또 "주주가 파산관재인에 대하여 이사 또는 감사에 대한 책임을 추궁할 것을 청구하였는데 파산관재인이 이를 거부하였다 하더라도 주주가 「상법」 제403조, 제415조에 근거하여 대표소송으로서 이사 또는 감사의 책임을 추궁하는 소를 제기할 수 없다."고 하여 제소권도 부인한다.

더욱이 이러한 理致는 "주주가 회사에 대하여 책임추궁의 소를 제기를 청구하였지만 회사가 소를 제기하지 않고 있는 사이에 파산선고가 있는 경우에도, 그대로 적용된다고 하여 파산절차가 진행되면 비록 그 이전에 제소청구가 있었다고 하더라도 대표소송과 관련하여 주주는 더 이상의 권리를 행사할 수 없게 된다.[1262]

「채무자 회생 및 파산에 관한 법률」상, 법원이 선임하고, 법원의 감독을 받는 파산관재인은 파산재단에 관한 소송에서 당사자가 된다.(「상법」 제358조, 제359조) 한편 법원은 법인인 채무자에 대하여 파산선고가 있는 경우 필요하다고 인정할 때에는 파산 관재인의 신청에 의하거나 직원으로 이사 등의 책임에 기한 손해배상청구권의 존부와 그 내용을 조사·확정하는 재판을 할 수 있다.(「상법」 제352조)

파산관재인은 선량한 관리자의 주의로써 그 직무를 행하여야 하며(「상법」 제361조 제1항), 이를 게을리한 때에는 이해관계인에게 손해를 배상해야 한다.(「상법」,제361조 제2항)는 점에서 주주의 제소청구권이나 제소권은 제한하여도 무방하다고 본다.[1263]

6) 지배회사의 주주[1264]

종속회사 이사에 대한 책임추궁이 이루어지지 않으면 결과적으로 지배회사에 손해가 있다. 그럼에도 불구하고 지배회사의 경영진이 종속회사 이사에 대한 책임추궁을 소홀히 하여 손해가 발생하면 지배회사의 주주가 종속회사를 위하여 종속회사 이사의 책임을 추궁하는 **이중대표소송**이나 **중복대표소송**이 허용되는지가 문제된다.[1265]

이중대표소송이란 지배회사의 소수주주가 종속회사 이사의 책임을 추궁하는 소송을 제기하는 것을 말한다.[1266] 미국판례는 "종속회사에 속하는 소의 원인에 대해 손실회복을 구하는 지배회사 주주의 소송"으로 정의하기도 한다.[1267] 즉, 두 회사가 지분소유에 의하여 지배·종속관계[1268]에 있을 때 종속회사 이사의 위법행위로 인한 종속회사의 손해에 대한 청구권을

1261 김용범, 전게서, 2017, 881면. 대법원, 2002.7.12. 선고 2001다2617 판결.
1262 김용범, 전게서, 2017, 881면. 김상규, 전게논문, 법학논집 제25권, 한양대학교, 2008, 182~183면.
1263 김용범, 전게서, 2017, 881면. 안성포, 「주주의 대표소송과 원고적격성」, 비교사법12권, 2005, 474면.
1264 김용범, 전게서, 2017, 881면. 유건, 전게논문, 창원대학교 대학원, 2014, 21~24면.
1265 김용범, 전게서, 2017, 881면. 김상규, 전게논문, 법학논집 제25권 제3호, 한양대학교, 2008, 181~182면. 손자회사 이사를 상대로 하여 대표소송을 제기하는 경우 3중대표소송이라 한다.
1266 김용범, 전게서, 2017, 882면. 최준선, 「이중대표소송제도의 입법론에 대한 검토」, 성균관 법학제18권, 2006, 433~434면. 최완진, 「이중대표소송제도에 관한 법적 고찰」, 경영법률제18집, 2008, 255면.
1267 김용범, 전게서, 2017, 882면. 권재열, 「이중대표소송의 허부에 대한 비교법적 검토-서울고등법원 2003.8.22. 선고 2002나13746판결을 대상으로 하여-」, 비교사법 제11권 제2호, 2004, 445면.
1268 **지배와 종속의 관계**란 「상법」 제342조의2에서 규정한 모회사와 자회사 간의 관계를 포함하는 폭넓은 개념이며, 지배회사는 모회

지배회사 주주가 갈음하여 행사할 수 있는 소송이다.[1269]

이중대표소송제도는 「상법」이 당해 회사의 소수주주에게 인정하는 소송권을 지배회사의 주주에게까지 확장하여 인정한다는 의미에서 주주대표소송의 당사자적격을 확장하는 것으로 볼 수 있다.[1270] 이와 같은 의미에서 이중대표소송은 "주주인 회사의 주주"가 소를 제기하는 형태가 된다.[1271]

그간 우리나라의 경우 「상법」 403조가 규정하는 대표소송을 제기할 수 있는 주주란 피고가 될 이사 등이 속한 당해 회사의 주주에 국한되었다.(대법원. 2004. 9. 23. 선고. 2003다49221. 판결) 그러나 2020년 「상법」의 개정으로 모회사의 주주가 자회사 이사 등의 책임을 추궁하기 위한 대표소송을 제기할 수 있는 제도를 신설하였다.

이 같이 모회사의 주주가 서면으로 자회사뿐만이 아니라 孫會社의 이사 등을 상대로 직접 책임을 추궁하는 소의 제기를 청구할 수 있다하여, 이를 「다중대표소송」이라는 명칭을 사용하였다.(「상법」 제406조의2) 다중대표소송의 자세한 내용에 대하여는 제2편 제9장 제2절의 2 '감사와 다중대표소송 제도"의 항목을 참조하시기 바랍니다.[1272]

나. 피고적격

1) 이사

「상법」상 주주대표소송은 이사의 위법행위에 대한 책임을 추궁하는 소송이므로 주주대표소송의 피고는 부정한 행위를 한 이사이다.(「상법」 제403조) 이사로 재직하였다가 퇴직한 자라도 재임 중에 부담한 책임에 관하여는 퇴임 후라도 그 추궁에 관하여 주주대표소송이 인정된다.[1273]

주주대표소송에 의하여 책임을 부담해야 할 이사에는 사외이사도 포함된다. 왜냐하면 사외이사도 이사이며, 「상법」상 이사제도는 사외이사와 사내이사제도를 구분하지 아니 하므로 이사의 책임문제에 있어서도 사외이사와 사내이사를 구분하여 책임의 원인이나 기준에 차별이 있을 수 없기 때문이다.[1274]

2) 이사에 준하는 자

주주대표소송은 이사 이외에도 법률의 규정에 의하여 발기인(「상법」 제324조), 감사(「상법」 제415조), 청산인(「상법」 제542조), 불공정한 가액으로 주식을 인수한 자(「상법」 제424조의2), 회사로부터 이익공여를 받은 자(「상법」 제424조의2)의 책임을 추궁하는 소에도 준용되므로 이들

사를 포함하는 개념으로, 종속회사는 자회사를 포함하는 개념으로 본다.

1269 김용범, 전게서, 2017, 882면. 이창기, 「이중대표소송제도의 도입방안에 대한 소고」, 기업법연구 제27권 제2호, 2013, 221면.

1270 김용범, 전게서, 2017, 882면. 최준선, 전게논문, 성균관법학 제18권, 2006, 434면. 최진이, 「지배회사 주주의 종속회사 이사 등에 대한 이중대표소송 허용에 관한 연구」, 기업법연구재23권, 2009, 10면.

1271 김용범, 전게서, 2017, 882면. 최준선, 전게논문, 성균관 법학 제18권 제3호, 2006, 434면.

1272 대법원 2004.9.23. 선고 2003다49221 판결.

1273 김용범, 전게서, 2017, 884면. 이철송. 전게서. 박영사. 2021. 839면. 김건식외 2인. 전게서. 박영사. 2021. 510면.

1274 김용범, 전게서, 2017, 884면. 이철송, 「이사의 경영책임과 주주의 소송-문제점과 대책을 중심으로」, 상장 제287호, 1998, 14면.

도 피고가 된다.

또한 「상법」은 이사가 아니면서 명예회장, 사장, 부사장, 기획조정실장, 전무, 상무 기타 회사의 업무를 집행할 권한이 있는 것으로 인정할 만한 명칭을 사용하여 회사의 업무를 집행한 자는 그 지시하거나 집행한 업무에 관하여 「상법」 제399조, 제401조 및 제403조의 적용에 있어서 이를 이사로 본다는 규정(제401조의2 제1항 제3호)을 신설하여 업무집행지시자 등을 대표소송의 피고로 할 수 있게 하였다.[1275]

3) 회사

주주대표소송은 회사의 권리에 기하여 회사를 위하여 제기되고 소송으로 인한 모든 이익은 회사에 귀속되므로 회사는 실질상 원고와 같은 지위에 있다. 뿐만 아니라 「상법」은 회사를 피고로 하는 것을 요구하지 않고 단순히 소송에 참가할 수 있다고 규정하고 있을 뿐이다.(「상법」 제404조 제1항)

2. 주주대표소송의 제소요건

가. 이사의 책임

「상법」 제403조에서는 이사의 책임을 추궁하는 주주대표소송에 관하여 단순히 "이사의 책임"이라고만 규정하고 있으므로, 주주대표소송에 의하여 추궁할 수 있는 책임의 범위에 관하여, 회사와 이사 간의 모든 거래상의 채무이행을 책임의 범위 내에 포함시켜야 하는지의 여부와 그 책임은 이사의 지위에 있는 동안에 발생한 책임에 한정하여 할 것인지의 여부에 대하여 견해의 대립이 있다.

1) 이사의 책임의 내용적 범위

「상법」 제399조의 손해배상책임과 제428조의 자본충실책임이 포함된다는 점에는 견해의 대립이 없지만,[1276] 그 밖에 이사가 회사에 대해서 부담하는 채무, 즉 이사가 회사에 대해서 부담하는 차용금채무와 제3자의 채무까지 모두 포함될 것인가 여부에 대해서는 학설의 대립이 있다.[1277]

가) 전면책임설

전면책임설은 주주대표소송은 이사가 회사에 대하여 부담하는 모든 채무, 즉 널리 회사와 이사 간의 거래상의 채무이행의 청구에 대해서까지 주주대표소송을 제기할 수 있다고 보는 견해로서 통설이다.[1278] 그 논거는 다음과 같다.

첫째, 주주대표소송이 인정되는 주된 이유는 회사와 이사 간의 특수한 관계로 인하여 제

1275 김용범, 전게서, 2017, 884면. 정찬형, 젠게서, 박영사, 2014, 1,023면.

1276 김용범, 전게서, 2017, 885면. 정동윤, 전게서, 법문사, 2001, 467면.

1277 김용범, 전게서, 2017, 885면. 강희갑, 「상법상 주주의 대표소송」, 도암 김교창 변호사 회갑기념 논문집 –기업과 법–, 사법행정 학회, 1997, 332면.

1278 김용범, 전게서, 2017, 885면. 이철송. 전게서. 박영사. 2021. 836면.. 최기원, 전게서, 720면. 최준선, 전게서, 518면.

소를 해태할 가능성이 있기 때문이다. 이러한 가능성은 이사가 회사에 부담하는 채무에 대해서도 똑같이 존재하므로 주주대표소송의 대상이 되어야 한다.[1279]

둘째, 회사를 대표하여 변제능력이 없는 타인에게 금전대부를 한 대표이사와 그 대부에 찬성한 이사들은 미변제액의 변제책임에 대해서 주주대표소송이 인정되는 데 반해 회사로부터 금전대부를 받은 이사가 변제를 해태한 경우 당해 이사는 소비대차상의 변제책임 만을 부담할 뿐 주주대표소송이 인정되지 않게 되는바, 형평상 대부를 받은 이사의 변제책임에 대하여도 주주대표 소송이 인정되어야 한다고 본다.[1280]

셋째, 이사가 충실의무를 부담한다고 할 경우에는 계약상의 채무불이행은 충실의무의 위반으로서 이사의 책임이 문제되므로 이 경우에도 주주대표소송을 배제할 이유가 없다.[1281]

넷째, 문리적으로 충실하게 해석하여 볼 때, 「상법」 제403조는 단지 "이사의 책임"이라고 규정할 뿐 다른 제한을 두고 있지 않아 이사의 모든 채무에 대하여 주주대표소송이 인정된다고 해석할 수 있다.[1282]

나) 한정책임설

한정책임설은 주주대표소송에 의해 추궁당할 수 있는 이사의 책임은 「상법」 제399조의 손해배상책임과 「상법」 제428조의 자본충실책임에 한정되고, 회사와 이사 간의 거래상의 채무이행의 청구는 이에 포함되지 않는다는 견해이다.[1283] 그 논거는 다음과 같다.

첫째, 「상법」 제403조 제3항에 따르면 회사는 제소여부의 결정에 관하여 아무런 재량권이 인정되지 않기 때문에 이사의 모든 채무에 대하여 주주대표소송을 인정하는 것이 불리하다. 따라서 책임면제가 곤란한 이사의 회사에 대한 손해배상책임(「상법」 제399조, 제400조)과 책임면제가 불가능한 자본충실 책임에 한정하여야 한다.

둘째, 주주대표소송의 입법취지를 제소 해태가능성에 둔다면 이사가 이사로서 취임 전에 부담한 책임뿐만 아니라 상속 또는 채무인수와 같은 승계취득에 의한 채무에도 주주대표 소송이 인정되어야 한다.

셋째, 이사가 자기를 위하여 회사로부터 금전을 차용하는 경우와 같은 이사의 제3자의 채무는 「상법」 제399조의 책임이나 제428조의 책임에 비해서 발생원인의 중요성이 적기 때문에 이사의 이러한 책임을 제외시킨다고 하더라도 특별한 문제는 발생하지 않는다.

넷째, 전면책임설에 따르는 경우에도 주주대표소송의 본래 목적인 주주의 이익보호라는 긍정적인 측면보다는 회사를 해하려는 의도로 주주대표소송을 남용할 가능성이 많아 질 수 있다.

다섯째, 주주대표소송의 광범위한 적용은 이사의 업무집행권을 부당하게 침해할 수 있으

1279 김용범, 전게서, 2017, 885면. 민형기, 전게논문, 재판재료 제38집, 1987, 181면.

1280 김용범, 전게서, 2017, 885면. 유건, 전게논문, 창원대학교 대학원, 2014, 26면.

1281 김용범, 전게서, 2017, 885면. 양석완, 「주주의 대표소송에 관한 연구」, 제주대학교, 1991, 140~141면.

1282 김용범, 전게서, 2017, 885면. 박영길, 「주주의 대표소송」, 삼성출판사, 1993, 288면.

1283 강위두, 「회사법 제3판」, 형설출판사, 2002, 588면.

며 이른바 경영판단의 원칙과 충돌할 위험이 있다.

다) 검토

생각건대 한정책임설은 남소의 폐해를 방지하는 것에 중점을 두고 있다. 그러나 「상법」에서는 남소방지를 목적으로 주주대표소송을 소수주주권으로 규정하고 있기 때문에 한정책임설에 의할 경우 주주대표소송이 이중으로 제한되게 된다. 즉, 한정책임설은 주주대표소송의 본래 취지를 중시하기보다는 남소방지에만 치우친 것이라고 볼 수 있다.

그러나 주주대표소송은 원래 이사의 행위로 인한 회사의 손실이 동료 임원의 비호 아래 방치되는 것을 막기 위한 제도로서 책임의 종류에 따라 그 필요성이 달라지는 것은 아니며 또한 이사와 회사 간의 특수관계에 따른 제소해태의 가능성은 이러한 경우에 존재하기 때문에 이사가 회사에 대하여 부담하는 일체의 채무가 주주대표소송의 대상이 된다고 보는 전면책임설이 타당하다고 본다.[1284]

2) 이사의 책임의 시간적 범위

주주대표소송에 의해 추궁할 수 있는 이사의 책임은 이사의 지위에 있는 동안 발생한 것에 한정할 것인지 여부에 대하여는 아래와 같이 학설이 대립하고 있다.

가) 전면책임설

이사로서 재임 중에 부담한 채무에 한정하지 아니하고 이사로서 취임하기 전부터 부담한 채무나 상속 또는 채무인수에 의하여 승계한 채무에 대하여도 주주대표 소송이 인정된다고 보는 견해이다.[1285]

나) 한정책임설

발생원인에 있어서 중요한 면제가 곤란하거나 불가능한 책임에 대해서 주주대표소송이 인정되며, 특히 이사가 재임 중에 부담한 채무에 한해서만 주주대표소송이 인정된다고 보는 견해이다.[1286]

다) 검토

생각건대 주주대표소송이 인정되는 근본이유가 회사와 이사 간의 특수 관계로 인한 제소해태의 가능성에 있으므로 이사가 되기 전에 부담한 채무와 상속 또는 채무인수에 의하여 취득한 채무에 대해서도 취임 후 이사가 권리행사를 게을리할 수 있고, 또한 이사의 지위에 있는 동안 발생한 채무도 이사가 퇴임 후 권리 행사를 게을리할 수 있으므로 전면책임설로 보는 것이 타당하다고 본다.[1287]

나. 제소 청구

1284 김용범, 전게서, 2017, 887면. 이철송, 전게서, 박영사, 2021. 836면. 유건, 전게논문, 창원대학교, 2014, 28면.

1285 김용범, 전게서, 2017, 887면. 이철송, 전게서, 박영사, 2021. 837면. 최기원, 전게서, 720면. 최준선, 전게서, 496면.

1286 정희철·정찬형, 「상법강의 상」, 박영사, 1998, 499면.

1287 김용범, 전게서, 2017, 887면. 이철송, 전게서, 박영사, 2021. 837면. 유건, 전게논문, 창원대학교, 2014, 28면.

1) 일반 원칙

가) 서면에 의한 제소청구

발행주식총수의 1% 이상에 해당하는 주식을 가진 주주(6개월 전부터 계속해 상장회사의 경우는 발행주식총수의 1만분의 1 이상, 금융회사의 경우는 발행주식총수의 10만분의 1 이상 보유한 자)는 회사에 대하여 이사의 책임을 추궁할 소의 제기를 청구할 수 있다.(「상법」 제403조 제1항, 제542조의6 제6항, 「금융사지배구조법」 제33조 제5항) 제소청구는 그 이유를 기재한 서면으로 하여야 한다.(「상법」 제403조 제2항)

이 청구는 주주의 권리인 동시에 주주대표소송의 제소요건이기도 하다. 제소 청구는 회사로 하여금 사전에 제소의 필요성을 검토할 기회를 주기위한 제도이다. 이사에 대한 책임추궁은 원래 회사의 권리이므로 회사가 그 행사를 게을리할 경우에 한하여 주주대표소송이 인정되어야 할 것이기 때문이다.[1288]

나) 제소 청구서 기재사항

(1) "이유"의 내용과 범위

「상법」 제403조 제2항의 **"이유"**는 회사가 제소여부를 판단할 수 있도록 구체적인 내용이어야 한다. 소장의 청구원인에 기재될 정도로 구체적일 필요는 없지만, 막연히 이사의 부정행위가 있다는 등과 같이 기재하는 것은 적법한 제소청구로 볼 수 없다.[1289]

(2) 구체성의 정도

주주가 제소청구서에 피고가 될 이사의 성명, 그 책임원인을 특정하여 기재하는 것이 바람직하지만, 일반주주로서는 회사내부에서 벌어지는 이사의 구체적인 위법행위를 파악하기 곤란하고, 반면에 제소청구의 취지 자체가 구체적인 사정을 잘 알고 있는 회사로 하여금 제소 여부를 결정할 기회를 주기 위한 것이다.

따라서 제소청구서에는 이사의 책임을 추궁할 만한 특정사정이 회사 내에 발생하였다는 것만 기재하면(부정행위를 한 이사를 색출하고 제소하는 것은 회사의 의무) 반드시 해당 이사를 특정하지 못하더라도 무방하다고 보아야 한다.[1290]

(3) 소송고지에 의한 보완

부실한 내용의 제소청구를 하고 대표소송을 제기하였다고 하여 항상 부적법한 소로서 각하되는 것은 아니다. 「상법」 제404조 제2항은 대표소송을 제기한 주주는 소 제기 후 지체 없이 회사에 대하여 소송을 고지하도록 규정하고 있다.

소송고지서에는 피고지자가 공격과 방어를 하는 데 부족함이 없도록 청구의 취지와 원인

1288　김용범, 전게서, 2017, 888면. 이철송. 전게서. 박영사. 2021. 837면. 유건, 전게논문, 2014, 28~29면.

1289　김용범, 전게서, 2017, 888면. 임재연, 전게서, 박영사, 2014, 505면.

1290　김용범, 전게서, 2017, 888면. 임재연, 전게서, 박영사, 2014, 505~506면.

을 기재하여야 하므로, 제소주주가 부실한 내용으로 제소청구를 하였더라도 이와 같이 적법한 방식의 소송고지를 한 경우에는 당초의 제소청구 시에 적법한 제소청구가 있는 것으로 볼 수 있다.[1291]

다) 제소청구의 상대방

(1) 이사가 피고인 경우

이사와 회사 간의 소송에서는 감사가 회사를 대표하므로 제소청구는 감사에게 한다.(「상법」 제394조 제1항) 그리고 감사위원회를 설치한 경우에는 감사위원회가 회사를 대표하므로 (「상법」 제415조의2 제6항), 감사위원회에 제소청구를 하여야 한다.

감사를 두지 않은 소규모 회사(「상법」 제409조 제4항)가 이사에 대하여 또는 이사가 그 회사에 대하여 소를 제기하는 경우에는 회사, 이사 또는 이해관계인은 법원에 회사를 대표할 자를 선임하여 줄 것을 신청하여야 한다.(「상법」 제409조 제5항)

퇴임한 이사를 상대로 대표소송을 제기하는 경우에는 회사와 퇴임한 이사 사이의 소에 있어서 양자 간에 이해충돌의 문제가 발생할 소지가 없으므로 일반원칙에 따라 대표이사가 회사를 대표하므로 감사가 아닌 대표이사에게 제소를 청구해야 한다.[1292]

(2) 감사 및 그 이외 사람이 피고인 경우[1293]

감사를 피고로 하는 경우에는 일반원칙에 따라 대표이사가 회사를 대표하므로 대표 이사에게 제소청구를 하여야 한다. 다만 이사와 감사를 모두 피고로 하는 경우에는 감사와 대표 이사 쌍방에게 제소청구를 하여야 한다. 그리고 집행임원이 피고인 경우 이사회는 집행임원과 집행임원설치회사와의 소에서 집행임원설치 회사를 대표할 자를 선임할 수 있다.(「상법」 제408조의2 제3항 제3호)

라) 대기 기간

회사가 소수주주로부터 제소청구를 받은 날로부터 30일 내에 소를 제기하지 아니한 때에는 제소청구주주는 즉시 회사를 위하여 소를 제기할 수 있다.(「상법」 제403조 제3항) 다만, 소멸시효 완성이나 이사의 재산도피 등 30일의 기간이 경과함으로써 회사에 회복할 수 없는 손해가 생길 염려가 있는 때에는 예외적으로 30일의 경과를 기다리지 않고 바로 소를 제기할 수 있다.(「상법」 제403조 제4항)

회복할 수 없는 손해란 소멸시효 완성 또는 재산 도피 등으로 법률상, 사실상 이사에 대한 책임추궁이 불가능하거나 무의미하게 될 염려가 있는 경우를 의미한다.[1294] 「상법」 규정의 문언상으로는 제소의 거부가 아닌 제소의 해태(懈怠)가 소제기의 요건이지만, 회사가 제소청구를 명시적으로 거부한 경우에도 대기 기간의 취지상 바로 소를 제기할 수 있다고 해석하

1291 김용범, 전게서, 2017, 889면. 임재연, 전게서, 박영사, 2014, 506면.

1292 김용범, 전게서, 2017, 889면. 임재연, 전게서, 2014, 506면. 대법원 2002.3.15. 2000다 9086 판결.

1293 김용범, 전게서, 2017, 889면. 임재연, 전게서, 박영사, 2014, 506~507면.

1294 임재연, 전게서, 박영사, 2014, 507면. 대법원 2010.4.15. 선고 2009다98058 판결.

여야 한다.[1295]

마) 하자의 치유

회사에 대해 청구를 하지 아니하고 바로 대표소송을 제기한 경우에는 부적법한 소로서 각하된다. 그러나 회사에 대해 청구를 하였으나 30일의 경과를 기다리지 아니하고 대표소송을 제기한 때에는 법원은 위와 같은 특별사유 유무를 심리하고, 그 사정이 없더라도 청구일로부터 30일을 경과한 때에는 소제기 전의 절차에 관한 하자는 치유되기 때문에 "회사에 청구한 날로부터 30일 내에 한하여" 소를 각하할 수 있다.

또한 소송실무상 사실심 변론종결 전에 하자가 치유되면 적법한 소로 보므로 실제의 소송절차에서 각하되는 경우는 거의 없을 것이다.[1296] 대부분의 대표소송에서는 이와 같은 사정으로 대기기간을 준수하지 않더라도 하자가 치유된 것으로 처리될 것이다. 따라서 30일이 경과하도록 회사가 제소의사를 표명하지 않는다면 대기기간을 준수하지 않은 하자가 치유된 것으로 처리되므로, 대기기간은 실제로는 무의미하고「상법」상의 제소청구는 사실상 대표소송의 제기를 회사에 사전 통지하는 의미만 있다고 할 수 있다.[1297]

2) 예외 사항

주주가 대표소송을 제기하기 위해서는 먼저 회사에 제소청구를 하고 30일이 경과되어야 하나, 이러한 원칙에 대하여「상법」은 특별한 사정이 있는 경우에 주주가 회사에 제소 청구를 하지 않고 바로 소를 제기할 수 있는 예외를 두고 있다.

첫째, 회복할 수 없는 손해의 염려가 있는 경우이다. 30일의 경과로 인하여 회사에 회복할 수 없는 손해가 생길 염려가 있는 경우에는 소의 제기를 청구하지 않고 소수주주는 즉시 대표소송을 제기할 수 있다(「상법」제403조 제4항). 여기에서 **"회사에 회복할 수 없는 손해가 생길 염려가 있는 경우"**라 함은 예컨대, 이사가 재산을 은익하거나 무자력으로 되거나 회사의 채권이 시효로 소감되거나 이사의 회사에 대한 책임이 해제될 염려가 있는 경우 등을 말한다.[1298]

둘째, 회사에 대한 제소청구가 무의미한 경우이다. 회사가 이사의 책임을 추궁하는 소를 제기하는 것을 기대할 수 없는 사정이 있는 경우에 제소를 청구하는 것은 무의미할 뿐만 아니라 시간낭비이므로 이런 경우에는 제소청구 없이 즉시 대표소송을 제기할 수 있을 것이다. **회사의 소제기를 기대할 수 없는 경우**란 예컨대, 과반수의 이사가 문제의 위법행위에 관련이 있는 경우나, 감사가 문제의 위법행위에 가담하였거나 동조한 경우, 이사회에서 이미 문제의 행위를 추인한 경우 등을 들 수 있다.[1299]

1295 김용범, 전게서, 2017, 890면. 임재연, 전게서, 박영사, 2014, 507면.

1296 김용범, 전게서, 2017, 890면. 임재연, 전게서, 박영사, 2014, 507~508면. 오세빈,「주주의 대표소송에 관한 몇 가지 문제점」, 민사재판의 제 문제 12권, 한국사법행정학회, 2003, 183면.

1297 김용범, 전게서, 2017, 890면. 임재연, 전게서, 2014, 508면. 대법원 1979.4.10.선고 79다262 판결.

1298 김용범, 전게서, 2017, 890면. 강위두, 전게서, 2002, 590면. 이철송, 전게서, 2019, 834면.

1299 김용범, 전게서, 2017, 891면.

3) 감사의 제소여부에 대한 재량여부

주주가 회사에 대해 제소청구를 하는 경우 그 청구에 관하여 회사를 대표하는 자는 감사이다.(「상법」제394조 제1항) 회사와 이사 사이의 소송에 관하여 감사가 회사를 대표하기 때문에 제소청구의 구체적인 상대방도 감사이다. 다만 감사를 피고로 하는 대표소송의 경우(「상법」제415조)에는 회사법상의 일반원칙에 따라 대표이사가 회사를 대표하므로 대표이사에게 제소청구를 하여야 한다. 문제는 소수주주의 회사에 대한 제소청구가 있는 경우에 회사는 이사의 책임사유를 인정하면서도 당해 소송은 회사의 최상의 이익에 반한다고 하여 회사가 재량에 의해 그 제소를 거부할 수 있는가이다.

「상법」제403조 제1항 및 제3항에 의하면 「--회사에 대하여 이사의 책임을 추궁할 소의 제기를 청구할 수 있다」고 하고, 「회사가 전항의 청구를 받은 날로부터 30일 이내에 소를 제기하지 아니한 때에는 --주주는 즉시 회사를 위하여 소를 제기할 수 있다」라고 규정하고 있다. 법형식상으로는 회사는 소의 제기여부에 대한 결정에 재량권이 없기 때문에 회사는 회사의 이익을 고려함이 없이 기계적으로 결정하여야 하나, 대표소송은 직접적으로 회사의 이익을 위하여 제기하는 것이기 때문에 이와 같이 해석하는 것이 타당한가에 대해 견해가 나누어진다.[1300]

가) 부정설

감사는 「상법」의 해석상 제소여부를 결정할 재량이 없다고 한다.[1301] 그 논거는 감사가 제소청구를 받은 날로부터 30일 내에 소를 제기하지 않으면 주주는 즉시 회사를 위하여 소를 제기할 수 있다고 규정하고 있을 뿐, 주주가 감사의 제소 여부 결정에 구속되는 것은 아니므로 감사가 회사의 이름으로 제소하지 아니하는 경우에는 그 이유에 상관없이 주주는 즉시 소송을 제기할 수 있으며, 「상법」에는 대표소송이 이사의 책임을 추궁하는 경우에 제한되어 있는데 이를 다시 감사의 재량에 의하여 제한하는 것은 부당하다고 한다.

나) 긍정설

「상법」상으로도 감사에게 제소여부를 판단할 재량권이 있다고 한다.[1302] 그 논거로는 1984년 개정 「상법」에서 감사가 회사와 이사간의 소송에서 회사를 대표(「상법」제394조)하게 한 것은 업무감독기관(「상법」제412조)으로 소송의 공정성 확보를 위한 것이므로, 감사의 재량에 의하여 그 제소를 거부할 수 있는 것은 주주의 대표소송에 제한을 가하는 면이 일부 있다.

그러나 「상법」해석으로도 대표소송이 본래 회사의 이익을 위하여 존재하는 것이므로 대표소송을 제기하는 것이 회사의 신용을 해칠 우려가 있어 오히려 소를 제기하지 않는 것이 회사의 이익을 위하여 보다 유익한 것으로 판단되는 경우에는 감사의 재량권을 인정해야 한다고 한다.

1300 김용범, 전게서, 2017, 891면. 박영길, 전게논문, 296면.

1301 정동윤, 전게서, 469면.

1302 김용범, 전게서, 2017, 892면. 민형기, 「주주의 대표소송」, 회사법상의 제문제(하), 1987, 192~193면.

이 견해에 따르면 감사가 여러 가지 사정을 신중히 고려하여 공정하게 검토한 결과 소를 제기하지 않는 것이 좋다고 판단하여 소를 제기하지 아니하기로 결정하면 주주는 감사가 그 재량권을 남용하였음을 입증하지 않는 한 대표소송을 제기하지 않은 감사에게 책임을 물을 수 없다고 한다.

다) 검토

생각건대 주주대표소송에 관해 현행 「상법」 제403조 제1항 및 제3항에 의하면 「소수주주가 회사에 대하여 이사의 책임을 추궁할 소의 제기를 청구할 수 있다」고 하고, 「회사가 전항의 청구를 받은 날로부터 30일 이내에 소를 제기하지 아니한 때에는 소수주주는 회사를 위하여 소를 제기할 수 있다」라고만 규정하고 있다.

문제는 실무적으로 소수주주의 회사에 대한 제소청구가 있는 경우 감사는 재량에 의해 그 제소를 거부할 수 있는가이다. 현행 「상법」에는 감사가 제소청구를 받은 날로부터 30일 이내에 소를 제기하지 않으면 소수주주는 즉시 회사를 위하여 소를 제기할 수 있다고 규정하고 있을 뿐 소수주주의 소제기 요청에 대한 감사의 소제기 의무를 규정한 바 없을 뿐만 아니라 감사가 소제기를 하지 않더라도 주주는 소제기 청구 후 30일이 지나면 직접 소제기를 할 수 있으므로 주주의 소제기권을 제한하는 것이 아니므로 감사의 제소여부에 대한 재량권을 인정하는 데에는 아무런 문제가 없다고 본다.

다만 이사의 위법사항 및 비위행위 등에 대한 소수주주의 소제기 요청을 받은 감사가 조금만 주의를 기울여도 소수주주가 언급한 위법사항이나 임원의 비위행위를 확인하고, 회사의 손해발생을 알 수 있었음에도 감사가 선량한 관리자 주의의무를 현저히 해태하여 소제기를 하지 않은 경우라면 추후 감사의 임무해태에 대한 손해발생책임이 인정될 위험은 있다고 본다. 따라서 소수주주의 이사의 위법사항 및 비위행위 등에 대한 소수주주의 소제기 요청이 있는 경우 감사의 실제 소제기 여부는 소수주주가 언급한 이사의 위법 사항 및 비위 행위 등에 관한 구체적 내용 등을 감안하여 감사가 선량한 관리자로서 재량으로 결정할 문제일 뿐 법령에 의하여 소제기가 강제되지는 않는다고 본다.[1303]

참고 _____

소수주주의 소제기요청에 대한 감사의 소제기 거부 사례

① 한보철강주식회사 : 대법원 2002.3.15. 선고 2000다9086 판결.

② 대동은행 : 대법원 2002.7.12. 선고 2001다2617 판결.

③ 광주신세계 : 대법원 2013.9.12. 선고 2011다57869 판결.

④ ○○○○항공 : 2014.1.28. 서울남부지방법원. 제1심 및 제2심 패소.

⑤ ○○증권 : 2016.9.6. 서울남부지방법원.

1303 김용범, 전게서, 2017, 893면. 남기정 · 김동훈 · 윤현준, 「주주대표소송」, 2014, 20면.

3. 주주대표소송의 소송절차

가. 관할

　주주대표소송은 회사 본점 소재지의 지방법원의 관할에 전속한다.(「상법」 제403조 제7항, 제186조) 전속 관할을 정한 목적은 소수주주가 제기하는 대표소송에서 원고 이외의 자, 즉 회사 또는 다른 주주가 공동소송인으로서 참가하는 것(「상법」 제404조 제1항)을 용이하게 하기 위함이다.[1304]

　전속 관할이지만 소는 주주가 대신할 뿐이므로 소의 성질은 형성의 소로 변하는 것이 아니라 회사가 이사에 대해 제기할 수 있는 이행의 소로 본다. 한편 사물관할을 결정하기 위한 소송물 가액의 산정은 원고주주에게 귀속되는 이익이 아니라 회사의 이익을 기준으로 하여야 한다.[1305]

나. 담보 제공

1) 의의

　주주가 주주대표소송을 제기한 경우에 피고이사는 원고주주의 소의 제기가 惡意임을 소명하여 상당한 담보의 제공을 법원에 청구할 수 있다(「상법」 제403조 제7항, 제176조 제3항 및 제4항). **주주의 惡意**란 피고인 이사를 해할 것을 알고 제소함을 뜻한다. **담보제공**이란 원고가 패소한 경우 피고인 이사가 대표소송의 수행으로 입은 손해를 배상할 것을 담보하기 위함이다.[1306]

　주주대표소송의 남용 내지 위협소송을 방지하는 목적으로서의 몇 가지 裝置 중 하나인 담보제공 신청제도는 제소된 피고에게 인정된 방어방법으로는 유일한 제도라고 할 수 있다. 일단 소가 제기되면 법원이 대표소송에서 그 책임 유무를 판단하는 데는 통상 오랜 시간이 소요되고 그 사이에 제소된 이사는 피고의 처지에서 회사를 경영하기 때문에 확정 판결이 날 때까지 겪는 시간적·경제적·재산적 부담이 막대하다.

　또한 회사의 경영자가 위법행위자로 몰려 회사의 명예가 크게 훼손되는 경우도 발생하게 되는데 이는 피고회사에게 책임이 있는 경우에는 불가피한 것이지만, 만일 책임이 없는 경우라고 한다면 매우 가혹한 일이다. 따라서 **주주대표소송의 남용 내지 위협소송을 방지하는 목적도 있지만, 이러한 입장에서 피고회사를 구제할 수 있는 수단**이 바로 **담보제공 신청제도**이다.[1307]

2) 악의의 소명과 방법

1304　김용범, 전게서, 2017, 893면. 오성근, 「주주대표소송에 관한 소고–상법과 영국회사법제와의 비교를 중심으로」, 상사법연구 제29권 제2호, 한국상사법학회, 2010, 266면.

1305　김용범, 전게서, 2017, 893면. 이철송, 전게서. 박영사. 2021. 839면.

1306　이철송, 전게서. 박영사. 2021. 841면. 대법원. 2009.6.25. 결정. 2008마1930. 판결.

1307　김용범, 전게서, 2017, 894면. 이태종, 전게논문, 200면.

가) 악의의 소명

피고이사가 원고주주에 대하여 담보제공을 신청하기 위해서는 원고 주주의 "악의"의 소명을 하여야 하는데, 그 **"악의"**의 의미를 어떻게 해석하여야 할 것인지에 관하여 학설이 대립되어 있다.

① 惡意說

주주대표소송에 있어서 담보제공 규정은 회사의 荒廢化를 방지할 목적을 가지지만 직접적으로는 피고이사가 원고주주에 대하여 가질 수 있는 손해배상청구권을 담보로 하는 것이므로 악의란 원고가 대표소송의 피고인 이사를 해하는 것을 알고 있는 것을 가리킨다거나 혹은 원고가 단순히 주관적으로 청구의 요건에 흠결이 있는 것을 아는 것만으로는 부족하다고 한다. 그러나 원고가 피고인 이사를 해할 의사를 가질 필요는 없고 단지 원고가 이사를 해한다는 것을 알고 있으면 충분하다고 해석하고 있다.[1308]

② 害意說

해의설은 加害 意圖說이라고도 하며, 원고주주가 단순히 피고를 해하는 것을 알고 있다는 것만으로는 부족하고 부당하게 피고를 해할 의사를 가지고 있는 것을 요한다고 해석한다. 주주에 의한 대표소송의 남용은 엄격한 제소요건에 의하여 상당한 정도로 억제할 수 있을 것이므로 피고이사가 담보제공 신청을 하는데 있어서도 엄격하게 원고주주에게 가해 의사가 있는 경우에만 허용한다고 해석하고 있다.[1309]

③ 검토

생각건대, **담보제공이라는 제도**를 둔 목적은 **원고주주의 威脅訴訟**과 **搾取訴訟**을 **防止**하고, **장래에 발생할 수 있는 손해에 대하여 미리 담보**하여 둔다는 의미가 있지만 담보제공의 입법취지에 대하여 **일반적으로 남소를 방지 하여 회사를 보호하기 위한 것**으로 이해하고 있다.[1310]

따라서 원고주주가 피고이사를 해한다는 것을 알고 있으면서도 피고이사를 위협 내지 착취하기 위하여 주주대표소송을 제기하는 소수주주의 남소를 방지하고 회사를 보호하기 위해서는 원고주주가 피고인 이사를 해할 의사를 가질 필요는 없고 단지 원고주주가 피고 이사를 해한다는 것을 알고 있는 것만으로도 충분하다는 악의설이 타당하다고 본다.

나) 악의의 소명 방법

원고주주의 악의에 의한 제소임을 소명할 때에는 직접 소명이 바람직하나 이는 실무적으로 어려움이 많고, 불가능한 경우도 있으며 간접사실을 나열하는 간접 소명에 의하여 일반적으로 소명이 이루어진다.

1308 김용범, 전게서, 2017, 894면. 정동윤, 전게서, 469면. 강위두, 전게서, 591면. 이철송. 전게서. 박영사. 2021. 841면.

1309 이태종, 전게논문, 203면.

1310 김용범, 전게서, 2017, 895면. 김영곤, 「주주의 대표소송에 관한 소고」, 한국기업법학회, 2002, 25면.

① 害意說

원고주주에게 가해의사가 있었음을 소명해야 하는 경우에는 원고와 회사 혹은 피고이사 사이의 그때까지의 관계나 경위 그리고 원고의 속성이 소명의 중시대상이 된다. 예를 들어 원고주주가 개인적인 불만 등에 의하여 제소한 경우에는 그 불만 원인이 된 사정을 설명하고, 원고가 총회꾼으로 항상 그러한 행위를 하고 있는 경우에는 타 회사에서도 그러한 행위를 한 적이 있었는지, 회사에 금품을 요구하였는지, 기타 회사나 이사 등과 접촉하여 온 경위 등을 설명하면 된다. 원고의 가해의사에 관하여 그 주관적 의사를 직접 소명하는 것은 힘든 경우가 많으므로, 이처럼 간접사실을 나열하는 방법으로 소명이 이루어진다.[1311]

② 惡意說

악의설에 의하면 그 소명이 생각보다 쉽지 않다. 우선 객관적으로 '이사에게 책임이 없었음'을 소명하고, 다음에 '이러한 사실을 원고가 알고 있었음'을 소명하여야 할 것이다. 먼저 '이사에게 책임이 없었음'에 대하여는 주주대표소송에서 이사의 경영판단의 시비에 관한 질문이 통상인데, 사실관계가 복잡하여 여러 가지 상황을 종합적으로 고려해 경영판단을 하는 경우가 많다.

'이사에게 책임이 없었음'을 소명하였다 해도 '원고가 이사에게 책임이 없음을 알고 있었음'을 소명해야 하는데 이것은 소송에 이른 경위 등의 간접사실을 소명하는 방법밖에는 없을 것이다. 특별히 유형화된 것이 없기 때문에 구체적인경우에 따라서 소명하여야 한다. 결국 객관적인 사실에 의하여 원고가 이를 알았을 것이라고 인정되면 소명된 것이라고 보아야 한다.[1312]

3) 담보 금액

담보금액의 결정은 원고 주주의 악의의 의미를 어떻게 해석할 것인가와 함께 담보제공제도의 적정한 운용에 있어서 매우 중요한 요소가 된다. 만약 주주가 공탁할 금액이 너무 고액으로 결정되는 경우에는 원고주주가 본안소송에서 다투어 보지도 못하고 대표소송 수행자체를 포기할 가능성이 많다. 이에 반해 담보금액이 너무 과소하게 결정되는 경우에는 원고주주에 대한 부담이 적어 대표소송의 남용을 억제하는 역할을 수행하기 어렵게 된다.

따라서 법원이 담보가액을 결정함에 있어서는 주주의 대표소송권이 제한되지 않도록 적정한 금액으로 결정해야 한다. 피고이사의 담보제공 청구가 인정될 경우 어느 정도로 할 것인가는 법원의 재량으로 결정한다. 법원이 원고주주에게 담보제공을 명할 경우에 담보액과 그 산출근거를 어디에 두는가는 동제도의 입법취지에 따라 달라진다.

가) 손해배상청구권의 담보설

담보제공제도의 입법취지가 피고이사의 손해배상청구권을 담보하기 위한 것으로 해석하면 원고주주의 부당소송으로 인하여 피고이사가 받게 될 모든 손해가 피담보채권이 된다.

1311 이태종, 전게논문, 206면.
1312 김용범, 전게서, 2017, 896면. 차종선, 「주주대표소송제도의 개선방안에 관한 연구」, 전북대학교대학원, 2000, 103면.

1313 담보액에는 피고가 방어활동을 함에 있어 필요한 비용, 즉 변호사 비용을 포함한 모든
소송비용이 이에 포함된다고 보아야 한다.[1314]

나) 대표소송 남용의 억제설

이에 대하여 담보제공제도의 입법취지를 대표소송의 남용을 억제하기 위한 것으로 해석
하면, 피고의 손해 이외에도 부당소송으로 될 개연성의 정도, 악의의 태양 및 정도, 악의가
인정된 청구가 그 소송 전체 중에서 차지하는 위치, 책임이 추궁되고 있는 피고의 수 등 그
소제기에 관한 모든 사정을 종합적으로 고려한 후에 법원이 재량으로 그 담보액을 결정한
다.[1315]

그러나 후자는 단순히 대표소송의 남용방지라는 입법취지에 맞춰 담보액을 너무 고액으
로 결정할 가능성이 있으므로 담보액은 이사의 손해배상청구권을 담보하기 위한 기준으로
정하는 것이 바람직하다는 견해도 있으나,[1316] 원고주주는 이미 피고 이사에게 손해를 발생
시키면서 주주대표소송을 제기하였고, 피고 측에서 악의를 소명한 이상 그 담보금액이 많다
는 이유만으로 원고가 부담할 위험을 피고 측에 전가할 수는 없다고 본다.

그리고 악의의 소송으로 인정된 원고주주에게 과다한 담보금액을 요구하는 것은 부당한
것이 아니며, 실무에서는 대부분 지급보증위탁계약을 체결한 문서를 담보로 제출하는 방법
을 이용하고 있으므로 원고주주는 비교적 저렴한 비용으로써 이 문제를 해결할 수 있어서
실질적으로 큰 부담이 되는 것은 아니라고 한다.[1317] 따라서 악의의 대표소송 남용을 억제하
기 위해서라도 후자의 견해로 해석하는 것이 타당하다고 본다.

원고주주가 악의로 인정되어 담보제공명령이 내려지면 소정의 기간 내에 담보제공을 하
여야 하며, 그 기간 내에 담보를 제공하지 않으면 본안소송은 각하된다.(「민소법」제117조, 제
124조) 담보제공명령이 행하여진 경우는 일단 원고의 악의가 소명된 것이므로 원고주주의
입장에서는 승소의 가능성이 적으므로 담보를 제공하지 않고 그대로 소가 각하되도록 하거
나 소를 미리 취하할 수 있다.[1318]

다. 소송 고지와 소송 참가

1) 소송 고지

가) 의의

주주대표소송을 제기한 소수주주는 소를 제기한 후 지체 없이 회사에 대하여 소송의 고

1313 김용범, 전게서, 2017, 896면. 대법원 1963.2.28. 선고 63마2판결. 김인환, 전게논문, 2007, 151면.

1314 김인환, 전게논문, 2007, 151면.

1315 김용범, 전게서, 2017, 897면. 강대섭, 「대표소송의 제소가격과 담보제공-대표소송 활성화를 위한 제언」, 안암법학 제4집, 1996,
      674면. 김인환, 전게논문, 2007, 151면.

1316 김인환, 전게논문, 경북대학교대학원, 2007, 151면.

1317 법원행정처, 「전정증보판 법원실무제요 민사(상)」, 1996, 469면. 이태종, 전게논문, 각주 635 인용.

1318 김용범, 전게서, 2017, 897면. 김대연, 전게논문, 390면. 이태종, 전게논문, 각주 636 인용.

지를 하여야 한다.(「상법」제404조 제2항) **일반적으로 소송의 고지는 자유이나 주주 대표소송에서는 주주의 법률상 의무이다.**

이 소송고지에 의하여 회사는 소수주주가 주주대표소송을 제기하였다는 것을 알게 되고 소송에 참가할 수 있는 기회를 보장받게 하여 공정성을 확보할 수 있으며, 그 효력은 회사뿐만 아니라 모든 주주에게 미친다고 할 것이다.[1319] 소수주주가 소송고지를 하지 아니한 경우 주주는 회사에 대하여 손해배상책임을 진다.[1320]

나) 소송고지의 시기와 강제성

「민소법」상 소송고지는 소송이 계속된 때, 즉 소장이 피고에게 송달된 때 할 수 있지만(「민소법」제84조), 「상법」제404조 제2항은 대표소송을 제기하는 주주는 소제기 후 지체 없이 소송고지를 하여야 한다고 규정하고 있다. 따라서 대표소송의 소송고지는 「민소법」상 소송고지에 비하여 빠른 시기에 하여야 하고, 일반소송과 같이 임의적으로 하는 것이 아니라 법률에 의해 의무적으로 고지를 하여야 한다는 점에서 다르다.[1321]

그리고 불고지의 경우 판결의 효력에는 영향이 없다는 견해도 있으나,[1322] 회사가 실제 당사자라는 점을 생각한다면 판결의 효력이 회사에 미치지 않는다고 보아야 한다.[1323] 판례는 채권자대위소송에서 고지 등에 의해 채무자가 소송계속의 사실을 알게 하지 않는 한 채무자에게 판결의 효력이 미치지 않는다고 한다.[1324]

다) 소송고지의 방법

소송고지는 그 이유와 소송 진행 정도를 적은 서면을 법원에 제출하고, 법원이 이를 피고지자에게 송달한다.(「민소법」제85조) 고지의 이유에는 피고지자가 공격·방어를 하는 데 부족함이 없도록 청구의 취지와 원인을 기재하여야 한다.[1325]

2) 소송 참가

가) 의의

소송참가란 타인 간의 소송계속 중에 제3자가 자기의 법률상 지위를 보호하기 위해 그 소송에 개입함으로써 일방 당사자의 승소를 보조하거나 또는 스스로 당사자가 되어 종래의 당사자에 대해 자기의 청구를 내세우며 소송수행하는 것을 뜻한다.[1326]

주주대표소송에 있어서 일단 소수주주가 회사를 위해 대표소송을 제기한 경우에는 회사

1319 김용범, 전게서, 2017, 898면. 이철송. 전게서. 박영사. 2021. 839면. 정동윤, 전게서, 2001, 469면.
1320 김용범, 전게서, 2017, 898면. 이철송. 전게서. 박영사. 2021. 839면. 임재연, 전게서Ⅱ, 511~512면.
1321 김용범, 전게서, 2017, 898면. 임재연, 전게서Ⅱ, 박영사, 511~512면.
1322 방순원, 「민사소송법(상)」, 163면. 송상현, 「민사소송법개론(상)」, 167면.
1323 김용범, 전게서, 2017, 898면. 이시윤, 「신민사소송법」, 647면.
1324 대법원. 1975.5.13. 선고. 74다1664 판결.
1325 김용범, 전게서, 2017, 898면. 임재연, 전게서Ⅱ, 박영사, 512면.
1326 김용범, 전게서, 2017, 898면. 이시윤, 「신민사소송법 제8판」, 박영사, 2014, 769~770면.

로서는 다시 소송을 제기할 수 없고, 또 그 소송을 제기한 주주 또한 회사 운영에 대한 정보의 부족이나 회사의 경리관계 등의 장부서류 열람의 곤란 등으로 반드시 적정한 소송 수행을 할 수 있으리라는 기대를 하기 어려울 뿐만 아니라 공모소송의 우려를 배제할 수 없으므로 이러한 폐해를 방지하기 위해 「상법」은 주주가 대표소송을 제기하는 경우 회사는 원고주주를 위하여 소송에 참가할 수 있도록 규정하였다.(제401조 제1항)[1327]

또한 회사가 스스로 이사의 책임을 추구하는 소송을 제기한 경우에도 공모소송의 폐해는 존재하므로 명문규정은 없지만 주주는 이 소송에 참가할 수 있다.[1328] 그러나 이에 대해 부당한 소송의 지연과 법원 부담의 가중, 그리고 재심의 소에 의한 別訴의 구제수단이 있음을 이유로 이를 부정하는 견해도 있다.[1329]

나) 회사의 원고 측에의 참가 형태

회사가 주주대표소송에 참가하는 경우 어떠한 형태로 소송에 참가할 것인가에 대해 학설의 대립이 있다.

① 공동소송적 보조참가설

주주대표소송에서는 소송주체인 주주가 받는 판결의 효력이 권리귀속 주체인 회사에 미치는 관계로, 주주가 대표소송을 제기한 후 회사가 따로 소송을 제기하는 것은 중복제소에 해당하므로 회사는 당사자로서는 참가할 수 없고 공동소송적 보조참가(「민소법」 제78조 이하)만 허용된다고 한다.[1330]

② 공동소송적 당사자참가설

공동소송적 당사자참가설은 회사가 참가하면서 주장하는 권리와 원고주주가 주장하는 권리가 동일하다는 점, 주주대표소송의 판결효력은 원고주주의 승패와 관계없이 회사에 확장되므로 강력한 소송상 지위를 인정할 필요가 있다는 점 등을 근거로 한다.

따라서 주주대표소송에 참여하는 회사는 소송의 효과가 귀속되는 사실상의 권리주체이므로 단순히 원고주주와 피고이사 사이의 통모에 의한 소송을 방지하는 데 그치지 않고 청구취지를 확장하는 등의 독자적인 소송수행이 필요하기 때문에 주된 당사자로서의 소송 수행권이 부여되어야 하고, 독자적인 당사자적격과 소송수행이 허용되는 공동소송참가(「민소법」 제83조)로 취급해야 한다고 한다.[1331]

③ 독립당사자참가설

한편 회사가 소송에 참가하는 것은 원고주주의 부적절한 소송수행을 돕기 위한 경우도

1327 김용범, 전게서, 2017, 899면. 민형기, 「주주의 대표소송」, 법원행정처, 1987, 195면.

1328 김용범, 전게서, 2017, 899면. 양석완, 「주주의 대표소송에 관한 연구」, 제주대, 1991, 149면.

1329 양수지, 「주주대표소송에 관한 연구」, 연세대학교 대학원, 1997.7., 111면.

1330 오성근, 「주주대표소소에 관한 소고–상법과 영국의 회사법제의 비교를 중심으로–」, 상사법연구 제29권 제2호, 한국상사법학회, 2010, 770면.

1331 김용범, 전게서, 2017, 899면. 김상균, 「공동소송적 보조참가에 관한 고찰」, 법조 제53권 제3호, 법조협회, 2004, 94면. 이철송, 전게서, 박영사, 2021, 839면. 정동윤, 전게서, 2001, 469면.

있지만 원고주주와 피고 이사 간의 담합소송을 방지하기 위한 경우도 있는바, 이처럼 회사와 원고주주의 이해가 대립하여 회사가 원고의 소송수행을 감시·견제하기 위하여 소송참가를 하는 경우에는 공동소송참가가 아닌 독립당사자참가라고 한다.

즉, 독립당사자참가설은 일방당사자(원고주주)를 승소시키기 위한 것이라기보다는 원고주주, 피고이사, 이사와 회사 간의 이해대립 관계를 소송에 반영해 분쟁의 실체에 따른 적절한 분쟁해결을 제공한다는 견해이다.[1332]

④ 검토

주주대표소송은 원고주주가 제대로 소송수행을 하지 못하거나 상대방이 된 이사와 결탁함으로써 회사의 권리 보호에 미흡하여 회사의 이익이 침해될 염려가 있는 경우 그 판결의 효력을 받는 권리귀속의 주체인 회사가 이를 막거나 자신의 권리를 보호하기 위해 소송수행권한을 가진 정당한 당사자로서 그 소송에 참가할 필요가 있다.

또한 회사가 대표소송의 당사자로서 참가하는 경우 소송경제가 도모될 뿐만 아니라 판결의 모순, 저촉을 유발할 가능성도 없다는 사정과, 「상법」 제404조 제1항에서 특별히 참가에 관한 규정을 두어 주주의 대표소송의 특성을 살려 회사의 권익을 보호하려 한 입법취지를 함께 고려할 때 회사의 대표소송참가는 **공동소송적 당사자참가**라고 본다.[1333]

다) 회사의 피고 측에의 참가 여부

주주대표소송은 형식적으로는 주주가 회사의 권리를 대신 행사하는 것이지만 실질적으로는 회사 경영진의 결정에 대한 주주의 공격이라고 할 수 있다. 따라서 이사에 대한 제소여부를 거부한 회사로서는 한 걸음 더 나아가 피고의 지위에 놓인 이사의 방어행사를 돕고 싶어 할 수도 있다. 회사가 이사를 돕는 방법 중에서 가장 적극적인 것은 피고이사를 위하여 보조참가를 하는 것이다.[1334] 따라서 회사가 피고인 이사를 위하여 소송에 보조 참가를 할 수 있는가에 대해서는 부정설과 긍정설로 견해의 대립이 있다.

① 부정설

주주대표소송의 소송물은 피고인 이사에 대한 손해배상청구권이고, 회사는 피고가 패소하면 이익을 얻게 되므로, 회사가 스스로 권리가 없다는 전제하에 피고 측에 가담하는 것은 논리 모순이라는 것이다.[1335]

② 긍정설

주주대표소송이 대위소송인 측면보다는 주주전체의 권리를 행사한다는 대표소송적인 측면이 강하기 때문에 회사가 자신의 권리를 행사하는 소송의 기각을 요구하는 것이 모순이

1332 피정현, 「주주대표소송에서의 회사의 소송참가」, 원광법학 제25권 제1호, 원광대학교, 2009, 241면.

1333 김용범, 전게서, 2017, 900면. 이철송, 전게서. 박영사. 2021. 839면. 대법원.2002.3.15.선고. 2000다9086.판결.

1334 김용범, 전게서, 2017, 900면. 김건식, 「주주대표소송의 활성화와 관련된 몇 가지 문제점-일본의 경험을 참고로 하여-」 법학 제37권 제2호, 서울대학교법학연구소, 1996, 184~188면.

1335 김용범, 전게서, 2017, 900면. 서헌제, 「상법강의(상) 제2판」, 2007, 865면. 권순욱, 「주주대표소송에서의 회사의 절차법 상의 지위」, 사회과학연구 제7집, 광주대학교, 1997, 182면. 이철송, 2019, 837면.

아니고, 보조참가를 통하여 경영진의 위축과 이미지 훼손을 막을 수 있고 회사의 의사결정의 적법성을 판단 받는 면에서 보조참가의 이익이 있고 회사가 소송자료를 제출함으로써 충실한 심리가 이루어질 수 있다고 한다.[1336]

③ 검토

일반적으로 회사가 이사 측에 보조참가를 할 필요를 느끼는 경우는 원고 주주의 주장이 이유가 없는 경우이거나 이사의 책임은 인정되지만 소송으로 인한 회사의 이미지 훼손이나 경영진의 사기저하를 고려할 때 소송이 사회 이익에 반하는 경우를 들 수 있다.

그러나 전자의 경우 원고주주의 주장이 이유가 있는지 여부는 법원의 판결에서 확정되기 전에는 반드시 명확하지 않음에도 소송의 진행단계에서 회사 측의 보조참가를 인정하는 것은 문제가 있고, 후자의 경우에도 「상법」이 회사 측이 주주 대표소송에 대한 중립성유지가 어려울 것으로 판단하여 訴訟沮止權을 인정하지 않으면서 피고 측에 보조참가 함으로써 피고를 돕는 것을 인정하는 것은 모순이라도 생각된다.[1337]

그리고 회사로 하여금 피고 이사 측에 보조참가를 하도록 하면 피고 측에게 유리한 소송자료, 증거자료만을 법원에 제출할 우려도 없지 않다. 따라서 부정설이 주주대표소송의 성질상 타당하다고 본다.[1338]

라) 다른 주주의 소송 참가 여부

「상법」상 주주대표소송에 참가할 수 있는 자로는 회사만을 규정하고 있기 때문에(「상법」 제404조 제1항), 원고주주 이외의 다른 주주의 소송참가에 대하여는 규정하고 있지 않으므로 회사 이외의 다른 주주도 대표소송에 참가할 수 있는지에 대하여 견해의 대립이 있다.

① 부정설

「상법」상 주주의 소송참가에 관한 명문규정이 없으므로 이를 부정하여야 한다는 견해이다.[1339] 이 견해에 의하면 많은 주주가 대표소송에 참가하게 되면 부당하게 소송을 지연시키거나 법원의 부담을 가중시킬 염려가 있기 때문에 「상법」의 규정에 충실하여 회사만이 소송참가를 할 수 있다고 해석하고 있다.

또한 원고 이외의 다른 주주에게 대표소송에 참가할 수 있는 기회를 주지 않더라도 재심의 소에 의한 구제방법이 주어지므로 별 문제가 되지 않는다는 점 등을 들어 다른 주주의 대표소송에의 참가를 허용하지 않는다고 한다.[1340]

② 긍정설

다른 주주의 소송참가(당사자 적격이 없으므로 공동소송적 보조참가)도 가능하다고 보는 견해

1336 이태종, 전게논문, 212면, (일) 회사법 제849조 제1항.

1337 김용범, 전게서, 2017, 901면. 김건식, 전게논문, 188면.

1338 김용범, 전게서, 2017, 901면.

1339 손주찬, 「상법(상)」, 박영사, 2004, 823면. 정찬형, 「상법강의(상)」, 박영사, 2014, 1024면.

1340 이태종, 전게논문, 215면.

이다.[1341] 이 견해에서 회사는 본래 피고이사들의 책임추궁소송을 회피하여 온 것이므로 당사자 共謀에의한 소송의 폐해를 배제하지 못하므로 「상법」등에서 명문상의 규정은 없지만 다른 주주에게도 소송 참가를 인정하여야 한다고 한다.[1342]

③ 절충설

참가형태에 관하여 원래 대표소송을 제기할 수 있었던 주주는 공동소송 참가를 할 수 있지만, 그러한 자격을 갖추지 아니한 주주는 공동소송적 보조참가만을 할 수 있다고 보는 견해도 있다.[1343] 이 견해에 의하면 소송에 참가한 다른 주주들이 대표소송 제기에 필요한 충분한 제소지분을 보유하거나 또는 원고주주보다 많은 지분을 보유하고 있는 경우에는, 해당 주주의 소송참가를 공동소송참가로 보고 원고 주주들이 당사자적격을 상실한 경우에도 소송을 계속 유지시키는 것이 타당하기 때문이다.[1344]

④ 검토

생각건대 「상법」 제404조 제1항은 회사의 소송참가만을 규정하고 있기 때문에, 다른 주주의 소송참가는 부정해야 한다는 견해도 있지만, 이는 의문이다. 왜냐하면 대표소송의 판결효력이 원고주주 이외의 사실상 다른 주주들에게도 미치기 때문에 주주가 대표소송을 참가할 이익은 충분히 있고, 먼저 대표소송을 제소한 원고주주들과 피고이사 등의 담합 가능성이 있으며, 대표소송 제기를 준비하였으나 다른 주주에 비교해서 늦어졌다고 해서 불이익을 받을 이유가 없다.

또한 판결이 확정되면 기판력이 생겨 재심의 소를 제외하고는 이사의 회사에 대한 책임을 다시 문제 삼을 수 있는 방법이 없기 때문이다. 오히려 원고주주와 피고이사들 사이의 공모를 방지하고, 적절한 소송수행을 기하는 데 합목적적이며 소송참가를 통해 다수의 이해관계인의 이해를 일거에 해결하는 것이 소송경제에도 도움이 되기 때문에 다른 주주에게도 대표소송에 참가할 수 있는 권한을 주는 것이 타당하다고 본다.[1345]

마) 재심의 소

(1) 의의

이사의 책임을 추궁하는 소가 제기된 경우에 원고와 피고의 공모에 의하여 소송의 목적인 회사의 권리를 침해할 목적으로 판결을 하게 한 때에는 당해 이사에 대한 종국판결이 있더라도 회사 또는 다른 주주는 확정판결 후 재심사유를 안 날로부터 30일 내에 재심의 소를 제기할 수 있다.(「상법」 제406조 제1항)

주주대표소송은 타인 간의 소송에 의하여 회사의 권리가 확정되므로 원고주주와 피고이

1341 김용범, 전게서, 2017, 902면. 강위두, 「회사법」, 2002, 591면. 정동윤, 「회사법」, 2001, 469~470면.

1342 김용범, 전게서, 2017, 902면. 민형기, 전게논문, 195면. 양석완, 전게논문, 20면.

1343 이태종, 전게논문, 216~217면.

1344 김홍기, 「주주대표소송 판례의 동향과 그 연구」, 법학연구 제48권 제1호, 부산대학교, 2007, 1,097면.

1345 김용범, 전게서, 2017, 903면. 김홍기, 전게논문, 1,097~1,098면. 이태종, 전게논문, 216면.

사 간에 결탁하여 회사의 권리가 침해될 경우(예컨대, 고의로 패소하거나 고의로 소액의 청구를 하여 승소한 경우 등을 말한다)에 이를 구제하기 위한 제도로 共謀訴訟을 방지하기 위함이다.[1346]

(2) 제소권자

재심의 제소권자는 회사 또는 주주이다.(「상법」제406조 제1항) 재심의 소를 제기할 수 있는 주주의 자격에는 제한이 없으므로 소송에 참가한 소수 주주가 아니라도 무방하며, 재심 당시의 주주이면 누구나 할 수 있다. 공모소송 판결 이후 주식을 취득한 자도 할 수 있다. 그러나 피고 이사와 공모하여 사해소송을 하게 한 원고 또는 그러한 공모를 한 참가인은 공모소송의 폐해를 방지하기 위한 것이므로 재심의 소를 제기할 수 없다.[1347]

(3) 재심의 사유와 범위

재심의 소는 원고와 피고가 공모하여 회사의 권리를 詐害할 목적으로 판결하게 하였을 경우에 재심의 소가 인정된다. 이는 회사와 피고 이사 또는 원고 주주와 이사 간의 共謀에 의하여 원고가 고의로 패소하였거나 고의로 소액의 청구를 하여 승소한 경우를 말한다. 따라서 단순히 원고가 태만이나 경솔, 기타 불성실로 회사의 권리를 침해한 경우 또는 원고 주주의 소송수행능력의 부족으로 패소한 경우에는 재심사유가 되지 못한다.[1348]

재심의 인정범위에 관하여는 「상법」에는 단순히 "제403조의 소"라고만 하고 있기 때문에 이에 관하여는, 소수주주가 스스로 이사의 책임을 추궁하는 소를 제기한 경우에만 한 한다는 견해[1349]와 소수주주의 청구에 의하여 회사가 이사의 책임을 추궁하는 경우도 포함한다는 견해[1350]가 대립하고 있다.

생각건대, 「상법」상 재심은 대표소송에 한해 허용된다. 그러므로 여타의 소송, 예컨대 회사가 직접 이사를 상대로 제기한 소송에서는 비록 詐害的 수단으로 회사의 권리가 침해되더라도 재심을 청구할 수 없다고 본다.[1351]

그러나 일본 「회사법」은 이사의 책임을 추궁하는 소에 관해서는 회사가 직접 소송을 제기하였더라도 주주가 재심청구를 하도록 하고 있다.(「일본 회사법」제853조 제1항) 회사가 직접 이사의 책임을 추궁한다고 하더라도 실제 소송수행자에 의한 共謀의 가능성이 있으므로 입법론적으로 「일본회사법」의 태도가 바람직하다고 본다.[1352]

(4) 재심절차

주주대표소송의 판결에 대한 재심의 소는 그 사유와 제소권자에 관해서만 「상법」상의 규정이 있고, 그 밖에는 「민소법」제451조 이하의 일반 재심절차에 따르고 있다. 따라서 제소

1346 김용범, 전게서, 2017, 903면. 김재형, 「주주대표소송에 관한 개선방안」, 조선대학교, 1999, 274면.

1347 김용범, 전게서, 2017, 903면. 민형기, 전게논문, 200면.

1348 김용범, 전게서, 2017, 903면. 민형기, 전게논문, 201면.

1349 김용범, 전게서, 2017, 903면. 이철송. 전게서. 박영사. 2021. 842면, 「상법강의(상)」, 1996, 577면.

1350 강위두, 전게서, 593면. 손주찬, 전게서, 824면. 정동윤, 전게서, 471면. 김재형, 전게논문, 274면.

1351 김용범, 전게서, 2017, 904면. 이철송. 전게서. 박영사. 2021. 842면. 임재연, 전게서Ⅱ, 2014, 524면.

1352 김용범, 전게서, 2017, 904면. 이철송, 전게서, 2019, 839면. 임재연, 전게서Ⅱ, 2014, 524면.

권자가 재심사유를 안 날로부터 30일 이내에 재심의 대상이 되는 판결을 한 회사의 본점 소재지의 법원에 제기하여야 하고 확정판결 후 5년을 경과한 때에는 재심의 소를 제기할 수 없다.(『민소법』제456조 제1항 및 제3항)

재심의 소의 제기는 일반적인 소제기 방식에 의하며(『민소법』제455조), 재심소장의 제출에 의하여 재심사유에 대한 기간준수의 효력이 생기게 된다.(『민소법』제265조) 소의 제기로 인해 확정판결의 효력이 소멸되거나 집행력이 저지되지 않는다.

재심에는 확정판결의 취소와 본안사건에 대하여 이에 갈음한 판결을 구하려는 복합적인 목적이 있으므로 재심의 심리는 1단계로 재심의 소가 적법한지의 여부와 재심사유의 존재 여부를 거쳐 2단계인 본안에 관한 심리에 들어가며, 이 결과에 따라 종국판결을 선고하게 된다. 재심의 소에 대한 종국판결은 다시 그 심급에 맞추어 상소가 인정되므로 상고심 판결에 대한 재심의 소에 내려진 판결에 대하여는 상소의 길이 없다.[1353]

(5) 제소권자의 권리와 의무

주주가 재심의 소를 제기하여 승소한 경우에는 회사에 대하여 소송으로 인하여 지출한 비용 중 상당한 금액의 지급을 청구할 수 있고, 이 경우 소송비용을 지급한 회사는 이사 또는 감사에 대하여 구상권이 있다. 주주가 패소한 경우에는 악의가 있는 때에 한해 회사에 손해배상의 책임이 있다.(『상법』제405조, 제406조 제2항)

4. 주주대표소송의 종료

가. 법원의 판결에 의한 소송의 종료

1) 판결의 효력

대표소송에서 원고인 소수주주는 자기의 명의로 타인 인 회사를 위해 소송을 수행한 것이므로, 판결이 선고되면 그 판결의 효력은 원고인 소수주주가 승소한 경우이든 패소한 경우이든 당연히 회사에 대하여 미친다.(『민소법』제218조 제3항)

원고주주가 승소한 경우라 함은 대표소송의 1심에서 승소한 것만으로는 부족하고 승소판결이 확정된 경우를 말하고 또 전부 승소한 경우뿐만 아니라 청구금액 중 일부에 대해 승소한 경우도 포함된다. 그리고 피고 이사가 청구를 認諾함으로써 소송이 종결된 경우를 포함한다고 이해하는 것이 타당하다.[1354]

그러나 원고가 승소한 경우라 하여도 고의로 소액의 청구를 하여 승소하거나 피고가 認諾하는 경우는 共謀訴訟으로서 회사의 이익을 제외하는 것이므로 이는 제외되어야 할 것이다.[1355] 그리고 대표소송에서 원고주주는 회사를 위하여 소송을 제기한 것이기 때문에 원고주주가 패소한 경우에도 그 판결의 효력은 당연히 회사에 미친다.

1353 김용범, 전게서, 2017, 904면. 정동윤 · 유병현, 「민사소송법 제3판」, 법문사, 2009, 828~848면.

1354 김용범, 전게서, 2017, 905면. 박영길, 「주주의 대표소송」 기업환경의 변화와 상사법, 손주찬교수 고희 기념논문집, 1993, 310면. 김인환, 전게논문, 경북대학교 대학원, 2007, 62면.

1355 김용범, 전게서, 2017, 905면. 민형기, 전게논문, 199면. 박영길, 전게논문, 310면.

따라서 회사는 동일한 소송원인을 주장해 이사를 상대로 다시 소송을 제기할 수 없다. 그리하여 회사는 중복하여 부정한 행위를 한 이사에 대해 다시 소송을 제기할 수 없고 또 판결의 반사적 효과*로서 다른 주주도 다시 동일한 주장을 할 수 없다.[1356]

> * 판결의 반사적 효력이란 제3자가 직접 판결의 효력을 받는 것은 아니지만 당사자가 기판력을 받는 결과 당사자와 일정한 관계에 있는 제3자가 이를 승인하지 않을 수 없어 반사적으로 이익 또는 불이익을 받는 효과를 말한다.

2) 회사와 이사 간의 부제소 합의

대표소송 제기 이전에 회사와 이사가 미리 손해배상책임에 관한 합의를 하고 향후 추가적인 손해배상청구를 하지 않기로 합의한 경우, 즉 **부제소 합의**는 소극적 소송요건이므로 피고의 항변에 의하여 법원이 반드시 소를 각하하여야 하는지가 문제가 된다.

그러나 이사의 회사에 대한 손해배상책임은 주주 전원의 동의에 의해서만 면제될 수 있으므로(「상법」 제400조), 이사가 회사가 입은 손해를 전부 배상한 경우가 아닌 한 부제소 합의는 부적법한 것으로서 그 효력을 인정할 수 없고, 따라서 소 각하 사유도 되지 않는다고 본다.[1357]

3) 승소 이익의 귀속

「상법」상 대표소송에서는 승소이익은 항상 회사에만 구속된다. 따라서 피고가 회사 주식의 대부분을 소유하는 경우(극단적인 예로, 피고가 90%를 소유하는 경우)에는 결국 승소이익이 간접적으로 다시 피고에게 귀속하는 결과가 된다는 문제점이 있다.[1358]

나. 당사자 의사에 의한 소송의 종료

주주대표소송의 제기와 절차는 시간과 노력이 필요할 뿐만 아니라 비용도 많이 들기 때문에 소의 취하·화해·인낙·청구의 포기는 비용을 절약시키고 소송을 단축하게 하는 점에서 경제적이다. 그러나 주주가 회사의 이익을 위하여 제기하는 것이므로 주주가 쉽게 소의 取下·和解·認諾·請求의 포기를 하는 것은 곤란하다. 그러나 소송수행 중 부득이하게 소송의 종료가 필요할 때도 있을 수 있다.

따라서 「상법」은 소송을 제기한 주주는 법원의 허가 없이는 소의 취하·화해·인낙·청구의 포기를 할 수 없다고 규정하였다.(「상법」 제403조 제6항) 이때 허가 여부는 법원의 재량행위이므로 원고주주와 피고이사가 소의 취하·화해·인낙·청구의 포기를 했다는 것을 법원에 증명하여야 한다.

提訴株主의 화해 등을 제한하는 이유는 提訴株主가 소송물에 대한 처분권을 갖지 못하기 때문이기도 하지만, 이러한 소송종결행위를 허용할 경우 提訴株主가 이사(피고)와 通謀하여 이사에게 책임이 없거나 가벼운 배상책임만을 지우고 소송을 종료할 염려가 있기 때문이다.

1356 김용범, 전게서, 2017, 905면. 김인환, 전게논문, 경북대, 2007, 62면. 임재연, 전게서 II, 2014, 519면.

1357 김용범, 전게서, 2017, 906면. 임재연, 전게서 II, 박영사, 2014, 519면.

1358 김용범, 전게서, 2017, 906면. 임재연, 전게서 II, 박영사, 2014, 519면.

이러한 우려는 회사가 직접 이사를 상대로 소송을 수행할 때도 소송수행자인 감사와 이사의 通謀로 인해 마찬가지 결과를 발생시킬 가능성이 있으므로, 2011년 개정「상법」에서는 회사 자신이 주주의 제소청구에 의해 소송을 제기한 경우에도 화해 등의 제한 대상에 포함시켰다.(「상법」제403조 제6항, 제1항)[1359]

5. 주주대표소송의 종료 후 처리

가. 승소 주주의 권리

대표소송 또는 재심의 소에서 주주가 승소한 때에는 소송비용 및「소송으로 지출한 금액 중 상당한 금액」의 지급을 청구할 수 있다.(「상법」제405조 제1항, 제406조 제2항) 이 금액의 범위에 대해서는 해석상 다툼이 있다. 일부 학설은 이 규정이 말하는 비용이란 변호사의 보수를 뜻하는 것으로 해석한다.[1360]

그런데 변호사 보수는 대법원규칙「변호사보수의 소송비용 산입에 관한 규칙」이 정하는 범위 안에서 당연히 소송비용으로 취급하므로(「민소법」제109조 제1항), 위와 같이 해석한다면「상법」제405조 제1항은 무의미해진다.

대표소송으로 인한 주주의 비용지출은 회사의 이익을 위하여 지출한 것이므로 소송비용·변호사비용에 국한할 것이 아니고 회사가 직접 소송을 제기하였더라면 지출되었을 모든 유형의 비용을 포함하는 뜻으로 새기는 것이 옳다고 본다.[1361] 원래 소송비용은 패소한 당사자인 이사가 부담하게 되므로, 회사가 주주에게 소송비용을 지급하면 피고였던 이사를 상대로 구상권을 갖게 된다.(「상법」제405조 제1항)

나. 패소 주주의 책임

대표소송에서 패소한 주주는 과실이 있다하더라도 원칙적으로 회사에 대하여 손해배상책임을 지지 않는다.(「상법」제405조 제2항) 이것은 대표소송제도의 이용을 너무 곤란하게 하지 않기 위한 배려이다. 그러나 주주가 악의인 경우에는 회사에 대해 손해배상책임을 진다.(「상법」제405조 제2항)

여기서 **악의**란 회사를 해할 것을 알고 부적당한 소송을 수행한 경우를 말한다. 따라서 처음부터 승소가능성이 없는 소를 제기하는 경우와 고의로 불성실하게 소송을 수행하여 패소에 이르게 된 경우를 모두 포함한다.[1362] 만일 대표소송의 제기가 소권의 남용에 해당하고, 이로 인하여 회사나 피고가 손해를 입은 경우 제소주주는「민법」제750조의 불법행위에 기한 손해배상책임을 진다. 이러한 불법행위책임의 주관적 요건은 원고의 고의 또는 과실로

1359 김용범, 전게서, 2017, 906면. 이철송. 전게서. 박영사. 2021. 841면.

1360 강위두·임재호,「제3전정판 상법강의(상)」, 형성출판사, 2009, 885면. 정찬형,「제17판 상법강의 (상)」, 박영사, 2014, 1,025면.

1361 김용범, 전게서, 2017, 907면. 이철송. 전게서. 박영사. 2021. 842면. 서헌제,「사례중심체계상법강의(상)」, 2007, 891면. 송옥렬,「제4판 상법강의」, 2014, 1,066면. 임재연, 전게서 II , 2014, 525면.

1362 김용범, 전게서, 2017, 907면. 이철송. 전게서. 박영사. 2021. 843면. 임재연, 전게서 II , 2014, 528면.

족하고 「상법」 제405조 제2항의 악의를 요하지는 않는다.[1363]

다. 승소 이사의 권리

미국의 경우 이사가 직무상의 행위에 관해 부당하게 제소된 소를 방어하기 위하여 부담하는 소송비용, 변호사 보수, 제3자에 대한 손해배상액, 벌금 등을 회사가 일정한 조건하에서 지급하는 보상제도가 제정법·정관 또는 판례에 의하여 인정되고 있다.[1364]

그러나 우리 「상법」상 대표소송을 제기 당한 이사가 소송비용의 상환을 회사에 대해 청구할 수 있는 근거 규정은 없다. 그런데 이사와 회사 간의 관계는 위임관계이고, 수임인이 위임사무의 처리를 위하여 과실 없이 손해를 받은 경우는 위임인에 대하여 그 배상을 청구할 수 있다.(「민법」 제688조 제3항)

대표소송에 관한 이사의 방어비용인 소송비용은 위임사무의 처리를 위하여 받은 손해에 해당하고, 따라서 이사의 책임요건에 해당하지 아니하여 대표소송에서 승소한 이사는 회사업무를 수행 중에 "과실 없이" 손해를 받은 이사에 해당되므로 회사에 대하여 대표소송의 방어비용인 소송비용의 상환을 청구할 수 있다.[1365]

물론 이사는 먼저 제소주주에 대하여 소송비용을 청구할 수 있는데 "변호사보수의 소송비용 산입에 관한 규칙"에 의한 소송비용은 실제의 소송비용에 비하여 매우 낮은 수준이므로, 소송비용 확정절차를 거쳐서 상대방으로부터 받은 소송비용과 실제로 부담한 소송비용과의 차액의 배상을 회사에 대하여 청구할 수 있다.[1366] 만일 이사가 소송비용 확정 절차를 거치지 않고 회사에게 전액의 상환을 청구한 때에는 제소주주로부터 받을 수 있는 소송비용을 공제하여야 할 것이다.

라. 집행권자

대표소송의 주주와 같이 다른 사람을 위하여 원고가 된 사람이 받은 확정판결의 집행력은 확정판결의 당사자인 그 원고가 된 사람과 다른 사람 모두에게 미치므로, 대표소송의 주주는 집행권자가 될 수 있다.[1367]

Ⅳ. 주주대표소송자의 성향[1368]

기업의 주주가 경영자의 경영성과나 경영활동에 만족하지 못하는 경우 취할 수 있는 행동은 첫째는 기업의 경영성과의 개선이나 경영방식의 변화를 기대하며 주식을 보유, 둘째는 보유주식의 매각, 셋째는 경영방식의 변화나 경영진의 교체시도가 있다.

1363 김용범, 전게서, 2017, 907면. 임재연, 전게서Ⅱ, 박영사, 2014, 528면.

1364 김용범, 전게서, 2017, 908면. 박영숙, 「주주대표소송에 관한 연구」, 서울시립대학교, 2004, 64면.

1365 김용범, 전게서, 2017, 908면. 임재연, 전게서Ⅱ, 2014, 528면. 박영숙, 전게논문, 2004, 65면.

1366 김용범, 전게서, 2017, 908면. 임재연, 전게서Ⅱ, 박영사, 2014, 528면.

1367 김용범, 전게서, 2017, 908면. 임재연, 전게서Ⅱ, 박영사, 2014, 529면. 대법원. 2014.2.19. 선고, 2013 마2316. 판결). 이철송, 전게서, 2019, 840면.

1368 김용범, 전게서, 2017, 908~911면.

주주행동주의란 주주들이 주주이익의 보호를 위해 적극적으로 기업경영 활동에 개입하는 활동을 말한다. 기업의 소유주인 주주들이 경영자의 경영활동에 대해 소극적인 자세를 취하기보다는 주주이익의 보호를 위해 적극적으로 행사하는 형태를 주주행동주의라 할 수 있다. 이러한 주주행동주의의 주체로는 소액주주, 기관투자자, 특정이익단체, 시민단체 등이 있다.

경영자에 대한 감시방법에는 기업외부감시와 기업내부 감시로 구분할 수 있는데 기업의 외부감시방법으로는 외부투자자들이 무능하거나 비효율적인 경영진을 교체하려는 방법으로 인수·합병이 있다. 기업의 내부감시방법으로는 주주제안제도, 주주 집단소송제도, 기관투자자들의 의결권 행사, 주주대표소송 제기권, 회계장부열람권, 이사 및 감사의 위법행위에 대한 유지청구권 등이 있다.

주주행동주의의 주요 형태로는 해당 경영자와 협상을 통해 주주들의 의견을 전달하는 방법(私的協商方法), 주주총회에 주주들의 제안을 상정시키는 방법(株主提案制度) 그리고 소송을 통해 보상을 청구하는 방법(代表訴訟制度, 集團訴訟制度) 등이 있다. 주주행동주의자 중에는 경영진에 대한 감시자로서 **同伴者的 性向**의 **주주행동주의자**와 주주가치 증진을 가장하여 개인의 私的利益을 추구하는 **掠奪者的 性向**의 **주주행동주의자**가 있다.

1. 同伴者的 性向의 소수주주

일반적으로 동반자적 성향의 주주행동주의자들은 주주와 경영자 간에 발생하는 대리인 문제를 감소시키고 주주이익을 보호함으로써 주주의 이익을 제고시킨다. 따라서 주주행동주의는 효율적으로 경영자의 감시기능 역할을 수행하고 있다는 것이다. 경영감시자로서의 이들은 경영진들이 기업의 경영상태를 개선하도록 조언 내지 압력을 행사한다.

연기금과 같은 기관 투자자들은 지분보유 기업에 대한 영향력이 크기 때문에 연기금과 같은 기관투자자들의 적극적인 경영개입은 기업가치의 제고에 긍정적인 효과를 준다고 한다. 이들은 포이즌필의 폐지와 같은 특정한 행위를 촉진하고 기업 정책을 실현케 함으로써 기업 가치를 증대시킨다.

주주행동주의는 기업의 경영성과가 단기간에 향상되지 않을지라도 주주이익을 무시한 경영자의 경영방식을 최소한 줄일 수 있으며 적극적인 주주행동주의는 경영자에게 압력 수단으로 사용될 수 있다는 것이다. 주주들의 주주제안은 기업의 고위 경영자들이 경영상의 변화를 가져오도록 압력수단으로 작용함으로써 간접적으로 기업정책에 영향을 준다.

주주행동주의는 자신들을 기업의 소유자로 인식하고, 자신들의 이익을 위하여 권리행사를 통해 의사결정에 적극적으로 영향력을 행사하려는 행동을 한다. 일반적으로 同伴者的 性向의 주주행동주의자들은 ① 경영진들의 부정행위 및 권한남용에 대한 대표소송 및 집단소송 제기와 ② 당기순이익에 대한 준비금적립, ③ 부실자산상각 및 충당금적립 제안 등 회사의 건전화 및 기업가치 증진을 위해 노력하는 경향이 있다.[1369]

1369 김용범, 전게서, 2017, 910면.

2. 掠奪者的 性向의 소수주주

약탈자적 성향의 주주행동주의자들은 경영자의 자유로운 경영활동을 제약하고 기업의 경영성과를 악화시킨다. 대표소송이 빈번해지면 경영자는 책임추궁의 공포 때문에 이익이 예상되더라도 위험부담이 큰 사업은 적극 억제하게 되는 경영의 위축현상 초래로 인하여 결과적으로 회사와 주주 더 나아가서는 사회전체에 손해를 끼치게 된다.[1370] 일반적으로 주주행동주의자들의 성향은 동반자적 성향의 소수주주와 같이 긍정적인 영향을 주는 주주도 있지만, 약탈자적 성향의 소수주주들은 아래와 같이 부정적인 영향을 주는 주주도 있다.[1371]

약탈자적 성향의 소수주주들의 부정적 영향

① 특정기업의 경영환경에 대한 경험과 지식이 부족한 소수주주나 기관투자자들이 경영에 개입함으로써 기업의 합리적인 의사결정을 방해한다는 것이다.
② 소액주주나 기관투자자들은 기업의 장기적인 경영성과 보다는 단기적인 경영성과에 집착함으로써 기업의 장기적인 발전을 저해한다는 것이다.
③ 주주행동주의가 주주이익의 보호 보다는 펀드매니저 또는 소수주주의 개인적인 이익이나 특정단체의 이익을 더 추구하는 경향이 있다는 것이다.
④ 주주행동주의가 주주이익의 극대화라는 목적보다는 정치적·사회적 동기에 의해 전개될 수 있다는 것이다.

아울러 이들의 가장 큰 위험은 주주대표소송의 남용의 위험성이며, 그 사례로는 회사로부터 금전갈취 등 부당한 개인적 이익을 획득할 의도나 회사 및 경영진에 대한 부당한 손해를 끼칠 목적으로 대표소송을 악용하는 경우이다. 또는 회사 및 모든 주주의 전체적인 이익과는 관계없이 주주의 개인적인 주장이나 특정목적을 달성하려는 의도로 책임추궁의 근거나 증거가 없음에도 제소하는 경우가 대표소송이 남용되는 전형적인 사례이다.

그리고 약탈적 주주행동주의자들은 주주대표소송 등을 빌미로 삼아 私的利益을 위하여 회사 또는 경영진에 대해 ① 배당가능이익을 초과하는 고액배당 주주제안, ② 보유 현금성 자산을 초과하는 자사주 매입소각 주주제안, ③ 주식분할의 필요성이 없음에도 투자금액 回收便益만을 위한 주식분할 주주제안, ④ 위법 및 부당행위와 관계없는 임원의 임기 중 해임 주주제안, ⑤ 소수주주가 투자하는 주식에 대한 同調投資 등을 요구하고 있다.[1372]

따라서 주주행동주의자들은 당초 기업 경영의 건전성 확보와 회사의 손해회복을 통한 주주가치 증진을 목적으로 시작하였지만, 약탈적 주주행동주의자들은 기업의 건전성 확보보다는 펀드매니저 또는 소수주주의 개인적 이익이나 특정단체의 이익을 더 추구하거나 또는

1370 김용범, 전게서, 2017, 910면. 김인환, 「주주대표소송에 관한 연구」, 경북대학교대학원, 2007, 12면.

1371 김용범, 전게서, 2017, 910면. 김범석, 「주주행동주의의 허와 실」, 48면.

1372 김용범, 전게서, 2017, 911면.

부당한 주주제안 등을 요구함으로써 평온한 기업을 혼란에 빠트리거나 건전한 기업의 자본 충실화를 크게 해치는 전형적 먹튀 현상으로 나타나고 있다.

V. 주주대표소송과 감사의 일반 대응

1. 개요

소수주주로부터 감사에게 이유를 기재한 서면으로 이사의 책임을 추궁할 소를 제기할 것을 청구해 오면(『상법』 제403조 제1항 및 제2항), 감사는 제소청구서에 기재된 이유의 내용이 이사의 책임을 추궁할 만한 사안인지 여부를 監査 등을 활용하여 이 청구를 받은 날로부터 30일 이내에 파악하여야 한다.

감사는 소수주주의 제소청구서에 기재된 이유를 파악한 결과 이사의 책임을 추궁할 만한 사안인 경우에는 소수주주로부터 제소청구를 받은 날로부터 30일 이내에 감사는 직접 이사에 대한 주주대표소송을 제기하여야 하며, 만약에 책임을 추궁할 만한 사안이 아닌 경우는 감사는 소제기를 거부할 수 있다.

2. 임원책임 유무 파악

가. 이사 책임의 범위

이사 책임의 범위는 제2편 제9장 제2절 Ⅲ-2-가-(1) '이사 책임의 내용적 범위' 항목을 참고하시기 바랍니다.

나. 이사 책임의 시기

이사 책임의 시기는 제2편 제9장 제2절 Ⅲ-2-가-(2) '이사 책임의 시간적 범위' 항목을 참고하시기 바랍니다.

3. 감사가 이사에 대한 주주대표소송 소제기 여부

가. 감사의 이사에 대한 주주대표소송 직접 소제기

감사의 이사에 대한 주주대표소송 직접 소제기는 제2편 제9장 제2절 Ⅲ-2-나-(3) '감사의 제소여부에 대한 재량여부' 항목을 참고하시기 바랍니다.

나. 감사의 이사에 대한 주주대표소송 소제기 거부

감사의 이사에 대한 주주대표소송 직접 소제기는 제2편 제9장 제2절 Ⅲ-2-나-(3) '감사의 제소여부에 대한 재량여부' 항목을 참고하시기 바랍니다.

4. 회사에 의한 주주대표소송 보조 참가

가. 회사의 원고 측에의 참가형태

감사의 주주대표소송 원고 측에의 보조 참가형태는 제2편 제9장 제2절 Ⅲ-3-다-(2)-

(나) '회사의 원고 측에의 참가형태' 항목을 참고하시기 바랍니다.

나. 회사의 피고 측에의 참가형태

감사의 주주대표소송 원고 측에의 보조 참가형태는 제2편 제9장 제2절 Ⅲ-3-다- (2)-
(다) '회사의 피고 측에의 참가형태' 항목을 참고하시기 바랍니다.

Ⅵ. 회사의 주주대표소송 남소에 대한 대응

1. 준법 경영

가. 준법지원인제도 활용

소정의 상장회사(최근 사업연도 말의 자산총액이 5천억 원 이상인 상장회사)는 법령을 준수하고
회사 경영을 적정하게 하기 위하여 임직원이 그 직무를 수행할 때 따라야 할 준법통제에 관
한 기준 및 절차(준법통제기준)을 마련하고(「상법」 제542조의13 제1항), 이 준법통제기준의 준수
에 관한 업무를 담당하는 사람(준법지원인) 1명 이상을 두어야 한다.(「상법」 제542조의13 제2항)

준법통제기준 및 준법지원인은 2011년 개정 「상법」에 의해 신설된 제도인데, 제도의 목
적에서부터 그 권한에 이르기까지 불명한 점이 많지만, 주어진 규정들의 전체적인 취지로
보아 상장회사의 업무집행에 있어 관련 규범의 준수에 필요한 체제를 구축하는 한편 그 체
제의 전문성을 높이기 위한 제도로 이해된다.[1373]

준법지원인제도에 대한 자세한 내용은 제1편 제5장 제3절 Ⅱ-3. '준법지원인' 항목을 참
고하시기 바랍니다.

나. 준법감시인제도 활용

준법감시인은 미국의 Compliance Officer 제도를 모태로 2000년 「은행법」등 금융 관련
법의 개정으로 도입되었으며, 2015년 「금융지배구조법」의 제정을 통하여 은행 등 금융회
사에서 그 선임이 의무화되는 자로서, 내부통제기준의 준수여부를 점검하고 내부통제기준
을 위반하는 경우 이를 조사하는 등 내부통제 관련 업무를 총괄하는 업무를 주된 직무로 한
다.(「금융지배구조법」 제25조 제1항)

내부통제기준은 '금융회사는 법령을 준수하고, 경영을 건전하게 하며, 주주 및 이해관계
자 등을 보호하기 위하여 금융회사의 임직원이 직무를 수행할 때 준수하여야 할 기준 및 절
차'를 말한다.(「금융지배구조법」 제24조 제1항) 내부통제기준은 이처럼 금융회사의 업무 전반에
걸쳐 업무분장에서부터 업무수행에 수반되는 준법절차 및 준법상황에 대한 감시와 감시결
과에 대한 조치에 이르기까지 전체를 망라해 규정하고 있다.

준법감시인제도에 대한 자세한 내용은 제1편 제5장 제3절 Ⅱ-2. '준법감시인' 항목을 참
고하시기 바랍니다.

1373　김용범, 전게서, 2017, 912면. 이철송, 전게서, 박영사, 2021, 895면.

2. 감사의 회사에 대한 주주대표소송 소제기 거부

감사의 회사에 대한 주주대표소송 소제기 거부는 제2편 제9장 제2절 Ⅲ-2-나-(3) '감사의 제소여부에 대한 재량여부' 항목을 참고하시기 바랍니다.

3. 이사/감사의 책임 면제 및 감면 제도의 활용

이사/감사의 책임 면제와 감면 제도의 활용은 제2편 제5장 제2절 Ⅵ. '책임의 면제와 감면' 항목을 참고하시기 바랍니다.

4. 담보제공명령제도의 활용

담보제공제공명령제도의 활용은 제2편 제9장 제2절 Ⅲ-3-나. '담보제공' 항목을 참고하시기 바랍니다.

5. 권리남용 소제기에 대한 각하(却下) 및 기각(棄却) 제도 활용

소송법상으로 **각하(却下)**는 당사자의 소송(절차)상의 신청에 대하여 법원에서 부적법(不適法)을 이유로 배척하는 재판을 가리킨다. 본안재판이 아닌 형식재판 또는 소송재판으로서, 소송요건의 흠결이나 부적법 등을 이유로 본안심리를 거절하는 재판이며, 본안 심리 후 그 청구에 이유가 없다 하여 청구를 배척하는 **기각(棄却)**과 구별된다.[1374]

다시 말씀드리면 **각하(却下)**는 「민사소송법」상 또는 「행정소송법」상으로는 원고의 소장(訴狀)이나 상소인의 상소장(上訴狀) 및 기타 당사자나 관계인의 소송(절차)상의 신청을 부적법하다 하여 배척하는 재판을 말하며, 본안청구 또는 상소(上訴)를 이유 없다고 하여 배척하는 **기각(棄却)**과 구별하여 사용하고 있다.

예컨대, 각하(却下)의 경우 제척(除斥) 또는 기피신청(忌避申請)의 각하(「민사소송법」제45조), 실기(失機)한 공격·방어방법의 각하(제149조 제1항), 변론 없이 하는 소(訴) 또는 항소의 각하(제219조, 제413조), 소장 및 항소장의 각하(제254조, 제399조) 등이 사용되고 있으며, 기각의 경우 이종 신청의 기각(제39조), 항소의 기각(제414조), 청구의 기각(「행정소송법」제28조) 등이 사용된다.

따라서 회사는 소수주주의 주주대표소송 소제기 내용이 회사를 위하여 소를 제기하는 것이 아니고 대표소송의 본질과 무관한 소수주주의 자기 또는 제3자의 이익을 위한다거나, 주장내용이 사실관계에 부합하지 아니하거나 또는 주장내용이 부적법하거나 부당한 경우 등은 준비서면 또는 변론 등을 통해 적극적으로 주주권 남용을 주장하여 사건 소(訴)의 각하(却下) 또는 기각(棄却)을 유도한다.[1375]

6. 악의의 주주대표소송 소제기 주주에 대한 손해배상 청구

1374 김용범, 전게서, 2017, 914면. 두산백과.

1375 김용범, 전게서, 2017, 914면. 김용상·박철희·고정은, 2015, 21면.

악의의 주주대표소송 소제기 주주에 대한 손해배상청구는 제2편 제9장 제2절 Ⅲ-5-나. '패소주주의 책임' 항목을 참고하시기 바랍니다.

7. 임원배상책임보험제도의 활용

가. 의의

주주가 대표소송을 제기하는 궁극적인 목적은 임원의 책임을 추궁함으로써 회사가 입은 손해를 전보(塡補)받는 것이다. 그러나 손해배상이 인정되는 경우, 임원이 지급해야 하는 손해배상액은 거액이기 때문에 개인적으로 지급하기에는 불가능하다. 소송에서 승소하여도 임원에게 지급능력이 없어 전보를 받지 못한다면, 일반적으로 주주들은 소송을 제기하려 하지 않을 것이다.

따라서 대표소송에 의한 책임추궁을 두려워하여 임원에의 취임을 꺼려하는 자를 안심시키고, 그 임원으로 하여금 책임추궁의 공포로부터 벗어나 위축되지 않고 대담한 경영을 하게 하는 것이 회사의 이익과 사회적인 이익을 증대하는 것이다. 또한 승소한 주주들에게는 손해배상액의 일부 또는 전부의 지급을 받을 수 있도록 보장해 주는 제도가 필요하다. 이러한 필요에 의해 나타난 손해보험제도가 이른바 **'임원배상책임보험'** 제도이다.

즉, **임원배상책임보험**(Directors and Officers liability insurance : D&O insurance) 이란 회사 이사나 임원이 업무집행상의 과실로 인하여 회사나 제3자에게 손해를 준 것으로 인하여 주주, 제3자로부터 손해배상을 청구받은 경우에 회사 임원이 개인적으로 부담해야 하는 손해배상금이나 쟁송비용 등이 보험금으로 지급되는 제도[1376]를 말하며 **이사책임보험, 이사배상책임보험, 임원책임보험 또는 경영자면책보험**이라고도 불린다.

임원배상책임보험은 1930년대 말에 일반적인 보상제도의 불충분한 부분을 보완하고 주주가 제기하는 책임추궁소송으로부터 임원을 보호하기 위한 목적으로 1940년대 전후 영국의 로이드사(Lloyd)가 발매한 것이 시초이다. 그러나 이 보험이 널리 보급된 것은 60년대 후반 이후 델라웨이주 등 대부분의 주에서 회사가 이 보험에 가입하는 것을 법률적으로 허용했을 뿐만 아니라 보험료도 회사경비로 국세청에 의해 인정받게 된 것에 크게 영향을 받았다.

나. 외국 사례

1) 미국

1939년 뉴욕주에서 선고된 McCollom 판결[1377]로 이사의 책임과 권리를 어느 정도까지 허용할 것인가에 대하여 논란이 많았다. 뉴욕주는 이사를 보호하기 위해 1941년 「회사법」을 개정하여 회사로 하여금 이사에게 보상을 할 수 있는 권한을 부여하였다.[1378] 이 시기의 보상제도의 특징은 회사보상이 회사의 의무로서가 아니라 재량에 의하여 인정되었다는 점이다.

1376 김용범, 전게서, 2017, 915면. 김영선, 「전문직업인 배상책임보험」, 상사법연구, 1999, 221면.

1377 New York Dock Co. v. McCollom, 173 Misc. 106, 16 N. Y. S. 2d 844(Sup. Ct. 1939).

1378 김용범, 전게서, 2017, 915면. 1943년 델라웨이주 「회사법」, 김인환, 전게논문, 157면.

미국에서 임원배상책임보험이 널리 보급된 시기는 1960년대 후반경부터이다. 이 시기는 델라웨이주를 비롯한 많은 주에서 회사가 임원을 위하여 보험을 구입하는 것이 법률상 인정되었고, 또한 보험료가 세법에 의해 회사경비로 인정된 것에 기인한다. 즉 미국의 국세청은 1969년부터 회사가 부담하는 임원배상책임보험의 보험료를 필요경비로 인정하여 법인세의 과세대상에서 제외하고 또한 이사 개인이 보험료를 지급하는 경우에도 소득세 대상에서 제외한다고 규정하고 있다.[1379]

그리고 종래는 보험회사에 의한 보상이 이사의 제3자에 대한 책임을 보상하는 것이었다. 그 후 뉴욕주「회사법」은 1986년 개정(N. Y. Busi. Corp. Law §723(c))으로, 캘리포니아주「회사법」은 1987년 개정(Cal. Gen. Corp. Law §317(c)(2))으로, 주주대표소송으로 인한 손해까지 보상하기에 이르렀다.[1380]

현재 다수의 제정법[1381]은 회사의 보상제도와 관계없이 회사가 이사를 위해 임원배상책임보험을 가입하고 유지시킬 권능이 있다고 규정하고 있다. 이처럼 임원배상책임 보험은 이사의 업무수행으로 생긴 손해를 보험회사가 부담하고, 보상제도로는 보호되지 않는 부분을 담보하며, 더 나아가 유능한 인재를 확보하기 위해 존재한다.[1382]

2) 일본

일본의 보험회사들은 미국에서 이사에 대한 소송이 증가하는 것을 본 후에 1980년을 전후로 임원배상책임에 관한 공동연구를 하였으나 당시의 상황으로는 시기상조로 판단하여 도입하지 않았다. 일본의 보험회사들은 일본기업의 해외 진출이 증가함에 따라 해외에서의 소송에 대처하기 위하여 1990년 6월에 '회사 역원배상책임보험'으로 인가를 받아 판매를 개시하였다.

임원배상책임보험이 처음 일본에 등장할 당시에는 회사나 이사는 이에 큰 관심을 가지지 않았다고 한다.[1383] 왜냐하면 1993년 일본「상법」이 개정되기 전까지는 대표소송을 제기하는 경우가 거의 없어 대표소송을 염려하여 임원배상책임보험에 가입할 필요성을 느끼지 못하였기 때문이다.[1384]

그러나 1993년 대표소송에 관한「상법」이 개정되고 실제로 법원에 제기되는 대표 소송의 사건의 수와 그 청구금액이 엄청나게 증가함에 따라 상황은 확연히 달라졌다. 실무에서도 이사가 안전하게 경영활동을 수행할 수 있는 보호 장치를 마련할 필요성을 인정하기 시작하

1379 김용범, 전게서, 2017, 916면. 김인환, 전게논문, 157면.

1380 김용범, 전게서, 2017, 916면. 김인환, 전게논문, 158면.

1381 김인환, 전게논문, 159면. Del. Gen. Corp. Law §145(g); Cal. Gen.Corp. Law 317(i); N. Y. Busi.Corp. Law §726; RMBCA § 8.57; ALI §7.20(a)(4): 영국도 1989년 「회사법」제137조에서 1985년 「회사법」 제310조 제3항을 개정하여 회사가 D&O보험을 구입하고 유지할 수 있도록 하였다.

1382 김용범, 전게서, 2017, 916면. 김선정, 「D&O보험에 관한 검토」, 상사법연구 제17권 제3호, 1999, 282면. 김영선, 전게논문, 217면. 김인환, 전게논문, 159면.

1383 近·光男, 「경영판단과 취체역의 책임」, 중앙경제사, 1994, 226면.

1384 新谷 勝, 「주주대표소송과 취체역의 책임」, 중앙경제사, 1994, 205면.

였다.[1385] 이에 미국에서 이사를 보호하는 유력한 장치로 알려진 임원배상책임보험에 관심을 가지게 되었다.[1386]

그러나 일본 보험회사가 판매한 임원배상책임보험의 영문약관은 일본 법제와는 상당한 차이가 있었기 때문에 현실적으로 이에 가입하는 것에는 상당한 어려움이 있었다. 동 약관은 미국의 「회사법」과 일본의 「회사법」의 차이로 인하여 생기는 여러 문제점을 해결하지 못한 채 그대로 시행했기 때문에 부적합한 요소가 많이 포함되어 있었다.

일본의 손해보험업계는 「회사법」 및 「보험법」에 적합한 새로운 임원배상책임보험 약관의 개정에 착수하여 1993년 말에 인가를 받아 시행하게 되었다. 이것이 일본어로 작성된 「신약관」이라 한다. 동 약관은 일본실정에 적합하지 않은 앞서 지적한 영문약관의 여러 문제점을 개정한 것이다.[1387]

특히 동 약관은 주주대표소송에서 임원이 패소한 경우에 지급하게 되는 보험금에 대한 보험료 부분은 보통약관에서 제외하고 특별약관으로 하였다.[1388] 즉 주주대표소송으로 인하여 생기는 배상책임에 대한 보험료는 임원이 개인적으로 부담하게 하여 영문약관의 문제점을 어느 정도 해결하였다.[1389]

현재 일본의 임원배상책임보험은 기본계약인 '회사역원배상책임보험보통보험 약관'과 '주주대표소송담보특약조항', '회사보상담보특약조항', '선행행위특약조항' 등의 특약조항으로 구성되어 있다.

다. 임원배상책임보험 가입의 필요성

미국 등 금융선진국에서는 임원의 책임 확대와 소송 증가로 인해 임원배상책임보험에 가입하지 않은 경우 임원이 직무수행을 거부할 정도이고, 미국의 경우 FORTUNE에서 선정한 1,000개 기업의 80% 이상이 이미 임원배상책임보험에 가입되어 있으며, 일본의 경우도 상장기업의 80% 이상이 임원배상책임보험에 가입하고 있다.

그러나, 국내기업들의 가입률은 2010년 기준으로 30% 갓 넘는 수준이며, 금융업의 경우 54% 가입률을 보이지만, 제조업은 15%, 비제조업은 26%에 그치고 있다. 특히 10대 기업의 가입률은 90%를 넘었지만 중소기업의 경우 가입률이 21%에 불과하다고 한다. 다행스러운 것은 임원배상책임보험의 가입의 확대추세가 증가하고 있다는 점이다.[1390]

최근 자본시장의 국제화로 인한 외국인 주주의 소송제기 가능성 증가와 소액주주의 보호 강화 및 기업의 책임경영 강화에 따른 주주대표소송 증가 등의 위험에 대비하고, 대내외 경

1385 近·光男, 전게논문, 227면.

1386 近·光男, 「취체역책임보험의 보험료의 지불」, 상사법무 1329호, 1993, 40면.

1387 김용범, 전게서, 2017, 917면. 김인환, 전게논문, 161면.

1388 임원배상책임보험의 총보험료 가운데 보통약관부분은 90%로 하여 회사가 부담하고, 특별약관부분은 10%로 하여 임원개인이 부담하는 것으로 한다. 近 · 光男, 전게논문, 230면.

1389 渡部喬一, 「주주대표소송」, 중앙경제사, 1995, 264면.

1390 김용범, 전게서, 2017, 918면. 이석호, 「임원배상책임보험의 기능 및 시사점」, 주간 금융브리프, 제20권 제28호, 2011, 10면. 박문각, 「시사상식사전」.

제여건의 변화에 임원이 능동적으로 대응하며 자유로운 경영활동을 위하여 아래와 같이 임원 배상책임보험 가입의 필요성이 점차 증대되고 있다.

임원배상책임보험의 가입 필요성

① 임원 및 이사들의 경영 및 직무수행에 대한 유일한 안전장치
② 소액주주의 권리강화로 주주대표소송 등 임원에 대한 소송 증가 위험에 대비
③ 외국인에 대한 자본시장의 개방 확대로 외국인들의 소송 증가 위험에 대비
④ 증권집단소송제도 도입으로 클레임의 집단화 및 대형화 위험 대비 등

그러나 상장법인 등은 회사의 비용으로 임원의 책임을 완화하는 보험에 가입하면서도 보험가입의 근거 및 적정한 가입절차 없이 가입하는 경우가 많은 것으로 파악되고 있는바, 감독당국은 상장·코스닥 법인의 임원배상책임보험 가입에 관한 가이드라인을 제정·운영하여, 가입절차의 투명성 확보 및 올바른 공시관행이 정착되도록 지도하여 왔다.[1391]

임원배상책임보험 가입에 관한 가이드라인

① 임원배상책임보험이 회사비용으로 임원의 책임을 완화한다는 점에서 가입근거를 「정관」 등으로 명확히 하고 아울러 이사회 승인 등 가입절차도 투명하게 하여야 한다.
② 피보험자의 범위, 보상되는 손해, 보험회사의 면책 범위, 보상 한도도 구체화하여야 한다.
③ 계약 체결 시 개별 기업의 업종, 영업특성, 회사 규모 및 도출된 위험의 성격 등을 감안하여 명백하고 개별화된 구체적 내용으로 결정하여야 한다.

라. 임원배상책임보험의 내용

1) 보험의 대상

임원배상책임보험에 의해 보상하는 손해는 회사의 임원이 각자의 업무범위 내에서 업무를 수행함에 있어 선량한 관리자로서의 주의의무위반(과실, 의무위반, 태만, 허위진술, 신의위반, 누락 등의 부당행위) 등으로 회사, 주주 또는 제3자에게 경제적 손해를 입혔을 경우, 그로 인해 부담하게 되는 법률(민사)상의 손해배상책임(방어비용, 손해배상금, 합의비용)으로 인해 입은 손해이다.[1392]

주요 보상하는 손해

1391 금융감독원, 「상장법인의 임원배상책임보험 가입에 관한 가이드라인 제정」, 2005.12.12., 보도자료.

1392 AIG, 「임원배상책임 III」 상품공시 자료 참조..

① 경영배상책임 : 임원의 경영과실에 기인한 손해배상청구로 인한 손해배상금, 합의
비용 및 방어비용

② 유가증권 관련 배상책임 : 임원 및 회사를 상대로 제기된 유가증권 관련 손해 배상 청구로 인한
손해배상금, 합의비용 및 방어비용

③ 부당고용 관련 배상책임 : 임원 및 회사를 상대로 제기된 부당고용 관련 손해 배상청구로 인한
손해배상금, 합의비용 및 방어비용

2) 보험계약의 당사자

보험계약자는 보험증권의 기명법인 란에 기재한 회사(기명법인)이며, 일부의 이사가 개별
적으로 계약을 하는 것은 불가능하다. 피보험자는 보험계약자인 회사의 모든 임원이다.(「보
통보험약관」 제3조 (2)) 즉, 「상법」상의 이사 및 감사이다. 특정 임원만이 아니라 당해 회사의
임원 전원을 대상으로 한다.

임원이 사망하거나 파산한 경우는 그 상속인이나 파산관재인이 자동적으로 피보험자가
된다.(「보통보험약관」제3조 (3)) 또한 자회사의 임원도 피보험자로 될 수 있다. 다만, 대상이 될
수 있는 자회사는 계약자가 발행주식총수의 50%를 초과하는 주식을 직접·간접으로 보유한
자회사에 한한다.(「보통보험약관」 제3조 (1))

3) 보험계약의 방식과 기간

임원책임배상보험은 임원배상책임보험 보통약관에 주주대표소송 담보조항을 일반 약관
에 포함하여 계약하거나, 또는 특별약관을 첨부하여 계약한다. 임원 배상 책임보험의 보험
기간은 1년이며, 매년 갱신된다.

4) 담보 내용

임원배상책임보험 보통보험약관 제1조에서는 "보험회사는 피보험자가 회사의 임원으로
서 업무에 관하여 행한 행위에 기하여 보험기간 중에 주주 또는 제3자로부터 손해배상 청구
(경영배상책임 + 유가증권 관련 배상책임[1393] + 부당고용 관련 배상책임)를 받은 경우에 보험자가 그
의 손해에 대하여 보험금을 지급한다."로 규정하고 있다.

첫째, 회사의 임원으로써 업무에 관하여 행한 행위가 대상이 된다. 회사란 보험증권에 기
재된 법인을 말하므로(「보통보험약관」제3조 (1)), 기재되지 않은 법인의 임원으로서의 행위는
대상이 되지 않는다. 행위는 작위뿐만 아니라 부작위도 포함된다.

둘째, 보험기간 중에 이루어진 손해배상청구가 대상이 된다. 보험기간의 개시일 前에 행
하여진 행위에 기인한 일련의 손해배상 청구는 보험의 대상에서 제외된다.

셋째, 손해의 범위는 법률상의 손해배상금과 쟁송비용을 피보험자가 부담으로 인해 발생
한 손해이다.(「보통보험약관」제3조 (4)) 법률상의 손해배상금은 피보험자의 법률상의 손해배상

1393 유가증권 관련 배상청구란, 유가증권의 매매, 모집 또는 모집에 대한 권유에 기인하는 손해배상청구, 유가증권 보유자의 지분에
관한 손해배상청구, 유가증권 보유자에 의해 제기되는 대표소송을 말한다. [○○대해상보험. 「임원배상책임보험 영문약관 번역본」.
3. 23. 유가증권 관련 손해배상청구. 조문.].

책임에 기한 배상금을 말한다. 동시에 회사 임원이 법률상의 손해배상 책임을 부담하는 것으로 인해 지급해야 하는 배상금을 말한다.

예를 들어 확정판결에 있어서 지급할 것을 명한 손해배상금, 화해로 인하여 지불한 화해금 등을 말한다. 다만, 가중된 부분 및 피보험자와 타인과의 사이에 손해배상에 관한 특약이 있는 경우에 그 약정에 의해 가중 손해배상금은 포함되지 않는다. 또한 벌금, 과태료, 추징금, 위약금의 가중된 부분, 세금 등은 지급대상이 되지 않는다.

쟁송비용은 피보험자에 대한 손해배상청구에 관한 쟁송, 즉 소송, 중재, 조정 또는 화해 등으로 인해 발생하는 비용으로서 타당성이 인정되는 것을 말한다. 예를 들어 소송비용, 변호사 보수, 화해 비용, 조정 비용 및 이에 부수한 조사비용 등이다.

쟁송비용에 관하여는 면책조항에 해당하지 않는 한 손해배상청구의 해결에 앞서서 사전에 특칙으로 보험회사의 재량으로 지급할 수 있다. 다만, 피보험자는 이미 지급된 쟁송비용의 금액 또는 일부에 대하여 약관에 의해 보전받을 수 없는 것으로 된 경우에는 지급된 금액을 한도로 하여 보험회사에 반환하여야 한다.

5) 전보한도액, 면책금액 및 축소전보비율

임원배상책임보험에서는 **전보한도액**이라고 하여 보험기간을 통하여 보험회사가 지급할 보험금의 최고한도액이 설정되어 있다. 이 한도액은 보험증권 단위로 적용된다. 또한 이 한도액은 손해배상금만이 아니라 쟁송비용을 포함한 보험금액에 대해서도 적용된다.(「보통보험약관」제9조)

아울러 임원배상책임보험에서는 **면책금액**이라고 하여 일정한 자기부담액이 설정되어 있다. 면책금액에는 하나의 배상청구에 있어 임원 1명당 면책금액과 하나의 배상 청구당 면책금액의 한도가 있다.

그리고 임원배상책임보험에서는 **축소전보비율**이라고 하여 면책금액을 초과한 손해액에 대한 실제로 보험금으로 지급되는 금액의 비율을 설정한다. 만일 전보비율이 95%로 설정되면 이에 따라 95%가 보험금으로 지급되고, 배상금등의 5%에 상당하는 금액은 보험에서 보상되지 않으므로 피보험자인 임원이 부담하게 된다.

6) 면책 사유

임원배상책임보험 보통보험약관상 다음 열거한 손해배상청구에 기인한 손해는 전보되지 않는다.

가) 임원의 위법성으로 인하여 발생한 손해배상 청구

처음부터 위법성이 있는 행위로 인하여 발생한 손해배상청구에 대하여는 보험금이 지급되지 않는다.(「임원배상책임보험 보통약관」 제8조) 이는 공서양속의 관점에서 두게 된 면책 사유이다.

위법성 있는 행위로 인한 면책 사유

① 피보험자가 사적인 이익 또는 편의의 공여를 위법하게 받은 사실에 기인한 손해배상 청구

② 피보험자의 범죄행위에 기인한 손해배상청구(예, 법률에 의해 형을 선고받은 위법한 행위를 말하며, 시효의 완성으로 형이 면제된 행위도 포함)

③ 법령에 위반한 사실을 피보험자가 인식하면서 행한 행위에 기인한 손해배상청구('인식하고 있었다'라고 판단할 수 있는 합리적인 이유가 있는 경우도 포함)

④ 피보험자에게 위법하게 보수/금전 등이 지급된 사실에 기인한 손해배상청구

⑤ 피보험자가 공표하지 않은 정보를 위법하게 이용하여 주식, 사채 등의 매매 등을 행한 사실에 기인한 손해배상청구(내부자거래 등에 의해 얻은 이익에 기인한 손해배상 청구)

⑥ 정부단체, 공무원, 거래처의 회사임원, 종업원 등에 대한 위법한 이익의 공여로 인한 손해배상 청구 등

이 면책약관은 미국의 규정을 모범으로 한 것이다. 미국 내 대부분의 임원배상책임보험에는 크게 두 가지 면책규정이 언제나 포함되는데, 하나는 **"범죄적이거나 의도적으로 범한 詐欺的 行爲(criminal or deliberately fraudulent misconduct)"**의 경우 보상하지 않는다는 것이고, 다른 하나는 **"피보험자가 적법하지 않은 개인적인 이익(any personal profit or advantage to which he is not legally entitled)"**을 얻은 경우 보상하지 않는다는 것이다.

원래 이 문구는 예전에는 **"불성실한 행위(dishonest act)"**이었는데, 너무 면책범위가 넓고 불확실하다는 비판이 있었다.[1394] 그 비판을 수용하여 미국에서는 그 의미를 명확하게 하면서 면책을 좁히려는 노력이 있었고, 그 결과 현재 위와 같은 문구가 이용되는 것이다.

다만, 이 조항이 사외이사가 과실 또는 중과실로 회사의 위법행위를 감시하지 못한 경우까지 확대 적용된다면, 사외이사들로서는 소신 있는 감사위원회 활동에 제약을 받을 수 있다. 최소한 사외이사들로서는 이 조항이 사외이사에 대하여 비난 가능성이 매우 높은, 극단적인 상황에만 적용된다는 확신이 있어야 안심하고 사외이사 업무에 종사할 수 있을 것이다.

그러나 우리의 문구도 그렇고 미국의 문구도 그렇고, 문구 자체로 이런 해석이 가능하도록 만드는 것은 쉽지 않다. 미국에서는 보험회사가 유죄판단을 할 수 없다거나,[1395] 범죄행위에 대한 단순한 주장만으로는 충분하지 않은 것으로 보고 있다.[1396] 그리하여 약관들은 판결 선고를 명시하는 것이 보통이다.[1397] 학자들은 보험회사 측에서 약관에 판결 선고나 확정판결을 명시적으로 요구하는 규정을 두어야 한다고 주장한다.[1398] 또한 판례도 이러한 확정

1394 최문희, 「이사의 손해배상책임의 제한」, 2007, 106면.

1395 Michael Sean Quinn & Andrea D Leyin, 「Directors and Officers Liability Insurance : Probable Directions in Taxas Law」, 2001, Spring, 433aus.

1396 John F. Olson and Josiah O. Hatch III, 「Director & Officer Liability : Indemnification and Insurance」, West Group, 1998, 10~29면.

1397 Reliance National, 「Directors and officers Liability Including Company Reimbursement」, 3면.

1398 Joseph P. Monteleone and Nicholas J. Concs, 「Directors and Officers Indemnification and Liability Insurance : An Overview of Legal and Practical Issues」, May 1996, 601면.

판결요건을 채택한 것이 많다.[1399]

　따라서 이사 등의 행위가 "범죄적이거나 의도적으로 범한 사기적 행위"조항은 법원의 최종판단으로 인정되어야만, 적용된다는 법리로 통하는 것이다. 즉, 법원이 이를 인정하면 그 결과 보험회사가 면책되므로 이사 등이 개인적으로 책임져야 한다.[1400] 아직까지 우리나라에서는 이런 법리논쟁은 진행되고 있지 않다. 그러나 향후 임원 배상책임보험이 활성화되면 가장 먼저 정리되어야 할 법적 쟁점이라고 생각된다.[1401]

나) 보험가입의 부적정성으로 인해 발생한 면책 사유

　보험회사는 아래와 같은 보험을 가입하는 것이 부적당한 사실에 대하여는 보험금이 지급되지 않는다.

① 최초년도 계약의 보험개시일 이전에 행한 행위에 기인한 일련의 손해배상청구.
　여기서 말하는 일련의 손해배상청구란 손해배상을 청구한 때와 장소 또는 손해배상청구자의 수 등에 관계없이 동일행위 또는 그 행위와 관련되어 있는 다른 행위에 기인한 모든 손해를 말한다.

② 최초년도 계약의 보험기간의 개시일 이전에 회사에 대하여 제기되었던 소송 및 이러한 소송 중에 신청되었던 사실과 동일 또는 관련 있는 사실에 기인한 손해배상청구.

③ 보험계약의 보험기간 개시 일에 피보험자에 대한 손해배상청구가 제기될 우려가 있는 상황을 피보험자가 알고 있는 경우, 그 상황의 원인이 되는 행위에 기인한 일련의 손해배상청구. (이 경우 알고 있었다고 판단할 수 있는 합리적인 이유가 있는 경우를 포함.)

④ 보험계약의 보험기간 개시일 전에 피보험자에 대하여 제기되었던 손해배상 청구 중에 신청되었던 행위에 기인한 일련의 손해배상청구 등.

다) 다른 보험제도와의 균형을 고려한 면책 사유

① 직접·간접적으로 오염물질을 배출, 유출, 누출하거나 이러한 일이 발생할 우려가 있는 상태에 기인한 손해배상의 청구와 오염물질의 검사, 감시, 청소, 제거, 누출 등의 방지, 처리, 무독화 또는 중화의 지시 또는 요청에 기인한 손해배상 청구.

② 직접·간접으로 핵물질의 위험성 또는 모든 형태의 방사능 오염에 기인한 손해 배상 청구. (핵물질이란 핵 원료물질, 특수핵 물질과 그에 부수한 생성물을 의미.)

③ 신체장애, 정신적 고통, 재물손괴, 재물의 분실·도난, 구두·문서에 의한 비방, 중상 및 타인의 사생활을 침해하는 행위 등의 인권침해에 기인한 손해배상청구.

④ 벌과금 및 징벌적 손해에 대한 배상책임 등.

라) 기업의 내분으로 볼 수 있는 사항에 관한 면책 사유

① 다른 피보험자, 회사 또는 그 자회사로부터 제기된 손해배상청구 및 피보험자, 회사

1399　Fist Nat'l Bank Holding Co. v. Fidelity Deposit Co., 885 F. Supp. 1533.(N.D.Fla. 1995)등 다수판례.

1400　송옥렬, 「외부감사법 전부개정으로 인한 감사위원책임 강화와 이에 대응으로서의 임원배상책임보험의 실효성」, 2018.8., 45면.

1401　송옥렬, 전게논문, 2018.8., 45면.

또는 그 자회사와 관련하여 회사 또는 자회사가 발행한 유가증권을 소유한 자에 의해 제기된 손해배상청구.

② 00% 이상의 발행주식을 소유한 대주주로부터 제기된 손해배상청구 또는 대주주와 관련하여 회사가 발행한 유가증권을 소유한 자에 의해 제기된 손해배상청구.

대주주는 일반적으로 회사의 정보를 용이하게 알 수 있는 위치이고 그와 같은 대주주로부터의 손해배상청구는 다른 일반주주나 제3자로부터의 손해배상과는 성질이 다르며 대주주는 회사와 밀접한 관련이 있는 경우가 많으므로, 공모소송이나 내부갈등 을 원인으로 소송을 제기할 우려가 있어 면책을 인정한 것.

마) 「상법」과의 균형으로 인정되는 면책 사유

피보험자에 대한 주주대표소송 등에 의한 손해배상청구가 이루어진 결과 피보험자가 회사에 대해 법률상의 손해배상책임을 부담하는 경우.

그러나 우리나라의 경우 **주주대표소송으로 인한 책임**은 보통약관에서 보상하거나 또는 **특별약관을 부대하여 보상**되도록 하고 있다.[1402] 피보험자가 주주 대표소송특별 담보가입으로 대부분의 회사가 주주대표소송으로 인한 손해를 보상한다.

마. 임원배상책임보험의 비용부담[1403]

임원배상책임보험의 보험료는 피보험자인 임원이 아니라 회사가 지급하고 있다. 현실적으로 임원을 영입하는 회사 쪽에서 보험료까지 해결해 주는 것이 편리할 뿐만 아니라, 현재 실무적으로도 이러한 방식의 책임보험가입이 관행화되어 있다.[1404]

이에 대하여 경영진이 부담할 배상책임을 담보하는 임원배상책임보험계약을 체결하면서 부정행위를 한 임원의 회사에 대한 배상책임을 담보하기 위한 보험의 보험료를 회사가 부담하는 것이 합리적인가에 대하여 아래와 같이 견해의 대립이 있다.

1) 긍정설

회사가 임원배상책임보험의 보험료를 지급하는 것에 대하여 긍정하는 학설은 다음과 같다.

첫째, 회사가 임원배상책임보험의 보험료를 지급하는 것은 법률상 문제가 없을 뿐만 아니라 임원의 회사에 대한 지급 책임을 확실하게 하는 것으로 회사로서도 유익한 것이므로 이를 적극적으로 인정할 수 있다는 학설이다.[1405]

이 견해는 회사로서도 발생한 손해를 보험으로 塡補받을 수 있고, 특히, 임원의 지급능력이 결여되어 회사가 현실적으로 배상금을 지급받지 못하게 되는 경우에 그 지급능력을 확보할 수 있어 회사에 손해가 발생하는 것이 아니라 오히려 이익을 받는 것이며, 결국 회사의

1402 약관 제10조. 회사가 형식상 이사가 자신에게 지급되는 손해배상금을 보상하기 위하여 이사의 보험료를 지급해 주는 것이 모순된다는 판단에 따른 것으로 보임.(김건식, 최문희)

1403 김용범, 전게서, 2017, 922~925면. 김소연, 「임원배상책임보험에 관한 고찰」, 경희대, 2001, 57~61면.

1404 김용범, 전게서, 2017, 922면. 최문희, 전게논문, 실무연구회논문집, 춘천지방검찰청, 2007, 126면.

1405 김영선, 전게논문, 239면.

번영과 이익에 부합하여 궁극적으로는 소비자 등 제3자를 보호할 수 있다는 설이다.

둘째, 회사가 임원배상책임보험의 보험료를 부담하게 되면 채권자인 회사가 채무자인 임원을 위하여 임원배상책임의 보험료를 지급하는 것은 이익상반행위가 된다고 주장하나, 사실상 임원배상책임보험에 의하여 회사의 손실의 전보를 확실하게 해주므로 오히려 회사의 이익과 연결된다고 주장하는 학설이다.

셋째, 임원배상책임보험의 보험료를 지급하는 것은 임원에 대한 책임면제에 해당한다고 주장하나, 보험료의 지급은 임원이 책임이 발생하기 이전부터 일정한 낮은 액을 정기적으로 지급하는 것이므로 보험에 의해 임원의 책임이 전보되는 것과 회사가 책임을 면제해 주는 것은 별개의 문제로 보아야 한다고 주장하는 학설이다.

또한 회사가 임원에 대하여 손해배상청구권을 사전에 또는 일반적으로 포기하는 것과 동일한 결과라는 주장에 대해서는 회사가 임원에 대해 책임을 물어 손해를 전보할 수 있으며 책임한도액을 넘는 부분 및 공제액을 임원이 부담하므로 청구권의 사전 포기라 할 수 없다고 주장하는 학설이다.

넷째, 임원의 입장에서는 손해가 보험에 의하여 전보된다고 하여도 대표소송에 의해 책임을 추궁당하고 더구나 패소하면 치명적일 뿐만 아니라 더구나 고의나 현저하게 불성실한 행위에 의하여 발생된 손해배상책임은 보험회사에서 약관에 의하여 면책되는 경우가 많기 때문에 보험료를 회사가 부담하는 것이 임원의 위법행위 억제효과를 손상시킨다는 주장은 타당하지 않다고 주장하는 학설이다.

다섯째, 임원배상책임보험의 보험료에 해당하는 부분이 임원의 회사에 대한 보수라면「상법」및「정관」에 따라 주주총회의 결의가 필요하지 않느냐는 의문이 생길 수 있으나, 회사가 임원배상책임보험에 가입할 것을 조건으로 유능한 이사나 감사를 영입하는 것은 회사의 경영의 안정에 기여하는 것이므로 그 보험료는 회사의 필요경비이고 임원의 보수는 아니라는 학설이다.[1406]

여섯째, 임원의 보수를 주주총회 결의사항으로 하는 취지는 임원의 지위남용을 막는 데 있으므로, 임원배상책임보험의 보험료지급을 임원의 보수에 해당한다고 볼 수 없고, 아울러「소득세법」상으로 이미 임원배상책임보험의 보험료를 손금으로 계상하는 것을 인정하고 있으므로 이 세법상의 취급이 인정되는 한 보험료의 지급을 보수에 포함시킬 이유가 없다고 주장하는 학설이다.

2) 부정설

회사가 임원배상책임보험의 보험료를 이사 대신에 지급하는 것에 대해서 부정하는 학설로는 다음과 같은 학설들이 있다.

첫째, 이사나 감사가 회사에 대하여 손해배상의무를 부담하는 경우에 회사와 이사나 감사는 채권자와 채무자의 관계로서 서로 이해가 상반하기 때문에, 채권자인 회사가 채무자인

1406 강희주,「대표소송에 관한 일고」, 인권과 정의 제28호, 대한변호사 협회, 1999, 101면.

이사나 감사를 위하여 임원배상책임보험의 보험료를 지급하는 것은 이익 상반행위에 해당한다는 학설이다.[1407]

둘째, 회사가 이사나 감사를 대신하여 임원배상책임보험의 보험료를 지급하는 것은 일종의 무상 이익공여로 그 지급의 성질은 회사가 임원에게 보수를 지급하는 것에 해당하므로, 임원의 보수는 정관에 그 액수를 정하지 않은 때에는 주주총회의 결의로 정한다는 「상법」 제388조에 의해 주주총회의 승인이 없는 한 허용할 수 없다는 학설이다.[1408]

셋째, 보험료를 회사가 지급하는 것은 실질적으로 회사가 임원에 대하여 손해배상청구권을 사전에 또는 일반적으로 포기하는 것과 동일한 결과가 되어 결국 임원의 책임을 면제하는 것과 동일한 효과가 있으므로 이를 금지해야 한다는 학설이다.[1409]

넷째, 임원자신이 불법행위로 인하여 개인적으로 소가 제기된 경우에 대비하여 가입하는 보험이므로 당연히 보험료도 임원 개인이 부담하여야 함에도, 자신을 보호하기 위한 보험료를 회사가 부담하는 것은 회사에 손해를 주는 행위에 해당되어 임원의 충실의무 위반에 해당된다고 하는 학설이다.[1410]

다섯째, 임원이 회사에 대하여 손해배상책임을 부담하는 것은 임원이 법령, 정관을 위반하여 업무집행을 하는 것을 억제하기 위함인데, 임원이 손해배상책임을 지게 되어도 보험료를 회사가 부담하여 보험에 의해 전보하게 된다면, 위법행위의 억제효과를 손상시켜 이 억제력이 없게 된다는 학설이다.

바. 결어

생각건대 임원의 배상책임보험으로 인하여 이익을 보는 것은 결국 회사가 되기 때문에 아래 사항을 고려해 볼 때 긍정설이 타당하다고 본다.[1411]

첫째, 임원배상책임보험은 단순히 임원의 배상책임이행을 담보하여 임원을 경제적 부담으로부터 해방시켜 줄 뿐만 아니라 임원의 지급능력으로 보아 회사가 현실적으로 배상을 지급받지 못하게 되는 경우에 그 지급을 확보하게 되어 회사에 이익이 되는 제도이다.

둘째, 종전에는 소수주주권 행사를 보험금 지급사유로 하는 보험료 부분만을 소득세 부과대상으로 하던 내용을 변경하여, 2000.1.1.부터는 근로소득범위 제외 대상에 주주대표소송 해당 보험료를 포함한 전액에 대하여 비과세하기로 「소득세법」이 개정되어 법인의 보험료지급에 따른 회계처리는 화재보험 등과 같이 전액 손금처리 할 수 있게 되었다.

셋째, 임원배상책임 보험료를 회사가 직접지급하게 되면 임원의 권리를 회사가 적극적으로 보호하게 되어 임원은 회사를 경영함에 있어 불안감 없이 직무에 더욱 더 적극적으로 정진할 수 있기 때문에 결국은 회사에게 이롭게 되는 것이다.

1407 김원기·박수영, 「회사이사배상책임보험의 현황과 그 문제점」, 기업법연구제3집, 1998, 9면.

1408 강희주, 전게논문, 101면.

1409 홍복기, 전게논문, 248~261면.

1410 이태종, 전게논문, 266면.

1411 김용범, 전게서, 2017, 925면.

넷째, 임원배상책임보험은 임원이라는 지위에 부수하여 체결되는 것으로 그 보험료의 지급은 이에 부수하는 편의제공에 불과하며, 회사와 임원과의 관계는 위임에 관한 규정이 적용되므로 보험료 부담은「민법」제688조의 위임사무처리비용에 해당된다고 볼 수 있다.

참고로 미국에서는 현재 대부분의 제정법은 회사의 보상제도와 관계없이 회사가 이사를 위하여 임원배상책임보험에 가입하고 유지시킬 권능이 있다고 규정하고 있다. 이사의 경영상의 과실에 의한 손해배상청구를 받은 경우 발생하는 손해배상금이나 소송비용의 위험을 전가시키기 위하여 회사의 정관으로 임원배상책임보험제도의 활용을 규정하고 있다.[1412]

따라서 최근 주주대표소송제도의 활성화가 기대되는 우리나라에서도 이사나 감사의 업무집행 의욕이 위축되지 않도록 하고, 회사 자신의 권리도 확보하기 위해 회사나 임원은 임원배상책임보험제도를 적극적으로 활용하는 것이 유익하다고 본다.[1413]

Ⅶ. 주주대표소송의 남소 방지 개선 방안

주주대표소송의 활성화로 인한 소송의 남용을 우려하여 남소의 방지방안에 치중할 경우 주주대표소송은 다시 과거와 같이 활용이 적어지는 문제가 발생할 수 있다. 그러나 소수주주의 권한을 강화하여 이사나 감사의 책임추궁을 통한 기업의 투명성과 건전성을 확보하는 것도 중요하지만, 부당한 제소로부터 피고 임원과 회사를 보호하고, 더 나아가 전체 주주를 보호하기 위하여 남소의 방지방안이 반드시 필요하다.

미국과 일본의 주주대표소송을 살펴보면 소송남용이 가장 큰 문제이다. 소송남용의 예로 위협소송, 협박소송을 들 수 있다. 회사로부터 금전의 갈취, 개인적인 주의·주장이나 정치적·사회적 의도를 달성하기 위해 증거가 없는데도 소를 제기하는 경우, 개인의 이익을 얻기 위해 회사 또는 이사나 감사에 대한 부당한 손해를 끼치려는 목적으로 주주대표소송을 이용하는 것이다.

현행 **남소를 방지하기 위한 제도**로서는 ① 원고를 100분의 1 이상의 소수주주 등으로 제한한 점, ② 소송제기 전에 회사에 제소청구 절차를 거치게 한 점, ③ 피고에게 소송비용의 담보제공 신청을 인정한 점, ④ 원고의 제소 자체가 고의나 과실에 의하여 피고의 권리를 침해한 경우에는 손해배상을 부담하게 한 점, ⑤ 주주대표소송이 남용된 경우에 권리의 남용으로 청구를 기각할 수 있게 한 점 등이 있다.

하지만 아무리 부적절한 소제기라고 하더라도 회사에서는 소제기를 저지할 수 없다. **부적절한 대표소송**이란 이사/감사의 책임추궁이 인정되지만 실질적으로 보아 회사의 손해가 경미하고 이사/감사 행위의 위법성이 낮다면 주주대표소송을 제기하여 얻을 수 있는 이익보다는 손해가 더 클 것이다. 특히 회사의 명예와 신용이 떨어질 위험이 더 클 것이기 때문이다.[1414] 그럼에도 불구하고 소수주주가 소송을 제기하는 대표소송을 말한다.

1412 김용범, 전게서, 2017, 925면. 김인환, 전게논문, 159면.

1413 김용범, 전게서, 2017, 925면.

1414 김용범, 전게서, 2017, 926면. 양동석, 「주주대표소송」, 고시연구, 2001, 79면.

우리의 현실 속에서의 남용방지는 결국 주주대표소송을 활성화 시키면서 그에 의해 발생할지 모르는 남용사태에 대한 대책을 강구하는 일일 것이다. 이는 주주대표소송의 활성화와 남소방지라는 양자의 균형적인 조화를 필요로 한다. 따라서 아래에서는 주주대표소송의 활성화로 인해 발생할 수 있는 주주들의 남소의 방지를 위한 보다 현실성 있고 실효성 있는 남소 방지 방안을 강구해 보고자 한다.

1. 적절대표의 원칙 도입

가. 개요

미국의 대표소송제도는 단독주주권으로 되어 있다.[1415] 제소주주가 보유하는 주식은 1주라도 무방하다. 다만 제소주주는 회사나 동일한 입장에 놓여있는 다른 주주들의 이익을 공정하고 적절하게 대표하여야 한다. 주주가 다른 주주의 이익을 대표하지 않거나 자신의 개인적인 이익만을 위한 때에는 대표소송을 제기할 수 없다. 대표소송을 제기한 주주가 공정하고 적절한 대표성을 갖는지 여부에 관하여는 피고가 입증책임을 부담한다.[1416]

이와 달리 **한국의 대표소송제도**에서는 원고 주주의 자격요건에서 지주비율 이외에는 다른 주주 전부를 공정하고 적절하게 대표할 것을 요구하지 않고 있다. 그 이유는 주주대표소송 제기권이 소수주주권으로 되어 있기 때문에 그러한 대표성이 간접적으로 담보될 수 있다고 보았기 때문이다.

한편 주주대표소송을 제기하기 위한 원고적격을 100분의 1 이상 등의 소수주주요건에 의하여 정하는 방법은 지나치게 엄격하고, 소송의 목적이 되는 회사의 이익을 고려할 때 너무 획일적이고 피상적인 취급이라 할 수 있다. 그리고 주주대표소송의 판결의 효력은 회사 및 다른 주주 전원에게 미치는데도 불구하고 원고주주에게 그 대표로서의 적절한 자격을 요구하지 않는 것은 타당하지 않다.[1417]

나. 외국의 사례

1) 미국

가) 적절대표의 의의

미국의 「연방민사소송규칙」제23-1조에서 **"주주의 대표소송은 원고주주가 회사 또는 법인격 없는 사단의 권리를 행사함에 있어서 같은 상태에 있는 주주나 구성원의 이익을 공정·적절하게(fairy and adequately) 대표하지 않는다고 인정될 때에는 소송을 수행할 수 없다."** 라고 규정하고 있고, 많은 州의 「회사법」에서 이를 규정하고 있다.

이를 요구하는 것은 대표소송에서 원고 주주가 적절한 대표성을 가지지 않는 경우에는

1415 김용범, 전게서, 2017, 926면. 이형규, 「기업지배구조개혁의 미해결과제」, 한국상사법학회 상사법연구 제20권 제2호, 2001, 210면.

1416 김용범, 전게서, 2017, 927면. 이봉의·이의영·김재구·양덕순, 「지배구조 개편을 위한 주주대표소송제도의 국제비교」, 한국상사판례학회 상사판례연구 제19권 제1호, 2006, 472면.

1417 김용범, 전게서, 2017, 927면. 김동훈, 「주주대표소송의 이용범위 확대」, 한국외국어대학교 법학연구소 외법논집 제13권, 2002, 472면.

회사의 최선의 이익이 위협받을 뿐만 아니라, 적법절차 위배가 되어 그 소송결과를 다른 주주들에게 적용할 수 없게 되는 결과를 초래할 수도 있기 때문이다.

나) 적절대표의 판단요소

원고주주가 대표소송을 수행함에 있어서 적절한 대표성을 갖추었는가를 판단하기 위해 판례는 소극적으로는 원고나 그 대리인이 회사 혹은 나머지 주주들과 상반되는 이해관계를 가지고 있어 회사를 적절히 대표할 수 없는 사정이 있는지 여부이고, 적극적으로는 원고나 그 대리인이 회사를 위하여 대표소송을 열심히 양심적으로 수행할 능력이 있는지 여부를 요건으로 들고 있다.[1418]

이를 판단함에 있어 다음과 같은 점이 문제가 된다.

① 소송제기의 동기가 제소자격에 영향을 미치는가 하는 점이다. 대표소송을 제기할 목적으로 주식을 매수한 주주는 단지 그 이유만으로 제소의 자격을 부인당하지 아니한다. 즉 원고주주의 개인적 동기의 당·부당은 일반적으로 문제되지 않는다.

그러나 원고주주가 경쟁회사의 하수인으로서 경쟁회사의 이익만을 위하여 제기하는 대표소송처럼 현저하게 이기적인 동기에서 전체이익에 반하는 소송을 수행하는 경우에는 그 주주를 전체의 공정한 대표자라 할 수 없으므로 이때에는 원고 주주의 동기를 문제 삼지 않을 수 없다.

② 이사의 불법행위에 대해 참가·동의·인용·추인한 주주 또는 불법행위에 기한 이익 배당이나 기타의 이익을 얻은 주주나 이사의 불법행위를 알고 상당한 기간 내에 제소하지 않는 제소해태 주주는 그 스스로 대표소송을 제기할 수 없다.

문제는 주주로부터 그 사정을 알면서 취득한 주식양수인의 제소자격이 부정되는가 이다. 이에 관해 주식 양수인은 양도인에 갈음하여 양도인과 같은 지위에 서게 되므로 제소자격을 부정하는 입장이 있으나, 이는 주식의 유통성에 반하므로 양수 시에 주식양도인의 결격사유를 알지 못했던 선의의 주식양수인에게는 대표소송 제기권을 긍정해야 할 것이다.[1419]

③ 원고 주주가 일정 범위의 주주의 이익을 대표하고는 있지만 나머지 주주의 이익은 대표하지 못하는 경우에 적절대표 요건을 충족하는가의 문제이다.

다수파 주주는 대표소송에 의하지 아니하더라도 자신의 의사를 회사 경영에 반영할 수 있으므로 반드시 대표소송을 이용하지 않더라도 무방하지만, 소수파 주주는 대표소송을 이용할 필요가 있는 점을 고려할 때 원고 주주가 같은 입장에 있는 소수파 주주들을 대표하고 있는 경우라면 그 대표의 적절성을 인정하여도 좋다고 생각한다.[1420]

2) 일본

일본의 주주대표소송제도의 적절대표원칙은 「회사법」 제847조 제1항 단서 규정에 의하

1418 김용범, 전게서, 2017, 928면. 양석완, 「주주의 대표소송에 관한 연구」, 제주대 제33집, 1991, 145면.

1419 김용범, 전게서, 2017, 928면.

1420 김용범, 전게서, 2017, 928면. 이태종, 전게논문, 1997, 80면.

여 주주대표소송이 당해 주주 또는 제3자의 부정한 이익을 도모하거나 당해 주식회사에 손해를 가하는 것을 목적으로 하는 경우에는 제소청구를 할 수 없다고 규정하고 있다. 이에 불구하고 소수주주가 대표소송을 제기한 경우 일본은 이 규정에 의해 담보제공명령 이전에 소를 각하할 수 있다고 해석하고 있다.[1421]

다. 맺는말

위에서 살펴본 바와 같이 미국이나 일본의 경우 원고주주가 대표소송을 제기하기 위해서는 전체 주주의 공정하고 적절한 대표성을 가져야 한다. 이는 대표소송이 집단소송과 같은 소송구조를 가지고 있기 때문에 그 대표의 적절성이 기본적인 요건이 되는 것이다. 이에 반하여 우리나라의 경우에는 원고 주주가 나머지 주주들을 공정하고 적절하게 대표할 것을 요구하고 있지 않다.

우리나라의 경우와 같이 원고 적격을 100분의 1 이상 등의 소수주주요건에 의하여 정하는 방법은 소송의 목적이 되는 회사의 이익을 고려할 때 너무 획일적이고 피상적인 취급이라 할 수 있으므로 대표소송이 남용되는 것을 방지하기 위해서는 미국 및 일본에서 이미 도입하고 있는 원고주주의 공정하고 적절한 대표성을 요구하는 방안 즉, 적절대표 제도를 도입하는 것이 필요하다고 본다.[1422]

이러한 원고 주주의 적절대표성의 요건을 채택하게 되면 실제 회사나 다른 주주에게 유익한 대표소송은 그 제기를 막지 않으면서 원고주주 개인의 이익만을 위한 부당한 대표소송의 제기는 효과적으로 억제할 수 있다. 또한 이론적으로 보더라도 대표소송의 판결의 효력은 다른 주주에 대하여도 효력이 있으므로 원고 주주에게 다른 주주를 적절하게 대표할 것을 그 요건으로 요구하는 것은 타당할 것이다.[1423]

원고 주주에게 이러한 대표의 적절성 요건을 요구하게 되면, 일정한 범위의 주주의 이익을 대표하지 못하고 자기의 이익만을 추구할 목적을 가진 약탈적 주주나 총회꾼 같은 악의의 주주에 의한 대표소송의 남용을 방지할 수 있다. 물론 지금도 소권의 남용이론이나 주주권의 남용이론에 의하여 동일한 효과를 기대할 수 있지만, 주주대표소송에 관하여서는 원고주주의 적절대표의 요건에 의하여 해결하는 것이 보다 근본적이라고 본다.[1424]

2. 경영판단의 원칙 도입

가. 의의

업무집행의 적법성은 행위 시에 판단되지만 효율성은 상당한 시간이 경과한 후에야 판단되는 경우가 많다. 그러나 이 비효율성은 예측 불가능한 변수에 의해 사후적으로 결정되어

1421 김용범, 전게서, 2017, 929면. 임재연, 전게서II, 박영사, 2014, 495면.

1422 김용범, 전게서, 2017, 929면. 김대연, 전게논문, 327면. 김동훈, 전게논문, 13면. 이태종, 전게논문, 261면.

1423 김용범, 전게서, 2017, 929면.

1424 김용범, 전게서, 2017, 929면.

진 것이므로 이를 임무해태라고 한다면 이사에게 관리 불가능한 책임을 과하는 것과 같다. 이러한 경우 미국에서는 이른바 「**경영판단의 원칙**」(Business Judgment Rule)이라는 이론으로 이사의 책임의 한계를 설정하고 있다.[1425]

「**경영판단의 원칙**(Business Judgment Rule)」이라 함은 「회사의 목적 범위 내이고 이사들의 권한 내인 경영사항에 관해 이사들이 내린 의사결정이 그같이 할 합리적인 근거가 있고, 회사의 이익을 위한 것이라는 믿음하에, 어떤 다른 고려에 의한 영향을 받지 아니한 채 독립적인 판단을 통해 성실히 이루어지고 그 내용이 통상 이사로서 선택할 수 있는 범위에 있는 것이라면 법원은 이에 개입해 그 판단에 따른 거래를 무효로 하거나 그로 인한 회사의 손해에 관해 이사의 책임을 묻지 아니한다」라는 원칙이다.[1426]

요컨대 **정직한 실수**(honest mistake)는 사후적 안목(in the hindsight)에서 비난하지 않는다는 원칙이다. 이는 19세기 중반부터 미국의 판례법으로 발달한 책임이론인데, 최근에는 「모범사업회사법」에도 조문화되었다(MBCA §8.31).[1427]

이 원칙은 이사의 경영사항에 관한 결정이 일정한 요건을 충족하는 경우에는 법원의 司法審査를 억제하는 역할을 수행한다. 일반적으로 법원의 司法審査가 억제되는 요건으로 제시하는 내용은 다음과 같다. 이러한 요건이 충족되는 경우에는 법원이 당해행위의 무효나 취소를 할 수 없고 또 이사에게 그 결정으로 생긴 손해에 대하여 배상책임을 부과하기 위하여 회사의 내부적인 경영사항에 간섭하거나 법관의 판단으로써 이사의 판단을 대신하여서는 안 된다는 원칙이다.[1428]

司法審査를 억제하는 요건

① 이사나 감사가 회사의 업무를 집행함에 있어 회사의 권능 및 자신의 권한의 범위 내에서 합리적인 근거를 가지고 있어야 한다.

② 일정한 경영상의 결정을 함에 있어서 필요한 자료를 충분히 검토한 후에 판단을 하여야 한다.

③ 자신이 회사의 최선의 이익에 합치한다고 성실하게 믿었던 사항 이외에는 아무런 영향도 받지 않고 그 독자적인 재량과 판단에 기초한 결과에 따라 성실하게 행동하여야 한다.

또한 **경영판단을 적용하는 요건**으로는 첫째, 당해 직무를 수행함에 있어 사적인 이해관계를 가지지 아니하고 당해 직무를 지시한 자, 기타 타인으로부터 영향을 받지 아니한 때, 둘째 당해 직무수행과 관련된 경영판단을 함에 있어 그 판단대상에 관하여 충분히 정보를 수집·검토하고 이에 근거한 때, 셋째 당해 직무수행이 법령이나 정관에서 인정하고 있는 권

1425 김용범, 전게서, 2017, 930면. 이철송. 전게서. 박영사. 2021. 794면.

1426 김용범, 전게서, 2017, 930면. 이철송. 전게서. 박영사. 2021. 794면. Henn, Harry G./Alexander. John.,「Laws of Corporations」, 3rd ed, West Publishing Co.(Minnesota) (이하 'Heen & Alexander'라 함) p. 661.

1427 이철송. 전게서. 박영사. 2021. 794면.

1428 김용범, 전게서, 2017, 930면. Henn & Alexander. p. 661.

한의 남용, 기타 중대한 사유에 해당하지 아니한 때라고 한다.[1429]

나. 외국 사례 및 판례 태도

1) 미국에서의 경영판단의 원칙[1430]

주주대표소송은 이사의 위법행위나 부당행위로부터 회사의 이익을 보호하기 위한 수단을 주주에게 부여하는 것으로서 어디까지나 회사를 위한 소송이다. 회사는 승소 가능성이 있는 경우라도 여러 가지의 이유에 의하여 소송을 제기하지 않는 것이 회사의 이익에 도움이 된다고 판단을 내릴 수 있다.

미국의 대부분의 州 制定法과 聯邦 民事訴訟規則은 원칙적으로 주주가 대표소송을 제기하기에 앞서 이사회에 대한 제소청구를 하도록 규정하고 있다. 회사가 주주로부터 대표소송의 제기를 청구받은 경우에 승소 가능성, 입증 난이도, 소송이 회사에 미치는 영향 등을 종합적으로 고려하여 당해 소송을 제기하지 않기로 판단을 할 수 있다.

이사회 또는 독립적인 사외이사 들로 구성된 소송위원회는 대표소송을 유지할 것인가에 대하여 독립적이고 선의로 성실하게 조사를 한 후에 그 소송이 회사에 최선의 이익이 되지 않는다는 판단이 들면 주주의 청구를 거절할 수 있다. 이것은 회사의 업무와 관련된 문제는 먼저 회사가 결정권을 갖고 처리해야 한다는 일반적인 경영 판단의 원칙을 대표소송에 적용한 것이다.

따라서 이사회 또는 소송위원회에서 소송을 계속 수행하는 것이 회사에 최선의 이익이 되지 않는다고 결정하면 이에 경영판단의 원칙을 적용하여 주주의 소송을 저지하게 된다.[1431]그리하여 대표소송에 있어 경영판단의 원칙은 주주의 대표소송이 남용된 경우에 이로부터 회사나 피고 이사를 보호하는 유력한 방어수단이 된다.[1432]

실제로 대표소송에 있어 경영판단의 원칙을 어떻게 적용할 것인가에 대하여 「모범 회사법」은 다음과 같이 규정하고 있다. 「모범 회사법」 제7.44조 (a)항은 "법원은 독립적인 이사회 또는 소송위원회가 합리적인 조사를 한 후에 당해 대표소송을 계속 수행하는 것이 회사에 최선의 이익이 되지 않는다고 성실히 결정한 경우에는 그 대표소송을 종료하여야 한다."고 규정하고 있다.

또한 「미국법률협회(ALI : American Law Institute)[1433]의「Principles of Corporate Governance」§7.10(b)항 에서도 이사, 임원 등을 피고로 하는 대표소송의 경우에 일정한 요건을 충족할 경우에는 소송위원회에 의한 대표소송의 종료를 인정하고 있다.[1434]

1429 김용범, 전게서, 2017, 931면. 이영봉, 전게논문, 241~215면. 김인환, 전게논문, 141면.

1430 김용범, 전게서, 2017, 931~932면. 김인환, 전게논문, 경북대학교대학원, 2007, 132~133면.

1431 김용범, 전게서, 2017, 931면. Henn/Alexander, op. cit., p. 1074.

1432 김용범, 전게서, 2017, 931면. 김인환, 전게논문, 경북대학교대학원, 2007, 133면.

1433 미국법률협회는 미국법의 불확실성과 복잡함을 해소하고 법의 간소화와 보다 나은 司法의 확보를 목표로 1923년에 설립된 기관으로 법전과 법령을 작성, 공표하는 일을 한다.

1434 김용범, 전게서, 2017, 932면. 김인환, 전게논문, 경북대학교대학원, 2007, 134면.

2) 독일에서의 경영판단의 원칙

독일에서는 경영판단의 원칙을 2005년 제정한 「기업 완전성 및 취소소송 현대화를 위한 법률」(UMAG)에 의하여 이사의 주의의무에 관한 「주식법」 제93조 제1항 제1문 뒤에 제2문을 신설하여 "이사가 기업가적 결정을 함에 있어서 적정한 정보에 기하여 회사의 이익을 위하여 행위한 것이라고 합리적으로 인정될 때에는 주의의무 위반이 아니다."라고 명문으로 규정하고 있다.[1435]

3) 경영판단에 대한 판례 태도

대법원은 "이사가 경영판단을 함에 있어 통상의 합리적인 이사로서 그 상황에서 합당한 정보를 가지고 적합한 절차에 따라 회사의 최대한 이익을 위해 신의성실에 따라 한 것이라면 그 의사결정과정에 현저한 불합리가 없는 한 그 임원의 경영 판단은 허용되는 재량의 범위 내의 것으로서 회사에 대한 선량한 관리자의 주의의무 내지 충실의무를 다한 것으로 본다."고 판시하고 있다.[1436]

또한 대법원은 "이사의 직무수행 상의 채무는 회사에 손해의 결과가 전혀 발생하지 않도록 하여야 할 결과채무가 아니라, 회사의 이익을 위하여 선량한 관리자로서의 주의의무를 가지고 필요하고 적절한 조치를 다해야 할 채무이므로, 이사의 책임에 대한 증명책임은 원고가 부담한다는 원칙이다."고 판시하고 있다.[1437]

전자는 실체법적 원리로서의 경영판단의 원칙을 채택한 것이고, 후자는 소송법적 원리로서의 경영판단의 원칙을 채택한 것이다.[1438]

다. 도입 논의

1) 경영판단원칙의 역할

주주대표소송과 관련하여 경영판단의 원칙이 어떤 역할을 할 것인가에 관하여는 다양한 논의가 있다. 먼저 경영판단의 원칙은 주주대표소송에 있어서 크게 세 가지 중요한 역할을 수행하고 있다고 주장한다.[1439]

주주대표소송에서 경영판단원칙의 역할

① 회사와 이사에게 소수주주의 공격으로부터 자신을 방어할 수 있는 이론적 근거를 제공한다.

② 소수주주로부터 대표소송 제기이전에 회사(감사나 감사위원회)에 대하여 책임을 추궁하는 제소 요구가 들어온 경우에 회사(감사나 감사위원회)로 하여금 제소 필요성 유무를 판단할 수 있는 기

1435 김용범, 전게서, 2017, 932면. 임재연, 전게서, 박영사, 472~473면.

1436 대법원 2006.7.6. 선고 2004다8272 판결.

1437 대법원 1996.12.23. 선고 96다30465, 30472.

1438 김용범, 전게서, 2017, 932면. 임재연, 전게서, 박영사, 472면.

1439 김용범, 전게서, 2017, 933면. 이태종, 전게논문, 263면. 김인환, 전게논문, 138면.

497

준을 제공하여 준다.

③ 우리 법상으로는 인정되지 않지만 영미법상의 경우에는 회사로 하여금 특별소송위원회를 구성
하여 소송을 수행케 함으로써 대표소송을 종료시켜야 하는지 여부에 관하여 판단할 수 있는 기
준을 제공하여 준다.

2) 도입에 대한 긍정설

경영판단의 원칙을 도입할 것인가에 관해 도입을 긍정하는 다수의 견해는 명시적으로 경영판단의 원칙을 도입해야 한다고 주장하고 있지는 않지만 대체로 이 법칙의 도입에 긍정적인 입장을 취하고 있다.[1440] 그 논거를 살펴보면 다음과 같다.

첫째, 경영판단의 원칙을 판단함에 있어서 이사와 회사의 관계는 위임관계이므로 이사는 회사에 대하여 선관주의의무를 부담하는데 회사에 손해가 발생할 경우 항상 선관주의 의무 위반으로 이사에게 책임을 묻게 된다면 이는 이사에게 너무 가혹하고, 만일 이사의 책임을 추궁하는 소송이 빈번한 경우 이사의 활동은 위축되고 경영에 대한 지식이 부족한 법원에 이사의 경영상의 판단에 대해 당부를 가리는 결과가 발생하게 된다는 견해이다.[1441]

둘째, 이사의 업무집행에 관한 적법성은 행위 시에 판단되지만 그 효율성은 그 후에 판단되는 경우가 많은데 이러한 효율성은 사후적인 것이고 이사가 관리 불가능한 변수에 의하여 결정되는 것이 많으므로 이를 임무해태라고 한다면 이사에게 관리 불가능한 책임을 부담하게 하는 문제가 발생하므로 이사의 책임의 한계를 설정하기 위하여 경영 판단의 원칙의 도입이 요구된다는 견해이다.[1442]

셋째, 주식회사 경영의 복잡·전문화로 이사의 경영판단의 적부를 사후에 심사하여 과실의 유무를 판단하는 것은 부당하므로 이사가 그 권한 범위 내에서 합리적 근거에 의하여 어떠한 판단을 할 경우 그에 대해 간섭을 받지 않고 책임을 지지 않는 경영 판단의 원칙이 적용되어야 한다는 견해이다.[1443]

넷째, ① 끊임없이 변동하는 경제상황 속에서 이사는 장래를 예측하면서 경영판단을 하여야 하고 이것은 경영정책상의 문제일 뿐 법원에 의하여 해결되어야 할 문제가 아니란 점, ② 기업경영에는 필연적으로 모험이 수반되기 때문에 이사의 판단을 사후에 가서 비난 하는 것은 이사에게 가혹하다고 생각되는 경우가 많다는 점, ③ 이사가 자유로이 수완과 재능을 발휘할 수 있는 환경을 만들어 줌으로써 기업경영의 적임자를 이사로 확보할 수 있다는 점, ④ 법관 임용방식이 미국과 달라 경제사정에 정통한 법관이 많다고 보기는 어렵다는 점 등을 근거로 받아들일 수 있다는 견해도 있다.[1444]

그리고 입법론 또는 해석론으로 미국과 같이 경영판단의 원칙을 적용하여 소 제기여부에

1440 김용범, 전게서, 2017, 933면. 이철송, 전게서, 박영사, 2021, 796면. 정동윤, 전게서, 428면. 최기원, 전게서, 663면.

1441 양동석·박진호, 「경영판단원칙과 주주대표소송」, 조선대학교, 2001, 143면.

1442 김대연, 전게논문, 114면.

1443 김영선, 「이사의 책임보험 연구」, 삼지원, 1996, 72~73면.

1444 박영길, 「주주대표소송」, 삼성출판사, 1993, 298면.

대한 재량권을 인정하자는 주장도 있다. 먼저 대표소송은 본래 회사의 이익을 위하여 존재하는 만큼 대표소송을 제기하는 것이 회사의 신용을 심히 해할 우려가 있어 오히려 소송을 제기하지 않는 것이 회사의 이익을 위하여보다 유익한 것으로 판단되는 경우에는 회사의 재량권을 인정하는 것이 타당하다는 견해도 있다.[1445]

또한 미국법상 "경영판단의 원칙"의 대표소송에의 적용은 아직은 판례상 혼란상태에 있으나 이 원칙을 우리 「상법」에서도 검토하여 볼 가치가 있다고 생각하는 견해도 있고,[1446] 문책받을 이사를 제외한 이사들이 이사회 과반수를 구성하고 이들이 여러 가지 사정을 신중히 고려하여 공정하게 검토한 결과 소를 제기하지 않는 것이 좋다고 판단하여 결정을 내리면 소수주주는 위 결정에 따라야 한다는 견해도 있다.[1447]

3) 도입에 대한 부정설

경영판단의 원칙은 미국적인 색체를 많이 가지고 있기 때문에 이를 도입할 경우에는 이사 및 감사와 지배주주의 경영에 대한 책임성 강화와 지배구조 개선, 소수주주권의 강화라는 문제와 맞물려 있기 때문에 아주 신중히 하여야 한다고 전제한 후 이 원칙의 도입에 부정적인 태도를 취하는 견해이다.[1448]

그 논거를 살펴보면 다음과 같다.

첫째로 현재 한국에서는 경영판단의 원칙을 명문으로 도입하기보다는 소수주주의 보호를 위해 법원이 판례를 통하여 다양한 형태로 전개되고 있는 상황이므로, 이사의 경영판단의 원칙을 명문화하고 있지 않은 상황에서 주주대표소송에서 이 원칙을 입법하여 명문으로 도입하는 것은 어려운 문제라는 점이다.[1449]

둘째로, 회사의 주인이 주주임에도 불구하고 이사가 경영판단의 원칙에 의하여 책임을 면할 수 있는 범위를 확대시킨다는 것은 출자자인 주주의 권리를 침해할 가능성을 배제할 수 없는 점 때문에 이에 대해서는 우리 기업현실이 좀 더 투명성이 확보된 후에 고려하여야 할 대상이라고 보는 견해이다.

라. 적용 범위

1) 일반적 적용의 대상

경영판단 법칙의 실체법적 이론은 우리나라에서 이사의 책임의 근거가 되는 수임인의 선관주의의무(「민법」 제681조)의 해석론에 의해서도 도출될 수 있다. 「이사들의 권한 내인 사항에 관해 이사들이 내린 의사결정이 그같이 할 합리적인 근거가 있고, 회사의 이익을 위한 것이라는 믿음하에, 어떤 다른 고려에 의한 영향을 받지 아니한 채 독립적인 판단을 통해 성실

1445 민형기, 「주주의 대표소송」, 회사법의 제문제(하), 재판자료 제38집, 법원행정처, 1987, 192~193면.

1446 박영길, 전게논문, 298면.

1447 정동윤, 「주주대표소송—실무상의 문제점을 중심으로 하여」, 사법논집 제2집, 법원행정처, 1972, 349면.

1448 권제열, 「경영판단의 원칙의 도입에 관련된 문제점」, 연세법학연구원, 1995, 213면.

1449 김건식, 「은행이사의 선관주의 의무화와 경영판단원칙」, 민사판례연구제26권, 박영사, 2004, 423면.

히 이루어지고 그 내용이 통상이사로서 선택할 수 있는 범위에 있는 것이라면」 이는 위임인의 본지에 따라 선량한 관리자의 주의를 충분히 베푼 것으로서 그로 인한 회사의 손실은 불가항력적인 것이라 할 수 있는 것이다.

따라서 이러한 판단을 충족하는 이사의 행위는 무과실의 행위로서 그 자체가 「상법」 제399조 제1항이 규정하는 임무해태에 해당하지 않는다고 보아야 하는 것이다. 이를 판례는 「**허용된 재량의 범위**」라고 표현한다.[1450] 이와 같이 경영판단의 법칙은 이사의 행위가 주의의무를 위반하였는지를 판단하는 기준이므로 이사의 주의의무가 미치는 행위 모두를 적용대상으로 한다.[1451]

또한 "경영난에 빠진 다른 회사에 대한 채권을 평가함에 있어 채무자 회사의 회생 가능성을 믿고 채권의 가치를 긍정적으로 판단하고 그에 기해 이익배당을 하였던 바, 채권의 과대계상을 통해 위법배당을 하였다는 이유로 이사의 책임이 추궁된 사건에서 채무자의 회생가능성의 판단의 당부는 경영자판단의 합리성 관점에서 보아야 한다."라는 판례[1452]에서 와 같이 회계방법의 선택 등 회계적인 의사결정에도 경영판단의 법칙이 적용된다.[1453]

2) 일반적 적용의 한계

① 경영판단의 법칙은 사후적인 판단에 의해 행위 당시의 이사의 행위를 비난할 수 없다는 이론이므로 성질상 임무해태에 국한하여 적용될 수 있는 것이고, 법령에 위반한 행위에 대해서는 적용될 수 없다.[1454]

법령위반행위에 대해 경영판단의 법칙이 적용되지 않는다는 것이 법령위반행위를 한 이사는 항상 손해배상책임을 져야 한다는 것을 의미하지는 않는다. 법령 위반행위로 인해 회사에 손해가 발생했다고 하더라도 그에 상응하는 이익이 발생하거나 기대된다면 손해로 인식할 수 없기 때문이다.[1455]

② 회사의 이익을 위해 대외적으로 불법행위를 한 경우에도 경영판단의 법칙은 배제되는가? 사기, 협박과 같은 범죄행위를 통해 타인에게 손해를 가하는 것이 허용될 수 없음은 물론이고, 개별적인 법령위반행위에 해당하는 불법 행위는 앞서의 기준에 의해 판단되어야 한다.

그러나 반사회적이거나 반인륜적이 아닌 가해행위로서 금전적 보상으로 면책이 가능한 정도의 불법행위라면 경영판단의 대상이 될 수 있다고 보아야 한다. 예컨대 건설회사의 이사가 주변에 소음을 야기하여 손해배상 청구가 예상되는 공사를 기획하는 경우 예상되는 손해배상액과 공사로 인한 이익을 較量하여 후자가 크므로 공사를 강행한 경우에는 이사의 책

1450 김용범, 전게서, 2017, 935면. 대법원 2002.6.14. 선고, 2001다52407 판결. 이철송. 전게서. 박영사. 2021. 796면.

1451 김용범, 전게서, 2017, 935면. 이철송. 전게서. 박영사. 2021. 797면.

1452 일본 大阪地裁. 2012.9.28. 판결.

1453 김용범, 전게서, 2017, 936면. 이철송. 전게서. 박영사. 2021. 797면.

1454 김용범, 전게서, 2017, 936면. 대법원. 2006.11.9. 선고. 2004다41651 · 41668 판결 등.

1455 김용범, 전게서, 2017, 936면. 대법원. 2006.7.6. 선고. 2004다8272 판결.

임을 물을 사안이 아니라고 본다.[1456]

③ 미국의 판례에 의하면 경영판단의 법칙에 따라 책임추궁에서 제외되기 위해서는 이사의 판단자체는 영리회사의 관리자에 부합하는 합리적인 논리에 따라 愼重하고 熟知된 상태에서 이루어질 것이 요구되며, 우리법하에서 이사가 부담하는「委任의 本旨에 따른 善管注意義務」역시 문제의 해결에 필요한 정보를 충분히 확보하고 이를 기초로 하여 신중하고 합리적인 판단을 거쳐 회사에 최대의 이익이 되는 방향으로 의사결정을 해야 함을 뜻하는 것이다.[1457]

그렇지 않고 단순히 회사의 영업에 이익이 될 것이라는 일반적·추상적인 기대하에 업무를 처리하여 회사에 손해가 발생하였다면 경영판단의 재량 범위를 벗어난다. 판례도 아래와 같이 같은 기준으로 경영판단의 한계를 설정하고 있다.

참고

경영판단의 한계 판례 (요약)

대법원은「회사의 이사가 법령에 위반됨이 없이 관계회사에게 자금을 대여하거나 관계회사의 유상증자에 참여하여 그 발행신주를 인수함에 있어서, 관계회사의 회사 영업에 대한 기여도, 관계회사의 회생에 필요한 적정 지원자금의 액수 및 관계회사의 직원이 회사에 미치는 재정적 부담의 정도, 관계회사를 지원할 경우와 지원하지 아니할 경우 관계회사의 회생 가능성과 그로 인하여 회사에 미칠 것으로 예상되는 이익 및 불이익의 정도 등에 관하여 합리적으로 이용 가능한 범위 내에서 필요한 정보를 충분히 수집·조사하고 검토하는 절차를 거쳐야 한다.

그 후 이를 근거로 회사의 최대이익에 부합한다고 합리적으로 신뢰하고 신의성실에 따라 경영상의 판단을 내렸고, 그 내용이 현저히 불합리하지 않은 것으로서 통상의 이사의 기준으로 할 때 합리적으로 선택할 수 있는 범위 안에 있는 것이라면, 비록 사후에 회사가 해를 입게 되는 결과가 발생하였더라도 그 이사의 행위는 허용되는 경영판단의 재량범위 내에 있는 것이어서 회사에 대하여 손해배상책임을 부담한다고 할 수 없다.(……)

그러나 회사의 이사가 이러한 과정을 거쳐 이사회 결의를 통하여 자금지원을 의결한 것이 아니라, 단순히 회사의 경영상의 부담에도 불구하고 관계회사의 부도 등을 방지하는 것이 회사의 신인도를 유지하고 회사의 영업에 이익 될 것이라는 일반적·추상적인 기대하에 일방적으로 관계회사에 자금을 지원하게 하여 회사에 손해를 입게 한 경우 등에는 ——— 허용되는 경영판단의 재량범위 내에 있는 것이라 할 수 없다고 판시하고 있다.(대법원. 2007.10.11. 선고. 2006다33333. 판결)

3) 일반적 적용의 활용

가) 이사의 일반적인 의사결정에 활용

1456 김용범, 전게서, 2017, 936면. 이철송. 전게서. 박영사. 2021. 798면.
1457 김용범, 전게서, 2017, 936면. 이철송. 전게서. 박영사. 2021. 798면.

501

우리 「상법」상 이사는 회사의 실질적 의사결정기구(「상법」 제393조)인 이사회 구성원으로서 선량한 관리자로서의 주의의무(「상법」 제382조 제2항, 「민법」 제681조)를 지고 있고, 아울러 법령과 정관의 규정에 따라 회사를 위하여 그 직무를 충실하게 수행하여야 할 의무(「상법」 제382조의3)를 진다. 만일 이사가 법령 또는 정관에 위반된 행위를 하거나 그 임무를 해태한 때에는 회사에 대하여 연대하여 손해를 배상할 책임이 있다.(「상법」 제399조 제1항)

문제는 구체적인 경우에 있어서 당해 이사 또는 이사회의 결정이 선량한 관리자로서의 주의의무 등을 다한 것인지 여부를 판단하기 어렵다는 데 있고, 정책적으로 본다면 과연 어떤 기준을 가지고 이사의 책임을 지우는 것이 회사와 주주의 이익을 위해 바람직 한 것인지도 무척 난해한 일이다.

이사의 행위기준이나 판단기준을 정하거나 판단함에 있어서 이사가 법령이나 정관에 명백히 위반되는 행위를 한 경우에는 이사의 책임을 인정하는 데 어려움이 없겠지만 그렇지 아니한 경우에는 결국 선량한 관리자, 임무해태 등 불확정 개념을 해석하고 사실관계에 적용하여 이사의 책임유무를 판단할 수밖에 없는데, 그 기준을 높일 경우 이사가 이사회 결의의 시행에 따라 발생하는 결과에 대해 무제한적으로 노출되기 때문에 이를 피하고자 무사안일하게 행동할 가능성이 크고, 반면에 그 기준을 낮출 경우 자의적이고 불합리적인 결의를 하더라도 책임을 묻지 못하는 경우가 생길 수도 있다.

위험에 따른 수익이라는 말처럼 회사가 전혀 위험을 부담하지 않으면서 수익을 올릴 수는 없는 것이므로 이사의 행위기준에 대하여 법령이나 판례를 통하여 일정한 기준을 두는 경우에도 이사들의 적극적인 경영활동을 보장하는 정책적 배려가 필요하며 이런 차원에서 일정한 요건하에 이사들의 책임을 어느 정도 완화하고자 하는 취지에서 논의되고 발전되어 온 것이 소위 경영판단의 원칙이다.

나) 감사의 대표소송 제기결정에 활용

경영판단의 원칙과 관련하여 「상법」상 회사 내지 피고 이사를 보호하기 위하여 주주의 제소단계에서 회사의 판단으로 주주의 제소청구가 정당한가의 여부를 심사할 권한을 인정할 수 있는가의 문제와 관련하여 「상법」상 독립기관인 감사나 감사위원회의 판단에 맡기는 방법이 있을 것이다.

이는 감사/감사위원회의 지위가 회사의 필수적인 독립기관이므로 소송의 공정성을 확보하기 위해 주주대표소송의 종료에 관한 판단을 감사나 감사위원회가 맡는 것이 타당하다는 것이다.[1458] 그러나 감사의 독립성과 전문성의 부족으로 인해 소송에 대한 공정한 판단을 할 수 있는가에 대해 의문을 제기 하는 견해도 있다.[1459]

다) 회사의 대표소송 제기결정에 활용

「상법」은 주주가 대표소송을 제기함에 앞서 회사에 대해 주주대표소송 제기의 이유를 기

1458 김용범, 전게서, 2017, 938면. 박영숙, 전게논문, 2004, 82면.

1459 박영길, 전게논문, 297면.

재한 서면으로 이사의 책임을 추궁할 소의 제기를 청구해야 하고(「상법」 제403조 제1항, 제2항), 회사가 이런 청구를 받은 날로부터 30일 이내에 소를 제기하지 아니한 경우 주주는 즉시 소를 제기할 수 있다.(「상법」 제403조 제3항)

회사가 이사에 대해 또는 이사가 회사에 대해 소를 제기하는 경우 감사는 그 소에 관하여 회사를 대표하므로(「상법」 제394조), 주주대표소송에서 회사가 주주의 청구에 따라 소를 제기할 것인가의 여부에 대해 감사에게 결정권이 있다. 이사에 대한 책임 추궁은 원래 회사의 권한과 의무에 해당하므로 주주가 직접 대표소송을 제기함에 앞서 회사에 제소청구를 하도록 한 것이다.

따라서 앞서 본 것처럼 주주의 제소청구가 회사나 다른 주주에게 이익이 되지 않는다고 판단하더라도 감사는 이러한 청구를 거절할 수 없다고 보는 것이 일반적이다. 이처럼 우리나라의 주주대표소송제도에서는 대표소송의 종료여부에 대한 결정권이 회사에 있지 않으므로 경영판단의 원칙이 적용될 여지가 없는 것이 사실이다.

통상 회사가 소를 제기할 것인지 아닌지를 결정하는 것은 경영판단의 원칙에 따른 회사의 업무결정이다.[1460] 이론적으로 회사 이사의 일상적인 사업거래에 관한 결정은 경영판단의 원칙에 따라 가능한 한 존중되는 바, 회사에서 주주의 제소요청을 소송을 제기하지 않기로 결정한 것도 마찬가지라고 봐야 한다. 하지만 회사의 이사회가 회사에 속하는 어느 특정한 법적권리에 관해 공정하고 선의인 결정을 할 수 없는 경우에는 주주가 회사를 대신해 이사를 상대로 대표소송을 제기하는 것이 허용되어야 한다.

참고로 "대표이사의 행위가 회사의 경영에 관한 것인 경우에는 대표이사가 법령이나 정관의 규정에 위배되지 아니하는 범위 안에서 회사의 경영에 대한 판단 재량권을 가지고 있고, 또한 회사경영이란 것이 그 성질상 다소의 모험을 수반하기 마련이므로, 대표이사가 업무를 집행함에 있어 경영자로서 요구되는 합리적인 선택의 범위 안에서 판단하고 이에 따라 업무를 집행하였다면 사후 그 행위로 인해 손해를 입었다고 하더라도 대표이사에게 선량한 관리자로서의 주의의무를 위반하였다고 할 수 없다."

그러나 "대표이사가 경영에 관한 판단을 함에 있어 판단의 자료가 될 정보를 용이하게 수집할 수 있었음에도 불구하고 이용 가능한 정보를 수집하기 위한 노력을 태만히 하거나 이용 가능한 정보를 얻을 때까지 판단을 유보하지 아니한 채 무모하거나 경솔한 판단을 내리는 경우는 경영판단에 관하여 허용된 재량권의 범위를 일탈한 것으로서 선량한 관리자로서의 주의의무에 위반된다."라고 판시하고 있다.[1461]

요컨대, 경영판단의 원칙은 대표소송에 있어서 다음과 같은 역할을 한다. 우선, 회사와 이사에게 소수주주의 공격으로부터 자신을 방어할 수 있는 이론적 근거를 제공하고, 둘째 소수주주로부터 대표소송 제기 이전에 회사에 대하여 이사의 책임을 추궁하는 제소 청구가 들어오는 경우에 회사 즉 감사로 하여금 그 필요성 유무를 판단할 수 있는 기준을 제공하여 준다.

1460 김용범, 전게서, 2017, 939면. 대구지방법원, 2000.5.30. 선고. 99가합13533 판결.

1461 대구지방법원 2000.5.30. 선고. 99가합13533 판결.

우리법의 해석으로도 이사의 행위에 대해 경영판단의 원칙을 도입함으로써 이사의 단순한 주의의무 위반행위는 면책시키는 것이 필요하다. 궁극적으로 회사를 위한 업무집행권을 이사에게 부여하여 그들이 책임에 대한 불안감을 씻고 업무에 전념할 수 있도록 하기 위함이다. 이사의 실체적인 책임판단에 있어 이러한 경영판단의 원칙이 적용되면 많은 경우에 부적절한 대표소송의 남용을 막을 수 있을 것으로 본다.

마. 결어

이사 및 감사의 주의의무와 관련하여 법원이 이사의 책임을 판단할 때 경영판단의 원칙을 적용하여 이사의 책임을 부정할 수 있는가 문제이다. 이사와 감사는 회사와 위임관계에 있으므로 **선량한 관리자의 주의**로서 회사의 업무를 처리하여야 하는 선관주의의무를 부담한다. 여기서 선량한 관리자의 주의란 동일한 지위에 있는 통상의 사려 깊은 자가 유사한 상황하에서 행사하는 정도의 주의를 가지고 회사의 업무를 처리하는 것을 말한다.

생각건대 경영판단의 원칙이 단순히 이사 또는 감사의 책임을 경감시키기 위한 방안으로 수용되어서는 안 될 것이지만, 대표소송을 남용하는 제소 주주로부터 회사와 이사/ 감사에게 자신을 방어할 수 있는 이론적 근거를 제공할 필요가 있다는 점, 경영판단의 원칙의 도입으로 유능한 이사/감사는 책임에 대한 불안감을 씻고 업무에 전념할 수 있다는 점을 생각할 때 이 원칙을 도입하는 것이 바람직하다고 본다.[1462]

이 원칙이 적용되기 위한 구체적인 기준에 대해서는 다음과 같은 주장이 있다.

① 그 판단 자체는 영리회사의 관리자에 부합하는 합리적인 논리 위에서 신중하고 숙지된 상태에서 이루어진 것이어야 하고, 그렇지 않고 경솔·무모한 상태에서 이루어졌다면 경영판단의 원칙의 적용 밖이라는 견해[1463]

② 우리도 회사에 손해가 있다고 하여 단순히 경영판단이 잘못되었다는 이유로 이사 및 감사에게 임무해태로 인한 책임을 지울 수는 없고, 다만 그 판단이 잘못된 정보에 의하는 등 비합리적인 결정에 의하여 이루어졌을 때에는 그 예외라는 견해[1464]

③ 회사의 경영활동은 경제계의 변동이나 기술의 진보에 따라 그 활동의 결과를 예측하기 어려우므로, 우리나라에서도 이사 및 감사들의 경영상의 판단에 과오가 있었느냐의 여부를 판가름함에 있어 법원은 매우 신중하여야 하고 함부로 선관 주의의무의 위반을 인정한 것은 아니라는 견해[1465] 등이 있다.

다만 경영판단의 입법화 문제는 이사/감사와 지배주주의 경영에 대한 책임성 강화와 지배구조 개선, 주주권의 강화라는 문제와 맞물려 있기 때문에, 법령 또는 정관에 위반한 경

1462 김용범, 전게서, 2017, 940면. 정동윤, 전게서, 428면. 최기원, 전게서, 640면.

1463 이철송, 전게서, 박영사, 2021. 798~799면

1464 최기원, 전게서, 639면.

1465 정동윤, 전게서, 428면.

영판단의 경우에는 이사/감사의 중과실이 있다고 간주[1466]되므로 경영판단의 원칙 적용 대상에서 제외되어야 하며, 이사/감사의 제3자에 대한 손해배상 책임의 경우와 이사/감사와 회사 간의 이익충돌 우려가 있는 거래에 대해서도 그 적용이 배제되어야 할 것이다.[1467]

3. 법원의 허가제도 도입[1468]

독일의 경우 「주식법」상 주주대표소송을 제기하기 위해서는 제소 요건 즉 지분요건을 충족함과 동시에 법원의 허가를 받아야 대표소송을 제기할 수 있다. 2005년 개정 「주식법」을 통하여 주주대표소송의 지분요건을 완화한 반면에 소송의 남발을 차단하기 위하여 대표소송 제기 전에 법원의 허가를 받도록 하였다. 주주대표소송은 허가를 전제로 한다. 따라서 법원은 다음의 4가지 조건을 모두 충족하는 경우에만 주주대표소송을 허용한다.(§148 Abs. 1 AktG. 소송허가절차)

주주대표소송을 허가하기 위한 4가지 선결 조건

① 주주가(주식을 포괄승계한 자는 이전의 주주가) 주장하고 있는 의무위반 또는 주장하고 있는 손해 발생 사실에 대하여 공표되기 전에 주식을 취득하였음을 증명하는 경우
② 주주가 회사에 대해 상당한 기간을 정하여 소송을 제기할 것을 요구하였음에도 받아들여지지 아니하였음을 증명하는 경우
③ 부정한 행위 또는 법률이나 정관의 중대한 위반으로 회사에 손해가 발생한 것에 대한 의심을 정당화하는 사실이 제시된 경우
④ 회사이익 관점에서 손해배상청구권의 행사에 상반되는 이유가 존재하지 않는 경우

소송의 허가신청은 회사의 관할 소재지의 지방법원 결정에 의한 판결이 필요함에 따라 대표소송이 2단계의 절차를 거쳐 가능하다는 점, 즉 법원의 소송허가를 거쳐서 비로소 대표소송을 제기할 수 있도록 한 것은(§148 Abs. 2·3 AktG) 주주들에게 소송 제기에 대하여 일정 정도의 위협 효과를 가지게 되어 대표소송 제기에 신중을 기하도록 하였다.

따라서 기업의 건전성 확보보다는 펀드매니저 또는 개인의 이익이나 특정 단체의 이익을 더 추구하거나 또는 부당한 주주제안 등을 요구함으로써 평온한 기업을 혼란에 빠트리거나 건전한 기업의 자본충실화를 크게 해치는 전형적인 먹튀자인 약탈자적 성향의 소수주주의 주주대표소송의 남소를 방지하기 위해서는 우리도 독일에서 시행중인 주주대표소송 법원허가제의 도입을 적극 검토할 필요가 있다고 본다.

4. 회사의 보상제도 도입

1466 김용범, 전게서, 2017, 941면. 김석연, 「경영판단의 원칙 입법화의 전제조건과 입법의 방향」, 기업지배구조연구 제23권, 좋은기업 지배구조연구소, 2007, 3~11면.

1467 김용범, 전게서, 2017, 941면

1468 정순현, 「독일회사법 개설」, 도서출판 한아름, 2019.4.10. 174~175면.

가. 의의

미국에서는 이사배상책임보험이 등장하기 이전부터 이사를 부당하거나 과도한 책임으로부터 구제하는 수단으로서 「보상제도(indemnification)」를 실시하여 왔다. **보상제도**는 이사에게 부과되는 소송비용, 변호사 비용, 제3자에 대한 손해배상액, 벌금 등에 대하여 회사가 일정한 조건 아래서 이사를 위해서 대신 지급해 주는 제도를 말한다.

미국의 보상제도는 원래 Common Law상의 대리제도에서 비롯된 것이라고 한다.[1469] Common Low에서는 대리관계에 있어서의 본인은 대리인이 대리행위를 하는 과정에서 불법행위나 계약위반에 해당하는 행위를 하였기 때문에 대리인이 제3자에게 지급하여야 할 배상액에 관하여 대리인에게 보상해 줄 의무가 있다고 하는 것이 일반적인 원칙이다. 이러한 원칙에서 비롯된 것이 바로 **보상제도**라고 한다.[1470]

그러나 위와 같은 보통법상의 원칙과 보상제도에는 상당한 차이가 있다. 가령 보통법상 대리인과 본인과의 사이의 소송에 관하여는 대리인은 그 소송에서 승소하여도 소송비용 등은 본인으로부터 지급받을 수 없다고 생각되었던 것에 반하여 보상에서는 통상 회사와 이사 간의 소송에서도 보상을 인정하고 있다.

보상제도의 인정여부에 대해서는 초기의 판례는 이사가 소송에서 승소하여 회사가 이익을 얻은 경우에만 인정하기도 하였다.[1471] 그러나 현재 미국의 대부분의 주에서는 보상에 관한 명문규정을 두고 있고 또 다수의 미국회사에서는 기본정관 또는 부속정관에 회사의 이사 등에 대하여 보상을 준다는 뜻을 규정하고 있다.[1472]

미국의 州의 회사법에서 보상제도에 관한 규정을 도입한 것은 1941년에 개정된 뉴욕주의 「사회사업법」(New York Business Corporation)이라고 한다.[1473] 각 주법은 공통적으로 제3자에 의한 소송에 있어서의 보상을 회사와의 소송에 있어서의 보상과 구별하여 규정하고 또 양자의 보상의 범위에 차이를 두고 있다.[1474] 각 주법은 회사와의 소송에서의 보상을 제3자와의 소송에서의 보상에 비하여 그 범위를 좁게 인정하고 있다고 한다.[1475]

회사의 보상제도에는 강제보상제도와 임의보상제도가 있다. **강제보상제도**란 이사나 임원이 승소한 경우 소송에 들어간 합리적인 비용을 회사가 보상하는 것을 말하고, 이에 대해 **임의보상제도**는 이사나 임원이 패소한 경우일지라도 회사에 대하여 책임이 없고 문제된 거래 등에서 부적절한 이익을 얻지 않을 때에는 회사가 임의로 보상을 할 수 있는 것을 말한다.

1469 김용범, 전게서, 2017, 941면. 김영선, 「전문직업인 배상책임보험」, 상사법연구제18권제2호, 1999, 78면.

1470 김용범, 전게서, 2017, 941면. 김인환, 전게논문, 2007, 152면. 近藤光男, 「취체역의 책임과 그의 구제 (2)」, 법학협회잡지 99권 제7호, 1982, 1,083면.

1471 김용범, 전게서, 2017, 942면. Griesse v. Lang, 37 Ohi. App. 553, 175 N. E. 222(1931).

1472 김용범, 전게서, 2017, 942면. 김인환, 전게논문, 2007, 152면. 近藤光男, 전게논문, 1982, 1,084면

1473 김용범, 전게서, 2017, 942면. 김영선, 전게논문, 87면.

1474 김용범, 전게서, 2017, 942면. Knepper, op. cit, p, 593

1475 김용범, 전게서, 2017, 942면. 近藤光男, 전게논문, 법학협회잡지 99권 7호, 1982, 1,097~1,098면

나. 보상의 요건

미국의「모범사업회사법」을 비롯한 대부분의「주회사법」은 임의보상에 대하여 보상의 전제로서 임원이 신의성실에 입각하여 자기의 임무를 수행하고 회사의 최선의 이익을 위하여 노력을 다하였을 것을 요건으로 하고 있다.[1476]

예컨대 뉴욕주「사업회사법」에서는 회사와의 소송에 관해서 이사가 회사에 대한 의무를 위반하였다고 판정되는 경우에는 보상을 인정하지 않고, 또 제3자와의 소송에서는 이사가 회사를 위해 최선이라고 상당하게 믿었던 목적을 위해 행동하였을 것을 보상의 요건으로 정하고 있다. 또한 델라웨아주「일반회사법」은 회사와의 소송에서는 이사가 성실하고 회사의 최상의 이익이 되거나 그것에 반하지 않는다고 이사가 상당하게 믿고 한 행위에 한정하고 있다.

그러나 이사가 회사에 대한 의무이행에 있어 과실 또는 비행에 책임이 있다는 판결이 내려진 경우에도 법원이 정당하다고 인정하는 비용에 대하여는 보상할 수 있는 여지를 남기고 있다. 또한 제3자와의 소송에서 이사가 성실하게 회사에 최선의 이익으로 되거나 그것에 반하지 않는다고 상당하게 믿는 방법으로 행동한 경우에 한해 보상을 인정한다.

그리고 뉴욕주「사업회사법」과 델라웨아주「일반회사법」은 이사가 본안 소송 등에서 방어에 성공한 경우에는 일반적으로 보상을 받을 권리를 이사에게 부여하고 있다. 그러나 미국의 일부 판례는「**불항쟁의 답변**(Plea of nolo contendere)」[1477]에 대해서는 배후에 있는 사정을 조사함 없이「불항쟁의 답변」에 근거하여 이루어진 판결에 관하여 이사회의 책임을 인정한 판결이라고 하여 보상을 부정하고 있다.[1478]

다. 보상의 범위

보상의 범위는 회사에 의한 소송과 제3자에 의한 소송에 따라 다르게 정해진다. 회사에 의한 소송의 경우에는 소송비용과 변호사 보수만이 보상되나 제3자에 의한 소송의 경우에는 소송비용과 변호사 보수는 물론이고 판결금액이나 화해금액, 벌금까지도 보상되는 경우가 있다.[1479]

델라뤠아주「회사법」제145조 (a)항은 제3자에 의한 소송의 경우에만 적용되고, 동 조 (b)항은 회사에 의한 소송과 대표소송의 경우에만 적용된다. 주주대표소송은 회사가 입은 손해를 회사가 아닌 주주가 제기한다는 점만 다를 뿐 회사의 손해를 대상으로 하는 점에서 회사소송과 유사하다. 그리하여 다수의「州會社法」은 대표소송이 판결 또는 화해에 의해 종결되는 경우 구제이익의 환원이나 공서의 질서에 반한다는 이유로 이사에 대한 보상이 허용

1476 Cal. Gen. Corp. Law §317(b); N. Y., Busi. Corp. Law §722; Del. Gen. Corp. Law §145(a).

1477 정웅석,「주요 선진국의 수사초기단계에서의 효율적 증거 취득방법 및 도입방안 연구」, 2007, 98면. **불항쟁의 답변**이란 "나는 기소된 것에 대하여 다투지 않는다"는 뜻으로 유죄 답변과 같은 효과가 있다.

1478 김용범, 전게서, 2017, 943면. 김인한, 전게논문, 154면.

1479 Del. Gen. Corp. Law §145(a)

되지 않는다.[1480]

그러나 1980년대 Smith v. Van Gorkom 사건[1481]을 계기로 책임보험 위기의 영향으로 보상의 범위가 확대되기 시작하였다. 뉴욕주 「회사법」은 1986년 개정으로 대표소송이 화해에 의해 종결되는 경우에도 지급된 손해배상책임액을 회사가 보상하도록 하였으며,[1482] 캘리포니아 「주회사법」도 이를 따라 1987년 개정에서 동일한 규정을 두었다.[1483] 더 나아가 인디아나 「회사법」등은 화해뿐만 아니라 판결에 의해 이사가 부담하는 손해배상액에 대하여 법원의 승인 없이도 배상할 수 있도록 하였다.

다만 대표소송의 판결이나 화해에 의해 종결되는 때에는 일정한 기준을 충족해야 보상이 이루어진다. 화해의 경우에는 피고인 이사가 '성실하게 회사나 주주에게 최선의 이익이 된다고 합리적으로 신뢰하는 행위를 하여야'[1484] 보상이 이루어진다고 한다.

라. 결어

우리 「상법」에는 회사보상제도에 관한 규정이 없으므로 우리의 경우 법해석에 의해 해결할 수밖에 없다. 회사가 이사에게 보상할 수 있는가에 대하여는 아래와 같이 학설이 대립한다.

① 긍정설

제3자 배상책임에서 책임을 일으킨 이사의 행위가 사회정의에 반하지 않고 신의 성실의 원칙 아래서 회사의 이익에 부합되는 행위를 한 경우라면 매우 제한된 법위 내에서 회사 보상을 인정하는 것이 가능하다고 주장한다.[1485]

② 부정설

손해배상책임액의 보상에 관해서는 이사의 회사에 대한 책임이나 제3자에 대한 책임이 성립하였는데도 불구하고 회사가 이를 보상하는 것은 이사의 책임을 규정한 법의 취지를 상실시키는 것이므로 회사보상을 인정하는 것은 곤란하다고 주장한다.[1486] 다만 방어비용에 관해서는 이사가 소송에서 승소한 한도에서 회사에 대해 보상을 청구할 수 있다고 한다.

회사 보상제도에 관한 위의 두 가지 학설을 종합하여 생각해 보건대 주주대표소송이 남용되거나 부당하게 제기될 경우 이사가 나중에 불법행위에 기하여 방어비용을 청구할 수 있다 하더라도 많은 시간과 노력을 요하는 데 비하여 이사의 방어비용에 대한 현실적인 지급 여부는 지나치게 가혹하다.

따라서 「상법」상 이사와 회사는 위임관계에 있으므로 대표소송에서 이사가 승소하여 회

1480 김용범, 전게서, 2017, 943면. 김원기, 「임원배상책임보험에서 보험자 면책의 행위기준」, 보험학회지 54집, 1999, 160면.
1481 488 A. 2d 858(Del. 1985).
1482 N. Y. Busi. Corp. Law §722(c).
1483 Cal. Gen. Corp. Law §317(c)
1484 Cal. Gen. Corp. Law §317(c) (e)
1485 김용범, 전게서, 2017, 944면. 엄창희, 「전문직 위험과 배상책임보험(Ⅲ)-임원배상책임보험」, 보험개발원 보험연구소, 1999, 55면
1486 홍복기, 「이사의 책임에 관한 보상」, 동아법학 창간호, 1985, 513면 이하.

사에 대한 의무위반이 없는 것으로 밝혀지면, 「민법」 제688조 제3항의 위임사무처리를 위하여 손해를 입은 것으로 보아, 이사 및 감사 등 경영진의 방어비용에 대해 적극적으로 회사의 보상을 인정할 수 있어야 한다고 본다.[1487]

제2절의2 감사와 다중대표소송제도

Ⅰ. 의의

1. 개념

다중대표소송제도란 모회사가 자회사의 위법행위로 손해를 볼 경우, 모회사의 주주들이 자회사의 이사 등을 상대로 소송을 제기할 수 있는 제도를 말한다. 국내 대기업들은 보통 오너가 적은 지분으로 그룹 전체를 지배하는 기형적인 구조이므로 이들의 경영책임을 쉽게 물게 하려고 도입한 제도이다.

그간 우리나라의 경우 「상법」 403조가 규정하는 대표소송을 제기할 수 있는 주주란 피고가 될 이사 등이 속한 당해 회사의 주주에 국한되었다.(대법원. 2004. 9. 23. 선고. 2003다49221. 판결) 그러나 2020년 「상법」의 개정으로 모회사의 주주가 자회사 이사 등의 책임을 추궁하기 위한 대표소송을 제기할 수 있는 제도를 신설하였다.

이와 같이 2020년 개정 「상법」은 모회사의 주주가 서면으로 자회사뿐만이 아니라 孫會社의 이사 등을 상대로 직접 책임을 추궁하는 소의 제기를 청구할 수 있게 되어 이중, 삼중, 오중대표소송 등 지배관계가 多重的으로 존재할 수 있게 됨에 따라 통칭하여 「다중대표소송」이라는 명칭을 사용하였다.(「상법」 제406조의2).

2. 입법취지[1488]

모자회사는 지배종속관계에 있지만 법인격을 달리하므로 모회사의 주주가 자회사의 권리를 행사하는 것은 통상의 법인이론에는 부합하지 않는다. 그러나 최근 기업들이 사업을 다각화하는 수단으로 다수의 자회사를 이용하는 경향이 있는데, 자회사 이사의 유책행위로 생긴 자회사의 손실은 실질적으로 모회사 및 그 주주에게 귀속되므로 모회사의 주주가 손해의 궁극적 당사자라는 이유로 다중대표소송제도를 도입하였다.

Ⅱ. 다중대표소송 소제기 요건[1489]

1. 提訴前 請求

제소주주의 요건을 갖춘 모회사의 주주가 자회사에 대하여 서면으로 자회사 이사의 책임을 추궁할 소의 제기를 청구할 수 있으며(「상법」제406조의2 제1항), 이 청구를 받은 자회사가

1487 김용범, 전게서, 2017, 944면. 김인환, 전게논문, 경북대학교 대학원, 2007, 155면.

1488 이철송. 전게서. 박영사. 2021. 844면. 제382회 국회법제사법위원회 회의록 제4호.

1489 이철송. 전게서. 박영사. 2021. 845면.

30일 내에 소를 제기하지 않을 때에는 그 청구를 한 모회사의 주주는 즉시 자회사를 위하여 자회사 이사를 상대로 소(다중대표소송)를 제기할 수 있다.(「상법」제406조의2 제2항)

모회사의 주주는 제소 전 청구기간(30일)의 경과로 인해 자회사에 회복할 수 없는 손해가 생길 염려가 있는 경우에는 자회사에 소제기를 청구함이 없이 바로 다중대표소송을 제기할 수 있다.(「상법」제406조의2 제3항→제403조 제4항). 다중대표소송의 제소 전 절차는 주주대표소송의 제소 전 절차와 같다.

2. 提訴株主의 要件

모회사 발행주식 총수의 100분의 1 이상에 해당하는 주식을 가진 주주(상장회사의 경우에는 1만분의 50 이상을 6개월간 계속 보유한 주주)는 다중대표소송을 제기할 수 있다.(「상법」제406조의2 제1항, 제542조의6 제7항).

모회사 주주(제소주주)의 지분이 감소하더라도 소송은 유지되지만, 주식을 전혀 보유하지 않게 된 경우에는 다중대표소송의 제소자격을 상실하는 것도 주주대표소송과 같다.(「상법」제406조의2 제3항→제403조 제5항).

3. 母子關係의 要件

「상법」에서는 제342조의2가 유일하게 모회사와 자회사의 개념을 정의하고 있다. 同條 제1항은 어느 회사가 다른 회사의 발행주식 총수의 100분의 50을 초과하는 주식을 소유할 때 소유하는 회사를 母會社, 소유 당하는 회사를 子會社라 한다.

그리고 「상법」제342조의2 제3항에서는 모회사가 자회사와 더불어 혹은 자회사가 단독으로 다른 회사의 발행주식 총수의 100분의 50을 초과하여 소유할 경우 그 다른 회사도 모회사의 자회사로 다룬다. 이를 흔히 「孫會社」라 부른다.

다중대표소송에서 모회사의 개념을 따로 정한바 없으므로 이 규정에 따라 이해하는 것이 순리적인 해석이다. 모회사를 이와 같이 이해하면, 모회사의 주주가 대표소송을 제기할 수 있는 상대방은 직근 子會社의 이사는 물론 孫會社의 이사도 해당 된다.

4. 중복적 모자관계[1490]

다중대표소송을 도입하더라도 몇 단계의 지배관계까지 이를 인정할 것인가가 문제이다. 「상법」은 "다른 회사의 발행주식의 총수의 100분의 50을 초과하는 주식을 모회사 및 자회사 또는 자회사가 가지고 있는 경우 그 다른 회사는 이 법의 적용에 있어 그 모회사의 자회사로 본다."(「상법」제342조의2 제3항). 즉, 자회사의 자회사(손회사)도 모회사의 자회사로 간주한다.

따라서 "모회사의 주주가 자회사 이사의 책임을 추궁" 할 수 있다는 것은 "모회사의 주주가 자회사의 자회사(즉 손회사) 이사의 책임을 추궁"할 수 있다는 의미를 포함한다. 이처럼

1490 김건식 외 2인, 「회사법」, 박영사, 2021. 3. 517~518면.

「상법」상 모자회사는 적어도 손회사까지 지칭하는 개념이므로 「상법」제406조의2는 다중대표소송을 손회사까지 인정한 것이 된다.

다만 모자관계의 인정범위에 대하여는 먼저 손회사까지만 모자회사의 관계가 인정되고 그 이상 모자회사의 관계를 인정하는 것은 해석의 범위를 넘어선다는 견해가 있다.[1491] 다른 하나는 「상법」은 자회사의 자회사(즉 손회사)를 자회사로 간주하므로 문언상 손회사의 자회사(즉 증손회사) 역시 자회사로 간주되고, 이러한 해석에 따라 모자관계는 순차적 하방으로 계속 인정될 수 있다는 견해이다.[1492]

그러나 모자관계를 순차적 하방으로 인정하는 견해는 「상법」은 제342조의2 규정을 위반할 경우 제625조의2(주식의 취득제한 등에 위반한 죄)의 규정에 의하여 벌칙이 적용되고 주식 취득이 무효가 되는등 규제효과가 중대하므로 법문의 근거 없이 자회사의 범위를 넓히는 문제점과 실질지분이 극소량(1/4, 1/16‥)인 모회사 주주의 대표소송에 증손회사가 복종해야 하는 문제점이 있어 옳은 해석이 아니라고 본다.[1493]

III. 다중대표소송 적용의 범위[1494]

다중대표소송은 자회사의 이사 외에도 자회사의 발기인, 업무집행관여자, 집행임원, 감사, 청산인 등의 책임을 추궁하기 위해서도 제기할 수 있다.(「상법」 제324조, 제401조의2 제1항, 제408조의9, 제415조, 제542조 제2항).

주주대표소송은 현저히 불공정한 가액으로 신주를 인수한 자의 차액반환책임, 주주의 권리 행사와 관련하여 회사로부터 이익을 공여 받은 자의 반환책임을 추궁하기 위해서도 제기할 수 있으나(「상법」 제424조의2 제2항, 제467조의2 제4항→제403조), 다중대표소송은 이 같은 목적으로는 소를 제기할 수 없다."

IV. 다중대표소송 소송의 절차

1. 소제기 청구[1495]

원고가 될 모회사의 주주는 자회사에 대하여 이유를 기재한 서면(「상법」제406조의2 제3항 →제403조 제2항)으로 자회사 이사 등의 책임을 추궁할 소의 제기를 청구할 수 있다.(「상법」제 406조의2제1항).

입법론으로 소제기 청구를 모회사에 해야 한다는 견해, 자회사에 해야 한다는 견해, 모자회사 양쪽에 모두 해야 한다는 견해가 있었으나, 「상법」은 자회사에만 하도록 하였다. 소송물인 손해배상청구권을 갖는 주체가 자회사이므로 소제기 청구를 자회사에 하도록 한 것

1491 이철송. 전게서. 박영사. 2021. 431면. 정찬형. 「상법강의(상)」. 박영사. 2020. 792면.

1492 최기원. 「신회사법론」. 박영사. 2012. 368면. 김정호. 「순환출자의 회사법적 문제」. 경영법률 23-2. 2013. 266면. 천경훈. 「순환출자의 범위 문제」. 상사법연구. 32-1. 2013. 132~136면.

1493 이철송. 전게서. 2021. 431면 및 845면. 정찬형. 「상법강의(상)」. 2020. 792면.

1494 이철송. 전게서. 박영사. 2021. 848면.

1495 김건식 외 2인. 전게서. 박영사. 2021. 518면.

은 타당하다고 본다.

자회사가 이러한 소제기 청구를 받은 날로부터 30일 이내에 소를 제기하지 아니한 때에는, 모회사 주주는 즉시 자회사를 위하여 소를 제기할 수 있다. 다만 그 기간의 경과로 인해 회사에 회복할 수 없는 손해가 생길 염려가 있는 경우에는 30일을 기다리지 않고 즉시 소를 제기할 수 있다.(『상법』제406조의2 제2~3항→제403조제4항).

제소청구는 자회사의 감사에 대하여 하여야 한다.(『상법』 제394조 제1항 후). 다만, 자본금 10억원 미만의 소규모회사에서 감사가 없을 경우(『상법』 제409조제4항)에는 달리 규정이 없으므로 자회사의 대표이사에게 청구해야 할 것이다.

2. 소송 절차[1496]

다중대표소송 사건은 자회사의 본점소재지의 지방법원을 전속 관할로 한다.(『상법』제406조의2제5항). 그밖에 주주대표소송과 유사한 다수의 절차상특칙이 있다. 법원은 이사의 청구가 있으면 원고주주에게 상당한 담보를 제공하도록 명할 수 있고, 이때 이사는 주주의 악의를 소명해야한다.(『상법』제406조의2제3항→제176조제3항, 제4항).

제소한 주주는 법원의 허가 없이는 소의 취하, 청구의 포기·인낙, 화해를 할 수 없다.(『상법』제406조의2 제3항→제403조 제6항). 자회사는 다중대표소송에 참가할 수 있고 다중대표소송의 원고인 주주는 소를 제기한 후 지체 없이 자회사에 그 소송의 고지를 하여야 한다.(『상법』제406조의2 제3항→제404조).

원고인 주주가 승소한 때에는 그 주주는 회사에 대하여 소송비용 및 그 밖에 소송으로 제출한 비용 중 상당한 금액의 지급을 청구할 수 있고, 이 경우 소송비용을 지급한 자회사는 이사 또는 감사에 대하여 구상권이 있다.(『상법』제406조의2 제3항→제405조).

다중대표소송의 소가 제기된 경우에 원고와 피고가 공모하여 자회사의 권리를 詐害할 목적으로 판결을 하게 한때에는 자회사 또는 모회사의 다른 주주 또는 자회사의 다른 주주가 확정된 판결에 대해 재심의 소제를 제기할 수 있다.(『상법』 제406조의2제3항→제406조제1항). 이는 주주대표소송과 같다.

제3절 감사와 주주총회 소집제도

주주들이 임의로 모였다고 해서 주주총회의 성립을 인정한다면 일부주주가 배제될 우려가 있고 주주총회의 중복 개최로 인한 혼란도 우려된다. 따라서 『상법』은 주주총회를 소집권자가 법에 정한 절차를 거쳐 소집하도록 하고 있다.(『상법』 제362조 이하)

주주총회는 소집권자가 소집한 경우에만 유효한 결의를 할 수 있다. 소집권자가 아닌 자

1496   김건식 외 2인. 전게서. 박영사. 2021. 518~519면.

가 소집한 주주모임에서 결의한 경우에는 주주총회 결의는 존재하지 않는 것으로 본다. 다만 예외적으로 주주 전원이 출석하여 회의를 개최하는 것을 동의하는 경우에는 위와 같은 문제가 없으므로 소집절차가 없이 주주총회가 성립된 것으로 본다.[1497]

주주총회의 소집방법은 이사회보다 엄격하다. 이사회 구성원인 이사는 회사에 위임계약상의 선관주의의무를 부담하므로(「상법」제382조 제2항 → 「민법」제681조) 이사회에 참석할 의무가 있다. 반면에 주주는 회사에 대해서 그러한 의무를 부담하지 않기 때문에 자신의 판단에 따라 불참하는 것이 허용된다. 따라서 「상법」은 주주이익 보호를 위하여 주주총회 소집에 관해서 많은 규정을 두고 있다.[1498]

Ⅰ. 주주총회 소집의 결정

1. 통상의 소집결정

주주총회는 「상법」이 규정하는 예외적인 경우를 제외하고는 **이사회**가 그 소집을 결정하고(「상법」제362조), **대표이사**가 소집결정을 집행한다. 이사회의 주주총회 소집권에 관한 규정은 강행규정이므로 「상법」에 의하여 소집권이 부여되는 외에는 정관의 규정으로도 이사회의 소집권을 배제할 수 없다.[1499]

따라서 「정관」에 의하여 주주총회 소집권을 다른 기관에 위임하는 것이 금지되는 것은 물론이고, 「정관」에서 주주총회의 일시·장소를 정하더라도 소집 자체는 이사회가 결정하여야 한다. 이사회의 주주총회 소집권한에는 주주총회의 일시·장소뿐만 아니라 회의목적사항을 정하는 것도 포함하기 때문이다.[1500] 다만 이사가 2인 이하인 소규모회사에서는 각 이사(정관에 따라 대표이사를 정한 경우에는 그 대표이사)가 주주총회의 소집결정을 한다.(「상법」제383조 제6항)

주식회사의 기관 간 권한분배상 이사회의 주주총회 소집결정권은 주주총회에 위임될 수 없으므로, 주주총회에서 다음 주주총회의 소집을 결정할 수 없다고 해석된다. 주주총회 소집결정은 이사회가 하지만, 그 집행은 대표이사가 한다. 그리고 이사회가 회의의 목적 사항을 정하고 회의 일시·장소는 대표이사에게 위임하는 것은 허용된다는 것이 일반적인 견해이다.[1501] 주총회의 시기, 장소, 참석 주주의 확정 등 소집에 관련된 사항들은 모두 주주의 의결권행사가 자유롭게 이루어지도록 정해야 하고, 그렇지 못한 내용을 결의할 경우 이사회 결의는 무효이다. 즉, 주주총회 소집을 결정한 이사회 결의의 흠결은 주주총회 결의의 취소사유가 된다.

따라서 소유와 경영의 분리를 원칙으로 하는 주식회사에서 주주는 주주총회 결의를 통하여 회사의 경영을 담당할 이사의 선임과 해임·합병·분할·영업양도 등 법률과 정관이 정한

1497 김용범, 전게서, 2017, 945면. 김건식외 2인. 전게서. 박영사. 2021. 295면. 대법원. 1996.10.11. 선고. 96다 24309 판결.

1498 김용범, 전게서, 2017, 945면. 김건식외 2인. 전게서. 박영사. 2021. 295면.

1499 김용범, 전게서, 2017, 945면. 임재연, 「회사법Ⅱ」, 박영사, 2014, 12면. 이철송. 전게서. 박영사. 2021. 509면.

1500 김용범, 전게서, 2017, 945면. 임재연, 「회사법Ⅱ」, 박영사, 2014, 12면.

1501 김용범, 전게서, 2017, 946면. 임재연, 「회사법Ⅱ」, 박영사, 2014, 12면. 이철송, 전게서, 2019, 506면.

회사의 기초 내지는 영업조직에 중대한 변화를 초래하는 사항에 관한 의사결정을 하기 때문에, 이사가 주주의 의결권 행사를 불가능하게 하거나 현저히 곤란하게 하는 것은, 주식회사 제도의 본질적인 기능을 해하는 것으로서 허용되지 아니하고, 그러한 것을 내용으로 하는 이사회 결의는 무효로 보아야 한다.[1502]

2. 소수주주의 소집청구

가. 총설

소수주주(발행주식총수의 100분의 3 이상에 해당하는 주식을 가진 주주)는 회의의 목적사항과 소집의 이유를 적은 서면 또는 전자문서를 이사회에 제출하여 임시총회의 소집을 청구할 수 있다.(「상법」 제366조 제1항). 이사회가 위의 청구가 있은 후 지체 없이 총회소집 절차를 밟지 아니한 때에는 청구한 주주는 법원의 허가를 얻어 총회를 소집할 수 있다.(제366조 제2항) 주주의 정당한 의사형성을 방해하는 이사의 전횡을 견제하고, 특히 지배주주의 지지를 받은 이사의 세력에 군소주주가 대항할 수단을 마련해 주기 위한 제도적 장치이며, 주주의 공익권 중의 하나이다.[1503]

주주의 요구로 주주총회가 열리게 하는 방법으로는 미국처럼 의결권 있는 주식의 10% 등 일정비율의 주식을 보유한 주주가 독립하여 주주총회를 열 수 있게 하는 방법(「(미) 모범사업회사법」(MBCA)§7.02(a)(2)), 독일처럼 소집권 자체는 원칙적으로 이사회가 가지나 일정수(자본의 20분의1) 이상을 가진 주주가 이사회 소집을 청구할 수 있고 불응하면 법원 허가를 얻어 소집할 수 있도록 하는 방법이 있는데(「(독)주식법」(AktG) §122), 「상법」은 후자를 따르고 있다. 일본도 같다.(「(일)회사법」 제297조)[1504]

나. 소수주주의 요건

1) 일반적인 소수주주의 요건

주주총회의 소집을 청구할 수 있는 주주는 발행주식총수의 100분의 3 이상을 가진 주주이다.(「상법」 제366조 제1항) 이러한 요건은 「정관」에 의하더라도 가중, 감경할 수 없다. 「상법」이 주주총회 소집청구권을 소수주주권의 하나로 규정한 것은 주주에 의한 권리남용을 방지하기 위한 것이다.[1505]

3%는 주주가 소유하는 주식을 합산하여 산정한다. 이와 관련하여 복수의 주주가 상호 의사의 연락 없이 개별적으로 임시주주총회의 소집을 청구한 경우에는 이들 주식 수를 합산하여 소수주주권 행사요건의 충족여부를 판단해야 하는지에 관하여는 논란의 여지가 있지만,

---

1502 김용범, 전게서, 2017, 946면. 대법원 2011.6.24. 선고, 2009다35033 판결.

1503 김용범, 전게서, 2017, 946면. 이철송, 전게서, 박영사, 2021, 509면.

1504 김용범, 전게서, 2017, 946면. 이철송, 전게서, 박영사, 2021, 509면.

1505 서울고법, 2005.5.13. 선고, 2004라885, 판결.

의안의 동일성이 인정되는 경우에는 합산하는 것이 타당하다고 본다.[1506]

2) 상장회사 소수주주의 요건

상장회사에서는 이 요건이 「1,000분의 15 이상」으로 완화되고, 대신에 이 주식을 6월 전부터 계속 보유할 것을 요구한다.(제542조의6 제1항) 소집청구권을 단독주주권으로 하지 않고 소수주주권으로 한 이유는 총회결의에 영향을 줄 수 없는 영세한 주주가 무익한 소집청구를 거듭하여 생기는 권리남용 내지 비효율을 방지하기 위함이다.[1507]

상장회사의 경우 소수주주권의 활성화를 통한 기업경영의 투명성 제고와 소수주주의 권익보호를 위하여 지주율을 완화하고, 대신 남용을 방지하기 위하여 일정보유기간을 요건으로 추가한 것이다. 그리고 상장회사는 「정관」에서 「상법」에서 규정된 것보다 단기의 주식 보유기간을 정하거나 낮은 주식보유 비율을 정할 수 있다.(「상법」제542조의6 제7항) 즉, 「정관」에 의해 보유 기간 및 비율을 완화할 수는 있어도 강화할 수는 없다.

3) 금융회사 소수주주의 요건

또한 금융회사의 경우 6개월 전부터 계속하여 금융회사의 발행주식총수의 1만분의 150 이상(대통령령으로 정하는 금융회사의 경우에는 1만분의 75 이상)에 해당하는 주식을 대통령령으로 정하는 바에 따라 보유한 자는 「상법」 제366조[소수주주에 의한 소집청구]에 따른 주주의 권리를 행사할 수 있다. 이 경우 「상법」 제366조에 따른 주주의 권리를 행사할 때에는 의결권 있는 주식을 기준으로 한다.(「금융사지배구조법」 제33조 제2항)

4) 소수주주 요건의 주식총수

「발행주식총수의 100분의 3」을 계산함에 있어 「발행주식총수」와 「100분의 3」 속에 자기주식과 의결권 없는 주식은 포함되지 않는다.[1508] 의결권 없는 주식을 가진 주주는 총회를 소집할 실익이 없다고 보기 때문이다. 이같이 소수주주의 의결권을 전제로 하는 소수주주권의 경우에는 그 요건으로서 **「상법」이 규정하는 「발행주식총수」는 「의결권 있는 발행주식총수」를 의미하는 것**으로 읽어야 한다.(제363조의2 제1항) 상장회사에서의 「발행주식총수의 1,000분의 15」(제542조의6 제1항)의 해석도 마찬가지이다.[1509]

5) 소수주주 요건의 선택적용

비상장회사의 경우(일반규정 적용)에는 소집청구를 하는 시점에서 100분의 3 이상의 주식을 보유하면 족하지만, 상장회사의 경우(특례규정 적용)에는 1,000분의 15 이상을 6개월 전부터 보유하는 자에 한해 소집청구를 할 수 있다.(「동법」제542조의6 제1항)

일반규정에 따른 소수주주권 행사요건 지분율 이상의 주식을 보유하고 있으나 6개월의

1506 임재연, 「회사법Ⅱ」, 2014, 14면.

1507 김용범, 전게서, 2017, 947면. 임재연, 「회사법Ⅱ」, 2014, 14면. 이철송, 전게서, 박영사, 2021, 509면.

1508 찬성 : 김용범, 전게서, 2017, 947면. 임재연, 「회사법Ⅱ」, 2014, 14면. 이철송, 전게서, 박영사, 2021, 510면. 반대 : 권기범, 581면. 송옥렬, 889면. 이기수·최병규, 542면. 최기원, 447면.

1509 김용범, 전게서, 2017, 947면. 이철송, 전게서, 박영사, 2021, 510면.

보유기간을 갖추지 못한 상장회사 주주의 소수주주권의 행사여부에 대해 그간 논란이 있었으나, 2020. 12. 09 . 「상법」 개정에서는 일반규정에 의한 권리와 특례규정에 의한 권리를 선택적으로 적용할 수 있도록 명문화하였다.(「동법」 제542조의6 제10항 신설)

다. 이사회에 대한 서면청구

소수주주는 회의의 목적사항과 소집의 이유를 기재한 서면 또는 전자문서를 이사회에 제출하여 임시총회 소집을 청구할 수 있다.(「상법」 제366조 제1항) 회의 목적사항이 주주총회의 권한사항에 속하는 결의사항이어야 함은 물론이다. **「소집의 이유」**에 관해서는 결의의 필요성을 소명하면 되고, 이사의 부정이나 재무제표의 부당성과 같이 이사나 감사의 책임 추궁에 한정되는 것은 아니다.[1510]

소수주주의 청구가 있을 때에는 이사회는 지체 없이 주주총회 소집절차를 밟아야 한다.(「상법」 제366조 제2항) 이때에도 이사회의 소집결정을 요한다. 소집 이유의 타당성을 검토해야 하기 때문이다. 소집 이유가 상당하지 못하면 소집절차를 밟을 필요가 없음은 물론이다. **「지체 없이」**란 총회 소집을 위해 소요되는 최소한의 기간 내에 소집절차를 밟을 것을 의미하며, 결국 구체적인 사안에서 법원의 판단에 의하여 결정될 것이다.[1511]

라. 소수주주의 총회소집

소수주주의 청구가 있음에도 불구하고 이사회가 소집절차를 밟지 않을 때에는 소집을 청구한 주주는 법원의 허가를 얻어 직접 총회를 소집할 수 있다.(「상법」 제366조 제2항)

1) 소집허가

이때 회사는 피신청인이 아니라 사건본인으로 표시된다. 소수주주가 총회소집의 허가를 신청하는 경우에는 회의의 목적사항을 명기하고, 이사가 그 소집을 게을리한 사실을 서면으로 소명하여야 한다.(「비송법」 제80조 제1항, 제2항) 소수주주의 임시주주총회 소집허가신청사건은 비송사건이다. 따라서 본점 소재지의 지방법원 합의부의 관할로 한다.(「비송법」 제72조 제1항)[1512]

법원은 소집을 청구한 주주의 지주요건 등 소집청구의 요건이 구비되었는지를 심사 하여 허가여부를 결정하여야 한다. 법원은 신청인이 소수주주권 행사의 요건을 갖추지 못한 경우 신청을 **각하**하고, 회의의 목적사항이 주주총회 결의 사항이 아니거나 주주총회 소집의 필요성이 없는 경우에는 신청을 **기각**한다.[1513]

소수주주가 주주총회의 소집청구권을 행사함에 이르게 된 구체적·개별적 사정에 비추어, 그것이 주주총회 소집청구제도의 목적이나 기능을 逸脫하고, 법적으로 보호받을 만한

1510 김용범, 전게서, 2017, 947면. 이철송, 전게서. 박영사. 2021. 510면.
1511 김용범, 전게서, 2017, 948면. 임재연, 「회사법Ⅱ」, 2014, 16면. 이철송, 전게서. 박영사. 2021. 510면.
1512 김용범, 전게서, 2017, 948면. 임재연, 전게서Ⅱ, 박영사, 2014, 16면.
1513 김용범, 전게서, 2017, 948면. 임재연, 전게서Ⅱ, 박영사, 2014, 18면.

가치가 없다고 인정되는 경우, 그리고 소집이유가 부당하거나 명백한 권한남용에 해당할 경우에는 신청인의 임시주주총회 소집청구권의 행사는 신의칙에 반하거나 권리를 남용하는 것으로서 허용되지 않는다고 본다.[1514]

또한 법원은 "반복제안, 안건의 통과 가능성이 희박하고, 제안취지에 부합하지 아니하는 사건에서 주주총회 소집청구권을 행사하는 것은 주주총회소집청구제도의 취지를 일탈하고 법적으로 보호받을 가치가 없는 것으로서 권리남용에 해당한다."라고 판시하고, 소수주주의 주주총회의 소집 청구를 불허하였다.[1515]

권리남용에 해당되는 사례

① 이사 측이 의결권의 과반수를 장악하고 있어 소집청구의 목적인 결의를 이룰 가능성이 없음에도 소집을 청구하는 경우 와 배당가능이익이 없음에도 배당결의를 위한 총회 소집을 청구하는 경우 등 결의의 實益이 없거나 회사에 有害한 경우[1516]
② 반복제안, 안건의 통과 가능성, 회사의 피해 등을 고려할 때 통과 가능성이 稀薄하고, 제안취지에 부합하지 아니하는 안건을 제안하면서 주주총회소집을 청구하는 경우[1517]

법원이 신청을 각하, 기각한 재판에 대하여는 항고로 불복할 수 있지만, 신청을 인용한 재판(소집허가결정)에 대하여는 누구도 불복할 수 없다.(「비송법」 제81조 제2항) 단지 불복할 수 없는 결정이나 명령이 재판에 영향을 미친 헌법 위반이 있거나, 재판의 전제가 된 명령·규칙·처분의 헌법 또는 법률위반 여부에 대한 판단이 부당한 때에는 「민사소송법」 제449조에 의한 **특별항고**를 할 수 있다.[1518]

법원은 임시주주총회 소집허가신청에 대하여는 이유를 붙인 결정으로써 재판을 하여야 한다.(「비송법」 제81조 제1항) 소집허가 결정의 주문에는 소집허가의 대상인 주주총회의 안건이 구체적으로 기재되어야 하는데, 통상 결정의 별지목록에 기재된다. 소수주주가 소집허가 결정을 받고도 장기간 소집절차를 밟지 않는 경우도 있으므로 법원은 소집기간을 정하여 허가결정을 하기도 한다.[1519]

법원은 소집허가 결정이 부당하다고 인정한 때에는 이를 취소·변경할 수 있다.(「비송법」 제19조(재판의 취소·변경)) 그러나 소집허가 결정에 따라 소집된 총회에서 이미 결의가 이루어

1514 김용범, 전게서, 2017, 948면. 임재연, 전게서 II, 2014, 17면. 이철송. 전게서. 박영사. 2021. 510면.

1515 김용범, 전게서, 2017, 948면. 서울고등법원. 2005.5.13. 선고. 2004라885 결정. 이철송. 전게서. 박영사. 2021. 510면. 임재연, 전게서 II, 2014, 17면.

1516 上柳克郎 외, 「신판 주석회사법 (5)」, 有斐閣, 1985~1990, 116면. 이철송. 전게서. 박영사. 2021. 510면.

1517 서울고법, 2005.5.13. 결정. 2004라 885 판결. 임재연, 전게서 II, 박영사, 2014, 17면.

1518 김용범, 전게서, 2017, 949면. 이철송. 전게서. 박영사. 2021. 511면. 임재연, 전게서 II, 박영사, 2014, 18면. 대법원 1991.4.30.결정. 90마672 판결. 2001.12.21. 결정. 2001그121 판결.

1519 김용범, 전게서, 2017, 949면. 임재연, 전게서 II, 박영사, 2014, 18면. 청주지방법원 충주지원. 2011.6.20. 선고. 2011비합 판결.

진 후에는 법원이 소집허가 결정을 취소·변경할 수 없다.[1520]

그리고 소수주주가 법원의 소집허가를 얻은 후, 그에 의한 총회의 성원을 저지하거나 무의미하게 만들기 위해 이사회가 소집을 결의하는 경우가 있다. 소수주주가 소집허가를 얻은 이상 동일한 안건에 관해서는 소수주주가 소집권자이므로 이사회가 소집한 총회는 권한 없는 자가 소집한 것으로서 부존재하는 총회로 보아야 한다.[1521]

2) 소집시기

법원이 소집을 허가할 경우 소집시기를 명기하는 것이 바람직하지만, 법원이 시기를 정하지 않더라도 허가를 얻은 소수주주는 소집의 목적에 비추어 상당한 기간 내에 소집해야 한다. 총회에서 결의할 사항은 이미 법원의 허가 시에 정해졌으므로 지체할 이유가 없고, 장시간 경과하면 소집허가 결정의 기초가 되었던 사정에 변경이 생길 수 있기 때문이다.[1522]

따라서 상당기간 소집을 게을리할 경우에는 소집허가에 따른 소수주주의 소집권한은 특별한 사정이 없는 한 소멸한다. 「상당기간」이 경과하였는지 여부는 총회소집의 목적과 소집허가 결정이 내려진 경위, 소집허가 결정과 총회소집 시점 사이의 기간, 소집허가 결정의 기초가 된 사정의 변경 여부, 뒤늦게 총회가 소집된 경우 그 경위와 이유 등을 고려하여 판단하여야 한다.[1523]

3) 소집 주주의 지위

총회를 소집하는 소수주주는 회사의 일시적 기관으로서 주주총회를 소집한다고 보아야 한다. 따라서 소수주주가 주주총회를 소집하는 경우에는 기준일 설정, 소집통지·공고 등 총회 소집을 위한 필요한 모든 조치를 취할 수 있으며, 그 제반 소집절차는 통상의 소집절차와 동일하다.[1524]

소수주주의 명의로 소집한다는 점이 통상의 소집절차와 다르고, 소수주주는 회사에 대하여 소집비용을 청구할 수 있다.[1525] 그리고 소집된 총회에서의 결의사항은 법원의 소집허가 결정 주문에 표시된 안건에 한정되고, 만일 소수주주가 임의로 안건을 추가한다면 이는 결의 취소 사유가 된다.[1526]

4) 의장

소수주주의 청구에 의하여 소집되는 주주총회의 의장은 법원이 이해관계자의 청구나 직권으로 선임할 수 있다.(「상법」 제366조 제2항) 이는 의장을 선임함에 있어 법원이 정관의 규

1520 김용범, 전게서, 2017, 949면. 임재연, 전게서Ⅱ, 박영사, 2014, 19면.

1521 김용범, 전게서, 2017, 950면. 이철송, 전게서. 박영사, 2021, 511면. 上柳克郎 外, 「新版 註釋會社法 (5)」, 有斐閣, 1985~1990, 117면. 수원지법, 2007.8.30. 결정. 2007카합392 판결.

1522 이철송, 전게서. 박영사, 2021, 511면. 대법원, 2018.3.15. 선고, 2016다275679. 판결.

1523 이철송, 전게서. 박영사, 2021, 511면. 대법원, 2018.3.15. 선고, 2016다275679. 판결.

1524 김용범, 전게서, 2017, 950면. 이철송, 전게서. 박영사, 2021, 511면.

1525 김용범, 전게서, 2017, 950면. 이철송, 전게서. 박영사, 2019, 511면. 손주찬, 전게서, 702면. 정동윤, 전게서, 542면. 임재연, 전게서Ⅱ, 박영사, 2014, 19면.

1526 김용범, 전게서, 2017, 950면. 임재연, 전게서Ⅱ, 박영사, 2014, 19면.

정에 구속받지 아니함을 의미한다.[1527] 그러나 반드시 법원이 의장을 선임하여야 하는 것은 아니고, 법원이 의장을 선임하지 않은 경우에는 총회에서 의장을 선임할 수 있다. 소수주주의 청구에 따라 회사가 스스로 주주총회를 소집한 경우에는 정관에 규정된 자가 의장이 된다.[1528]

마. 검사인의 선임

소수주주의 청구에 의해 회사가 총회를 소집하거나 또는 법원의 허가를 얻어 소수주주가 총회를 소집한 경우 그 총회는 회사의 업무와 재산상태를 조사하게 하기 위해 검사인을 선임할 수 있다.(「상법」 제366조 제3항)

이 검사인의 선임결의는 소수주주의 소집청구에 의하여 회사가 임시주주총회를 소집한 경우나 법원의 허가를 얻어 소수주주가 임시주주총회를 소집한 경우를 막론하고, 「상법」 제366조 제3항에 의거 소집통지에 의제로 기재하지 않아도 가능하고, 또 업무와 재산상태의 조사가 법원이 허가한 소집목적에 포함되지 않아도 무방하다고 본다.[1529]

3. 감사/감사위원회의 소집청구

감사는 회의 목적사항과 소집의 이유를 기재한 서면을 이사회에 제출하여 임시총회의 소집을 청구할 수 있다.(「상법」 제412조의3 제1항) 소집청구가 있은 후 이사회가 지체 없이 총회소집의 절차를 밟지 않는 경우 감사는 법원의 허가를 얻어 총회를 소집할 수 있다.(「상법」 제412조의3 제2항, 제366조 제2항) 「상법」 제412조의3은 감사위원회에도 준용된다.(「상법」 제415조의2 제7항)

감사가 소집을 청구할 수 있는 사유에 관해서는 ① 감사가 주주총회에서 긴급한 의견을 진술할 사유가 있을 경우에만 주주총회의 소집을 청구할 수 있다는 설, ② 감사권과 직접 관련이 없더라도 회사의 이익을 위해 필요한 때에는 주주총회 소집을 청구할 수 있다는 설, ③ 감사업무와 관련해서 필요한 경우에만 주주총회 소집청구권을 행사할 있다는 설이 대립하고 있다.[1530]

일반적으로 감사의 주주총회소집청구권은 소수주주의 주주총회소집청구권과는 달리 감사업무의 실효성을 확보하기 위해 인정된 것으로 보는 관점에서, 감사의 주주총회소집청구권은 감사업무와 관련해서만 행사되어야 한다고 보는 ③설이 합리적이라고 생각한다.[1531] 이에 대한 자세한 설명은 제2편 제3장 제6절 '주주총회 소집청구권' 항목을 참고하시기 바랍니다.

1527 김용범, 전게서, 2017, 950면. 이철송, 전게서, 박영사, 2021, 511면.

1528 김용범, 전게서, 2017, 950면. 임재연, 전게서II, 2014, 16면.

1529 김용범, 전게서, 2017, 951면. 이철송, 전게서, 박영사, 2021, 512면. 上柳克郎 外, 「신판 주석회사법(5)」, 有斐閣, 1985～1990, 119면.

1530 김용범, 전게서, 2017, 951면 및 2012, 386면. 권종호, 전게서, 113면.

1531 김용범, 전게서, 2017, 951면. 권종호, 전게서, 113면.

4. 총회의 소집이 강제되는 경우

가. 법원의 소집명령

회사의 업무집행에 관하여 부정행위 또는 법령이나 정관에 위반한 중대한 사실이 있음을 의심할 사유가 있는 때에는 발행주식총수의 3% 이상에 해당하는 주식을 가진 주주는 회사의 업무와 재산상태를 조사하기 위해 법원에 검사인의 선임을 청구할 수 있다.(「상법」제467조 제1항) 검사인은 그 조사의 결과를 법원에 보고해야 한다.(「상법」제467조 제2항)

법원은 보고에 의하여 필요하다고 인정한 때에는 대표이사에게 주주총회소집을 명할 수 있다. 「상법」제310조(변태설립의 경우 조사) 제2항의 규정은 이 경우에 준용한다.(「상법」제467조 제3항) 법원의 명을 받은 대표이사는 지체 없이 임시주주총회를 소집해야 한다. 법원의 명을 받아 대표이사가 주주총회를 소집할 경우에는 따로 이사회의 주주총회 소집결의가 필요하지 아니하다.[1532]

상장회사의 경우 6개월 전부터 계속하여 발행주식총수의 1,000분의 15 이상 그리고 금융회사의 경우 6개월 전부터 계속하여 발행주식총수의 1만분의 150 이상(대통령령으로 정하는 금융회사경우는 1만분의 75 이상)에 해당하는 주식을 보유한 자, 즉 소수주주는 「상법」제366조(제542조 준용포함) 및 제467조에 따른 주주의 권리행사인 검사인 선임 청구권을 행사할 수 있다.(「상법」제542조의6 제1항,「금융사지배구조법」제33조 제2항).

나. 흡수합병

합병을 하는 회사의 일방이 합병 후 존속하는 경우에는 그 이사는 채권자 보호절차의 종료 후, 합병으로 인한 주식의 합병이 있을 때에는 그 효력이 생긴 후, 합병에 적당하지 아니한 주식이 있을 때에는 합병 후, 존족회사에 있어서는 「상법」제443조의 처분(단주의 처리)을 한 후, 소규모합병의 경우는 「상법」제527조의3 제3항 및 제4항(공고·통지)의 절차 종료 후 지체 없이 주주총회를 소집하고 합병에 관한 사항을 보고해야 한다.(「상법」제526조제1항)

다. 청산인

청산인은 취임 후 지체 없이 회사의 재산상태를 조사하여 재산목록과 대차대조표를 작성하고 이를 주주총회에 제출하여 그 승인을 받아야 한다. 청산인은 주주총회의 승인을 얻은 후 지체 없이 재산목록과 대차대조표를 법원에 제출하여야 한다.(「상법」제533조제1항 및 제2항)

청산사무가 종결한 때에는 청산인은 지체 없이 결산 보고서를 작성하고 이를 주주총회에 제출하여 승인을 얻어야 한다. 주주총회의 승인이 있는 때에는 회사는 청산인에 대하여 그 책임을 해제한 것으로 본다. 그러나 청산인의 부정행위에 대하여는 그러하지 아니하다.(「상법」제540조 제1항 및 제2항)

[1532] 김용범, 전게서, 2017, 952면. 임재연, 전게서Ⅱ, 박영사, 2014, 21면. 김교창, 「제3개정판 주주총회의 운영」, 한국상장회사 협의회, 2010, 69면 등 다수.

5. 소규모회사의 특례

자본금의 총액이 10억 원 미만인 회사를 소규모회사라고 하는데(「상법」제383조 제1항), 소규모회사가 1인 또는 2인인 이사만을 둔 경우에는 주주 전원의 동의가 있으면 소집절차 없이 주주총회를 개최할 수 있다.(「상법」제363조 제5항)

소규모회사는 서면에 의한 결의로써 주주총회의 결의를 갈음할 수 있다. 결의의 목적사항에 대하여 주주 전원이 서면으로 동의한 때에는 서면에 의한 결의가 있는 것으로 본다. 이 서면에 의한 결의는 주주총회의 결의와 같은 효력이 있다. 서면에 의한 결의에 대하여는 주주총회에 관한 규정을 준용한다.(「상법」제363조 제5항, 제6항, 제7항)

II. 주주총회 소집의 시기

정기총회는 매년 1회 일정한 시기에 소집하여야 하고(「상법」제365조 제1항), 연 2회 이상의 결산기를 정한 회사는 매기에 총회를 소집하여야 한다.(「상법」제365조 제2항) 임시총회는 필요한 경우에 수시로 소집한다.(「상법」제365조 제3항)

「상법」은 정기주주총회의 소집시기에 관하여 **"일정한 시기"**라고만 규정하는데,

① 기준일을 결산일인 12월 31일로 정하고, 주주명부를 다음 해 1월 1일부터 정기주주총회일 종료일까지 폐쇄한다면, 기준일은 주주 또는 질권자로서 권리를 행사할 날에 앞선 3월내의 날로 정해야 하고(「상법」제354조 제3항), 주주명부폐쇄기간은 3월을 초과하지 못하므로(「상법」제354조 제2항) 결산기 후 3개월 내에 소집하여야 하는 점.

② 「법인세법」상 사업연도 종료일로부터 3월내에 원칙적으로 주주총회의 재무제표 승인에 의하여 결산을 확정하여야 하는 점."으로 수정

③ 상장회사는 각 사업연도 경과 후 90일 이내에 금융위원회와 거래소에 사업보고서를 제출하여야 하는데, 사업보고서에는 확정된 재무제표에 관한 사항을 기재하여야 하는 점.[1533]

④ 상장회사의 경우 사업보고서(「자본시장법」제159조)와 감사보고서(「신외감법」제23조 제1항)를 정기주주총회 소집통지서에 첨부하여야 하고, 주주총회 개최 1주 전까지 전자문서로 발송하거나 홈페이지에 게재하여야 하는 점.(「상법시행령」제31조 제4항).

따라서 종래에는 의결권기준일, 배당기준일, 사업연도말일이 모두 같았으므로 기준일로부터 3월내에 주주총회를 소집해야 한다는 제약 때문에 대부분의 상장회사는 「정관」에서 '정기주주총회는 매 사업연도 종료 후 3월 이내에 소집한다.'로 규정하고 있어 3월말까지 정기주주총회를 개최하여야 했다.(「상법」제354조 제4항).

그러나 2020년 「상법」개정으로 일정한 시점을 배당기준일로 전제하였던 규정을 삭제함에 따라 기준일과 사업연도말일을 분리할 수 있게 되어 재무제표를 이사회에서 승인하는 회사로서, 「정관」의 근거로 기준일을 사업연도말과 달리 정한 회사의 경우에는 4월 이후에

1533 김용범, 전게서, 2017, 953면. 임재연, 전게서II, 박영사, 2014, 22면.

도 정기주주총회를 개최할 수 있게 되었다. 「상법」 제350조제3항 및 관련조항(제340조의5,~제516조의10)삭제]

Ⅲ. 주주총회 소집의 통지 및 공고

주주총회를 소집할 때에는 주주총회일의 2주 전에 각 주주에게 서면으로 통지를 발송하거나 각 주주의 동의를 받아 전자문서로 통지를 발송하여야 한다. 단, 자본금 총액이 10억 원 미만인 회사가 주주총회를 소집하는 경우에는 주주총회일 10일 전에 각 주주에게 서면으로 통지를 발송하거나 각 주주의 동의를 받아 전자문서로 통지를 발송할 수 있다.(「상법」제 363조 제1항 및 제3항)

상장회사가 주주총회를 소집하는 경우 대통령령이 정하는 수 이하의 주식(의결권 있는 발행 주식총수의 100분의 1 이하의 주식)을 소유하는 주주에게는 「정관」으로 정하는 바에 따라 주주총 회의 2주 전에 주주총회를 소집하는 뜻과 회의 목적사항을 둘 이상의 일간신문 각각 2회 이 상 공고하거나 대통령령이 정하는 바에 따라 전자적 방법(금융감독원 또는 거래소가 운영하는 전 자공시시스템)으로 공고함으로써 「상법」 제363조 제1항의 소집통지를 갈음할 수 있다.(「상법」 제542조의4 제1항)

주주총회의 소집통지 및 공고는 이사회의 소집결정을 집행하는 일이므로 대표이사가 행 한다. 소집의 통지 및 공고는 주주들에게 총회의 의사결정에 참가할 기회를 부여하는 뜻을 지니므로 총회 운영에서 매우 중요한 절차이다.

1. 주주총회 소집 통지 및 공고의 대상

가. 주주명부·실질주주명부상의 주주

주주총회의 소집통지는 주주명부[1534]상의 주주에게 하여야 한다. 또한 실질주주명부[1535]에 의 기재는 주주명부에의 기재와 같은 효력을 가지므로(「자본시장법」 제316조 제2항), 회사는 실 질주주명부에 기재된 주주에게 소집통지서를 하면 되며,[1536] 명의개서를 하지 아니한 주식양 수인에게 통지할 필요가 없다.[1537] 그동안 대법원은 주식회사가 주주명부상의 주주가 형식주 주에 불과하다는 것을 알았거나 중대한 과실로 알지 못하였고 또한 이를 용이하게 증명하여 의결권 행사를 거절할 수 있었음에도 의결권 행사를 용인하거나 의결권 행사를 하게 한 경 우에는 그 의결권 행사는 위법하다고 판시하여 왔다.[1538]

그러나 최근 대법원은 "특별한 사정이 없는 한 주주명부에 적법하게 주주로 기재되어 있 는 자는 회사에 대한 관계에서 그 주식에 관한 의결권 등 주주권을 행사할 수 있고, 회사 역

1534 주주명부란 주주 및 주권에 관한 현황을 나타내기 위하여 상법의 규정에 의하여 회사가 작성·비치한 장부를 말한다.

1535 실질주주명부란 발행회사가 주주명부 폐쇄기준일을 정한 경우, 기준일 현재 주주명부상 증권예탁원 명의 주식에 대한 실질소유자 를 기록·관리하는 법적 장부를 말한다. 증권예탁원 명의로 되어 있는 상법상의 주주명부 내역표를 말한다.

1536 김용범, 전게서, 2017, 954면. 임재연, 전게서Ⅱ, 박영사, 2014, 23면.

1537 이철송, 전게서, 박영사, 2021, 513면. 대법원. 2012.6.14. 판결. 2012다20925.

1538 대법원. 1998.9.8. 96다45818. 판결.

시 주주명부상 주주 외에 실제 주식을 인수하거나 양수하고자 하였던 자가 따로 존재한다는 사실을 알았든 몰랐든 간에 주주명부상 주주의 주주권 행사를 부인할 수 없으며, 주주명부에 기재를 마치지 아니한 자의 주주권 행사를 인정할 수도 없다."고 위 판례를 변경하였다. [1539] 따라서 이제는 회사가 실질관계를 손쉽게 파악할 수 있었던 경우에도 주주명부의 면책적 효력은 당연히 적용된다. [1540]

다만, "주주명부에 기재하지 않고도 회사에 대한 관계에서 주주권을 행사할 수 있는 경우는 주주명부에의 기재 또는 명의개서청구가 부당하게 지연되거나 거절되었다는 등의 극히 예외적인 사정이 인정되는 경우에 한한다."고 판시하며 회사가 실질주주의 주주권을 인정할 수 있는 예외 사유도 적시하였다. 아울러 「자본시장법」에 따라 예탁결제원에 예탁된 상장주식 등에 관하여 작성된 실질주주명부에의 기재는 주주명부에의 기재와 같은 효력을 가지므로(「자본시장법」 제316조 제2항), 이 경우 실질주주명부상 주주는 주주명부상 주주와 동일하게 주주권 행사를 할 수 있다."[1541]고 판시하였다.

나. 의결권 없는 주주

의결권 없는 주주에게는 소집통지를 할 필요가 없다.(「상법」 제363조 제8항) 의결권 없는 주주로는 ① 의결권의 배제·제한에 관한 종류주식의 주주(제344조의3 제1항), ② 모회사의 주식을 예외적으로 취득한 자회사(제342조의2 제2항), ③ 회사, 모회사 및 자회사가 "다른 회사"의 발행주식총수의 10%를 초과하는 주식을 가지고 있는 경우 그 회사 또는 모회사의 주식을 소유한 "다른 회사"(제369조 제3항) 등이다. [1542] 다만, 의결권제한 주식은 특정의안에 대하여서만 의결권이 없고, 다른 의안에 대하여는 의결권이 있으므로 그 특정의 의안만을 다루는 주주총회가 아닌 한 주주총회 소집통지를 받을 권리가 인정된다.

그리고 의결권 없는 주주도 주식매수청구권을 행사할 수 있고 주주총회 결의일로부터 20일 내에 주식매수청구를 하여야 하므로, 주식매수청구권이 인정되는 사항에 관한 주주총회의 경우에는 의결권 없는 주주에게도 소집통지를 하여야 한다. 다만, 소집통지서에 적은 회의의 목적사항에 「상법」 제360조의5, 제360조의22, 제374조의2, 제522조의3 및 제530조의11의 규정에 의하여 반대주주의 주식매수 청구권이 인정될 수 있는 사항이 포함된 때에는 의결권 없는 주주에게도 소집통지를 하여야 한다. [1543]

2. 주주총회 소집 통지 및 공고의 방법

가. 기명식 주주

1539 대법원. 2017.3.23. 선고. 2015다248342 전원합의체 판결.

1540 정준우, 「감사[감사위원] 관련 법규 해설」, 2018.4.6., 26면.

1541 대법원. 2017.3.23. 선고. 2015다248342 전원합의체 판결.

1542 김용범, 전게서, 2017, 954면. 임재연, 전게서Ⅱ, 박영사, 2014, 24면.

1543 김용범, 전게서, 2017, 954면. 임재연, 전게서Ⅱ, 박영사, 2014, 24면. 이철송. 전게서. 박영사. 2021. 513면.

1) 서면 통지

회사는 기명식 주주에게 개별적으로 서면에 의해 통지를 발송하여야 한다. 「상법」은 제 363조 제1항에서 "통지서를 발송하거나"라고 규정하므로 주주총회의 소집 통지는 「민법」상 도달주의[1544] 의 예외를 규정한 발신주의를 취한다.[1545]

주주에 대한 회사의 통지는 주주명부에 기재한 주소 또는 주주가 회사에 통지한 주소로 하면 된다.(「상법」 제353조 제1항) 통지는 보통 그 도달한 시기에 도달한 것으로 본다.(「상법」 제 353조 제2항 → 제304조 제2항) 따라서 주주에 대한 소집통지는 주주명부에 기재한 주소 또는 주주가 회사에 통지한 주소로 발송하면, 통지가 주주에게 실제로 도달되었는지 여부에 관계 없이 보통 그 도달할 시기에 도달한 것으로 간주된다.[1546]

2) 전자문서에 의한 통지

주주의 동의가 있을 경우 전자문서에 의한 통지로 갈음할 수 있다. 전자문서에 의한 통지 의 경우에는 반드시 정관에 규정을 두어야 하며,[1547] 「상법」은 제363조 제1항에서 "전자문서 로 통지를 발송하여야 한다."고 규정하므로 역시 발신주의를 취한다.

전자문서로 통지하려면 각 주주의 동의를 얻어야 한다.(「상법」 제363조 제1항) 주주의 동의 는 반드시 명시적일 필요는 없고 묵시적이어도 된다. 전자문서에 의한 통지를 받고 아무런 이의를 하지 않는다면 묵시적으로 동의한 것으로 봐야 한다.[1548]

전자문서의 개념 및 전자문서의 발신시점에 관하여는 「상법」에 다른 규정이 없어 「전자거 래기본법」이 적용된다. 「동법」은 전자문서의 송신시점을 수신자나 그 대리인이 당해 전자문 서를 수신할 수 있는 정보처리시스템에 입력된 때로 규정하고 있어(「동법」 제6조제1항), 이러 한 입력시점에 통지가 발송된 것으로 봐야 할 것이다.[1549]

3) 예외

주주총회 소집통지가 주주명부상 주주의 주소에 계속 3년간 도달하지 아니한 경우에는 회사는 해당 주주에게는 총회의 소집을 통지하지 아니할 수 있다.(「상법」 제363조 제1항 후단)

4) 강행규정

「상법」의 주주총회의 소집 통지 및 공고 방법에 관한 규정은 강행규정으로서 다른 방법은 허용되지 아니한다. 예컨대 구두로 알리거나 종업원 주주에 대하여 문서로 회람하거나 안내 방송 등에 의해 알리는 것은 허용되지 않는다.[1550]

1544 「민법」상 상대방 있는 의사표시는 그 통지가 상대방에 도달한 때로부터 그 효력이 발생한다.(「민법」 제11조 제1항)

1545 김용범, 전게서, 2017, 955면. 임재연, 전게서 II, 박영사, 2014, 26면.

1546 김용범, 전게서, 2017, 955면. 임재연, 전게서 II, 박영사, 2014, 26면.

1547 이철송, 전게서, 2021. 513면. 서울고법. 2011.6.15. 판결. 2010나120489.

1548 김용범, 전게서, 2017, 955면. 임재연, 전게서 II, 박영사, 2014, 28면.

1549 김용범, 전게서, 2017, 956면. 임재연, 전게서 II, 박영사, 2014, 27면.

1550 김용범, 전게서, 2017, 956면. 이철송, 전게서, 박영사, 2021. 513면.

나. 무기명식 주주

무기명주권은 1963년 도입한 이래 한 차례도 발행한 사례가 없어 기업의 자본조달에 기여하지 못한 점, 소유자 파악이 곤란하여 양도세 회피 등 과세 사각지대의 발생 우려가 있는 점, 조세 및 기업 소유구조의 투명성 결여로 인한 국가의 대외 신인도를 저하시키는 원인이 될 수 있는 점 등의 이유로 더 이상 유지할 실익이 없어 2014년 5월 20일자로「상법」에서 이를 폐지하고 기명주권으로 일원화하였다.(개정 前 제357조 제1항 참조)

다. 상장회사 소액주주

상장회사가 주주총회를 소집하는 경우 의결권이 있는 발행주식총수의 1%(「상법시행령」제31조 제1항) 이하의 주식을 소유하는 주주에게는 정관으로 정하는 바에 따라 주주총회의 2주 전에 주주총회를 소집하는 뜻과 회의의 목적사항을 둘 이상의 일간신문에 각각 2회 이상 공고하거나 대통령령이 정하는 바에 따라 전자적 방법으로 공고함으로써「상법」제366조 제1항의 소집통지를 갈음할 수 있다.(「상법」제542조의4 제1항) **전자적 방법의 공고**」란 금융감독원 또는 한국거래소가 운영하는 전자공시시스템에 공시하는 것을 말한다.(「상법시행령」제31조 제2항) 이같이 전자공고로 갈음하기 위해서는 반드시「정관」에 규정을 두어야 한다. 예컨대,「정관」에 근거 없이 전자공고로 소집 통지하는 것은 위법하다고 본다.[1551]

라. 외국인 실질주주

외국인 실질주주가 상임대리인을 선임한 경우, 발행회사는 실질주주명부에 기재한 상임대리인의 주소 혹은 국내에 통지할 주소에 주주총회의 소집통지를 하면 적법한 주주총회의 주주통지를 한 것으로 인정된다.[1552]

3. 주주총회 소집 통지 및 공고의 기간

주주총회의 소집 통지 및 공고는 주주총회일 2주 전에 소집통지 발송 및 공고를 하여야 한다.(「상법」제363조 제1항, 제542조의4 제1항) 다만 자본금이 10억 원 미만인 회사가 주주총회를 소집하는 경우에는 주주총회일 10일 전에 소집통지를 발송하여야 한다.(「상법」제363조 제3항) 기간은「정관」의 규정으로 늘릴 수 있으나 줄일 수는 없다.(통설)

「2주 전에… 발송」이라 함은 초일불산입의 원칙(「민법」제157조)에 따라 발송일과 회일 사이에 14일을 두어야 함을 뜻하므로, 일반적으로「민법」상 기간의 말일이 토요일 또는 공휴일에 해당한 때에는 기간은 그 익일로 만료(「민법」제161조)하나 주주총회의 소집통지의 경우와 같이 역산하는 경우에는 2주 전 또는 10일 전에 해당하는 날이 토요일 또는 공휴일에 해당한 때에는 그날 만료하고, 그 전날 만료하는 것은 아니다.[1553]

1551 김용범, 전게서, 2017, 956면. 이철송, 전게서, 박영사, 2021, 513면. 서울고법, 2011.6.15.선고, 2010 나120489 판결.
1552 김용범, 전게서, 2017, 957면. 임재연, 전게서 II, 2014, 24면. 서울고등법원, 2005.3.30.선고, 2003나 86161,86178 (병합)판결.
1553 임재연, 전게서 II, 2014, 25면. 서울북부지법, 2007.2.28.선고, 2007카합215, 결정.

발신주의를 취하므로 회일 2주간 전에 통지가 발송되면 족하고 주주에게 도달되었는지 여부는 묻지 않는다. 不到達로 인한 불이익은 주주의 부담이다. 그러나 통지자체 및 기간 준수여부에 관한 증명책임은 회사가 부담한다. 즉 회사가 주주명부상의 주소 또는 주주가 회사에 통지한 주소로 소집통지서를 발송하였음을 증명해야 한다.[1554]

4. 주주총회 소집 통지 및 공고의 내용

일반적인 회사에 있어서 주주총회의 소집 통지 내용에는 ① 회의 일시, ② 소집지(총회장소), ③ 회의의 목적사항이 포함되어야 한다.(「상법」 제363조 제2항) 그리고 정관변경·자본금감소·회사합병 등 특정한 경우에는 의안의 요령도 기재하여야 하며(「동법」 제433조 제2항, 제438조제3항, 제522조제2항), 영업의 양도·양수·임대 등의 경우에는 반대주주의 주식매수청구권의 내용 및 행사방법을 명시하여야 한다.(「동법」 제374조 제2항)

상장회사가 주주총회를 소집하는 경우 대통령령으로 정하는 수 이하의 주식(의결권 있는 발행주식총수의 100분의 1 이하 주식)을 소유하는 주주에게는 「정관」으로 정하는 바에 따라 주주총회일의 2주 전에 주주총회를 소집하는 뜻과 회의의 목적사항을 둘 이상의 일간신문에 각각 2회 이상 공고하거나 대통령령으로 정하는 바에 따라 전자적 방법(금융감독원 또는 거래소가 운용하는 전자공시시스템)으로 공고함으로써 「상법」 제363조 제1항의 소집통지를 갈음할 수 있다.(「상법」 제542조의4 제1항, 「동법시행령」 제31조 제1항)

상장회사가 이사·감사의 선임에 관한 사항을 목적으로 하는 주주총회를 소집통지 또는 공고하는 경우에는 이사·감사 후보자의 성명, 약력, 추천인, 그 밖에 대통령령으로 정하는 후보자에 관한 사항을 통지 또는 공고해야 한다.(「상법」 제542조의4 제2항, 「상법시행령」제31조 제3항)

대통령령으로 정하는 후보자에 관한 사항

① 후보자와 최대주주와의 관계
② 후보자와 해당 회사와의 최근 3년간의 거래 내역
③ 주주총회 개최일 기준 최근 5년 이내에 후보자가 「국세징수법」 또는 「지방세징수법」에 따른 체납처분을 받은 사실이 있는지 여부
④ 주주총회 개최일 기준 최근 5년 이내에 후보자가 임원으로 재직한 기업이 「채무자 회생 및 파산에 관한 법률」에 다른 회생절차/파산절차를 진행한 사실이 있는지 여부
⑤ 법령에서 정한 취업제한 사유 등 이사·감사 결격 사유의 유무

또한 상장회사가 주주총회 소집의 통지 또는 공고를 하는 경우에는 사외이사 등의 활동내역과 보수에 관한 사항, 사업개요 등 대통령령으로 정하는 사항을 통지 및 공고하여야 한다.(「상법」 제542조의4 제3항, 「상법시행령」 제31조 제4항)

1554 김용범, 전게서, 2017, 957면. 이철송. 전게서. 박영사. 2021. 514면.

대통령령으로 정하는 통지 또는 공고 사항

① 사외이사, 그 밖에 해당 회사의 상무에 종사하지 아니하는 이사의 이사회 출석률, 이사회 의안에 대한 찬반 여부 등 활동 내역과 보수에 관한 사항
②「상법」제542조의9 제3항 각호에 따른 거래의 내역
③ 영업 현황 등 사업개요와 주주총회의 목적사항별로 금융위원회가 정하는 방법에 따라 작성한 참고 서류
④「자본시장법」제159조에 다른 사업보고서 및「신외감법」제23조 제1항에 따른 감사보고서.(이 경우 해당 보고서는 주주총회 개최 1주전까지 전자문서로 발송하거나 회사의 홈페이지에 게재하는 것으로 갈음 가능)

다만, 상장회사가 그 사항을 대통령령으로 정하는 방법인「상법시행령」제31조 제4항의 각호에 따른 서류를 회사의 인터넷 홈페이지에 기재하고 다음 각호의 장소에 갖추어 두어 일반인이 열람할 수 있도록 하는 경우도 무방하다.(「상법」제542조의4 제3항,「상법시행령」제31조 제5항)

일반인에게 열람할 수 있도록 비치하는 장소

① 상장회사의 본점 및 지점
② 명의개서 대행회사
③ 금융위원회
④ 거래소

5. 의결권 대리행사의 권유

상장주권(그 상장주권과 관련된 증권예탁증권을 포함)의 의결권 대리행사의 권유를 하고자 하는 자(이하 '의결권 권유자'라 함)는 그 권유에 있어서 그 상대방(이하 '의결권 피권유자'라 함)에게 대통령령으로 정하는 방법에 따라 위임장 용지 및 참고서류를 교부하여야 한다.(「자본시장법」제152조 제1항,「동법시행령」제160조)

대통령령으로 정한 방법

① 의결권권유자가 의결권피권유자에게 직접 내어주는 방법
② 우편 또는 모사전송에 의한 방법
③ 전자우편을 통한 방법(의결권피권유자가 전자우편을 통하여 위임장 용지 및 참고 서류를 받는다는 의사표시를 한 경우만 해당)
⑦ 주주총회 소집 통지와 함께 보내는 방법[의결권권유자가 해당 상장주권(그 상장주권과 관련된 증권예탁증권을 포함)의 발행인인 경우만 해당]
⑤ 인터넷 홈페이지를 이용하는 방법

의결권대리행사의 권유란 다음 각호의 어느 하나에 해당하는 행위를 말한다. 다만, 의결권피권유자의 수 등을 고려하여 대통령령으로 정하는 경우에는 의결권 대리행사로 보지 않는다.(「자본시장법」 제152조 제2항)

의결권 대리행사의 권유 행위

① 자기 또는 제3자에게 의결권의 행사를 대리시키도록 권유하는 행위
② 의결권의 행사 또는 불행사를 요구하거나 의결권 위임의 철회를 요구하는 행위
③ 의결권의 확보 또는 그 취소 등을 목적으로 주주에게 위임장 용지를 송부하거나 그 밖의 방법으로 의견을 제시하는 행위

국가기간산업 등 국민경제상 중요한 산업을 영위하는 법인으로서 대통령령으로 정하는 상장법인(이하 '공공적 법인'이라 함)의 경우에는 그 공공적 법인만이 그 주식의 의결권 대리행사의 권유를 할 수 있다.(「자본시장법」 제152조 제3항)

위임장의 용지는 주주총회의 목적사항 각 항목에 대하여 의결권피권유자가 찬반(贊反)을 명기할 수 있도록 하여야 한다.(「자본시장법」 제152조 제4항) 의결권권유자는 위임장 용지에 나타난 의결권피권유자의 의사에 반(反)하여 의결권을 행사할 수 없다.(「자본시장법」 제152조 제5항)

「자본시장법」 제152조 제6항에 따라 위임장의 용지는 의결권피권유자가 다음 각호의 사항에 대하여 명확히 기재할 수 있도록 작성되어야 한다.(「자본시장법시행령」 제163조 제1항)

위임장 용지의 기재 사항

① 의결권을 대리행사하도록 위임한다는 내용
② 의결권권유자 등 의결권을 위임받은 자
③ 의결권피권유자가 소유하고 있는 의결권 있는 주식 수
④ 위임 할 주식 수
⑤ 주주총회 각 목적 사항과 목적 사항별 찬반(贊反) 여부
⑥ 주주총회 회의 시 새로 상정된 안건이나 변경 또는 수정 안건에 대한 의결권 행사 위임 여부와 위임 내용
⑦ 위임일자와 위임시간(주주총회의 목적사항 중 일부에 대하여 우선 의결권을 대리하도록 위임하는 경우에는 그 위임일자와 위임시간을 말함)
⑧ 위임인의 성명과 주민등록 번호(법인의 경우에는 명칭과 사업자 등록 번호)

「자본시장법」 제152조 제6항에 따른 참고 서류에는 다음 각 호의 사항이 기재되어야 한다.(「자본시장법시행령」 제163조 제2항)

참고 서류의 기재 사항

1) 의결권 대리행사의 권유에 관한 다음 각 목의 사항
 ① 의결권권유자의 성명이나 명칭, 의결권소유자가 소유하고 있는 주식의 종류 및 수와 그 특별관계자가 소유하고 있는 주식의 종류 및 수
 ② 의결권권유자의 대리인의 성명, 그 대리인이 소유하고 있는 주식의 종류 및 수(대리인이 있는 경우에만 해당)
 ③ 의결권권유자 및 그 대리인과 해당 주권상장법인과의 관계
2) 주주총회의 목적 사항   3) 의결권 대리행사의 권유를 하는 취지

의결권권유자는「자본시장법」제152조에 따라 위임장 요지 및 참고 서류를 의결권 피권유자에게 제공하는 날 2일(대통령령으로 정하는 날을 제외) 전까지 이를 금융위원회와 거래소에 제출하여야 하며, 총리령으로 정하는 장소에 이를 비치하고 일반인의 열람할 수 있도록 하여야 한다.(「자본시장법」제153조, 「자본시장법시행규칙」제18조)

위임장 용지 및 참고 서류의 비치 장소

① 주권상장법인의 본점과 지점, 그 밖의 영업소
②「자본시장법」제365조 제1항에 따라 등록을 한 명의개서 대행회사
③ 금융위원회   ④ 거래소

6. 의결권 확보 대행업체의 이용[1555]

　회사의 경영진이나 주주가 주주총회에서 이사 또는 감사(감사위원 포함)의 선임 의결권의 다수 확보를 목적으로, 당해 회사의 주주에게 의결권 행사의 위임을 권유하는 제도로서 **'의결권 대리행사 권유제도'**가 있다.

　이 경우, 의결권대리행사 권유는 자기 또는 제3자에게 의결권의 행사를 대리시키도록 주주에게 권유하는 행위를 말하며, 이러한 의결권 대리행사를 권유하는 자는 위임장 용지 또는 참고 서류를 피권유자에게 교부하고, 교부하기 2영업일 이전에 참고서류 등을 금융위원회와 거래소에 제출하여야 한다.(「자본시장법」제153조)

　의결권 대리행사의 권유제도의 의결권권유자의 자격에 대하여는「자본시장법」등에서 특별한 제한이 없으므로, 해당 회사(경영진), 주주는 물론 해당 주주총회의 목적 사항과 특별한 이해관계를 가지는 자는 누구든지 의결권권유자가 될 수 있다.

　따라서 회사가 의결권 확보 대행사를 이용하여 의결권을 확보하는 경우, 이는 의결권 대리행사의 권유행위에 해당한다. 즉, 해당 회사의 소속 임직원 이외의 제3자에게 의결권 대

리행사의 권유를 위탁하는 경우, 위탁 업무의 내용 및 수탁자에 관한 사항을 참고서류에 기재하여야 한다.

이러한 제도의 대리인 자격에는 원칙적으로 제한이 없으므로, 당해 회사의 직원 또는 의결권 확보대행사 직원도 대리인이 될 수 있으며, 만일 대리인이 있는 경우에는 참고서류에는 권유자의 대리인 성명, 그 대리인이 소유하고 있는 주식의 종류 및 수(數)도 함께 기재하는 한편 권유자 및 그 대리인과 해당 주권상장법인과의 관계도 기재하여야 한다.

또한 「개인정보보호법」상 유의사항으로 「개인정보보호법」 제26조 및 「동법시행령」 제28조은 제3자에게 개인정보의 처리업무를 위탁하는 경우, 위탁업무의 내용과 수탁자를 인터넷 홈페이지에 공개하도록 규정하고 있다. 따라서 권유자가 제3자에게 권유행위를 위탁하면서 개인정보에 해당하는 주주명부를 제공할 경우 위 참고서류 기재와 별도로 해당 회사의 홈페이지에 관련 내용을 공개하여야 한다.

7. 주주총회 소집통지에 동봉할 서류

회사는 주주들에게 소집통지서를 보낼 때 일반적으로 다음과 같은 서류를 동봉하여 보낸다.

가. 참석장

참석장은 주주가 총회에 참석한 때 접수처에 제출하는 서류로서, 주주들의 출석사항을 확인하기 위한 자료이다. 대법원은 주주총회 참석장에 관하여, 회사가 주주 본인에 대하여 주주총회 참석장을 지참할 것을 요구하는 것 역시 주주 본인임을 보다 확실하게 확인하기 위한 방편임으로, "다른 방법으로 주주 본인임을 확인할 수 있는 경우에는" 회사는 주주 본인의 의결권 행사를 거부할 수 없다고 판시하였다.[1556]

이에 따라 한국상장회사협의회가 제정한 「상장회사 표준 주주총회 운영규정」 제5조를 종래에는 주주의 확인방법으로서 참석장을 접수처에 제시하도록 규정하였으나, 개정 규정에서는 총회에 출석하려는 주주는 본인을 증명하는 신분증을 제시하거나 그 밖의 방법으로 그 자격을 증명하도록 변경하였다.

나. 의결권 행사신청서와 위임장

예탁결제원은 예탁자 또는 그 투자자의 신청에 의하여 예탁증권에 관한 권리를 행사할 수 있다.(「자본시장법」 제314조 제1항) 의결권·신주인수권 등 투자자의 의사에 따라 행사여부를 정하여야 하는 권리는 그 권리가 발생할 때마다 투자자가 개별적으로 신청해야 한다.

예탁결제원의 권리행사는 예탁계약상 수임인의 지위에서 위임사무를 처리하는 것으로 보아야 한다. 다만, 의결권 행사의 경우에는 투자자로부터 위임장을 교부받아 대리권 행사의 방법으로 투자자의 권리를 행사한다.

8. 주주총회 소집 통지 및 공고의 欠缺

1556 대법원. 2009.4.23. 선고. 2005다22701, 22718. 판결.

회사가 주주총회 소집을 통지함에 있어 대부분의 주주에 대하여 통지를 하지 않은 경우는 결의부존재사유에 해당하고, 일부 주주에 대하여 통지를 하지 아니한 경우는 결의 취소 사유에 해당한다.[1557]

회사가 총회 소집의 통지나 공고를 게을리하거나 그 소집통지나 공고에 있어서 그 기간·방법·내용 등에 있어서 적법하지 아니한 하자가 있는 경우, 소집절차가 법령 또는 정관에 위반한 것이 되어 결의 취소 사유가 되고(「상법」 제376조 제1항), 이사에게는 벌칙이 적용된다.(「상법」 제635조 제1항 제2호)[1558]

그러나 주식을 취득한 자가 회사에 대하여 의결권을 주장할 수 있기 위해서는 주주명부에 주주로서 명의개서를 하여야 하므로, 특별한 사정이 없는 한 명의개서를 하지 아니한 주식양수인에 대하여 주주총회소집통지를 하지 않았다고 하여 주주총회 결의에 절차상의 하자가 있다고 할 수는 없다고 본다.[1559]

9. 주주총회 소집 통지 및 공고의 생략

가. 취지

주주총회 소집통지가 주주명부상의 주주의 주소에 계속 3년간 도달하지 아니한 때에는 회사는 당해 주주에게 총회의 소집을 통지하지 아니할 수 있다.(「상법」 제363조 제1항) 이는 주주 관리상의 낭비를 제거하고자 장기간(3년간)에 걸쳐 통지가 주주에게 不到達할 경우 회사의 통지의무를 면제하는 제도이다.(「상법」 제363조 제1항 단서)[1560]

그 이유는 회사가 주주에 대하여 주주명부상의 주소로 주주총회의 소집통지를 발송해도 계속 3년간 도달하지 아니한 때에는 주주가 그 주소에 더 이상 거주하지 않을 개연성이 높으므로 회사로 하여금 더 이상 통지를 할 필요가 없도록 하기 위한 것이다.[1561]

나. 요건

주주총회의 소집통지를 받는 것은 주주의 중요한 권리이므로 본조의 요건을 구비하지 못한 채 통지를 생략할 경우에는 주주는 총회결의의 취소를 주장하는 등 심각한 분쟁을 야기할 수 있다.[1562] 따라서 주주에게 주주총회의 소집통지를 생략하고자 할 경우에는 ① 주주총회의 소집 통지가, ② 주주 명부상 주주의 주소에, ③ 계속 3년간, ④ 부도달(不到達)하는 것을 요건으로 하여야 한다.[1563]

1557   김용범, 전게서, 2017, 958면. 임재연, 전게서Ⅱ, 박영사, 2014, 34면.

1558   김용범, 전게서, 2017, 958면. 이철송, 전게서. 박영사. 2021. 515면. 임재연, 전게서Ⅱ, 2014, 34면.

1559   김용범, 전게서, 2017, 958면. 임재연, 전게서Ⅱ, 2014, 34면. 대법원, 1996.12.23. 선고, 96다32768, 32775, 32782. 판결. 대법원. 2017.3.23. 선고. 2015다248342 전원합의체 판결.

1560   김용범, 전게서, 2017, 958면. 이철송, 전게서. 박영사. 2021. 515면.

1561   김용범, 전게서, 2017, 958면. 임재연, 전게서Ⅱ, 박영사, 2014, 35면.

1562   김용범, 전게서, 2017, 958면. 이철송, 전게서. 박영사. 2021. 515면.

1563   김용범, 전게서, 2017, 959면. 임재연, 전게서Ⅱ, 박영사, 2014, 35면.

1) 소집통지 不到達

주주총회의 소집통지가 부도달하여야 하고, 다른 통지가 부도달한 것은 해당하지 않는다. 이를 근거로 주주총회의 소집통지를 생략할 수는 없다.[1564] 따라서 「상법」상 각종의 통지[1565] 의 부도달은 소집통지 생략의 요건에 해당하지 않는다.[1566]

2) 소집통지 발송주소

회사가 주주명부상의 주소로 통지를 발송하였으나 부도달하였어야 한다. 회사가 알고 있는 다른 주소로 통지를 발송한 경우에는 이에 해당하지 아니한다. 예탁결제원에 예탁된 주식의 실질주주에 관해서는 실질주주명부를 주주명부로 보므로(「자본시장법」 제316조), 실질주주에게는 실질주주명부상의 주소로 통지해야 한다.[1567]

3) 소집통지 不到達 기간

3년간 계속 도달하지 않아야 한다. 3년간의 계속적인 부도달을 요건으로 하므로 3년중 1회라도 도달하였다면 본조의 적용대상이 아니다.[1568] 「3년간」이란 최초 부도달된 통지의 발송일로부터 최후 부도달된 통지의 발송일까지의 기간을 뜻한다.[1569]

「상법」에 "최근 3년간"이라고 명시되어 있지는 않지만, 과거에 계속 3년간 통지가 부도달하였더라도 그 후 통지가 도달된 사실이 있는 경우에는 소집통지 생략의 요건에 해당되지 않는다고 해석하여야 한다.[1570]

그 이유는 주주총회의 소집통지의 흠결은 결의취소 사유(정도에 따라서는 결의 부존재 사유)인바, 회사로서는 요건을 최대한 엄격하게 해석하여야 결의의 효력에 관한 분쟁을 피할 수 있을 것이므로, 최근 계속해서 3년간 통지가 도달하지 않은 경우로 해석하는 것이 바람직하다고 본다.[1571]

4) 不到達 의미

주주총회소집 통지의 부도달은 **통지가 반송됨을 의미**한다. 단지 주주가 통지를 받고 주주총회에 불참한 사실만으로는 도달하지 않았다고 볼 수 없다. 주주의 주주총회 출석 여부와 무관하게 통지의 부도달이 소집통지의 생략 요건이다.[1572] 소집통지의 생략은 주주의 주주총회 불참이 아니라 소집통지의 부도달을 원인으로 하는 것인데, 주주가 계속 3년간 주주

1564 김용범, 전게서, 2017, 959면. 이철송. 전게서. 박영사. 2021. 516면. 임재연, 전게서II, 2014, 35면.

1565 주식양도승인 또는 거부통지, 주식상환 통지, 제3자 배정 신주발행 시 주주에 대한 통지, 신주인수 최고의 통지, 준비금의 자본금 전입에 따른 신주배정통지, 주식배당의 통지, 전환사채·신주인수권부사채의 인수권자에 대한 사채인수 최고의 통지 등이 그 예이다.

1566 김용범, 전게서, 2017, 959면. 이철송. 전게서. 박영사. 2021. 516면. 임재연, 전게서II, 2014, 35면.

1567 김용범, 전게서, 2017, 959면. 이철송. 전게서. 박영사. 2021. 516면. 임재연, 전게서II, 2014, 35면.

1568 김용범, 전게서, 2017, 959면. 이철송. 전게서. 박영사. 2021. 516면. 임재연, 전게서II, 2014, 35면.

1569 김용범, 전게서, 2017, 959면. 이철송. 전게서. 박영사. 2021. 516면.

1570 김용범, 전게서, 2017, 959면. 임재연, 전게서II, 2014, 35면.

1571 김용범, 전게서, 2017, 959면. 임재연, 전게서II, 박영사, 2014, 35면.

1572 김용범, 전게서, 2017, 960면. 이철송. 전게서. 박영사. 2021. 516면. 임재연, 전게서II, 2014, 35면.

총회에 출석하지 않았다고 하여 통지의 부도달로 볼 수 없고, 반대로 그 기간 중 주주가 주주총회에 출석한 사실이 있다고 하여 통지가 도달한 것으로 볼 수 없다.[1573]

5) 不到達 증명 책임

주주총회 소집통지의 생략에 대한 요건은 회사가 증명할 책임을 부담한다. 특히 3년간 계속해서 부도달한 사실의 증명이 실무상 매우 중요하다. 그러므로 본 조에 의해 소집통지를 생략하려면 반송된 소집통지를 최소한 3년간 보관하여야 할 것이다.[1574]

10. 소규모회사 소집 통지 및 공고의 방법

「상법」에서는 「소규모회사」라는 용어를 쓰지 않고, 자본금 총액이 10억 원 미만인 회사에 대해서는 특례로 주주총회의 소집절차를 간소화하는 동시에 서면결의 및 서면동의제도를 허용하고 있다.(「상법」 제363조 제5항)(이하 '소규모회사'라 한다)

「상법」상 주주총회의 소집 내지는 운영절차는 매우 엄격하여 영세한 회사로서는 준수비용이 상당한 부담이 되는 실정이므로 소규모회사의 주주총회에 관해서는 다음과 같이 크게 간소한 방법으로 운영할 수 있도록 특례를 두고 있다.[1575]

소규모회사의 소집통지 및 공고방법 간소화 특례

① 일반회사에 비해 소집통지와 주주총회의 간격이 단축되어 있다. 소규모회사가 주주총회를 소집할 때에는 주주총회일의 10일전에 각 주주에게 서면으로 통지를 발송하거나 각 주주의 동의를 받아 전자문서로 통지를 발송할 수 있다.(「상법」 제363조 제3항)
② 주주 전원의 동의가 있을 경우에는 소집절차 없이 주주총회를 개최할 수 있다.(「상법」 제363조 제4항) 동 조항은 종래에도 주주 전원의 출석이 있으면 소집절차의 흠이 치유된다는 판례의 입장이 있었으므로 이 제도가 특별히 소규모회사에 관해 새로운 특례의 의미를 갖는 것은 아니다.

Ⅳ. 주주총회 회의의 일시 및 소집의 장소

주주총회의 회의 일시·소집장소는 이사회에서 결정하여 주주에 대한 통지 및 공고에 기재하여야 한다. 그리고 주주총회의 회의 일시와 소집장소는 주주들의 참석의 편의를 고려하여 결정하여야 한다.

1. 주주총회 회의의 일시

주주총회 회의 일시에 관해서도 주주의 편의를 고려하여 건전한 상식에 따라 정할 일이다. 예컨대 특별한 사정이 없이 공휴일에 소집하거나 새벽 또는 심야에 소집한다면 역시 소

1573 김용범, 전게서, 2017, 960면. 임재연, 전게서Ⅱ, 박영사, 2014, 35~36면.
1574 김용범, 전게서, 2017, 960면. 이철송. 전게서. 박영사. 2021. 516면. 임재연, 전게서Ⅱ, 2014, 36면.
1575 김용범, 전게서, 2017, 960면. 이철송. 전게서. 박영사. 2021. 517면.

집절차가 현저하게 불공정한 경우(「상법」제376조 제1항)에 해당한다.[1576]

다만, 토요일을 비롯한 공휴일을 회의일로 정하는 것은 제반 사정을 고려하여 판단할 것인데, 단지 소액주주들이 참석이 어려운 시기라는 이유만으로는 결의취소 사유가 되기 곤란할 것이며,[1577] 주주총회의 개회가 지연되는 경우도 정각에 출석한 주주들의 입장에서 변경된 개회시각까지 기다려 참석하는 것이 곤란하지 않을 정도라야 한다.[1578]

2. 주주총회 회의의 장소

가. 소집지

총회는 본점 소재지 또는 이에 인접한 지에 소집하는 것이 원칙이나, 정관에 다른 곳으로 정할 수 있다.(「상법」제364조) 즉, 총회의 소집지는 본점 소재지, 인접지, 정관에서 정한 곳 등 세 곳 중 한 곳으로 정할 수 있다.

본점 소재지는 지번에 의한 특정지가 아니라 정관에 규정된 최소 행정구역을 의미하고,[1579] 인접지도 본점 소재지에 인접한 최소행정구역을 의미한다. 정관에서도 소재지를 정할 수 있도록 한 것은 정부 정책상 본점을 지방으로 이전하는 경우가 많은 반면에 주주는 서울 등 대도시에 거주하는 경우에 요긴하게 적용된다.[1580]

「상법」의 규정상 정관에서 이사회가 총회의 소집지를 결정하도록 하는 것은 허용되지 않는다. 다만, 정관에 규정되지도 않고 본점 소재지나 인접지도 아닌 곳에서 주주총회를 소집하는 경우도 총주주가 동의하면 허용된다고 해석된다.[1581]

따라서 정관에 규정되지도 않고 총주주의 동의도 없이 본점 소재지 및 인접지를 벗어나 원거리에 있는 장소에서 주주총회를 소집한다면 이는 위법에 해당된다고 본다.[1582]

나. 소집장소

소집장소는 구체적으로 주주들이 모여서 회의를 열 장소를 말한다. 소집장소에 관하여 「상법」에 명문의 규정은 없으나, 소재지 내에 위치하여야 한다. 소집장소를 교통상 주주들이 참석하기 어려운 곳으로 정하는 것은 소집절차의 현저한 불공정에 해당하여 결의취소 사유가 된다.[1583]

정관에 규정을 두어 소집지를 외국으로 할 수 있는가? 과거에는 한국법을 준거법으로 하

1576 김용범, 전게서, 2017, 961면. 이철송, 전게서. 박영사. 2021. 518면.

1577 김용범, 전게서, 2017, 961면. 임재연, 전게서Ⅱ, 박영사, 2014, 29면. 서울고등법원. 2005.3.30. 선고. 2003나86161, 86178(병합) 판결.

1578 김용범, 전게서, 2017, 961면. 임재연, 전게서Ⅱ, 박영사, 2014, 29면. 대법원. 2003.7.11. 선고. 200다 45584 판결.

1579 김용범, 전게서, 2017, 961면. 임재연, 전게서Ⅱ, 박영사, 2014, 30면.

1580 김용범, 전게서, 2017, 961면. 임재연, 전게서Ⅱ, 박영사, 2014, 30면.

1581 김용범, 전게서, 2017, 961면. 임재연, 전게서Ⅱ, 박영사, 2014, 30면.

1582 김용범, 전게서, 2017, 962면. 이철송. 전게서. 박영사. 2021. 517면.

1583 김용범, 전게서, 2017, 962면. 임재연, 전게서Ⅱ, 박영사, 2014, 30면.

여 설립된 이상 소집지는 한국으로 제한된다는 견해가 지배적이었다. 그러나 내외 합작기업이 늘고 있는 상황이므로 탄력적으로 해석이 필요하다. 원시정관에 규정을 두거나 총주주의 동의에 의해 소집지를 외국으로 하는 것은 무방하다고 본다.[1584]

주주총회를 개최한 후 사정상 장소를 변경하는 경우에도 출석한 주주들로 하여금 변경된 장소에 모일 수 있도록 상당한 방법으로 알리고 이동에 필요한 조치를 다한 때에 한하여 적법하게 소집장소가 변경되었다고 볼 수 있다.[1585]

3. 맺는말

위의 내용 이외에도 소집통지에 기재된 소집일시 또는 소집장소가 실제 회의일시 또는 장소와 상당한 괴리가 있어 사회통념상 통지된 대로 회의가 있었다고 보기 어려운 경우에는 소집통지에 하자가 있다고 보아야 한다. 판례는 이 경우 소집절차가 현저히 불공정하여 취소사유(「상법」 제376조 제1항)가 된다고 보고 있다.[1586]

V. 주주총회의 목적사항

1. 개요

회의 목적사항(「상법」 제363조 제2항 및 제3항)은 주주총회에서 결의할 사항인 의안을 의미한다. 의안의 제목이 **"의제"**이고, "의제"의 내용이 **"의안"**이다. 즉, "이사 선임의 건" 또는 "정관 변경의 건" 등은 **의제**이고, 구체적으로 어느 특정 후보를 이사로 선임하고자 하는 안 또는 정관의 어느 규정을 어떻게 변경하자는 안이 **"의안"**이다. 따라서 안건으로 상정되어 결의될 사항은 의제가 아니라 의안이다.[1587]

주주총회에서는 주주총회 소집통지서에 기재된 회의의 목적사항에 한하여 결의할 수 있다. 회의 목적사항에 **"기타"**라고 기재된 부분은 효력이 없는 것이고, 만일 이러한 기재에 기하여 총회가 결의를 하였다면 결의 취소의 대상이 된다.[1588] 그러므로 통지서 및 공고에 주주가 무엇을 결의하게 되는지를 알 수 있을 정도로 회의의 목적을 기재해야 하며, 또 그것으로 충분하다.[1589]

예컨대 「이사 선임의 건」, 「재무제표 승인에 관한 건」 정도로 표시하면 된다. 다만 집중투표를 허용하는 회사의 경우에는 주주에게 집중투표를 청구할 수 있는 기회를 주어야 하므로(「상법」 제382조의2 제2항), 선임할 이사의 수를 소집통지에 기재해야 한다.[1590]

1584 김용범, 전게서, 2017, 962면. 임재연, 전게서 II, 2014, 30면. 이철송. 전게서. 2021. 518면.

1585 김용범, 전게서, 2017, 962면. 임재연, 전게서 II, 2014, 30면. 대법원. 2003.7.11. 2001다 45584 판결.

1586 김용범, 전게서, 2017, 962면. 이철송. 전게서. 박영사. 2021. 518면. 대법원. 2003.7.11. 선고, 전게 판결

1587 김용범, 전게서, 2017, 963면. 임재연, 전게서 II, 박영사, 2014, 31면.

1588 김용범, 전게서, 2017, 963면. 임재연, 전게서 II, 박영사, 2014, 31면.

1589 김용범, 전게서, 2017, 963면. 이철송. 전게서. 박영사. 2021. 519면.

1590 김용범, 전게서, 2017, 963면. 이철송. 전게서. 박영사. 2021. 519면. 上柳克郎 외, 「新版 註釋會社法 (5)」, 有斐閣, 1985~1990, 52면.

2. 의안 요령

정관의 변경이나 자본금 감소, 회사 합병 등 특별결의사항을 다룰 주주총회를 소집할 때에는 「의안의 요령」도 기재하여야 한다.(「상법」 제433조 제2항, 제438조 제2항, 제522조 제2항). 「의안의 요령」이란 의안의 자체 또는 결의할 사항 즉, 의안의 주요 내용이다.[1591]

예컨대 정관변경을 의안으로 한다면 변경할 규정, 변경될 내용 등이 표시되어야 하며, 회사 합병이라면 합병조건 등 합병계약의 주요내용이 표시되어야 한다.[1592] 영업양도 등에 관한 특별결의 요건을 규정한 「상법」 제374조에는 명문규정이 없지만 이 경우에도 의안의 요령을 기재하는 것이 타당하고 실무상으로도 일반적으로 기재한다.[1593]

3. 기재 방법

주주총회 소집통지서에 기재할 회의의 목적사항은 "이사선임의 건", "재무제표 승인의 건"과 같이 무엇을 결의하게 되는지 주주가 알 수 있는 정도로 의제만 기재하면 된다. 그러나 정관변경(「상법」 제433조 제2항), 자본금 감소(「상법」 제438조 제2항), 회사합병(「상법」 제522조 제2항) 등과 같이 중요한 특별결의사항을 다룰 주주총회를 소집하는 경우에는 "의안의 요령"도 기재하여야 한다.[1594]

상장회사의 경우에는 특별결의사항에 한하지 않고 보통결의사항인 이사·감사의 선임에 관한 사항을 목적으로 하는 주주총회의 소집을 통지·공고하는 경우에도 이사·감사후보자의 성명, 약력, 추천인, 후보자와 최대 주주와의 관계, 후보자와 해당 회사와의 최근 3년간 거래 내역에 관한 사항(「상법시행령」 제31조 제3항)을 통지·공고하여야 한다.[1595]

다만 주주총회의 실무상 소집통지서에 회의의 목적사항을 보고사항과 결의사항으로 구분하여 기재하기도 하고, 결의사항만을 회의의 목적사항으로 보고 보고사항과 회의의 목적사항으로 구별하여 기재하기도 한다.[1596]

보고사항은 이사의 영업보고, 감사(또는 감사위원회의 대표)의 감사보고서 등이다. 그리고 「신외감법」이 적용되는 회사의 경우에는 외부감사인의 감사보고(「신외감법」제22조, 제24조)도 요구된다. 보고사항은 결의사항과 달리 그 기재가 누락되어도 주주총회 소집절차상의 하자는 아니다.[1597] 다만, 회사합병의 보고는 보고를 마쳐야 합병등기를 할 수 있으므로 보고사항이지만 반드시 회의목적사항으로 소집통지서에 기재하여야 한다.[1598]

1591 김용범, 전게서, 2017, 963면. 이철송. 전게서. 박영사. 2021. 519면. 임재연, 전게서Ⅱ, 2014, 31면.
1592 김용범, 전게서, 2017, 963면. 임재연, 전게서Ⅱ, 2014, 31면. 이철송. 전게서. 박영사. 2021. 519면.
1593 김용범, 전게서, 2017, 963면. 임재연, 전게서Ⅱ, 박영사, 2014, 31~32면.
1594 김용범, 전게서, 2017, 964면. 임재연, 전게서Ⅱ, 박영사, 2014, 32면
1595 김용범, 전게서, 2017, 964면. 임재연, 전게서Ⅱ, 박영사, 2014, 32면.
1596 김용범, 전게서, 2017, 964면. 임재연, 전게서Ⅱ, 박영사, 2014, 32면.
1597 김용범, 전게서, 2017, 964면. 임재연, 전게서Ⅱ, 박영사, 2014, 32면.
1598 김용범, 전게서, 2017, 964면. 임재연, 전게서Ⅱ, 박영사, 2014, 32면. 김교창, 전게서, 2010, 72면.

4. 결의 사항

주주총회에서는 소집통지서에 기재된 의제의 범위를 벗어나는 의안에 대한 결의를 할 수 없다. 예컨대 "정관 변경의 건"이라는 의제가 주주총회 소집통지에 기재하지 아니한 경우에는 정관변경 의안을 상정하여 의결할 수 없다. 이 점에서 의제는 주주총회를 구속한다고 볼 수 있다. 주주총회 소집통지에 기재된 의안이 아닌 새로운 의안을 상정하고 결의하는 것은 허용되지 않는다.[1599]

그러나 주주총회 소집통지에 기재된 의안이 상정된 후 목적의 동일성을 해하지 않는 한 수정동의는 가능하다고 본다.[1600] 다만, 상장회사의 이사·감사의 선임 의안의 경우에는 「상법」 제542조의4 제2항에 따라 통지·공고한 후보자 중에서만 선임하여야 하므로 (「상법」 제542조의5), 이러한 수정 동의는 불가능하다.[1601]

예컨대 이익배당 결의에서 배당금의 증감은 동일성이 유지되므로 가능하나, 재무제표 승인을 위해 소집된 총회에서 이사를 선임한다든지, 정관 변경을 위해 소집된 주주총회에서 자본금 감소의 결의를 한다면 위법한 결의로서 취소사유가 된다. 목적 외의 결의는 설혹 참석한 주주 전원의 동의가 있더라도 허용할 수 없다.[1602]

5. 회의 목적사항의 철회

회의의 목적사항은 주주초회 소집통지 후에도 이사회 결의에 의하여 철회할 수 있다. 회의 목적사항의 철회 일자와 주주총회 일자 사이에 여유가 있으면 철회 사실을 통지하는 것이 바람직하다. 회의의 목적사항은 일부 또는 전부의 철회가 가능하다.[1603]

그러나 의장이 주주총회 당일 참석주주들에게 철회 사실을 공지해도 다른 결의의 효력에는 영향이 없다. 물론 이사회가 철회를 결정한 의안을 의장이 임의로 상정하는 것이나 이사회가 철회하지 않은 의안을 의장이 임의로 철회하는 것은 모두 허용되지 않는다. 이 경우에는 결의가 이루어지더라도 결의 취소의 대상이다.[1604]

VI. 주주총회의 주주제안권

1. 주주제안제도의 의의

주주제안(shareholder's proposal)이란 "주주가 일정한 사항을 주주총회의 목적사항으로 할 것을 제안할 수 있는 권리"를 말한다.(「상법」 제363조의2 제1항) 주주제안은 주주에게 회의의 목적사항을 제안할 기회를 부여함으로써 경영진이나 지배 주주를 견제할 수 있는 장치를 마

1599 김용범, 전게서, 2017, 964면. 임재연, 전게서Ⅱ, 박영사, 2014, 32면.

1600 김용범, 전게서, 2017, 965면. 임재연, 전게서Ⅱ, 박영사, 2014, 32면. 이철송, 전게서, 2021, 519면. 손주찬, 전게서, 706면. 정동윤, 전게서, 545면.

1601 김용범, 전게서, 2017, 965면. 임재연, 전게서Ⅱ, 박영사, 2014, 32면.

1602 김용범, 전게서, 2017, 965면. 이철송, 전게서, 박영사, 2021. 519면. 대법원. 1979.3.27. 판결. 79다19.

1603 김용범, 전게서, 2017, 965면. 임재연, 전게서Ⅱ, 2014, 32면/33면. 이철송, 전게서, 박영사, 2021. 519면.

1604 김용범, 전게서, 2017, 965면. 임재연, 전게서Ⅱ, 박영사, 2014, 33면.

련하고 주주총회를 활성화하기 위한 제도이다.[1605]

일반적으로 주주제안제도는 주주총회에 자신이 직접 의안을 제출하거나 경영진에게 자신의 의사를 반영시킬 의안을 제출하는 방식으로 운영되는데, 주주제안권은 주주총회에서 의결권행사를 통해 의사결정에 참여하는 소극적 권리와 비교해 볼 때 주주가 총회 안건을 직접 제안할 수 있는 보다 적극적인 권리라 할 수 있다.[1606]

주주제안제도는 제안된 안건을 반드시 가결하기보다는 제안 내용이 소집통지서와 참고서류를 통해 경영자와 다른 주주에게 공시되는 기능을 통해 경영진의 주의를 환기시키고, 주주·경영진·다른 주주간의 커뮤니케이션을 도모하여 주주총회를 활성화하는 기능을 가지고 있다고 볼 수 있다.[1607]

2. 주주제안제도의 도입 경위[1608]

주주총회소집 시 소집통지에 주주총회 목적사항인 안건을 기재하여야 하고(「상법」 제363조 제2항), 이 소집통지에 의하여 소집된 주주총회에서는 기재된 목적사항에 한하여 결의할 수 있게 하였다.

그런데 주주총회의 소집은 이사회가 결정하기 때문에(「상법」 제363조 제1항) 주주는 3% 소수주주권인 주주총회소집청구권에 근거해 법원허가를 얻어 총회를 소집하는 경우(「상법」 제366조)를 제외하고는 주주총회의안을 상정하거나 제안할 기회를 갖지 못하였다.

이와 같이 제도적으로 대주주나 경영진 외에 소수주주 등이 의안결정 과정에 참여할 수 없게 되어있기 때문에 소수주주는 사실상 주주총회에서 아무런 영향력을 발휘할 수 없어 주주총회에 대한 무관심이 심화되고 회사경영에 대해서도 극도의 소외감을 가지게 된다.

이에 1997년 1월 개정된 「증권거래법」(법률 제5254호)은 주주총회의 활성화를 위해 주권상장법인의 주주제안제도를 신설하였고, 1998년 12월 개정된 「상법」도 주주제안제도를 신설해(「상법」 제363조의2) 현재는 모든 주식회사에 주주제안제도가 적용된다.

3. 주주제안권자

주주제안권자는 의결권 없는 주식을 제외한 발행주식총수의 100분의 3 이상에 해당하는 주식을 가진 주주이다.(「상법」 제363조의2 제1항) 상장회사의 경우에는 6개월 전부터 계속하여 의결권 없는 주식을 제외한 발행주식총수의 1천분의 10(최근 사업연도 말 자본금이 1천억 원 이상인 상장회사의 경우에는 1천분의 5) 이상에 해당하는 주식을 보유한 자는 주주제안권을 행사할 수 있다.[1609]

1605 김용범, 전게서, 2017, 965면. 임재연, 전게서II, 박영사, 2014, 50면.

1606 김용범, 전게서, 2017, 966면. 임재연, 전게서II, 박영사, 2014, 50면.

1607 김용범, 전게서, 2017, 966면. 임재연, 전게서II, 박영사, 2014, 50면.

1608 김용범, 전게서, 2017, 966면. 임재연, 전게서II, 박영사, 2014, 50면.

1609 금융투자업자의 경우에는 6개월 전부터 계속하여 의결권 있는 발행주식총수의 1만분의 50(최근 사업연도 말 현재 자본금이 1천억 원 이상인 금융투자업자인 경우에는 1만분의 25) 이상에 해당하는 주식을 소유한 자는 주주제안권을 행사할 수 있다.(「자본시장법」 제29조 제6항)

　　그리고 금융회사의 경우는 6개월 전부터 계속하여 금융회사의 의결권 있는 발행주식총수의 1만분의 10 이상에 해당하는 주식을 대통령령으로 정하는 바(① 주식의 소유, ②주주권 행사에 관한 위임장의 취득, ③ 주주 2인 이상의 주주권 공동행사)에 따라 보유한 자는「상법」제363조의2(주주제안권)에 따른 주주의 권리를 행사할 수 있다.(「금융지배구조법」제33조 제1항,「동법시행령」제28조 제1항)

　　「상법」의 입법 취지나 조문의 형식으로 보아 상장회사의 주주가「상법」제542조의6 제2항의 보유기간 요건을 충족하지 못한 경우나 금융회사의 주주가「금융지배구조법」제33조 제1항의 보유기간 요건을 충족하지 못한 경우에도「상법」제363조의2 제1항의 요건(발행주식총수의 100분의 3 이상 주식 보유)을 갖춘 경우에는 앞에서 설명한 바와 같이 일반규정에 의한 권리와 특례규정에 의한 권리를 선택적으로 행사할 수 있도록 2020. 12. 09.「상법」개정에서 명문화하였다.(「상법」제542조의6 제10항 신설)

　　주주제안을 하는 소수주주의 주식보유요건은 주주제안 후에도 유지하여야 하지만, 주주총회에서 의결권을 행사할 수 있는 자가 확정되는 시점인 "주주명부 폐쇄기간의 초일 또는 기준일" 후에는 보유주식수가 감소하더라도 효력에는 영향이 없다고 본다. 그리고 주주명부 폐쇄기간의 초일 또는 기준일 이후에 주주제안을 한 경우에 제안시점에 지주요건이 구비되면 그 후에는 보유주식 수가 감소하더라도 효력에는 영향이 없다고 본다.[1610]

4. 주주제안 상대방

　　소수주주의 주주제안의 상대방은 이사이다.(「상법」제363조의2 제1항) 소수주주의 주주제안을 받은 이사는 이를 이사회에 보고하여야 한다. 그리고 이사회는 주주제안의 내용이 법령 또는 정관을 위반하는 경우와 그 밖에 대통령이 정하는 경우를 제외하고는 이를 주주총회의 목적사항으로 하여야 한다.(「상법」제363조의2 제3항)

5. 주주제안 행사기간

　　주주제안권자는 이사에게 주주총회일(정기주주총회의 경우 직전 연도의 정기 주주총회일에 해당하는 그해의 해당일)의 6주 전에 서면 또는 전자문서로 일정한 사항을 주주총회의 목적사항으로 할 것을 제안할 수 있다.(「상법」제363조의2 제1항)

　　그런데 이사회가 결정한 주주총회의 소집은 주주에게 2주 전에 통지하므로 주주가 6주 전에 미리 주주총회의 소집사실을 아는 것은 이례적인 경우일 것이다. 주주제안은 제안일로부터 6주 이후에 열리는 주주총회에서는 반드시 다루어 달라는 의미로 볼 수 있으므로 제안기간 미충족 시 회사는 해당 주주총회에서 주주제안을 거부할 수 있지만, 차기의 주주총회에 대한 주주제안으로서는 계속 효력이 있다고 보아야 한다.[1611]

　　다만, 정기총회의 회일은 예측이 가능하므로 주주가 특정 정기총회에서 다룰 안건을 제

1610　김용범, 전게서, 2017, 967면. 임재연, 전게서Ⅱ, 박영사, 2014, 51면.
1611　김용범, 전게서, 2017, 967면. 임재연, 전게서Ⅱ, 박영사, 2014, 52면.

안할 수 있다. 「상법」도 제안주주의 편의를 위하여 「상법」 제363조의2 제1항의 규정에서는 "주주총회일(정기주주총회의 경우 직전 연도의 정기주주총회일에 해당하는 그해의 해당일)의 6주 전에" 라고 규정하고 있다.

회사는 6주 전이라는 요건에 미달하는 기간에 주주제안을 한 경우에는 그 제안을 채택할 의무가 없다. 그러나 위 기간이 주주총회의 소집준비를 위한 기간이고, 현실적으로 주주가 제안을 하면 이를 6주 이후에 열리는 주주총회에서라도 다루어 달라는 의미이므로 회사가 이를 채택할 수 있다.[1612] 임시주주총회는 성질상 개최되는 시점을 미리 알기가 어렵다. 따라서 현실적으로 주주제안권은 정기주주총회에서만 행사가 가능할 것이다.[1613]

6. 주주제안 내용 및 제한

가. 주주제안의 내용

주주제안은 이사회에서 정한 회의 목적사항에 안건을 추가할 것을 요구하는 것이다. 주주제안은 두 가지 형태가 있을 수 있다. **하나**는 총회의 의제(회의의 목적)로 삼을 사항(예컨대 이사를 선임하자는 안, 주식배당을 실시하자는 안 등)을 제안하는 것이고, **다른 하나**는 이 같은 목적사항에 관해 의안의 요령, 즉 구체적인 결의안을 제출하는 것이다. 전자를 **「의제제안권」**, 후자를 **「의안제안권」**이라 부른다.[1614]

주주제안권자가 의제제안권을 행사할 때에는 당연히 자신의 의안을 제시해야 한다. 주주제안권자가 의제만 제안하고 의안을 제안하지 않은 경우에는 결의의 대상이 구체적으로 특정되지 아니하므로 주주총회 의장은 제안된 의제를 의사일정에서 제외할 수 있다. 특히 정관변경, 자본금감소, 회사합병 등과 같은 중요한 특별결의사항을 다룰 주주총회를 소집하는 경우에는 "의안의 요령"(이하 "의안"이라 한다)을 기재하여야 하므로, 이러한 사항에 대하여 주주제안을 하는 주주는 반드시 자신의 "의안"을 포함하여 제안하여야 한다.[1615]

문제는 이사회가 제시한 의제에 대해서 의안만을 제안할 수 있는 가이다. 「상법」은 "소수주주는 이사에게 회의의 목적사항으로 할 사항(의제)에 추가하여 자신이 제출하는 의안의 요령(의안)을 통지와 공고에 기재할 것을 청구할 수 있다."(「상법」 제363조의2 제2항)고 규정하고 있다. 여기서 말하는 의제는 자신이 제안한 의제는 물론이고 회사가 채택한 의제에 대해서도 할 수 있다고 본다.[1616]

상장회사는 특별결의사항에 한하지 않고 보통결의사항인 이사·감사의 선임에 관한 사항을 목적으로 하는 주주총회 소집·공고하는 경우에도 후보자의 성명, 약력, 추천인, 후보자와 최대주주와의 관계, 후보자와 해당 회사와의 최근 3년간의 거래내역에 관한 사항(「상법시

1612 김용범, 전게서, 2017, 968면. 임재연, 전게서 II, 박영사, 2014, 52면.

1613 김용범, 전게서, 2017, 968면. 김건식 외 2인, 전게서, 박영사, 2021, 307면.

1614 김용범, 전게서, 2017, 968면. 이철송, 전게서, 박영사, 2021, 520면. 최준선, 313 및 319면.

1615 김용범, 전게서, 2017, 968면. 임재연, 전게서 II, 2014, 53면. 김건식, 전게서, 2014, 279면.

1616 김용범, 전게서, 2017, 969면. 임재연, 전게서 II, 2014, 53면. 김건식외 2인, 전게서, 박영사, 2021, 305면..

행령」제31조 제3항)을 통지·공고하여야 한다.(「상법」제542조의4 제2항)

상장회사는 위와 같은 방법에 의하여 통지 또는 공고한 후보자 중에서만 이사·감사를 선임할 수 있다.(「상법」제542조의5) 따라서 이사·감사의 선임에 관하여 주주제안하는 주주는 이러한 사항을 포함하여 의안을 제안해야 한다.[1617] 다만, 주주제안 내용에 이러한 사항을 반드시 포함하여야 하는 것은 아니고, 주주총회의 소집통지·공고에 이러한 사항이 기재되어야 하는 것이므로 회사가 소집통지·공고를 할 때까지 이러한 사항의 기재를 청구할 수 있다고 할 것이다.[1618]

나. 주주제안의 제한

1) 주주제안의 내용적 제한

주주제안을 함에는 동 제안의 필요성이나 합리성에 대한 증명 또는 소명이 필요하지 않다. 예컨대 주주가 사업목적의 변경이나 추가를 위해 정관변경을 제안할 경우 그 필요성에 대한 소명은 불필요한 것이다.[1619]

그러므로 주주의 제안권 행사는 자칫 남용되어 소유와 경영의 분리를 원칙으로 하는 회사법의 권한분배원리를 흐릴 수 있다. 그러므로 「상법」은 주주제안권의 남용을 막기 위하여 남용에 해당하는 주주제안에 대해서는 이사회가 이를 목적사항으로 하지 않을 수 있음을 규정하고 있다.(「상법」제363조의2 제3항)

그러나 주주제안 제한사유들은 주주제안권의 명백한 남용을 방지하기 위한 예외적 규정으로 마련된 것이므로, 그 남용의 위험이 명백하지 않는 한 소수주주의 주주제안권의 폭넓은 실현을 위하여 엄격하게 해석되어야 한다고 본다.[1620]

이하 「상법시행령」제12조에서 정하는 주주제안 거부사유는 다음과 같다.

① **주주총회에서 의결권의 100분의 10 미만의 찬성밖에 얻지 못하여 부결된 내용과 같은 내용의 의안을 부결된 날로부터 3년 내에 다시 제안하는 경우**(제1호)

주주총회에서 부결된 의안이라면 단기간 내에는 가결될 가망이 없음이 보통이므로 이를 거듭 제안함은 주주제안권의 남용이라고 보고 반복제안을 금지한 것이다.[1621]

「같은 내용의 의안」(의안의 동일성)은 **「실질적으로 같은 내용의 의안」**(실질적인 동일성)을 뜻하므로, 형식적으로 동일하더라도 실질적으로 다른 내용을 갖는다면 이는 동일 의안이 아니다.[1622] 예컨대 금년에 주식배당의 안을 제출하여 부결된 후 다음 해에 또 주식배당을 제안하더라도 주식배당의 배경이 되는 결산 내용이 상이한 만큼 이를 동일한 의안이라고 할 수는 없는 것이다.

1617 김용범, 전게서, 2017, 969면. 임재연, 전게서Ⅱ, 박영사, 2014, 53면.
1618 임재연, 전게서Ⅱ, 박영사, 2014, 54면.
1619 김용범, 전게서, 2017, 969면. 이철송, 전게서, 박영사, 2021, 521면.
1620 김용범, 전게서, 2017, 969면. 임재연, 전게서Ⅱ, 2014, 55면. 서울북부지방법원, 2007.2.28. 선고, 2007카215 결정.
1621 김용범, 전게서, 2017, 969면. 이철송, 전게서, 박영사, 2021, 521면. 일본 「회사법」제305조 제4항.
1622 김용범, 전게서, 2017, 970면. 임재연, 전게서Ⅱ, 2014, 56면. 이이철송, 전게서, 박영사, 2021, 521면.

② 주주 개인의 고충에 관한 사항인 경우(제2호)

주주개인의 고충이라면 주주총회의 결의사항이 못될 것이므로 불필요한 규정이라는 주장이 있으며,[1623] **"개인의 고충"**은 좁은 의미에서의 개인적 고충이외에 개인적 이익, 즉 제안자가 다른 일반주주와 공유하지 않은 개인적 이익도 포함한다는 주장도 있다.[1624]

③ 주주의 권리를 행사하기 위하여 일정비율의 초과하는 주식을 보유해야 하는 소수주주권에 관한 사항인 경우(제3호)

소수주주권에 관한 사항을 주주제안의 대상으로 하지 못하게 한 것은 소수주주권으로 행사할 권리를 주주제안의 형식으로 행사함으로써 소수주주권의 요건을 참탈하는 것을 방지하려는 취지에서 비롯된 것이나, 소수주주권에 속하는 권리는 성질상 총회에서의 제안과 무관하게 행사되어야 하므로 당초 주주제안의 실익이 없다.[1625]

④ 임기 중에 있는 임원의 해임에 관한사항(「상법」 제542조의2 제1항에 따른 상장회사 만 해당)에 인 경우(제4호)

해임할 경우 의결권을 제한받고 있는 감사의 경우는 몰라도 이사의 해임이 주주총회의 특별결의 사항이라는 것(「상법」 제385조 제1항)만으로도 이사는 충분히 보호가 되고 있다고 할 것이기 때문에 이사의 해임을 배제한 것은 정당화하기 어렵다는 주장도 있다.[1626] 또한 상장회사에 국한하여 이러한 특례를 두는 것은 비상장회사의 임원과 비교하여 평등의 원칙(「헌법」 제11조 제1항)에 위배된다는 주장도 있다.[1627]

그러나 임기 중의 임원에 대하여는 법령 및 정관을 위반하거나 임무를 해태한 때에는 주주는 대표소송권(「상법」 제403조), 직무집행가처분(「상법」 제407조), 유지청구권(「상법」 제402조) 등으로 얼마든지 임원의 책임을 물을 수 있음에도 불구하고, 소수주주가 본인 또는 제3자의 이익을 위해 임원에 대한 위협·협박수단으로 임원 해임에 관한 주주제안권을 남용하는 것을 방지할 수 있고 임기 중 해임이라는 불안에서 벗어나 경영의 안정성을 유지하는 효과는 분명히 있다.

⑤ 회사가 실현할 수 없는 사항 또는 제안 이유가 명백히 거짓이거나 특정인의 명예를 훼손하는 사항인 경우(제5호)

「회사가 실현할 수 없는 사항」이란 법률적으로 실현 불가능한 경우와 사실상 실현 불가능한 경우로 나누어 볼 수 있다. 법률적으로 실현 불가능한 경우란 「상법」 제363조의2 제3항에 의해 주주제안권이 허용되지 않는 주주제안을 하여 「법령·정관 을 위반하는 경우」에 속하므로 여기서 말하는 실현 불가능한 사항이란 사실상 실현 불가능한 경우를 예상한 것으로 생각된다.[1628]

1623 김용범, 전게서, 2017, 970면. 이철송. 전게서. 박영사. 2021. 521면.

1624 김용범, 전게서, 2017, 970면. 임재연, 전게서Ⅱ, 2014, 56면.

1625 김용범, 전게서, 2017, 970면. 이철송. 전게서. 박영사. 2021. 522면.

1626 김건식외 2인. 전게서. 박영사. 2021. 306면

1627 이철송. 전게서. 박영사. 2021. 522면.

1628 김용범, 전게서, 2017, 971면. 이철송. 전게서. 박영사. 2021. 522면.

가령 회사의 자산규모로 보아 사실상 실현 불가능한 사업 목적을 추가할 것을 제의하는 것과 같다. 그러나 사실상 실현 불가능에 관해 정형화된 판단 방법이 있을 수 없으므로 실현불가능을 이유로 회사가 주주제안을 거부할 경우, 불가능여부 판단을 놓고 회사와 주주 간에 분쟁이 예상된다.[1629]

「제안이유가 명백히 허위인 사항」을 제외함은 허위인 사항에 의한 주주제안권의 남용을 방지할 수 있고, 그로 인해 경영진은 허위사항에 의한 경영 불안에서 벗어나 경영의 안정성을 유지하는 효과는 분명히 있다. 그러나 주주제안은 합리성이나 필요성에 관한 소명 또는 증명을 요하지 않으므로, 주주제안에 이유를 붙일 것을 전제로 제안이유의 진실성에 터 잡아 주주제안을 제한함은 입법적인 착오로 보인다는 의견이 있다.[1630]

주주제안으로 인해 **「특정인의 명예가 훼손되는」경우**란 주주총회의 결의사항 일반에 대해 상상하기는 어렵고, 이사나 감사의 해임결의(「상법」 제385조 제1항, 제415조)를 제안할 경우에 생각해 볼 수 있는 일이다. 해임이유를 설명하는 과정에서 이사나 감사의 부정 또는 부적임을 적시함으로써 이사나 감사의 명예가 훼손될 수 있겠으나(「형법」 제307조), 사실을 적시한 경우에는 위법성조각사유에 해당되어(「형법」 제307조) 이를 이유를 주주제안을 막을 수는 없다.

이 규정 역시 불합리한 규정이라는 의견이 있다.[1631] 그러나 해임이유를 설명하면서 이사나 감사의 부정 또는 부적임에 대해 허위사실을 적시해 명예훼손 구성요건에 해당되는 경우에는(「형법」 제307조), 위법성조각사유에 해당되지 아니한바 경영진의 명예도 매우 중요하므로 주주제안을 제한할 충분한 필요성이 있다.

2) 주주제안의 수량적 제한

소수주주가 특정 주주총회에서 제안할 수 있는 의제나 의안의 수에 대한 제한은 없다.[1632] 그러나 주주제안권도 권리남용의 대상이 될 수 있으므로 과도한 수의 제안을 행하는 경우에는 제안권의 남용으로 거부할 수 있다고 본다.[1633]

7. 주주제안에 대한 회사의 대응

가. 이사회 조치

이사로부터 주주제안에 관한 보고를 받은 이사회는 주주제안의 내용이 법령 또는 정관을 위반한 경우와 그 밖에 대통령으로 정하는 경우를 제외하고는 이를 주주총회의 목적 사항으로 하여야 한다.(「상법」 제363조의2 제3항)

나. 의안설명기회 부여

1629 김용범, 전게서, 2017, 971면. 이철송. 전게서. 박영사. 2021. 522면.

1630 김용범, 전게서, 2017, 971면. 이철송. 전게서. 박영사. 2021. 522면.

1631 김용범, 전게서, 2017, 971면. 이철송. 전게서. 박영사. 2021. 522면.

1632 김용범, 전게서, 2017, 972면. 미국에서는 한 번에 하나의 제안만이 가능하고 제안의 길이는 5백 단어에 한한다.(17 C. F. R. § 240.14a-8(c) (d) (2014)).

1633 김용범, 전게서, 2017, 972면. 김건식외 2인. 전게서. 박영사. 2021. 307면.

이사회가 주주제안 내용을 주주총회의 목적사항으로 한 경우, 주주제안을 한 자의 청구가 있을 때에는 주주총회에서 당해 의안을 설명할 기회를 주어야 한다.(「상법」제363조의2제3항)

다. 출석의무 여부

주주에게 의안을 설명할 기회가 부여되지만 의안을 설명할 의무는 없다. 이 점을 고려하면 의안을 제안한 주주가 주주총회에 출석하지 않더라도 회사는 제안된 안건을 상정하여야 한다.[1634]

라. 주주제안 거부

앞의 '주주제안의 제한 항목'에서 설명한 바와 같이 「상법」은 주주제안의 내용이 법령 또는 정관을 위반한 경우와 「상법시행령」 제12조(주주제안의 거부)에서 정하는 사유에 해당하는 경우에는 이러한 주주제안에 대해서는 이사회가 주주총회의 목적사항으로 하지 않을 수 있음을 규정하고 있다.(「상법」 제363의2 제3항)[1635]또한 「상법시행령」 제12조상의 거부사유 외에 일반적인 해석상 거부사유에는 다음과 같은 사유가 있다.[1636]

일반적인 해석상 주주제안 거부 사유

① 「상법」상 주주총회의 권한사항이 아닌 사항
② 제안내용이 법령을 위반하는 경우   ③ 회사의 사업내용과 전혀 관련이 없는 경우
④ 회사가 이미 시행하고 있는 사항에 대하여 제안하는 경우
⑤ 회사의 중대한 구조 변경을 제안하는 경우 등

정관에 주주제안 거부사유를 규정하는 경우에도 이를 무제한적으로 적용하는 것은 허용되지 않고, 소수주주의 주주제안권을 침해하지 않는 한도에서 적용해야 할 것이다. 따라서 정관에 규정된 거부사유가 광범위할수록 제한적으로 적용되어야 할 것이다.[1637]

8. 제안주주의 주주제안 철회

회사가 주주제안에 의한 회의의 목적사항으로 주주총회 소집을 통지한 후에 주주 제안을 한 주주가 주주총회 전에 또는 주주총회 당일 스스로 제안을 철회하는 것도 허용된다.[1638] 그

1634 김용범, 전게서, 2017, 972면. 임재연, 전게서Ⅱ, 박영사, 2014, 54면. 미국에서는 주주제안자는 주주총회에 참석하여 제안에 대한 설명을 하여야 한다.

1635 김용범, 전게서, 2017, 973면. 이철송, 전게서, 박영사, 2021. 521면.

1636 김용범, 전게서, 2017, 973면. 임재연, 전게서Ⅱ, 박영사, 2014, 57면.

1637 김용범, 전게서, 2017, 973면. 임재연, 전게서Ⅱ, 박영사, 2014, 57면.

1638 김용범, 전게서, 2017, 973면. 임재연, 전게서Ⅱ, 박영사, 2014, 57면.

리고 회의의 목적사항의 일부 또는 전부의 철회도 가능하다고 본다.[1639]

주주제안에 대하여 의안을 상정하지 않고 주주총회 결의에 의하여 의안을 철회할 수 있는지에 관하여, 철회안이 가결된다면 표결을 하더라도 어차피 부결될 것이기 때문에 논란의 여지가 있지만 주주제안에 의한 의안은 제안주주가 스스로 철회하지 않는 한 주주총회 결의에 의하여 의안을 철회할 수 없다고 해석해야 한다.[1640]

이사회가 주주제안 내용을 주주총회 목적사항으로 한 경우, 주주제안을 한 자의 청구가 있을 때에는 주주총회에서 설명할 기회를 주어야 하고(「상법」 제363조의2 제3항), 특히 주주제안이 이사의 선임에 관한 것이고 그 이사의 선임이 집중투표제의 방법에 의하는 경우에는 주주제안에 의한 의안을 단순투표에 의해 철회하는 결과가 되기 때문이다.[1641]

9. 주주제안 위반 시 효과

가. 의제만 제안한 경우

주주제안의 의제만으로는 주주총회 결의대상이 될 수 없으므로 주주가 단순히 의제만 제안하고 주주총회일의 6주 전에까지 구체적인 의안을 제출하지 않으면 회사가 주주제안을 거부할 수 있다고 본다.[1642]

따라서 해당 주주총회에서 성립한 다른 결의에는 아무런 하자가 없고, 주주제안 부당 거부 문제도 발생하지 않는다. 주주가 의제만 제안한 후 주주총회에서 의안을 제출하는 경우에는 소집통지에 기재하지 않은 의안에 대한 결의로서 결의취소의 대상이 된다.[1643]

나. 의안을 제안한 경우

주주가 구체적인 의안을 제안하였으나 회사가 정당한 사유 없이 이를 거부한 경우에도 주주가 제안한 의안과 대응하는 회사 측의 의안이 가결된 바 없으면 역시 해당 주주총회의 다른 결의에는 아무런 하자가 없다.[1644] 다만, 이러한 경우 주주제안을 부당하게 거부한 이사는 제안주주에 대해 손해배상책임과 과태료 제재도 받는다.(「상법」 제635조 제21호)

반면에 주주가 구체적인 의안을 제안하였으나 회사가 정당한 사유 없이 이를 거부하고 그에 대응하는 회사 측의 의안을 가결한 경우, 그 결의는 결의방법이 법령을 위반한 것으로서 결의취소의 대상이 된다.(「상법」 제376조 제1항)[1645]

결의 취소의 소는 주주·이사·감사가 제기할 수 있고, 단독주주권이므로 의결 없는 주식의 주주를 포함한 모든 주주가 제소권자이며, 주주제안을 하지 않은 주주는 물론 주주제안

1639   김용범, 전게서, 2017, 973면. 이철송, 전게서, 박영사, 2021, 519면.

1640   김용범, 전게서, 2017, 973면. 임재연, 전게서 II, 박영사, 2014, 57면.

1641   김용범, 전게서, 2017, 973면. 임재연, 전게서 II, 박영사, 2014, 57~58면.

1642   김용범, 전게서, 2017, 974면. 임재연, 전게서 II, 2014, 58면. 서울중앙지법, 2007카합785 결정.

1643   김용범, 전게서, 2017, 974면. 임재연, 전게서 II, 2014, 58면. 서울중앙지법, 2007카합3917 결정.

1644   김용범, 전게서, 2017, 974면. 임재연, 전게서 II, 2014, 58면.

1645   김용범, 전게서, 2017, 974면. 임재연, 전게서 II, 2014, 58면.

을 거부한 이사회 결의에 찬성한 이사도 본인의 업무상 과오를 시정할 기회를 박탈할 필요가 없으므로 원고적격이 인정된다. 결의취소의 소가 제기되더라도 위와 같은 손해배상책임과 과태료 제재에는 영향이 없다.[1646]

다. 의안의 요령 기재청구권·의안설명권 침해

회사가 주주제안권자의 의안의 요령 기재청구권을 거부하거나, 주주제안을 한 자에게 주주총회에서 해당의안을 설명할 기회를 부여하지 않는 경우에는, 회사가 정당한 사유 없이 주주의 의안제안을 거부한 경우와 같이 해석한다. 즉, 의안의 요령기재 청구권·의안설명권이 침해당한 의안과 대응하는 회사 측의 의안이 가결된 경우에는 그 결의는 결의 방법이 법령 위반한 것으로서 결의취소의 소의 대상이 된다.[1647]

10. 의안상정 가처분

가. 의의

회사가 주주제안을 무시하고 주주총회 소집절차를 밟은 경우, 주주제안을 거부당한 주주가 임시주주총회 소집청구권을 하지 아니하고, 주주제안권 자체 실현을 위하여 거부당한 의안을 주주총회의 목적사항으로 상정시키는 형태의 가처분을 신청하는 것도 허용된다. 이를 「의안상정 가처분」이라 한다.[1648]

통상 실무상으로는 의안상정 가처분 신청 시 「상법」 제363조의2 제2항과 같이 의안의 요령을 통지에 기재할 것도 함께 신청한다.[1649] 상장회사가 이사·감사 선임에 관한 사항을 목적으로 하는 주주총회를 소집하는 경우에는 이사·감사 후보자의 성명, 약력, 추천인, 후보자와 최대주주와의 관계, 후보자와 해당회사와의 최근 3년간의 거래내역에 관한 사항(「상법시행령」 제31조 제3항)을 통지하여야 한다.(「상법」 제542조의4 제2항)

그리고 상장회사가 주주총회에서 이사 또는 감사를 선임하려는 경우에는 「상법」 제542조의4 제2항에 따라 통지하거나 공고한 후보자 중에서 선임하여야 한다.(「상법」 제542조의5) 상장회사의 경우 소집통지를 받고도 직접 주주총회에 참석하지 않는 주주들이 많다는 현실을 고려하면 주주들에게 통지하지 않은 후보를 이사로 선임하는 것이 바람직하지 아니하므로 「상법」은 이를 허용하지 않는다는 취지를 명문화한 것이다.[1650]

따라서 주주총회의 안건이 "이사 선임의 안건"인 경우, 회사가 예정하여 소집통지한 후보가 아닌 제3자는 이사로 선임될 수 없다. 그러므로 주주제안(의안제안)을 하지 못하였거나 거부당한 주주로서는 과거와 달리 주주총회장에서 이사후보를 추천하는 방법이 원천적으로

1646 김용범, 전게서, 2017, 974면. 임재연, 전게서 II, 2014, 58면.

1647 김용범, 전게서, 2017, 975면. 임재연, 전게서 II, 2014, 58면.

1648 김용범, 전게서, 2017, 975면. 임재연, 전게서 II, 2014, 59면.

1649 김용범, 전게서, 2017, 975면. 임재연, 전게서 II, 2014, 59면. 서울북부지방법원. 2007카합215결정.

1650 김용범, 전게서, 2017, 975면. 임재연, 전게서 II, 2014, 59면. 서울중앙지법. 2003가합56996판결.

불가능하므로, 의안상정 가처분을 신청할 필요성이 있다.[1651]

이와는 반대로 당초 후보의 사정상 불가피하게 후보를 교체할 사정이 있어서 회사가 후보교체를 원하더라도 소집통지한 후보가 아닌 제3자는 이사로 선임할 수 없다. 이러한 경우 회사가 다시 소집절차를 밟아서 주주총회를 개최하는 것이 원칙적인 방법이다. 그러나 간혹 신속하게 이사를 선임하여야 할 사정이어서 회사 측이 우호적인 주주를 동원하여 회사를 상대로 의안상정 가처분을 신청하도록 하여 소집통지한 후보가 아닌 제3자를 이사로 선임하기도 하기도 하는데, 그 적법성에 대하여는 논란의 여지가 있다.[1652]

나. 당사자

1) 신청인

의안신청 가처분의 신청인은 주주제안을 거부당한 주주이다. 즉, 의결권 없는 주식을 제외한 발행주식총수의 3% 이상에 해당하는 주식을 가진 주주가 신청인이다.(「상법」 제363조의 2 제1항) 상장회사의 경우는 6개월 전부터 계속하여 의결권 없는 주식을 제외한 발행주식총수의 1%(최근 사업연도 말 자본금이 1천억 원 이상인 상장회사의 경우는 0.5%) 이상에 해당하는 주식을 보유한 자가 신청인이 된다.(「상법」 제542조의6 제2항)

또한 금융회사의 경우는 6개월 전부터 계속하여 금융회사의 의결권 있는 발행주식총수의 1만분의 10 이상에 해당하는 주식을 대통령령으로 정하는 바에 따라 보유한 자는 신청인이 된다.(「금융지배구조법」 제33조 제1항)

2) 피신청인

의안상정 가처분의 본안소송은 회사가 소집한 주주총회의 효력을 다투거나 의안상정을 구하는 소가 되므로 그 피고적격자는 회사이다. 따라서 회사가 의안상정 가처분의 피신청인이 되어야 한다.[1653]

다만, 소수주주는 법원의 허가를 얻어 임시주주총회를 소집하여 임시의장을 통하여 의안을 상정할 수 있지만, 주주제안을 부당하게 거부당한 주주는 본안소송에서 승소하더라도 주주가 직접주주총회에서 의안을 상정할 수 없다는 점을 고려하면 주주총회에서 직접의안을 상정하는 대표이사도 피신청인으로 포함할 필요가 있다고 본다.[1654]

의안상정 가처분의 피신청인 적격에 관하여는 아직 판례나 학설이 확립되지 않았으므로, 가처분신청인으로서는 위험부담을 덜기 위하여, 회사와 대표이사 개인을 모두 피신청인으로 하여 가처분을 신청하는 것이 바람직하다고 본다.[1655]

다. 피보전의 권리

1651 김용범, 전게서, 2017, 975면. 임재연, 전게서 II, 2014, 60면.

1652 김용범, 전게서, 2017, 976면. 임재연, 전게서 II, 2014, 60면.

1653 김용범, 전게서, 2017, 976면. 임재연, 전게서 II, 2014, 60면. 서울북부지법. 2007카합215 결정.

1654 김용범, 전게서, 2017, 976면. 임재연, 전게서 II, 2014, 60~61면.

1655 김용범, 전게서, 2017, 976면. 임재연, 전게서 II, 2014, 61면.

의안상정 가처분의 피보전권리는 소수주주의 주주제안권과 이사의 위법행위 유지청구권이다. 피보전권리와 관련하여 소수주주의 주주총회소집청구권과 주주제안권은 그 행사요건과 내용 등을 달리하고 있으므로, 임시주주총회의 소집청구권은 소수주주 권리의 일환으로서 주주제안권과 병행하는 별개의 권리라고 보아야 한다.[1656]

따라서 주주제안을 거부당한 주주가 반드시 임시주주총회 소집청구절차를 그 구제절차로 거쳐야 하는 것은 아니므로, 주주제안을 거부당한 주주가 임시주주총회 소집청구를 하지 않은 채, 주주제안권 자체의 실현을 위하여 거부당한 의안을 주주총회 목적사항으로 상정시키는 형태의 가처분 신청은 가능하다고 본다.[1657]

라. 보전의 필요성

임시의 지위를 정하기 위한 가처분의 보전의 필요성은 **"특히 계속하는 권리관계에 끼칠 현저한 손해를 피하거나 급박한 위험을 막기 위해, 또는 그 밖의 필요한 이유가 있을 경우"** 에 인정되는 응급적·잠재적 처분이다.[1658]

판례에 따르면 **"현저한 손해"**는 현저한 재산적 손해뿐만 아니라, 정신적 또는 공익적인 현저한 손해도 포함하고, 위와 같은 손해는 어느 것이나 현저해야 할 것이고, **"그 밖에 필요한 이유"**는 현저한 손해나 급박한 위험에 준하는 정도라야 한다.[1659]

그런데 현실적으로 주주제안을 한 주주는 소집통지서를 받고 나서 비로소 주주제안이 거부된 사실을 알게 될 것인데, 이러한 경우 법원으로부터 의안상정 가처분을 받아서 소집통지절차를 밟기에는 주주총회일을 변경하기 전에는 시간적 여유가 부족하여 보전의 필요성이 문제가 될 수 있다.

이와 관련하여 주주총회일을 변경하여서라도 소집통지절차를 밟아야 한다고 볼 수도 있지만,[1660] 이는 본안청구의 범위를 벗어나는 가처분이므로 보전의 필요성이 인정되기 곤란할 것이다.[1661]

「민집법」 제305조 제1항은 "법원은 신청목적을 이루는 데 필요한 처분을 직권으로 상정한다." 규정하지만, 법원이 무제한적으로 결정할 수 있다는 것이 아니라 본안 승소 판결의 범위를 넘어설 수 없다는 제한(본안청구에 의한 제한)이 적용되므로 이러한 가처분은 현행법상 허용하기에는 난점이 있다고 본다.[1662]

이와 같은 문제 때문에 의안상정가처분을 신청하면서, 주주총회개최 금지 가처분을 함께

1656 김용범, 전게서, 2017, 977면. 임재연, 전게서 II, 2014, 61면. 서울북부지법. 2007카합215 결정.

1657 김용범, 전게서, 2017, 977면. 임재연, 전게서 II, 2014, 61면. 서울북부지법. 2007카합215 결정.

1658 김용범, 전게서, 2017, 977면. 임재연, 전게서 II, 2014, 61면.

1659 김용범, 전게서, 2017, 977면. 임재연, 전게서 II, 2014, 61면.

1660 김용범, 전게서, 2017, 977면. 서울북부지법. 2007카합215 결정.

1661 김용범, 전게서, 2017, 977면. 임재연, 전게서 II, 박영사, 2014, 62면.

1662 김용범, 전게서, 2017, 977면. 임재연, 전게서 II, 박영사, 2014, 62면. 서울중앙지법. 2011.3.30. 선고. 2011카합746 결정, 대전지방 법원 논산지원. 2008.3.7. 선고. 2008카합30 결정.

신청하기도 하는데, 이러한 가처분 역시 특별한 경우를 제외하고는 피보전권리와 보전의 필요성이 인정되기 곤란하다는 것이 일반적인 견해이다.[1663]

그러나 재판실무에서 주주제안이 부당하게 거부된 경우 의안상정 가처분을 흔히 허용하고 있다. 어느 재판 예에서 의안상정 가처분을 위해 인정한 보전의 필요성에 대한 고려 및 판단 기준은 다음과 같음을 제시하고 있다.[1664]

<u>보전의 필요성 대한 고려 및 판단기준</u>

① 의안을 상정하더라도 피신청인(회사)에게 별다른 불이익이 없는 반면, 신청인으로서는 주주제안이 거부됨으로써 법률상 보장된 주주제안권 행사가 원천적으로 봉쇄될 위기에 있는 점

② 임시주주총회 소집청구절차를 취하는 것이 가능하다는 이유로 주주제안권 침해상태가 해소되는 것은 아니라는 점

③ 비록 신청인이 이미 이 사건 결의를 하고 그에 따른 소집통지와 공고를 마쳤다 해도 주주총회 14일 전까지 의안을 주주총회의 목적사항으로 상정할 수 있는 점

④ 의안 상정을 위해 새로운 임시총회를 개최하는 것보다는 기왕 개최하기로 한 주주총회의 목적사항에 의안을 추가하는 것이 회사의 비용, 절차의 효율성의 측면에서도 더욱 타당하다는 점 등

이왕 소집된 총회에서의 의안상정 가처분을 허용한다 하더라도, 새로운 의안을 주주들에게 알리기 위해서는 목적사항을 추가한 새로운 소집통지를 발송하여야 하므로(「상법」 제363조 제2항), 소집통지기간(「상법」 제363조 제1항)을 준수할 수 있는 경우에 한해 허용해야 할 것이다. 즉, 소집된 총회일의 2주간 이전에 통지가 가능할 것이다.[1665]

VII. 주주총회 소집절차상 하자의 치유

주주총회 소집절차에 하자가 있더라도 주주가 동의하거나 이와 같이 볼 수 있는 사정이 있다면 하자가 치유되는 것으로 보아야 할 것이다. 소집절차의 하자는 크게 이사회의 소집 결정에 하자가 있는 경우와 그 이후의 통지절차에 하자가 있는 경우로 나누어 볼 수 있는데, 하자의 치유 가능성은 별도로 검토해 보아야 한다.

1. 통지절차에 관한 하자의 치유

소집통지절차는 주주 개개인의 주주총회 참석권을 보호하기 위한 것이다. 그러므로 통지에 하자가 있는 경우, 예컨대 통지기간을 준수하지 아니하였거나 아예 통지를 하지 않은 경우에는 그 하자가 일부 주주에 국한된 것이라면 당해 주주의 동의로 치유된다고 보아야 한

1663 김용범, 전게서, 2017, 978면. 임재연, 전게서II, 박영사, 2014, 62면.

1664 김용범, 전게서, 2017, 978면. 임재연, 전게서II, 박영사, 2014, 62면. 이철송, 전게서. 박영사. 2021. 525면.. 서울북부지법. 2007.2.28. 선고. 2007카합215 결정.

1665 김용범, 전게서, 2017, 978면.이철송. 전게서. 박영사. 2021. 523면.

다.[1666]

같은 논리에서 통지의 하자가 주주 전원에 대해 존재하는 경우에도(예: 주주 전원에게 통지기간을 준수하지 않은 경우, 주주전원에게 서면으로 통지하여야 함에도 구두로 통지한 경우), 주주 전원의 동의로 치유된다고 보아야 한다.[1667] 그리고 사전에 주주가 서면통지의 수령권을 포기하고 전화나 구두에 의한 통지방법에 동의한 경우에는 서면통지를 생략하더라도 하자가 없다고 본다.[1668]

2. 소집결의의 하자의 치유

이사회 소집결의가 없거나 그 결의가 무효인 경우에도 통지의 하자와 같이 주주 전원의 동의로 치유될 수 있는가? 판례는 이사회의 소집결정에 흠이 있거나 심지어 소집결의가 전혀 없더라도 주주전원이 출석한 경우에는 적법한 주주총회로 보며,[1669] 이 논리의 당연한 귀결로, 1인 회사에서는 1인의 주주의 출석으로 모든 하자가 치유된다고 본다.[1670]

가. 1인 회사

1) 학설

다수설은 ①「상법」에 규정된 주주총회의 소집절차와 결의방법은 복수의 주주를 전제로 한 것이므로 1인 회사에는 적용을 완화하여야 하고, ② 주주총회의 소집절차는 주주의 이익을 위한 것이므로 이사회 소집결의의 하자도 1인 주주가 출석한 이상 하자는 치유되고, ③ 하자의 치유를 부정하더라도 결국은 1인 주주의 의사대로 결정될 것이라는 점을 근거로 하자의 치유를 폭넓게 인정하고 있다.[1671]

즉, 소집절차는 주주 각자의 총회 참석권을 보장하기 위한 것이므로, 1인 회사의 경우에는 그 주주가 유일한 주주로서 주주총회에 출석하면 전원출석 총회로서 그 주주의 의사대로 결의가 될 것임이 명백하므로 따로 총회소집 절차가 필요 없다고 본다.[1672]

2) 판례

가) 하자 치유 인정 범위

판례는 실제로 총회를 개최한 사실이 없더라도 그 1인 주주에 의하여 의결이 있었던 것으로 주주총회 의사록이 작성되었다면 특별한 사정이 없는 한 그 내용의 주주총회 결의가

1666 김용범, 전게서, 2017, 979면. 이철송. 전게서. 박영사. 2021. 526면, 전게서Ⅱ, 2014, 42면.
1667 김용범, 전게서, 2017, 979면. 이철송. 전게서. 박영사. 2021. 526면. 임재연, 전게서Ⅱ, 2014, 42면. 대법원. 1987.5.12. 선고, 86다카2705 판결.
1668 김용범, 전게서, 2017, 979면. 이철송. 전게서. 박영사. 2021. 526면. 北澤正啓 ,「會社法 (新版)」, 靑林書院新社, 2001, 284면.
1669 김용범, 전게서, 2017, 979면. 이철송. 전게서. 박영사. 2021. 526면. 대법원. 1993.2.26. 92다48727 판결.
1670 김용범, 전게서, 2017, 979면. 이철송. 전게서. 박영사. 2021. 526면. 임재연, 전게서Ⅱ, 2014, 42면.
1671 김용범, 전게서, 2017, 979면. 임재연, 전게서Ⅱ, 2014, 43면.
1672 김용범, 전게서, 2017, 979면. 임재연, 전게서Ⅱ, 2014, 43면.

있는 것으로 보고 있다.[1673] 나아가 최근에는 주주총회 의사록이 작성되지 아니한 경우라도 증거에 의해 주주총회 결의가 있었던 것으로 확인되면, 주주총회 결의가 있는 것으로 봄으로써 1인 회사에서 하자의 치유가 가능한 범위를 매우 넓게 보고 있다.[1674]

나) 협의의 1인 회사

판례는 "주식회사에서 총주식을 한 사람이 소유하고 있는 1인 회사의 경우에는 그 주주가 유일한 주주로서 주주총회에 출석하면 전원총회로서 성립하고 그 주주의 의사대로 결의될 것이 명백하므로 따로 총회 소집절차가 필요 없다 할 것이고, 실제로 총회를 개최한 사실이 없다 하더라도 1인 주주에 의하여 의결이 있었던 것으로 주주총회 의사록이 작성되었다면 특별한 사정이 없는 한 그 내용의 결의가 있었던 것으로 볼 수 있어 형식적인 사유에 의하여 결의가 없었던 것으로 다툴 수 없다."라는 입장이다.[1675]

다) 광의의 1인 회사

1인 회사의 법리는 한 사람이 다른 사람의 명의를 빌려 주주로 등재하였으나 총주식을 실질적으로 그 한 사람이 모두 소유한 광의의 1인 회사(실질적 1인 회사)의 경우에도 마찬가지다.

이러한 실질적 1인 회사의 경우에도, 그 주주가 유일한 주주로서 주주총회에 출석하면 전원 총회로서 성립하고 그 주주의 의사대로 결의가 될 것임이 명백하므로 총회 소집절차가 필요 없다고 본다.[1676]

3) 1인이 주식의 대다수를 소유한 회사

1인이 회사의 주식의 전부가 아닌 주식의 대다수를 소유하는 경우에는 1인 회사의 법리가 적용될 수 없고 「상법」상 일반원칙이 적용된다.[1677] 판례 또한 앞에서 설명한 1인 회사의 이론은 주식의 전부를 1인이 소유하는 법적 의미의 1인에 대하여 적용할 뿐이고, 주식 수의 다소를 막론하고 일부가 소유자를 달리하는 경우에는 소집절차와 결의절차를 생략할 수 없는 것으로 보고 있다.[1678]

따라서 실제의 소집절차와 결의절차를 거치지 아니한 채 주주총회 결의가 있었던 것처럼 주주총회 의사록을 허위로 작성한 것이라면 설사 1인이 총주식의 대다수(지배주주가 98% 지분 소유한 사안)를 가지고 있고 그 지배주주에 의하여 의결이 있었던 것으로 주주총회 의사록이 작성되어 있다 하더라도 도저히 그 결의가 존재한다고 볼 수 없을 정도로 중대한 하자가

1673 김용범, 전게서, 2017, 980면. 이철송. 전게서. 박영사. 2021. 526면. 임재연, 전게서Ⅱ, 2014, 43면. 대법원. 1993.6.11. 선고. 93다8702판결, 1966.9.20. 선고. 66다1187, 1188 판결.

1674 김용범, 전게서, 2017, 980면. 이철송. 전게서. 박영사. 2021. 526면. 임재연, 전게서Ⅱ, 2014, 43면. 대법원. 2004.12.10. 선고. 2004다 2513 판결.

1675 김용범, 전게서, 2017, 980면. 대법원. 1993.6.11. 선고. 93다8702 판결 등.

1676 김용범, 전게서, 2017, 980면. 임재연, 전게서Ⅱ, 2014, 43~44면. 대법원. 2004.12.10. 선고. 2004다 25123 판결.

1677 김용범, 전게서, 2017, 980면. 임재연, 전게서Ⅱ, 2014, 44면. 이철송, 전게서, 2019, 525면.

1678 김용범, 전게서, 2017, 981면. 이철송. 전게서. 박영사. 2021. 527면.

있은 때에 해당하여 그 주주총회 결의는 부존재하다고 보아야 한다.[1679]

나. 전원출석총회

주주총회가 법령 및 정관상 요구되는 이사회 결의 및 소집절차 없이 이루어졌다 하더라도, 주주명부상의 주주 전원이 참석하여 총회를 개최하는 데 동의하고 아무런 이의 없이 만장일치로 결의가 이루어졌다면 그 결의는 특별한 사정이 없는 한 유효하다는 것이 판례의 확고한 입장이다.[1680] 대리인이 출석한 경우에도 마찬가지다.[1681]

일부 판례는 "아무런 이의 없이 만장일치로 결의가 이루어졌다면"이라고 판시하기도 하나, 전원출석총회로서의 유효요건은 주주전원이 참석한 것으로 족하고, 결의가 반드시 만장일치로 이루어질 것까지 요구하는 것은 아니라고 본다.[1682]

주주총회의 소집절차는 주주의 이익을 위한 것이므로 소집절차 생략에 대하여 주주전원이 동의한다면 굳이 주주전원의 출석을 요구할 필요는 없을 것이다.[1683] 따라서 주주전원이 동의하거나 주주전원이 출석하면 소집절차 생략도 허용된다고 볼 것이다.[1684]

한편, 주주 외에 대리인이 출석한 경우에도 전원출석총회의 법리에 의하여 소집절차상의 하자가 치유되는지에 관하여는 논란의 여지가 있지만, 대법원은 대리인만이 출석한 경우에도 전원출석회의로서 그 결의의 효력을 하고 있다.[1685]

VIII. 주주총회 소집의 철회·변경

1. 의의

소집의 철회는 주주총회의 소집통지가 있은 후 회일 전에 총회의 개최를 중지하는 것을 말하고, 소집의 변경은 당초 결정한 회일에 총회를 개최하지 않기로 하고 다른 회일을 정하는 경우(회일의 변경)를 말한다.[1686]

소집의 변경에는 소집 장소의 변경도 포함됨을 의미한다. 다만, 소집의 철회·변경의 방법에 관해서 「상법」은 아무런 규정을 두고 있지 않지만, 총회를 소집하는 경우에 준하여 이사회의 결의를 거쳐 대표이사가 그 뜻을 통지·공고하여야 한다.[1687]

2. 허용 여부

1679 김용범, 전게서, 2017, 981면. 대법원. 2007.2.22. 선고. 2005다73020 판결.

1680 김용범, 전게서, 2017, 981면. 대법원. 2002.6.14. 선고. 2002다11441 판결.

1681 김용범, 전게서, 2017, 981면. 대법원. 1993.2.26. 선고. 92다48727 판결.

1682 김용범, 전게서, 2017, 981면. 임재연, 전게서II, 2014, 45면.

1683 김용범, 전게서, 2017, 981면. 임재연, 전게서II, 2014, 45면. 일본「회사법」제300조.

1684 김용범, 전게서, 2017, 981면. 임재연, 전게서II, 2014, 45면. 정찬형, 전게서, 832면.

1685 김용범, 전게서, 2017, 981면. 대법원. 2014.1.23. 선고. 2013다56839 판결.

1686 김용범, 전게서, 2017, 982면. 임재연, 전게서II, 2014, 38면.

1687 김용범, 전게서, 2017, 982면. 이철송. 전게서. 박영사. 2021. 528면. 上柳克郎 외, 전게서(5), 56면. 대법원. 2009.3.26. 선고. 2007도8195 판결.

이사회가 총회의 소집을 철회·변경하더라도, ① 어차피 총회가 개최될 것이므로 주주들이 주주총회에 출석하여 의견을 진술하고 의결권을 행사할 권리에 아무런 영향을 주는 것이 아니고, ② 총회가 아직 개최되지도 않았으므로 총회 결의에도 아무런 영향을 주는 것이 아니므로, 이사회가 주주총회 회일 전에 소집의 철회 및 변경을 할 수 있다는 점에 대하여는 논란의 여지가 없다.[1688]

주주총회소집의 철회 및 변경은 이사회의 고유권한이므로 정당한 사유를 필요로 하지 않는다.[1689] 심지어 경영권분쟁과정에서 특정 주주의 의결권 행사를 허용하지 않기 위해 총회의 소집을 철회 및 변경하기도 한다.[1690] 주주는 총회가 개최된 경우 의견을 진술하고 의결권을 행사할 권리가 있지만, 총회 개최를 요구하려면 임시주주총회소집을 청구하는 절차를 밟는 방법만 있다.(『상법』 제366조)[1691]

3. 소집 철회 및 변경의 통지

가. 소집철회의 통지

주주총회를 소집함에는 2주 전 통지가 요구되는데(『상법』 제363조 제1항 및 제3항), 소집을 철회할 경우 종전 통설과 판례는 "소집의 철회 및 변경도 회의일 이전에 소집과 동일한 절차와 방법에 따라야 한다."고 보았다.[1692]

그러나 총회의 철회·변경은 반드시 당초 소집할 때와 동일한 방식으로 할 필요는 없고, "총회의 개최일 전에 모든 주주들에게 철회·변경이 있었음을 알리는 통지가 도달할 수 있는 방법을 취한 경우에는 철회·변경의 효력이 발생한다."고 보아야 한다.[1693]

소집철회의 통지는 원칙적으로 서면에 의하고, "회일 이전에" 총회 소집철회의 통지를 하면 되고, 반드시 2주 전에 통지하여야 하는 것은 아니다. 그러나 총회의 소집 철회는 총회 개최 전에 주주에게 도달할 필요가 있다.[1694]

통지의 기간은 주주가 총회에 참가하는 것을 보장하기 위한 것인데, 소집철회의 경우에는 이러한 필요가 없기 때문이다. 그러나 소집철회의 통지가 회일 이전에 주주에게 도달할 수 없으면 철회할 수 없고, 반드시 총회를 개최하여 철회여부를 결의하여야 한다.[1695]

나. 소집변경의 통지

1688　김용범, 전게서, 2017, 982면. 임재연, 전게서Ⅱ, 2014, 38면.

1689　김용범, 전게서, 2017, 982면. 임재연, 전게서Ⅱ, 2014, 38면.

1690　김용범, 전게서, 2017, 982면. 임재연, 전게서Ⅱ, 2014, 38면. 동부지법. 2005가합14210 판결.

1691　김용범, 전게서, 2017, 982면. 임재연, 전게서Ⅱ, 2014, 38~39면.

1692　김용범, 전게서, 2017, 982면. 임재연, 전게서Ⅱ, 2014, 39면. 김건식외 2인. 전게서. 박영사. 2021. 303면. 대법원. 2009.3.26. 선고.2007도8195판결.

1693　김용범, 전게서, 2017, 983면. 이철송, 전게서, 2021. 529면. 대법원. 2011.6.24. 선고. 2009다35033 판결.

1694　김용범, 전게서, 2017, 983면. 임재연, 전게서Ⅱ, 2014, 39면. 김건식외 2인. 전게서. 박영사. 2021. 303면.

1695　김용범, 전게서, 2017, 983면. 임재연, 전게서Ⅱ, 2014, 39면. 김건식외 2인. 전게서. 박영사. 2021. 303면.

주주총회 소집의 변경(회의의 변경)의 경우에는 당초의 회의일보다 앞의 일자로 변경하는 경우에는 주주의 총회 참석을 보장하기 위하여 반드시 2주 전에 통지하여야 한다. 또한 당초의 회일 이후의 일자로 변경하는 경우(소집의 연기)에도 당초의 회일에는 참석할 수 있었지만 연기된 회일에는 참석을 위하여 일정을 조정해야 하는 주주를 위하여 2주 전에 주주총회 소집변경의 통지를 하여야 한다.[1696]

다. 통지방법

주주총회 소집의 철회·변경을 통지하는 경우 반드시 주주총회의 소집 통지와 같은 방법으로 통지하지 않더라도, 모든 주주들에게 철회·변경이 있었음을 알리는 통지가 도달할 수 있는 방법 즉, 이에 준하는 방법으로 통지하면 된다고 본다.[1697]

대법원은 "주주들에게 사전에 소집통지와 같은 서면에 의한 우편통지방법이 아니라 휴대전화 문자메시지를 발송하는 방법으로 주주들에게 통지하고 일간신문에 공고 및 총회 장소에 공고문을 부착하는 방법으로 통지한 것으로는 철회가 유효하게 이루어지지 않았다."고 판시함으로써 엄격한 태도를 취한바 있다.[1698]

그러나 "총회 장소에 공고문 부착 및 주주들에게 퀵서비스를 이용하여 총회소집이 철회되었다는 내용의 소집철회통지서를 보내는 한편 전보와 휴대전화로도 같은 취지의 통지를 한 사안에 대하여 주주들에게 소집통지와 같은 방법인 서면에 의한 소집 철회통지를 한 이상 임시주주총회 소집이 적법하게 철회되었다."고 판시하고 있다.[1699]

4. 소집의 철회 및 변경을 무시한 총회결의의 효력

주주총회 소집에 관하여 적법한 소집의 철회·변경에도 불구하고 일부 주주가 당초 예정된 회일에 모여서 결의를 한 경우, 그 결의는 이사회 소집결의도 없고, 대표이사가 소집한 것도 아니므로 결의 부존재에 해당한다.[1700] 대표이사가 이사회 소집의 철회·변경 결의를 거치지 않고 독단적으로 소집을 철회·변경한 경우에는 적법한 소집의 철회·변경이라 할 수 없다.

그러나 그렇다고 하여 이러한 경우에 일부 주주가 당초 예정된 회일에 모여서 한 결의를 유효한 결의로 볼 수는 없다. 왜냐하면 대표이사의 소집의 철회·변경에 관한 통지를 믿고 총회에 참석하지 아니한 주주들의 참석권을 부당하게 침해했기 때문이다. 이와 같이 대표이사의 위법행위(부적법한 소집의 철회·변경)로 주주들이 의결권을 행사하지 못한 경우는 결의취소 사유로 보아야 한다.[1701]

1696 김용범, 전게서, 2017, 983면. 임재연, 전게서Ⅱ, 2014, 39면. 이철송. 전게서. 박영사. 2021. 529면. 윤영신, 「주주총회 소집철회·변경의 법률관계」, 상사판례연구 제23집 제4권, 2010, 177면.

1697 김용범, 전게서, 2017, 983면. 임재연, 전게서Ⅱ, 2014, 39면.

1698 김용범, 전게서, 2017, 983면. 대법원. 2009.3.26. 선고. 2007도8195 판결.

1699 대법원. 2011.6.24. 선고. 2009다35033 판결.

1700 임재연, 전게서Ⅱ, 2014, 40면. 김용범, 전게서, 2017, 984면. 이철송. 전게서. 박영사. 2021. 529면.

1701 임재연, 전게서Ⅱ, 2014, 40면. 김용범, 전게서, 2017, 984면.

5. 회의 목적사항의 철회 및 변경

소집통지 후에도 이사회 결의를 거쳐 회의의 목적사항의 전부 또는 일부를 철회·변경하는 것도 가능하다고 본다. 회의 목적사항의 철회·변경의 경우, 소집통지와 동일한 방법으로 주주총회 전까지 통지하여야 한다는 것이 일반적인 견해이다.[1702]

이와 관련하여, 회의의 목적사항의 변경을 주주총회 당일 참석한 주주들에게 표시하는 것은 의결권 침해의 소지가 크므로 허용되지 않지만, 회의 목적사항의 철회는 허용여부에 대하여 논란의 여지가 있다.[1703]

왜냐하면 주주총회에 불참한 주주는 이미 해당 주주총회의 의안에 대하여 의결권을 행사하지 않기로 결정한 것이므로, 일부 의안이 철회되어도 주주의 의결권을 침해당하는 것이 아니라고 볼 수 있기 때문이다.

IX. 연기와 속행

1. 개념

주주총회의 **연기**란 총회가 성립된 후 미처 의안을 다루지 못하고 회일을 후일로 다시 정하는 것이고, **속행**이란 의안의 심의에 착수하였으나 결의에 이르지 못하고 회일을 다시 정하여 동일의안을 계속 다루는 것을 말한다.

어느 것이나 일단 총회가 성립한 후에 이루어지는 점에서 소집의 철회·변경과 다르다. 연기·속행에 따라 후일 다시 여는 총회를 연기회·계속회라 한다. 가결이든 부결이든 일단결의가 행해지면 연기·속행이란 있을 수 없다. 부결된 안건을 다시 다루고자 할 경우에는 총회의 소집절차를 새로이 밟아야 한다.[1704]

2. 결의

총회에서 회의의 연기 또는 속행을 결의할 수 있다.(「상법」 제372조 제1항) 총회에서 결의하여야 하며, 의장이나 이사회가 연기 또는 속행을 결정할 수 없다.[1705] 이에 대한 하급심 판례에서도 의장이 일방적으로 연회를 선언하고 퇴장한 경우에 나머지 주주들이 의장을 다시 선임하여 회의를 진행하고 결의를 한 경우에 이를 적법한 결의라고 판단하였다.[1706]

3. 동일성

연기회·계속회는 의안의 동일성이 유지되는 한, 연기·속행을 결의한 총회의 연장이므로 동일한 총회로 다루어진다. 따라서 연기회와 계속회를 위해서는 통지와 같은 별도의 소집절

1702 임재연, 전게서II, 2014, 40~41면. 김용범, 전게서, 2017, 984면.

1703 임재연, 전게서II, 2014, 41면. 김용범, 전게서, 2017, 984면.

1704 이철송, 전게서, 박영사, 2021, 529면.

1705 이철송, 전게서, 박영사, 2021, 529면.

1706 수원지법, 2007.6.25. 선고, 2007카합200, 판결.

차를 요하지 않는다.(「상법」 제372조 제2항)

그러므로 연기회·계속회의 일시와 장소를 연기·속행의 결의 시에 정하지 아니하고 의장에게 일임한 때에는 출석주주에게만 통지하면 된다.[1707] 그리고 당초 총회의 의결권 행사의 대리인은 연기회나 계속회에서도 새로운 授權 없이 代理權을 갖는다. 원래 총회에 결석했던 주주라도 계속회·연기회에 출석할 수 있음은 물론이다.[1708]

X. 검사인의 선임

주주총회에서는 이사가 제출한 서류와 감사의 감사보고서를 조사하기 위해 검사인을 선임할 수 있고(「상법」 제367조 제1항), 총회의 소집절차나 결의방법의 적법성을 조사하기 위하여 검사인을 선임할 수 있다.(「상법」 제367조 제2항) 전자를 「**서류검사인**」, 후자를 「**총회검사인**」이라고 부른다.[1709]

1. 서류검사인

총회는 이사가 제출한 서류와 감사의 보고서를 조사하기 위하여 검사인을 선임할 수 있다.(「상법」 제367조 제1항) 이는 총회가 이사와 감사로부터 제출받은 서류, 보고서 자체의 타당성과 정확성을 검증하거나 판단하는 데 있어서 전문가의 조력을 구하는 제도라고 할 수 있다.[1710]

법문에는 「이사가 제출하는 서류와 감사의 보고서」라고 규정되어 있어 이사가 법절차에 따라 제출해야 하는 계산서류나 감사보고서 같은 것만을 지칭하는 듯이 읽히지만, 총회가 전문가적 판단을 구하기 위해 필요한 경우라면 어떤 서류나 보고서라도 다 대상이 된다고 보아야 한다.[1711]

한편 법문이 명문으로 조사대상을 서류, 보고서로 규정한 이상, 검사인은 이에 국한하여 선임할 수 있고, 회사의 업무나 재산 일반에 대한 조사를 위해 선임할 수는 없다고 보아야 한다. 이러한 목적의 검사인 선임은 별도로 엄격한 요건하에 허용되기 때문이다.(「상법」 제467조 제1항)[1712]

2. 총회검사인

가. 의의

회사 또는 발행주식총수의 100분의 1 이상에 해당하는 주식을 가진 주주는 총회의 소집절차나 결의방법의 적법성을 조사하기 위하여 총회 전에 법원에 검사인의 선임을 청구할 수

1707 이철송. 전게서. 박영사. 2021. 530면.

1708 이철송. 전게서. 박영사. 2021. 530면.

1709 김용범, 전게서, 2017, 985면. 임재연, 전게서II, 2014, 37면. 이철송. 전게서. 박영사. 2021. 530면.

1710 김용범, 전게서, 2017, 985면. 이철송. 전게서. 박영사. 2021. 530면.

1711 김용범, 전게서, 2017, 985면. 이철송. 전게서. 박영사. 2021. 530면.

1712 김용범, 전게서, 2017, 985면. 이철송. 전게서. 박영사. 2021. 530면. 上柳克郎 외, 전게서(5), 174면.

있다.(『상법』 제367조 제2항)

주식회사제도에 있어서 소유와 경영의 분리원칙하에서 주주총회는 주주가 회사의 운영에 관여하는 유일한 통로라 할 수 있으므로 총회의 공정하고 적법한 운영은 주주의 권리보호를 위한 대전제이다.[1713] 한편 주주총회는 주주의 권리행사 및 의사실현을 위한 기구이지만, 소집결정을 비롯하여 구체적인 총회의 운영은 이사회와 대표이사가 주관하므로 총회의 공정성과 적법성의 실현여부는 이들에게 달려있다고 할 수 있다.[1714]

나. 제도의 필요성

총회검사인제도는 총회에 임하여 전문적인 식견을 가진 자로 하여금 총회운영의 적법성을 조사하게 함으로써, 첫째 이사에 대해 조사 결과에 따른 조치를 경고함으로써 위법한 운영을 예방하는 효과를 거두고, 둘째 장차 결의에 관한 다툼을 예상하고 관련 증거를 보전하는 효과를 거두기 위한 목적에 둔 것이다.[1715]

최근에 회사법제가 경영의 효율성 및 경영자의 편익을 제고하는 기능주의적 방향으로 변천함으로 인해 주주총회 기능의 形骸化가 가속되고 있고, 이에 반비례하여 이사회 기능이 강화되고 있음을 감안할 때, 총회검사인제도는 주주총회의 건전한 운영을 위해 바람직한 제도라 할 수 있다.[1716]

다. 자격과 지위

주주총회에서 선임하는 검사인과 회사와의 관계는 위임이며, 따라서 검사인은 회사에 대해 선량한 관리자의 주의의무를 진다. 법원이 선임하는 경우에는 이와 같은 계약관계는 없고, 그 권한도 법률의 규정에 의해 정해진다. 그러나 법원이 선임하는 검사인도 그 기능은 주주총회에서 선임하는 검사인과 유사하므로 역시 선량한 관리자의 주의의무를 진다고 해야 할 것이다.[1717]

검사인의 자격에는 제한이 없으나, 당해 회사의 이사·감사·사용인은 검사인이 될 수 없으며, 직무의 성질상 자연인이어야 한다는 것이 통설이다. 그러나 근래 검사인의 업무로 적합한 회계, 법무, 세무 등의 전문직 사무의 시장을 다수의 관련 전문법인이 점유하고 있음을 볼 때 굳이 자연인으로 제한할 필요는 없다고 본다.[1718]

라. 선임청구의 요건

회사 또는 발행주식총수의 100분의 1 이상에 해당하는 주식을 가진 주주는 총회의 소집

1713 김용범, 전게서, 2017, 985면. 이철송. 전게서. 박영사. 2021. 531면.

1714 김용범, 전게서, 2017, 985면. 이철송. 전게서. 박영사. 2021. 531면.

1715 김용범, 전게서, 2017, 985면. 이철송. 전게서. 박영사. 2021. 531면.

1716 김용범, 전게서, 2017, 985면. 이철송. 전게서. 박영사. 2021. 531면.

1717 김용범, 전게서, 2017, 985면. 이철송. 전게서. 박영사. 2021. 894면.

1718 김용범, 전게서, 2017, 985면. 이철송. 전게서. 박영사. 2021.894면.

절차나 결의 방법의 적법성을 조사하기 위하여 총회 전에 법원에 검사인의 선임을 청구할 수 있다.(「상법」 제367조 제2항)

1) 선임청구권자

검사인 선임청구권자는 회사 또는 발행주식총수의 100분의 1 이상에 해당하는 주식을 가진 주주이다. 상장회사와 비상장회사 모두 같은 요건이 적용된다. 소유주식 요건은 검사인의 선임청구 시에 갖추어야 함은 물론이나, 검사인을 선임한 후에는 이에 미달하더라도 선임의 효력에 영향이 없다고 보아야 한다.[1719]

왜냐하면, 검사인의 직무는 청구를 한 주주의 개인의 이익을 위한 것이 아니고, 회사와 주주 전체의 이익을 위한 것이므로 일단 적법하게 청구가 이루어진 이상 공익적 절차가 개시된 것이기 때문이다.[1720]

회사도 청구할 수 있다. 회사는 스스로가 총회의 적정한 운영을 위해 노력해야 하는 입장에 있으므로 청구적격에 의문이 있을 수 있지만, 장차 총회의 효력을 놓고 주주와 다툼이 생길 경우를 상정한다면 사실관계에 관한 증명수단을 확보해 놓을 필요가 있으므로 회사도 이 제도를 이용할 실익이 크다고 본다.[1721]

2) 선임청구시기

총회검사인의 선임은 총회 전에 하여야 한다. 총회검사인의 직무는 총회의 소집과 결의 방법이 적법한지를 실시간적으로 관찰하는 것이므로 사전의 선임이 필요한 것이다. 총회검사인선임의 청구를 총회 전에 하는 것일 뿐 총회검사인의 조사 자체는 총회 중에도 진행되어야 한다.[1722]

마. 조사 대상

총회의 소집절차의 적법성 및 결의방법의 적법성이 검사인의 조사대상이다. 미국에서는 표결의 적법성을 관찰하는 것이 검사인의 직무이지만, 우리 법에서는 표결뿐만 아니라 소집절차의 적법성도 포함하므로 미국의 법에서보다 조사범위가 넓다고 할 수 있다.[1723]

법문에서는 「적법성」이라고 표현하지만, 결의의 효력에 관한 다툼의 증거를 확보해 두는 것이 제도의 목적의 일부이고 보면 결의 취소의 사유가 되는 소집절차나 결의 방법에 있어서 「현저한 불공정성」도 조사대상이라고 보아야 한다.[1724] 구체적인 조사 대상으로는 주주 확인, 위임장 확인, 투개표 확인 등을 들 수 있다.

1719 김용범, 전게서, 2017, 987면. 및 2019, 530면. 2014, 507면. 임재연, 전게서 II, 2014, 36면.

1720 김용범, 전게서, 2017, 987면. 이철송, 전게서. 박영사. 2021. 532면.

1721 김용범, 전게서, 2017, 987면. 이철송, 전게서. 박영사. 2021. 532면.

1722 김용범, 전게서, 2017, 987면. 이철송, 전게서. 박영사. 2021. 532면. 임재연, 전게서 II, 2014, 36면.

1723 김용범, 전게서, 2017, 987면. 이철송, 전게서. 박영사. 2021. 532면.

1724 김용범, 전게서, 2017, 987면. 이철송, 전게서. 박영사. 2021. 532면. 임재연, 전게서 II, 2014, 37면.

바. 조사결과의 처리

「상법」은 검사인의 조사결과를 처리하는 절차와 방법에 대하여 아무런 규정을 두고 있지 않다. 따라서 우리 법하에서의 검사인의 조사결과는 단지 주주총회의 결의에 관한 다툼에서 법원의 자유 심증하에 다른 총회 관련자들의 증언과 등가의 증명력을 갖는 데 불과하다고 볼 수 있다.[1725]

미국에서는 검사인의 의견서를 포함한 서면의 보고서가 결의의 다툼에 관한 중요한 증거로 활용되고 있다. 일본의 「회사법」 역시 검사인으로 하여금 법원에 서면으로 조사결과를 보고하도록 하며(「일본 회사법」 제306조 제5항), 이 보고서를 토대로 법원이 필요한 경우 이사로 하여금 주주들에게 검사인의 보고를 통지하게 하거나, 이사에게 주주총회 소집을 명할 수 있도록 규정하고 있다.(「일본 회사법」 제307조)[1726]

입법론 상으로는 우리도 일본의 경우와 같이 총회검사인이 그 조사결과를 서면으로 법원에 보고하도록 하고, 법원은 보고에 의하여 필요하다고 인정한 때에는 이사로 하여금 주주들에게 검사인의 보고를 통지하게 하거나 대표이사에게 주주총회의 소집을 명할 수 있도록 하는 것이 바람직하다고 본다.[1727]

사. 검사인의 종임

검사인의 지위는 임시적이므로 임기란 없고, 보통 직무의 종료로 그 지위가 소멸한다. 그러나 그전이라도 주주총회에서 선임한 경우에는 주주총회의 결의로, 법원이 선임한 경우에는 법원이 해임할 수 있다.

아. 검사인의 책임

「상법」은 주주총회에서 선임한 검사인이 惡意 또는 重大한 過失로 인해 그 임무를 해태하였을 경우에는 회사에 대하여 채무불이행책임을 진다. 제3자에 대하여는 직접적인 법률관계를 갖지 아니하므로 채무불이행 책임은 발생하지 아니하나, 일반 불법행위의 요건이 충족되면 불법행위의 책임을 진다.[1728]

 제4절 **감사와 불공정거래 규제제도**

Ⅰ. 불공정거래의 일반

1725 김용범, 전게서, 2017, 988면. 이철송. 전게서. 박영사. 2021. 532면.

1726 김용범, 전게서, 2017, 988면. 이철송. 전게서. 박영사. 2021. 532면.

1727 김용범, 전게서, 2017, 988면. 임재연, 전게서Ⅱ, 2014, 37면.

1728 김용범, 전게서, 2017, 988면. 이철송. 전게서. 박영사. 2021. 895면.

1. 불공정거래의 개관

자본시장의 궁극적인 목표는 정보가 특정인에게 독점되지 않고, 정보가 공개되는 경우에도 시장가격에 즉시 반영되는 한편 정상적 가격기능을 통해 자원이 효율적으로 분배되는 공정하고 효율적인 시장이라 할 수 있다.

그러나 아쉽게도 우리 증권시장은 부도덕한 일부 특정인에 의한 정보독점으로 시장참여자 간 정보의 비대칭이 존재하고 이를 이용함에 따른 가격왜곡으로 인해 거래의 공정성이 훼손됨으로써 시장이 효율화되지 못하고 있는 것이 현실이다.

이에 우리 증권시장이 효율적이고 공정한 선진시장으로 다가서기 위해서는 불공정거래 규제, 기업공시 강화 등을 통해 시장을 엄격하게 규율함과 아울러 이러한 규율범위를 일탈한 행위, 즉 범위반행위에 대하여는 엄중한 법집행을 할 필요가 있다.

이러한 규율범위를 일탈할 우려가 있는 행위 가운데 「자본시장법」에서 가장 중점적으로 규율하고 있는 분야가 불공정거래인데, 이는 불공정거래를 방치할 경우 거래의 공정성과 투명성을 훼손하여 자본시장에 대한 불신을 심화시킴으로써 건전한 투자자의 시장이탈을 불러오게 하고 나아가 국민경제에 부정적인 영향을 심대하게 미치기 때문이다.[1729]

2. 불공정거래의 연혁

유럽본토의 나폴레옹 전쟁이 막바지에 다다랐던 1814년 2월 어느 날 영국 항구도시인 도버에서 왔다는 군복을 입은 한 병사가 잉글랜드 남부의 윈체스터 거리를 뛰어다니며 나폴레옹은 죽었고 연합군이 파리를 점령하였다고 외쳐대기 시작했다. 그리고 몇몇 사람도 같은 소문을 전하면서 소문은 사실처럼 도시를 퍼져나갔다.

전쟁에 찌든 영국인들에게 이보다 더 좋은 뉴스는 없었다. 투자자들의 심리가 안정되면서 주가가 급등하였다. 그러나 얼마가지 않아 소문은 사실이 아니라는 것이 판명되었고 주가는 다시 곤두박질쳤다. 진상 파악에 나선 영국정부는 소문의 진원지가 **드 베렝거(de Berenger)와 그 일당**이라는 사실을 밝혀냈다. 이들은 계획적으로 거짓소문을 퍼뜨린 뒤 주가가 오르자 주식을 모두 내다 팔아 막대한 이득을 챙긴 것으로 드러났다. 이것이 역사상 처음으로 주가조작이라는 범죄가 법정에서 단죄를 받은 **'베렝거 사건'**의 전말이다.[1730]

3. 불공정거래의 규제 필요성

이처럼 **증권불공정거래**는 「자본시장법」에서 요구하는 각종 의무를 이행하지 않고 주식을 거래하거나 거래 상대방을 속여 부당한 이득을 취하는 일체의 증권거래행위'로서 구체적으로는 다음과 같은 행위를 증권불공정거래라 한다.[1731]

불공정거래는 일종의 사기적 증권·선물 범죄로서 위에서 언급한 바와 같이 이를 방치할

1729 김용범, 전게서, 2017, 989면. 금융감독원, 「금융감독실무개론」, 2006, 592면.

1730 김용범, 전게서, 2017, 990면. pmg 지식경제연구소, 「시사상식사전」, 박문각.

1731 김용범, 전게서, 2017, 990면. 금융감독원, 「불공정거래란?」, 홈페이지.

경우 자본시장에 대한 불신을 심화시키고 거래의 공정성과 투명성을 훼손하는 한편 건전한 투자자의 시장이탈을 불러오게 하고 나아가 국민경제 전체에 심대하게 부정적인 영향을 미치게 한다.

따라서 불공정거래 행위의 근절은 우리 자본시장이 세계시장과 어깨를 나란히 하는 시장으로 발돋움하는 데 반드시 극복해야 할 과정으로 보이며 보다 철저한 단속활동을 통하여 모든 투자자가 상호 신뢰할 수 있는 공정한 자본시장의 확립차원에서 그 규제가 절실히 필요하다.[1732]

II. 시세조종/주가조작

1. 개요

시세조종행위란 증권가격을 시장에서의 수요공급의 원칙이 아니라 매도물량이나 매수 물량을 쏟아내는 인위적인 조작에 의하여 조종하는 행위이다.[1733] 통상적으로 시세조종은 행위자가 기 보유하였거나 매집중인 증권의 가격을 인위적으로 상승시킨 후 다른 투자자들에게 매도하여 차익을 얻으려는 의도가 크다.

예를 들면 특정 종목의 주식거래량이 크게 증가하고 있는 것처럼 보이거나 주식을 정상적인 가격보다 높은 가격으로 사들이는 방법 또는 허위사실을 퍼트리는 등의 방법으로 특정 주식의 주가를 조작하여 이를 모르는 선의의 일반투자자들에게 사전에 낮은 가격으로 사들인 주식을 팔아 이익을 챙기는 주식매매행위이다.[1734]

그 외에도 신주, 전환사채, 기타 신주인수권부사채 등을 발행함에 있어서 유리하게 발행가격을 설정하고자 하거나, 사채발행을 원활히 하기 위함이거나, 해외채권 발행을 성사시키기 위하여 증권회사 직원과 공모한다거나, M&A를 가장하여 회사 인수 후 소위 '물량털기(End Buy)' 방식으로 차익을 얻고자 한다거나, 담보로 제공한 증권의 가치하락을 막아서 사채업자의 담보권 실행을 방지하고자 하는 등의 경우도 있다.[1735]

2. 시세조종의 동기

시세조종의 가장 일반적인 동기는 보유하거나 매집 중인 증권의 가격을 인위적으로 상승시킨 후 일반투자자에게 매도하여 차익을 얻는 것이다. 그러나 그 외에도 시세조종의 동기로는, 신주, 전환사채, 신주인수권부사채 등의 발행가격을 높이거나 원활한 발행을 위한 경우, 담보로 제공한 증권에 대한 사채업자의 담보권 실행을 방지하기 위한 경우, 합병 반대 주주의 주식매수청구권 행사를 제기하게 위한 경우 등이다.[1736]

1732 김용범, 전게서, 2017, 990면. 금융감독원, 「금융감독실무개론」, 2006, 594면.

1733 김용범, 전게서, 2017, 990면. 김병연·권재열·양기진, 「자본시장법제2판」, 박영사, 2015, 399면.

1734 김용범, 전게서, 2017, 990면. 금융감독원, 「시세조종(주가조작)」, 홈페이지.

1735 김용범, 전게서, 2017, 991면. 김병연·권재열·양기진, 전게서, 박영사, 2015, 399면.

1736 임재연, 「자본시장법」, 2019, 4~5면.

3. 시세조종의 형태[1737]

주가를 의도적으로 변동시키는 시세조종행위는 주로 다음과 같은 비경제적이거나 비합리적인 주문·매매형태로 이루어진다.

■ 위장매매

특정주식거래가 성황을 이루고 있는 듯이 잘못 알게 하기 위하여 상대방과 사전에 약속하고 주식을 매매하거나(통정매매), 불필요한 매매수수료까지 부담하면서 자기 계산 계좌에서 주식을 사고파는 행위(가장매매).

■ 고가주문

주가를 상승시키기 위하여 매수 가능한 가격 보다 높은 가격으로 주문을 내는 행위.

■ 저가주문

주가를 하락시키기 위하여 매도할 수 있는 가격보다 낮은 가격으로 주문을 내는 행위.

■ 허수주문

실제 매수 또는 매도하고자 하는 의사 없이 거래가 성황을 이루고 있는 것처럼 보이기 위해 시세보다 낮은 매수주문 또는 현저히 높은 매도주문을 하는 행위.

■ 허위사실 유포

사실과 다른 내용을 시장에 퍼뜨려 주가를 상승시키거나 하락시키는 행위.

4. 시세조종의 종류

시세조종행위란 주식 등의 가격을 인위적으로 변동시켜 주식시장의 가격결정과 수급질서를 방해하는 일체의 행위로 시세조종 방법에 따라「위장거래에 의한 시세조종」,「현실거래에 의한 시세조종」,「허위표시에 의한 시세조종」,「시세고정·안정을 위한 시세조종」,「현선연계 시세조종」으로 나누어진다.

가. 위장거래에 의한 시세조종

1) 위장매매의 개요

「자본시장법」제176조 제1항이 규정하는 **통정매매**와 **가장매매**를 통칭하여 위장매매라고 하는데 현실의 매매에 의한 시세조종 과정에서 자주 이용된다. 위장매매의 규제행위는 매매이므로 매매가 아닌 거래(예컨대 담보권의 설정이나 취득 등)는 규제대상이 아니다.

「자본시장법」은 누구든지 상장증권 또는 장내파생상품의 매매에 관하여 그 매매가 성황을 이루고 있는 듯이 잘못 알게 하거나, 그 밖에 타인에게 그릇된 판단을 하게 할 목적으로 다음과 같은 행위를 하는 것을 금지하고 있다.(「자본시장법」제176조 제1항)

1737 김용범, 전게서, 2017, 991면. 금융감독원,「불공정거래-시세조종행위-」, 홈페이지.

2) 위장매매의 유형

가) 통정매매

통정매매란 특정주식의 거래가 성황을 이루고 있는 듯이 잘못 알게 하기 위해 ① 자기가 매도하는 것과 같은 시기에 그와 같은 가격 또는 약정수치로 타인이 그 증권 또는 장내파생상품을 매수할 것을 사전에 그자와 서로 짠 후 매도하는 행위(「자본시장법」 제176조 제1항 제1호)와 ② 자기가 매수하는 것과 같은 시기에 그와 같은 가격 또는 약정수치로 타인이 그 증권 또는 장내파생상품을 매도할 것을 사전에 그자와 서로 짠 후 매수하는 행위이다.(「자본시장법」 제176조 제1항 제2호)

여기서 타인이란 매매로 인한 손익이 달리 귀속되는 자를 뜻하는 것으로서, 반드시 매도인과 매수인 사이에 직접적인 협의가 이루어져야 하는 것은 아니고 그 중간에 매도인과 매수인을 지배·관리하는 주체가 있어 그가 양자 사이의 거래가 체결되도록 주도적으로 기획·조종한 결과 실제 매매가 체결되는 경우도 포함한다.[1738]

통정매매는 해당 종목의 거래 부족으로 시세가 적정 수준에 이르지 못하는 경우, 그 종목의 매매가격, 담보가격이나 장부가격 등의 근거가 되는 시세를 형성하고자하는 의도에서 많이 이용되고, 명시적인 통정뿐만 아니라 묵시적인 통정도 포함한다.[1739] **대량매매**(장중대량매매와 시간외 대량매매[1740])는 매매의 쌍방 당사자가 동일한 가격과 동일한 수량의 매도·매수 주문을 내어 매매계약을 체결시키는 행위이다.

이는 경쟁매매 과정에서 처리하기 곤란하거나 경쟁매매에 의하면 주가의 급등락이 우려될 정도의 대량거래를 하려는 경우, 주가에 영향을 미치지 않고 신속하게 주문을 처리할 수 있는 거래방식이다. 거래소의 업무규정은 일정한 요건하에서 이러한 매매를 허용한다.

나) 가장매매

가장매매란 외관상 매도인과 매수인 간에 권리의 이전을 목적으로 하는 매매처럼 보이지만, 그 증권 또는 장내파생상품을 매매함에 있어서 그 권리의 이전을 목적으로 하지 아니하는 거짓으로 꾸민 매매를 하는 행위를 말한다.(「자본시장법」 제176조 제1항 제3호) 이 점에서 실질적으로 권리의 이전이 이루어지는 통정매매와 다르다.[1741]

가장매매는 증권 또는 장내파생상품의 매매를 함에 있어서 실제로 권리의 이전을 목적으로 하지 아니하므로, 판례에 의하면 동일인 명의의 계좌 간 매매 뿐만 아니라 매도 및 매수 계좌의 명의는 다르더라도 동일인이 실질적으로 소유하는 차명계좌의 경우에도 가장 매매에 해당한다.[1742]

1738 대법원. 2013.9.26. 선고. 2013도5214. 판결. 임재연, 「자본시장법」, 2019, 944면.

1739 김용범, 전게서, 2017, 992면. 대법원. 1998.12.8. 선고. 98도3051 판결.

1740 「거래소의 업무규정」제31조 및 제35조.

1741 대법원. 2013.7.11. 선고. 2011도15056. 판결. 임재연, 전게서, 2019, 945면.

1742 김용범, 전게서, 2017, 993면. 대법원. 2001.11.27. 선고. 2001도3567 판결.

다) 통정매매·가장매매의 위탁·수탁행위

「자본시장법」은 통정매매·가장매매의 위탁·수탁행위를 금지한다. 누구든지 상장 증권이나 장내파생상품의 매매에 관해 그 매매가 성황을 이루고 있는 듯이 잘못 알게 하거나, 그 밖에 타인에게 그릇된 판단을 하게 할 목적으로 매매하거나 위탁·수탁하는 행위를 금지하고 있다.(「자본시장법」제176조 제1항 제4호)

이와 같이 위탁자가 통정매매나 가장매매로 나아가지 아니해 위탁이나 수탁에 불과할 뿐 실제로 매매가 성립하지 아니한 경우에도 규제하는 이유는 자본시장에서는 매매사실이 없더라도 주문사실만으로도 투자자판단에 영향을 미칠 수 있기 때문이다.[1743]

3) 요 건

가) 규제의 대상

위장매매의 규제대상은 상장증권 또는 장내파생상품이다. 상장법인이 발행한 모든 증권이 규제대상이 되는 것은 아니고 상장법인이 발행한 증권 중 상장증권만이 규제대상이다. 그리고 국공채 기타 증권도 상장된 것이면 규제대상이다. 또한 거래 장소에 대한 제한 규정은 없지만, 거래 대상이 상장 증권 또는 장내파생 상품이므로 거래소시장에서의 거래만 규제 대상으로 보아야 한다.

나) 매매의 성립

「자본시장법」제176조 제1항 제1호 내지 제3호는 매매의 성립을 전제로 하지만, 제4호가 "이상의 행위의 위탁 또는 수탁을 하는 행위"라고 규정하므로 위탁 후 매매가 성립되지 않은 경우에도 규제대상이다.[1744]

증권회사의 반대매매 물량이 시장에 유통되는 것을 막기 위하여 증권회사 직원으로부터 통보받은 반대매매 시점과 수량에 맞추어 매수주문을 하는 경우에도 이를 통정매매로 인정한 하급심 판례도 있다.[1745]

다) 거래상황에 대한 오인·오판 목적

(1) 의의

통정매매나 가장매매가 시세조종으로서 규제대상이 될 정도가 되려면 거래가 대량으로 이루어져 일반 투자자로 하여금 그 매매가 성황을 이루고 있는 듯이 잘못 알게 하거나 기타 타인으로 하여금 그릇된 판단을 하게 하려는 목적이 존재하여야 하고 이로 인하여 투자자의 투자판단에 실질적인 영향을 미칠 정도이어야 한다.[1746]

따라서 순수하게 지분을 확대하기 위하여 단기간에 대량으로 증권을 매수하는 경우에도

1743 김용범, 전게서, 2017, 993면. 김병연 외2, 전게서, 박영사, 2015, 402면.

1744 임재연, 「자본시장법」박영사, 2019, 946면.

1745 서울중앙지법. 2007.1.12. 선고. 2006고합770. 판결.

1746 김용범, 전게서, 2017, 994면. 김병연 외2, 전게서, 박영사, 2015, 403면. 임재연, 「자본시장법」, 박영사, 2019, 947면.

가격의 급상승이 초래되지만, 이러한 목적이 없는 한 시세조종 행위에 해당하지 않는다.[1747]

또한 투자상담사가 고객 계좌의 신용만기에 따른 반대매매를 피하기 위하여 일단 매도하였다가 다시 동일물량을 유지하기 위하여 동일가격에 매수하는 과정에서 통정매매를 한 경우, 이는 금지되는 통정매매라기 보다는 고객의 요청에 따른 거래이고 매매의 성황에 대한 오인 또는 오판 유발의 목적이 인정되지 아니하므로 시세조종으로 볼 수 없다.[1748]

(2) 목적의 정도

주관적 요건인 "거래가 성황을 이루고 있는 듯이 잘못 알게 하거나 기타 타인으로 하여금 그릇된 판단을 하게 할 목적"은 다른 목적과의 공존여부나 어느 목적이 주된 것인지는 문제되지 아니하고, 그 목적에 대한 인식의 정도는 적극적 의욕이나 확정적 인식임을 요하지 아니하고 미필적 인식이 있으면 족하며, 투자자의 오해를 실제로 유발하였는지 또는 타인에게 손해가 발생하였는지 여부 등은 문제가 되지 않는다.[1749] 여기서 **투자자 또는 타인**이란 특정 투자자가 아닌 일반적인 투자집단을 대표할 만한 평균적 수준의 합리적인 투자자를 말하고, 그릇된 판단이란 유가증권의 매매에 관한 의사결정을 말한다.[1750]

(3) 매매유인 목적 필요 여부

통정매매 또는 가장매매는 「자본시장법」 제176조 제2항의 허위표시에 의한 시세조종과 달리 매매의 유인할 목적은 요구되지 않는다.[1751]

(4) 목적에 관한 증명

불법목적의 증명과 관련하여 「자본시장법」 제176조 제1항, 제2항의 규정형식상 원고가 행위자의 불법목적을 증명하여야 한다. 그러나 행위자의 내심의 목적을 직접 증거에 의하여 증명한다는 것은 거의 불가능하다는 문제점이 있다.

법원은 이러한 증명상의 문제점을 보완하기 위하여, 당사자가 목적에 대하여 자백하지 않더라도 그 증권의 성격과 발행된 증권의 총수, 매매거래의 동기와 태양(순차적 가격상승 주문 또는 가장매매, 시장관여율의 정도, 지속적인 종가 관여 등), 그 증권의 가격 및 거래동향, 전후의 거래상황, 거래의 경제적 합리성 및 공정성 등의 간접 사실을 종합적으로 고려하여 판단할 수 있다는 입장이다.[1752]

입법론적으로는 통정·가장매매가 불법목적을 가지지 않고 행해지는 경우는 거의 없을 것이므로 일정한 경우에는 **'그릇된 판단을 하게 하는 목적'**이나 **'매매거래를 유인할 목적'**을 가지는 것으로 보고, 그 행위자에 대하여 이러한 목적이 없었음을 증명할 책임을 부담하도록

1747 임재연, 「자본시장법」, 박영사, 2019, 947면.
1748 임재연, 「자본시장법」, 박영사, 2019, 947면. 대법원. 2008.11.27. 선고. 2007도6558. 판결
1749 대법원. 2010.6.24. 선고. 2007도9051. 판결. 대법원. 2013.7.11. 선고. 2011도15056. 판결 등.
1750 임재연, 「자본시장법」, 박영사, 2019, 948면. 김병연 외2, 전게서, 박영사, 2015, 403면.
1751 임재연, 「자본시장법」, 박영사, 2019, 948면. 김병연 외2, 전게서, 박영사, 2015, 403면. 대법원. 2001.11.27. 선고. 2001도3567. 판결.
1752 김용범, 전게서, 2017, 994면. 대법원. 2001.11.27. 선고. 2001도3567 판결.

하는 것이 합리적이라고 본다.[1753]

즉, 통정 또는 가장매매가 행해졌음이 증명되면 불법목적에 관한 증명책임이 전환되어 피고가 불법목적의 부존재를 증명할 책임이 있다고 보아야 할 것인데, 이는 해석론으로는 한계가 있으므로 법 개정에 의하여 해결하여야 할 것으로 본다.[1754]

라) 같은 시기·같은 가격

통정매매는 같은 시기에 같은 가격으로 매매가 이루어질 것을 요건으로 한다. "같은 시기"와 관련하여, 매도주문과 매수주문이 반드시 동일한 시기에 있어야만 통정매매가 성립되는 것은 아니고 쌍방주문이 시장에서 대응하여 성립할 가능성이 있는 시간이면 통정매매가 성립한다. 나아가 매도주문이 체결되지 않고 남아 있는 상황에서 통모한 상대방이 매수주문을 내서 매매가 성립하게 되면 동시기의 주문에 의한 매매는 아니지만 통정매매에 의한 시세조종이 성립한다.[1755]

그러나 매도주문과 매수주문 간에 현저히 시세차가 있는 경우에는 "같은 시기"의 매매로 보기 어려울 것이다. "같은 가격"도 쌍방의 주문이 대응하여 성립할 가능성이 있는 범위 내의 가격을 의미한다.[1756] 「자본시장법」은 주문수량의 일치("같은 수량")는 요구하지 않는다. 실제의 통정매매에서 주문수량이 일치하는 경우가 대부분이지만 주문자가 의도적으로 주문수량이 일치하지 않도록 주문하는 경우도 있으므로 통정매매의 요건으로서는 같은 시기와 같은 가격만을 요구한다.

4) 고객계좌를 이용한 시세조종[1757]

통정매매는 자기가 매도(매수)하는 것과 같은 시기에 그와 같은 가격으로 타인이 그 유가증권을 매수(매도)할 것을 사전에 그 타인과 통정한 후 매도하는 행위를 의미한다. 타인이란 매매로 인한 손익이 달리 귀속되는 자를 뜻하는 것으로서, 동일인이 서로 다른 손익의 귀속주체들로부터 각 계좌의 관리를 위임받아 함께 관리하면서 거래가 성황을 이루고 있는 듯이 잘못 알게 하거나 기타 타인으로 하여금 그릇된 판단을 하게 할 목적으로 각 계좌 상호간에 같은 시기에 같은 가격으로 매매가 이루어지도록 하는 행위도 통정매매에 해당한다.

따라서 증권회사 직원이 고객계좌를 이용하여 시세조종행위를 한 경우에는 손익의 귀속주체가 다르므로 가장매매가 아니라 통정매매에 해당한다. 그러나 만일 손익의 귀속주체가 동일하다면 가장매매에 해당한다. 다만, 전체 시세조종기간 동안의 통정매매와 가장매매를 한 경우에는 포괄일죄가 성립한다.[1758]

1753 김용범, 전게서, 2017, 995면. 김병연 외2, 전게서, 2015, 404면. 임재연, 전게서, 2019, 948면.

1754 김용범, 전게서, 2017, 995면. 김병연 외2, 전게서, 2015, 404면. 임재연, 전게서, 2019, 948면.

1755 김건식·정순섭, 「자본시장법」, 두성사, 2013, 450면.

1756 임재연, 전게서, 2019, 949면. 서울중앙지법. 2008.5.23. 선고, 2007고합243. 판결.

1757 임재연, 전게서, 2019, 950면.

1758 임재연, 전게서, 2019, 950면. 대법원. 2013.7.11. 선고. 2011도15056. 판결.

나. 현실거래에 의한 시세조종

1) 현실거래에 의한 시세조종의 의의

현실거래에 의한 시세조종이란 매매를 유인할 목적으로 본인 또는 타인 명의로 된 여러 개의 계좌를 이용하여 또는 타인과 공모하여 주식 등의 매매가 성황을 이루고 있는 듯이 오인하게 하거나 주식 등의 가격을 상승·하락하게 하는 주식 등의 매매 또는 그 주식 등의 매매를 위탁·수탁하는 행위를 말한다.[1759]

누구든지 상장증권 또는 장내파생상품의 매매를 유인할 목적으로 '그 증권 또는 장내파생상품의 매매가 성황을 이루고 있는 듯이 잘못 알게 하거나 그 시세(증권시장 또는 파생상품시장에서 형성된 시세, 다자간 매매체결회사가 상장주권의 매매를 중개함으로써 형성된 시세, 그 밖에 대통령령으로 정하는 시세)를 변동시키는 매매 또는 그 위탁이나 수탁을 하는 행위'를 하지 못한다.(「자본시장법」 제176조 제2항 제1호)

이는 **'현실거래에 의한 시세조종'**이라 불리며 소위 작전세력의 시세조종행위를 규제하기 위한 것이다. 상장증권 또는 장내파생상품의 매매가 성황을 이루고 있는 것처럼 잘못 알게 하거나, 그 시세를 변동시키는 매매 또는 그 위탁·수탁행위가 금지된다. **시세**란 증권시장 또는 파생상품시장에서 형성된 시세, 전자증권중개 회사가 상장증권의 매매를 중개함에 있어서 형성된 시세를 말한다.[1760]

2) 현실거래에 의한 시세조종의 형태

현실거래에 의한 시세조종방법은 매우 다양한데 실제의 사건에서 자주 볼 수 있는 예로는, 직전 체결가 대비 고가매수주문, 시세변동을 위한 상대매도호가 대비 고가매수주문, 시세급변을 유도하기 위한 상한가매수주문, 거래성황 또는 타인의 그릇된 판단을 유도하기 위한 운용계좌 상호간 매매주문, 시세급변을 유도하기 위한 상한가 매수주문 등이 있다.

또한 매일 한정된 물량을 계속적·순차적·계좌별·시간대별로 번갈아 가면서 소량·대량·분할·집중매수하는 방법으로 시초가 고가매수·종가 상승을 위한 고가매수·체증식고가매수·시가고정을 위한 분할 또는 집중매수 등이 있다.[1761]

3) 현실거래에 의한 시세조종의 요건

가) 매매거래 유인의 목적

매매거래를 유인할 목적이라 함은 인위적인 조작을 가하여 시세를 변동시킴에도 불구하고 투자자에게는 그 시세가 증권시장에서의 자연적인 수요 공급의 원칙에 의하여 형성된 것으로 오인시켜 상장증권 또는 장내파생상품의 매매거래에 끌어들이려는 목적을 말한다.[1762]

1759 김용범, 전게서, 2017, 995면. 금융감독원, 「불공정거래–시세조종행위–」. 홈페이지.

1760 김용범, 전게서, 2017, 995면. 김병연 외2, 전게서, 박영사, 2015, 406면.

1761 김용범, 전게서, 2017, 996면. 김병연 외2, 전게서, 박영사, 2015, 406~467면. 임재연, 「자본시장법」, 박영사, 2019, 956면. 서울지방법원, 1999.5.12. 선고 98단13351 판결.

1762 김용범, 전게서, 2017, 996면. 대법원, 2002.6.14. 선고, 2002도1256 판결. 대법원, 2002.7.22. 선고, 2002도1696 판결 등. 임재

「자본시장법」 제176조 제2항 제2호 및 제3호의 경우에는 규정된 각각의 행위가 있으면, 그로부터 행위자에게 유인목적이 있었다고 인정하는 데 무리가 없지만, 제1호의 경우에는 외관상으로 정상적인 매매와 구분하기 곤란하므로 매매유인목적은 행위자의 자백이 없는 한 직접적인 증명이 곤란하다.

결국 내심적인 유인목적은 직접적으로 증명하기 곤란하므로, 결국 거래의 동기, 매매의 전후사정, 거래의 경제적 합리성, 금전적인 이해관계 등을 고려하여 직전가격에 비해 인위적으로 가격을 높이거나 하락시키기 위하여 통상의 거래관행을 벗어난 주문을 하는 것인지 여부에 따라 인정할 수밖에 없을 것이다.[1763]

이러한 목적은 통정매매, 가장매매에서의 목적과 같이, 다른 목적과 공존여부나 어느 목적이 주된 것인지는 문제되지 아니하고, 그 목적에 대한 인식만 있으면 되는데 그 인식의 정도는 적극적 의욕이나 확정적 인식임을 요하지 아니하고 미필적 인식이 있으면 족하며, 투자자의 오해를 실제로 유발하였는지 여부나 타인에게 손해를 발생하였는지 여부 등도 문제가 되지 아니한다.[1764]

이러한 매매거래유인의 목적은 당사자가 이를 자백하지 않더라도 그 상장증권 또는 장내파생상품의 성격과 발행된 상장증권 또는 장내파생상품의 총수, 매매거래의 동기와 태양(순차적 가격상승주문/가장매매, 시장관여율의 정도, 지속적인 종가관여 등), 그 상장증권/장내파생상품의 가격 및 거래량의 동향, 전후의 거래상황, 거래의 경제적 합리성 및 공정성 등의 간접사실을 종합적으로 고려하여 판단할 수 있다.[1765]

따라서 유상증자를 앞두고 원활한 유상증자를 하기 위하여 거래량을 증가시키기 위한 경우에도 매매유인 목적이 인정된다.[1766] 그러나 변화 추이, 매수 주식 수와 매매 회수 및 기타 사정 등을 비추어, 주식매수 행위가 주가상승에 절대적인 영향을 미쳤다고 보기 어렵고, 공개 주식시장에서의 정상적인 수요·공급의 시장 원리에 반하여 소외 회사의 주가를 부당하게 형성할 의도가 없는 경우에는 매매유인목적을 인정할 수 없다.[1767]

나) 시세변동거래 행위

'**시세변동거래**'라 함은 유가증권시장에서 수요와 공급의 원칙에 의하여 기형성된 유가증권의 가격을 인위적으로 상승 또는 하락시키는 등의 조작을 가하는 거래를 말하는데, 그 방법으로 직전가격보다 높은 매수호가나 낮은 매도호가에 의하는 경우가 많지만 반드시 이러

　　　연, 「자본시장법」, 박영사, 2019, 951면.

1763　김용범, 전게서, 2017, 996면. 임재연, 「자본시장법」, 박영사, 2019, 951면. 김병연 외2, 전게서, 박영사, 2015, 411면.

1764　김용범, 전게서, 2017, 996면. 임재연, 「자본시장법」, 2019, 952면. 대법원. 2009.4.9. 선고. 2009도 675 판결. 대법원. 2018.4.12. 선고. 2013도6962 판결.

1765　김용범, 전게서, 2017, 996면. 대법원. 2018.4.12. 선고. 2013도6962 판결, 대법원. 2002.7.22. 선고. 2002도1696 판결. 대법원. 2002.7.26. 선고. 2001도4947 판결.

1766　대법원. 2009.4.9. 선고. 2009도675. 판결.

1767　대법원. 2010.7.22. 선고. 2009다40547. 판결.

한 방법만을 요하지는 않는다.[1768]

예컨대, 앞에서 설명한 바와 같이 직전 체결가 대비 고가매수주문, 시세변동을 위한 상대 매도호가 대비 고가매수주문, 시세급변을 유도하기 위한 상한가 매수주문, 거래 상황 또는 타인의 그릇된 판단을 유도하기 위한 운용계좌 상호간 매매주문, 시세급변을 유도하기 위한 상한가매수주문 등 여러 방법이 사용될 수 있기 때문이다.

결국 당해 매매거래가 시세변동거래에 해당하는지 여부는 매매거래의 동기와 유형·당시의 거래사항 등을 종합적으로 고려해서 판단해야 할 것이다.[1769]

4) 현실거래에 의한 시세조종의 내용

가) 매수청약 또는 매수주문

매매하는 행위가 금지대상이며 매매체결은 요건이 아니므로 매매계약의 체결에 이르지 아니한 매수청약 또는 매수주문도 그것이 상장증권 또는 장내파생상품의 가격을 상승 또는 하락시키는 효과를 가지고 제3자에 의한 상장증권 또는 장내파생상품의 매매를 유인하는 성질을 가지는 이상 「자본시장법」 제176조 제2항 제1호의 매매성황 오인 유발 행위 또는 시세변동행위에 해당된다.[1770]

또한 여기서 "매매"가 실제로 체결될 것까지는 요구되지는 않기 때문에, 실제로 매매를 체결할 의사는 없이 단지 타인의 매매거래를 유인하기 위하여 매수 또는 매도 주문량이 많은 것처럼 보이기 위한 **'허수매수매도주문'**도 현실거래에 의한 시세조종 행위의 유형에 속한다.[1771]

나) 매매성황 오인유발 행위

'매매거래가 성황을 이루고 있는 듯이 잘못 알게 하는 행위'는 타인으로 하여금 시장의 수요와 공급에 의하여 매매가 성황을 이룬 듯이 오인하도록 하여 매매거래를 유인하는 행위이다.

매매성황 오인유발행위에 해당하는지를 당사자가 자백하지 않더라도 그 증권의 성격과 발행된 증권의 총수, 가격과 거래량의 동향, 거래 동기와 거래당시 전후사정, 증권시장의 상황, 거래의 경제적 합리성 등을 종합적으로 고려해 판단해야 한다.[1772]

예컨대 그 현실매매의 거래가 있기 이전에 당해 종목의 거래 상황에 비추어 정상적인 수요와 공급에 따른 거래량·가격변동보다 성황을 이루고 있는 듯이 평균적인 투자자를 오인시킬 수 있는지의 여부를 살펴보아야 한다.[1773]

1768 김용범, 전게서, 2017, 996면. 금융감독원 인력개발실, 전게서, 2006, 608면.
1769 김용범, 전게서, 2017, 997면. 금융감독원 인력개발실, 전게서, 2006, 608면.
1770 김용범, 전게서, 2017, 997면. 김병연 외2, 전게서, 박영사, 2015, 407면.
1771 김용범, 전게서, 2017, 997면. 대법원. 2003.12.12. 선고, 2001도606 판결.
1772 김용범, 전게서, 2017, 997면. 김병연 외2, 전게서, 2015, 407면. 금융감독원, 전게서, 2006, 607면.
1773 김용범, 전게서, 2017, 997면. 김병연 외2, 전게서, 박영사, 2015, 407면. 송호신, 「시세조종 행위에 대한 자본시장통합법의 규제」, 한양법학 제20권 제3집, 한양법학회, 2009, 433면.

다) 시세 상승 또는 시세 하락

시세를 변동시키는 매매거래의 행위는 현실거래나 실제거래를 통하여 인위적으로 증권이나 장내파생상품의 시세를 상승 또는 하락하도록 유인하는 행위이다. 유인의 결과로 반드시 시세변동이 일어나야 하는 것은 아니고 시세변동의 가능성만 있어도 성립된다. 또한 이러한 행위에 대한 위탁이나 수탁도 포함되므로 실제로 매매거래가 체결되지 아니하고 위탁단계에 머물러도 시세조종행위가 성립될 수 있다.[1774]

라) 손해 발생 또는 이익 발생

매매성황 오인유발행위 또는 시세변동행위에 의한 시세조종행위는 상대방이 손해를 입고 시세조종행위자가 그 이익을 얻을 것을 요건으로 하지는 아니한다. 또한 유인 목적이 있으면 충분하고 유인의 결과 실제로 타인이 유인되어 매매를 하여야 하는 것은 아니다.[1775]

마) 상장 시초 시세 변동행위

신규발행 상장증권이 최초상장되는 경우에 상장시초가 형성과정에서 왜곡된 가격을 형성하기 위한 주문행위가 문제가 되는바, 대법원은 이에 대해 유통시장에서 기형성된 기준가격이 없다는 이유로 시세변동행위에 해당되지 않는다고 판시한 바 있다.[1776]

그러나 상장시초가 형성과정에서 정상적인 수요공급의 원칙에 의한 가격이 아니라 매매거래를 유인할 목적으로 왜곡된 주문을 하여 비정상적인 시초가를 형성한 경우는 넓은 의미에서의 유통시장에서의 시세조종으로 보는 것이 타당하다고 본다.[1777] 「자본시장법 시행령」제202조는 시세와 관련하여 상장되는 증권에 대하여 증권시장에서 최초로 형성되는 시세를 명시적으로 규정함으로써, 이에 대한 논란을 입법적으로 해결하였다.[1778]

5) 정상거래와 시세조종과의 관계

실제 사안에서는 현실매매에 의한 시세조종행위는 정상적인 매매와의 구분이 애매한 경우가 많다. 현실매매에 있어서 법원이 시세조종을 부인한 사례를 보면 법원이 채택하는 대체적인 기준을 가늠할 수 있다. 고가매수주문이 문제가 되는 경우, 행위자가 호가를 점차 상승시키며 계속적으로 매매주문을 내고, 빈번하게 매매주문을 취소 또는 정정하고, 통정매매 또는 가장매매를 하는 등의 경우에는 비록 실제 물량을 확보하기 위한 매수라 하더라도 시세조종에 해당할 가능성이 크다.

그러나 이러한 상황이 보이지 않고 행위자가 매수한 주식의 대부분을 그대로 보유하고 있고, 적극적으로 물량확보를 위하여 직전가 또는 상대호가 대비 다소 고가의 매수주문을 하거나 실제 매수가 가능하다고 판단되는 호가에 매수하고자 저가분할 매수주문을 한 것으

1774 김용범, 전게서, 2017, 998면. 김병연 외2, 전게서, 박영사, 2015, 407면.

1775 김용범, 전게서, 2017, 998면. 김병연 외2, 전게서, 박영사, 2015, 407면. 송호신, 전게논문, 한양법학 제20권 제3집, 2009, 434면. 임재연, 「자본시장법」, 2019, 954면.

1776 대법원. 1994.10.25. 선고. 93도2516 판결.

1777 김용범, 전게서, 2017, 998면. 김병연 외2, 전게서, 박영사, 2015, 408면.

1778 김용범, 전게서, 2017, 998면. 임재연, 「자본시장법」, 박영사, 2019, 958면.

로 보이는 경우나,[1779] 적대적 M&A를 위하여 시장에서 주식을 매수하는 과정에서 굳이 시세를 올릴 이유나 필요가 없고, 행위자의 매수로 인한 실제의 주가 변동이 미미한 경우에는, 시세조종으로 인정하기 곤란하다.[1780]

다. 허위표시에 의한 시세조종

1) 허위표시에 의한 시세조종의 의의

허위표시에 의한 시세조종이란 매매를 유인할 목적으로 주식 등의 시세를 자기 또는 다른 사람이 조작하고 있다는 말을 유포하거나, 유가증권의 매매와 관련한 중요한 사실에 대하여 고의로 허위사실을 표시하거나 오해를 유발하게 하는 표시를 하는 것을 말하며, 매매를 유인할 목적으로 하는 행위라는 점에서 현실거래에 의한 시세조종과 동일하나 허위사실의 표시 또는 오해유발 표시의 유무가 현실 거래에 의한 시세조종과 구별된다.[1781]

「자본시장법」에서 허위표시에 의한 시세조종행위는 그 증권 또는 장내파생상품의 시세가 자기 또는 타인의 시장조작에 의하여 변동한다는 말을 유포하는 행위(「자본 시장법」 제176조 제2항 제2호)와 그 증권 또는 장내파생상품의 매매를 함에 있어 중요한 사실에 관하여 거짓의 표시 또는 오해를 유발시키는 표시를 하는 행위(「자본시장법」 제176조 제2항 제3호)로 구분된다.

상장증권 또는 장내파생상품의 시세가 "자기 또는 타인의 시장조작에 의하여 변동한다는 말을 유포하는 행위"가 금지대상이므로, 단순히 어느 주식의 가격이 어느 정도까지 상승할 것이라는 발언만으로는 부족하고 자기 또는 타인의 시세조종에 의한 시세변동임을 명시적이든 묵시적이든 표시할 경우에만 금지대상이 된다.[1782]

2) 허위표시에 의한 시세조종의 종류

가) 시세조작유포행위

시세조작유포의 행위는 그 증권 또는 장내파생상품의 시세가 자기 또는 타인의 조작에 의하여 변동한다는 말을 유포하는 행위를 말한다.(「자본시장법」 제176조 제2항 제2호) 시세가 변동할 가능성이 있다는 말을 유포하여 다른 사람에게 매매거래를 유인할 목적으로 하는 경우에 시세조작유포행위가 성립한다.[1783]

"상장증권 또는 장내파생상품의 시세"란 거래소 시장에서 형성되는 구체적인 가격을 말하고, "시세가 자기 또는 타인의 시장 조작에 의하여 변동한다는 말"은 정상적인 수요·공급에 따라 자유경쟁시장에서 형성될 시세 및 거래량을 시장요인에 의하지 아니한 다른 요인으로 인위적으로 변동시킬 수 있다는 말을 의미한다.[1784]

1779 서울고등법원. 2005.10.19. 선고. 2005노1123. 판결. 임재연, 「자본시장법」, 2019, 960면.

1780 서울고등법원. 2005.10.26. 선고. 2005노1530. 판결. 임재연, 「자본시장법」, 2019, 960면.

1781 김용범, 전게서, 2017, 999면. 금융감독원 「불공정거래란? – 시세조종 –」 홈페이지

1782 임재연, 「자본시장법」, 2019, 960면.

1783 김용범, 전게서, 2017, 999면. 김병연 외2, 전게서, 2015, 409면. 임재연, 「자본시장법」, 2019, 960면.

1784 임재연, 「자본시장법」, 2019, 960면. 대법원. 2018.4.12. 선고, 2013도6962. 판결.

일반적으로 증권 또는 장내파생상품의 시세 조종 등 시장조작에 대한 정보를 유포하는 행위가 이에 해당하며, 예컨대 특정증권에 관한 작전이 곧 개시될 것이라는 소문이나 내부정보를 들어 고객에게 특정주식의 매입을 권유하는 행위를 들 수 있다.[1785]

이 경우 시세변동의 유포의 대상자와 매매거래의 유인의 대상자가 일치할 필요는 없다.[1786] 그러나 "그 증권 또는 장내파생상품의 시세가 자기 또는 타인의 시장조작에 의하여 변동한다."는 내용은 일반적인 풍문수준으로는 부족하며 상당히 구체적일 것이 요구된다.[1787]

유포는 반드시 인쇄물·통신·기타 공개적인 매체에 의한 것뿐만 아니라 개별접촉에 의한 구두전달행위도 포함된다. 그러나 시장조작을 위한 실제적인 매매 거래를 수반할 필요는 없으므로 유포 후에 시장조작을 실행하지 않더라도 시세 조작유포행위에 의한 매매거래 유인 목적행위가 성립한다.[1788]

나) 허위표시·오해유발표시행위

(1) 행위 유형

허위표시 또는 오해유발의 표시를 하여 다른 사람에게 매매거래를 유인할 목적으로 하는 행위는 할 수 없다. 여기서 **"허위표시·오해유발표시행위"**는 그 증권 또는 장내파생상품의 매매를 함에 있어서 중요한 사실에 관하여 거짓의 표시 또는 오해를 유발시키는 표시를 하는 행위를 말한다.(「자본시장법」 제176조 제2항 제3호)

시세조작유포행위와는 달리 허위표시·오해유발표시행위는 상장증권이나 장내파생상품의 매매에 수반되어야 한다. 이 경우에도 중요사실의 허위표시의 대상자와 매매 거래의 유인의 대상자가 일치할 필요는 없다.[1789] 그리고 허위의 표시를 반드시 매매의 상대방에게 하여야 하는 것은 아니다.

(2) 중요한 사실

중요한 사실이란 그 증권 또는 장내파생상품의 매매에 있어서 당해 법인의 재산·경영에 관하여 중대한 영향을 미치거나 상장증권 등의 공정거래와 투자자보호를 위해 필요한 사항으로서 투자자의 투자판단에 영향을 미칠만한 사항을 의미한다.[1790] 따라서 투자자의 투자판단에 영향을 미치지 못하는 정도의 정보는 허위표시·오해 유발표시행위 규제의 대상이 되지 않는다.[1791]

「자본시장법」이 주요사항보고서를 제출하도록 정하고 있는 사유가 대표적인 중요한 정보

1785 김용범, 전게서, 2017, 999면. 송호신, 전게논문, 한양법학 제20권 제3집, 2009, 434면. 김병연 외2, 전게서, 박영사, 2015, 409면.
1786 김용범, 전게서, 2017, 999면. 송호신, 전게논문, 한양법학 제20권 제3집, 2009, 434면. 김병연 외2, 전게서, 박영사, 2015, 409면.
1787 김용범, 전게서, 2017, 999면. 송호신, 전게논문, 한양법학 제20권 제3집, 2009, 435면. 김병연 외2, 전게서, 박영사, 2015, 409면.
1788 김용범, 전게서, 2017, 1000면. 김병연 외2, 전게서, 박영사, 2015, 409~410면. 임재연, 「자본시장법」, 박영사, 2019, 960~961면.
1789 김용범, 전게서, 2017, 1000면. 김병연 외2, 전게서, 박영사, 2015, 410면.
1790 임재연, 「자본시장법」, 2019, 961면. 대법원. 2018.4.12. 선고. 2013도6962. 판결.
1791 김용범, 전게서, 2017, 1000면. 김병연 외2, 전게서, 박영사, 2015, 410면.

에 해당될 수 있을 것이다.(「자본시장법」제161조 및 「동법시행령」제171조)[1792] 경우에 따라 당해 기업 고유의 정보만이 아니라 동종업종의 전망 또는 경쟁업체의 동향 등 기업외부의 정보도 포함될 수 있을 것이다.[1793]

(3) 중요성 판단 기준

중요성의 판단기준은 내부자거래에 관한 「자본시장법」제174조 제1항이 "투자자의 투자판단에 중대한 영향을 미칠 수 있는 정보"라고 규정하는 것과 동일하게 봐야 할 것이다.[1794] "거짓의 표시"에 비하여 "오해를 유발시키는 표시"는 훨씬 넓은 개념이다.

부정거래 행위 등의 금지에 관한 「자본시장법」제178조 제1항 제2호는 "중요사항에 관하여 거짓의 기재 또는 표시를 하거나 타인에게 오해를 유발시키지 아니하기 위해 필요한 중요사항의 기재 또는 표시가 누락된 문서, 그 밖의 기재 또는 표시를 사용하여 금전, 그 밖의 재산상의 이익을 얻고자 하는 행위"를 규제대상으로 한다.

이는 「자본시장법」제178조 제1항 제3호의 규정과 유사하지만, 한편으로는 매매 유인 목적을 요구하지 않고 규제대상 금융투자 상품이나 거래장소에 대한 제한도 없다. 따라서 「자본시장법」제178조 제1항 제2호는 제176조 제2항 제3호에 대한 규제의 공백을 보완하는 기능을 한다.[1795]

다) 「자본시장법」 제176조 제2항 제2호와 제3호의 유형 차이[1796]

「자본시장법」제176조 제2항 제2호의 행위유형은 제3호가 규정하는 "그 증권 또는 파생상품의 매매를 함에 있어서"라는 요건이 없으므로, 반드시 매매에 수반되어야 하는 것이 아니고, "시장조작에 의하여 변동한다는 말을 유포하는 행위"라는 표현상 행위자가 그러한 말을 유포하는 것만으로 제2호가 규정하는 행위유형에 해당하고, 행위자에게 실제로 시장조작 의도가 있었을 필요가 없다.

또한 제3호는 "거짓의 표시 또는 오해를 유발시키는 표시를 하는 행위"를 규제대상으로 규정하지만, 제2호는 "자기 또는 타인의 시장조작에 의하여 변동한다는 말"이라고만 규정하므로 변동한다는 말의 내용이 거짓인지 여부는 문제되지 않는다.

라. 시세고정·안정을 위한 시세조종

1) 시세고정·안정을 위한 시세조종의 의의

시세고정 또는 안정을 위한 시세조종이라 함은「자본시장법시행령」이 인정하는 일정한 요건·방법과 절차에 반하여 단독 또는 공동으로 유가증권의 시세를 고정시키거나 안정시킬

1792 주요사항보고서의 보고대상은 ① 발행한 어음 또는 수표가 부도로 되거나 은행과 당좌거래가 정지 또는 금지된 때, ② 영업활동의 전부 또는 중요한 일부가 정지되거나 그 정지에 관한 이사회 결정이 있은 때, ③ 「채무자 회생 및 파산에 관한 법률」에 따른 회생절차의 개시 또는 간이 회생절차개시의 신청이 있는 때, ④ 「자본시장법」, 「상법」, 그 밖의 법률에 따른 해산사유가 발생한 때 등이다.

1793 김용범, 전게서, 2017, 1000면. 송호신, 전게논문, 한양법학 제20권 제3집, 2009, 435면. 김병연 외2, 전게서, 박영사, 2015, 410면.

1794 대법원. 2009.7.9. 선고. 2009도1374. 판결.

1795 임재연, 「자본시장법」, 2019, 962면.

1796 임재연, 「자본시장법」, 2019, 960~961면.

목적으로 유가증권시장 등에서의 매매거래를 행하는 것을 말한다.[1797]

누구든지 상장증권 또는 장내파생상품의 시세를 고정시키거나 안정시킬 목적으로 그 증권 또는 장내파생상품에 관한 일련의 매매 또는 그 위탁이나 수탁을 하는 행위를 하여서는 아니 된다.(「자본시장법」 제176조 제3항 본문)

시세를 고정시킨다는 것은 본래 정상적인 수요·공급에 따라 자유경쟁시장에서 형성된 증권 등의 시세에 시장요인에 의하지 아니한 다른 요인으로 인위적인 조작을 가하여 시세를 형성 및 고정시키거나 이미 형성된 시세를 고정시키는 것을 말하는 것으로서, 시세고정 목적의 행위인지는 증권 등의 성격과 발행된 증권 등의 총수, 가격 및 거래량의 동향, 전후의 거래 상황, 거래의 경제적 합리성 및 공정성, 시장관여율의 정도, 지속적인 종가관리 등 거래의 동기와 태양 등의 간접사실을 종합적으로 고려하여 판단한다.

따라서 「자본시장법」 제176조 제3항을 위반하여 상장증권의 매매 등에 의하여 시세를 고정시킴으로써 타인에게 손해를 입힌 경우에 상당인과관계가 있는 범위 내에서는 「민법」 제750조의 불법행위 책임을 지며, 이러한 법리는 금융투자상품의 기초자산인 증권의 시세를 고정시켜 타인에게 손해를 가한 경우에도 마찬가지로 적용된다.[1798]

2) 시세고정·안정을 위한 시세조종의 예외

다만, 다음의 경우에 해당하는 경우에는 예외적으로 허용된다.(「자본시장법」 제176조 제3항 단서)

시세고정·안정을 위한 시세조종의 예외

① 투자매매업자(모집 또는 매출되는 증권의 발행인 또는 소유자와 인수계약을 체결한 투자매매업자로서 대통령령으로 정하는 자에 한함)가 대통령령이 정하는 방법에 따라 그 증권의 모집 또는 매출의 청약기간의 종료일 전 30일의 범위에서 대통령령으로 정하는 날부터 그 청약종료일까지의 기간 동안 증권의 가격을 안정시킴으로써 증권의 모집 또는 매출을 원활하도록 하기 위한 매매거래(이하 '**안정조작**'이라 함)를 하는 경우

② 투자매매업자가 대통령령으로 정하는 방법에 따라 모집 또는 매출한 증권의 수요·공급을 그 증권이 상장된 날로부터 6개월 범위에서 대통령령으로 정하는 기간 동안 조성하는 매매거래(이하 '**시장조성**'이라 함)를 하는 경우

③ 모집 또는 매출되는 증권발행인의 임원 등 대통령령으로 정하는 자가 투자매매업자에게 안정조작을 위탁하는 경우

④ 투자매매업자가 제3호에 따라 안정조작을 수탁하는 경우

⑤ 모집 또는 매출되는 증권의 인수인이 투자매매업자에게 시장조성을 위탁하는 경우

⑥ 투자매매업자가 제5호에 따라 시장조성을 수탁하는 경우 등

1797 김용범, 전게서, 2017, 1000면. 금융감독원인력개발실, 전게서, 2006, 608면.

1798 대법원, 2016.10.28. 선고, 2002도3131. 판결. 임재연, 「자본시장법」, 2019, 963면.

3) 시세고정·안정을 위한 시세조종의 내용

시세의 고정·안정을 위한 시세조종은 시세를 적극적으로 변동시키는 행위뿐만 아니라 시세의 고정이나 안정조작도 다수 투자자의 경쟁매매 및 정상적인 수요와 공급에 의한 가격결정을 왜곡시키는 것이므로 시세조종에 해당된다.[1799]

이상과 같이 「자본시장법」은 일정한 기간 상장증권 또는 장내파생상품의 가격의 안정을 기하여 증권의 모집·매출을 원활하게 하는 것(안정조작)과 모집·매출한 증권의 수요·공급을 당해 증권의 상장 후 일정기간 조성하는 것(시장조성)을 원칙적으로 금지하면서도 동시에 일정한 조건하에 예외적으로 허용하고 있다.

안정조작은 투자매매업자(모집·매출되는 증권의 발행인 또는 소유자와 인수계약을 체결한 투자매매업자로서 대통령령이 정하는 자)가 대통령령으로 정하는 방법에 따라 상장증권의 모집·매출을 원활히 하기 위하여 그 증권의 모집·매출의 청약기간의 종료일 전 30일의 범위 내에서 대통령령으로 정하는 날로부터 그 청약기간의 종료일까지의 기간 동안 증권의 가격을 안정시킴으로써 증권의 모집·매출을 원활하도록 하기 위한 매매거래를 말한다.[1800]

시장조성은 투자매매업자(모집·매출되는 증권의 발행인 또는 소유자와 인수계약을 체결한 투자매매업자로서 대통령령으로 정하는 자)가 대통령령으로 정하는 방법에 따라 모집·매출한 증권의 수요·공급을 그 증권이 상장된 6개월의 범위 내에서 대통령령으로 정하는 기간 동안 조성된 매매를 말한다.

4) 시세고정·안정을 위한 시세조종의 목적 범위

상장증권 또는 장내파생상품의 시세를 고정시키거나 안정시킬 목적은 유가증권의 시세를 일정범위에서 일탈하지 않도록 하는 목적을 의미하는바,[1801] 현재의 시장가격을 고정시키거나 안정시키는 경우뿐만 아니라, 행위자가 일정한 가격을 형성하고 그 가격을 고정시키거나 안정시키는 경우에도 인정된다.[1802]

따라서 「자본시장법 시행령」에서 정한 요건과 절차를 위반한 안정조작과 시장조성만이 금지되는 것이 아니라, 주식의 높은 가격으로 자전거래 시키기 위하여 시장조작에 의하여 높은 가격을 형성하는 매매거래를 하고 그 가격으로 자전거래 하였다면, 그 매매 행위는 상장증권의 시세를 고정시킬 목적으로 한 것이라고 인정할 수 있으므로 「자본시장법」 제176조 제3항의 처벌대상이 된다.[1803]

5) 안정조작·시장조성을 할 수 있는 자와 이를 위탁할 수 있는 자

1799 김용범, 전게서, 2017, 1001면. 김병연 외2, 전게서, 박영사, 2015, 415면. 임재연, 「자본시장법」, 박영사, 2019, 963면.

1800 임재연, 「자본시장법」, 2019, 964면.

1801 김용범, 전게서, 2017, 1002면. 금융감독원인력개발실, 전게서, 2006, 608면.

1802 김용범, 전게서, 2017, 1002면. 김병연 외2, 전게서, 박영사, 2015, 416면. 대법원. 2004.10.28. 선고, 2002도3131 판결, 임재연, 「자본시장법」, 박영사, 2019, 965면.

1803 김용범, 전게서, 2017, 1002면. 김병연 외2, 전게서, 박영사, 2015, 416면. 임재연, 「자본시장법」, 박영사, 2019, 965면. 대법원. 2004.10.28. 선고, 2002도3131 판결.

모집·매출되는 증권의 발행인 또는 소유자와 인수계약을 체결한 투자매매업자로서 안정조작과 시장조정을 할 수 있는 자(「자본시장법시행령」 제203조)는 다음과 같다.

① 증권신고서를 제출하는 경우에는 그 신고서에 안정조작이나 시장조성을 할 수 있다고 기재된 투자매매업자

② 증권신고서를 제출하지 아니하는 경우에는 인수계약 내용에 안정조작이나 시장조성을 할 수 있다고 기재된 투자매매업자

이와 같은 제한은 안정조작 또는 시장조성을 명분으로 내세워 증권의 공정한 가격 형성과 유통저해를 유발하는 것을 방지하기 위한 것이다.

6) 기 간

가) 안정조작기간

안정조작기간은 해당 증권의 모집·매출의 청약기간의 종료일 전 30일의 범위 내에서 대통령령으로 정하는 날[1804]부터 그 청약의 종료일 가지의 기간이다.

나) 시장조성기간

시장조성기간은 해당 증권이 상장된 날로부터 1개월 이상 6개월 이하의 범위에서 인수계약으로 정하는 날까지의 기간이다.(「자본시장법시행령」 제205조 제4항)

7) 신 고

가) 안정조작 신고

투자매매업자는 안정조작을 할 수 있는 기간 중에 최초의 안정조작을 한 경우에는 지체없이 다음과 같은 사항을 기재한 안정조작 신고서를 금융위원회와 거래소에 제출하여야 한다.(「자본시장법시행령」 제204조 제3항)

안정조작신고서의 기재사항

① 안정조작을 한 투자매매업자의 상호

② 다른 투자매매업자와 공동으로 안정조작을 한 경우에는 그 다른 투자매매업자의 상호

③ 안정조작을 한 증권의 종목 및 매매가격

④ 안정조작을 개시한 날과 시간

⑤ 안정조작 기간

⑥ 안정조작에 의하여 그 모집·매출을 원활하게 하려는 증권의 모집·매출가격과 모집·매출가액의 총액

1804 "대통령령으로 정하는 날"이란 모집하거나 매출되는 증권의 모집·매출의 청약기간의 종료일 전 20일이 되는 날을 말한다. 다만, 20일이 되는 날과 청약일 사이의 기간에 모집가액 또는 매출가액이 확정되는 경우에는 그 확정되는 날의 다음 날을 말한다.(령 제204조 제7항)

⑦ 안정조작을 한 증권시장의 명칭

나) 시장조성 신고

투자매매업자는 시장조성을 하려는 경우에는 다음과 같은 사항을 기재한 시장조성 신고서를 금융위원회와 거래소에 제출하여야 한다.(「자본시장법시행령」제205조 제1항)

시장조성신고서의 기재사항

① 시장조성을 한 투자매매업자의 상호
② 다른 투자매매업자와 공동으로 시장조성을 한 경우에는 그 다른 투자매매업자의 상호
③ 시장조성을 할 증권의 종목
④ 시장조성을 개시한 날과 시간
⑤ 시장조성을 할 기간
⑥ 시장조성을 할 증권시장의 명칭

8) 가격의 제한

가) 안정조작가격의 제한

투자매매업자는 다음과 같은 가격을 초과하여 안정조작의 대상이 되는 증권(안정 조작증권)을 매수하지 못한다.(「자본시장법시행령」제204조 제4항)

안정조작가격의 제한사항

1) 안정조작개시일의 경우
① 최초로 안정조작을 하는 경우 : 안정조작개시일 전에 증권시장에서 거래된 해당 증권의 직전 거래가격과 안정조작 기간의 초일 전 20일간의 증권시장에서의 평균거래가격 중 낮은 가격(이 경우 평균거래가격의 계산방법은 금융위원회가 정하여 고시)
② 최초 안정조작 이후에 안정조작을 하는 경우 : 그 투자매매업자의 안정조작개시가격
2) 안정조작개시일의 다음 날 이후의 경우
• 안정조작개시가격(같은 날에 안정조작을 한 투자매매업자가 둘 이상 있는 경우에는 이들 투자매매업자의 안정조작 개시 가격 중 가장 낮은 가격)과 안정조작을 하는 날 이전에 증권시장에서 거래된 해당 증권의 직전거래가격 중 낮은 가격

나) 시장조성가격의 제한

투자매매업자는 시장조성의 대상이 되는 증권의 모집·매출가격을 초과하여 매수하거나 모집·매출가격을 밑도는 가격으로 매도하지 못한다. 다만, 권리락·배당락 또는 利子落이 발생한 경우에는 이를 고려하여 계산한 가격을 기준으로 한다.(「자본시장법시행령」제205조 제2항)

9) 시장조성 포기와 손해배상

투자설명서에 시장조성을 할 수 있다는 뜻과 시장조성을 할 수 있는 증권시장의 명칭을 기재한 투자매매업자가 시장조성을 하지 아니하면 「자본시장법」 제125조 제1항이 규정하는 "투자설명서 중요사항에 관하여 거짓의 기재 또는 표시가 있거나 중요사항이 기재 또는 표시되지 아니함으로써 취득자가 손해를 입은 경우에" 해당하므로, 피해자는 「자본시장법」에 의한 손해배상과 「민법」제750조에 기한 손해배상을 경합적으로 청구할 수 있다.

이 경우 시장조성이 이루어지는 대상이 되는 상장증권은 유가증권시장이나 코스닥시장 등 상장증권의 유통시장에서 거래되는 주식 전체가 된다고 하더라도, 그와 같은 시장조성의 보호대상이 되는 상장증권의 보유자로서 시장조성 포기로 인한 손해배상을 구할 수 있는 자는 해당 상장증권의 발행을 주관한 증권사가 모집 또는 매출한 증권의 발행에 참가해 이를 인수한 투자자들과 그들로부터 해당상장증권을 특정해 직접 인수한 투자자에 한정되며, 공개된 유통시장에서 불특정주식을 매수한 자는 제외된다.[1805]

마. 현선연계시세조종

1) 현선연계시세조종의 의의

현선연계시세조종이란 장내파생상품 및 주식의 매매에서 부당한 이익을 얻거나 제3자에게 부당한 이익을 얻게 할 목적으로 장내파생상품 및 기초자산의 시세를 변동 또는 고정시키는 행위를 말한다.[1806]

2) 현선연계시세조종의 연혁

「자본시장법」은 장내파생상품과 그 기초자산인 증권 간의 양방향 시세조종 및 증권과 파생결합증권 간의 연계시세조종행위를 규제하고 있다. 「자본시장법」은 종전의 상장증권이나 장내파생상품에 한정하여 시세조종행위를 규율하던 것을, 해당 증권이나 파생상품의 상장 여부를 불문하고 그 기초자산 중 어느 하나가 거래소에 상장 되거나 기타 이에 준하여 거래되는 경우로 넓히고 있다.(「자본시장법」 제176조 제4항)

또한 개정 「자본시장법」은 구 「증권거래법」에서 규율되지 아니하던 현물에서 이익을 얻을 목적으로 선물의 시세를 조종하는 현선연계에 의한 시세조종 역시 금지하고 있다. 또한 연계시세조종행위가 금지되는 규제대상을 상장증권과 장내 파생상품에 한정하지 아니하고 증권 또는 파생상품으로 규정하고 있다.(「자본시장법」 제176조 제4항).[1807]

이에 개정 「자본시장법」에 따라 ELS(Equity-Linked Securities;주식연계증권)[1808]등과 같은 비상장증권이나 장외파생상품 등을 이용한 연계시세조종이 규제되고 있으며, 법은 종전과

1805 김용범, 전게서, 2017, 1002면. 김병연 외2, 전게서, 박영사, 2015, 416면. 임재연, 「자본시장법」, 박영사, 2019, 968면. 대법원. 2004.10.28. 선고. 2002도3131 판결 등.

1806 김용범, 전게서, 2017, 1003면. 금융감독원「불공정거래란? - 시세조종 -」, 홈페이지

1807 김용범, 전게서, 2017, 1003면. 김병연 외2, 전게서, 2015, 422면. 임재연, 「자본시장법」, 2019, 971면.

1808 **주식연계증권** 이라 함은 특정주권의 가격이나 주가지수의 수치에 연계한 증권을 말한다. 즉, 금융파생상품 중의 하나로, 개별 주식의 가격이나 주가지수에 연계되어 투자수익이 결정되는 유가증권이다.

달리 매매에 한정하지 아니하고 매매, 그 밖의 거래라는 개념으로 '매매'에 관한 개념을 사용함으로서 시세조종행위 유형을 역시 넓히고 있다.[1809]

3) 현선연계시세조종의 대상

「자본시장법」에 의하면, 누구든지 증권, 파생상품 또는 그 증권·파생상품의 기초 자산 중어느 하나가 거래소에 상장되거나 그 밖에 이에 준하는 경우로서 「자본시장법 시행령」으로정하는 경우에는 그 증권 또는 파생상품에 관해 매매, 그 밖의 거래(이 조에서 '매매 등')와 관련하여 다음의 어느 하나에 해당하는 행위를 하여서는 아니 된다.(「자본시장법」 제176조 제4항)

현선연계 시세조종의 금지 대상

① 파생상품 매매 등에서 부당이익을 얻거나 제3자에게 부당한 이익을 얻게 할 목적으로 그 장내파생상품의 기초자산의 시세를 변동 또는 고정시키는 행위

② 파생상품의 기초자산의 매매 등에서 부당한 이익을 얻거나 제3자에게 부당한 이익을 얻게 할 목적으로 그 장내파생상품의 시세를 변동 또는 고정시키는 행위

③ 증권의 매매 등에서 부당한 이익을 얻거나 제3자에게 부당한 이익을 얻게 할 목적으로 그 증권과 연계된 증권으로서 대통령령으로 정하는 증권 또는 그 증권의 기초자산의 시세를 변동 또는 고정시키는 행위

④ 증권의 기초자산의 매매 등에서 부당한 이익을 얻거나 제3자에게 부당한 이익을 얻게 할 목적으로 그 증권의 시세를 변동 또는 고정시키는 행위

⑤ 파생상품의 매매 등에서 부당한 이익을 얻거나 제3자에게 부당한 이익을 얻게 할 목적으로 그 파생상품과 기초자산이 동일하거나 유사한 파생상품의 시세를 변동 또는 고정시키는 행위

4) 현선연계시세조종의 유형

가) 기초자산과 파생상품 간 연계시세조종

증권, 파생상품에 관한 매매 등과 관련하여 ① 파생상품 매매 등에서 부당이익을 얻거나제3자에게 부당한 이익을 얻게 할 목적으로 그 장내파생상품의 기초 자산의 시세를 변동 또는 고정시키는 행위 및 ② 파생상품의 기초자산의 매매 등에서 부당한 이익을 얻거나 제3자에게 부당한 이익을 얻게 할 목적으로 그 장내파생상품의 시세를 변동 또는 고정시키는 행위는 금지된다.(「자본시장법」 제176조 제4항 제1호 및 제2호)

제①호는 예컨대 선물, 옵션의 매매에서 부당한 이익을 얻을 목적으로 그 기초자산(증권또는 상품)의 시세를 변동 또는 고정시키는 행위를 대상으로 하고, 제②호는 그 반대방향의연계시세조종행위를 대상으로 한다. 제①호에서 주식과 개별주식에 대한 선물 또는 주식옵션 간의 연계시세조종행위의 성립에 대하여는 이론이 없다. 그러나 제②호에 대해서는 일반

1809 김용범, 전게서, 2017, 1003면. 김병연 외2, 전게서, 박영사, 2015, 422면.

적으로 그 가능성은 크지 않다.[1810]

나) 증권간 또는 증권·기초자산간 연계시세조종

(1) 행위 유형

증권, 파생상품에 관해 매매 등과 관련하여 증권의 매매에서 부당한 이익을 얻거나 제3자에게 부당한 이익을 얻게 할 목적으로 그 증권과 연계된 증권으로서 「자본시장법시행령」으로 정하는 증권 또는 그 증권의 기초자산의 시세를 변동 또는 고정시키는 행위는 금지된다.(「자본시장법」 제176조 제4항 제3호)

또한 「자본시장법」은 기초자산과 증권간 연계시세조종의 규제 형태를 보강하여, 증권의 기초자산의 매매 등에서 부당한 이익을 얻거나 제3자 에게 부당한 이익을 얻게 할 목적으로 그 증권의 시세를 변동 또는 고정시키는 행위를 금지하고 있다.(「자본시장법」 제176조 제4항 제4호)

(2) 연계시세조종 대상 증권

「자본시장법」 제176조 제4항 제3호의 규제대상증권은 다음과 같다.(「자본시장법 시행령」 제207조)

연계시세조종 대상 증권

(가) 전환사채권이나 신주인수권부사채권의 매매에서 부당한 이익을 얻거나 제3자에게 부당한 이익을 얻게 할 목적인 경우에는 그 전환사채권이나 신주인수권부사채권과 연계된 다음 각 목의 어느 하나에 해당하는 증권

　① 그 전환사채권이나 신주인수권부사채권과 교환을 청구할 수 있는 교환사채권

　② 지분증권

　③ 그 전환사채권이나 신주인수권부사채권을 기초자산으로 하는 파생결합증권

　④ 그 전환사채권이나 신주인수권부사채권과 관련된 증권예탁증권

(나) 교환사채권의 매매에서 부당한 이득을 얻거나 제3자에게 부당한 이익을 얻게 할 목적인 경우에는 그 교환사채권의 교환대상이 되는 다음 각 목의 어느 하나에 해당하는 증권

　① 전환사채권이나 신주인수권부사채권

　② 지분증권

　③ 파생결합증권

　④ 증권예탁증권

(다) 지분증권의 매매에서 부당한 이익을 얻거나 제3자에게 부당한 이익을 얻게 할 목적인 경우에는 그 지분증권과 연계된 다음 각 목의 어느 하나에 해당하는 증권

　① 전환사채권이나 신주인수권부사채권

1810　임재연, 「자본시장법」, 박영사, 2019, 972~973면.

② 그 지분증권과 교환을 청구할 수 있는 교환사채권

③ 그 지분증권을 기초자산으로 하는 파생결합증권

④ 그 지분증권과 관련된 증권예탁증권

⑤ 그 지분증권 외의 지분증권

(라) 파생결합증권의 매매에서 부당한 이익을 얻거나 제3자에게 부당한 이익을 얻게 할 목적인 경우에는 그 파생결항권의 기초자산으로 되는 다음 각 목의 어느 하나에 해당하는 증권

① 전환사채권이나 신주인수권부사채권

② 교환사채권(가목, 다목 또는 라목과 교환을 청구할 것만 해당)

③ 지분증권   ④ 증권예탁증권

(마) 증권예탁증권의 매매에서 부당한 이익을 얻거나 제3자에게 부당한 이익을 얻게 할 목적인 경우에는 그 예탁증권의 기초로 되는 다음 각 목의 어느 하나에 해당하는 증권

① 전환사채권이나 신주인수권부사채권

② 교환사채권[(가)목, (다)목 또는 (라)목과 교환을 청구할 것만 해당]

③ 지분증권   ④ 파생결합증권*

* **파생결합증권**(Derivatives – Linked Securities ; DLS)이라 함은 유가증권과 파생금융상품이 결합한 증권으로서, 기초자산의 가치변동에 따라 수익이 결정된다. 기초자산은 주가지수, 이자율, 통화(환율)뿐만 아니라 금, 원유, 구리, 철강, 곡물, 부동산 등의 실물자산 들도 기초자산의 대상이 된다. 파생결합증권은 원금파생결합증권보장 정도(100% 원금보장, 비보장 등), 옵션의 종류 및 투자기간 등에 따라 매우 다양한 구조를 만들 수 있어 시장 상황 혹은 투자자의 투자성향에 따라 탄력적인 상품구성이 가능하다는 특징이 있다.

다) 파생상품 간 연계시세조종

2013년 5월 개정 「자본시장법」은 파생상품시장 내에서 파생상품들 간의 연계시세조종행위를 금지하는 규정을 도입하고 있다. 즉, 「자본시장법」상 파생상품의 매매 등에서 부당이익을 얻거나 제3자에게 부당이득을 얻게 할 목적으로 그 파생상품과 기초 자산이 동일하거나 유사한 파생상품의 시세를 변동 또는 고정시키는 행위를 금지하고 있다.(「자본시장법」 제176조 제4항 제5호)

5. 시세조종행위에 대한 제재

가. 민사상 책임

「자본시장법」제176조(시세조종행위 등의 금지)를 위반한 자는 제177조(시세조종의 배상책임)제1항 각호의 구분에 따른 손해를 배상할 책임이 있다.(「자본시장법」 제177조 제1항)

시세조종 배상책임의 손해

① 그 위반행위로 인하여 형성된 가격에 의하여 해당 증권 또는 파생상품에 관한 매매 등을 하거나
　그 위탁을 한 자가 그 매매 등 또는 위탁으로 인하여 입은 손해

② 제1호의 손해 외에 그 위반행위(제176조 제4항 각호에 해당하는 행위로 한정)로 인하여 가격에 영
　향을 받은 다른 증권, 파생상품 또는 그 증권·파생상품의 기초자산에 대한 매매 등을 하거나 그
　위탁한 자가 그 매매 등 또는 위탁으로 입은 손해

③ 제1호 및 제2호의 손해 외에 그 위반행위(제176조 제4항 각호의 어느 하나에 해당하는 행위로 한
　정)로 인하여 특정 시점의 가격 또는 수치에 따라 권리행사 또는 조건 성취여부가 결정되거나
　금전 등이 결제되는 증권 또는 파생상품과 관련하여 그 증권 또는 파생상품을 보유한 자가 그
　위반행위로 형성된 가격 또는 수치에 따라 결정되거나 결제됨으로써 입은 손해

물론 위법한 시세조종행위가 있더라도 시세조종행위에 의하여 실제의 주가에 영향을 주지 않았다면 손해가 발생하였다고 할 수 없으므로 손해배상책임도 없다.[1811] 이에 따라 손해배상을 청구한 자는 시세조종행위의 존재, 시세조종행위로 인해 형성된 가격으로 매매 또는 위탁한 사실, 그리고 손해를 증명하여야 한다.[1812]

이와 관련하여 시세조종행위와 원고의 거래 간의 거래 인과관계(이른바, '신뢰'요건)는 거래를 하였다는 사실만으로 추정되므로 별도로 증명할 필요가 없다. 왜냐하면 이미 원고는 피고의 시세조종행위에 의해 형성된 가격에 기초하여 거래를 하였기 때문이다. 그러나 시세조종행위와 원고가 입은 손해 간에 손해인과관계는 증명하여야 한다.[1813]

「자본시장법」 제177조 제1항에 따른 시세조종에 기한 손해배상청구권은 청구권자가 제176조를 위반한 행위가 있었던 사실을 안 때부터 2년간, 그 행위가 있었던 때부터 5년간 이를 행사하지 아니한 경우에는 시효로 인하여 소멸한다.(「자본시장법」 제177조 제2항)

나. 형사상 제재

증권 또는 파생상품에 관한 매매 등과 관련된 시세조종행위 규제위반이 있는 경우 1년 이상의 유기징역 또는 그 위반행위로 얻은 이익 또는 회피한 손실액의 3배 이상 5배 이하에 상당하는 벌금에 처한다.(「자본시장법」 제443조 제1항 본문 및 제7호)

또한 시세조종행위로 취득한 부당이득에 대하여 현재 몰수 또는 추징하도록 하고 있으나, 2021년 5월 21일 법 개정으로 앞으로는 시세조종행위에 제공하거나 제공하려한 재산까지도 몰수 또는 추징하도록 하였다.(자본시장법 제447조의2 제2항)

다만 그 위반행위로 얻은 이익 또는 회피한 손실액 없거나 산정하기 곤란한 경우 또는 그 위반행위로 얻은 이익 또는 회피한 손실액의 5배에 해당하는 금액이 5억 원 이하인 경우에는 벌금의 상한액을 5억 원으로 한다.(「자본시장법」 제443조 제1항 단서)

1811　김용범, 전게서, 2017, 1006면. 김병연 외2, 전게서, 박영사, 2015, 425면, 서울고등법원. 2003.9.19. 선고 2002나16981 판결.

1812　김용범, 전게서, 2017, 1006면. 김병연 외2, 전게서, 박영사, 2015, 425면.

1813　김용범, 전게서, 2017, 1006면. 김병연 외2, 전게서, 2015, 425면, 김병연, 「미국 판례법상 시장사기이론과 증권거래법상 손해 배상책임에 있어서 인과관계의 문제」, 한국비교사법학회, 2004, 280~287면.

그리고 위의 이익 또는 손실액이 50억 원 이상인 경우에는 무기 또는 5년 이상의 징역을, 5억 원 이상 50억 원 미만인 때에는 3년 이상의 유기징역에 처하도록 되어 있다.(「자본시장법」 제443조 제2항) 자세한 금액의 산정방식은 아래와 같다.

1) 시세차익방식

위반행위로 얻은 이익은 손실액에 반대되는 개념으로서 당해 위반행위로 인하여 행위자가 얻은 이윤 즉 그 거래로 인한 총수입에서 그 거래를 위한 총비용을 공제한 차액을 말한다.

따라서 **현실거래로 인한 시세조종행위로 얻은 이익**은 그 시세조종행위와 관련된 유가증권거래의 총 매도금액에서 총 매수금액 외에 그 거래를 위한 매수수수료, 매도수수료, 증권거래세(증권거래소의 경우농어촌특별세를 포함) 등의 거래비용도 공제한 나머지 순매매이익을 의미한다.[1814]

2) 객관적 기준

상장증권의 매매 등 거래와 관련된 행위인지 여부나 허위의 여부 및 부당한 이익 또는 경제적 이익의 취득 도모 여부 등은 그 행위자의 지위, 발행회사의 경영상태와 그 주가의 동향, 그 행위 전후의 제반 사정 등을 종합적으로 고려하여 객관적인 기준에 의하여 판단하여야 한다.[1815]

3) 미실현 이익

부당한 이익은 유가증권의 처분으로 인한 행위자의 개인적이고 유형적인 경제적 이익에 한정되지 않고, 기업의 경영권 획득, 지배권 확보, 회사 내에서의 지위 상승 등 무형적 이익 및 적극적 이득뿐 아니라 손실을 회피하는 경우와 같은 소극적 이득, 아직 현실화되지 않은 장래의 이득, 즉 미실현 이익도 위반 행위로 얻은 이익의 산정에 포함되어야 한다.[1816]

4) 양벌의 규정

법인의 대표자나 법인 또는 개인의 대리인, 사용인, 그 밖의 종업원이 그 법인 또는 개인의 업무에 관하여 「자본시장법」 제443조부터 제446조까지의 어느 하나에 해당하는 위반행위를 하면 그 행위자를 벌하는 외에 그 법인 또는 개인에게도 해당 조문의 벌금형을 과한다. 다만, 법인 또는 개인이 그 위반행위를 방지하기 위하여 해당업무에 관하여 상당한 주의와 감독을 게을리하지 아니한 경우에는 그렇지 않다.(「자본시장법」 제448조)

III. 미공개정보 이용

1. 미공개정보 이용의 의의

'**미공개정보 이용**'이란 회사의 주요주주, 임직원 기타 회사와 일정한 관계가 있는 자가 회

1814 김용범, 전게서, 2017, 1007면. 대법원. 2002.6.14. 선고. 2002도1256 판결.

1815 김용범, 전게서, 2017, 1007면. 대법원. 2002.7.22. 선고. 2002도1696 판결.

1816 김용범, 전게서, 2017, 1007면. 대법원. 2003.11.14. 선고. 2003도686 판결.

사의 업무 등과 관련하여 공개하지 아니한 중요정보를 이용하여 주식 등을 사고팔거나 다른 사람에게 정보를 제공하여 주식 등을 사고파는 데 이용하여 이익을 얻거나 손해를 회피한 경우를 말한다.[1817]

「자본시장법」은 일정한 자는 상장법인의 업무 등과 관련된 미공개중요정보(투자자의 투자판단에 중대한 영향을 미칠 수 있는 정보로서 대통령령으로 정하는 방법에 따라 불특정 다수인이 알 수 있도록 공개되기 전의 것)를 특정증권 등의 매매, 그 밖의 거래에 이용하거나 타인에게 이용하게 해서는 아니 된다고 정하고 있다.(「자본시장법」 제174조 제1항)

또한 공개매수자 등의 주식 등에 대한 공개매수의 실시 또는 중지 및 주식 등의 대량 취득·처분의 실시·중지에 관한 미공개정보 역시 중지 및 주식 등의 대량취득·처분의 실시·중지에 관한 미공개정보를 그 주식 등과 관련된 특정증권 등의 매매, 그 밖의 거래에 이용하거나 타인에게 이용하게 허여서는 아니 된다.(「자본시장법」 제174조 제2항 및 제3항)

2. 미공개정보 이용의 적용대상 증권

미공개중요정보 이용행위 금지의 적용대상은 상장법인이 발행한 '특정증권 등'이며, 2013년 5월 개정 「자본시장법」에 따라 상장예정법인 등이 발행한 해당 특정증권 등이 포함된다.(「자본시장법」 제174조 제1항 본문) 다만, 단기매매차익 반환대상인 특정증권과는 발행인이 주권상장법인이 아닌 상장법인이라는 점에서 차이가 있다.

가. 상장법인

단기매매차익 반환의무는 주권상장법인의 임직원과 주요주주를 규제대상으로 하지만, 미공개주요정보 이용행위 금지의 적용대상은 상장법인을 기초로 전해진다. 상장법인은 증권시장에 상장된 증권("상장증권")을 발행한 법인을 말하고(법 제9조 제15항 제1호), 미공개중요정보 이용행위 금지의 적용대상인 상장법인에는 ① 6개월 이내에 상장하는 법인, ② 6개월 이내에 상장법인과의 합병, 주식의 포괄적 교환, 그 밖에 대통령령으로 정하는 기업결합 방법에 따라 상장되는 효과가 있는 비상장법인("상장예정법인 등")을 포함한다.

6개월 이내에 상장하는 법인을 포함하는 이유는 비상장법인은 상장법인과는 달리 발행시장, 유통시장의 건전성 훼손이나 이로 인한 투자자 보호 등의 문제가 없으므로 규제대상에서 제외되지만, 상장이 조만간 예정되어 있는 비상장법인의 경우 상장 전에 그 상장정보를 이용하는 불공정거래의 가능성이 있으므로 규제대상으로 하는 것이다. 또한 대통령령으로 정하는 기업결합 방법에 따라 상장되는 효과가 있는 비상장법인도 포함하는 것은 우회상장 정보이용에 대한 규제를 할 필요가 있기 때문이다.[1818]

비상장법인이 발행한 증권이나 비상장법인의 미공개중요정보이용은 「자본시장법」 제174조 의 규제대상이 아니다. 다만, 금융투자업자는 직무상 알게 된 정보로서 외부에 공개되지

1817 김용범, 전게서, 2017, 1007면. 금융감독원 「불공정거래란? - 미공개정보이용 -」, 홈페이지

1818 임재연, 「자본시장법」, 2019, 880면.

아니한 정보를 정당한 사유 없이 자기 또는 제3자의 이익을 위하여 이용하지 못한다는 「자본시장법」 제54조의 적용대상은 될 수 있다.

나. 특정증권 등

1) 주식 및 주식 관련 사채 등

미공개중요정보 이용행위 금지대상은 상장법인 및 상장예정법인이 발행한 특정증권 등이다. 특정증권 등은 내부자의 단기매매차익 반환에 관한 제172조 제1항이 규정하는 다음과 같은 금융투자상품을 말한다.(다만, 단기매매차익 반환대상인 특정증권의 발행인은 주권상장법인이라는 점에서 차이가 있다) 구 증권거래법은 일반사채도 규제대상으로 규정하였으나, 「자본시장법」은 이를 제외하였다.

미공개정보이용 행위 금지대상 금융투자상품

① 그 법인이 발행한 증권(대통령령으로 정하는 증권은 제외)

② 제①호의 증권과 관련된 증권예탁증권

③ 그 법인 외의 자가 발행한 것으로 제①호, 제②호의 증권과 교환을 청구할 수 있는 교환사채권

④ 제①호부터 제③호까지 증권만을 기초자산으로 하는 금융투자상품

2) 해당 법인이 발행한 증권 외의 금융투자상품

구 증권거래법은 "당해 법인이 발행한 유가증권"을 규제대상으로 규정하였으나, 「자본시장법」은 특정증권 등(상장예정법인 등이 발행한 해당 특정증권 등을 포함)을 규제대상으로 하므로 해당 법인의 증권을 기초자산으로 하는 다른 법인이 발행한 교환사채, DR, 주식옵션, 주식선물 등을 거래한 경우도 모두 규제대상이 되었고, 이에 따라 규제의 공백은 대부분 해결되었다.

그러나 그 이외의 투자상품에 대한 미공개중요정보 이용행위에 대하여는 「자본시장법」의 적용대상이 아니고, 피해자는 「민법」의 불법행위에 기한 손해배상청구권을 행사할 수 있다. 이와 관련하여 대체적 내부자거래도 규제대상으로 보아야 하는지에 대하여는 여러 가지 의견이 있으나, 현행 「자본시장법」 규정상 대체적 내부자거래는 규제대상이 될 수 없고, 구체적 사안에 따라 부정거래행위를 규정하는 「자본시장법」 제178조 제1항 제1호의 적용 가능성을 살펴보아야 할 것이다.[1819]

3) 신규 발행증권

"그 법인이 발행한 증권"과 관련하여 기발행된 증권을 매매하는 것만 규제대상인지, 발행시장에서의 취득도 규제대상인지에 관하여 법문의 해석을 두고 논란의 여지가 있다. 旣發行

1819 임재연, 「자본시장법」, 2019, 882면.

증권만을 규제대상으로 보는 것이 "그 법인이 발행한 증권"이라는 법문에 보다 부합하지만, 한편으로는 발행시장에서의 취득도 회사와 취득자 간에 정보의 비대칭이 있을 수 있으므로 규제대상에서 제외할 이유가 없고 신규 발행증권도 발행되는 순간 "발행한 증권"으로 되므로 신규발행증권도 규제대상으로 보아야 한다는 해석도 가능하다.[1820]

3. 미공개정보 이용의 금지의무 부담주체

내부자 거래를 규제하는 이유는 내부자가 직무상 알게 된 비공개중요정보를 이용하여 특정증권 등을 매매한다면 이와 같은 정보를 알지 못하는 일반투자자의 희생하에 부당한 이득을 얻은 불공정거래가 되기 때문이다.

내부자만이 미공개중요정보의 이용이 금지되므로(법 제174조 제1항), 중요한 미공개중요정보에 기한 거래를 하였다 하여 항상 내부거래 규제 대상이 되는 것이 아니라 거래자가 내부자이거나 정보수령자이어야 한다. 이들만이 "공개 또는 회피의무"를 부담하기 때문이다.

따라서 미공개중요정보에 기한 모든 거래가 위법한 것은 아니고, 예를 들어 회사와 아무 관계가 없는 사람이 회사의 업무와 관계없이 우연히 공개되지 않은 중요한 정보를 알게 되어 이에 기하여 증권을 매매한다면 원칙적으로 이는 적법한 것이다.[1821]

「자본시장법」 제174조 제1항 제1호부터 제5호까지의 내부자는 다음과 같은 자와 이에 해당하지 아니하게 된 날로부터 1년이 경과하지 아니한 자이다.(「자본시장법」 제174조 제1항) 제6호는 이들로부터 비공개중요정보를 받은 정보수령자이다.

규제대상 내부거래자

① 그 법인(그 계열사 포함한다. 이하 이호 및 제2호에서 같다) 및 그 법인의 임직원·대리인으로서 그 직무와 관련하여 미공개중요정보를 알게 된 자

② 그 법인의 주요주주로서 그 권리를 행사하는 과정에서 미공개중요정보를 알게 된 자

③ 그 법인에 대하여 법령에 따른 허가·인가·지도·감독, 그 밖의 권한을 가지는 자로서 그 권한을 행사하는 과정에서 미공개중요정보를 알게 된 자

④ 그 법인과 계약을 체결하고 있거나 체결을 교섭하고 있는 자로서 그 계약을 체결·교섭 또는 이행하는 과정에서 미공개중용정보를 알게 된 자

⑤ 제②호부터 제④호까지의 어느 하나에 해당하는 자의 대리인(이에 해당하는 자가 법인인 경우에는 그 임직원 및 대리인을 포함한다)·사용인, 그 밖의 종업원(제②호부터 제④호까지의 어느 하나에 해당하는 자가 법인인 경우에는 그 임직원 및 대리인)으로서 그 직무와 관련하여 미공개중요정보를 알게 된 자

⑥ 제①호부터 제⑤호까지의 어느 하나에 해당하는 자(제①호부터 제⑤5호까지의 어느 하나의 자에

1820 임재연, 「자본시장법」, 2019, 882면.

1821 임재연, 「자본시장법」, 2019, 882면.

해당하지 아니하게 된 날로부터 1년이 경과하지 아니한 자를 포함한다)로부터 미공개중요정보를 알게 된 자

가. 내부자

1) 당해 법인·계열사

당해 법인은 상장법인을 말하는데 이 경우의 상장법인은 종전의 6개월 이내에 상장하는 법인이 포함되는 외에도 2013.5월 개정된 「자본시장법」에 따라서 6개월 이내에 상장법인과 합병, 주식의 포괄적교환, 기타 시행령으로 정하는 기업결합방법에 따라 상장되는 효과가 있는 비상장법인과 같은 상장예정법인을 포함한다.(「자본시장법」 제174조 제1항 본문)

「자본시장법」은 당해법인의 모회사나 자회사 등 계열사도 포함하고 있다. 계열사*는 「독점규제 및 공정거래에 관한 법률」 제2조 제3호에 따른 둘 이상의 회사가 동일한 기업집단에 속하는 경우를 말한다. 한편 기업집단**은 「동법」 제2조 제2호가 정하는 기준에 의하여 사실상 그 사업 내용을 지배하는 회사의 집단을 의미한다.[1822]

* **계열사**란 「독점규제 및 공정거래에 관한 법률」 제2조 제3호에 따라 2인 이상의 회사가 동일한 기업집단에 속하는 경우에 이들 회사는 서로 상대방의 계열사라 한다.

** **기업집단**이란 「동법」 제2조 제2호 및 「동법시행령」 제3조에 의하면 동일인이 다음 각 목의 구분에 따라 대통령령이 정하는 기준***에 의하여 사실상 그 사업 내용을 지배하는 회사집단을 말한다.

① 동일인이 회사의 경우 그 동일인이 지배하는 하나 이상의 회사집단

② 동일인의 회사가 아닌 경우 그 동일인이 지배하는 2 이상의 회사집단

*** **대통령령이 정하는 기준**이란

① 동일인 단독으로 또는 「동법시행령」 제3조 제1호 각 목의 어느 하나에 해당하는 자와 합하여 해당 회사 발행주식총수의 100분의 30 이상을 소유하는 경우로서 최다출자자인 회사

② 「동법시행령」 제3조 제2호 각 목의 1에 해당하는 회사로서 당해 회사의 경영에 대하여 지배적인 영향력을 행사하고 있다고 인정되는 회사

2) 법인의 임직원·대리인[1823]

회사내부자라 함은 당해 법인(그 계열사 포함) 및 그 임직원·대리인·주요주주를 말한다. 즉, 내부자는 직무와 관련하여 얻은 미공개정보를 이용한 거래를 하지 않을 충실의무를 부담하는 지위에 있는 자이므로 임원을 비롯한 고위직원은 당연히 내부자로 되고, 하위직원들도 고용되어 있는 기회에 정보를 얻게 되면 내부자로 되어 적용대상이 된다.

임원은 이사·감사·기타 이와 유사한 직책에 있는 자를 말하며, 고문·상담역 등 그 명칭에 관계없이 사실상의 직책과 기능이 임원에 해당하면 내부자에 해당한다. 직원은 고용계약관계를 불문하고 법인의 지휘·명령 하에 있으면 이에 해당하므로, 임시직·아르바이트사원·파

1822 김용범, 전게서, 2017, 1008면. 김병연 외2, 전게서, 박영사, 2015, 373면. 임재연, 「본시장법」, 2019, 884면.

1823 김용범, 전게서, 2017, 1009면. 김병연 외2, 전게서, 박영사, 2015, 374면. 임재연, 「자본시장법」, 2019, 882면. 금융감독원, 「금융감독용어사전」, 2011.

587

견근로자 등은 모두 이에 해당한다. 대리인에는 당해 법인의 업무에 대한 대리권을 부여받은 변호사·회계사 등이 포함된다.

3) 주요주주

주요주주란 ① 누구의 명의로 하든지 자기의 계산으로 발행주식총수의 10% 이상을 보유한 자를 말하고, ② 주요주주가 아니더라도 임원의 임면 등 당해 법인의 주요 경영사항에 대하여 사실상 영향력을 행사하는 주주로서 대통령령으로 정하는 자도 이에 포함된다.(「자본시장법」 제2조 제1항 및 「금융지배구조법」 제2조 제6호 제나목) 주요주주에는 그 대리인·사용인 기타 종업원(주요주주가 법인인 경우에는 그 임원·직원 및 대리인) 등도 포함된다.[1824]

주요주주는 단기매매차익 반환의무의 적용대상인 주요주주와 같다. 10% 지분을 산정함에 있어서 특수관계인 지분은 최대주주에 관하여는 합산을 명문으로 규정하지만 주요주주에 관하여는 명문규정이 없으므로 합산할 수 없다고 해석하여야 한다. 즉, 주요주주는 개별주주 1인을 기준으로 판단하여야 한다.[1825] 다만, 특수관계인의 지분을 합산하여 10% 이상에 이르게 되면 사실상 영향력을 행사하는 주주로 인정될 경우가 있을 것이다.

현행 규정상으로는 甲회사의 주요주주가 乙회사일 경우 그 다른 乙회사의 임직원과 대리인만 내부자에 해당하고 乙회사의 주요주주는 위 甲회사의 내부자에 포함되지 않는다. 그러나 乙회사의 대주주가 乙회사를 통하여 甲 회사의 주요 경영사항에 대하여 사실상 영향력을 행사할 수 있음에도 乙회사의 대주주는 甲회사의 주주가 아닌 한 甲회사의 내부자가 될 수 없어 甲회사의 미공개정보를 이용하더라도 규제대상이 아니게 되어 불합리하다.[1826]

주요주주가 주주로서 권리를 행사하는 과정에서 알게 된 미공개중요정보를 이용하는 경우에는 회사내부자로서 내부자거래 금지 대상이 되나, 권리를 행사하는 과정과 관계없이 알게 된 정보의 이용은 허용된다. 다만, 대부분의 경우 주요주주는 회사내부자를 통하여 정보에 접근하게 될 것이므로 이 경우에는 회사내부자가 아닌 정보수령자로서의 책임을 지게 된다.[1827]

나. 준내부자[1828]

원래 내부자는 아니지만 해당 법인과 일정한 관계에 있는 경우 준내부자로서 규제대상이 된다.(「자본시장법」 제174조 제1항 제3호 및 제4호)

당해 법인에 대하여 법령에 의한 허가·인가·지도·감독 그 밖에 권한을 가지는 자로서 그 권한을 행사하는 과정에서 미공개중요정보를 알게 된 자와 당해 법인과 계약을 체결하고 있거나 체결을 교섭하고 있는 자로서 그 계약을 체결·교섭 또는 이행하는 과정에서 미공개중

1824 김용범, 전게서, 2017, 1009면. 김병연 외2, 전게서, 박영사, 2015, 375면. 임재연, 「자본시장법」, 박영사, 2019, 885면.

1825 임재연, 「자본시장법」, 2019, 885면. 서울고등법원. 2008.6.24. 선고, 2007노653. 판결.

1826 김용범, 전게서, 2017, 1009면. 김병연 외2, 전게서, 박영사, 2015, 375면. 임재연, 「자본시장법」, 박영사, 2019, 885면.

1827 김용범, 전게서, 2017, 1010면. 김병연 외2, 전게서, 박영사, 2015, 375면. 임재연, 「자본시장법」, 박영사, 2019, 886면.

1828 김용범, 전게서, 2017, 1010면. 김병연 외2, 전게서, 박영사, 2015, 375면. 임재연, 「자본시장법」, 박영사, 2019, 886~888면.

요정보를 알게 된 자는 **준내부자**로서 책임의 주체가 된다.

「자본시장법」 제174조 제1항 제4호의 규정과 관련된 사례로는 M&A 및 컨설팅 계약을 체결한 자가 제3자 배정 유상증자정보를 이용한 경우,[1829] 신주인수계약을 체결한 자가 감자정보를 이용한 경우,[1830] 외자유치에 관한 자문계약을 체결한 자가 외자유치정보를 이용한 경우,[1831] 손실보전약정을 체결한 자가 자금사정 악화정보를 이용한 경우,[1832] 자금대차계약을 체결한 자가 수표부도 사실을 안 경우,[1833] 경영자문계약을 체결한 자가 경영진의 긴급체포 사실을 안 경우,[1834] 투자유치자문계약을 체결한 자가 우회상장정보를 이용한 경우,[1835] 등이 있다.

당해 법인과 계약을 체결하고 있는 자에는 감사계약에 의한 외부감사인·유가증권모집이나 매출을 위하여 인수계약을 체결한 증권회사·명의개서대행회사·거래 은행·변호사 또는 회계사·컨설팅회사 등이 포함된다. 또한 회사와 계약체결을 위한 교섭을 하는 단계에서 이미 상대방은 회사의 미공개정보를 접하게 되는 경우가 많으므로, 「자본시장법」은 이러한 경우도 준내부자로 규정하고 있다.

준내부자를 규제하는 이유가 정보에 대한 접근가능성이 있기 때문이므로, 계약체결 과정에서 지득한 정보를 이용한 거래를 한 경우에는 그 후 계약이 성립하지 않거나 무효로 되었다고 하더라도 미공개중요정보 이용행위의 성립에는 영향이 없다.[1836] 따라서 이 경우에는 당연히 준내부자로서 규제대상이 된다고 해석하여야 할 것이다.

다. 내부자·준내부자의 대리인, 사용인 및 종업원

주요주주 또는 준내부자의 대리인·사용인 기타 종업원(주요주주 또는 준내부자가 법인인 때에는 그 법인의 임원·직원·대리인)도 미공개정보 이용행위가 금지된다.(「자본시장법」 제174조 제1항 제5호) 정식 고용계약이 체결되지 않은 경우에도 사실상의 통제·감독하에 있으면 종업원으로 인정된다.[1837] 따라서 비록 직접 해당 업무를 담당하지 않더라도 정보에 용이하게 접근할 수 있으면 규제대상이 된다.[1838]

라. 내부자 또는 준내부자의 지위 연장

이상의 내부자 또는 준내부자의 지위에 해당하는 자뿐만 아니라, 이에 해당하지 아니하

1829 서울고등법원. 2009.3.19. 선고. 2008노2314. 판결.

1830 대법원. 2007.7.26. 선고. 2007도4716. 판결.

1831 대법원. 2007.7.12. 선고. 2007도3782. 판결.

1832 서울중앙지방법원. 2006.8.18. 선고. 2006노1559. 판결.

1833 서울지방법원. 2000.7.6. 선고. 2000고단2425. 판결.

1834 수원지방법원. 2003.7.25. 선고. 2003고단 1044. 판결.

1835 수원지방법원성남지원. 2007.10.24. 선고. 2007고단1954. 판결.

1836 서울중앙지법. 2007.7.20. 선고. 2007고합159. 판결. 대법원. 2007.2.22. 선고. 2005다77077. 판결.

1837 김용범, 전게서, 2017, 1010면. 대법원. 1993.5.14. 선고. 93도344 판결.

1838 김용범, 전게서, 2017, 1010면. 김병연 외2, 전게서, 박영사, 2015., 376면.

게 된 날로부터 1년이 경과하지 아니한 자도 규제대상이 된다.(「자본시장법」 제174조 제1항 제6호) 물론 이때에도 이용한 미공개정보는 이상의 지위에 있는 동안에 직무와 관련하여 또는 권리를 행사하는 과정에서 미공개중요정보를 지득한 것이어야 하고, 퇴임 후 지득한 경우에는 정보수령자에 해당하지 않는 한 규제대상이 아니다.[1839]

마. 직무관련성

회사의 내부자 또는 준내부자는 그 직무와 관련하여 미공개중요정보를 알게 된 경우에만 내부자거래의 규제대상이다. 물론 정보수령자는 개념상 정보제공자와 달리 직무관련성이 요구되지 않는다. 「자본시장법」 제174조 제1항은 내부자의 유형별로 직무관련성을 규정한다.

유형별 직무관련성 규정 내용

① 법인의 임직원·대리인은 그 직무와 관련하여.
② 주요주주는 그 권리를 행사하는 과정에서.
③ 법인에 대하여 법령에 따른 허가·인가·지도·감독, 그밖의 권한을 가진 자는 권리를 행사하는 과정에서.
④ 그 법인과 계약을 체결하고 있거나 체결을 교섭하고 있는 자는 그 계약을 체결·교섭 또는 이행하는 과정에서.
⑤ 내부자·준내부자의 대리인·사용인, 그 밖의 종업원은 그 직무와 관련하여.

모회사와 자회사 간의 합병정보를 이용하여 모회사의 임원이 자회사 주식을 매수한 경우 주요주주의 임원으로서 그 직무와 관련하여 미공개중요정보를 알게 된 자(「자본시장법」 제174조 제1항 제5호)에 해당한다.[1840] 직무관련성이 인정되려면 원칙적으로 직무 수행 중에 얻은 정보에 해당하여야 한다. 다만, 하급심 판례는 직무관련성 범위를 다소 넓게 해석하고 있다.

직무관련성 범위를 인정하는 판례

① 다른 직원이 담당하던 업무와 관련되는 정보라 하더라도 같은 부서의 같은 사무실 내에서 파기된 자료에 의하여 정보를 얻은 경우[1841]
② 구내식당에서 담당임원으로부터 정보를 들어서 알게 된 경우[1842]
③ 연구기관의 연구원이 사내 전산망을 통하여 정보를 얻은 경우에도 연구원이라는 지위를 이용하

1839 김용범, 전게서, 2017, 1010면. 김병연 외2, 전게서, 2015, 376면. 임재연, 「자본시장법」, 2019, 889면.

1840 서울고등법원. 2007.6.8. 선고. 2007노402. 판결.

1841 서울지방법원. 2002.1.25. 선고. 2001고단10894. 판결.

1842 서울중앙지법. 2007.6.8. 선고. 2007노402. 판결.

여 일반투자자에게 접근이 허용되지 않는 정보를 취득한 경우[1843]

그러나 주식매매 내역으로 보아 미공개정보를 이용할 개연성이 크다 하더라도 정보 관련 담당직원이 정보 유출을 부인하는 등 직무와 관련하여 정보를 알게 되었다고 볼 수 없다면 그와 같은 사무실에서 근무한 사실만으로는 직무관련성이 인정되지 않는다는 하급심 판례도 있다.[1844]

바. 정보수령자

1) 의의

정보수령자는 내부자로부터 중요한 미공개정보를 전달받은 자로서 우리의 「자본시장법」 제174조 제1항 제6호에서도 "제1호부터 제5호까지의 어느 하나에 해당하는 자로부터 미공개 중요정보를 받은 자"는 미공개정보를 이용한 유가증권거래를 할 수 없다고 명시하고 있다.

정보의 수령자가 정보제공자로부터 정보를 전달받았다고 인정하기 위해서는 단순히 정보의 이동이 있었다는 객관적 사실만으로는 충분하지 않고, 정보제공자가 직무와 관련하여 알게 된 미공개정보를 전달한다는 점에 관한 인식(미필적 인식 포함)이 있어야 한다.[1845] 정보수령자가 정보를 제공받고 미공개중요정보임을 인식하면서 거래를 하였다면 미공개중요정보를 이용한 거래라고 추정된다.

주요주주나 임직원이 직무관련성 없이 내부자로부터 정보를 얻은 경우에는 정보수령자에 해당한다. 법인 내부의 업무집행 과정에서 임직원 간에 정보가 공유되는 경우에는 수령자가 직무상 미공개중요정보를 알게 된 것이므로 제1차 정보수령자가 아니라 내부자에 해당한다.[1846]

2) 규제의 범위[1847]

「자본시장법」 제174조 제1항은 내부자 외에 1차 정보수령자도 "타인에게 이용하게 하여서는 아니 된다."고 규정하는데, 전전 유통하는 모든 단계의 정보를 전부 규제대상으로 하는 것은 비현실적이고, 정보라는 것은 그 성격상 그 전달과정에서 상당히 변질되기 마련이어서 전달과정이 많아지고 시간이 경과할수록 단순한 풍문수준의 넓은 의미의 정보가 되기 마련이므로 적절한 범위로 규제대상을 제한할 필요가 있다.

따라서 1차 정보수령자로부터 미공개정보를 다시 전달받은 2차 정보수령자가 증권매매 기타의 거래와 관련하여 전달받은 당해 정보를 직접 이용하는 경우에만 1차 정보수령자가 처벌대상이 되고(이 경우에도 2차 정보수령자는 처벌대상이 아니다), 2차 정보수령자가 그 정보를 직접 이용하지 않고 다시 다른 사람에게 전달하여 이용하게 하는 경우에는 1차 정보수령자

1843 대법원. 2010.2.25. 선고. 2009도4662. 판결.

1844 수원지방법원. 2008.7.30. 선고. 2008노1134. 판결.

1845 대법원. 2017.10.31. 선고. 2015도8342. 판결.

1846 임재연, 전게서, 2019, 890면.

1847 김용범, 전게서, 2017, 1011면. 김병연 외2, 전게서, 2015, 377~378면. 임재연, 전게서, 2019, 891~893면.

도 처벌대상이 아니다.

이와 같이 해석하면 내부자나 정보수령자로부터 미공개정보를 받은 사람이 직접 미공개 정보를 이용한 증권거래를 하지 않고 다른 사람을 통하여 자기의 계산으로 증권거래를 하는 경우에는 그 내부관계가 밝혀지기 전에는 규제대상에서 벗어난다는 문제가 있지만, 「자본시 장법」 제174조 제1항 위반자는 형사책임을 지게 되므로 죄형법정주의의 원칙상 그 적용범위는 제한적으로 해석해야 한다. 이와 관련하여, 구체적인 정보의 제공이 없이 특정주식에 대한 거래만을 추천하는 경우도 정보의 비대칭을 이용한 불공정거래 규제의 취지상 규제의 필요성은 있지만, 현행 규정의 해석상 정보제공 없는 단순한 거래의 추천까지 규제대상으로 볼 수는 없다고 본다.

한편 정보제공자가 정보를 제공할 당시의 상황, 정보수령자의 지위, 정보수령자와 이를 이용한 자의 관계 등 객관적 사정에 비추어 ① 정보수령자가 이를 실제로 이용한 자에게 전달할 것이 당연히 예정되어 있었던 경우와 같이 두 사람이 실질적으로 하나의 주체 또는 하나의 단체라고 인정되고, ② 정보전달자가 이러한 사정을 인식하고 있었던 경우에는 직접 정보를 수령한 자와 그 정보를 이용한 사람 모두가 「자본시장법」 제174조 제1항의 "타인"에 해당한다는 판례가 있다.[1848] 이는 정보수령자가 정보제공자의 使者에 불과한 경우 같이 매우 예외적인 경우만 적용되어야 할 것이다.

3) 공범의 성립 여부[1849]

가) 신분자와 비신분자의 공범관계

내부자, 준내부자, 정보수령자는 眞正身分犯[1850]이고, 비신분자도 「형법」 제33조의 공범과 신분규정에 의하여 공동정범, 교사범, 방조범이 될 수 있다. 따라서 비신분자가 신분자에게 자금을 제공하거나 자신의 계좌를 이용하도록 협조함으로써 신분자의 미공개중요정보 이용행위에 가담하면 공범관계가 성립한다.[1851]

나) 간접정범의 의의

미공개중요정보를 보유하고 있는 내부자가 타인의 매매 기타 거래를 통하여 이익을 얻기 위하여 미공개정보를 이용한 거래임을 알지 못하는 타인에게 특정증권 등의 매매 기타 거래를 하도록 사주하여 그 타인의 매매 기타 거래를 하는 경우 간접 정범[1852]이 성립한다.

비신분자가 신분자를 이용하여 내부거래를 하는 경우 간접정범이 될 수 없고, 신분자가 비신분자를 이용하여 미공개정보 이용행위를 하는 경우에는 간접정범으로 처벌한다. 간접 정범의 본질은 공범(共犯)이 아니라 정범(正犯)이라는 것이 형법학계의 통설이다.

1848 서울고등법원. 2017.10.19. 선고, 2016노313, 판결.

1849 임재연, 전게서, 2019, 897~900면.

1850 어떤 신분이 없으면 범죄가 성립하지 않는 경우로서, 예컨대 공무원 또는 중재인이라는 신분이 없으면 성립하지 않는 수뢰죄와 같다.

1851 창원지법. 2003.8.14. 선고, 2003고단951. 판결(공동정범인정), 서울남부지법. 2004.10.15. 선고, 2004 노948. 판결(방조범 성립).

1852 책임무능력자(14세 미만자, 정신이상자 등)나 고의가 없는 자(과실자, 범죄행위임을 모르는 자 등)를 이용하여 범하는 범죄.

다) 간접정범의 성립요건

(1) 피이용자의 요건

피이용자는 「형법」 제34조 제1항의 "어느 행위로 인하여 처벌되지 아니하는 자 또는 과실범으로 처벌되는 자"이다. 그중에서 "어느 행위로 인하여 처벌되지 아니하는 자"는 구성요건 해당성, 위법성 또는 책임이 없어서 범죄가 성립하지 않는 자를 말한다. 미공개중요정보 이용행위에 있어서는 피이용자가 미공개중요정보를 알지 못하는 경우 구성요건 해당성이 없어서 범죄가 성립하지 않는 자를 말한다.

(2) 이용자의 요건

(가) "우월한 의사지배"

간접정범의 본질은 정범으로 보는 통설의 입장에서는 간접정범을 "우월한 의사지배"를 통하여, 처벌되지 않거나 과실범으로 처벌되는 자를 이용하여 범죄행위의결과를 발생하게 하는 경우로 본다. "우월한 의사지배"는 간접정범의 적극적 요건이고, 피이용자가 범죄의 결과가 발생하는 행위를 하도록 하는 이용자의 "우월한 의사지배"를 전제로 하는 의미이다.

"우월한 의사지배"의 인정 요건

① 객관적으로는 피이용자의 의사가 지배당하는 상황이 존재
② 주관적으로는 이용자에게
　ⓐ 피이용자의 도구로 이용하여 미공개중요정보를 이용하려는 의사가 존재.
　ⓑ "우월한 의사지배"[1853]를 하려는 의사가 존재.

따라서 미공개중요정보를 보유한 내부자(이용자)가 타인(피이용자)에게 적극적으로 매매 기타 거래를 권유한 것이 아니라 타인이 먼저 매매 기타 거래에 관한 의사결정을 주도적으로 하고 이를 내부자에게 알린 경우에는 내부자가 그 타인의 매매 기타 거래를 만류하지 않거나 심지어는 매수자금을 대여하는 등의 협력을 하였다 하더라도 "이용행위"의 간접정범은 성립하지 않는다.(또한 뒤에서 보는 바와 같이 내부자가 정보를 제공하지 않는 이상 "이용하게 한 행위"도 성립하지 않는다)

(나) 교사 또는 방조의 의미

「형법」 제34조 제1항은 "…교사 또는 방조하여"라고 규정하지만, 간접정범의 개념상 피이용자로 하여금 자유로운 의사결정에 의하여 범죄를 결의하게 하는 것(교사)이나, 이미 범죄의사를 가진 자를 원조하는 것(방조)은 해당하지 않는다.

1853 **"우월한 의사지배"**는 계약관계, 고용관계 등으로 인한 일반적인 지배 상황을 의미하는 것이 아니라, 피이용자가 범죄결과가 발생하는 행위를 하도록 이용자가 먼저 그리고 주도적으로 의사결정을 하는 상황을 의미한다.

즉, 여기서 교사 또는 방조란 「형법」 총칙상의 교사범과 방조범에서의 교사 또는 방조와 같은 의미가 아니라, 통설과 같은 "우월한 의사지배" 또는 판례와 같은 "타인의 행위를 적극적으로 유발하고 이를 이용하는 행위"를 의미한다.

(다) 범죄행위의 결과 발생

"범죄행위의 결과발생"은 구성요건에 해당하는 사실을 실현하는 것을 말한다. 따라서 미공개중요정보를 보유한 내부자가 그 정을 모르는 타인으로 하여금 우월한 의사지배를 통하여 매매 기타 거래를 하게 한 경우 그로 인한 이익이 내부자에게 전혀 귀속되지 않고 그 타인에게 귀속되는 경우에는 범죄행위의 결과발생 요건이 구비되지 아니하므로 간접정범이 성립하지 않는다.

그러나 이때의 이익은 반드시 직접적인 유형적, 경제적, 적극적 이익만을 가리키는 것이 아니라 기업의 경영권 획득, 지배권 확보, 회사 내의 지위 상승 등 무형적 이익 및 손실을 회피하는 것과 같은 소극적 이득, 아직 현실화되지 않은 장래의 이득도 모두 포함하는 포괄적 개념으로 해석한다.[1854]

따라서 피이용자가 이용자의 채무자이거나 계속적 거래관계에 있는 자인 경우 피이용자가 증권거래로 인하여 이익을 얻은 것이 채권자인 이용자의 채권확보나 영업활동에 도움이 되는 경우도 이익으로 볼 수 있고, 나아가 거래의 추천으로 이용자의 명성이나 평판이 높아져서 이용자의 다른 영업에 도움이 되는 경우에도 이익이 있는 것으로 볼 수 있다.[1855]

라) 간접정범의 처벌

「자본시장법」은 "정보를 ‥이용하거나 이용하게 하여서는 아니 된다."고 규정하는데(「자본시장법」 제174조 제1항), 여기서 **"이용하게 한 자"**는 「형법」상의 교사범을 규정한 것이 아니라(만일 교사범을 규정한 것이라면 특별히 이를 규정할 필요 없이 「형법」의 일반이론에 의하여 당연히 교사범으로 처벌받을 것이다), 이용하게 한 행위를 독자적인 범죄구성요건으로 규정한 것으로 보아야 한다. 따라서 이용하게 한 자는 「형법」상의 교사범이 아니라 정범에 해당한다.[1856]

또한 「자본시장법」 제174조 제1항 위반죄가 성립하는데 필수불가결인 2차 정보수령자의 미공개정보 이용행위를 처벌하는 규정이 없는 이상, 그 입법취지에 비추어 2차 정보수령자가 1차 정보수령자로부터 미공개정보를 전달받아 이용한 행위가 일반적인 「형법」 총칙상의 공모, 교사, 방조에 해당된다고 하더라도 2차 정보수령자를 1차 정보수령자의 공범으로서 처벌할 수는 없다.[1857]

따라서 「형법」상 공범이론의 적용은 불가능하지만, 민사책임에 있어서 중간의 정보수령자들은 공동불법행위자로서 연대해 손해배상책임을 지게 될 것이다.[1858]

1854 대법원. 2009.7.9. 선고. 2009도1374. 선고. 대법원. 2010.5.13. 선고. 2010도2541. 판결.

1855 임재연, 전게서, 2019, 900면.

1856 김용범, 전게서, 2017, 1012면. 김병연 외2, 전게서, 박영사, 2015, 378면.

1857 김용범, 전게서, 2017, 1012면. 대법원, 2002.1.25. 선고. 2000도90 판결.

1858 김용범, 전게서, 2017, 1012면. 김병연 외2, 전게서, 박영사, 2015, 378면.

4) 범죄의 성립 시기[1859]

「자본시장법」상 1차 정보수령자가 2차 정보수령자에게 정보를 제공하는 행위가 '이용하게 한 행위'로서 독자적인 범죄구성요건에 해당한다면 이용하게 한 행위에 나아감으로써 실행의 착수가 있으며 **범죄의 성립 시기는 2차 정보수령자가 당해 정보를 이용하는 행위를 한 때**이다.

따라서 1차 정보수령자는 정보를 제공하였어도 2차 정보수령자가 실제로 당해 정보를 이용하여야 처벌대상이 된다. 2차 정보수령자가 정보를 제공받고 나아가 정보이용을 승낙하고도 실행행위(실제 정보이용행위)를 하지 않은 경우, 1차 정보수령자는 미수범이 되나 「자본시장법」상 미수범을 처벌하는 규정이 없기 때문에 처벌 대상이 아니다.

물론 2차수령자가 매매에 다른 이행행위까지 하지 않았어도 매매계약의 체결로서 1차수령자는 旣遂犯이 된다. 한편 미공개중요정보 이용행위의 범죄구성요건에 관하여 이용행위설을 취하는 경우에는 2차수령자의 매매체결 전이라도 매매호가 시 1차수령자의 범죄행위도 기수가 될 것이다.

4. 미공개정보 수령자의 범위

가. 미공개정보 수령자의 규제[1860]

미공개 내부정보의 이용행위의 주체를 내부자로 한정한다면 내부자가 그 금지를 회피하여 탈법적으로 미공개 내부정보를 이용한 증권의 매매 기타 거래를 하는 것을 막을 수 없으므로 내부자로부터 미공개 내부정보를 전달받아 이를 이용하여 거래를 하는 것을 금지할 필요가 있다. 앞에서 언급한 바와 같이 「자본시장법」이 전전 유통하는 모든 단계의 미공개정보를 전부 규제대상으로 하는 것은 비현실적이며 정보 전달과정에서 상당히 변질되기 마련이다. 본래 미공개 내부정보는 정보의 성격상 전달과정에서 일반적으로 상당히 변질되어 단순한 소문수준의 정보가 되기 마련이므로 미공개 내부정보의 이용에 대한 규제대상을 적절한 범위 내로 제한할 필요가 있다.

나. 미공개정보 수령자의 범위

「자본시장법」은 미공개 내부정보의 이용에 관련해 정보수령자도 내부자 등에 준해 규제한다. 「자본시장법」은 1차 정보수령자의 범위를 내부자, 준내부자 또는 내부자나 준내부자가 아니게 된 날로부터 1년 미경과자로부터 미공개중요정보를 받은 자로 제한하고 있다. 즉 원칙적으로 처벌대상인 정보수령자를 1차 정보수령자로 제한하고 있다.[1861] 자세한 내용은 위에서 살펴본 '규제의 범위' 및 '공범의 성립여부' 항목을 참고바랍니다.

다. 수령 미공개정보의 구체성

1859 김용범, 전게서, 2017, 1012면. 김병연 외2, 전게서, 2015, 379면. 임재연, 전게서, 2019, 904면.

1860 김용범, 전게서, 2017, 1012면. 김병연 외2, 전게서, 박영사, 2015, 379면.

1861 김용범, 전게서, 2017, 1013면. 김병연 외2, 전게서, 박영사, 2015, 380면.

　　정보수령자의 미공개중요정보는 내부자가 직접 업무상 지득한 정보에 비하여 구체적이어야 한다. 정보제공자가 제공한 내용이 단순히 미공개정보의 존재를 암시하는 것에 지나지 않거나, 모호하고 추상적이어서 정보수령자가 그 정보를 이용하더라도 여전히 일반투자자와 같은 정도의 경제적 위험을 부담하게 되는 경우에는 특별한 사정이 없는 한 미공개정보에 해당하지 않는다.[1862]

　　정보의 구체성이 없으면 규제대상 미공개중요정보의 요건인 중요성이 결여되므로 어차피 미공개중요정보 이용에 해당하지 않는 경우가 많을 것이다. 다만, 정보를 알게 된 시점에서 해당 증권이 반드시 특정될 필요는 없고, 관련 자료에 의하여 용이하게 어느 종목인지 파악할 수 있으면 규제대상 미공개중요정보가 된다.[1863] 그리고 구체적인 정보의 제공이 없이 특정주식에 대한 거래만을 추천하는 경우도 정보의 비대칭을 이용한 불공정거래의 가능성은 있지만 정보제공 없는 단순한 거래의 추천까지 규제대상으로는 볼 수 없다.

5. 미공개 중요정보

가. 미공개 중요정보의 개요

1) 미공개중요정보의 의의

　　미공개 중요정보라 함은 투자자의 투자판단에 중대한 영향을 미칠 수 있는 정보로서 법정된 방법에 따라 불특정다수인이 알 수 있도록 공개되기 전의 것을 말한다.(「자본시장법」 제174조 제1항) 즉, 일반투자자에게 공개되어 공개시장에 광범위하게 유포되기 前의 미공개중요정보가 이에 해당한다.[1864]

2) 미공개중요정보의 대기기간

　　「자본시장법시행령」 제201조에 의하면 정보가 공개된 것으로 보는 방법 및 시기를 규정하는데, 이는 내부자의 입장에서 보면 증권거래를 할 수 있는 대기기간이라 할 수 있다. 이와 같은 대기기간이 인정되는 것은 일반투자자가 보도에 접하여 투자여부를 결정할 시간적 여유가 필요한 반면, 내부자들은 이미 정보를 입수하고 투자여부를 결정할 충분한 시간적 여유가 있기 때문이다.

정보가 공개된 것으로 보는 방법 및 시기(「자본시장법 시행령」 제201조)

① 법령에 따라 금융위원회 또는 거래소에 신고되거나 보고된 서류에 기재되어 있는 정보 : 그 내용이 기재되어 있는 서류가 금융위원회 또는 거래소가 정하는 바에 따라 비치 된 날로부터 1일

② 금융위원회 또는 거래소가 설치·운영하는 전자전달매체를 통하여 그 내용이 공개된 정보 : 공

1862　대법원, 2017.10.31. 선고, 2015도8342, 판결, 임재연, 전게서, 2019, 894면.

1863　서울행정법원, 2019.1.10. 선고, 2017구합89377, 판결, 임재연, 전게서, 2019, 894면.

1864　임재연, 전게서, 2019, 905면.

개된 때로부터 3시간

③ 「신문 등의 진흥에 관한 법률」에 따른 일반일간신문 또는 경제분야의 특수일간 신문 중 전국을 보급지역으로 하는 둘 이상의 신문에 그 내용이 게재된 정보 : 게재된 다음 날 0시부터 6시간. 다만, 해당 법률에 따른 전자간행물의 형태로 게재된 경우에는 게재된 때로부터 6시간

④ 「방송법」에 따른 방송 중 전국에서 시청할 수 있는 지상파 방송을 통하여 그 내용이 방송된 정보 : 방송된 때로부터 6시간

⑤ 「뉴스통신진흥에 관한 법률」에 따른 연합뉴스사를 통하여 그 내용이 제공된 정보 : 제공된 때로부터 6시간

3) 미공개중요정보의 공개주체

어떤 정보가 회사의 의사로 대통령령으로 정하는 방법에 따라 공개되기까지는 그 정보는 여전히 내부거래의 규제대상이 되는 정보에 속한다는 것은 확립된 판례이다.[1865] 「자본시장법시행령」은 공개주체를 해당 법인(해당 법인으로부터 공개권한을 위임받은 자를 포함)[1866] 또는 그 법인의 자회사(「상법」 제342조의2 제1항)에 따른 자회사를 말하며, 그 자회사로부터 공개권한을 위임받은 자를 포함한다)로 규정한다.

이와 같은 공개주체의 의사에 의하여 공개하기 전에 언론의 추측보도 등 다른 방법에 의하여 정보가 공개되더라도 "미공개"정보에 해당한다.[1867] 법령상 공개주체가 익명을 요구하여 보도기관이 정보원을 공개하지 않은 경우에도 법령상 공개주체에 의한 공개로 볼 수 있는지에 대하여는 논란의 여지가 있는데 일본의 최고재판소는 이러한 사안에 대해 "미공개"정보라고 판시한 바 있다.[1868]

나. 미공개 중요정보의 중요성

1) 공시사항과의 관련성

「자본시장법」 제174조 제1항은 일정한 자가 법인의 특정증권 등 거래와 관련하여 일반인에게 공개되지 아니한 중요한 정보를 이용하거나 다른 사람으로 하여금 이용하게 하는 것을 금지하고 있고, 미공개중요정보에 대해 투자자의 투자판단에 중대한 영향을 미칠 수 있는 정보로서 대통령령이 정하는 방법에 따라 불특정다수인이 알 수 있도록 공개되기 전의 것을 말하는 것이라고 규정하고 있다.

「(舊) 증권거래법」 '제186조 제1항 각 호의 1에 해당하는 사실 등에 관한 정보 중'이란 표현을 사용하여 공시의무사항만이 미공개중요정보가 될 수 있는 것처럼 규정하였으나, 「자본시장법」은 「(구) 증권거래법」에 있던 '제186조 제1항 각호의 1에 해당하는 사실'이라는 문구를 삭제하고 포괄적으로 규정하고 있다.(「자본시장법」 제174조 제1항)

1865 대법원. 2017.1.12. 선고. 2016도10313. 판결. 대법원. 1995.6.29. 선고. 95도467. 판결.
1866 대법원. 2000.11.24. 선고. 2000도2827. 판결. 대법원. 2006.5.12. 선고. 2004도491. 판결.
1867 대법원. 2006.5.12. 선고. 2004도491. 판결. 대법원. 1995.6.29. 선고. 95도467. 판결.
1868 最高裁 第1小法廷 平成 28. 11. 28. 決定 平成 27年(あ) 第168号.

그리고 상장법인의 주요사항보고서 제출의무에 관한 「자본시장법」 제161조 제1항과 내부자거래의 금지에 관한 「자본시장법」 제174조는 각기 규정하는 대상이 서로 다르며, 법규정상의 내용적으로 보나 입법 연역적으로 보나 미공개중요 정보는 수시 공시의무사항에 제한되지 않는다고 본다.[1869]

따라서 어떤 정보가 주식이 증권시장에서 상장되기 전에 이미 발생한 사실에 관한 것이어서 그전까지는 제규정에 따른 신고의무가 없었던 경우이거나, 또는 어떤 정보가 법인 내부의 범죄나 비리에 관련된 것이어서 위 규정에 의한 신고의무의 이행을 기대하기 어려운 경우라고 하더라도 그 정보가 일반투자자들의 투자판단에 중대한 영향을 미칠 수 있는 것이기만 하면 그 정보가 일반인에게 공개되기 전의 내부자거래는 역시 「자본시장법」 제174조 제1항에 의하여 금지되는 것으로 보아야 할 것이다.[1870]

2) 정보의 중요성 판단 기준

정보는 여러 단계를 거치는 과정에서 구체화되기 마련인데, **중요한 정보**란 반드시 객관적으로 명확한 것만 이용이 금지되는 미공개정보에 해당하는 것이 아니라 합리적인 투자자라면 그 사실의 중대성과 사실이 발생할 개연성을 함께 고려하여 유가증권의 거래에 관한 의사를 결정함에 있어서 중요한 가치를 지니는 정보를 가리킨다.[1871]

또는 **투자자의 투자판단에 중대한 영향을 미칠 수 있는 정보**란 "합리적인 투자자가 유가증권을 매수 또는 계속 보유할 것인가 아니면 처분할 것인가를 결정하는 데 중요한 가치가 있는 정보, 바꾸어 말하면 일반투자자들이 일반적으로 안다고 가정할 경우에 증권의 가격에 중대한 영향을 미칠 수 있는 사실"을 말한다.[1872]

실제의 기업 활동에 있어서 아무런 단계를 거치지 않고 단번에 생성되는 정보는 드물고 대부분의 정보는 완성에 이르기까지 여러 단계를 거치게 된다. 예를 들어, 합병의 경우에는 대상회사의 물색과 조사, 합병을 위한 예비협상 등을 거쳐서 비로소 이사회가 합병결의를 하게 되는데, 이와 같이 합병이 확실하게 된 경우 비로소 중요한 정보가 생성된 것으로 보게 되면 미공개정보이용에 대한 규제의 실효성이 없게 된다.

따라서 공시의무가 부과되는 사항에 관한 이사회결의가 있거나 최종부도가 발생한 시점 이전이라도, 합리적인 투자자가 증권의 거래에 관하여 의사결정을 함에 있어서 중요한 정보로 간주할 정도의 정보[1873]라면 그 시점에서 이미 중요한 정보가 생성된 것으로 보아야 하고, 그 정보가 반드시 명확하고 확정된 것일 필요는 없다.[1874]

1869 김용범, 전게서, 2017, 1015면. 김병연 외2, 전게서, 2015, 384면.
1870 김용범, 전게서, 2017, 1015면. 김병연 외2, 전게서, 2015, 384면. 대법원. 1994.4.26. 선고. 93도695 판결, 대법원. 1995.6.29. 선고. 95도467 판결.
1871 김용범, 전게서, 2017, 1015면. 김병연 외2, 전게서, 2015, 385면. 임재연, 전게서, 2019, 912면.
1872 임재연, 전게서, 2019, 912면. 대법원. 2018.12.28. 선고. 2018도16586. 판결 등.
1873 예를 들면 합병에 관한 최종합의가 이루어지거나, 최고경영진이 실무진에게 공개매수 추진을 지시하거나, 또는 발행어음의 부도 처리가 확실시 되는 때를 들 수 있다. 임재연, 전게서, 2019, 913면.
1874 김용범, 전게서, 2017, 1016면. 김병연 외2, 전게서, 2015, 385~386면. 대법원. 1994.4.26. 선고 93도 695 판결, 대법원. 1995.6.29. 선고 95도467 판결, 대법원. 2000.11.24. 선고 2000도2827 판결.

3) 중요한 정보의 사례

투자판단에 중대한 영향을 미칠 수 있는 사실이란 당해 정보가 공개되었다면, 투자자가 당해 유가증권을 매수·매도하였거나 또는 그 결정을 보류하였을 상당한 가능성이 있는 정도로 중요한 사실을 의미한다. 이 경우 투자자란 당해 시점에서 투자자 집단을 대표할 만한 표준적인 투자자를 말하므로 **투자자**의 주관적인 특성을 무시하고 합리적인 투자자를 가정하여 객관적으로만 판단하여야 한다.[1875]

중요한 정보에는 **호재성 정보와 악재성 정보가 모두 포함**된다. 대체적으로 **호재성 정보에 해당하는 사항**으로 판례에서 다뤄진 것은 주로 제3자 배정 유상증자정보,[1876] 무상증자정보,[1877] 타법인 인수정보, 인수합병 성사정보, 우회상장정보,[1878] 자기주식취득정보,[1879] 대규모 수출계약 및 투자유치 정보,[1880] 해외전환사채 발행계획 정보, 미국특허취득정보, 대체에너지 전용실시권 양수합의에 관한 정보, 추정 결산실적 정보,[1881] M&A 성사 정보,[1882] 투자유치정보,[1883]등 이다.[1884]

반면 판례에서 **악재성 정보로 다루어진 경우**로는 재무구조 악화 및 이에 따른 대규모 유상증자 정보, 무보증 전환사채 발행정보, 계열회사의 수익성 악화 정보, 회사의 자금난 악화 정보, 자금사정 악화에 따른 화의개시 신청정보, 감자정보, 경영진의 긴급체포 정보, 회사자금 횡령정보, 회계법인의 감사의견 거절 정보, 부도 정보, 부실금융기관 지정정보, 대규모 영업 손실 발생정보 등이 있다.[1885]

미공개중요정보는 상장법인(6개월 이내에 상장하는 법인 포함)의 **업무 등과 관련된 것**이어야 한다.(『자본시장법』 제174조 제1항) 이는 **업무와 직접 관련되는 정보**는 물론 간접적으로 관련되는 정보도 포함한다는 의미로 해석하여야 하나, 지나치게 넓게 업무 외에 다른 사정과 관련된 정보도 포함된다고 해석하는 것은 부당하다고 본다.[1886]

따라서 **업무관련성이 없는 경우**, 예컨대 특정증권 등에 대한 주가흐름의 분석이나 증시 관계자의 예측 등의 정보는 시장정보로서 내부정보가 될 수 없다. 그러나 해당 법인이 자체 작성한 영업전망이나 예상실적 등은 법인의 경영과 재산 등에 관한 내부정보에 해당될 수

1875 김용범, 전게서, 2017, 1015면. 김병연 외2, 전게서, 박영사, 2015, 387면. 대법원. 1995.6.29. 선고 95도467 판결. 대법원. 1995.6.30. 선고 94도2792 판결.

1876 대법원. 2010.5.13. 선고. 2007도9769. 판결.

1877 대법원. 2005.4.29. 선고. 2005도1835. 판결.

1878 서울고법. 2007.10.19. 선고. 2007노1819. 판결.

1879 서울지법. 2003.11.5. 선고. 2992노12538. 판결.

1880 수원지법. 2005.1.14. 선고. 2004고단2946. 판결.

1881 대법원. 1995.6.29. 선고. 95도467. 판결.

1882 대법원. 2005.9.9. 선고 2005도4653. 판결.

1883 서울고법. 2005.6.30. 선고. 2005노566. 판결.

1884 김용범, 전게서, 2017, 1015면. 금융감독원, 「전게분석」, 자본시장본부, 2009.

1885 김용범, 전게서, 2017, 1015면. 금융감독원, 「전게분석」, 자본시장본부, 2009.

1886 김용범, 전게서, 2017, 1015면. 김병연 외2, 전게서, 2015, 388면. 임재연, 전게서, 2019, 919면.

있다고 본다.[1887]

다. 공개매수의 실시 및 중지에 관한 정보

공개매수의 실시 또는 중지에 관한 공개되지 않은 정보는 시장정보로서 대상회사의 업무 등과 관련하여 발생한 정보는 아니지만 예외적으로 「자본시장법」이 규제하는 미공개 정보에 해당한다.[1888]

「자본시장법」 제174조 제2항 각호의 어느 하나에 해당하는 자가 주식 등에 대한 공개매수의 실시 또는 중지에 관한 미공개정보를 그 주식 등과 관련된 특정증권 등의 매매, 그 밖의 거래에 이용하거나 타인에게 이용하게 하는 행위를 규제한다.(「자본시장법」 제174조 제2항 본문)

다만 공개매수를 하려는 공개매수예정자가 공개매수 이후에도 상당한 기간 동안 주식 등을 보유하는 등 주식 등에 대한 공개매수의 실시 또는 중지에 관한 미공개 정보를 그 주식 등과 관련된 특정증권 등의 매매, 그 밖의 거래에 이용할 의사가 없다고 인정되는 경우에는 공개매수에 관한 '미공개정보 이용행위 금지' 법인 「자본시장법」의 규제대상이 아니다.(「자본시장법」 제174조 제2항 단서)[1889]

「자본시장법」상 미공개된 공개매수 관련 정보를 이용하지 않을 의무가 부과되는 자는 아래와 같다.(「자본시장법」 제174조 제2항 각호)

미공개 공개매수정보의 이용금지의무가 부과되는 자

① 공개매수예정자(그 계열사 포함) 및 공개매수예정자의 임직원·대리인으로서 직무와 관련해 공개 매수의 실시 또는 중지에 관한 미공개정보를 알게 된 자

② 공개매수예정자의 주요주주로서 그 권리를 행사하는 과정에서 공개매수의 실시 또는 중지에 관한 미공개정보를 알게 된 자

③ 공개매수예정자에 대하여 법령에 따른 허가·인가·지도·감독, 그 밖의 권한을 가지는 자로서 그 권한을 행사하는 과정에서 공개매수의 실시 또는 중지에 관한 미공개 정보를 알게 된 자

④ 공개매수예정자와 계약을 체결하고 체결을 교섭하고 있는 자로서 그 계약을 체결·교섭 또는 이 행하는 과정에서 공개매수의 실시 또는 중지에 관한 미공개정보를 알게 된 자

⑤ 제②호부터 제④호까지 어느 하나에 해당하는 자의 대리인(이에 해당하는 자가 법인의 경우에는 그 임직원 및 대리인을 포함)·사용인, 그 밖의 종업원(제②호부터 제④호까지 어느 하나에 해당하는 자가 법인인 경우에는 그 임직원 및 대리인)으로서 그 직무와 관련하여 공개매수의 실시 또는 중지에 관한 미공개정보를 알게 된 자

⑥ 공개매수예정자 또는 제1호부터 제5호까지의 어느 하나에 해당하는 자(제①호부터 제⑤호까지의

1887 김용범, 전게서, 2017, 1017면. 김병연 외2, 전게서, 2015, 388면. 임재연, 전게서, 2019, 920면.

1888 김용범, 전게서, 2017, 1017면. 김병연 외2, 전게서, 박영사, 2015, 388면.

1889 김용범, 전게서, 2017, 1017면. 김병연 외2, 전게서, 2015, 389면. 임재연, 전게서, 2019, 924면.

어느 하나의 자에 해당하지 아니하게 된 날부터 1년이 경과하지 아니한 자를 포함)로부터 공개매수의 실시 또는 중지에 관한 미공개정보를 받은 자

라. 주식 등의 대량취득·처분

「(구) 증권거래법」과 달리 「자본시장법」은 주식 등의 대량취득·처분행위에 관한 미공개정보를 이용하는 행위를 규율하고 있다.(「자본시장법」 제174조 제3항)

「자본시장법」 제174조 제3항 각호의 어느 하나에 해당하는 자(제1호부터 제5호까지의 어느 하나의 자에 해당하지 아니하게 된 날로부터 1년이 경과하지 아니한 자 포함)는 주식 등의 대량취득·처분(경영권에 영향 줄 가능성이 있는 대량취득·처분으로 대통령령이 정하는 취득·처분을 말함)의 실시 또는 중지에 관한 미공개정보를 그 주식 등과 관련된 특정증권 등의 매매, 그 밖의 거래에 이용하거나 타인에게 이용하게 하여서는 아니 된다.

다만, 대량취득·처분을 하려는 자가 「자본시장법」 제149조에 따라 금융위원회와 거래소를 통한 주식 등의 대량보유 등의 보고서 공시 이후에도 상당기간 동안 주식 등을 보유하는 등 주식 등에 대한 대량취득·처분의 실시 또는 중지에 관한 미공개 정보를 그 주식 등과 관련된 특정증권 등의 매매, 그 밖의 거래에 이용할 의사가 없다고 인정되는 경우에는 법 제174조 제3항의 규제대상이 아니다.[1890](「자본시장 법」 제174조 제3항 단서)

미공개정보를 거래에 이용할 의사가 없다고 인정되는 경우

① 대량취득·처분을 하려는 자(그 계열사 포함. 이하 이 호 및 제②호에서 같음)및 대량취득·처분을 하려는 자의 임직원·대리인으로서 그 직무와 관련하여 대량취득·처분의 실시 또는 중지에 관한 미공개정보를 알게 된 자

② 대량취득·처분을 하려는 자의 주요주주로서 그 권리를 행사하는 과정에서 대량취득·처분실시 또는 중지에 관한 미공개정보를 알게 된 자

③ 대량취득·처분을 하려는 자에 대하여 법령에 따른 허가·인가·지도·감독, 그 밖의 권한을 가지는 자로서 그 권한을 행사하는 과정에서 대량취득·처분의 실시 또는 중지에 관한 미공개정보를 알게 된 자

④ 대량취득·처분을 하려는 자와 계약을 체결하고 있거나 체결을 교섭하고 있는 자로서 그 계약을 체결·교섭 또는 이행하는 과정에서 대량취득·처분의 실시 또는 중지에 관한 미공개정보를 알게 된 자

⑤ 제②호부터 제④호까지의 어느 하나에 해당하는 자의 대리인(이에 해당하는 자가 법인의 경우에는 그 임직원 및 대리인 포함)·사용인, 그 밖의 종업원(제②호부터 제④호까지의 어느 하나에 해당하는 자가 법인의 경우에는 그 임직원 및 대리인)으로서 그 직무와 관련하여 대량취득·처분의 실시 또는 중지에 관한 미공개정보를 알게 된 자

1890 김용범, 전게서, 2017, 1018면. 김병연 외2, 전게서, 2015, 390면. 임재연, 전게서, 2019, 926면.

⑥ 대량취득·처분을 하려는 자 또는 제①호부터 제⑤호까지의 어느 하나에 해당하는 자(제①호부터 제⑤호까지의 어느 하나의 자에 해당하지 아니하게 된 날로부터 1년이 경과하지 아니한 자 포함)로부터 대량취득·처분의 실시 또는 중지에 관한 미공개정보를 알게 된 자

「자본시장법」이 규율하는 주식 등의 대량취득·처분이란 경영권에 영향을 줄 가능성이 있는 대량취득·처분으로서 다음 요건을 모두 충족하는 경우를 말한다.(「자본시장법」 제174조 제3항 및 「동법시행령」 제201조 제4항)

경영권에 영향을 줄 가능성 있는 대량 취득·처분 행위

① 취득의 경우 보유목적이 발행인의 경영권에 영향(「자본시장법시행령」 제154조 제1항)을 주기 위한 것일 것
② 금융위원회가 정하여 고시하는 비율(예, 10%) 이상의 대량취득·처분일 것
③ 그 취득·처분이 주식 등의 대량보유보고대상(법 제147조 제1항)에 해당할 것

6. 내부정보의 이용 유형

가. 정보를 이용한 거래행위

「자본시장법」은 특정증권 등의 매매, 그 밖의 거래에 이용하거나 타인에게 이용하게 하는 행위를 금지하고 있다. 매매, 그 밖의 거래는 유상거래를 의미하며 주식의 대차거래, 담보설정 등과 같이 소유권의 이전이 없는 거래에도 규제대상이 된다.[1891] 정보를 '이용'하여야 하므로 정보를 단지 '보유'한 상태에서 매매, 그 밖의 거래를 한 것만으로는 미공개중요정보를 이용하는 행위로 볼 수 없으며 일반적으로 내부자 거래 행위들은 그 정보를 이용하여 거래한 것으로 인식되어야 한다.[1892]

그러나 정보의 보유자가 행하는 모든 거래를 금지하는 것이 아니라 정보와 관계없이 다른 동기에 의하여 거래를 하는 것, 즉 정보를 이용하지 않은 거래는 허용된다. 예컨대 주식의 대량보유자가 악재정보에 해당하는 미공개 중요정보를 지득한 경우라도 일시대량매각에 의한 시장가격 폭락에 의한 손해를 피하기 위하여 매일 일정한 수량의 주식을 시장에서 처분하였다면 종전과 같은 매매형태로 주식을 소량씩 처분하는 행위는 미공개중요정보 이용 행위에 해당하지 않을 것이다. 이 경우 정보를 보유하였으나 이를 이용하지 않은 것을 증명함으로써 미공개중요정보 이용에 관한 책임으로부터 벗어날 수 있다.[1893]

미국의 경우 내부자거래규제의 범위가 지속적으로 확대되고 있다는 점은 주의 깊게 살펴

1891 김용범, 전게서, 2017, 1018면. 김병연 외2, 전게서, 2015, 393면. 임재연, 전게서, 2019, 929면.

1892 김용범, 전게서, 2017, 1018면. 김병연 외2, 전게서, 2015, 393면. 임재연, 전게서, 2019, 929면.

1893 김용범, 전게서, 2017, 1020면. 김병연 외2, 전게서, 박영사, 2015, 393면.

볼 필요가 있다. 예컨대, 입증책임의 부담을 내부거래자에게 지운다거나(Rule 10b5-1) 가족 등도 이른바 「신의성실의 원칙(duty of trust and confidence)」을 근거로 처벌대상으로 포섭하는(Rule 10b5-2) 등 그 규제범위를 확대하였다는 점은 시사점이 있다. 우리도 그 규제 범위를 탄력적으로 확대하는 것을 적극적으로 검토할 필요성이 있다.[1894]

나. 타인으로 하여금 이용하게 하는 행위

내부자가 정보를 제공하는 행위와 정보수령자의 정보이용행위 간에 인과관계가 존재해야 '타인으로 하여금 이용하게 하는 행위'에 해당할 수 있다. 따라서 정보 제공시점에 정보수령자가 이미 다른 경로로 해당 정보를 입수하여 거래를 결심하였다면 이 경우에는 인과관계가 존재하지 않으므로 내부자가 미공개중요정보를 타인에게 이용하게 하는 행위를 한 것으로 볼 수 없을 것이다.[1895]

반면 정보수령자가 정보를 이용하여 거래할 수 있다는 점을 인식하면서 정보를 제공한 경우 정보수령자가 실제로 정보를 이용하지 않은 경우에도 미공개중요정보 이용행위 규제 위반에 해당된다고 볼 수 있겠으나, 정보수령자가 정보를 이용한 거래를 하지 않은 경우에는 알려준 행위만으로는 거래당사자들 간의 정보비대칭을 이용한 거래가 없으므로 처벌할 수 없다.[1896]

또한 내부자가 내부정보를 알고 있는 경우에도 그 내부정보를 이용하지 않은 특별한 사정을 반증으로 제시할 수 있고, 그 특별한 사정으로는 내부자가 내부정보를 취득하기 전에 이미 매매를 결심한 경우와 내부자가 피치 못할 사정으로 거래를 할 수밖에 없는 경우가 있다. 즉, 미공개중요정보를 알기 전에 이미 거래가 예정되어 있거나 미공개중요정보를 알게 된 자에게 거래를 할 수밖에 없는 불가피한 사정이 있었다는 등 미공개중요정보와 관계없이 다른 동기에 의하여 거래를 하였다고 인정되는 때에는 미공개중요정보를 이용한 것이라고 할 수 없다.[1897]

주식의 대량보유자가 일시 대량매각에 의한 시장가격의 폭락을 피하기 위하여 매일 일정한 수량의 주식을 시장에서 처분하던 중 미공개중요정보를 알게 된 경우, 종전의 매매형태와 달리 대량 투매하였다면 미공개중요정보의 이용에 해당하지만, 종전의 매매형태로 주식을 처분하는 경우는 미공개중용정보이용에 해당하지 않는다.[1898] 그러나 악재성미공개중요정보를 지득하고 비로소 보유주식을 매도하기 시작하였다면 수일에 걸쳐서 분할 매도한 것만으로 정보 이용을 부인하기 어려울 것이다.[1899]

따라서 실제로 정보수령자가 증권거래를 실현하지 않은 경우에는 결국 '미공개중요 정보

1894 김용범, 전게서, 2017, 1020면. 김병연 외2, 전게서, 박영사, 2015, 393면.

1895 김용범, 전게서, 2017, 1020면. 김병연 외2, 전게서, 2015, 394면. 임재연, 전게서, 2019, 931면.

1896 김용범, 전게서, 2017, 1020면. 김병연 외2, 전게서, 2015, 394면. 김건식/정순섭, 「새로 쓴 자본시장법」, 두성사, 2013, 417면.

1897 대법원. 2017.1.12. 선고. 2016도10313. 판결.

1898 서울중앙지법. 2008.11.27. 선고. 2008고합236. 판결.

1899 대법원. 2018.10.25. 선고. 2018도8443. 판결.

를 이용하게' 한 것으로 볼 수 없으므로 「자본시장법」 제174조 위반행위로 처벌할 수 없다. 결국, 정보 제공자가 '타인으로 하여금 이용하게 한 행위'는 정보수령자가 그 정보를 이용하는 시점에 미공개중요정보 이용금지 위반이 성립된다고 볼 것이다.[1900]

7. 미공개중요정보 이용위반에 대한 제재

가. 민사상 책임

미공개정보 이용행위를 금지하는 규정을 위반할 경우, 해당 특정증권의 매매, 그 밖의 거래를 한 자가 그 매매 기타 거래와 관련하여 입은 손해를 배상할 책임을 진다.(「자본시장법」 제175조 제1항)

이 경우 미공개정보 이용금지 위반에 따른 손해배상청구권은 청구권자가 위반행위가 있었던 사실을 안 날로부터 2년간 또는 그 행위가 있었던 날로부터 5년간 이를 행사하지 않은 경우에는 시효로 인하여 소멸한다.(「자본시장법」 제175조 제2항)

나. 형사상 제재

1) 법정형

미공개중요정보이용에 관한 「자본시장법」 제174조 제1항 내지 제3항의 규정에 위반한 자는 1년 이상의 유기징역 또는 그 위반행위로 얻은 이익 또는 회피한 손실액의 3배 이상 5배 이하에 상당하는 벌금에 처한다.(「자본시장법」 제443조 제1항 본문)

다만 그 위반행위로 얻은 이익 또는 회피한 손실액 없거나 산정하기 곤란한 경우 또는 그 위반행위로 얻은 이익 또는 회피한 손실액의 5배에 해당하는 금액이 5억 원 이하인 경우에는 벌금의 상한액을 5억 원으로 한다.(「자본시장법」 제443조 제1항 단서)

아울러 위의 이익 또는 손실액이 50억 원 이상인 경우에는 무기 또는 5년 이상의 징역을, 5억 원 이상 50억 원 미만인 때에는 3년 이상의 유기징역에 처하도록 되어 있다.(「자본시장법」 제443조 제2항)

이 경우 징역과 벌금은 병과할 수 있다.(법 제447조 제1항) 그리고 앞의 징역에 처하는 경우 10년 이하의 자격정지를 병과할 수 있다.(「자본시장법」 제443조 제3항) 위의 금액의 산정방식은 '시세조종행위에 대한 제재' 항목을 참조바랍니다.

2) 양벌 규정

법인의 대표자, 법인 또는 개인의 대리인·사용인 기타 종업원이 그 법인 또는 개인의 업무에 관하여 미공개중요정보 이용금지에 관한 「자본시장법」 제174조의 위반행위를 한 때에는 행위자를 벌하는 외에 그 법인 또는 개인에 대하여도 각 해당 조의 벌금형을 과한다.(「자본시장법」 제448조 본문) 다만, 법인 또는 개인이 그 위반행위를 방지하기 위하여 해당업무에 관하여 상당한 주의와 감독을 게을리하지 아니한 경우에는 그러하지 아니하다.(「자본시장법」

1900 김용범, 전게서, 2017, 1021면. 김병연외2, 전게서, 박영사, 2015, 395면. 김건식/정순섭, 2013, 417면.

IV. 부정거래행위

1. 부정거래행위의 의의

부정거래행위란 금융투자상품의 매매, 그 밖의 거래와 관련하여 부정한 수단, 계획 또는 기교를 사용하는 행위를 하거나 중요사항에 관하여 거짓의 기재 또는 표시를 하는 등의 방법으로 금전, 그 밖의 재산상의 이익을 얻고자 하는 행위 또는 금융투자상품의 매매, 그 밖의 거래를 할 목적이나 그 시세의 변동을 도모할 목적으로 풍문의 유포, 위계의 사용, 폭행 또는 협박을 하는 행위를 지칭한다.(「자본시장법」 제178조)[1901]

부정거래행위는 '금융투자상품'의 거래와 관련되는 바, 상장증권 및 장내파생상품을 비롯한 모든 금융투자상품이 이에 해당하고 금융투자상품의 매매 기타 거래소도 유가증권시장·코스닥시장에 한정하지 않고 장외거래·대면거래의 거래의 경우도 「자본 시장법」상 규제의 대상이라고 본다.[1902]

'매매 그 밖의 거래와 관련하여'의 문구와 관련해 행위자가 매매 그 밖의 거래를 하였을 것이 필요한지가 문제되나, 매매거래행위를 할 것을 규정한 「자본시장법」 제176조 제1항 각호, 제2항 제1호의 규정과 달리 실제로 거래하였을 것을 요하지 않는다고 할 것이다. 다만 실제의 매매거래행위가 있으면 제3호의 유인할 목적이라는 요건의 증명이 용이할 것이다. '그 밖의 거래'에는 담보계약·교환계약 등이 해당된다.[1903]

2. 부정거래행위의 규제취지

부정거래행위에 관한 「자본시장법」 제178조는 포괄적 사기금지 규정의 일종으로, 「자본시장법」이 이를 금지하는 것은 금융투자상품거래에 관한 사기적 부정거래가 다수인에게 영향을 미치고 증권시장 전체를 불건전하게 할 수 있기 때문이다.[1904]

사기적 부정거래행위는 다수인에게 영향을 미치고 증권시장 전체를 불완전하게 할 수 있으므로, 증권거래에 참가하는 개개의 투자자는 물론 증권시장에 대한 신뢰를 보호할 필요가 있으므로 금지된다.[1905]

그러나 '부정한 수단, 계획 또는 기교를 사용하는 행위'를 규율하는 「자본시장법」 제178조 제1항 제1호는 매우 추상적이어서 포괄적 사기금지규정으로서의 기능은 증대될지 모르나 구체적인 행위유형의 예상이 어렵다는 문제점이 있다.

1901 김용범, 전게서, 2017, 1022면. 김병연 외2, 전게서, 박영사, 2015, 431면. 금융감독원, 「금융감독용어 사전」, 2011. 2. 임재연, 「자본시장법」, 박영사, 2019, 987면.

1902 김용범, 전게서, 2017, 1022면. 김병연 외2, 전게서, 박영사, 2015, 432면. 서울지방법원. 2000.2.11. 선고, 99고단13171 판결. 임재연, 「자본시장법」, 박영사, 2019, 988면.

1903 김용범, 전게서, 2017, 1022면. 김병연 외2, 전게서, 2015, 432면. 임재연, 전게서, 2019, 988면.

1904 김용범, 전게서, 2017, 1022면. 김병연 외2, 전게서, 2015, 432면. 금융감독원, 전게서, 2006, 609면.

1905 김용범, 전게서, 2017, 1023면. 김병연 외2, 전게서, 박영사, 2015, 432면. 대법원. 2003.11.14. 선고. 2003도686 판결.

부정거래행위는 누구든지 하여서는 아니 되며 그 대상은 증권을 포함한 금융투자상품으로 상장·비상장 여부를 묻지 아니하며, 금융투자상품의 매매는 물론 증권의 경우에는 모집·사모·매출을 포함하여 규제한다.[1906]

「자본시장법」은 보다 완전하게 포괄적인 사기거래행위를 금지할 필요에서 증권의 경우 발행시장 역시 적용범위에 포함시켰고, 「자본시장법」 제176조의 다른 시세조종행위와 구별하여 별개의 조문인 「자본시장법」 제178조에 규정하였다.

「자본시장법」은 일정한 증권의 경우 부정거래행위에 관한 법 제178조와 그 배상책임에 관한 법 제179조의 적용과 관련하여 이를 증권으로 보고 있으므로(법 제4조 제1항 단서 및 각호), ① 투자계약증권, ② 지분증권, 수익증권 또는 증권예탁증권 중 해당 증권의 유통 가능성, 이 법 또는 금융관련 법령에서의 규제여부 등을 종합적으로 고려해 시행령이 정하는 증권의 경우에는 부정거래행위의 규제에 관한 법 제178조가 적용된다.[1907]

3. 포괄적 규정의 필요성

「(舊)증권거래법」이 사기적 부정거래행위를 금지하였던 것은 증권거래에 관한 사기적 부정거래가 다수인에게 영향을 미치고 증권시장 전체를 불건전하게 할 수 있기 때문에 증권거래에 참가하는 개개의 투자자의 이익을 보호함과 함께 투자자 일반의 증권시장에 대한 신뢰를 보호해 증권시장이 국민경제 발전에 기여할 수 있도록 함에 그 목적이 있다.

그런데 「(舊)증권거래법」 제188조의4 제4항은 "부당한 이익을 얻기 위하여"(제1호), "금전 기타 재산상의 이익을 얻고자 하는"이라고 규정함으로써 간접적인 표현이나마 목적성을 제시하였고, 또한 행위 유형을 너무 구체적으로 규정함으로써 다양한 유형의 증권사기행위를 규제하는 포괄적 사기금지규정으로서의 기능이 반감되어 있었다.[1908]

따라서 「자본시장법」은 포괄적 사기금지규정의 필요성을 반영하여, 증권의 경우 모집·사모·매출을 포함한다고 규정함으로써 발행시장을 명시적으로 적용범위에 포함시키고, SEA §10(b) 및 SEC Rule 10b-5 와 같은 '포괄적 사기금지 조항'과 유사한 규정을 제176조의 다른 시세조종행위와 구별하여 제178조 제1항 제1호에 규정하였다.

그 이유는 최근 다양하게 급변하는 증권범죄의 특성과 다양한 유형의 증권사기행위를 규제하기 위해서는 죄형법정주의의 명확성의 원칙만으로는 한계가 있어 포괄적 사기금지 규정은 불가피하고, 미국, 일본 등의 대부분 선진국가에서 불공정거래에 대한 포괄적 금지규정을 두는 이유이기도 한다.[1909]

법원도 「자본시장법」이 사기적 부정거래행위를 금지하는 취지에 관하여, "상장증권 등의 거래에 관한 사기적 부정거래가 다수인에게 영향을 미치고, 증권시장 전체를 불건전하게 할 수 있기 때문에, 상장증권 등의 거래에 참가하는 개개 투자자의 이익을 보호함과 함께 투자

1906 김용범, 전게서, 2017, 1023면. 김병연 외2, 전게서, 박영사, 2015, 432면.

1907 김용범, 전게서, 2017, 1023면. 김병연 외2, 전게서, 박영사, 2015, 433면.

1908 김용범, 전게서, 2017, 1023면. 임재연, 「자본시장법」, 박영사, 2019, 978면.

1909 김용범, 전게서, 2017, 1024면. 임재연, 「자본시장법」, 박영사, 2019, 979면.

자 일반의 증권시장에 대한 신뢰를 보호하여, 증권시장이 국민경제의 발전에 기여할 수 있도록 하는 데 그 목적이 있다"라고 판시하였다.[1910]

4. 규정 상호 간의 관계

"부정한 수단, 계획 또는 기교를 사용하는 행위"를 금지하는 「자본시장법」 제178조 제1항 제1호에 대하여, ① 그 자체가 부정거래행위 중 "부정한 수단 등을 사용하는 행위"를 규제하기 위한 독립적인 규정으로 볼 수도 있고, ② 그 자체가 독립적인 규정이 아니라, 「자본시장법」상 불공정거래의 규제에 관한 제174조(미공개중요정보 이용행위), 제176조(시세조종행위), 제178조 제1항 제2호 및 제2항으로 규제할 수 없는 행위에 적용되는 보충적 규정으로 볼 수도 있다.[1911]

① 과 같이 해석하면 제178조 제1항 제1호의 규정과 나머지 규정의 적용에 있어서 우선순위가 있는 것은 아니므로, 다른 세 가지 유형의 부정거래행위에 관한 규정을 반드시 먼저 적용하여야 하는 것은 아니고 제1항 제1호를 바로 적용할 수도 있다. 반면 ②와 같이 해석하면 「자본시장법」상 불공정거래에 관한 제174조(미공개중요정보 이용행위), 제176조(시세조종행위), 제178조 제1항 제2호 및 제2항의 적용여부를 먼저 살펴본 후 비로소 제178조 제1항 제1호를 적용하여야 할 것이다.[1912]

그러나 어느 경우에도 법정형이 동일하고(법 제443조), 「(舊)증권거래법」상 판례는 「(舊)증권거래법」제188조의4의 각항이 규정하는 시세조종에 해당하는 수개의 시세조종행위는 포괄일죄가 성립한다고 판시하였으므로[1913] 실제로는 차이가 없다. 다만 「자본시장법」 제178조 제1항 제1호의 중요한 의미는 일반적, 포괄적인 규정으로서 불공정거래에 관한 여타 규정의 적용이 곤란한 경우에도 적용될 수 있다는 점이다.[1914]

5. 죄형법정주의의 명확성원칙

죄형법정주의의 명확성의 원칙이란 법률이 처벌하고자 하는 행위가 무엇이며 그에 대한 형벌이 어떠한 것인지를 예견할 수 있고, 그에 따라 자신의 행위를 결정할 수 있도록 구성요건을 명확하게 규정할 것을 의미한다.[1915] 「자본시장법」 제178조 제1항 제1호는 법정형이 최고 무기징역인 범죄의 구성요건이면서도 "부정한"이라는 추상적인 용어를 사용하기 때문에, 죄형법정주의의 명확성원칙 위반여부가 문제된다. 이에 대해 두 가지 견해가 있다.

① 충분설
「자본시장법」 제178조 제1항 제1호가 "자본시장의 신뢰성과 효율성 확보"와 "투자자 보

1910 대법원. 2018.4.12. 선고. 2013도6962. 판결.

1911 김용범, 전게서, 2017, 1024면. 임재연, 「자본시장법」, 박영사, 2019, 980면.

1912 김용범, 전게서, 2017, 1024면. 임재연, 「자본시장법」, 박영사, 2019, 980면. 서울고등법원. 2011.6.9. 선고 2010노3160 판결.

1913 김용범, 전게서, 2017, 1024면. 대법원. 2005.11.10. 선고. 2004도1164 판결 등.

1914 김용범, 전게서, 2017, 1024면. 임재연, 「자본시장법」, 박영사, 2019, 981면.

1915 김용범, 전게서, 2017, 1025면. 헌법재판소. 2006.11.30. 자. 2006헌바53 결정.

호"라는 규제목적에 따라 도입된 것이므로 어느 정도 시장참여자들이 예측가능한 정도로 구체성과 명확성을 갖추고 있다고 보는 견해이다.[1916]

② 보완설

법원의 역할에 의한 명확성 구현은 한계가 있고 시행 초기에 어느 정도의 논란과 혼란이 초래될 가능성이 있으므로, 금융감독당국이 시장상황을 반영한 구체적인 guide line을 제시하고 수시로 보완하는 것이 중요하다는 것을 강조하면서, 이러한 guide line이 있으면 "통상의 해석방법에 의하여 건전한 상식과 통상적인 법 감정을 가진 사람이라면 해당 처벌법규의 보호법익과 금지된 행위 및 처벌의 종류와 정도를 알 수 있을 것이고, 그렇다면 위헌소지가 상당부분 해소될 것이다"라는 견해이다.[1917]

헌법재판소는 "처벌규정의 구성요건이 명확하여야 한다고 하더라도 입법권자가 모든 구성요건을 단순한 의미의 서술적인 개념에 의하여 규정하여야 한다는 것은 아니고, 다소 광범위하여 법관의 보충적인 해석을 필요로 하는 개념을 사용하였다고 하더라도 통상의 해석방법에 의하여 건전한 상식과 통상적인 법 감정을 가진 사람이라면 해당 처벌법규의 보호법익과 금지된 행위 및 처벌의 종류와 정도를 알 수 있도록 규정하였다면 헌법이 요구하는 처벌법규의 명확성의 원칙에 배치되는 것은 아니다."라고 판시하였다.[1918]

또한 헌법재판소는 명확성의 원칙에 대한 구성요건의 기준에 대하여 "명확성의 원칙을 강조한 나머지 만일 모든 구성요건을 단순한 서술적 개념으로만 규정할 것을 요구한다면 처벌법규의 구성요건이 지나치게 구체적이고 정형적이 되어 부단히 변화하는 다양한 생활관계를 제대로 규율할 수 없기 때문에, 법규범이 불확정개념을 사용하는 경우라도 법률 해석을 통하여 법원의 자의적인 적용을 배제하는 합리적이고 객관적인 기준을 얻는 것이 가능한 경우는 명확성의 원칙에 반하지 아니한다."라는 입장이다.[1919]

따라서 「자본시장법」 제178조 제1항 제1호를 명확성의 원칙에 반하는 위헌이라고 보기는 어렵다. 그러나 헌법 재판소가 명확성의 원칙에 반하지 않는다는 근거로 설시한, "통상의 해석방법에 의해 건전한 상식과 통상적인 법감정을 가진 사람이 해당 처벌법규의 보호법익과 금지된 행위 및 처벌의 종류와 정도를 알 수 있도록 규정하였다면"이라는 판시와 "법규범이 불확정 개념을 사용하는 경우라도 법률해석을 통하여 법원의 자의적인 적용을 배제하는 합리적이고 객관적인 기준을 얻는 것이 가능한 경우"라는 판시에 비추어, 「자본시장법」 제178조 제1항 제1호는 매우 엄격한 기준에 의하여 해석해야 할 것이다.[1920]

6. 부정거래행위의 유형

1916 김건식·정순섭, 「자본시장법(제3판)」, 두성사, 2013, 474면.

1917 김용범, 전게서, 2017, 1025면. 서의활, 「사기적 부정거래에서 위계의 적용문제」, 증권연구 제8권 제1호, 한국증권법학회, 2007, 79면.

1918 헌법재판소, 2006.11.30. 자 2006헌바53 결정.

1919 헌법재판소, 2007.10.25. 자 2006헌바50 결정.

1920 김용범, 전게서, 2017, 1026면. 임재연, 「자본시장법」, 박영사, 2019, 982면.

가. 금융투자상품의 매매, 그 밖의 거래

1) 적용 규정

「자본시장법」 제178조 제1항이 금지하는 행위는 "금융투자상품의 매매(증권의 경우 모집·사모·매출 포함), 그 밖의 거래와 관련된 다음과 같은 행위"이다.

「자본시장법」 제178조 제1항의 금지행위

① 부정한 수단, 계획 또는 기교를 사용하는 행위
② 중요사항에 관해 거짓의 기재 또는 표시를 하거나 타인에게 오해를 유발시키지 아니하기 위해 필요한 중요사항의 기재 또는 표시가 누락된 문서, 그 밖의 기재 또는 표시를 사용하여 금전, 그 밖의 재산상의 이익을 얻고자 하는 행위
③ 금융투자상품의 매매, 그 밖의 거래를 유인할 목적으로 거짓의 시세를 이용하는 행위

「자본시장법」 제178조 제2항이 금지하는 행위는 "금융투자상품의 매매, 그 밖의 거래를 할 목적이나 그 시세의 변동을 도모할 목적으로 풍문의 유포, 위계의 사용, 폭행 또는 협박"이다.

2) 적용 대상

가) 적용대상 상품

시세조종에 관한 「자본시장법」 제176조는 "상장증권 또는 장내파생상품"이라고 규정하는 반면, 제178조는 "금융투자상품"이라고만 규정하므로 상장여부를 불문하고 모든 금융투자상품이 이에 해당한다.[1921] 투자계약증권과 대통령령으로 정하는 증권은 내부자거래와 시세조종 관련 규정을 적용하는 경우에는 증권으로 보지 않고, 부정거래행위 관련 규정(제178조, 제179조)을 적용하는 경우에만 증권으로 본다.

나) 적용대상 거래

거래장소도 장내거래에 한하지 않고 장외에서의 대면거래의 경우도 규제대상이다.[1922] 그러나 이 규정이 주로 대상으로 삼는 것은 당연히 유통시장에서의 거래이다.[1923] "그 밖의 거래"는 담보설정계약·합병계약·교환계약 등을 포함한다.[1924]

금융투자상품의 매매, 그 밖의 거래와 관련한 행위인지 여부나 허위의 여부 및 부당한 이득 또는 경제적 이익의 취득 도모 여부 등은 그 행위자의 지위, 발행 회사의 경영상태와 그 주가의 동향, 그 행위 전후의 제반 사정 등을 종합적으로 고려하여 객관적인 기준에 의하여

1921 김용범, 전게서, 2017, 1027면. 임재연, 「자본시장법」, 박영사, 2019, 987면.
1922 김용범, 전게서, 2017, 1027면. 대법원. 2006.4.14. 선고. 2003도6759 판결.
1923 김용범, 전게서, 2017, 1027면. 김건식·정순섭, 전게서, 두성사, 2013, 473면.
1924 김용범, 전게서, 2017, 1027면. 대법원. 2011.3.10. 선고. 2008도6335 판결.

판단하여야 한다.[1925]

특정 시점의 기초자산 가격 또는 그와 관련된 수치에 따라 권리행사 또는 조건성취의 여부가 결정되거나 금전 등이 결제되는 구조로 되어 있는 금융투자상품(ELS)의 경우 사회통념상 부정하다고 인정되는 수단이나 기교 등을 사용하여 그 금융투자상품에서 정한 권리행사나 조건성취에 영향을 주는 행위를 하였다면, 이는 그 금융투자 상품의 거래와 관련하여 부정행위를 한 것으로서 「자본시장법」 제178조 제1항 제1호를 위반한 행위이다.[1926]

3) 거래와의 관련성

「자본시장법」 제178조는 "누구든지 … 매매, 그 밖의 거래와 관련하여 … 행위를 하여서는 아니 된다."고 규정하는데, "매매, 그 밖의 거래"의 주체를 한정하지 않은 규정 형식으로 보아 행위자의 매매거래뿐 아니라 제3자의 매매거래와 관련해서도 제178조 제1항 각호의 행위를 한 경우에는 제178조 위반행위에 해당한다.

"그 밖의 거래"에는 증권의 모집·매출·공개매수는 물론 합병·주식교환도 포함된다. 나아가 "매매, 그 밖의 거래와 관련하여"라는 문구상 위반행위자가 실제로 매매거래를 할 것이 요구되지 않는다.[1927]

4) 주관적 요건

「자본시장법」 제178조 적용에 있어서 제176조의 시세조종행위와 같은 소정의 목적은 요구되지 않지만 「자본시장법」상 과실범에 대한 형사처벌 규정이 없으므로 모든 객관적 구성요건에 대한 고의가 있어야 함은 당연하다.[1928]

나. 부정한 수단, 계획 또는 기교 사용에 의한 부정거래행위

1) 의의

누구든지 금융투자상품의 매매(증권의 경우 모집·사모·매출 포함), 그 밖의 거래와 관련하여 부정한 수단, 계획 또는 기교를 사용하는 행위를 하지 못한다.(「자본시장법」 제178조 제1항 제1호)

'부정한 수단, 계획 또는 기교를 사용하는 행위'(「자본시장법」 제178조 제1항 제1호)에 대해서는 「자본시장법」상 별도의 개념 정의를 두고 있지 않다. 본 호는 시세조종에 해당하지 않으나 부당한 방법이나 수단을 이용한 경우를 포괄적으로 규제하고 있는 것으로 이해되어야 할 것이다.[1929]

또한 「자본시장법」은 부정한 수단, 계획 또는 기교를 '부당 이득'을 얻기 위해 사용할 것을 요건으로 하지 아니한다. 따라서 「(구)증권거래법」 제188조의4 제4항은 부당이득을 규정하

1925 김용범, 전게서, 2017, 1027면. 대법원, 2003.11.14. 선고, 2003도686 판결.

1926 김용범, 전게서, 2017, 1027면. 대법원, 2015.4.9. 선고, 2013마1052 결정.

1927 김용범, 전게서, 2017, 1028면. 임재연, 「자본시장법」, 박영사, 2019, 990면.

1928 김용범, 전게서, 2017, 1028면. 임재연, 「자본시장법」, 박영사, 2019, 990면.

1929 김용범, 전게서, 2017, 1028면. 김병연 외2, 전게서, 박영사, 2015, 435~436면.

고 있었던 것과 구별된다.[1930]

아울러 사회통념상 부정하다고 인정되는 수단이나 기교 등을 사용한 자로서 금융 투자상품의 거래와 관련하여 입은 손해를 배상할 책임을 지는 부정거래 행위자에는 금융투자상품의 거래에 관여한 발행인이나 판매인뿐 아니라, 발행인과 스와프계약 등 금융투자상품과 연계된 다른 금융투자상품을 거래하여 권리행사나 조건성취와 관련하여 투자자와 대립되는 이해관계를 가지게 된 자도 포함된다.[1931]

「자본시장법」 제178조 제1항 제1호의 "수단, 계획 또는 기교"는 SEC의 Rule 10b-5의 "device, scheme, or artifice"를 그대로 번역한 것인데, 미국에서도 "device", "scheme", "artifice" 등의 의미를 명확히 구별해 적용하지 않는 경향이므로 「자본시장법」의 적용에 있어서도 이를 각각 명확히 구별하여 적용할 필요는 없을 것으로 생각한다.[1932]

2) 기망성과 부정성

「자본시장법」은 「(일본)금융상품거래법」과 같이 SEC의 Rule 10b-5의 "사기를 위하여"라는 요건 대신 "부정성"을 요건으로 규정한다. 「자본시장법」 제178조 제1항 제1호의 해석에 관하여도 기망행위를 요한다는 하급심 판례도 있지만,[1933] 대법원은 **'부정한 수단, 계획 또는 기교'**란 사회통념상 부정하다고 인정되는 일체의 부정한 수단, 계획 또는 기교를 말한다고 판시함으로써 일본의 最高裁判所와 같이 欺罔을 요하지 않는 입장이다.[1934]

「자본시장법」 제178조 제1항 제1호의 입법당시, 미국 SEC의 Rule 10b-5의 "사기를 위하여"라는 요건 대신 일본의 「금융상품거래법」 제157조의 "부정성"을 요건으로 규정한 점과, 「자본시장법」 제178조 제1항 제2호, 제3호 및 제2항은 기망적 요소를 구성요건으로 하는 "거짓의 기재 또는 표시를 한 문서를 이용하는 행위", "거짓의 시세를 이용하는 행위", "풍문의 유포, 위계사용 행위" 등을 규정하고 있는 데 반하여, 제178조 제1항 제1호는 기망적 요소를 구성요건으로 하지 아니한 점에 비추어 기망을 요하지 않는다는 대법원판례는 타당하다고 본다.[1935]

3) 해석 원칙

"부정한 수단, 계획 또는 기교"란 사회통념상 부정하다고 인정되는 일체의 수단, 계획 또는 기교를 말한다. 나아가 어떠한 행위를 부정하다고 할지는 그 행위가 법령 등에서 금지된 것인지, 다른 투자자들로 하여금 잘못된 판단을 하게 함으로써 공정한 경쟁을 해치고 선의의 투자자에게 손해를 전가하여 자본시장의 공정성·신뢰성·효율성을 해칠 위험이 있는지를

1930 김용범, 전게서, 2017, 1028면. 김병연 외2, 전게서, 박영사, 2015, 437면.

1931 대법원, 2016.3.24. 선고, 2013다2740. 판결.

1932 김용범, 전게서, 2017, 1028면. 임재연, 「자본시장법」, 박영사, 2019, 991면.

1933 서울중앙지법, 2010.10.14. 선고, 2010고합458 판결.

1934 대법원, 2011.10.27. 선고, 2011도8109 판결.

1935 김용범, 전게서, 2017, 1029면. 임재연, 「자본시장법」, 2019, 992면. 김건식·정순섭, 전게서, 두성사, 2013, 653면.

「자본시장법」의 목적·취지에 비추어 종합적으로 고려하여 판단해야 한다.[1936]

그리고 「자본시장법」 제178조 제1항 제1호의 규정 중, "수단, 계획, 기교" 자체는 규범적 판단의 대상이 아니고, "부정한"이란 용어가 유일한 규범적 차원에서의 판단대상이므로, 제1호에서 정한 "수단, 계획, 기교"를 사용하는 행위는 적어도 제178조 제1항 제2호, 제3호 및 제2항에서 보다 구체화되고 동일한 법정형이 적용되는 부정거래행위에 준하는 정도의 불법성을 지닌 것이어야 한다고 해석해야 한다.[1937]

그러나 「자본시장법」 제178조 제1항 제1호를 해석함에 있어서는 자본시장에서의 금융혁신과 공정한 경쟁을 촉진하고 투자자를 보호하며 금융투자업자를 건전하게 육성함으로써 자본시장의 공정성·신뢰성 및 효율성을 높여 국민경제 발전에 이바지한다는 「자본시장법」의 목적에 유념하면서, 같은 항 제2호, 제3호 및 같은 조 제2항을 통하여 보다 구체화된 부정거래행위의 내용, 그 밖에 당해 행위의 불법성 정도가 다른 규정을 통하여 처벌하더라도 「자본시장법」의 목적 달성에 지장을 초래하지 않는지 등을 종합적으로 고려하여 죄형법정주의와 최대한 조화를 이룰 수 있도록 신중을 기하여야 함을 강조한 판례[1938]도 있다.

4) 적용 사례

「자본시장법」 제178조 제1항 제1호에 해당하는 사안으로서, 투자수익보장약정을 체결한 후 차명으로 유상증자에 참여한 경우,[1939] 차명으로 D사를 인수하여 유상증자한 후 합병한 경우,[1940] 기자의 지위를 이용하여 경제전문지 기사를 이용한 경우,[1941] 특정시점의 기초자산 가격 또는 그와 관련된 수치에 따라 권리행사나 조건성취의 여부가 결정되거나 금전 등이 결제되는 구조로 되어있는 금융투자상품(예 : ELS 등)의 권리행사나 조건성취에 영향을 주는 행위를 하는 경우[1942] 등이 있다.

5) 보호법익과 위험범

「자본시장법」상 부정거래행위 금지규정을 위반한 범죄는 주식의 소유자 등 개개인의 재산적 법익은 직접적인 보호법익이 아니고 주식 등 거래의 공정성 및 유통의 원활성 확보라는 사회적 법익이 보호법익이고,[1943] 구성요건이 보호하고 있는 보호 법익에 대한 침해의 위험성만 있으면 성립하는 위험범이다.[1944]

반면에 「자본시장법」상 부정거래행위와 유사한 행위를 대상으로 하는 「형법」상 사기죄는

1936 김용범, 전게서, 2017, 1029면. 임재연, 「자본시장법」, 2019, 993면. 대법원. 2014.1.16. 선고. 2013도 4064 판결. 대법원. 2018.4.12. 선고. 2013도 6962. 판결.

1937 김용범, 전게서, 2017, 1029면. 임재연, 「자본시장법」, 2019, 994면. 서울중앙지법. 2011.11.28. 선고. 2011고합600 판결.

1938 김용범, 전게서, 2017, 1030면. 서울고법. 2011.6.9. 선고 2010노3160 판결 및 대법원 2011.10.27. 선고. 2011도8109 판결.

1939 김용범, 전게서, 2017, 1030면. 대법원. 2011.10.27. 선고. 2011도8109 판결.

1940 김용범, 전게서, 2017, 1030면. 서울고법. 2011.6.9. 선고. 2010노3160 판결.

1941 김용범, 전게서, 2017, 1030면. 서울중앙지법. 2012.6.25. 선고. 2012고단2326 판결.

1942 김용범, 전게서, 2017, 1030면. 대법원. 2015.4.9. 선고. 2013마1052 결정.

1943 김용범, 전게서, 2017, 1030면. 대법원. 2011.10.27. 선고. 2011도8109 판결.

1944 김용범, 전게서, 2017, 1030면. 임재연, 「자본시장법」, 박영사, 2019, 996면.

"사람을 기망하여 재물의 교부를 받거나 재산상의 이득을 취하거나, 제3자로 하여금 재물의 교부를 받게 하거나 재산상의 이익을 취득"하게 하는 범죄이다. 보호법익이 보호받는 정도에 있어서, 「형법」상 사기죄는 구성요건의 내용이 보호법익(재산권)의 침해가 있을 것을 요구하므로 침해범이다.[1945] 그러나 부정한 수단을 사용하는 경우 「자본시장법」 제179조에 기한 손해배상청구를 하기 위해서는 물론 손해라는 결과가 발생하여야 한다.

6) 주관적 요건

「자본시장법」 제178조의 규정상 시세조종행위에서와 같은 목적은 요구되지 않지만 행위자가 부정한 수단, 계획 또는 기교를 사용한다는 인식은 하여야 한다.[1946]

다. 허위 또는 부실표시 사용에 의한 부정거래행위

1) 의의[1947]

「자본시장법」 제178조 제1항 제2호는 "중요사항에 관하여 거짓의 기재 또는 표시를 하거나 타인에게 오해를 유발시키지 아니하기 위하여 필요한 중요사항의 기재 또는 표시가 누락된 문서, 그 밖의 기재 또는 표시를 사용하여 금전, 그 밖의 재산상의 이익을 얻고자 하는 행위"를 부정거래행위로서 금지한다.

"문서, 그 밖의 기재 또는 표시를 사용하여"라는 규정상 대량보유 보고의무 또는 소유상황 보고를 아예 하지 않는 경우는 이에 해당하지 않는다.[1948] 「자본시장법」 제178조 제1항 제1호의 행위와는 달리 제2호 행위는 과실에 의한 행위도 금지한다. 다만 「동법」에 과실범 처벌규정이 없는 이상 행위자는 형사책임은 지지 않고 민사 손해배상 책임만 진다.

「자본시장법」 제178조 제1항 제2호는 시세조종에 관한 제176조 제2항 제3호의 "그 증권 또는 장내 파생상품의 매매를 함에 있어서 중요한 사실에 관하여 거짓의 표시 또는 오해를 유발시키는 표시를 하는 행위"와 유사하지만, "상장증권 또는 장내 파생상품의 매매를 유인할 목적으로"하는 행위만 금지되므로, 규제대상 금융투자상품, 거래장소, 목적성 면에서 차이가 있다.

따라서 「자본시장법」 제176조 제2항 제3호에 의한 규제의 공백을 보완하는 기능을 한다. ① 거짓의 기재 또는 표시와, ② 오해유발을 피하기 위하여 필요한 중요사항의 기재 또는 표시의 누락을 일반적으로 부실표시(허위표시 + 누락)라고 통칭한다.

2) 중요사항

가) 중요사항의 의의

중요사항이란 당해 법인의 재산·경영에 관하여 중대한 영향을 미치거나 특정증권 등의

1945 김용범, 전게서, 2017, 1030면. 임재연, 「자본시장법」, 박영사, 2019, 996면.

1946 임재연, 「자본시장법」, 박영사, 2019, 996면.

1947 김용범, 전게서, 2017, 1031면. 임재연, 「자본시장법」, 박영사, 2019, 996~997면.

1948 김용범, 전게서, 2017, 1031면. 대법원. 2011.7.28. 선고, 2008도5399 판결 등.

공정거래와 투자자보호를 위하여 필요한 사항으로서 투자자의 판단에 영향을 미칠 수 있는 사항을 의미한다.[1949]

"중요사항"은 해당 상장증권 또는 장내 파생상품의 매매에 있어서 중요한 사실을 의미하므로, 해당 기업 고유의 정보만이 아니라 동종업종의 전망 또는 경쟁 업체의 동향 등 기업외적 정보도 포함한다. 여기서 중요사항이란 미공개정보 이용행위 금지 조항에서 정한 '일반인에게 공개되지 아니한 중요정보'와 궤를 같이하는 것이다.[1950]

나) 중요성의 판단기준[1951]

중요성의 판단기준은 미공개정보의 중요성에 관하여 「자본시장법」 제174조 제1항이 "투자자의 투자판단에 중대한 영향을 미칠 수 있는 정보"라고 규정하는 것과 동일하게 보아야 할 것이다.

중요성에 대한 기준은 투자자의 주관적인 특성은 전혀 무시하고 「합리적인 투자자(reasonable investor)」를 가정해 객관적으로만 판단한다. 합리적인 투자자란 반드시 증권에 문외한인 일반투자자만을 가리키는 것이 아니라 전문투자자도 합리적인 투자자의 범주에 포함된다고 보아야 한다.

참고

미국 「증권법」상 중요성의 판단기준[1952]

① 해당 정보가 사실로 확정될 개연성(probability)과 그 정보가 공개될 경우 주가에 영향을 미칠 중대성(magnitude)이 인정되면 중요한 정보로 보아야 한다는 개연성– 중대성 기준(probability-magnitude test)

② 합리적인 투자자가 누락된 사실의 공개가 제공된 정보의 전체맥락을 현저하게 변경하는 것으로 볼 고도의 가능성– 고도의 가능성 기준(substantiallylikelihood test)

다) 중요성의 인정 사례

최대주주 또는 주요주주에 관하여 대량보유보고서에 기재된 허위사실들은 회사의 경영에 관하여 중대한 영향을 미치거나 기업 환경에 중대한 변경을 초래할 수 있는 사실로서 일반투자자의 투자판단에 영향을 미칠 수 있는 사실에 해당한다.[1953]

5% 이상의 주식을 대량보유한 자가 '경영참여'를 목적으로 주식을 취득하였다는 사실은 일반투자자의 입장에서 볼 때 경영권을 유지하려는 자와 새로이 경영권을 확보하려는 자 사

1949 김용범, 전게서, 2017, 1031면. 대법원. 2009.7.9. 선고. 2009도1374 등.

1950 김용범, 전게서, 2017, 1031면. 대법원. 2016.8.29. 선고. 2016도6297. 판결. 임재연, 「자본시장법」, 박영사, 2019, 997면.

1951 김용범, 전게서, 2017, 1032면. 임재연, 「자본시장법」, 박영사, 2019, 997면.

1952 김용범, 전게서, 2017, 1032면. 임재연, 「자본시장법」, 박영사, 2019, 998면.

1953 대법원. 2003.11.14. 선고. 2003도686 판결. 김용범, 전게서, 2017, 1032면.

이에 지분경쟁이 생길 것으로 생각하여 투자의 합리적인 의사결정에 영향을 미칠 소지가 다분한 점에 비추어 대량보유(변동)보고서에 기재하는 '보유목적 또는 변동사유'는 중요한 사실에 해당한다.[1954]

경영참여로 취득목적을 공시한 사람들이 취득자금이 본인 자금인지 차입 자금인지 여부는 그 공시의 진정성, 추가주식취득의 가능성, 경영권 분쟁의 발생이나 M&A의 성공가능성과 그 후의 투자 적정성 등을 판단하는 기본적이고 중요한 자료이므로 취득자금의 내용도 중요사항이다.[1955] 또한 대량보유보고서의 차명 주식 보유 및 매도 여부는 투자자의 투자 판단에 영향을 미칠 수 있는 중요사항이다.[1956]

3) 부실표시

금지되는 행위는 "거짓의 기재 또는 표시"와 "오해를 유발시키지 아니하기 위해 필요한 중요사항의 기재 또는 표시가 **누락**"이다. "오해를 유발시키지 아니하기 위하여 필요한 중요사항의 기재 또는 표시가 누락"은 "거짓의 기재 또는 표시"보다는 넓은 개념이다.

가) 부실표시와 문서이용 여부

「(舊)증권거래법」 제188조의4 제4항 제2호는 "문서를 이용하여"라는 요건을 규정하였다. 따라서 「(舊)증권거래법」하의 판례는 "문서의 이용"이라는 요건이 충족되지 않은 경우 사기적 부정거래행위의 성립을 부인하였다.[1957]

이와 달리, 「자본시장법」은 제178조 제1항 제2호는 "…문서, 그 밖의 기재 또는 표시를 사용하여"라고 규정하므로, 반드시 문서를 이용하는 방법뿐 아니라 강연회, TV, 라디오를 통하여 거짓의 표시를 한 경우도 포함한다.[1958]

중요사항에 관하여 허위 또는 부실 표시된 재무제표가 구체적인 상황에서 투자자의 투자 판단에 영향을 미칠 수 있는 사항에 관하여 오해를 유발할 수 있음을 알면서도, 이를 금전, 그 밖의 재산상의 이익을 얻는 기회로 삼기 위하여 적극적으로 활용하는 행위는 「자본시장법」 제178조 제1항 제2호에서 정한 '문서의 사용'에 포함된다.[1959]

나) 목적과 인과관계

"중요사항에 관하여 거짓의 기재 또는 표시를 하거나 타인에게 오해를 유발시키지 아니하기 위하여 필요한 중요사항의 기재 또는 표시가 누락된 문서, 그 밖의 기재 또는 표시를 하여 금전, 그 밖의 재산상의 이익을 얻고자 하는 행위"라는 목적범 형식으로 규정되어 있다.

따라서 그 문언의 해석상 일단 위와 같은 기재 또는 표시를 사용한 이상 그로써 바로 위

1954 서울중앙지법. 2005.7.8. 선고. 2005고합108 판결. 부산지법. 2005.1.25. 선고,2004고단686 판결.
1955 대법원. 2006.2.9. 선고. 2005도8652 판결. 김용범, 전게서, 2017, 1033면.
1956 대법원. 2011.10.27. 선고. 2011도8109 판결. 김용범, 전게서, 2017, 1033면.
1957 김용범, 전게서, 2017, 1033면. 대법원. 2010.12.9. 선고. 2009도6411 판결.
1958 김용범, 전게서, 2017, 1033면. 임재연, 「자본시장법」, 박영사, 2019, 999면.
1959 대법원. 2016.8.29. 선고. 2016도6297. 판결.

규정 위반죄가 성립하는 것이고, 그 사용행위로 인하여 실제 '타인에게 오해를 유발'하거나 '금전 기타 재산상의 이익을 얻을 것'을 요하지 않으므로, 위와 같은 기재 또는 표시를 사용한 행위와 타인의 오해 사이의 인과관계 여부는 위 규정 위반의 성립에 아무런 영향을 미치지 않는다.[1960]

다) 부실표시 판단기준

회사가 공시를 통하여 거짓의 표시를 하였는지 여부가 문제되는 경우, 공시 내용 자체가 허위인지 여부에 의하여 판단하여야 할 것이지 실제로 공시 내용을 실현할 의사와 능력이 있었는지 여부에 의하여 판단할 것은 아니다.[1961]

따라서, 주주총회의 결의를 거쳐 회사의 사업목적을 추가하는 정관변경을 한 다음 그 사실을 공시하거나 기사화한 것은 비록 실현 가능성이 없는 내용이라 하더라도 허위사실을 유포하거나 허위의 표시를 한 것으로 볼 수는 없다.[1962]

그리고 수익보장약정하에 제3자 배정 유상증자에 참여한 경우 유상증자 참여자체는 허위가 아니므로 「자본시장법」 제178조 제1항 제2호의 "중요사항에 관하여 거짓의 기재"로 볼 수 없다는 판례도 있다.[1963]

라) 허위사실 유포와 부실표시 인정 사례

「자본시장법」 제178조 제2항의 규정과 유사한 「(구)증권거래법」 제188조의4 제4항 제1호의 "허위사실유포"와 제2호의 "부실표시"가 인정된 사례는 아래와 같은 판례가 있다.

허위사실 유포와 부실표시 인정 판례[1964]

① 증권신고서의 재무제표 관련 사항을 허위로 회계 처리한 경우[1965]
② 증자자금 사용목적을 허위로 기재하는 경우[1966]
③ 주식대량보유상황보고 시 경영판단 목적이라고 기재함으로써 적대적 M&A를 가장하여 주가를 상승시킨 경우[1967]
④ 재벌그룹관계자 또는 유명연예인이 경영권을 인수한 것처럼 가장하는 경우[1968]
⑤ 임원·주요주주 소유주식보고서에 차명주식처분 내역을 기재하지 않은 경우[1969]

1960 김용범, 전게서, 2017, 1033면. 대법원. 2016.8.29. 선고. 2016도6297. 판결. 대법원. 2011.7.28. 선고. 2008도5399 판결.

1961 김용범, 전게서, 2017, 1034면. 임재연, 「자본시장법」, 박영사, 2019, 1000면.

1962 김용범, 전게서, 2017, 1034면. 대법원. 2003.11.14. 선고. 2003도686 판결.

1963 서울고법. 2011.6.9. 선고. 2010노3160 판결. 대법원. 2011.10.27. 선고. 2011도8109 판결.

1964 김용범, 전게서, 2017, 1034~1035면.

1965 서울중앙지법. 2005.4.28. 선고. 2005고합65 판결. 서울고법. 2006.11.30. 선고. 2005노946,2557 판결.

1966 서울중앙지법. 2011.9.22. 선고. 2011고합268 판결.

1967 서울고법. 2008.10.15. 선고. 2008노1447 판결. 대법원. 2008.1.15. 선고. 2008도9866 판결.

1968 서울고법. 2009.2.5. 선고. 2008노210 판결.

1969 서울고법. 2009.1.23. 선고. 2008노2564 판결.

⑥ 차명으로 취득한 주식을 대량보유상황보고서에 기재하지 않은 경우[1970]

⑦ 취득자금의 조성내역을 허위로 기재하는 경우[1971]

⑧ 허위 수출계약을 공시하는 경우[1972]　　⑨ 허위의 해외투자유치 발표[1973]

⑩ 최대주주와의 거래를 타법인 출자로 공시한 경우[1974]

⑪ 기자들에게 허위의 보도 자료를 배포한 경우[1975]

⑫ 주식공모를 앞두고 발행가격을 높이거나 원활한 발행을 위한 허위사실의 유포[1976] 등

그러나 주식대량 보유상황 보고의무 자체를 이행하지 않은 경우에는 「(舊)증권 거래법」제188조의4 제4항 제2호 위반이 아니라는 판례[1977]와 소규모 차명주식의 누락은 부실 표시에 해당하지 않는다는 판례도 있다. [1978]

4) 금전, 그 밖의 재산상의 이익

「자본시장법」 제178조 제1항 제2호가 "금전 기타 재산상의 이익을 얻고자"라는 전제하에 그에 정한 행위를 제한하고 있는 것은 고의 이외에 **超過主觀的 構成要件 要素*** 로서 "금전, 그 밖의 재산상의 이익을 얻고자하는 목적"을 범죄성립 요건으로 하는 목적범을 규정한 것이다.

* **초과주관적 구성요건요소**란 구성요건적 고의 이외에 추가적으로 요구되는 주관적 구성요건요소이다. 이는 행위자가 실현시키는 불법(즉, 구성요건에 해당하는 위법한 행위) 가운데 결과불법보다 행위불법을 더욱 강조하려고 할 때 입법자가 사용하는 표지이다.

일반적으로 초과주관적 구성요건요소는 객관적 구성요건요소의 총체를 넘어서는 범위에서 요구되는 것이므로 이 요소가 객관적으로 실현됨을 요하지는 않지만, 이것의 실현에 대한 인식과 의욕은 구성요건적 고의와 마찬가지로 요구된다. 이 경우 초과주관적 구성요건에 대한 인식과 의욕은 구성요건적 고의에서 미필적 고의가 인정되는 것처럼 미필적인 인식과 의욕으로 족하다.

따라서 이러한 목적으로 "타인에게 오해를 유발시키지 아니하기 위하여 필요한 중요 사항의 기재 또는 표시가 누락된 문서, 그 밖의 기재 또는 표시를 사용"한 이상 실제로 "금전 기타 재산상의 이익을 얻을 것"을 요하지 않는다. [1979]

1970　서울고법. 2008.6.4. 선고. 2008노145 판결.

1971　대법원. 2006.2.9. 선고. 2005도8652 판결.

1972　서울고법. 2007.5.10. 선고. 2007노322 판결.

1973　대법원. 2002.7.22. 선고. 2002도1696 판결.

1974　서울고법. 2005.10.21. 선고. 2005노684 판결.

1975　서울고법. 2009.1.22. 선고. 2008노2315 판결. 대법원. 2011.10.27. 선고. 2009도1370 판결로 확정.

1976　서울고법. 2004.4.2. 선고. 2003노3374 판결.

1977　대법원. 2011.7.28. 선고. 2008도5399 판결.

1978　서울고법. 2011.6.9. 선고. 2010노3160 판결.

1979　김용범. 전게서. 2017, 1035면. 대법원. 2006.4.14. 선고. 2003도6759 판결.

"**재산상의 이익**"은 적극적 이익은 물론 손실을 회피하는 소극적 이익도 포함하는데, "재산상의 이익"에 기업의 경영권 획득이나 지배권 확보 등도 포함하는지에 관해, 대법원은 "유가증권의 처분으로 인한 행위자의 개인적이고 유형적인 경제적 이익에 한정되지 않고, 기업의 경영권 획득, 지배권 확보, 회사 내의 지위 상승 등 무형적 이익 및 적극적 이득뿐 아니라 손실을 회피하는 경우와 같은 소극적 이득, 아직 현실화되지 않은 이득도 모두 포함하는 포괄적 개념으로 해석하는 것이 상당"하다고 넓은 의미로 판시하고 있다.[1980]

「자본시장법」은 「(舊)증권거래법」과 달리 "재산상"이라는 수식어를 추가하였으나 "기업의 경영권 획득, 지배권 확보, 회사 내에서의 지위 상승"도 간접적으로는 재산상의 이익에 해당한다고 볼 수 있다는 것이 통설적인 견해이다. 제178조 제1항 제2호가 명문으로 규정하지 않지만, 행위자 외에 제3자로 하여금 재산상의 이익을 얻게 하고자 하는 행위도 금지대상으로 보아야 한다.[1981]

다만, 부실표시된 주식수가 소규모일 경우에는 대법원은 "합병 전후의 최대주주 및 주요주주의 주식변동현황"을 합병신고서에 기재하면서 차명주식 중 일부를 누락한 사안에서 누락된 주식수가 소규모라는 이유로 "금전 또는 재산상의 이익을 얻으려는 목적이 있다고 추정할 수 없다"라고 판시하였다.[1982]

라. 거짓의 시세 이용에 의한 부정거래행위

「자본시장법」 제178조 제1항 제3호는 "금융투자상품의 매매, 그 밖에 거래를 유인할 목적으로 거짓의 시세를 이용하는 행위"를 「자본시장법」 상 금지되는 부정거래행위의 유형으로 규정하고 있다.

이 경우에는 매매유인 목적이 필요하다는 점에서 시세조종에 관한 「자본시장법」 제176조 제2항의 규정과 유사하나 「자본시장법」 제176조 제2항은 상장증권 또는 장내파생상품만을 적용대상으로 하는 반면에 「자본시장법」 제178조 제1항은 문면 상 모든 금융투자상품을 적용대상으로 하고 있어서 적용범위가 보다 넓다.[1983]

마. 풍문의 유포, 위계의 사용에 의한 부정거래행위

1) 의의

「자본시장법」제178조 제2항은 "누구든지 금융투자상품의 매매, 그 밖의 거래를 할 목적이나 그 시세의 변동을 도모할 목적으로 풍문의 유포, 위계의 사용, 폭행 또는 협박을 하지 못한다."고 규정하고 있다.

「(舊)증권거래법」은 "부당한 이익을 얻기 위하여 고의로 허위의 시세 또는 허위의 사실 기타 풍설을 유포하거나 위계를 쓰는 행위"를 금지하였는데, 「자본시장법」은 "부당한 이익을

1980 대법원. 2009.7.9. 선고, 2009도1374 판결. 대법원. 2002.7.22. 선고, 2002도1696 판결.
1981 김용범, 전게서, 2017, 1036면. 임재연, 「자본시장법」, 박영사, 2019, 1002면.
1982 대법원. 2011.6.30. 선고, 2010도10968 판결.
1983 김용범, 전게서, 2017, 1036면. 김병연 외2, 전게서, 박영사, 2015, 438면. 임재연, 「자본시장법」, 박영사, 2019, 1002면.

얻기 위하여 고의로"라는 문구를 삭제하였다.

「(舊)증권거래법」상으로도 위 삭제된 문구는 실제로는 별 의미가 없었다. "허위의 시세 또는 허위의 사실 기타 풍설을 유포하거나 위계를 쓰는 행위"가 있으면 "부당한 이득을 위하여 고의로"라는 요건이 당연히 인정될 것이기 때문이다.[1984]

「자본시장법」 제178조 제2항에서 사기적 부정거래를 금지하는 것은 금융투자상품의 매매, 그 밖의 거래에 관한 사기적 부정거래가 다수인에게 영향을 미치고 금융투자상품 시장 전체를 불건전하게 할 수 있기 때문에 금융투자상품의 거래에 참가하는 개개의 투자자의 이익을 보호함과 함께 투자자 일반시장에 대한 신뢰를 보호하여 금융투자상품 시장이 국민경제 발전에 기여할 수 있도록 하는 데 목적이 있다.

그러므로 매매, 그 밖의 거래를 할 목적인지여부나 위계인지 여부 등은 행위자의 지위, 행위자가 특정 진술이나 표시를 하게 된 동기와 경위, 그 진술 등이 미래의 재무 상태나 영업실적 등에 대한 예측 또는 전망에 관한 사항일 때에는 합리적인 근거에 기초하여 성실하게 행하여진 것인지, 그 진술 등의 내용이 거래 상대방이나 불특정 투자자들에게 오인·착각을 유발할 위험이 있는지, 행위자가 그 진술 등을 한 후 취한 행동과 주가의 동향, 행위 전후의 제반 사정 등을 종합적·전체적으로 고려하여 객관적인 기준에 따라 판단하여야 한다.[1985]

2) 풍문의 유포[1986]

가) 풍문의 개념

「(舊)증권거래법」은 "허위의 사실 기타 풍설을 유포하는 행위"를 금지하는 대상으로 규정하였으므로, 규정 형식상 "풍설"도 "일체의 거짓 소문"으로 해석하였다.

「자본시장법」은 단순히 "풍문의 유포"만을 금지대상으로 규정하는데, **"풍문"**이란, "시장에 알려짐으로써 주식 등의 시세의 변동을 일으킬 수 있을 정도의 사실로서, 합리적인 근거는 없는 것"이다.[1987] 허위 내용을 요건으로 하지 않으므로 행위자가 진실이라고 믿었더라도 금지대상이 된다. 다만 실제로 문제는 풍문은 대부분 허위내용의 풍문일 것이다.

나) 유포의 개념

풍문의 **"유포"**에 대하여는 방법이나 수단에 대한 제한이 없으므로 인터넷, 휴대폰 문자, 이메일 등 모든 방법이 포합된다. 일반적으로 **"유포"**는 불특정다수인에게 전파하는 행위를 말하지만 특정인에게 전파하는 것도 포함하는 개념이다.[1988]

「(舊)증권거래법」하의 판례로서, 허위의 기업홍보자료를 작성하여 기업설명회 자리에서

1984 김용범, 전게서, 2017, 1037면. 임재연, 「자본시장법」, 박영사, 2019, 1003면.

1985 대법원. 2018.4.12. 선고. 2013도6962. 판결.

1986 임재연, 「자본시장법」, 박영사, 2019, 1003~1008면.

1987 서울고법. 2013.3.22. 선고. 2012노3764 판결.

1988 서울고법. 2009.1.22. 선고. 2008노2315 판결. 임재연, 「자본시장법」, 박영사, 2019, 1004면.

애널리스트들에게 배포한 행위도 허위사실 유포에 해당한다는 판례[1989]와 허위사실을 기재한 보도 자료를 기자들에게 배포한 이상 실제로 보도되지 않거나 축소 보도된 경우 에도 허위사실 유포에 해당한다는 판례가 있다.[1990]

3) 위계사용행위

일반적으로 「형법」상 僞計란 "他人의 不知 또는 錯誤를 이용하는 일체의 행위"를 말하고 欺罔뿐 아니라 誘惑의 경우도 포함하는데, 대법원은 "**위계**란 거래상대방이나 불특정투자자를 기망하여 일정한 행위를 유인할 목적의 수단, 계획, 기교 등을 말하는 것이고, **기망**이라 함은 객관적 사실과 다른 내용의 허위사실을 내세우는 등의 방법으로 타인을 속이는 것을 의미한다."라고 판시하고 있다.[1991]

「(구)증권거래법」이 규정하던 "고의로"라는 문구가 삭제되었다는 점을 근거로 "과실에 의한 僞計"도 규제대상이라는 설명[1992]도 있지만, 법문상 금융투자상품의 매매, 그 밖의 거래를 할 목적이나 그 시세의 변동을 도모할 목적을 전제로 하므로 과실에 의한 **僞計**는 규제대상이 아니라고 보아야 한다.[1993]

「형법」 제13조는 "죄의 성립요소인 사실을 인지하지 못한 행위는 벌하지 아니한다. 단 법률에 특별한 규정이 잇는 경우에는 예외로 한다."고 규정하고 있어, 형사책임에 있어서는 고의가 당연히 요건이므로 특별히 규정할 필요가 없으며, 민사책임에 있어서도 "僞計"의 개념상 過失에 의한 僞計는 실제로는 인정하기 어려울 것이다.[1994]

「(舊)증권거래법」하에서는 "僞計"의 개념을 가급적 넓게 해석하여야 규제의 공백이 줄어든다고 보았으나, 「자본시장법」 제178조 제1항 제1호에서 부정거래행위의 일종으로 '부정한 수단, 계획 또는 기교를 사용하는 행위'라는 포괄적 사기금지규정을 도입하였으므로 "僞計"의 중요성은 「(구)증권거래법」에 비하여 상당히 줄어들었다고 할 수 있다.[1995]

4) 풍문 유포, 위계 사용에 의한 부정거래행위 인정 사례

대법원은 객관적으로 보아 감자 등을 할 법적 또는 경제적 여건을 갖추고 있지 아니하거나 또는 임직원이 감자 등을 진지하고 성실하게 검토·추진하려는 의사를 갖고 있지 않은데도, 감자 등의 계획을 공표하면투자자들이 그 실현가능성이 높은 것으로 판단하여 주식 거래에 나설 것이고 이로 인하여 주가의 변동이 초래될 것이라고 인식하면서도 그에 따른 이득을 취할 목적으로 검토계획의 공표에 나아간 경우에는 이러한 행위는 투자자들의 오인·착각을 이용하여 부당한 이익을 취하려는 기망적인 수단, 계획 내지 기교로서 "위계를 쓰는

1989 서울고법. 2011.9.22. 선고. 2011노2691 판결.

1990 서울고법. 2009.1.22.선고. 2008노2315판결. 대법원. 2011.10.27. 선고. 2009도1370 판결.

1991 대법원. 2011.7.14. 선고. 2011도3180 판결. 대법원. 2010.12.9. 선고. 2009도6411 판결.

1992 증권법학회. 「자본시장법 주석서 I」. 박영사, 2015. 960면.

1993 김용범. 전게서, 2017. 1038면. 임재연. 「자본시장법」. 박영사, 2019. 1005면.

1994 김용범. 전게서, 2017. 1038면. 임재연. 「자본시장법」. 박영사, 2019. 1005면.

1995 김용범. 전게서, 2017. 1038면. 임재연. 전게서, 2019. 1005면. 김병연 외 2인. 전게서, 2015. 440면.

행위"에 해당한다고 판시하고 있다.[1996]

그 외에도 판례는 부정거래행위사례로 최대주주 등과의 거래를 타법인 출자로 공시한 경우, 해외펀드의 투자를 유치하는 듯한 허위사실 유포,[1997] 증권신고서의 허위기재, 허위의 주식공모안내 공고, 대량보유목적의 허위기재, 해외신주인수권부사채(BW)발행의 허위공시, 각종계약에 관한 허위공시, 각종 연구계획 및 사업실적 허위사실 유포, 차명주식처분내역을 임원·주요주주 소유주식 보고서에 미기재 또는 차명으로 취득한 주식을 대량 보유상황보고서에 미기재, 유명연예인이 경영권을 인수한 것처럼 허위사실 유포, 적대적 M&A를 가장하여 주가를 인위적으로 상승시킨 사례 등을 인정하고 있다.[1998]

바. 폭력 또는 협박행위에 의한 부정거래행위

「자본시장법」은 누구든지 금융투자상품의 매매, 그 밖의 거래를 할 목적이나 그 시세의 변동을 도모할 목적으로 폭행 또는 협박에 의한 부정거래행위를 할 수 없도록 금지하고 있다.(「자본시장법」 제178조 제2항)

「자본시장법」 규정으로서는 다소 이례적인 규정이지만 「자본시장법」 제178조의 적용 범위에 공백이 없도록 하기 위한 규정이다. 협박은 공포심을 일으키기에 충분한 정도의 해악을 고지하는 것이어야 한다.[1999]

7. 부정거래행위에 대한 제재

가. 민사상 책임

부정거래행위 등의 금지를 위반한 자는 그 위반행위로 인하여 금융투자상품의 매매, 그 밖의 거래를 한 자가 그 매매, 그 밖의 거래와 관련하여 입은 손해를 배상할 책임을 진다.(「자본시장법」 제179조 제1항)

이러한 손해배상청구권은 청구권자가 위반행위가 있었던 사실을 안 날로부터 2년간 또는 그 행위가 있었던 날로부터 5년간 이를 행사하지 않은 경우에는 시효로 인하여 소멸한다.(「자본시장법」 제179조 제2항)

나. 형사상 제재

1) 법정형

부정거래행위에 대한 제재는 제2편-제9장-제4절-Ⅲ-7. '미공개정보 이용위반에 대한 제재' 항목을 참조하시기 바랍니다.

2) 양벌 규정

1996 대법원. 2011.3.10. 선고. 2008도6335 판결.

1997 대법원. 12.9. 선고. 2009도6411. 판결. 임재연, 「자본시장법」, 박영사, 2019, 1006면.

1998 김용범, 전게서, 2017, 1039면. 김병연 외2, 전게서, 박영사, 2015, 440면.

1999 김용범, 전게서, 2017, 1039면. 서울중앙지법. 2012.11.29. 선고. 2012고합142 판결.

부정거래행위에 대한 재의 양벌규정은 제2편-제9장-제4절-Ⅲ-7. '미공개정보 이용위반에 대한 제재' 항목을 참조하시기 바랍니다.

V. 시장질서 교란행위

1. 시장질서 교란행위의 의의

시장질서 교란행위란 ① 「자본시장법」 제178조의2 제1항 제1호에 해당하는 자가 제2호에 해당하는 정보를 증권시장에 상장된 증권이나 장내파생상품 또는 이를 기초자산으로 하는 파생상품의 매매, 그 밖의 거래에 이용하거나 타인에게 이용하게 하는 행위 또는 ② 누구든지 상장증권 또는 파생상품에 관한 매매 등과 관련하여 「자본시장법」 제178조의2 제2항 각호의 어느 하나에 해당하는 행위를 말한다.

그동안 감독당국에서 불공정거래행위를 근절하기 위하여 많은 노력을 해왔지만, 새로운 금융상품의 등장과 금융관련 IT 기술의 급속한 발달로 건전한 시장 질서를 해치는 행위의 유형과 수법이 복잡·다양해지고 있어, 기존 「자본시장법」상 '불공정 거래행위' 유형만으로는 충분히 대응하기 어려운 점이 있었다.[2000]

이러한 문제점을 해결하기 위하여, 기존의 형사체제 대상이었던 불공정거래행위에 포함되지는 않지만 자본시장의 건전성과 질서를 저해하는 행위들을 '시장질서교란행위'로 별도로 정의하고, 이에 대하여 증권선물위원회가 금전적 제재인 과징금을 부과할 수 있도록 「자본시장법」을 개정하였다.

2014. 12. 개정된 「(개정)자본시장법」이 2015. 7. 1.부터 시행됨에 따라, 이를 계기로 자본시장의 질서를 교란하는 다양한 행위에 대한 규제의 사각지대가 해소되고, 자본시장의 건전성과 신뢰성이 회복됨으로써 투자자가 안심하고 투자할 수 있는 환경이 조성될 것으로 기대하고 있다.[2001]

2. 시장질서 교란행위의 도입배경[2002]

앞에서 살펴본 것처럼, 기존에는 불공정거래행위를 ① 미공개중요정보이용 행위, ② 시세조종 행위, ③ 부정거래 행위의 세 가지로 나누어 법에 요건을 정해 놓고 형사 범죄로 처벌하여 왔다.[2003] 그런데 이러한 기존의 불공정거래행위 규제 체계는 다음과 같이 몇 가지 가볍지 않은 문제점을 가지고 있어서 불공정거래행위 규제의 효과가 다소 미흡하다는 평가를 받고 있었다.[2004]

2000 김용범, 전게서, 2017, 1040면. 금융위원회, 「안전한 자본시장 이용법」, 2015.5.8., 83면.

2001 김용범, 전게서, 2017, 1041면. 금융위원회, 「안전한 자본시장 이용법」, 2015.5.8., 83면.

2002 김용범, 전게서, 2017, 1041~43면. 금융위원회, 「안전한 자본시장 이용법」, 2015.5.8., 39~40면.

2003 이와 같이 형사범죄의 경우 미리 법률에 '어떠한 행위가 범죄에 해당하고 그에 따른 형벌은 무엇인지' 명확하게 정해놓아야 하는데, 이를 **죄형법정주의 원칙**'이라고 한다. 즉 아무리 사회적으로 비난받을 만한 행위를 하더라도 법에 미리 범죄를 정해 놓지 않았다면 처벌할 수 없다는 「형법」의 기본정신이다.

2004 김용범, 전게서, 2017, 1041면. 성의활, 「시장질서교란행위 규제도입의 함의와 전망」, 상장회사 감사회 Auditor Journal 제182권, 2015.2., 3면.

첫째, 범죄로서의 내부자거래와 시세조종은 「헌법」과 「형법」의 대원칙인 죄형법정주의 원칙에 지배되어 구성요건의 엄격한 입증이 필요하고, 범죄 입증은 수사당국이 전적으로 부담하여야 하며, 입증의 기준 또한 합리적인 의심배제 기준에 따라 누구나 납득할 만큼 충분한 증거로서 입증해야 한다는 것이다. 이에 따라 많은 사건들이 입증의 부담과 증거불충분으로 아예 수사대상도 되지 않거나 무혐의로 처리되고, 재판에 회부되는 경우에도 무죄로 판결되는 경우가 많았다.

그러나 적어도 전문성을 가진 금융당국의 장기간의 조사과정을 거친 사건들, 즉 한국거래소의 심리와 금융감독원의 조사 및 증권선물위원회의 심사결과 검찰에 고발·통보되는 사건들은 검찰이나 법원의 형사적 시각에 관계없이 시장의 투명성과 건전성을 훼손하는 시장질서 교란 또는 저해행위라고 보는 것이 타당할 것이다.

둘째, 조사절차의 문제인데 대부분의 불공정거래 사건은 「한국거래소 심리 – 금융감독원 조사 – 금융위원회(증권선물위원회)의 제재결정 – 검찰 수사 – 법원 판결」의 단계를 거친다. 그런데 이 기간이 짧게는 1년, 길게는 몇 년이 걸리는 경우도 있어서 실효성 있는 제재가 되기 어려운 것이었다.

이 문제점은 2013년 「패스트트랙 제도」가 도입되어 많이 해소되었다고 평가되지만, 여전히 검찰과 법원까지 가야 한다는 점에서 신속한 적발 및 불공정 행위에 상응하는 제재라는 이상에는 미흡한 면이 있었다.

셋째, 제재수단의 문제인데, 처벌의 신속성과 전문성이라는 면에서는 금융당국 단계에서 적절한 제재가 이루어지면 좋을 것이지만, 금융당국에서 과징금 부과와 같은 제재수단이 없어서 검찰에 고발 내지 통보만 하는 형편이다.

이렇게 되면 앞에서 언급한 바와 같이 죄형법정주의 원칙하에서 많은 사건들이 무혐의나 무죄로 판정되고, 설령 범죄혐의가 인정되더라도 그 징벌수준이 낮아서 징계를 통한 일반예방 효과를 거두지 못하고 있는 상황이다.

넷째, 포괄적 半詐欺 조항인 부정거래 규제 또한 작지 않은 문제점을 안고 있었으니, 바로 죄형법정주의 위배 논란이다. 부정거래 규제는 도입당시부터 죄형법정주의 원칙에 부합하지 않는다는 비판이 있었고, 이에 따라 현재까지 금융당국과 검찰, 법원 모두 그 운용에 신중한 입장이다.

대법원 판결로 확정된 부정거래 판결들은 검은머리 외국인이나 사채시장 전주들이 상장회사나 시세조종 주동자들로부터 대가를 받고 주식을 매수한 사건들에 제한적으로 부정 거래규제를 적용하고 있다. 금융당국이나 검찰 또한 가급적 보다 구체적인 시세조종조항을 먼저 적용하고 마땅하게 적용할 법조가 없을 경우에 부득이 적용하고 있는 것이 현실이다.

나아가 현대사회에서는 나날이 새로운 금융상품이 출현하고 금융·IT 기술 역시 복잡하고 그리고 빠르게 발전하고 있어, 이에 따라 불공정거래 행위 기법도 점점 더 지능적이 되어가고 있는데, 기존의 낡은 법체계로 이러한 새로운 범죄 행위에 대처하기에는 역부족하다는 의견이 많았다.

다른 나라와 비교하더라도, 지금까지 우리나라의 불공거래행위의 규제는 형사처벌위주로 이루어져 있어 처벌의 범위가 좁고, 대처가 효율적이지 못하다는 비판이 있었다. 외국의 경우 불공정거래행위에 대하여 형사처벌 외에도 과징금을 부과하는 등 다양한 방식으로 불공정거래행위에 대응하고 있다.

미국과 일본의 경우 불공정거래행위가 사안이 중대하면 형사처벌을, 사안이 가벼우면 과징금으로 처리하고 있으며, 영국 등 유럽 국가들은 형사범죄와 별도로 시장 교란행위를 규정하고 과징금을 부과하고 있다.

위와 같은 문제점과 해외사례들을 고려하여, 새로운 법에서는 크게 두 가지 측면에서 제도를 바꾸었다.

① '시장질서 교란행위'라는 새로운 형태의 불공정거래규제를 만들었다. 즉 예전의 '미공개중요정보 이용'이나 '시세조종행위'의 요건을 갖추지 못하였지만, 비슷한 방식으로 시장 질서를 어지럽히는 행위들을 '시장질서 교란행위'로 법에 새롭게 규정했다.

② 이러한 '시장질서 교란행위'에 대하여는 형사적 벌을 附課하는 것이 아니라, 그 잘못된 행위를 통하여 얻은 이익을 빼앗는 '과징금[2005]'제도를 신설했다.

따라서 2015. 7.부터 새롭게 바뀐 개정 「자본시장법」은 이러한 제반 문제점들을 해소하여 보다 효과적인 불공정거래 규제체계를 정립하고자 하는 조치이다. 시장질서 교란행위를 금지함으로써 형사적으로는 범죄를 성립하기 어려운 경우라도 시장 질서를 교란한 부당성을 제재함으로써 투자자들을 한층 더 보호하고 자본시장의 건전한 질서를 유지하고자 하는 것이다.

그리고 사법적으로는 부당한 이득을 환수하거나 제재하기 어려운 행위에 대해서 행위의 부당성 정도에 따라 과징금을 부과함으로써 행위에 상응한 제재를 하는 한편, 부당 이익을 신속하게 환수할 수 있게 된다. 무엇보다도 이러한 규제의 수행주체가 사법당국이 아니라 전문성이 높은 금융당국이 됨으로써 신속하고 보다 맞춤형의 제재가 이루어져 자본시장에서의 각종 불법·부당행위들에 대한 효과적인 규제가 가능할 것으로 본다.

3. 정보이용형 시장질서 교란행위

가. 도입배경[2006]

기존의 미공개중요정보 이용행위는 회사(상장법인)의 '내부자'가 '상장법인의 업무와 관련한' 미공개중요정보를 '직무와 관련하여 취득'하여 이를 이용하거나 이용하게 하는 행위여야 했다. 이러한 범죄구성요건을 충족하는 것은 생각보다 까다롭다. 따라서 위 요건 중 하나라도 갖추지 못하는 경우에는 그 행위를 처벌할 수 없었다.

먼저 '내부자'의 신분은 상장법인 및 그 임직원·주요주주 등 '회사내부자', 회사와 법령

2005 **과징금**이란 법을 어긴 경우에 그 행위를 통하여 얻은 이익(돈)을 빼앗는 제재수단이다. 형사벌과 달리 재판과정을 거치지 않아도 부과할 수 있기 때문에, 빠르게 대처할 수 있다는 장점이 있다.

2006 김용범, 전게서, 2017, 1043~44면. 금융위원회, 「안전한 자본시장 이용법」, 2015.5.8., 41면.

상·계약상 관계가 있는 '준내부자', 회사내부자 또는 준내부자로부터 직접 정보를 받은 '1차 정보수령자'로 매우 제한적으로 규정되어 있었기 때문에, 이에 포함되지 않은 2차 이후 정보수령자는 취득한 미공개중요정보를 부당하게 이용하여 주식거래를 하더라도 제재할 수가 없었다.

또한 '정보'의 개념도 상장회사의 업무와 관련한 정보에 한정되어 있었기 때문에, 회사 외부에서 생성되었으나 주가에 큰 영향을 미칠 수 있는 미공개정보를 이용하더라도 처벌할 수 없었다. 그러므로 본인이 생성한 시장정보를 이용한다든가, 기관투자자의 주문정보나 애널리스트의 조사분석보고서의 정보, 언론 기사 등 '시장정보'를 활용하거나, 정책결정에 관여한 자가 그 정보를 활용해 주식을 거래해도 법적책임을 묻기 어려웠다.

나아가 회사 업무관련 정보라 할지라도, 이를 '직무와 관련하여 취득'하여야 했다. 즉 해당 법인의 임직원이 회사의 업무와 관련하여 알게 되었다거나, 계약상대방이 계약을 진행하다가 정보를 얻은 경우 등 직무와 관련해 취득한 경우에만 한정되었기 때문에, 직무관련성이 없이 정보를 입수한 경우는 불공정거래행위로서 규제하기 곤란하였다.

따라서 해킹이나 절도 등의 방법으로 부당하게 정보를 취득하여 주식거래를 하였더라도 이를 「형법」 등에 따라 처벌하는 외에 불공정거래행위로서 제재를 부과하기 어려운 한계가 있었다.

나. 규제대상 증권

정보이용형 시장질서 교란행위의 규제대상 증권[2007]으로는 다음과 같은 증권이 있다.

정보이용형 시장질서 교란행위의 규제대상 증권

1) 「자본시장법」 제178조의2 제1항의 증권

    ① 상장증권(6개월 이내 상장예정법인 등이 발행하는 증권 포함), 장내 파생상품

    ② 이들을 기초자산으로 하는 파생상품

2) 「자본시장법」 제174조의 특정증권[2008]등

    ① 그 법인(6개월 이내 상장예정법인 등 포함)이 발행한 증권

    ② 제①호의 증권과 관련된 증권예탁증권

    ③ 그 법인 외의 자가 발행한 것으로서 제①호 또는 제②호의 증권과 교환할 수 있는 교환사채권

    ④ 제①호부터 제③호까지의 증권만을 기초자산으로 하는 금융투자상품

3) 「자본시장법」 제173조의2 장내파생상품

    • 장내파생상품만 규제대상

2007 김용범, 전게서, 2017, 1044면. 김정수, 「미공개정보이용 관련 시장질서 교란행위」, 「자본시장법」 세미나교재, 2015.5.28., 23면.

2008 「자본시장법」 제172조(내부자의 단기매매차익) 제1항의 대상증권을 말함.

내부자거래 규제대상 상품과의 비교 · 차이점

① 상장법인이 발행한 증권(공통)

② 증권예탁증권은 상장된 DR만 규제대상(정보이용형 교란행위)

③ 교환사채권은 규제대상에서 제외(정보이용형 교란행위)

④ 장내파생상품은 물론, 장외파생상품까지 규제대상(정보이용형 교란행위)

다. 규제대상 행위

정보이용형 시장질서 교란행위의 규제대상 행위[2009]으로는 다음과 같은 행위가 있다.

정보이용형 시장질서 교란행위의 규제대상 행위

1) 매매, 그 밖의 거래("매매 등")

• 「자본시장법」 제174조와 동일한 표현(예: 대차거래, 질권, 양도담보 등)

2) 이용하거나 타인에게 이용하게 하는 행위

• 「자본시장법」 제174조와 동일한 표현

3) 투자자보호 및 건전한 시장질서를 해할 우려가 없는 행위는 규제대상 행위에서 제외

가) 대통령령으로 정하는 행위(「자본시장법시행령」 제207조의2)

(1) 법 제178조의2 제1항 가목에 해당하는 자가 미공개중요정보 또는 미공개 정보를 알게 되기 전에 다음의 어느하나에 해당하는 행위를 함으로써 그에 따른 권리행사나 의무를 이행하기 위하여 지정 금융 투자상품의 매매, 그 밖의 거래를 하는 경우

① 지정 금융투자상품에 관한 계약을 체결한 행위

② 투자매매업자 또는 투자중개업자에게 지정 금융투자상품의 매매 등에 관한 청약 또는 주문을 제출하는 행위

③ 제①호 또는 제②호에 준하는 행위로서 금융위원회가 정하여 고시하는 행위

(2) 법 제178조의2 제1항 제1호 나목부터 라목까지의 규정에 해당하는 자가 법 제178조의2 제1항 제2호에 해당하는 정보를 생산하거나 그러한 정보를 알게 되기 전에 제(1)호 각목에 해당하는 행위를 함으로써 그에 따른 권리를 행사하거나 의무를 이행하기 위해 지정 금융투자상품의 매매 등을 하는 경우

(3) 법령 또는 정부의 시정명령·중지명령 등에 따라 불가피하게 지정금투자상품의 매매 등을 하는 경우

(4) 그 밖에 투자자 보호 및 건전한 거래질서를 저해할 우려가 없는 경우로서 금융 위원회가 정하여 고시하는 경우 등

나) 법령으로 정해진 행위

2009 김용범, 전게서, 2017, 1044면. 김정수, 「전게 자료」, 「자본시장법」 세미나, 2015.5.28., 23면.

「자본시장법」 제173조의2 제2항, 제174조, 제178조에 해당하는 경우

다) 금융위가 정하여 고시한 행위

① 증권예탁증권의 예탁계약 해지 시 증권을 취득하는 경우

② 정보를 지득 또는 전득하기 전에 우리사주조합을 통해 주식을 청약/취득하는 경우

③ 주식의 포괄적 교환 또는 이전에 따라 주식을 취득하는 경우

④ 주식배당에 의해 주식을 취득하는 경우

⑤ 회사합병 시 소멸하는 회사의 주주가 존속회사의 신주를 배정받는 경우

⑥ 회사분할 시 분할되는 회사의 주주가 신설회사의 주식을 배정받는 경우

⑦ 거래소에 차익거래임을 표시하여 제출한 매수 · 매도호가의 경우

⑧ 그 밖에 투자자보호 및 건전한 시장질서를 해할 우려가 없는 경우로서 증선위가의결로서 인
정하는 경우 등

참고

타 조항과의 비교

1) 「자본시장법」 제173조의2 제2항(장내파생상품 시세관련 정보)

가) 정보의 중요성 요건 및 미공개성 요건의 불요.　　나) 단순한 "누설" 행위도 규제

다) 규제대상자의 범위

① 해당 정보에 영향을 미칠 수 있는 정책을 입안·수립 또는 집행하는 자

② 해당 정보를 생성·관리하는 자

③ 장내파생상품의 기초자산의 중개·유통 또는 검사업무와 관련된 자 등

2) 법 제174조(미공개중요정보 이용금지)와 제178조(부정거래 금지)

「자본시장법」제174조/제178조가 적용되는 경우는 제178조의2 적용 배제

3) 금융투자업자의 영업행위 규칙

① 법 제54조 : 직무관련 정보의 이용 금지　② 법 제71조 제1호 : 선행매매

③ 법 제71조 제2호 : 조사 분석 자료의 공표 전 이용

"정보의 매매, 그 밖의 거래에 이용"한다는 것은 정보를 전달받은 사람이 그 정보를 이익
취득이나 손실회피를 위한 거래에 사용하는 것을 말한다. 즉, 정보를 단순히 가지고 있는
것을 금지하고 있는 것이 아니라, 그 정보를 알면서 지정된 금융투자 상품 거래를 한 경우,
거래를 하게 된 다른 이유가 있어도 해당 정보가 그 거래를 한 이유 중 하나라면 정보를 이
용한 행위에 해당된다고 본다.[2010]

또한 **"타인에게 이용하게 하는 행위"**란 정보를 전달하면서 이를 적극적으로 매매 기타 거
래에 이용하도록 직접 권유하는 경우는 물론이고, 정보수령자가 그 정보를 이용해 거래를

2010 김용범, 전게서, 2017, 1046면. 금융위원회, 「안전한 자본시장 이용법」, 2015.5.8., 89면.

할 수 있을 것이라고 생각하면서 정보를 제공하는 경우도 포함된다고 본다.[2011]

라. 규제대상자[2012]

1) 「자본시장법」 제178조의2 제1항 제1호 가목 해당자

정보이용형 시장질서 교란행위의 규제대상자로서 첫 번째는 「자본시장법」 제174조 각항 각호의 어느 하나에 해당하는 자로부터 나온 미공개중요정보 또는 미공개정보인 점을 알면서 이를 받거나 전득한 자이다.(「자본시장법」 제178조의2 제1항 제1호 가목)

기존의 「자본시장법」에서는 회사 내부자(임직원, 주요주주 등)·준내부자(인허가권자, 계약체결자 등) 및 그로부터 정보를 직접 전달받은 제1차 정보 수령자만이 처벌의 대상이었다. 그러나 이번 법 개정을 통하여, 기존의 형사처벌 대상인 회사 내부자 등으로부터 나온 미공개중요정보 또는 미공개정보인 정을 알면서 이를 받거나 전득하여 주식거래에 이용하거나 다른 사람으로 하여금 이용하게 한 자를 규제대상으로 하였다.

즉 구법 체계에서는 회사 내부자로부터 미공개중요정보를 직접 제공받은 1차 정보수령자까지만 처벌이 가능하였지만, 이제는 1차 정보수령자로부터 정보를 받은 2차 수령자나 이를 다시 전달받은 제3차 수령자, 그 이후 여러 단계를 거쳐 간접적으로 정보를 전달받은 多次 수령자일지라도 미공개중요정보 또는 미공개정보라는 정을 알면서 이를 받거나 전득하여 주식 거래에 이용한 이상 규제대상에 포함된다.

예를 들어 회사 내부자로부터 신제품 개발정보를 직접 입수한 언론사 기자가 자신의 친구에게 그 정보를 제공하여 해당 회사의 주식을 매수하도록 한 경우, 기존 법에 따르면 회사 내부자 및 1차 정보수령자인 기자는 미공개정보이용행위로 처벌되나 2차 정보수령자는 처벌할 수 없었다. 그러나 개정된 「자본시장법」에서는 그 친구가 해당 정보가 내부자 등으로부터 나온 미공개중요정보라는 정을 알면서 이를 전달받아 주식거래에 이용한 이상 '시장질서 교란 행위'를 한 자로서 과징금을 부과받을 수 있다.

나아가 위 정보를 3차, 4차 수령자 이후까지 전달한 경우에도 여전히 해당정보가 내부자 등으로부터 나온 미공개중요정보라는 정을 알고 취득하여 이용하거나 다른 사람에게 전달하여 이용하게 한 자도 규제대상이므로, 과거 회사 내부자로부터 정보를 받는 과정에서 아무것도 모르는 하수인을 중간에 끼워 넣고 정보를 수령하는 등으로 법망을 피할 우려가 있었던 행위들까지 제재를 할 수 있게 되었다.

또한 최근 인터넷 게시판, 메신저, SNS, 스마트폰 등을 통해 정보전달 경로가 다양화되고 있는데, 이러한 매체를 통하여 취득한 정보의 경우에도 미공개중요정보라는 정을 알면서 이를 전달받은 이상 동 정보를 이용해 주식거래를 하거나 다른 사람으로 하여금 이용하게 한다면 '시장질서 교란행위'에 해당할 수 있음에 유의하여야 한다.

2011 김용범, 전게서, 2017, 1046면. 금융위원회, 「안전한 자본시장 이용법」, 2015.5.8., 89면.
2012 김용범, 전게서, 2017, 1047면. 금융위원회, 「안전한 자본시장 이용법」, 2015.5.8., 42~48면.

다만 이처럼 다차(多次) 수령자의 경우까지 그 규제대상이 넓어진 만큼, 선의의 피해자가 발생하지 않도록 정보취득 경로와 정황 등을 철저히 조사함으로써 미공개중요정보인 정을 알지 못하고 취득하였거나 또는 자신의 투자판단으로 투자한 점이 확인되는 경우는 규제 대상에서 제외하도록 하여야 할 것이다.

2) 「자본시장법」 제178조의2 제1항 제1호 나목 해당자

정보이용형 시장질서 교란행위의 규제대상자로서 두 번째는 자신의 직무와 관련하여 「자본시장법」 제178조의2 제1항 제2호에 해당하는 정보(① 그 정보가 지정 금융투자상품의 매매 등 여부 또는 매매 등의 조건에 중대한 영향을 줄 가능성이 있을 것, ② 그 정보가 투자자들이 알지 못하는 사실에 관한 정보로서 불특정 다수인이 알 수 있도록 공개되기 전일 것)를 생산하거나 알게 된 자이다.(「동법」 제178조의2 제1항 제1호 나목)

기존의 회사 내부정보 중심의 미공개정보이용행위에서 회사 외부정보를 이용하는 행위까지 시장질서 교란행위 규제의 범위가 넓어짐에 따라, 이러한 정보(시장정보, 정책정보 등)를 자신의 직무와 관련하여 생산하거나 알게 된 자가 그 정보를 지정 금융투자상품의 매매 등에 이용하거나 타인에게 이용하게 하는 행위를 하는 경우 규제대상이 된다.

따라서 만일 정부정책을 결정하는 공직자들이 정책 입안·결정 등의 과정에서 얻은 정보를 이용해 특정정책이 발표되기 직전에 대량으로 주식거래를 하거나, 대형기관투자자의 펀드매니저가 운용관련 전략정보를 본인 또는 제3자의 투자목적으로 사용하는 경우, 기존 법체계하에서는 상장법인 내부정보를 이용하는 행위에 해당하지 않으므로 이를 처벌할 수 없었지만, 이제는 이러한 행위는 시장질서 교란행위로서 과징금 부과대상이 된다.

또한 소위 선행매매(front running) 또는 스캘핑(scalping)이라 불리는 행위, 예컨대 시장에서 특정회사 주식에 대하여 대량매수주문이 있는 경우에 그 매도 주문을 받은 증권 회사가 그 주문을 이행하기 전에 자기계정의 보유주식을 먼저 매도하는 행위(front running), 증권시장에서 영향력 있는 증권분석 전문가가 자신의 의견을 공표하기 전에 미리 증권을 매수하고 공표 후 다시 매도함으로써 차익을 얻는 행위(scalping) 역시 직무와 관련하여 생성하거나 알게 된 정보를 이용한 경우로써 제재대상이 될 수 있다.

참고 _____

자신의 직무 관련 규제대상 (예시)[2013]

① 식당종업원이 고객 서빙 중 중요정보를 알게 된 경우
② 애널리스트가 특정회사를 방문하러 갔는데, 회사 복도를 지나는 중에 당사 직원들의 대화 중 중요한 정보를 듣게 된 경우

_____

2013 김용범, 전게서, 2017, 1049면. 김정수, 「전게자료」, 「자본시장법」 세미나, 2015.5.28., 27면.

③ 애널리스트가 특정회사를 방문하러 갔는데, 마침 해당회사에 화재 발생, 해당 주식을 매도하라
고 주요 고객에게 연락한 경우

④ 정신과 의사가 환자와의 상담 중에 취득한 미공개중요정보를 거래에 이용한 경우 등

3) 「자본시장법」 제178조의2 제1항 제1호 다목 해당자

정보이용형 시장질서 교란행위의 규제대상자로서 세 번째는 해킹, 절취, 기망, 협박, 그 밖의 부정한 방법으로 정보를 알게 된 자 자이다.(「자본시장법」 제178조의2 제1항 제1호 다목) 과거에는 미공개중요정보를 '직무와 관련하여' 취득하여 이용한 경우만 처벌되었지만, 이제는 해킹·절취·기망·협박, 그 밖의 부정한 방법으로 정보를 알게 된 경우에도 규제대상이다.

그러므로 만일 어떤 회사가 계약 상대방과 주고받은 메일을 제3자가 해킹하여 지득한 미공개중요정보를 본인 또는 다른 사람의 주식거래에 활용한 경우, 종전에는 해킹한 사람을 회사 내부자나 1차 정보수령자로 볼 수 없어 미공개중요정보 이용행위로 처벌하기 어려웠으나, 개정법은 위와 같이 해킹을 통해 정보를 얻어 이용한 행위도 시장질서 교란행위로 보아 과징금을 부과할 수 있게 되었다.

마찬가지로 ① 회사내부에서 구두를 수선하는 자가 사무실을 방문하였을 때, 우연히 책상 위에 있는 비밀문서를 훔치거나, 본 정보, ② 퇴직한 직원이 회사 출입카드를 반납하지 않고, 무단출입하여 취득한 그동안 개발 중이던 신약개발이 완료되어 곧 판매가 허가될 것이라는 정보 등 부정한 방법으로 입수한 정보와 회사 임직원 등을 기망하거나 협박하여 취득한 정보도 이를 매매 등에 이용할 경우 시장질서 교란행위로 제재가 가능하다.[2014]

해킹·절취·기망·협박은 '부정한 방법'의 한 예시이며, 그 외에도 일반적으로 해당 정보에 접근할 권한이 없는 자가 정상적이지 않은 방법을 사용하여 정보를 취득하는 등 사회통념상 부정한 방법으로 정보를 알게 된 모든 경우가 규제대상에 포함된다. 그러나 부정한 방법이 개입되지 않은, 순전히 우연한 사정으로 제3자가 그러한 정보를 알게 되는 경우에는 규제범위에서 제외된다.

4) 「자본시장법」 제178조의2 제1항 제1호 라목 해당자

정보이용형 시장질서 교란행위의 규제대상자로서 네 번째는 나목 또는 다목의 어느 하나에 해당하는 자로부터 나온 정보인 정을 알면서 이를 받거나 전득한 자이다.(「자본시장법」 제178조의2 제1항 제1호 라목)

기존의 형사처벌 대상인 미공개중요정보인 정을 알고 정보를 받거나 전득한 자까지 규제범위를 확대한 것처럼, 직무와 관련하여 정보를 생산하거나 알게 된 자 또는 해킹·절취·기망·협박 등 부정한 방법으로 정보를 알게 된 자로부터 나온 정보인 점을 알면서 이를 받거나 전득해 이용한 경우도 과징금 부과대상이 된다.

그러므로 본인이 직접 직무와 관련하여 생성하거나 부정하게 취득한 정보가 아닐지라도, 그러한 사정을 알면서 이를 받은 자나 그 이후 여러 단계를 거쳐 간접적으로 정보를 전달받은 多次

2014 김용범, 전게서, 2017, 1050면. 김정수, 「전게자료」, 「자본시장법」세미나, 2015.5.28., 29면.

수령자가 그 정보를 이용하거나 타인에게 이용하게 하였다면 규제대상에 포함될 수 있다.

참고

「자본시장법」 제178조의2 제1항 제1호 규제대상자 [2015]

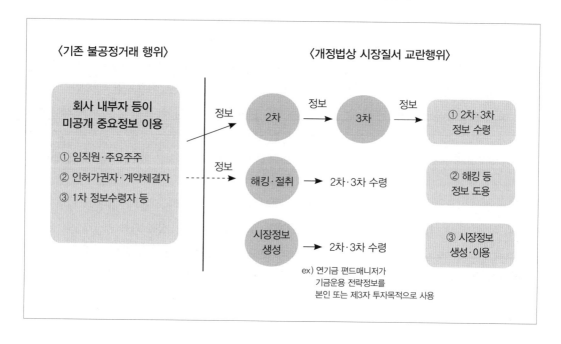

마. 규제대상 정보

정보이용형 시장질서 교란행위의 규제대상 정보[2016]로는 다음과 같은 정보가 있다.

정보이용형 시장질서 교란행위의 규제대상 정보

① 그 정보가 지정 금융투자상품의 매매 등 여부 또는 매매 등의 조건에 중대한 영향을 줄 가능성이 있을 것
② 그 정보가 투자자들이 알지 못하는 사실에 관한 정보로서 불특정 다수인이 알 수 있도록 공개되기 전일 것

기존 「자본시장법」은 주로 상장법인의 업무 등과 관련된 미공개중요정보(투자자의 투자판단에 중대한 영향을 미칠 수 있는 정보로서 대통령령이 정하는 방법에 따라 불특정 다수인이 알 수 있도록 공개되기 전의 것)의 이용행위를 처벌하여 왔다. 상장법인의 업무 등과 관련되었다는 것은 '회사

2015 김정수, 「자본시장법상 시장질서 교란행위」세미나자료, 2015.5.28., 30면.

2016 김용범, 전게서, 2017, 1051면. 김정수, 「전게자료」, 「자본시장법」세미나, 2015.5.28., 31~32면.

(상장법인)의 업무 및 재무사항에 관한 정보로서 회사 내부에서 생성된 정보'를 의미하였다.

그러나 개정 「자본시장법」은 회사 내부정보뿐 아니라 회사 외부정보라 할지라도, 금융투자상품의 매매 등에 중대한 영향을 줄 수 있는 정보로서 일반인에게 공개되지 않은 정보라면, 이를 이용하는 행위도 시장질서교란행위로 정하고 있다. 즉 '지정금융투자상품의 매매 등 여부 또는 매매 등의 조건에 중대한 영향을 줄 가능성이 있는 정보'로서 '그 정보가 투자자들이 알지 못하는 사실에 관한 정보로서 불특정 다수인이 알 수 있도록 공개되기 전'의 정보를 주식거래에 이용하는 행위도 규제대상에 포함하고 있다.

이는 반드시 회사 내부정보가 아니라도, 금융투자 상품의 매매 조건 등에 중요한 영향을 미칠 수 있는 정보로서 일반적으로 공개되지 않은 정보를 사적으로 이용하는 행위는 마찬가지로 증권거래의 공정성을 해할 수 있기 때문에 새롭게 규제대상에 포함되는 회사외부정보로는 대표적으로 정책정보(금융투자상품의 가격에 영향을 줄 수 있는 금리정책, 외환정책, 무역수지 상황 등 경제정책 방향과 관련된 정보) 및 시장정보(기관투자자의 주문정보, 언론정보 등 유가증권의 수요와 공급 및 시장 사정에 관한 정보) 등을 들 수 있다.

반면 외부정보 중 금융투자상품의 매매 등 여부 또는 매매 등의 조건에 중대한 영향을 줄 가능성이 없거나, 해당 정보가 일반투자자에게도 충분히 알려진 경우(기존 미공개중요 정보이용행위의 법정 공개방법 등에 준하는 정도)와 같이 구체적 사실관계에 따라 정보의 중요성이나 미공개성이 결여되었다고 판단되는 경우는 규제대상에서 제외된다.[2017]

바. 결론

정보이용형 시장질서 교란행위를 방지하기 위해서는 다음과 같은 「준법프로그램(Compliance Program)」의 구축 필요성이 증대되고 있다.

준법프로그램의 주요 내용 [2018]

1) 정보관리 규정의 마련
   ① 미공개중요정보에 대한 접근 제한, 누출 방지를 위한 내용
   ② 특히, 주가에 영향을 줄 수 있는 정보에 대한 엄격한 관리 등
2) 금융투자업자의 내부통제시스템 구축
   정보교류차단 장치의 구축(「자본시장법」 제45조) 및 실질적 작동 확인
3) 내부자거래의 예방을 위한 직접적인 정책 및 절차 마련
   ① 내부자거래 예방 규정의 마련
   ② 임직원에 대한 내부자거래 금지 교육
   ③ 임직원의 증권거래에 대한 적절한 통제방안 마련

2017 김용범, 전게서, 2017, 1052면. 금융위원회, 「안전한 자본시장 이용법」, 2015.5.8., 45면.

2018 김용범, 전게서, 2017, 1052면. 김정수, 「전게자료」, 「자본시장법」 세미나, 2015.5.28., 33면.

④ 모니터링 시스템(절차)의 마련·점검

⑤ 실제 임직원에 의한 내부거래가 발생하였을 경우 대응방안 프로그램 마련

4. 시세관여형 시장질서 교란행위

가. 시세관여형 시장질서 교란행위의 개관

1) 시장관여형 시장질서 교란행위의 도입 배경[2019]

기존 「자본시장법」은 주가에 인위적 영향을 미침으로써 투자자들을 기망하는 시세 조종 행위를 규제하면서, 그 행위가 '매매를 유인하거나 타인이 거래상황을 오인토록 하는 등의 목적'을 가지고 있는 경우만을 불공정거래행위로 보아서 형사처벌을 하였다.

그런데, 이런 '목적성'은 행위를 한 사람의 내심의 의사이기 때문에 그것을 입증하기가 쉽지 않았고, 그러다 보니 실제 조사·수사과정에서 시세조종의 목적이 충분히 입증되지 않는 경우 시장 질서를 크게 훼손하는 행위임에도 불구하고 이를 제재하지 못하는 한계가 있었다.

예를 들어 초단타매매를 실행하여 시세에 중대하게 부당한 영향을 미쳤음에도 매매 유인의 목적이 입증되지 않았다거나, 투자자를 오인케 할 목적은 없었으나 손익이전 또는 조세회피 등 다른 목적에서 통정·가장매매를 하였는데 이것이 시장건전성을 크게 저해하는 경우에도 불공정거래행위로 제재할 수 없었다.

나아가 오늘날 인터넷과 같은 파급력 있는 매체나 각종 프로그램을 통한 새로운 주문 방법 등 신종기법과 매체를 통하여 훨씬 간편하고 다양한 방법으로 시세를 조종할 수 있는 환경이 도래하면서, 시장의 자유롭고 공정한 질서를 교란하는 행위에 보다 유연하게 대처할 필요성이 더욱 커졌다.

이에 따라 개정 「자본시장법」에서는 목적성 여부에 관계없이, 외형적·객관적으로 보아 시장의 건전한 거래질서를 훼손하는 것으로 판단되는 시세조종형 부당행위들을 '시장질서 교란행위'로 보아 과징금을 부과할 수 있게 하였다.

2) 시장관여형 시장질서 교란행위의 규정

시장관여형 시장질서 교란행위는 누구든지 상장증권 또는 장내 파생상품에 관한 매매 등과 관련하여 다음 각호의 어느 하나에 해당하는 행위를 의미하며, 「자본시장법」 제178조의2 제2항에 의거 이를 금지하고 있다. 다만, 그 행위가 법 제176조 또는 제178조에 해당하는 경우에는 제외한다.

시장관여형 시장질서 교란 행위

① 거래의 성립 가능성이 희박한 호가를 대량으로 제출하거나 호가를 제출한 후 해당 호가를 반복적으로 정정·취소하여 시세에 부당한 영향을 주거나 줄 우려가 있는 행위

2019　김용범, 전게서, 2017, 1053면. 금융위원회, 「안전한 자본시장 이용법」, 2015.5.8., 49면.

② 권리의 이전을 목적으로 하지 아니함에도 불구하고 거짓으로 꾸민 매매를 하여 시세에 부당한 영향을 주거나 줄 우려가 있는 행위

③ 손익이전 또는 조세회피 목적으로 자기가 매매하는 것과 같은 시기에 그와 같은 가격 또는 약정 수치로 타인이 그 상장증권 또는 장내파생상품을 매수할 것을 사전에 그자와 서로 짠 후 매매하여 시세에 부당한 영향을 줄 우려가 있는 행위

④ 풍문을 유포하거나 거짓으로 계책을 꾸미는 등으로 상장증권 또는 장내파생상품의 수요·공급 상황이나 그 가격에 대하여 타인에게 잘못된 판단이나 오해를 유발하거나 상장증권 또는 장내 파생상품의 가격을 왜곡할 우려가 있는 행위

나. 시세관여형 시장질서 교란행위의 요건[2020]

시세관여형 시장질서 교란행위의 요건을 요약하면 다음과 같다.(「자본시장법」 제178조의2 제2항)

시세관여형 시장질서 교란행위의 요건

1) 주체 : 누구든지
2) 대상 : 상장증권 및 장내파생상품

3) 행위(객관적 요건)	4) 목적(주관적 요건)
① 허수성 호가 제출	① 불필요
② 가장매매	② 불필요
③ 통정매매	③ 손익 이전·조세 회피 목적
④ 풍문 유포, 위계 사용	④ 불필요

참고 1 _____

시세조종(법 제176조)의 요건

1) 주체 : 누구든지
2) 대상 : 상장증권 및 장내파생상품

3) 행위(객관적 요건)	4) 목적(주관적 요건)
① 위장매매	① 오인 목적
② 매매유인목적행위	② 유인 목적
③ 시세고정·안정행위	③ 고정 목적
④ 연계시세조종	④ 부당이득 목적

참고 2 _____

2020 김용범, 전게서, 2017, 1054면. 최동렬, 「시세조종 관련 시장질서 교란행위」, 「자본시장법」 세미나, 2015.5.28., 41면.

부정거래행위(법 제178조)의 요건

1) 주체 : 누구든지
2) 대상 : 금융투자상품

3) 행위(객관적 요건)	4) 목적(주관적 요건)
① 부정한 수단·계획·기교	① 불필요
② 부실표시 사용 행위	② 재산상 이득 목적
③ 거짓 시세 이용	③ 거래 유인 목적
④ 풍문 유포, 위계 사용, 폭행, 협박.	④ 거래·시세 변동 목적

다. 시세관여형 시장질서 교란행위의 목적성[2021]

기존 「자본시장법」의 시세조종행위(법 제176조)에 해당하기 위해서는 일반적으로 통정·가장·매매·허수매수주문 등의 시세를 변동시키는 유형의 행위 외에 "시세조종의 목적"[2022]이 있어야 한다.

이러한 목적이 있었는지 여부는 당사자가 자백하지 않더라도 거래한 상장증권 등의 성격과 발행된 상장증권 등의 총수, 매매의 동기와 양태(순차적 가격상승주문 또는 가장 매매, 시장관여율의 정도, 지속적인 종가 관여 등), 그 상장증권 등의 가격 및 거래량의 동향, 전후의 거래상황, 거래의 경제적 합리성 및 공정성 등의 간접사실을 종합적으로 고려하여 판단하여야 한다.[2023]

그러나 이러한 목적성을 입증하기란 실제로는 매우 어려워서, 과거사례를 보면 소량의 단주거래로 시장가격이 급격한 경우,[2024] 적극적으로 물량확보를 위하여 직전가 또는 상대호가 대비 다소 고가의 매수주문을 한 경우,[2025] 적대적 M&A를 위하여 시장에서 주식을 매수하는 과정에서 굳이 시세를 올릴 이유나 필요가 없는 상황에서 행위자의 매수로 인한 실제의 주가 변동이 미미한 경우[2026] 등의 사안에서는 시세조종의 목적이 없었다고 판단하여 무죄를 선고한 적도 있었다.

그러나, 2015.7.1.부터 시행되는 '시세관여형 시장질서 교란행위'(「자본시장법」 제178조의2 제2항)의 경우에는 시세에 영향을 주거나 타인에게 오해를 유발하는 등의 목적성이 없거나 입증되지 않은 경우에도, 규제할 수 있도록 하였다.

예를 들어, 상장증권 등의 매매등과 관련하여, ① 거래 성립 가능성이 희박한 호가를 과

2021 김용범, 전게서, 2017, 1055면. 금융위원회, 「안전한 자본시장 이용법」, 2015.5.8., 91~92면.

2022 매매가 성황을 이루고 있는 듯이 잘못 알게 하거나, 그 밖에 타인에게 그릇된 판단을 하게 할 목적(법 제176조 제1항), 매매를 유인 할 목적(법 제176조 제2항), 시세를 고정시키거나 안정시킬 목적(법 제 176조 제3항)

2023 김용범, 전게서, 2017, 1055면. 대법원. 2009.4.9. 선고. 2009도675 판결, 대법원. 2010.6.24. 선고. 2007도9051 판결, 대법원. 2013.7.11. 선고. 2011도15056 판결 등 다수.

2024 김용범, 전게서, 2017, 1056면. 수원지법. 2013.1.13. 선고. 2012고합699 판결.

2025 김용범, 전게서, 2017, 1056면. 서울고법. 2005.10.19. 선고. 2005노1123 판결.

2026 김용범, 전게서, 2017, 1056면. 서울고법. 2005.10.26. 선고. 2005노1530 판결.

다하게 제출하거나 이를 반복적으로 정정·취소하는 행위(**허수성 주문**), ② 권리의 이전을 목적으로 하지 아니하는 거짓으로 꾸민 매매행위(**가장성 주문**), ③ 손익 이전이나 조세 회피 목적으로 매매 시기, 가격 등을 다른 자와 서로 짜고 하는 거래 행위(**통정성 주문**), ④ 풍문의 유포 등을 사용하는 행위에 과징금을 부과할 수 있다.[2027]

라. 시세관여형 시장질서 교란행위의 적용 범위

1)「자본시장법」제178조의2 제2항 제1호 해당 행위[2028]

시장관여형 시장질서 교란행위의 규제대상 행위로는 첫 번째는 거래의 가능성이 희박한 호가를 대량으로 제출하거나 호가를 제출한 후 해당 호가를 반복적으로 정정·취소하여 시세에 부당한 영향을 주거나 줄 우려가 있는 행위이다.(「자본시장법」제178조의2 제2항 제1호)(**일명, 허수성 호가 제출**)

기존에는 주가 등을 조작하여 투자자를 거래에 끌어들이려는 매매유인의 목적이 없거나 입증되지 않은 때에는, 허수호가 제출 등으로 시세를 변동시키는 행위일지라도 시세 조종으로 처벌되지 않았다.

그러나 개정「자본시장법」은 과다한 허수호가 제출 또는 반복적인 호가 정정·취소행위로 시세 등에 부당한 영향을 미치거나 미칠 우려가 있는 행위도 시장질서 교란행위로서 과징금을 부과하도록 하였다.

이때 시세 등에 부당한 영향을 미치는지 여부는 거래량, 호가의 빈도·규모, 시장상황 및 기타 사정을 종합적으로 고려하여 정상적인 수요·공급 원칙에 따른 가격 결정을 저해하거나 할 우려가 있는지를 살펴 판단하여야 한다.

따라서 앞으로는 매매 유인의 목적을 불문하고 적정가에 비하여 상당한 괴리를 보이는 호가로서 체결가능성이 희박한 고가 매도호가 및 저가 매수호가를 대량으로 제출하거나 반복적으로 정정·취소하는 행위, 데이트레이딩을 이용하여 단기간에 반복적으로 직전가 대비 높은 주문을 낸 뒤 매도 후 주문을 취소하는 행위, 과실로 인한 시스템 에러 발생으로 과다한 허수호가가 이루어진 경우 등도 시세 등에 부당한 영향을 미치거나 미칠 우려가 있는 경우에 규제대상이 될 수 있다.

2)「자본시장법」제178조의2 제2항 제2호 해당 행위[2029]

시장관여형 시장질서 교란행위의 규제대상 행위로는 두 번째는 권리의 이전을 목적으로 하지 아니하는 거짓으로 꾸민 매매를 하여 시세에 부당한 영향을 주거나 줄 우려가 있는 행위이다.(「자본시장법」제178조의2 제2항 제2호)(**일명, 가장매매**)

기존「자본시장법」은 '타인으로 하여금 그 거래가 성황을 이루고 있는 듯이 잘못 알게 하

2027 구체적으로 ①~③의 행위로 시세에 부당한 영향을 주거나 줄 우려가 있는 경우, ④의 행위로 수요·공급사항에 대한 오해를 유발하거나 가격을 왜곡할 우려가 있는 경우를 말한다.

2028 김용범, 전게서, 2017, 1056면. 금융위원회,「안전한 자본시장 이용법」, 2015.5.8., 50~51면.

2029 김용범, 전게서, 2017, 1057면. 금융위원회,「안전한 자본시장 이용법」, 2015. 5. 8., 51~52면.

거나, 기타 타인으로 하여금 그릇된 판단을 하게 할 목적'이 있는 가장매매(형식적으로는 매매거래의 외형을 갖추고 있으나, 실질적으로는 권리의 이전을 목적으로 하지 않는 매매)만을 처벌하여 왔다.

그러므로 타인을 오인케 할 목적은 없었으나 시세에 부당하게 영향을 주는 가장매매도 과징금 부과대상이 되며, 나아가 첨단 금융거래기법인 알고리즘 거래(사전에 입력한 특정 요건을 만족하면 자동으로 매매가 체결되는 거래 형태)나 고빈도거래(컴퓨터프로그램을 활용하여 실시간으로 데이터를 처리하여 수십만 건의 거래를 일순간에 처리하는 거래 형태) 등을 활용한 가장매매로 시세에 부당한 영향을 주는 경우에도 시장질서 교란행위에 해당할 수 있다.

예를 들어, 여러 트레이더와 알고리즘 프로그램에 의한 다량의 호가 제출과정에서 취소하지 못한 미체결 호가 등이 신규제출 호가와 교차체결되어 발생하였으나 일정한 한도를 벗어나 시세에 부당한 영향을 미쳤다면 동 조항에 따라 규제될 수 있다.

3) 「자본시장법」 제178조의2 제2항 제3호 해당 행위[2030]

시장관여형 시장질서 교란행위의 규제대상 행위 세 번째는 손익이전 또는 조세회피 목적으로 자기가 매매하는 것과 같은 시기에 그와 같은 가격 또는 약정수치로 타인이 그 증권 또는 장내 파생상품을 매수할 것을 사전에 그 자와 서로 짠 후 매매하여 시세에 부당한 영향을 주거나 영향을 줄 우려가 있는 행위이다.(「자본시장법」 제178조의2 제2항 제3호)(일명. 통정매매)

기존 「자본시장법」은 '타인으로 하여금 그 거래가 성황을 이루고 있는 듯이 잘못 알게 하거나, 기타 타인으로 하여금 그릇된 판단을 하게 할 목적'의 통정매매(자기가 매매하는 것과 같은 시기에 그와 같은 가격 또는 약정수치로 타인이 그 증권 등을 매매할 것을 사전에 짠 후 매매하는 행위)를 금지하였다.

그러나 개정 「자본시장법」은 위와 같은 타인을 오인케 할 목적 등이 없더라도, '손익 이전 또는 조세 회피 목적'으로 시장참여자 간에 통정매매를 하여 그 매매행위로 시세에 부당한 영향을 주거나 영향을 줄 우려가 있는 경우에는 시장질서 교란행위로 규제하도록 하였다.

사례 1 _____

손익이전 목적 시장질서 교란행위[2031]

① 증권사 직원이 고객의 위탁계좌를 관리하던 중 손실이 과다하게 발생하자 그 특정계좌의 손실을 보전하기 위하여 해당 계좌에서 주식을 시가보다 높은 가격으로 매도 주문을 내고 다른 고객의 계좌에서 이를 매수하는 통정매매를 반복적으로 하여 계좌 간 손익을 이전시킨 경우
② 계열회사의 주식을 고가에 매수함으로써 회사의 이익을 계열회사로 이전시킨 경우

사례 2 _____

2030 김용범, 전게서, 2017, 1057면. 금융위원회, 「안전한 자본시장 이용법」, 2015.5.8., 52~53면.

2031 김용범, 전게서, 2017, 1058면. 금융위원회, 「안전한 자본시장 이용법」, 2015.5.8., 53면, 김정수, 최동렬, 「시세조종 관련 시장질서 교란행위」, 「자본시장법」세미나교재, 2015.5.28., 52면.

조세회피 목적 시장질서 교란행위[2032]

① 거래가 상대적으로 뜸하여 적정가격을 알기 어려운 금융투자상품을 매도자와 매수자 간에 터무니없이 높거나 낮은 가격에 서로 짜고 반복적으로 거래함으로써 조세부담 없이 대량의 자금을 이전한 경우

② 「소득세법」상 대주주가 양도소득세 감면을 위하여 차명으로 거래하거나 통정하여 거래한 경우

4) 「자본시장법」 제178조의2 제2항 제4호 해당 행위[2033]

시장관여형 시장질서 교란행위의 규제대상 행위로 네 번째는 풍문의 유포, 위계 사용 등으로 사장증권 또는 장내파생상품의 수요·공급 상황이나 그 가격에 대하여 타인에게 잘못된 판단이나 오해를 유발하거나 그 가격을 왜곡할 우려가 있는 행위이다.(「자본시장법」 제178조의2 제2항 제4호)(일명, 풍문 유포 및 위계 사용)

기존 「자본시장법」은 시세조종행위로 '매매 유인 목적의 시세조작 사실 유포행위 및 중요한 사실에 관해 거짓 또는 오해를 유발하는 표시행위'를 하거나, 부정거래로 '매매·시세변동 목적의 풍문 유포, 위계의 사용, 폭행 또는 협박'을 하는 경우에 제한적으로 처벌하여 왔다.

그러나 개정 「자본시장법」은 그 목적을 불문하고 '풍문의 유포, 위계 사용 등으로 상장증권 또는 장내파생상품의 수요·공급 상황이나 그 가격에 대하여 타인에게 잘못된 판단이나 오해를 유발하거나 그 가격을 왜곡할 우려가 있는 행위'를 시장질서 교란행위로 보아 그 범위를 포괄적으로 규정하였다.

따라서 매매유인이나 시세변동의 목적이 없더라도 풍문(일반적으로 정확하지 않은 사실이 마치 사실인 양 퍼뜨리는 것)을 유포하거나 위계(거래 상대방이나 일반투자자를 오인, 착각하게 하는 수단이나 계략)을 사용하여 증권의 수급상황이나 가격에 대하여 투자자가 오인하게 하거나 가격을 왜곡할 우려가 있다면 규제대상이 된다.

예를 들어 매매유인 등의 목적이 없이 증권 포털게시판이나 인터넷 메신저 등에서 거짓 소문을 퍼뜨린 경우에도, 기존에는 목적성이 없는 행위이므로 처벌받지 않았지만, 앞으로는 그 행위가 투자자를 오인하게 하거나 가격을 왜곡할 우려가 있다면 과징금의 부과대상이다.

5. 시장질서 교란행위에 대한 제재[2034]

현행 「자본시장법」은 '시장질서 교란행위의 금지 규정'(법 제178조의2)을 위반한 자에 대하여는 5억 원 이하의 과징금을 부과할 수 있다. 다만, 그 행위와 관련된 거래로 얻은 이익(미실현 이익을 포함한다) 또는 이로 인하여 회피한 손실액에 1.5배에 해당하는 금액이 5억 원을 초과하는 경우에는 그 이익 또는 회피한 손실액의 1.5배에 상당하는 금액 이하의 과징금을 부과할 수 있다.(「자본시장법」 제429조의2)

2032 김용범, 전게서, 2017, 1058면. 금융위원회, 전게서, 2015.5.8., 53면, 최동렬, 전게교재, 2015.5.28., 52면.

2033 김용범, 전게서, 2017, 1058면. 금융위원회, 「안전한 자본시장 이용법」, 2015.5.8., 53~54면.

2034 김용범, 전게서, 2017, 1059면. 금융위원회, 「안전한 자본시장 이용법」, 2015.5.8., 54~55면.

예를 들어 시장질서 교란행위와 관련된 주식거래로 2억 원의 이익을 얻었다면, 5억 원 이하의 과징금을 부과할 수 있다. 그런데 만일 해당 행위로 총 4억 원의 이익을 얻었다면, 그 1.5배인 6억 원이 5억 원을 초과하므로, 이 경우 6억 원 이하의 과징금을 부과할 수 있다. 이처럼 과징금 부과금액은 부당이득 규모에 따라 그 상한액이 없이 이익 또는 회피한 손실액의 1.5배의 금액 이하로 부과하도록 하여, 행위의 중대성에 상응하는 제재와 부당 이득의 효율적인 환수가 가능하도록 하였다.

6. 시장질서 교란행위 연관 의문사항

가. 기존 불공정거래행위와의 중복제재 여부[2035]

개정 「자본시장법」은 시장질서교란행위 조항에서 형사 범죄로서 불공정거래행위 유형은 제외하고 있다. 따라서 기존의 불공정거래행위는 여전히 형사 범죄로 처벌받고, 이에 포섭되지 않지만 시장의 건전성을 해치는 행위에 대하여는 과징금을 부과하게 된다.

다시 말하면 형사 제재와 과징금 처분이 중복될 우려는 없다. 해당행위가 미공개중요정보 이용, 시세조종행위, 부정거래행위 등 기존 불공정거래행위에 해당하는 경우에는 과징금을 부과하지 않고 기존 규제를 적용하여 형사제재하게 된다.

또한 조사과정에서 과징금 부과대상이라고 판단한 경우라도, 증권선물위원회의 심의과정에서 오히려 기존 불공정거래행위 위반 혐의를 인정할 수 있다고 판단되면 과징금을 부과하지 않고 해당 내용을 사법당국에 통보하게 된다.

나. 위반행위와 관련된 거래로 얻은 이익의 의미[2036]

시장질서 교란행위 위반행위와 관련된 거래로 얻은 이익은 매매차익과 같은 실현 이득뿐 아니라 현실화되지 않은 미실현 이득 등도 모두 포함하는 포괄적 개념[2037]이다. 또한 이득이 아니라 회피한 손실도 부당이득에 준하여 과징금 산정의 기준이 된다.

예를 들어 시장질서 교란행위에서 금지되는 정보를 이용하여 정보공개 전에 미리 매수한 주식을 정보공개 후에도 매도하지 않고 상당기간 보유한 경우 부당이득금액(미실현이익)은 정보공개 후 특정시점의 주가와 매수단가와의 차이로 계산하게 된다.

또한 악재성 정보를 이용하여 보유주식을 매도한 경우 정보공개 후 특정시점의 주가와 매도단가와의 차이로 회피손실금액을 계산한다. 즉, 여기서 부당이득은 단순한 매매차익을 의미하는 것이 아니라, 미실현 이익이나 회피손실까지를 모두 포함하는 개념이다.

* 관련법규 : 「자본시장법」 제429조의2.

2035 김용범, 전게서, 2017, 1060면. 금융위원회, 「안전한 자본시장 이용법」, 2015.5.8., 95면.

2036 김용범, 전게서, 2017, 1060면. 금융위원회, 「안전한 자본시장 이용법」, 2015.5.8., 96면.

2037 대법원, 2002.7.22. 선고, 2002도1696 판결. 김용범, 전게서, 2017, 1060면.

다. 과징금 한도[2038]

시장질서 교란행위에 대한 과징금의 상한(한도)은 없다. 증권선물위원회는 부당이득금액(미실현이익, 회피손실 포함)의 1.5배에 해당하는 금액이 5억 원 이하일 경우에는 5억 원을 한도로 과징금을 부과한다. 다만 부당이득 금액의 1.5배가 5억 원을 초과하는 경우에는 부당이득금액의 1.5배까지 과징금을 부과할 수 있다.

예를 들어 미공개시장정보를 이용하여 4억 원의 부당이득금액이 발생하였다면 6억 원(4억 원 X 1.5)까지 과징금을 부과할 수 있고, 10억 원의 부당이득금액이 발생하였다면 15억 원까지 과징금을 부과할 수 있다.(『자본시장법』 제429조의2)

라. 과실에 의한 시장질서 교란행위[2039]

현행 『자본시장법』은 시장질서 교란행위의 경우 기존 불공정거래 규제에서 요구하는 고의 또는 목적 등이 없거나 명백하게 입증되지 않더라도, 그 행위 결과 시세에 부당한 영향을 미치거나 줄 우려가 있다고 인정된다면 행정벌인 과징금이 부과될 수 있다.

이는 시장의 건전한 질서에 막대한 해를 끼쳤음에도 그 행위가 고의가 명백히 입증되지 않았다거나 과실에서 비롯되었다는 이유로 제재를 하지 않는다면 건전한 시장질서유지와 투자자보호를 위한 시장질서 교란행위 규제제도가 유명무실화 될 우려가 있기 때문이다.

따라서, 단순 실수에 따른 것이나 위법성 인식이 낮은 경우 등이라 하더라도 시장질서 교란행위에 해당될 수 있어 주의가 필요하다.(관련법규: 『자본시장법』 제429조의2)

마. 기관 간 공조[2040]

개정 『자본시장법』 시장질서 교란행위를 형사범죄로서의 불공정거래와 구분하여 별도 요건을 두고 제재도 과징금만 부과할 수 있도록 하는 등 형별과 별도의 행정처분으로 하였지만, 이 두 규제체계가 그렇게 명확히 구분되기는 쉽지 않을 것이다.

특히, 형사범죄로서의 내부자거래와 미공개정보 이용 교란행위가 구성요건상 엄격히 구분되는 것과 달리, 시세조종성 교란행위의 경우는 목적성만 없는 시세조종행위이기 때문에 외형상 구분이 어려워서, 사법당국의 형사적 절차에 따라 처리되어야 할 행위조차 금융당국의 행정처분으로 종료되어 면죄부를 줄 우려가 있다는 비판도 있다.

이런 관점에서 개정 『자본시장법』은 금융당국과 사법당국의 기관 간 공조를 요구하고 있다. 『자본시장법』 제178조의3은 증권선물위원회가 시세조종교란행위에 대하여 과징금을 부과할 경우, 형사범죄로서의 시세조종행위에 해당할 여지가 있다고 인정하는 경우에는 검찰총장에게 통보하도록 하고 있다.

또한 검찰총장이 시세조종성 시장질서교란행위 금지규정을 위반한 자를 소추하기 위해

2038 김용범, 전게서, 2017, 1060면. 금융위원회, 「안전한 자본시장 이용법」, 2015.5.8., 97면.

2039 김용범, 전게서, 2017, 1061면. 금융위원회, 「안전한 자본시장 이용법」, 2015.5.8., 98면.

2040 김용범, 전게서, 2017, 1061면. 성의활, 전게논문, 상장회사감사회 Auditor Journal 제182권, 2015.2., 7면.

금융당국에 관련 정보를 요구하는 경우에는 이를 제공할 수 있도록 하였다.

VI. 단기매매차익 거래

1. 내부자거래 규제 개관

가. 의의

내부자거래(insider trading)란 소위 정보의 비대칭을 이용하는 행위로, 회사 내부자가 자신의 지위와 관련하여 지득한 미공개의 중요한 회사정보를 이용하여 회사증권을 거래하는 행위를 말한다.[2041]

「자본시장법」은 주권상장법인의 주요주주, 임직원 기타 회사와 일정한 관계에 있는 자가 회사의 업무 등에 관한 미공개중요정보를 특정증권 등의 매매에 이용하거나 타인으로 하여금 이용하게 하는 행위를 규제한다.

나. 규제의 이론적 근거[2042]

내부자거래 규제의 이론적 근거는 크게 '정보소유이론', '신인의무이론', '정보유용이론' 등으로 나누어 볼 수 있다.

① 정보소유이론(Possession Theory ; Abstain or Disclose Rule)[2043]

정보소유이론은 다른 투자자가 가지지 못한 미공개회사정보를 보유한 것만으로 내부 정보공시의무를 위반했다고 보며, 정보에 접근할 수 있는 '관계'와 정보접근의 '불평등성'의 존재가 필요하다. 따라서 내부자뿐만 아니라 내부정보를 소유한 자에게도 내부자거래 규제범위가 확대된다.

② 신인의무이론(信忍義務理論 ; Fiduciary Duty Theory)[2044]

신인의무이론은 회사와 정보이용자 간에 믿음과 신뢰의 관계의 존재가 필요하다고 보며, 따라서 외부자의 정보이용을 처벌하기 곤란하며 자연스럽게 정보소유이론에 비하여 규제대상이 축소되게 된다.

③ 정보유용이론(Misappropriation Theory)[2045]

정보유용이론은 미공개 내부정보원 자체에 대한 신인의무가 존재한다고 보므로, 공개매수와 관련된 사건에서 형사책임 부과에 유용하다.

2041 김용범, 전게서, 2017, 1062면. 김병연 외 2인, 「자본시장법」, 박영사, 2015, 349면.

2042 김용범, 전게서, 2017, 1063면. 김병연 외 2인, 전게서, 박영사, 2015, 351면.

2043 In the Matter of Cady, Roberts &Co., 40 SEC 907(1961) 과 SEC v. Texas Gulf Sulphur Co., 401F.2d 833(2d Cir. 1968)

2044 Chiarella v. U. S., 445 U. S. 222(1980); Dirks v. SEC, 463 U. S. 646(1983).

2045 United States v. O'Hagan, 521 U. S. 642 (1997).

2. 단기매매차익 반환제도의 개요[2046]

단기매매차익 반환제도는 주권상장법인의 임·직원(재무·회계·기획·연구개발·공시 등에 종사하는 직원으로 한정)과 주요주주가 특정증권 등을 매수한 후 6개월 이내에 매도하거나, 매도한 후 6개월 이내에 매수하여 이익이 발생한 경우 해당회사가 동 차익에 대해 반환청구를 할 수 있도록 한 제도이다.(『자본시장법』 제172조 제1항)

이 제도의 취지는 주권상장법인의 임·직원 또는 주요주주가 일반인에게 공개되지 않은 미공개정보를 이용하여 발행회사 주식 등을 거래함으로써 부당이익을 취득할 가능성을 사전에 예방하기 위한 것이다.

특정증권 등에는 해당법인이 발행한 주권, 신주인수권증서, 전환사채권, 신주인수권부사채권, 이익참가부사채권, 교환사채권 등이 포함되며, 미공개 내부정보의 이용 여부를 불문하고 6개월 이내의 매매로 발생한 이익은 반환 대상이 된다.

이에 대하여 법원은 단기매매차익 반환제도에 대하여 주권상장법인의 내부자가 6개월 이내의 단기간에 그 법인의 주식 등을 사고파는 경우 미공개 내부정보를 이용하였을 개연성이 크다는 점에서 "거래 자체는 허용하되 그 대신 내부자가 실제로 미공개 내부정보를 이용하였는지 여부나 내부자에게 내부정보를 이용하여 이득을 취하려는 의사가 있었는지 여부를 묻지 않고 내부자로 하여금 그 거래로 얻은 이익을 법인에 반환하도록 하는 엄격한 책임을 인정함으로써 내부자가 미공개정보를 이용하여 법인의 주식 등을 거래하는 행위를 간접적으로 규제"하려는 제도라고 보고 있다.[2047]

3. 단기매매차익 반환제도의 내용

가. 의의

단기매매차익이란 주권상장법인의 임·직원 또는 주요주주가 그 법인의 특정증권 등을 매수한 뒤 6개월 이내에 매도하거나, 매도한 후 6개월 이내에 매수하여 얻은 이익을 말한다.[2048] 미공개 내부정보의 이용 여부를 불문하고 6개월 이내의 매매로 발생한 이익이 반환대상이 된다.

나. 적용대상증권[2049]

단기매매차익 반환규정의 적용대상 유가증권은 '특정증권 등'으로 '임원·주요주주 특정증권 등 소유상황보고'의 보고대상이 되는 특정증권과 동일하다.(『자본시장법』 제172조 제1항)

단기매매차익 반환규정의 적용대상 증권도 도입초기에는 공매도금지의 경우와 동일하게 주식에 한정되어 있었으나, 후에 공매도금지 대상의 확대에 맞추어 확대되다가, 「자본시장

2046 김용범, 전게서, 2017, 1063면. 금융감독원, 『금융감독용어사전』, 2011.2.
2047 김용범, 전게서, 2017, 1064면. 대법원. 2007.11.30. 선고. 2007다24459 판결.
2048 김용범, 전게서, 2017, 1064면. 김병연 외 2인, 『자본시장법』, 박영사, 2015, 352면.
2049 김용범, 전게서, 2017, 1064면. 김병연 외 2인, 『자본시장법』, 박영사, 2015, 352~353면.

법」 제정으로 내부자거래 금지대상증권으로 그 범위가 매우 확대되었다.

다음은 단기매매차익 반환규정의 적용대상이 되는 특정증권의 범위이다.(「자본시장법」 제172조 제1항 각호)

단기매매차익 반환규정 적용대상 특정증권의 범위

① 주권상장법인이 발행한 증권
② 주권상장법인이 발행한 증권과 관련된 증권예탁증권
③ 주권상장법인 이외의 자가 발행한 것으로서 이상의 증권과 교환을 청구할 수 있는 교환사채권
④ 이상의 증권만을 기초자산으로 하는 금융투자상품

위의 제④호에 의하여 그 법인이 발행한 주식 등을 기초자산으로 하는 선물, 옵션 등 파생상품도 적용대상에 포함된다. 다만 그 법인이 발행한 증권과 관련하여 「자본시장법시행령」은 재무증권(전환사채권, 신주인수권부사채권, 이익참가부사채권, 교환사채권제외), 수익증권, 일정한 파생결합증권[2050]은 제외하고 있다.(「자본시장법시행령」 제196조)

다. 차익반환의무자[2051]

단기매매차익 반환의무자는 내부자거래 금지대상자와 같이 주권상장법인의 임원(업무집행지시자 등을 포함)·직원(직무상 미공개중요정보를 알 수 있는 자로 한정) 또는 주요주주 이다.(「자본시장법」 제172조)

1) 임원과 직원

임원과 직원은 내부자거래 금지대상 임원과 직원을 의미한다. 임원 경우 사외 이사는 당연히 포함되고, 「상법」상의 업무집행지시자 등(「상법」 제401조의2 제1항)과 집행임원도 포함된다. 이에는 자연인은 물론 법인의 지배회사도 포함된다.[2052]

직원 중에는 직무와 지위에 따라 내부정보와 무관한 자가 있을 수 있으므로, 「(舊)증권거래법」과 다르게 직원을 일률적으로 적용대상으로 하지 않고 있다. 「(舊)증권거래법」과 달리 「자본시장법」은 단기매매차익반환의무자의 범위를 기존의 모든 직원에서 미공개정보의 접근 가능성이 높은 직원으로 한정하였다.

이와 관련하여 「자본시장법시행령」은 직원 중 주요사항보고서에 포함되는 사항(「자본시장법」 제161조 제1항)의 수립·변경·추진·공시 그 밖에 이에 관련된 업무에 종사하고 있는 직원(「동법 시행령」 제194조 제1호), 그 법인의 재무·회계·기획·연구 개발에 관련된 업무에 종사하

2050 **파생결합증권**이란 유가증권과 파생금융상품이 결합한 형태의 증권으로 기초자산의 가치변동에 따라 수익이 결정된다. 기초자산은 주가지수, 이자율, 통화(환율)뿐 아니라 금, 원유, 구리, 철강, 곡물, 부동산 등의 실물자산들도 기초자산의 대상이 된다. 따라서 주가, 환율, 금리 등 기초자산의 움직임에 따라 일정수익을 지급한다.

2051 김용범, 전게서, 2017, 1065면. 김병연 외 2인, 「자본시장법」, 박영사, 2015, 353~355면.

2052 대법원. 2006.8.25. 선고. 2004다26119 판결. 김용범, 전게서, 2017, 1065면.

고 있는 직원(「동법 시행령」 제194조 제2호)만을 단기매매 차익 반환의무자로 한다.(「동법 시행령」 제194조)[2053]

주요주주의 경우에는 매수와 매도 양 시점에 모두 주요주주의 지위에 있어야 하나, 임원·직원의 경우 매도나 매수 어느 한 시점에 임·직원인 자는 단기매매차익 반환대상이므로 퇴사 후에도 차익 반환의무가 발생한다.[2054] 그러나 임직원이 퇴임한 후 주식을 매수하였다가 매도한 경우에는 이익반환의무가 발생하지 않는다.[2055]

2) 주요주주

「자본시장법」상 **주요주주**란 「금융지배구조법」 제2조 제6호의 주요주주를 의미한다. 이 경우 금융회사는 법인으로 본다.(「자본시장법」 제9조 제1항) 즉, 주요주주는 누구의 명의로 하든지 자기의 계산으로 의결권 있는 발행주식총수의 10% 이상의 주식(그 주식과 관련된 증권예탁증권을 포함)소유한 자와 임원의 임면 등의 방법으로 법인의 중요한 경영사항에 대하여 사실상 영향력을 행사하고 있는 주주*도 포함한다.(「금융지배구조법」 제2조 제6호 나목)

사실상의 지배주주(「금융지배구조법시행령」 제4조)*

1) 혼자서 또는 다른 주주와의 합의·계약 등에 따라 대표이사 또는 이사의 과반수를 선임한 주주

2) 다음 각 목의 구분에 따른 주주

가) 금융회사가 자본시장법상 금융투자업(겸업투자업자는 제외)자인 경우

① 금융투자업자가 자본시장법에 따른 투자자문업, 투자일임업, 집합투자업, 집합투자증권에 한정된 투자매매업·투자중개업 또는 온라인소액투자중개업 외의 다른 금융투자업을 겸업하지 아니하는 경우 : 임원(상법 제401조의2 제1항 각호의 자를 포함)인 주주로서 의결권 있는 발행주식총수의 5% 이상을 소유하는 사람

② 금융투자업자가 자본시장법에 따른 투자자문업, 투자일임업, 집합투자업, 집합투자증권에 한정된 투자매매업·투자중개업 또는 온라인소액투자중개업 외의 다른 금융투자업을 영위하는 경우 : 임원(상법 제401조의2 제1항 각호의 자를 포함)인 주주로서 의결권 있는 발행주식총수의 1% 이상을 소유하는 사람

나) 금융회사가 투자업자가 아닌 경우

금융회사(금융지주회사인 경우 그 금융지주회사의 금융지주회사법 제2조 제1항 제2호 및 제3호에 따른 자회사 및 손자회사를 포함)의 경영전략·조직 변경 등 주요 의사결정이나 업무집행에 지배적인 영향력을 행사한다고 인정되는 자로서 금융위원회가 정하여 고시하는 주주

2053 미국의 경우는 종류별 증권의 10% 이상의 실질주주, 이사 및 임원 등이 적용대상이고, 우리나라와 달리 직원은 그 대상이 아니다. 일본에서도 직원은 반환의무자가 아니다.

2054 김용범, 전게서, 2017, 1066면. 김병연 외, 전게서, 2015, 354면. 대법원, 2008.3.13. 선고, 2006다 73218. 판결. 임재연, 전게서, 2019, 831면.

2055 김용범, 전게서, 2017, 1066면. 김병연 외 2인, 「자본시장법」, 박영사, 2015, 354면.

그러나 주요주주는 임직원의 경우와 달리 매도·매수한 시기 중 어느 한 시기에 주요주주가 아닌 경우에는 단기매매차익 반환의무를 부담하지 않는다.(「자본시장법」 제172조 제6항) 따라서 증권의 매매로 인하여 10%를 초과하게 되거나 미달하게 되었을 때에는 반환의무를 부담하는 실질적 소유자로 보지 않는다.[2056]

3) 투자매매업자

내부자의 단기매매차익 반환의무는 투자매매업자가 인수계약을 체결한 날부터 3개월 이내에 매수 또는 매도하여 그날부터 6개월 이내에 매도 또는 매수하는 경우(주식매수 선택권의 행사에 따라 주식을 취득한 경우에는 제외)에 준용한다.(「자본시장법」 제172조 제7항 및 「동법시행령」 제199조)

투자매매업자가 안정조작이나 시장조성을 위하여 매수·매도 또는 매도·매수하는 경우는 제외되나, 해당 안정조작이나 시장조성 기간 내에 매수 또는 매도하여 그날부터 6개월 이내에 매도 또는 매수하는 경우(「자본시장법」 제198조 제3호의 경우는 제외한다)에는 단기매매차익 반환의무가 준용된다.(「자본시장법」 제172조 제7항 및 「동법시행령」 제199조)

라. 적용대상 거래[2057]

1) 적용대상인 거래

적용대상거래는 주권상장법인의 임원, 직원 또는 주요주주가 앞에서 설명한 단기매매차익반환제도의 적용대상 금융투자상품을 매수한 후 6개월 이내에 매도하거나 특정 증권 등을 매도한 후 6개월 이내에 매수하여 이익을 얻는 거래를 말한다.(「자본시장법」 제172조 제1항)

2) 적용대상이 아닌 거래

내부자의 단기매매차익 반환규제는 주요주주가 매도·매수한 시기 중 어느 한 시기에 있어서 주요주주가 아닌 경우이거나 또는 임직원 또는 주요주주로서 행한 매도 또는 매수의 성격, 그 밖의 사정 등을 고려하여 상속이나 증여에 의한 무상취득, 주식배당, 주식분할이나 주식병합 같은 「자본시장법시행령」이 정하는 비자발적 거래에는 적용하지 아니한다.(「자본시장법」 제172조 제6항 및 「동법시행령」 제198조)

「동법시행령」이 정하는 이러한 예외사유는 한정적으로 열거된 것이므로, 「동법시행령」에서 정하지 않은 경우에는 반환책임의 예외사유로 인정되지 않으며, 헌법재판소도 예외사유를 「자본시장법시행령」에 한정적으로 규정한 점에 대해 합헌이라고 선언하였다.

단기매매차익 반환규제의 적용제외 거래

① 법령에 따라 불가피하게 매수하거나 매도하는 경우

2056   김용범, 전게서, 2017, 1066면.

2057   김용범, 전게서, 2017, 1067면. 김병연 외 2인, 「자본시장법」, 박영사, 2015, 355~357면.

② 정부의 허가·인가·승인 등이나 문서에 의한 지도·권고에 따라 매수하거나 매도하는 경우

③ 안정조작이나 시장조성을 위하여 매수·매도 또는 매도·매수하는 경우

④ 모집·사모·매출하는 특정증권 등의 인수에 따라 취득하거나 인수한 특정 증권 등을 처분하는 경우

⑤ 주식매수선택권의 행사에 따라 주식을 취득하는 경우

⑥ 이미 소유하고 있는 지분증권, 신주인수권이 표시된 것, 전환사채권 또는 신주인수권부사채권의 권리행사에 따라 주식을 취득하는 경우

⑦ 법 제172조 제1항 제2호에 따라 증권예탁증권의 예탁계약해지에 따라 법 제172조 제1항 제1호에 따른 증권을 취득하는 경우

⑧ 법 제172조 제1항 제1호에 따른 증권 중 제196조 제1호 라목에 따른 교환사채권 또는 법 제172조 제1항 제3호에 따른 교환사채권의 권리행사에 따라 증권을 취득하는 경우

⑨ 모집·매출하는 특정증권 등의 청약에 따라 취득하는 경우

⑩ 「근로복지기본법」 제38조에 따라 우리사주 조합원에게 우선 배정된 주식의 청약에 따라 취득하는 경우

⑪ 주식매수청구권의 행사에 따라 주식을 처분하는 경우

⑫ 공개매수에 응모함에 따라 주식 등을 처분하는 경우

⑬ 그 밖에 미공개주요정보를 이용할 염려가 없는 경우로서 증권선물위원회가 인정하는 경우

그러나 단기매매차익 반환제도의 입법목적, 「자본시장법시행령」 제198조에 정해진 예외사유의 성격 그리고 「헌법」 제23조가 정하는 재산권 보장의 취지를 고려하면, 「동법시행령」 제198조의6에서 정한 예외사유에 해당하지 않더라도 객관적으로 볼 때, 애당초 내부정보의 이용가능성이 객관적으로 전혀 없는 유형의 거래에 대하여는 「동법」 제172조가 적용되지 않는다고 해석하여야 한다.[2058]

마. 반환절차

증권선물위원회는 단기매매차익의 발생사실을 알게 된 경우 해당 법인에 이를 통보해야 하며, 이 경우 그 법인은 통보받은 내용을 인터넷 홈페이지 등을 이용하여 공시할 의무를 부담한다.(「자본시장법」 제172조 제3항)

해당 법인이 단기매매차익에 관한 반환청구권을 가지나, 해당 법인의 주주(주권 외의 지분증권 또는 증권예탁증권을 소유한 자를 포함한다)도 단기매매차익을 얻은 자에게 단기매매차익의 반환청구를 하도록 해당 법인에게 요구할 수 있다.(「자본시장법」 제172조 제1항 및 제2항 전문)

해당 법인이 요구받은 날로부터 2개월 이내에 그 청구를 하지 않은 경우에는 그 주주는 그 법인을 대위(代位)[2059]하여 그 청구를 할 수 있다.(「자본시장법」 제172조 제2항 후문) 단기매매

2058 김용범, 전게서, 2017, 1068면. 대법원. 2004.5.28. 선고. 2003다60396 판결.

2059 대위(代位)란 제3자가 다른 사람의 법률적 지위를 대신하여 그가 가진 권리를 얻거나 행사하는 일, 채권자가 채무자의 권리를 대신 행사하는 일 따위이다.

차익은 그 이득을 취득한 날부터 2년 이내에 행사하지 아니한 경우에는 소멸한다.(「자본시장법」 제172조 제5항)

4. 매매차익 산정기준[2060]

가. 단기매매차익의 산정

「자본시장법」은 「선입선출법」에 의하여 매수한 순서와 매도한 순서를 맞추어 순서대로 매도가격에서 매수가격을 공제하여 차액을 산정하도록 하고 있다.(「자본시장법 시행령」 제195조 제1항~제4항)

참고 1 _____

단기매매차익 산정례[2061]

단기매매차익 = (매도단가 − 매수단가) × 매매일치수량* − (매매거래수수료 + 증권거래세액 ÷ 농어촌특별세액)

*매매일치수량 : 매매수량과 매도수량 중 적은 수량.

과거 6개월 이내에 2회 이상 매수·매도한 경우, 가장 먼저 매수(매도)한 수량과 가장 먼저 매도(매수)한 수량을 대응하여 위의 방법으로 계산한 금액을 이익으로 산정하고, 그다음의 매수·매도수량에 대해서는 대응할 수량이 없어질 때까지 같은 방법을 적용하여 차익을 산정한다.(선입선출법)[2062]

이 경우 대응된 매수분이나 매도분 중 매매일치 수량을 초과하는 수량(잔량)은 해당 매수 또는 매도와 별개의 매수 또는 매도로 보아 대응시킨다.[2063] 차액산정결과 그 금액이 '0' 이하인 경우에는 이익이 없는 것으로 간주하며, 반환대상 단기매매차익을 매수 후 6개월 이내 매도하여 얻은 이익만으로 오해하는 사례가 있으나, 매도 후 6개월 이내 매수하여 얻은 이익도 반환대상이다.

2060 김용범, 전게서, 2017, 1069면. 김병연 외 2인, 「자본시장법」, 박영사, 2015, 357~360면.

2061 김용범, 전게서, 2017, 1069면. 금융감독원, 「기업공시실무안내」, 2013, 304면.

2062 김용범, 전게서, 2017, 1069면. 금융감독원, 「기업공시실무안내」, 2013, 305면.

2063 김용범, 전게서, 2017, 1069면. 금융감독원, 「기업공시실무안내」, 2013, 305면.

나. 동종증권 간 단기매매차익의

참고 2

동종증권 간 단기매매차익 산정례 : 선입선출법의 적용[2064]

1. 사례

1월	9월	10월	12월
장내 매수	장내 매도	장내 매수	장내 매도
200주	100주	200주	50주
(@500원)	(@700원)	(@600원)	(@800원)

※1월 매수는 6개월 이내에 발생한 매매가 아니므로 제외하고, 9월, 10월, 12월의 매매를 순차적으로 대응시켜
단기매매차익을 산정한다.

2. 산정방법

① 9월 매도 및 10월 매수 : (700원 − 600원) = 10,000원

(10월 매수 중 9월 매도와 대응하고 남은 100주는 별개 매수로 봄)

② 10월 매수 및 12월 매도 : (800원 − 600원) × 50주 = 10,000원

③ 단기매매차익 = ① + ② = 20,000원

동종증권 간에는 6개월 이내에 다수의 거래가 있는 경우 가장 먼저 매수(매도)한 수량과 가장 먼저
매도(매수)한 수량을 대응하여 순차적으로 적용하되, 6개월이 경과한 매매는 단기매매차익 선정대상
에서 제외된다.

다. 종류 또는 종목이 다른 경우의 단기매매차익 산정방법

참고 3

이종종목의 단기매매차익 산정사례

1. 사례

A는 2010.10.1.자로 보통주 100주를 매수하였다(매수단가 100원, 당시 우선주 종가 80원), 이후
2011.2.10.자로 우선주 50주를 매도하였다.(매도단가 90원, 당시 보통주 종가 120원), 이 경우 A의
단기매매차익은?

2. 산정방법

2064 김용범, 전게서, 2017, 1070면. 금융감독원, 「기업공시실무안내」, 2013, 305면.

① 보통주를 매수한 후 6개월 이내에 우선주를 매도한 날의 보통주 종가 120원을 우선주의 매도단가로 간주하여 산정한다.

② 단기매매차익 = (환산매도단가 120원 – 매수단가 100원) × 50주 = 1,000원[2065]매수 및 매도된 특정증권 등의 종류가 같으나 종목이 다를 경우, 가격환산방법은 ① 매수 후 매도의 경우, 매도한 날의 특정증권 등의 최종 가격을 매도 특정증권 등의 매도 가격으로 간주하며, ② 매도 후 매수의 경우, 매수한 날의 매도 특정증권 등의 최종가격을 매수특정증권 등의 매수가격으로 간주한다.[2066]

라. 경영프리미엄과의 관계

경영권 프리미엄의 양도를 수반하는 주식양도의 경우, 판례[2067]는 지배주식의 매수 후 6개월 이내에 매도 시 그 가격 결정에 반영된 소위 경영권 프리미엄이「(舊)증권거래법」(현재「자본시장법」)상의 단기매매차익으로서 반환할 이익에 포함된다고 본다.

구체적으로 지배주식의 양도와 함께 경영권이 이전하는 경우 지배주식의 양도에 따르는 부수적인 효과에 불과하고 그 양도대금은 지배주식 전체에 대하여 지급되는 것으로서 주식 그 자체의 대가라고 본다.

VII. 공매도 규제

1. 공매도의 의의

일반적으로 **공매도**(short sale)란 매도당시 소유하지 않은 증권을 매도하거나 향후 증권을 차입하여 그 증권으로 결제하고자 하는 매도를 말한다.[2068] 다시 말하면 말 그대로 '없는 걸 판다'란 뜻으로 주식이나 채권을 가지고 있지 않은 상태에서 매도주문을 내는 것을 말한다.[2069] 이렇게 없는 주식이나 채권을 판 후 결제일이 돌아오는 3일 안에 주식이나 채권을 구해 매입자에게 돌려주면 된다.

그러나「자본시장법」에서는 '**공매도**란 해당 청약 또는 주문으로 인하여「자본시장법 시행령」제208조의2 제3항에 따른 해당 증권의 순보유잔고가 음수(-) 값을 가지게 되거나 음수 값을 가진 순보유잔고의 절대값이 증가하게 되는 청약 또는 주문을 말한다.'(「금융투자업규정」제6-30조)라고 규정하고 있다.

공매도는 주가가 떨어질 것을 예상할 때 시세차익을 노리는 방법이다. 대개 특정기업의 주가가 내려갈 것으로 예상할 때 공매도가 활용된다. 예상대로 주가가 내려가면 내려간 가격에 주식을 사서 빌린 주식을 갚아 차익을 얻을 수 있다. 3일 후에 결제대금을 지급하면 되

2065 금융감독원,「기업공시실무안내」, 2013, 305면. 수수료가 있는 경우 해당 수수료는 차익에서 차감.

2066 김용범, 전게서, 2017, 1070면. 금융감독원,「기업공시실무안내」, 2013, 305면.

2067 대법원. 2004.2.13. 선고. 2001다36580 판결.

2068 김용범, 전게서, 2017, 1071면. 김병연 외 2인,「자본시장법」, 박영사, 2015, 441면.

2069 김용범, 전게서, 2017, 1071면. 김환표,「트랜드 지식사전」, 2013.8.5., 전정홍,「네이버캐스트」, 2011.2.28.

는 틈새를 활용한 초단기 매매기법으로, 한 나라의 통화나 어떤 기업의 주가 등이 떨어질 가능성이 엿보이면 공매도 물량이 늘어나는 게 일반적이다.[2070]

공매도가 단순히 주식을 매도한 뒤 되갚는 방식으로만 수익을 노리는 것은 아니다. 오히려 글로벌 헤지펀드들은 공매도를 '**롱쇼트 전략**'에 많이 활용한다. 주식거래에서 **롱(Long)**은 '산다'는 의미이다. 반면 **쇼트(short)**는 포지션을 줄인다는 의미에서 '판다'는 뜻을 담고 있다. 즉 '롱쇼트 전략'이란 주식을 사서 갖는 위험을 주식을 팔아서 없애는 일종의 헤지(hedge) 전략이다. 예를 들어 ○○항공 주식을 사는 대신 ○○○○항공 주식을 공매도해 주가가 떨어질 때의 위험을 회피하는 식이다.[2071]

2. 공매도 제한의 취지

공매도 자체는 불공정한 거래가 개입하지 않는 한 그 자체가 유용한 투자기법이라 할 수 있으나, 일반적인 주식투자자에 비하여 공매도자는 공매도한 증권가격이 하락하면 이익을 얻게 되지만, 공매도한 증권가격이 기대와 달리 상승하면 시장에서 높은 시세대로 사와서 매수상대방에게 증권을 양도해야 하므로 공매도자는 손해를 보게 된다. 또한 주식을 확보하지 못해 결제일에 주식을 입고하지 못하면 결제불이행 사태가 발생할 수도 있다.

공매도를 무한정 허용할 경우 결제불이행에 따른 시스템리스크가 유발될 수 있으며, 이처럼 공매도는 투기성이 짙은데다 미공개중요정보 이용행위, 시세조종행위, 부정거래행위 등 각종 불공정거래행위를 이용하거나 항공사 스카이플릿의 주가를 떨어뜨리기 위해 르쉬프르가 신형비행기를 폭파시키려 불법을 자행하려 했던 것과 같이 주가를 떨어뜨리는 방향으로 시장조작을 벌일 가능성이 높아 국가별로 엄격한 제한을 두는 경우가 많다.[2072]

참고 _____

주요국의 무차입 공매도 법적 제재 수위[2073]

- 미국 : 고의로 무차입 공매도 후 결제 불이행시 500만 달러 이하 벌금 또는 20년 이하 징역
- 홍콩 : 10만 홍콩달러(약 1,450만 원) 이하 벌금 또는 2년 이하 징역.확인의무를 위반한 증권사도 5만 홍콩달러 이하 벌금 또는 1년 이하 징역
- 독일 : 고의 또는 과실로 공매도 관련 규정 위반한 경우 50만 유로(약 6억 5천 만 원)이하 벌금
- 프랑스 : 행정처분(영업정지 포함) 및 1억 유로(약 1,297억 6천만 원) 또는 이득액의 10배까지 벌금(법인의 경우)
- 네덜란드 : 고의 또는 과실로 공매도 관련 규정 위반한 경우 200만 유로(약 26억 원) 이하 벌금

2070 김용범, 전게서, 2017, 1071면. 김환표, 「트랜드 지식사전」, 2013.8.5.

2071 김용범, 전게서, 2017, 1072면. 전정홍, 「네이버캐스트」, 2011.2.28.

2072 김용범, 전게서, 2017, 1072면. 김병연 외 2인, 전게서, 2015, 441면. 임재연, 전게서, 2019, 1009면.

2073 김병욱, 「글로벌 주요국의 무차입 공매도 법적 제재 수위」, 2018.11.29., 국민일보, 14면.

3. 공매도의 유형[2074]

공매도는 크게 두 가지 유형이 있다.

① 무차입 공매도(naked short selling)

하나는 말 그대로 없는 주식을 미리 파는 무차입 공매도이다. 보유하고 있지 않은 주식을 먼저 판 다음 결제일이 오기 전 시장에서 되사 대여자에게 반환하는 과정에서 차익을 얻게 된다.

② 차입 공매도(covered short selling)

또 다른 방식은 빌려온 주식을 매도하는 차입 공매도이다. 기관 등에서 보관시킨 주식을 갖고 있는 한국예탁결제원이나 증권사 등에서 주식을 빌려 매도하는 형태를 가진다. 이 때 주식을 되사 갚는 것을 쇼트커버링(short covering)이라 한다.

엄밀히 말하면 좁은 의미의 공매도는 무차입 공매도일 수 있다. 하지만 우리나라에서는 이처럼 주식 없이 공매도하는 무차입 공매도는 금지돼 있다. 이 때문에 공매도에서는 대주(대차)거래가 함께 활용된다. 시장 하락이 예상될 때 주식을 빌려 매도 규모를 키울 때 주로 활용되기 때문에 공매도와 혼용돼 사용되기도 하지만 같은 개념은 아니다.

대주(대차)거래는 주식을 빌려주는 행위 그 자체를 의미한다. **대주거래**는 증권사를 통해 주식을 빌릴 때, **대차거래**는 주식차입자와 대여자가 장외에서 별도 계약에 따라 주식을 주고받는 거래를 말한다. 개인투자자는 대주거래만 가능하다. 대차거래는 기관투자자에게만 가능하다. 대주(대차)거래로 일단 주식을 빌렸다 하더라도 시장상황에 따라 매도하지 않을 수 있기 때문에 공매도와 반드시 일치하지 않는다.

4. 공매도 규제의 적용대상

「자본시장법」으로 규율되는 공매도의 대상은 증권시장 또는 다자간매매체결회사에서의 매매거래되는 상장증권에 한정되며, 누구든지 ① 소유하지 아니한 상장증권의 매도(naked short sale) 또는 ② 차입한 상장증권으로 결제하고자 하는 매도(covered short sale)를 하거나 그 위탁 또는 수탁을 금지하고 있다.(「자본시장법」 제180조 제1항).

다만, 차입한 상장증권으로 결제하고자하는 매도(이하 "차입공매도"라 한다)에 해당하는 경우로서 증권시장의 안정성과 공정한 가격형성을 위하여 대통령령으로 정하는 방법에 따르는 경우에는 이를 허용하고 있다.(「자본시장법」 제180조 제1항 단서). 그러나 금융위원회는 증권시장의 안정성과 공정한 가격을 저해할 우려가 있는 경우에는 거래소의 요청에 따라 상장증권의 범위, 매매거래의 유형 및 기한 등을 정하여 차입공매도를 제한할 수 있다.(「자본시장법」 제180조 제3항).

가. 공매도 규제대상 유가증권

2074 김용범, 전게서, 2017, 1072면, 전정홍, 「네이버캐스트」, 2011.2.28.

공매도가 금지되는 증권은 상장증권으로서 다음의 증권을 말한다.(「자본시장법시행령」 제208조 제1항) 주식관련사채권을 제외한 모든 채권. 다만 투자계약증권, 파생상품 등은 투자자 보호의 필요성이나 금융투자상품의 특성상 공매도 규제대상이 아니다.[2075]

공매도 규제 적용대상 증권

① 상장증권으로 전환사채권, 신주인수권부사채권, 이익참가부사채권 또는 교환사채권
② 지분 증권　　　　　③ 수익 증권　　　　　④ 파생결합 증권
⑤ 그리고 이상의 증권과 관련된 증권예탁증권

나. 공매도 규제대상 거래자

(구)「증권거래법」상 공매도가 금지되는 자는 주권 상장법인의 임직원 또는 코스닥상장 법인의 임원·직원 또는 주요주주였으나 「자본시장법」에서는 주요주주 등 내부자에 한정하지 않고, 공매도 제한을 받는 거래자를 '누구든지', 즉 모든 투자자로 확대하였다.(「자본시장법」제180조 제1항)

5. 공매도의 예외적 허용

「자본시장법」은 공매도 규제범위가 확대됨에 따라, 소유하고 있지 아니한 상장증권의 매도 또는 차입한 상장증권으로 결제하고자 하는 매도 역시 원칙적으로 공매도로 금지시키면서도 공매도제도는 가격발견기능을 강화하여 시장의 효율성을 제고하는 순기능을 보유하고 있기 때문에 결제불이행 가능성이 적거나 불공정거래가 개입할 가능성이 적은 일정한 경우 공매도를 허용하고 있다.(「자본시장법」 제180조 제2항, 「법시행령」 제208조 제2항)

가. 공매도에 해당하지 않는 경우

「자본시장법」은 증권시장에서 규제의 필요성이 없어서 처음부터 규제대상인 공매도로 보지 않는 경우를 규정하고 있다.(「자본시장법」 제180조 제2항, 「동법시행령」 제208조 제3항)

공매도에 해당하지 않은 거래

1) 증권시장에서 매수계약이 체결된 상장증권을 해당 수량의 범위에서 결제일 전에 매도하는 경우
2) 전환사채·교환사채·신주인수권부사채 등의 권리 행사, 유·무상 증자, 주식 배당 등으로 취득할 주식을 매도하는 경우로서 결제일까지 그 주식이 상장되어 결제가 가능한 경우
3) 그 외에 결제를 이행하지 아니할 우려 없는 경우로서 대통령령으로 정한 경우. 즉, 다음과 같은 매도로서 결제일까지 결제가 가능한 경우

2075　임재연, 전게서, 2019, 1012면.

① 매도주문을 위탁받는 투자중개업자 외의 다른 보관기관에 보관하고 있거나, 그 밖의 방법으로 소유하고 있는 사실이 확인된 상장증권의 매도

② 상장된 집합투자증권의 추가발행에 따라 받게 될 집합투자증권의 매도

③ 「자본시장법」 제234조에 따른 상장지수집합투자증권의 환매청구에 따라 받게 될 상장증권의 매도

④ 증권예탁증권에 대한 예탁계약의 해지로 취득할 상장증권의 매도

⑤ 대여 중인 상장증권 중 반환이 확정된 증권의 매도

⑥ 증권시장 외에서의 매매에 의하여 인도받을 상장증권의 매도

⑦ 「자본시장법 시행령」 제208조 제1항 제1호부터 제4호까지의 증권(공매도 규제 대상 증권)을 예탁하고 취득할 증권예탁증권의 매도

⑧ 그 밖에 계약, 약정 또는 권리행사에 의하여 인도받을 상장증권을 매도하는 경우로서 「증권시장 업무규정」으로 정하는 경우

나. 공매도 규제가 적용되지 않는 경우

증권시장의 안정과 공정한 가격형성을 위하여 「자본시장법」은 일정한 차입 공매도의 경우 이를 허용한다.(「자본시장법」 제180조 제1항 단서) 허용되는 공매도는 법 제393조 제1항에 따른 거래소의 「증권시장 업무규정」에서 정하는 가격으로 다음 각호의 방법에 따라 행하는 공매도이다.(「자본시장법 시행령」 제208조 제2항)

공매도 규제가 적용되지 않은 공매도

1) 투자자(거래소 회원이 아닌 투자매매업자나 투자중개업자를 포함한다)가 거래소의회원인 투자중개업자에게 매도주문을 위탁하는 경우

① 증권의 매도를 위탁하는 투자자는 그 매도가 공매도인지를 투자중개업자에게 알릴 것. 이 경우 그 투자자가 해당 상장법인의 임직원인 경우에는 그 상장법인의 임직원임을 함께 알릴 것.

② 투자중개업자는 투자자로부터 증권의 매도를 위탁받은 경우에는 「증권시장업무 규정」으로 정하는 방법에 따라 그 매도가 공매도인지와 그 공매도에 따른 결제가 가능한 지를 확인할 것.

③ 투자중개업자는 공매도에 따른 결제를 이행하지 아니할 염려가 있는 경우에는 공매도의 위탁을 받거나 증권시장에 공매도 주문을 하지 아니할 것.

④ 투자중개업자는 투자자로부터 공매도를 위탁받은 경우에는 그 매도가 공매도임을 거래소에 알릴 것.

2) 거래소의 회원인 투자매매업자나 투자중개업자가 매도에 관한 청약이나 주문을 내는 경우에는 그 매도가 공매도임을 거래소에 알릴 것.

6. 공매도 거래자의 모집 및 매출에 따른 주식취득 제한

그간 유상증자 계획 공시 후 신주가격 決定 前에 공매도를 활용하여 주식발행 기준가격을 낮추고, 이와 동시에 유상증자에 참여하여 기준가보다 할인된 가격으로 신주를 배정받아

공매도 주식의 상환에 활용하여 손쉽게 큰 차익을 추구하는 등 과도한 차익을 향유하는 유상증자 시 공매도를 활용한 전략이 문제된 바 있다.

금번 2020.12.09. 개정 「자본시장법」에서는 누구든지 증권시장에 상장된 주식에 대한 모집 또는 매출계획이 공시된 이후부터 해당 주식의 모집가액 또는 매출가액이 결정되기 전까지 대통령령으로 정하는 기간 동안 모집 또는 매출 대상 주식과 동일한 종목에 대해 증권시장에서 공매도하거나 공매도 주문을 위탁하는 경우에는 해당 모집 또는 매출에 따른 주식을 취득하지 못하도록 금지하였다.(「자본시장법」 제180조의4)

다만, 공매도 거래자의 모집 및 매출에 따른 주식취득이 모집가액 또는 매출가액의 공정한 가격형성을 저해하지 않는 경우로서 대통령령으로 정하는 경우에는 이를 허용하였다.(「자본시장법」 제180조의4 단서)

7. 차입공매도를 위한 대차거래정보 보관

공매도에 대한 관리를 엄격하게 하기 위하여 2020.12.09. 개정 「자본시장법」은 차입공매도를 목적으로 상장증권의 대차거래 계약을 체결한 자는 계약체결 일시, 종목 및 수량 등 대통령령으로 정하는 대차거래 정보를 대통령으로 정하는 방법으로 5년간 보관토록 하였다.(「자본시장법」 제180조의5 제1항)

또한 「자본시장법」 제180조의5 제1항에 따라 대차거래정보의 보관의무자는 금융위원회 및 거래소가 그 자료의 제출을 요구하는 경우 이를 지체 없이 제출토록 하였다.(「자본시장법」 제180조의5 제2항)

8. 공매도 순보유잔고의 보고

「자본시장법」 제180조 제1항 각호 외의 단서에 따라 상장증권을 차입공매도한 자(대통령령으로 정하는 거래*에 따라 증권을 차입공매도한 자는 제외함)는 해당 증권에 관한 매수, 그 밖의 거래에 따라 보유하게 된 순보유잔고**가 발행주식 수의 일정비율을 초과하는 경우에는 매도자의 순보유잔고에 관한 사항과 그 밖에 필요한 사항을 금융위원회와 거래소에 보고하여야 한다.(「자본시장법」 제180조의2 제1항)

대통령령이 정하는 거래*

① 상장증권이 아닌 증권의 거래
② 「증권시장업무규정」 및 「자본시장법」 제393조 제2항에 따른 「파생상품시장 업무규정」에서 정한 유동성 공급 및 시장조성을 위한 상장증권의 거래
③ 제②호에 다른 유동성 공급 및 시장조성으로 인하여 미래에 발생할 수 있는 경제적 손실을 부분적 또는 전체적으로 줄이기 위한 상장주권의 거래
④ 그 밖에 증권시장의 원활한 운영을 위하여 불가피하게 증권시장에 미치는 영향이 경미한 경우로서 금융위원회가 정하여 고시하는 상장주권의 거래

「자본시장법」 제180조의2 제1항에 따른 순보유잔고는 상장증권의 종류별로 보유총잔고

에서 차입총잔고를 차감하여 산정한다.(「자본시장법시행령」 제208조의2 제3항)

순보유잔고**

1) **보유총잔고** : 「자본시장법」 제180조의2 제1항에 따른 매도자가 금융위원회가 정하여 고시하는 시점(이하 '기준시점')에 보유하고 있는 다음 각 목의 증권의 수량을 합산한 수량

① 누구의 명의든 자기의 계산으로 소유하고 있는 증권(법률의 규정이나 금전의 신탁계약·투자일임계약·그 밖의 계약 등에 따라 해당 증권의 취득이나 처분에 대한 권한을 타인이 행사하는 경우는 제외)의 수량

② 법률의 규정이나 계약에 따라 타인에게 대여중인 증권의 수량

③ 법률의 규정이나 금전의 신탁계약·투자일임계약·그 밖의 계약 등에 따라 타인을 위해 해당증권의 취득이나 처분의 권한을 가지는 경우 그에 상응하는 증권의 수량

④ 그 밖의 법률의 규정이나 계약 등에 따라 인도받을 증권의 수량

2) **차입총잔고** : 매도자가 기준시점에 인도할 의무가 있는 다음 각 목의 증권의 수량을 합한 수량

① 기준시점 전에 차입하고 기준시점에 해당 차입증권을 상환하지 아니한 증권의 수량

② 그 밖에 법률의 규정이나 계약 등에 따라 인도할 의무가 있는 증권의 수량

「자본시장법」 제208조의2 제4항에 따라 다음 각호 어느 하나에 해당하는 매도자는 순보유잔고에 관한 사항을 기재한보고서를 금융위원회와 해당 증권이 상장된 거래소에 제출하여야 한다.

순보유잔고보고서 제출대상 매도자

① 해당 증권의 종목별 발행총수(기준시점에 증권시장에 상장되어 있는 수량으로 한정)에 대한 일별 순보유잔고의 비율(이하 "순보유잔고 비율")이 음수로서 그 절대값이 1만분의 1 이상인 자. 다만 금융위원회가 정하여 고시하는 방법에 따라 산정한 일별 순보유잔고의 평가액이 1억 원 미만인 자는 제외.

② 해당증권의 순보유잔고 비율이 음수인 경우로서 금융위원회가 정하여 고시하는 방법에 따라 산정한 일별 순보유잔고의 평가액이 10억 원 이상인 자.

금융위원회가 정하여 고시하는 일별 순보유잔고의 산정방법은 매도자별 순보유잔고에 기준시점의 증권가격을 곱하는 방법으로 산정한다.(「금융투자업규정」 제6-31조 제1항) 그리고 「자본시장법시행령」 제208조의2 제4항의 요건에 해당한 자는 다음 각호의 사항을 기재한 보고서를 사유발생일로부터 제3영업일 오전 9시까지 금융위원회와 해당 증권이 상장된 거래소에 제출하여야 한다.(「금융투자업규정」 제6-31조 제3항)

순보유잔고보고서의 기재사항

① 해당증권에 관한 사항

② 매도자에 관한 사항 : 성명, 주소, 국적, 주민등록번호(법인의 경우에는 사업자등록번호, 외국인의 경우에는 외국인투자등록번호 등), 연락처 등 인적사항

③ 매도자의 순보유잔고에 관한 사항 : 순보유잔고 수량 및 비율

또한 「자본시장법시행령」 제208조의2 제4항에 따라 순보유잔고비율을 산정하는 경우에 그 산정기준일은 다음각호의 어느 하나에 해당하는 날로 한다.(「금융투자업규정」제6-31조제4항)

순보유잔고비율 산정기준일

① 증권시장 또는 다자간매매체결회사에서 증권을 매매하는 경우에는 그 매매체결일

② 증권시장 또는 다자간매매체결회사 외에서 증권을 취득하거나 처분하는 경우에는 그 계약체결일

③ 전환사채·신주인수권부사채 등의 권리행사, 유·무상증자, 주식배당 등으로 주식을 취득하는 경우에는 상장일 이전 제2영업일

④ 교환사채의 권리행사로 주식을 취득하는 경우에는 주식으로 교환을 청구한 날

⑤ 증권을 납부하는 방법으로 상장지수집합투자기구를 설정하는 경우에는 그 설정신청일, 환매로 인하여 증권을 취득하는 경우에는 그 환매청구일

⑥ 증권예탁증권에 대한 예탁계약의 해지에 따라 원주를 취득하는 경우에는 취득이 확정되는 날, 원주를 증권예탁증권으로 전환하는 경우에는 그 전환청구일

⑦ 자본감소의 경우에는 자본감소로 인하여 변경된 주식의 상장일

⑧ 제①호에서 제⑦호까지 규정한 사항 외의 사유로 주식을 취득·처분하는 경우에는 「민법」·「상법」 등 관련 법률에 따라 해당 법률행위 등의 효력이 발생한 날

금융위원회는 제1항에 따라 제출된 보고서에 거짓의 기재 또는 표시가 있거나 기재사항이 누락된 경우에는 그 이유를 제시하고 그 보고서의 정정을 명할 수 있다. 전문투자자로서 「동법」 제180조의2 제1항에 따른 보고 의무가 있는 자는 대통령령이 정하는 기간 동안 공매도 순보유잔고 산정에 관한 자료를 보관하여야 하며, 금융위원회가 자료제출을 요구하는 경우 이를 지체 없이 제출하여야 한다.(「자본시장법」 제180조의2 제2항, 제3항)

9. 공매도 순보유잔고의 공시

대통령령으로 정하는 상장증권의 종목별 발행총수 대비 매도자의 해당 증권에 대한 종목별 공매도 순보유잔고의 비율이 대통령령으로 정하는 기준에 해당되는 경우 매도자는 매도자에 관한 사항, 순보유잔고에 관한 사항, 그 밖의 대통령령으로 정하는 사항을 공시하여야 한다.(「자본시장법」 제180조의3 제1항)

「자본시장법」 제180조의3 제1항에서 "**대통령령으로 정하는 상장증권**"이란 "상장주권"을

말하며, **"대통령령으로 정하는 기준"**이란 일별 순보유잔고 비율이 음수로서 그 절대값이 1천 분의 5 이상인 경우를 말한다.(「자본시장법시행령」 제208조의3 제1항, 제2항)

「자본시장법시행령」 제208조의3 제2항의 기준에 해당(일별 순보유잔고비율이 음수로서 그 절대값이 1천분의 5 이상인 경우)하는 자는 다음 각호의 사항을 사유발생일로부터 제3영업일이 되는 날 증권시장(시간 외 시장을 포함한다)의 장 종료 후 지체 없이 해당 주권이 상장된 거래소를 통해 공시하여야 한다.(「금융투자업규정」 제6-31조의2 제1항)

공매도 순보유잔고의 공시사항

① 해당증권에 관한 사항

② 매도자에 관한 사항 : 성명, 주소, 국적, 생년월일(법인의 경우에는 사업자등록 번호, 외국인의 경우에는 외국인투자등록번호 등) 등 인적사항

③ 매도자의 순보유잔고에 관한 사항 : 순보유잔고가 「자본시장법시행령」 제208조의3 제2항의 기준에 해당하는 경우 최초로 기준에 해당하게 된 날

10. 공매도에 대한 제재

그간 「자본시장법」은 공매도 규제대상을 확대하는 반면에 이에 대한 제재는 약화시켰다. 즉 「(구)증권거래법」의 형사벌 조항을 삭제하고, 대신에 상장증권에 대하여 공매도를 하거나 그 위탁 또는 수탁을 한 자에 대하여 행정벌인 과태료만을 제재로서 규정하고 있을 뿐이었다.(「자본시장법」 제449조 제1항 제39호. 2020.12.09. 본 호 삭제)

그러나 2020.12.09. 개정 「자본시장법」은 처벌의 위험을 감수하면서 경제적 차익을 위해 위반행위를 저지를 유인을 차단하기 위해 제180조(공매도제한)를 위반하여 상장증권에 대하여 허용하지 아니하는 방법으로 공매도(불법공매도)를 하거나 그 위탁 또는 수탁한 자에 대해 과징금과 형사벌인 징역 또는 벌금에 처할 수 있도록 강화하였다.

가. 형사상 제재

1) 「자본시장법」 제443조 제1항 제10호에 해당하는 행위

「자본시장법」 제180조(공매도의 제한)를 위반하여 상장증권에 대하여 허용하지 아니하는 방법으로 공매도를 하거나 그 위탁 또는 수탁을 한 자에 대하여는 1년 이상의 유기 징역 또는 그 위반행위로 얻은 이익 또는 회피한 손실액의 3배 이상 5배 이하에 상당하는 벌금에 처한다.(「자본시장법」 제443조 제1항 제10호)

다만, 그 위반행위로 얻은 이익 또는 회피한 손실액이 없거나 산정하기 곤란한 경우 또는 그 위반행위로 얻은 이익 또는 회피한 손실액의 5배에 해당하는 금액이 5억 원 이하인 경우에는 벌금의 상한액을 5억 원으로 한다.(「자본시장법」 제443조 제1항 단서)

2) 「자본시장법」 제445조 제48호에 해당하는 행위

「자본시장법」 제426조(보고 및 조사) 제2항에 따른 금융위원회(증권선물위원회)의 요구에 불응한 자에 대하여는 3년 이하의 징역 또는 1억 원 이하의 벌금에 처한다.(「자본시장법」 제445조 제48호)

<u>공매도 위반 행위자 및 관련자에 대한 요구 사항</u>

① 조사사항에 관한 사실과 상황에 대한 진술서의 제출
② 조사사항에 관한 진술을 위한 출석
③ 조사에 필요한 장부·서류, 그 밖의 물건의 제출

3) 징역과 벌금의 병과

「자본시장법」 제443조 제1항 제10호 및 제445조 제48호의 규정에 해당하는 죄를 범한 자에게는 징역과 벌금을 병과할 수 있다.(「자본시장법」 제447조 제1항 및 제2항)

나. 행정상 제재

1) 「자본시장법」 제429조의3 제1항에 해당하는 행위

금융위원회는 「자본시장법」 제180조(공매도의 제한)를 위반하여 상장증권에 대하여 허용하지 아니하는 방법으로 공매도를 하거나 공매도 주문을 위탁 또는 수탁한 자에 대해 다음 각호의 구분에 따른 위반금액을 초과하지 아니하는 범위 내에서 과징금을 부과할 수 있다.

<u>과징금을 부과할 수 있는 위반금액</u>

① 공매도를 하거나 공매도 주문을 위탁한 경우에는 「자본시장법」 제180조를 위반한 공매도 주문 금액
② 공매도 주문을 수탁한 경우에는 제180조를 위반한 공매도 주문 금액

2) 「자본시장법」 제429조의3 제2항에 해당하는 행위

금융위원회는 「자본시장법」 제180조의4(공매도 거래자의 모집 또는 매출에 따른 주식 취득 제한)를 위반한 자에 대하여는 5억 원 이하의 과징금을 부과할 수 있다. 다만, 그 위반행위와 관련된 거래로 얻은 이익(미실현이익을 포함) 또는 이로 인하여 회피한 손실액의 1.5배에 해당하는 금액이 5억 원을 초과하는 경우에는 그 이익 또는 회피한 손실액의 1.5배에 상당하는 금액 이하의 과징금을 부과할 수 있다.

3) 「자본시장법」 제449조 제1항 제39의2~4호에 해당하는 행위

「자본시장법」 제180조의2(순보유잔고의 보고) 및 제18조의3(순보유잔고의 공시)의 다음 각호의 하나에 해당하는 자에 대하여는 1억 원의 과태료를 부과한다.

과태료 부과대상자

① 삭제

②「자본시장법」제180조의2(순보유잔고의 보고) 제1항을 위반하여 순보유잔고를 보고하지 아니하거나 순보유잔고의 보고에 관하여 거짓의 기재 또는 표시를 한 자(「자본시장법」제449조 제1항 제39호의2)

③「자본시장법」제180조의2(순보유잔고의 보고) 제2항을 위반하여 금융위원회의 정정명령을 이행하지 아니하거나 정정명령에 따른 보고에 관하여 거짓의 기재 또는 표시를 한 자(「자본시장법」제449조제1항 제39호의3)

④「자본시장법」제180조의3(순보유잔고의 공시)을 위반하여 공시를 하지 아니하거나 거짓으로 공시한 자(「자본시장법」제449조 제1항 제39호의4)

4)「자본시장법」제449조 제1항 제39의5호에 해당하는 행위

「자본시장법」제180조의5(차입공매도를 위한 대차거래정보 보관 등)를 위반하여 대차거래정보를 보관하지 않거나 자료제출 요구에 따르지 아니한 자에 대하여는 1억 원 이하의 과태료를 부과한다.

5)「자본시장법」제449조 제2항 제8의4호에 해당하는 행위

「자본시장법」제180조의2(순보유잔고의 보고) 제3항에 따라 자료를 보관하지 아니하거나 금융위원회의 자료제출 명령을 이행하지 아니한 자에 대하여는 3천만 원 이하의 과태료를 부과한다.

6) 벌금과 과징금의 중첩

금융위원회는「자본시장법」제429조의3 제1항에 따른 과징금을 부과함에 있어 동일한 위반행위로 제443 제1항 제10호에 따라 벌금을 부과받은 경우에는 과징금 부과를 취소하거나 벌금에 상당하는 금액의 전부 또는 일부를 과징금에서 제외할 수 있다.(「자본시장법」제429조의3 제3항)

7) 기타

다만 공매도 금지가 다른「자본시장법」위반행위, 즉 미공개주요정보 이용행위나 시세조종행위, 부정거래행위 등의 과정에서 그 수단으로 이용될 경우 관련 규정에 따른 손해배상책임이나 형사책임이 적용될 수 있다.[2076]

11. 소결

우리나라는「무차입공매도 금지」,「공매도호가제한 규제(up-tick rule)」,「투자자별 공매도 잔고 공시제도」를 운영하는 등 상대적으로 높은 수준의 공매도 규제를 도입·운영 중이고,

---

2076 김용범, 전게서, 2017, 1079면, 김병연 외, 전게서, 2015, 445면, 임재연, 전게서, 2019, 1,017면.

전체 거래량 중 공매도 거래 비중은 해외 주요국가의 증시에 비해 매우 낮은 수준*을 시현하고 있다.

*주요국 공매도 거래대금 비중(2020년 기준) : 미국 46.7%, 일본 41.1%, 한국 4%.

공매도란 향후 주가 하락이 예상되는 종목의 주식을 빌려 매도하고, 주가가 떨어지고 나면 해당 주가로 다시 매수해 신용으로 팔았던 주식을 갚아 시세차익을 얻는 것이다. 공매도는 주식시장의 유동성을 높이는 장점을 가지고 있지만, 동시에 시장 질서를 교란시키거나 불공정거래 수단으로 쓰이기도 하는 단점도 가지고 있다.

특히 공매도 세력(외국인, 기관)은 너무나 쉽게 공매도를 활용하고 있고, 일반인은 정보력, 개인 신용도, 지정종목 거래, 담보 설정 등 제약이 많아 현실적으로 불리하며, 결국 돈이 많고 정보력이 있는 슈퍼개인만 공매도 활용이 가능한 것이고, 주식이 떨어지면 공매도를 활용하지 못한 개인투자자들만 피해를 보게 된다는 지적이 많다.

이번 2020.12.09. 개정 「자본시장법」은 불법공매도에 대해 형사처벌과 과징금 부과가 가능하도록 하는 등 처벌을 대폭 강화하여 불법공매도의 유인을 근절하고, 유상증자 계획 공시 후 신주가격 결정 전 공매도를 한자가 해당 유상증자에 참여하는 것을 금지하여 과도한 차익을 얻을 수 없도록 강화하였는바, 이의 철저한 감시가 필요하다.

Ⅷ. 임원 및 주요주주의 특정증권 등 소유상황 보고의무

1. 보고제도 개요

임원 등의 특정증권 등 소유상황 보고제도는 주권 상장법인의 임원 또는 주요주주는 일반인에게 미공개된 발행회사의 중요경영사항 및 주식관련정보에 접근하기가 용이하므로, 미공개정보를 이용하여 해당 회사의 특정증권 등에 대한 소유상황 및 변동내역을 증권시장에 공시하도록 하는 제도이다.[2077]

주권상장법인의 임원 또는 주요주주는 임원 또는 주요주주가 된 날로부터 5일 이내에 자기의 계산으로 소유하고 있는 특정증권 등의 소유상황을 각각 증권선물위원회와 거래소에 보고하여야 하며, 그 특정증권 등의 소유상황에 변동이 있는 경우에도 그 변동이 있는 날로부터 5일까지 그 내용을 보고하여야 한다.(「자본시장법」 제173조 제1항)

다만 소유상항 변동이 있더라도 경미한 소유상황의 변동(증권선물위원회가 정하여 고시하는 바에 따라 산정된 특정증권 등의 변동수량이 1천 주 미만이고, 그 취득 또는 처분금액이 1천만 원 미만인 경우를 말함[2078])에 대하여는 보고를 면제할 수 있는 근거를 신설하였다.(「자본시장법」 제173조 제1항 괄호 안, 「자본시장법시행령」 제200조 제5항)

2. 보고대상증권

2077 김용범, 전게서, 2017, 1081면. 금융감독원, 「기업공시실무안내」, 2013, 290면.

2078 김용범, 전게서, 2017, 1082면. 「자본시장법 시행령」 제200조 제5항.

보고대상증권인 특정증권 등은 내부자의 단기매매차익 반환 규제대상이 되는 특정증권 등과 동일하며, ① 순수한 채무증권을 제외한 그 법인이 발행한 증권, ② 그 증권과 관련된 증권예탁증권 및 교환사채권, ③ 이상의 증권만을 기초자산으로 하는 금융투자상품이 해당된다.(「자본시장법」제173조 제1항)

순수한 채무증권이 아니기 때문에 '특정증권'에 포함되는 것으로는, 전환사채권·신주인수권부사채권·이익참가부사채권, 그 법인이 발행한 지분권(이와 관련된 증권예탁증권 포함) 또는 이사의 전환사채권·신주인수권부사채권·이익참가부사채권(이와 관련된 증권 예탁증권 포함)과 교환을 청구할 수 있는 교환사채권이다.(「동법시행령」제196조 제1호)

반면 순수한 채무증권, 수익증권이거나 또는 지분증권과 관련성이 없는 파생결합증권(「동법」제172조 제1항 제4호에 해당하는 파생결합증권)은 '임원 등의 특정증권 등 소유상황보고'의 대상증권에 해당하지 않는다.(「동법」제196조) 다만, 특정증권 등의 보고대상 증권에 의결권이 없는 주식도 포함된다는 점이 대량보고의무의 대상과 다른 점이다.[2079]

3. 보고의무자

주권상장법인의 임원과 주요주주가 보고의무자인데, 임원의 개념(「자본시장법」제172조 제1항, 「자본시장법시행령」제200조 제2항)과 주요주주*의 개념은 내부자의 단기매매차익의 반환의 경우와 동일하다.

> * 주요주주란 ① 누구의 명의로 하든지 자기의 계산으로 발행주식총수의 10% 이상을 보유한 자를 말하고, ② 주요주주가 아니더라도 임원의 임면 등 당해 법인의 주요경영 사항에 대하여 사실상 영향력을 행사하는 주주로서 대통령령으로 정하는 자도 이에 포함된다.(「자본시장법」제2조 제1항 및 「금융지배구조법」제2조 제6호 나목)

주식대차거래의 경우 주식대여자나 주식차입자가 임원(미등기임원포함)이거나 주요주주일 경우 대여자와 차입자는 각각 소유 특정증권의 증감을 원인으로 임원·주요주주 특정증권 등 소유상황 보고의무를 이행하여야 하며 1% 미만의 변동 시에도 마찬가지다.[2080]

4. 보고기한

신규보고 시에는 최초로 임원이나 주요주주가 되었을 때 누구의 명의로 하든지 자기의 계산으로 해당 법인의 특정증권 등을 소유하고 있는 경우 그 소유현황을 임원·주요주주가 된 날로부터 5일(영업일 기준)이내에 보고하여야 한다.(「자본시장법」제173조 제1항)

임원·주요주주의 소유상황 보고제도에 의한 보고의무는 보유시점이 아니라 실제로 특정증권 등을 '소유'하게 된 때를 기준으로 보고의무가 발생한다. 따라서 주식매수청구권을 부여받은 경우 부여받은 당시에는 보고의무가 없으나 주식매수선택권을 행사하여 해당 회사

2079 김용범, 전게서, 2017, 1082면. 임재연, 「자본시장법」, 박영사, 2019, 854면.

2080 김용범, 전게서, 2017, 1083면. 금융감독원, 「기업공시실무안내」, 2013, 297면. 김병연 외 2인, 「자본시장법」, 박영사, 2015, 367면.

의 신주 또는 자기주식을 소유하게 된 때에는 보고의무가 발생한다.[2081]

변동보고 시에는 소유한 특정증권 등에 변동이 있는 경우 그 내용을 변동이 있는 날부터 5일 이내에 보고하여야 하며, 1단위라도 변동이 있는 경우에는 변동내용을 변동일로부터 5일 이내에 보고하여야 한다.[2082]

이 경우 특정증권 등의 종류별 소유상황 및 변동내용을 보고하도록 하고 있으므로 주식관련 사채의 권리행사로 소유증권의 종류가 변경되어 주식으로 변경되어 주식으로 전환되거나 신주를 받게 될 경우 변경보고 의무가 발생한다.[2083]

금전을 빌리고 주식을 대여하면서 대여자가 주식의 소유권을 차입자에게 이전하고 차입자는 대차거래기간이 종료한 후에 동일한 종류와 수량의 주식을 반환하기로 하는 주식대차거래의 경우, 대여자나 차입자가 임원(미등기임원포함) 또는 주요주주인 경우 임원·주요주주 특정증권 등 소유상황 보고를 하여야 한다.[2084]

5. 보고기간의 기준일

신규보고의 경우, 주권상장법인의 임원(「상법」 제401조의2 제1항 각호의 자 포함) 또는 주요주주가 특정증권 등의 소유상황을 보고하여야 하는 경우 그 보고기간의 기준일은 다음과 같다.(「자본시장법시행령」 제200조 제3항)

신규보고 보고기간의 기준일

① 주권상장법인의 임원이 아니었던 자가 해당 주주총회에서 임원으로 선임된 경우 : 그 선임일
② 「상법」상 업무집행지시자 등에 해당하는 자인 경우 : 해당 지위를 갖게 된 날
③ 주권상장법인이 발행한 주식의 취득 등으로 해당 법인의 주요주주가 된 경우 : 그 취득 등을 한 날
④ 주권비상장법인이 발행한 주권이 증권시장에 상장된 경우 : 그 상장일
⑤ 주권비상장법인의 임원(「상법」상의 업무지시자 등 포함) 또는 주요주주가 합병, 분할합병 또는 주식의 포괄적 교환·이전으로 주권상장법인의 임원이나 주요주주가 된 경우 : 그 합병, 분할합병 또는 주식의 포괄적 교환·이전으로 인하여 발행된 주식의 상장일

변동보고의 경우, 주권상장법인의 임원이나 주요주주가 그 특정증권 등의 소유 상황의 변동을 보고하여야 하는 경우의 변동일은 다음과 같다.(「자본시장법시행령」 제200조 제4항)

변동보고 보고기간의 기준일

① 증권시장(다자간매매체결회사에서의 거래를 포함한다)이나 파생상품시장에서 특정 증권 등을 매

2081 김용범, 전게서, 2017, 1083면. 실무적으로는 납입을 한 때를 보고의무가 발생하는 보고기준일로 하고있다. 금융감독원, 「기업공시실무안내」, 2013, 294면.

2082 김용범, 전게서, 2017, 1083면. 금융감독원, 「기업공시실무안내」, 2013, 293면.

2083 김용범, 전게서, 2017, 1083면. 금융감독원, 「기업공시실무안내」, 2013, 294면.

2084 김용범, 전게서, 2017, 1083면. 금융감독원, 「기업공시실무안내」, 2013, 297면.

매한 경우에는 그 결제일

② 증권시장이나 파생상품시장 외에서 특정증권 등을 매수한 경우에는 대금을 지급하는 날과 특정 증권 등을 인도받은 날 중 먼저 도래하는 날

③ 증권시장이나 파생상품시장 외에서 특정증권 등을 매도한 경우에는 대금을 수령하는 날과 특정 증권 등을 인도하는 날 중 먼저 도래하는 날

④ 유상증자로 배정되는 신주를 취득한 경우에는 주금납입일의 다음 날

⑤ 특정증권 등을 차입하는 경우에는 그 특정증권 등을 인도받은 날, 상환하는 경우에는 그 특정증권 등을 인도하는 날

⑥ 특정증권 등을 증여받은 경우에는 그 특정증권 등을 인도받는 날, 증여하는 경우에 는 그 특정증권 등을 인도하는 날

⑦ 상속으로 특정증권 등을 취득하는 경우로서 상속인이 1인인 경우에는 단순승인이나 한정승인에 따라 상속이 확정되는 날, 상속인이 2인 이상인 경우에는 그 특정증권 등과 관계되는 재산분할이 종료되는 날

⑧ 이상의 경우 외에는 「민법」·「상법」등 관련 법률에 따라 해당 법률행위 등의 효력이 발생하는 날

다만 의도하지 아니한 위법행위 양산을 막기 위하여 「자본시장법」은 부득이한 사유[2085]로 인하여 특정증권 등의 소유상황 변동이 있는 경우와 전문투자자 중 특정증권 등의 보유 목적이 해당 법인의 경영권에 영향을 주기 위한 것이 아닌 일정한 자의 경우 다음 각호의 구분에 따라 변동내용을 보고할 수 있도록 하고 있다.(「자본시장법」 제173조 제1항과 「자본시장법시행령」 제200조 제7항~제9항)

변동 내용 보고일

① 단순투자 목적의 경우 : 그 변동이 있었던 분기의 마지막 달의 다음 달 10일

② 단순투자 목적이 아닌 경우 : 그 변동이 있었던 달의 다음 달 10일

6. 보고서의 기재사항과 비치·공시

주권상장법인의 임원(「상법」 제401조의2 제1항 업무집행관여자 포함) 또는 주요주주는 특정증권 등의 소유상황과 그 변동의 보고를 하는 경우에는 보고서에 ① 보고자, ② 해당주권 상장법인, ③ 특정증권 등의 종류별 소유현황 및 그 변동에 관한 사항을 기재하여야 한다.(「자본시장법 시행령」 제200조 제2항)

증권선물위원회와 거래소는 특정증권 소유상황에 관한 보고서를 3년간 갖추어 두고, 인터넷 홈페이지 등을 이용하여 공시하여야 한다.(「자본시장법」 제173조 제2항)

2085 **부득이한 사유**란 주식배당, 준비금의 자본전입, 주식의 분할 또는 병합 또는 자본의 감소의 경우를 말한다.(「자본시장법 시행령」 제200조 제6항)

7. 대량보유보고의무와의 관계

「자본시장법」 제147조의 주식 등의 대량보유 등의 보고의무는 보유주체를 불문하고 주권상장법인의 주식 등을 대량으로 보유하게 된 자는 그날로부터 5일 이내에 그 보유상황, 보유목적, 그 보유주식 등에 관한 주요계약내용, 그 밖에 대통령령으로 정하는 방법에 따라 금융위원회와 거래소에 보고하여야 하며, 그 보유주식 등의 수의 합계가 그 주식 등의 총수의 1% 이상 변동된 경우에는 그 변동된 날로부터 5일 이내에 그 변동내용을 대통령령으로 정하는 방법에 따라 금융 위원회와 거래소에 보고하여야 한다고 규정하고 있다.

반면에 「자본시장법」 제173조의 임원 등의 특정증권 등 소유상황 보고는 보고의무의 주체가 임원과 주요주주로 한정되고 보고할 기관도 금융위원회가 아니라 증권선물위원회라는 점에서 다르다. 두 가지 보고의무를 동시에 위반하는 경우에는 각각의 보고의무의 취지와 내용이 다르므로 제445조 제20호의 제147조 위반죄와 제446조 제31호의 제173조 위반죄는 상상적 경합범이 아니라 실체적 경합범의 관계에 있다고 보아야 한다.[2086]

8. 임원 및 주요주주의 특정증권 등 소유상황 보고의무 위반 시 제재

주권상장법인의 임원 또는 주요주주는 자기의 계산으로 소유하고 있는 특정증권 등의 소유상황 및 그 특정증권 등의 소유상황에 변동이 있는 경우에는 그 변동내역을 각각 증권선물위원회와 거래소에 보고하여야 한다.(「자본시장법」 제173조 제1항) 증권선물위원회와 거래소는 위의 보고서를 3년간 갖추어 두고 인터넷 홈페이지 등을 이용하여 공시하여야 한다.(「자본시장법」 제173조 제2항)

보고의무를 위반하여 보고를 하지 아니하거나 거짓으로 보고한 자는 1년 이하의 징역 또는 3천만 원 이하의 벌금에 처할 수 있는 형사제재가 부과되며(「자본시장법」 제446조 제31호), 금융위원회는 위반자에 대하여 시정명령, 고발 및 수사기관에의 통보, 경고, 주의를 할 수 있다.(「자본시장법」 제426조 및 「동법시행령」 제376조)

IX. 장내파생상품의 대량보유 보고의무

1. 보고제도 개요

동일 품목의 장내파생상품*을 일정 수량 이상 자기의 계산으로 보유하게 된 자는 그날부터 5일 이내에 그 보유상황 등을 금융위원회와 거래소에 보고하여야 하며, 그 보유수량이 일정 수량 이상으로 변동된 경우 그 변동된 날부터 5일 이내에 그 변동 내용을 금융위원회와 거래소에 보고하여야 한다.(「자본시장법」 제173조의2 제1항과 「금융투자업 규정」 제6-29조 제1항, 제2항)

* **동일 품목의 장내파생상품**이란 「자본시장법」 제4조 제10항 제3호에 따른 일반상품, 그 밖에 대통령령으로 정하는 것을 기초자산으로 하는 것으로서 파생상품시장에서 거래되는 것만 해당한다.

2086 김용범, 전게서, 2017, 1085면. 임재연, 「자본시장법」, 박영사, 2019, 856면.

2. 제도 규제 취지

장내파생상품의 대량보유상황을 공시보고하게 한 것은 주식의 경우와 마찬가지로 그 대량보유자가 시장에 대한 자신의 지배력을 이용하여 불공정거래를 시도할 우려가 있기 때문이다.[2087]

3. 보고의무자

보고의무자는 보유주체를 불문하고 동일 품목의 장내파생상품을 금융위원회가 정하여 고시하는 수량 이상 보유하게 된 자이다.(「자본시장법」 제173조의2 제1항) 장내파생상품의 대량보유상황 보고의무는 특정증권 등 소유상황 보고의무와 달리 주권 상장법인의 임원이나 주요주주에게만 적용되는 것은 아니다.

4. 보고대상 파생상품

대량보고의무가 있는 장내파생상품은 금이나 돈육과 같은 일반상품[2088]및 그 밖의 「자본시장법시행령」으로 정하는 것(「동법시행령」 제200조의2 제1항의 금융위원회가 정하여 고시하는 기준과 방법에 따른 주가지수를 말한다)을 기초자산으로 하는 파생상품으로서 파생상품시장에서 거래되는 것이어야 한다.(「자본시장법」 제173조의2 제1항)

「자본시장법」상 **장내파생상품**이란 ① 파생상품시장에서 거래되는 파생상품, ② 해외파생상품시장(파생상품과 유사한 시장으로서 해외에 있는 시장과 대통령령으로 정하는 해외파생상품거래가 이루어지는 시장을 말한다)에서 거래되는 파생상품, ③ 그 밖에 금융투자상품시장*을 개설해 운영하는 자가 정하는 기준과 방법에 따라 금융투자상품시장에서 거래되는 파생상품을 말한다.(「자본시장법」 제5조 제2항)

* 금융투자상품시장이란 증권 또는 장내파생상품의 매매를 하는 시장을 말한다.(「동법」제8조의2 제1항)

5. 장내파생상품 정보관리

파생상품시장에서의 시세에 영향을 미칠 수 있는 정보를 업무와 관련하여 알게 된 자 및 그 자로부터 그 정보를 전달받은 자는 그 정보를 누설하거나, 「자본시장법」 제173조의2 제1항의 장내파생상품 및 그 기초자산의 매매나 그 밖의 거래에 이용하거나, 타인으로 하여금 이용하게 하여서는 아니 된다.(「자본시장법」 제173조의2 제2항)

시세에 영향을 미칠 수 있는 정보를 업무와 관련하여 알게 된 자

① 장내파생상품의 시세에 영향을 미칠 수 있는 정책을 입안·수립 또는 집행하는 자

2087 김용범, 전게서, 2017, 1086면. 김건식/정순섭, 「새로 쓴 자본시장법」, 두성사, 2013, 444면.

2088 **일반상품**이란 농산물, 축산물, 수산물, 임산물, 광산물, 에너지에 속하는 물품 및 이 물품을 원료로 하여 제조하거나 가공한 물품, 그 밖에 이와 유사한 것을 말한다.(「자본시장법」 제4조 제10항 제3호.

② 장내파생상품의 시세에 영향을 미칠 수 있는 정보를 생성·관리하는 자

③ 장내파생상품의 기초자산의 중개·유통 또는 검사와 관련된 업무에 종사하는 자

6. 장내파생상품의 대량보유 보고의무 위반 시 제재

가. 장내파생상품 정보관리 위반 시 제재

「자본시장법」 제173조의2 제2항을 위반하여 파생상품시장에서의 시세에 영향을 미칠 수 있는 정보를 누설하거나, 장내파생상품 및 그 기초자산의 매매나 그 밖의 거래에 이용하거나, 타인으로 하여금 이용하게 한 자는 3년 이하의 징역 또는 1억 원 이하의 벌금에 처하도록 되어 있다.(「자본시장법」 제445조 제22의 2호)

나. 장내파생상품 보고제도 위반 시 제재

「자본시장법」 제173조의2 제1항에 따른 장내파생상품의 대량보유 보고를 하지 아니하거나 거짓으로 보고한 자에 대하여는 1천만 원 이하의 과태료를 부과할 수 있다.(「자본시장법」 제449조 제2항 제8의 3호)

또한 「자본시장법」 제426조 제5항에 따른 조사결과 별표 각호의 어느 하나에 해당하는 경우에는 금융위원회는 위반자에 대하여 시정명령, 고발 및 수사기관에의 통보, 경고, 주의를 할 수 있다.(「자본시장법」 제426조 및 「자본시장법시행령」 제376조)

제5절 **감사와 기업공시제도**

Ⅰ. 공시제도의 개요

1. 공시제도의 의의

기업의 공시제도는 증권의 발행인으로 하여금 증권의 내용이나 발행회사의 재산 및 경영상태 등 투자자의 투자 판단에 필요한 기업 내용을 신속·정확히 공시함으로써, 투자자가 증권이나 발행회사의 실태를 정확하게 파악하고 자신의 자유로운 판단과 책임 하에 투자결정을 하도록 하는 제도로서 증권의 발행 및 유통과정에서의 공정성을 확보하고 투자자를 보호함에 그 목적이 있다.[2089]

투자자들은 이러한 공시내용을 참고하여 증권을 매매하게 되므로 정기공시 및 수시공시의 내용은 투자자의 투자행위에 의해 시시각각으로 해당기업의 주가에 반영된다고 할 수 있다. 「자본시장법」상 공시의 유형으로는 ① 증권신고서·증권발행실적보고서와 같은 **'발행공**

2089 임재연. 「자본시장법」. 2019. 656면.

시', ② 정기공시(사업보고서·반기보고서·분기보고서), 수시공시(주요사항보고서·거래소 수시공시)와 같은 **'유통공시'**, ③ 대량보유보고·소유상황보고와 같은 **'지분공시'** 등이 있다.

2. 공시규제의 종류

가. 심사규제

증권행정기관이 증권의 발행 및 유통과정에서 실질심사를 거쳐 부실한 투자 대상인지 여부를 직접 판단하여 이를 투자자의 투자대상에서 제외함으로써 사실상 승인 또는 허가를 하는 규제로서 **내용규제**(김건식/정순섭, 임재연) 또는 **실질심사주의**(윤승한) 라고도 한다.

따라서 심사규제 하에서는 증권행정기관의 실질심사와 승인을 거쳐 증권이 매매되는 것이므로 해당 심사결과를 믿고 거래한 투자자가 손해를 입게 되면 발행인과 함께 결과에 따라서는 증권행정기관도 책임을 져야 하는 경우가 발생할 수 있는 규제제도 이다.

공시사항 중에 심사규제의 대상은 ⅰ) 정기공시(사업보고서, 분·반기보고서), ⅱ) 주요 사항보고서 등이 있으며, 심사규제대상 공시의무 위반에 대하여는 ⅰ) 행정상 제재(조치권, 과징금), ⅱ) 민사상 제재(손해배상책임), ⅲ) 형사상 제재(징역, 벌금)를 부과할 수 있다.

나. 공시규제

발행인으로 하여금 해당 증권에 대한 투자의사결정에 필요한 정보를 투자자에게 충분히 제공하도록 함으로써 투자자로 하여금 공시된 정보를 이용하여 자신의 판단과 책임 하에 투자를 하도록 하는 규제(김건식/정순섭, 임재연)로서 **공시주의**(윤승한) 라고도 한다.

따라서 공시규제 하에서는 발행인은 회사의 전 현황을 증권행정기관이 규정한 대로 공시할 의무만을 부담하게 되며, 해당 증권의 투자와 관련된 모든 위험은 전적으로 투자자가 부담하도록 하는 규제제도이다.

공시사항 중에 공시규제의 대상은 ⅰ) 수시공시(의무공시, 자율공시, 조회공시), ⅱ) 공정 공시 등이 있으며, 공시규제대상 공시위반에 대하여는 형사처벌의 대상에서 제외하고 ⅰ) 공시위반 제재금, ⅱ) 불성실공시법인 지정 및 공표, ⅲ) 매매거래 정지를 부과할 수 있다.

Ⅱ. 정기공시

1. 사업보고서

가. 사업보고서의 의의

사업보고서는 제출대상 법인이 매 사업연도 종료 후 금융위원회와 한국거래소에 제출하는 연차보고서이다. 사업보고서 제출대상법인은 그 사업보고서를 각 사업연도 경과 후 90일 이내에 금융위원회와 거래소에 제출하여야 한다.

나. 사업보고서 제출대상법인

사업보고서 제출대상법인은 ⅰ) 주권상장법인, ⅱ) 대통령령으로 정하는 법인이다.(『자본시장법」제159조 제1항).

사업보고서 재출대상법인

(1) 다음 각 목의 어느 하나에 해당하는 증권을 증권시장에 상장한 발행인

　① 주권 외의 지분증권(집합투자증권과 자산유동화계획에 따른 유동화전문회사 등이 발행한 출자지분은 제외)

　② 무보증사채(담보부사채권과 보증사채권을 제외한 사채권).

　③ 전환사채권·신주인수권부사채권·이익참가부사채권 또는 교환사채권.

　④ 신주인수권이 표시된 것.

　⑤ 증권예탁증권(주권 또는 ①목부터 ④목까지의 증권과 관련된 증권예탁증권만 해당).

　⑥ 파생결합증권.

(2) (1)호 외에 다음과 같은 증권을 모집·매출(법 제117조의10제1항에 따른 모집과 제130조제1항 본문에 따른 모집 또는 매출은 제외)한 발행인(주권상장법인 또는 제(1)호에 따른 발행인으로서 해당 증권의 상장이 폐지된 발행인을 포함).

　① 주권.

　② 제(1)호 각목의 어느 하나에 해당하는 증권.

(3) 제(1)호 및 제(2)호 외에 「신외감법」제4조에 따른 외부감사대상법인으로서 제(2)호 각목의 어느 하나에 해당하는 증권별로 그 증권의 소유자 수(금융위원회가 정하여 고시하는 방법에 따라 계산한 수)가 500인 이상인 발행인(증권의 소유자 수가 500인 이었다가 500인 미만으로 된 경우 각 증권마다 소유자수가 모두 300인 이상인 발행인포함)

　　다만, 파산, 그 밖의 사유로 인하여 사업보고서의 제출이 사실상 불가능하거나 실효성이 없는 경우로서 대통령령으로 정하는 경우는 예외로 할 수 있다.(「자본시장법」제159조 제1항 단서, 「자본시장법시행령」제167조 제2항).

사업보고서 제출 대상 예외 법인

　① 파산인 경우.

　② 「상법」제517조, 그 밖의 법률에 따라 해산사유가 발생한 경우,

　③ 주권상장법인 또는「자본시장법시행령」제167조 제1항 제1호에 따른 발행인의 경우에는 상장의 폐지요건에 해당하는 발행인으로서 해당 법인에게 책임이 없는 사유로 사업보고서의 제출이 불가능하다고 금융위원회의 확인을 받은 경우.

　④ 「자본시장법시행령」제167조 제1항 제2호에 따른 발행인의 경우에는 제2호 각 목의 어느 하나에 해당하는 증권으로서 각각의 증권마다 소유자 수가 모두 25인 미만인 경우로서 금융위원회가 인정하는 경우. 다만, 그 소유자의 수가 25인 미만으로 감소 된 날이 속하는 사업연도의 사업보고서는 제출.

⑤ 「자본시장법시행령」제167조 제1항 제3호에 따른 발행인의 경우에는 같은 항 제2호 각 목의 어느 하나에 해당하는 증권으로서 각각의 증권마다 소유자의 수가 모두 300인 미만인 경우. 다만, 그 소유자의 수가 300인 미만으로 감소 한 날에 속하는 사업연도의 사업보고서는 제출.

다. 사업보고서의 기재사항과 첨부서류

사업보고서 제출대상 법인은 사업보고서에 다음 각 호의 사항을 기재하고, 대통령령이 정하는 서류를 첨부하여야 한다.(「자본시장법」 제159조 제1항).

1) 사업보고서의 기재사항

사업보고서 제출대상법인이 사업보고서에 기재할 사항은 다음과 같다.(「자본시장법」 제159조 제1항 전단).

사업보고서의 기재 사항

① 회사의 목적, 상호, 사업 내용.

② 임원보수[「상법」, 그 밖의 법률에 다른 주식매수선택권을 포함하되, 대통령령으로 정하는 것(임원 모두에게 지급된 그 사업연도의 보수 총액)에 한정].

③ 임원 개인별 보수와 그 구체적인 산정기준 및 방법[임원 개인에게 지급된 보수가 5억원 이내의 범위내에서 대통령령으로 정하는 금액(5억원) 이상인 경우에 한정].

③의2 보수총액 기준 상위 5명의 개인별보수와 그 구체적인 산정기준 및 방법[개인에게 지급된 보수가 5억원 이내 범위에서 대통령령으로 정하는 금액(5억원) 이상인 경우에 한정].

④ 재무에 관한 사항.　　　⑤ 그 밖에 대통령령으로 정하는 사항.

사업보고서에 기재할 사항으로서 대통령령이 정하는 사항은 다음과 같다.(「자본시장법시행령」 제168조 제3항).

대통령령으로 정하는 사업보고서 기재 사항

① 「자본시장법」 제159조 제7항에 따른 대표이사와 제출업무를 담당하는 이사의 제169조 각 호의 사항에 대한 서명.

② 회사의 개요.　　　③ 이사회 등 회사 기관 및 계열회사에 관한 사항.

④ 주주에 관한 사항.　　　⑤ 임원 및 직원에 관한 사항.

⑥ 회사의 대주주 (그 특수관계인 포함) 또는 임직원과의 거래 내용.

⑦ 재무에 관한 사항과 그 부속명세서.　　⑧ 회계감사인의 감사의견.

⑨ 그 밖에 투자자에게 알릴 필요가 있는 사항으로서 금융위원회가 정하여 고시하는 사항.

사업보고서를 제출하여야 하는 법인 중 연결재무제표 작성대상법인의 경우에는 「자본시장법시행령」제168조 제3항 제7호에 따른 재무에 관한 사항과 그 부속명세서, 그 밖에 금융위원회가 정하여 고시하는 사항은 연결재무제표 기준으로 기재하되, 그 법인의 재무제표를 포함해야 하며,「동법시행령」제168조 제3항 제8호에 따른 회계감사인의 감사의견은 연결재무제표와 그 법인 재무제표에 대한 감사의견을 기재 하여야 한다. (「자본시장법시행령」제168조 제4항).

2) 사업보고서의 첨부서류

사업보고서에는 「자본시장법」제159조 제2항에 따라 다음 각 호의 서류를 첨부해야 한다. 다만, 제①호의 연결재무제표에 대한 감사보고서는 「동법시행령」제168조 제5항에서 정한 기한 내(제5항에 따라 사업보고서를 제출하는 법인만 해당)에 제출할 수 있다.(「자본시장법시행령」 제168조 제6항).

사업보고서에 첨부할 서류

① 회계감사인의 감사보고서.(그 법인의 재무제표에 대한 감사보고서와 연결재무제표에 대한 감사보고서)
② 감사의 감사보고서(「상법」제447조의4에 따른 감사보고서).
③ 법인의 내부감사장치[이사회의 이사직무집행의 감독권과 감사(감사위원회가 설치 되어 있는 경우 감사위원회)의 권한, 그 밖에 법인의 내부감시장치를 의미]의 가동 현황에 대한 감사의 평가 의견서.
④ 그 밖에 금융위원회가 정하여 고시하는 서류 등.

2. 분·반기 보고서

가. 분·반기 보고서의 의의

사업보고서 제출대상법인은 그 사업연도 개시일부터 6개월간의 사업보고서('반기보고서')와 사업연도 개시일부터 3개월간 및 9개월간의 사업보고서('분기보고서')를 각각 그 기간 경과 후 45일 이내에 금융위원회와 거래소에 제출하여야 한다.

다만, 연결재무제표를 기준으로 기재하여 작성한 반기보고서와 분기보고서를 금융위원회와 거래소에 제출하는 경우에는 그 최초의 사업연도와 그 다음 사업연도에 한하여 그 기간 경과 후 60일 이내에 제출할 수 있다.(「자본시장법」제160조).

나. 분·반기 보고서의 기재사항 및 첨부서류

1) 사업보고서 규정의 준용

분·반기 보고서에 대하여는 사업보고서에 관한 「자본시장법」제159조 제2항(기재사항과 첨부서류. 단, 분기보고서의 경우 개인별 보수에 관한 제3호 및 제3호의2는 제외)·제4항(금융위원회의 고시에 따른 기재방법과 서식)·제6항(예측정보의 기재 또는 표시)·제7항(대표이사, 이사의 확인·서명)은 준용한다.(「자본시장법」제160조).

2) 분·반기 보고서의 기재사항

분·반기 보고서에 기재하여야 할 사항은 사업보고서의 기재사항 및 첨부서류와 같다. 다만, 한국채택국제회계기준을 적용하는 연결재무제표 작성대상법인은 연결재무제표기준의 분·반기 보고서를 제출하여야 한다.

그리고 사업보고서의 기재사항인 '재무에 관한 사항과 그 부속명세서'(「자본시장법시행령」 제168조 제3항 제7호) 중 부속명세서는 생략할 수 있고, '회계감사인의 감사의견'(「동령」 제168조 제3항 제8호)은 다음과 같은 기준에 따른다.

회계감사인의 감사의견 기재기준

(1) 반기보고서인 경우에는 다음과 같은 회계감사인의 확인 및 의견표시로 갈음 가능.
  (가) 한국채택국제회계기준을 적용하는 연결재무제표 작성대상법인의 경우 : 그 법인의 재무제표에 대한 회계감사인의 확인 및 의견표시와 연결재무제표에 대한 회계감사인의 확인 및 의견표시.
  (나) (가)목 외의 법인 : 그 법인의 재무제표에 대한 회계감사인의 확인 및 의견표시.
(2) 분기보고서인 경우에는 회계감사인의 감사의견 생략가능. 단, 금융기관 또는 최근 사업연도말 현재의 자산총액이 5천억원 이상인 주권상장법인 분기보고서는 제(1)호에 따름.

3) 분·반기 보고서의 첨부서류

분·반기 보고서에는 다음과 같은 서류를 첨부하여야 한다.(「동법시행령」 170조 제2항).

분·반기 보고서의 첨부서류

(1) 반기보고서의 경우에는 회계감사인의 반기감사보고서나 반기검토보고서.
  다만, 한국채택국제회계기준을 적용하는 연결재무제표 작성대상법인인 경우에는 회계감사인의 연결재무제표에 대한 반기감사보고서나 반기검토보고서를 함께 제출.
(2) 분기보고서의 경우에는 회계감사인의 분기감사보고서나 분기검토보고서(령 제170조 제1항 제2호 단서에 따른 법인만 해당).
  다만, 한국채택국제회계기준을 적용하는 연결재무제표 작성대상법인인 경우에는 회계감사인의 연결재무제표에 대한 분기감사보고서나 분기검토보고서를 함께 제출.

III. 주요사항보고서

1. 주요사항보고서의 의의

사업보고서 제출대상법인은 「자본시장법」상 주요사항으로 규정된 사실이 발생한 경우에는 그 사실이 발생한 날의 다음날까지(「자본시장법」 제161조 제1항 제6호의 경우는 그 사실이 발생한 날부터 3일 이내에) 그 내용을 기재한 주요사항보고서를 금융위원회에 제출하여야 한다.(「자본시장법」 제161조 제1항).

2. 주요사항보고서의 제출의무자

주요사항보고서의 제출의무자는 사업보고서 제출대상법인과 같다. 주요사항보고서의 제출의무자에 대하여는 제2편 제9장 제7절-Ⅱ-1-나. '사업보고서 제출대상법인'의 항목을 참고하시기 바랍니다.

3. 주요사항 보고서의 제출 내용

사업보고서 제출대상법인이 금융위원회에 제출/보고하여야 할 주요사항은 다음과 같다.(「자본시장법」 제161조 제1항)

금융위원회에 제출할 주요사항

① 발행한 어음 또는 수표가 부도되거나 은행과의 당좌거래가 정지 또는 금지된 때.

② 영업활동의 전부 또는 중요한 일부가 정지되거나 그 정지에 관한 이사회 등의 결정이 있을 때.

③ 「채무자 회생 및 파산에 관한 법률」에 따른 회생절차 개시 또는 간이회생절차개시의 신청이 있은 때.

④ 「자본시장법」, 「상법」, 그 밖의 법률에 따른 해산사유가 발생한 때.

⑤ 대통령령으로 정하는 경우에는 자본 또는 부채의 변동에 관한 이사회 등의 결정이 있은 때.

⑥ 「상법」 제360조의2(주식의 포괄적 교환), 제360조의15(주식의 포괄적 이전), 제522조(합병), 및 제530조의2(회사의 분할 및 분할합병) 사실이 발생한 때.

⑦ 대통령령으로 정하는 중요한 영업 또는 자산을 양수하거나 양도할 것을 결의한 때.

⑧ 자기주식을 취득(자기주식 취득을 목적으로 하는 신탁계약 체결 포함) 또는 처분(자기주식 취득을 목적으로 하는 신탁계약의 해지 포함)할 것을 결의한 때.

⑨ 그 밖에 그 법인의 경영·재산 등에 관하여 중대한 영향을 미치는 사항으로서 대통령령으로 정하는 사실이 발생한 때.

4. 주요사항 보고서의 첨부 서류

사업보고서 제출대상법인은 주요사항보고서를 제출하는 경우에는 보고대상 주요사항 별로 다음과 같은 서류나 그 사본을 첨부하여야 한다.(「자본시장법」 제161조 제2항, 「동법시행령」 제171조 제4항).

주요사항보고서에 첨부할 서류

① 「자본시장법」 제161조 제1항 제1호 중 어음이나 수표가 부도되는 경우에는 은행의 부도확인서

등 해당 사실을 증명할 수 있는 서류.

② 「자본시장법」 제161조 제1항 제1호 중 은행과의 당좌거래가 정지되거나 금지된 경우에는 은행의 당좌거래정지 확인서 등 해당 사실을 증명할 수 있는 서류.

③ 「자본시장법」 제161조 제1항 제2호의 경우에는 이사회의사록, 행정기관의 영업정지 처분 명령서 등 영업정지 사실을 증명할 수 있는 서류.

④ 「자본시장법」 제161조 제1항 제3호의 경우에는 법원에 제출한 회생절차개시신청서 등 해당 사실을 증명할 수 있는 서류.

⑤ 「자본시장법」 제161조 제1항 제4호의 경우에는 이사회의사록, 파산결정문 등 해당 사유 발생 사실을 증명할 수 있는 서류.

⑥ 「자본시장법」 제161조 제1항 제5호로부터 8호까지의 경우에는 이사회의사록 등 해당 사실을 증명할 수 있는 서류.

⑦ 「자본시장법」 제161조 제1항 제9호의 경우에는 통지서·소장 등 해당 사실을 증명할 수 있는 서류.

⑧ 그 밖에 투자자 보호를 위하여 필요하다고 금융위원회가 정하여 고시하는 서류.

IV. 수시공시

1. 개요

수시공시제도는 유가증권시장 또는 코스닥시장에서 상장된 법인의 경영과 관련하여 증자 또는 감자 결정이 있을 때, 영업 및 생산 활동에 중요한 사항이 발생한 경우 등 투자자들의 투자판단에 중요한 사항이 발생한 경우 이를 투자자들에게 지체 없이 공시하도록 함으로써 증권의 공정한 가격 형성과 합리적인 투자 판단을 하도록 지원하는 제도이다. [2090]

이와 관련하여 유가증권시장 또는 코스닥시장에 상장된 법인은 법인의 경영이나 재산에 중대한 영향을 미칠 수 있는 「자본시장법」 및 「동법시행령」 과 「유가증권시장공시규정」 및 「코스닥시장공시규정」에서 열거하고 있는 사실이 발생한 때에는 그 사실 또는 결의내용 등을 그 사유발생일 당일에 또는 경우에 따라서는 다음날까지 거래소에 신고하여야 한다.

2. 의무공시

가. 의무공시 주체

「(구)증권거래법」은 수시공시의무의 주체로 주권상장법인 만을 규정하였으나, 「자본시장법」은 이 보다 훨씬 넓은 개념인 주권, 그 밖에 대통령령으로 정하는 증권을 상장한 법인(이하 '주권등상장법인'이라 함)으로 규정한다. (「자본시장법」 제391조 제1항) '그 밖에 대통령으로 정하는 증권' 이란 다음과 같은 증권을 말한다. (「자본시장법시행령」 제360조)

대통령령으로 정한 증권

2090　금융감독원, 「금융감독용어사전」.

① 사채권.   ② 파생결합증권.

③ 증권예탁증권.   ④ 그 밖에 공시규정으로 정하는 증권.

나. 의무공시 사항

「유가증권시장공시규정」은 공시사항에 해당하는 사실 또는 결정(이사회의 결의 또는 대표이
사 그밖에 사실상의 권한이 있는 임원·주요주주 등의 결정, 이사회 결의는 위원회 결의를 포함) 내용을
원칙적으로는 그 사유 발생 당일에 또는 일정한 사항은 사유발생일 다음날까지 의무적으로
거래소에 신고하도록 규정하고 있다.(「유가증권시장공시규정」제7조 제1항)

유가증권시장의 의무공시 사항

1) 영업 및 생산 활동에 관한 사항(「동 규정」 제7조 제1항 제1호)
- 최근 사업연도 매출액의 100분의 5(대규모법인[2091]의 경우 1,000분의 25) 이상을 차지하는
  ① 영업 또는 주된 영업의 일부/전부가 정지되거나 그 정지에 관한 행정처분이 있은 때.
  ② 거래처와의 거래가 중단된 때.
  ③ 단일 판매계약 또는 공급계약을 체결한 때 및 해당 계약을 해지 한때.
  ④ 제품에 대한 수거·파기 등을 결정한 때.
  ⑤ 공장에서 생산 활동이 중단되거나 폐업된 때.

2) 재무주조의 변경을 초래하는 사항(「동 규정」 제7조 제1항 제2호)
가) 주권상장법인이 발행하는 증권에 관한 사항
  ① 증자 또는 감자에 관한 결정이 있은 때.
  ② 주식의 소각에 관한 결정이 있은 때.
  ③ 자기주식의 취득 또는 처분, 신탁계약 등의 체결을 통해 취득한 자기주식의 유가증권 외에
     서의 처분에 관한 결정이 있은 때.
  ④ 주식분할 또는 병합에 관한 결정이 있은 때.
  ⑤ 액면주식을 무액면주식으로 전환하거나 무액면주식을 액면주식으로 전환하기로 하는 결정
     이 있은 때.
  ⑥ 주권 관련 사채권 등과 관련하여 다음 어느 하나에 해당한 때.
     ⓐ 전환사채, 신주인수권부사채, 교환사채와 증권예탁증권의 발행에 관한 결정이 있은 때.
     ⓑ 조건부자본증권의 발행에 관한 결정이 있은 때.
     ⓒ 조건부자본증권이 주식으로 전환되는 사유가 발생하거나 그 조건부자본증권의 상환과 이
        자지급 의무가 감면되는 사유가 발생한 때.
  ⑦ 해외증권시장에 주권 등의 상장을 추진하거나 이미 상장한 유가증권시장 주권상장법인 이
     다음의 어느 하나에 해당한 때.

2091 **대규모법인**이라 함은 최근 사업연도말 자산총액이 2조원 이상인 유가증권시장주권상장법인을 말한다.

  ⓐ 해외증권시장에 주권 등을 상장하기 위한 결정이 있은 때와 해당주권 등을 상장한 때.

  ⓑ 해외증권시장 상장 후 해당국 증권감독기관 또는 증권거래소 등에 기업 내용을 정기 또는 수시로 신고·공시하거나 보고서 그 밖의 관련서류를 제출한 때.

  ⓒ 해외증권시장에서의 상장폐지를 결정하거나 해당국 증권감독기관 또는 증권거래소로부터 매매거래정지, 상장폐지, 그 밖의 조치를 받은 때 및 상장폐지 된 때.

  ⓓ 해당국 증권거래소로부터 조회공시를 요구받은 때

⑧ 해당 법인이 발행한 주권을 상장폐지하기로 결정한 때.

⑨ 발행한 어음이 위·변조된 사실을 확인한 때

나) 주권상장법인의 투자활동에 관한 사항

① 자기자본의 10%(대규모법인의 경우 5%) 이상에 상당하는 신규 시설투자, 시설증설 또는 별도 공장의 신설에 관한 결정이 있은 때.

② 최근 사업연도말 자산총액의 5%(대규모법인의 경우 2.5%) 이상의 유형자산의 취득 또는 처분에 관한 결정이 있은 때.

③ 자기자본의 5%(대규모법인의 경우 2.5%) 이상의 출자 또는 출자 지분 처분에 관한 결정이 있은 때

④ 자기자본의 5%(대규모법인의 경우 2.5%) 이상 출자하고 있는 주권비상장법인이 3)- 나)의 ① 호부터 ③호까지의 어느 하나에 해당된 사실이 확인된 때.

다) 주권상장법인의 채권·채무에 관한 사항

① 자기자본의 10%(대규모법인의 경우 5%) 이상에 해당하는 단기차입금의 증가에 관한 결정이 있은 때.

② 자기자본의 5%(대규모법인의 경우 2.5%) 이상의 채무를 인수하거나 면제하여 주기로 결정한 때.

③ 자기자본의 5%(대규모법인의 경우 2.5%) 이상의 담보제공 또는 채무보증에 관한 결정이 있은 때.

④ 2)-다)의 ③호에 해당하는 채무자가 3)-나)의 ①호부터 ③호까지의 어느 하나에 해당된 사실이 확인된 때.

⑤ 발행한 사채와 관련하여 자기자본의 5%(대규모법인의 경우 2.5%) 이상의 금액에 상당하는 원리금의 지급을 이행하지 못한 때.

⑥ 금융기관으로부터 받은 대출금과 관련하여 자기자본의 5%(대규모법인의 경우 2.5%) 이상의 금액에 상당하는 원리금의 지급을 이행하지 못한 때.

⑦ 자기자본의 5%(대규모기업의 경우 2.5%) 이상의 타인에 대한 선급금 지급, 금전의 가지급, 금전대여 또는 증권의 대여에 관한 결정이 있은 때.

라) 주권상장법인의 손익에 관한 사항

① 천재·지변·전시·사변 등으로 인하여 최근 사업연도말 자산총액의 5%(대규모법인의 경우 2.5%) 이상의 재해가 발생한 때.

② 자기자본의 5%(대규모기업의 경우 2.5%) 이상의 벌금·과태료·추징금 또는 과징금 등이 부과된 사실이 확인된 때.

③ 임·직원 등의 횡령·배임혐의가 확인된 때 및 그 혐의가 사실로 확인된 때. 단 직원 의 경우는 횡령·배임금액이 자기자본의 5%(대규모기업의 경우 2.5%) 이상으로 한정.

④ 파생상품거래로 인하여 자기자본의 5%(대규모기업의 경우 2.5%) 이상의 손실이 발생한 때.

⑤ 자기자본의 5%(대규모기업의 경우 2.5%) 이상의 금액에 상당하는 임원 등의 가장납입 혐의가 확인된 때 및 그 혐의가 사실로 확인된 때.

⑥ 매출채권 이외의 채권에서 발생한 손상차손이 자기자본의 5%(대규모기업의 경우 2.5%) 이상 인 사실을 확인한 때.

마) 주권상장법인의 결산에 관한 사항

① 회계감사인의 감사보고서상에 다음의 어느 하나에 해당하는 사실이 확인 된 때.

    ⓐ 감사의견 부적정, 의견거절 또는 감사범위 제한.

    ⓑ 최근 사업연도의 자기자본이 자본금의 50% 이상 잠식.

    ⓒ 최근 사업연도의 매출액이 50억원 미만.

② 회계감사인의 반기검토보고서상 검토의견이 부적정 또는 의견거절인 때.

③ 최근 사업연도의 결산결과 다음의 어느 하나에 해당하는 사실이나 결정이 있은 때.

    ⓐ 최근 사업연도 매출액·영업손익 또는 당기순손익이 직전 사업연도 대비 100분의 30(대규모기업의 경우 100분의 15) 이상 증가 또는 감소.

    ⓑ ①의 ⓑ 및 ⓒ에 해당하는 경우.

④ 주식배당에 관한 결정이 있은 때.

⑤ 현금·현물배당에 관한 결정이 있은 때 및 중간배당을 위한 주주명부폐쇄기간/기준일을 결정한 때.

⑥ 회계처리기준 위반행위와 관련하여 다음의 어느 하나에 해당한 때

    ⓐ 해당 법인·그 임직원이 「외부감사 및 회계 등에 관한 규정」(이하 '외부감사기준'이라 함)에 따라 증권선물위원회(이하 '증선위'라 함)로부터 검찰고발 또는 검찰통보 조치된 사실과 그 결과가 확인된 때.

    ⓑ 해당 법인·그 임직원이 회계처리기준 위반행위를 사유로 검찰에 의해 기소되거나 그 결과가 확인된 때.

    ⓒ 임원이 「외부감사기준」에 따라 증권위로부터 해임권고 의결된 사실이 확인된 때.

3) 기업 경영활동에 관한 사항(「동 규정」 제7조 제1항 제3호)

가) 주권상장법인의 지배구조 또는 구조개편에 관한 사항

① 최대주주가 변경된 사실이 확인된 때.

② 삭제

③ 지주회사인 유가증권시장 주권상장법인의 자회사가 새로이 편입 또는 탈퇴된 때.

④ 주식 교환 또는 주식 이전의 결정이 있은 때.

⑤ 「상법」 제374조(영업양도, 양수, 임대 등), 제522조(합병계약서와 그 승인결의), 제530조의2(회사의 분할·분할합병), 제530조의12(물적분할)과 「자본시장법시행령」 제171조 제2항 제1호부터 제4호까지에서 규정한 사실에 관한 결정이 있은 때.

⑥ 간이합병 또는 소규모합병에 관한 결정이 있은 때.

나) 주권상장법인의 존립에 관한 사항

① 발행한 어음 또는 수표가 부도로 되거나 은행과의 당좌거래가 정지 또는 금지된 때.

②「채무자 회생 및 파산에 관한 법률」에 따른 다음의 어느 하나에 해당하는 경우.

ⓐ 회생절차 개시·종결·폐지 신청을 한 때 및 법원으로부터 회생절차 개시·종결 또는 폐지, 회생절차 개시결정 취소, 회생계획 인가·불인가 등의 결정사실을 통보받은 때.

ⓑ 파산신청을 한 때 및 법원으로부터 파산선고 또는 파산신청에 대한 기각 결정사실을 통보받은 때.

③「상법」또는 그 밖의 법률에 따른 해산사유가 발생한 때.

④ 거래은행 또는 금융채권자가 법인의 경영관리 또는 공동관리를 개시·중단 또는 해제하기로 결정한 사실이 확인된 때.

⑤ 주거래은행/금융채권자협의회와 경영정상화 계획의 이행을 위한 약정을 체결한 때.

다) 주권상장법인에 대하여 아래 소송 등의 절차가 제기·신청되거나 그 소송 등이 판결·결정된 사실을 확인한 때.

① 유가증권시장 주권상장법인이 발행한 상장 또는 상장대상 증권의 발행에 대하여 효력, 그 권리의 변경 및 그 증권의 위조 또는 변조에 관한 소송.

② 청구금액이 자기자본의 5%(대규모법인의 경우 2.5%) 이상인 소송 등.

③ 임원의 선임·해임을 위한 소수주주의 법원에 대한 주주총회 소집허가 신청, 이원의 선임·해임 관련 주주총회 결의의 무효·취소의 소, 임원의 직무집행정지가처분 신청 등 임원의 선임·해임 또는 직무집행과 관련한 경영권 분쟁 소송.

④「증권관련 집단소송법」에 따른 소송.

라) 주주총회 소집을 위한 이사회 결의 또는 주주총회결의가 있은 때.

4) 1)에서 3)까지 사항 이외에 주가 또는 투자자의 투자판단에 중대한 영향을 미치거나 미칠 수 있는 사실 또는 결정이 있은 때.

3. 조회공시

가. 조회공시의 의의

조회공시란 한국거래소가 유가증권의 공정한 거래와 투자자 보호를 위해 주권상장법인의 기업 내용에 관한 풍문 또는 보도의 사실 여부의 확인과 당해 상장법인이 발행한 주권 등의 가격이나 거래량에 현저한 변동이 있는 경우 중요한 정보의 유무에 대한 공시를 한국거래소가 요구하면 당해 상장법인은 이에 응하여 공시하도록 하는 제도이다.[2092]

나. 조회공시의 대상

조회공시는「유가증권공시규정」(이하 '공시규정'이라 함)의 제7조(주요경영사항)부터 제11조까지, 제15조(공정공시대상정보 등)~제16조 및 제28조(자율공시)에서 정하는 사항 이나 이에 준하는 사항에 관해「유가증권공시규정시행세칙」(이하 '공시규정세칙' 이라함) 에서 정하는 풍문 및

2092 금융감독원,「금융감독용어사전」.

보도[2093](이하 '풍문 등'이라 함)의 사실여부 확인을 대상으로 한다.

다만 풍문 등이 없더라도 유가증권시장 주권상장법인이 발행한 주권 등의 가격 또는 거래량이 거래소가 따로 정하는 기준에 해당되는 경우에는 해당 유가증권시장 주권상장법인에 대한 중요한 정보(주요경영사항, 공정공시사항, 자율공시사항)의 유무 확인을 대상으로 한다.(「유가증권공시규정」제12조 제1항, 제2항)

다. 조회공시의 방법

거래소는 조회공시의 대상에 대하여 유가증권시장 주권상장법인의 대표자, 공시책임자, 또는 공시담당자에게 「공시규정세칙」이 정하는 방법에 의하여 조회공시를 요구하고, 공시매체를 통하여 당해 조회 요구사실 및 그 내용을 공표한다.(「동세칙」제13조 제1항).

이처럼 거래소로부터 풍문 또는 보도의 사실 여부 확인 및 중요정보(주요경영사항, 공정공시사항, 자율공시사항)의 유무에 대한 조회공시를 요구받은 유가증권시장 주권상장법인은 사안에 따라 당일 또는 익일까지 이에 응하여야 한다.(「동세칙」제12조제1항, 제2항).

4. 자율공시

가. 자율공시의 의의

자율공시란 유가증권시장 주권상장법인이 주요경영사항 외에 투자판단에 중대한 영향을 미칠 수 있거나 투자자에게 알릴 필요가 있다고 판단되는 사항으로서 「공시규정세칙」에서 정하는 사항의 발생 또는 결정이 있는 때에 한국거래소에 그 내용을 신고하는 제도를 말한다.(「유가증권공시규정」제28조)

나. 자율공시의 대상

유가증권시장 주권상장법인이 투자판단에 중대한 영향을 미칠 수 있거나 투자자에게 알릴 필요가 있다고 판단되는 사항으로서 자율공시대상은 다음과 같다(「동 세칙」제8조)

자율공시의 대상

① 자원개발 투자.　　② 자원개발과 관련하여 매장량·생산량 등에 대한 경제성 판명.

③ 단기차입금 감소.　④ 파생상품거래 이익발생.　　　⑤ 채무면제 이익발생.

⑥ 녹색 경영정보와 관련한 사항　⑧ 증여·수증.　⑨ 주요주주 및 계열회사의 변경.

⑩ 「상호저축은행법」의 규정과 관련한 사항.

　ⓐ 과점주주가 되거나 그 지위 변경.

　ⓑ 과점주주로 있는 상호저축은행의 국제결제은행이 정한 자기자본비율이 낮아진 사실.

2093　풍문 및 보도는 주권상장법인의 기업내용에 관하여 거래소가 수집한 내용 및 「신문 등의 진흥에 관한 법률」에 따른 일반일간신문 또는 경제분야의 특수일간신문 중 전국을 보급지역으로 하는 신문에 게재 된 기사를 말한다.(「공시규정세칙」제5조).

ⓒ 당해 법인이 과점주주로 있는 상호저축은행의 매분기별 재무제표.

⑪ 금융지주회사가 금융지주회사법에 의한 경영개선조치를 요구받은 사실.

⑫ 대규모법인이 아닌 유가증권상장법인의 규정 제24조의2에 따라 기업지배구조보고서.

⑬ 회사의 합병, 영업양수·도, 분할·분할합병 또는 주식의 포괄 교환·이전을 위한 주주총회결의의 무효 또는 취소소송이 제기·신청되거나 그 소송에 대한 판결·결정 사실.

⑭ 자산재평가 실시에 관한 최초 결정이 있은 때 및 자산재평가 결과 자산재평가 증가금액 또는 감소금액이 발생한 사실이 확인된 때.

⑮ 금융기관 또는 그 임원이 관계법규 또는 감독기관으로부터 다음의 조치를 받은 사실.

ⓐ 금융기관이 경영개선권고, 요구, 명령을 받거나 경영개선협약 등 조치를 받은 사실.

ⓑ 금융기관 임원이 「금융기관검사 및 제재에 관한 규정」에 의거 제재를 받은 사실 .

다. 자율공시의 방법

유가증권시장 주권상장법인은 주요경영사항 외에 투자판단에 중대한 영향을 미칠 수 있거나 투자자에게 알릴 필요가 있다고 판단되는 위의 자율공시대상 사항의 발생/결정이 있을 때에는 그 내용을 사유발생 다음날까지 거래소에 신고해야 한다.(「동 규정」제28조)

5. 공정공시

가. 공정공시의 의의

공정공시란 유가증권시장 주권상장법인은 공정공시정보제공자가 공정공시대상정보를 공정공시정보제공대상자에게 선별적으로 제공하는 경우에는 그 사실 및 내용을 거래소에 신고하여(「유가증권공시규정」제15조제1항), 일반투자자에게도 공시하는 제도이다.

이는 기업이 중요한 정보를 특정인에게만 선별적으로 알리는 것을 금지하고, 오로지 증권시장을 통해서만 알리도록 하는 제도를 말한다. 우리나라의 공정공시제도는 자율규제기관인 거래소의 유가증권시장 및 코스닥시장 공시규정에 의하여 시행되고 있다.

나. 공정공시의 규제내용

1) 공정공시대상정보

'공정공시대상정보'라 함은 다음 중 어느 하나에 해당하는 자를 말한다.[「유가증권공시규정」(이하 '공시규정'이라 함) 제15조 제1항].

공정공시대상정보

① 장래 사업계획 또는 경영계획.

② 매출액, 영업손익, 법인세비용차감전계속사업손익 또는 당기순이익 등에 대한 전망 또는 예측.

③ 「공시규정」제21조의 규정에 의하여 사업보고서, 반기보고서 및 분기보고서(이하 '사업보고서 등'이라 함)를 제출하기 이전의 당해 사업보고서 등과 관련된 매출액, 영업손익, 법인세비용차감전

계속사업손익 또는 당기순손익 등 영업실적.

④「공시규정」제7조 내지 제11조의 규정에서 정하는 사항과 관련된 것으로서 그 신고시한이 경과
되지 아니한 사항.

2) 공정공시정보제공자

'공정공시정보제공자'라 함은 다음 중 어느 하나에 해당하는 자를 말한다.(「공시규정」제15조 제2항).

공정공시정보제공자

① 해당 유가증권시장 주권상장법인 및 그 대리인.

② 해당 유가증권시장 주권상장법인의 임원(이사·감사 또는 사실상 이와 동등한 지위에 있는 자 포함).

③ 공정공시 대상정보에 대한 접근이 가능한 해당 유가증권시장 주권상장법인의 직원(공정공시 대
상정보와 관련이 있는 업무수행부서 및 공시업무관련부서 직원).

3) 공정공시정보제공대상자

'공정공시정보제공대상자'라 함은 다음 중 어느 하나에 해당하는 자를 말한다.(「공시 규정」
제15조 제3항).

공정공시정보제공대상자

①「자본시장법」에 의한 투자매매업자·투자중개업자·투자회사·집합투자업자·투자자문업자·투자
일임업자와 그 임·직원 및 이들과 위임 및 제휴관계에 있는 자.

② 전문투자자(①호에서 정하는 자 제외) 및 그 임·직원.

③ 제①호 및 제②호의 규정에 다른 자의 업무와 동일하거나 유사한 업무를 수행하는 외국의 전문
투자자 및 그 임·직원.

④ 방송사업자 및 신문·통신 등 언론사 및 그 임·직원.

⑤ 정보통신망을 이용하는 증권정보사이트 등의 운영자 및 그 임·직원.

⑥ 공정공시대상정보를 이용하여 유가증권시장 주권상장법인의 증권을 매수하거나 매도할 것으로
예상되는 해당 증권의 소유자.

⑦ 제①호 내지 제⑥호에 준하는 자로서 거래소가 정하는 자.

다. 공정공시의 방법

유가증권시장 주권상장법인은 공정공시정보제공자가 공정공시대상정보를 공정공시정보
제공대상자에게 선별적으로 제공하는 경우에는 그 사실 및 내용을 거래소에 신고하여(「유가
증권공시규정」제15조 제1항), 일반투자자에게도 공시토록 한다.

V. 공시서류의 확인·검토

사업보고서 제출대상 법인이 사업보고서를 제출하는 경우 제출 당시 그 법인의 대표이사(집행임원 설치회사의 경우 대표집행임원) 및 제출업무를 담당하는 이사는 그 사업보고서의 기재사항 중 중요사항에 관하여 거짓의 기재 또는 표시가 있거나 중요사항의 기재 또는 표시가 누락되지 아니하였다는 사실 등 대통령령으로 정하는 사항을 확인·검토하고 이에 각각 서명하여야 한다.(「자본시장법」제159조제7항). 이는 분·반기보고서(「자본시장법」제160조)와 주요사항보고서(「자본시장법」 제161조)를 제출하는 경우에도 준용한다.

사업보고서에 대한 대표이사 등의 확인·검토 사항

① 사업보고서의 기재사항 중 중요사항에 관하여 거짓의 기재 또는 표시가 없고, 중요사항의 기재 또는 표시를 빠뜨리고 있지 아니하다는 사실.

② 사업보고서의 기재 또는 표시 사항을 이용하는 자로 하여금 중대한 오해를 일으키는 내용이 기재 또는 표시되어 있지 아니하다는 사실.

③ 사업보고서의 기재사항에 대하여 상당한 주의를 다해 직접 확인·검토하였다는 사실.

④ 「신외감법」 제4조에 다른 외부감사대상법인인 경우에는 같은 「동법」제8조에 따라 내부회계관리제도가 운영되고 있다는 사실 등.

VI. 공시위반에 대한 제재

1. 심사규제 공시위반에 대한 제재

가. 행정상제재

1) 조치권

금융위원회는 ⅰ) 사업보고서 등을 제출하지 아니하거나, ⅱ) 사업보고서 등 중 중요사항에 관하여 거짓의 기재 또는 표시가 있거나 중요사항이 기재 또는 표시되지 아니한 경우에 사업보고서 제출대상법인에 대하여 이유를 제시한 후 그 사실을 공고하고 정정을 명할 수 있으며, 필요한 때에는 증권의 발행, 그 밖의 거래를 정지 또는 금지하거나 대통령령으로 정하는 조치를 할 수 있다.(「자본시장법」 제164조 제2항)

대통령령으로 정하는 조치의 종류

① 1년 범위 내에서 증권 발행의 제한.　　② 임원에 대한 해임권고.

③ 법률위반의 경우에는 고발 또는 수사기관에 통보.

④ 다른 법률을 위반한 경우에는 관련기관이나 수사기관에의 통보.　⑤ 경고 또는 주의.

2) 과징금

금융위원회는 사업보고서 제출대상법인이 ⅰ) 사업보고서, 반기보고서, 분기보고서 중 중요사항에 관하여 거짓의 기재 또는 표시를 하거나 중요사항을 기재 또는 표시하지 아니하거나, ⅱ) 사업보고서, 반기보고사, 분기보고서를 제출하지 아니하는 경우에는 직전 사업연도 중에 증권시장에서 형성된 그 법인이 발행한 주식의 일일평균거래금액의 10%(20억원을 초과하거나 그 법인이 발행한 주식이 증권시장에서 거래되지 아니한 경우에는 20억원)을 초가하지 아니한 범위내에서 과징금을 부과할 수 있다.(「자본시장법」 제429조 제3항).

나. 민사상제재

사업보고서 등 및 그 첨부서류(회계감사인 감사보고서는 제외) 중 중요사항에 관하여 거짓의 기재 또는 표시가 있거나 중요사항이 기재 또는 표시되지 아니함으로써 사업보고서 제출대상법인이 발행한 증권의 취득자 또는 처분자가 손해를 입은 경우에는 다음 각 호의 자는 그 손해에 관하여 배상의 책임을 진다.(「자본시장법」 제429조 제3항).

손해배상책임자

① 그 가업보고서 등의 제출인과 제출당시의 그 사업보고서 제출대상법인의 이사.
②「상법」 제401조의2 제1항 각 호의 어느 하나에 해당하는 자로서 그 사업보고서 등의 작성을 지시하거나 집행한 자.
③ 그 사업보고서 등의 기재사항 및 그 첨부서류가 진실 또는 정확하다고 증명하여 서명한 공인회계사·감정인 또는 신용평가를 전문으로 하는 자등 대통령령으로 정하는 자.
④ 그 사업보고서 등 기재사항 및 그 첨부서류에 자기의 평가·분석·확인 의견이 기재되는 것에 대하여 동의하고 그 기재내용을 확인한 자.

다. 형사상제재

1)「자본시장법」 제444조 제13호의 죄

사업보고서, 반기보고서, 분기보고서, 주요사항보고서, 정정명령에 따라 제출하는 사업보고서 중 중요사항에 관하여 거짓의 기재 또는 표시를 하거나 중요사항을 기재 또는 표시하지 아니한 자 및 그 중요사항에 관하여 거짓의 기재 또는 표시가 있거나 중요사항의 기재 또는 표시가 누락되어 있는 사실을 알고도 제119조(모집 또는 매출의 신고) 제5항 또는 제159조(사업보고서 등 제출) 제7항에 따라 서명을 한자와 그 사실을 알고도 이를 진실 또는 정확하다고 증명하여 그 뜻을 기재한 공인회계사·감정인 또는 신용평가를 전문으로 하는 자는 5년 이하 징역 또는 2억원 이하 벌금에 처한다.

2)「자본시장법」 제446조 제28호의 죄

「자본시장법」 제159조(사업보고서 등 제출), 제160조(반기·분기보고서의 제출), 제161조(주요사항보고서의 제출) 제1항을 위반하여 사업보고서·반기보고서·분기보고서나 주요사항보고서를 제출하지 아니한 자는 1년 이하의 징역 또는 3천만원 이하의 벌금에 처한다.

2. 공시규제 공시위반에 대한 제재

가. 공시위반 제재금

거래소는 유가증권시장 주권상장법인을 불성실공시법인으로 지정하는 경우 벌점부과 이외에 10억원 이내에서 공시위반 제재금을 부과할 수 있다.(「공시규정」 제35조의 2 제1항).

나. 불성실공시법인 지정 및 공표

거래소는 유가증권시장 주권상장법인이 「공시규정」 제29조(공시불이행), 제30조(공시번복), 제31조(공시변경) 까지에 해당된 경우에는 해당법인에 대하여 불성실공시법인으로 지정한다.(「공시규정」 제33조~제35조).

거래소는 유가증권시장 주권상장법인을 불성실공시법인 지정 등을 한 경우에는 「공시규정세칙」이 정하는 바에 따라 공시매체 등에 그 사실 등을 게재한다.(「공시규정」 제36조).

다. 매매거래정지

거래소는 조회공시에 불응하거나 불성실공시법인으로 지정된 경우 해당 유가증권시장 주권상장법인이 발행한 주권 등에 대해 매매거래를 정지할 수 있다.(「공시규정」 제40조 제1항).

제6절 경영진 등의 금지 행위

「상법」 제397조, 제397조의2, 제398조에서는 이사의 경업·겸직, 회사기회의 유용, 회사와의 자기거래 등 회사와 이해가 충돌할 수 있는 이사의 행위를 금지 또는 제한하고 있다. 이는 이사가 회사의 업무집행에 관여하는 지위를 이용하여 회사의 재산 또는 기회를 토대로 자신의 이익을 추구하는 것을 방지하려는 취지에서 둔 제도이다.

이 규정들이 없더라도 이사의 경업·겸직, 회사기회의 유용, 회사와의 자기거래 등의 행위는 이사의 선관주의의무(「민법」 제681조)에 위반하므로 그로 인해 회사에 손해가 생기면 이사의 책임(「상법」 제399조 제1항)을 추궁할 수 있고, 경우에 따라서는 이사의 해임사유가 될 수 있다.(「상법」 제385조 제1항 본문, 제2항)

이 경우 회사 또는 이사의 책임을 묻는 주주는 회사의 손해와 이사의 과실을 증명하여야 한다. 하지만 「상법」이 금지하고자 하는 행위를 위 규정들에 의해 定型化함으로써 이러한 증명이 없이 이사의 책임을 추궁할 수 있고, 이에 위반한 행위는 법령위반(「상법」 제399조 제1항)이 되므로 보다 엄중한 책임 추궁이 가능하다.

아울러 상장회사의 특례규정에서는 소정의 대주주, 감사 그리고 업무집행관여자(「상법」 401조의2)와 회사의 거래도 제한하며, 신용공여는 이사회의 승인과 무관하게 금지한다. 이 규정들은 이사에게도 적용되는데 그 내용은 「상법」 제398조(이사 등과 회사 간의 거래)의 규율보다 훨씬 강화 된 것이다.

Ⅰ. 이사의 경업금지

1. 의의

이사는 이사회의 승인이 없으면 자기 또는 제3자의 계산으로 회사의 영업부류에 속하는 거래를 하거나 동종영업을 목적으로 하는 다른 회사의 무한책임사원이나 이사가 되지 못한다.(「상법」 제397조 제1항) 이같이 경업과 겸직을 제한하는 것을 통틀어 **「경업금지」**라 하며, 이사의 의무라는 측면에서는 **「겸업피지의무」**라 한다.

이 제도는 이사가 회사를 관리하는 지위에서 얻은 기업비밀과 고객관계 등 무형의 영업재산을 자신의 사익추구에 이용함으로써 회사의 이익을 해하는 것을 예방하고, 이사는 회사의 업무에 전념해야 된다(이사의 충실의무)는 당위성을 규범화하기 위하여 이사에게 특별한 법적책임을 과한 것이다.[2094]

2. 적용 대상

경업금지의무의 적용 대상은 이사(「상법」 제397조 제1항)와 집행임원(「상법」 제408조의9)이다. 업무집행관여자를 이사로 간주하는 「상법」 제401조의2 제1항은 "제399조, 제401조 및 제403조의 적용에 있어서"라고 규정하고 "제397조"는 포함하지 아니하므로 업무집행 관여자의 경업은 금지되지 않는다.[2095]

3. 금지 내용

가. 거래금지의무

금지되는 거래는 "자기 또는 제3자의 계산으로 하는 회사의 영업부류에 속하는 거래"이다.

1) 거래

규제 대상 이사의 "거래"에는 반드시 반복되거나 계속되지 않고 1회성인 경우와, 영업으로 하지 않는 경우도 포함된다.

2) 자기 또는 제3자의 계산으로 하는 거래

반드시 이사 자신의 계산으로 하는 거래뿐 아니라 제3자의 계산으로 하는 거래도 금지된다. 제3자의 계산으로 하는 거래에는 이사가 제3자의 위탁을 받아 하는 거래와 제3자 대리인으로 하는 거래가 모두 포함된다. 이사가 별도의 회사를 설립하여 경업거래를 하는 경우나 이사가 이미 경업하고 있는 회사의 주식을 취득하여 지배주주가 된 경우에도 본조의 적

2094　김용범, 전게서, 2017, 1332면. 이철송. 전게서. 박영사. 2021. 765면.

2095　김용범, 전게서, 2017, 1332면. 임재연, 전게서 Ⅱ, 박영사, 2014, 400〜401면.

용 대상이다.[2096]

3) 회사의 영업부류에 속한 거래

회사의 영업부류에 속하는 거래란 정관에 기재된 사업목적에 국한되는 것이 아니고, 회사가 사실상 영위하는 모든 거래를 포함한다. 또한 사실상 회사의 영리활동의 대상이 되는 것을 포함하고, 1회성 거래도 포함한다. 다만, 보조적 상행위는 회사의 영리활동 자체가 아니므로 규제 대상이 아니다.[2097]

회사의 영업부류에 속한 거래여부는 이익충돌 가능성을 기준으로 판단한다. 동종의 영업이라도 회사와 이사의 영업지역이 원격하여 회사의 영업에 영향을 주는 바가 없다면 경업이라 할 수 없으며, 이사의 영업이 회사의 영업에 종속하여 지점이나 영업부문으로 영위됨으로써 양자의 영업이 공동의 이익을 추구하는 관계에 있다면 이 역시 경업이 아니다.[2098]

나. 겸직금지의무

이사는 동종영업을 목적으로 하는 다른 회사의 무한책임 사원이나 이사가 되지 못한다. 이사는 경업 대상 회사의 이사, 대표이사가 되는 경우뿐만 아니라 그 회사의 지배주주가 되어 그 회사의 의사 결정과 업무 집행에 관여할 수 있게 되는 경우에도 자신이 속한 회사 이사회의 승인을 얻어야 한다.[2099]

동종영업이란 경업에서의 회사의 영업부류와 같은 의미이고, 반드시 현재 영업을 수행하는 회사가 아니라도 동종영업을 목적으로 하는 회사에 해당한다. 따라서 경업의 대상이 되는 회사가 영업을 개시하지 못한 채 영업의 준비작업을 추진하고 있는 단계에 있더라도 "동종영업을 목적으로 하는 다른 회사"에 해당한다.[2100]

다. 퇴직 후의 경업

이사가 퇴직 후에 경업에 종사하는 것은 허용된다. 다만, 회사와 이사 간의 경업 금지 계약을 체결한 경우에는 퇴직 후 일정기간 경업이 금지될 수 있다.

4. 이사회 승인

이사회의 승인이 있으면 경업·겸직이 가능하다.(「상법」 제397조 제2항) 이사의 승인은 사전 승인을 의미한다.[2101] 사후의 승인은 책임면제(「상법」 제400조)와 같은 효과를 가져오는데, 이사회 결의로 책임을 면제한다는 것은 「상법」 제400조에서 이사의 책임면제에 총주주의 동의를 요하는 것과 대비해 균형이 맞지 않기 때문이다.

2096 김용범, 전게서, 2017, 1333면. 이철송. 전게서. 박영사. 2021. 766면. 임재연, 전게서Ⅱ, 2014, 401면.

2097 김용범, 전게서, 2017, 1333면. 이철송. 전게서. 박영사. 2021. 766면. 임재연, 전게서Ⅱ, 2014, 401면.

2098 김용범, 전게서, 2017, 1333면 . 대법원, 2013.9.12.선고 2011다57869 판결.

2099 김용범, 전게서, 2017, 1333면. 대법원, 2013.9.12. 선고. 2011다57869 판결.

2100 김용범, 전게서, 2017, 1333면. 대법원, 1993.4.9. 선고. 92다53583 판결.

2101 김용범, 전게서, 2017, 1334면. 이철송. 전게서. 박영사. 2021. 765면. 임재연, 전게서 Ⅱ, 2014, 403면.

경업을 하고자 하는 이사는 특별한 이해관계가 있는 자(「상법」 제391조 제3항→제368조 제3항)로서 의결권을 행사하지 못한다. 이 제도는 경업으로 인해 야기될 수 있는 추상적인 이해충돌의 위험성에 기초하여 둔 일반예방규정이다. 따라서 이사회는 장차 경업·겸직으로 야기될 회사의 손실을 예측하여 승인여부를 판단하여야 한다.

5. 경업금지의무 위반의 효과

이사가 이사회의 승인 없이 경업 또는 겸직을 하는 것으로 금지위반의 요건은 충족되며, 이로 인해 회사에 손해가 회사에 발생하였음을 요하지 않는다. 본 제도는 회사의 손해를 회복시켜주는 것만을 목적으로 하는 것이 아니라 경쟁적 이익추구를 단념시킴으로써 이사로 하여금 회사의 업무에 전념케 하는 뜻도 있기 때문이다. 따라서 회사에 손해가 발생하지 않더라도 회사는 손해배상 청구만 할 수 없을 뿐 다른 효과는 주장할 수 있다.

가. 손해배상책임

금지위반으로 회사에 손해가 발생한 경우에 이사는 회사에 대해 손해를 배상해야 한다.(「상법」 제399조 제1항) 상업사용인의 경업금지위반에 관해서는 손해배상책임을 명문화하면서 (「상법」 제17조 제3항) 이사의 경업금지위반에 관해서 같은 규정을 두지 않은 이유는 이사의 손해배상책임에 관해서는 「상법」 제399조에서 일반규정을 두었기 때문이다.

나. 해임

이사회의 승인 없이 한 경업 또는 겸직은 「상법」 제385조 제2항에서 말하는 부정행위이므로 손해배상 없이 이사를 해임할 수 있는 정당한 이유가 되며(「상법」 제385조 제1항),[2102] 소수주주가 법원에 해임을 청구할 수 있는 사유가 된다.(「상법」 제385조 제2항) 이사가 겸직을 사임했다 하더라도 같다.(동 판례)

다. 거래의 효과

이사가 경업금지의무에 위반한 경우에도 그 거래 자체는 유효하다.

라. 개입권[2103]

1) 의의

이사가 경업금지의무를 위반하여 거래를 한 경우에 회사는 이사회 결의로 그 이사의 거래가 자기의 계산으로 한 것인 때에는 그 이사에 대하여 이로 인한 이득의 양도를 청구할 수 있다.(「상법」 제397조 제2항) 이를 **介入權** 또는 **奪取權**이라 한다.

2) 내용

2102 김용범, 전게서, 2017, 1335면. 대법원. 1990.11.2. 결정. 90마745 판결.

2103 김용범, 전게서, 2017, 1335면. 이철송. 전게서. 박영사. 2021. 769~770면.

이사의 계산으로 한 경우 「회사의 계산으로 한 것으로 볼 수 있다」고 함은 이사가 회사에 대해 거래의 *經濟的 效果*를 *歸屬*시켜야 함을 뜻하고, 회사가 직접계산의 주체가 되는 것을 뜻하는 것은 아니다. 즉, 거래로 인한 비용을 회사의 부담으로 하고, 얻은 이익을 회사에 귀속시키는 것을 말한다. 따라서 회사의 개입권 행사는 이사의 경업거래 상대방에 대해서는 아무런 영향이 없다. 상대방에 대한 계산의 주체는 여전히 이사인 것이다.

제3자의 계산으로 한 경우 이사가 양도할 「*利得*」이란 이사가 계산의 주체인 제3자로부터 받은 보수만을 뜻하고 거래 자체로부터 발생한 이득을 뜻하는 것은 아니다. 거래 자체로 인한 이득을 청구할 수 있다고 한다면 제3자의 권리에 영향을 미치게 되는 까닭이다.

3) 행사

개입권은 *形成權*이다(이설 없음). 따라서 이사에 대한 의사표시만으로 효력이 발생한다. 개입권의 행사는 이사회 결의가 있어야 하나(「상법」 제397조 제2항), 행사 자체는 대표이사가 해야 한다. 대표이사가 이를 게을리하면 주주가 대표소송을 제기할 수 있다.(「상법」 제403조)

4) 기간

개입권은 거래가 있는 날로부터 **1년을 *經過***하면 *消滅*한다.(「상법」 제397조 제3항) 이것은 **除斥期間**이다. 상업사용인의 경우처럼 「거래가 있음을 안 날」을 기산점으로 하여 2주일 내로 하지 않는 이유는 이와 같은 주관적 기준이 회사에는 적합하지 않고, 또 개입권의 행사에 이사회의 결의라는 절차를 요하는 까닭에 단기의 제척기간을 둘 수 없기 때문이다.

5) 손해배상청구권과의 관계

「상법」상 명문의 규정은 없지만, **介入權**과 **損害賠償請求權**은 **양자를 동시에 行使**할 수 있다고 해석된다.(「상법」 제17조 제3항의 유추 적용) 개입권은 영업상의 손실을, 손해배상은 그 밖의 손실을 회복시키는 데 적절한 수단이 될 것이다.

마. 벌칙

경업금지의무 위반은 경우에 따라 「상법」상 **특별배임죄**(「상법」 제622조 제1항)를 **구성**할 수 있다.(서울고법 1982.1.13. 선고. 82노2105 판결)

II. 회사기회의 유용 금지

1. 의의

이사는 이사회의 승인 없이 현재 또는 장래에 회사의 이익이 될 수 있는 다음과 같은 회사의 사업기회를 자기 또는 제3자의 이익을 위하여 이용하여서는 아니 된다.(「상법」 제397조의2 제1항)

회사 기회의 유용 행위

① 직무를 수행하는 과정에서 알게 되거나 회사의 정보를 이용한 사업기회

② 회사가 수행하고 있거나 수행할 사업과 밀접한 관계가 있는 사업기회

「상법」은 경업금지와 회사기회의 유용금지의 차이를 고려해 사업기회의 개념을 구체화하여 규정한 것이다.

2. 이사회 승인

이사회의 승인이 있으면 회사기회의 이용이 가능하다.(「상법」 제397조 제1항) 소규모회사에서는 주주총회의 결의로 승인한다.(「상법」 제383조 제4항) 이사회의 승인은 사전승인을 뜻한다고 보아야 한다. 그 이유는 경업금지의 승인에 관해 설명한 바와 같다. 기회를 이용하려는 이사가 의결권을 행사하지 못하는 것도 같다.[2104](「상법」 제391조 제3항 → 「상법」 제368조 제3항)

이사회의 승인은 **이사 전원의 3분의 2 이상의 찬성**으로 한다.(「상법」 제397조 제1항) 통상의 이사회 결의가 이사의 과반수의 출석에 과반수의 찬성을 요구함에 비해(「상법」 제391조 제1항), 크게 강화된 요건임에 주의하여야 한다. 이는 「상법」에서 이사의 기회 이용이 회사재산에 미치는 위험성을 크게 평가했음을 의미한다.

3. 금지 내용

이사회의 승인 없이 현재 또는 장래에 회사의 이익이 될 수 있는 소정의 회사의 사업기회를 자기 또는 제3자의 이익을 위해 이용하는 것을 금한다.(「상법」 제397조의2 제1항)

가. 자기 또는 제3자의 이익

경업금지에서의 「자기 또는 제3자의 계산」과 같은 의미이다.

나. 기회의 유형[2105]

「상법」은 이용금지의 대상이 되는 회사의 사업기회를 다음과 같이 두 가지로 특정하고 이중 어느 것을 이용하든 규율대상으로 한다.

1) 직무를 수행하는 과정에서 알게 되거나 회사의 정보를 이용한 사업기회

회사의 직무를 수행하는 과정에서 얻게 된 사업기회이거나 회사의 정보를 이용해 얻게 된 사업기회란 **회사의 비용으로 얻은 사업기회**임을 뜻한다. 회사의 영업부류에 속하느냐는 묻지 않는다.

2) 회사가 수행하고 있거나 수행할 사업과 밀접한 관계가 있는 사업기회

회사가 수행하고 있거나 수행할 사업이란 정관상의 사업목적에 국한하지 않고 사실상 회사의 영리활동의 대상이 되어 있는 것은 모두 포함한다. **회사의 「영업 이익」이라고 볼 수 있는 한 이사의 기회유용이 금지**된다.

2104   김용범, 전게서, 2017, 1337면. 이철송, 전게서, 박영사, 2021, 773면.

2105   김용범, 전게서, 2017, 1337면. 이철송, 전게서, 박영사, 2021, 773~774면.

다. 회사의 이득 가능성[2106]

「상법」은 이용금지 대상을 현재 또는 장래에 회사의 이익이 될 수 있는 기회로 한정하고 있다. 그리하여 위 1), 2)에 속하는 사업기회라 하더라도 회사의 이익이 될 수 없는 것은 회사의 사업기회라 할 수 없고, 이사의 이용이 금지되지 않는다.(「상법」제397조의2 제1항)

회사의 이익이 된다는 것은 회계학적으로 회사에 수익을 가져올 수 있다거나 사업성이 있다는 뜻으로는 새겨서는 안 된다. 회사의 영리추구의 대상으로 삼을 수 있다는 풀이하면 족하다.

라. 기회의 이용방법

본 조는 단지 기회유용을 금할 뿐 기회를 이용한 영업을 금하는 것이 아니므로 1회의 비영업적 거래라 하더라도 회사의 사업기회를 유용하면 본 조에 위반하는 행위이다.[2107]

4. 위반거래의 효과[2108]

이사가 이사회의 승인 없이 한 자기거래(「상법」제398조)는 **무효(상대적 무효)**로 봄이 통설인데 반해, 이사회의 승인 없이 한 경업행위(「상법」제397조)는 유효하다는 점에 이설 없다. 따라서 이사가 이사회의 승인 없이 회사의 기회를 유용하였더라도 거래의 효력에는 영향이 없다.

그 이유는 자기거래의 경우 회사가 당사자가 되는데 이사회의 승인 없는 자기거래라면 회사의 업무집행방법에 하자가 있는 것이고 따라서 거래의 하자를 구성한다고 볼 수 있는 반면, 경업의 경우에는 거래로 인한 이득의 귀속이 불공정할 뿐, 거래당사자에게는 거래의 효력을 좌우할 어떤 흠도 없기 때문이다.

이사가 이사회의 승인 없이 한 회사기회의 유용도 경업과 같이 다루어야 한다. 여기서 흠은 회사와 이사 간에 있을 뿐이고 이사와 제3자 간의 거래에 개재하는 것이 아니기 때문이다.

5. 개입제도의 부적용

경업금지를 위반한 경우에는 회사에 개입권을 인정하여 이사로부터 이득을 반환받도록 한다.(「상법」제397조 제2항) 그러나 「상법」상 기회유용금지제도는 위반행위에 대하여 손해배상책임만을 과할 뿐, 개입권이나 이익반환제도는 두고 있지 않다.[2109]

6. 손해배상책임[2110]

이사가 이사회의 승인 없이 기회를 이용해 회사에 손해를 가했을 때에는 손해배상책임을 져야 함은 법리적으로 의문의 여지가 없다. 문제는 이사가 이사회의 승인을 얻어 기회를 이

2106 김용범, 전게서, 2017, 1338면. 이철송. 전게서. 박영사. 2021. 774면.

2107 이철송. 전게서. 박영사. 2021. 775면.

2108 김용범, 전게서, 2017, 1338면. 이철송. 전게서. 박영사. 2021. 775면.

2109 김용범, 전게서, 2017, 1338면. 이철송. 전게서. 박영사. 2021. 776면.

2110 이철송. 전게서. 박영사. 2021. 776~777면.

용하였지만 회사에 손해가 발생한 경우의 책임관계이다.

이사회의 승인은 기회이용의 절차적 위법성을 조각하는 효과가 있을 뿐, 기회이용으로 인해 생긴 회사의 逸失利益에 관해 이사의 책임을 면제해 주는 제도는 아니다. 그러므로 이사회의 승인을 얻었더라도 기회이용이 회사의 영리실현을 현저히 차단하는 것이라면 당초 이사회에서 승인되어서도 안 되겠지만, 승인을 얻었더라도 이사는 책임을 면하지 못한다고 풀이해야 한다.[2111]

승인을 얻은 경우이든, 얻지 않은 경우이든 이사의 기회유용과 회사의 손해는 이사의 책임을 추궁하는 자(회사 또는 대표소송 수행자)가 증명해야 한다. 그런데 기회이용으로 회사에 생긴 손해라는 것은 가시적으로 회사에 실현된 계량가능한 손해가 아니고 이론적으로 **逸失利益**이므로 그 증명이 어려울 수밖에 없다. 그래서 「상법」 제397조의2 제2항에서는 기회의 이용으로 인해 이사 또는 제3자가 얻은 이익을 회사의 손해로 추정한다.

Ⅲ. 주주권 행사와 관련 이익 공여 금지

1. 입법 취지

회사는 누구든지 주주의 권리행사와 관련하여 재산상의 이익을 공여할 수 없다.(「상법」 제467조의2 제1항) 회사가 주주의 권리행사와 관련하여 재산상의 이익을 공여한 때에는 그 이익을 공여받은 자는 그 이익을 회사에 반환하여야 한다.(「상법」 제467조의2 제3항)[2112]

주주권 행사와 관련한 이익 공여 금지 제도는 소위 총회꾼과 회사 간의 불공정한 거래를 방지하기 위하여 도입되었으나, 근래에는 회사가 총회꾼 외의 자에게 이익을 공여한 경우에도 적용된다. 이와 같이 적용범위가 확대되는 것은 회사경영의 건전성을 확보하기 위해 더욱 필요하기 때문이다.[2113]

주주권 행사와 관련한 불공정거래는 회사의 재산 또는 이익의 부당한 逸失을 초래하고, 다른 주주의 정당한 권리를 방해함으로써 주주총회의 形骸化를 재촉하므로 법적 제재를 가해야 함은 당연하다. 벌칙으로 이를 제재하는 규정은 따로 있으나, 이들에게 제공된 이익을 회사에 회복시키기 위한 사법적 수단이 필요하여 이 규정이 마련된 것이다.

2. 금지 내용

가. 이익공여의 주체

직접 이익을 공여하는 행위자는 대표이사, 이사, 집행임원 등이겠지만, 이익공여의 주체인 회사이다. 회사가 자기명의로 이익을 공여하는 경우는 물론, 제3자가 자기의 명의를 가지고 회사의 계산으로 이익을 제공한 경우에도 회사가 이익을 제공한 것으로 된다.

회사를 위하여 제3자가 자신의 계산으로 이익을 제공한 경우에는 이익공여금지의 대상이

2111 김용범, 전게서, 2017, 1339면. 이철송. 전게서. 박영사. 2021. 776면.

2112 김용범, 전게서, 2017, 1339면. 이철송. 전게서. 박영사. 2021. 1035면.

2113 김용범, 전게서, 2017, 1339면. 임재연, 전게서 Ⅰ. 박영사. 2014. 791면.

아니다. 예컨대 주주 또는 이사가 특정 의안의 결의와 관련하여 개인적으로 이익을 공여한 경우는 본 조의 적용대상이 아니다.[2114]

나. 이익공여의 상대방

「상법」의 조문상 이익공여의 상대방이 "누구에게든지"로 규정되어 있으므로 이익을 얻은 제3자는 제한이 없다. 따라서 주주권 행사와 관련성이 있는 한 주주 아닌 자에게 이익을 공여하는 것도 금지된다.[2115] 통상 주주가 자신의 주주권 행사와 관련하여 이익을 제공받겠지만 주주권을 대리 행사하는 자가 제공받을 수도 있으며, 또는 주주가 아닌 자가 장차 회사의 주식을 취득하지 않을 것을 조건으로 이익을 제공받을 수도 있다.[2116]

다. 재산상의 이익공여

재산상의 이익공여란 널리 금전·물품·신용·용역의 제공이나, 채무의 면제, 채권의 포기, 신주인수권의 부여, 재산상의 이익이 따르는 지위의 부여를 의미한다. 무상이거나 회사가 받는 반대급부가 공여된 이익에 비해 저렴한 경우에는 물론이고, 대가가 상당하더라도 그 거래자체가 이권이 될 경우(예, 융자, 제품의 납품)에는 역시 금지된다.[2117]

이익 공여는 공여된 해당이익이 ① 주주권 행사에 영향을 미칠 우려가 없는 정당한 목적에 근거하여 공여되고, ② 개개의 주주에게 공여되는 금액이 사회통념상 허용되는 범위이고, ③ 공여된 이익 총액이 회사의 재산적 기초에 영향을 미치는 것이 아니라는 세 가지 요건이 구비되면 허용된다 할 것이다.[2118]

라. 주주권 행사와의 관련성

「**주주의 권리**」란 법률과 정관에 따라 주주로서 행사할 수 있는 모든 권리를 의미하지만, 주주가 회사에 관해 갖는 권리라 하더라도 주주의 지위와 무관하게 회사에 대해 갖는 계약상의 권리 기타 사법상의 권리는 포함되지 않는다.[2119]

「**주주권의 행사와 관련하여**」란 주주의 권리행사에 영향을 미치기 위한 것임을 의미한다. 즉, 주주권의 행사·불행사·행사방법 등을 합의하고, 이에 관해 이익이 공여됨을 뜻한다. 예컨대 주주총회에 참석하여 의사진행에 협조해 줄 것을 조건으로, 또는 주주권을 행사하지 않을 것을 조건으로, 또는 일정사항을 발언해 줄 것을 조건으로 이익을 제공하는 것 등은 모두 주주권 행사와 관련하여 이익이 제공되는 것이다.[2120]

2114 김용범, 전게서, 2017, 1339면. 임재연, 전게서 Ⅰ, 박영사, 2014, 791면.

2115 김용범, 전게서, 2017, 1340면. 임재연, 전게서 Ⅰ, 박영사, 2014, 791면.

2116 김용범, 전게서, 2017, 1340면. 이철송, 전게서. 박영사. 2021. 1037면.

2117 김용범, 전게서, 2017, 1340면. 이철송, 전게서. 박영사. 2021. 1038면.

2118 김용범, 전게서, 2017, 1340면. 임재연, 전게서 Ⅰ, 박영사, 2014, 792면.

2119 이철송. 전게서. 박영사. 2021. 1036면. 대법원. 2017.1.12. 선고. 2015다68355,68362. 판결.

2120 이철송. 전게서. 박영사. 2021. 1036면.

주주권 행사는 반드시 주주총회에서의 의결권만이 아니고 소수주주권인 회계장부 열람·등사 청구권 등 일체의 주주권 행사를 말한다. 주주권 행사와의 관련성은 주주권의 행사·불행사·행사방법 등을 합의하고 이와 관련하여 이익이 공여됨을 의미한다.[2121]

본 조는 주주권 행사와 결부된 경제적 거래를 위법한 거래로 보고 규율하려는 것이므로 주주권 행사 자체의 적법성 여부는 무관하다.[2122] 그리고 "주주의 권리행사와 관련하여"는 반드시 자신의 주주권 행사뿐만 아니라 다른 주주의 주주권 행사와 관련한 경우도 포함된다.[2123] 아울러 주주총회에서의 주주권에만 적용되는 것은 아니다. 예컨대 결의취소의 소를 제기하지 않는 다든지, 유지청구를 하지 않는다는 것과 같이 의결권 이외의 주주권 행사와 관련하여 이익을 제공하는 것도 금지한다.[2124]

3. 위반의 효과

가. 이익반환의무

회사가 자기명의로 이익을 공여하는 경우 물론, 회사의 계산으로 제3자의 명의로 이익을 제공한 경우 이익공여가 무효가 되므로 그 이익을 공여받은 자는 이를 회사에 반환하여야 한다.(「상법」 제467조의2 제3항) 이는 「민법」의 부당이득에 대한 특칙으로 반환청구권을 명문화한 것이다.[2125]

이익반환의 청구는 회사가 하여야 할 것이나, 회사가 스스로 이익을 공여한 것이니 만큼 청구를 게을리할 가능성이 크다. 그래서 「상법」은 이익반환청구에 관해 주주의 대표소송을 허용하고 있다.(「상법」 제467조의2 제4항)[2126]

나. 회사의 대가 반환

회사가 주주의 권리행사 관련하여 재산상의 이익을 공여하면서 대가를 받았다면 그 대가를 반환하여야 한다.(「상법」 제467조의2 제3항) 다만 대가의 반환과 이익의 반환은 동시 이행의 관계에 있다고 할 것이다.[2127]

따라서 이익반환의무자는 자신이 지급한 대가가 있더라도 공여받은 이익(금전·현물·신용·노무제공·채무면제·채권포기·경제적 이익이 있는 지위의 부여 등) 전부를 반환하여야 한다. 다만, 공여받은 현물을 소비한 경우에는 공여 당시의 시가 상당액을 반환하여야 한다.[2128]

이익반환의 청구는 회사가 하여야 할 것이나, 회사가 스스로 이익을 공여한 것이니만큼

2121 김용범, 전게서, 2017, 1340면. 임재연, 전게서 Ⅰ, 박영사, 2014, 792~793면.

2122 김용범, 전게서, 2017, 1340면. 이철송, 전게서, 박영사, 2021, 1036면.

2123 김용범, 전게서, 2017, 1340면. 임재연, 전게서 Ⅰ, 박영사, 2014, 793면.

2124 이철송, 전게서, 박영사, 2021, 1038면.

2125 김용범, 전게서, 2017, 1341면. 임재연, 전게서 Ⅰ, 박영사, 2014, 794면.

2126 김용범, 전게서, 2017, 1341면. 이철송, 전게서, 박영사, 2021, 1038면.

2127 김용범, 전게서, 2017, 1341면. 임재연, 전게서Ⅰ, 2014, 794면. 이철송, 전게서, 박영사, 2021, 1038면.

2128 김용범, 전게서, 2017, 1341면. 임재연, 전게서 Ⅰ, 박영사, 2014, 794면.

청구를 게을리할 가능성이 많다. 그래서 「상법」은 이익반환청구에 관해 주주의 대표소송을 허용하고 있다.(「상법」 제467조의2 제4항)[2129]

다. 주주권 행사의 효력

본 조의 목적은 주주권 행사와 관련된 불공정한 거래를 방지하려는 것이고, 또 주주권 행사 자체는 위법·불공정을 요하지 않기 때문에 원칙적으로 이익공여와 관련하여 주주권 행사가 되더라도 주주권 행사 자체의 효력에는 영향이 없다.[2130]

「상법」상 재산상의 이익공여에 해당하여 반환의무가 인정되더라도 주주총회에서의 의결권 행사 등과 관련된 주주권 행사의 효력에는 아무런 영향이 없다. 주주권 행사와 관련하여 이익을 공여하거나 공여받은 행위 자체가 위법한 것이지 이익공여의 동기인 주주권 행사가 이익공여에 의하여 위법하게 되는 것은 아니다.[2131]

다만, 주주총회에서의 의결권 행사에 관해 이루어진 이익공여가 의결권에 영향을 미치기 위한 것으로서 그 액수가 사회 통념상 허용되는 범위를 넘어서는 경우, 주주총회 결의방법의 위반(「상법」 제376조 제1항)으로서 결의취소 사유에 해당하게 된다.(대법원. 2014. 7. 11. 선고. 2013마2397. 결정).

라. 벌칙

주주의 권리행사와 관련하여 회사의 계산으로 재산상의 이익을 공여한 때에는 벌칙이 적용된다.(「상법」 제634조의2)

1) 행위주체

행위의 주체는 (가) 주식회사의 이사·집행임원·감사 또는 「상법」 제386조 제2항, 제407조 제1항 또는 제415조의 직무대행자, 지배인, 기타 사용인, (나) 이들로부터 이익을 수수하거나 제3자에게 이를 공여하게 한 자이다.

2) 위법행위

위법행위는 (가)의 자가 주주의 권리행사와 관련하여 회사의 계산으로 재산상의 이익을 공여하는 것, 및 (나)의 자가 수수하거나 공여하게 하는 것이다.

3) 처벌내용

1년 이하의 징역 또는 300만 원 이하의 벌금에 처한다.

Ⅳ. 주요 주주 등 이해관계자와의 거래 금지

1. 개요

2129 이철송. 전게서. 박영사. 2021. 1038면.
2130 김용범, 전게서, 2017, 1341면. 이철송. 전게서. 2021. 1037면. 김건식외 2인. 전게서. 2021. 259면.
2131 김용범, 전게서, 2017, 1341면. 임재연, 전게서 Ⅰ. 박영사, 2014, 795면.

「상법」상 상장회사의 특례규정에서는 주요주주 및 특수관계인, 이사 및 집행임원, 감사 등을 상대방으로 하거나 그를 위한 신용공여는 이사회 승인과 무관하게 금지한다. 이 규정들은 이사에도 적용되는데, 그 내용은 「상법」 제398조(이사 등과 회사 간의 거래)의 규율 보다 훨씬 강화 된 것이다.(「상법」 제542조의9).

2. 금지되는 거래(신용공여 거래)

가. 신용공여의 의의

신용공여란 금전 등 경제적 가치가 있는 재산의 대여, 채무이행의 보증, 자금 지원적 성격의 증권 매입, 그 밖에 거래상의 신용위험이 따르는 직접적·간접적 거래로서 대통령령으로 정하는 거래를 말한다.(「상법」 제542조의9 제1항, 「상법 시행령」 제35조 제1항 및 「자본시장법」 제34조 제2항, 「자본시장법 시행령」 제38조 제1항).

신용 공여의 세부 내용

1) 금전 등 경제적 가치가 있는 재산의 대여.
2) 채무이행의 보증.　　3) 자금 지원적 성격의 증권 매입.
4) 그 밖에 거래상의 신용위험이 따르는 직접·간접 거래로서 대통령령으로 정하는 거래

① 담보를 제공하는 거래
② 어음(「전자어음의 발행 및 유통에 관한 법률」에 따른 전자어음 포함)을 배서(「어음법」제15조 제1항에 따른 담보적 효력이 없는 배서는 제외)하는 거래
③ 출자의 이행을 약정하는 거래
④ 「상법」 제542조의9 제1항 각호의 자에 대한 신용공여의 제한(금전·증권 등 경제적 가치가 있는 재산의 대여, 채무이행의 보증, 자금 지원 성격의 증권의 매입, 제1호부터 제3호까지 어느 하나에 해당하는 거래의 제한)을 회피할 목적으로 하는 거래로서 「자본시장법」 제38조 제1항 제4호 각 목의 어느 하나에 해당하는 거래[2132]
⑤ 「자본시장법시행령」 제38조 제1항 제5호에 따른 거래[2133]

나. 신용공여 금지 대상

신용공여는 일반적으로 다른 거래에 비해 회사의 자본충실을 해하고 재무건전성을 해할 위험이 크다고 보아 금지하는 것이다. 따라서 상장회사는 다음과 같은 자를 상대방으로 하거나 그를 위하여 신용을 공여하여서는 아니 된다.(「상법」 제542조의9 제1항) 즉, 이사회의 승인이나 공정성 여부를 불문하고 금지된다. 이는 제1호부터 제3호까지의 자의 계산으로 거

[2132] 1. 제3자와의 계약 또는 담합 등에 의하여 서로 교차하는 방법으로 하는 거래. 2. 장외파생상품거래, 신탁계약, 연계거래 등을 이용하는 거래.
[2133] 그 밖의 채무인수 등 신용위험을 수반하는 거래로서 금융위원회가 고시하여 정하는 거래.

래하는 자에게 위의 신용공여를 하여서는 아니 된다는 의미이다.[2134]

나아가 상장회사가 그 이사 등을 직접 상대방으로 하는 경우뿐만 아니라, 그 금전 등의 대여행위로 인한 경제적 이익이 실질적으로 상장회사의 이사 등에게 귀속되는 경우와 같이 그 행위의 실질적인 상대방을 상장회사의 이사 등으로 볼 수 있는 경우도 포함된다.[2135] 「상법」 제542조의9 제1항 제1호의 특수관계인의 범위는 「상법」 제398조의 규제대상인 거래주체에 비하여 매우 광범위하다.

신용공여 금지대상 주체

① 주요주주 및 그의 특수관계인
② 이사(「상법」 제401조의2 제1항의 업무집행관여자 포함) 및 집행임원
③ 감사

다. 신용공여 허용 대상

상장회사는 법령에 의해 허용되는 신용공여 등 회사의 경영의 건전성을 해칠 우려가 없다고 보아 대통령령이 정하는 다음의 신용공여는 허용하고 있다.(「상법」 제542조의9 제2항)

신용공여 허용 대상

1) 복리후생을 위한 이사·집행임원 또는 감사에 대한 금전대여 등으로서 대통령령으로 정하는 신용공여*

  * **대통령령을 정하는 신용공여**란 학자금, 주택자금 또는 의료비 등 복리후생을 위하여 회사가 정하는 바에 따라 3억 원 범위에서 금전을 대여하는 행위(령 제35조 제2항)

2) 다른 법령에서 허용하는 신용공여*
  * 금융투자업자의 건전성을 해할 우려가 없는 대주주 및 그의 특수관계인에게 할 수 있는 신용공여(「자본시장법」 제34조 제2항, 「자본시장법 시행령」 제38조 제2항)

「자본시장법」상 허용되는 신용공여

가) 임원에 대하여 연간 급여액(근속기간 중에 그 금융투자업자로부터 지급된 소득세 과세대상이 되는 급여액)과 「자본시장법시행령」으로 정하는 금액(1억 원)중 적은 금액의 범위 내에서 하는 신용공여
나) 발행주식 총수 또는 출자 총액의 100분의 50 이상을 소유 또는 출자하거나 대통령령으로 정하

2134 임재연, 전게서 II, 박영사, 2014, 450면. 이철송, 전게서, 박영사, 2021, 788면.
2135 임재연, 전게서 II, 박영사, 2014, 450면. 대법원. 2013.5.9. 선고, 2011도15854. 판결.

는 기준에 의하여 사실상 경영을 지배하는 현지법인에 대한 신용공여.

다) 그 밖에 건전성을 해할 우려가 없는 신용공여로서 대통령령이 정하는 신용공여

(1) 담보권의 실행 등 권리행사를 위하여 필요한 경우로서 「자본시장법」 제34조 제1항 각호의 행위 를 하는 경우

(2) 「자본시장법」 제176조 제3항 제1호에 따른 안정조작이나 제2호에 따른 시장조성을 하는 경우로서 「동법」 제34조 제1항 각호의 행위를 하는 경우

(3) 「자본시장법 시행령」 제37조 제1항 각호의 경우(대주주발행증권의 소유제한)

(4) 「동법시행령」 제37조 제3항에 다른 비율(자기자본의 100분의8)의 범위에서 주식, 채권 및 약속어음을 소유하는 경우(대주주가 발행한 증권을 소유하는 경우는 제외).

3) 그 밖에 상장회사의 경영건전성을 해질 우려가 없는 금전대여 등으로서 대통령령으로 정하는 신용공여*

* 대통령령으로 정하는 신용공여란 회사의 경영상 목적을 달성하기 위하여 필요한 경우로서 다음 과 같은 자를 상대로 하거나 그를 위하여 적법한 절차에 따라 행하는 신용공여(「상법시행령」 제35 조 제3항)

적법한 절차에 의한 신용공여 대상자

① 법인의 주요주주[2136]

② 법인인 주요주주의 특수관계인 중 회사(자회사 포함)의 출자지분과 해당 법인인 주요주주의 출 자지분을 합한 것이 개인인 주요주주주의 출자지분과 그의 특수관계인(해당 회사 및 자회사는 제 외)의 출자지분을 합한 것보다 큰 법인

③ 개인인 주요주주의 특수관계인 중 회사(자회사를 포함)의 출자지분과 제1)호 및 제2)호에 따른 법인의 출자지분을 합한 것이 개인인 주요주주의 출자지분과 그의 특수관계인(해당 회사 및 자 회사는 제외)의 출자지분을 합한 것보다 큰 법인 등

상기의 제2호·제3호는 법인이 지배하는 법인에 대한 신용공여는 허용하고, 개인이 지배 하는 법인에 대한 신용공여는 허용하지 않는다는 취지이다. 다만, 제2호·제3호에서 "회사" 는 신용공여의 주체인 회사를 가리키는데, "해당 회사"라고 규정하지 않아서 해석상 혼란이 있을 수 있으므로 "해당 회사"라고 규정하는 것이 바람직하다.[2137]

「상법시행령」 제35조 제3항의 **경영상 목적**이라는 실질적요건과 적법한 절차라는 절차적 요건이 모두 충족되어야 신용공여가 허용된다. 「상법시행령」 제35조 제3항은 "적법한 절차 에 따라"라고만 규정하고 있을 뿐 그 시기를 포함한 구체적인 내용을 규정하고 있지 않지

2136 "법인"인 주요주주라고 표현한 것은 「상법」상 회사인 주주뿐 아니라 「민법」상 법인인 주주도 포함하기 때문이다.

2137 임재연, 회사법 II, 2014, 451면.

만, 자기거래에 대한 이사회의 승인에 관한 규정과 같이 신용공여 전에 미리 이사회에 해당 신용공여에 관한 중요사실을 밝히고 승인을 받아야 할 것이다.[2138]

라. 위반행위 효과

「상법」 제542조의9 제1항을 위반하여 신용공여를 한 자는 5년 이하의 징역 또는 2억 원 이하의 벌금에 처한다.(「상법」 제624조의2) 이때 징역과 벌금은 병과할 수 있다.(「상법」 제632조) 「상법」제542조의9 제1항을 위반한 거래의 효력에 대하여는 「상법」 제398조의 이사의 자기 거래의 효력과 같이 상대적 무효설에 의하여 회사와 거래상대방 사이에서는 무효이고, 제3 자에 대해서는 회사가 제3자의 악의를 증명하지 못하면 유효하다고 본다.[2139]

3. 허용되는 거래(신용공여 이외 거래)

가. 개요

최근 사업연도 말 현재의 자산총액이 2조 원 이상인 상장회사(「상법시행령」 제35조 제4항)는 최대주주, 그의 특수관계인 및 그 상장회사의 특수관계인(「상법시행령」 제34조 제4항)을 상대방 으로 하거나 그를 위하여 다음에서 설명하는 거래를 하려고 하는 경우에는 이사회의 승인과 주주총회에 보고를 하여야 한다. 다만, 「상법」 제542조의9 제1항에 따라 금지되는 거래(신용 공여거래)는 제외한다.(「상법」 제542조의9 제3항~제5항).

나. 이사회의 승인

최근 사업연도 말 현재의 자산총액이 2조 원 이상인 상장회사(「상법시행령」 제35조 제4항)는 「상법」 제542조의 9 제1항에 따라 금지되는 거래(신용공여거래)는 제외하고 최대주주, 그의 특수관계인 및 그 상장회사의 특수관계인(「상법시행령」 제34조 제4항)을 상대방으로 하거나 그 를 위하여 다음과 같은 거래를 하려는 경우에는 이사회의 승인을 받아야 한다. (「상법」 제542 조의9 제3항)

상장회사의 특례규정은 상법의 나머지 규정을 완전히 배척하는 것이 아니므로, 제542조 의 9 제3항이 규정하는 거래 규모에 미달하는 경우에도 이사회 승인이 면제되는 것이 아니 라 제398조의 적용대상이면 제398조에 의한 이사회 승인을 받아야 한다. 또한 제542조의9 제3항의 거래인 경우에도 동시에 제398조의 승인대상이라면 제398조의 공정성 요건이 구 비되어 있어야 한다.[2140]

이사회의 승인 대상 거래

2138 임재연, 회사법Ⅱ, 2014, 451면.

2139 임재연, 회사법Ⅱ, 2014, 452면.

2140 임재연, 회사법Ⅱ, 2014, 452면.

① 단일 거래규모가 대통령령으로 정하는 규모 이상의 거래(「상법」제542조의9제3항제1호)
② 해당 사업연도 중에 특정인과의 해당거래를 포함한 거래 총액이 대통령령으로 정하는 규모 이상이 되는 경우의 해당 거래(「상법」제542조의9제3항제2호)

제1호에서 "대통령령으로 정하는 규모"란 자산총액 또는 매출총액을 기준으로 다음과 같은 구분에 따른 규모를 말한다.(령 제35조 제6항)

대통령령으로 정하는 규모

① 「상법시행령」 제35조 제4항(자산이 2조원 이상인 상장회사)의 회사가 「금융위원회의 설치 등에 관한 법률」 제38조에 따른 검사대상기관인 경우 : 해당 회사의 최근 사업연도 말 현재의 자산총액의 100분의 1
② 「상법시행령」 제35조 제4항(자산이 2조원 이상인 상장회사)의 회사가 「금융위원회의 설치 등에 관한 법률」 제38조에 따른 검사 대상 기관이 아닌 경우 : 해당 회사의 최근 사업연도 말 현재의 자산총액 또는 매출총액의 100분의 1

제2호에서 "대통령령으로 정하는 규모"란 다음과 같은 구분에 따른 규모를 말한다.(령 제35조 제7항)

대통령령으로 정하는 규모

① 「상법시행령」 제35조 제4항(자산이 2조원 이상인 상장회사)의 회사가 「금융위원회의 설치 등에 관한 법률」 제38조에 따른 검사 대상 기관인 경우 : 해당 회사의 최근 사업연도 말 현재의 자산총액의 100분의 5
② 「상법시행령」 제35조 제4항(자산이 2조원 이상인 상장회사)의 회사가 「금융위원회의 설치 등에 관한 법률」제38조에 따른 검사 대상 기관이 아닌 경우 : 해당 회사의 최근 사업연도 말 현재의 자산총액 또는 매출총액의 100분의 5

다. 주주총회 보고

상장회사는 이사회 승인 결의 후 처음으로 소집되는 정기주주총회에 ① 해당 거래의 목적, ② 상대방, ③ 그 밖에 대통령령으로 정하는 사항을 보고하여야 한다.(「상법」 제542조의9 제4항) "대통령령으로 정하는 사항"은 다음과 같다.(령 제35조 제8항)

대통령령으로 정하는 사항

① 거래의 내용, 일자, 기간 및 조건
② 해당 사업연도 중 거래상대방과의 거래 유형별 총 거래 금액 및 거래 잔액

라. 대상 제외 거래

상장회사가 경영하는 업종에 따른 일상적인 거래로서 다음과 같은 거래는 이사회의 승인을 받지 아니하고 할 수 있고, 제2호에 해당하는 거래에 대하여는 그 거래 내용을 주주총회에 보고하지 아니할 수 있다.(「상법」 제542조의9 제5항)

승인 및 보고 대상 제외 거래

① 「약관의 규제에 관한 법률」 제2조 제1항의 약관에 따라 이루어지는 거래
② 이사회에서 승인한 거래총액의 범위 안에서 이행하는 거래*
　* 이사회에서 승인한 "거래총액"의 범위 안에서 이행하는 "개별거래"의 경우 다시 이사회의 승인을 받거나 주주총회에 보고할 필요가 없다는 취지이다.

마. 위반행위의 효과

「상법」 제542조의9 제3항을 위반한 거래의 효력에 대하여도 「상법」 제398조의 이사 등과 회사 간의 거래의 효력과 같이 상대적 무효로 보는 것이 타당하다. 「상법」 제542조의9 제1항의 신용공여와 달리 형사벌칙은 없다.[2141]

4. 條文의 경합관계

「상법」 제398조에 열거된 이사, 주요주주 외의 자들은 대개 「상법」 제542조의9 제1항이 정하는 주요주주의 특수관계인에 해당한다. 그 결과 이들에 대한 신용공여는 대부분 「상법」 제398조의 자기거래에도 해당한다.

그리하여 상장회사의 이사, 주요주주 또는 그 특수관계인이 회사로부터 신용공여를 받은 경우에는 「상법」 제542조의9 제1항과 제398조가 경합하는데, 「상법」 제542조의9 제1항은 제398조와는 달리 신용공여를 아예 금지하고 있으므로 동조가 배타적으로 적용된다.[2142]

제7절　경영진 등의 제한 행위

Ⅰ. 이사 등의 자기거래 제한의 개요

1. 의의

2141　임재연, 회사법 Ⅱ, 2014, 454면.

2142　이철송, 전게서, 박영사, 2021, 789면.

「상법」상 **"이사 등의 자기거래"**란 "이사 등이 자기 또는 제3자의 계산으로 회사와 하는 거래"를 의미하고, 여기서 **"거래"**는 모든 재산상의 행위를 가리킨다고 설명하는 것이 통설이나, "회사와 이사의 이익이 충돌할 수 있는 거래"와 같이 이익충돌을 자기거래 개념요소로 정의하는 견해도 있다.[2143]

「상법」은 "규제대상 해당하는 자가 자기 또는 제3자의 계산으로 회사와 거래를 하기 위해서는 미리 이사회에서 해당 거래에 관한 중요사실을 밝히고 이사회의 승인을 받아야 한다. 이 경우 이사회의 승인은 이사 3분의 2 이상의 수로 하여야 하고, 그 거래의 내용과 절차는 공정하여야 한다."라고 규정하고 있다.(「상법」 제398조)

2. 규제의 근거

이사의 자기거래를 규제하는 이유에 대하여, 대법원은 "이사가 그 지위를 이용하여 회사와 거래를 함으로써 자기 또는 제3자의 이익을 도모하고 회사 나아가 주주에게 불측의 손해를 입히는 것을 방지하고자 함에 있다."라고 판시[2144]함으로써 회사의 이익을 보호하기 위한 제도임을 분명히 하였다.

이사는 회사의 재산을 관리하며, 그 처분에 직·간접으로 관여하는 지위에 있다. 한편 어떤 거래에서든 쌍방당사자는 필히 반대의 이해를 가지므로 이사가 회사와 거래한다면 본인의 이익을 위해 회사의 손실을 개의치 않는 불공정한 거래를 할 소지가 있기 때문에 어느 입법례에서나 다양한 내용과 방법으로 엄격히 다룬다.[2145]

3. 규제의 주체

「상법」 제398조의 규율대상은 「이사, 주요주주 및 그 소정의 특수관계인이 자기 또는 제3자의 계산으로 회사와 거래」하는 것이다.

가. 이사

상근, 비상근을 가리지 않고 모든 이사가 이에 해당된다. 청산인도 같은 제한을 받는다.(「상법」 제542조 제2항 → 제398조) 이사와 같은 권한을 갖는 「상법」 제386조 제1항의 퇴임이사, 제386조 제2항의 일시이사, 그리고 법원의 가처분에 의하여 선임된 직무대행자(제407조 제1항)도 「상법」 제398조의 이사에 해당된다. 그러나 이사의 지위에서 물러난 이사가 해당되지 않음은 물론이다.

나. 주요주주

주요주주란 자연인 주주 및 법인주주로서 「발행주식의 100분의 10 이상을 소유한 자 또

2143 김용범, 전게서, 2017, 1342면. 이기수·최병규, 「회사법 제9판」, 박영사, 2011, 397면.
2144 김용범, 전게서, 2017, 1343면. 대법원 2007.5.10. 선고 2005다4284 판결.
2145 김용범, 전게서, 2017, 1343면. 이철송, 전게서, 박영사, 2021, 778면.

는 이사·집행임원·감사의 선임·해임 등 상장회사의 주요 경영상황에 대해 사실상 영향력을 행사하는 주주를 뜻한다.(「상법」 제542조의8 제2항 제6호) 사실상 영향력을 행사하는 주주는 단 1주만 소유하여도 주요주주가 될 수 있다.

다. 특수관계인

특수관계인이라 함은 다음에서 열거한 사람 및 회사를 의미한다.(「상법」 제398조) 여기서 말하는 배우자는 법률상 배우자를 뜻하고, 사실상의 배우자는 포함되지 않는다고 봐야 한다.

자기거래 제한 관련 특수관계인

① 이사 또는 주요주주의 배우자 및 직계 존·비속
② 이사 또는 주요주주의 배우자의 직계 존·비속
③ 이사 또는 주요주주와 이상의 자들이 단독 또는 공동으로 의결권 있는 발행주식총수의 100분의 50 이상을 가진 회사 및 그 자회사
④ 이사, 주요주주, 위 ①, ②의 자 중 누구와 ③의 자가 회사와 합하여 의결권 있는 발행주식총수의 100분의 50 이상을 가진 회사 등

II. 이사 등의 자기거래 제한의 내용

1. 자기 또는 제3자의 계산

「상법」은 '자기 또는 제3자의 계산으로'라고 규정하고 있으므로 누구의 이름으로 회사의 상대방이 되어 거래했느냐는 묻지 않는다. 「상법」제398조 각호에서 열거한 자가 제3자에게 위탁하여 회사와 거래한다면 자기의 계산으로 거래한 것이고, 이사 등이 제3자 대리인으로 또는 제3자의 위탁을 받아 회사와 거래하는 것, 이사 등이 제3자와 회사의 거래를 중개하는 것은 제3자의 계산으로 거래한 예가 될 것이다.[2146]

2. 간접거래

이사 등 또는 이와 위탁·대리·대표 등의 일정한 관계에 있는 제3자가 직접회사의 상대방이 되는 경우(이른바 직접거래)뿐 아니라, 회사의 거래로 인한 결과적인 이득이 이사 등에 귀속되는 경우(이른바 간접거래)도 자기거래에 포함된다.[2147]

예컨대 회사가 이사 등의 채권자와 이사 등의 채무에 대한 보증 또는 담보설정계약을 체결하거나 그 채무를 인수하는 것은 간접거래이다.[2148] 나아가서 A·B 두 회사의 대표이사를 겸하는 갑이 A회사를 대표하여 B회사의 채무를 보증하는 경우에도 갑과 A회사 간에는 자

2146 김용범, 전게서, 2017, 1344면. 이철송. 전게서. 박영사. 2021. 780면. 대법원. 2017.9.12. 선고. 2015 다70044. 판결.
2147 이철송. 전게서. 박영사. 2021. 781면.
2148 이철송. 전게서. 박영사. 2021. 781면. 대법원. 1974.10.31. 선고. 73다954. 판결.

기거래가 성립된다.[2149]

3. 「회사」와의 거래

자기거래의 제한은 이사의 지위 남용으로 인해 회사가 손실을 입는 것을 예방하기 위한 제도로서 이사의 선관주의의무에 기초한 제도이므로 이사 등의 거래상대방은 이사 등과 「상법」 제398조의 관계로 연결되는 회사이어야 하고, 간접거래라 하더라도 일반당사자는 문제된 이사 등과 제398조의 관계있는 회사이어야 한다. 그러므로 예컨대 이사가 자신이 소속한 회사의 모회사나 자회사와 거래하는 것은 자기거래에 속하지 않는다.[2150]

4. 거래의 의미

「상법」 제398조의 「**거래**」는 모든 재산상의 행위를 뜻한다. 따라서 채권계약·물권계약뿐만 아니라 회사가 이사 등을 상대로 하는 채무면제와 같은 단독행위도 포함되며, 채권양도의 승인, 채무의 승인, 사무관리 같은 준법률행위도 포함한다. 반대로 이사 등이 회사를 상대로 하는 단독행위는 이로 인해 회사에 손실이 생길 염려가 없으므로 제398조의 적용대상이 아니다.[2151]

본 조의 거래는 손익거래를 뜻하는 것으로 보아야 하지만, 자본거래라 하더라도 회사가 발행하는 신주를 이사 등이 제3자 배정방식으로 인수하거나 실권주를 인수하는 것 또는 사채를 인수하는 것은 이해충돌의 우려가 있으므로 자기거래에 포함된다고 보아야 한다.[2152]

III. 이사 등의 자기거래 제한의 범위

1. 거래 성격에 따른 범위[2153]

회사와 이사 등의 이익이 충돌할 우려가 있는 거래는 이사회의 승인을 받아야 하나, 거래의 성질상 이익충돌의 염려가 없는 거래는 이사회의 승인을 요구할 필요가 없다.(통설) 통설·판례가 이사회의 승인을 요하지 않는 거래라고 하여 드는 예를 보면, 회사에 부담 없는 증여, 상계, 채무의 이행, 약관에 의하여 정형적으로 체결하는 거래 등이다.

약관에 의하지 않더라도 일상생활용품의 구입과 같이 통상적인 거래조건에 따라 이루어지는 거래는 마찬가지로 해석해야 할 것이다. 또 자기거래가 법령이나 주주총회의 결의를 집행하기 위한 것으로서 이사 등의 재량의 여지가 없는 거래는 이사 등에게 새로운 이득을 가져올 수 없으므로 이사회의 승인을 요하지 않는다.

그러나 회사가 이사 등을 상대로 채무의 이행·상계 등은 이로 인해 회사재산이 현저히 악화되는 수도 있고, 채무의 존부 자체에 관한 다툼이 있거나 회사 측에 항변권이 존재할 수

2149 이철송. 전게서. 박영사. 2021. 781면. 대법원. 1984.12.11. 선고. 84다카1591. 판결.

2150 김용범. 전게서. 2017. 1344면. 대법원 2013.9.12.선고. 2011다57869 판결.

2151 이철송. 전게서. 박영사. 2021. 782면.

2152 이철송. 전게서. 박영사. 2021. 782면. 서울고등법원. 2011.6.16. 선고. 2010나70751. 판결.

2153 김용범. 전게서. 2017. 1344면. 대법원 2010.3.11. 선고. 2007다 71271 판결.

도 있으므로 일률적으로 승인을 요하지 않는다고는 할 수 없으며, 약관에 의해 체결되는 계약이라도 금융기관에서의 거액의 대출같이 계약체결 자체가 특혜를 의미하고 회사가 위험을 부담할 때에는 역시 이사회의 승인을 요한다고 본다.[2154]

2. 회사에 불이익이 없는 거래

회사에 대한 무이자·무담보의 자금대여, 회사채무의 보증, 회사의 명의로 해두었던 명의신탁의 해지 등과 같이 행위의 객관적 성질로 보아 회사에 불이익이 없는 거래는 제한받는 자기거래에 포함되지 아니한다.[2155] 그러나 실질적·결과적으로 회사의 불이익이 없다거나 불이익이 예상되지 않는다 하여 제한을 벗어나는 것은 아니다. 자기거래의 제한은 회사의 현실적인 손해를 방지하는 뜻도 있지만, 손해의 위험을 차단하려는 뜻이 크기 때문이다.

3. 1인 주주인 이사의 거래

1인 주주와 회사는 이해관계가 일치하여 양자의 거래는 이익충돌의 염려가 없으므로 이사회의 승인을 요하지 않는다는 견해가 있다.[2156] 그러나 회사의 재산은 모든 회사채권자에 대한 책임 재산이 되므로 1인 주주라 하더라도 회사와 이해가 일치된다고 할 수 없으며, 따라서 1인 주주인 이사라 하더라도 제398조의 예외가 될 수 없다.[2157]

4. 어음행위

어음행위는 거래의 결제수단에 불과해 성질상 이해의 충돌을 초래하는 행위가 아니므로 이사회의 승인을 요하지 않고, 회사와 이사 등 간에 인적항변의 문제가 생길 뿐이라는 견해가 있다.[2158] 그러나 어음행위는 원인관계와는 다른 새로운 채무를 발생시키고, 항변의 절단, 채무의 독립성 등으로 어음행위자에게 더욱 엄격한 책임이 따르는 거래이므로 이사회의 승인을 요한다고 본다.[2159]

Ⅳ. 이사 등의 자기거래의 유효요건

1. 이사회 승인

가. 승인기관

이사 등의 자기거래는 이익충돌의 염려가 없는 거래를 제외하고 모두 이사회의 승인을 요한다. 다만 소규모회사의 경우는 주주총회의 결의로 갈음한다.(「상법」 제383조 제4항) 거래

2154 이철송. 전게서. 박영사. 2021. 782면.

2155 김용범. 전게서, 2017, 1345면. 이철송. 전게서. 박영사. 2021, 783면.

2156 송옥렬, 「상법강의 제4판」, 홍문사, 2014, 1025면. 정동윤, 「상법(상) 제6판」, 법문사, 2012, 634면. 최준선, 「회사법 제9판」, 삼영사, 2014, 528면.

2157 김용범, 전게서, 2017, 1345면. 이철송. 전게서. 박영사. 2021, 783면.

2158 서정갑, 「주석실무 개정상법총람」, 홍문관, 1984, 446면.

2159 김용범, 전게서, 2017, 1345면. 대법원 2004.3.25. 선고, 2003다 64688판결.

당사자인 이사는 특별한 이해관계가 있는 자이므로 의결권을 행사하지 못한다.(「상법」 제391조 제3항 → 제368조 제3항)(통설) 자기거래에 대한 승인은 성질상 대표이사에게 위임할 수 없다.[2160]

정관에서 이사회가 아닌 주주총회에서 자기거래에 대한 승인을 받아야 한다고 정할 수 있는지에 관하여, 주주총회의 最高機關性을 중시한 긍정설[2161]과 권한 분배에 관한 「상법」 규정은 강행규정이라는 부정설[2162]이 있는데, 판례는 주주 전원의 동의로 자기거래를 승인할 수 있고, 또한 정관에서 주주총회의 권한으로 정하는 것도 허용한다는 긍정설의 입장을 취하고 있다.[2163]

그러나 옳지 않다. 「상법」 제398조는 제416조 단서와 같은 유보조항이 없으며, 동 조항은 주주만을 보호하기 위한 것이 아니고 회사재산을 건전하게 유지하고 채권자를 보호하는 데에 그 목적이 있으며, 이사의 자기거래로 회사가 손실을 입었을 때 이사회결의에 의한 것이라면 이사들의 책임을 추궁해 손해를 전보할 수 있으나, 1인 주주나 총주주의 동의에 의한 경우에는 주주의 책임을 물을 수 없으므로 손해전보가 불가능하다. 따라서 총주주의 동의라 하더라도 이사회의 승인으로 갈음할 수 없다고 본다.[2164]

나. 결의 요건

자기거래의 승인은 이사 전원의 3분의 2의 찬성을 요한다.[2165]

다. 승인 시기

이사회의 승인은 거래가 있기 전에 이루어져야 한다. 즉 자기거래의 추인은 허용되지 않는다.[2166]

라. 승인 방법

「상법」 제398조는 1회적인 거래를 예상한 것이므로 이사회의 승인은 개개의 거래에 대해 이루어져야 하고, 포괄적인 승인(예컨대 일정금액, 일정종류의 거래를 승인하는 것)은 허용되지 않는다.(통설) 다만 반복하여 이루어지는 동종의 거래에 관해서는 기간·한도 등을 합리적인 범위로 정하여 포괄적으로 승인하는 것도 무방하다고 본다.(통설)[2167]

2160 김용범, 전게서, 2017, 1346면. 이철송, 전게서, 박영사, 2021, 784면.

2161 송옥렬, 상법강의, 2018, 1058면. 임홍근, 회사법, 2000, 509면. 채리식, 상법강의(상), 1996, 559면. 최기권, 신회사법론, 2012, 676면.

2162 이철송, 전게서, 박영사, 2021, 784면. 박상조, 신회사법론, 2000, 638면. 이종훈, 회사법, 2016, 241면. 정찬형, 상법강의(상), 2018, 1042면.

2163 대법원 2007.5.10. 선고, 2005다4284, 판결, 2017.8.18. 선고, 2015다5569. 판결.

2164 이철송, 전게서, 박영사, 2021, 784면. 권기범, 현대회사법론, 2017, 861면. 김동훈, 회사법, 2010, 344면. 이종훈, 회사법, 2016, 239면. 정경영, 상법학 강의, 2009, 315면. 정찬형, 상법학강의(상), 1042면 등.

2165 김용범, 전게서, 2017, 1346면. 이철송, 전게서, 박영사, 2021, 784면.

2166 김용범, 전게서, 2017, 1346면. 이철송, 전게서, 박영사, 2021, 784면.

2167 김용범, 전게서, 2017, 1346면. 이철송, 전게서, 박영사, 2021, 785면.

마. 거래 개시

「상법」 제398조에서는 이사회에서 「거래에 관한 중요사실」을 밝히라고 규정함으로써 개시의무를 명문화하였다. 이사회는 「자기거래」의 승인여부를 다루므로 거래에 대한 이사의 이해관계를 알아야 하기 때문이다.

그러므로 **거래에 대한 중요한 사실**이라 함은 거래의 내용 및 거래와 이사와의 관계, 즉 「자기 또는 제3자를 위한 것」이라는 사실을 뜻하는 것으로 풀이해야 한다. 자기거래임을 개시하지 않고 거래를 허용하는 결의만 얻은 경우에는 자기거래에 대한 이사회의 승인이 없다고 보아야 한다.[2168]

바. 이사 책임

이사회의 승인이 있더라도 자기거래를 한 이사의 책임이 없어지는 것은 아니다. 왜냐하면 제398조의 이사회 승인은 자기거래의 제한을 해소하기 위한 요건일 뿐이고, 「상법」 제398조의 취지로 보아 일반적으로 이사회의 승인이 이사의 행위에 대한 면책사유는 될 수는 없기 때문이다.

따라서 이사회의 승인을 얻어 거래한 결과 회사에 손해를 가했을 때에는 그 거래한 이사는 제399조 제1항에 따라 손해배상책임을 지며, 자기거래로 인해 손해가 날 것을 알면서, 혹은 부주의하게 예측하지 못하고 승인한 이사도 연대하여 손해배상 책임을 진다.(「상법」 제399조 제2항, 제3항)[2169]

2. 거래의 공정성

가. 거래의 공정성 개요

이사 등과 회사 간의 거래는 그 내용과 절차가 공정하여야 한다.(「상법」 제398조) 즉, 2011년 개정 「상법」은 자기거래의 요건으로 거래의 내용과 절차가 공정할 것을 이사회의 승인과 함께 필수적 요건으로 규정하였다.

자기거래의 요건으로서 공정성을 요구하는 경우, 이사회의 승인(절차적공정성) 외에 거래의 공정성(실질적공정성)을 선택적으로 요구하는 방식과 추가적으로 요구하는 방식이 있는데, 「상법」에서는 실질적 공정성을 추가적인 요건으로 규정하는 방식을 택하였다.[2170] 따라서 자기거래가 유효하려면 이사회의 승인과 실질적 공정성이 모두 구비되어야 한다.

승인을 받았으나, 거래가 불공정한 경우 어떤 효과가 따르는가? 「상법」이 자기거래에 관해 이사회의 승인을 요구하는 뜻은 결국 불공정한 자기거래를 막기 위함인데, 거래가 불공정하다면 승인은 무의미하므로 승인결의가 무효라고 해야 한다. 즉, 승인 없는 거래와 같이

2168 이철송, 전게서, 박영사, 2021, 785면, 2017.9.12. 선고, 2015다70044, 판결 등.

2169 이철송, 전게서, 박영사, 2021, 785면.

2170 김용범, 전게서, 2017, 1347면, 임재연, 전게서 II, 박영사, 2014, 442~443면.

다루어야 한다.[2171]

나. 거래의 불공정성[2172]

1) 경미한 불공정

단순히 거래의 조건이 회사에 불리하다고 하여 거래의 공정성을 요구하는 「상법」 제398조 위반으로 볼 수는 없다. 따라서 이와 같이 거래가 경미하게 불공정한 경우에는 이사회의 승인이 있으면 유효한 거래로 보아야 한다. 물론 이 경우에도 이사회의 승인은 이사회의 실질적 심의를 전제로 하여야 하므로, 공정성을 합리적으로 판단할 수 있었는지 여부의 판단에서 이사의 완전개시 의무를 중요한 판단기준으로 삼아야 할 것이다.

2) 현저한 불공정

거래가 현저하게 불공정한 경우에는 이사회의 승인 여부를 불문하고 항상 「상법」 제398조 위반으로 보아야 한다. 물론 이 경우에도 회사와 이사 등 간에는 무효이지만, 회사와 제3자 간에는 원칙적으로 유효하다는 상대적 무효설에 의하여 거래의 안전이 그리 심각하게 훼손되지는 않을 것이다.

현저히 불공정한 거래로서 「민법」 제104조에 해당하는 경우에도 무효가 되는데, 이 경우에는 상대적 무효설이 적용되지 않고 자기거래는 회사와 제3자 간에도 무효로 된다. 다만, 「민법」 제104조에 의하여 무효로 되려면 "당사자의 窮迫, 輕率 또는 無經驗으로 인하여 현저하게 공정을 잃은 법률행위"에 해당되어야 한다.

V. 이사 등의 자기거래 제한 위반의 효과

1. 이사의 자기거래의 효력

거래의 안전에 중점을 두어 「상법」 제398조는 효력규정이 아니고 업무집행의 결정방법을 정한 명령적 규정이라고 해석하여 이에 위반한 거래도 유효하고, 다만 이사의 대내적 책임문제만 생긴다고 하는 **유효설**[2173] 회사의 이익보호에 중점을 두어 이사회의 승인 없는 자기거래는 무효라고 하는 **무효설**,[2174] 자기거래는 회사와 이사 간에서는 무효이나, 자기거래에 관련되는 선의의 제3자와의 사이에서는 유효라고 하는 **상대적 무효설**이 있다.

통설과 판례[2175]가 일관되게 상대적 무효설을 취해온 결과 현재는 상대적 무효설이 정설화되어 있다. 동설은 회사가 자기거래임을 이유로 무효를 주장할 경우, 이사회의 승인이 없었다는 점과 이 점에 대한 상대방의 악의를 증명하도록 한다.[2176] 주의할 것은 거래의 무효는

2171   이철송, 전게서, 박영사, 2021, 786면.

2172   임재연, 전게서Ⅱ, 2014, 444~445면.

2173   서정갑, 「주석실무 개정상법총람」, 홍문관, 1984, 548면...

2174   최기원, 「신회사법론 제14대 정판」, 박영사, 2012, 681면.

2175   대법원, 1973.10.31. 선고, 73다954 판결. 김용범, 전게서, 2017, 1347면.

2176   대법원, 1973.10.31. 선고, 73다954 판결. 김용범, 전게서, 2017, 1347면.

회사가 주장할 수 있으며, 이사나 제3자는 무효를 주장할 수 없다는 점이다.[2177]

자기거래를 한 이사에게 무효주장을 허용하지 않는 이유는, 「상법」 제398조는 이사가 자기거래를 통하여 자신의 이익을 도모하고 회사 및 주주에게 손해를 입히는 것을 방지하려는 제도이므로 이를 허용하면, 거래 후의 사정변화를 보아 이사가 거래의 효과를 선택할 수 있어 재차 불공평한 기회를 얻기 때문이다.[2178]

또한 제3자가 선의이긴 하나 이사회 결의가 필요한 사실과 이사회 결의가 없었다는 사실을 알지 못한 데에 중대한 과실이 있는 경우에는 악의인 경우와 같이 자기거래는 제3자에 대하여도 무효라는 것이 최근 판례의 입장이다.[2179]

2. 주요주주 및 기타 관계자의 자기거래의 효력

주요주주 또는 「상법」 제398조 제2호 내지 제5호에 열거된 자(주요주주 등)가 이사회의 승인 없이 회사와 한 거래의 효과는 주요주주 등과 회사와의 거래가 불공정하다고 해서 주요주주 등에게 손해배상책임을 물릴 근거는 없다.

그렇다면 주요주주 등이 제398조에 위반한 거래를 하는 것을 통제할 수단은 거래의 효력을 부인하는 것 이외에는 없으므로 이들과 회사와의 거래는 무효로 보아야 한다. 다만 이들의 거래가 이사의 자기거래보다 더욱 반규범적일 수는 없으므로 그 무효라 함은 이사의 자기거래와 마찬가지로 상대적 무효임을 의미한다.[2180]

VI. 위반행위자의 책임

1. 자기거래를 한 이사의 책임

이사회 승인 없이 회사와 거래를 하거나 불공정한 거래를 한 이사는 법령위반의 행위를 한 것이므로 회사에 대해 손해배상책임을 지고(「상법」 제399조), 형사책임도 부담한다.[2181] 자기거래를 한 이사는 법령 위반한 것이므로 경영판단의 원칙이 적용되지 않는다.[2182]

2. 자기거래를 한 주요주주 및 기타 관계자의 책임

이사회의 승인 없이 회사와 거래를 하거나 불공정한 거래를 한 주요주주 또는 기타 관계자는 회사에 대하여 「상법」상의 손해배상책임을 지지 않는다. 다만 거래로 인하여 회사에 손해가 발생한 경우 「민법」 불법행위로 인한 손해배상책임을 질 수 있다.[2183]

2177 대법원. 2015.7.23. 선고. 2015다1871. 판결 등. 김용범, 전게서, 2017, 1347면.

2178 이철송. 전게서. 박영사. 2021. 787면.

2179 대법원. 2004.3.25. 선고. 2003다64688 판결.

2180 김용범, 전게서, 2017, 1348면. 이철송. 전게서. 박영사. 2021. 787면.

2181 김용범, 전게서, 2017, 1348면. 대법원. 1989.1.31. 선고. 87누760 판결.

2182 김용범, 전게서, 2017, 1348면. 임재연. 전게서 II. 박영사. 2014, 447면.

2183 김용범, 전게서, 2017, 1348면. 임재연. 전게서 II. 박영사. 2014, 448면.

3. 이사회 승인결의에서 찬성한 이사의 책임

이사회가 승인한 자기거래로 인하여 회사가 손해를 입은 경우, 이사회에서 자기거래 승인결의에서 찬성한 이사는 그 임무를 게을리(임무해태)한 것이므로 회사에 대하여 연대하여 손해배상책임을 진다. 그러나 이사회의 승인결의에 있어서도 경영판단의 원칙이 적용된다.[2184]

참고 _____

「신공정거래법」상 제한 및 금지의 특칙

1) 개요

「신공정거래법」(2021.12.30. 전면개정·시행)은 대규모 내부거래에 대하여 이사회 승인 및 공시를 요구하고 있으며(「신공정거래법」 제26조), 특수관계인에 대하여는 불공정거래행위(「신공정거래법」 제45조) 및 부당이익제공행위(「신공정거래법」 제47조) 등을 금지하고 있다.

2) 대규모 내부거래 대한 규제

가) 대상거래의 주체

대상거래의 주체는 공시대상기업집단, 즉 자산총액 5조원 이상인 기업집단*에 속하는 회사이다.(「신공정거래법」 제26조 제1항, 제31조 제1항).

*기업집단이라 함은 동일인이 다음 각 목의 구분에 따라 대통령령이 정하는 기준에 의하여 사실상 그 사업 내용을 지배하는 회사의 집단을 말한다.(「신공정거래법」 제2조 제11호).
① 동일인이 회사인 경우 그 동일인과 그 동일인이 지배하는 하나 이상의 회사의 집단.
② 동일인이 회사가 아닌 경우 그 동일인이 지배하는 둘 이상의 회사의 집단.

나) 대상거래의 상대방

대상거래의 상대방은 공시대상 기업집단에 속하는 특수관계인*이다.(「신공정거래법」 제26조 제1항).
*특수관계인이라 함은 회사 또는 회사 외의 자와 다음 각 호의 관계있는 자를 말한다.(「신공정거래법 시행령」 제14조).
① 당해 회사를 사실상 지배하고 있는 자.
② 동일인 관련자.(「신공정거레법 시행령」 제6조 제1항 또는 제2항에 따라 동일인 관련자에서 제외 된 자는 제외).
③ 경영을 지배하려는 공동 목적을 가지고 당해 기업결합에 참여하는 자.

다) 대상거래의 유형

규제대상 거래의 유형은 공시대상기업집단에 속하는 회사가 특수관계인을 상대방으로 하거나 특

_____

2184　김용범, 전게서, 2017, 1348면. 임재연, 전게서 II, 박영사, 2014, 448~449면.

수관계인을 위하여 대통령령이 정하는 규모 이상의 다음 각 호의 어느 하나에 해당하는 거래행위(이하 '대규모 내부거래'*라 함) 이다.(「신공정거래법」 제26조 제1항).

규제대상 거래의 유형

① 가지급금 또는 대여금 등의 자금을 제공 또는 거래하는 행위.

② 주식 또는 회사채 등의 유가증권을 제공 또는 거래하는 행위.

③ 부동산 또는 무체재산권 등의 자산을 제공 또는 거래하는 행위.

④ 주주의 구성 등을 고려하여 대통령령이 정하는 계열회사를 상대방으로 하거나 동 계열 회사를 위하여 상품 또는 용역을 제공 또는 거래하는 행위.

* 대규모내부거래라 함은 거래금액(동법 제26조 제1항 제4호의 경우에는 분기에 이루어질 거래금액의 합계액)이 그 회사의 자본총계 또는 자본금 중 큰 금액의 100분의 5 이상이거나 50억원 이상인 거래 행위를 말한다.(「동법 시행령」 제33조 제1항).

라) 대상거래 규제의 내용

위의 해당하는 거래를 하려는 회사는 미리 이사회의 의결을 거친 후 아래 각 호의 주요 내용을 공시하여야 한다.(「신공정거래법」 제26조 제1항, 「동법 시행령」 제33조 제1항 및 제3항). 상장법인의 경우 이사회의 의결은 사외이사 중심으로 구성된 위원회의 의결로 갈음 (사외이사가 3명이상 포함, 사외이사의 수가 위원총수의 3분의 2 이상인 경우에 한정)할 수 있다.(「신공정거래법」 제26조 제5항). 금융업 또는 보험을 영위하는 회사의 약관에 의한 거래는 이사회의 결의를 거치지 아니하고 할 수 있다.(「신공정거래법」 제26조 제4항).

주요 공시 내용

① 거래의 목적과 대상.

② 거래의 상대방(특수관계인을 위한 거래인 경우에는 당해 특수관계인을 포함).

③ 거래의 금액 및 조건.

④ 제②호에 따른 거래상대방과의 동일 거래유형의 총거래잔액.

⑤ 기타 공정거래위원회가 정하여 고시하는 사항.

3) 특수관계인에 대한 불공정 거래행위 금지

가) 대상거래의 주체

대상거래의 주체는 제조업, 서비스업 또는 그 밖의 사업을 하는 자, 즉 사업자를 말한다. 이 경우 사업자의 이익을 위한 행위를 하는 임원, 종업원, 대리인 및 그 밖의 자는 사업자 단체에 관한 규정을 적용할 때에는 사업자로 본다.(「신공정거래법」 제45조, 제2조제1호 및 제2호).

나) 대상거래의 유형

금지대상 거래 유형은 사업자가 다음 각 호의 어느 하나에 해당하는 행위로서 공정한 거래를 해칠 우려가 있는 행위(이하 '불공정거래'라 함)이다.(「신공정거래법」 제45조 제1항, 「동법 시행령」 제52조 별표2).

불공정거래행위의 유형

① 부당하게 거래를 거절하는 행위
② 부당하게 거래의 상대방을 차별하여 취급하는 행위
③ 부당하게 경쟁자를 배제하는 행위
④ 부당하게 경쟁자의 고객을 자기와 거래하도록 유인하는 행위
⑤ 부당하게 경쟁자의 고객을 자기와 거래하도록 강제하는 행위
⑥ 자기의 거래상의 지위를 부당하게 이용하여 상대방과 거래하는 행위
⑦ 거래 상대방의 사업활동을 부당하게 구속하는 조건으로 거래하는 행위
⑧ 부당하게 다른 사업자의 사업 활동을 방해하는 행위
⑨ 부당하게 다음에 해당하는 행위를 통하여 특수관계인 또는 다른 회사를 지원하는 행위
- 특수관계인 또는 다른 회사에 가지급금, 대여금, 인력, 부동산, 유가증권, 상품, 용역, 무체재산권 등을 제공하거나 상당한 유리한 조건으로 거래하는 행위.
- 다른 사업자와 직접 상품, 용역을 거래하면 상당히 유리함에도 불구하고 거래상 실질적인 역할이 없는 특수관계인이나 다른 회사를 매개로 거래하는 행위.
⑩ 그 밖의 행위로서 공정한 거래를 해칠 우려가 있는 행위.

다) 대상거래의 금지 내용

사업자는 위의 불공정거래 행위를 하거나 계열회사 또는 다른 사업자로 하여금 이를 하도록 하여서는 아니 된다. 또한 특수관계인 또는 회사는 다른 사업자로부터 위의 불공정거래행위에 해당할 우려가 있음에도 불구하고 해당 지원을 받는 행위를 하여서는 아니 된다.(「신공정 거래법」 제45조 제1항 및 제2항).

4) 특수관계인에 대한 부당이익제공행위 금지

가) 대상행위의 주체

대상행위의 주체는 공시대상 기업집단(동일인이 자연인인 기업집단으로 한정)에 속하는 국내 회사이다.(「신공정거래법」 제47조 제1항).

나) 대상행위의 유형

금지대상 행위유형은 공시대상기업집단에 속하는 국내 회사가 다음 각 호의 어느 하나에 해당하는 행위로서 특수관계인에게 부당한 이익을 귀속시키는 행위이다.(「신공정거래법」 제47조 제1항, 「동법 시행령」 제54조 제1항 별표 3).

부당이익제공행위의 유형

① 정상적인 거래에서 적용되거나 적용될 것으로 판단되는 조건보다 상당히 유리한 조건으로 거래하는 행위.

② 회사가 직접 또는 자신이 지배하고 있는 회사를 통하여 수행할 경우 회사에 상당한 이익이 될 사업기회를 제공하는 행위.

③ 특수관계인과 그 밖의 금융상품을 상당히 유리한 조건으로 거래하는 행위.

④ 사업능력, 재무상태, 신용도, 기술력, 품질, 가격 또는 거래조건 등에 대한 합리적인 고려나 다른 사업자와의 비교 없이 상당한 규모로 거래하는 행위.

다) 대상행위의 금지 내용

공시대상 기업집단에 속하는 국내 회사는 특수관계인, 동일인이 단독으로 또는 다른 특수 관계인과 합하여 발행주식 총수의 100분의 20 이상의 주식을 소유한 국내 계열회사* 또는 그 계열회사가 단독으로 발행주식 총수의 100분의 50을 초과하는 주식을 보유한 국내 계열사와 위의 부당한 이익제공행위를 하여서는 아니 된다.(「신공정거래법」 제47조 제1항).

* 계열회사라 함은 둘 이상의 회사가 동일한 기업집단에 속하는 경우에 이들 각각의 회사를 상대방의 계열회사라 말한다.(「신공정거래법」 제2조 제12호).

부당이익제공행위 금지조항은 공시대상기업집단에만 적용된다는 점, 자연인의 특수관계인에 대한 지원에 초점을 맞춘다는 점, 지원 행위 및 지원 받는 행위뿐만 아니라 지원행위에 대한 지시 및 관여도 금지하고, 지원 주체·지원 객체·지시 관여한 특수관계인의 모두를 제재 대상으로 삼고 있다는 점에서 불공정거래행위 중 부당지원행위 조항과 차이가 있다.(「신공정 거래법」 제47조 제3항 및 제4항).

5) 제한 및 금지에 대한 벌칙

■ 「신공정거래법」 제45조 제1항 제9호, 제47조 제1항 또는 제4항을 위반한 자
• 3년 이하의 징역 또는 2억원이하의 벌금 부과 처벌.

■ 「신공정거래법」 제45조 제1항(제1호~제3호, 제7호 및 제9호 제외)를 위반하여 불공정거래 행위를 한자
• 2년 이하의 징역 또는 1억 5천만원이하의 벌금 부과 처벌.

■ 「신공정거래법」 제26조의 규정에 따른 공시를 하는 경우에 이사회 의결을 거치지 아니한 자 또는 주요 내용을 누락하거나 거짓으로 공시한 자
• 회사를 지배하는 동일인 또는 그 동일인의 특수관계인이 공익법인의 경우 1억원이하, 회사, 사업자단체, 공익법인의 임원 또는 종업원, 그 밖에 이해관계인의 경우는 1천만원 이하 과태료 부과 처벌.

내부감사학 Ⅱ (법무편)

초판 1쇄 발행 2022년 3월 1일

지 은 이 김용범
발 행 인 권선복
편   집 오동희
디 자 인 오지영
발 행 처 도서출판 행복에너지
출판등록 제315-2011-000035호
주   소 (07679) 서울특별시 강서구 화곡로 232
전   화 0505-613-6133
팩   스 0303-0799-1560
홈페이지 www.happybook.or.kr
이 메 일 ksbdata@daum.net

값 35,000원
ISBN 979-11-5602-968-7(13320)

도서출판 행복에너지는 독자 여러분의 아이디어와 원고 투고를 기다립니다. 책으로 만들기를 원하는 콘텐츠가 있으신 분은 이메일이나 홈페이지를 통해 간단한 기획서와 기획의도, 연락처 등을 보내주십시오. 행복에너지의 문은 언제나 활짝 열려 있습니다.